全国中学生数学奥赛教程
预赛(加试)

主　编　李胜宏　贾厚玉　卢兴江　周利平
编　委　李胜宏　王　枫　程晓良　杨晓鸣
　　　　周利平　边红平　邵　达　赵　斌
　　　　陈　诚　沈虎跃

ZHEJIANG UNIVERSITY PRESS
浙江大学出版社
·杭州·

图书在版编目（CIP）数据

全国中学生数学奥赛教程. 预赛 加试 / 李胜宏等主编. -- 杭州：浙江大学出版社，2025.7. -- ISBN 978-7-308-26459-4

Ⅰ. ①G634.603

中国国家版本馆 CIP 数据核字第 2025G4X704 号

全国中学生数学奥赛教程　预赛(加试)

李胜宏　　贾厚玉　　卢兴江　　周利平　主编

责任编辑	闫　亮（yan0118@zju.edu.cn）
责任校对	周　芸
封面设计	周　灵
出版发行	浙江大学出版社
	（杭州市天目山路 148 号　邮政编码 310007）
	（网址：http://www.zjupress.com）
排　　版	杭州晨特广告有限公司
印　　刷	杭州高腾印务有限公司
开　　本	889mm×1194mm　1/16
印　　张	35.5
字　　数	1050 千
版 印 次	2025 年 7 月第 1 版　2025 年 7 月第 1 次印刷
书　　号	ISBN 978-7-308-26459-4
定　　价	98.00 元

出版说明

数学是一门逻辑性与推理性极强的科学,学习数学需要扎实的逻辑思维能力.人们常说,数学领域的突破与发现往往带有偶然性,依赖于灵感与顿悟.但事实上,这种灵感绝非无源之水,而是建立在数学家深厚的知识储备与卓越的思维能力基础之上.思维能力的培养作为数学学习的核心,其关键在于掌握分析问题、解决问题的思维方法.值得注意的是,思维能力的提升并非一朝一夕之功,而是需要经过长期系统的培养与训练.从思维训练与能力培养的角度来看,数学竞赛具有不可替代的意义与价值.

数学被誉为"科学之王",其发展水平更是国家科技实力的重要体现.为强化数学等基础学科建设,我国已将数学发展提升至国家战略层面.2019 年,科技部办公厅、教育部办公厅、中科院办公厅、自然科学基金委办公室联合发布《关于加强数学科学研究工作方案》,为数学学科发展指明方向.浙江省数学普及工作委员会积极响应国家号召,始终秉持"培根铸魂"原则,大力推进数学普及推广工作,尤其在高中数学竞赛领域持续深耕.

自 2005 年以来,浙江省高中数学奥林匹克竞赛成绩斐然.截至 2025 年,已有十六名学生入选国家队,在国际数学奥林匹克(IMO)赛事中斩获十二金二银的优异成绩.这些优秀学子来自省内七所不同学校,与其他省份 IMO 国家队成员多集中于少数几所学校的情况形成鲜明对比,充分彰显了浙江省高中数学竞赛教育均衡、良性的发展态势,也印证了浙江扎实、高效的数学基础教育水平.这一成果不仅体现了浙江数学普及推广工作的显著成效,更为热爱数学的学生构建了良好的学习生态环境.

浙江数学竞赛普及推广工作能够取得瞩目成就,主要得益于以下举措:

首先,全力营造公平、公开、公正的竞赛环境.浙江高中数学奥林匹克赛事活动始终以服务人才发现与培养为目标,致力于搭建公平、公开、公正的竞赛平台,力求让学校、学生和社会各界满意.

其次,持续开展数学暑期夏令营活动.这项已坚持三十余年的公益活动,以激发学生数学学习兴趣为宗旨,在发掘数学人才、为国家输送优质生源方面发挥了重要作用.活动期间,我们邀请高校与中学数学领域的专家学者为学生授课,有效推动了数学奥林匹克竞赛的良性发展,提升了浙江省数学竞赛整体水平.

为进一步优化数学竞赛普及推广工作,助力暑期夏令营教学资源共享,我们精心整理了浙江省数学夏令营近年来教师授课讲义,编纂成丛书分两册出版,分别对应高中数学奥林匹克竞赛的一试与二试内容.丛书严格依据竞赛大纲编写:一试涵盖集合、函数、导数、复数、不等式、数列、三角函数、平面向量、立体几何、解析几何、概率与统计等核心知识;二试聚焦初等代数、平面几何、初等数论和组合数学四大板块.

本丛书由浙江大学出版社**杨晓鸣**编审策划,二试由**李胜宏**、**贾厚玉**、**卢兴江**、**周利平**担任主编.参与编写的人员包括浙江大学**李胜宏**教授(负责第一章第1~3节)、**王枫**教授(负责第四章第5~7节)、**程晓良**教授(负责第四章第1~4节)、**杨晓鸣**编审(负责第一章第8节、第三章第4~7节),学军教育集团文渊中学特级教师**边红平**(负责第二章),温州中学高级教师**邵达**(负责第三章第1~3节),海亮教育集团金牌教练**赵斌**(负责第一章第4~7节),杭州二中竞赛教练**陈诚**(负责第四章第8,9节).

书稿成稿过程难免考虑不周,欢迎广大读者批评指正.

▸▸Contents 目录

第一章　代数问题 ··· 1

　1.1　不等式的证明 ··· 1

　1.2　不等式的应用 ··· 37

　1.3　函数的综合应用 ··· 65

　1.4　多元函数的极值 ··· 94

　1.5　离散问题的极值 ··· 116

　1.6　数列与不等式 ··· 131

　1.7　数列的综合应用 ··· 142

　1.8　多项式及其应用 ··· 155

第二章　平面几何 ··· 169

　2.1　圆的性质 ··· 169

　2.2　三角形的五心 ··· 184

　2.3　重要定理及其应用 ··· 205

　2.4　圆幂与根轴 ··· 225

　2.5　几何变换 ··· 243

　2.6　平面几何的证题方法 ··· 260

　2.7　平面几何的综合应用 ··· 280

第三章　初等数论 ·· 304

　　3.1　整除的基本性质 ·· 304

　　3.2　同余、剩余系 ·· 313

　　3.3　同余的基本定理及其应用 ·· 324

　　3.4　高斯函数 ·· 336

　　3.5　不定方程 ·· 344

　　3.6　进位制和组合数整除 ·· 356

　　3.7　数论的综合应用 ·· 365

第四章　组合数学与图论 ·· 379

　　4.1　计数原理与计数公式 ·· 379

　　4.2　抽屉原理和极端原理 ·· 387

　　4.3　递推方法和母函数方法 ·· 393

　　4.4　映射方法 ·· 401

　　4.5　组合极值 ·· 408

　　4.6　存在性与估值 ·· 418

　　4.7　操作与策略 ·· 426

　　4.8　图论的基本知识 ·· 434

　　4.9　图论的综合应用 ·· 451

课外训练参考答案 ·· 470

第一章　代数问题

1.1 不等式的证明

◎ 一、知识要点

证明不等式的基本方法有比较法、综合法、分析法、反证法、数学归纳法和调整法、函数方法以及基本不等式的灵活应用等. 处理不等式的常用技巧包括(但不限于)放缩法、构造法、和式恒等变形、变量代换、归一化与齐次化,以及判别式的应用. 本节介绍的基本内容:

(1) 数学归纳法和调整法;(2) 和式恒等变形;(3) 变量代换;(4) 归一化与齐次化;(5) 一些特殊方法与技巧;(6) 构造不等式;(7) 嵌入不等式.

常用记号

$\mathbf{C}$ 表示复数集合,$\mathbf{R}$ 表示实数集合,$\mathbf{Z}$ 表示整数集合,$\mathbf{Q}$ 表示有理数集合,

$\mathbf{R}^+ = \{x \in \mathbf{R} \mid x > 0\}$,$\mathbf{R}_0^+ = \mathbf{R}^+ \bigcup \{0\}$,类似定义 $\mathbf{Z}^+$,$\mathbf{Q}^+$,$\mathbf{N}^* = \mathbf{Z}^+$,$\mathbf{N} = \mathbf{Z}_0^+$.

数学归纳法的两种基本表现形式.

第一数学归纳法:设 $P(n)$ 是一个与正整数 n 有关的命题.

如果 ① 当 $n = 1$(或 $n = n_0$)时,命题 $P(n)$ 成立;② 假设当 $n = k(k \geqslant n_0)$ 时,命题 $P(n)$ 成立,推出当 $n = k+1$ 时,命题 $P(k+1)$ 成立,则对所有正整数 $n(n \geqslant n_0)$,命题 $P(n)$ 成立.

第二数学归纳法:如果 ① 当 $n = 1$(或 $n = n_0$)时,命题 $P(n)$ 成立;② 假设当 $n \leqslant k(k \geqslant n_0)$ 时,命题 $P(n)$ 成立,推出当 $n = k+1$ 时,命题 $P(k+1)$ 成立,则对所有正整数 $n(n \geqslant n_0)$,命题 $P(n)$ 成立.

在上述定义中,第一步 ① 是归纳的基础,为奠基步. 在第二步 ② 中,假设 $n = k$(或 $n \leqslant k$),命题 $P(k)$ 成立,称为归纳假设. 这两步独立存在,且缺一不可.

基本恒等式

设 n 为正整数,$x, y \in \mathbf{R}$.

$$x^n - y^n = (x - y)\sum_{i=0}^{n-1} x^{n-i-1} y^i,$$

$$x^{n+2} + y^{n+2} = (x + y)(x^{n+1} + y^{n+1}) - xy(x^n + y^n),$$

$$\sum_{cyc} x^3 - 3xyz = \left(\sum_{cyc} x\right)\left(\sum_{cyc} x^2 - \sum_{cyc} xy\right) = \frac{1}{2}\left(\sum_{cyc} x\right)\left[\sum_{cyc}(x - y)^2\right],$$

$$\left(\sum_{i=1}^{n} x_i\right)^2 = \sum_{i=1}^{n} x_i^2 + 2\sum_{1 \leqslant i < j \leqslant n} x_i x_j,$$

$$\sum_{i=1}^{n} x_i y_i = y_n \sum_{i=1}^{n} x_i + \sum_{i=1}^{n-1}\left(\sum_{j=1}^{i} x_j\right)(y_i - y_{i+1}) \text{（阿贝尔（Abel）恒等式）},$$

$$\sum_{i=1}^{n} x_i^2 \sum_{i=1}^{n} y_i^2 - \left(\sum_{i=1}^{n} x_i y_i\right)^2 = \sum_{1 \leqslant i < j \leqslant n}(x_i y_j - x_j y_i)^2 \text{（拉格朗日（Lagrange）恒等式）},$$

其中 $\sum\limits_{cyc} ab = \sum ab = ab + bc + ca$，表示循环求和.

◎ 二、例题讲解

(1) 数学归纳法和调整法

例题 1 设 $x_i > 0 (1 \leqslant i \leqslant n, n \in \mathbf{N}^*)$，且 $x_1 x_2 \cdots x_n = 1$，证明：$x_1 + x_2 + \cdots + x_n \geqslant n$.

方法讲解 当 $n = 1$ 时，命题成立.假设当 $n = k$ 时，命题成立，即若 $x_i > 0, 1 \leqslant i \leqslant n$，满足 $x_1 x_2 \cdots x_k = 1$，则

$$x_1 + x_2 + \cdots + x_k \geqslant k \quad ①.$$

当 $n = k + 1$ 时，设 $x_i > 0, 1 \leqslant i \leqslant k + 1$，满足 $x_1 x_2 \cdots x_{k-1} x_k x_{k+1} = 1$，需要证明

$$x_1 + x_2 + \cdots + x_{k-1} + x_k + x_{k+1} \geqslant k + 1 \quad ②.$$

由于 $x_1 x_2 \cdots x_{k-1} x_k x_{k+1} = 1$，则存在（不妨设）$x_k \geqslant 1 \geqslant x_{k+1}$，由归纳假设知

$$x_1 + x_2 + \cdots + x_{k-1} + x_k x_{k+1} \geqslant k \quad ③.$$

为了证明不等式 ②，只要证明

$$x_k + x_{k+1} \geqslant x_k x_{k+1} + 1 \Leftrightarrow x_k x_{k+1} + 1 - x_k - x_{k+1} \leqslant 0 \Leftrightarrow (x_k - 1)(x_{k+1} - 1) \leqslant 0 \quad ④.$$

因为 $x_k \geqslant 1 \geqslant x_{k+1}$，所以不等式 ④ 成立，从而不等式 ② 成立，即当 $n = k + 1$ 时，命题成立.

由归纳法原理，对所有正整数 n，原不等式成立.

从上述证明易知，当且仅当 $x_1 = \cdots = x_n = 1$ 时，等号成立.

推论 1 （算术 - 几何平均值不等式）设 $a_i > 0, 1 \leqslant i \leqslant n, n \in \mathbf{N}^*$，则

$$\frac{a_1 + a_2 + \cdots + a_n}{n} \geqslant \sqrt[n]{a_1 a_2 \cdots a_n},$$

当且仅当 $a_1 = \cdots = a_n$ 时，等号成立.

事实上，不妨设 $a_i > 0, x_i = \dfrac{a_i}{G}, 1 \leqslant i \leqslant n, G = \sqrt[n]{a_1 a_2 \cdots a_n}$，则 $x_1 x_2 \cdots x_n = \dfrac{a_1 a_2 \cdots a_n}{G^n} = 1$.

因此 $\dfrac{a_1}{G} + \dfrac{a_2}{G} + \cdots + \dfrac{a_n}{G} \geqslant n$，即 $\dfrac{a_1 + a_2 + \cdots + a_n}{n} \geqslant G = \sqrt[n]{a_1 a_2 \cdots a_n}, n \geqslant 1$.

记 $A_n = \dfrac{1}{n} \sum\limits_{i=1}^{n} a_i, G_n = \sqrt[n]{a_1 a_2 \cdots a_n}, H_n = \dfrac{n}{\sum\limits_{i=1}^{n} \dfrac{1}{a_i}}, Q_n = \sqrt{\dfrac{1}{n} \sum\limits_{i=1}^{n} a_i^2}$.

类似地，由于 $\dfrac{G_n}{a_1} \cdot \dfrac{G_n}{a_2} \cdot \cdots \cdot \dfrac{G_n}{a_n} = 1$，所以 $\dfrac{G_n}{a_1} + \dfrac{G_n}{a_2} + \cdots + \dfrac{G_n}{a_n} \geqslant n$，即 $H_n \leqslant G_n$.

令 $a_i = A_n + t_i, 1 \leqslant i \leqslant n$，则 $\sum\limits_{i=1}^{n} a_i = n A_n + \sum\limits_{i=1}^{n} t_i$，从而 $\sum\limits_{i=1}^{n} t_i = 0$，

$$Q_n = \sqrt{\frac{1}{n} \sum_{i=1}^{n} a_i^2} = \sqrt{\frac{1}{n} \sum_{i=1}^{n} (A_n + t_i)^2} = \sqrt{A_n^2 + \frac{1}{n} \sum_{i=1}^{n} t_i^2} \geqslant A_n,$$

于是 $\min\{a_i\} \leqslant H_n \leqslant G_n \leqslant A_n \leqslant Q_n \leqslant \max\{a_i\}$.

其中 H_n, G_n, A_n, Q_n 分别为算术、几何、调和、平方平均值，上述不等式统称为均值不等式.

例题 2 （T_2-引理）设 $n \geqslant 2, x_i \in \mathbf{R}, y_i \in \mathbf{R}^+, 1 \leqslant i \leqslant n$，证明：$\displaystyle\sum_{i=1}^{n} \frac{x_i^2}{y_i} \geqslant \frac{\left(\displaystyle\sum_{i=1}^{n} x_i\right)^2}{\displaystyle\sum_{i=1}^{n} y_i}$，当且仅当 $x_i y_j$

$= x_j y_i (1 \leqslant i, j \leqslant n)$ 时，等号成立.

方法讲解　当 $n = 2$ 时，原不等式等价于

$$\frac{x_1^2}{y_1} + \frac{x_2^2}{y_2} \geqslant \frac{(x_1 + x_2)^2}{y_1 + y_2} \quad ①$$

$$\Leftrightarrow (y_1 + y_2)(y_2 x_1^2 + y_1 x_2^2) \geqslant y_1 y_2 (x_1 + x_2)^2$$

$$\Leftrightarrow y_1^2 x_2^2 + y_2^2 x_1^2 \geqslant 2 x_1 x_2 y_1 y_2$$

$$\Leftrightarrow (x_2 y_1 - x_1 y_2)^2 \geqslant 0.$$

当 $n = 2$ 时，命题成立. 假设当 $n = k$ 时，命题成立，那么当 $n = k + 1$ 时，由归纳假设和 ① 式知

$$\sum_{i=1}^{k+1} \frac{x_i^2}{y_i} = \sum_{i=1}^{k} \frac{x_i^2}{y_i} + \frac{x_{k+1}^2}{y_{k+1}} \geqslant \frac{(x_1 + \cdots + x_k)^2}{y_1 + \cdots + y_k} + \frac{x_{k+1}^2}{y_{k+1}} \geqslant \frac{\left(\displaystyle\sum_{i=1}^{k+1} x_i\right)^2}{\displaystyle\sum_{i=1}^{k+1} y_i} \quad ②.$$

故 $\displaystyle\sum_{i=1}^{n} \frac{x_i^2}{y_i} \geqslant \frac{\left(\displaystyle\sum_{i=1}^{n} x_i\right)^2}{\displaystyle\sum_{i=1}^{n} y_i}$，当 $n = k + 1$ 时，命题成立.

从而，对所有正整数 $n (n \geqslant 2)$，命题成立. 由 ①，② 两式知，当且仅当 $\dfrac{x_1}{y_1} = \cdots = \dfrac{x_n}{y_n}$ 时，等号成立.

推论 2　（柯西(Cauchy)不等式）设 $a_i, b_i \in \mathbf{R}, 1 \leqslant i \leqslant n$，则 $\left(\displaystyle\sum_{i=1}^{n} a_i b_i\right)^2 \leqslant \displaystyle\sum_{i=1}^{n} a_i^2 \displaystyle\sum_{i=1}^{n} b_i^2, n \geqslant 1$，当且仅当 $a_i b_j = a_j b_i (1 \leqslant i, j \leqslant n)$ 时，等号成立.

事实上，由于 $\displaystyle\sum_{i=1}^{n} a_i^2 = \displaystyle\sum_{i=1}^{n} \frac{a_i^2 b_i^2}{b_i^2} \geqslant \frac{\left(\displaystyle\sum_{i=1}^{n} a_i b_i\right)^2}{\displaystyle\sum_{i=1}^{n} b_i^2}$，故 $\left(\displaystyle\sum_{i=1}^{n} a_i b_i\right)^2 \leqslant \displaystyle\sum_{i=1}^{n} a_i^2 \displaystyle\sum_{i=1}^{n} b_i^2$.

例题 3　（加权琴生(Jensen)不等式）设 $f(x)$ 为区间 $[a, b]$ 上的函数，满足对 $\lambda \in [0, 1], x, y \in [a, b]$，有 $f(\lambda x + (1 - \lambda) y) \leqslant \lambda f(x) + (1 - \lambda) f(y)$. 证明：对 $\lambda_i \in [0, 1], x_i \in [a, b], 1 \leqslant i \leqslant n$，满足 $\displaystyle\sum_{i=1}^{n} \lambda_i = 1$，则有加权琴生不等式：$f\left(\displaystyle\sum_{i=1}^{n} \lambda_i x_i\right) \leqslant \displaystyle\sum_{i=1}^{n} \lambda_i f(x_i), n \geqslant 2$.

方法讲解　当 $n = 2$ 时，由假设，命题成立. 假设当 $n = k$ 时，命题成立. 当 $n = k + 1$ 时，设 $\lambda_i \in [0, 1], x_i \in [a, b], 1 \leqslant i \leqslant k + 1$，满足 $\lambda_1 + \lambda_2 + \cdots + \lambda_k + \lambda_{k+1} = 1$. 不妨设 $\lambda_{k+1} \neq 1$，则

$$\frac{\lambda_1}{1 - \lambda_{k+1}} + \frac{\lambda_2}{1 - \lambda_{k+1}} + \cdots + \frac{\lambda_k}{1 - \lambda_{k+1}} = 1.$$

由归纳假设，有

$$f(\lambda_1 x_1 + \lambda_2 x_2 + \cdots + \lambda_k x_k + \lambda_{k+1} x_{k+1}) = f\left((1 - \lambda_{k+1})\left(\sum_{i=1}^{k} \frac{\lambda_i}{1 - \lambda_{k+1}} x_i\right) + \lambda_{k+1} x_{k+1}\right)$$

$$\leqslant (1 - \lambda_{k+1}) f\left(\sum_{i=1}^{k} \frac{\lambda_i}{1 - \lambda_{k+1}} x_i\right) + \lambda_{k+1} f(x_{k+1})$$

$$\leqslant (1 - \lambda_{k+1}) \sum_{i=1}^{k} \frac{\lambda_i}{1 - \lambda_{k+1}} f(x_i) + \lambda_{k+1} f(x_{k+1})$$

$$= \sum_{i=1}^{k+1} \lambda_i f(x_i).$$

当 $n = k+1$ 时，命题成立.

> **注** 满足本题条件的函数称为凸函数，凸函数和琴生不等式将在函数的综合应用中再次讨论.

例题 4 设正整数 $n \geqslant 2$，证明：对任意 $a_i \in \mathbf{R}^+, 1 \leqslant i \leqslant n$，有

$$\sum_{i=1}^{n} \max\{a_1, a_2, \cdots, a_i\} \min\{a_i, a_{i+1}, \cdots, a_n\} \leqslant \frac{n}{2\sqrt{n-1}} \sum_{i=1}^{n} a_i^2.$$

方法讲解 对 n 用第二数学归纳法. 当 $n = 2$ 时，左边 $= a_1 \cdot \min\{a_1, a_2\} + \max\{a_1, a_2\} \cdot a_2$.

若 $a_1 \geqslant a_2$，则原不等式等价于 $2a_1 a_2 \leqslant a_1^2 + a_2^2$，命题成立；

若 $a_1 \leqslant a_2$，则原不等式等价于 $a_1^2 + a_2^2 \leqslant a_1^2 + a_2^2$，命题成立.

假设对所有大于 2 且小于 n 的正整数命题成立，考虑 n 的情形.

记 $c_i = \dfrac{i}{2\sqrt{i-1}}, 2 \leqslant i \leqslant n, c_1 = 1, M = \max\{a_1, \cdots, a_n\}$，则 $c_1 = c_2 < c_3 < \cdots < c_n$.

不妨设 $a_k = M, 1 \leqslant k \leqslant n$. 当 $k = 1$ 时，原不等式左边 $= M \sum_{i=1}^{n} \min\{a_i, a_{i+1}, \cdots, a_n\}$.

由平均数原理知 $\min\{a_1, a_2, \cdots, a_n\} = \min\{a_2, \cdots, a_n\} \leqslant \dfrac{1}{n-1} \sum_{i=2}^{n} a_i$.

当 $2 \leqslant i \leqslant n$ 时，$\min\{a_i, a_{i+1}, \cdots, a_n\} \leqslant a_i$. 从而

$$\sum_{i=1}^{n} \min\{a_i, a_{i+1}, \cdots, a_n\} \leqslant \frac{1}{n-1} \sum_{i=2}^{n} a_i + \sum_{i=2}^{n} a_i = \frac{n}{n-1} \sum_{i=2}^{n} a_i.$$

由均值不等式，原不等式左边 $\leqslant \dfrac{n}{n-1} M \sum_{i=2}^{n} a_i \leqslant \dfrac{n}{2\sqrt{n-1}} \left[M^2 + \dfrac{1}{n-1} \left(\sum_{i=2}^{n} a_i \right)^2 \right]$

$$\leqslant \frac{n}{2\sqrt{n-1}} \left(M^2 + \sum_{i=2}^{n} a_i^2 \right) = \frac{n}{2\sqrt{n-1}} \sum_{i=1}^{n} a_i^2,$$

故命题成立.

当 $k = n$ 时，$\min\{a_i, \cdots, a_n\} = \min\{a_i, \cdots, a_{n-1}\}$. 由归纳假设，

原不等式左边 $= \sum_{i=1}^{n-1} \max\{a_1, \cdots, a_i\} \cdot \min\{a_i, \cdots, a_{n-1}\} + a_n^2$

$$\leqslant c_{n-1} \sum_{i=1}^{n-1} a_i^2 + M^2 < \frac{n}{2\sqrt{n-1}} \left(\sum_{i=1}^{n-1} a_i^2 + M^2 \right) = \frac{n}{2\sqrt{n-1}} \sum_{i=1}^{n} a_i^2,$$

故命题成立.

当 $2 \leqslant k \leqslant n-1$ 时，结合 $k = 1$ 和 $k = n$ 时的证明得，

原不等式左边 $= \sum_{i=1}^{k-1} \max\{a_1, \cdots, a_i\} \min\{a_i, \cdots, a_n\} + M \sum_{i=k}^{n} \min\{a_i, \cdots, a_n\}$

$$\leqslant \sum_{i=1}^{k-1} \max\{a_1, \cdots, a_i\} \min\{a_i, \cdots, a_{k-1}\} + \frac{n-k+1}{n-k} M \sum_{i=k+1}^{n} a_i$$

$$\leqslant c_{k-1} \sum_{i=1}^{k-1} a_i^2 + \frac{n-k+1}{2\sqrt{n-k}} \left(M^2 + \sum_{i=k+1}^{n} a_i^2 \right)$$

$$= c_{k-1} \sum_{i=1}^{k-1} a_i^2 + c_{n-k+1} \sum_{i=k}^{n} a_i^2 < \frac{n}{2\sqrt{n-1}} \sum_{i=1}^{n} a_i^2.$$

综上，命题得证.

注 取 $a_1 = \sqrt{n-1}, a_2 = \cdots = a_n = 1$，可知 $\dfrac{n}{2\sqrt{n-1}}$ 是最值常数，除了上述第一、第二数学归纳法，在表现形式上还有双重归纳法，无穷递降法（柯西方法），螺旋归纳法等.

例题 5 设 $a_i \geqslant 0, i \geqslant 1$，满足 $a_{n+m} \leqslant a_n + a_m$，其中 $n, m \in \mathbf{Z}^+$，证明：$a_n \leqslant ma_1 + \left(\dfrac{n}{m}-1\right)a_m$.

方法讲解 将上述问题记作 $P(n,m)$，其中 $n, m \in \mathbf{Z}^+$，

当 $m = 1$ 时，由条件得 $a_n \leqslant a_{n-1} + a_1 \leqslant \cdots \leqslant na_1, n \in \mathbf{Z}^+$ ①.

故命题 $P(n,1)$ 成立.

当 $n = 1$ 时，要证

$$a_1 \leqslant ma_1 + \left(\frac{1}{m}-1\right)a_m \Leftrightarrow -\left(\frac{1}{m}-1\right)a_m \leqslant (m-1)a_1 \Leftrightarrow (m-1)a_m \leqslant (m-1)ma_1 \Leftrightarrow a_m \leqslant ma_1 \quad ②.$$

由 ① 式知，② 式成立，即命题 $P(1,m)$ 成立. 假设当 $1 \leqslant k \leqslant m$ 时，命题 $P(n+1,k)$ 成立，当 $1 \leqslant k \leqslant n$ 时，$P(k,m+1)$ 成立，即

$$P(n+1,m): a_{n+1} \leqslant ma_1 + \left(\frac{n+1}{m}-1\right)a_m \quad ③,$$

$$P(n,m+1): a_n \leqslant (m+1)a_1 + \left(\frac{n}{m+1}-1\right)a_{m+1} \quad ④.$$

考虑 $P(n+1,m+1): a_{n+1} \leqslant (m+1)a_1 + \left(\dfrac{n+1}{m+1}-1\right)a_{m+1}$ ⑤.

(1) 当 $m \geqslant n$ 时，$\dfrac{n+1}{m}-1 \leqslant 0$，由归纳假设 ③ 知，为证 ⑤ 式，只要证明

$$ma_1 + \left(\frac{n+1}{m}-1\right)a_m \leqslant (m+1)a_1 + \left(\frac{n+1}{m+1}-1\right)a_{m+1}.$$

因为 $\left(\dfrac{n+1}{m}-1\right)a_{m+1} \geqslant \left(\dfrac{n+1}{m}-1\right)(a_m + a_1)$，所以只要证明

$$ma_1 + \left(\frac{n+1}{m}-1\right)a_m \leqslant (m+1)a_1 + \left(\frac{n+1}{m+1}-1\right)(a_m + a_1) \Leftrightarrow a_m \leqslant ma_1 \quad ⑥.$$

由 ① 式知，⑤ 式成立.

(2) 当 $m < n$ 时，$n - m \geqslant 1$，由归纳假设 ④ 式和条件知

$$a_{n+1} \leqslant a_{n-m} + a_{m+1} \leqslant (m+1)a_1 + \left(\frac{n-m}{m+1}-1\right)a_{m+1} + a_{m+1}$$

$$= (m+1)a_1 + \frac{n-m}{m+1}a_{m+1} = (m+1)a_1 + \left(\frac{n+1}{m+1}-1\right)a_{m+1}.$$

故 ⑤ 式成立，从而对所有 $n, m \in \mathbf{Z}^+$，命题 $P(n,m)$ 成立.

另解：利用带余除法. 存在 $q, r \in \mathbf{Z}^+$，使得 $n = mq + r$，则 $ma_n = ma_{mq+r} \leqslant ma_{mq} + ma_r$

$$\leqslant mqa_m + ma_r = (n-r)a_m + ma_r = (n-m)a_m + (m-r)a_m + ma_r$$

$$\leqslant (n-m)a_m + (m-r)a_1 + mra_1 \leqslant (n-m)a_m + m^2a_1.$$

从而 $a_n \leqslant ma_1 + \left(\dfrac{n}{m}-1\right)a_m$.

注 双重归纳法：如果 $P(n,m)$ 是含有两个独立正整数 n, m 的命题，满足：①$P(1,m)$ 对 $m \in \mathbf{Z}^+$ 成立，$P(n,1)$ 对 $n \in \mathbf{Z}^+$ 成立；②假设 $P(n+1,m)$ 和 $P(n,m+1)$ 成立，能推出 $P(n+1,m+1)$ 成立. 那么，对任意 $n, m \in \mathbf{Z}^+$，命题 $P(n,m)$ 成立.

例题 6 设 $f:[a,b] \to \mathbf{R}^+$，满足 $f(x)+f(y) \geqslant 2f(\sqrt{xy})$，$x,y \in [a,b]$，$a \geqslant 0$. 证明：对 $x_i \in [a,b]$，$1 \leqslant i \leqslant n$，有 $\sum_{i=1}^{n} f(x_i) \geqslant nf(\sqrt[n]{x_1 x_2 \cdots x_n})$.

方法讲解 利用无穷递降法，首先对 $n = 2^k$，$k \in \mathbf{Z}^+$，证明不等式成立.

当 $k=1$ 时，由假设知不等式成立，假设 $n=k$ 时，命题成立. 对 $n=k+1$，由于 $2^{k+1} = 2 \cdot 2^k$，则

$$f(x_1) + \cdots + f(x_{2^k}) + f(x_{2^k+1}) + \cdots + f(x_{2^{k+1}})$$
$$\geqslant 2^k f(\sqrt[2^k]{x_1 \cdots x_{2^k}}) + 2^k f(\sqrt[2^k]{x_{2^k+1} \cdots x_{2^{k+1}}})$$
$$\geqslant 2^k \left[2f(\sqrt{\sqrt[2^k]{x_1 \cdots x_{2^k}} \cdot \sqrt[2^k]{x_{2^k+1} \cdots x_{2^{k+1}}}}) \right] = 2^{k+1} f(\sqrt[2^{k+1}]{x_1 \cdots x_{2^{k+1}}}).$$

当 $n = 2^{k+1}$ 时，命题成立.

现假设 $n+1$ 时命题成立，对 n，令 $\sqrt[n]{x_1 x_2 \cdots x_n} = r$，$x_{n+1} = r$，则由归纳假设知

$$f(x_1) + \cdots + f(x_n) + f(r) \geqslant (n+1) f((x_1 \cdots x_n r)^{\frac{1}{n+1}}) = (n+1) f(r),$$

即 $f(x_1) + \cdots + f(x_n) \geqslant nf(\sqrt[n]{x_1 \cdots x_n})$. 故对所有 $n \in \mathbf{Z}^+$，原不等式成立，证毕.

注 递减归纳法（倒推归纳法，柯西方法）：设 $P(n)$ 为一个含有正整数 n 的命题，如果 ① $P(n)$ 对无数个 $n \in \mathbf{Z}^+$ 成立，② 假设 $P(n+1)$ 成立，可推出 $P(n)$ 成立. 那么，对所有 $n \in \mathbf{Z}^+$，$P(n)$ 成立.

例题 7 设 $a_n \in \mathbf{R}^+$，$n \geqslant 1$，存在一个常数 k，使得 $a_1^2 + a_2^2 + \cdots + a_n^2 < ka_{n+1}^2$. 证明：存在一个常数 λ，使得 $a_1 + a_2 + \cdots + a_n < \lambda a_{n+1}$.

方法讲解 考虑不等式 $(a_1 + a_2 + \cdots + a_n)^2 < t(a_1^2 + \cdots + a_n^2) < \lambda^2 a_{n+1}^2$ ①.

其中 $t(a_1^2 + \cdots + a_n^2) < tka_{n+1}^2$，$t$ 为常数. 如果 ① 式成立，则取 $\lambda^2 = tk$ 即可.

设命题 $P_n:(a_1 + a_2 + \cdots + a_n)^2 < t(a_1^2 + \cdots + a_n^2)$，命题 $Q_n:a_1 + a_2 + \cdots + a_n < \lambda a_{n+1}$.

当 $n=1$ 时，为使 P_1 成立，可取 $t>1$.

现假设命题 P_m 成立，即 $(a_1 + a_2 + \cdots + a_m)^2 < t(a_1^2 + \cdots + a_m^2)$.

由 ① 式得 $(a_1 + a_2 + \cdots + a_m)^2 < tka_{m+1}^2 = \lambda^2 a_{m+1}^2$，即 $a_1 + a_2 + \cdots + a_m < \lambda a_{m+1}$.

故 Q_m 成立，当 P_m 成立时，推出 Q_m 成立.

下面证明：若 Q_m 成立，则 P_{m+1} 也成立.

由 $a_1 + a_2 + \cdots + a_m < \lambda a_{m+1}$，推出 $(a_1 + a_2 + \cdots + a_m + a_{m+1})^2 < t(a_1^2 + a_2^2 + \cdots + a_{m+1}^2)$，

只需证 $a_{m+1}^2 + 2a_{m+1}(a_1 + a_2 + \cdots + a_m) < ta_{m+1}^2$，即 $a_1 + a_2 + \cdots + a_m < \dfrac{t-1}{2} a_{m+1}$.

取 $\lambda = \dfrac{t-1}{2}$ 就可以满足要求. 于是 $\lambda = \dfrac{t-1}{2} = \dfrac{\frac{\lambda^2}{k} - 1}{2}$，即 $\lambda^2 - 2k\lambda - k = 0$.

取 $\lambda = k + \sqrt{k^2 + k}$，此时 $t = \dfrac{\lambda^2}{k} > 1$，符合条件，从而由归纳法原理知原命题成立.

注 螺旋归纳法：设 $P(n)$，$Q(n)$ 为关于正整数 n 的命题，如果 ① 命题 $P(1)$ 成立. ② 对任意 $k \in \mathbf{Z}^+$，若命题 $P(k)$ 成立，则命题 $Q(k)$ 成立；若命题 $Q(k)$ 成立，则命题 $P(k+1)$ 成立. 那么，对所有 $n \in \mathbf{Z}^+$，命题 $P(n)$ 与 $Q(n)$ 都成立.

在处理问题时，应针对题目的不同特点，选择不同的表现形式，在处理手法上，还有加强命题、增加跨度、选择适当的归纳对象等技巧.

例题 8 设 $a_n = 1 + \dfrac{1}{2} + \cdots + \dfrac{1}{n}$，$n \geqslant 1$. 证明：$a_n^2 > 2\left(\dfrac{a_2}{2} + \cdots + \dfrac{a_n}{n}\right)$，$n \geqslant 2$.

方法讲解 利用归纳法证明更强的结论：

$$a_n^2 > 2\left(\frac{a_2}{2} + \cdots + \frac{a_n}{n}\right) + \frac{1}{n}, n \geq 2 \quad ①.$$

当 $n = 2$ 时，$a_2^2 = \left(1 + \frac{1}{2}\right)^2 = \frac{9}{4}, 2\left(\frac{a_2}{2}\right) + \frac{1}{2} = \frac{3}{2} + \frac{1}{2} = 2$，命题成立.

假设当 $n = k$ 时，不等式 ① 成立，对于 $n = k+1$，由归纳假设有

$$a_{k+1}^2 = \left(a_k + \frac{1}{k+1}\right)^2 = a_k^2 + \frac{2a_k}{k+1} + \frac{1}{(k+1)^2}$$

$$> 2\left(\frac{a_2}{2} + \cdots + \frac{a_k}{k}\right) + \frac{1}{k} + \frac{2}{k+1}\left(a_{k+1} - \frac{1}{k+1}\right) + \frac{1}{(k+1)^2}$$

$$= 2\left(\frac{a_2}{2} + \cdots + \frac{a_k}{k} + \frac{a_{k+1}}{k+1}\right) + \frac{1}{k} - \frac{1}{(k+1)^2}$$

$$> 2\left(\frac{a_2}{2} + \cdots + \frac{a_k}{k} + \frac{a_{k+1}}{k+1}\right) + \frac{1}{k+1}.$$

故当 $n = k+1$ 时，命题成立. 从而对所有 $n(n \geq 2)$，不等式 ① 成立.

由不等式 ① 得 $a_n^2 > 2\left(\frac{a_2}{2} + \cdots + \frac{a_n}{n}\right) + \frac{1}{n} > 2\left(\frac{a_2}{2} + \cdots + \frac{a_n}{n}\right)$，即原不等式成立.

例题 9 设 $n \in \mathbf{Z}^+, \alpha \in \mathbf{R}$. 证明：$2\cos n\alpha$ 可表示为关于 $2\cos\alpha$ 的首项系数为 1 的 n 次整系数多项式的形式，即存在 $P(x) = \sum_{i=0}^{n-1} a_i x^i + x^n, a_i \in \mathbf{Z}, 0 \leq i \leq n-1$，使得 $2\cos n\alpha = P(2\cos\alpha)$.

方法讲解 由于 $2\cos\alpha = (2\cos\alpha), 2\cos2\alpha = (2\cos\alpha)^2 - 2, 2\cos3\alpha = (2\cos\alpha)^3 - 3(2\cos\alpha)$，

所以，当 $n = 1, 2, 3$ 时，命题成立. 假设当 $n = k, n = k+1$ 时，命题成立，即存在首项系数为 1 的整系数多项式 $f(x), g(x)$，使得 $2\cos k\alpha = f(2\cos\alpha), 2\cos[(k+1)\alpha] = g(2\cos\alpha)$. 对 $n = k+2$，由于

$$2\cos[(k+2)\alpha] = 2\cos[(k+1)\alpha + \alpha] = 2\cos[(k+1)\alpha]\cos\alpha - 2\sin[(k+1)\alpha]\sin\alpha,$$

$$2\cos k\alpha = 2\cos[(k+1)\alpha - \alpha] = 2\cos[(k+1)\alpha]\cos\alpha + 2\sin[(k+1)\alpha]\cos\alpha,$$

于是 $2\cos[(k+2)\alpha] + 2\cos k\alpha = 4\cos[(k+1)\alpha]\cos\alpha$. 由归纳假设得

$$2\cos[(k+2)\alpha] = (2\cos\alpha)g(2\cos\alpha) - f(2\cos\alpha).$$

令 $P(x) = xg(x) - f(x)$，则 $P(x)$ 是首项系数为 1，次数为 $k+2$ 的整系数多项式.

因此，当 $n = k+2$ 时，命题成立.

例题 10 设函数 $f: \mathbf{R}_0^+ \to \mathbf{R}$，满足 $f(0) = 0, |f(x) - f(y)| \leq |x-y|f(x), x, y \in \mathbf{R}_0^+$. 求 $f(x)$.

方法讲解 由于 $\mathbf{R}_0^+$ 不是正整数集合，归纳原理在这里不能直接应用，所以要选择适当的归纳对象. 因为对任意 $x_0(x_0 \geq 0)$，存在正整数 n，使 $\frac{n-1}{2} \leq x_0 < \frac{n}{2}$，且当 n 取遍所有 $\mathbf{Z}^+$ 时，$x_0 \in \left[\frac{n-1}{2}, \frac{n}{2}\right)$ 取遍 $\mathbf{R}_0^+$. 利用归纳原理，对每个 $n \in \mathbf{Z}^+, f(x_0) = 0, x_0 \in \left[\frac{n-1}{2}, \frac{n}{2}\right)$，由 x_0 的任意性，得到 $f(x) = 0, x \in \mathbf{R}_0^+$.

当 $n = 1$ 时，取 $0 \leq x < \frac{1}{2}, y = 0$，则 $|f(x)| \leq xf(x) \leq x|f(x)| \leq \frac{1}{2}|f(x)|$，得到 $|f(x)| = 0$，即 $f(x) = 0, x \in \left[0, \frac{1}{2}\right)$，命题成立.

假设当 $n = k$ 时，命题成立，当 $n = k+1$ 时，取 $\frac{k}{2} \leq x < \frac{k+1}{2}, y = x - \frac{1}{2}$，则 $\frac{k-1}{2} \leq y < \frac{k}{2}$.

由归纳假设 $f(y) = 0$，从而 $|f(x)| \leq \frac{1}{2}|f(x)|$，得到 $|f(x)| = 0$，即 $f(x) = 0, \frac{k}{2} \leq x < \frac{k+1}{2}$.

因此，当 $n = k+1$ 时，命题成立，故 $f(x) = 0, x \in \mathbf{R}_0^+$.

例题 11 设 a,b,c 为非负整数，$ab \geqslant c^2$. 证明：存在 $n \in \mathbf{Z}^+$，$x_i,y_i \in \mathbf{Z}$，$1 \leqslant i \leqslant n$ 满足

$$\sum_{i=1}^n x_i^2 = a, \quad \sum_{i=1}^n y_i^2 = b, \quad \sum_{i=1}^n x_i y_i = c.$$

方法讲解 由 a,b 的对称性，不妨设 $a \geqslant b$，则 $a \geqslant c$，$a+b-2c \geqslant 0$. 若 $b = 0$，则 $c = 0$.

将命题记为求方程 (a,b,c) 的解 (X,Y)，$X = (x_1, x_2, \cdots, x_n)$，$Y = (y_1, y_2, \cdots, y_n)$. 对 $a+b$ 进行归纳.

当 $a+b = 0$ 时，结论成立. 假设当 $a+b \leqslant m$ 时，结论成立.

对 $a+b = m+1$，如果 $c \leqslant b$，令 $n = a+b-c$，取 $X = (x_1, x_2, \cdots, x_n)$，$Y = (y_1, y_2, \cdots, y_n)$.

当 $1 \leqslant i \leqslant a$ 时，取 $x_i = 1$，其余情况取 $x_i = 0$. 当 $1 \leqslant i \leqslant a-c$ 时，取 $y_i = 0$，其余情况取 $y_i = 1$. 若 $c > b$，则 $a > c$.

考虑 $(a+b-2c, b, c-b)$，易知

$$(a+b-2c)b - (c-b)^2 = ab - c^2 \geqslant 0, \text{且 } a+b-2c+b < a+b = m+1.$$

由归纳假设，方程 $(a+b-2c, b, c-b)$ 的解 (X,Y) 存在，容易验证，$(X+Y, Y)$ 为方程 (a,b,c) 的解. 证毕.

例题 12 已知 $2n+1$ 个星球两两之间的距离不相等，每个星球上的人都观察离该星球最近的一个星球，证明：存在一个星球未被观察.

方法讲解 利用数学归纳法，当 $n = 1$ 时，距离最近的一对星球相互观察，另一个星球未被观察，即命题成立.

对 $n \geqslant 2$ 的情况，因为 $2n+1$ 个星球两两之间距离的个数为有限个，且两两不相等，从而，存在唯一的一对星球距离最近，它们相互观察，除掉这两个星球，由归纳假设，必有一个星球未被观察到，即当 $k = n$ 时，命题成立. 故对所有正整数 n，命题成立.

证明命题 $P(n)$ 对任意 $n \in \mathbf{Z}^+$ 成立，常常采用数学归纳法. 如果对给定的自然数 n，讨论命题 $P(n)$ 的正确性，如在处理多元不等式，以及最大、最小值时，调整法起到重要作用，通过调整变量的取值，达到预期目标.

例题 13 给定 $n \in \mathbf{Z}^+$，设 $x_i \in \mathbf{R}^+$，$1 \leqslant i \leqslant n$，满足 $\sum_{i=1}^n x_i = 1$，证明：$\sum_{i=1}^n x_i^2 \geqslant \dfrac{1}{n}$.

方法讲解 首先考虑取等条件，当 $x_1 = x_2 = \cdots = x_n = \dfrac{1}{n}$ 时，$\sum_{i=1}^n x_i^2 = \dfrac{1}{n}$，命题成立.

若 $\{x_i\}$ 不全相等，则进行调整.

由于不全相等，必有最大、最小元素，不妨设 $x_1 = \max\{x_i\}$，$x_2 = \min\{x_i\}$，那么 $x_1 > \dfrac{1}{n} > x_2$.

进行一次调整，则调整后，保持条件，即其和不变，令 $x_1' = \dfrac{1}{n}$，$x_2' = x_1 + x_2 - \dfrac{1}{n}$，$x_i' = x_i$，$3 \leqslant i \leqslant n$，

则 $\sum_{i=1}^n x_i' = \sum_{i=1}^n x_i = 1$，同时满足 $\sum_{i=1}^n x_i^2 \geqslant \sum_{i=1}^n x_i'^2$，即 $x_1^2 + x_2^2 \geqslant x_1'^2 + x_2'^2$.

这个等价于 $x_1^2 + x_2^2 \geqslant \dfrac{1}{n^2} + \left(x_1 + x_2 - \dfrac{1}{n}\right)^2 \Leftrightarrow \left(x_1 - \dfrac{1}{n}\right)\left(x_2 - \dfrac{1}{n}\right) \leqslant 0.$

由于 $x_1 > \dfrac{1}{n} > x_2$，则上述不等式成立，即 $\sum_{i=1}^n x_i^2 \geqslant \sum_{i=1}^n x_i'^2$ ①.

对新的变量 $x_1', x_2', \cdots, x_n'$，重复上述过程.

当 $x_1' = x_2' = \cdots = x_n' = \dfrac{1}{n}$ 时，$\sum_{i=1}^n x_i'^2 = \dfrac{1}{n}$，由 ① 得到 $\sum_{i=1}^n x_i^2 \geqslant \dfrac{1}{n}$. 此时，命题成立.

若 $\{x_i'\}$ 不全相等，则必存在最大、最小元素，由平均数的性质，它们不等于 $x_1' = \dfrac{1}{n}$，不妨设 $x_2' = $

$\max\{x_i'\}$，$x_3'=\min\{x_i'\}$，则 $x_2'>\dfrac{1}{n}>x_3'$.

进行第二次调整：令 $x_2''=x_2'$，$x_3''=x_2'+x_3'-\dfrac{1}{n}$，$x_i''=x_i'$，$i\neq 2,3$，则保持和 $\sum\limits_{i=1}^{n}x_i''=\sum\limits_{i=1}^{n}x_i'=1$ 不变，

易验证，$\sum\limits_{i=1}^{n}x_i'^{2}\geqslant\sum\limits_{i=1}^{n}x_i''^{2}$　②．

当 $x_1''=x_2''=\cdots=x_n''=\dfrac{1}{n}$ 时，$\sum\limits_{i=1}^{n}x_i''^{2}=\dfrac{1}{n}$，从而由 ①② 知 $\sum\limits_{i=1}^{n}x_i^{2}\geqslant\sum\limits_{i=1}^{n}x_i'^{2}\geqslant\dfrac{1}{n}$，命题成立.

重复上述过程，经过有限次调整后，它们将全相等，进而得到 $\sum\limits_{i=1}^{n}x_i^{2}\geqslant\cdots\geqslant\dfrac{1}{n}$，故命题成立.

注　这种将最大数调小，最小数调大，最后使它们全相等的调整方法，也称为磨光法.

例题 14　设 $a,b,c,d\geqslant 0$，满足 $a+b+c+d=1$，证明：
$$abc+bcd+cda+dab\leqslant\dfrac{1}{27}+\dfrac{176}{27}abcd.$$

方法讲解　将原不等式化为 $abc+bcd+cda+dab-\dfrac{176}{27}abcd\leqslant\dfrac{1}{27}$　①．

考虑 ① 式的取等条件，当 $a=b=c=d=\dfrac{1}{4}$ 或其中一个为 0，另三个为 $\dfrac{1}{3}$ 时，① 式的等号成立.

此时，调整方向有两个，将它们调整为全相等，或将其中一个调整为 0，另三个相等，使得调整后，变量之和不变，① 式的左边变大.

不妨设 $0\leqslant a\leqslant b\leqslant c\leqslant d$，记 $f(a,b,c,d)=\sum\limits_{cyc}abc-\dfrac{176}{27}abcd$.

若它们不全相等，则 $a<\dfrac{1}{4}<d$，进行一次调整：

令 $d'=\dfrac{1}{4}$，$a'=a+d-\dfrac{1}{4}$，$b'=b$，$c'=c$，则 $a'+b'+c'+d'=1$，$a'd'>ad$，$a'+d'=a+d$　②．

由于 $f(a,b,c,d)=bc(a+d)+ad\left(b+c-\dfrac{176}{27}bc\right)$　③．

当 $b+c-\dfrac{176}{27}bc\leqslant 0$ 时，

由均值不等式，有 $f(a,b,c,d)\leqslant bc(a+d)\leqslant\left(\dfrac{b+c+a+d}{3}\right)^{3}=\dfrac{1}{27}$，即 ① 式成立.

当 $b+c-\dfrac{176}{27}bc>0$ 时，由 ②，③ 式得
$$f(a,b,c,d)\leqslant b'c'(a'+d')+a'd'\left(b'+c'-\dfrac{176}{27}b'c'\right)=f(a',b',c',d').$$

再对 $f(a',b',c',d')=\sum\limits_{cyc}a'b'c'-\dfrac{176}{27}a'b'c'd'$，同样讨论，最后得到

$f(a,b,c,d)\leqslant f(a',b',c',d')\leqslant\cdots\leqslant f\left(\dfrac{1}{4},\dfrac{1}{4},\dfrac{1}{4},\dfrac{1}{4}\right)=\dfrac{1}{27}$，故命题成立，证毕.

注　若有一个为 0，则原不等式成立，不妨设均不为 0，此时，先将原不等式化为 $\dfrac{1}{a}+\dfrac{1}{b}+\dfrac{1}{c}+\dfrac{1}{d}-\dfrac{1}{27abcd}\leqslant\dfrac{176}{27}$，再进行调整.

例题 15 设 $n \geqslant 2, x_i > 0, 1 \leqslant i \leqslant n$ 满足 $x_i x_j \geqslant 1, i \neq j$. 证明：$\displaystyle\sum_{i=1}^{n} \frac{1}{1+x_i} \geqslant \frac{n}{1+\sqrt[n]{x_1 x_2 \cdots x_n}}$.

方法讲解 显然，这是一个两边具有变量的不等式问题，通过适当变形，将不等式的一边化为常数. 令 $m = \sqrt[n]{x_1 x_2 \cdots x_n}$，则原不等式化为 $\displaystyle\sum_{i=1}^{n} \frac{1}{1+x_i} \geqslant \frac{n}{1+m}, n \geqslant 2$.

此时，条件为 $x_i x_j \geqslant 1, i \neq j$，且 $\sqrt[n]{x_1 x_2 \cdots x_n} = m$.

当 $x_1 = x_2 = \cdots = x_n = m \geqslant 1$ 时，$\displaystyle\sum_{i=1}^{n} \frac{1}{1+x_i} \geqslant \frac{n}{1+m}$，命题成立.

如果 $\{x_i\}$ 不全相等，不妨设 $x_1 < m < x_2$，进行调整，使得几何平均值不变，且 $\displaystyle\sum_{i=1}^{n} \frac{1}{1+x_i}$ 变小.

令 $y_1 = m, y_2 = \dfrac{x_1 x_2}{m}, y_i = x_i, 3 \leqslant i \leqslant n$，则 $\sqrt[n]{y_1 \cdots y_n} = \sqrt[n]{x_1 \cdots x_n} = m$.

由于 $\displaystyle\sum_{i=1}^{n} \frac{1}{1+x_i} \geqslant \sum_{i=1}^{n} \frac{1}{1+y_i} \Leftrightarrow \frac{2+x_1+x_2}{1+x_1+x_2+x_1 x_2} \geqslant \frac{2+y_1+y_2}{1+y_1+y_2+y_1 y_2}$ ①.

令 $f(t) = \dfrac{2+t}{1+x_1 x_2+t}$，则 $f(t) = 1 + \dfrac{1-x_1 x_2}{1+x_1 x_2+t}$. 由假设 $x_i x_j \geqslant 1$ 知 $f(t)$ 是单调递增的，从而 ①

式等价于 $f(x_1+x_2) \geqslant f(y_1+y_2) \Leftrightarrow x_1 + x_2 \geqslant y_1 + y_2 \Leftrightarrow x_1 + x_2 \geqslant m + \dfrac{x_1 x_2}{m}$

$$\Leftrightarrow (m-x_1)(m-x_2) \leqslant 0 \quad ②.$$

由于 $x_1 < m < x_2$，所以 ② 式成立，从而 ① 成立，即 $\displaystyle\sum_{i=1}^{n} \frac{1}{1+x_i} \geqslant \sum_{i=1}^{n} \frac{1}{1+y_i}$.

由于 $x_i x_j \geqslant 1, |y_1-y_2| < |x_1-x_2|, x_1 < y_1, y_2 < x_2$，从而 $y_1 x_i \geqslant 1, y_2 x_i \geqslant 1, 3 \leqslant i \leqslant n$. 对 $y_1, y_2, \cdots, y_n$ 进行同样的处理，最后，使它们全相等，故命题成立.

例题 16 设两两不同的正整数 $x_1, \cdots, x_{30}$ 满足 $\displaystyle\sum_{i=1}^{30} x_i = 1989$，求 $S = \displaystyle\sum_{1 \leqslant i < j < k \leqslant 30} x_i x_j x_k$ 取最大值时的一组解.

方法讲解 由于方程 $\displaystyle\sum_{i=1}^{30} x_i = 1989$ 的正整数解为有限组，所以 S 的最大值存在.

不妨设 $x_1, x_2, \cdots, x_{30}(x_1 < x_2 < \cdots < x_{30})$ 为使 S 取最大值的一组 $\{x_i\}$，则我们有如下结论：

(1) 对 $i = 1, 2, \cdots, 29$，有 $x_{i+1} - x_i \leqslant 2$.

若不然，设存在 i_0，使得 $x_{i_0+1} - x_{i_0} \geqslant 3$，不妨设 $i_0 = 1$，即 $x_2 - x_1 \geqslant 3$.

由于 $S = x_1 x_2 \displaystyle\sum_{k=3}^{30} x_k + (x_1+x_2) \sum_{3 \leqslant i < j \leqslant 30} x_i x_j + \sum_{3 \leqslant i < j < k \leqslant 30} x_i x_j x_k$，则令 $x_1' = x_1 + 1, x_2' = x_2 - 1$，那么 $x_1' < x_2' < x_3, x_1' + x_2' = x_1 + x_2, x_1' x_2' = x_1 x_2 + x_2 - x_1 - 1 > x_1 x_2$，从而 $S < S'$，即调整后，和式 S' 大于原和式 S，与 S 最大矛盾.

(2) 满足 $x_{i+1} - x_i = 2$ 的 i 值至多有一个.

若 $1 \leqslant i_0 < j_0 \leqslant 29$，使得 $x_{i_0+1} - x_{i_0} = 2, x_{j_0+1} - x_{j_0} = 2$，令 $x_{i_0}' = x_{i_0} + 1, x_{j_0+1}' = x_{j_0+1} - 1$，则和式 S 变大，矛盾.

(3) 存在 i 值，使得 $x_{i+1} - x_i = 2$.

若从小到大每相邻两个数都差 1，不妨设 $x_1, \cdots, x_{30}$ 依次为 $k-14, k-13, \cdots, k, k+1, \cdots, k+15$，则 $(k-14) + (k-13) + \cdots + k + (k+1) + \cdots + (k+15) = 30k + 15$ 为 5 的倍数，不可能为 1989.

综上所述，不妨设 $x_j = \begin{cases} m+j-1, & j = 1, 2, \cdots, i_0, \\ m+j, & j = i_0+1, \cdots, 30, \end{cases} \quad 1 \leqslant i_0 \leqslant 29$.

由于 $\sum_{j=1}^{i_0}(m+j-1)+\sum_{j=i_0+1}^{30}(m+j)=1989$，得到 $30m-i_0=1524$，解得 $m=51,i_0=6$.

故当 S 取最大值时，$x_i(1\leqslant i\leqslant 30)$ 的值为 $51,52,\cdots,56,58,59,\cdots,81$.

例题 17　设 $x_i\geqslant 0,1\leqslant i\leqslant n,\sum_{i=1}^{n}x_i=1$，求 $\sum_{i=1}^{n}(x_i^4-x_i^5)$ 的最大值.

方法讲解　当 $n=1$ 时，$\sum_{i=1}^{n}(x_i^4-x_i^5)=0$；当 $n=2$ 时，

$$\sum_{i=1}^{n}(x_i^4-x_i^5)=(x_1^4+x_2^4)-(x_1+x_2)(x_1^4-x_1^3x_2+x_1^2x_2^2-x_1x_2^3+x_2^4)=x_1x_2(1-3x_1x_2).$$

由于 $x_1x_2\leqslant\dfrac{1}{4}$，所以所求最大值为 $\dfrac{1}{12}$.

当 $n\geqslant 3$ 时，先证明一个引理：

引理：设 $x,y>0,x+y<\dfrac{7}{10}$，则 $(x+y)^4-(x+y)^5>x^4-x^5+y^4-y^5$　①.

引理的证明：实际上，① 式 $\Leftrightarrow 4x^2+6xy+4y^2-(5x^3+10x^2y+10xy^2+5y^3)>0$

$\qquad\qquad\qquad\qquad\Leftrightarrow 4x^2+6xy+4y^2-5(x+y)(x^2+xy+y^2)>0$　②.

由于 $4x^2+6xy+4y^2-5(x+y)(x^2+xy+y^2)>4x^2+6xy+4y^2-\dfrac{7}{2}(x^2+xy+y^2)>0$，

所以 ② 式成立，从而 ① 式成立.引理证毕.

回到原题：由 $n\geqslant 3,x_1+x_2+\cdots+x_n=1$ 知，总有两个数之和 $<\dfrac{2}{3}<\dfrac{7}{10}$.用 $x+y$ 替换 x,y，利用

引理，最后化为 $n=2$ 的情形，故 $\sum_{i=1}^{n}(x_i^4-x_i^5)$ 的最大值为 $\dfrac{1}{12}$.

注　以上通过逐步调整，最终得到所求目标.对于多元函数 $F(x_1,x_2,\cdots,x_n)$，如果能够证明对 $t\in$ $\mathbf{R},F(x_1,x_2,\cdots,x_n)\geqslant F(t,t,x_3,\cdots,x_n)$，且 $F(t,t,x_3,\cdots,x_n)\geqslant 0$，那么 $F(x_1,x_2,\cdots,x_n)\geqslant 0$.该方法称为局部调整法.在实际操作中，$t$ 取其中某两个变量的平均值.

例题 18　设 $a,b,c>0$，满足 $abc=1$，证明：$\dfrac{1}{a}+\dfrac{1}{b}+\dfrac{1}{c}+\dfrac{5}{a+b+c+1}\geqslant\dfrac{17}{4}$.

方法讲解　不妨设 $a=\max\{a,b,c\},F(a,b,c)=\sum_{cyc}\dfrac{1}{a}+\dfrac{5}{\sum_{cyc}a+1}$.

令 $t=\sqrt{bc}$，则 $F(a,b,c)-F(a,t,t)=\dfrac{1}{b}+\dfrac{1}{c}+\dfrac{5}{a+b+c+1}-\dfrac{2}{t}-\dfrac{5}{a+2t+1}$

$\qquad\qquad=(b+c-2t)\left[\dfrac{1}{bc}-\dfrac{5}{(a+b+c+1)(a+2t+1)}\right]$

$\qquad\qquad=(b+c-2t)\left[\dfrac{(a+b+c+1)(a+2t+1)-5bc}{bc(a+b+c+1)(a+2t+1)}\right].$

由于 $(a+b+c+1)(a+2t+1)\geqslant(a+1+2t)^2=(a+abc+2\sqrt{bc})^2$

$\geqslant(1+bc+2\sqrt{bc})^2\geqslant(4\sqrt{bc})=16bc,b+c-2t\geqslant 0$，

所以 $F(a,b,c)\geqslant F(a,t,t)$.此外，由于 $abc=1$，所以 $t=\sqrt{bc}\leqslant 1,F(a,t,t)=F\left(\dfrac{1}{t^2},t,t\right)$.

下面证明 $F\left(\dfrac{1}{t^2},t,t\right)=t^2+\dfrac{2}{t}+\dfrac{5}{2t+\dfrac{1}{t^2}+1}\geqslant\dfrac{17}{4}$　①.

当 $t=1$ 时，$F\left(\dfrac{1}{t^2},t,t\right)=F(1,1,1)=\dfrac{17}{4}$.

当 $0 < t < 1$ 时，① 式等价于

$$\frac{t^3 + 2 - 3t}{t} + \frac{5t^2}{2t^3 + t^2 + 1} \geq \frac{5}{4}$$

$$\Leftrightarrow 4(t+2)(2t^3 + t^2 + 1) \geq 5t(2t+1)$$

$$\Leftrightarrow 8t^4 + 20t^3 - 2t^2 - t + 8 \geq 0 \quad ②.$$

由于 $0 < t < 1$，所以 ② 式成立，即 $F\left(\dfrac{1}{t^2}, t, t\right) \geq \dfrac{17}{4}$，故 $F(a,b,c) \geq \dfrac{17}{4}$. 证毕.

例题 19 设 $a_i \geq 0 (1 \leq i \leq n)$，$a_i$ 满足两两互不相等，证明：

$$(n-2)\sum_{i=1}^{n} a_i + n\sqrt[n]{a_1 a_2 \cdots a_n} - 2\sum_{1 \leq i < j \leq n} \sqrt{a_i a_j} \geq 0, n \geq 2.$$

方法讲解 当 $n = 2$ 时，命题成立.

当 $n = 3$ 时，记 $f(a_1, a_2, a_3) = \sum_{i=1}^{3} a_i + 3\sqrt[3]{a_1 a_2 a_3} - 2\sum_{cyc} \sqrt{a_1 a_2}$.

不妨设 $a_1 \leq a_2 \leq a_3$，作如下调整：

$$a_1' = a_1, \quad a_2' = a_3' = \sqrt{a_2 a_3} = a,$$

则 $f(a_1', a_2', a_3') = (a_1 + 2a + 3a_1^{\frac{1}{3}} a^{\frac{2}{3}}) - 2[a + 2(a_1 a)^{\frac{1}{2}}]$

$$= a_1 + 3a_1^{\frac{1}{3}} a^{\frac{2}{3}} - 4(a_1 a)^{\frac{1}{2}} \geq 4\sqrt[4]{a_1 (a_1^{\frac{1}{3}})^3 (a^{\frac{2}{3}})^3} - 4(a_1 a)^{\frac{1}{2}} = 0.$$

下面证明 $f(a_1, a_2, a_3) \geq f(a_1', a_2', a_3')$，即

$$a_2 + a_3 + 4\sqrt{a_1 a} - 2(\sqrt{a_1 a_2} + \sqrt{a_2 a_3} + \sqrt{a_3 a_1}) = a_2 + a_3 - 2a_1^{\frac{1}{2}}(\sqrt{a_2} + \sqrt{a_3} - 2\sqrt{a}) - 2a \geq 0.$$

由于 $a \geq a_1$，$\sqrt{a_2} + \sqrt{a_3} \geq 2\sqrt[4]{a_2 a_3} = 2\sqrt{a}$，所以

$$f(a_1, a_2, a_3) - f(a_1', a_2', a_3') \geq a_2 + a_3 - 2\sqrt{a}(\sqrt{a_2} + \sqrt{a_3} - 2\sqrt{a}) - 2a$$

$$= (\sqrt{a_2} - \sqrt{a})^2 + (\sqrt{a_3} - \sqrt{a})^2 \geq 0.$$

故 $f(a_1, a_2, a_3) \geq f(a_1', a_2', a_3') \geq 0$，命题成立.

例题 20 设 $a, b, c, d > 0$ 且满足 $abcd = 1$，证明：$\dfrac{1}{a} + \dfrac{1}{b} + \dfrac{1}{c} + \dfrac{1}{d} + \dfrac{9}{a+b+c+d} \geq \dfrac{25}{4}$.

方法讲解 当 a, b, c, d 中有两个相等时，不妨设 $a = b$，令 $s = a+b+c+d$，则

$$\frac{1}{a} + \frac{1}{b} + \frac{1}{c} + \frac{1}{d} + \frac{9}{a+b+c+d} = \frac{2}{a} + \frac{c+d}{cd} + \frac{9}{s} = \frac{2}{a} + a^2(s - 2a) + \frac{9}{s}$$

$$= \frac{2}{a} - 2a^3 + \left(a^2 s + \frac{9}{s}\right) \quad ①.$$

若 $a \geq \dfrac{\sqrt{2}}{2}$，则 $s = a+b+c+d \geq 2a + \dfrac{2}{a} \geq \dfrac{3}{a}$.

当 $s = 2a + \dfrac{2}{a}$ 时，① 式取最小值，于是

$$\frac{2}{a} - 2a^3 + \left(a^2 s + \frac{9}{s}\right) = \frac{2}{a} + 2a + \frac{9}{s} = s + \frac{9}{s} \geq 4 + \frac{9}{4} = \frac{25}{4} (注: s \geq 4).$$

若 $0 < a < \dfrac{\sqrt{2}}{2}$，则

$$\frac{2}{a} - 2a^3 + \left(a^2 s + \frac{9}{s}\right) \geq \frac{2}{a} - 2a^3 + 6a > \frac{2}{a} + 5a \geq 2\sqrt{10} > \frac{25}{4}.$$

所以，当两个元素相等时，命题成立. 如果它们两两不相等，不妨设 $a > b > c > d$.

由于 $\dfrac{ad}{c} bcc = abcd = 1$，则 $\dfrac{1}{\frac{ad}{c}} + \dfrac{1}{b} + \dfrac{1}{c} + \dfrac{1}{c} + \dfrac{9}{\frac{ad}{c} + b + c + c} \geq \dfrac{25}{4}$. 下面只要证明

$$\frac{1}{a}+\frac{1}{b}+\frac{1}{c}+\frac{1}{d}+\frac{9}{a+b+c+d} \geqslant \frac{1}{\frac{ad}{c}}+\frac{1}{b}+\frac{1}{c}+\frac{1}{c}+\frac{9}{\frac{ad}{c}+b+c+c} \quad ②,$$

等价于 $\dfrac{1}{a}+\dfrac{1}{d}+\dfrac{9}{a+b+c+d} \geqslant \dfrac{1}{\frac{ad}{c}}+\dfrac{1}{c}+\dfrac{9}{\frac{ad}{c}+b+2c}$

$$\Leftrightarrow \frac{ac+cd-c^2-ad}{acd} \geqslant \frac{9\left(a+d-\frac{ad}{c}-c\right)}{(a+b+c+d)\left(\frac{ad}{c}+b+2c\right)}$$

$$\Leftrightarrow \frac{(a-c)(c-d)}{acd} \geqslant \frac{9(a-c)(c-d)}{(a+b+c+d)\left(\frac{ad}{c}+b+2c\right)c}$$

$$\Leftrightarrow (a+b+c+d)\left(\frac{ad}{c}+b+2c\right) \geqslant 9ad \quad ③.$$

由于 $\dfrac{ad}{c}+3c \geqslant \sqrt{9ad}$,所以 $\dfrac{ad}{c}+b+2c \geqslant \sqrt{9ad}$.

因为 $a+b+c+d \geqslant \dfrac{ad}{c}+b+2c \Leftrightarrow (a-c)(c-d) \geqslant 0$,

所以 $(a+b+c+d)\left(\dfrac{ad}{c}+b+2c\right) \geqslant \sqrt{9ad}$,即 ③ 式成立,故原不等式成立.

例题 21 设 $x_i(x_i \geqslant 0, 1 \leqslant i \leqslant n)$ 满足 $\sum\limits_{i=1}^{n} x_i = n$,$\sum\limits_{i=1}^{n} ix_i = 2n-2$,求 $\sum\limits_{k=1}^{n} k^2 x_k$ 的最大值.

方法讲解 令 $y_i = \sum\limits_{j=i}^{n} x_j, 1 \leqslant i \leqslant n$,则 $y_1 = n$,$\sum\limits_{i=1}^{n} y_i = 2n-2$,

$$S = \sum_{k=1}^{n} k^2 x_k = \sum_{k=1}^{n-1} k^2(y_k - y_{k+1}) + n^2 y_n \text{(阿贝尔恒等式)}$$

$$= \sum_{k=1}^{n-1} k^2 y_k - \sum_{k=1}^{n}(k-1)^2 y_k + n^2 y_n$$

$$= y_1 + \sum_{k=2}^{n-1}(2k-1)y_k - (n-1)^2 y_n + n^2 y_n$$

$$= \sum_{k=1}^{n}(2k-1)y_k.$$

注意到 $y_1 = n, y_2 \geqslant y_3 \geqslant \cdots \geqslant y_n$,若存在 $i \in \{2,3,\cdots,n-1\}$,使 $y_i > y_n$,不妨设 i 为使此式成立的最大下标,则由 S 的表达式中,y_i 的系数小于 $y_{i+1}, \cdots, y_n$ 的系数,故在保持和数 $y_i + y_{i+1} + \cdots + y_n$ 不变的前提下,用它们的算术平均值代替它们中的每个数时,S 增大.所以,当 $y_2 = y_3 = \cdots = y_n$ 时,S 最大,此时

$$S_{\max} = n + \frac{n-2}{n-1}\sum_{k=2}^{n}(2k-1) = n^2 - 2.$$

注 由于 $y_i > y_{i+1} = \cdots = y_n$,所以 $y_i > \dfrac{y_i + \cdots + y_n}{n-i+1} > y_{i+1}$. 当 $y_i, \cdots, y_n$ 用 $\dfrac{y_i + \cdots + y_n}{n-i+1}$ 代替时,S 增大.

(2) 和式恒等变形

在不等式的证明中,常常需要对讨论对象进行变形.这里主要介绍如何利用一些恒等式或不等式,根据预期目标,对给定的表示式进行分解、组合和放缩.

例题 22 设 $x \geqslant y \geqslant z > 0$，证明：$\sum\limits_{cyc} \dfrac{x^n y}{z} \geqslant \sum\limits_{cyc} x^n, n \geqslant 1$.

方法讲解 原不等式等价于 $\sum\limits_{cyc} x^n \left(\dfrac{y}{z} - 1\right) \geqslant 0$. 由于

$$(x^n - y^n)\left(\dfrac{y}{z} - 1\right) + (z^n - y^n)\left(\dfrac{x}{y} - 1\right) = (x-y)(y-z)\left(\dfrac{1}{z}\sum_{i=0}^{n-1} x^{n-1-i}y^i - \dfrac{1}{y}\sum_{i=0}^{n-1} z^{n-1-i}y^i\right)$$
$$\geqslant (x-y)(y-z)\left(\dfrac{1}{y}\sum_{i=0}^{n-1} x^{n-1-i}y^i - \dfrac{1}{y}\sum_{i=0}^{n-1} z^{n-1-i}y^i\right)$$
$$= (x-y)(y-z)\left[\sum_{i=0}^{n-1} y^{i-1}(x^{n-1-i} - z^{n-1-i})\right] \geqslant 0,$$

所以

$$x^n\left(\dfrac{y}{z} - 1\right) + y^n\left(\dfrac{z}{x} - 1\right) + z^n\left(\dfrac{x}{y} - 1\right) \geqslant y^n\left(\dfrac{y}{z} + \dfrac{z}{x} + \dfrac{x}{y} - 3\right) \geqslant 0.$$

故 $\sum\limits_{cyc} \dfrac{x^n y}{z} \geqslant \sum\limits_{cyc} x^n$.

例题 23 设 $a, b > 0, n \in \mathbf{Z}^+$，证明：$a^{n+1} \geqslant (n+1)ab^n - nb^{n+1}$，当且仅当 $a = b$ 时，等号成立.

方法讲解 原不等式等价于

$a^{n+1} + nb^{n+1} - (n+1)ab^n \geqslant 0 \Leftrightarrow (a^{n+1} - b^{n+1}) + (n+1)b^n(b-a) \geqslant 0$
$$\Leftrightarrow (a-b)(a^n + a^{n-1}b + \cdots + ab^{n-1} + b^n - (n+1)b^n) \geqslant 0.$$

若 $a > b > 0$，则 $a^n + a^{n-1}b + \cdots + ab^{n-1} + b^n - (n+1)b^n > (n+1)b^n - (n+1)b^n = 0$，即上述不等式成立.

若 $0 < a < b$，则 $a^n + a^{n-1}b + \cdots + ab^{n-1} + b^n - (n+1)b^n < (n+1)b^n - (n+1)b^n = 0$，即上述不等式成立.

当 $a = b$ 时，原不等式为等式，反之，必有 $a = b$. 综上所述，命题成立.

注 上述不等式称为 Jacobsthai 不等式.

例题 24 设 $x_1, x_2, \cdots, x_{60} \in [-1, 1], x_0 = x_{60}, x_1 = x_{61}$，求 $\sum\limits_{i=1}^{60} x_i^2(x_{i+1} - x_{i-1})$ 的最大值.

方法讲解 由于

$$\sum_{i=1}^{60} x_i^2(x_{i+1} - x_{i-1}) = \sum_{i=1}^{60} x_i^2 x_{i+1} - \sum_{i=1}^{60} x_i^2 x_{i-1} = \sum_{i=1}^{60} x_i^2 x_{i+1} - \sum_{i=1}^{60} x_{i+1}^2 x_i = \sum_{i=1}^{60} x_i x_{i+1}(x_i - x_{i+1}),$$

以及 $3xy(x-y) = x^3 - y^3 - (x-y)^3$，所以 $\sum\limits_{i=1}^{60} x_i^2(x_{i+1} - x_{i-1}) = \dfrac{1}{3}\sum\limits_{i=1}^{60}(x_{i+1} - x_i)^3$.

取 $x_{3k+1} = 1, x_{3k+2} = 0, x_{3k+3} = -1$，当 $0 \leqslant k \leqslant 19$ 时，

$$\sum_{i=1}^{60} x_i^2(x_{i+1} - x_{i-1}) = \dfrac{1}{3}\sum_{i=1}^{60}(x_{i+1} - x_i)^3 = \dfrac{1}{3}[40 \times (-1)^3 + 20 \times 2^3] = 40.$$

因为对 $x \in [-2, 2]$，有 $(x+1)^2(x-2) \leqslant 0$，即 $x^3 \leqslant 3x + 2$，所以

$$\sum_{i=1}^{60}(x_{i+1} - x_i)^3 \leqslant \sum_{i=1}^{60}(3(x_{i+1} - x_i) + 2) = 120,$$

于是 $\sum\limits_{i=1}^{60} x_i^2(x_{i+1} - x_{i-1}) \leqslant 40$. 故 $\sum\limits_{i=1}^{60} x_i^2(x_{i+1} - x_{i-1})$ 的最大值为 40.

例题 25 给定 $n \geqslant 3$，实数 $a_1, a_2, \cdots, a_n$ 满足 $\min\limits_{1 \leqslant i < j \leqslant n}|a_i - a_j| = 1$，求 $\sum\limits_{i=1}^{n}|a_i|^3$ 的最小值.

方法讲解 不妨设 $a_1 < a_2 < \cdots < a_n$，则对 $1 \leqslant k \leqslant n$，有 $|a_k| + |a_{n-k+1}| \geqslant |a_{n-k+1} - a_k| \geqslant |n+1-2k|$，

所以 $\sum_{k=1}^{n} |a_k|^3 = \frac{1}{2} \sum_{k=1}^{n} (|a_k|^3 + |a_{n+1-k}|^3)$

$$= \frac{1}{2} \sum_{k=1}^{n} (|a_k| + |a_{n+1-k}|) \left[\frac{3}{4} (|a_k| - |a_{n+1-k}|)^2 + \frac{1}{4} (|a_k| + |a_{n+1-k}|)^2 \right]$$

$$\geqslant \frac{1}{8} \sum_{k=1}^{n} (|a_k| + |a_{n+1-k}|)^3 \geqslant \frac{1}{8} \sum_{k=1}^{n} |n+1-2k|^3.$$

当 n 为奇数时，$\sum_{k=1}^{n} |n+1-2k|^3 = 2 \cdot 2^3 \cdot \sum_{i=1}^{\frac{n-1}{2}} i^3 = \frac{1}{4} (n^2-1)^2$.

当 n 为偶数时，$\sum_{k=1}^{n} |n+1-2k|^3 = 2 \sum_{i=1}^{\frac{n}{2}} (2i-1)^3 = 2 \left[\sum_{j=1}^{n} j^3 - \sum_{i=1}^{\frac{n}{2}} (2i)^3 \right] = \frac{1}{4} n^2 (n^2-2)$.

所以，当 n 为奇数时，$\sum_{k=1}^{n} |a_k|^3 \geqslant \frac{1}{32} (n^2-1)^2$；当 n 为偶数时，$\sum_{k=1}^{n} |a_k|^3 \geqslant \frac{1}{32} n^2 (n^2-2)$.

等号均在 $a_i = i - \frac{n+1}{2}, i = 1, 2, \cdots, n$ 时成立.

因此，$\sum_{k=1}^{n} |a_k|^3$ 的最小值为 $\frac{1}{32} (n^2-1)^2$（n 为奇数），或者 $\frac{1}{32} n^2 (n^2-2)$（n 为偶数）.

例题 26　求最大实数 λ，使得对任意 $0 = x_0 \leqslant x_1 \leqslant \cdots \leqslant x_n = 1$，有

$$\sum_{i=1}^{n} x_i^3 (x_i - x_{i-1}) \geqslant \frac{1}{4} + \frac{\lambda}{n}, n \geqslant 2.$$

方法讲解　由于 $x^4 - y^4 = (x-y)(x^3 + x^2 y + xy^2 + y^3)$，所以

$$\frac{1}{4} \sum_{i=1}^{n} (x_i^3 + x_i^2 x_{i-1} + x_i x_{i-1}^2 + x_{i-1}^3)(x_i - x_{i-1}) = \frac{1}{4} \sum_{i=1}^{n} (x_i^4 - x_{i-1}^4) = \frac{1}{4}.$$

于是，$\sum_{i=1}^{n} x_i^3 (x_i - x_{i-1}) - \frac{1}{4} = \frac{1}{4} \sum_{i=1}^{n} (x_i - x_{i-1}) [4 x_i^3 - (x_i^3 + x_i^2 x_{i-1} + x_i x_{i-1}^2 + x_{i-1}^3)]$

$$= \frac{1}{4} \sum_{i=1}^{n} (x_i - x_{i-1}) [x_i^2 (x_i - x_{i-1}) + x_i (x_i^2 - x_{i-1}^2) + x_i^3 - x_{i-1}^3]$$

$$= \frac{1}{4} \sum_{i=1}^{n} (x_i - x_{i-1})^2 [(x_i^2 + x_{i-1} x_i + x_i^2) + x_i^2 + x_i x_{i-1} + x_{i-1}^2]$$

$$= \frac{1}{4} \sum_{i=1}^{n} (x_i - x_{i-1})^2 (3 x_i^2 + 2 x_{i-1} x_i + x_{i-1}^2).$$

因为 $3 x_i^2 + 2 x_i x_{i-1} + x_{i-1}^2 = \frac{3}{2} x_i^2 + 3 x_i x_{i-1} + \frac{3}{2} x_{i-1}^2 + \frac{3}{2} x_i^2 - x_i x_{i-1} - \frac{1}{2} x_{i-1}^2$

$$= \frac{3}{2} (x_i + x_{i-1})^2 + x_i (x_i - x_{i-1}) + \frac{1}{2} (x_i^2 - x_{i-1}^2) \geqslant \frac{3}{2} (x_i + x_{i-1})^2,$$

所以 $\sum_{i=1}^{n} x_i^3 (x_i - x_{i-1}) - \frac{1}{4} \geqslant \frac{3}{8} \sum_{i=1}^{n} (x_i - x_{i-1})^2 (x_i + x_{i-1})^2 = \frac{3}{8} \sum_{i=1}^{n} (x_i^2 - x_{i-1}^2)^2$

$$\geqslant \frac{3}{8n} \left[\sum_{i=1}^{n} (x_i^2 - x_{i-1}^2) \right]^2 = \frac{3}{8n},$$

于是 $\lambda \leqslant \frac{3}{8}$. 另外，取 $x_i = \sqrt{\frac{i}{n}}, 0 \leqslant i \leqslant n$，则 $\sum_{i=1}^{n} x_i^3 (x_i - x_{i-1}) = \frac{1}{n^2} \sum_{i=1}^{n} i^{\frac{3}{2}} (\sqrt{i} - \sqrt{i-1})$. 因为

$$\sqrt{k} - \sqrt{k-1} = \frac{1}{\sqrt{k} + \sqrt{k-1}} = \frac{1}{2\sqrt{k}} + \frac{1}{2\sqrt{k} (\sqrt{k} + \sqrt{k-1})^2}$$

$$= \frac{1}{2\sqrt{k}} + \frac{1}{8 k^{\frac{3}{2}}} + \frac{3\sqrt{k} + \sqrt{k-1}}{8 k^{\frac{3}{2}} (\sqrt{k} + \sqrt{k-1})^2} (\sqrt{k} - \sqrt{k-1}),$$

所以 $\sum_{i=1}^{n} x_i^3(x_i - x_{i-1}) = \frac{1}{n^2}\left[\sum_{i=1}^{n}\frac{i}{2} + \sum_{i=1}^{n}\frac{1}{8} + \sum_{i=1}^{n}\frac{3\sqrt{i}+\sqrt{i-1}}{8(\sqrt{i}+\sqrt{i-1})^2}(\sqrt{i}-\sqrt{i-1})\right]$

$$\leqslant \frac{1}{n^2}\left[\frac{n^2}{4} + \frac{3}{8}n + \sum_{i=1}^{n}\frac{3}{n(\sqrt{k}+\sqrt{k-1})}\right]$$

$$= \frac{1}{4} + \frac{3}{8}\cdot\frac{1}{n} + \frac{3}{8}\cdot\frac{1}{n^2}\sqrt{n} = \frac{1}{4} + \frac{3}{8n} + \frac{3}{8}\cdot\frac{1}{n^{\frac{3}{2}}}, n \geqslant 1.$$

于是，$\sum_{i=1}^{n} x_i^3(x_i - x_{i-1}) \leqslant \frac{1}{4} + \frac{3}{8}\cdot\frac{1}{n}$，即 $\lambda \leqslant \frac{3}{8}$. 故 λ 的最大值为 $\frac{3}{8}$.

例题 27 设 a, b, c 为三角形的三边长，证明：$\sqrt[3]{\dfrac{\sum\limits_{cyc}a^3 + 3abc}{2}} \geqslant \max\{a, b, c\}$.

方法讲解 不妨设 $a \geqslant b \geqslant c$，则原不等式等价于

$$\sqrt[3]{\frac{\sum\limits_{cyc}a^3 + 3abc}{2}} \geqslant a \Leftrightarrow -a^3 + b^3 + c^3 + 3abc \geqslant 0 \quad ①.$$

由于 $-a^3 + b^3 + c^3 + 3abc = (-a)^3 + b^3 + c^3 - 3(-a)bc$

$$= \frac{1}{2}(-a+b+c)[(a+b)^2 + (a+c)^2 + (b-c)^2] \geqslant 0,$$

所以 ① 式成立，故原不等式成立.

例题 28 设 a, b, c 为不同的正整数，满足 $\sum\limits_{cyc}ab \geqslant 3k^2 - 1, k \in \mathbf{Z}^+$. 证明：$\sum\limits_{cyc}a^3 \geqslant 3(abc + 3k)$.

方法讲解 原不等式化为

$$\sum\limits_{cyc}a^3 - 3abc \geqslant 9k \quad ①.$$

又 $\sum\limits_{cyc}x^3 - 3xyz = \frac{1}{2}\left(\sum\limits_{cyc}x\right)\left[\sum\limits_{cyc}(x-y)^2\right]$，所以 ① 式等价于

$$\frac{1}{2}\left(\sum\limits_{cyc}a\right)\left[\sum\limits_{cyc}(a-b)^2\right] \geqslant 9k \quad ②.$$

不妨设 $a > b > c$，则 $a - b \geqslant 1, b - c \geqslant 1, a - c \geqslant 2$. 于是 $\sum\limits_{cyc}(a-b)^2 \geqslant 6$. 从而只要证明

$$a + b + c \geqslant 3k \quad ③.$$

由于 $\sum\limits_{cyc}a^2 - \sum\limits_{cyc}ab = \frac{1}{2}\left[\sum\limits_{cyc}(a-b)^2\right]^2 \geqslant 3$，所以由假设得

$$(a+b+c)^2 = \sum\limits_{cyc}a^2 - \sum\limits_{cyc}ab + 3\sum\limits_{cyc}ab \geqslant 3 + 3(3k^2-1) = 9k^2,$$

则 $a + b + c \geqslant 3k$. 故 ③ 式成立.

例题 29 设 $a > b > c > d > 0$, $\sum\limits_{cyc}a = 100$，证明：$\sqrt[3]{\dfrac{a}{d+7}} + \sqrt[3]{\dfrac{d}{a+7}} + \sqrt[3]{\dfrac{b}{c+7}} + \sqrt[3]{\dfrac{c}{b+7}} \leqslant \dfrac{8}{\sqrt[3]{7}}$.

方法讲解 由 $x^3 + y^3 + (-z)^3 - 3xy(-z) = \frac{1}{2}(x+y-z)[(x-y)^2 + (y+z)^2 + (x+z)^2]$ 知

$$x^3 + y^3 + 3xyz \leqslant z^3 \Leftrightarrow x + y \leqslant z, x, y, z > 0 \quad ①.$$

首先证明 $\sqrt[3]{\dfrac{a}{d+7}} + \sqrt[3]{\dfrac{d}{a+7}} \leqslant \sqrt[3]{\dfrac{a+d+14}{7}}$ ②，由 ① 式知，等价于证明

$$\frac{a}{d+7} + \frac{d}{a+7} + 3\sqrt[3]{\frac{a}{d+7}\cdot\frac{d}{a+7}\cdot\frac{a+d+14}{7}} \leqslant \frac{a+d+14}{7} \quad ③.$$

由均值不等式得 $3\sqrt[3]{\dfrac{a}{d+7}\cdot\dfrac{d}{a+7}\cdot\dfrac{a+d+14}{7}} = 3\sqrt[3]{\dfrac{d(a+7)}{7(d+7)}\cdot\dfrac{a(d+7)}{7(a+7)}\cdot\dfrac{7(a+d+14)}{(a+7)(d+7)}}$

$$\leqslant \frac{d(a+7)}{7(d+7)}+\frac{a(d+7)}{7(a+7)}+\frac{7(a+d+14)}{(a+7)(d+7)} \quad ④.$$

为证明 ③ 式, 只要证明

$$\frac{a}{d+7}+\frac{d}{a+7}+\frac{d(a+7)}{7(d+7)}+\frac{a(d+7)}{7(a+7)}+\frac{7(a+d+14)}{(a+7)(d+7)} \leqslant \frac{a+d+14}{7} \quad ⑤.$$

由于 $\dfrac{a}{d+7}+\dfrac{d}{a+7}+\dfrac{d(a+7)}{7(d+7)}+\dfrac{a(d+7)}{7(a+7)}+\dfrac{7(a+d+14)}{(a+7)(d+7)}$

$$=\frac{7a+ad+7d}{7(d+7)}+\frac{7d+ad+7a}{7(a+7)}+\frac{7(a+d+14)}{(a+7)(d+7)}$$

$$=\frac{7a+ad+7d}{7}\cdot\frac{a+d+14}{(a+7)(d+7)}+\frac{7(a+d+14)}{(a+7)(d+7)}$$

$$=\frac{a+d+14}{7}\cdot\frac{7(a+d)+ad+49}{(a+7)(d+7)}=\frac{a+d+14}{7},$$

所以 ⑤ 式成立, 于是 ② 式成立. 同理可得 $\sqrt[3]{\dfrac{b}{c+7}}+\sqrt[3]{\dfrac{c}{b+7}} \leqslant \sqrt[3]{\dfrac{b+c+14}{7}} \quad ⑥.$

由 ②, ⑥ 两式知, 只要证明 $\sqrt[3]{\dfrac{a+d+14}{7}}+\sqrt[3]{\dfrac{b+c+14}{7}} \leqslant \dfrac{8}{\sqrt[3]{7}} \quad ⑦.$

由均值不等式知 $\sqrt[3]{\dfrac{a+d+14}{7}}+\sqrt[3]{\dfrac{b+c+14}{7}} \leqslant 2\sqrt[3]{\dfrac{a+b+c+d+28}{14}}.$

从而由假设得 $\sqrt[3]{\dfrac{a+d+14}{7}}+\sqrt[3]{\dfrac{b+c+14}{7}} \leqslant 2\sqrt[3]{\dfrac{128}{14}}=\sqrt[3]{\dfrac{128\times 4}{7}}=\dfrac{8}{\sqrt[3]{7}}.$

故 $\sqrt[3]{\dfrac{a}{d+7}}+\sqrt[3]{\dfrac{d}{a+7}}+\sqrt[3]{\dfrac{b}{c+7}}+\sqrt[3]{\dfrac{c}{b+7}} \leqslant \dfrac{8}{\sqrt[3]{7}}.$

例题 30　设 $x_i \in (0,1)$, $(1-x_i)(1-x_j) \geqslant \dfrac{1}{4}$, $1 \leqslant i,j \leqslant n$, 证明:

$$\sum_{i=1}^{n}x_i \geqslant \frac{1}{n-1}\sum_{1 \leqslant i<j \leqslant n}(2x_ix_j+\sqrt{x_ix_j}).$$

方法讲解　由于 $1-x_i+1-x_j \geqslant 2\sqrt{(1-x_i)(1-x_j)} \geqslant 1$, 即 $x_i+x_j \leqslant 1$, $1 \leqslant i,j \leqslant n$.

所以 $(n-1)\displaystyle\sum_{i=1}^{n}x_i \leqslant \dfrac{n(n-1)}{2}$, 即 $\displaystyle\sum_{i=1}^{n}x_i \leqslant \dfrac{n}{2}$.

于是 $\dfrac{1}{n-1}\displaystyle\sum_{1 \leqslant i<j \leqslant n}(2x_ix_j+\sqrt{x_ix_j})=\dfrac{1}{n-1}\Big(2\displaystyle\sum_{1 \leqslant i<j \leqslant n}x_ix_j+\displaystyle\sum_{1 \leqslant i<j \leqslant n}\sqrt{x_ix_j}\Big)$

$$=\frac{1}{n-1}\Big[\Big(\sum_{i=1}^{n}x_i\Big)^2-\sum_{i=1}^{n}x_i^2+\sum_{1 \leqslant i<j \leqslant n}\sqrt{x_ix_j}\Big]$$

$$\leqslant \frac{1}{n-1}\Big[\Big(\sum_{i=1}^{n}x_i\Big)^2-\frac{1}{n}\Big(\sum_{i=1}^{n}x_i\Big)^2+\sum_{1 \leqslant i<j \leqslant n}\frac{x_i+x_j}{2}\Big]$$

$$=\frac{1}{n-1}\Big[\frac{n-1}{n}\Big(\sum_{i=1}^{n}x_i\Big)^2+\frac{n-1}{2}\sum_{i=1}^{n}x_i\Big]$$

$$=\frac{1}{n}\Big(\sum_{i=1}^{n}x_i\Big)^2+\frac{1}{2}\Big(\sum_{i=1}^{n}x_i\Big) \leqslant \frac{1}{2}\sum_{i=1}^{n}x_i+\frac{1}{2}\sum_{i=1}^{n}x_i=\sum_{i=1}^{n}x_i.$$

故原不等式成立. 证毕.

例题 31 设 $a_i \in \mathbf{R}^+, 1 \leqslant i \leqslant n$，证明：$\displaystyle\sum_{1 \leqslant i < j \leqslant n} \frac{a_i a_j}{a_i + a_j} \leqslant \sum_{1 \leqslant i < j \leqslant n} \frac{a_i a_j}{2 \sum\limits_{i=1}^n a_i}$.

方法讲解 令 $S = \displaystyle\sum_{i=1}^n a_i$，则 $\displaystyle\sum_{1 \leqslant i < j \leqslant n}(a_i + a_j) = (n-1)S$，于是

$$\sum_{1 \leqslant i < j \leqslant n} \frac{a_i a_j}{a_i + a_j} = \sum_{1 \leqslant i < j \leqslant n} \frac{1}{4}\Big[a_i + a_j - \frac{(a_i - a_j)^2}{a_i + a_j}\Big] = \frac{n-1}{4}S - \frac{1}{4}\sum_{1 \leqslant i < j \leqslant n} \frac{(a_i - a_j)^2}{a_i + a_j}.$$

由于 $(n-1)\displaystyle\sum_{1 \leqslant i < j \leqslant n} a_i a_j = \frac{n-1}{2}\Big[S^2 - \sum_{i=1}^n a_i^2\Big]$ ①，以及

$$\sum_{1 \leqslant i < j \leqslant n} a_i a_j = \sum_{1 \leqslant i < j \leqslant n} \frac{1}{2}\big[a_i^2 + a_j^2 - (a_i - a_j)^2\big] = \frac{n-1}{2}\sum_{i=1}^n a_i^2 - \frac{1}{2}\sum_{1 \leqslant i < j \leqslant n}(a_i - a_j)^2 \quad ②,$$

①，② 相加得 $n\displaystyle\sum_{1 \leqslant i < j \leqslant n} a_i a_j = \frac{n-1}{2}S^2 - \frac{1}{2}\sum_{1 \leqslant i < j \leqslant n}(a_i - a_j)^2$，即

$$\frac{n}{2S}\sum_{1 \leqslant i < j \leqslant n} a_i a_j = \frac{n-1}{4}S - \frac{1}{4}\sum_{1 \leqslant i < j \leqslant n} \frac{(a_i - a_j)^2}{S} \geqslant \frac{n-1}{4}S - \frac{1}{4}\sum_{1 \leqslant i < j \leqslant n} \frac{(a_i - a_j)^2}{a_i + a_j}.$$

故 $\displaystyle\sum_{1 \leqslant i < j \leqslant n} \frac{a_i a_j}{a_i + a_j} \leqslant \sum_{1 \leqslant i < j \leqslant n} \frac{a_i a_j}{2 \sum\limits_{i=1}^n a_i}$.

例题 32 设 $a_i \in \mathbf{R}$，证明：$\displaystyle\sum_{i=1}^n a_i^2 - \sum_{i=1}^n a_i a_{i+1} \leqslant \Big[\frac{n}{2}\Big](M-m)^2, n \geqslant 1$，其中 $M = \max\{a_i\}, m = \min\{a_i\}, a_{n+1} = a_1, [x]$ 为取整函数.

方法讲解 易知

$$\sum_{i=1}^n a_i^2 - \sum_{i=1}^n a_i a_{i+1} = \frac{1}{2}\Big(\sum_{i=1}^n a_i^2 - 2\sum_{i=1}^n a_i a_{i+1} + \sum_{i=1}^n a_{i+1}^2\Big) = \frac{1}{2}\sum_{i=1}^n (a_i - a_{i+1})^2 \quad ①.$$

当 $n = 2k (k \in \mathbf{Z}^+)$ 为偶数时，由 ① 式得

$$\sum_{i=1}^n a_i^2 - \sum_{i=1}^n a_i a_{i+1} \leqslant \frac{1}{2}\sum_{i=1}^n (M-m)^2 = \frac{n}{2}(M-m)^2 = \Big[\frac{n}{2}\Big](M-m)^2.$$

故原不等式成立.

当 $n = 2k+1 (k \in \mathbf{Z}^+)$ 为奇数时，对于循环排列的 $2k+1$ 个数，必有连续三项递增或递减.

事实上，$\displaystyle\prod_{i=1}^{2k+1}(a_i - a_{i-1})(a_{i+1} - a_i) = \prod_{i=1}^{2k+1}(a_i - a_{i-1})^2 \geqslant 0, a_0 = a_n$.

存在 $i (1 \leqslant i \leqslant 2k+1)$，使得 $(a_i - a_{i-1})(a_{i+1} - a_i) \geqslant 0$，从而 $a_{i-1} \leqslant a_i \leqslant a_{i+1}$ 或 $a_{i-1} \geqslant a_i \geqslant a_{i+1}$.

不妨设 a_1, a_2, a_3 为单调的，则 $(a_2 - a_1)^2 + (a_3 - a_2)^2 \leqslant (a_3 - a_1)^2$.

从而 $\displaystyle\sum_{i=1}^n a_i^2 - \sum_{i=1}^n a_i a_{i+1} = \frac{1}{2}\sum_{i=1}^n (a_i - a_{i+1})^2 \leqslant \frac{1}{2}(a_1 - a_3)^2 + \frac{1}{2}\sum_{i=3}^n (a_i - a_{i+1})^2$

$\leqslant \frac{1}{2}(M-m)^2 + \frac{1}{2}(n-2)(M-m)^2 = \frac{n-1}{2}(M-m)^2 \leqslant \Big[\frac{n}{2}\Big](M-m)^2.$

综上所述，对 $n \in \mathbf{Z}^+, \displaystyle\sum_{i=1}^n a_i^2 - \sum_{i=1}^n a_i a_{i+1} \leqslant \Big[\frac{n}{2}\Big](M-m)^2$，证毕.

例题 33 设 $a_1 \geqslant a_2 \geqslant \cdots \geqslant a_n \geqslant a_{n+1} = 0$，证明：$\sqrt{\displaystyle\sum_{i=1}^n a_i} \leqslant \sum_{i=1}^n \sqrt{i}(\sqrt{a_i} - \sqrt{a_{i+1}})$.

方法讲解 令 $x_k = \sqrt{a_k} - \sqrt{a_{k+1}}, 1 \leqslant k \leqslant n$，则 $a_k = (x_k + x_{k+1} + \cdots + x_n)^2$. 因此，

$$\sum_{k=1}^n a_k = \sum_{k=1}^n k x_k^2 + 2\sum_{1 \leqslant k < l \leqslant n} k x_k x_l \quad ①.$$

由于

$$\left(\sum_{k=1}^{n}\sqrt{k}x_k\right)^2=\left[\sum_{k=1}^{n}\sqrt{k}\left(\sqrt{a_k}-\sqrt{a_{k+1}}\right)\right]^2=\sum_{k=1}^{n}kx_k^2+2\sum_{1\leqslant k<l\leqslant n}\sqrt{kl}\,x_kx_l \quad ②,$$

由 ①，② 两式知 $\left[\sum_{k=1}^{n}\sqrt{k}\left(\sqrt{a_k}-\sqrt{a_{k+1}}\right)\right]^2\geqslant\sum_{k=1}^{n}a_k$. 得证.

例题 34 设 $a_1,\cdots,a_{2019}$ 满足 $1\leqslant a_1\leqslant a_2\leqslant\cdots\leqslant a_{2019}=99$. 记 $f=a_1^2+\cdots+a_{2019}^2-(a_1a_3+a_2a_4+\cdots+a_{2017}a_{2019})$. 求 f 的最小值 f_0，并确定 $f=f_0$ 的数组 $(a_1,\cdots,a_{2019})$ 的个数.

方法讲解 由于

$$2f=a_1^2+a_2^2+a_{2018}^2+a_{2019}^2+\sum_{i=1}^{2017}(a_{i+2}-a_i)^2 \quad ①,$$

以及 $a_1,a_2,a_{i+2}-a_i,1\leqslant i\leqslant 2016$ 为非负整数，所以 $a_1^2\geqslant a_1,a_2^2\geqslant a_2,(a_{i+2}-a_i)^2\geqslant a_{i+2}-a_i,1\leqslant i\leqslant 2016$，于是

$$a_1^2+a_2^2+\sum_{i=1}^{2016}(a_{i+2}-a_i)^2\geqslant a_1+a_2+\sum_{i=1}^{2016}(a_{i+2}-a_i)=a_{2017}+a_{2018} \quad ②,$$

所以

$$2f\geqslant a_{2018}+a_{2019}+(a_{2018}-a_{2019})^2+a_{2018}^2+a_{2019}^2.$$

因为 $a_{2019}=99,a_{2018}\geqslant a_{2017}>0$，从而

$$f\geqslant(a_{2018}-49)^2+7400\geqslant 7400 \quad ③.$$

当 $a_1=\cdots=a_{1920}=1,a_{1920+2k-1}=a_{1920+2k}=k,1\leqslant k\leqslant 49$ 时，$f=7400$，于是 $f_0=7400$.

考虑 ③ 式取等号的条件，得 $a_{2017}=a_{2018}=49$，② 式中取等号，则 $a_1=a_2=1,a_{i+2}-a_i\in\{0,1\}$，$1\leqslant i\leqslant 2016$. 所以 $1=a_1=a_2\leqslant\cdots\leqslant a_{2018}=49$，且对每个 $k(1\leqslant k\leqslant 49),a_1,a_2,\cdots,a_{2018}$ 中至少有两个为 k，易知这也是 ③ 式取等号的充分条件.

对每个 $k(1\leqslant k\leqslant 49)$，设 $a_1,a_2,\cdots,a_{2018}$ 中有 $1+n_k$ 项为 k，则 $\{n_k\}$ 为方程 $\sum_{i=1}^{49}n_i=1969$ 的正整数解，有 C_{1968}^{48} 组，从而有 C_{1968}^{48} 组数使得 $f=f_0$.

例题 35 设正实数 $a_i,b_i(1\leqslant i\leqslant n)$ 满足 $\sum_{i=1}^{n}a_i=1,b_{i+1}-b_i\geqslant\delta>0,1\leqslant i\leqslant n$. 证明：

$$\sum_{i=1}^{n}\frac{i\sqrt[i]{a_1a_2\cdots a_ib_1b_2\cdots b_i}}{b_ib_{i+1}}<\frac{1}{\delta},n\geqslant 1.$$

方法讲解 令 $S_k=\sum_{i=1}^{k}a_ib_i,1\leqslant k\leqslant n,S_0=0$，则 $a_k=\dfrac{S_k-S_{k-1}}{b_k}$.

由假设知 $1=\sum_{i=1}^{n}a_i=\sum_{i=1}^{n}\dfrac{S_i-S_{i-1}}{b_i}=\dfrac{S_n}{b_n}+\sum_{i=1}^{n-1}S_i\left(\dfrac{1}{b_i}-\dfrac{1}{b_{i+1}}\right)$

$$=\frac{S_n}{b_n}+\sum_{i=1}^{n-1}S_i\frac{b_{i+1}-b_i}{b_ib_{i+1}}\geqslant\frac{S_n}{b_n}+\delta\sum_{i=1}^{n-1}\frac{S_i}{b_ib_{i+1}}$$

$$=\delta\sum_{i=1}^{n}\frac{S_i}{b_ib_{i+1}}+\frac{S_n}{b_n}-\frac{\delta S_n}{b_nb_{n+1}}=\delta\sum_{i=1}^{n}\frac{S_i}{b_ib_{i+1}}+\frac{S_n}{b_n}\left(1-\frac{\delta}{b_{n+1}}\right)$$

$$>\delta\sum_{i=1}^{n}\frac{S_i}{b_ib_{i+1}}\geqslant\delta\sum_{i=1}^{n}\frac{i\sqrt[i]{a_1a_2\cdots a_nb_1b_2\cdots b_n}}{b_ib_{i+1}},$$

故 $\sum_{i=1}^{n}\dfrac{i\sqrt[i]{a_1a_2\cdots a_nb_1b_2\cdots b_n}}{b_ib_{i+1}}<\dfrac{1}{\delta}$. 证毕.

例题 36 设 $a_n\geqslant a_{n-1}\geqslant\cdots\geqslant a_1,b_n\geqslant b_{n-1}\geqslant\cdots\geqslant b_1$，证明：$\sum_{i=1}^{n}a_ib_i\geqslant\sum_{i=1}^{n}a_ib_{n_i}\geqslant\sum_{i=1}^{n}a_ib_{n-i+1}$，其中 $n_1,\cdots,n_n$ 为 $1,2,\cdots,n$ 的任意一个排列，当且仅当 $a_1=\cdots=a_n$ 或 $b_1=\cdots=b_n$ 时，等号成立.

方法讲解　令 $B_k = \sum_{i=1}^{k} b_i, B'_k = \sum_{i=1}^{k} b_{n_i}, 1 \leq k \leq n$，假设 $B_k \leq B'_k$，由 Abel 不等式得

$$\sum_{i=1}^{n} a_i b_i - \sum_{i=1}^{n} a_i b_{n_i} = B_n a_n + \sum_{i=1}^{n-1} B_i(a_i - a_{i+1}) - B'_n a_n - \sum_{i=1}^{n-1} B'_i(a_i - a_{i+1})$$

$$= \sum_{i=1}^{n-1} (B_i - B'_i)(a_i - a_{i+1}) \geq 0.$$

于是 $\sum_{i=1}^{n} a_i b_i \geq \sum_{i=1}^{n} a_i b_{n_i}$ ①，同理可得 $\sum_{i=1}^{n} a_i b_{n_i} \geq \sum_{i=1}^{n} a_i b_{n-i+1}$ ②.得证.

注　①② 为排序不等式，$\sum_{i=1}^{n} a_i b_i, \sum_{i=1}^{n} a_i b_{n_i}, \sum_{i=1}^{n} a_i b_{n-i+1}$ 分别称为同序和、乱序和、反序和.

例题 37　设 $n \in \mathbf{Z}^+, a_i, b_i \in \mathbf{R}, 1 \leq i \leq n$，满足 $a_1 \geq \dfrac{a_1 + a_2}{2} \geq \cdots \geq \dfrac{a_1 + \cdots + a_n}{n}, b_1 \geq \dfrac{b_1 + b_2}{2} \geq$

$\cdots \geq \dfrac{b_1 + \cdots + b_n}{n}$，证明：

$$\frac{1}{n} \sum_{i=1}^{n} a_i b_i \geq \frac{1}{n} \sum_{i=1}^{n} a_i \cdot \frac{1}{n} \sum_{i=1}^{n} b_i \geq \frac{1}{n} \sum_{i=1}^{n} a_i b_{n-i+1} \quad ①.$$

方法讲解　令 $A_k = \sum_{i=1}^{k} a_i, 1 \leq k \leq n, A_0 = 0, b_{n+1} = 0$，则

$$\sum_{i=1}^{n} a_i b_i = \sum_{i=1}^{n} (A_i - A_{i-1}) b_i = \sum_{i=1}^{n-1} A_i(b_i - b_{i+1}) + A_n b_n = \sum_{i=1}^{n} A_i(b_i - b_{i+1}) = \sum_{i=1}^{n} i(b_i - b_{i+1}) \frac{A_i}{i}.$$

令 $x_i = i(b_i - b_{i+1}), y_i = \dfrac{A_i}{i}, 1 \leq i \leq n, A_{n+1} = 0, Z_k = \sum_{i=1}^{k} x_i, 1 \leq k \leq n, Z_0 = 0$，

则 $\sum_{i=1}^{n} a_i b_i = \sum_{i=1}^{n} x_i y_i = \sum_{i=1}^{n} Z_i(y_i - y_{i+1}), Z_k = \sum_{i=1}^{k} b_i - kb_{k+1}, y_k - y_{k+1} = \dfrac{A_k}{k} - \dfrac{A_{k+1}}{k+1}, 1 \leq k \leq n$，

于是 $\sum_{i=1}^{n} a_i b_i = \sum_{k=1}^{n-1} \left(\sum_{i=1}^{k} b_i - kb_{k+1} \right) \left(\dfrac{A_k}{k} - \dfrac{A_{k+1}}{k+1} \right) + \dfrac{1}{n} \sum_{i=1}^{n} a_i \sum_{i=1}^{n} b_i$.

由假设知 $A_1 \geq \dfrac{A_2}{2} \geq \cdots \geq \dfrac{A_n}{n}, \sum_{i=1}^{k} b_i \geq kb_{k+1}, 1 \leq k \leq n$，从而 $\sum_{i=1}^{n} a_i b_i \geq \dfrac{1}{n} \sum_{i=1}^{n} a_i \sum_{i=1}^{n} b_i$.

同理可得，$\dfrac{1}{n} \sum_{i=1}^{n} a_i \sum_{i=1}^{n} b_i \geq \sum_{i=1}^{n} a_i b_{n-i+1}$.故命题成立.

注　本题的不等式 ① 为广义切比雪夫不等式.

例题 38　设正实数序列 $a_1, a_2, a_3, \cdots$ 满足 $\sum_{j=1}^{n} a_j \geq \sqrt{n}, n \geq 1$，证明：对任意的 $n \geq 1$，有

$$\sum_{j=1}^{n} a_j^2 > \frac{1}{4} \left(1 + \frac{1}{2} + \cdots + \frac{1}{n} \right).$$

方法讲解　先证一个引理：

引理（钟开莱不等式）：设 $a_1, a_2, \cdots, a_n$ 和 $b_1, b_2, \cdots, b_n$ 是正数，且 $b_1 > b_2 > \cdots > b_n$.若对所有的 $k = 1, 2, \cdots, n$，有 $\sum_{j=1}^{k} b_j \leq \sum_{j=1}^{k} a_j$，则 $\sum_{j=1}^{n} b_j^2 \leq \sum_{j=1}^{n} a_j^2$.

引理的证明：由 Abel 公式得 $\sum_{k=1}^{n} a_k b_k = S_n b_n + \sum_{k=1}^{n-1} S_k(b_k - b_{k+1}), S_k = \sum_{i=1}^{k} a_k, 1 \leq k \leq n$，

有 $\sum_{j=1}^{n} b_j^2 \leq b_n \sum_{j=1}^{n} b_j + \sum_{k=1}^{n-1} \left(\sum_{j=1}^{k} b_j \right)(b_k - b_{k+1}) \leq b_n \sum_{j=1}^{n} a_j + \sum_{k=1}^{n-1} \left(\sum_{j=1}^{k} a_j \right)(b_k - b_{k+1}) = \sum_{j=1}^{n} a_j b_j$.

又 $\sum_{j=1}^{n} a_j b_j \leq \left(\sum_{j=1}^{n} a_j^2 \right)^{\frac{1}{2}} \left(\sum_{j=1}^{n} b_j^2 \right)^{\frac{1}{2}}$，结合上面两式即得所证不等式，引理证毕.

回到原题：取 $b_j = \sqrt{j} - \sqrt{j-1}$，则已知条件变为 $\sum_{j=1}^{k} a_j \geqslant \sum_{j=1}^{k} b_j (k=1,2,\cdots,n)$，

且 $b_1 \geqslant b_2 \geqslant \cdots \geqslant b_n$，由引理可得 $\sum_{j=1}^{n} a_j^2 \geqslant \sum_{j=1}^{n} b_j^2$.

又 $\sum_{i=1}^{n} b_i^2 = \sum_{j=1}^{n} \dfrac{1}{(\sqrt{j}+\sqrt{j-1})^2} > \sum_{j=1}^{n} \dfrac{1}{(2\sqrt{j})^2} = \dfrac{1}{4}\sum_{k=1}^{n}\dfrac{1}{k}$，所以 $\sum_{i=1}^{n} a_i^2 > \dfrac{1}{4}\sum_{k=1}^{n}\dfrac{1}{k}$.

注 构造一个特殊数列 $\{b_k\}$，使得 $\sum_{j=1}^{n} b_j = \sqrt{n}$，这样就不难猜测 $\sum_{j=1}^{n} a_j^2 \geqslant \sum_{j=1}^{n} b_j^2$，从而通过取 $b_j = \sqrt{j} - \sqrt{j-1}$ 来证明 $\sum_{j=1}^{n} b_j^2 > \dfrac{1}{4}\left(1+\dfrac{1}{2}+\cdots+\dfrac{1}{n}\right)$ 以达到目标.

例题 39 设 $n \in \mathbf{Z}^+, x_i, y_i \in \mathbf{R}, 1 \leqslant i \leqslant n$，证明：

$$\min\left\{\sum_{i=1}^{n} x_i^2, \sum_{i=1}^{n} y_i^2\right\} \cdot \sum_{i=1}^{n}(x_i-y_i)^2 \geqslant \sum_{1\leqslant i<j\leqslant n}(x_iy_j-x_jy_i)^2.$$

方法讲解 不妨设 $\sum_{i=1}^{n} x_i^2 \leqslant \sum_{i=1}^{n} y_i^2$，则原不等式化为 $\sum_{i=1}^{n} x_i^2 \cdot \sum_{i=1}^{n}(x_i-y_i)^2 \geqslant \sum_{1\leqslant i<j\leqslant n}(x_iy_j-x_jy_i)^2.$

由拉格朗日恒等式得 $\sum_{i=1}^{n} a_i^2 \cdot \sum_{i=1}^{n} b_i^2 \geqslant \sum_{1\leqslant i<j\leqslant n}(a_ib_j-a_jb_i)^2.$ 令 $a_i = x_i, b_i = x_i - y_i, 1 \leqslant i \leqslant n$，则

$$\sum_{i=1}^{n} x_i^2 \cdot \sum_{i=1}^{n}(x_i-y_i)^2 \geqslant \sum_{1\leqslant i<j\leqslant n}[x_i(x_j-y_j)-x_j(x_i-y_i)]^2 = \sum_{1\leqslant i<j\leqslant n}(x_iy_j-x_jy_i)^2.$$

故不等式成立. 证毕.

例题 40 设 $n \geqslant 2, x_i > 0, 1 \leqslant i \leqslant n$，满足 $\sum_{i=1}^{n} x_i \sum_{i=1}^{n} \dfrac{1}{x_i} \geqslant n^2 + 1$，证明：

$$\sum_{i=1}^{n} x_i^2 \sum_{i=1}^{n} \dfrac{1}{x_i^2} \geqslant n^2 + 4 + \dfrac{2}{n(n-1)}.$$

方法讲解 由拉格朗日恒等式得 $\sum_{i=1}^{n} x_i \sum_{i=1}^{n} \dfrac{1}{x_i} - n^2 = \sum_{1\leqslant i<j\leqslant n}\left(\sqrt{\dfrac{x_i}{x_j}}-\sqrt{\dfrac{x_j}{x_i}}\right)^2.$

记 $S = \sum_{1\leqslant i<j\leqslant n}\left(\sqrt{\dfrac{x_i}{x_j}}-\sqrt{\dfrac{x_j}{x_i}}\right)^2$，由假设知 $S \geqslant 1$.

又 $\sum_{i=1}^{n} x_i^2 \sum_{i=1}^{n}\dfrac{1}{x_i^2} - n^2 = \sum_{1\leqslant i<j\leqslant n}\left(\dfrac{x_i}{x_j}-\dfrac{x_j}{x_i}\right)^2 = \sum_{1\leqslant i<j\leqslant n}\left(\sqrt{\dfrac{x_i}{x_j}}+\sqrt{\dfrac{x_j}{x_i}}\right)^2\left(\sqrt{\dfrac{x_i}{x_j}}-\sqrt{\dfrac{x_j}{x_i}}\right)^2$

$= \sum_{1\leqslant i<j\leqslant n}\left[\left(\sqrt{\dfrac{x_i}{x_j}}-\sqrt{\dfrac{x_j}{x_i}}\right)^2+4\right]\left(\sqrt{\dfrac{x_i}{x_j}}-\sqrt{\dfrac{x_j}{x_i}}\right)^2 = \sum_{1\leqslant i<j\leqslant n}\left(\sqrt{\dfrac{x_i}{x_j}}-\sqrt{\dfrac{x_j}{x_i}}\right)^4 + 4S$

$\geqslant \dfrac{\left[\sum_{1\leqslant i<j\leqslant n}\left(\sqrt{\dfrac{x_i}{x_j}}-\sqrt{\dfrac{x_j}{x_i}}\right)^2\right]^2}{C_n^2} + 4S = \dfrac{2S^2}{n(n-1)} + 4S \geqslant \dfrac{2}{n(n-1)} + 4.$

从而 $\sum_{i=1}^{n} x_i^2 \sum_{i=1}^{n}\dfrac{1}{x_i^2} \geqslant n^2 + 4 + \dfrac{2}{n(n-1)}$，证毕.

例题 41 给定 $n > k > 1$，求 $C(n,k)$ 的最大值，使得对任意 $x_i \in \mathbf{R}$，有

$$\sum_{1\leqslant i<j\leqslant n}(x_i-x_j)^2 \leqslant C(n,k)\sum_{1\leqslant i<j\leqslant k}(x_i-x_j)^2.$$

方法讲解 由于 $\sum_{1\leqslant i<j\leqslant n}(x_i-x_j)^2 = n\sum_{i=1}^{n} x_i^2 - \left(\sum_{i=1}^{n} x_i\right)^2$，所以原不等式可化为

$$n\sum_{i=1}^{n} x_i^2 - \left(\sum_{i=1}^{n} x_i\right)^2 \geqslant C(n,k)\left[k\sum_{i=1}^{k} x_i^2 - \left(\sum_{i=1}^{k} x_i\right)^2\right].$$

令 $x_{k+1} = \cdots = x_n = 0$，则 $n \sum\limits_{i=1}^{k} x_i^2 - \left(\sum\limits_{i=1}^{k} x_i\right)^2 \geqslant C(n,k)\left[k \sum\limits_{i=1}^{k} x_i^2 - \left(\sum\limits_{i=1}^{k} x_i\right)^2\right]$，

即 $(C(n,k)-1)\left(\sum\limits_{i=1}^{k} x_i\right)^2 \geqslant (kC(n,k)-n)\sum\limits_{i=1}^{k} x_i^2$，从而 $kC(n,k)-n \leqslant 0$，即 $C(n,k) \leqslant \dfrac{n}{k}$.

下面证明 $n \sum\limits_{i=1}^{n} x_i^2 - \left(\sum\limits_{i=1}^{n} x_i\right)^2 \geqslant \dfrac{n}{k}\left[k \sum\limits_{i=1}^{k} x_i^2 - \left(\sum\limits_{i=1}^{k} x_i\right)^2\right]$，从而 $C(n,k)_{\max} = \dfrac{n}{k}$.

上述不等式等价于 $n \sum\limits_{i=k+1}^{n} x_i^2 \geqslant \left(\sum\limits_{i=1}^{n} x_i\right)^2 - \dfrac{n}{k}\left(\sum\limits_{i=1}^{k} x_i\right)^2$.

令 $A = \sum\limits_{j=k+1}^{n} x_j, B = \sum\limits_{i=1}^{k} x_i$，则 $n \sum\limits_{i=k+1}^{n} x_i^2 \geqslant \dfrac{n}{n-k}\left(\sum\limits_{i=k+1}^{n} x_i\right)^2$.

只需证明：$\dfrac{n}{n-k} A^2 \geqslant (A+B)^2 - \dfrac{n}{k} B^2$，即

$\dfrac{k}{n-k} A^2 \geqslant 2AB + \dfrac{k-n}{k} B^2 \Leftrightarrow k^2 A^2 \geqslant 2k(n-k)AB - (n-k)^2 B^2 \Leftrightarrow [kA - (n-k)B]^2 \geqslant 0$，

显然成立.

例题 42 求最大实数 m，使得对任意两两不同的正整数 $a_1, a_2, \cdots, a_{99}, a_{100}$，有

$$\sum_{k=1}^{100} \frac{1}{a_k} \sum_{k=1}^{100} (a_k^3 + 2a_k) - \left(\sum_{k=1}^{100} \sqrt{1+a_k^2}\right)^2 \geqslant m.$$

方法讲解 令 $n=100, S = \sum\limits_{k=1}^{n} \dfrac{1}{a_k} \sum\limits_{k=1}^{n} a_k, T = \sum\limits_{k=1}^{n} \dfrac{1}{a_k} \sum\limits_{k=1}^{n} a_k(1+a_k^2) - \left(\sum\limits_{k=1}^{n} \sqrt{1+a_k^2}\right)^2$，则 $S \geqslant n^2$.

当 $(a_1, a_2, \cdots, a_n) = (N, N+1, \cdots, N+n), N \in \mathbf{Z}^+$，且 N 充分大时，S 充分接近 n^2，下面估计 T.

由于 $T = \sum\limits_{1 \leqslant i < j \leqslant n} \left[\sqrt{\dfrac{a_j(1+a_j^2)}{a_i}} - \sqrt{\dfrac{a_i(1+a_i^2)}{a_j}}\right]^2$，令

$x = a_i, y = a_j, y > x, A(y,x) = \sqrt{\dfrac{y(y^2+1)}{x}} - \sqrt{\dfrac{x(x^2+1)}{y}} = \dfrac{y\sqrt{y^2+1} - x\sqrt{x^2+1}}{\sqrt{xy}}$.

易知 $x\sqrt{x^2+1}$ 比较接近 $x^2 + \dfrac{1}{2}$，且

$$g(x) = x^2 + \frac{1}{2} - x\sqrt{x^2+1} = \frac{1}{4} \cdot \frac{1}{x^2 + \frac{1}{2} + x\sqrt{x^2+1}} < \frac{1}{8x^2}.$$

显然 $g(x)$ 为减函数，且当 x 充分大时，$g(x)$ 充分小，$x\sqrt{x^2+1} = x^2 + \dfrac{1}{2} - g(x)$.

于是 $A(y,x) = \dfrac{y^2 + \dfrac{1}{2} - g(y) - \left[x^2 + \dfrac{1}{2} - g(x)\right]}{\sqrt{xy}} = \dfrac{y^2 - x^2}{\sqrt{xy}} + \dfrac{g(x) - g(y)}{\sqrt{xy}}$，从而

$$A(y,x) > \frac{y^2 - x^2}{\sqrt{xy}} > 2(y-x)，\text{且 } A(y,x) < 2(y-x)\frac{y}{\sqrt{xy}} + \frac{1}{8x^2\sqrt{xy}}.$$

对 $a_1, a_2, \cdots, a_n$ 排序，不妨设 $a_1 < a_2 < \cdots < a_n$，由 a_i 为正整数，有 $a_j - a_i \geqslant j-i, j>i$.

从而 $T = \sum\limits_{1 \leqslant i < j \leqslant n} [A(a_j, a_i)]^2 > \sum\limits_{1 \leqslant i < j \leqslant n} 4(a_j-a_i)^2 \geqslant \sum\limits_{1 \leqslant i < j \leqslant n} 4(j-i)^2 \geqslant 2\sum\limits_{i,j=1}^{n} (j-i)^2$

$= 4n\sum\limits_{i=1}^{n} i^2 - 4\left(\sum\limits_{i=1}^{n} i\right)^2 = \dfrac{4n^2(n+1)(2n+1)}{6} - n^2(n+1)^2 = \dfrac{n^4 - n^2}{3}$.

当 $(a_1, a_2, \cdots, a_n) = (N, N+1, \cdots, N+n), N \in \mathbf{Z}^+$，且 N 充分大时，

$A(a_j, a_i) < 2(j-i)\dfrac{N+n}{N} + \dfrac{1}{N^3}$，那么

$$T = \sum_{1 \leqslant i < j \leqslant n} [A(a_j, a_i)]^2 < \frac{n^2}{N^3} + \frac{n+N}{N} \sum_{1 \leqslant i < j \leqslant n} 4 (a_j - a_i)^2 = \frac{n^4 - n^2}{3} + \frac{n^4 - n^2}{3} \cdot \frac{n}{N} + \frac{n^2}{N^3}.$$

可以充分接近最小值 $\dfrac{n^4 - n^2}{3}$. 于是 $S + T > n^2 + \dfrac{n^4 - n^2}{3} = \dfrac{1}{3} n^2 (n^2 + 2)$.

当 $(a_1, a_2, \cdots, a_n) = (N, N+1, \cdots, N+n)$, $N \in \mathbf{Z}^+$, 且 N 充分大时, $S + T$ 充分接近最小值.

于是, 当 $n = 100$ 时, $m = \dfrac{1}{3} \times 100^2 \times (100^2 + 2) = 33340000$.

(3) 变量代换

变量代换是数学中常用的一种解题技巧, 其作用是将复杂问题简单化.

例题 43 设 $a, b, c > 0$ 满足 $abc = 1$, 证明: $\displaystyle\sum_{cyc} \dfrac{1}{a^3 (b+c)} \geqslant \dfrac{3}{2}$.

方法讲解 由条件 $abc = 1$, 可作变换 $a = \dfrac{1}{x}, b = \dfrac{1}{y}, c = \dfrac{1}{z}$, 则 $x, y, z > 0$, $xyz = 1$.

原不等式化为 $\displaystyle\sum_{cyc} \dfrac{x^2}{y+z} \geqslant \dfrac{3}{2}$. 利用 T_2- 引理和均值不等式, 得

$$\sum_{cyc} \frac{x^2}{y+z} \geqslant \frac{\left(\sum_{cyc} x\right)^2}{\sum_{cyc} (y+z)} = \frac{\left(\sum_{cyc} x\right)^2}{2 \sum_{cyc} x} = \frac{1}{2}(x+y+z) \geqslant \frac{3 (xyz)^{\frac{1}{3}}}{2} = \frac{3}{2}.$$

例题 44 设 $a, b, c > 0$, 证明: $\displaystyle\sum_{cyc} \dfrac{a}{\sqrt{a^2 + 8bc}} \geqslant 1$.

方法讲解 作变换, 令 $x = \dfrac{a}{\sqrt{a^2 + 8bc}}, y = \dfrac{b}{\sqrt{b^2 + 8ca}}, z = \dfrac{c}{\sqrt{c^2 + 8ab}}$, 则

$$\frac{1 - x^2}{x^2} \cdot \frac{1 - y^2}{y^2} \cdot \frac{1 - z^2}{z^2} = \frac{8bc}{a^2} \cdot \frac{8ca}{b^2} \cdot \frac{8ab}{c^2} = 8^3 \quad ①.$$

原不等式化为 $x + y + z \geqslant 1$ ②.

反证, 若 $x + y + z < 1$, 则

$$\frac{1 - x^2}{x^2} \cdot \frac{1 - y^2}{y^2} \cdot \frac{1 - z^2}{z^2} > \prod_{cyc} \frac{(x+y+z)^2 - x^2}{x^2} = \prod_{cyc} \frac{(2x+y+z)(y+z)}{x^2}$$

$$\geqslant \prod_{cyc} \frac{4 x^{\frac{1}{4}} y^{\frac{1}{4}} z^{\frac{1}{4}} \cdot 2 y^{\frac{1}{2}} z^{\frac{1}{2}}}{x^2} = 8^3,$$

与 ① 式矛盾, 故 $x + y + z \geqslant 1$. 证毕.

例题 45 设 $x_i \geqslant 0, 1 \leqslant i \leqslant n, x_0 = 0$, 满足 $\displaystyle\sum_{i=1}^{n} x_i = 1$, 证明:

$$\sum_{i=1}^{n} \frac{x_i}{\sqrt{1 + x_0 + \cdots + x_{i-1}} \sqrt{x_i + \cdots + x_n}} < \frac{\pi}{2}.$$

方法讲解 由于 $\sqrt{1 + x_0 + \cdots + x_{i-1}} \sqrt{x_i + \cdots + x_n} = \sqrt{1 - (x_0 + \cdots + x_{i-1})^2}$,

令 $x_0 + x_1 + \cdots + x_i = \sin\theta_i, 1 \leqslant i \leqslant n$, 则 $x_i = \sin\theta_i - \sin\theta_{i-1}$, 且 $0 = \theta_0 \leqslant \theta_1 \leqslant \cdots \leqslant \theta_n = \dfrac{\pi}{2}$.

从而 $\displaystyle\sum_{i=1}^{n} \dfrac{x_i}{\sqrt{1 + x_0 + \cdots + x_{i-1}} \sqrt{x_i + \cdots + x_n}} = \sum_{i=1}^{n} \dfrac{\sin\theta_i - \sin\theta_{i-1}}{\cos\theta_{i-1}}$

$$= \sum_{i=1}^{n} \frac{2\sin \frac{\theta_i - \theta_{i-1}}{2} \cos \frac{\theta_i + \theta_{i-1}}{2}}{\cos\theta_{i-1}} \leqslant \sum_{i=1}^{n} 2\sin \frac{\theta_i - \theta_{i-1}}{2}$$

$$\leqslant \sum_{i=1}^{n} 2 \cdot \frac{\theta_i - \theta_{i-1}}{2} = \theta_n - \theta_0 = \frac{\pi}{2},$$

当且仅当 $\theta_0 = \theta_1 = \cdots = \theta_n$ 时，等号成立，故原不等式成立. 证毕.

例题 46 设 $a,b,c > 0$，求 $\dfrac{a+3c}{a+2b+c} + \dfrac{4b}{a+b+2c} - \dfrac{8c}{a+b+3c}$ 的最小值.

方法讲解 从表达式知，分子比分母简单，令 $x = a+2b+c, y = a+b+2c, z = a+b+3c$，则 $a+3c = 2y-x, b = z+x-2y, c = z-y$. 于是

$$\frac{a+3c}{a+2b+c} + \frac{4b}{a+b+2c} - \frac{8c}{a+b+3c} = \frac{2y-x}{x} + \frac{4(z+x-2y)}{y} - \frac{8(z-y)}{z}$$

$$= -17 + \frac{2y}{x} + \frac{4x}{y} + \frac{4z}{y} + \frac{8y}{z} \geqslant -17 + 2\sqrt{8} + 2\sqrt{32} = -17 + 12\sqrt{2}.$$

当且仅当 $\dfrac{2y}{x} = \dfrac{4x}{y}, \dfrac{4z}{y} = \dfrac{8y}{z}$，即 $y = \sqrt{2}x, z = 2x$ 时，等号成立.

从而，当 $b = (1+\sqrt{2})a, c = (4+3\sqrt{2})a$ 时，等号成立. 故最小值为 $-17 + 12\sqrt{2}$.

例题 47 证明：对满足 $x_1 \leqslant x_2 \leqslant \cdots \leqslant x_n$ 的任意实数 $x_1, x_2, \cdots, x_n$，不等式 $\sum\limits_{i=1}^{n} a_i x_i \leqslant \sum\limits_{i=1}^{n} b_i x_i$ 成立的充要条件是 $\sum\limits_{i=1}^{k} a_i \geqslant \sum\limits_{i=1}^{k} b_i, 1 \leqslant k \leqslant n-1, \sum\limits_{i=1}^{n} a_i = \sum\limits_{i=1}^{n} b_i$.

方法讲解 **必要性：** 作代换 $x_i = \sum\limits_{k=1}^{i} y_k, 1 \leqslant i \leqslant n$，则 $y_2, y_3, \cdots, y_n \geqslant 0$. 由阿贝尔恒等式，有

$$\sum\limits_{i=1}^{n} a_i x_i = \sum\limits_{i=1}^{n} \left(a_i \cdot \sum\limits_{k=1}^{i} y_k\right) = \sum\limits_{k=1}^{n} \left(y_k \cdot \sum\limits_{i=k}^{n} a_i\right), \quad \sum\limits_{i=1}^{n} b_i x_i = \sum\limits_{i=1}^{n} \left(b_i \cdot \sum\limits_{k=1}^{i} y_k\right) = \sum\limits_{k=1}^{n} \left(y_k \cdot \sum\limits_{i=k}^{n} b_i\right) \quad ①.$$

由假设知 $\sum\limits_{k=1}^{n} \left(y_k \cdot \sum\limits_{i=k}^{n} a_i\right) \leqslant \sum\limits_{k=1}^{n} \left(y_k \cdot \sum\limits_{i=k}^{n} b_i\right) \quad ②$.

令 $y_2 = y_3 = \cdots = y_n = 0$，则 $y_1 \sum\limits_{i=1}^{n} a_i \leqslant y_1 \sum\limits_{i=1}^{n} b_i \quad ③$.

上式对任意 $y_1 \in \mathbf{R}$ 成立，分别取 $y_1 = 1, y_1 = -1$，则 $\sum\limits_{i=1}^{n} a_i = \sum\limits_{i=1}^{n} b_i \quad ④$.

在 ② 中，取 $y_{k+1} = 1, y_j = 0, 1 \leqslant j \leqslant n-1, j \neq k+1$，得 $\sum\limits_{i=k+1}^{n} a_i \leqslant \sum\limits_{i=k+1}^{n} b_i \quad ⑤$.

由 ④，⑤ 知 $\sum\limits_{i=1}^{k} a_i \geqslant \sum\limits_{i=1}^{k} b_i, 1 \leqslant k \leqslant n-1$. 必要性得证.

充分性： 由假设及 ① 式，易知 $\sum\limits_{i=1}^{n} a_i x_i \leqslant \sum\limits_{i=1}^{n} b_i x_i$. 充分性得证. 故命题成立.

例题 48 设 $x,y,z \geqslant 0, r \in \mathbf{R}$，证明：$\sum\limits_{cyc} x^r (x-y)(x-z) \geqslant 0$.

方法讲解 由对称性，不妨设 $x \geqslant y \geqslant z \geqslant 0$，作变换 $x = y+t, z = y-t, t \geqslant 0$，则 $x-y = t, x-z = 2t, y-z = t$，于是

$$\sum\limits_{cyc} x^r (x-y)(x-z) = (y+t)^r t(2t) + y^r(-t)t + (y-t)^r(-2t)(-t)$$

$$= [2(y+t)^r - y^r + 2(y-t)^r]t^2 \geqslant 0,$$

故命题成立.

> **注** 这样的代数变换称为增量代换. 该不等式称为舒尔不等式. 舒尔不等式是证明不等式的常用工具，我们将在下一节中作进一步讨论.

例题 49 求最小正实数 λ，使得对任意 $a,b,c \geqslant 0$，有

$$\frac{a+b+c}{3} - \sqrt[3]{abc} \leqslant \lambda \max\left\{(\sqrt{a}-\sqrt{b})^2, (\sqrt{b}-\sqrt{c})^2, (\sqrt{c}-\sqrt{a})^2\right\}.$$

方法讲解 令 a 趋近于零，$b=c$，则 $\frac{2}{3}b \leqslant \lambda b$，即 $\lambda \geqslant \frac{2}{3}$. 下面证明

$$\frac{a+b+c}{3} - \sqrt[3]{abc} \leqslant \frac{2}{3}\max\{(\sqrt{a}-\sqrt{b})^2, (\sqrt{b}-\sqrt{c})^2, (\sqrt{c}-\sqrt{a})^2\} \quad ①.$$

不妨设 $a \geqslant b \geqslant c \geqslant 0$，令 $x=\sqrt[6]{a}, y=\sqrt[6]{b}, z=\sqrt[6]{c}$，则 $x \geqslant y \geqslant z \geqslant 0$，且不等式 ① 化为

$$x^6 + y^6 + z^6 - 3x^2y^2z^2 \leqslant 2(x^3-z^3)^2 \quad ②.$$

利用恒等式 $\sum_{cyc} a^3 - 3abc = \frac{1}{2}\left(\sum_{cyc} a\right)\left[\sum_{cyc}(a-b)^2\right]$，则不等式 ② 等价于

$$\frac{1}{2}\left(\sum_{cyc} x^2\right)\left[\sum_{cyc}(x^2-y^2)^2\right] \leqslant 2(x^3-z^3)^2 \quad ③.$$

由于 $x \geqslant y \geqslant z$，所以 $(x^2-z^2)^2 \geqslant (x^2-y^2)^2 + (y^2-z^2)^2$，即只要证明

$$\left(\sum_{cyc} x^2\right)(x+z)^2 \leqslant 2(x^2+xz+z^2)^2 \quad ④.$$

又因为 $\sum_{cyc} x^2 = x^2+y^2+z^2 \leqslant 2x^2+z^2$，所以只要证明

$$(2x^2+z^2)(x+z)^2 \leqslant 2(x^2+xz+z^2)^2 \quad ⑤.$$

由齐次性，不妨设 $x^2+z^2=1$，则不等式 ⑤ 化为

$$(1+x^2)(1+2xz) \leqslant 2(1+xz)^2 \Leftrightarrow (1+2xz)(1-x^2)+2x^2z^2 \geqslant 0.$$

因为 $0 \leqslant x, z \leqslant 1$，所以上述不等式成立，故原不等式成立.

注 除以上代数变换外，另一个常用变换是**三角变换**.

在 $\triangle ABC$ 中，令 $x=\cot A, y=\cot B, z=\cot C$（或 $x=\tan\frac{A}{2}, y=\tan\frac{B}{2}, z=\tan\frac{C}{2}$），则

① $x+y, y+z, z+x, x+y+z > 0$；

② $xy+yz+zx = 1$；

③ $1+x^2 = (x+y)(x+z), 1+y^2 = (y+z)(y+x), 1+z^2 = (z+x)(z+y)$；

④ $(x+y)(y+z)(z+x) = x+y+z - xyz$.

反之，有形如 $xy+yz+zx = 1$ 的条件时，可以作此变换.

若 $x+y+z = xyz$，则作变换 $x=\tan A, y=\tan B, z=\tan C$.

如果令 $a=x+y, b=y+z, c=z+x, x, y, z > 0$，那么 a, b, c 为三角形的三边长.

如果 a, b, c 为三角形的三边长，可令 $x=\frac{1}{2}(b+c-a), y=\frac{1}{2}(c+a-b), z=\frac{1}{2}(a+b-c)$.

例题 50 设 $x, y, z > 0$，满足 $x+y+z = xyz$，证明：$\sum_{cyc} \frac{1}{\sqrt{1+x^2}} \leqslant \frac{3}{2}$.

方法讲解 令 $x=\tan A, y=\tan B, z=\tan C$，其中 $A, B, C \in \left(0, \frac{\pi}{2}\right)$，则原不等式化为

$$\cos A + \cos B + \cos C \leqslant \frac{3}{2} \quad ①.$$

从而 $\tan(\pi-C) = -z = \frac{x+y}{1-xy} = \tan(A+B)$ 及 $\pi-C, A+B \in (0,\pi)$，则 $\pi-C = A+B$，即

$$A+B+C = \pi \quad ②.$$

从而 $\cos C = -\cos(A+B) = -\cos A\cos B + \sin A\sin B$. 于是

$$3 - 2(\cos A + \cos B + \cos C) = 3 - 2(\cos A + \cos B - \cos A\cos B + \sin A\sin B)$$
$$= (\sin A - \sin B)^2 + (\cos A + \cos B - 1)^2 \geqslant 0.$$

故 $\cos A + \cos B + \cos C \leqslant \frac{3}{2}$，即 ① 式成立. 证毕.

例题 51 设 $x,y,z \geqslant 1$，满足 $\sqrt{xy} + \sqrt{z} = \sqrt{z(x-1)(y-1)}$，求 $\sum\limits_{cyc} \dfrac{\sqrt{x}}{3x + (y-1)(z-1)}$ 的最大值.

方法讲解 当 $x = y = z = 4$ 时，$\sum\limits_{cyc} \dfrac{\sqrt{x}}{3x + (y-1)(z-1)} = \dfrac{2}{7}$. 下面证明

$$\sum_{cyc} \frac{\sqrt{x}}{3x + (y-1)(z-1)} \leqslant \frac{2}{7} \quad ①.$$

令 $\sqrt{x-1} = \tan A$，$\sqrt{y-1} = \tan B$，A,B,C 为锐角三角形的内角，

则 $x = \sec^2 A$，$y = \sec^2 B$，$\sqrt{z} = \dfrac{\sqrt{xy}}{\sqrt{(x-1)(y-1)} - 1} = \sec C$，即 $z = \sec^2 C$.

① 式化为 $\sum\limits_{cyc} \dfrac{\sec A}{3\sec^2 A + \tan^2 B \tan^2 C} \leqslant \dfrac{2}{7}$，即

$$\sum_{cyc} \frac{1}{3\sec A + \cos A \tan^2 B \tan^2 C} \leqslant \frac{2}{7} \quad ②.$$

由均值不等式知

$$3\sec A + \cos A \tan^2 B \tan^2 C = \frac{3}{4}\sec A + \frac{9}{4}\sec A + \cos A \tan^2 B \tan^2 C \geqslant \frac{3}{4}\sec A + 9\tan B\tan C.$$

再由 T_2- 引理知

$$\frac{1}{3\sec A + \cos A \tan^2 B \tan^2 C} \leqslant \frac{1}{\frac{3}{4}\sec A + 9\tan B\tan C}$$

$$\leqslant \frac{1}{7^2}\left(\frac{1^2}{\frac{3}{4}\sec A} + \frac{6^2}{3\tan B\tan C}\right) = \frac{1}{49}\left(\frac{4}{3}\cos A + 12\cot B\cot C\right).$$

最后由熟知的不等式知 $\cos A + \cos B + \cos C \leqslant \dfrac{3}{2}$，

$$\cot B\cot C + \cot C\cot A + \cot A\cot B = 1.$$

于是 $\sum\limits_{cyc} \dfrac{\sec A}{3\sec^2 A + \tan^2 B \tan^2 C} \leqslant \dfrac{1}{7^2} \times \left(\dfrac{4}{3} \times \dfrac{3}{2} + 12\right) = \dfrac{2}{7}$. 故所求的最大值为 $\dfrac{2}{7}$.

例题 52 设 a,b,c 为某三角形的三边长，正实数 x,y,z 满足 $x + y + z = 1$，求 $axy + byz + czx$ 的最大值.

方法讲解 不妨设 $0 < a \leqslant b \leqslant c$，令 $p = \dfrac{a+c-b}{2}$，$q = \dfrac{a+b-c}{2}$，$r = \dfrac{b+c-a}{2}$，则 $p,q,r > 0$，

且 $a = p + q$，$b = q + r$，$c = r + p$，$q \leqslant p \leqslant r$，于是

$$\begin{aligned}
f(x,y,z) &= (p+q)xy + (q+r)yz + (r+p)zx \\
&= px(y+z) + qy(z+x) + rz(x+y) \\
&= px(1-x) + qy(1-y) + rz(1-z) \\
&= \frac{p+q+r}{4} - \left[p\left(\frac{1}{2}-x\right)^2 + q\left(\frac{1}{2}-y\right)^2 + r\left(\frac{1}{2}-z\right)^2\right] \\
&= \frac{a+b+c}{8} - \left[p\left(\frac{1}{2}-x\right)^2 + q\left(\frac{1}{2}-y\right)^2 + r\left(\frac{1}{2}-z\right)^2\right].
\end{aligned}$$

记 $m = \left|\dfrac{1}{2} - x\right|$，$n = \left|\dfrac{1}{2} - y\right|$，$l = \left|\dfrac{1}{2} - z\right|$，则 $m,n,l \geqslant 0$，$m + n + l \geqslant \dfrac{1}{2}$.

令 $g(m,n,l) = pm^2 + qn^2 + rl^2$，求 g 的最小值.

由于 $(pm^2 + qn^2 + rl^2)\left(\dfrac{1}{p} + \dfrac{1}{q} + \dfrac{1}{r}\right) \geqslant (m+n+l)^2 \geqslant \dfrac{1}{4}$，所以

$$pm^2 + qn^2 + rl^2 \geqslant \frac{pqr}{4(pq + qr + rp)}.$$

当 $pm = qn = rl$，即 $m = \dfrac{1}{2} \cdot \dfrac{qr}{pq + qr + rp}, n = \dfrac{1}{2} \cdot \dfrac{pr}{pq + qr + rp}, l = \dfrac{pq}{pq + qr + rp}$ 时，等号成立.

于是 $f(x,y,z) = \dfrac{a+b+c}{8} - g(m,n,l) \leqslant \dfrac{a+b+c}{8} - \dfrac{pqr}{4(pq + qr + rp)}$，

当 $x = \dfrac{1}{2} \cdot \dfrac{pq + rp}{pq + qr + rp}, y = \dfrac{1}{2} \cdot \dfrac{pq + qr}{pq + qr + rp}, z = \dfrac{1}{2} \cdot \dfrac{qr + rp}{pq + qr + rp}$ 时，等号成立.

因为 $8pqr = (a+b-c)(a+c-b)(c+b-a)$，

$4(pq + qr + rp) = (a+b-c)(a+c-b) + (c+b-a)(a+c-b) + (c+b-a)(a+b-c)$

$\qquad\qquad\qquad = 2ab + 2bc + 2ca - a^2 - b^2 - c^2$，

$(a+b+c)(2ab + 2bc + 2ca - a^2 - b^2 - c^2) - 8pqr = 2abc.$

所以 $f(x,y,z) \leqslant \dfrac{abc}{2ab + 2bc + 2ca - a^2 - b^2 - c^2}.$

故 $axy + byz + czx$ 的最大值为 $\dfrac{abc}{2\sum\limits_{cyc} ab - \sum\limits_{cyc} a^2}.$

(4) 归一化与齐次化

归一化与齐次化是变量变换的一种形式.

设 $f(a,b,c)$ 是关于 a,b,c 的函数，如果令 $a = ta', b = tb', c = tc', t$ 为参数，有 $f(a,b,c) = t^k f(a', b', c')$，那么称 $f(a,b,c)$ 为关于 a,b,c 的 k 次齐次函数.特别地，当 $k = 0$ 时，称 f 为 0 次齐次函数，或称 f 具有齐次性，可选择适当的参数 t，使得 a,b,c 之间满足某种特殊关系，这种方法称为归一化.如果 $f(a,b,c)$ 不具有齐次性，通过变形，使得 $f(a,b,c)$ 具有齐次性，这种方法称为齐次化.

例题 53 设 $a,b,c > 0$，证明：$\sum\limits_{cyc} \dfrac{(2a+b+c)^2}{2a^2 + (b+c)^2} \leqslant 8.$

方法讲解 由齐次性，不妨设 $a + b + c = 1$，则原不等式化为

$$\sum\limits_{cyc} \frac{(1+a)^2}{2a^2 + (1-a)^2} \leqslant 8 \quad ①.$$

由于 $\sum\limits_{cyc} \dfrac{(1+a)^2}{2a^2 + (1-a)^2} = \sum\limits_{cyc} \dfrac{a^2 + 2a + 1}{3a^2 - 2a + 1} = 1 + \dfrac{1}{3}\sum\limits_{cyc} \dfrac{8a + 2}{3a^2 - 2a + 1}$，所以不等式 ① 等价于

$$\sum\limits_{cyc} \frac{8a + 2}{3a^2 - 2a + 1} \leqslant 21 \quad ②.$$

又因为对任意 $x \in \mathbf{R}, 3x^2 - 2x + 1 = 3\left(x - \dfrac{1}{3}\right)^2 + \dfrac{2}{3} \geqslant \dfrac{2}{3}$，所以

$\sum\limits_{cyc} \dfrac{8a + 2}{3a^2 - 2a + 1} \leqslant \sum\limits_{cyc} \dfrac{3}{2}(8a + 2) = \dfrac{3}{2}\sum\limits_{cyc}(8a + 2) = \dfrac{3}{2}\left(8\sum\limits_{cyc} a + 6\right) = \dfrac{3}{2} \times (8 + 6) = 21.$

不等式 ② 成立，从而不等式 ① 成立.故原不等式成立，证毕.

例题 54 设 $a,b,c,x,y,z \in \mathbf{R}_0^+$，证明：

$$x(b+c) + y(c+a) + z(a+b) \geqslant 2\sqrt{(xy + yz + zx)(ab + bc + ca)}.$$

方法讲解 由齐次性，不妨设 $a + b + c = 1$，则原不等式化为

$$x + y + z \geqslant xa + yb + zc + 2\sqrt{(xy + yz + zx)(ab + bc + ca)} \quad ①.$$

由柯西不等式知 $ax + yb + zc \leqslant \sqrt{x^2 + y^2 + z^2}\sqrt{a^2 + b^2 + c^2} \quad ②$，

$\sqrt{x^2 + y^2 + z^2}\sqrt{a^2 + b^2 + c^2} + 2\sqrt{(xy + yz + zx)(ab + bc + ca)}$

$\leqslant \left(x^2 + y^2 + z^2 + 2\sum\limits_{cyc} xy\right)^{\frac{1}{2}}\left(a^2 + b^2 + c^2 + 2\sum\limits_{cyc} ab\right)^{\frac{1}{2}} = x + y + z \quad ③.$

由 ②,③ 两式得到 ① 式成立. 证毕.

例题 55 设 $a,b,c,d \in \mathbf{R}_0^+$,满足 $\sum_{cyc} a^2 = 4$,证明:$\sum_{cyc} a^3 + \sum_{cyc} abc \leqslant 8$.

方法讲解 将原不等式齐次化,有 $\left(\sum_{cyc} a^3 + \sum_{cyc} abc\right)^2 \leqslant \left(\sum_{cyc} a^2\right)^3$.

由于 $\sum_{cyc} a^3 + \sum_{cyc} abc = \sum_{cyc} a(a^2 + bc)$,由柯西不等式得

$$\left(\sum_{cyc} a^3 + \sum_{cyc} abc\right)^2 \leqslant \left(\sum_{cyc} a^2\right)\left[\sum_{cyc} (a^2 + bc)^2\right].$$

从而只要证明 $\sum_{cyc} (a^2 + bc)^2 \leqslant \left(\sum_{cyc} a^2\right)^2$. 因为

$$\sum_{cyc} (a^2 + bc)^2 = \sum_{cyc} a^4 + 2\sum_{cyc} a^2 bc + \sum_{cyc} b^2 c^2,$$

$$\left(\sum_{cyc} a^2\right)^2 = \sum_{cyc} a^4 + 2\sum_{cyc} a^2 b^2 + 2(a^2 c^2 + b^2 d^2),$$

所以上述不等式等价于

$2\sum_{cyc} a^2 bc \leqslant \sum_{cyc} a^2 b^2 + 2(a^2 c^2 + b^2 d^2) \Leftrightarrow (ab - ac)^2 + (bc - bd)^2 + (ac - cd)^2 + (ad - bd)^2 \geqslant 0$.
从而原不等式成立.

例题 56 设实数 a,b,c 满足 $abc > 0, a + b + c = 1$,证明:$ab + bc + ca \leqslant \dfrac{\sqrt{3abc}}{4} + \dfrac{1}{4}$.

方法讲解 由假设 $abc > 0$,当 a,b,c 中有两个为负,一个为正时,不妨设 $a,b < 0, c > 0$,
那么 $ab + bc + ca = a(b + c) + bc = a(1 - a) + bc < 0$,此时命题成立.
如果 $a,b,c > 0$,利用齐次化,原不等式等价于

$$4(a + b + c)(ab + bc + ca) \leqslant \sqrt{3abc(a + b + c)^3} + (a + b + c)^3.$$

因为 $9abc \leqslant \sqrt{3abc(a + b + c)^3}$,所以只要证明

$$4(a + b + c)(ab + bc + ca) \leqslant 9abc + (a + b + c)^3.$$

由 $\left(\sum_{cyc} a\right)^3 = \sum_{cyc} a^3 + 3\sum_{cyc} a^2(b + c) + 6abc$,则等价于证明

$$a^3 + b^3 + c^3 - a^2(b + c) - b^2(c + a) - c^2(a + b) + 3abc \geqslant 0$$
$$\Leftrightarrow a(a - b)(a - c) + b(b - a)(b - c) + c(c - a)(c - b) \geqslant 0.$$

由舒尔不等式($r = 1$)知,上述不等式成立. 故原不等式成立.

例题 57 设 $x,y,z > 0, x + y + z = 1$,证明:$2(x^2 + y^2 + z^2) + 9xyz \geqslant 1$.

方法讲解 利用齐次化,原不等式等价于
$2(x^2 + y^2 + z^2)(x + y + z) + 9xyz \geqslant (x + y + z)^3$
$\Leftrightarrow 2(x^3 + y^3 + z^3 + x^2 y + x^2 z + y^2 x + y^2 z + z^2 x + z^2 y) + 9xyz$
$\geqslant x^3 + y^3 + z^3 + 6xyz + 3(x^2 y + x^2 z + y^2 x + y^2 z + z^2 x + z^2 y)$
$\Leftrightarrow \sum_{cyc} x^3 + 3xyz \geqslant \sum_{sym} x^2 y$
$\Leftrightarrow \sum_{cyc} x(x - y)(x - z) \geqslant 0$.

由舒尔不等式($r = 1$)知,上述不等式成立. 故原不等式成立.

(5) 一些特殊方法与技巧

(1) 若 $f(a,b,c) = M(a - b)^2 + N(a - c)(b - c), c = \min\{a,b,c\}$,且 $M, N \geqslant 0$,则 $f(a,b,c) \geqslant 0$.

例题 58 设 $a,b,c > 0$,证明:$\dfrac{a}{b} + \dfrac{b}{c} + \dfrac{c}{a} \geqslant \dfrac{a+b}{a+c} + \dfrac{b+c}{b+a} + \dfrac{c+a}{c+b}$.

方法讲解 对任意正实数 x,y,z,有 $\dfrac{x}{y} + \dfrac{y}{z} + \dfrac{z}{x} - 3 = \dfrac{1}{xy}(x - y)^2 + \dfrac{1}{xz}(x - z)(y - z)$.

于是 $\dfrac{a}{b}+\dfrac{b}{c}+\dfrac{c}{a}-\left(\dfrac{a+c}{c+b}+\dfrac{c+b}{b+a}+\dfrac{b+a}{a+c}\right)$

$$=\dfrac{1}{ab}(a-b)^2+\dfrac{1}{ac}(a-c)(b-c)-\left[\dfrac{1}{(a+c)(b+c)}(a-b)^2+\dfrac{1}{(a+c)(a+b)}(a-c)(b-c)\right]$$

$$=\left[\dfrac{1}{ab}-\dfrac{1}{(a+c)(b+c)}\right](a-b)^2+\left[\dfrac{1}{ac}-\dfrac{1}{(a+c)(a+b)}\right](a-c)(b-c).$$

不妨设 $c=\min\{a,b,c\}$，从而 $\dfrac{a}{b}+\dfrac{b}{c}+\dfrac{c}{a}-\left(\dfrac{a+c}{c+b}+\dfrac{c+b}{b+a}+\dfrac{b+a}{a+c}\right)\geqslant 0$.

注 常用等式：① $\sum\limits_{cyc}a^2-\sum\limits_{cyc}ab=(a-b)^2+(a-c)(b-c)$；

② $\sum\limits_{cyc}a^3-3abc=\left(\sum\limits_{cyc}a\right)(a-b)^2+\left(\sum\limits_{cyc}a\right)(a-c)(b-c)$；

③ $\prod\limits_{cyc}(a+b)-8abc=2c(a-b)^2+(a+b)(a-c)(b-c)$.

（2）若 $f(a,b,c)=S_a(b-c)^2+S_b(c-a)^2+S_c(a-b)^2$，则有以下结论：

结论 1 若 $S_a,S_b,S_c\geqslant 0$，则 $f(a,b,c)\geqslant 0$.

例题 59 设 $a,b,c>0$，证明：$\sum\sqrt[4]{\dfrac{(a^2+b^2)(a^2-ab+b^2)}{2}}\leqslant\dfrac{2}{3}\sum a^2\cdot\sum\dfrac{1}{a+b}$.

方法讲解 由于 $\sum\sqrt[4]{\dfrac{(a^2+b^2)(a^2-ab+b^2)}{2}}=\sum\sqrt[4]{\dfrac{(a^2+b^2)(a^3+b^3)}{2(a+b)}}$

$$=\sum\sqrt[4]{\dfrac{a^3+b^3}{a^2+b^2}\cdot\dfrac{a^2+b^2}{a+b}\cdot\dfrac{a^2+b^2}{a+b}\cdot\dfrac{a+b}{2}}$$

$$\leqslant\dfrac{1}{4}\sum\left(\dfrac{a^3+b^3}{a^2+b^2}+\dfrac{a^2+b^2}{a+b}+\dfrac{a^2+b^2}{a+b}+\dfrac{a+b}{2}\right),$$

所以只要证明 $\dfrac{1}{4}\sum\left(\dfrac{a^3+b^3}{a^2+b^2}+\dfrac{a^2+b^2}{a+b}+\dfrac{a^2+b^2}{a+b}+\dfrac{a+b}{2}\right)\leqslant\dfrac{2}{3}\sum a^2\sum\dfrac{1}{a+b}$，

$$\Leftrightarrow 3\sum\left(\dfrac{a^3+b^3}{a^2+b^2}-\dfrac{a+b}{2}\right)\leqslant 6\sum\left(\dfrac{a^2+b^2}{a+b}-\dfrac{a+b}{2}\right)+4\sum\left(\dfrac{2c^2}{a+b}-\dfrac{a^2+b^2}{a+b}\right),$$

$$\Leftrightarrow 3\sum\dfrac{(a+b)(a-b)^2}{2(a^2+b^2)}\leqslant 6\sum\dfrac{(a-b)^2}{2(a+b)}+4\sum\dfrac{(a+b)(a-b)^2}{(b+c)(a+c)},$$

$$\Leftrightarrow \sum(a-b)^2\left[\dfrac{3}{a+b}+\dfrac{4(a+b)}{(b+c)(a+c)}-\dfrac{3(a+b)}{2(a^2+b^2)}\right]\geqslant 0.$$

由于 $\dfrac{3}{a+b}+\dfrac{4(a+b)}{(b+c)(a+c)}-\dfrac{3(a+b)}{2(a^2+b^2)}\geqslant\dfrac{3}{a+b}-\dfrac{3(a+b)}{2(a^2+b^2)}=\dfrac{3(a-b)^2}{2(a+b)(a^2+b^2)}\geqslant 0$，

所以原不等式成立.

结论 2 若 $a\geqslant b\geqslant c$，$S_b\geqslant 0$ 且 $S_a+S_b\geqslant 0$，$S_c+S_b\geqslant 0$，则 $f(a,b,c)\geqslant 0$.

事实上，$\sum S_a(b-c)^2\geqslant S_a(b-c)^2+S_b\left[(a-b)^2+(b-c)^2\right]+S_c(a-b)^2=(S_a+S_b)(b-c)^2$

$+(S_b+S_c)(a-b)^2\geqslant 0$.

注 因为 $a\geqslant b\geqslant c$，所以 $(a-c)^2\geqslant(a-b)^2+(b-c)^2$.

例题 60 设 $a,b,c>0$，证明：$\sum a\leqslant\sum\dfrac{ab}{a+b}+\dfrac{1}{2}\sum\dfrac{ab}{c}$.

方法讲解 原不等式等价于 $2\sum a\leqslant\sum\dfrac{2ab}{a+b}+\sum\dfrac{ab}{c}$

$$\Leftrightarrow\sum\left(\dfrac{a+b}{2}-\dfrac{2ab}{a+b}\right)\leqslant\dfrac{1}{2}\sum\left(\dfrac{ab}{c}+\dfrac{bc}{a}-2b\right)$$

$$\Leftrightarrow \sum \frac{(a-b)^2}{2(a+b)} \leqslant \sum \frac{c(a-b)^2}{2ab} \Leftrightarrow \sum \left(\frac{c}{ab} - \frac{1}{a+b}\right)(a-b)^2 \geqslant 0.$$

不妨设 $a \geqslant b \geqslant c$，则 $S_a = \frac{a}{bc} - \frac{1}{b+c} \geqslant \frac{1}{b} - \frac{1}{b+c} \geqslant 0$，$S_b = \frac{b}{ca} - \frac{1}{c+a} \geqslant \frac{1}{a} - \frac{1}{c+a} \geqslant 0$，

$$S_b + S_c = \left(\frac{b}{ca} - \frac{1}{c+a}\right) + \left(\frac{c}{ab} - \frac{1}{a+b}\right) = \left(\frac{c}{ab} + \frac{b}{ca}\right) - \frac{1}{c+a} - \frac{1}{a+b} \geqslant \frac{2}{a} - \frac{1}{c+a} - \frac{1}{a+b} > 0.$$

从而原不等式成立.

结论 3 设 $a \geqslant b \geqslant c > 0$，$S_a \geqslant 0$，$S_b \geqslant 0$，且 $b^2 S_c + c^2 S_b \geqslant 0$，则 $f(a,b,c) \geqslant 0$.

事实上，由已知得 $\frac{a-c}{c} \geqslant \frac{a-b}{b}$，则 $(a-c)^2 \geqslant \frac{c^2}{b^2}(a-b)^2$，从而

$$\sum S_a(b-c)^2 \geqslant S_b \frac{c^2}{b^2}(a-b)^2 + S_c(a-b)^2 = \frac{c^2 S_b + b^2 S_c}{b^2}(a-b)^2 \geqslant 0.$$

注 设 $a \geqslant b \geqslant c > 0$，$S_b \geqslant 0$，$S_c \geqslant 0$，且 $a^2 S_b + b^2 S_a \geqslant 0$，则 $f(a,b,c) \geqslant 0$.

例题 61 设 $a,b,c > 0$，$abc = 1$，证明：$\sum a^3 + \sum \frac{ab}{a^2+b^2} \geqslant \frac{9}{2}$.

方法讲解 原不等式等价于 $\sum a^3 - 3abc + \sum \left(\frac{ab}{a^2+b^2} - \frac{1}{2}\right) \geqslant 0$

$$\Leftrightarrow \frac{1}{2}\sum a\left[\sum (a-b)^2\right] - \sum \frac{(a-b)^2}{2(a^2+b^2)} \geqslant 0$$

$$\Leftrightarrow \sum \left(\sum a - \frac{1}{a^2+b^2}\right)(a-b)^2 \geqslant 0.$$

不妨设 $a \geqslant b \geqslant c > 0$，则 $a \geqslant 1$，$S_b \geqslant 0 \Leftrightarrow \left(\sum a\right)(c^2+a^2) \geqslant 1$.

由于 $\left(\sum a\right)(c^2+a^2) \geqslant \sum a \geqslant 3 > 1$，所以 $S_b \geqslant 0$，同理得 $S_c \geqslant 0$.

因为 $b^2 S_a + a^2 S_b = b^2\left(\sum a - \frac{1}{a^2+b^2}\right) + a^2\left(\sum a - \frac{1}{c^2+a^2}\right)$

$\geqslant (a^2+b^2)\sum a - 2 \geqslant \sum a - 2 \geqslant 0$，所以原不等式成立.

结论 4 设 $a \geqslant b \geqslant c > 0$，$S_a \geqslant 0$，$S_c \geqslant 0$，且 $S_a + S_b \geqslant 0$，$S_c + S_b \geqslant 0$，则 $f(a,b,c) \geqslant 0$.

事实上，当 $S_b < 0$ 时，$\sum S_a(b-c)^2 = S_a(b-c)^2 + S_b(a-b+b-c)^2 + S_c(a-b)^2$

$$\geqslant S_a(b-c)^2 + S_b[(a-b)^2 + (b-c)^2] + S_c(a-b)^2$$

$$= (S_a + S_b)(b-c)^2 + (S_c + S_b)(a-b)^2 \geqslant 0,$$

所以 $f(a,b,c) \geqslant 0$.

结论 5 若 $S_a + S_b + S_c \geqslant 0$ 且 $S_a S_b + S_b S_c + S_c S_a \geqslant 0$，则 $f(a,b,c) \geqslant 0$.

事实上，由于 $\sum S_a(b-c)^2 = (S_a + S_b)(b-c)^2 + 2S_b(b-c)(a-b) + (S_b + S_c)(a-b)^2$，

以及 $\Delta = 4[S_b^2 - (S_a + S_b)(S_b + S_c)] = -4(S_a S_b + S_b S_c + S_c S_a) \leqslant 0$，所以 $f(a,b,c) \geqslant 0$.

例题 62 设 $a,b,c > 0$，证明：$\sum \frac{a^2}{b} + \sum a \geqslant \frac{6\sum a^2}{\sum a}$.

方法讲解 原不等式等价于 $\sum (a-b)^2\left(\frac{1}{b} - \frac{2}{\sum a}\right) \geqslant 0$. 易证 $S_a + S_b + S_c \geqslant 0$.

由于 $S_a S_b + S_b S_c + S_c S_a = \sum \left(\frac{1}{b} - \frac{2}{\sum a}\right)\left(\frac{1}{c} - \frac{2}{\sum a}\right) \geqslant 0$

$$\Leftrightarrow \left(\sum a\right)\left(\sum \frac{1}{bc}\right) + \frac{12}{\sum a} \geqslant \sum \frac{4}{a}$$

$$\Leftrightarrow \sum \frac{a}{bc} + \frac{12}{\sum a} \geqslant \sum \frac{2}{a}$$

$$\Leftrightarrow \sum a^2 + \frac{12abc}{\sum a} \geqslant 2 \sum ab,$$

由舒尔不等式有 $\sum a^2 + \dfrac{9abc}{\sum a} \geqslant 2 \sum ab$,从而 $S_a S_b + S_b S_c + S_c S_a \geqslant 0$,故 $f(a,b,c) \geqslant 0$.

(6) 构造不等式

例题 63 设 $b > a > 0, x_i \in [a,b], 1 \leqslant i \leqslant 4$,证明:$\displaystyle\sum_{i=1}^{4} x_i \leqslant \sum_{i=1}^{4} \frac{x_i^2}{x_{i+1}} \leqslant \left(\frac{a}{b} + \frac{b}{a} - 1\right) \sum_{i=1}^{4} x_i, x_5 = x_1$.

方法讲解 由 T_2-引理知 $\displaystyle\sum_{i=1}^{4} \frac{x_i^2}{x_{i+1}} \geqslant \frac{\left(\sum_{i=1}^{4} x_i\right)^2}{\sum_{i=1}^{4} x_{i+1}} = \sum_{i=1}^{4} x_i$,再证右边不等式.

由假设得 $\dfrac{a}{b} \leqslant \dfrac{x_i}{x_{i+1}} \leqslant \dfrac{b}{a}, 1 \leqslant i \leqslant 4$,则 $\dfrac{a}{b} \leqslant \dfrac{\sqrt{\frac{x_i^2}{x_{i+1}}}}{\sqrt{x_{i+1}}} = \dfrac{x_i}{x_{i+1}} \leqslant \dfrac{b}{a}$.

从而 $\left(\sqrt{\dfrac{x_i^2}{x_{i+1}}} - \dfrac{a}{b}\sqrt{x_{i+1}}\right)\left(\sqrt{\dfrac{x_i^2}{x_{i+1}}} - \dfrac{b}{a}\sqrt{x_{i+1}}\right) \leqslant 0$,即 $\dfrac{x_i^2}{x_{i+1}} - \left(\dfrac{a}{b} + \dfrac{b}{a}\right)x_i + x_{i+1} \leqslant 0$.

于是 $\displaystyle\sum_{i=1}^{4} \frac{x_i^2}{x_{i+1}} - \left(\frac{a}{b} + \frac{b}{a}\right)\sum_{i=1}^{4} x_i + \sum_{i=1}^{4} x_i \leqslant 0$,即 $\displaystyle\sum_{i=1}^{4} \frac{x_i^2}{x_{i+1}} \leqslant \left(\frac{a}{b} + \frac{b}{a} - 1\right)\sum_{i=1}^{4} x_i$,证毕.

例题 64 设 $b > a > 0, x_i, y_i \in [a,b], 1 \leqslant i \leqslant n$,满足 $\displaystyle\sum_{i=1}^{n} x_i^2 = \sum_{i=1}^{n} y_i^2$,证明:

$$\sum_{i=1}^{n} \frac{x_i^3}{y_i} \leqslant \frac{a^4 + b^4}{a^3 b + ab^3} \sum_{i=1}^{n} x_i^2.$$

方法讲解 由假设得 $\dfrac{a}{b} \leqslant \dfrac{x_i}{y_i} \leqslant \dfrac{b}{a}$,作不等式 $\left(x_i - \dfrac{a}{b}y_i\right)\left(x_i - \dfrac{b}{a}y_i\right) \leqslant 0$,即

$$x_i^2 - \frac{a^2 + b^2}{ab}x_i y_i + y_i^2 \leqslant 0.$$

两边乘 $\dfrac{x_i}{y_i} + \dfrac{ab}{a^2 + b^2} > 0$,求和得

$$\sum_{i=1}^{n} \frac{x_i^3}{y_i} \leqslant \frac{a^4 + b^4 + a^2 b^2}{ab(a^2 + b^2)} \sum_{i=1}^{n} x_i^2 - \frac{ab}{a^2 + b^2} \sum_{i=1}^{n} y_i^2 = \frac{a^4 + b^4}{a^3 b + ab^3} \sum_{i=1}^{n} x_i^2.$$

故命题成立,证毕.

例题 65 设 $n \in \mathbf{Z}^+, n \geqslant 3, r > n-1, x_i \in \mathbf{R}^+, 1 \leqslant i \leqslant n, x_i$ 不全相等,且满足 ① $\displaystyle\sum_{i=1}^{n} x_i = 1$;

② $x_1 \leqslant x_2 \leqslant \cdots \leqslant x_n \leqslant r x_1$. 求 $x_1^2 + \cdots + x_n^2$ 的最大值.

方法讲解 对于 $i(1 \leqslant i \leqslant n)$,有 $\dfrac{x_n}{r} \leqslant x_1 \leqslant x_i \leqslant x_n$,构造不等式 $(x_i - x_n)\left(x_i - \dfrac{x_n}{r}\right) \leqslant 0, 1 \leqslant i \leqslant n$,

即 $x_i^2 - \left(\dfrac{1}{r} + 1\right)x_n x_i + \dfrac{x_n^2}{r} \leqslant 0$. 对 i 求和,得 $\displaystyle\sum_{i=1}^{n} x_i^2 - \left(\frac{1}{r} + 1\right)x_n \sum_{i=1}^{n} x_i + n\frac{x_n^2}{r} \leqslant 0$.

所以 $\displaystyle\sum_{i=1}^{n} x_i^2 \leqslant \left(\frac{1}{r} + 1\right)x_n \sum_{i=1}^{n} x_i - n\frac{x_n^2}{r} = \left(\frac{1}{r} + 1\right)x_n - n\frac{x_n^2}{r} = -\frac{n}{r}\left(x_n - \frac{r+1}{2n}\right)^2 + \frac{(r+1)^2}{4nr}$.

又因为对于 $i, \dfrac{x_n}{r} \leqslant x_i$,所以 $1 = \displaystyle\sum_{i=1}^{n} x_i \geqslant \sum_{i=1}^{n-1} \frac{x_n}{r} + x_n = \left(\frac{n-1}{r} + 1\right)x_n$.

从而 $x_n \leqslant \dfrac{r}{n-1+r}$. 因为

$$\frac{r}{n-1+r} \leqslant \frac{r+1}{2n} \Leftrightarrow 2nr \leqslant (n-1+r)(r+1) \Leftrightarrow 2nr \leqslant nr - r + r^2 + n - 1 + r$$

$$\Leftrightarrow r^2 - nr + n - 1 \geqslant 0 \Leftrightarrow [r-(n-1)](r-1) \geqslant 0,$$

成立, 所以 $x_n \leqslant \dfrac{r}{n-1+r} \leqslant \dfrac{r+1}{2n}$.

从而 $\displaystyle\sum_{i=1}^{n} x_i^2 \leqslant -\frac{n}{r}\left(\frac{r}{n-1+r}-\frac{r+1}{2n}\right)^2 + \frac{(r+1)^2}{4nr} = \frac{n-1+r^2}{(n-1+r)^2}$.

当 $x_1 = \cdots = x_{n-1} = \dfrac{1}{n-1+r}, x_n = \dfrac{r}{n-1+r}$ 时, 满足条件, 且等号成立, 故最大值为 $\dfrac{n-1+r^2}{(n-1+r)^2}$.

例题 66　设 $A = \displaystyle\sum_{i=1}^{n} a_i^2, B = \sum_{i=1}^{n} b_i^2, C = \sum_{i=1}^{n} a_i b_i, a_i, b_i \in \mathbf{R}, 1 \leqslant i \leqslant n$ 满足 $AB - C^2 > 0$, 实数

$x_i (1 \leqslant i \leqslant n)$ 满足 $\displaystyle\sum_{i=1}^{n} a_i x_i = 0, \sum_{i=1}^{n} b_i x_i = 1$, 证明: $\displaystyle\sum_{i=1}^{n} x_i^2 \geqslant \frac{A}{AB-C^2}$.

方法讲解　对任意 $\lambda \in \mathbf{R}$, 由柯西不等式得 $\displaystyle\sum_{i=1}^{n} x_i^2 \sum_{i=1}^{n} (a_i\lambda - b_i)^2 \geqslant \left[\sum_{i=1}^{n} x_i(a_i\lambda - b_i)\right]^2 = 1$,

即 $\displaystyle\sum_{i=1}^{n} x_i^2 \cdot (A\lambda^2 - 2C\lambda + B) \geqslant 1$, 即 $A\lambda^2 - 2C\lambda + B \geqslant \dfrac{1}{\displaystyle\sum_{i=1}^{n} x_i^2}$.

由 λ 的任意性知 $\Delta = 4C^2 - 4A\left(B - \dfrac{1}{\displaystyle\sum_{i=1}^{n} x_i^2}\right) \leqslant 0$, 从而 $\displaystyle\sum_{i=1}^{n} x_i^2 \geqslant \frac{A}{AB-C^2}$.

> **注**　构造 $y_i = \dfrac{Ab_i - Ca_i}{AB - C^2}, 1 \leqslant i \leqslant n$, 则 $\displaystyle\sum_{i=1}^{n} a_i y_i = 0, \sum_{i=1}^{n} b_i y_i = 1, \sum_{i=1}^{n} x_i y_i = \frac{A}{AB - C^2}$,
>
> $\displaystyle\sum_{i=1}^{n} y_i^2 = \frac{A}{AB-C^2}, \sum_{i=1}^{n} x_i^2 - \sum_{i=1}^{n} y_i^2 = \sum_{i=1}^{n}(x_i - y_i)^2 \geqslant 0$, 从而 $\displaystyle\sum_{i=1}^{n} x_i^2 \geqslant \sum_{i=1}^{n} y_i^2 = \frac{A}{AB-C^2}$.

例题 67　设 $k \in \mathbf{Z}, k \geqslant 3$, 将集合 $S = \{x^k + y^k + z^k \mid x, y, z \in \mathbf{Z}_0^+\}$ 中元素 $a_0, a_1, \cdots$ 排成一行, 满

足 $0 = a_0 < a_1 < a_2 < \cdots < a_n < a_{n+1} < \cdots$. 证明: $a_{n+1} - a_n \leqslant 8^k a_n^{(1-\frac{1}{k})^3}, n \geqslant 3$.

方法讲解　对任意 $n \geqslant 3, a_{n+1} > 0$, 存在 $x \in \mathbf{Z}^+$, 使得 $x^k < a_{n+1} \leqslant (x+1)^k$.

同理, 存在 $y, z \in \mathbf{Z}^+$, 使得 $y^k < a_{n+1} - x^k \leqslant (y+1)^k, z^k < a_{n+1} - x^k - y^k \leqslant (z+1)^k$.

从而 $x^k \leqslant x^k + y^k + z^k \leqslant a_n < a_{n+1}$. 于是

$$a_{n+1} - a_n \leqslant a_{n+1} - x^k - y^k - z^k \leqslant (z+1)^k - z^k \leqslant 2^k z^{k-1} \quad \textcircled{1}.$$

$$z^k < a_{n+1} - x^k - y^k \leqslant (y+1)^k - y^k \leqslant 2^k y^{k-1} \quad \textcircled{2},$$

$$y^k < a_{n+1} - x^k \leqslant (x+1)^k - x^k \leqslant 2^k x^{k-1} \quad \textcircled{3}.$$

由 $\textcircled{1}\textcircled{2}\textcircled{3}$ 知

$$a_{n+1} - a_n \leqslant 2^k z^{k-1} \leqslant 2^k \cdot 2^{k-1} y^{\frac{(k-1)^2}{k}} \leqslant 2^k \cdot 2^{k-1} \cdot 2^{\frac{(k-1)^2}{k^2}} x^{\frac{(k-1)^3}{k^2}} \leqslant 8^k (x^3)^{\frac{(k-1)^3}{k^3}} \leqslant 8^k a_n^{(1-\frac{1}{k})^3}.$$

故原不等式成立, 证毕.

例题 68　设 $k \in \mathbf{Z}^+, a_i > 0, 1 \leqslant i \leqslant n$, 证明: $\displaystyle\sum_{i=1}^{n} \frac{a_i^k}{\left(\sum_{j=1}^{n} a_j - a_i\right)^k} \geqslant \frac{n}{(n-1)^k}, n \geqslant 2$.

方法讲解　记 $S = a_1 + a_2 + \cdots + a_n$, 则 $\displaystyle\sum_{n} a_j = S - a_i$, 由 Jacobsthal 不等式

$a^{n+1} > b^n[(n+1)a - nb], b > a > 0$, 有

$$\left(\frac{a_i}{S-a_i}\right)^k \geqslant \frac{1}{(n-1)^{k-1}}\left(\frac{ka_i}{S-a_i}-\frac{k-1}{n-1}\right).$$

对 i 求和,得到 $\displaystyle\sum_{i=1}^{n}\frac{a_i^k}{(S-a_i)^k} \geqslant \frac{1}{(n-1)^{k-1}}\left[k\sum_{i=1}^{n}\frac{a_i}{S-a_i}-\frac{n(k-1)}{n-1}\right].$

由 T_2-引理知 $\displaystyle\sum_{i=1}^{n}\frac{a_i}{S-a_i}=\sum_{i=1}^{n}\frac{a_i^2}{a_iS-a_i^2} \geqslant \frac{\left(\sum\limits_{i=1}^{n}a_i\right)^2}{S^2-\sum\limits_{i=1}^{n}a_i^2} \geqslant \frac{S^2}{S^2-\frac{1}{n}S^2}=\frac{n}{n-1}.$

从而 $\displaystyle\sum_{i=1}^{n}\frac{a_i^k}{(S-a_i)^k} \geqslant \frac{n}{(n-1)^k}.$ 故命题成立.

(7) 嵌入不等式

对 $x,y,z \in \mathbf{R}, a,b,c \in \mathbf{R}^+$,若 $a^2+b^2+c^2+2abc=1$,则
$$x^2+y^2+z^2 \geqslant 2yza+2zxb+2xyc.$$

事实上,原不等式 $\Leftrightarrow [x-(cy+bz)]^2+y^2+z^2-2yza \geqslant (cy+bz)^2$
$$\Leftrightarrow [x-(cy+bz)]^2+y^2(1-c^2)+z^2(1-b^2)-2yza \geqslant 2yzbc.$$

只要证明 $y^2(1-c^2)+z^2(1-b^2)-2yz(a+bc) \geqslant 0.$

已知 $a^2+b^2+c^2+2abc=1$,则 $a+bc=\pm\sqrt{(1-b^2)(1-c^2)}$,所以上述不等式等价于
$$y^2(1-c^2)+z^2(1-b^2)\mp 2yz\sqrt{(1-b^2)(1-c^2)} \geqslant 0,$$

即 $(y\sqrt{1-c^2}\mp z\sqrt{1-b^2})^2 \geqslant 0$ 成立,故原不等式成立.

例题 69　方程 $x^2+y^2+z^2+2xyz=1$ 有正实数解 x,y,z 的充要条件是存在锐角三角形 ABC,使得 $x=\cos A, y=\cos B, z=\cos C$.

方法讲解　由题意 $\cos^2 A+\cos^2 B+\cos^2 C+2\cos A\cos B\cos C=1$,则 $x=\cos A, y=\cos B, z=\cos C$ 为方程的一组解.

反之,易知 $0 < x,y,z < 1$,因此,存在 $A,B \in \left(0,\frac{\pi}{2}\right)$,使得 $x=\cos A, y=\cos B$.

由条件 $x^2+y^2+z^2+2xyz=1$ 得到 $z=-\cos(A+B)$,令 $C=\pi-A-B$,则
$$x=\cos A, y=\cos B, z=\cos C.$$

注　设 A,B,C 为 $\triangle ABC$ 的三个角,令 $x=\cos A, y=\cos B, z=\cos C$,则
$$x^2+y^2+z^2 \geqslant 2yz\cos A+2xz\cos B+2xy\cos C.$$
该不等式称为(三角)嵌入不等式.

该不等式最早出现在沃尔斯滕霍尔姆的著作中,后被推广为:如果 $n \in \mathbf{Z}^+, x,y,z \in \mathbf{R}$,那么对 $\triangle ABC$,有 $x^2+y^2+z^2 \geqslant 2(-1)^{n+1}(yz\cos nA+zx\cos nB+xy\cos nC)$,当且仅当 $\frac{x}{\sin A}=\frac{y}{\sin B}=\frac{z}{\sin C}$ 时,等号成立.

证明　原不等式化为 $x^2+2x(-1)^n(z\cos nB+y\cos nC)+y^2+z^2+2(-1)^n yz\cos nA \geqslant 0$
$$\Leftrightarrow [x+(-1)^n(z\cos nB+y\cos nC)]^2+y^2+z^2+2(-1)^n yz\cos nA \geqslant (z\cos nB+y\cos nC)^2.$$
只要证明 $y^2+z^2+2(-1)^n yz\cos nA \geqslant z^2\cos^2 nB+2zy\cos nB\cos nC+y^2\cos^2 nC$,
即 $y^2\sin^2 nC+z^2\sin^2 nB+2yz[(-1)^n\cos nA-\cos nB\cos nC] \geqslant 0.$

当 $n=2k$ 时,$nA+nB+nC=2k\pi, \cos nA=\cos(nB+nC)=\cos nB\cos nC-\sin nB\sin nC$,
等价于证明 $y^2\sin^2 nC+z^2\sin^2 nB-2yz\sin nB\sin nC=(y\sin nC-z\sin nB)^2 \geqslant 0$,显然成立.

当 $n=2k+1$ 时,$nA+nB+nC=(2k+1)\pi, \cos nA=-\cos nB\cos nC+\sin nB\sin nC$,

等价于证明 $y^2\sin^2 nC + z^2\sin^2 nB - 2yz\sin nB\sin nC = (y\sin nC - z\sin nB)^2 \geqslant 0$，显然成立．

注 （1）在嵌入不等式中，只要求 A,B,C 满足 $A+B+C=(2k+1)\pi,k\in\mathbf{Z}$，由于 x,y,z 的任意性，该不等式有广泛应用．

（2）设 $n=1,x=\cos A,y=\cos B,z=\cos C$，再次得到 $\cos^2 A+\cos^2 B+\cos^2 C+2\cos A\cos B\cos C=1$．

（3）设 $p,q,r\in\mathbf{R}^+$，对 $\triangle ABC$，取 $(x,y,z)=\left(\sqrt{\dfrac{qr}{p}},\sqrt{\dfrac{pr}{q}},\sqrt{\dfrac{qp}{r}}\right)$，有 $p\cos A+q\cos B+r\cos C\leqslant\dfrac{1}{2}\left(\dfrac{qr}{p}+\dfrac{pr}{q}+\dfrac{qp}{r}\right)$．

例题 70 设 $\triangle ABC$ 为锐角三角形，证明：

$$\left(\frac{\cos A}{\cos B}\right)^2+\left(\frac{\cos B}{\cos C}\right)^2+\left(\frac{\cos C}{\cos A}\right)^2+8\cos A\cos B\cos C\geqslant 4.$$

方法讲解 由于 $\displaystyle\sum_{cyc}\cos^2 A+2\cos A\cos B\cos C=1$，所以原不等式化为

$$\sum_{cyc}\left(\frac{\cos A}{\cos B}\right)^2\geqslant 4\sum_{cyc}\cos^2 A.$$

令 $x=\dfrac{\cos B}{\cos C},y=\dfrac{\cos C}{\cos A},z=\dfrac{\cos A}{\cos B}$，由三角嵌入不等式（$n=1$）知

$$\sum_{cyc}\left(\frac{\cos A}{\cos B}\right)^2=x^2+y^2+z^2\geqslant 2\sum_{cyc}yz\cos A=2\sum_{cyc}\frac{\cos C\cos A}{\cos B}.$$

再令 $u=\sqrt{\dfrac{\cos C\cos B}{\cos A}},v=\sqrt{\dfrac{\cos C\cos A}{\cos B}},w=\sqrt{\dfrac{\cos A\cos B}{\cos C}}$，再由嵌入不等式知

$$2\sum_{cyc}\frac{\cos C\cos A}{\cos B}=2(u^2+v^2+w^2)\geqslant 4(vw\cos A+wu\cos B+uv\cos C)$$

$$=4(\cos^2 A+\cos^2 B+\cos^2 C),$$

其中 $vw\cos A=\cos^2 A,wu\cos B=\cos^2 B,uv\cos C=\cos^2 C$．从而原不等式成立．证毕．

例题 71 设 $u,v,w\in\mathbf{R}^+$，满足 $u+v+w+\sqrt{uvw}=4$．证明：

$$\sqrt{\frac{vw}{u}}+\sqrt{\frac{wu}{v}}+\sqrt{\frac{uv}{w}}\geqslant u+v+w.$$

方法讲解 由假设 $\dfrac{u}{4}+\dfrac{v}{4}+\dfrac{w}{4}+2\sqrt{\dfrac{u}{4}}\cdot\sqrt{\dfrac{v}{4}}\cdot\sqrt{\dfrac{w}{4}}=1$．

令 $a=\sqrt{\dfrac{u}{4}},b=\sqrt{\dfrac{v}{4}},c=\sqrt{\dfrac{w}{4}}$，由嵌入不等式得

$$x^2+y^2+z^2\geqslant 2\left(zy\sqrt{\frac{u}{4}}+zx\sqrt{\frac{v}{4}}+xy\sqrt{\frac{w}{4}}\right).$$

再令 $x=\sqrt[4]{\dfrac{vw}{u}},y=\sqrt[4]{\dfrac{wu}{v}},z=\sqrt[4]{\dfrac{uv}{w}}$，代入上式得

$$\sqrt{\frac{vw}{u}}+\sqrt{\frac{wu}{v}}+\sqrt{\frac{uv}{w}}\geqslant 2\sum_{cyc}\sqrt[4]{\frac{wu}{v}}\cdot\sqrt[4]{\frac{uv}{w}}\cdot\sqrt{\frac{u}{4}}=2\left(\sum_{cyc}\frac{u}{2}\right)=\sum_{cyc}u.$$

故原不等式成立．

例题 72 设正实数 a,b,c,x,y,z 满足 $cy+bz=a,az+cx=b,bx+ay=c$．证明：

$$\frac{x^2}{1+x}+\frac{y^2}{1+y}+\frac{z^2}{1+z}\geqslant\frac{1}{2}.$$

方法讲解 由方程组可解得 $x=\dfrac{b^2+c^2-a^2}{2bc},y=\dfrac{c^2+a^2-b^2}{2ca},z=\dfrac{a^2+b^2-c^2}{2ab}$．

由 $a,b,c,x,y,z \in \mathbf{R}^+$，得到以 a,b,c 为边可构成锐角三角形 ABC.

所以 $x = \cos A, y = \cos B, z = \cos C$，原题化为，在锐角三角形 ABC 中，证明：

$$\sum_{cyc} \frac{\cos^2 A}{1 + \cos A} \geqslant \frac{1}{2} \quad ①.$$

因为 $\dfrac{\cos^2 A}{1 + \cos A} = \dfrac{\cos^2 A - 1}{1 + \cos A} + \dfrac{1}{1 + \cos A} = \cos A - 1 + \dfrac{1}{2\cos^2 \frac{A}{2}} = \cos A + \dfrac{1}{2}\tan^2 \dfrac{A}{2} - \dfrac{1}{2}$，所以

$$\sum_{cyc} \frac{\cos^2 A}{1 + \cos A} = \sum_{cyc} \cos A + \frac{1}{2}\sum_{cyc} \tan^2 \frac{A}{2} - \frac{3}{2}$$

$$= 1 + 4\sin \frac{A}{2}\sin \frac{B}{2}\sin \frac{C}{2} + \frac{1}{2}\sum_{cyc}\tan^2 \frac{A}{2} - \frac{3}{2} = 4\sin \frac{A}{2}\sin \frac{B}{2}\sin \frac{C}{2} + \frac{1}{2}\sum_{cyc}\tan^2 \frac{A}{2} - \frac{1}{2}.$$

① 式化为 $\displaystyle\sum_{cyc} \frac{\cos^2 A}{1 + \cos A} \geqslant 2 - 8\sin \frac{A}{2}\sin \frac{B}{2}\sin \frac{C}{2} \quad ②.$

由嵌入不等式知 $\displaystyle\sum_{cyc}\tan^2 \frac{A}{2} \geqslant 2\sum_{cyc}\tan \frac{B}{2}\tan \frac{C}{2}\cos A$

$$= 2(\cos A + \cos B + \cos C) - \frac{\sin 2A + \sin 2B + \sin 2C}{2\cos \frac{A}{2}\cos \frac{B}{2}\cos \frac{C}{2}}$$

$$= 2\left(1 + 4\sin \frac{A}{2}\sin \frac{B}{2}\sin \frac{C}{2}\right) - 16\sin \frac{A}{2}\sin \frac{B}{2}\sin \frac{C}{2}$$

$$= 2 - 8\sin \frac{A}{2}\sin \frac{B}{2}\sin \frac{C}{2}.$$

故 ② 式成立.

> **注**　(1)② 式称为 Gafunkel-Bankoff 不等式. (2) $\displaystyle\sum_{cyc}\cos A = 1 + 4\sin \frac{A}{2}\sin \frac{B}{2}\sin \frac{C}{2}$.

关于基本不等式的应用，以及证明不等式的函数方法，将在其他章节中论述.

◎ 三、课外训练

1. 设 $x_i > 0, 1 \leqslant i \leqslant n$，满足 $x_1 x_2 \cdots x_n = 1$，证明：

$$(\sqrt{2} + x_1)(\sqrt{2} + x_2)\cdots(\sqrt{2} + x_n) \geqslant (\sqrt{2} + 1)^n, n \geqslant 1.$$

2. 设 $\dfrac{p}{q}, p,q \in \mathbf{Z}^+, (p,q) = 1, 1 \leqslant p < q$，构造数列 $\dfrac{p}{q} \to \dfrac{p}{p+q}, \dfrac{q}{p+q} \to \dfrac{p}{2p+q}, \dfrac{p+q}{2p+q}, \dfrac{q}{p+2q}$,

$\dfrac{p+q}{p+2q} \to \cdots$. 证明：从 $\dfrac{1}{2}$ 出发，按上述方法能构造出区间 $(0,1)$ 中所有的有理数.

3. 设 $A, B \in \mathbf{R}^+, b_i \geqslant a_i > 0, A \geqslant a_i, 1 \leqslant i \leqslant n$，满足 $\dfrac{b_1 b_2 \cdots b_n}{a_1 a_2 \cdots a_n} \leqslant \dfrac{B}{A}$，证明：

$$\frac{(b_1 + 1)(b_2 + 1)\cdots(b_n + 1)}{(a_1 + 1)(a_2 + 1)\cdots(a_n + 1)} \leqslant \frac{B + 1}{A + 1}.$$

4. 将 $2n$ 个不同整数任意分成 $a_1, \cdots, a_n$ 和 $b_1, \cdots, b_n$ 两组，证明：

$$\sum_{1 \leqslant i,j \leqslant n}|a_i - b_j| - \sum_{1 \leqslant i < j \leqslant n}(|a_i - a_j| + |b_i - b_j|) \geqslant n.$$

5. 记 $z_i \in \mathbf{C}, |z_i| \leqslant 1, 1 \leqslant i \leqslant n$，证明：存在 $\varepsilon_i \in \{-1, 1\}$，使得对任意 $m \in \{1, 2, \cdots, n\}$，有

$$\left|\sum_{i=1}^{m}\varepsilon_i x_i\right| \leqslant 2.$$

6. 设 $n \in \mathbf{Z}^+, x_i \geqslant 0, 1 \leqslant i \leqslant n$, 满足 $x_i x_j \leqslant 4^{-|i-j|}, 1 \leqslant i, j \leqslant n$, 证明：$\sum\limits_{i=1}^{n} x_i < \dfrac{5}{3}$.

7. 设 $x_1 \in (0,1), x_{n+1} = \begin{cases} \dfrac{1}{x_n} - \left[\dfrac{1}{x_n}\right], & x_n \neq 0, \\ 0, & x_n = 0, \end{cases} f_1 = f_2 = 1, f_{n+2} = f_{n+1} + f_n, n \geqslant 1.$ 证明：$\sum\limits_{i=1}^{n} x_i \leqslant$

$\sum\limits_{i=1}^{n} \dfrac{f_i}{f_{i+1}}, n \geqslant 1$, 其中 $[x]$ 为取整函数.

8. 求所有满足 $\dfrac{1}{f(1)f(2)} + \dfrac{1}{f(2)f(3)} + \cdots + \dfrac{1}{f(n)f(n+1)} = \dfrac{f(f(n))}{f(n+1)}$ 的函数 $f: \mathbf{Z}^+ \to \mathbf{Z}^+$.

9. 设 $r_1 = 2, r_n = r_1 r_2 \cdots r_{n-1} + 1, n \geqslant 2, a_i \in \mathbf{Z}^+, 1 \leqslant i \leqslant n$, 满足 $\sum\limits_{i=1}^{n} \dfrac{1}{a_i} < 1$, 证明：

$$\sum_{i=1}^{n} \frac{1}{a_i} \leqslant \sum_{i=1}^{n} \frac{1}{r_i}, n \geqslant 1.$$

10. 设 a, b, c 为三角形的三边长，满足 $a + b + c = 1$. 证明：$5(a^2 + b^2 + c^2) + 18abc \leqslant \dfrac{7}{3}$.

11. 设 $x, y, z \in [1,2]$, 证明：$(x + y + z)\left(\dfrac{1}{x} + \dfrac{1}{y} + \dfrac{1}{z}\right) \geqslant 6\left(\dfrac{x}{y+z} + \dfrac{y}{z+x} + \dfrac{z}{x+y}\right)$.

12. 设 $a_i \in \mathbf{R}, a_i > -2, 1 \leqslant i \leqslant n$, 满足 $\sum\limits_{i=1}^{n} a_i \geqslant 0, \sum\limits_{i=1}^{n} |a_i| \leqslant 2\sqrt{2}$, 证明：$\prod\limits_{i=1}^{n}(2 + a_i) \geqslant 2^{n-1}$.

13. 设 $x, y, z > 0$, 证明：$\dfrac{xyz}{(1+5x)(4x+3y)(5y+6z)(z+18)} \leqslant \dfrac{1}{5120}$.

14. 设 $x_i > 0, 1 \leqslant i \leqslant 4, x_1 + x_2 + x_3 + x_4 = \pi$, 证明：$\prod\limits_{i=1}^{4}\left(2\sin^2 x_i + \dfrac{1}{\sin^2 x_i}\right) \geqslant 81$.

15. 设 $n > 1, x_i \in \mathbf{R}^+, 1 \leqslant i \leqslant n$, 满足 $x_1 + \cdots + x_n = 1$, 证明：

$$\sum_{i=1}^{n} \frac{x_i}{x_{i+1} - x_{i+1}^2} \geqslant \frac{n^3}{n^2 - 1}, x_{n+1} = x_1.$$

16. 设 $a, b, c > 0, abc = 8$, 证明：$\sum\limits_{cyc} \dfrac{1}{\sqrt{1 + a^3}} \geqslant 1$.

17. 设 $1 > a_n \geqslant \cdots \geqslant a_1 > 0$, 证明：$\sum\limits_{k=1}^{n} \dfrac{a_k^k}{(1 - a_k^{k+1})^2} < \dfrac{1}{(1 - a_n)^2}$.

18. 设 $a_i \in \mathbf{R}, i \geqslant 1$, 如果存在常数 m, 使得 $\sum\limits_{i=1}^{n} \dfrac{1}{a_i} \leqslant m, \forall n \geqslant 1$, 那么存在常数 M, 使得

$$\sum_{k=1}^{n} \frac{k^2 a_k}{\left(\sum\limits_{i=1}^{k} a_i\right)^2} \leqslant M, \forall n \geqslant 1.$$

19. 设 $n \in \mathbf{Z}^+, a_i \in \mathbf{R}, 1 \leqslant i \leqslant n$, 满足 $\sum\limits_{i=1}^{n} a_i = 0, \sum\limits_{i=1}^{n} |a_i| = 1, b_1 \geqslant b_2 \geqslant \cdots \geqslant b_n$. 证明：

$$\left|\sum_{i=1}^{n} a_i b_i\right| \leqslant \frac{1}{2}(b_1 - b_n).$$

20. 求最小正整数 n, 使得存在 $a_i, b_i \in \mathbf{Q}, 1 \leqslant i \leqslant n$, 满足 $x^2 + x + 4 = \sum\limits_{i=1}^{n}(a_i x + b_i)^2, x \in \mathbf{R}$.

21. 给定正整数 n, 求 $\lambda(n)$ 的最大值，使得对任意两两不同的整数 $a_1, \cdots, a_n$, 有

$$(n+1)\sum_{i=1}^{n} a_i^2 - \left(\sum_{i=1}^{n} a_i\right)^2 \geqslant \lambda(n).$$

22. 设 $a_i > 0, 1 \leqslant i \leqslant n, b_n \geqslant b_{n-1} \geqslant \cdots \geqslant b_1 \geqslant 0$, 满足 $\sum\limits_{i=1}^{k} a_i \leqslant \sum\limits_{i=1}^{k} b_i, 1 \leqslant k \leqslant n$, 证明：

$$\sum_{i=1}^{n} \sqrt{a_i} \leqslant \sum_{i=1}^{n} \sqrt{b_i}.$$

23. 设 $a_1 \geqslant a_2 \geqslant \cdots \geqslant a_n > 0, b_1 \geqslant b_2 \geqslant \cdots \geqslant b_n > 0$，满足 $\sum_{i=1}^{k} a_i \geqslant \sum_{i=1}^{k} b_i, 1 \leqslant k \leqslant n$. 证明：

$$\sum_{i=1}^{n} a_i^m \geqslant \sum_{i=1}^{n} b_i^m, m \in \mathbf{Z}^+.$$

24. 设 $n \geqslant 2, a_i, b_i > 0, 1 \leqslant i \leqslant n$，满足 $\sum_{i=1}^{n} a_i = \sum_{i=1}^{n} b_i$，且 $a_i a_j \geqslant b_i + b_j, 1 \leqslant i < j \leqslant n$，求 $a_1 + \cdots + a_n$ 的最小值.

25. 设 $a, b, c, d > 0$，满足 $\sum a = 4$，证明：$\sum \dfrac{a^2}{b} \geqslant 4 + (a-b)^2$.

26. 设实数 a, b, c 满足 $a^2 + b^2 + c^2 = 1$，求 $S = a^2 bc + ab^2 c + abc^2$ 的最大值和最小值.

27. 设 $a, b, c \geqslant 0$，证明：$\sqrt[3]{\dfrac{1}{8}(a+b)(b+c)(c+a)} \geqslant \sqrt{\dfrac{1}{3} \sum_{cyc} ab}$.

28. 求最小实数 λ，使得对 $x_i \geqslant 0, 1 \leqslant i \leqslant n$，有 $\sum_{1 \leqslant i < j \leqslant n} x_i x_j (x_i^2 + x_j^2) \leqslant \lambda \left(\sum_{i=1}^{n} x_i \right)^4, n \geqslant 1$.

29. 设 $a, b, c > 0$，证明：$(a+b+c) \left(\dfrac{1}{a} + \dfrac{1}{b} + \dfrac{1}{c} \right) + 4\sqrt{2} \dfrac{ab+bc+ca}{a^2+b^2+c^2} \geqslant 9 + 4\sqrt{2}$.

30. 设 $a, b, c > 0$，满足 $a + b + c = 1$，证明：$ab + bc + cd \leqslant \dfrac{9}{4} abc + \dfrac{1}{4}$.

31. 设 $a, b, c > 0$，满足 $a^2 + b^2 + c^2 + ab + bc + ca \leqslant 2$，证明：$\sum_{cyc} \dfrac{ab+1}{(a+b)^2} \geqslant 3$.

32. 设 $n \geqslant 3, x_i \in [-1, 1], 1 \leqslant i \leqslant n$，满足 $\sum_{i=1}^{n} x_i^5 = 0$，证明：$\sum_{i=1}^{n} x_i \leqslant \dfrac{8}{15} n$.

33. 设 $a, b, c > 0$，证明：$\sum_{cyc} \dfrac{b+c}{a} \geqslant \dfrac{\sum\limits_{cyc} a^2 \sum\limits_{cyc} ab}{abc \sum\limits_{cyc} a} + 3$.

34. 设 $a, b, c > 0$，证明：$\sum_{cyc} \dfrac{(a+b)^2}{c^2+ab} \geqslant 6$.

35. 设 $a, b, c \in \mathbf{R}^+, x, y, z \in \mathbf{R}$，满足 $a + b + c = abc, xyz > 0$，证明：

$$\dfrac{x}{\sqrt{1+a^2}} + \dfrac{y}{\sqrt{1+b^2}} + \dfrac{z}{\sqrt{1+c^2}} \leqslant \dfrac{1}{2} \left(\dfrac{yz}{x} + \dfrac{zx}{y} + \dfrac{xy}{z} \right).$$

36. 设 $\alpha_i, \beta_i > 0, 1 \leqslant i \leqslant n$，满足 $\sum_{i=1}^{n} \alpha_i = \sum_{i=1}^{n} \beta_i = \pi, n \geqslant 2$，证明：$\dfrac{\cos\beta_i}{\sin\alpha_i} \leqslant \sum_{i=1}^{n} \cot\alpha_i$.

1.2 不等式的应用

◎ 一、知识要点

不等式在数学的每个分支中都有重要应用. 本节主要介绍几个基本不等式的应用, 如排序不等式、均值不等式、柯西不等式和舒尔不等式, 以及与这些不等式有关赛题的讲解, 涉及方程(组)、最值等问题.

1. 排序不等式: 设 $a_n \geqslant a_{n-1} \geqslant \cdots \geqslant a_1, b_n \geqslant b_{n-1} \geqslant \cdots \geqslant b_1$, 则

$$\sum_{i=1}^{n} a_i b_i \geqslant \sum_{i=1}^{n} a_i b_{n_i} \geqslant \sum_{i=1}^{n} a_i b_{n-i+1}, n \geqslant 1.$$

当且仅当 $a_1 = \cdots = a_n$ 或 $b_1 = \cdots = b_n$ 时,等号成立.其中 $\{n_i\}$ 为 $1,2,\cdots,n$ 的一个排列.

2. 均值不等式:设 $a_i \in \mathbf{R}^+, 1 \le i \le n$,则

$$\frac{n}{\sum_{i=1}^{n} \frac{1}{a_i}} \le \sqrt[n]{a_1 \cdots a_n} \le \frac{1}{n} \sum_{i=1}^{n} a_i \le \sqrt{\frac{1}{n} \sum_{i=1}^{n} a_i^2}, n \ge 1.$$

当且仅当 $a_1 = \cdots = a_n$ 时,等号成立.

3. 柯西不等式:设 $a_i, b_i \in \mathbf{R}, 1 \le i \le n$,则

$$\left(\sum_{i=1}^{n} a_i b_i\right)^2 \le \left(\sum_{i=1}^{n} a_i^2\right)\left(\sum_{i=1}^{n} b_i^2\right), n \ge 1.$$

当且仅当 $a_i = k b_i, 1 \le i \le n, k \in \mathbf{R}$ 时,等号成立.

4. 舒尔不等式:设 $x, y, z \in \mathbf{R}_0^+, r \in \mathbf{R}$,则

$$\sum_{cyc} x^r (x-y)(x-z) \ge 0.$$

当且仅当 $x = y = z$ 或一个为 0,另两个相等时,等号成立.

特别地,当 $r = 1$ 时,有如下结论:

(1) $x^3 + y^3 + z^3 + 3xyz \ge \sum_{sym} x^2 y = xy(x+y) + yz(y+z) + zx(z+x)$;

(2) $xyz \ge (y+z-x)(z+x-y)(x+y-z)$;

(3) $(x+y+z)^3 + 9xyz \ge 4(x+y+z)(xy+yz+zx)$.

◎ 二、例题讲解

1. 排序不等式

例题 1　(切比雪夫不等式)设 $a_1 \ge \cdots \ge a_n, b_1 \ge \cdots \ge b_n$,则

$$\frac{1}{n} \sum_{i=1}^{n} a_i b_i \ge \left(\frac{1}{n} \sum_{i=1}^{n} a_i\right)\left(\frac{1}{n} \sum_{i=1}^{n} b_i\right) \ge \frac{1}{n} \sum_{i=1}^{n} a_i b_{n-i+1}, n \ge 1.$$

当且仅当 $a_1 = \cdots = a_n$ 或 $b_1 = \cdots = b_n$ 时,等号成立.

方法讲解　由排序不等式得 $\sum_{i=1}^{n} a_i b_i \ge \sum_{i=1}^{n} a_i b_{n_i} \ge \sum_{i=1}^{n} a_i b_{n-i+1}$,有

$$\sum_{i=1}^{n} a_i b_i \ge \sum_{i=1}^{n} a_i b_{i+k-1} \ge \sum_{i=1}^{n} a_i b_{n-i+1}, 1 \le k \le n,$$

其中 $b_{n+i} = b_i, 1 \le i \le n$.将上述 n 个不等式 $k = 1, 2, \cdots, n$ 相加,则 $n \sum_{i=1}^{n} a_i b_i \ge \sum_{i=1}^{n} a_i \sum_{i=1}^{n} b_i \ge n \sum_{i=1}^{n} a_i b_{n-i+1}$.

例题 2　设 $a, b, c > 0$,证明:$\sum_{cyc} a \sqrt{\frac{1+a^2}{1+b^2}} \ge \sum_{cyc} a$.

方法讲解　不妨设 $a = \min\{a, b, c\}$,考虑两种情况:

(1) 若 $a \le b \le c$,则 $a\sqrt{1+a^2} \le b\sqrt{1+b^2} \le c\sqrt{1+c^2}, \frac{1}{\sqrt{1+c^2}} \le \frac{1}{\sqrt{1+b^2}} \le \frac{1}{\sqrt{1+a^2}}$.

由排序不等式得 $\frac{a\sqrt{1+a^2}}{\sqrt{1+a^2}} + \frac{b\sqrt{1+b^2}}{\sqrt{1+b^2}} + \frac{c\sqrt{1+c^2}}{\sqrt{1+c^2}} = a+b+c$ 为最小,所以

$$\sum_{cyc} a \sqrt{\frac{1+a^2}{1+b^2}} \ge a+b+c = \sum_{cyc} a.$$

(2) 若 $a \leqslant c \leqslant b$，则 $a\sqrt{1+a^2} \leqslant c\sqrt{1+c^2} \leqslant b\sqrt{1+b^2}$，$\dfrac{1}{\sqrt{1+b^2}} \leqslant \dfrac{1}{\sqrt{1+c^2}} \leqslant \dfrac{1}{\sqrt{1+a^2}}$.

同理，$\sum\limits_{cyc} \dfrac{a\sqrt{1+a^2}}{\sqrt{1+a^2}} = a+b+c = \sum\limits_{cyc} a$ 为最小. 从而 $\sum\limits_{cyc} a\sqrt{\dfrac{1+a^2}{1+b^2}} \geqslant a+b+c = \sum\limits_{cyc} a$. 命题成立.

例题 3 设 $a_i > 0, 1 \leqslant i \leqslant n, m \geqslant k \geqslant 1, m,k \in \mathbf{Z}^+$，则

$$a_1\sqrt[m]{\dfrac{1+a_1^k}{1+a_2^k}} + \cdots + a_n\sqrt[m]{\dfrac{1+a_n^k}{1+a_1^k}} \geqslant a_1 + \cdots + a_n, n \geqslant 2.$$

方法讲解 设 $a_{n_1} \geqslant a_{n_2} \geqslant \cdots \geqslant a_{n_n}, n_1, \cdots, n_n$ 为 $1,2,\cdots,n$ 的一个排列，

则 $a_{n_1}^k \geqslant a_{n_2}^k \cdots \geqslant a_{n_n}^k > 0, \sqrt[m]{1+a_{n_1}^k} \geqslant \sqrt[m]{1+a_{n_2}^k} \cdots \geqslant \sqrt[m]{1+a_{n_n}^k} > 0.$

于是 $\dfrac{1}{\sqrt[m]{1+a_{n_1}^k}} \leqslant \dfrac{1}{\sqrt[m]{1+a_{n_2}^k}} \leqslant \cdots \leqslant \dfrac{1}{\sqrt[m]{1+a_{n_n}^k}}.$

由排序不等式知 $a_1\dfrac{\sqrt[m]{1+a_1^k}}{\sqrt[m]{1+a_2^k}} + \cdots + a_n\dfrac{\sqrt[m]{1+a_n^k}}{\sqrt[m]{1+a_1^k}} \geqslant a_{n_1}\dfrac{\sqrt[m]{1+a_{n_1}^k}}{\sqrt[m]{1+a_{n_1}^k}} + \cdots + a_{n_n}\dfrac{\sqrt[m]{1+a_{n_n}^k}}{\sqrt[m]{1+a_{n_n}^k}}$

$= a_{n_1} + a_{n_2} + \cdots + a_{n_n} = a_1 + a_2 + \cdots + a_n.$

故命题成立，证毕.

注 原不等式左边是循环对称，非对称形式，不能简单排序.

例题 4 给定 $n \geqslant 2$，设 $x_i > 0, 1 \leqslant i \leqslant n, \sum\limits_{i=1}^n x_i = 1$，证明：$\sum\limits_{i=1}^n \dfrac{x_i}{\sqrt{1-x_i}} \geqslant \dfrac{\sum\limits_{i=1}^n \sqrt{x_i}}{\sqrt{n-1}}$.

方法讲解 不妨设 $x_n \geqslant x_{n-1} \geqslant \cdots \geqslant x_1$，记 $S = \sum\limits_{i=1}^n \dfrac{x_i}{\sqrt{1-x_i}}$，则由排序不等式得

$S \geqslant \dfrac{x_2}{\sqrt{1-x_1}} + \cdots + \dfrac{x_n}{\sqrt{1-x_{n-1}}} + \dfrac{x_1}{\sqrt{1-x_n}}$，

$S \geqslant \dfrac{x_3}{\sqrt{1-x_1}} + \cdots + \dfrac{x_1}{\sqrt{1-x_{n-1}}} + \dfrac{x_2}{\sqrt{1-x_n}}$，

$\cdots$

$S \geqslant \dfrac{x_n}{\sqrt{1-x_1}} + \cdots + \dfrac{x_{n-2}}{\sqrt{1-x_{n-1}}} + \dfrac{x_{n-1}}{\sqrt{1-x_n}}$，

于是 $(n-1)S \geqslant \dfrac{1-x_1}{\sqrt{1-x_1}} + \cdots + \dfrac{1-x_n}{\sqrt{1-x_n}} = \sqrt{1-x_1} + \cdots + \sqrt{1-x_n}$.

从而只要证明 $\sum\limits_{i=1}^n \sqrt{1-x_i} \geqslant \sqrt{n-1}\sum\limits_{i=1}^n \sqrt{x_i}$.

由均值不等式得 $\sqrt{x_2} + \sqrt{x_3} + \cdots + \sqrt{x_n} \leqslant \sqrt{n-1}\sqrt{\sum\limits_{i=2}^n x_i} = \sqrt{n-1}\sqrt{1-x_1}, \cdots, \sqrt{x_1} + \sqrt{x_2} + \cdots + \sqrt{x_{n-1}} \leqslant \sqrt{n-1}\sqrt{1-x_n}$.

因此，$(n-1)\sum\limits_{i=1}^n \sqrt{x_i} \leqslant \sqrt{n-1}\sum\limits_{i=1}^n \sqrt{1-x_i}$. 故 $\sum\limits_{i=1}^n \sqrt{1-x_i} \geqslant \sqrt{n-1}\sum\limits_{i=1}^n \sqrt{x_i}$. 证毕.

例题 5 设 $\sum\limits_{i=1}^n x_i = 1, x_i > 0, 1 \leqslant i \leqslant n$，证明：$\sum\limits_{i=1}^n \left(\dfrac{1}{x_i}-1\right)^{\frac{1}{2}} \geqslant (n-1)\sum\limits_{i=1}^n \left(\dfrac{1}{x_i}-1\right)^{-\frac{1}{2}}$.

方法讲解 原不等式等价于 $\sum\limits_{i=1}^n \left(\dfrac{1}{x_i}-1\right)^{\frac{1}{2}} - (n-1)\sum\limits_{i=1}^n \left(\dfrac{1}{x_i}-1\right)^{-\frac{1}{2}} \geqslant 0$，即 $\sum\limits_{i=1}^n \dfrac{1-nx_i}{\sqrt{x_i(1-x_i)}} \geqslant 0$.

由于 $\sum\limits_{i=1}^{n}(1-nx_i)=0$，易想到切比雪夫不等式.

不妨设 $x_n\geqslant x_{n-1}\geqslant\cdots\geqslant x_1\geqslant 0$，$1-nx_1\geqslant 1-nx_2\geqslant\cdots\geqslant 1-nx_n$.

由 $\sum\limits_{i=1}^{n}x_i=1$，利用函数 $f(x)=x(1-x)$ 的单调性和对称性，$0\leqslant x_1(1-x_1)\leqslant\cdots\leqslant x_n(1-x_n)$.

从而 $\dfrac{1}{\sqrt{x_1(1-x_1)}}\geqslant\cdots\geqslant\dfrac{1}{\sqrt{x_n(1-x_n)}}$.

由切比雪夫不等式得 $\sum\limits_{i=1}^{n}\dfrac{1-nx_i}{\sqrt{x_i(1-x_i)}}\geqslant\dfrac{1}{n}\sum\limits_{i=1}^{n}(1-nx_i)\cdot\sum\limits_{i=1}^{n}\dfrac{1}{\sqrt{x_i(1-x_i)}}=0$. 故原不等式成立.

例题 6 设 $k\geqslant 1$，$x_i>0$，$1\leqslant i\leqslant n$，证明：$\sum\limits_{i=1}^{n}\dfrac{1}{1+x_i}\sum\limits_{i=1}^{n}x_i\leqslant\sum\limits_{i=1}^{n}\dfrac{x_i^{k+1}}{1+x_i}\cdot\sum\limits_{i=1}^{n}\dfrac{1}{x_i^k}$，$n\geqslant 1$.

方法讲解 不妨设 $x_1\geqslant x_2\geqslant\cdots\geqslant x_n>0$，则 $\dfrac{1}{x_1^k}\leqslant\dfrac{1}{x_2^k}\leqslant\cdots\leqslant\dfrac{1}{x_n^k}$，$\dfrac{x_1^k}{1+x_1}\geqslant\dfrac{x_2^k}{1+x_2}\geqslant\cdots\geqslant\dfrac{x_n^k}{1+x_n}$.

由切比雪夫不等式得 $\sum\limits_{i=1}^{n}x_i\sum\limits_{i=1}^{n}\dfrac{1}{1+x_i}=\sum\limits_{i=1}^{n}\dfrac{1}{x_i^k}\dfrac{x_i^k}{1+x_i}\cdot\sum\limits_{i=1}^{n}x_i$

$\leqslant\dfrac{1}{n}\sum\limits_{i=1}^{n}\dfrac{1}{x_i^k}\cdot\sum\limits_{i=1}^{n}\dfrac{x_i^k}{1+x_i}\cdot\sum\limits_{i=1}^{n}x_i=\dfrac{1}{n}\sum\limits_{i=1}^{n}x_i\sum\limits_{i=1}^{n}\dfrac{x_i^k}{1+x_i}\cdot\sum\limits_{i=1}^{n}\dfrac{1}{x_i^k}$

$\leqslant\sum\limits_{i=1}^{n}x_i\dfrac{x_i^k}{1+x_i}\cdot\sum\limits_{i=1}^{n}\dfrac{1}{x_i^k}=\sum\limits_{i=1}^{n}\dfrac{x_i^{k+1}}{1+x_i}\sum\limits_{i=1}^{n}\dfrac{1}{x_i^k}$. 证毕.

注 另证：$\sum\limits_{i=1}^{n}\dfrac{x_i^{k+1}}{1+x_i}\sum\limits_{i=1}^{n}\dfrac{1}{x_i^k}-\sum\limits_{i=1}^{n}\dfrac{1}{1+x_i}\sum\limits_{i=1}^{n}x_i=\sum\limits_{i\neq j=1}\dfrac{x_i^{k+1}}{(1+x_i)x_j^k}-\sum\limits_{i\neq j=1}\dfrac{x_j}{1+x_i}$

$=\sum\limits_{i\neq j=1}\dfrac{x_i^{k+1}-x_j^{k+1}}{(1+x_i)x_j^k}=\dfrac{1}{2}\sum\limits_{i\neq j=1}\left[\dfrac{x_i^{k+1}-x_j^{k+1}}{(1+x_i)x_j^k}+\dfrac{x_j^{k+1}-x_i^{k+1}}{(1+x_j)x_i^k}\right]$

$=\dfrac{1}{2}\sum\limits_{i\neq j=1}(x_i^{k+1}-x_j^{k+1})\dfrac{(1+x_j)x_i^k-(1+x_i)x_j^k}{(1+x_i)(1+x_j)x_i^kx_j^k}$

$=\dfrac{1}{2}\sum\limits_{i\neq j=1}(x_i^{k+1}-x_j^{k+1})\dfrac{(x_i^k-x_j^k)+x_ix_j(x_i^{k-1}-x_j^{k-1})}{(1+x_i)(1+x_j)x_i^kx_j^k}\geqslant 0$.

2. 均值不等式

均值不等式是证明不等式常用的基本不等式之一.

例题 7 设 $a>0$，$x_i\in[0,a]$，$1\leqslant i\leqslant n$，满足 $x_1x_2\cdots x_n=(a-x_1)^2(a-x_2)^2\cdots(a-x_n)^2$，证明：$x_1x_2\cdots x_n\leqslant\left(\dfrac{-1+\sqrt{1+4a}}{2}\right)^{2n}$，$n\geqslant 2$.

方法讲解 由均值不等式得 $(x_1x_2\cdots x_n)^{\frac{1}{2n}}=\left[(a-x_1)(a-x_2)\cdots(a-x_n)\right]^{\frac{1}{n}}$

$\leqslant\dfrac{a-x_1+a-x_2+\cdots+a-x_n}{n}=a-\dfrac{x_1+x_2+\cdots+x_n}{n}\leqslant a-(x_1x_2\cdots x_n)^{\frac{1}{n}}$.

令 $x=(x_1x_2\cdots x_n)^{\frac{1}{2n}}\geqslant 0$，则 $x\leqslant a-x^2$，即 $x^2+x-a\leqslant 0$，从而 $0\leqslant x\leqslant\dfrac{-1+\sqrt{1+4a}}{2}$.

故 $x_1x_2\cdots x_n\leqslant\left(\dfrac{-1+\sqrt{1+4a}}{2}\right)^{2n}$. 证毕.

例题 8 设 $a_i,b_i>0$，$1\leqslant i\leqslant n$，满足 $\sum\limits_{i=1}^{n}a_i\leqslant 1$，$\sum\limits_{i=1}^{n}b_i\leqslant n$，证明：$\prod\limits_{i=1}^{n}\left(\dfrac{1}{a_i}+\dfrac{1}{b_i}\right)\geqslant(n+1)^n$.

方法讲解 由假设及均值不等式知 $a_1\cdots a_n\leqslant\dfrac{1}{n^n}$，$b_1\cdots b_n\leqslant 1$，

从而 $\dfrac{1}{a_i}+\dfrac{1}{b_i}=\dfrac{1}{na_i}+\cdots+\dfrac{1}{na_i}+\dfrac{1}{b_i}\geqslant(n+1)\sqrt[n+1]{\left(\dfrac{1}{na_i}\right)^n\dfrac{1}{b_i}},1\leqslant i\leqslant n.$

于是 $\displaystyle\prod_{i=1}^{n}\left(\dfrac{1}{a_i}+\dfrac{1}{b_i}\right)\geqslant(n+1)^n\sqrt[n+1]{\left(\dfrac{1}{n^na_1\cdots a_n}\right)^n\dfrac{1}{b_1}\cdots\dfrac{1}{b_n}}\geqslant(n+1)^n.$ 故命题成立.

例题 9 设 $n\geqslant3,x_1,x_2,\cdots,x_n>0$,满足 $\displaystyle\sum_{i=1}^{n}x_i\sum_{i=1}^{n}\dfrac{1}{x_i}<n^2+1.$ 证明:对任意 $i,j,k(1\leqslant i<j<k\leqslant n,x_i),x_j,x_k$ 能构成三角形.

方法讲解 用反证法.假设存在 x_1,x_2,x_3 不构成三角形,不妨设 $x_1+x_2\leqslant x_3.$

由均值不等式知 $\displaystyle\sum_{i=1}^{n}x_i\sum_{i=1}^{n}\dfrac{1}{x_i}=\sum_{1\leqslant i<j\leqslant n}\left(\dfrac{x_i}{x_j}+\dfrac{x_j}{x_i}\right)+n$

$=\dfrac{x_1}{x_3}+\dfrac{x_3}{x_1}+\dfrac{x_2}{x_3}+\dfrac{x_3}{x_2}+\displaystyle\sum_{\substack{1\leqslant i<j\leqslant n\\(i,j)\neq(1,3),(2,3)}}\left(\dfrac{x_i}{x_j}+\dfrac{x_j}{x_i}\right)+n$

$\geqslant\dfrac{x_1+x_2}{x_3}+x_3\left(\dfrac{1}{x_1}+\dfrac{1}{x_2}\right)+\displaystyle\sum_{\substack{1\leqslant i<j\leqslant n\\(i,j)\neq(1,3),(2,3)}}2+n$

$\geqslant\dfrac{x_1+x_2}{x_3}+\dfrac{4x_3}{x_1+x_2}+2(C_n^2-2)+n$

$\geqslant5+2(C_n^2-2)+n=n^2+1.$

与假设条件矛盾,故命题成立.

例题 10 设 $a_i>0,1\leqslant i\leqslant n$,满足 $\displaystyle\sum_{i=1}^{n}\dfrac{a_i}{1+a_i}=1$,证明: $\displaystyle\prod_{i=1}^{n}a_i\leqslant(n-1)^{-n}.$

方法讲解 因为 $\dfrac{a_k}{1+a_k}+\displaystyle\sum_{i\neq k}\dfrac{a_i}{1+a_i}=1$,即 $\dfrac{1}{1+a_k}=\displaystyle\sum_{i\neq k}\dfrac{a_i}{1+a_i}\geqslant(n-1)\left[\dfrac{\displaystyle\prod_{i\neq k}a_i}{\displaystyle\prod_{i\neq k}(1+a_i)}\right]^{\frac{1}{n-1}},$

所以 $\displaystyle\prod_{k=1}^{n}\dfrac{1}{1+a_k}\geqslant(n-1)^n\dfrac{\displaystyle\prod_{i=1}^{n}a_i}{\displaystyle\prod_{i=1}^{n}(1+a_i)}$,即 $\displaystyle\prod_{i=1}^{n}a_i\leqslant(n-1)^{-n}.$

类似可得:若 $a_i>0,1\leqslant i\leqslant n$,满足 $\displaystyle\sum_{i=1}^{n}\dfrac{1}{1+a_i}=1$,则 $\displaystyle\prod_{i=1}^{n}a_i\geqslant(n-1)^n.$

方法讲解 由假设得 $\dfrac{a_k}{1+a_k}=\displaystyle\sum_{i\neq k}\dfrac{1}{1+a_i}\geqslant(n-1)\left[\dfrac{1}{\displaystyle\prod_{i\neq k}(1+a_i)}\right]^{\frac{1}{n-1}}.$

从而 $\displaystyle\prod_{k=1}^{n}\dfrac{a_k}{1+a_k}\geqslant(n-1)^n\dfrac{1}{\displaystyle\prod_{k=1}^{n}(1+a_k)}$,即 $\displaystyle\prod_{k=1}^{n}a_k\geqslant(n-1)^n.$

例题 11 给定正整数 n,设 $x_i>0,1\leqslant i\leqslant n,x_1x_2\cdots x_n=1$,证明:

$$\sum_{i=1}^{n}x_i\sqrt{x_1^2+\cdots+x_i^2}\geqslant\dfrac{n+1}{2}\sqrt{n}.$$

方法讲解 由均值不等式得

$\displaystyle\sum_{i=1}^{n}x_i\sqrt{x_1^2+\cdots+x_i^2}\geqslant\sum_{i=1}^{n}x_i\dfrac{x_1+\cdots+x_i}{\sqrt{i}}=\sum_{i=1}^{n}\sum_{j=1}^{i}\dfrac{x_ix_j}{\sqrt{i}}$

$\geqslant\dfrac{1}{\sqrt{n}}\displaystyle\sum_{i=1}^{n}\sum_{j=1}^{i}x_ix_j=\dfrac{1}{2\sqrt{n}}\sum_{1\leqslant j\leqslant i\leqslant n}2x_ix_j=\dfrac{1}{2\sqrt{n}}\left[\sum_{i=1}^{n}x_i^2+\left(\sum_{i=1}^{n}x_i\right)^2\right]$

$$\geqslant \frac{1}{2\sqrt{n}}\left[n\sqrt[n]{x_1^2\cdots x_n^2}+\left(n\sqrt[n]{x_1\cdots x_n}\right)^2\right]=\frac{n+n^2}{2\sqrt{n}}=\frac{n+1}{2}\sqrt{n}.$$

故 $\sum_{i=1}^{n}x_i\sqrt{x_1^2+\cdots+x_i^2}\geqslant\dfrac{n+1}{2}\sqrt{n}$. 证毕.

例题 12 设 $n\geqslant 3,a_i\in\mathbf{R},1\leqslant i\leqslant n$，满足 $\sum_{i=1}^{n}a_i=0$，且 $2a_k\leqslant a_{k-1}+a_{k+1},2\leqslant k\leqslant n-1$. 求最小的 $\lambda(n)$，使得对 $k\in\{1,2,\cdots,n\}$，有 $|a_k|\leqslant\lambda(n)\cdot\max\{|a_1|,|a_n|\}$.

方法讲解 首先，取 $a_1=1,a_2=-\dfrac{n+1}{n-1},a_k=-\dfrac{n+1}{n-1}+\dfrac{2n(k-2)}{(n-1)(n-2)},3\leqslant k\leqslant n$，

则 $\sum_{i=1}^{n}a_i=0$，且 $2a_k\leqslant a_{k-1}+a_{k+1},2\leqslant k\leqslant n-1$. 此时 $\lambda(n)\geqslant\dfrac{n+1}{n-1}$.

下面证明：对 $k\in\{1,2,\cdots,n\}$，有 $|a_k|\leqslant\dfrac{n+1}{n-1}\cdot\max\{|a_1|,|a_n|\}$.

由于 $2a_k\leqslant a_{k-1}+a_{k+1}$，即 $a_{k+1}-a_k\geqslant a_k-a_{k-1}$，于是 $a_n-a_{n-1}\geqslant a_{n-1}-a_{n-2}\geqslant\cdots\geqslant a_2-a_1$.

从而，$(k-1)(a_n-a_1)\geqslant(n-1)(a_k-a_1)$，即

$$a_k\leqslant\frac{k-1}{n-1}(a_n-a_1)+a_1=\frac{1}{n-1}\left[(k-1)a_n+(n-k)a_1\right]\quad①.$$

由 ①，对固定的 $k(k\neq 1)$，当 $1\leqslant j\leqslant k$ 时，$a_j\leqslant\dfrac{1}{k-1}\left[(j-1)a_k+(k-j)a_1\right]\quad②$.

当 $k\leqslant j\leqslant n$ 时，$a_j\leqslant\dfrac{1}{n-k}\left[(j-k)a_n+(n-j)a_k\right]$. 由 ①，② 两式得

$$\sum_{j=1}^{k}a_j\leqslant\frac{1}{k-1}\sum_{j=1}^{k}\left[(j-1)a_k+(k-j)a_1\right]=\frac{k}{2}(a_1+a_k),\quad\sum_{j=k}^{n}a_j\leqslant\frac{n+1-k}{2}(a_k+a_n).$$

于是 $\sum_{j=1}^{k}a_j+\sum_{j=k}^{n}a_j\leqslant\dfrac{k}{2}(a_1+a_k)+\dfrac{n+1-k}{2}(a_k+a_n)$，

$$即\quad a_k\geqslant-\frac{1}{n-1}\left[ka_1+(n+1-k)a_n\right]\qquad③.$$

由 ①，③ 两式得

$$|a_k|\leqslant\max\left\{\frac{1}{n-1}|(k-1)a_n+(n-k)a_1|,\frac{1}{n-1}|ka_1+(n+1-k)a_n|\right\}$$

$$\leqslant\frac{n+1}{n-1}\max\{|a_1|,|a_n|\},2\leqslant k\leqslant n-1,$$

故 $\lambda(n)_{\min}=\dfrac{n+1}{n-1}$.

例题 13 设 $x_i\in\mathbf{R}^+,1\leqslant i\leqslant n$，满足 $\prod_{i=1}^{n}x_i=1$，证明：$\sum_{i=1}^{n}\dfrac{1}{n-1+x_i}\leqslant 1$.

方法讲解 用反证法. 假设 $\sum_{i=1}^{n}\dfrac{1}{n-1+x_i}>1$，则对任意 $k\in\{1,2,\cdots,n\}$，有

$$\frac{1}{n-1+x_k}>1-\sum_{i\neq k}^{n}\frac{1}{n-1+x_i}=\sum_{i\neq k}^{n}\left(\frac{1}{n-1}-\frac{1}{n-1+x_i}\right)=\sum_{i\neq k}^{n}\frac{x_i}{(n-1)(n-1+x_i)}$$

$$\geqslant(n-1)\left[\prod_{i\neq k}^{n}\frac{x_i}{(n-1)(n-1+x_i)}\right]^{\frac{1}{n-1}}=\left(\prod_{i\neq k}^{n}\frac{x_i}{n-1+x_i}\right)^{\frac{1}{n-1}}.$$

从而，$\prod_{k=1}^{n}\dfrac{1}{n-1+x_k}>\prod_{k=1}^{n}\left(\prod_{i\neq k}^{n}\dfrac{x_i}{n-1+x_i}\right)^{\frac{1}{n-1}}=\prod_{k=1}^{n}\dfrac{x_k}{n-1+x_k}$，

则 $\prod_{k=1}^{n}x_k<1$ 与 $\prod_{i=1}^{n}x_i=1$ 矛盾. 故原命题成立.

例题 14 求实数 m 的最小值，使得对 $x_i \in [0,1], 1 \leqslant i \leqslant n$，有

$$(n-1)^{n-1} \sum_{i=1}^{n} x_i + n^n \left(\sum_{i=1}^{n} x_i\right) \prod_{i=1}^{n} (1-x_i) \leqslant m.$$

方法讲解 当 $x_1 = x_2 = \cdots = x_n = 1$ 时，$n(n-1)^{n-1} \leqslant m$. 下面证明

$$(n-1)^{n-1} \sum_{i=1}^{n} x_i + n^n \left(\sum_{i=1}^{n} x_i\right) \prod_{i=1}^{n} (1-x_i) \leqslant n(n-1)^{n-1}.$$

原不等式等价于 $\dfrac{n - \sum\limits_{i=1}^{n} x_i}{n \sum\limits_{i=1}^{n} x_i} \geqslant \left(\dfrac{n}{n-1}\right)^{n-1} \prod_{i=1}^{n} (1-x_i)$ ①.

由于 $\prod\limits_{i=1}^{n} (1-x_i) \leqslant \left[\dfrac{n - \sum\limits_{i=1}^{n} x_i}{n}\right]^n$，所以只要证明 $\dfrac{1}{\sum\limits_{i=1}^{n} x_i} \geqslant \left[\dfrac{n - \sum\limits_{i=1}^{n} x_i}{n-1}\right]^{n-1}$ ②.

令 $x = \sum\limits_{i=1}^{n} x_i$，则不等式 ② 等价于 $(n-1)^n \geqslant (n-1)x(n-x)^{n-1}$ ③.
由均值不等式知，不等式 ③ 成立.

例题 15 给定正整数 $n(n \geqslant 2)$，若对任意正实数 $a_1, \cdots, a_n$，恒有 $\dfrac{a_1}{a_1+a_2} + \dfrac{a_2}{a_2+a_3} + \cdots + \dfrac{a_{n-1}}{a_{n-1}+a_n} \geqslant \dfrac{a_1}{1+a_1} - \dfrac{a_n}{t+a_n}$，求 t 的最大值.

方法讲解 取 $a_i = n^i (i = 1, 2, \cdots, n)$，有 $\dfrac{a_i}{a_i + a_{i+1}} = \dfrac{n^i}{n^i + n^{i+1}} = \dfrac{1}{1+n} (i = 1, 2, \cdots, n-1)$.

原不等式化为 $\dfrac{n-1}{1+n} \geqslant \dfrac{n}{1+n} - \dfrac{n^n}{t+n^n}$，$\dfrac{n^n}{t+n^n} \geqslant \dfrac{1}{1+n}$. 令 $t > 0$，有 $t \leqslant n^{n+1}$.

下面证明：对一切正实数 $a_1, \cdots, a_n$，有 $\sum\limits_{i=1}^{n-1} \dfrac{a_i}{a_i + a_{i+1}} \geqslant \dfrac{a_1}{1+a_1} - \dfrac{a_n}{n^{n+1} + a_n}$ ①.

令 $x_1 = a_1, x_2 = \dfrac{a_2}{a_1}, x_3 = \dfrac{a_3}{a_2}, \cdots, x_n = \dfrac{a_n}{a_{n-1}}$，则 $x_i > 0 (i = 1, 2, \cdots, n)$，$x_1 x_2 \cdots x_n = a_n$.

不等式 ① 即为 $\dfrac{1}{1+x_2} + \dfrac{1}{1+x_3} + \cdots + \dfrac{1}{1+x_n} \geqslant \dfrac{x_1}{1+x_1} - \dfrac{x_1 x_2 \cdots x_n}{n^{n+1} + x_1 x_2 \cdots x_n}$，

亦即 $\sum\limits_{i=1}^{n} \dfrac{1}{1+x_i} \geqslant \dfrac{n^{n+1}}{n^{n+1} + x_1 x_2 \cdots x_n}$ ②.

若 $\sum\limits_{i=1}^{n} \dfrac{1}{1+x_i} \geqslant 1$，则不等式 ② 显然成立.

若 $\sum\limits_{i=1}^{n} \dfrac{1}{1+x_i} < 1$，取 $x_{n+1} = \dfrac{1}{1 - \sum\limits_{i=1}^{n} \dfrac{1}{1+x_i}} - 1$，则 $\sum\limits_{i=1}^{n+1} \dfrac{1}{1+x_i} = 1$，且 $x_{n+1} > 0$.

令 $y_i = \dfrac{1}{1+x_i} (i = 1, 2, \cdots, n+1)$，则 $\sum\limits_{i=1}^{n+1} y_i = 1, 0 < y_i < 1$.

由均值不等式得 $\prod\limits_{i=1}^{n+1} x_i = \prod\limits_{i=1}^{n+1} \left(\dfrac{1}{y_i} - 1\right) = \prod\limits_{i=1}^{n+1} \dfrac{\sum\limits_{j \neq i} y_j}{y_i} \geqslant \prod\limits_{i=1}^{n+1} \dfrac{n \sqrt[n]{\prod\limits_{j \neq i} y_j}}{y_i} = n^{n+1} \cdot \dfrac{\prod\limits_{i=1}^{n+1} y_i}{\prod\limits_{i=1}^{n+1} y_i} = n^{n+1}.$

所以 $x_{n+1} \geqslant \dfrac{n^{n+1}}{x_1 x_2 \cdots x_n}$，$\sum\limits_{i=1}^{n} \dfrac{1}{1+x_i} = 1 - \dfrac{1}{1+x_{n+1}} \geqslant 1 - \dfrac{1}{1 + \dfrac{n^{n+1}}{x_1 x_2 \cdots x_n}} = \dfrac{n^{n+1}}{x_1 x_2 \cdots x_n + n^{n+1}}.$

故不等式 ② 成立. 故 t 的最大值为 n^{n+1}.

例题 16 （卡尔松不等式）设 $a_{ij} \geqslant 0, 1 \leqslant i \leqslant n, 1 \leqslant j \leqslant m$，则

$$\left[\prod_{j=1}^m \left(\frac{1}{n} \sum_{i=1}^n a_{ij} \right) \right]^{\frac{1}{m}} \geqslant \frac{1}{n} \left[\sum_{i=1}^n \left(\prod_{j=1}^m a_{ij} \right)^{\frac{1}{m}} \right].$$

当且仅当存在 j，使 $\sum_{i=1}^n a_{ij} = 0$ 或 $\dfrac{a_{1j}}{a_{2j}} = \dfrac{a_{2j}}{a_{3j}} = \cdots = \dfrac{a_{mj}}{a_{nj}}, 1 \leqslant j \leqslant m$ 时，等号成立.

方法讲解 令 $T_j = \dfrac{1}{n} \sum_{i=1}^n a_{ij}, S_i = \left(\prod_{j=1}^m a_{ij} \right)^{\frac{1}{m}}, 1 \leqslant j \leqslant m, 1 \leqslant i \leqslant n.$

若存在某个 $T_j = 0$，则 $a_{1j} = a_{2j} = \cdots = a_{nj} = 0$，得 $S_1 = S_2 = \cdots = S_n = 0$，则命题成立.

若 $T_j > 0, 1 \leqslant j \leqslant m$，对数组 $\dfrac{a_{i1}}{T_1}, \dfrac{a_{i2}}{T_2}, \cdots, \dfrac{a_{im}}{T_m}$ 应用均值不等式，得

$$\sum_{j=1}^m \frac{a_{ij}}{T_j} \geqslant m \left(\frac{a_{i1} \cdots a_{im}}{T_1 \cdots T_m} \right)^{\frac{1}{m}} = m \frac{S_i}{\left(\prod_{j=1}^m T_j \right)^{\frac{1}{m}}}, 1 \leqslant i \leqslant n.$$

对 $i = 1, \cdots, n$ 求和得 $\displaystyle\sum_{i=1}^n \sum_{j=1}^m \frac{a_{ij}}{T_j} \geqslant m \frac{\sum_{i=1}^n S_i}{\left(\prod_{j=1}^m T_j \right)^{\frac{1}{m}}}$，即 $nm \geqslant m \dfrac{\sum_{i=1}^n S_i}{\left(\prod_{j=1}^m T_j \right)^{\frac{1}{m}}}$，从而 $\left(\prod_{j=1}^m T_j \right)^{\frac{1}{m}} \geqslant \dfrac{1}{n} \sum_{i=1}^n S_i.$

故 $\left[\prod_{j=1}^m \left(\dfrac{1}{n} \sum_{i=1}^n a_{ij} \right) \right]^{\frac{1}{m}} \geqslant \dfrac{1}{n} \left[\sum_{i=1}^n \left(\prod_{j=1}^m a_{ij} \right)^{\frac{1}{m}} \right].$

注 将 $a_{ij}(a_{ij} \geqslant 0, 1 \leqslant i \leqslant n, 1 \leqslant j \leqslant m)$ 写成一个 n 行 m 列的矩阵，即 $\begin{bmatrix} a_{11}, a_{12}, \cdots, a_{1m} \\ \vdots \\ a_{n1}, a_{n2}, \cdots, a_{nm} \end{bmatrix}_{n \times m}$ 的形式，卡尔松不等式表明：在一个 $n \times m$ 的非负实数矩阵中，m 列中每列元素之和的几何平均值不小于 n 行中每行元素的几何平均值之和.

卡尔松不等式也可写成 $\left[\prod_{j=1}^m \left(\sum_{i=1}^n a_{ij} \right) \right]^{\frac{1}{m}} \geqslant \sum_{i=1}^n \left(\prod_{j=1}^m a_{ij} \right)^{\frac{1}{m}}, a_{ij} \geqslant 0, 1 \leqslant i \leqslant n, 1 \leqslant j \leqslant m.$

如果取特殊的 a_{ij}，不难得到前面介绍的一些基本不等式.

(1) 柯西不等式：设 $a_i, b_i \in \mathbf{R}, 1 \leqslant i \leqslant n$，选取 $\begin{bmatrix} a_1^2 & b_1^2 \\ \vdots & \vdots \\ a_n^2 & a_n^2 \end{bmatrix}_{n \times 2}$，则由卡尔松不等式得

$$\left(\sum_{i=1}^n a_i^2 \right) \left(\sum_{i=1}^n b_i^2 \right) \geqslant \left(\sum_{i=1}^n a_i b_i \right)^2.$$

(2) 设 $x \geqslant 0, y \geqslant 0$，取 $\begin{bmatrix} x^n & & y^n \\ & \ddots & \\ y^n & & x^n \end{bmatrix}_{n \times n}$，即 $a_{ij} = y^n, i \neq j, a_{ii} = x^n, 1 \leqslant i, j \leqslant n$，

则 $x^n + (n-1)y^n \geqslant nxy^{n-1}.$

(3) 均值不等式：设 $a_i \geqslant 0, 1 \leqslant i \leqslant n$，取 $\begin{bmatrix} a_1, a_2, \cdots, a_n \\ a_2, a_3, \cdots, a_1 \\ \vdots \\ a_n, a_1, \cdots, a_{n-1} \end{bmatrix}_{n \times n}$，则 $\displaystyle\sum_{i=1}^n a_i \geqslant n \left(\prod_{i=1}^n a_i \right)^{\frac{1}{n}}$，

故 $A_n \geqslant G_n$ 成立.

(4) 幂平均不等式:设 $a_i \geqslant 0, 1 \leqslant i \leqslant n, k, m \in \mathbf{Z}^+, k \geqslant m$, 取 $\begin{bmatrix} a_1^k, \cdots, a_1^k, \underbrace{1, \cdots, 1} \\ a_n^k, \cdots, a_n^k, \underbrace{1, \cdots, 1} \end{bmatrix}_{n \times k}$,

则 $\left(\dfrac{1}{n} \sum\limits_{i=1}^{n} a_i^k \right)^{\frac{1}{k}} \geqslant \left(\dfrac{1}{n} \sum\limits_{i=1}^{n} a_i^m \right)^{\frac{1}{m}}$.

3. 柯西不等式

例题 17 设 $x, y, z, w \in \mathbf{R}^+, \alpha, \beta, \gamma, \theta$ 满足 $\alpha + \beta + \gamma + \theta = (2k+1)\pi, k \in \mathbf{Z}$. 证明：

$$(x\sin\alpha + y\sin\beta + z\sin\gamma + w\sin\theta)^2 \leqslant \frac{(xy + zw)(xz + yw)(xw + yz)}{xyzw}.$$

方法讲解 令 $\mu = x\sin\alpha + y\sin\beta, \nu = z\sin\gamma + w\sin\theta$, 则

$\mu^2 = (x\sin\alpha + y\sin\beta)^2 \leqslant (x\sin\alpha + y\sin\beta)^2 + (x\cos\alpha - y\cos\beta)^2 = x^2 + y^2 - 2xy\cos(\alpha + \beta)$.

所以 $\cos(\alpha + \beta) \leqslant \dfrac{x^2 + y^2 - \mu^2}{2xy}$, 同理, $\cos(\gamma + \theta) \leqslant \dfrac{z^2 + w^2 - \nu^2}{2zw}$.

两式相加,并由假设可得 $0 = \cos(\alpha + \beta) + \cos(\gamma + \theta) \leqslant \dfrac{x^2 + y^2 - \mu^2}{2xy} + \dfrac{z^2 + w^2 - \nu^2}{2zw}$, 即

$$\frac{\mu^2}{xy} + \frac{\nu^2}{zw} \leqslant \frac{x^2 + y^2}{xy} + \frac{z^2 + w^2}{zw}.$$

由柯西不等式得

$$(x\sin\alpha + y\sin\beta + z\sin\gamma + w\sin\theta)^2 = (\mu + \nu)^2 \leqslant (xy + zw)\left(\frac{\mu^2}{xy} + \frac{\nu^2}{zw} \right)$$

$$\leqslant (xy + zw)\left(\frac{x^2 + y^2}{xy} + \frac{z^2 + w^2}{zw} \right) = \frac{(xy + zw)(xz + yw)(xw + yz)}{xyzw}.$$

故命题成立.

例题 18 设 a, b, c, d 为正实数,满足 $ab + cd = 1, P_i(x_i, y_i)(i = 1, 2, 3, 4)$ 是以原点为圆心的单位圆上的四点,证明：$(ay_1 + by_2 + cy_3 + dy_4)^2 + (ax_4 + bx_3 + cx_2 + dx_1)^2 \leqslant 2\left(\dfrac{a^2 + b^2}{ab} + \dfrac{c^2 + d^2}{cd} \right)$.

方法讲解 令 $\alpha = ay_1 + by_2 + cy_3 + dy_4, \beta = ax_4 + bx_3 + cx_2 + dx_1$, 由柯西不等式得

$\alpha^2 = (ay_1 + by_2 + cy_3 + dy_4)^2$

$\leqslant \left[(\sqrt{ad}\, y_1)^2 + (\sqrt{bc}\, y_2)^2 + (\sqrt{bc}\, y_3)^2 + (\sqrt{ad}\, y_4)^2 \right] \left[\left(\sqrt{\frac{a}{d}} \right)^2 + \left(\sqrt{\frac{b}{c}} \right)^2 + \left(\sqrt{\frac{c}{b}} \right)^2 + \left(\sqrt{\frac{d}{a}} \right)^2 \right]$

$= (ady_1^2 + bcy_2^2 + bcy_3^2 + ady_4^2)\left(\dfrac{a}{d} + \dfrac{b}{c} + \dfrac{c}{b} + \dfrac{d}{a} \right)$.

同理, $\beta^2 \leqslant (adx_1^2 + bcx_2^2 + bcx_3^2 + ady_4^2)\left(\dfrac{d}{a} + \dfrac{c}{b} + \dfrac{b}{c} + \dfrac{a}{d} \right)$.

对它们相加,并利用 $x_i^2 + y_i^2 = 1, i = 1, 2, 3, 4, ab + cd = 1$, 得

$$\alpha^2 + \beta^2 \leqslant (2ad + 2bc)\left(\frac{a}{d} + \frac{b}{c} + \frac{c}{b} + \frac{d}{a} \right) = 2(ad + bc)\left(\frac{ab + cd}{bd} + \frac{ab + cd}{ac} \right)$$

$$= 2(ad + bc)\left(\frac{1}{bd} + \frac{1}{ac} \right) = 2\left(\frac{a^2 + b^2}{ab} + \frac{c^2 + d^2}{cd} \right).$$

故命题成立.

例题 19 设 $a_i > 0, 1 \leqslant i \leqslant n$，证明：$\sum\limits_{k=1}^{n} \dfrac{k}{\sum\limits_{i=1}^{k} a_i} \leqslant 2 \sum\limits_{i=1}^{n} \dfrac{1}{a_i}$.

方法讲解 由柯西不等式得

$$\Big(\sum_{i=1}^{k} a_i\Big)\Big(\sum_{i=1}^{k} \frac{i^2}{a_i}\Big) \geqslant \Big(\sum_{i=1}^{k} i\Big)^2 = \Big[\frac{k(k+1)}{2}\Big]^2.$$

于是

$$\sum_{k=1}^{n} \frac{k}{\sum\limits_{i=1}^{k} a_i} \leqslant \sum_{k=1}^{n} \Big[\frac{4}{k(k+1)^2} \sum_{i=1}^{k} \frac{i^2}{a_i}\Big] < 2 \sum_{i=1}^{n} \Big[\frac{i^2}{a_i} \sum_{k=i}^{n} \frac{2k+1}{k^2(k+1)^2}\Big]$$

$$= 2 \sum_{i=1}^{n} \Big\{\frac{i^2}{a_i} \sum_{k=i}^{n} \Big[\frac{1}{k^2} - \frac{1}{(k+1)^2}\Big]\Big\} = 2 \sum_{i=1}^{n} \frac{i^2}{a_i} \Big[\frac{1}{i^2} - \frac{1}{(n+1)^2}\Big] < 2 \sum_{i=1}^{n} \frac{1}{a_i}.$$

从而命题成立.

例题 20 给定 $r \in (0,1)$，证明：若 $z_j (z_j \in \mathbf{C})$ 满足 $|z_k - 1| \leqslant r, k = 1,2,\cdots,n$，则

$$\Big|\sum_{j=1}^{n} z_j\Big| \Big|\sum_{j=1}^{n} \frac{1}{z_j}\Big| \geqslant n^2(1-r^2).$$

方法讲解 设 $z_k = x_k + \mathrm{i}y_k, x_k, y_k \in \mathbf{R}$，由 $|z_k - 1| \leqslant r < 1$，则 $x_k > 0$，

$$r^2 \geqslant |z_k - 1|^2 = (x_k - 1)^2 + y_k^2 = x_k^2 + y_k^2 - 2x_k + 1.$$

由于 $x_k^2 + y_k^2 + \dfrac{x_k^2}{x_k^2 + y_k^2} \geqslant 2x_k$，所以 $r^2 \geqslant 1 - \dfrac{x_k^2}{x_k^2 + y_k^2}$，即 $\dfrac{x_k^2}{x_k^2 + y_k^2} \geqslant 1 - r^2$.

又因为 $\Big|\sum\limits_{k=1}^{n} z_k\Big| \geqslant \Big|\mathrm{Re}\Big(\sum\limits_{k=1}^{n} z_k\Big)\Big| = \sum\limits_{k=1}^{n} x_k$，

及 $\dfrac{1}{z_k} = \dfrac{x_k - y_k \mathrm{i}}{x_k^2 + y_k^2}$，$\Big|\sum\limits_{k=1}^{n} \dfrac{1}{z_k}\Big| \geqslant \Big|\mathrm{Re} \sum\limits_{k=1}^{n} \dfrac{x_k - y_k \mathrm{i}}{x_k^2 + y_k^2}\Big| = \sum\limits_{k=1}^{n} \dfrac{x_k}{x_k^2 + y_k^2}$. 于是，由柯西不等式得

$$\Big|\sum_{k=1}^{n} z_k\Big| \Big|\sum_{k=1}^{n} \frac{1}{z_k}\Big| \geqslant \sum_{k=1}^{n} x_k \sum_{k=1}^{n} \frac{x_k}{x_k^2 + y_k^2} \geqslant \Big(\sum_{k=1}^{n} \sqrt{\frac{x_k^2}{x_k^2 + y_k^2}}\Big)^2 \geqslant (n\sqrt{1-r^2})^2 = n^2(1-r^2).$$

例题 21 设 $a_n, b_n \in \mathbf{R}$，证明：$\sum\limits_{m,n=1}^{2020} \dfrac{a_m b_n}{(\sqrt{m} + \sqrt{n})^2} \leqslant 2 \Big(\sum\limits_{m=1}^{2020} a_m^2\Big)^{\frac{1}{2}} \Big(\sum\limits_{n=1}^{2020} b_n^2\Big)^{\frac{1}{2}}$.

方法讲解 $\sum\limits_{m,n=1}^{2020} \dfrac{a_m b_n}{(\sqrt{m} + \sqrt{n})^2} = \sum\limits_{m,n=1}^{2020} \Big[\dfrac{a_m}{\sqrt{m} + \sqrt{n}} \Big(\dfrac{m}{n}\Big)^{\frac{1}{4}} \cdot \dfrac{b_n}{\sqrt{m} + \sqrt{n}} \Big(\dfrac{n}{m}\Big)^{\frac{1}{4}}\Big]$

$$\leqslant \Big\{\sum_{m,n=1}^{2020} \Big[\frac{a_m}{\sqrt{m} + \sqrt{n}} \Big(\frac{m}{n}\Big)^{\frac{1}{4}}\Big]^2\Big\}^{\frac{1}{2}} \Big\{\sum_{m,n=1}^{2020} \Big[\frac{b_n}{\sqrt{m} + \sqrt{n}} \Big(\frac{n}{m}\Big)^{\frac{1}{4}}\Big]^2\Big\}^{\frac{1}{2}}$$

$$= \Big[\sum_{m=1}^{2020} a_m^2 \sum_{n=1}^{2020} \frac{1}{(\sqrt{m} + \sqrt{n})^2} \Big(\frac{m}{n}\Big)^{\frac{1}{2}}\Big]^{\frac{1}{2}} \Big[\sum_{n=1}^{2020} b_n^2 \sum_{m=1}^{2020} \frac{1}{(\sqrt{m} + \sqrt{n})^2} \Big(\frac{n}{m}\Big)^{\frac{1}{2}}\Big]^{\frac{1}{2}}.$$

因为 $\dfrac{1}{(\sqrt{m} + \sqrt{n})^2} \Big(\dfrac{m}{n}\Big)^{\frac{1}{2}} \leqslant 2\Big(\dfrac{1}{\sqrt{\dfrac{n-1}{m}} + 1} - \dfrac{1}{\sqrt{\dfrac{n}{m}} + 1}\Big)$ ①

$\Leftrightarrow \dfrac{1}{(\sqrt{m} + \sqrt{n})^2} \Big(\dfrac{m}{n}\Big)^{\frac{1}{2}} \leqslant 2\Big(\dfrac{\sqrt{m}}{\sqrt{n-1} + \sqrt{m}} - \dfrac{\sqrt{m}}{\sqrt{n} + \sqrt{m}}\Big)$

$\Leftrightarrow \dfrac{1}{(\sqrt{m} + \sqrt{n})^2} \Big(\dfrac{m}{n}\Big)^{\frac{1}{2}} \leqslant 2\Big[\dfrac{\sqrt{m}(\sqrt{n} - \sqrt{n-1})}{(\sqrt{n-1} + \sqrt{m})(\sqrt{n} + \sqrt{m})}\Big]$，

又 $(\sqrt{n-1} + \sqrt{m})(\sqrt{n} + \sqrt{m}) \leqslant (\sqrt{m} + \sqrt{n})^2, 2(\sqrt{n} - \sqrt{n-1}) = 2\dfrac{1}{\sqrt{n} + \sqrt{n-1}} \geqslant \dfrac{1}{\sqrt{n}}$，

故 ① 式得证,故 $\sum_{n=1} \dfrac{1}{(\sqrt{m}+\sqrt{n})^2}\left(\dfrac{m}{n}\right)^{\frac{1}{2}} \leqslant 2.$

同理,$\sum_{m=1} \dfrac{1}{(\sqrt{m}+\sqrt{n})^2}\left(\dfrac{n}{m}\right)^{\frac{1}{2}} \leqslant 2.$ 故命题成立.

例题 22 设 $p_i>0,\ \sum_1^n p_i a_i=1,\ a_i\in\mathbf{R}$,求 $\sum_{i=1}^n a_i^2+\left(\sum_{i=1}^n a_i\right)^2$ 的最小值.

方法讲解 令 $S=\sum_{i=1}^n p_i$,则 $\left[\sum_{i=1}^n a_i^2+\left(\sum_{i=1}^n a_i\right)^2\right]\left\{\sum_{i=1}^n\left[(n+1)p_i-S\right]^2+S^2\right\}$

$\geqslant \left[(n+1)\sum_{i=1}^n a_i p_i-\left(\sum_{i=1}^n a_i\right)S+\left(\sum_{i=1}^n a_i\right)S\right]^2=(n+1)^2,$

因为 $\sum_{i=1}^n\left[(n+1)p_i-S\right]^2+S^2=(n+1)^2\sum_{i=1}^n p_i^2-2(n+1)\left(\sum_{i=1}^n p_i\right)^2+nS^2+S^2$

$=(n+1)\left[(n+1)\sum_{i=1}^n p_i^2-\left(\sum_{i=1}^n p_i\right)^2\right],$

所以 $\sum_{i=1}^n a_i^2+\left(\sum_{i=1}^n a_i\right)^2\geqslant\dfrac{n+1}{(n+1)\sum_{i=1}^n p_i^2-\left(\sum_{i=1}^n p_i\right)^2}.$

另外,当 $a_i=\dfrac{(n+1)p_i-S}{(n+1)\sum_{i=1}^n p_i^2-\left(\sum_{i=1}^n p_i\right)^2}$ 时,

$\sum_{i=1}^n p_i a_i=1,\ \sum_{i=1}^n a_i=\dfrac{S}{(n+1)\sum_{i=1}^n p_i^2-\left(\sum_{i=1}^n p_i\right)^2}.$

$\sum_{i=1}^n a_i^2+\left(\sum_{i=1}^n a_i\right)^2=\dfrac{\sum_{i=1}^n\left[(n+1)p_i-S\right]^2+S^2}{\left[(n+1)\sum_{i=1}^n p_i^2-\left(\sum_{i=1}^n p_i\right)^2\right]^2}=\dfrac{n+1}{(n+1)\sum_{i=1}^n p_i^2-\left(\sum_{i=1}^n p_i\right)^2}$

$=\sum_{i=1}^n\dfrac{(n+1)p_i a_i-a_i S}{(n+1)\sum_{i=1}^n p_i^2-\left(\sum_{i=1}^n p_i\right)^2}+\dfrac{S^2}{\left[(n+1)\sum_{i=1}^n p_i^2-\left(\sum_{i=1}^n p_i\right)^2\right]^2}$

$=\dfrac{n+1}{(n+1)\sum_{i=1}^n p_i^2-\left(\sum_{i=1}^n p_i\right)^2}-\dfrac{\sum_{i=1}^n a_i S}{(n+1)\sum_{i=1}^n p_i^2-\left(\sum_{i=1}^n p_i\right)^2}+\dfrac{S^2}{\left[(n+1)\sum_{i=1}^n p_i^2-\left(\sum_{i=1}^n p_i\right)^2\right]^2}$

$=\dfrac{n+1}{(n+1)\sum_{i=1}^n p_i^2-\left(\sum_{i=1}^n p_i\right)^2}.$

故 $\left[\sum_{i=1}^n a_i^2+\left(\sum_{i=1}^n a_i\right)^2\right]_{\min}=\dfrac{n+1}{(n+1)\sum_{i=1}^n p_i^2-\left(\sum_{i=1}^n p_i\right)^2}=\dfrac{n+1}{\sum(p_i-p_j)^2+\sum p_i^2}.$

例题 23 设 $0<a_n<a_{n-1}<\cdots<a_1<1$,证明:

$$\dfrac{a_1^2}{1-a_1}+\dfrac{a_2^2}{1-a_2}+\cdots+\dfrac{a_n^2}{1-a_n}>\dfrac{1}{2}(a_1+2a_2+\cdots+na_n)-1.$$

方法讲解 令 $A=\sum_{i=1}^n\dfrac{a_i^2}{a_{i-1}-a_i},\ a_0=1,\ B=\sum_{i=1}^n i a_i,\ C=\sum_{i=1}^n a_i.$ 由柯西不等式得

$$A = \sum_{i=1}^{n} \left(\frac{a_i}{\sqrt{a_{i-1} - a_i}} \right)^2 \geqslant \frac{\left[\sum_{i=1}^{n} \frac{a_i}{\sqrt{a_{i-1} - a_i}} (2i+1) \sqrt{a_{i-1} - a_i} \right]^2}{\sum_{i=1}^{n} \left[(2i+1) \sqrt{a_{i-1} - a_i} \right]^2}$$

$$= \frac{\left[\sum_{i=1}^{n} (2i+1) a_i \right]^2}{\sum_{i=1}^{n} (2i+1)^2 (a_{i-1} - a_i)} = \frac{(2B+C)^2}{9a_0 + \sum_{i=1}^{n-1} \left[(2i+3)^2 - (2i+1)^2 \right] a_i - (2n+1)^2 a_n}$$

$$> \frac{(2B+C)^2}{9 + \sum_{i=1}^{n} (8i+8) a_i} = \frac{4B^2 + 4BC + C^2}{8B + 8C + 9} > \frac{4B^2 + 4BC}{8B + 8C + 9}$$

$$= \frac{1}{2} B - \frac{9B}{16B + 16C + 18} > \frac{1}{2} B - \frac{9}{16} > \frac{1}{2} B - 1.$$

故命题成立.

例题 24 设 $a_i \in \mathbf{R}, 1 \leqslant i \leqslant n, n \geqslant 2$, 证明: 存在 $\varepsilon_i \in \{-1, 1\}, 1 \leqslant i \leqslant n$, 使得

$$\left(\sum_{i=1}^{n} a_i \right)^2 + \left(\sum_{i=1}^{n} \varepsilon_i a_i \right)^2 \leqslant (n+1) \sum_{i=1}^{n} a_i^2.$$

方法讲解 取 $\varepsilon_i = 1, 1 \leqslant i \leqslant \left[\frac{n}{2} \right], \varepsilon_i = -1, \left[\frac{n}{2} \right] + 1 \leqslant i \leqslant n$, 则等价于证明

$$\left(\sum_{i=1}^{n} a_i \right)^2 + \left(\sum_{i=1}^{\left[\frac{n}{2} \right]} a_i - \sum_{j=\left[\frac{n}{2} \right]+1}^{n} a_j \right)^2 \leqslant (n+1) \sum_{i=1}^{n} a_i^2.$$

由于上式左边 $= \left(\sum_{i=1}^{\left[\frac{n}{2} \right]} a_i + \sum_{j=\left[\frac{n}{2} \right]+1}^{n} a_j \right)^2 + \left(\sum_{i=1}^{\left[\frac{n}{2} \right]} a_i - \sum_{j=\left[\frac{n}{2} \right]+1}^{n} a_j \right)^2$

$$= 2 \left(\sum_{i=1}^{\left[\frac{n}{2} \right]} a_i \right)^2 + 2 \left(\sum_{j=\left[\frac{n}{2} \right]+1}^{n} a_j \right)^2$$

$$\leqslant 2 \left[\frac{n}{2} \right] \left(\sum_{i=1}^{\left[\frac{n}{2} \right]} a_i^2 \right) + 2 \left(n - \left[\frac{n}{2} \right] \right) \left(\sum_{j=\left[\frac{n}{2} \right]+1}^{n} a_j^2 \right)$$

$$= 2 \left[\frac{n}{2} \right] \left(\sum_{i=1}^{\left[\frac{n}{2} \right]} a_i^2 \right) + 2 \left[\frac{n+1}{2} \right] \left(\sum_{j=\left[\frac{n}{2} \right]+1}^{n} a_j^2 \right) \left(\text{因为 } n - \left[\frac{n}{2} \right] = \left[\frac{n+1}{2} \right] \right)$$

$$\leqslant n \left(\sum_{i=1}^{\left[\frac{n}{2} \right]} a_i^2 \right) + (n+1) \sum_{j=\left[\frac{n}{2} \right]+1}^{n} a_j^2 \leqslant (n+1) \left(\sum_{i=1}^{n} a_i^2 \right).$$

故命题成立.

另解: 由对称性, 不妨设 $a_1 \geqslant a_2 \geqslant \cdots \geqslant a_n$, 又 $\varepsilon_i \in \{-1, 1\}$, 不妨设 $a_1 \geqslant \cdots \geqslant a_n \geqslant 0$.

引理: 设 $a_1 \geqslant \cdots \geqslant a_n \geqslant 0$, 则 $0 \leqslant \sum_{i=1}^{n} (-1)^{i-1} a_i \leqslant a_1$.

取 $\varepsilon_i = (-1)^{i-1}$, 则 $\left(\sum_{i=1}^{n} a_i \right)^2 + \left[\sum_{i=1}^{n} (-1)^{i-1} a_i \right]^2 \leqslant n \sum_{i=1}^{n} a_i^2 + a_1^2 \leqslant (n+1) \sum_{i=1}^{n} a_i^2.$

例题 25 设 $a_i, b_i \geqslant 0, 1 \leqslant i \leqslant n$, 满足:

① $\sum_{i=1}^{n} (a_i + b_i) = 1$; ② $\sum_{i=1}^{n} i(a_i - b_i) = 0$; ③ $\sum_{i=1}^{n} i^2 (a_i + b_i) = 2.$

证明: $\forall k (1 \leqslant k \leqslant n), \max\{a_k, b_k\} \leqslant \frac{2}{2 + k^2}.$

方法讲解 因为 $(ka_k)^2 \leqslant \left(\sum\limits_{i=1}^{n} ia_i\right)^2 = \left(\sum\limits_{i=1}^{n} ib_i\right)^2 \leqslant \left(\sum\limits_{i=1}^{n} i^2 b_i\right)\left(\sum\limits_{i=1}^{n} b_i\right) = \left(2 - \sum\limits_{i=1}^{n} i^2 a_i\right)\left(1 - \sum\limits_{i=1}^{n} a_i\right)$

$\leqslant (2 - k^2 a_k)(1 - a_k) = 2 - k^2 a_k - 2a_k + k^2 a_k^2$,

所以 $k^2 a_k + 2a_k \leqslant 2$,即 $a_k \leqslant \dfrac{2}{2+k^2}$.

同理,$b_k \leqslant \dfrac{2}{2+k^2}$.故命题得证.

例题 26 设 $x_i > 0, 1 \leqslant i \leqslant n, \sum\limits_{i=1}^{n} x_i = 1, x_{i+n} = x_i$,求 $\sum\limits_{i=1}^{n} \sqrt{x_i^2 + x_{i+1}^2} + \dfrac{1}{\dfrac{\sqrt{2}}{2} + \sum\limits_{i=1}^{n} \dfrac{x_i^2}{x_{i+1}}}$ 的最大值.

方法讲解 令 $x_1 = \cdots = x_n = \dfrac{1}{n}$,则

$$\sum_{i=1}^{n} \sqrt{x_i^2 + x_{i+1}^2} + \frac{1}{\frac{\sqrt{2}}{2} + \sum\limits_{i=1}^{n} \frac{x_i^2}{x_{i+1}}} = \sum_{i=1}^{n} \frac{\sqrt{2}}{n} + \frac{1}{\frac{\sqrt{2}}{2} + \sum\limits_{i=1}^{n} \frac{1}{n}} = \sqrt{2} + \frac{1}{\frac{\sqrt{2}}{2} + 1} = \sqrt{2} + \frac{2}{2 + \sqrt{2}} = 2.$$

下面证明:$\sum\limits_{i=1}^{n} \sqrt{x_i^2 + x_{i+1}^2} + \dfrac{1}{\dfrac{\sqrt{2}}{2} + \sum\limits_{i=1}^{n} \dfrac{x_i^2}{x_{i+1}}} \leqslant 2$

$$\Leftrightarrow \sum_{i=1}^{n}\left(x_i + x_{i+1} - \sqrt{x_i^2 + x_{i+1}^2}\right) \geqslant \frac{1}{\frac{\sqrt{2}}{2} + \sum\limits_{i=1}^{n} \frac{x_i^2}{x_{i+1}}}$$

$$\Leftrightarrow \sum_{i=1}^{n} \frac{x_i x_{i+1}}{x_i + x_{i+1} + \sqrt{x_i^2 + x_{i+1}^2}} \geqslant \frac{1}{\sqrt{2} + 2\sum\limits_{i=1}^{n} \frac{x_i^2}{x_{i+1}}}$$

$$\Leftrightarrow \sum_{i=1}^{n} \frac{x_i^2}{\frac{x_i^2}{x_{i+1}} + x_i + \frac{x_i}{x_{i+1}}\sqrt{x_i^2 + x_{i+1}^2}} \geqslant \frac{1}{\sqrt{2} + 2\sum\limits_{i=1}^{n} \frac{x_i^2}{x_{i+1}}}.$$

由柯西不等式得 $\sum\limits_{i=1}^{n} \dfrac{x_i^2}{\dfrac{x_i^2}{x_{i+1}} + x_i + \dfrac{x_i}{x_{i+1}}\sqrt{x_i^2 + x_{i+1}^2}} \geqslant \dfrac{\left(\sum\limits_{i=1}^{n} x_i\right)^2}{\sum\limits_{i=1}^{n} \dfrac{x_i^2}{x_{i+1}} + 1 + \sum\limits_{i=1}^{n} \dfrac{x_i}{x_{i+1}}\sqrt{x_i^2 + x_{i+1}^2}}.$

只要证明 $\sum\limits_{i=1}^{n}\left(\dfrac{x_i}{x_{i+1}}\sqrt{x_i^2 + x_{i+1}^2} - \dfrac{x_i^2}{x_{i+1}}\right) \leqslant \sqrt{2} - 1 \Leftrightarrow \sum\limits_{i=1}^{n} \dfrac{x_i x_{i+1}}{\sqrt{x_i^2 + x_{i+1}^2} + x_i} \leqslant \sqrt{2} - 1.$

由于 $\sqrt{x_i^2 + x_{i+1}^2} \geqslant \dfrac{x_i + x_{i+1}}{\sqrt{2}}$(均值不等式),所以只要证明

$$\sum_{i=1}^{n} \frac{x_i x_{i+1}}{(1 + \sqrt{2})x_i + x_{i+1}} \leqslant 1 - \frac{\sqrt{2}}{2} \Leftrightarrow \sum_{i=1}^{n} \frac{x_i x_{i+1}}{(1 + \sqrt{2})x_i + x_{i+1}} \leqslant \sum_{i=1}^{n}\left(\frac{3 - 2\sqrt{2}}{2} x_i + \frac{\sqrt{2} - 1}{2} x_{i+1}\right)$$

$$\Leftrightarrow \sum_{i=1}^{n} \frac{(\sqrt{2} - 1)(x_i - x_{i+1})^2}{2\left[(1 + \sqrt{2})x_i + x_{i+1}\right]} \geqslant 0.$$

显然成立,且当 $x_i = x_{i+1}(i = 1, \cdots, n)$ 时取等号.

例题 27 设 $x, y, z > 0$,证明:$\dfrac{2x^2 + xy}{(y + \sqrt{zx} + z)^2} + \dfrac{2y^2 + yz}{(z + \sqrt{xy} + x)^2} + \dfrac{2z^2 + zx}{(x + \sqrt{yz} + y)^2} \geqslant 1.$

方法讲解 由柯西不等式得 $(y + z + x)(y + z + z) \geqslant (y + z + \sqrt{zx})^2$,所以

$$\frac{2x^2 + xy}{(y + \sqrt{zx} + z)^2} \geqslant \frac{2x^2 + xy}{(x + y + z)(y + 2z)} = \frac{2x}{y + 2z} - \frac{x}{x + y + z}.$$

于是 $\dfrac{2y^2+yz}{(z+\sqrt{xy}+x)^2}\geqslant\dfrac{2y}{z+2x}-\dfrac{y}{x+y+z}$，$\dfrac{2z^2+zx}{(x+\sqrt{yz}+y)^2}\geqslant\dfrac{2z}{x+2y}-\dfrac{z}{x+y+z}$，所以

$$\sum\frac{2x^2+xy}{(y+\sqrt{zx}+z)^2}\geqslant\sum\frac{2x}{y+2z}-1.$$

由柯西不等式得 $\sum\dfrac{2x}{y+2z}=\sum\dfrac{2x^2}{x(y+2z)}\geqslant 2\dfrac{(x+y+z)^2}{x(y+2z)+y(z+2x)+z(x+2y)}$，

$(x+y+z)^2\geqslant 3(xy+yz+zx)$，所以 $\sum\dfrac{2x}{y+2z}\geqslant 2$，当且仅当 $x=y=z$ 时取等号，

于是 $\sum\dfrac{2x^2+xy}{(y+\sqrt{zx}+z)^2}\geqslant 2-1=1$。

另解：因为 $(xy+x^2+x^2)\left(\dfrac{y}{x}+\dfrac{z}{x}+\dfrac{z^2}{x^2}\right)\geqslant(y+\sqrt{zx}+z)^2$，所以

$$\frac{2x^2+xy}{(y+\sqrt{zx}+z)^2}\geqslant\frac{x^2}{xy+xz+z^2}.$$

于是只要证明 $\sum\dfrac{x^2}{xy+xz+z^2}\geqslant 1$。由柯西不等式得

$$\sum\frac{x^2}{xy+xz+z^2}\geqslant\frac{\left(\sum x\right)^2}{\sum(xy+xz+z^2)}=\frac{\left(\sum x\right)^2}{\left(\sum x\right)^2}=1.$$

例题 28 设 $a_i,b_i\in\mathbf{R}$，$c_i=|ab_i+ba_i-a_ib_i|$，$1\leqslant i\leqslant n$，证明：$\left(\sum_{i=1}^n c_i\right)^2\leqslant\sum_{i=1}^n a_i^2\sum_{i=1}^n b_i^2$，其中 $a=\dfrac{1}{n}\sum_{i=1}^n a_i$，$b=\dfrac{1}{n}\sum_{i=1}^n b_i$。

方法讲解 令 $x_i=a_i-a$，$y_i=b_i-b$，$1\leqslant i\leqslant n$，则 $\sum_{i=1}^n x_i=\sum_{i=1}^n y_i=0$，$a_i=x_i+a$，$b_i=y_i+b$。

$$c_i=|ab_i+ba_i-a_ib_i|=|a(y_i+b)+(x_i+a)b-(x_i+a)(y_i+b)|$$
$$=|ab-x_iy_i|\leqslant|ab|+|x_iy_i|.$$

由柯西不等式得

$$\left(\sum_{i=1}^n c_i\right)^2\leqslant\left(n|ab|+\sum_{i=1}^n|x_iy_i|\right)^2\leqslant\left(n|a|^2+\sum_{i=1}^n x_i^2\right)\left(n|b|^2+\sum_{i=1}^n y_i^2\right)$$

$$=\left[\sum_{i=1}^n(a^2+2ax_i+x_i^2)\right]\left[\sum_{i=1}^n(b^2+2by_i+y_i^2)\right]=\sum_{i=1}^n(a+x_i)^2\sum_{i=1}^n(b+y_i)^2=\sum_{i=1}^n a_i^2\sum_{i=1}^n b_i^2.$$

故原不等式成立。证毕。

例题 29 设 $n\geqslant 4$，$a_i,b_i\geqslant 0$，$1\leqslant i\leqslant n$，满足 $\sum_{i=1}^n a_i=\sum_{i=1}^n b_i>0$，求 $\dfrac{\sum_{i=1}^n a_i(a_i+b_i)}{\sum_{i=1}^n b_i(a_i+b_i)}$ 的最大值。

方法讲解 由齐次性，不妨设 $\sum_{i=1}^n a_i=\sum_{i=1}^n b_i=1$。

当 $a_1=1$，$a_i=0$，$2\leqslant i\leqslant n$，$b_1=0$，$b_i=\dfrac{1}{n-1}$，$2\leqslant i\leqslant n$ 时，$\dfrac{\sum_{i=1}^n a_i(a_i+b_i)}{\sum_{i=1}^n b_i(a_i+b_i)}=n-1$。

下面证明：对满足 $\sum_{i=1}^n a_i=\sum_{i=1}^n b_i=1$ 的非负实数 $a_i,b_i(1\leqslant i\leqslant n)$，有

$$\sum_{i=1}^{n} a_i(a_i + b_i) \leqslant (n-1) \sum_{i=1}^{n} b_i(a_i + b_i),$$

等价于

$$(n-1) \sum_{i=1}^{n} b_i^2 + (n-2) \sum_{i=1}^{n} a_i b_i \geqslant \sum_{i=1}^{n} a_i^2.$$

由对称性,不妨设 $b_1 = \min\limits_{1 \leqslant i \leqslant n}\{b_i\}$,由柯西不等式得

$$(n-1) \sum_{i=1}^{n} b_i^2 + (n-2) \sum_{i=1}^{n} a_i b_i = (n-1) b_1^2 + (n-1) \sum_{i=2}^{n} b_i^2 + (n-2) \sum_{i=1}^{n} a_i b_i$$

$$\geqslant (n-1) b_1^2 + \left(\sum_{i=2}^{n} b_i\right)^2 + (n-2) b_1$$

$$\geqslant (n-1) b_1^2 + (1 - b_1)^2 + (n-2) b_1 = n b_1^2 + (n-4) b_1 + 1$$

$$\geqslant 1 = \sum_{i=1}^{n} a_i \geqslant \sum_{i=1}^{n} a_i^2,$$

于是不等式成立.故所求最大值为 $n-1$.

4. 舒尔不等式

例题 30 设 $a \geqslant b \geqslant c, x, y, z \geqslant 0$,满足 $x + z \geqslant y$,证明:$\sum\limits_{cyc} x^2(a-b)(a-c) \geqslant 0$.

方法讲解 由假设 $x + z \geqslant y,(b-c)(b-a) \leqslant 0$,则

$$\sum_{cyc} x^2(a-b)(a-c) \geqslant x^2(a-b)(a-c) + (x+z)^2(b-c)(b-a) + z^2(c-a)(c-b)$$

$$= x^2(a-b)^2 + 2xz(a-b)(c-b) + z^2(c-b)^2$$

$$= [x(a-b) + z(c-b)]^2 \geqslant 0.$$

故原不等式成立.

例题 31 设 $a, b, c \geqslant 0$,满足 $a + b + c = 1$,证明:$ab + bc + ca \leqslant \dfrac{\sqrt{abc}}{2} + \dfrac{1}{4}$.

方法讲解 由舒尔不等式得 $x^3 + y^3 + z^3 + 3xyz \geqslant xy(x+y) + yz(y+z) + zx(z+x)$,则

$$x^3 + y^3 + z^3 + 3xyz \geqslant 2x^{\frac{3}{2}} y^{\frac{3}{2}} + 2y^{\frac{3}{2}} z^{\frac{3}{2}} + 2z^{\frac{3}{2}} x^{\frac{3}{2}}.$$

令 $x = a^{\frac{3}{2}}, y = b^{\frac{3}{2}}, z = c^{\frac{3}{2}}$,则

$$a^2 + b^2 + c^2 + 3(abc)^{\frac{3}{2}} \geqslant 2(ab + bc + ca)$$

$$\Leftrightarrow (a+b+c)^2 - 2\sum_{cyc} ab + 3(abc)^{\frac{3}{2}} \geqslant 2\sum_{cyc} ab$$

$$\Leftrightarrow \sum_{cyc} ab \leqslant \frac{1}{4} + \frac{3}{4}(abc)^{\frac{3}{2}},$$

所以只要证明

$$\frac{3}{4}(abc)^{\frac{3}{2}} \leqslant \frac{\sqrt{abc}}{2} \Leftrightarrow abc \leqslant \frac{2}{3}.$$

由于 $abc \leqslant \left(\dfrac{a+b+c}{3}\right)^3 = \left(\dfrac{1}{3}\right)^3 < \dfrac{2}{3}$,故原不等式成立,证毕.

例题 32 设 $x, y, z \in \mathbf{R}^+$,证明:$\sqrt{xyz} \sum\limits_{cyc} \sqrt{x} + \left(\sum\limits_{cyc} x\right)^2 \geqslant 4\sqrt{3xyz \sum\limits_{cyc} x}$.

方法讲解 由舒尔不等式有 $\sum\limits_{cyc} a^2(a-b)(a-c) \geqslant 0, a, b, c \in \mathbf{R}_0^+$,即

$$\sum_{cyc} a^4 + abc \sum_{cyc} a \geqslant \sum_{cyc} a^3(b+c).$$

因为 $\sum_{cyc} a^3(b+c) = 2\sum_{cyc} b^2 c^2 + \sum_{cyc} bc(b-c)^2 \geqslant 2\sum_{cyc} b^2 c^2$，所以

$$\sum_{cyc} a^4 + abc \sum_{cyc} a \geqslant 2\sum_{cyc} b^2 c^2.$$

令 $a = \sqrt{x}, b = \sqrt{y}, c = \sqrt{z}$，则

$$\sum_{cyc} x^2 + \sqrt{xyz} \sum_{cyc} \sqrt{x} \geqslant 2\sum_{cyc} yz \Leftrightarrow \sqrt{xyz} \sum_{cyc} \sqrt{x} + \left(\sum_{cyc} x\right)^2 \geqslant 4\sum_{cyc} yz.$$

由于 $\left(\sum_{cyc} xy\right)^2 \geqslant 3(xy \cdot yz + yz \cdot zx + zx \cdot xy) = 3xyz(x+y+z)$，所以

$$\sum_{cyc} xy \geqslant \sqrt{3xyz(x+y+z)}.$$

从而 $\sqrt{xyz} \sum_{cyc} \sqrt{x} + \left(\sum_{cyc} x\right)^2 \geqslant 4\sqrt{3xyz \sum_{cyc} x}$. 证毕.

例题 33 设 $a,b,c > 0$，证明：$(2+a^2)(2+b^2)(2+c^2) \geqslant 9(ab+bc+ca)$.

方法讲解 易知，原不等式等价于

$$a^2 b^2 c^2 + 2(a^2 b^2 + b^2 c^2 + c^2 a^2) + 4(a^2 + b^2 + c^2) + 8 \geqslant 9(ab+bc+ca).$$

由于 $\sum_{cyc} a^2 \geqslant \sum_{cyc} ab$，$\sum_{cyc} (a^2 b^2 + 1) \geqslant 2\sum_{cyc} ab$，

$$a^2 b^2 c^2 + 1 + 1 \geqslant 3\sqrt[3]{a^2 b^2 c^2} \geqslant \frac{9abc}{a+b+c} \geqslant 4\sum_{cyc} ab - \left(\sum_{cyc} a\right)^2 \text{（由舒尔不等式得到）},$$

所以 $a^2 b^2 c^2 + 2 \geqslant 2\sum_{cyc} ab - \sum_{cyc} a^2$. 于是

$$(a^2 b^2 c^2 + 2) + 2\left(\sum_{cyc} a^2 b^2 + 3\right) + 4\sum_{cyc} a^2 \geqslant 2\sum_{cyc} ab + 4\sum_{cyc} ab + 3\sum_{cyc} a^2 \geqslant 9\sum_{cyc} ab.$$

故原不等式成立，证毕.

例题 34 求所有 $k \in \mathbf{Z}^+$，使得对任意 $a,b,c \in \mathbf{R}^+$，满足 $abc = 1$，有

$$\frac{1}{a^2} + \frac{1}{b^2} + \frac{1}{c^2} + 3k \geqslant (k+1)(a+b+c).$$

方法讲解 令 $a = b = \frac{1}{n+1}, c = (n+1)^2, n \in \mathbf{Z}^+$，则

$$k \leqslant \frac{n^2 + 2n + 1 + \dfrac{1}{(n+1)^4} - 2\dfrac{1}{n+1}}{n^2 + 2n + \dfrac{2}{n+1} - 2} \to 1 (n \to +\infty).$$

从而 $k \leqslant 1$，因为 $k \in \mathbf{Z}^+$，所以 $k = 1$.

下面证明：$\dfrac{1}{a^2} + \dfrac{1}{b^2} + \dfrac{1}{c^2} + 3 \geqslant 2(a+b+c)$ ①.

令 $x = \dfrac{1}{a}, y = \dfrac{1}{b}, z = \dfrac{1}{c}$，则 $x,y,z \in \mathbf{R}^+$，$xyz = 1$，① 式化为

$x^2 + y^2 + z^2 + 3 \geqslant 2(xy + yz + zx)$

$\Leftrightarrow (x+y+z)(x^2 + y^2 + z^2 + 3) \geqslant 2(xy + yz + zx)(x+y+z)$

$\Leftrightarrow x^3 + y^3 + z^3 + 3(x+y+z) \geqslant \sum_{sym} x^2 y + 6$ ②.

由舒尔不等式得 $\sum x^3 + 3xyz \geqslant \sum_{sym} x^2 y$，及 $x + y + z \geqslant 3\sqrt[3]{xyz} = 3$.

所以 ② 式成立，故原不等式成立.

例题 35 设 $x,y,z \in \mathbf{R}^+$，证明：$\dfrac{x^3 + y^3 + z^3}{3xyz} + \dfrac{3\sqrt[3]{xyz}}{x+y+z} \geqslant 2$.

方法讲解 由舒尔不等式得

$$\frac{x^3+y^3+z^3}{3xyz}\geqslant\frac{y+z}{3x}+\frac{z+x}{3y}+\frac{x+y}{3z}-1\Leftrightarrow\frac{x^3+y^3+z^3}{3xyz}\geqslant(x+y+z)\left(\frac{1}{3x}+\frac{1}{3y}+\frac{1}{3z}\right)-2,$$

所以只要证明

$$\frac{1}{3}(x+y+z)\left(\frac{1}{x}+\frac{1}{y}+\frac{1}{z}\right)+3\frac{\sqrt[3]{xyz}}{x+y+z}\geqslant 4,$$

由均值不等式即可得证.

例题 36 设 $x_i>0,1\leqslant i\leqslant n,n\geqslant 2$,证明:$\sum_{i=1}^{n}x_i^n+n(n-1)\prod_{i=1}^{n}x_i\geqslant\prod_{i=1}^{n}x_i\cdot\sum_{i=1}^{n}x_i\cdot\sum_{i=1}^{n}\frac{1}{x_i}.$

方法讲解 引理:设 $x_i>0,1\leqslant i\leqslant n$,则 $(n-1)\sum_{i=1}^{n}x_i^n+n\prod_{i=1}^{n}x_i\geqslant\left(\sum_{i=1}^{n}x_i\right)\left(\sum_{i=1}^{n}x_i^{n-1}\right)$ ①.

引理的证明:当 $n=2$ 时,$x_1^2+x_2^2+2x_1x_2=(x_1+x_2)^2$,成立.

当 $n=3$ 时,原不等式 $\Leftrightarrow\sum_{i=1}^{3}x_i^3+3x_1x_2x_3\geqslant\sum_{sym}x_1^2x_2$,由舒尔不等式($r=1$)知该式成立.

当 $n+1$ 时,将 ① 式写成 $n\sum_{i=1}^{n+1}x_i^{n+1}+(n+1)\prod_{i=1}^{n+1}x_i\geqslant\left(\sum_{i=1}^{n+1}x_i\right)\left(\sum_{i=1}^{n+1}x_i^n\right)$ ②.

由对称性和齐次性,不妨设 $x_1\geqslant\cdots\geqslant x_n,x_1+\cdots+x_n=1$,则 ② 式等价于

$$n\sum_{i=1}^{n}x_i^{n+1}+nx_{n+1}^{n+1}+nx_{n+1}\prod_{i=1}^{n}x_i+x_{n+1}\prod_{i=1}^{n}x_i-(1+x_{n+1})\left(\sum_{i=1}^{n}x_i^n+x_{n+1}^n\right)\geqslant 0 \quad ③.$$

由归纳假设,$nx_{n+1}\prod_{i=1}^{n}x_i\geqslant x_{n+1}\sum_{i=1}^{n}x_i^{n-1}-(n-1)x_{n+1}\sum_{i=1}^{n}x_i^n.$ 为证明 ③ 式,只要证明

$$n\sum_{i=1}^{n}x_i^{n+1}-\sum_{i=1}^{n}x_i^n-x_{n+1}\left(n\sum_{i=1}^{n}x_i^n-\sum_{i=1}^{n}x_i^{n-1}\right)+x_{n+1}\left[\prod_{i=1}^{n}x_i+(n-1)x_{n+1}^n-x_{n+1}^{n-1}\right]\geqslant 0 \quad ④.$$

由切比雪夫不等式知 $n\sum_{i=1}^{n}x_i^n-\sum_{i=1}^{n}x_i^{n-1}\geqslant 0$.又因为 $nx_i^{n+1}+\frac{1}{n}x_i^{n-1}\geqslant 2x_i^n,1\leqslant i\leqslant n$,

对 i 求和,则 $\prod_{i=1}^{n}x_i+(n-1)x_{n+1}^n-x_{n+1}^{n-1}=\prod_{i=1}^{n}(x_i-x_{n+1}+x_{n+1})+(n-1)x_{n+1}^n-x_{n+1}^{n-1}$

$$\geqslant x_{n+1}^n+x_{n+1}^{n-1}\sum_{i=1}^{n}(x_i-x_{n+1})+(n-1)x_{n+1}^n-x_{n+1}^{n-1}=0,$$

$$n\sum_{i=1}^{n}x_i^{n+1}-\sum_{i=1}^{n}x_i^n\geqslant\frac{1}{n}\left(n\sum_{i=1}^{n}x_i^n-\sum_{i=1}^{n}x_i^{n-1}\right).$$

由于 $x_{n+1}\leqslant\frac{1}{n}$,引理成立.

回到原理:当 $n=2$ 时,等号成立,由 $n-1(n\geqslant 3)$ 时成立,则对每个 $k\in\{1,2,\cdots,n\}$,有

$$x_k\sum_{i\neq k}x_i^{n-1}+(n-1)(n-2)x_1x_2\cdots x_n\geqslant\prod_{i=1}^{n}x_i\left(\sum_{i\neq k}x_i\right)\left(\sum_{i\neq k}\frac{1}{x_i}\right)$$

$$\Leftrightarrow x_k\sum_{i\neq k}x_i^{n-1}-x_k^n+(n-1)(n-2)\prod_{i=1}^{n}x_i\geqslant\prod_{i=1}^{n}x_i\left[\left(\sum_{i=1}^{n}x_i\right)\left(\sum_{i=1}^{n}\frac{1}{x_i}\right)-x_k\sum_{i=1}^{n}\frac{1}{x_i}-\frac{1}{x_k}\sum_{i=1}^{n}x_i\right].$$

对 $i(1\leqslant i\leqslant n)$ 求和,得

$$\sum_{i=1}^{n}x_i\cdot\sum_{i=1}^{n}x_i^{n-1}-\sum_{i=1}^{n}x_i^n+n(n-1)(n-2)\prod_{i=1}^{n}x_i\geqslant\prod_{i=1}^{n}x_i\left[(n-2)\left(\sum_{i=1}^{n}x_i\right)\left(\sum_{i=1}^{n}\frac{1}{x_i}\right)+n\right]$$

$$\Leftrightarrow\prod_{i=1}^{n}x_i\left[(n-2)\left(\sum_{i=1}^{n}x_i\right)\left(\sum_{i=1}^{n}\frac{1}{x_i}\right)+n\right]\leqslant\sum_{i=1}^{n}x_i\sum_{i=1}^{n}x_i^{n-1}-n\prod_{i=1}^{n}x_i-(n-1)\sum_{i=1}^{n}x_i^n$$

$$+(n-2)\sum_{i=1}^{n}x_i^n+n(n-1)(n-2)\prod_{i=1}^{n}x_i+n\prod_{i=1}^{n}x_i$$

由引理有

$$\prod_{i=1}^{n} x_i \cdot (n-2)\left(\sum_{i=1}^{n} x_i\right)\left(\sum_{i=1}^{n} \frac{1}{x_i}\right) + n\prod_{i=1}^{n} x_i \leqslant (n-2)\sum_{i=1}^{n} x_i^n + n(n-1)(n-2)\prod_{i=1}^{n} x_i + n\prod_{i=1}^{n} x_i$$

$$\Leftrightarrow \prod_{i=1}^{n} x_i\left(\sum_{i=1}^{n} x_i\right)\left(\sum_{i=1}^{n} \frac{1}{x_i}\right) \leqslant \sum_{i=1}^{n} x_i^n + n(n-1)\prod_{i=1}^{n} x_i,$$

故所需证明的不等式成立,证毕.

5. 不等式在解方程组中的应用

例题 **37** 给定正整数 $n(n \geqslant 2)$ 和 n 个非零实数 $a_1, a_2, \cdots, a_n$. 证明:至多有有限个 n 元正整数组 $(n_1, n_2, \cdots, n_n)$ 满足 $n_1, n_2, \cdots, n_n$ 互不相同,且 $a_1 n_1! + a_2 n_2! + \cdots + a_n n_n! = 0$.

方法讲解 取正整数 $N \geqslant \dfrac{|a_1| + \cdots + |a_n|}{\min\limits_{1 \leqslant k \leqslant n} |a_k|}$. 下面证明 $\max\limits_{1 \leqslant k \leqslant n} n_k \leqslant N$. 若不然,不妨设 $\max\limits_{1 \leqslant k \leqslant n} n_k = n_1 > N$.

由假设 $n_i < n_1$, $1 \leqslant i \leqslant n$,则 $n_i! \leqslant (n_1 - 1)! = \dfrac{n_1!}{n_1} < \dfrac{n_1!}{N}$,从而

$$|a_2 n_2!| + \cdots + |a_n n_n!| \leqslant \sum_{i=2}^{n} |a_i||n_i!| < \frac{n_1!}{N}\sum_{k=2}^{n} |a_k| < \frac{n_1!}{N}\sum_{i=1}^{n} |a_i|$$
$$\leqslant \min_{1 \leqslant i \leqslant n} |a_i||n_1!| = |a_1|n_1!.$$

另外,$|a_2 n_2!| + \cdots + |a_n n_n!| = |-a_1 n_1!| = |a_1|n_1!$,矛盾.

于是,满足条件的正整数组 $(n_1, n_2, \cdots, n_n)$ 至多有 N^k 组. 证毕.

例题 **38** 求 $x, y, z(> 3)$,使得 $\dfrac{(x+2)^2}{y+z-2} + \dfrac{(y+4)^2}{z+x-4} + \dfrac{(z+6)^2}{x+y-6} = 36$.

方法讲解 由 T_2- 引理知 $\dfrac{(x+2)^2}{y+z-2} + \dfrac{(y+4)^2}{z+x-4} + \dfrac{(z+6)^2}{x+y-6} \geqslant \dfrac{(x+y+z+12)^2}{2(x+y+z-6)}$,

当且仅当 $\dfrac{x+2}{y+z-2} = \dfrac{y+4}{z+x-4} = \dfrac{z+6}{x+y-6} = \lambda$, $\lambda \in \mathbf{R}$ 时,等号成立.

故 $\lambda(y+z) - x = 2(\lambda+1)$, $\lambda(z+x) - y = 4(\lambda+1)$, $\lambda(x+y) - z = 6(\lambda+1)$ ①.

由假设 $\dfrac{(x+y+z+12)^2}{x+y+z-6} \leqslant 72$ ②,令 $w = x+y+z+12$,

则 ① 化为 $\dfrac{w^2}{w-18} \geqslant 72$ ③ $\Leftrightarrow w^2 - 4 \cdot 18w + 4 \cdot 18^2 \geqslant 0 \Leftrightarrow (w-36)^2 \geqslant 0$,

当且仅当 $w = 36$ 时,等号成立,即 $x+y+z = 24$ ④.

为了使 ②,③ 成为等式,则由 ①,④ 知 $\lambda = 1$,即 $(x, y, z) = (10, 8, 6)$.

故原方程有解 $x = 10$, $y = 8$, $z = 6$.

例题 **39** 求方程组 $\begin{cases} \dfrac{1}{\sqrt{1+2x^2}} + \dfrac{1}{\sqrt{1+2y^2}} = \dfrac{2}{\sqrt{1+xy}}, \\ \sqrt{x(1-2x)} + \sqrt{y(1-2y)} = \dfrac{2}{9} \end{cases}$ 的实数解.

方法讲解 由第二个方程知 $x, y \in \left[0, \dfrac{1}{2}\right]$.

引理:设 $x, y \in \left[0, \dfrac{1}{2}\right]$,则 $\dfrac{1}{\sqrt{1+2x^2}} + \dfrac{1}{\sqrt{1+2y^2}} \leqslant \dfrac{2}{\sqrt{1+xy}}$ ①,当且仅当 $x = y$ 时,等号成立.

引理的证明:将 ① 式两边平方,得

$$\frac{1}{1+2x^2} + \frac{1}{1+2y^2} + \frac{2}{\sqrt{1+2x^2}\sqrt{1+2y^2}} \leqslant \frac{4}{1+xy}$$

$$\Leftrightarrow \left(\frac{1}{1+2x^2} - \frac{1}{1+xy}\right) + \left(\frac{1}{1+2y^2} - \frac{1}{1+xy}\right) + \left[\frac{2}{\sqrt{(1+2x^2)(1+2y^2)}} - \frac{2}{1+xy}\right] \leqslant 0$$

$$\Leftrightarrow -\frac{2(x-y)^2(1-2xy)}{(1+2x^2)(1+2y^2)(1+xy)} + 2\frac{1+xy-\sqrt{(1+2x^2)(1+2y^2)}}{(1+xy)\sqrt{(1+2x^2)(1+2y^2)}} \leqslant 0 \quad ②.$$

由于 $\sqrt{(1+2x^2)(1+2y^2)} = \sqrt{4x^2y^2+2x^2+2y^2+1} \geqslant \sqrt{4x^2y^2+4xy+1} = 1+2xy$，所以不等式 ② 成立. 引理成立.

回到原题:由 $\sqrt{x(1-2x)} = \sqrt{y(1-2y)} = \dfrac{1}{9}$，得 $x = y = \dfrac{9 \pm \sqrt{73}}{36}$，

故 $x = y = \dfrac{9+\sqrt{73}}{36}$，或 $x = y = \dfrac{9-\sqrt{73}}{36}$.

例题 40　设 $a_i > 0, 1 \leqslant i \leqslant 2023, x_{k-1} - 2x_k + x_{k+1} + a_k x_k = 0, 1 \leqslant k \leqslant 2023$，有非零解 $(x_0, x_1, \cdots, x_{2023}, x_{2024}), x_0 = x_{2024} = 0$，证明: $\displaystyle\sum_{i=1}^{2023} a_i \geqslant \frac{1}{506}$.

方法讲解　令 $b_i = -a_i x_i, 1 \leqslant i \leqslant 2023$，则 $x_{k-1} - 2x_k + x_{k+1} = b_k, 1 \leqslant k \leqslant 2023$.

对任意 $m(1 \leqslant m \leqslant 2023)$，有 $b_1 + 2b_2 + \cdots + mb_m = -(m+1)x_m + mx_{m+1}$，
$b_{2023} + 2b_{2022} + \cdots + (2023-m)b_{m+1} = (2023-m)x_m - (2023-m+1)x_{m+1}$，从而

$$x_m = -\frac{1}{2024}\{(2023-m+1)(b_1 + 2b_2 + \cdots + mb_m) + m[b_{2023} + 2b_{2022} + \cdots + (2023-m)b_{m+1}]\},$$

$$|x_m| \leqslant \frac{1}{2024}\left[(2023-m+1)m\sum_{i=1}^{2023}|b_i|\right] \leqslant \frac{1}{2024} \cdot \frac{2024^2}{4}\sum_{i=1}^{2023}|b_i| = \frac{2024}{4}\sum_{i=1}^{2023}a_i|x_i|.$$

取 $|x_k| = \max\limits_{1 \leqslant m \leqslant n}\{|x_m|\}$，则 $|x_k| \leqslant \dfrac{2024}{4}\displaystyle\sum_{i=1}^{2024}a_i|x_i| \leqslant \dfrac{2024}{4}|x_k|\displaystyle\sum_{i=1}^{2023}a_i$. 故 $\displaystyle\sum_{i=1}^{2023}a_i \geqslant \dfrac{1}{506}$. 证毕.

例题 41　求所有 $x, y, z(>0)$，使得 $\begin{cases} 2x^3 = 2y(x^2+1) - (z^2+1), \\ 2y^4 = 3z(y^2+1) - 2(x^2+1), \\ 2z^5 = 4x(z^2+1) - 3(y^2+1). \end{cases}$

方法讲解　易知 $2x^k \geqslant [(k-1)x - (k-2)](x^2+1), x \geqslant 0, k \geqslant 3$ ①.
事实上，由均值不等式知 $x^k + x^k + \underbrace{x + \cdots + x}_{k-3} \geqslant (k-1)x^3$.

因为 $(k-2)(x^2 - 2x + 1) \geqslant 0$，两式相加便可. 在 ① 式中分别取 $k = 3, 4, 5$，得到
$\begin{cases} 2y(x^2+1) - (z^2+1) \geqslant (2x-1)(x^2+1), \\ 3z(y^2+1) - 2(x^2+1) \geqslant (3y-2)(y^2+1), \\ 4x(z^2+1) - 3(y^2+1) \geqslant (4z-3)(z^2+1), \end{cases}$ 即 $\begin{cases} 2(y-x)(x^2+1) + (x-z)(x+z) \geqslant 0 \quad ②, \\ 3(z-y)(y^2+1) + 2(y-x)(y+x) \geqslant 0 \quad ③, \\ 4(x-z)(z^2+1) + 3(z-y)(z+y) \geqslant 0 \quad ④. \end{cases}$

(1) 假设 $x = \max\{x, y, z\}$，由 ③ 式知 $y \leqslant z$，再由 ② 式知

$$2(y-x)(x^2+1) + (x-z)(x+z) \leqslant (z-x)[2(x^2+1) - (x+z)]$$

$$= (z-x)(2x^2 - 2x + 2) = (z-x)\left[2\left(x - \frac{1}{2}\right)^2 + \frac{3}{2}\right] \leqslant 0.$$

从而 $2(y-x)(x^2+1) + (x-z)(x+z) = 0$，于是 $x = y = z$.
(2) 若 $y = \max\{x, y, z\}$，由 ④ 式知 $z \leqslant x$，再由 ③ 式得

$$3(z-y)(y^2+1) + 2(y-x)(y+x) \leqslant (x-y)[3(y^2+1) - 2(y+x)]$$

$$\leqslant (x-y)(3y^2 + 3 - 4y) \leqslant 0,$$

则 $x = y = z$.
(3) 当 $z = \max\{x, y, z\}$ 时，同理可得 $x = y = z$，故 $x = y = z = 1$.

例题 42　求所有正整数 $a_1, \cdots, a_n$，使 $\dfrac{99}{100} = \dfrac{a_0}{a_1} + \dfrac{a_1}{a_2} + \cdots + \dfrac{a_{n-1}}{a_n}$，其中 $a_0 = 1, (a_{k+1} - 1)a_{k-1} \geqslant$

$a_k^2(a_k - 1), 1 \leqslant k \leqslant n-1 \Leftrightarrow \dfrac{a_{k+1} - 1}{a_k} \geqslant \dfrac{a_k(a_k - 1)}{a_{k-1}}$.

方法讲解 因为 $a_{k+1} \geqslant 1 + \dfrac{a_k^2(a_k-1)}{a_{k-1}} > 1 + (a_k - 1) = a_k$,

所以 $a_k > a_{k-1}$,且 $a_k \geqslant 2, 1 \leqslant k \leqslant n-1$.由假设

$$\frac{a_k}{a_{k+1}-1} \leqslant \frac{a_{k-1}}{a_k(a_k-1)} = a_{k-1}\left(\frac{1}{a_k-1} - \frac{1}{a_k}\right),$$

$$\frac{a_k}{a_{k+1}-1} \leqslant \frac{a_k a_{k-1}}{a_k^2 - 1} \leqslant \frac{a_k - 1}{a_k(a_k-1)} \Leftrightarrow \frac{a_k}{a_k+1} \leqslant \frac{1}{a_k} \Leftrightarrow a_k^2 \leqslant a_k + 1,$$

$$\frac{a_{k-1}}{a_k} \leqslant \frac{a_{k-1}}{a_k-1} - \frac{a_k}{a_{k+1}-1}.$$

对 $k = i+1, i+2, \cdots, n-1$,以及 $\dfrac{a_{n-1}}{a_n} < \dfrac{a_{n-1}}{a_n-1} - \dfrac{a_n}{a_{n+1}-1}$,求和得 $\dfrac{a_i}{a_{i+1}} + \dfrac{a_{i+1}}{a_{i+2}} + \cdots + \dfrac{a_{n-1}}{a_n} < \dfrac{a_i}{a_{i+1}-1}$.

当 $i = 0$ 时,$\dfrac{1}{a_1} \leqslant \dfrac{99}{100} = \dfrac{a_0}{a_1} + \cdots + \dfrac{a_{n-1}}{a_n} < \dfrac{1}{a_1-1}$,所以 $\dfrac{100}{99} \leqslant a_1 < \dfrac{100}{99} + 1$,所以 $a_1 = 2$.

同理,当 $i = 1, 2, 3$ 时,可求得 $a_2 = 5, a_3 = 56, a_4 = 78400$.

当 $i = 4$ 时,$\dfrac{1}{a_5} \leqslant \dfrac{1}{a_4}\left(\dfrac{99}{100} - \dfrac{1}{2} - \dfrac{2}{5} - \dfrac{5}{56} - \dfrac{56}{78400}\right) = 0$,所以 a_5 不存在.

故所求正整数 $a_1 = 2, a_2 = 5, a_3 = 56, a_4 = 78400$.

例题 43 设 $x_i > 0, 1 \leqslant i \leqslant n$,满足 $\displaystyle\sum_{i,j=1}^n |1 - x_i x_j| = \sum_{i,j=1}^n |x_i - x_j|$,求 $\displaystyle\sum_{i=1}^n x_i$.

方法讲解 由于 $|x - y| = x + y - 2\min\{x, y\}$,则上述条件化为

$$2\sum_{i,j=1}^n (\min\{x_i, x_j\} - \min\{1, x_i x_j\}) = -\left(\sum_{i=1}^n x_i - n\right)^2 \quad ①.$$

令 $a_i = \begin{cases} 1, & x_i \geqslant 1, \\ -x_i, & x_i < 1, \end{cases} \quad r_i = \begin{cases} x_i - 1, & x_i > 1, \\ \dfrac{1}{x_i} - 1, & x_i < 1, \end{cases} \quad 1 \leqslant i \leqslant n$,则 ① 化为

$$2\sum_{i,j=1}^n a_i a_j \min\{r_i, r_j\} = -\left(\sum_{i=1}^n x_i - n\right)^2 \quad ②.$$

引理:设 $a_1 \leqslant a_2 \leqslant \cdots \leqslant a_n, 0 \leqslant r_1 \leqslant r_2 \leqslant \cdots \leqslant r_n$,则 $\displaystyle\sum_{i,j=1}^n a_i a_j \min\{r_i, r_j\} \geqslant 0$.

引理的证明:$\displaystyle\sum_{i,j=1}^n a_i a_j \min\{r_i, r_j\} = r_1\left(a_1^2 + 2a_1\sum_{i=2}^n a_i\right) + r_2\left(a_2^2 + 2a_2\sum_{i=3}^n a_i\right) + \cdots + r_n a_n^2$

$$= r_1\left[\left(\sum_{i=1}^n a_i\right)^2 - \left(\sum_{i=2}^n a_i\right)^2\right] + r_2\left[\left(\sum_{i=2}^n a_i\right)^2 - \left(\sum_{i=3}^n a_i\right)^2\right] + \cdots + r_n(a_n^2 - 0^2)$$

$$= \sum_{k=1}^n (r_k - r_{k-1})\left(\sum_{i=k}^n a_i\right)^2 \geqslant 0, r_0 = 0.$$

故引理成立.

回到原题:由引理和 ② 得 $\displaystyle\sum_{i=1}^n x_i - n = 0$,即 $\displaystyle\sum_{i=1}^n x_i = n$.

6.极值问题

例题 44 设 $x, y, z \geqslant 0$,且 $x + y + z = 1, f(x, y, z) = \displaystyle\sum_{cyc} \frac{x(2y-z)}{1+x+3y}$,求 $f(x, y, z)$ 的最大值和最小值.

方法讲解 由于 $f(x, y, z) = \displaystyle\sum_{cyc} \frac{x(x+3y-1)}{1+x+3y} = 1 - 2\sum_{cyc} \frac{x}{1+x+3y}$,

$$\sum_{cyc} \frac{x}{1+x+3y} = \sum_{cyc} \frac{x^2}{2x^2+xz+4yx} \geqslant \frac{\left(\sum\limits_{cyc} x\right)^2}{2\sum\limits_{cyc} x^2+5\sum xy} = \frac{\left(\sum\limits_{cyc} x\right)^2}{2+\sum xy} \geqslant \frac{3}{7},$$

所以 $f \leqslant 1-2\times\dfrac{3}{7} = \dfrac{1}{7}$. 当 $x=y=z=\dfrac{1}{3}$ 时,$f=\dfrac{1}{7}$,故 $f_{\max}=\dfrac{1}{7}$. 又因为

$$f(x,y,z) = \sum_{cyc} \frac{x(2y-z)}{1+x+3y} = \sum_{cyc} xy\left(\frac{2}{1+x+3y} - \frac{1}{1+y+3z}\right)$$

$$= 7\sum \frac{xyz}{(1+x+3y)(1+y+3z)} \geqslant 0,$$

当 $x=1,y=z=0$ 时,$f(1,0,0)=0$,故 $f_{\min}=0$.

例题 45 设 $n\in\mathbf{Z}^+,n\geqslant 4,b>a>0,x_i\in[a,b],1\leqslant i\leqslant n,x_{n+1}=x_1$,求 $\dfrac{1}{\sum\limits_{i=1}^{n}x_i}\sum\limits_{i=1}^{n}\dfrac{x_i^2}{x_{i+1}}$ 的最大值.

方法讲解 首先证明两个引理.

引理1:设 $a\leqslant u\leqslant v\leqslant b$,则 $\dfrac{\dfrac{u^2}{v}+\dfrac{v^2}{u}}{u+v} \leqslant \dfrac{\dfrac{a^2}{b}+\dfrac{b^2}{a}}{a+b}$ ①.

注:这可以由函数 $f(x)=x+\dfrac{1}{x}$ 在区间 $[1,+\infty)$ 上单调递增,以及 $1\leqslant\dfrac{v}{u}\leqslant\dfrac{b}{a}$ 来证明.

引理2:设 $a\leqslant u\leqslant v\leqslant b$,则 $\dfrac{u^2}{v}+\dfrac{v^2}{u}-u-v \leqslant \dfrac{a^2}{b}+\dfrac{b^2}{a}-a-b$ ②.

引理2的证明:由于 $\dfrac{a^2}{v}+\dfrac{v^2}{a}-a-v-\left(\dfrac{u^2}{v}+\dfrac{v^2}{u}-u-v\right)$

$$= \left(\frac{a^2}{v}-\frac{u^2}{v}\right)+\left(\frac{v^2}{a}-\frac{v^2}{u}\right)+(-a+u)$$

$$= (u-a)\left(-\frac{u+a}{v}+\frac{v^2}{au}+1\right) = (u-a)\left(\frac{v-a}{v}+\frac{v^3-au^2}{auv}\right) \geqslant 0,$$

所以 $\dfrac{u^2}{v}+\dfrac{v^2}{u}-u-v \leqslant \dfrac{a^2}{v}+\dfrac{v^2}{a}-a-v$ ③.

又因为 $\dfrac{a^2}{b}+\dfrac{b^2}{a}-a-b-\left(\dfrac{a^2}{v}+\dfrac{v^2}{a}-a-v\right)$

$$= (b-v)\left(\frac{b+v}{a}-\frac{a^2}{bv}-1\right) = (b-v)\left(\frac{v-a}{a}+\frac{b^2v-a^3}{abv}\right) \geqslant 0,$$

所以 $\dfrac{a^2}{v}+\dfrac{v^2}{a}-a-v \leqslant \dfrac{a^2}{b}+\dfrac{b^2}{a}-a-b$ ④.

由 ③,④ 两式知引理2成立.

回到原题:设 $y_1,\cdots,y_n$ 为 $x_1,\cdots,x_n$ 的一个排列,满足 $y_1\leqslant\cdots\leqslant y_n$,由排序不等式得

$$\frac{\sum\limits_{i=1}^{n}\dfrac{x_i^2}{x_{i+1}}}{\sum\limits_{i=1}^{n}x_i} \leqslant \frac{\sum\limits_{i=1}^{n}\dfrac{y_i^2}{y_{n+1-i}}}{\sum\limits_{i=1}^{n}y_i} \quad ⑤.$$

记 $m=\left[\dfrac{n}{2}\right]$,由引理知 $\left(\dfrac{y_i^2}{y_{n+1-i}}+\dfrac{y_{n+1-i}^2}{y_i}\right)(a+b) \leqslant \left(\dfrac{a^2}{b}+\dfrac{b^2}{a}\right)(y_i+y_{n+1-i}),1\leqslant i\leqslant m.$

从而 $(a+b)\sum\limits_{i=1}^{m}\left(\dfrac{y_i^2}{y_{n+1-i}}+\dfrac{y_{n+1-i}^2}{y_i}\right) \leqslant \left(\dfrac{a^2}{b}+\dfrac{b^2}{a}\right)\sum\limits_{i=1}^{m}(y_i+y_{n+1-i})$ ⑥.

当 $n=2m$ 为偶数时,由 ⑥ 式得

$$\frac{1}{\sum\limits_{i=1}^{n} y_i} \sum_{i=1}^{n} \frac{y_i^2}{y_{n+1-i}} \leqslant \frac{\dfrac{a^2}{b}+\dfrac{b^2}{a}}{a+b} = \frac{a^2-ab+b^2}{ab}.$$

当 $x_1,\cdots,x_n$ 为 $a,b,a,b,\cdots,a,b$ 时,等号成立,由 ⑤ 式知,所求的最大值为 $\dfrac{a^2-ab+b^2}{ab}$.

当 $n=2m+1$ 为奇数时,令 $Z=\sum\limits_{i=1}^{m}\left(\dfrac{y_i^2}{y_{n+1-i}}+\dfrac{y_{n+1-i}^2}{y_i}\right),Y=\sum\limits_{i=1}^{m}(y_i+y_{n+1-i})$,

由 ⑥ 式知 $(a+b)Z\leqslant\left(\dfrac{a^2}{b}+\dfrac{b^2}{a}\right)Y$. 由引理 2 得 $Z-Y\leqslant m\left(\dfrac{a^2}{b}+\dfrac{b^2}{a}-a-b\right)$.

于是 $\left[m\left(\dfrac{a^2}{b}+\dfrac{b^2}{a}\right)+a\right](Y+y_{m+1})-[m(a+b)+a](Z+y_{m+1})$

$=m\left[\left(\dfrac{a^2}{b}+\dfrac{b^2}{a}\right)Y-(a+b)Z\right]+m\left[\left(\dfrac{a^2}{b}+\dfrac{b^2}{a}\right)-(a+b)\right]y_{m+1}-a(Z-Y)$

$\geqslant m\left[\left(\dfrac{a^2}{b}+\dfrac{b^2}{a}\right)-(a+b)\right]y_{m+1}-am\left[\left(\dfrac{a^2}{b}+\dfrac{b^2}{a}\right)-(a+b)\right]$

$=m\left[\left(\dfrac{a^2}{b}+\dfrac{b^2}{a}\right)-(a+b)\right](y_{m+1}-a)\geqslant 0.$

从而 $\dfrac{1}{\sum\limits_{i=1}^{n} y_i}\sum\limits_{i=1}^{n}\dfrac{y_i^2}{y_{n+1-i}}\leqslant\dfrac{m\left(\dfrac{a^2}{b}+\dfrac{b^2}{a}\right)+a}{(m+1)a+mb}$,当 $x_1,\cdots,x_n$ 为 $a,a,b,a,b,\cdots,a,b$ 时,等号成立.

由 ⑤ 式得,所求的最大值为 $\dfrac{m(a^2+b^2)+a^2b}{ab[(m+1)a+mb]}\left(\text{这里 } m=\dfrac{n-1}{2}\right)$.

例题 46 设 $a_i,b_i\in \mathbf{Z}^+$,满足 $a_i<a_{i+1}\leqslant 2015,b_i<b_{i+1}\leqslant 2015,1\leqslant i\leqslant 31$,且 $\sum\limits_{i=1}^{31}a_i=\sum\limits_{i=1}^{31}b_i$,求 $\sum\limits_{i=1}^{31}|a_i-b_i|$ 的最大值.

方法讲解 令 $A=\{k\mid a_k>b_k,1\leqslant k\leqslant 31\},B=\{k\mid a_k<b_k,1\leqslant k\leqslant 31\}$,

$$S_1=\sum_{k\in A}(a_k-b_k),S_2=\sum_{k\in B}(b_k-a_k),S=\sum_{i=1}^{31}|a_i-b_i|,$$

则 $S=S_1+S_2,S_1=S_2=\dfrac{S}{2},|A|+|B|\leqslant 31$.

不妨设 $A\neq\varnothing,B\neq\varnothing$,令 $u=a_k-b_k=\max\limits_{i\in A}(a_i-b_i),v=b_l-a_l=\max\limits_{i\in B}(b_i-a_i)$,

不妨设 $1\leqslant k<l\leqslant 31$,则 $u+v=a_k-b_k+b_l-a_l=b_{31}-(b_{31}-b_l)-b_k-(a_l-a_k)$.

由于 $b_{31}\leqslant 2015,b_{31}-b_l\geqslant 31-l,b_k\geqslant k,a_l-a_k\geqslant l-k$,于是

$$u+v\leqslant 2015-(31-l)-k-(l-k)=1984.$$

又因为 $S_1\leqslant u|A|,S_2\leqslant v|B|$,从而

$$1984\geqslant u+v\geqslant\frac{S_1}{|A|}+\frac{S_2}{|B|}\geqslant\frac{S_1}{|A|}+\frac{S_2}{31-|A|}=\frac{S}{2}\frac{31}{|A|(31-|A|)}\geqslant\frac{31S}{2\times 15\times 16}.$$

于是 $S\leqslant\dfrac{2\times 15\times 16}{31}\times 1984=30720$.

当 $(a_1,a_2,\cdots,a_{31})=(1,2,\cdots,16,2001,\cdots,2015),(b_1,b_2,\cdots,b_{31})=(961,962,\cdots,991)$ 时,$S=30720$. 故 $S_{\max}=30720$.

例题 47 记 $a_i\in \mathbf{R},1\leqslant i\leqslant 2017$,满足 $a_1=a_{2017}$,且 $|a_i+a_{i+2}-2a_{i+1}|\leqslant 1,1\leqslant i\leqslant 2015$,记 $M=\max\limits_{1\leqslant i<j\leqslant 2017}|a_i-a_j|$,求 M 的最大值.

方法讲解 设 $|a_{i_0} - a_{j_0}| = \max\limits_{1 \leqslant i < j \leqslant 2017} |a_i - a_j| = M, 1 < i_0 < 2017$，则 $(a_{i_0} - a_{i_0-1})(a_{i_0} - a_{i_0+1}) \geqslant 0$.

由条件知 $|a_{i_0} - a_{i_0-1}| \leqslant 1, |a_{i_0} - a_{i_0+1}| \leqslant 1$，且 $\min\{|a_{i_0} - a_{i_0-1}|, |a_{i_0} - a_{i_0+1}|\} \leqslant \dfrac{1}{2}$.

(1) 若 $j_0 = 1$ 或 2017.

① 当 $i_0 = 1009$ 时，若 $|a_{i_0} - a_{i_0-1}| \leqslant \dfrac{1}{2}$，则 $|a_{i_0} - a_1| \leqslant \dfrac{1}{2} + \left(\dfrac{1}{2} + 1\right) + \cdots + \left(\dfrac{1}{2} + 1007\right) = \dfrac{1008^2}{2}$；

若 $|a_{i_0} - a_{i_0+1}| \leqslant \dfrac{1}{2}$，则 $|a_{i_0} - a_{2017}| \leqslant \dfrac{1008^2}{2}$.

② 当 $i_0 < 1009$ 时，若 $|a_{i_0} - a_{i_0-1}| \leqslant 1$，则 $|a_{i_0} - a_1| \leqslant 1 + 2 + \cdots + 1007 \leqslant \dfrac{1008^2}{2}$.

③ 当 $i_0 \geqslant 1010$ 时，$|a_{2017} - a_{i_0}| \leqslant 1 + 2 + \cdots + 1007 \leqslant \dfrac{1008^2}{2}$.

(2) 若 $1 < j_0 < 2017$，设 $1 < i_0 < j_0 < 2017$.

① 当 $j_0 - i_0 = 1008$ 时，若 $|a_{i_0} - a_{i_0-1}| \leqslant \dfrac{1}{2}$ 或 $|a_{i_0} - a_{i_0+1}| \leqslant \dfrac{1}{2}$，则 $|a_{j_0} - a_{i_0}| \leqslant \dfrac{1008^2}{2}$；

若 $|a_{i_0} - a_{i_0-1}| \leqslant \dfrac{1}{2}$，

则 $|a_{j_0} - a_{i_0}| = |a_{i_0} - a_1| + |a_{2017} - a_{j_0}| \leqslant \dfrac{(i_0-1)^2}{2} + \dfrac{(2017-j_0)(2018-j_0)}{2} \leqslant \dfrac{1008^2}{2}$；

若 $|a_{j_0} - a_{j_0+1}| \leqslant \dfrac{1}{2}$，

则 $|a_{j_0} - a_{i_0}| = |a_{i_0} - a_1| + |a_{2017} - a_{j_0}| \leqslant \dfrac{(i_0-1)i_0}{2} + \dfrac{(2017-j_0)^2}{2} \leqslant \dfrac{1008^2}{2}$.

② 若 $|j_0 - i_0| < 1008$，则 $|a_{i_0} - a_{j_0}| \leqslant \dfrac{1007 \times 1008}{2} \leqslant \dfrac{1008^2}{2}$.

③ 若 $|j_0 - i_0| > 1008$，

则 $|a_{j_0} - a_{i_0}| = |a_{i_0} - a_1| + |a_{2017} - a_{j_0}| \leqslant \dfrac{(i_0-1)^2}{2} + \dfrac{(2017-j_0)^2}{2} \leqslant \dfrac{(2016-j_0+i_0)^2}{2} \leqslant \dfrac{1008^2}{2}$.

于是 $M \leqslant \dfrac{1008^2}{2}$.

取 $a_n = \dfrac{(1009-n)^2}{2}, n = 1, 2, \cdots, 2017$，则 $M = |a_{1009} - a_1| = \dfrac{1008^2}{2}$，故 M 的最大值为 $\dfrac{1008^2}{2}$.

例题 48 给定 $n \geqslant 3$，设 $a_i, b_i \geqslant 0, 1 \leqslant i \leqslant 2n$，满足 $\sum\limits_{i=1}^{2n} a_i = \sum\limits_{i=1}^{2n} b_i > 0$，且 $a_i a_{i+2} \geqslant b_i + b_{i+1}, 1 \leqslant i \leqslant 2n, a_{2n+1} = a_1, a_{2n+2} = a_2, b_{2n+1} = b_1$. 求 $\sum\limits_{i=1}^{2n} a_i$ 的最小值.

方法讲解 令 $S = \sum\limits_{i=1}^{2n} a_i = \sum\limits_{i=1}^{2n} b_i, T = \sum\limits_{i=1}^{n} a_{2i-1}$，不妨设 $T \leqslant \dfrac{S}{2}$.

当 $n = 3$ 时，由于 $T^2 - 3\sum\limits_{i=1}^{3} a_{2i-1} a_{2i+1} = \dfrac{1}{2}\left[(a_1 - a_3)^2 + (a_3 - a_5)^2 + (a_5 - a_1)^2\right] \geqslant 0$，

所以 $\dfrac{S^2}{4} \geqslant T^2 \geqslant 3\sum\limits_{i=1}^{3} a_{2i-1} a_{2i+1} \geqslant 3\sum\limits_{i=1}^{3}(b_{2i-1} + b_{2i}) = 3S$. 又 $S > 0$，因此 $S \geqslant 12$.

当 $a_i = b_i = 2(1 \leqslant i \leqslant 6)$ 时，S 的最小值为 12.

当 $n \geqslant 4$ 时，由于 $\sum\limits_{i=1}^{n} a_{2i-1} a_{2i+1} \geqslant \sum\limits_{i=1}^{n}(b_{2i-1} + b_{2i}) = S$，且当 n 为偶数时，有

$$\sum_{i=1}^{n} a_{2i-1}a_{2i+1} \leqslant (a_1 + a_5 + \cdots + a_{2n-3})(a_3 + a_7 + \cdots + a_{2n-1}) \leqslant \frac{T^2}{4}.$$

当 n 为奇数时，不妨设 $a_1 \leqslant a_3$，

则 $\sum_{i=1}^{n} a_{2i-1}a_{2i+1} \leqslant (\sum_{i=1}^{n-1} a_{2i-1}a_{2i+1}) + a_{2n-1}a_3 \leqslant (a_1 + a_5 + \cdots + a_{2n-1})(a_3 + a_7 + \cdots + a_{2n-3}) \leqslant \frac{T^2}{4}.$

从而总有 $S \leqslant \sum_{i=1}^{n} a_{2i-1}a_{2i+1} \leqslant \frac{T^2}{4} \leqslant \frac{S^2}{16}$，又 $S > 0$，则 $S \geqslant 16$.

当 $a_1 = a_2 = a_3 = a_4 = 4, a_i = 0, 5 \leqslant i \leqslant 2n, b_1 = 0, b_2 = 16, b_i = 0, 3 \leqslant i \leqslant 2n$ 时，

S 的最小值为 16. 故 $S_{\min} = \begin{cases} 12, n = 3, \\ 16, n \geqslant 4. \end{cases}$

> **注** 引理：设 $n \geqslant 4$，则 $\sum_{i=1}^{n} a_i a_{i+1} \leqslant \frac{1}{4}(a_1 + \cdots + a_n)^2, a_{n+1} = a_1$.

例题 49 设 $a_1, a_2, \cdots, a_{100}$ 是非负整数，满足：① 存在 $k \leqslant 100$，使得 $a_1 \leqslant a_2 \leqslant \cdots \leqslant a_k$，当 $i > k$ 时，$a_i = 0$；② $\sum_{i=1}^{100} a_i = 100$；③ $\sum_{i=1}^{100} ia_i = 2022$. 求 $\sum_{i=1}^{100} i^2 a_i$ 的最小值.

方法讲解 当 $a_1 = a_2 = \cdots = a_{18} = 0, a_{19} = 19, a_{20} = 40, a_{21} = 41, a_{22} = \cdots = a_{100} = 0$ 时，$\sum_{i=1}^{100} i^2 a_i = 40940$. 下面证明这是最小的.

首先，$k \geqslant 21$，否则 $k \leqslant 20$，$\sum_{i=1}^{100} ia_i = \sum_{i=1}^{k} ia_i \leqslant \sum_{i=1}^{k} 20a_i = 2000$，矛盾.

由条件②，③可得 $\sum_{i=1}^{100} i^2 a_i = \sum_{i=1}^{100} (i-20)^2 a_i + 40 \sum_{i=1}^{100} ia_i - 400 \sum_{i=1}^{100} a_i = \sum_{i=1}^{100} (i-20)^2 a_i + 40880.$

当 $a_{20} \leqslant 40$ 时，$\sum_{i=1}^{100} (i-20)^2 a_i \geqslant \sum_{i \neq 20} a_i = 100 - a_{20} \geqslant 60$，故 $\sum_{i=1}^{100} i^2 a_i \geqslant 40940$，

当 $a_{20} \geqslant 41$ 时，由于 $k \geqslant 21$ 及条件 ① 知 $a_{21} \geqslant 41$，则

$$\sum_{i=1}^{100} i^2 a_i = \sum_{i=1}^{100} (i-19)(i-20)a_i + 39 \sum_{i=1}^{100} ia_i - 380 \sum_{i=1}^{100} a_i = \sum_{i=1}^{100} (i-19)(i-20)a_i + 40858$$
$$\geqslant (21-19)(21-20)a_{21} + 40858 \geqslant 40940.$$

故命题成立.

例题 50 设 $\{z_n\}$ 的奇数项为实数，偶数项为纯虚数，满足 $|z_k z_{k+1}| = 2^k, k \in \mathbf{N}^*$，记 $f_n = |\sum_{i=1}^{n} z_i|$，求 f_{2020} 与 $f_{2020} \times f_{2021}$ 的最小可能值.

方法讲解 （1）设 $a_n = z_{2n-1}, b_n = \frac{z_{2n}}{i}, n \geqslant 1$，则 $a_k, b_k \in \mathbf{R}, |a_k b_k| = 2^{2k-1}, |a_k b_{k+1}| = 2^{2k}.$

于是，对任意 k，有 $\left|\frac{a_{k+1}}{a_k}\right| = \left|\frac{b_k}{a_k} \cdot \frac{a_{k+1}}{b_k}\right| = 2, \left|\frac{b_{k+1}}{b_k}\right| = 2.$ 从而 $|a_n| = 2^{n-1}|a_1|, |b_n| = 2^{n-1}|b_1|.$

不妨设 $a_n = 2^{n-1}\lambda_n a_1, b_n = 2^{n-1}\mu_n b_1, \lambda_n, \mu_n \in \{-1, 1\}$，

则 $f_{2020} = \sqrt{(\sum_{i=1}^{1010} a_i)^2 + (\sum_{i=1}^{1010} b_i)^2} = \sqrt{(\sum_{i=1}^{1010} 2^{i-1}\lambda_i a_1)^2 + (\sum_{i=1}^{1010} 2^{i-1}\mu_i b_1)^2}$

$= \sqrt{(\sum_{i=1}^{1010} 2^{i-1}\lambda_i)^2 a_1^2 + (\sum_{i=1}^{1010} 2^{i-1}\mu_i)^2 b_1^2}.$

由于 $\sum_{i=1}^{1010} 2^{i-1}\lambda_i, \sum_{i=1}^{1010} 2^{i-1}\mu_i$ 为奇数，所以 $f_{2020} \geqslant \sqrt{a_1^2 + b_1^2} \geqslant \sqrt{2|a_1 b_1|} = 2.$

当 $z_{2k-1} = 2^{k-1}\sqrt{2}, z_{2k} = 2^{k-1}\sqrt{2}i, k = 1, \cdots, 1009, z_{2019} = -2^{1009}\sqrt{2}, z_{2020} = -2^{1009}\sqrt{2}i$ 时，$f_{2020} = 2$，

所以 $(f_{2020})_{\min} = 2$.

(2) 令 $s_1 = \sum_{i=1}^{1010} 2^{i-1}\lambda_i, s_2 = \sum_{i=1}^{1010} 2^{i-1}\mu_i, t = \lambda_{1011} \in \{-1, 1\}$，则 $|s_1|, |s_2| \geqslant 1$，

$$f_{2020} \geqslant \sqrt{(s_1 a_1)^2 + (s_2 b_1)^2}, f_{2021} = \sqrt{(s_1 a_1 + 2^{1010} t a_1)^2 + (s_2 b_1)^2},$$

于是 $f_{2020} f_{2021} = \sqrt{(s_1 a_1)^2 + (s_2 b_1)^2} \sqrt{[(s_1 + 2^{1010} t) a_1]^2 + (s_2 b_1)^2}$

$\geqslant |s_1 a_1 b_1 s_2| + |(s_1 a_1 + 2^{1010} t a_1) s_2 b_1| = 2(|s_1 s_2| + |(s_1 + 2^{1010} t) s_2|)$

$\geqslant 2|(s_1 + 2^{1010} t) s_2 - s_1 s_2| \geqslant 2^{1011}, |t s_2| \geqslant 1$.

当 $z_{2k-1} = \dfrac{2^{k-1}\sqrt{2}}{\sqrt[4]{2^{1010}-1}}, z_{2k} = 2^{k-1}\sqrt{2}\sqrt[4]{2^{1010}-1}\,\mathrm{i}, k = 1, \cdots, 1009$，

$z_{2019} = \dfrac{2^{1009}\sqrt{2}}{\sqrt[4]{2^{1010}-1}}, z_{2020} = -2^{1009}\sqrt{2}\sqrt[4]{2^{1010}-1}\,\mathrm{i}, z_{2021} = -\dfrac{2^{1010}\sqrt{2}}{\sqrt[4]{2^{1010}-1}}$ 时，$(f_{2020} f_{2021})_{\min} = 2^{1011}$.

例题 51 求最大正数 $M(M > 1)$，使得对区间 $[1, M]$ 中任意 10 个不同的实数，均可选取 3 个数，从小到大记为 a, b, c，满足 $ax^2 + bx + c = 0$ 无实数根.

方法讲解 当 $M = 4^{255}$ 时，满足题意. 设 $a_i \in [1, M], a_1 < a_2 < \cdots < a_{10}$.

反证. 若对任意 $1 \leqslant i < j < k \leqslant 10$，方程 $a_i x^2 + a_j x + a_k = 0$ 均有实数根，则 $a_j^2 - 4 a_i a_k \geqslant 0$，

即 $\dfrac{a_j}{a_i} \geqslant 4\dfrac{a_k}{a_j}, 1 \leqslant i < j < k \leqslant 10$ ①. 下面证明：对 $1 \leqslant k \leqslant 9$，有 $\dfrac{a_{10}}{a_k} > 4^{2^{9-k}-1}$ ②.

当 $k = 9$ 时，由于 $a_{10} > a_9$，所以 $\dfrac{a_{10}}{a_k} > 1$，从而 ② 式成立.

假设对某个 $k(2 \leqslant k \leqslant 9)$，有 $\dfrac{a_{10}}{a_k} > 4^{2^{9-k}-1}$，则由 ① 式得 $\dfrac{a_k}{a_{k-1}} \geqslant 4\dfrac{a_{10}}{a_k} > 4 \cdot 4^{2^{9-k}-1} = 4^{2^{9-k}}$.

于是 $\dfrac{a_{10}}{a_{k-1}} = \dfrac{a_{10}}{a_k} \cdot \dfrac{a_k}{a_{k-1}} > 4^{2^{9-k}-1} \cdot 4^{2^{9-k}} = 4^{2^{9-(k-1)}-1}$. 因此 ② 式对 $1 \leqslant k \leqslant 9$ 成立.

特别地，当 $k = 1$ 时，$\dfrac{a_{10}}{a_1} > 4^{2^{9-1}-1} = 4^{255}$. 由于 $a_1, a_{10} \in [1, M]$，则 $\dfrac{a_{10}}{a_1} \leqslant M = 4^{255}$，矛盾.

从而，当 $M = 4^{255}$ 时，命题成立.

若 $M > 4^{255}$，可设 $M = 4^{255}\lambda^{256}, \lambda > 1$，取 $a_1, a_2, \cdots, a_{10} \in [1, M]$ 如下：

$a_{10} = M, a_k = \dfrac{a_{10}}{4^{2^{9-k}-1}\lambda^{2^{9-k}}}, 1 \leqslant k \leqslant 9$，则 $1 = a_1 < a_2 < \cdots < a_9 < a_{10} = M$.

对任意 $1 \leqslant i < j < k \leqslant 10, a_j^2 - 4 a_i a_k \geqslant a_j^2 - 4 a_{j-1} a_{10} = \left(\dfrac{a_{10}}{4^{2^{9-j}-1}\lambda^{2^{9-j}}}\right)^2 - 4\dfrac{a_{10}}{4^{2^{10-j}-1}\lambda^{2^{10-j}}} a_{10} = 0$，方程

$a_i x^2 + a_j x + a_k = 0$ 有实数根，从而 $M \leqslant 4^{255}$. 故 $M_{\max} = 4^{255}$.

例题 52 设 $a_i > 0, 1 \leqslant i \leqslant n, \sum_{i=1}^{n} a_i = 1$，求 $\sum_{i=1}^{n} a_i a_{i+1} \sum_{i=1}^{n} \dfrac{a_i}{a_{i+1} + a_{i+1}^2}$ 的最小值，其中 $a_{n+1} = a_1$.

方法讲解 由柯西不等式可得

$$(a_1 a_2 + a_2 a_3 + \cdots + a_n a_1)\left(\dfrac{a_1}{a_2} + \dfrac{a_2}{a_3} + \cdots + \dfrac{a_n}{a_1}\right) \geqslant (a_1 + a_2 + \cdots + a_n)^2 = 1,$$

所以 $a_1 a_2 + a_2 a_3 + \cdots + a_n a_1 \geqslant \dfrac{1}{\dfrac{a_1}{a_2} + \dfrac{a_2}{a_3} + \cdots + \dfrac{a_n}{a_1}}$ ①.

$$\dfrac{a_1}{a_2^2 + a_2} + \dfrac{a_2}{a_3^2 + a_3} + \cdots + \dfrac{a_n}{a_1^2 + a_1} = \dfrac{\left(\dfrac{a_1}{a_2}\right)^2}{a_1 + \dfrac{a_1}{a_2}} + \dfrac{\left(\dfrac{a_2}{a_3}\right)^2}{a_2 + \dfrac{a_2}{a_3}} + \cdots + \dfrac{\left(\dfrac{a_n}{a_1}\right)^2}{a_n + \dfrac{a_n}{a_1}}$$

$$\geq \frac{\left(\dfrac{a_1}{a_2}+\dfrac{a_2}{a_3}+\cdots+\dfrac{a_n}{a_1}\right)^2}{(a_1+a_2+\cdots+a_n)+\left(\dfrac{a_1}{a_2}+\dfrac{a_2}{a_3}+\cdots+\dfrac{a_n}{a_1}\right)} \quad ②.$$

而 $\dfrac{a_1}{a_2}+\dfrac{a_2}{a_3}+\cdots+\dfrac{a_n}{a_1} \geq n\sqrt[n]{\dfrac{a_1}{a_2}\cdot\dfrac{a_2}{a_3}\cdot\cdots\cdot\dfrac{a_n}{a_1}}=n.$

由 ①×② 得

$$(a_1a_2+a_2a_3+\cdots+a_na_1)\left(\frac{a_1}{a_2^2+a_2}+\frac{a_2}{a_3^2+a_3}+\cdots+\frac{a_n}{a_1^2+a_1}\right)\geq \frac{\dfrac{a_1}{a_2}+\dfrac{a_2}{a_3}+\cdots+\dfrac{a_n}{a_1}}{1+\left(\dfrac{a_1}{a_2}+\dfrac{a_2}{a_3}+\cdots+\dfrac{a_n}{a_1}\right)}\geq \frac{n}{1+n},$$

即 $(a_1a_2+a_2a_3+\cdots+a_na_1)\left(\dfrac{a_1}{a_2^2+a_2}+\dfrac{a_2}{a_3^2+a_3}+\cdots+\dfrac{a_n}{a_1^2+a_1}\right)\geq \dfrac{n}{n+1}$，故所求的最小值为 $\dfrac{n}{n+1}$.

例题 53 一次考试共有 m 道试题，n 个学生参加，其中 $m,n(m,n\geq 2)$ 为给定的整数. 每道题的得分规则是：若该题恰有 x 个学生没有答对，则每个答对该题的学生得 x 分，未答对的学生得零分. 每个学生的总分为其 m 道题的得分总和. 将所有学生总分从高到低排列为 $p_1\geq p_2\geq\cdots\geq p_n$，求 p_1+p_n 的最大值.

方法讲解 设第 k 道题没有答对的有 $x_k(1\leq k\leq m)$ 个学生，则答对第 k 道题的有 $n-x_k$ 个学生，这 $n-x_k$ 个学生均得 x_k 分，设总分为 s，则 $s=\sum_{k=1}^{m}p_k=\sum_{k=1}^{m}x_k(n-x_k)$. 于是由假设知 $p_1\leq\sum_{k=1}^{m}x_k$.

由于 $p_2\geq\cdots\geq p_n$，故有 $p_n\leq\dfrac{p_2+\cdots+p_n}{n-1}=\dfrac{s-p_1}{n-1}$，所以

$$p_1+p_n\leq p_1+\frac{s-p_1}{n-1}=\frac{n-2}{n-1}p_1+\frac{s}{n-1}\leq\frac{n-2}{n-1}\sum_{k=1}^{m}x_k+\frac{1}{n-1}\sum_{k=1}^{m}x_k(n-x_k)$$

$$=2\sum_{k=1}^{m}x_k-\frac{1}{n-1}\sum_{k=1}^{m}x_k^2\leq 2\sum_{k=1}^{m}x_k-\frac{1}{m(n-1)}\left(\sum_{k=1}^{m}x_k\right)^2$$

$$=\frac{-1}{m(n-1)}\left[\sum_{k=1}^{m}x_k-m(n-1)\right]^2+m(n-1)\leq m(n-1).$$

另外，若只有一人全答对，其他人都答错，则 $p_1+p_n=m(n-1)$. 故 p_1+p_n 的最大值为 $m(n-1)$.

例题 54 设复数数列 $\{z_n\}$ 满足 $|z_1|=1, 4z_{n+1}^2+2z_nz_{n+1}+z_n^2=0, n\geq 1$.

(1) 证明：对任意 $m\in\mathbf{Z}^+$，有 $|z_1+z_2+\cdots+z_m|<\dfrac{2\sqrt{3}}{3}$；

(2) 求最大的常数 λ，对任意 $m\in\mathbf{Z}^+$，有 $|z_1+z_2+\cdots+z_m|\geq\lambda$.

方法讲解 (1) 归纳可知 $z_n\neq 0, n\geq 1$. 由假设得 $4\left(\dfrac{z_{n+1}}{z_n}\right)^2+2\left(\dfrac{z_{n+1}}{z_n}\right)+1=0, n\geq 1$，得到

$$\frac{z_{n+1}}{z_n}=\frac{-1\pm\sqrt{3}\mathrm{i}}{4}.$$

因此 $\dfrac{|z_{n+1}|}{|z_n|}=\left|\dfrac{z_{n+1}}{z_n}\right|=\left|\dfrac{-1\pm\sqrt{3}\mathrm{i}}{4}\right|=\dfrac{1}{2}$. 于是

$$|z_n|=|z_1|\frac{1}{2^{n-1}}=\frac{1}{2^{n-1}} \quad ①,$$

以及

$$|z_n+z_{n+1}|=|z_n|\left|1+\frac{z_{n+1}}{z_n}\right|=\frac{1}{2^{n-1}}\left|\frac{3\pm\sqrt{3}\mathrm{i}}{4}\right|=\frac{\sqrt{3}}{2^n} \quad ②.$$

当 $m=2s(s\in\mathbf{Z}^+)$ 为偶数时，由 ② 式得

$$|z_1 + z_2 + \cdots + z_m| \leqslant \sum_{i=1}^{s} |z_{2i-1} + z_{2i}| < \sum_{i=1}^{\infty} |z_{2i-1} + z_{2i}| = \sum_{i=1}^{\infty} \frac{\sqrt{3}}{2^{2i-1}} = \frac{2\sqrt{3}}{3}.$$

当 $m = 2s+1(s \in \mathbf{Z}^+)$ 为奇数时,由 ①,② 两式得

$$|z_{2s+1}| = \frac{1}{2^{2s}} < \frac{\sqrt{3}}{3 \cdot 2^{2s-1}} = \sum_{i=s+1}^{\infty} \frac{\sqrt{3}}{2^{2i-1}} = \sum_{i=s+1}^{\infty} |z_{2i-1} + z_{2i}| \quad ③.$$

于是

$$|z_1 + z_2 + \cdots + z_m| \leqslant \sum_{i=1}^{s} |z_{2i-1} + z_{2i}| + |z_{2s+1}| < \sum_{i=1}^{\infty} |z_{2i-1} + z_{2i}| = \frac{2\sqrt{3}}{3}.$$

(2) 记 $T_m = |z_1 + z_2 + \cdots + z_m|, m \in \mathbf{Z}^+$. 当 $m = 2s(s \in \mathbf{Z}^+)$ 为偶数时,由 ② 式得

$$T_m \geqslant |z_1 + z_2| - \sum_{k=2}^{s} |z_{2k-1} + z_{2k}| > \frac{\sqrt{3}}{2} - \sum_{k=2}^{\infty} |z_{2k-1} + z_{2k}| = \frac{\sqrt{3}}{2} - \sum_{k=2}^{\infty} \frac{\sqrt{3}}{2^{2k-1}} = \frac{\sqrt{3}}{3}.$$

当 $m = 2s+1(s \in \mathbf{Z}^+)$ 为奇数时,由 ①,②,③ 三式得

$$T_m \geqslant |z_1 + z_2| - \left(\sum_{k=2}^{s} |z_{2k-1} + z_{2k}|\right) - |z_{2s+1}| > \frac{\sqrt{3}}{2} - \sum_{k=2}^{\infty} |z_{2k-1} + z_{2k}| = \frac{\sqrt{3}}{3}.$$

当 $m = 1$ 时,$T_1 = |z_1| = 1 > \frac{\sqrt{3}}{3}$,于是 $\lambda \geqslant \frac{\sqrt{3}}{3}$.

另外,当 $z_1 = 1, z_{2k} = \frac{-1+\sqrt{3}\mathrm{i}}{2^{2k}}, z_{2k+1} = \frac{-1-\sqrt{3}\mathrm{i}}{2^{2k+1}}, k \in \mathbf{Z}^+$ 时,$\{z_n\}$ 满足条件,此时

$$\lim_{s \to +\infty} T_{2s+1} = \lim_{s \to +\infty} \left|z_1 + \sum_{k=1}^{s} (z_{2k} + z_{2k+1})\right| = \lim_{s \to +\infty} \left|1 + \sum_{k=1}^{s} \frac{-3+\sqrt{3}\mathrm{i}}{2^{2k+1}}\right| = \left|1 + \frac{-3+\sqrt{3}\mathrm{i}}{8} \cdot \frac{4}{3}\right| = \frac{\sqrt{3}}{3},$$

于是 $\lambda \leqslant \frac{\sqrt{3}}{3}$,故 $\lambda_{\max} = \frac{\sqrt{3}}{3}$.

◎ 三、课外训练

1. 设 $a, b, c > 0$,证明:$\displaystyle\sum_{cyc} \frac{a^3}{b^2 + c^2} \geqslant \frac{a+b+c}{2}$.

2. 设 $a \geqslant b \geqslant c \geqslant d \geqslant e \geqslant 0$,且 $a + b + c + d + e = 1$,证明:$ae + be + ad + bc + cd \leqslant \frac{1}{5}$.

3. 设 $a_i > 0, 1 \leqslant i \leqslant n$,满足 $\displaystyle\sum_{i=1}^{n} \frac{1}{1+a_i} = n-1$,证明:$\displaystyle\prod_{i=1}^{n} a_i \leqslant (n-1)^{-n}$.

4. 设 $a, b, c > 0$,满足 $ab + bc + ca = 1$,证明:$\displaystyle\sum_{cyc} \sqrt[3]{\frac{1}{a} + 6b} \leqslant \frac{1}{abc}$.

5. 求最大 $n(n \in \mathbf{Z}^+)$,使得存在 n 个正整数 $x_1, x_2, \cdots, x_n (x_1 < x_2 < \cdots < x_n)$,满足
$$x_1 + x_1 x_2 + \cdots + x_1 x_2 \cdots x_n = 2021.$$

6. 设 $a_i > 0, 1 \leqslant i \leqslant n$,证明:$\displaystyle\sum_{i=1}^{n} \frac{i}{a_1 + \cdots + a_i} < 2 \sum_{i=1}^{n} \frac{1}{a_i}$.

7. 设 $x_i > 0, 1 \leqslant i \leqslant n$,证明:$\displaystyle\sum_{i=1}^{n} \left(\frac{x_1 + \cdots + x_i}{i}\right)^2 \leqslant 4 \sum_{i=1}^{n} x_i^2$.

8. 给定 $n \geqslant 2$,求最大实数 λ_n,使 $\left(\displaystyle\sum_{i=1}^{n} a_i^2\right)\left(\sum_{i=1}^{n} \frac{a_i}{a_{i-1} + a_{i+1}}\right) \geqslant \lambda_n \sum_{i=1}^{n} (a_i - a_{i+1})^2, a_i > 0, 1 \leqslant i \leqslant n$, $a_0 = a_n, a_1 = a_{n+1}$.

9. 设 $a_i \in \mathbf{R}, 1 \leqslant i \leqslant n$,满足 $\displaystyle\sum_{i=1}^{n} a_i = 2n, \sum_{i=1}^{n} a_i^2 = n^2 + 3n$,求 $\displaystyle\sum_{i=1}^{n} a_i^3$ 的最大值.

10. 设 $x,y,z \in \mathbf{R}$，满足 $\begin{cases} x^2+y^2+z^2=3, \\ x+2y-2z=4, \end{cases}$ 求 $z_{\max}+z_{\min}$.

11. 设 $x,y,z \in [-1,1]$，满足 $x+y+z=0$，证明：$\sum_{cyc} \sqrt{1+x+y^2} \geqslant 3$.

12. 设 $x,y,z \geqslant 0$，证明：$6(x+y-z)(x^2+y^2+z^2)+27xy \leqslant 10\left(x^2+y^2+z^2\right)^{\frac{3}{2}}$，当 $x=y=2z$ 或其排列时，等号成立.

13. 设 $a,b,c \geqslant 0$，证明：$\sum_{cyc} \dfrac{a^2}{b^2-bc+c^2} \geqslant a+b+c$.

14. 设 $x,y,z > 1$，证明：$\sum_{cyc} \dfrac{x^4}{(y-1)^2} \geqslant 48$.

15. 设 $a,b,c > 0$，证明：$\sum_{cyc} \dfrac{a}{b^2+c^2} \geqslant \dfrac{4}{5} \sum_{cyc} \dfrac{1}{b+c}$.

16. 给定 $n \geqslant 4$，则对 $x_i > 0$，$1 \leqslant i \leqslant n$，有 $x_1x_2+x_2x_3+\cdots+x_nx_1 \leqslant \dfrac{1}{4}(x_1+\cdots+x_n)^2$.

17. 设 $a_i \in \mathbf{R}^+$，$\sum_{i=1}^{n} a_i = 1$，证明：$\dfrac{a_1}{1+a_2^2}+\cdots+\dfrac{a_n}{1+a_1^2} \geqslant \dfrac{4}{5}\left(a_1\sqrt{a_1}+\cdots+a_n\sqrt{a_n}\right)^2$，$n \geqslant 4$.

18. 设整数 $n > 3$，非负实数 $a_1,a_2,\cdots,a_n$ 满足 $a_1+a_2+\cdots+a_n=2$，求 $\dfrac{a_1}{a_2^2+1}+\dfrac{a_2}{a_3^2+1}+\cdots+\dfrac{a_n}{a_1^2+1}$ 的最小值.

19. 设 $n \geqslant 3$，$x_i > 0$，$x_{n+1}=x_i$，$1 \leqslant i \leqslant n$，求 $\sum_{j=1}^{n} \dfrac{x_j}{x_{j+1}+2x_{j+2}+\cdots+(n-1)x_{n-1+j}}$ 的最小值.

20. 在 $\triangle ABC$ 中，证明：$\prod_{cyc}\left(\dfrac{3}{2}+\cos^2 A+\cos^2 B\right) \geqslant 8$.

21. 设 $a,b,c \in \mathbf{R}^+$，满足 $abc=1$，证明：$\dfrac{a^5}{a^3+1}+\dfrac{b^5}{b^3+1}+\dfrac{c^5}{c^3+1} \geqslant \dfrac{3}{2}$.

22. 设 $a_i \in \mathbf{R}^+$，$\delta_k = \sum_{1 \leqslant i_1 < \cdots < i_k \leqslant n} a_{i_1}a_{i_2}\cdots a_{i_k}$，$S_k = \dfrac{\delta_k}{C_n^k}$，证明：$S_{k-1}S_{k+1} \leqslant S_k^2$，当且仅当 $a_1=\cdots=a_n$ 时取等号.

23. 已知 $x,y,z > 0$，$0 \leqslant \lambda \leqslant 1$，证明：$\sum_{cyc} \dfrac{\sqrt{xy}}{x+y+\lambda z} \leqslant \dfrac{3}{2+\lambda}$.

24. 设 $x,y,z > -1$，证明：$\sum_{cyc} \dfrac{1+x^2}{1+y+z^2} \geqslant 2$.

25. 设 $x_i,y_i,z_i > 0$，$1 \leqslant i \leqslant 3$，证明：$\sqrt[3]{\prod_{cyc}(x_i+y_i+z_i)} \geqslant \sum_{cyc} \sqrt[3]{x_1x_2x_3}$.

26. 设 $a,b,c \in \left(0,\dfrac{\pi}{2}\right)$，证明：$\sum_{cyc} \dfrac{\sin a \sin(a-b)\sin(a-c)}{\sin(b+c)} \geqslant 0$.

27. 设 $\triangle ABC$ 为锐角三角形，证明：$\sum_{cyc} \cot^3 A + 6\prod_{cyc} \cot A \geqslant \sum_{cyc} \cot A$.

28. 设 $x,y,z \in \mathbf{R}^+$，证明：$a^2+b^2+c^2+2abc+1 \geqslant 2(ab+bc+ca)$.

29. 设 $x,y,z \in \mathbf{R}^+$，满足 $x+y+z=xyz$，证明：$\sum_{cyc} x^2 - 2\sum_{cyc} xy + 9 \geqslant 0$.

30. 设实数 a,b,c,d,e 满足方程组 $a(b+c+d+e)=b(a+c+d+e)=\cdots=e(a+b+c+d)=-1$，求 a 的所有可能值.

31. 设 $n \in \mathbf{Z}^+$，$n \geqslant 3$，$x_i > 0$，$1 \leqslant i \leqslant n$，证明：$(n-1)\sum_{i=1}^{n} x_i^n + n\prod_{i=1}^{n} x_i \geqslant \left(\sum_{i=1}^{n} x_i\right)\left(\sum_{i=1}^{n} x_i^{n-1}\right)$.

32. 设 $n \geqslant 5$，$n \in \mathbf{Z}$，求 $x_i(x_i \geqslant 0, 1 \leqslant i \leqslant n)$，使得

$$\begin{cases} \sum\limits_{i=1}^{n} x_i = n+2, \\ \sum\limits_{i=1}^{n} i x_i = 2n+2, \\ \sum\limits_{i=1}^{n} i^2 x_i = n^2+n+1, \\ \sum\limits_{i=1}^{n} i^3 x_i = n^3+n+8. \end{cases}$$

33. 设 $x_i > 0, 1 \leqslant i \leqslant n$, 证明: $\sum\limits_{i=1}^{n} \sqrt[i]{x_1 \cdots x_i} \leqslant \mathrm{e} \sum\limits_{i=1}^{n} x_i$.

34. 设 $x, y, z > 0, xyz = 1$, 证明: $\sum\limits_{cyc} \dfrac{x^3}{(1+y)(1+z)} \geqslant \dfrac{3}{4}$.

35. 设 $a, b, c, d > 0$ 且 $a+b+c+d = 3$, 证明: $\dfrac{1}{a^3} + \dfrac{1}{b^3} + \dfrac{1}{c^3} + \dfrac{1}{d^3} \leqslant \dfrac{1}{(abcd)^3}$.

36. 给定整数 $n \geqslant 2$, 设 $0 < a_1 \leqslant a_2 \leqslant \cdots \leqslant a_n$, 以及 $a_1 \geqslant \dfrac{a_2}{2} \geqslant \cdots \geqslant \dfrac{a_n}{n}$, 证明: $\dfrac{A_n}{G_n} \leqslant \dfrac{n+1}{2\sqrt[n]{n!}}$, 其中 $A_n = \dfrac{a_1 + \cdots + a_n}{n}, G_n = \sqrt[n]{a_1 \cdots a_n}$.

37. 设 a, b, c, x, y, z 满足 $a \geqslant b \geqslant c > 0, x \geqslant y \geqslant z > 0$, 证明:
$$\dfrac{a^2 x^2}{(by+cz)(bz+cy)} + \dfrac{b^2 y^2}{(cz+ax)(cx+az)} + \dfrac{c^2 z^2}{(ax+by)(ay+bx)} \geqslant \dfrac{3}{4}.$$

38. 设 $a, b, c > 0$ 且 $ab+bc+ca = 1$, 证明: $\sum\limits_{cyc} \sqrt[3]{\dfrac{1}{a} + 6b} \leqslant \dfrac{1}{abc}$.

1.3 函数的综合应用

◎ 一、知识要点

函数是中学数学的核心内容, 也是重要的数学思想之一. 了解函数的基本概念(如定义域、值域、表现形式等), 函数的图象与性质(如有界性、奇偶性、周期性、单调性、连续性、可导性, 凹凸性等). 充分理解基本初等函数(常数函数、幂函数、指数函数、对数函数、三角函数和反三角函数), 学会利用基本初等函数在定义域中的连续性及其导数.

从图象上看, 取整函数 $y = [x], x \in \mathbf{R}$; 符号函数 $y = \mathrm{sgn}\, x = \begin{cases} 1, & x > 0, \\ 0, & x = 0, \\ -1, & x < 0 \end{cases}$ 在 $x = 0$ 处均不连续. 有些函数难以用图象表示, 它们的连续性不能从图象上看出. 如定义在 $\mathbf{R}$ 上的狄利克雷函数 $D(x) = \begin{cases} 1, & x \in \mathbf{Q}, \\ 0, & x \notin \mathbf{Q}; \end{cases}$ 黎曼函数 $R(x) = \begin{cases} \dfrac{1}{q}, & x = \dfrac{p}{q}, p, q \in \mathbf{Z}, 1 \leqslant p < q, (p, q) = 1, \\ 0, & x \text{ 为 } 0, 1 \text{ 或 } (0, 1) \text{ 中的无理数}. \end{cases}$

1. 数列极限

设 $\{a_n\}: a_1, a_2, \cdots, a_n, \cdots$ 为数列, a 为定常数, 若当 n 充分大时, $|a_n - a|$ 充分小, 则称数列 $\{a_n\}$ 收敛, a 为其极限, 记作 $\lim\limits_{n \to +\infty} a_n = a$ 或 $a_n \to a (n \to +\infty)$.

或者说,对任意 $\varepsilon > 0$,存在正整数 N,当 $n > N$ 时,$|a_n - a| < \varepsilon$.

收敛数列具有如下性质(假设数列 $\{a_n\}$,$\{b_n\}$ 收敛):

(1) 数列 $\{a_n \pm b_n\}$,$\{a_n b_n\}$,$\left\{\dfrac{a_n}{b_n}\right\}$($\lim\limits_{n \to +\infty} b_n \neq 0$) 都收敛.

(2) 若从某一项开始,$a_n \leqslant c_n \leqslant b_n$,且 $\lim\limits_{n \to +\infty} a_n = \lim\limits_{n \to +\infty} b_n$,则数列 $\{c_n\}$ 收敛,且极限相等(称为夹逼定理).

(3)(存在性) 若数列 $\{a_n\}$ 单调有界,则数列 $\{a_n\}$ 收敛.

(4)(子列收敛) 数列 $\{a_n\}$ 收敛的充要条件是所有子数列收敛.

特别地,若数列 $\{a_{2n}\}$,$\{a_{2n+1}\}$ 收敛,且极限相等,则数列 $\{a_n\}$ 收敛.

2. 无穷级数

称 $\sum\limits_{i=1}^{\infty} a_i = a_1 + a_2 + \cdots + a_n + \cdots$ 为无穷级数,设 $S_n = \sum\limits_{i=1}^{n} a_i = a_1 + a_2 + \cdots + a_n$ 为它的前 n 项之和,若数列 $\{S_n\}$ 收敛,则称无穷级数 $\sum\limits_{i=1}^{\infty} a_i$ 收敛,且 $\sum\limits_{i=1}^{\infty} a_n = \lim\limits_{n \to +\infty} S_n$;否则称为发散.

比如 $\sum\limits_{n=0}^{\infty} r^n = \lim\limits_{n \to +\infty} \sum\limits_{i=0}^{n} r^i = \dfrac{1}{1-r}$,

又若 $\{a_n\}$ 满足 $a_1 \geqslant a_2 \geqslant \cdots \geqslant a_n \geqslant 0$,且 $\lim\limits_{n \to +\infty} a_n = 0$,则 $\sum\limits_{i=1}^{\infty} (-1)^{i-1} a_i$ 收敛.

事实上,记 $S_n = \sum\limits_{i=1}^{n} (-1)^{i-1} a_i = a_1 - a_2 + \cdots + (-1)^{n-1} a_n$,

则 $S_{2n} = a_1 - a_2 + \cdots + a_{2n-1} - a_{2n} = (a_1 - a_2) + \cdots + (a_{2n-1} - a_{2n})$
$= a_1 - (a_2 - a_3) + \cdots + (a_{2n-2} - a_{2n-1}) - a_{2n} \leqslant a_1$,

$S_{2n+1} = a_1 - a_2 + \cdots + a_{2n-1} - a_{2n} + a_{2n+1} = a_1 - (a_2 - a_3) - \cdots - (a_{2n} - a_{2n+1}) \leqslant a_1$.

从而 $\{S_{2n}\}$,$\{S_{2n+1}\}$ 有界,$\{S_{2n}\}$ 递增,$\{S_{2n+1}\}$ 递减,因此 $\lim\limits_{n \to +\infty} S_{2n}$,$\lim\limits_{n \to +\infty} S_{2n+1}$ 存在,有 $\lim\limits_{n \to +\infty} S_{2n} = \lim\limits_{n \to +\infty} S_{2n+1}$,因此 $\lim\limits_{n \to +\infty} S_n$ 存在.

调和级数 $\sum\limits_{n=1}^{\infty} \dfrac{1}{n} = 1 + \dfrac{1}{2} + \cdots + \dfrac{1}{n} + \cdots$ 发散.

3. 邻域

设 $\lambda \in \mathbf{R}^+$,则 $U(x_0) = U_\lambda(x_0) = \{x \mid |x - x_0| < \lambda, x \in \mathbf{R}\}$ 为 x_0 的 λ- 邻域,或 x_0 的一个邻域,$U^\circ(x_0) = \{x \mid 0 < |x - x_0| < \lambda, x \in \mathbf{R}\}$ 为 x_0 的空心邻域,$U_+(x_0) = \{x \mid 0 < x - x_0 < \lambda, x \in \mathbf{R}\}$ 为 x_0 的右邻域,$U_-(x_0) = \{x \mid 0 < x_0 - x < \lambda, x \in \mathbf{R}\}$ 为左邻域.记 $U(\infty) = U_M(\infty) = \{x \mid |x| > M, x \in \mathbf{R}, M > 0\}$,同样定义 $U(+\infty)$,$U(-\infty)$.

4. 函数极限

设 $y = f(x)$ 在某个空心邻域 $U^\circ_\lambda(x_0)$ 中有定义,A 为常数,若对任意 $\varepsilon > 0$,存在 $\delta > 0$($\delta < \lambda$),使得当 $x \in U^\circ_\delta(x_0)$ 时,$|f(x) - A| < \varepsilon$,则称当 $x \to x_0$ 时,$f(x)$ 有极限,其极限为 A,记作 $\lim\limits_{x \to x_0} f(x) = A$ 或 $f(x) \to A(x \to x_0)$.

对分段函数区间端点的情况,考虑左、右极限,若当 $x \in U^+_\delta(x_0)$ 时,$|f(x) - A| < \varepsilon$,则称 $f(x)$ 在 x_0 处的右极限为 A,记 $\lim\limits_{x \to x_0} f(x) = f(x_0^+)$.

当 $x \in U^-_\delta(x_0)$ 时,$|f(x) - A| < \varepsilon$,则称 $f(x)$ 在 x_0 处的左极限为 A,记作 $\lim\limits_{x \to x_0} f(x) = f(x_0^-)$.

函数极限具有下列性质.

(1) 设 $\lim\limits_{x \to x_0} f(x) = A$,$\lim\limits_{x \to x_0} g(x) = B$,则 $\lim\limits_{x \to x_0} (f(x) \pm g(x)) = \lim\limits_{x \to x_0} f(x) \pm \lim\limits_{x \to x_0} g(x)$,

$$\lim\limits_{x \to x_0} f(x)g(x) = \lim\limits_{x \to x_0} f(x) \lim\limits_{x \to x_0} g(x), \quad \lim\limits_{x \to x_0} \dfrac{f(x)}{g(x)} = \dfrac{\lim\limits_{x \to x_0} f(x)}{\lim\limits_{x \to x_0} g(x)} = \dfrac{A}{B} (B \neq 0).$$

（2）若 $\lim\limits_{x\to x_0}f(x)=A>\lim\limits_{x\to x_0}g(x)=B$，则存在 x_0 的某个邻域 $U^\circ(x_0)$，当 $x\in U^\circ(x_0)$ 时，$f(x)>g(x)$. 若 $\lim\limits_{x\to x_0}f(x)$，$\lim\limits_{x\to x_0}g(x)$ 存在，且当 $x\in U^\circ(x_0)$ 时，$f(x)>g(x)$，则 $\lim\limits_{x\to x_0}f(x)\geqslant\lim\limits_{x\to x_0}g(x)$.

（3）若存在 $U^\circ(x_0)$，使得 $f(x)\leqslant g(x)\leqslant h(x)$，且 $\lim\limits_{x\to x_0}f(x)=\lim\limits_{x\to x_0}h(x)$，则 $\lim\limits_{x\to x_0}g(x)$ 存在，且 $\lim\limits_{x\to x_0}g(x)=\lim\limits_{x\to x_0}f(x)$.

（4）$\lim\limits_{x\to x_0}f(x)$ 存在的充要条件是 $\lim\limits_{x\to x_0^+}f(x)$，$\lim\limits_{x\to x_0^-}f(x)$ 存在，且相等.

（5）（归结原理）若对任意 $\{x_n\}\subseteq U^\circ(x_0)$，$x_n\to x_0$，有 $\lim\limits_{n\to\infty}f(x_n)$ 存在，且极限相等，则 $\lim\limits_{x\to x_0}f(x)$ 存在，且极限相等.

例 $\lim\limits_{x\to0}D(x)$ 不存在，因为取 $\{x_n\}$，$x_n\in\mathbf{Q}$，$x_n\to0$，则 $\lim\limits_{n\to\infty}D(x_n)=\lim 1=1$；再取 $\{x_n'\}$，x_n' 为无理数，且 $x_n'\to0$，则 $\lim\limits_{n\to\infty}D(x_n')=\lim 0=0$. 由归纳原理，$\lim\limits_{x\to0}D(x)$ 不存在.

又如 $\lim\limits_{x\to0}\dfrac{\sin x}{x}=1$，因为 $\cos x<\dfrac{\sin x}{x}<1,0<x<\dfrac{\pi}{2}$，所以 $1=\lim\limits_{x\to0^+}\cos x\leqslant\lim\limits_{x\to0^+}\dfrac{\sin x}{x}\leqslant1$，

所以 $\lim\limits_{x\to0^+}\dfrac{\sin x}{x}=1$，同理 $\lim\limits_{x\to0^-}\dfrac{\sin x}{x}=1$，所以 $\lim\limits_{x\to0}\dfrac{\sin x}{x}=1$.

同样可定义 $\lim\limits_{x\to\infty}f(x)$，$\lim\limits_{x\to+\infty}f(x)$，$\lim\limits_{x\to-\infty}f(x)$.

例 $\lim\limits_{x\to\infty}\left(1+\dfrac{1}{x}\right)^x=\mathrm{e}$.

事实上，当 $x>0$ 时，令

$$f(x)=\left(1+\frac{1}{x+1}\right)^x,g(x)=\left(1+\frac{1}{x}\right)^{x+1},n\leqslant x<n+1,n\geqslant1,$$

则 $f(x)$ 递增且有上界，$g(x)$ 递减且有下界，从而 $\lim\limits_{x\to+\infty}f(x)$，$\lim\limits_{x\to+\infty}g(x)$ 存在.

由归结原理，取 $x_n=n$，则 $\lim\limits_{x\to+\infty}f(x)=\lim\limits_{n\to\infty}\left(1+\dfrac{1}{n+1}\right)^n=\mathrm{e}$，$\lim\limits_{x\to+\infty}g(x)=\lim\limits_{n\to\infty}\left(1+\dfrac{1}{n}\right)^{n+1}=\mathrm{e}$.

因为当 $n\leqslant x<n+1$ 时，$1+\dfrac{1}{n+1}<1+\dfrac{1}{x}<1+\dfrac{1}{n}$ 以及 $\left(1+\dfrac{1}{n+1}\right)^n<\left(1+\dfrac{1}{x}\right)^x<\left(1+\dfrac{1}{n}\right)^{n+1}$，

即 $f(x)<\left(1+\dfrac{1}{x}\right)^x<g(x),1\leqslant x<+\infty$，

由夹逼定理得 $\lim\limits_{x\to+\infty}\left(1+\dfrac{1}{x}\right)^x=\lim\limits_{x\to+\infty}f(x)=\lim\limits_{x\to+\infty}g(x)=\mathrm{e}$.

当 $x<0$ 时，$\left(1+\dfrac{1}{x}\right)^x=\left(1-\dfrac{1}{-x}\right)^{-(-x)}=\left(1-\dfrac{1}{y}\right)^{-y}=\left(\dfrac{y-1}{y}\right)^{-y}$

$=\left(\dfrac{y}{y-1}\right)^y=\left(1+\dfrac{1}{y-1}\right)^y=\left(1+\dfrac{1}{y-1}\right)^{y-1}\left(1+\dfrac{1}{y-1}\right)\to\mathrm{e}(x\to-\infty)$，

其中 $y=-x$，当 $x\to-\infty$ 时，$y\to+\infty$. 于是 $\lim\limits_{x\to-\infty}\left(1+\dfrac{1}{x}\right)^x=\mathrm{e}$，故 $\lim\limits_{x\to\infty}\left(1+\dfrac{1}{x}\right)^x=\mathrm{e}$.

5. 无穷小量

若 $\lim\limits_{x\to x_0}f(x)=0$，则称当 $x\to x_0$ 时，$f(x)$ 为无穷小量，若 $\lim\limits_{x\to x_0}\dfrac{1}{f(x)}=0$，则称当 $x\to x_0$ 时，$f(x)$ 为无穷大量. 对于其他形式的极限，可类似定义无穷小量和无穷大量.

① 易知，在同一类型极限下，两个无穷小量之和、差、积仍为无穷小量，无穷小量与有界量之积为无穷小量.

② 设 $\lim\limits_{x\to x_0}f(x)=0$，$\lim\limits_{x\to x_0}g(x)=0$，即在同一类型极限下，它们为无穷小量.

（1）若 $\lim\limits_{x\to x_0}\dfrac{f(x)}{g(x)}=0$，则称当 $x\to x_0$ 时，$f(x)$ 比 $g(x)$ 为高阶无穷小量，记作 $f=o(g)$，$x\to x_0$.

（2）若存在 $M, m > 0$，邻域 $U°(x_0)$，使 $m \leqslant \left|\dfrac{f(x)}{g(x)}\right| \leqslant M, x \in U°(x_0)$，则称当 $x \to x_0$ 时，$f(x)$ 与 $g(x)$ 为同阶无穷小量．

特别，① 若 $f(x), g(x)$ 满足 $\left|\dfrac{f(x)}{g(x)}\right| \leqslant M, x \in U°(x_0)$，则记作 $f = O(g), x \to x_0$．

② 若 $\lim\limits_{x \to x_0} \dfrac{f(x)}{g(x)} = 1$，则称当 $x \to x_0$ 时，$f(x)$ 与 $g(x)$ 为等价无穷小量，记作 $f \sim g, x \to x_0$．

定理 若 $f(x) \sim g(x)(x \to x_0)$，则 $\lim\limits_{x \to x_0} f(x)h(x) = \lim\limits_{x \to x_0} g(x)h(x)$．

以上结论对其他类型极限可以类似讨论．

6. 连续性

设 $f(x)$ 在 x_0 处的某个邻域 $U(x_0)$（属于 $f(x)$ 的定义域）中有定义：

若 $\lim\limits_{x \to x_0} f(x) = f(x_0)$，则称 $f(x)$ 在点 x_0 处连续．

按定义，$y = f(x)$ 在 x_0 处连续，满足三个条件：（1）函数 $f(x)$ 在 x_0 的一个邻域中有定义，特别是 $f(x_0)$ 有定义；（2）$\lim\limits_{x \to x_0} f(x)$ 存在；（3）$\lim\limits_{x \to x_0} f(x) = f(x_0)$．

否则称 $f(x)$ 在点 x_0 处不连续，或称为间断，x_0 为 $f(x)$ 的间断点．

例 狄利克雷函数 $D(x)$ 在任意点 $x_0 \in \mathbf{R}$ 处不连续，黎曼函数 $R(x)$ 在有理点不连续，在无理点处连续．

若 $y = f(x)$ 在区间 (a, b) 上的任意点处连续，则称函数 $f(x)$ 在区间 (a, b) 上连续，其图象为连续不断的曲线．此外，若 $\lim\limits_{x \to x_0^+} f(x) = f(x_0)$，$\lim\limits_{x \to x_0^-} f(x) = f(x_0)$，则称 $f(x)$ 在 $x = x_0$ 处右连续、左连续．若 $f(x)$ 在区间 (a, b) 上连续，在 a, b 点右连续、左连续，则称 $f(x)$ 在区间 $[a, b]$（或 $[a, b), (a, b]$）上连续．

利用极限的性质和连续的定义，有

（1）若 $f(x), g(x)$ 在 x_0 处连续，则 $f(x) \pm g(x), f(x)g(x), \dfrac{f(x)}{g(x)} (g(x_0) \neq 0)$ 在 x_0 处都连续．

（2）$f(x)$ 在 x_0 处连续的充要条件是 $f(x)$ 在 x_0 处左、右连续．

（3）若 $f(x)$ 在 x_0 处连续，且 $f(x_0) > 0$，则存在邻域 $U(x_0)$，使得 $f(x) > 0, x \in U(x_0)$．

（4）若 $f(x)$ 在闭区间 $[a, b]$ 上连续，则：

① $f(x)$ 在区间 $[a, b]$ 上有界，即存在 $M, |f(x)| \leqslant M, x \in [a, b]$．

② $f(x)$ 在区间 $[a, b]$ 上有最大值、最小值．

（5）介值定理

如果 $f(x)$ 在区间 (a, b) 上连续，$f(a)f(b) < 0$，则 $f(x)$ 可以取到 $f(x)$ 在区间 (a, b) 上的任意两值之间的任何值．

（6）零点定理：若 $f(x)$ 在区间 (a, b) 上连续，且 $f(a)f(b) < 0$，则至少存在一个点 $x_0 \in (a, b)$ 使得 $f(x_0) = 0$．

7. 导数

设 $y = f(x)$ 在点 x_0 处的某邻域内有定义，若 $\lim\limits_{x \to x_0} \dfrac{f(x) - f(x_0)}{x - x_0}$ 存在，则称 $f(x)$ 在 x_0 处可导，其极限为 $f(x)$ 在 x_0 处的导数，记为 $f'(x_0)$（或 $y'(x_0)$），即

$$y'(x_0) = f'(x_0) = \lim_{x \to x_0} \frac{f(x) - f(x_0)}{x - x_0}.$$

令 $\Delta x = x - x_0$，$\Delta f(x) = f(x) - f(x_0) = f(x_0 + \Delta x) - f(x_0)$，则

$$f'(x_0) = \lim_{x \to x_0} \frac{f(x) - f(x_0)}{x - x_0} = \lim_{\Delta x \to 0} \frac{\Delta f(x)}{\Delta x}.$$

显然,当 $\Delta x \to 0$,即 $x \to x_0$ 时,$\Delta f(x) = f(x) - f(x_0) \to 0$,

从而如果 $f(x)$ 在 x_0 处可导,那么 $f(x)$ 在 x_0 处连续.

左导数和右导数:$f'_{-}(x_0) = \lim\limits_{x \to x_0^-} \dfrac{f(x) - f(x_0)}{x - x_0}$,$f'_{+}(x_0) = \lim\limits_{x \to x_0^+} \dfrac{f(x) - f(x_0)}{x - x_0}$.

定理 $f(x)$ 在 x_0 处可导的充要条件是 $f(x)$ 在 x_0 处的左、右导数存在,且相等.如果 $f(x)$ 在区间 (a,b) 上每点处可导,则称 $f(x)$ 在区间 (a,b) 上可导.如果 $f(x)$ 在区间 (a,b) 上可导,且 $f'_{+}(a)$,$f'_{-}(b)$ 存在,则称 $f(x)$ 在闭区间 $[a,b]$ 上可导.这时,$y = f'(x)$ 为 $f(x)$ 在区间 (a,b)(或 $[a,b]$)上的导函数,在 x_0 处的导数为 $y'(x_0) = f'(x_0) = \dfrac{\mathrm{d}f(x)}{\mathrm{d}x}\big|_{x=x_0} = f'(x)\big|_{x=x_0}$.

导函数的运算:

设 f,g 可导,则 $(f \pm g)' = f' \pm g'$,$(fg)' = f'g + fg'$,$\left(\dfrac{f}{g}\right)' = \dfrac{f'g - fg'}{g^2}(g \neq 0)$.

掌握基本初等函数、反函数及其简单复合函数的导数.

极值点:若 $f(x) \geqslant f(x_0)$,$x \in U(x_0)$,则称 x_0 为 $f(x)$ 的极小值点.

若 $f(x) \leqslant f(x_0)$,$x \in U(x_0)$,则称 x_0 为 $f(x)$ 的极大值点.

按定义,不难得到,若 x_0 为 $f(x)$ 的极值点,且 $f'(x_0)$ 存在,则 $f'(x_0) = 0$.反之不一定成立,若 $y = x^3$,$y'(0) = 0$,但 $x = 0$ 不是极值点.此外,若 x_0 为 $f(x)$ 的最大值点或最小值点,且 $x_0 \in (a,b)$,则 x_0 为极值点,即若 $f'(x_0)$ 存在,则 $f'(x_0) = 0$.

称满足 $f'(x) = 0$ 的 x 为函数 $f(x)$ 的稳定(驻)点.

高阶导数:称 $f''(x) = \dfrac{\mathrm{d}}{\mathrm{d}x}f'(x) = (f'(x))'$ 为函数 $y = f(x)$ 的二阶导数.

一般地,$f^{(n)}(x) = \dfrac{\mathrm{d}}{\mathrm{d}x}f^{(n-1)}(x) = (f^{(n-1)}(x))'$ 为函数 $f(x)$ 的 n 阶导数.

8. 中值定理

罗尔定理:设 $f(x)$ 在闭区间 $[a,b]$ 上连续,在开区间 (a,b) 上可导,且 $f(a) = f(b)$,则至少存在一点 $x_0 \in (a,b)$,使 $f'(x_0) = 0$.

事实上,如果 $f(x)$ 不是常数函数,由于 $f(a) = f(b)$,则 $f(x)$ 在闭区间 $[a,b]$ 上有最大值和最小值,所以函数 $f(x)$ 的最大值或最小值点 $x_0 \in (a,b)$,则 $f'(x_0) = 0$.

拉格朗日中值定理:设 $f(x)$ 在闭区间 $[a,b]$ 上连续,在开区间 (a,b) 上可导,则至少存在一点 $\xi \in (a,b)$,使得 $f'(\xi) = \dfrac{f(b) - f(a)}{b - c}$,即 $f(b) - f(a) = f'(\xi)(b - c)$.

事实上,令 $F(x) = f(x) - f(a) - \dfrac{f(b) - f(a)}{b - a}(x - a)$,利用罗尔定理便可得证.

由拉格朗日定理,设 $y = f(x)$ 在区间 (a,b) 上可导,若 $f'(x) > 0$,则函数 $f(x)$ 在区间 (a,b) 上单调递增;若 $f'(x) < 0$,则函数 $f(x)$ 在区间 (a,b) 上单调递减.

柯西中值定理:设 $f(x)$,$g(x)$ 在闭区间 $[a,b]$ 上连续,在开区间 (a,b) 上可导,$f'(x)$,$g'(x)$ 不同时为零,且 $g(a) \neq g(b)$,则存在 $\xi \in (a,b)$,使得 $\dfrac{f'(\xi)}{g'(\xi)} = \dfrac{f(b) - f(a)}{g(b) - g(a)}$.

事实上,令 $F(x) = f(x) - f(a) - \dfrac{f(b) - f(a)}{g(b) - g(a)}[g(x) - g(a)]$,利用罗尔定理便可得证.

泰勒公式:设 $f(x)$ 在区间 (a,b) 上有 $n+1$ 阶导数,则

$$f(x) = f(x_0) + f'(x_0)(x - x_0) + \frac{1}{2!}f^{(2)}(x_0)(x - x_0)^2 + \cdots + \frac{1}{n!}f^{(n)}(x_0)(x - x_0)^n +$$

$$\frac{1}{(n+1)!}f^{(n+1)}(\xi)(x - x_0)^{n+1},$$

其中 ξ 在 x_0, x 之间，当 $x_0 = 0$ 时，得到**麦克劳林公式**：

$$f(x) = f(0) + f'(0)x + \frac{1}{2!}f^{(2)}(0)x^2 + \cdots + \frac{1}{n!}f^{(n)}(0)x^n + \frac{1}{(n+1)!}f^{(n+1)}(\xi)x^{n+1}.$$

事实上，令 $F(x) = f(x) - f'(x_0)(x - x_0) - \cdots - \frac{1}{n!}f^{(n)}(x_0)(x - x_0)^n$，$G(x) = (x - x_0)^{n+1}$，则

$F(x_0) = 0, G(x_0) = 0, F'(x_0) = G'(x_0) = 0, \cdots, F^{(n-1)}(x_0) = G^{(n-1)}(x_0) = F^{(n)}(x_0) = G^{(n)}(x_0) = 0.$
由柯西中值定理得

$$\frac{F(x)}{G(x)} = \frac{F'(\xi_1)}{G'(\xi_1)} = \cdots = \frac{F^{(n-1)}(\xi_{n-1})}{G^{(n-1)}(\xi_{n-1})} = \frac{F^{(n)}(\xi_n)}{G^{(n)}(\xi_n)} = \frac{F^{(n)}(\xi_n) - F^n(x_0)}{G^{(n)}(\xi_n) - G^n(x_0)} = \frac{F^{(n+1)}(\xi_{n+1})}{G^{(n+1)}(\xi_{n+1})} = \frac{f^{(n+1)}(\xi_{n+1})}{(n+1)!}.$$

所以 $F(x) = \frac{1}{(n+1)!}f^{(n+1)}(\xi_{n+1})(x - x_0)^{n+1}$. 取 $\xi = \xi_{n+1}$，则

$$f(x) = f(x_0) + f'(x_0)(x - x_0) + \frac{1}{2!}f^{(2)}(x_0)(x - x_0)^2 + \cdots + \frac{1}{n!}f^{(n)}(x_0)(x - x_0)^n + \frac{1}{(n+1)!}f^{(n+1)}(\xi)$$
$(x - x_0)^{n+1}.$

由泰勒公式，设 $f(x)$ 有任意 n 阶导数.

（1）设 x_0 为 $f(x)$ 的稳定点，若 $f''(x_0) \neq 0$，则 x_0 为极值点；若 $f''(x_0) < 0$，则 x_0 为极大值点；若 $f''(x_0) > 0$，则 x_0 为极小值点.

（2）设 x_0 为 $f(x)$ 的稳定点，若 $f''(x_0) = \cdots = f^{(n-1)}(x_0) = 0$，$f^{(n)}(x_0) \neq 0$，则当 n 为偶数时，x_0 为极值点. 若 $f^{(n)}(x_0) > 0$，则 x_0 为极小值点；若 $f^{(n)}(x_0) < 0$，则 x_0 为极大值点. 当 n 为奇数时，x_0 为非极值点.

（3）设 $y = f(x)$，$x \in [a, b]$，若对任意实数 $\lambda \in [0, 1]$ 和任意的两点 $x, y \in [a, b]$，总有
$$f(\lambda x + (1 - \lambda)y) \leqslant \lambda f(x) + (1 - \lambda)f(y),$$
则称 $y = f(x)$ 为区间 $[a, b]$ 上的凸函数. 反之，若总有 $f(\lambda x + (1 - \lambda)y) \geqslant \lambda f(x) + (1 - \lambda)f(y)$，则称 $f(x)$ 为区间 $[a, b]$ 上的凹函数.

定理 若 $f''(x) \geqslant 0$，$x \in [a, b]$，则 $f(x)$ 是区间 $[a, b]$ 上的凸函数；若 $f''(x) \leqslant 0$，$x \in [a, b]$，则 $f(x)$ 是区间 $[a, b]$ 上的凹函数.

证明：不妨设 $x \geqslant y$，$F(x) = \lambda f(x) + (1 - \lambda)f(y) - f(\lambda x + (1 - \lambda)y)$，则 $\lambda x + (1 - \lambda)y \leqslant x$，
$F'(x) = \lambda f'(x) - \lambda f'(\lambda x + (1 - \lambda)y)$，若 $f''(x) \geqslant 0$，则 $f'(x)$ 递增，
从而 $F'(x) = \lambda f'(x) - \lambda f'(\lambda x + (1 - \lambda)y) \geqslant 0$，
于是 $F(x) \geqslant F(y) = 0$，即 $\lambda f(x) + (1 - \lambda)f(y) \geqslant f(\lambda x + (1 - \lambda)y)$.
对 $f''(x) \leqslant 0$，可以类似证明.

性质 1 函数 $f(x)$ 在区间 D 上为凸函数的充要条件是：对任意 $x_1, x_2, x_3 \in D$，且 $x_1 < x_2 < x_3$，总有 $\dfrac{f(x_2) - f(x_1)}{x_2 - x_1} \leqslant \dfrac{f(x_3) - f(x_2)}{x_3 - x_2}$.

必要性：记 $\lambda = \dfrac{x_3 - x_2}{x_3 - x_1}$，则 $x_2 = \lambda x_1 + (1 - \lambda)x_3$，由 f 为凸函数，则

$$f(x_2) = f(\lambda x_1 + (1 - \lambda)x_3) \leqslant \lambda f(x_1) + (1 - \lambda)f(x_3) = \frac{x_3 - x_2}{x_3 - x_1}f(x_1) + \frac{x_2 - x_1}{x_3 - x_1}f(x_3).$$

从而 $(x_3 - x_1)f(x_2) \leqslant (x_3 - x_2)f(x_1) + (x_2 - x_1)f(x_3)$.
由 $(x_3 - x_1)f(x_2) = (x_3 - x_2)f(x_2) + (x_2 - x_1)f(x_2)$，整理便可.

充分性：对任意 $x, y \in D$，$\lambda \in (0, 1)$，不妨设 $y > x$，取 $x_0 = \lambda x + (1 - \lambda)y$，即 $\lambda = \dfrac{y - x_0}{y - x}$. 由必要性的推导的逆过程，可得 $f(\lambda x + (1 - \lambda)y) \leqslant \lambda f(x) + (1 - \lambda)f(y)$.

性质 2 若 $f(x)$ 在 D 上为凸函数，则 $y = f(x)$ 在任意点处的切线位于曲线 $y = f(x)$ 的下方.

证明:若 $f''(x) \geqslant 0, x \in D$, 则对 $x_0 \in D$,

由 $f(x) = f(x_0) + f'(x_0)(x - x_0) + \dfrac{1}{2} f'(\xi)(x - x_0)^2, \xi$ 在 x_0, x 之间,有

$$f(x) \geqslant f(x_0) + f'(x_0)(x - x_0).$$

对任意 $x, y \in D, \lambda \in (0, 1)$, 令 $x_1 = \lambda x + (1 - \lambda) y$, 则

$$f(x) \geqslant f(x_1) + f'(x_1)(x - x_1), f(y) \geqslant f(x_1) + f'(x_1)(y - x_1).$$

从而

$$\lambda f(x) + (1 - \lambda) f(y) \geqslant f(x_1) + f'(x_1)[\lambda x + (1 - \lambda) y - x_1] = f(x_1) = f(\lambda x + (1 - \lambda) y).$$

故对任意 $x_0 \in D$, 有 $f(x) \geqslant f(x_0) + f'(x_0)(x - x_0)$.

拐点:设曲线 $y = f(x)$ 在点 $(x_0, f(x_0))$ 处有穿过曲线的切线,在切点附近,曲线在切线两侧分别是严格凸和凹的,则点 $(x_0, f(x_0))$ 为 $y = f(x)$ 的拐点.

若 $f(x)$ 二阶可导, $(x_0, f(x_0))$ 为 $y = f(x)$ 的拐点,则必有 $f''(x_0) = 0$. 当 $x \in (a, x_0)$ 时, $f''(x) > 0$; 当 $x \in (x_0, b)$ 时, $f''(x) < 0$ 或当 $x \in (a, x_0)$ 时, $f''(x) < 0$; 当 $x \in (x_0, b)$ 时, $f''(x) > 0$.

那么, $(x_0, f(x_0))$ 为 $y = f(x)$ 的一个拐点.

琴生不等式:设 $f(x)$ 在区间 D 上为凸函数,则对 $\lambda_i \in [0, 1], x_i \in D, 1 \leqslant i \leqslant n, \sum\limits_{i=1}^{n} \lambda_i = 1$, 有

$$\sum_{i=1}^{n} \lambda_i f(x_i) \geqslant f\left(\sum_{i=1}^{n} \lambda_i x_i \right).$$

幂平均不等式:记 $M_n(r) = \left(\dfrac{a_1^r + \cdots + a_n^r}{n} \right)^{\frac{1}{r}}, a_1, \cdots, a_n > 0$, 则当 $s \geqslant r \geqslant 0$ 时, $M_n(s) \geqslant M_n(r)$, 即 $M_n(r)$ 关于 r 是单调递增的函数.

事实上,令 $x_i = a_i^r, 1 \leqslant i \leqslant n$, 不妨设 $\dfrac{x_1 + \cdots + x_n}{n} = 1$, 即证明

$$\left(\dfrac{x_1^{\frac{s}{r}} + \cdots + x_n^{\frac{s}{r}}}{n} \right)^{\frac{1}{s}} \geqslant 1 \Leftrightarrow \dfrac{x_1^{\frac{s}{r}} + \cdots + x_n^{\frac{s}{r}}}{n} \geqslant 1.$$

令 $f(t) = t^m, t > 0, m > 1$, 则 $f''(t) = m(m-1)t^{m-2} > 0, t > 0$, 取 $m = \dfrac{s}{r} > 1$. 由琴生不等式得

$$\dfrac{f(x_1) + f(x_2) + \cdots + f(x_n)}{n} \geqslant f\left(\dfrac{x_1 + x_2 + \cdots + x_n}{n} \right) = f(1) = 1,$$

即 $\dfrac{x_1^{\frac{s}{r}} + \cdots + x_n^{\frac{s}{r}}}{n} \geqslant 1$, 命题成立. 由于 $M_n(-1) \leqslant M_n(0) \leqslant M_n(1) \leqslant M_n(2)$, 所以 $H_n \leqslant G_n \leqslant A_n \leqslant Q_n$.

◎ 二、例题讲解

例题 1　函数 $f:(0, 1) \to \mathbf{R}$ 定义为:当 x 为无理数时, $f(x) = x$; 当 $x = \dfrac{p}{q}, p < q \in \mathbf{Z}^+, (p, q) = 1$ 时, $f(x) = \dfrac{p+1}{q}$. 求 $f(x)$ 在区间 $\left(\dfrac{7}{8}, \dfrac{8}{9} \right)$ 上的最大值.

方法讲解　当 $x \in \left(\dfrac{7}{8}, \dfrac{8}{9} \right)$ 且 x 为无理数时, $f(x) < \dfrac{8}{9}$. 设 $x = \dfrac{p}{q} \in \left(\dfrac{7}{8}, \dfrac{8}{9} \right)$, 则由 $\dfrac{7}{8} < \dfrac{p}{q} < \dfrac{8}{9}$, 可知 $8q - 9p \geqslant 1, 8p - 7q \geqslant 1$, 于是 $7(8q - 9p) + 8(8p - 7q) \geqslant 15$, 故 $p \geqslant 15$.

同理 $q \geqslant 17$. 记 $q - p = t$, 则 $1 \leqslant 8t - p, t \geqslant \dfrac{p+1}{8}$, 这时

$$f\left(\frac{p}{q}\right)=\frac{p+1}{q}=\frac{p+1}{p+t}\leqslant\frac{p+1}{p+\dfrac{p+1}{8}}=\frac{8p+8}{9p+1}=\frac{8}{9}\left(1+\frac{8}{9}\times\frac{1}{p+\dfrac{1}{9}}\right)\leqslant\frac{8}{9}\left(1+\frac{8}{9}\times\frac{1}{15+\dfrac{1}{9}}\right)=\frac{16}{17},$$

当 $\dfrac{p}{q}=\dfrac{15}{17}$ 时, $f\left(\dfrac{p}{q}\right)=\dfrac{16}{17}$. 故所求的最大值为 $\dfrac{16}{17}$.

例题 2 设实系数二次函数 $f(x),g(x)$ 满足：对 $\forall x\in\mathbf{R}^+$，若 $g(x)$ 为整数，则 $f(x)$ 也是整数. 证明：存在整数 m,n，使得 $f(x)=mg(x)+n$.

方法讲解 设 $a,b,c,p,q,r\in\mathbf{R},ap\neq0,f(x)=ax^2+bx+c,g(x)=px^2+qx+r$，不妨设 $p>0$（否则用 $-g(x)$ 代替 $g(x)$），进一步假设 $q=0$，否则作代换 $x\to x-\dfrac{q}{2p}$，对任意 $k\in\mathbf{Z}^+,k>r$，令 $t=\sqrt{\dfrac{k-r}{p}}$，则 $g(t)=k\in\mathbf{Z}$，故 $f(t)=a\dfrac{k-r}{p}+bt+c\in\mathbf{Z}$，以及 $f\left(\sqrt{\dfrac{k+1-r}{p}}\right)-f\left(\sqrt{\dfrac{k-r}{p}}\right)\in\mathbf{Z}$.

于是对任意 $k\in\mathbf{Z}^+,k>r,\dfrac{b}{\sqrt{p}}\cdot\dfrac{1}{\sqrt{k+1-r}+\sqrt{k-r}}+\dfrac{a}{p}\in\mathbf{Z}$.

令 $k\to+\infty$，可知 $\dfrac{a}{p}\in\mathbf{Z}$，进一步有 $b=0$；否则取 k 充分大，使得 $0<\left|\dfrac{b}{\sqrt{p}}\cdot\dfrac{1}{\sqrt{k+1-r}+\sqrt{k-r}}\right|<1$.

现在取 $m=\dfrac{a}{p},n=c-mr$，就有 $f(x)=mg(x)+n$，由于 $m\in\mathbf{Z}$，且 $f(t),g(t)$ 为整数，有 $n\in\mathbf{Z}$，故存在整数 m,n，使得 $f(x)=mg(x)+n$.

例题 3 设 $f(x)$ 在区间 $[0,\pi]$ 上连续，对 $x_i\in(0,\pi),1\leqslant i\leqslant n$，满足

$$\sum_{i=1}^{n}f(x_0)\sin x_i=\sum_{i=1}^{n}f(x_i)\cos x_i=0.$$

证明：函数 $f(x)$ 在区间 $[0,\pi]$ 上至少有两个零点.

方法讲解 由于 $\sin x_i>0,x_i\in(0,\pi),1\leqslant i\leqslant n$ 以及 $\sum_{i=1}^{n}f(x_i)\sin x_i=0$，所以 $f(x)$ 在区间 $[0,\pi]$ 上至少有一个零点. 用反证法，若在区间 $[0,\pi]$ 上，$f(x)$ 只有一个零点 x_0，不妨设 $x_0\in(0,\pi)$，

$$0<x_1\leqslant\cdots\leqslant x_k<x_0\leqslant x_{k+1}\leqslant\cdots\leqslant x_n,1\leqslant k\leqslant n-1,$$

且 $f(x)<0,x\in(0,x_0),f(x)>0,x\in(x_0,\pi)$.

于是 $\sum_{i=1}^{k}f(x_i)\sin(x_i-x_0)+\sum_{i=k+1}^{n}f(x_i)\sin(x_i-x_0)>0$.

另外，由于 $\sum_{i=1}^{k}f(x_i)\sin(x_i-x_0)+\sum_{i=k+1}^{n}f(x_i)\sin(x_i-x_0)$

$=\sum_{i=1}^{k}f(x_i)(\sin x_i\cos x_0-\sin x_0\cos x_i)+\sum_{i=k+1}^{n}f(x_i)(\sin x_i\cos x_0-\sin x_0\cos x_i)$

$=\cos x_0\left[\left(\sum_{i=1}^{k}\sin x_i+\sum_{i=k+1}^{n}\sin x_i\right)f(x_i)\right]-\sin x_0\left[\left(\sum_{i=1}^{k}\cos x_i+\sum_{i=k+1}^{n}\cos x_i\right)f(x_i)\right]$

$=\cos x_0\sum_{i=1}^{n}f(x_i)\sin x_i-\sin x_0\sum_{i=1}^{n}f(x_i)\cos x_i=0$,

矛盾，故命题成立.

例题 4 设 $f(x)$ 在区间 $[0,n]$ 上连续，满足 $f(0)=f(n)$. 证明：至少存在 n 个不同的实数对 (x,y)，$y-x\in\mathbf{Z}^+$，使得 $f(x)=f(y)$.

方法讲解 归纳证明：当 $n=1$ 时，$f(0)=f(1)$，即 $(0,1)$ 满足条件. 假设 $n-1$ 时，成立，对 n，考虑 $\Delta x=f(x+1)-f(x)$，若存在 $k\in\mathbf{Z}^+(0\leqslant k\leqslant n-1)$，使得 $\Delta(k)=0$，则 $f(k+1)=f(k)$. 若对 $0\leqslant k\leqslant n-1,\Delta(k)\neq0$，则由 $f(0)=f(n)$，有 $\sum_{k=0}^{n-1}\Delta(k)=0$.

从而,存在 $j \in \mathbf{Z}, 0 \leqslant j \leqslant n-1$,使得 $\Delta(j)\Delta(j+1) < 0$,由 $f(x)$ 连续,存在 $\alpha \in (j, j+1)$,使得 $\Delta(\alpha) = 0$,于是,存在 $\beta, \beta+1 \in [0, n]$,使得 $f(\beta+1) = f(\beta)$.

定义 $f_1(x) = \begin{cases} f(x), & x \in [0, \beta], \\ f(x+1), & x \in [\beta, n-1], \end{cases}$ 则 $f_1(x)$ 在区间 $[0, n-1]$ 上连续,且 $f_1(0) = f_1(n-1)$.

由归纳假设,存在 $n-1$ 对 $(x_i, y_i), y_i - x_i \in \mathbf{Z}^+$ 满足 $f_1(x_i) = f_1(y_i), 1 \leqslant i \leqslant n-1$.

又因为 $0 = f_1(y_i) - f_1(x_i) = \begin{cases} f(y_i) - f(x_i), & y_i < \beta, \\ f(y_i+1) - f(x_i), & x_i \leqslant \beta \leqslant y_i, \\ f(y_i+1) - f(x_i+1), & \beta \leqslant x_i \leqslant y_i \leqslant n-1, \end{cases}$

所以得到 $f(x) = f(y)$ 有 $n-1$ 个不同解,且 $y - x \in \mathbf{Z}^+$.

又 $(\beta, \beta+1)$ 也为其解,从而 $f(x) = f(y)$ 有 n 个解,满足条件.故对 n,命题成立.

例题 5 设 $a, b \in \mathbf{R}^+$,$f(x) = -x + \sqrt{(x+a)(x+b)}, x \geqslant 0$,证明:对任意 $t \in (0, 1)$,存在唯一 $t > 0$,使得 $f(t) = \left(\dfrac{a^t + b^t}{2}\right)^{\frac{1}{t}}$.

方法讲解 由假设 $f(0) = \sqrt{ab}$,$f(x) = \dfrac{x(a+b) + ab}{x + \sqrt{(x+a)(x+b)}} = \dfrac{a + b + \dfrac{ab}{x}}{1 + \sqrt{\left(1 + \dfrac{a}{x}\right)\left(1 + \dfrac{b}{x}\right)}}$,

$f(+\infty) = \lim_{x \to +\infty} f(x) = \dfrac{a+b}{2}$,

$f'(x) = -1 + \dfrac{1}{2} \dfrac{2x + a + b}{\sqrt{(x+a)(x+b)}} = \dfrac{2x + a + b - 2\sqrt{(x+a)(x+b)}}{2\sqrt{(x+a)(x+b)}} \geqslant 0$.

所以 $f(x)$ 在区间 $[0, +\infty)$ 上单调递增,因此,如果有 $t \in (0, 1)$,使得 $f(t) = \left(\dfrac{a^t + b^t}{2}\right)^{\frac{1}{t}}$,这样的 t 必是唯一的,且 $\sqrt{ab} \leqslant f(x) \leqslant \dfrac{a+b}{2}, x \in [0, +\infty)$.由连续性,$f(x)$ 取到区间 $\left[\sqrt{ab}, \dfrac{a+b}{2}\right]$ 中的每个值.

另外,$a^t + b^t \geqslant 2(\sqrt{ab})^t$,即 $\sqrt{ab} \leqslant \left(\dfrac{a^t + b^t}{2}\right)^{\frac{1}{t}}$.

令 $p = \left(\dfrac{a^t + b^t}{2}\right)^{\frac{1}{t}}, x = \dfrac{a}{p}, y = \dfrac{b}{p}$,则 $x^t + y^t = 2$.

由贝努利不等式得 $x = (1 + x^t - 1)^{\frac{1}{t}} \geqslant 1 + \dfrac{1}{t}(x^t - 1), y \geqslant 1 + \dfrac{1}{t}(y^t - 1)$,

所以 $x + y \geqslant 2 + \dfrac{1}{t}(x^t + y^t - 2) = 2$,即 $\dfrac{a+b}{2} \geqslant p$,即 $\left(\dfrac{a^t + b^t}{2}\right)^{\frac{1}{t}} \leqslant \dfrac{a+b}{2}$.

故存在唯一 t,使得 $f(t) = \left(\dfrac{a^t + b^t}{2}\right)^{\frac{1}{t}}$.

例题 6 设函数 $f: \mathbf{R} \to \mathbf{R}$ 有界,满足 $f\left(x + \dfrac{13}{42}\right) + f(x) = f\left(x + \dfrac{1}{6}\right) + f\left(x + \dfrac{1}{7}\right), x \in \mathbf{R}$.证明:$f(x)$ 为周期函数.

方法讲解 令 $a = \dfrac{1}{6}, b = \dfrac{1}{7}$,依次取 $x = x+a, x+2a, \cdots, x+5a$,得到

$$f(x + ia + b) + f(x + (i-1)a) = f(x + ia) + f(x + (i-1)a + b), 1 \leqslant i \leqslant 6.$$

相加得 $f(x + 1 + b) + f(x) = f(x+1) + f(x+b)$ ①.

在 ① 式中，依次取 $x=x+b,x+2b,\cdots,x+6b$，相加得到 $f(x+2)+f(x)=2f(x+1)$，即
$$f(x+2)-f(x+1)=f(x+1)-f(x),x\in\mathbf{R}.$$
记 $\lambda=f(x+2)-f(x+1)=f(x+1)-f(x)$，则
$$f(x+n)-f(x+n-1)=\lambda,f(x+n)-f(x)=n\lambda \quad ②.$$
已知 $f(x)$ 有界，由 ② 式知必有 $\lambda=0$，即 $f(x+1)-f(x)=0$. 故 $f(x)$ 是以 1 为周期的周期函数.

注 设 $f:\mathbf{R}\to\mathbf{R}$ 有界，$T_1,T_2\in\mathbf{Q}^+,m,n\in\mathbf{Z}^+$ 满足 $T=mT_1=nT_2$，$f(x+T_1+T_2)+f(x)=f(x+T_1)+f(x+T_2),x\in\mathbf{R}$，则 $f(T+x)=f(x),x\in\mathbf{R}$.

例题 7 设 $f(x)$ 是周期函数，T 和 1 为 $f(x)$ 的周期，且 $0<T<1$. 证明：

(1) 若 T 为有理数，则存在质数 p，使 $\dfrac{1}{p}$ 是 $f(x)$ 的周期.

(2) 若 T 为无理数，则存在数列 $\{a_n\}$，满足 $1>a_n>a_{n+1}>0,a_n$ 为无理数，$n\geqslant1$，且每个 $a_n(n\geqslant1)$ 都是 $f(x)$ 的周期.

方法讲解 (1) 设 $T\in\mathbf{Q}$，则存在 $m,n\in\mathbf{Z}^+$，使得 $T=\dfrac{n}{m},(n,m)=1$，从而存在 $a,b\in\mathbf{Z}$，满足 $ma+nb=1$. 于是 $\dfrac{1}{m}=\dfrac{ma+nb}{m}=a+bT=a\cdot1+b\cdot T$ 是 $f(x)$ 的周期. 因为 $0<T<1$，所以 $m\geqslant2$.

设 p 为 m 的质因子，则 $m=pm',m'\in\mathbf{Z}^+$. 于是 $\dfrac{1}{p}=m'\cdot\dfrac{1}{m}$ 为 $f(x)$ 的周期.

(2) 若 T 为无理数，令 $a_1=1-\left[\dfrac{1}{T}\right]T$，则 $0<a_1<1,a_1$ 为无理数.

依次令 $a_2=1-\left[\dfrac{1}{a_1}\right]a_1,\cdots,a_{n+1}=1-\left[\dfrac{1}{a_n}\right]a_n$. 由归纳法易知，$a_n$ 均为无理数，且 $0<a_n<1$.

因为 $\dfrac{1}{a_n}-\left[\dfrac{1}{a_n}\right]<1$，所以 $1<a_n+\left[\dfrac{1}{a_n}\right]a_n$，即 $a_{n+1}=1-\left[\dfrac{1}{a_n}\right]a_n<a_n$，因此 $\{a_n\}$ 是递减数列.

接下来证明每个 a_n 为 $f(x)$ 的周期. 事实上，因为 1 和 T 为 $f(x)$ 的周期，所以 $a_1=1-\left[\dfrac{1}{T}\right]T$ 为 $f(x)$ 的周期. 假设 a_k 为 $f(x)$ 的周期，则 $a_{k+1}=1-\left[\dfrac{1}{a_k}\right]a_k$ 为 $f(x)$ 的周期，故 a_n 为 $f(x)$ 的周期. 证毕.

例题 8 设复数 z_1,z_2 满足 $\mathrm{Re}(z_i)>0,\mathrm{Re}(z_i^2)=2,1\leqslant i\leqslant2$（$\mathrm{Re}(z)$ 为 z 的实部）.

(1) 求 $\mathrm{Re}(z_1z_2)$ 的最小值；(2) 求 $|z_1+2|+|\overline{z_2}+2|-|\overline{z_1}-z_2|$ 的最小值.

方法讲解 (1) 设 $z_k=x_k+y_k\mathrm{i},x_k,y_k\in\mathbf{R},1\leqslant k\leqslant2$，
由条件知 $x_k=\mathrm{Re}(z_k)>0,x_k^2-y_k^2=\mathrm{Re}(z_k^2)=2,k=1,2$.
因此，$R(z_1z_2)=\mathrm{Re}((x_1+y_1\mathrm{i})(x_2+y_2\mathrm{i}))=x_1x_2-y_1y_2=\sqrt{(y_1^2+2)(y_2^2+2)}-y_1y_2$
$\geqslant(|y_1y_2|+2)-y_1y_2\geqslant2.$
当 $z_1=z_2=\sqrt{2}$ 时，$\mathrm{Re}(z_1z_2)=2$，所以 $\mathrm{Re}(z_1z_2)$ 的最小值为 2.

(2) 对 $k=1,2$，将 z_k 与平面直角坐标系 xOy 中的点 $P_k(x_k,y_k)$ 对应，记点 P_2' 为点 P_2 关于 x 轴的对称点，则点 P_1,P_2' 均位于双曲线 $C:x^2-y^2=2$ 的右支上. 设 F_1,F_2 分别为双曲线 C 的左、右焦点，易知 $F_1(-2,0),F_2(2,0)$. 由双曲线的定义，有 $|P_1F_1|=|P_1F_2|+2\sqrt{2}$，$|P_2'F_1|=|P_2'F_2|+2\sqrt{2}$，
从而有 $|z_1+2|+|\overline{z_2}+2|-|\overline{z_1}-z_2|=|z_1+2|+|\overline{z_2}+2|-|z_1-\overline{z_2}|$
$=|P_1F_1|+|P_2'F_1|-|P_1P_2'|=4\sqrt{2}+|P_1F_2|+|P_2'F_2|-|P_1P_2'|\geqslant4\sqrt{2}$，
当且仅当点 F_2 位于线段 P_1P_2' 上时，等号成立. 故 $|z_1+2|+|\overline{z_2}+2|-|\overline{z_1}-z_2|$ 的最小值为 $4\sqrt{2}$.

例题 9　求最大常数 c，使得对任意复数数列 $\{z_n\}$ 满足 $|z_1|=1, 4z_{n+1}^2+2z_nz_{n+1}+z_n^2=0, n\geqslant 1$，有 $|z_1+z_2+\cdots+z_m|\geqslant c, m\geqslant 1$.

方法讲解　易知 $z_n\neq 0, n\geqslant 1$. 由条件得 $4\left(\dfrac{z_{n+1}}{z_n}\right)^2+2\left(\dfrac{z_{n+1}}{z_n}\right)+1=0, n\geqslant 1$，

则 $\dfrac{z_{n+1}}{z_n}=\dfrac{-1\pm\sqrt{3}\,\mathrm{i}}{4}, n\geqslant 1$，因此 $\left|\dfrac{z_{n+1}}{z_n}\right|=\left|\dfrac{-1\pm\sqrt{3}\,\mathrm{i}}{4}\right|=\dfrac{1}{2}$，

从而 $|z_n|=|z_1|\cdot\dfrac{1}{2^{n-1}}=\dfrac{1}{2^{n-1}}, n\geqslant 1$　①，

以及 $|z_n+z_{n+1}|=|z_n|\left|1+\dfrac{z_{n+1}}{z_n}\right|=\dfrac{1}{2^{n-1}}\left|\dfrac{3\pm\sqrt{3}\,\mathrm{i}}{4}\right|=\dfrac{\sqrt{3}}{2^n}, n\geqslant 1$　②.

记 $T_m=|z_1+z_2+\cdots+z_m|, m\geqslant 1$. 当 $m=2s, s\in\mathbf{Z}^+$ 时，由 ② 式知

$$T_m\geqslant|z_1+z_2|-\sum_{k=2}^{s}|z_{2k-1}+z_{2k}|>\dfrac{\sqrt{3}}{2}-\sum_{k=2}^{\infty}|z_{2k-1}+z_{2k}|=\dfrac{\sqrt{3}}{2}-\sum_{k=2}^{\infty}\dfrac{\sqrt{3}}{2^{2k-1}}=\dfrac{\sqrt{3}}{3}.$$

当 $m=2s+1, s\in\mathbf{Z}^+$ 时，由 ①，② 知 $|z_{2s+1}|=\dfrac{1}{2^{2s}}<\dfrac{\sqrt{3}}{3\times2^{2s-1}}=\sum_{k=s+1}^{\infty}\dfrac{\sqrt{3}}{2^{2k-1}}=\sum_{k=s+1}^{\infty}|z_{2k-1}+z_{2k}|$，

则 $T_m\geqslant|z_1+z_2|-\left(\sum_{k=2}^{s}|z_{2k-1}+z_{2k}|\right)-|z_{2s+1}|>\dfrac{\sqrt{3}}{2}-\sum_{k=2}^{\infty}|z_{2k-1}+z_{2k}|=\dfrac{\sqrt{3}}{3}.$

当 $m=1$ 时，$T_1=|z_1|=1>\dfrac{\sqrt{3}}{3}$. 所以 $c\geqslant\dfrac{\sqrt{3}}{3}$.

另外，当 $z_1=1, z_{2k}=\dfrac{-1+\sqrt{3}\,\mathrm{i}}{2^{2k}}, z_{2k+1}=\dfrac{-1-\sqrt{3}\,\mathrm{i}}{2^{2k+1}}, k\in\mathbf{Z}^+, \{z_n\}$ 满足条件，

且　$\lim_{s\to\infty}T_{2s+1}=\lim_{s\to+\infty}\left|z_1+\sum_{k=1}^{s}|z_{2k}+z_{2k+1}|\right|=\lim_{s\to+\infty}\left|1+\sum_{k=1}^{s}\dfrac{-3+\sqrt{3}\,\mathrm{i}}{2^{2k+1}}\right|=$

$\left|1+\dfrac{-3+\sqrt{3}\,\mathrm{i}}{8}\times\dfrac{4}{3}\right|=\dfrac{\sqrt{3}}{3}$，

所以 $c\leqslant\dfrac{\sqrt{3}}{3}$，故 c 的最大值为 $\dfrac{\sqrt{3}}{3}$.

例题 10　已知 $a,b\in\mathbf{R}^+$，函数 $f:\mathbf{R}^+\to\mathbf{R}^+$ 满足 $f^{(2)}(x)+af(x)=b(a+b)x, x\in\mathbf{R}^+$. 证明：对任意 $x\in\mathbf{R}^+$，均有 $f(x)=bx$.

方法讲解　利用条件，$f^{(2)}(x)=-af(x)+b(a+b)x=-a[f(x)-bx]+b^2x.$

设 $f^{(n)}(x)=\lambda_n[f(x)-bx]+\mu_nx, n\geqslant 2$. 这里 λ_n 与 μ_n 是与 x 无关的待定实数.

由上述假设，可知

$$f^{(n+1)}(x)=\lambda_{n+1}[f(x)-bx]+\mu_{n+1}x=f^{(n)}f(x)=\lambda_n[f^{(2)}(x)-bf(x)]+\mu_nf(x)$$
$$=[\mu_n-(a+b)\lambda_n][f(x)-bx]+b\mu_nx.$$

对比上述式子，得递推式

$$\lambda_{n+1}=\mu_n-(a+b)\lambda_n, \mu_{n+1}=b\mu_n.$$

于是 $\mu_n=b^n, \lambda_{n+1}=b^n-(a+b)\lambda_n$，解后面的递推式得 $\lambda_n=\dfrac{1}{a+2b}[b^n-(-a-b)^n].$

所以，当 $n\geqslant 2$ 时，$f^{(n)}(x)=\dfrac{1}{a+2b}[b^n-(-a-b)^n][f(x)-bx]+b^nx$，即

$$\dfrac{f^{(n)}(x)}{b^n}=\dfrac{1}{a+2b}\left[1-\left(\dfrac{-a-b}{b}\right)^n\right][f(x)-bx]+x.$$

若存在 $x_0\in\mathbf{R}^+$，使 $f(x_0)\neq bx_0$. 这时，如果 $f(x_0)>bx_0$，注意到 $a+b>b$，可知当 n 是充分大的

偶数时，$f^{(n)}(x_0)<0$，这与 f 为 $\mathbf{R}^+$ 到 $\mathbf{R}^+$ 上的函数矛盾；如果 $f(x_0)<bx_0$，类似地，取 n 为充分大的奇数，亦得矛盾.

所以，对任意 $x\in\mathbf{R}^+$，均有 $f(x)=bx$.

例题 11 求所有 $n\in\mathbf{Z}^+$，使得存在实数 x,y,z 满足 $x=y-\dfrac{1}{y^n},y=z-\dfrac{1}{z^n},z=x-\dfrac{1}{x^n}$.

方法讲解 当 n 为偶数时，$x+y+z=x+y+z-\left(\dfrac{1}{y^n}+\dfrac{1}{z^n}+\dfrac{1}{x^n}\right)$，无解.

当 n 为奇数时，令 $f(x)=x-\dfrac{1}{x^n},x\neq0,f^{(2)}(x)=f(f(x))$，则

$$f^{(2)}(x)=\frac{x^{n+1}-1}{x^n}-\frac{x^{n^2}}{(x^{n+1}-1)^n}=\frac{(x^{n+1}-1)^{n+1}-x^{n(n+1)}}{x^n(x^{n+1}-1)^n},$$

$$f^{(3)}(x)=\frac{(x^{n+1}-1)^{n+1}-x^{n(n+1)}}{x^n(x^{n+1}-1)^n}-\frac{\left[x^n(x^{n+1}-1)^n\right]}{\left[(x^{n+1}-1)^{n+1}-x^{n(n+1)}\right]^n}.$$

再令 $F(x)=f^{(3)}(x)$，易知 $\lim\limits_{x\to0}F(x)=\infty,\lim\limits_{x\to1}F(x)=\infty$，

进一步，$\lim\limits_{x\to0^+}\left[\dfrac{x^n(x^{n+1}-1)^n}{(x^{n+1}-1)^{n+1}-x^{n(n+1)}}\right]^n=0$，推出

$$\lim\limits_{x\to0^+}F(x)=\lim\limits_{x\to0^+}\left[\frac{x^{n+1}-1}{x^n}-\frac{x^{n^2}}{(x^{n+1}-1)^n}\right]=\lim\limits_{x\to0^+}\frac{x^{n+1}-1}{x^n}=-\infty,$$

$$\lim\limits_{x\to1^-}F(x)=\lim\limits_{x\to1^-}\left[\frac{(x^{n+1}-1)^{n+1}-x^{n(n+1)}}{x^n(x^{n+1}-1)^n}\right]=\lim\limits_{x\to1^-}\left[\frac{x^{n+1}-1}{x^n}-\frac{x^{n^2}}{(x^{n+1}-1)^n}\right]=+\infty.$$

由于 $F(x)$ 在区间 $(0,1)$ 上连续，存在 $x_0\in(0,1)$，使 $F(x_0)=x_0$. 令 $x=x_0,z_0=f(x_0),y_0=f^{(2)}(x_0)$，则 $x_0,y_0,z_0>0$ 为一组解. 故满足条件的所有正整数为全体奇数.

例题 12 设 n 为奇数，$p,q\in\mathbf{R}^+,p+q=1$，给定 $a_i\in\mathbf{R},1\leqslant i\leqslant n$，证明：$p\max\{x_i,x_{i+1}\}+q\min\{x_i,x_{i+1}\}=a_i,1\leqslant i\leqslant n,x_{n+1}=x_1$ 有唯一一实数解.

方法讲解 给定 $a,x\in\mathbf{R}$，存在唯一实数 z，使 $p\max\{x,z\}+q\min\{x,z\}=a$ ①，记 $z=f_a(x)$.

(1) 当 $x\leqslant a$ 时，若 $z<x$，则 $px+qz<px+qx=x\leqslant a$，从而 ① 式不成立，故 $z\geqslant x$，因此 $pz+qx=a$，即 $z=\dfrac{a-qx}{p}$，此时 $z=\dfrac{a-qx}{p}\geqslant\dfrac{x-qx}{p}=x$ 满足 $z\geqslant x$.

(2) 当 $x>a$ 时，$z<x$，由 $px+qz=a$ 得到 $z=\dfrac{a-px}{q}$，此时 $z=\dfrac{a-px}{q}<\dfrac{x-px}{q}=x$，于是

$$f_a(x)=\begin{cases}\dfrac{a-qx}{p}, & x\leqslant a,\\[2mm]\dfrac{a-px}{q}, & x>a,\end{cases}$$ 对给定的 a,x，函数 $f_a(x)$ 唯一确定.

对于原问题，求解 $x_1,x_2,\cdots,x_n$，满足 $x_{i+1}=f_{a_i}(x_i),1\leqslant i\leqslant n,x_{i+1}$ 由 x_i 唯一确定. 所以，原问题等价于存在 x_1，满足 $x_1=(f_{a_n}\circ f_{a_{n-1}}\circ\cdots\circ f_{a_1})(x_1)$，其中 $f_{a_i}\circ f_{a_{i-1}}(x)=f_{a_i}(f_{a_{i-1}}(x))$ 为复合函数.

对固定的 $a,f_a(x)$ 关于 x 连续且单调递减. 由于 n 为奇数，所以复合函数连续且单调递减.

令 $F(x)=f_{a_n}(f_{a_{n-1}}\cdots(f_1(x)\cdots))-x$，则 $F(x)$ 连续且单调递减，$\lim\limits_{x\to-\infty}F(x)=+\infty$，

$\lim\limits_{x\to+\infty}F(x)=-\infty$. 由连续性、单调性及零点定理知，存在唯一 x_1，使 $F(x_1)=x_1$，故命题成立.

例题 13 设 $f(x)=\left[\dfrac{x}{1!}\right]+\left[\dfrac{x}{2!}\right]+\cdots+\left[\dfrac{x}{2013!}\right]$，其中 $[x]$ 表示不超过 x 的最大整数. 对于整数 n，若关于 x 的方程 $f(x)=n$ 有实数解，则称 n 为"好数". 求集合 $\{1,3,5,\cdots,2013\}$ 中"好数"的个数.

方法讲解 先指出两个明显的结论：(a) 若 m 为正整数，x 为实数，则 $\left[\dfrac{x}{m}\right]=\left[\dfrac{[x]}{m}\right]$；

(b) 对任意整数 l 与正偶数 m, 有 $\left[\dfrac{2l+1}{m}\right] = \left[\dfrac{2l}{m}\right]$.

下面我们求解原问题. 在结论 (a) 中, 令 $m = k! (k = 1,2,\cdots,2013)$ 并求和, 可知

$$f(x) = \sum_{k=1}^{2013}\left[\frac{x}{k!}\right] = \sum_{k=1}^{2013}\left[\frac{[x]}{k!}\right] = f([x]).$$

这表明方程 $f(x) = n$ 有实数解当且仅当方程 $f(x) = n$ 有整数解.

以下只需考虑 x 为整数的情况. 由于

$$f(x+1) - f(x) = [x+1] - [x] + \sum_{k=2}^{2013}\left(\left[\frac{x+1}{k!}\right] - \left[\frac{x}{k!}\right]\right) \geqslant 1 \quad ①,$$

所以 $f(x)(x \in \mathbf{Z})$ 单调递增. 下面找整数 a,b, 使得

$$f(a-1) < 0 \leqslant f(a) < f(a+1) < \cdots < f(b-1) < f(b) \leqslant 2013 < f(b+1).$$

注意到 $f(-1) < 0 = f(0)$, 所以 $a = 0$. 又由于

$$f(1173) = \sum_{k=1}^{6}\left[\frac{1173}{k!}\right] = 1173 + 586 + 195 + 48 + 9 + 1 = 2012 \leqslant 2013,$$

$$f(1174) = \sum_{k=1}^{6}\left[\frac{1174}{k!}\right] = 1174 + 587 + 195 + 48 + 9 + 1 = 2014 > 2013,$$

故 $b = 1173$. 因此 $\{1,3,5,\cdots,2013\}$ 中的"好数"就是 $\{f(0), f(1), \cdots, f(1173)\}$ 中的奇数.

在 ① 式中, 令 $x = 2l(l = 0, 1, \cdots, 586)$, 由结论 (b) 知 $\left[\dfrac{2l+1}{k!}\right] = \left[\dfrac{2l}{k!}\right](2 \leqslant k \leqslant 2013)$, 因此

$$f(2l+1) - f(2l) = 1 + \sum_{k=2}^{2013}\left(\left[\frac{2l+1}{k!}\right] - \left[\frac{2l}{k!}\right]\right) = 1.$$

这说明 $f(2l), f(2l+1)$ 中恰有一个为奇数, 从而 $\{f(0), f(1), \cdots, f(1173)\}$ 中恰有 $\dfrac{1174}{2} = 587$ 个奇数, 即集合 $\{1,3,5,\cdots,2013\}$ 中的"好数"有 587 个.

例题 14 已知数列 $\{a_n\}$ 满足 $a_1 = 1, a_{n+1} = \dfrac{a_n}{n} + \dfrac{n}{a_n}, n \geqslant 1$. 证明: 当 $n \geqslant 4$ 时, 均有 $[a_n^2] = n$. 其中 $[x]$ 表示不超过 x 的最大整数.

方法讲解 记 $f(x) = \dfrac{x}{n} + \dfrac{n}{x}$, 则由 $f(a) - f(b) = \dfrac{(a-b)(ab-n^2)}{abn}$ 可知, $f(x)$ 是区间 $(0, n]$ 上的减函数. 下面我们对 n 运用数学归纳法, 先证明: $\sqrt{n} < a_n < \dfrac{n}{\sqrt{n-1}}, n \geqslant 3$.

注意到 $a_1 = 1$, 可知 $a_2 = 2, a_3 = 2$. 当 $n = 3$ 时, 上述不等式成立.

进一步, 设 $\sqrt{n} < a_n < \dfrac{n}{\sqrt{n-1}}, n \geqslant 3$, 则 $f(a_n) < f(\sqrt{n}) = \dfrac{n+1}{\sqrt{n}}$, 即 $a_{n+1} < \dfrac{n+1}{\sqrt{n}}$, 并且

$$a_{n+1} = f(a_n) > f\left(\frac{n}{\sqrt{n-1}}\right) = \frac{n}{\sqrt{n-1}} > \sqrt{n+1}.$$

故对一切 $n \in \mathbf{N}^*, n \geqslant 3$, 均有 $\sqrt{n} < a_n < \dfrac{n}{\sqrt{n-1}}$. 下面证明: 当 $n \geqslant 4$ 时, $a_n < \sqrt{n+1}$.

事实上, 由于当 $n \geqslant 3$ 时, $a_{n+1} = f(a_n) > f\left(\dfrac{n}{\sqrt{n-1}}\right) = \dfrac{n}{\sqrt{n-1}}$, 故 $n \geqslant 4$, 有 $a_n > \dfrac{n-1}{\sqrt{n-2}}$.

进而当 $n \geqslant 4$ 时, $a_{n+1} = f(a_n) < f\left(\dfrac{n-1}{\sqrt{n-2}}\right) = \dfrac{(n-1)^2 + n^2(n-2)}{(n-1)n\sqrt{n-2}} < \sqrt{n+2}$.

(最后一个不等式成立是由于 $2n^2(n-3) + 4n - 1 > 0$)

而 $a_4 = \dfrac{13}{6} < \sqrt{6}$ 是显然的. 于是, 当 $n \geqslant 4$ 时, 均有 $\sqrt{n} < a_n < \sqrt{n+1}$, 从而有 $[a_n^2] = n$.

例题 15 在平面直角坐标系 xOy 中，y 轴正半轴上的点列 $\{A_n\}$ 与曲线 $y=\sqrt{2x}(x\geqslant 0)$ 上的点列 $\{B_n\}$ 满足 $|OA_n|=|OB_n|=\dfrac{1}{n}$，直线 A_nB_n 在 x 轴上的截距为 a_n，点 B_n 的横坐标为 b_n，$n\in\mathbf{N}^*$．

（1）证明：$a_n>a_{n+1}>4,n\in\mathbf{N}^*$．

（2）证明：存在 $n_0\in\mathbf{N}^*$，使得对 $\forall n>n_0$，都有 $\displaystyle\sum_{i=1}^{n}\dfrac{b_{i+1}}{b_i}<n-2024$．

方法讲解 （1）依题设有 $A_n\left(0,\dfrac{1}{n}\right)$，$B_n(b_n,\sqrt{2b_n})$，$(b_n>0)$，

由 $|OB_n|=\dfrac{1}{n}$ 得 $b_n^2+2b_n=\dfrac{1}{n^2}$，所以 $b_n=\sqrt{\dfrac{1}{n^2}+1}-1,n\in\mathbf{N}^*$．

直线 A_nB_n 在 x 轴上的截距 a_n 满足 $(a_n-0)\left(\sqrt{2b_n}-\dfrac{1}{n}\right)=\left(0-\dfrac{1}{n}\right)(b_n-0)$，即 $a_n=\dfrac{b_n}{1-n\sqrt{2b_n}}$．

因为 $2n^2b_n=1-n^2b_n^2>0$，$b_n+2=\dfrac{1}{n^2b_n}$，

所以 $a_n=\dfrac{b_n}{1-n\sqrt{2b_n}}=\dfrac{b_n(1+n\sqrt{2b_n})}{1-2n^2b_n}=\dfrac{1}{n^2b_n}+\dfrac{\sqrt{2}}{n\sqrt{b_n}}=b_n+2+\sqrt{2(b_n+2)}$，

所以 $a_n=\sqrt{\dfrac{1}{n^2}+1}+1+\sqrt{2+2\sqrt{\dfrac{1}{n^2}+1}}$．

显然，对于 $\dfrac{1}{n}>\dfrac{1}{n+1}>0$，有 $a_n>a_{n+1}>4,n\in\mathbf{N}^*$．

（2）设 $c_n=1-\dfrac{b_{n+1}}{b_n},n\in\mathbf{N}^*$，则

$$c_n=\frac{\sqrt{\dfrac{1}{n^2}+1}-\sqrt{\dfrac{1}{(n+1)^2}+1}}{\sqrt{\dfrac{1}{n^2}+1}-1}=n^2\left[\dfrac{1}{n^2}-\dfrac{1}{(n+1)^2}\right]\frac{\sqrt{\dfrac{1}{n^2}+1}+1}{\sqrt{\dfrac{1}{n^2}+1}+\sqrt{\dfrac{1}{(n+1)^2}+1}}$$

$$>\frac{2n+1}{(n+1)^2}\cdot\frac{\sqrt{\dfrac{1}{n^2}+1}+1}{2\sqrt{\dfrac{1}{n^2}+1}}=\frac{2n+1}{(n+1)^2}\left(\dfrac{1}{2}+\dfrac{1}{2\sqrt{\dfrac{1}{n^2}+1}}\right)>\frac{2n+1}{2(n+1)^2}.$$

因为 $(2n+1)(n+2)-2(n+1)^2=n>0$，所以 $c_n>\dfrac{1}{n+2},n\in\mathbf{N}^*$．

设 $S_n=c_1+c_2+\cdots+c_n,n\in\mathbf{N}^*$，则当 $n=2^k-2>1(k\in\mathbf{N}^*)$ 时，

$$S_n>\frac{1}{3}+\frac{1}{4}+\cdots+\frac{1}{2^k-1}+\frac{1}{2^k}=\left(\frac{1}{3}+\frac{1}{4}\right)+\left(\frac{1}{2^2+1}+\cdots+\frac{1}{2^3}\right)+\cdots+\left(\frac{1}{2^{k-1}+1}+\cdots+\frac{1}{2^k}\right)$$

$$>2\cdot\frac{1}{2^2}+2^2\cdot\frac{1}{2^3}+\cdots+2^{k-1}\cdot\frac{1}{2^k}=\frac{k-1}{2}.$$

取 $n_0=2^{4049}-2$，对 $\forall n>n_0$，都有

$$\sum_{i=1}^{n}\left(1-\frac{b_{i+1}}{b_i}\right)=S_n>S_{n_0}>\frac{4049-1}{2}=2024.$$

故 $\displaystyle\sum_{i=1}^{n}\dfrac{b_{i+1}}{b_i}<n-2024$ 成立．

例题 16 试确定，是否存在函数 $f:\mathbf{R}\to\mathbf{R}$，使得对于任何 $x\in\mathbf{R}$，都有 $f(f(x))=x^2-2$？

方法讲解 若存在 $f(x)$ 符合要求，令 $g(x)=f^{(2)}(x)=f(f(x))$，$h(x)=g^{(2)}(x)=f^{(4)}(x)$，则

$g(x)=x^2-2, h(x)=x^4-4x^2+2.$

易知 $g(x), h(x)$ 的不动点集为 $T_g=\{-1,2\}, T_h=\left\{-1,2,-\dfrac{1+\sqrt5}{2},-\dfrac{1-\sqrt5}{2}\right\}.$

取 $\alpha=-\dfrac{1-\sqrt5}{2}\in T_h-T_g$，于是 $f^{(4)}(\alpha)=\alpha$，从而 $\{\alpha,f(\alpha),f^{(2)}(\alpha),f^{(3)}(\alpha)\}\subset T_h.$

若 $\{\alpha,f(\alpha),f^{(2)}(\alpha),f^{(3)}(\alpha)\}$ 中有 2 个元素相等，不妨设 $f^{(i)}(\alpha)=f^{(j)}(\alpha), 0\leqslant i<j\leqslant 3,$

则 $f^{(4+i-j)}(\alpha)=f^{(4-j)}(f^{(i)}(\alpha))=f^{(4-j)}(f^{(j)}(\alpha))=f^{(4)}(\alpha)=\alpha, 4+i-j\in\{1,2,3\}.$

由于 $f^{(2)}(\alpha)\neq\alpha$，则 $4+i-j=3$，即 $f^{(3)}(\alpha)=\alpha.$

从而 $f^{(2)}(\alpha)=f^{(6)}(\alpha)=f^{(6)}(f^{(3)}(\alpha))=f^{(3)}(\alpha)=\alpha$，矛盾.

于是 $\{\alpha,f(\alpha),f^2(\alpha),f^3(\alpha)\}=T_h$，存在 $j(1\leqslant j\leqslant 3)$，使 $f^{(j)}(\alpha)=2.$

若 $j=1$，则 $f(\alpha)=2, f^{(3)}(\alpha)=f^{(2)}(f(\alpha))=f^{(2)}(2)=2$，矛盾.

若 $j=2$，则 $f^{(2)}(\alpha)=2, f^{(4)}(\alpha)=f^{(2)}(2)=2$，与 $f^{(4)}(\alpha)=\alpha$ 矛盾.

若 $j=3$，则 $f^{(3)}(\alpha)=2, f(\alpha)=f^{(5)}(\alpha)=f^{(2)}(f^{(3)}(\alpha))=f^{(2)}(2)=2$，矛盾.

综上所述，这样的 $f(x)$ 不存在.

例题 17　证明：存在唯一的函数 $f:\mathbf{R}^+\to\mathbf{R}^+$，对所有的 $x>0$ 满足 $f(f(x))=6x-f(x).$

方法讲解　构造数列 $\{a_n\}: a_1=6, a_n=\dfrac{6}{1+a_{n-1}}, n\geqslant 2$　①.

用归纳法易知 a_{2n-1} 递减，a_{2n} 递增，并且 $a_{2n-1}>2>a_{2n}$，因此 $\{a_{2n-1}\}$ 与 $\{a_{2n}\}$ 均有极限.

设极限分别为 α,β，则由 ① 得 $\alpha(1+\beta)=6, \beta(1+\alpha)=6.$

从而 $\alpha=\beta=2.$ 对于每个正数 x，显然 $f(x)<6x=a_1x$　②.

若对于每个正数 x，有 $f(x)<a_{n-1}x$，则 $6x-f(x)=f(f(x))<a_{n-1}f(x),$

因此 $f(x)>\dfrac{6x}{1+a_{n-1}}=a_nx.$

同样，若对每个正数 x，有 $f(x)<a_nx$，则 $f(x)<a_{n+1}x.$

于是，由 ② 式可得对每个 $n, a_{2n}x<f(x)<a_{2n-1}x$，取极限得 $f(x)=2x.$

显然 $f(x)=2x$ 满足条件.

例题 18　求所有满足如下条件的函数 $f:[1,+\infty)\to[1,+\infty):$

① 对任意 $x\geqslant 1, f(x+1)=\dfrac{f(x)^2-1}{x};$

② $g(x)=\dfrac{f(x)}{x}$ 为有界函数.

方法讲解　易知 $f(x)=x+1$ 满足条件，下面证明这是唯一的.

令 $h(x)=\dfrac{1}{x}[f(x)-x-1]$，由 $g(x)=\dfrac{f(x)}{x}$ 为有界函数可知，$h(x)$ 也是有界函数.

再由 $f(x)\geqslant 1$ 可知，$h(x)\geqslant -1.$ 先建立 $h(x)$ 的递推式，可得 $h(x+1)=\dfrac{x}{x+1}h(x)^2+2h(x).$

若存在 x，使 $h(x)>0$，则由上式得 $h(x+1)>2h(x)>0$，利用数学归纳法可得，对任意 $n\in\mathbf{Z}^+$，均有 $h(x+n)>2^nh(x)>0.$ 这与 $h(x)$ 为有界函数矛盾.

若存在 x，使 $h(x)<0$，则由已得式子有 $\dfrac{h(x+1)}{h(x)}=\dfrac{x}{x+1}h(x)+2$，结合 $h(x)\geqslant -1$ 可知，$\dfrac{h(x+1)}{h(x)}$

$\geqslant\dfrac{x+2}{x+1}$，这导致 $h(x+1)<0$，依次类推，可得对任意 $n\in\mathbf{N}^*$，均有 $h(x+n)<0$，且 $\dfrac{h(x+n)}{h(x)}>$

$\dfrac{x+n+1}{x+1}$，但当 $x\to+\infty$ 时，$\dfrac{x+n+1}{x+1}\to+\infty.$

于是,存在 $n_0 \in \mathbf{N}^*$,使 $h(x+n_0) < -1$,矛盾.

例题 19 证明:不存在函数 $f: \mathbf{R}^+ \to \mathbf{R}^+$,使得对任意 $x, y \in \mathbf{R}^+$,均有 $f(x) - f(x+y) \geqslant \dfrac{f(x)y}{f(x)+y}$.

方法讲解 设存在满足条件的函数 f,由条件可知,$f(x)$ 是 $\mathbf{R}^+$ 上的单调递减函数.

先证明:对任意 $x \in \mathbf{R}^+$,均有 $f(x) - f(x+1) \geqslant \dfrac{1}{2}$.

事实上,对任意 $x \in \mathbf{R}^+$,取 $n \in \mathbf{N}^*$,使 $nf(x+1) \geqslant 1$,则对 $k = 0,1,2,\cdots,n-1$,均有

$$f\left(x+\frac{k}{n}\right) - f\left(x+\frac{k+1}{n}\right) \geqslant \frac{f\left(x+\frac{k}{n}\right)\frac{1}{n}}{f\left(x+\frac{k}{n}\right)+\frac{1}{n}}.$$

利用 f 的单调性,$f\left(x+\dfrac{k}{n}\right) \geqslant f(x+1) \geqslant \dfrac{1}{n}$,结合上式,有

$$f\left(x+\frac{k}{n}\right) - f\left(x+\frac{k+1}{n}\right) \geqslant \frac{\frac{1}{n}}{1+\frac{1}{nf\left(x+\frac{k}{n}\right)}} \geqslant \frac{\frac{1}{n}}{1+1} = \frac{1}{2n},\text{其中 } k = 0,1,2,\cdots,n-1.$$

上述 n 个式子相加,就有 $f(x) - f(x+1) \geqslant \dfrac{1}{2}$. 对任意 $x \in \mathbf{R}^+$,取 $m \in \mathbf{N}^*$,使 $f(x) < \dfrac{m}{2}$,就有

$$f(x) - f(x+m) = \sum_{i=0}^{m-1}\left[f(x+i) - f(x+i+1)\right] \geqslant \sum_{i=0}^{m-1}\frac{1}{2} = \frac{m}{2} > f(x).$$

于是 $f(x+m) < 0$,这与 f 为 $\mathbf{R}^+$ 到 $\mathbf{R}^+$ 上的函数矛盾.

综上所述,命题成立.

例题 20 设 $S = \left\{f: \mathbf{Z}^+ \to \mathbf{R} \mid f(n+1) \geqslant f(n) \geqslant \dfrac{n}{n+1}f(2n), n \geqslant 1, f(1) = 2\right\}$.求最小的正整数 m,使得对于 S 中的任意 $f \in S$ 及任意正整数 n,都有 $f(n) < m$.

方法讲解 先估计 $|f(n)|$ 的上界 λ,由于 f 单调递增,只需考虑 $|f(2^k)|$ 的上界.

由条件知 $f(2^k) \geqslant \dfrac{2^k}{2^k+1}f(2^{k+1})$,则 $f(2^{k+1}) \leqslant \left(1+\dfrac{1}{2^k}\right)f(2^k)$,

迭代知 $f(2^{k+1}) \leqslant \left(1+\dfrac{1}{2^k}\right)f(2^k) \leqslant \left(1+\dfrac{1}{2^k}\right)\left(1+\dfrac{1}{2^{k-1}}\right)f(2^{k-1}) \leqslant \cdots \leqslant \prod_{j=0}^{k}\left(1+\dfrac{1}{2^j}\right)f(1) = 2a_k.$

其中 $a_k = \prod_{j=0}^{k}\left(1+\dfrac{1}{2^j}\right)$,下面计算 a_k 的上界.

$$a_1 = (1+1)\left(1+\frac{1}{2}\right) = 3, a_2 = (1+1)\left(1+\frac{1}{2}\right)\left(1+\frac{1}{4}\right) = \frac{15}{4}, a_3 = a_2 \cdot \frac{9}{8} = \frac{135}{2^5},$$

$$a_4 = a_3 \cdot \frac{17}{16} = \frac{2295}{2^9}, a_5 = a_4 \cdot \frac{33}{32} = \frac{75735}{2^{14}}, \cdots$$

由此推测,对每个 $k(k \geqslant 2)$,都有 $a_k < 5$ ①.

为了使用数学归纳法,将此猜想加强为关于 k 的命题:$a_k \leqslant 5\left(1-\dfrac{1}{2^k}\right)$ ②.

当 $k = 2$ 时,$a_2 = \dfrac{15}{4} = 5\left(1-\dfrac{1}{4}\right)$. 设当 $k = r$ 时,已有 $a_r \leqslant 5\left(1-\dfrac{1}{2^r}\right)$,则当 $k = r+1$ 时,

$$a_{r+1} = a_r\left(1+\frac{1}{2^{r+1}}\right) \leqslant 5\left(1-\frac{1}{2^r}\right)\left(1+\frac{1}{2^{r+1}}\right) = 5\left(1-\frac{1}{2^r}+\frac{1}{2^{r+1}}-\frac{1}{2^{2r+1}}\right)$$

$$= 5\left(1-\frac{1}{2^{r+1}}-\frac{1}{2^{2r+1}}\right) < 5\left(1-\frac{1}{2^{r+1}}\right).$$

于是,由归纳法知 ② 式成立,从而 ① 式成立.

现在,对于 S 中的任意函数 f,因为对任何正整数 n,存在 k,使 $n \leqslant 2^{k+1}$,所以

$$f(n) \leqslant f(2^{k+1}) \leqslant 2a_k < 10.$$

为了说明 $m = 10$ 就是满足条件的最小的正整数,我们需要找出集合 S 中一个适当的函数 $\varphi(n)$,注意到 $2a_5 > 9$,利用上述数列 $\{a_k\}$,我们定义这样的一个函数 $\varphi(n)$:

$\varphi(1) = 2$;对于 $k = 0,1,2,\cdots$,当 $2^k < n \leqslant 2^{k+1}$ 时,取 $\varphi(n) = 2a_k$,其中 $a_k = \prod\limits_{j=0}^{k}\left(1 + \dfrac{1}{2^j}\right)$.

显然有 $\varphi(n+1) \geqslant \varphi(n)$,即 $\varphi(n)$ 为增函数.再说明此函数也满足 $\varphi(n) \geqslant \dfrac{n}{n+1}\varphi(2n)$.

设 $2^k < n \leqslant 2^{k+1}, k \in \mathbf{N}$,则 $2^{k+1} < 2n \leqslant 2^{k+2}$,于是 $\varphi(2n) = 2a_{k+1} = 2a_k\left(1 + \dfrac{1}{2^{k+1}}\right) \leqslant \left(1 + \dfrac{1}{n}\right)\varphi(n)$,

即 $\varphi(n) \geqslant \dfrac{n}{n+1}\varphi(2n)$,因此函数 $\varphi(n) \in S$,则 $\varphi(n) < 10$,并且当 $n > 2^5$ 时,$\varphi(n) > 9$.

于是满足条件的最小正整数 $m = 10$.

例题 21 设 $X \subseteq R, |X| < +\infty$,令 $f(X) = \dfrac{1}{|X|}\sum\limits_{a \in X}a$. 设 (A, B) 满足 $A \bigcup B = \{1,2,\cdots,100\}$,$A \bigcap B = \varnothing$,且 $1 \leqslant |A| \leqslant 98$.任取 $p \in B$,令 $A_p = A \bigcup \{p\}, B_p = \{x \mid x \in B, x \neq p\}$,对上述 A, B,求 $[f(A_p) - f(A)][f(B_p) - f(B)]$ 的最大值.

方法讲解 记 $S = [f(A_p) - f(A)][f(B_p) - f(B)]$,

由定义和假设知 $(|A| + 1)f(A_p) = |A|f(A) + p, (|B| - 1)f(B_p) = |B|f(B) - p$,

从而 $S = \left[\dfrac{|A|f(A) + p}{|A| + 1} - f(A)\right]\left[\dfrac{|B|f(B) - p}{|B| - 1} - f(B)\right] = \dfrac{(p - f(A))(f(B) - p)}{(|A| + 1)(|B| - 1)}$ ①,

以及 $S = \left[f(A_p) - \dfrac{(|A| + 1)f(A_p) - p}{|A|}\right]\left[f(B_p) - \dfrac{(|B| - 1)f(B_p) + p}{|B|}\right]$

$= \dfrac{[p - f(A_p)][f(B_p) - p]}{|A| \, |B|}$ ②.

由于 $|A| + |B| = 100$,则

$$f(A) - f(B) \leqslant \dfrac{100 + 99 + \cdots + (|B| + 1)}{|A|} - \dfrac{1 + 2 + \cdots + |B|}{|B|}$$

$$= \dfrac{100 + (|B| + 1)}{2} - \dfrac{1 + |B|}{2} = 50,$$

$$f(A) - f(B) \geqslant \dfrac{1 + 2 + \cdots + |A|}{|A|} - \dfrac{100 + 99 + \cdots + (|A| + 1)}{|B|}$$

$$= \dfrac{1 + |A|}{2} - \dfrac{100 + (|A| + 1)}{2} = -50.$$

所以 $|f(A) - f(B)| \leqslant 50$,同理,由 $|A_p| + |B_p| = 100$ 得 $|f(A_p) - f(B_p)| \leqslant 50$.

当 $1 \leqslant |A| \leqslant 97$ 时,

$[p - f(A)][f(B) - p] \leqslant \left[\dfrac{f(B) - f(A)}{2}\right]^2 \leqslant 625$,且 $(|A| + 1)(|B| - 1) \geqslant 2 \times 98 = 196$.

由 ① 式知 $S = \dfrac{[p - f(A)][f(B) - p]}{(|A| + 1)(|B| - 1)} \leqslant \dfrac{625}{196}$.

当 $|A| = 98$ 时,由 ② 式得 $S = \dfrac{[p - f(A_p)][f(B_p) - p]}{98 \times 2} \leqslant \dfrac{1}{196}\left[\dfrac{f(B_p) - f(A_p)}{2}\right]^2 \leqslant \dfrac{625}{196}$.

另外,当 $A = \{1\}, |B| = \{2,3,\cdots,100\}$,且 $p = 26$ 时,由 ① 式知 $S = \dfrac{(26 - 1)(51 - 26)}{2 \times 98} = \dfrac{625}{196}$.

故 $S_{\max} = \dfrac{625}{196}$.

例题 22 对正整数 n，定义 $f(n) = \min\limits_{m \in \mathbf{Z}} \left| \sqrt{2} - \dfrac{m}{n} \right|$（$\mathbf{Z}$ 为整数集）。设 $\{n_i\}$ 是一个严格递增的正整数数列，C 是常数，满足 $f(n_i) < \dfrac{C}{n_i^2}$，$i \geq 1$。证明：存在实数 $q > 1$，使得 $n_i \geq q^{i-1}$，$n \geq 1$.

方法讲解 首先证明一个引理：

引理：$f(n) > \dfrac{1}{4n^2}$ 对任意正整数 n 成立.

引理的证明：反证法。假设存在一个整数 m，使得 $\left| \sqrt{2} - \dfrac{m}{n} \right| \leq \dfrac{1}{4n^2}$，则

$$\left| 2 - \dfrac{m^2}{n^2} \right| = \left| \sqrt{2} - \dfrac{m}{n} \right| \left| \sqrt{2} + \dfrac{m}{n} \right| \leq \dfrac{1}{4n^2} \left(\left| \dfrac{m}{n} - \sqrt{2} \right| + 2\sqrt{2} \right)$$

$$\leq \dfrac{1}{4n^2} \left(\dfrac{1}{4n^2} + 2\sqrt{2} \right) \leq \dfrac{1}{4n^2} \left(\dfrac{1}{4} + 2\sqrt{2} \right) < \dfrac{1}{n^2},$$

得 $|2n^2 - m^2| < 1$. 因为 $m, n \in \mathbf{Z}$，故必有 $|2n^2 - m^2| = 0$，即 $\sqrt{2} = \dfrac{|m|}{n}$，这与 $\sqrt{2}$ 是无理数矛盾.

引理得证. 下面证明原题结论.

回到原题：由已知得，对任意正整数 i，存在 $m_i, m_{i+1} \in \mathbf{Z}$，使得

$$f(n_i) = \left| \sqrt{2} - \dfrac{m_i}{n_i} \right| < \dfrac{C}{n_i^2},\quad f(n_{i+1}) = \left| \sqrt{2} - \dfrac{m_{i+1}}{n_{i+1}} \right| < \dfrac{C}{n_{i+1}^2}.$$

由此可知

$$\left| \sqrt{2}(n_{i+1} - n_i) - (m_{i+1} - m_i) \right| \leq \left| \sqrt{2}\, n_{i+1} - m_{i+1} \right| + \left| \sqrt{2}\, n_i - m_i \right| < \dfrac{C}{n_{i+1}} + \dfrac{C}{n_i} < \dfrac{2C}{n_i}（因 n_i < n_{i+1}），$$

故 $\left| \sqrt{2} - \dfrac{m_{i+1} - m_i}{n_{i+1} - n_i} \right| < \dfrac{2C}{n_i(n_{i+1} - n_i)}$. 因此，由 f 的定义知 $f(n_{i+1} - n_i) < \dfrac{2C}{n_i(n_{i+1} - n_i)}$，结合引理可得

$$\dfrac{1}{4(n_{i+1} - n_i)^2} < f(n_{i+1} - n_i) < \dfrac{2C}{n_i(n_{i+1} - n_i)},$$

故 $\dfrac{1}{4(n_{i+1} - n_i)} < \dfrac{2C}{n_i}$，即 $\dfrac{n_{i+1}}{n_i} > 1 + \dfrac{1}{8C}$.

取 $q = 1 + \dfrac{1}{8C} > 1$，则 $n_i \geq q^{i-1} n_1 \geq q^{i-1}$，$n \geq 1$.

例题 23 求实数 a 的取值范围，使得对 $x \in \mathbf{R}$，$\theta \in \left[0, \dfrac{\pi}{2} \right]$，有

$$(x + 3 + 2\sin\theta\cos\theta)^2 + (x + a\sin\theta + a\cos\theta)^2 \geq \dfrac{1}{8}.$$

方法讲解 令 $f(x) = (x + 3 + 2\sin\theta\cos\theta)^2 + (x + a\sin\theta + a\cos\theta)^2 - \dfrac{1}{8}$，则

$$f(x) = 2x^2 + 2(3 + 2\sin\theta\cos\theta + a\sin\theta + a\cos\theta)x + (3 + 2\sin\theta\cos\theta)^2 + (a\sin\theta + a\cos\theta)^2 - \dfrac{1}{8},$$

$$\Delta = 4(3 + 2\sin\theta\cos\theta + a\sin\theta + a\cos\theta)^2 - 4 \times 2\left[(3 + 2\sin\theta\cos\theta)^2 + (a\sin\theta + a\cos\theta)^2 - \dfrac{1}{8} \right] \leq 0$$

$$\Leftrightarrow (3 + 2\sin\theta\cos\theta - a\sin\theta - a\cos\theta)^2 \geq \dfrac{1}{4}.$$

从而

$$a \geq \dfrac{3 + 2\sin\theta\cos\theta + \dfrac{1}{2}}{\sin\theta + \cos\theta} \quad ① \quad \text{或} \quad a \leq \dfrac{3 + 2\sin\theta\cos\theta - \dfrac{1}{2}}{\sin\theta + \cos\theta} \quad ②.$$

因为 $\theta \in \left[0, \dfrac{\pi}{2}\right]$，所以 $\sin\theta + \cos\theta = \sqrt{2}\sin\left(\theta + \dfrac{\pi}{4}\right) \in [1, \sqrt{2}]$.

由 ① 式知 $\dfrac{3 + 2\sin\theta\cos\theta + \dfrac{1}{2}}{\sin\theta + \cos\theta} = \sin\theta + \cos\theta + \dfrac{5}{2} \cdot \dfrac{1}{\sin\theta + \cos\theta}$，设 $g(x) = x + \dfrac{5}{2} \cdot \dfrac{1}{x}$，则 $g(x)$ 在区间 $[1, \sqrt{2}]$ 上单调递减，从而当 $\sin\theta + \cos\theta = 1$ 时，取最大值 $1 + \dfrac{5}{2} = \dfrac{7}{2}$，因此 $a \geqslant \dfrac{7}{2}$.

由 ② 式知 $\dfrac{3 + 2\sin\theta\cos\theta - \dfrac{1}{2}}{\sin\theta + \cos\theta} = \sin\theta + \cos\theta + \dfrac{3}{2} \cdot \dfrac{1}{\sin\theta + \cos\theta} \geqslant 2\sqrt{\dfrac{3}{2}} = \sqrt{6}$，

当且仅当 $\sin\theta + \cos\theta = \dfrac{\sqrt{6}}{2}$ 时，等号成立，因此 $a \leqslant \sqrt{6}$. 故 $a \geqslant \dfrac{7}{2}$ 或 $a \leqslant \sqrt{6}$.

例题 24 设 $a_i, b_i \in \mathbf{R}, c_i \in \mathbf{R}^+, 1 \leqslant i \leqslant n$，证明：$\displaystyle\sum_{ij=1}^{n} \dfrac{a_i a_j}{c_i + c_j} \sum_{ij=1}^{n} \dfrac{b_i b_j}{c_i + c_j} \geqslant \left(\sum_{ij=1}^{n} \dfrac{a_i b_j}{c_i + c_j}\right)^2$.

方法讲解 令 $f(x) = \displaystyle\sum_{ij=1}^{n} \dfrac{t_i t_j}{c_i + c_j} x^{c_i + c_j}, x > 0, t_i \in \mathbf{R}, 1 \leqslant i \leqslant n$，则

$$f'(x) = \sum_{ij=1}^{n} t_i t_j x^{c_i + c_j - 1} = \dfrac{1}{x} \sum_{ij=1}^{n} t_i x^{c_i} \cdot t_j x^{c_j} = \dfrac{1}{x}\left(\sum_{i=1}^{n} t_i x^{c_i}\right)^2 \geqslant 0.$$

又 $f(0) = 0$，所以 $f(x) \geqslant f(0) = 0$. 特别地，$f(1) = \displaystyle\sum_{ij=1}^{n} \dfrac{t_i t_j}{c_i + c_j} \geqslant 0, t_i \in \mathbf{R}, 1 \leqslant i \leqslant n$.

于是对任意 $t \in \mathbf{R}$，有 $0 \leqslant \displaystyle\sum_{ij=1}^{n} \dfrac{(a_i t + b_i)(a_j t + b_j)}{c_i + c_j}$.

令 $A = \displaystyle\sum_{ij=1}^{n} \dfrac{a_i a_j}{c_i + c_j}, B = \sum_{ij=1}^{n} \dfrac{b_i b_j}{c_i + c_j}, C = \sum_{ij=1}^{n} \dfrac{a_i b_j}{c_i + c_j}$，则 $At^2 + 2Ct + B \geqslant 0, t \in \mathbf{R}$.

从而 $C^2 \leqslant AB$，即 $\displaystyle\sum_{ij=1}^{n} \dfrac{a_i a_j}{c_i + c_j} \sum_{ij=1}^{n} \dfrac{b_i b_j}{c_i + c_j} \geqslant \left(\sum_{ij=1}^{n} \dfrac{a_i b_j}{c_i + c_j}\right)^2$.

例题 25 设 $x_i \in \mathbf{R}, 1 \leqslant i \leqslant n, \displaystyle\sum_{i=1}^{n} x_i = 1$，证明：$\displaystyle\sum_{i=1}^{n} \dfrac{x_i}{\sqrt{1 - x_i}} \geqslant \dfrac{1}{\sqrt{n-1}} \sum_{i=1}^{n} \sqrt{x_i}, n \geqslant 2$.

方法讲解 令 $f(x) = \dfrac{1}{\sqrt{1-x}}, x \in (0, 1)$，则 $f(x)$ 在区间 $(0, 1)$ 上单调递增，

从而 $\left(x - \dfrac{1}{n}\right)\left[f(x) - f\left(\dfrac{1}{n}\right)\right] \geqslant 0$，即 $\dfrac{x}{\sqrt{1-x}} \geqslant \dfrac{1}{n\sqrt{1-x}} + \sqrt{\dfrac{n}{n-1}}\left(x - \dfrac{1}{n}\right)$.

从而 $\displaystyle\sum_{i=1}^{n} \dfrac{x_i}{\sqrt{1 - x_i}} \geqslant \dfrac{1}{n} \sum_{i=1}^{n} \dfrac{1}{\sqrt{1 - x_i}}$.

由柯西不等式得 $\displaystyle\sum_{i=1}^{n} \sqrt{1 - x_i} \leqslant \sqrt{n(n-1)}, \sum_{i=1}^{n} \sqrt{x_i} \leqslant \sqrt{n \sum_{i=1}^{n} x_i} = \sqrt{n}$.

于是 $\displaystyle\sum_{i=1}^{n} \dfrac{x_i}{\sqrt{1-x_i}} \geqslant \dfrac{1}{n} \sum_{i=1}^{n} \dfrac{1}{\sqrt{1-x_i}} \geqslant \dfrac{1}{n} \dfrac{n^2}{\displaystyle\sum_{i=1}^{n} \sqrt{1-x_i}} \geqslant \dfrac{n}{\sqrt{n(n-1)}} = \dfrac{\sqrt{n}}{\sqrt{n-1}} \geqslant \dfrac{1}{\sqrt{n-1}} \sum_{i=1}^{n} \sqrt{x_i}$.

故命题成立.

例题 26 设 a, b, c 为某三角形的三边长，$f(\lambda) = \displaystyle\sum \dfrac{a}{\lambda a + b + c}$. 证明：

(1) 当 $|\lambda| < 1$ 时，$\dfrac{3}{\lambda + 2} \leqslant f(\lambda) < \dfrac{2}{\lambda + 1}$；

(2) 当 $\lambda > 1$ 时，$\dfrac{2}{\lambda + 1} < f(\lambda) \leqslant \dfrac{3}{\lambda + 2}$.

方法讲解　(1) 记 $S = a + b + c$，当 $|\lambda| < 1$ 时，令 $g(x) = \dfrac{1}{S + (\lambda - 1)x}$，$x \in (0, S)$，则 $g(x)$ 在区间 $(0, S)$ 上单调递增，有 $\left(x - \dfrac{S}{3}\right)\left[g(x) - g\left(\dfrac{S}{3}\right)\right] \geqslant 0$. 于是 $\dfrac{\lambda + 2}{3} \cdot \dfrac{x}{S + (\lambda - 1)x} \geqslant \dfrac{3x}{(\lambda + 2)S} - \dfrac{1}{\lambda + 2} + \dfrac{1}{3}$.

对 a, b, c 求和得 $\dfrac{\lambda + 2}{3} f(\lambda) \geqslant \dfrac{3(a + b + c)}{(\lambda + 2)S} - \dfrac{3}{\lambda + 2} + 1 = 1$，即 $f(\lambda) \geqslant \dfrac{3}{\lambda + 2}$.

由假设 $S > 2a$，$|\lambda| < 1$，则 $\dfrac{a}{S + (\lambda - 1)a} < \dfrac{2a}{(\lambda + 1)S}$.

同理 $\dfrac{b}{S + (\lambda - 1)b} < \dfrac{2b}{(\lambda + 1)S}$，$\dfrac{c}{S + (\lambda - 1)c} < \dfrac{2c}{(\lambda + 1)S}$，相加得到 $f(\lambda) < \dfrac{2}{\lambda + 1}$.

于是当 $|\lambda| < 1$ 时，$\dfrac{3}{\lambda + 2} \leqslant f(\lambda) < \dfrac{2}{\lambda + 1}$.

(2) 当 $\lambda > 1$ 时，$S > 2a$，则 $\dfrac{a}{\lambda a + b + c} > \dfrac{2a}{(\lambda + 1)S}$.

同理 $\dfrac{b}{a + \lambda b + c} > \dfrac{2b}{(\lambda + 1)S}$，$\dfrac{c}{a + b + \lambda c} > \dfrac{2c}{(\lambda + 1)S}$. 相加得到 $f(\lambda) > \dfrac{2}{\lambda + 1}$.

再考虑函数 $g(x) = \dfrac{1}{S + (\lambda - 1)x}$，则 $g(x)$ 在区间 $(0, S)$ 上单调递减.

对 $x \in (0, S)$，$\left(x - \dfrac{S}{3}\right)\left[g(x) - g\left(\dfrac{S}{3}\right)\right] \leqslant 0$，即 $\dfrac{\lambda + 2}{3} \cdot \dfrac{x}{S + (\lambda - 1)x} \leqslant \dfrac{3x}{(\lambda + 2)S} - \dfrac{1}{\lambda + 2} + \dfrac{1}{3}$.

对 a, b, c 求和 $\dfrac{\lambda + 2}{3} f(\lambda) \leqslant \dfrac{3(a + b + c)}{(\lambda + 2)S} - \dfrac{3}{\lambda + 2} + 1 = 1$，即 $f(\lambda) \leqslant \dfrac{3}{\lambda + 2}$.

故当 $\lambda > 1$ 时，$\dfrac{2}{\lambda + 1} < f(\lambda) \leqslant \dfrac{3}{\lambda + 2}$.

例题 27　设 $0 < x \leqslant y < 1$，证明：$x^y + y^x \leqslant x^x + y^y$.

方法讲解　当 $x = y$ 时，显然成立，不妨设 $0 < x < y < 1$. 原不等式化为

$$x^x(1 - x^{y-x}) \geqslant y^x(1 - y^{y-x}) \Leftrightarrow \dfrac{1 - x^{y-x}}{1 - y^{y-x}} \geqslant \left(\dfrac{y}{x}\right)^x \Leftrightarrow 1 + \dfrac{y^{y-x} - x^{y-x}}{1 - y^{y-x}} \geqslant \left(1 + \dfrac{y - x}{x}\right)^x$$

$$\Leftrightarrow \left(1 + \dfrac{y^{y-x} - x^{y-x}}{1 - y^{y-x}}\right)^{\frac{1}{x}} \geqslant 1 + \dfrac{y - x}{x} \quad ①.$$

由 $\dfrac{1}{x} > 1$，$\dfrac{y^{y-x} - x^{y-x}}{1 - y^{y-x}} > 0$ 及贝努利不等式得

$$\left(1 + \dfrac{y^{y-x} - x^{y-x}}{1 - y^{y-x}}\right)^{\frac{1}{x}} \geqslant 1 + \dfrac{1}{x} \cdot \dfrac{y^{y-x} - x^{y-x}}{1 - y^{y-x}}.$$

为证明 ① 式，只要证明 $\dfrac{y^{y-x} - x^{y-x}}{1 - y^{y-x}} \geqslant y - x$.

令 $\alpha = y - x$，则 $y = x + \alpha$，上式化为

$$\dfrac{(x + \alpha)^\alpha - x^\alpha}{1 - (x + \alpha)^\alpha} \geqslant \alpha \Leftrightarrow (x + \alpha)^\alpha - x^\alpha \geqslant \alpha - \alpha(x + \alpha)^\alpha \Leftrightarrow (x + \alpha)^\alpha(1 + \alpha) - x^\alpha - \alpha \geqslant 0 \quad ②.$$

固定 $\alpha \in (0, 1)$，令 $f(x) = (x + \alpha)^\alpha(1 + \alpha) - x^\alpha - \alpha$，$0 < x < 1 - \alpha$，则 ② 式等价于 $f(x) \geqslant 0$. 于是

$$f'(x) = \alpha(1 + \alpha)(x + \alpha)^{\alpha - 1} - \alpha x^{\alpha - 1} = \alpha(x + \alpha)^{\alpha - 1}\left[1 + \alpha - \left(\dfrac{x + \alpha}{x}\right)^{1 - \alpha}\right].$$

由于 $1 + \alpha - \left(\dfrac{x + \alpha}{x}\right)^{1 - \alpha} = 1 + \alpha - \left(1 + \dfrac{\alpha}{x}\right)^{1 - \alpha}$ 关于 x 单调递增，且当 $x \to 0^+$ 时，为负值，因此，若设

x_0 满足 $1+\alpha = \left(1+\dfrac{\alpha}{x_0}\right)^{1-\alpha}$，则当 $x_0 = 1-\alpha$ 时，$f(x)$ 在区间 $(0,1-\alpha)$ 上为减函数.

从而 $f(x) \geqslant f(1-\alpha) = 1+\alpha-(1-\alpha)^\alpha-\alpha = 1-(1-\alpha)^\alpha > 0$，则 ② 式成立.

当 $x_0 < 1-\alpha$ 时，x_0 为 $f(x)$ 的极小值点，有 $f(x) \geqslant f(x_0)$，只要验证

$$f(x_0) \geqslant 0 \Leftrightarrow (1+\alpha)(x_0+\alpha)^\alpha \geqslant x_0^\alpha + \alpha \Leftrightarrow x_0^\alpha(x_0+\alpha) \geqslant x_0^\alpha + \alpha \Leftrightarrow \alpha x_0^{\alpha-1} \geqslant \alpha \Leftrightarrow x_0^{\alpha-1} \geqslant 1.$$

由于 $\alpha-1 < 0, x_0 < 1-\alpha < 1$，所以 $x_0^{\alpha-1} \geqslant 1$ 成立.

事实上，由 $1+\alpha = \left(1+\dfrac{\alpha}{x_0}\right)^{1-\alpha}$，若 $x_0 > 1$，则 $\left(1+\dfrac{\alpha}{x_0}\right)^{1-\alpha} < (1+\alpha)^{1-\alpha}$，

则 $1+\alpha < (1+\alpha)^{1-\alpha}$，有 $(1+\alpha)^\alpha < 1$，这不可能. 命题成立.

例题 28　设 $f(x) = |x+1| \mathrm{e}^{-\frac{1}{x}} - a$.

(1) 若 $f(x) = 0$ 恰有三个根，求实数 a 的取值范围.

(2) 在(1)的情形下，设 x_1, x_2, x_3 为 $f(x)$ 的三个根，满足 $x_1 < x_2 < x_3$，证明：$x_2 - x_1 < a$.

方法讲解　(1) 当 $x > -1$ 时，$f(x) = (x+1)\mathrm{e}^{-\frac{1}{x}} - a, f'(x) = \left(1+\dfrac{1}{x}+\dfrac{1}{x^2}\right)\mathrm{e}^{-\frac{1}{x}} > 0$.

当 $x < -1$ 时，$f(x) = -(x+1)\mathrm{e}^{-\frac{1}{x}} - a, f'(x) = -\left(1+\dfrac{1}{x}+\dfrac{1}{x^2}\right)\mathrm{e}^{-\frac{1}{x}} < 0$.

所以 $f(x)$ 在区间 $(-\infty,-1)$ 上单调递减，在区间 $(-1,0)$ 上单调递增，在区间 $(0,+\infty)$ 上单调递增.

当 $x \to \infty$ 时，$f(x) \to +\infty, f(-1) = 0$；当 $x < 0, x \to 0$ 时，$f(x) \to +\infty$；当 $x > 0, x \to 0$ 时，$f(x) \to -a$. 故 $a > 0$.

(2) 设 $g(x) = \left|x-\dfrac{1}{x}\right|$，下面证明 $g(x) \leqslant f(x) + a, x \in (-\infty,0)$，

即证明 $\left|\dfrac{x^2-1}{x}\right| \leqslant |x+1| \mathrm{e}^{-\frac{1}{x}}$，即 $\mathrm{e}^{-\frac{1}{x}} \geqslant \left|1-\dfrac{1}{x}\right|, x \in (-\infty,0)$，成立.

设 $g(x) = a$ 在区间 $(-\infty,0)$ 上有两个根 x_4, x_5，且 $x_4 < -1 < x_5$，于是 $f(x_1) = a = g(x_4) < f(x_4), f(x_2) = a = g(x_5) < f(x_5)$，由 $f(x)$ 的单调性知 $x_1 > x_4, x_2 > x_5$.

再由 $g(x) = a$ 得到 $x_4 = \dfrac{-a-\sqrt{a^2+4}}{2}, x_5 = \dfrac{a-\sqrt{a^2+4}}{2}$，则 $x_2 - x_1 < x_5 - x_4 = a$，故 $x_2 - x_1 < a$.

例题 29　设函数 $f(x)$ 在区间 $[a,b]$ 上连续，对任意 $x_1, x_2 \in [a,b]$，有 $f\left(\dfrac{x_1+x_2}{2}\right) \leqslant \dfrac{1}{2}[f(x_1)+f(x_2)]$. 证明：对任意 $\lambda \in [0,1], x, y \in [a,b]$，有

$$f(\lambda x + (1-\lambda)y) \leqslant \lambda f(x) + (1-\lambda)f(y).$$

方法讲解　先考虑 λ 为有理数，不妨设 $\lambda = 0.\overline{a_1 a_2 \cdots a_n} = \dfrac{1}{2^n}(a_1 2^{n-1} + \cdots + a_{n-1} \cdot 2 + a_n)$，

其中 $a_i \in \{0,1\}, 1 \leqslant i \leqslant n-1, a_n = 1$，则 $1-\lambda = 0.\overline{b_1 b_2 \cdots b_n}, b_i = 1-a_i, 1 \leqslant i \leqslant n-1, b_n = 1$.

从而 $f(\lambda x_1 + (1-\lambda)x_2) = f\left(\dfrac{a_1 2^{n-1} + a_2 2^{n-2} + \cdots + a_n}{2^n}x_1 + \dfrac{b_1 2^{n-1} + b_2 2^{n-2} + \cdots + b_n}{2^n}x_2\right)$

$$= f\left(\dfrac{(a_1 x_1 + b_1 x_2) + \left(\dfrac{a_2 2^{n-2} + \cdots + a_n}{2^{n-1}}x_1 + \dfrac{b_2 2^{n-2} + \cdots + b_n}{2^{n-1}}x_2\right)}{2}\right)$$

$$\leqslant \dfrac{1}{2}\left[f(a_1 x_1 + b_1 x_2) + f\left(\dfrac{a_2 2^{n-2} + \cdots + a_n}{2^{n-1}}x_1 + \dfrac{b_2 2^{n-2} + \cdots + b_n}{2^{n-1}}x_2\right)\right] \leqslant \cdots$$

$$\leqslant \sum_{i=1}^{n} \dfrac{1}{2^i}[a_i f(x_1) + b_i f(x_2)] = \dfrac{1}{2^n}\sum_{i=1}^{n} a_i 2^{n-i} f(x_1) + \dfrac{1}{2^n}\sum_{i=1}^{n} b_i 2^{n-i} f(x_2)$$

$$\leqslant \lambda f(x_1) + (1-\lambda)f(x_2).$$

当 $\lambda \in \mathbf{R}$ 时,由有理数的稠密性,存在 $\lambda_n \in \mathbf{Q}, \lambda_n \to \lambda(n \to +\infty)$,由函数 $f(x)$ 的连续性,有

$$
\begin{aligned}
f(\lambda x_1 + (1-\lambda)x_2) &= f(\lim_{n \to +\infty}\lambda_n x_1 + \lim_{n \to +\infty}(1-\lambda_n)x_2) \\
&= f(\lim_{n \to +\infty}(\lambda_n x_1 + (1-\lambda_n)x_2)) = \lim_{n \to +\infty}f(\lambda_n x_1 + (1-\lambda_n)x_2) \\
&\leqslant \lim_{n \to +\infty}[\lambda_n f(x_1) + (1-\lambda_n)f(x_2)] = \lim_{n \to +\infty}\lambda_n f(x_1) + \lim_{n \to +\infty}(1-\lambda_n)f(x_2) \\
&\leqslant \lambda f(x_1) + (1-\lambda)f(x_2).
\end{aligned}
$$

由 $x_1, x_2 \in [a, b]$ 的任意性知命题成立.

例题 30 （加权平均不等式）设 $x_i \geqslant 0, \alpha_i \in (0,1), 1 \leqslant i \leqslant n$,证明:

$$x_1^{\alpha_1} \cdots x_n^{\alpha_n} \leqslant \left[\frac{1}{\sum\limits_{i=1}^{n}\alpha_i}\sum_{i=1}^{n}\alpha_i x_i\right]^{\sum\limits_{i=1}^{n}\alpha_i}.$$

方法讲解 不妨设 $\sum\limits_{i=1}^{n}\alpha_i = 1$,则原不等式化为 $x_1^{\alpha_1} \cdots x_n^{\alpha_n} \leqslant \sum\limits_{i=1}^{n}\alpha_i x_i$.

设 $f(x) = \ln x$,则 $f'(x) = \frac{1}{x}, f''(x) = -\frac{1}{x^2} < 0, x > 0$,即 $f(x)$ 为凹函数.

由琴生不等式得 $f(\alpha_1 x_1 + \cdots + \alpha_n x_n) \geqslant \alpha_1 f(x_1) + \cdots + \alpha_n f(x_n)$,即

$$\sum_{i=1}^{n}\alpha_i \ln x_i \leqslant \ln \sum_{i=1}^{n}\alpha_i x_i \Leftrightarrow \sum_{i=1}^{n}\ln x_i^{\alpha_i} \leqslant \ln \sum_{i=1}^{n}\alpha_i x_i \Leftrightarrow \ln \prod_{i=1}^{n}x_i^{\alpha_i} \leqslant \ln \sum_{i=1}^{n}\alpha_i x_i.$$

由函数 $f(x) = \ln x$ 的单调性知 $x_1^{\alpha_1} \cdots x_n^{\alpha_n} \leqslant \sum\limits_{i=1}^{n}\alpha_i x_i$.

例题 31 设 $a, b, c > 0$,证明: $\sum\limits_{cyc}\sqrt{\dfrac{a}{a+b}} \leqslant \dfrac{3\sqrt{2}}{2}$.

方法讲解 令 $f(x) = \sqrt{x}$,则 $f'(x) = \frac{1}{2}x^{-\frac{1}{2}}, f''(x) = -\frac{1}{4}x^{-\frac{3}{2}}$,则 $f(x) = \sqrt{x}$ 在区间 $(0, +\infty)$ 上为凹函数.由琴生不等式得

$$
\begin{aligned}
\sum_{cyc}\sqrt{\frac{a}{a+b}} &= \sum_{cyc}\frac{a+c}{2(a+b+c)}\sqrt{\frac{4a(a+b+c)^2}{(a+b)(a+c)^2}} \leqslant \sqrt{\sum_{cyc}\frac{a+c}{2(a+b+c)} \cdot \frac{4a(a+b+c)^2}{(a+b)(a+c)^2}} \\
&= \sqrt{\sum_{cyc}\frac{2a(a+b+c)}{(a+b)(a+c)}}.
\end{aligned}
$$

所以只要证明 $\sum\limits_{cyc}\dfrac{2a(a+b+c)}{(a+b)(a+c)} \leqslant \dfrac{9}{2}$,等价于

$$\sum_{cyc}\frac{a(c+b)\sum\limits_{cyc}a}{\prod\limits_{cyc}(a+b)} \leqslant \frac{9}{4} \Leftrightarrow \sum_{cyc}a(b+c)(a+b+c) \leqslant \frac{9}{4}(a+b)(b+c)(c+a)$$

$$\Leftrightarrow 8(a+b+c)(ab+bc+ca) \leqslant 9(a+b)(b+c)(c+a)$$

$$\Leftrightarrow \sum_{cyc}c(a-b)^2 \geqslant 0.$$

故原不等式成立.

例题 32 设 a, b, c, d 满足 $a \geqslant b \geqslant c \geqslant d > 0$,且 $a+b+c+d = 1$,证明:

$$(a+2b+3c+4d)a^a b^b c^c d^d < 1.$$

方法讲解 由加权平均值不等式得 $a^a b^b c^c d^d \leqslant a^2 + b^2 + c^2 + d^2$.

于是只要证明 $(a+2b+3c+4d)(a^2+b^2+c^2+d^2) < 1$.

由于 $a \geqslant b \geqslant c \geqslant d > 0$,所以 $(a+b+c+d)^3 > a^2(a+3b+3c+3d) + b^2(3a+b+3c+3d)$

$+c^2(3a+3b+c+3d)+d^2(3a+3b+3c+d) \geqslant (a+2b+3c+4d)(a^2+b^2+c^2+d^2).$

由假设 $a+b+c+d=1$，故 $(a+2b+3c+4d)(a^2+b^2+c^2+d^2) < 1.$

例题 33 设 $x_i, y_i, \cdots, z_i > 0, 1 \leqslant i \leqslant n, \alpha, \beta, \cdots, \gamma > 0$，满足 $\alpha+\beta+\cdots+\gamma=1.$ 证明：

$$\sum_{i=1}^n x_i^\alpha y_i^\beta \cdots z_i^\gamma \leqslant \left(\sum_{i=1}^n x_i\right)^\alpha \left(\sum_{i=1}^n y_i\right)^\beta \cdots \left(\sum_{i=1}^n z_i\right)^\gamma,$$

当且仅当 $\dfrac{x_i}{\sum\limits_{i=1}^n x_i} = \dfrac{y_i}{\sum\limits_{i=1}^n y_i} = \cdots = \dfrac{z_i}{\sum\limits_{i=1}^n z_i}, 1 \leqslant i \leqslant n$ 时，等号成立.

方法讲解 由加权平均值不等式得

$$\frac{\sum\limits_{i=1}^n x_i^\alpha y_i^\beta \cdots z_i^\gamma}{\left(\sum\limits_{i=1}^n x_i\right)^\alpha \left(\sum\limits_{i=1}^n y_i\right)^\beta \cdots \left(\sum\limits_{i=1}^n z_i\right)^\gamma} = \sum_{i=1}^n \left[\frac{x_i}{\sum\limits_{i=1}^n x_i}\right]^\alpha \left[\frac{y_i}{\sum\limits_{i=1}^n y_i}\right]^\beta \cdots \left[\frac{z_i}{\sum\limits_{i=1}^n z_i}\right]^\gamma$$

$$\leqslant \sum_{i=1}^n \left[\alpha \frac{x_i}{\sum\limits_{i=1}^n x_i} + \beta \frac{y_i}{\sum\limits_{i=1}^n y_i} + \cdots + \gamma \frac{z_i}{\sum\limits_{i=1}^n z_i}\right] = \alpha + \beta + \cdots + \gamma = 1,$$

所以 $\sum\limits_{i=1}^n x_i^\alpha y_i^\beta \cdots z_i^\gamma \leqslant \left(\sum\limits_{i=1}^n x_i\right)^\alpha \left(\sum\limits_{i=1}^n y_i\right)^\beta \cdots \left(\sum\limits_{i=1}^n z_i\right)^\gamma.$

特别地，当 $\alpha+\beta+\gamma=1$ 时，$\sum\limits_{i=1}^n a_i b_i c_i \leqslant \left(\sum\limits_{i=1}^n a_1^{\frac{1}{\alpha}}\right)^\alpha \left(\sum\limits_{i=1}^n b_1^{\frac{1}{\beta}}\right)^\beta \left(\sum\limits_{i=1}^n c_1^{\frac{1}{\gamma}}\right)^\gamma.$

例题 34 设 $x_i, y_i, \cdots, z_i > 0, 1 \leqslant i \leqslant n, r > 1$，证明：

$$\left[\sum_{i=1}^n (x_i+y_i+\cdots+z_i)^r\right]^{\frac{1}{r}} \leqslant \left(\sum_{i=1}^n x_i^r\right)^{\frac{1}{r}} + \left(\sum_{i=1}^n y_i^r\right)^{\frac{1}{r}} + \cdots + \left(\sum_{i=1}^n z_i^r\right)^{\frac{1}{r}},$$

当且仅当 $x_i = y_i, \cdots, x_i = z_i (1 \leqslant i \leqslant n)$ 时，等号成立.

方法讲解 记 $A_i = x_i + y_i + \cdots + z_i, 1 \leqslant i \leqslant n, S_r = \sum\limits_{i=1}^n A_i^r = \sum\limits_{i=1}^n x_i A_i^{r-1} + \cdots + \sum\limits_{i=1}^n z_i A_i^{r-1},$

令 $r' = \dfrac{r}{r-1} > 0$，由赫尔德不等式得

$$S_r \leqslant \left(\sum_{i=1}^n x_i^r\right)^{\frac{1}{r}} \left[\sum_{i=1}^n A_i^{(r-1)r'}\right]^{\frac{1}{r'}} + \cdots + \left(\sum_{i=1}^n z_i^r\right)^{\frac{1}{r}} \left[\sum_{i=1}^n A_i^{(r-1)r'}\right]^{\frac{1}{r'}}$$

$$= S_r^{\frac{1}{r'}}\left[\left(\sum_{i=1}^n x_i^r\right)^{\frac{1}{r}} + \left(\sum_{i=1}^n y_i^r\right)^{\frac{1}{r}} + \cdots + \left(\sum_{i=1}^n z_i^r\right)^{\frac{1}{r}}\right],$$

所以 $S_r^{\frac{1}{r}} = S_r^{1-\frac{1}{r'}} \leqslant \left(\sum\limits_{i=1}^n x_i^r\right)^{\frac{1}{r}} + \left(\sum\limits_{i=1}^n y_i^r\right)^{\frac{1}{r}} + \cdots + \left(\sum\limits_{i=1}^n z_i^r\right)^{\frac{1}{r}}.$ 故原不等式成立.

例题 35 设 $a_i \in \mathbf{R}^+, 1 \leqslant i \leqslant n$，证明：$\left[\dfrac{\sum\limits_{i=1}^n \sqrt[i]{a_1 \cdots a_i}}{\sum\limits_{i=1}^n a_i}\right]^{\frac{1}{n}} + \dfrac{\sqrt[n]{a_1 \cdots a_n}}{\sum\limits_{i=1}^n \sqrt[i]{a_1 \cdots a_n}} \leqslant \dfrac{n+1}{n}, n \geqslant 2.$

方法讲解 令 $x_i = \sqrt[i]{a_1 \cdots a_i}, 1 \leqslant i \leqslant n, x_0 = 1$，则 $a_i = \dfrac{x_i^i}{x_{i-1}^{i-1}}, 1 \leqslant i \leqslant n.$

由齐次性，不妨设 $\sum\limits_{i=1}^n x_i = \sum\limits_{i=1}^n \sqrt[i]{a_1 a_2 \cdots a_i} = 1$，则原不等式化为 $\left(\sum\limits_{j=1}^n \dfrac{x_j^j}{x_{j-1}^{j-1}}\right)^{-\frac{1}{n}} + x_n \leqslant \dfrac{n+1}{n}.$

易知 $f(x) = x^{-\frac{1}{n}}$ 在区间 $(0, +\infty)$ 上为凸函数，则由加权琴生不等式和加权均值不等式，得

$$\left(\sum_{j=1}^n \frac{x_j^j}{x_{j-1}^{j-1}}\right)^{-\frac{1}{n}} = \left(\sum_{j=1}^n x_j \frac{x_j^{j-1}}{x_{j-1}^{j-1}}\right)^{-\frac{1}{n}} \leqslant \sum_{j=1}^n x_j \left(\frac{x_j^{j-1}}{x_{j-1}^{j-1}}\right)^{-\frac{1}{n}} = \sum_{j=1}^n (x_{j-1})^{\frac{j-1}{n}} (x_j)^{1-\frac{j-1}{n}}$$

$$\leqslant \sum_{j=1}^{n}\left[\frac{j-1}{n}x_{j-1}+\left(1-\frac{j-1}{n}\right)x_j\right]$$

$$=\frac{n+1}{n}\sum_{j=1}^{n}x_j+\sum_{j=1}^{n}\left(\frac{j-1}{n}x_{j-1}-\frac{j}{n}x_j\right)=\frac{n+1}{n}-x_n,$$

故命题成立.

例题 36 设 $n\geqslant 3,a_i>0,1\leqslant i\leqslant n$,证明：$\displaystyle\sum_{i=1}^{n}\left(\frac{a_i}{a_i+a_{i+1}}\right)^n\geqslant\frac{n}{2^n}(a_{n+1}=a_1)$.

方法讲解 令 $b_i=\dfrac{a_{i+1}}{a_i},1\leqslant i\leqslant n$,则 $b_1\cdots b_n=1$,原不等式化为 $\displaystyle\sum_{i=1}^{n}\left(\frac{1}{1+b_i}\right)^n\geqslant\frac{n}{2^n}$ ①.

由 $b_i>0,1\leqslant i\leqslant n$,可设 $b_i=e^{c_i},1\leqslant i\leqslant n$,则 $\displaystyle\sum_{i=1}^{n}c_i=0$.

考虑函数 $f(t)=\left(\dfrac{1}{1+e^t}\right)^n$,则 $f''(t)=ne^t(1+e^t)^{-n-2}(ne^t-1)$,

① 式化为 $\displaystyle\sum_{i=1}^{n}\left(\frac{1}{1+e^{c_i}}\right)^n\geqslant\frac{n}{2^n}\Leftrightarrow\sum_{i=1}^{n}f(c_i)\geqslant\frac{n}{2^n}$.

(1) 当 $b_i(1\leqslant i\leqslant n)$ 中至少一个小于 $\dfrac{1}{n}$ 时,$\displaystyle\sum_{i=1}^{n}\left(\frac{1}{1+b_i}\right)^n>\left[\frac{1}{1+\dfrac{1}{n}}\right]^n=\left(\frac{n}{1+n}\right)^n$.

只要证明 $\left(\dfrac{n}{n+1}\right)^n\geqslant\dfrac{n}{2^n}\Leftrightarrow\left(1+\dfrac{1}{n}\right)n^{\frac{1}{n}}\leqslant 2\Leftrightarrow\ln\dfrac{n+1}{n}+\dfrac{1}{n}\ln n\leqslant\ln 2$ ②.

令 $g(x)=\ln(1+x)-\ln x+\dfrac{1}{x}\ln x,x\geqslant 3$,则

$$g'(x)=\frac{1}{1+x}-\frac{1}{x}-\frac{1}{x^2}\ln x+\frac{1}{x^2}=-\frac{1}{x(1+x)}-\frac{1}{x^2}(\ln x-1)<0(x\geqslant 3).$$

所以 $g(x)$ 单调递减,$g(x)\leqslant g(3)\leqslant\ln 2$,故 ② 式成立.

(2) 当 $b_i\geqslant\dfrac{1}{n}(1\leqslant i\leqslant n)$ 时,$e^{c_i}\geqslant\dfrac{1}{n}$,从而 $f''(t)\geqslant 0$.

由琴生不等式得 $\displaystyle\sum_{i=1}^{n}f(c_i)\geqslant nf\left(\frac{\displaystyle\sum_{i=1}^{n}c_i}{n}\right)=nf(0)=\frac{n}{2^n}$. 故命题成立.

例题 37 已知 $5n$ 个实数 $a_i^{(j)}$,且 $a_i^{(j)}>1,1\leqslant i\leqslant n,1\leqslant j\leqslant 5,A^{(j)}=\dfrac{1}{n}\displaystyle\sum_{i=1}^{n}a_i^{(j)},1\leqslant j\leqslant 5$. 证明：

$$\prod_{i=1}^{n}\frac{a_i^{(1)}a_i^{(2)}a_i^{(3)}a_i^{(4)}a_i^{(5)}+1}{a_i^{(1)}a_i^{(2)}a_i^{(3)}a_i^{(4)}a_i^{(5)}-1}\geqslant\left(\frac{A^{(1)}A^{(2)}A^{(3)}A^{(4)}A^{(5)}+1}{A^{(1)}A^{(2)}A^{(3)}A^{(4)}A^{(5)}-1}\right)^n,n\geqslant 1.$$

方法讲解 令 $f(x)=\ln\left(\dfrac{e^x+1}{e^x-1}\right),x\in\mathbf{R}^+$,则 $f'(x)=\dfrac{-2e^x}{e^{2x}-1},f''(x)=\dfrac{2e^x(e^{2x}+1)}{(e^{2x}-1)^2}>0$,

故 $f(x)$ 为区间 $(0,+\infty)$ 上的下凸函数. 令 $x_i=\ln(a_i^{(1)}a_i^{(2)}a_i^{(3)}a_i^{(4)}a_i^{(5)}),1\leqslant i\leqslant n$,

$G^{(j)}=(a_1^{(j)}\cdots a_n^{(j)})^{\frac{1}{n}}$,则

$$f(x_i)=\ln\left[\frac{\displaystyle\prod_{j=1}^{5}a_i^{(j)}+1}{\displaystyle\prod_{j=1}^{5}a_i^{(j)}-1}\right],f\left(\frac{\displaystyle\sum_{i=1}^{n}x_i}{n}\right)=\ln\left[\frac{\displaystyle\prod_{j=1}^{5}G^{(j)}+1}{\displaystyle\prod_{j=1}^{5}G^{(j)}-1}\right].$$

由于 $g(x)=\dfrac{x+1}{x-1}$ 在区间 $(1,+\infty)$ 上为减函数,由琴生不等式得

$$\prod_{i=1}^{n} \frac{\prod\limits_{j=1}^{5} a_i^{(j)} + 1}{\prod\limits_{j=1}^{5} a_i^{(j)} - 1} \geqslant \left[\frac{\prod\limits_{j=1}^{5} G^{(j)} + 1}{\prod\limits_{j=1}^{5} G^{(j)} - 1}\right]^n \geqslant \left[\frac{\prod\limits_{j=1}^{5} A^{(j)} + 1}{\prod\limits_{j=1}^{5} A^{(j)} - 1}\right]^n.$$

由于 $x_i = \ln \prod\limits_{j=1}^{5} a_i^{(j)}$，故有 $\dfrac{1}{n} \sum\limits_{i=1}^{n} x_i = \dfrac{1}{n} \sum\limits_{i=1}^{n} \ln \prod\limits_{j=1}^{5} a_i^{(j)} = \dfrac{1}{n} \ln \prod\limits_{i=1}^{n} \prod\limits_{j=1}^{5} a_i^{(j)} = \dfrac{1}{n} \ln \left[\prod\limits_{j=1}^{5} G^{(j)}\right]^n =$

$\ln \left[\prod\limits_{j=1}^{5} G^{(j)}\right]$，故原不等式成立.

例题 38 （牛顿不等式）假设 $a_1, \cdots, a_n$ 为实数，δ_k 为 $a_1, \cdots, a_n$ 的 k 阶基本对称多项式，即 $\delta_k = \sum\limits_{1 \leqslant i_1 < i_2 < \cdots < i_k \leqslant n} a_{i_1} a_{i_2} \cdots a_{i_k}$，$S_k = \dfrac{\delta_k}{C_n^k}$. 证明：$S_k^2 \geqslant S_{k-1} S_{k+1}$，$1 \leqslant k \leqslant n-1$，$S_0 = 1$，当且仅当 $a_1 = a_2 = \cdots = a_n$ 时，等号成立.

方法讲解 先来证明一个引理：

引理：设 $a_1 \leqslant a_2 \leqslant \cdots \leqslant a_n$，$f(x) = (x - a_1)(x - a_2) \cdots (x - a_n)$

$= x^n - \delta_1 x^{n-1} + \cdots + (-1)^k \delta_k x^{n-k} + \cdots + (-1)^{n-1} \delta_{n-1} x + (-1)^n \delta_n$

$= x^n + \sum\limits_{i=1}^{n} (-1)^i C_n^i S_i x^{n-i}$ ①，

则存在 $b_1, \cdots, b_{n-1}$，即 $n-1$ 个实数，使得它们的基本对称均值 $S_1', S_2', \cdots, S_{n-1}'$，恰好为 $S_1, S_2, \cdots, S_{n-1}$.

引理的证明：由罗尔定理，如果 a_i 与 a_{i+1} 不相同，它们之间有一个数 b_i，使得 $f'(b_i) = 0$. 如果 a_i 为 f 的一个 j 重根，那么必为 $f'(x)$ 的 $k-1$ 次重根. 所以 $f'(x)$ 必有 $n-1$ 个实数根.

设这些实数根为 $b_1, \cdots, b_{n-1}$，那么 $f'(x) = n \prod\limits_{k=1}^{n-1} (x - b_k) = n x^{n-1} + \sum\limits_{i=1}^{n-1} n C_{n-1}^i S_i' x^{n-1-i}$ ②.

由 ① 知 $f'(x) = n x^{n-1} + \sum\limits_{i=1}^{n-1} (n-i)(-1)^i C_n^i S_i x^{n-1-i}$ ③.

由于对 $i(1 \leqslant i \leqslant n-1)$，$n C_{n-1}^i = (n-i) C_n^i$，比较 ②，③ 的系数，得到 $S_i' = S_i (1 \leqslant i \leqslant n-1)$.

回到原题：只要证明 $S_{n-1}^2 \geqslant S_n S_{n-2}$. 若存在 $a_i = 0$，则不等式显然成立.

不妨设 $a_i \neq 0$，$1 \leqslant i \leqslant n$，且 $\prod\limits_{i=1}^{n} a_i = 1$，那么不等式化为

$$\frac{n(n-1)}{2} \left(\sum_{i=1}^{n} \frac{1}{a_i}\right)^2 \geqslant n^2 \sum_{1 \leqslant i < j \leqslant n} \frac{1}{a_i a_j} \Leftrightarrow (n-1) \left(\sum_{i=1}^{n} \frac{1}{a_i}\right)^2 \geqslant 2n \sum_{1 \leqslant i < j \leqslant n} \frac{1}{a_i a_j}$$

$$\Leftrightarrow (n-1) \sum_{i=1}^{n} \frac{1}{a_i^2} + (n-1) \sum_{1 \leqslant i < j \leqslant n} \frac{2}{a_i a_j} \geqslant 2n \sum_{1 \leqslant i < j \leqslant n} \frac{1}{a_i a_j}$$

$$\Leftrightarrow n \sum_{i=1}^{n} \frac{1}{a_i^2} \geqslant \left(\sum_{i=1}^{n} \frac{1}{a_i}\right)^2.$$

由柯西不等式知，上述不等式成立，从而原不等式成立. 证毕.

例题 39 设 $a_k \geqslant 0$，$S_{n_k} = \sum\limits_{1 \leqslant i_1 < \cdots < i_k \leqslant n} a_{i_1} \cdots a_{i_k}$，$S_k = \dfrac{S_{n_k}}{C_n^k}$，$1 \leqslant k \leqslant n$. 证明：$S_1 \geqslant \sqrt{S_2} \geqslant \cdots \geqslant \sqrt[n]{S_n}$，当且仅当 $a_1 = a_2 = \cdots = a_n$ 时，等号成立.

方法讲解 当 $n = 2$ 时，$S_1 \geqslant \sqrt{S_2} \Leftrightarrow (n-1)\left(\sum\limits_{k=1}^{n} a_k\right)^2 \geqslant 2n \sum\limits_{1 \leqslant i < j \leqslant n} a_i a_j \Leftrightarrow (n-1) \sum\limits_{k=1}^{n} a_k^2 \geqslant 2 \sum\limits_{1 \leqslant i < j \leqslant n} a_i a_j$，即命题成立.

假设对 $k \geqslant 2$，有 $\sqrt[k-1]{S_{k-1}} \geqslant \sqrt[k]{S_k}$，即 $S_{k-1}^k \geqslant S_k^{k-1}$. 对 $k(1 \leqslant k \leqslant n-1)$，由牛顿公式得 $S_k^2 \geqslant S_{k+1} S_{k-1}$.

由归纳假设，得到 $S_k^2 \geqslant S_{k+1} S_{k-1} \geqslant S_{k+1} S_k^{\frac{k-1}{k}}$，即 $S_k^{2-\frac{k-1}{k}} \geqslant S_{k+1} \Leftrightarrow S_k^{\frac{k+1}{k}} \geqslant S_{k+1}$. 从而 $S_k^{k+1} \geqslant S_{k+1}^k$.

于是，当 $k+1$ 时，命题成立，故对所有正整数，原不等式成立.

例题 40 设 $p,q \in \mathbf{R}^+, x \in \left(0, \dfrac{\pi}{2}\right)$，求 $\dfrac{p}{\sqrt{\sin x}} + \dfrac{q}{\sqrt{\cos x}}$ 的最小值.

方法讲解 由赫尔德不等式得 $p^{\frac{4}{5}} + q^{\frac{4}{5}} = \dfrac{p^{\frac{4}{5}}}{(\sin x)^{\frac{2}{5}}}(\sin x)^{\frac{2}{5}} + \dfrac{q^{\frac{4}{5}}}{(\cos x)^{\frac{2}{5}}}(\cos x)^{\frac{2}{5}}$

$$\leqslant \left(\dfrac{p}{\sqrt{\sin x}} + \dfrac{q}{\sqrt{\cos x}}\right)^{\frac{4}{5}}(\sin^2 x + \cos^2 x)^{\frac{1}{5}} = \left(\dfrac{p}{\sqrt{\sin x}} + \dfrac{q}{\sqrt{\cos x}}\right)^{\frac{4}{5}}.$$

所以当 $\dfrac{p}{\sqrt{\sin x}} + \dfrac{q}{\sqrt{\cos x}} \geqslant (p^{\frac{4}{5}} + q^{\frac{4}{5}})^{\frac{5}{4}}$，且 $\dfrac{\frac{p}{\sqrt{\sin x}}}{\frac{q}{\sqrt{\cos x}}} = \dfrac{\sin^2 x}{\cos^2 x}$，$\tan x = \left(\dfrac{p}{q}\right)^{\frac{2}{5}}$ 时，等号成立.

故最小值为 $(p^{\frac{4}{5}} + q^{\frac{4}{5}})^{\frac{5}{4}}$.

例题 41 设 $a,b,c,d \geqslant 0$，满足 $2\sum\limits_{cyc}ab + \sum\limits_{cyc}abc = 16$，证明：$\sum\limits_{cyc}a \geqslant \dfrac{2}{3}\sum\limits_{cyc}ab$.

方法讲解 由麦克劳林不等式得 $\left(\dfrac{1}{C_4^2}\sum\limits_{cyc}ab\right)^3 \geqslant \left(\dfrac{1}{C_4^1}\sum\limits_{cyc}abc\right)^2$.

记 $m = \sum\limits_{cyc}ab$，则 $2\sum\limits_{cyc}ab + \sum\limits_{cyc}abc = 16$，有 $2m + 4\left(\dfrac{m}{6}\right)^{\frac{3}{2}} \geqslant 16$，即 $m \geqslant 6$.

用反证法，若 $\sum\limits_{cyc}a < \dfrac{2}{3}m$，记 $a+b = x, c+d = y$，则由 $m = \sum\limits_{cyc}ab$，$\sum\limits_{cyc}abc = 16 - 2m$，$\sum\limits_{cyc}a < \dfrac{2}{3}m$，

有 $ab + cd + xy = m, aby + cdx = 16 - 2m, x+y < \dfrac{2}{3}m$.

不妨设 $x \leqslant y$，若 $x = y$，则 $ab + cd = m - x^2$，$ab + cd = \dfrac{1}{x}(16 - 2m)$，$x < \dfrac{m}{3}$，

得到 $m = \dfrac{x^3 + 16}{x + 2}$，所以 $\dfrac{x^3 + 16}{x + 2} > 3x$，即 $(x-2)(x^2 - x - 8) > 0$.

因为 $0 < x < \dfrac{m}{3} \leqslant \dfrac{8}{3}$，所以 $x^2 - x - 8 < 0$，从而 $x < 2$.

又 $m - x^2 = ab + cd \leqslant \dfrac{x^2}{2}$，从而 $m < 6$，矛盾.

当 $x < y$ 时，由 $cd = \dfrac{my - 16 + 2m - xy^2}{y - x}$，$cd \leqslant \dfrac{y^2}{4}$，有

$$my - 16 + 2m - xy^2 \leqslant (y - x)\dfrac{y^2}{4},$$

即 $my - 16 + 2m \leqslant \dfrac{1}{4}y^3 + \dfrac{3}{4}xy^2 \leqslant \dfrac{1}{4}y^3 + \dfrac{3}{4}y^2\left(\dfrac{2}{3}m - y\right)$，即

$$\dfrac{1}{2}y^3 - \dfrac{1}{2}my^2 + my + 2m - 16 \leqslant 0.$$

记 $f(y) = \dfrac{1}{2}y^3 - \dfrac{1}{2}my^2 + my + 2m - 16$，

令 $f'(y) = 0$，有 $y_1 = \dfrac{m + \sqrt{m^2 - 6m}}{3}, y_2 = \dfrac{m - \sqrt{m^2 - 6m}}{3}$，则 $f(y)$ 在 $y = y_1$ 时取最小值.

下面证明：当 $6 < m < 8$ 时，$f(y_1) > 0$.

$$f(y_1) = \dfrac{1}{2}y_1^3 - \dfrac{1}{2}my_1^2 + my_1 + 2m - 16 = \dfrac{1}{3}(my_1^2 - my_1) - \dfrac{1}{2}my_1^2 + my_1 + 2m - 16$$

$$= -\dfrac{1}{6}my_1^2 + \dfrac{2}{3}my_1 + 2m - 16 = -\dfrac{m^2}{9}y_1 + \dfrac{m^2}{9} + \dfrac{2}{3}my_1 + 2m - 16$$

$$= \left(-\frac{m^2}{9} + \frac{2}{3}m\right)\frac{m + \sqrt{m^2 - 6m}}{3} + \frac{m^2}{9} + 2m - 16$$

$$= (m-6)\left[-\frac{m}{9} \cdot \frac{m + \sqrt{m^2 - 6m}}{3} + \frac{m}{9} + \frac{8}{3}\right]$$

$$= (m-6)\left[\frac{m}{9}\left(1 - \frac{m + \sqrt{m^2 - 6m}}{3}\right) + \frac{8}{3}\right].$$

由于 $6 < m < 8$, 所以 $m - 6 > 0$, $1 - \dfrac{m + \sqrt{m^2 - 6m}}{3} < 0$, $\dfrac{m}{9}\left(1 - \dfrac{m + \sqrt{m^2 - m}}{3}\right)$ 递减.

所以 $f(y_1) > (m-6)\left[\dfrac{8}{9}\left(1 - \dfrac{8+4}{3}\right) + \dfrac{8}{3}\right] = 0$, 即 $f(y_1) > 0$. 于是 $f(y) \geqslant f(y_1) > 0$.

若 $f(y) < 0$, 则必有 $y < y_2 = \dfrac{2m}{m + \sqrt{m^2 - 6m}} < 2$, 但 $ab + cd + xy = m$, $x < y$, 有 $m < \dfrac{3}{2}y^2$,

所以 $y^2 > \dfrac{2}{3}m \geqslant 4$, 与 $0 < y < 2$ 矛盾.

当 $m = 6$ 时, $\displaystyle\sum_{cyc} ab = 6$. 由麦克劳林不等式知 $\displaystyle\sum_{cyc} a \geqslant 4 = \dfrac{2}{3}\sum_{cyc} ab$, 命题成立.

当 $m = 8$ 时, $\displaystyle\sum_{cyc} ab = 8$, $\displaystyle\sum_{cyc} abc = 0$, 不妨设 $a = b = 0$, 于是 $cd = \displaystyle\sum_{cyc} ab = 8$.

所以 $c + d \geqslant 2\sqrt{cd} = 4\sqrt{2} > \dfrac{2}{3} \times 8 = \dfrac{2}{3}\displaystyle\sum_{cyc} ab$, 命题成立, 故原命题成立. 证毕.

另解　设 a, b, c, d 为 $P(t) = x^4 - px^3 + qx^2 - rx + s$ 的根, 则 $P'(t) = 0$ 有 3 个根.

设 $\alpha, \beta, \gamma \geqslant 0$, 有
$$\begin{cases} \alpha + \beta + \gamma = \dfrac{3}{4}p, \\ \alpha\beta + \beta\gamma + \gamma\alpha = \dfrac{1}{2}q, \\ \alpha\beta\gamma = \dfrac{1}{4}r. \end{cases}$$
由假设 $2q + r = 16 \Leftrightarrow \displaystyle\sum_{cyc}\alpha\beta + \alpha\beta\gamma = 4.$

原问题化为 $\alpha + \beta + \gamma \geqslant \alpha\beta + \beta\gamma + \gamma\alpha$.

不妨设 $\gamma = \min\{\alpha, \beta, \gamma\}$, 由于 $\alpha, \beta > 0$, 有 $\alpha + \beta + \alpha\beta > 0$, $\gamma = \dfrac{4 - \alpha\beta}{\alpha + \beta + \alpha\beta}$.

于是 $\alpha + \beta + \gamma - (\alpha\beta + \beta\gamma + \gamma\alpha) = \displaystyle\sum_{cyc}\alpha + \alpha\beta\gamma - \left(\sum_{cyc}\alpha\beta + \alpha\beta\gamma\right)$

$$= \sum_{cyc}\alpha + \alpha\beta\gamma - 4 = \alpha + \beta + \frac{4 - \alpha\beta}{\alpha + \beta + \alpha\beta} + \frac{\alpha\beta(4 - \alpha\beta)}{\alpha + \beta + \alpha\beta} - 4$$

$$= \frac{(\alpha+\beta)^2 - 4(\alpha+\beta) + 4 + \alpha\beta(\alpha + \beta - \alpha\beta - 1)}{\alpha + \beta + \alpha\beta} = \frac{(\alpha + \beta - 2)^2 - \alpha\beta(\alpha - 1)(\beta - 1)}{\alpha + \beta + \alpha\beta}.$$

从而只要证明 $f = (\alpha + \beta - 2)^2 - \alpha\beta(\alpha - 1)(\beta - 1) \geqslant 0$.

当 $(\alpha - 1)(\beta - 1) \leqslant 0$ 时, $f \geqslant 0$, 且 $f = 0$, 当且仅当 $\alpha = \beta = 1$, $\gamma = 1$.

当 $(\alpha - 1)(\beta - 1) > 0$ 时, $(\alpha + \beta - 2)^2 = [(\alpha - 1) + (\beta - 1)]^2 \geqslant 4(\alpha - 1)(\beta - 1)$.

由于 $\dfrac{4 - \alpha\beta}{\alpha + \beta + \alpha\beta} = \gamma \geqslant 0$, 所以 $4 \geqslant \alpha\beta$.

因此 $(\alpha + \beta - 2)^2 \geqslant 4(\alpha - 1)(\beta - 1) \geqslant \alpha\beta(\alpha - 1)(\beta - 1)$, 即 $f \geqslant 0$. 证毕.

例题 42　设实数数列 $\{a_n\}$ 满足 $a_1 = \dfrac{1}{2}$, $a_{k+1} = -a_k + \dfrac{1}{2 - a_k}$, $k = 1, 2, \cdots$. 证明不等式

$$\left[\frac{n}{2(a_1 + a_2 + \cdots + a_n)} - 1\right]^n \leqslant \left(\frac{a_1 + a_2 + \cdots + a_n}{n}\right)^n \left(\frac{1}{a_1} - 1\right)\left(\frac{1}{a_2} - 1\right)\cdots\left(\frac{1}{a_n} - 1\right).$$

方法讲解 用数学归纳法证明：$0 < a_n \leqslant \dfrac{1}{2}, n = 1, 2, \cdots$.

当 $n = 1$ 时，命题显然成立. 假设命题对 $n(n \geqslant 1)$ 成立，即 $0 < a_n \leqslant \dfrac{1}{2}$.

设 $f(x) = -x + \dfrac{1}{2-x}, x \in \left[0, \dfrac{1}{2}\right]$，则 $f(x)$ 是减函数，于是

$$a_{n+1} = f(a_n) \leqslant f(0) = \frac{1}{2}, \quad a_{n+1} = f(a_n) \geqslant f\left(\frac{1}{2}\right) = \frac{1}{6} > 0.$$

故命题对 $n+1$ 也成立. 原命题等价于

$$\left(\frac{n}{a_1 + a_2 + \cdots + a_n}\right)^n \left[\frac{n}{2(a_1 + a_2 + \cdots + a_n)} - 1\right]^n \leqslant \left(\frac{1}{a_1} - 1\right)\left(\frac{1}{a_2} - 1\right)\cdots\left(\frac{1}{a_n} - 1\right).$$

设 $f(x) = \ln\left(\dfrac{1}{x} - 1\right), x \in \left(0, \dfrac{1}{2}\right)$，则 $f(x)$ 是凸函数，所以由琴生不等式可得

$$f\left(\frac{a_1 + a_2 + \cdots + a_n}{n}\right) \leqslant \frac{f(a_1) + f(a_2) + \cdots + f(a_n)}{n},$$

即 $\left(\dfrac{n}{a_1 + a_2 + \cdots + a_n} - 1\right)^n \leqslant \left(\dfrac{1}{a_1} - 1\right)\left(\dfrac{1}{a_2} - 1\right)\cdots\left(\dfrac{1}{a_n} - 1\right).$

另一方面，由已知及柯西不等式得 $\displaystyle\sum_{i=1}^{n}(1 - a_i) = \sum_{i=1}^{n} \frac{1}{a_i + a_{i+1}} - n$

$$\geqslant \frac{n^2}{\displaystyle\sum_{i=1}^{n}(a_i + a_{i+1})} - n = \frac{n^2}{a_{n+1} - a_1 + 2\displaystyle\sum_{i=1}^{n} a_i} - n \geqslant \frac{n^2}{2\displaystyle\sum_{i=1}^{n} a_i} - n = n\left(\frac{n}{2\displaystyle\sum_{i=1}^{n} a_i} - 1\right),$$

所以 $\dfrac{\displaystyle\sum_{i=1}^{n}(1 - a_i)}{\displaystyle\sum_{i=1}^{n} a_i} \geqslant \dfrac{n}{\displaystyle\sum_{i=1}^{n} a_i}\left(\dfrac{n}{2\displaystyle\sum_{i=1}^{n} a_i} - 1\right),$

故 $\left(\dfrac{n}{a_1 + a_2 + \cdots + a_n}\right)^n \left[\dfrac{n}{2(a_1 + a_2 + \cdots + a_n)} - 1\right]^n \leqslant \left[\dfrac{(1-a_1) + (1-a_2) + \cdots + (1-a_n)}{a_1 + a_2 + \cdots + a_n}\right]^n$

$\leqslant \left(\dfrac{1}{a_1} - 1\right)\left(\dfrac{1}{a_2} - 1\right)\cdots\left(\dfrac{1}{a_n} - 1\right)$，从而原命题得证.

例题 43 求所有的函数 $f, g: (0, +\infty) \to (0, +\infty)$，使得对所有的 $x \in \mathbf{R}^+$，都有

$$f(g(x)) = \frac{x}{xf(x) - 2} \text{ 和 } g(f(x)) = \frac{x}{xg(x) - 2}.$$

方法讲解 由题意，$xf(x) - 2 > 0, xg(x) - 2 > 0$，即 $xf(x) > 2, xg(x) > 2$.

记 $a_1 = 2, b_n = \dfrac{2a_n}{a_n - 1}, a_{n+1} = \dfrac{2b_n}{b_n - 1}$，则 $a_i \in [2, 3), b_i \in (3, 4), i = 1, 2, 3, \cdots$.

用数学归纳法证明：对任意正整数 n，任意正实数 x，有 $a_n < xf(x) < b_n, a_n < xg(x) < b_n$ ①.

设 $xf(x) > 2 = a_1, xg(x) > 2 = a_1$. 假设 $\forall x \in \mathbf{R}^+, a_n < xf(x), a_n < xg(x)$，则

$\dfrac{xg(x)}{xf(x) - 2} = f(g(x))g(x) > a_n$ 即 $xg(x) > a_n xf(x) - 2a_n$ ②.

同理 $xf(x) > a_n \cdot xg(x) - 2a_n$ ③.

由 ① × a_n + ② 得

$$2a_n^2 + 2a_n > (a_n^2 - 1)xf(x) \Rightarrow xf(x) < \frac{2a_n}{a_n - 1} = b_n.$$

同理 $xg(x) < b_n$. 又由 $xf(x) < b_n, xg(x) < b_n$，类似地可以推出 $xf(x) > a_{n+1}, xg(x) > b_{n+1}$.

这样我们用数学归纳法证明了 ① 式.

现在分析 $\{a_n\}$，$n=1,2,3,\cdots$，$a_{n+1}=\dfrac{2b_n}{b_n-1}=\dfrac{2\cdot\dfrac{2a_n}{a_n-1}}{\dfrac{2a_n}{a_n-1}-1}=\dfrac{4a_n}{a_n+1}$，

所以 $\dfrac{1}{a_{n+1}}=\dfrac{1}{4}\cdot\dfrac{1}{a_n}+\dfrac{1}{4}$，所以 $\dfrac{1}{a_{n+1}}-\dfrac{1}{3}=\dfrac{1}{4}\left(\dfrac{1}{a_n}-\dfrac{1}{3}\right)$，$\dfrac{1}{a_n}-\dfrac{1}{3}=\dfrac{1}{4^{n-1}}\left(\dfrac{1}{a_1}-\dfrac{1}{3}\right)=\dfrac{1}{6\cdot4^{n-1}}$，

所以 $a_n=\dfrac{6\cdot4^{n-1}}{2\cdot4^{n-1}+1}$.

所以数列 $\{a_n\}$ 单调递增，且 $\lim\limits_{n\to+\infty}a_n=3$. 而对任意正整数 n，任意正实数 x，有 $a_n<xf(x)<b_n=$

$\dfrac{2a_n}{a_n-1}$，所以 $\lim\limits_{n\to+\infty}a_n<xf(x)<\lim\limits_{n\to+\infty}\dfrac{2a_n}{a_n-1}$，即 $3\leqslant xf(x)\leqslant3$.

所以 $xf(x)=3$，同理 $xg(x)=3$. 因此 $f(x)=g(x)=\dfrac{3}{x}$，$\forall x\in\mathbf{R}^+$.

不难检验它满足条件. 这样 f,g 有唯一解 $f(x)=g(x)=\dfrac{3}{x}$.

◎ 三、课外训练

1. 已知 $f(x)=\begin{cases}-2x,&x<0,\\x^2-1,&x\geqslant0,\end{cases}$ 方程 $f(x)+2\sqrt{1-x^2}+\left|f(x)-2\sqrt{1-x^2}\right|-2ax=4$ 有三个根 $x_1,x_2,x_3(x_1<x_2<x_3)$，满足 $x_3-x_2=2(x_2-x_1)$. 求实数 a.

2. 设函数 $f:\mathbf{R}\to\mathbf{R}$，满足对 $x,y\in\mathbf{R}$，$f(x^3+y^3)=(x+y)[f^2(x)-f(x)f(y)+f^2(y)]$，$x,y\in\mathbf{R}$. 证明：$f(2023x)=2023f(x)$，$x\in\mathbf{R}$.

3. 设函数 $f(x):[0,1]\to[0,1]$ 连续，满足 $f(0)=0$，$f(1)=1$，$f(f(x))=x$. 证明：$f(x)=x$，$x\in[0,1]$.

4. 设函数 $f_a(z)=(z+a)^2+a\bar{z}$，求所有 $a\in\mathbf{C}$，使得对任意 $z_1,z_2\in\mathbf{C}$，$|z_1|$，$|z_2|<1$，$z_1\neq z_2$，有 $f_a(z_1)\neq f_a(z_2)$.

5. 设 $z_i\in\mathbf{C}$，$|z_i|\leqslant1$，$1\leqslant i\leqslant3$，w_1,w_2 为方程 $\sum\limits_{cyc}(z-z_1)(z-z_2)=0$ 的两个根. 证明：对 $1\leqslant j\leqslant3$，有 $\min\{|z_j-w_1|,|z_j-w_2|\}\leqslant1$.

6. 设 $a_i>0$，$1\leqslant i\leqslant n$，$k\in\mathbf{Z}^+$，证明：$\sum\limits_{i=1}^{n}\left(\dfrac{a_i}{\sum\limits_{n}a_j}\right)^k\geqslant\dfrac{n}{(n-1)^k}$，$a_{n+1}=a_1$.

7. 设 $x,y,z>0$，$x+y+z=1$，证明：$\sum\limits_{cyc}\dfrac{3x^2-x}{1+x^2}\geqslant0$.

8. 设 n 为奇数，$a_i,b_i\in\mathbf{R}$，$1\leqslant i\leqslant n$，$\min\{a_i\}\leqslant\min\{b_i\}$，$\sum\limits_{i=1}^{n}a_i^k=\sum\limits_{i=1}^{n}b_i^k$，$1\leqslant k\leqslant n-1$. 证明：$\max\{a_i\}\leqslant\max\{b_i\}$.

9. 设 $a_i\geqslant0$，$1\leqslant i\leqslant n$，证明：$\dfrac{1}{n}\sum\limits_{i=1}^{n}a_i-\sqrt[n]{a_1\cdots a_n}\leqslant\max\limits_{1\leqslant i<j\leqslant n}\left\{(\sqrt{a_i}-\sqrt{a_j})^2\right\}$.

10. 设 a,b,c 为三角形三边之长，证明：$(a+b-c)^a(b+c-a)^b(c+a-b)^c\leqslant a^ab^bc^c$.

11. 设 $b>a>0$，$x_i\in[a,b]$，$1\leqslant i\leqslant n$，求 $\dfrac{x_1x_2\cdots x_n}{(a+x_1)(x_1+x_2)\cdots(x_{n-1}+x_n)(x_n+b)}$ 的最大值.

12. 设 $a,b,c,d>0$，$a+b+c+d=4$，证明：$\sum\limits_{cyc}\dfrac{a}{b^2+b}\geqslant\dfrac{8}{(a+c)(b+d)}$.

13. 设 $f(x) = x^2 + a$，$f^{(n)}(x) = f(f^{(n-1)}(x))$，$n \geqslant 2$，$f^{(1)}(x) = f(x)$. 证明：$\{a \in \mathbf{R} \mid f^{(n)}(0) \leqslant 2$，$n \geqslant 1\} = \left[-2, \dfrac{1}{4}\right]$.

14. 设函数 $f: \mathbf{R}^+ \to \mathbf{R}^+$，满足对任意 $a, b, c \in \mathbf{R}^+$，当 a, b, c 为三角形的三边时，$f(a), f(b), f(c)$ 也为三角形的三边，证明：存在 $A, B > 0$，使得 $f(x) \leqslant Ax + B$，$x > 0$.

15. 设函数 $f, g: \mathbf{Z} \to [0, +\infty)$，满足对从 $\mathbf{Z}$ 中仅除去有限个元素得到的集合中的所有整数 n，都有 $f(n) = g(n) = 0$. 定义 $h: \mathbf{Z} \to [0, +\infty)$ 为 $h(n) = \max\{f(n-k)g(k) \mid k \in \mathbf{Z}\}$，$n \in \mathbf{Z}$. 设 $p, q > 0$，$\dfrac{1}{p} + \dfrac{1}{q} = 1$. 证明：$\displaystyle\sum_{n \in \mathbf{Z}} h(n) \geqslant \left(\sum_{n \in \mathbf{Z}} (f(n))^p\right)^{\frac{1}{p}} \left(\sum_{n \in \mathbf{Z}} (g(n))^q\right)^{\frac{1}{q}}$.

16. 证明：存在 $\mathbf{R} \to \mathbf{R}$ 上的周期函数 $f(x), g(x)$ 满足 $f(x) + g(x) = x$，$x \in \mathbf{R}$.

17. 设 $a, b, c > 0$，$a + b + c = 1$，证明：$\displaystyle\sum_{cyc} \dfrac{1}{1 + a^2} \leqslant \dfrac{27}{10}$.

18. 设 $0 \leqslant x, y, z \leqslant 1$，$x + y + z = 1$，证明：$2 \leqslant \displaystyle\sum_{cyc} \sqrt{\dfrac{1-x}{1+x}} \leqslant \dfrac{2}{\sqrt{3}} + 1$.

19. 设 $f: \mathbf{R}^+ \to \mathbf{R}^+$ 满足 ① $\lim\limits_{x \to +\infty} f(x) = 0$，② $f(xf(y)) = yf(x)$，求 $f(x)$.

20. 证明：不存在函数 $f: \mathbf{N} \to \mathbf{N}$ 满足 $f(f(n)) = n + 2011$，$n \in \mathbf{N}$.

21. 设 $a, b, c \geqslant 0$，且至少有 2 个不为 0，证明：$\displaystyle\sum_{cyc} \dfrac{a}{\sqrt{a+b}} \leqslant \dfrac{5}{4}\sqrt{a+b+c}$.

22. 设 $a, b, c, d > 0$，$a + b + c + d = 1$，证明：$\dfrac{a}{\sqrt{a+b}} + \dfrac{b}{\sqrt{b+c}} + \dfrac{c}{\sqrt{c+d}} + \dfrac{d}{\sqrt{d+a}} \leqslant \dfrac{3}{2}$.

23. 设 $a \in \mathbf{Q}$，$b, c, d \in \mathbf{R}$，函数 $f(x): \mathbf{R} \to [-1, 1]$ 满足
$$f(x + a + b) - f(x + b) = c[x + 2a + [x] - 2[x + a] - [b]] + d.$$
证明：$f(x)$ 为周期函数，其中 $[x]$ 为不超过 x 的最大整数.

24. 设 $0 < x_i < \pi$，$1 \leqslant i \leqslant n$，$x = \dfrac{1}{n}\displaystyle\sum_{i=1}^n x_i$，证明：$\displaystyle\prod_{i=1}^n \dfrac{\sin x_i}{x_i} \leqslant \left|\dfrac{\sin x}{x}\right|^n$.

25. 设 $k, n \in \mathbf{Z}^+$，$a_i \in \mathbf{R}^+$，$1 \leqslant i \leqslant n$，$\displaystyle\sum_{i=1}^n a_i^k = 1$. 证明：$\displaystyle\sum_{i=1}^n a_i + \sum_{i=1}^n \dfrac{1}{a_i} \geqslant \sqrt[k]{n^{k-1}} + (\sqrt[k]{n})^n$.

26. 求最大常数 k，使得对非平方数 $n \in \mathbf{Z}^+$，有 $\left|(1+\sqrt{n})\sin(\pi\sqrt{n})\right| > k$.

27. 求所有 $f: \mathbf{R} \to \mathbf{R}$，使对 $\forall x, y \in \mathbf{R}$，$f(f(x) + y) = 2x + f(f(y) - x)$.

28. 设 $b > 0$，求所有 $f: \mathbf{R} \to \mathbf{R}$，使得
$$f(x + y) = f(x) \cdot 3^{b^y + f(y) - 1} + b^x[3^{b^y + f(y) - 1} - b^y]，x, y \in \mathbf{R}.$$

1.4 多元函数的极值

例题 1 设 x, y, z 为正实数，且 $x + y + z \geqslant xyz$. 求 $\dfrac{x^2 + y^2 + z^2}{xyz}$ 的最小值.

方法讲解 所求的最小值为 $\sqrt{3}$.

一方面，当 $x = y = z = \sqrt{3}$ 时，取到最小值 $\sqrt{3}$. 另一方面，
$$\left(\dfrac{x^2 + y^2 + z^2}{xyz}\right)^2 \geqslant \left(\dfrac{x^2 + y^2 + z^2}{xyz}\right)^2 \cdot \dfrac{xyz}{x + y + z} = \dfrac{(x^2 + y^2 + z^2)^2}{xyz(x + y + z)} \geqslant \dfrac{(xy + yz + zx)^2}{xyz(x + y + z)} \geqslant 3.$$
故我们完成了证明.

例题 2 求最小的正实数 k,使得对任意正实数 x,y,z,都有

$$x + \sqrt{xy} + \sqrt[3]{xyz} \leqslant k(x+y+z).$$

方法讲解 所求的最小值为 $\dfrac{4}{3}$.

一方面,令 $x:y:z=16:4:1$,得 $k \geqslant \dfrac{4}{3}$.另一方面,由均值不等式得

$$\sqrt{xy} \leqslant \frac{1}{2}\left(\frac{x}{2}+2y\right), \quad \sqrt[3]{xyz} \leqslant \frac{1}{3}\left(\frac{x}{4}+y+4z\right),$$

即得

$$x + \sqrt{xy} + \sqrt[3]{xyz} \leqslant \frac{4}{3}(x+y+z).$$

故我们完成了证明.

例题 3 (Carlson 不等式) 设 $a_i \geqslant 0, i=1,2,\cdots,n$,证明:

$$\sum_{k=1}^{n} \sqrt[k]{\prod_{i=1}^{k} a_i} < \mathrm{e} \sum_{i=1}^{n} a_i.$$

方法讲解 令 $c_k = \dfrac{(k+1)^k}{k^{k-1}}, k=1,2,\cdots,n$,则 $c_1 c_2 \cdots c_k = (k+1)^k$.故由均值不等式有

$$\sqrt[k]{\prod_{i=1}^{k} a_i} = \frac{1}{k+1}\sqrt[k]{\prod_{i=1}^{k} c_i a_i} \leqslant \frac{1}{k(k+1)}(c_1 a_1 + c_2 a_2 + \cdots + c_k a_k).$$

从而

$$\sum_{k=1}^{n} \sqrt[k]{\prod_{i=1}^{k} a_i} = \sum_{k=1}^{n} \frac{1}{k+1}\sqrt[k]{\prod_{i=1}^{k} c_i a_i} \leqslant \sum_{k=1}^{n} \frac{1}{k(k+1)}(c_1 a_1 + c_2 a_2 + \cdots + c_k a_k)$$

$$= \sum_{i=1}^{n} c_i a_i \left[\sum_{k=1}^{n} \frac{1}{k(k+1)}\right] < \sum_{i=1}^{n} c_i a_i \cdot \frac{1}{i} = \sum_{i=1}^{n} \left(1+\frac{1}{i}\right)^i a_i < \mathrm{e} \sum_{i=1}^{n} a_i.$$

最后一步使用了 e 的定义.

> **注** (1) 本题可以看成上题的极限情形,或上题是本题在 $n=3$ 时的特殊情形.
>
> (2) 事实上,当我们任意待定 $c_k > 0$,可以得到
>
> $$\sum_{k=1}^{n} \sqrt[k]{\prod_{i=1}^{k} a_i} = \sum_{k=1}^{n} \frac{1}{\sqrt[k]{c_1 c_2 \cdots c_k}} \cdot \sqrt[k]{\prod_{i=1}^{k} c_i a_i} \leqslant \sum_{k=1}^{n} \frac{1}{k \sqrt[k]{c_1 c_2 \cdots c_k}}(c_1 a_1 + c_2 a_2 + \cdots + c_k a_k)$$
>
> $$= \sum_{i=1}^{n} c_i a_i \cdot \left(\sum_{k=1}^{n} \frac{1}{k \sqrt[k]{c_1 c_2 \cdots c_k}}\right).$$
>
> 故需要对求和式 $\displaystyle\sum_{k=1}^{n} \frac{1}{k \sqrt[k]{c_1 c_2 \cdots c_k}}$ 做一个估计,然后将其与 $\displaystyle\sum_{k=1}^{n} \frac{1}{k(k+1)}$ 相联系,因为后者是大家比较熟悉的求和式.

例题 4 求最大的正实数 k,使得对任意正实数 x,y,z,都有

$$(1+5x)(4x+3y)(5y+6z)(z+18) \geqslant kxyz.$$

方法讲解 注意到 AM-GM 不等式有以下局部不等式:

$$z+18 = z+6+6+6 \geqslant 4\sqrt[4]{6^3 z},$$

$$5y+6z = 5y+2z+2z+2z \geqslant 4\sqrt[4]{5 \cdot 2^3 y z^3},$$

$$4x+3y = 4x+y+y+y \geqslant 4\sqrt[4]{4 \cdot x y^3},$$

$$1+5x = 1+\frac{5}{3}x+\frac{5}{3}x+\frac{5}{3}x \geqslant 4\sqrt[4]{\left(\frac{5}{3}\right)^3 x^3},$$

$LHS \geq 256 \times 5 \times 4xyz = 5120xyz.$ 故 k 的最大值是 5120.

注 需要用待定系数先将每个局部不等式列出,考虑到最后 x,y,z 的指数均为 1,所以局部不等式平分的两部分个数应相同,则结合取等条件可知 $\dfrac{1}{5x} = \dfrac{4x}{3y} = \dfrac{5y}{6z} = \dfrac{z}{18}$,进而解出 x,y,z,再反推出局部不等式.

例题 5 给定 $n \geq 2$ 为正整数,且 $x_i(i = 1,2,\cdots,n)$ 为实数,求

$$\sum_{1 \leq i < j \leq n} (x_i - x_j + 1)^2$$

的最小值.

方法讲解 由平移不变性,不妨设 $\sum_{i=1}^{n} x_i = 0$,则

$$\sum_{1 \leq i < j \leq n} (x_i - x_j + 1)^2 = \sum_{1 \leq i < j \leq n} (x_i - x_j)^2 + 2\sum_{1 \leq i < j \leq n} (x_i - x_j) + \frac{n(n-1)}{2}$$

$$= n(x_1^2 + x_2^2 + \cdots + x_n^2) - (x_1 + x_2 + \cdots + x_n)^2 + 2\sum_{1 \leq i < j \leq n} (x_i - x_j) + \frac{n(n-1)}{2}$$

$$= n\sum_{k=1}^{n} x_k^2 + 2\sum_{k=1}^{n} (n - 2k + 1)x_k + \frac{n(n-1)}{2}$$

$$= n\sum_{k=1}^{n} \left(x_k + \frac{n - 2k + 1}{n}\right)^2 - \frac{1}{n}\sum_{k=1}^{n} (n - 2k + 1)^2 + \frac{n(n-1)}{2}$$

$$\geq -\frac{1}{n}\sum_{k=1}^{n} (n - 2k + 1)^2 + \frac{n(n-1)}{2} = -\frac{(n-1)(n+1)}{3} + \frac{n(n-1)}{2} = \frac{(n-1)(n-2)}{6}.$$

当 $x_k = -\dfrac{n - 2k + 1}{n}, 1 \leq k \leq n$ 时可取到等号. 故所求的最小值为 $\dfrac{(n-1)(n-2)}{6}$.

例题 6 给定正整数 n,设 $-1 \leq x_1 \leq x_2 \leq \cdots \leq x_n \leq 1, -1 \leq y_1 \leq y_2 \leq \cdots \leq y_n \leq 1$,且满足 $\sum_{i=1}^{n} x_i = 0$,求以下表达式的最大值:

$$\sum_{i=1}^{n} |x_i - y_i|.$$

方法讲解 所求的最大值为 n. 当 $x_1 = x_2 = \cdots = x_n = 0, y_1 = y_2 = \cdots = y_n = 1$ 时取到.

另外,易知对任意 $i(1 \leq i \leq n)$,

$$|x_i - y_i| \leq 1 - x_i y_i.$$

(因为上式等价于 $x_i y_i - 1 \leq x_i - y_i \leq 1 - x_i y_i \Leftrightarrow (1 + x_i)(1 - y_i) \geq 0, (1 + y_i)(1 - x_i) \geq 0$)
故再结合切比雪夫不等式,我们有

$$\sum_{i=1}^{n} |x_i - y_i| \leq \sum_{i=1}^{n} (1 - x_i y_i) \leq n - \frac{1}{n}\left(\sum_{i=1}^{n} x_i\right)\left(\sum_{i=1}^{n} y_i\right) = n.$$

故我们完成了证明.

例题 7 已知实数 a,b,c,d 满足 $a + b + c + d = 17$,且 $a^2 + b^2 + c^2 + d^2 = 79$,求 $\max\{a,b,c,d\}$ 的最小值.

方法讲解 $\max\{a,b,c,d\}$ 的最小值为 5. 在 $a = b = c = 5, d = 2$ 时取到.

注意到对任意 $x \geq y \geq z \geq w$,若 $x + w = y + z$,则 $x^2 + w^2 \geq y^2 + z^2$(因为其 $\Leftrightarrow x^2 - y^2 \geq z^2 - w^2 \Leftrightarrow (x - y)(x + y) \geq (z - w)(z + w)$).

不妨设 $a \geq b \geq c \geq d$,则

$$79 = a^2 + b^2 + c^2 + d^2 \leq 2a^2 + (b + c - a)^2 + d^2 \leq 3a^2 + (b + c + d - 2a)^2 = 3a^2 + (17 - 3a)^2,$$

即得

$$(a-5)(2a-7) \geqslant 0 \Rightarrow a \geqslant 5 \text{ 或 } a \leqslant \frac{7}{2}.$$

由 $4a \geqslant a+b+c+d = 17$ 得 $a \geqslant \frac{17}{4}$,故 $a \leqslant \frac{7}{2}$ 舍去,从而 $a \geqslant 5$,即

$$\max\{a,b,c,d\} \geqslant 5.$$

综上,$\max\{a,b,c,d\}$ 的最小值为 5.

例题 8 给定正整数 n,实数 $x_i \neq 0 (i = 1,2,\cdots,n)$,并且有 $\sum\limits_{i=1}^{n} x_i = 0$.求以下表达式的最小值:

$$\Big(\sum_{i=1}^{n} x_i^2\Big)\Big(\sum_{i=1}^{n} \frac{1}{x_i^2}\Big).$$

方法讲解 不妨设 $x_1,x_2,\cdots,x_k > 0, x_{k+1},x_{k+2},\cdots,x_n < 0$.显然 $1 \leqslant k < n$.由于 $\sum\limits_{i=1}^{n} x_i = 0$,可记 $S = x_1 + x_2 + \cdots + x_k = -x_{k+1} - x_{k+2} - \cdots - x_n > 0$.由柯西不等式得

$$\sum_{i=1}^{k} x_i^2 \geqslant \frac{(x_1 + x_2 + \cdots + x_k)^2}{k} = \frac{S^2}{k},$$

$$\sum_{i=k+1}^{n} x_i^2 \geqslant \frac{(x_{k+1} + x_{k+2} + \cdots + x_n)^2}{n-k} = \frac{S^2}{n-k}.$$

由均值不等式得

$$\sum_{i=1}^{k} \frac{1}{x_i^2} \geqslant \frac{k^3}{(x_1 + x_2 + \cdots + x_k)^2} = \frac{k^3}{S^2},$$

$$\sum_{i=k+1}^{n} \frac{1}{x_i^2} \geqslant \frac{(n-k)^3}{(x_{k+1} + x_{k+2} + \cdots + x_n)^2} = \frac{(n-k)^3}{S^2},$$

故有

$$\Big(\sum_{i=1}^{n} x_i^2\Big)\Big(\sum_{i=1}^{n} \frac{1}{x_i^2}\Big) \geqslant \Big(\frac{S^2}{n-k} + \frac{S^2}{k}\Big)\Big[\frac{k^3}{S^2} + \frac{(n-k)^3}{S^2}\Big] = \frac{n^2(n^2 - 3nk + 3k^2)}{k(n-k)} = n^2\Big(\frac{k}{n-k} + \frac{n-k}{k} - 1\Big).$$

当 $x_1 = x_2 = \cdots = x_k = \frac{S}{k}, x_{k+1} = x_{k+2} = \cdots = x_n = \frac{-S}{n-k}$ 时上面等号均可以成立.容易知道,当 n 是偶数,$k = \frac{n}{2}$ 时,$\frac{k}{n-k} + \frac{n-k}{k}$ 取到最小值 2.当 n 是奇数,$k = \frac{n \pm 1}{2}$ 时,$\frac{k}{n-k} + \frac{n-k}{k}$ 取到最小值 $2 + \frac{4}{n^2-1}$.故 $\Big(\sum\limits_{i=1}^{n} x_i^2\Big)\Big(\sum\limits_{i=1}^{n} \frac{1}{x_i^2}\Big)$ 的最小值为 $\begin{cases} n^2, & n \text{ 是偶数}, \\ \dfrac{n^2(n^2+3)}{n^2-1}, & n \text{ 是奇数}. \end{cases}$

> **注** 由取等条件不难发现,把 x_i 分为正、负两类是自然的手段,这也使得 $\sum x_i^2, \sum \dfrac{1}{x_i^2}$ 可以估计.

例题 9 给定正整数 n,已知 $a_1,a_2,\cdots,a_n \geqslant 0$,且满足 $a_1^2 + a_2^2 + \cdots + a_n^2 = 1$,求以下表达式的最大值:

$$(1-a_1)(1-a_2)\cdots(1-a_n).$$

方法讲解 当 $n = 1$ 时,显然上式的最大值为 0;当 $n \geqslant 2$ 时,最大值为 $\frac{3 - 2\sqrt{2}}{2}$,且在 $a_1 = a_2 = \frac{\sqrt{2}}{2}$, $a_3 = \cdots = a_n = 0$ 时取到.

下面证明当 $n \geqslant 2$ 时,

$$(1-a_1)(1-a_2)\cdots(1-a_n) \leqslant \frac{3 - 2\sqrt{2}}{2}.$$

对 n 使用数学归纳法:当 $n = 2$ 时,设 $t = a_1 + a_2 \in [1, \sqrt{2}]$,则

$$(1-a_1)(1-a_2) = 1 - t + \frac{t^2-1}{2} = \frac{(t-1)^2}{2} \leqslant \frac{3-2\sqrt{2}}{2}.$$

当 $n \geqslant 3$ 时，不妨设 $a_1 \geqslant a_2 \cdots \geqslant a_{n-1} \geqslant a_n$，则 $a_{n-1}^2 + a_n^2 \leqslant \frac{2}{n} \leqslant \frac{2}{3}$，则

$$a_{n-1} + a_n + \sqrt{a_{n-1}^2 + a_n^2} \leqslant (\sqrt{2}+1)\sqrt{a_{n-1}^2 + a_n^2} \leqslant (\sqrt{2}+1) \cdot \sqrt{\frac{2}{3}} < 2,$$

故

$$2a_{n-1}a_n \leqslant 2(a_{n-1} + a_n - \sqrt{a_{n-1}^2 + a_n^2}) \Leftrightarrow (1-a_{n-1})(1-a_n) \leqslant 1 - \sqrt{a_{n-1}^2 + a_n^2}.$$

由归纳假设得

$$(1-a_1)(1-a_2)\cdots(1-a_n) \leqslant (1-a_1)(1-a_2)\cdots(1-a_{n-2})(1-\sqrt{a_{n-1}^2 + a_n^2}) \leqslant \frac{3-2\sqrt{2}}{2}.$$

从而我们完成了证明.

例题 10 对于正整数 $n(n \geqslant 2)$，已知实数 $a_1, a_2, \cdots, a_n$ 满足 $a_1 + a_2 + \cdots + a_n = 0$，$a_1^2 + a_2^2 + \cdots + a_n^2 = 1$，求以下表达式的最大值：

$$a_1^4 + a_2^4 + \cdots + a_n^4.$$

方法讲解 最大值为 $\frac{n^2-3n+3}{n(n-1)}$，等号在 $a_1 = a_2 = \cdots = a_{n-1} = \frac{1}{\sqrt{n(n-1)}}$，$a_n = -\frac{\sqrt{n-1}}{\sqrt{n}}$ 时取到.

下面证明：

$$\frac{a_1^4 + a_2^4 + \cdots + a_n^4}{n^2-3n+3} \leqslant \frac{(a_1^2 + a_2^2 + \cdots + a_n^2)^2}{n(n-1)}.$$

当 $n = 2$ 时，命题显然成立.下设 $n \geqslant 3$，由对称性，不妨设 $a_n^2 = \max\{a_1^2, a_2^2, \cdots, a_n^2\}$.记 $x = a_1^2 + a_2^2 + \cdots + a_{n-1}^2$，$y = a_n^2$.由柯西不等式得

$$a_1^4 + a_2^4 + \cdots + a_{n-1}^4 = (a_1^2 + a_2^2 + \cdots + a_{n-1}^2)^2 - 2\sum_{1 \leqslant i < j \leqslant n-1} a_i^2 a_j^2$$

$$\leqslant (a_1^2 + a_2^2 + \cdots + a_{n-1}^2)^2 - \frac{4}{(n-1)(n-2)}\left(\sum_{1 \leqslant i < j \leqslant n-1} a_i a_j\right)^2$$

$$= x^2 - \frac{1}{(n-1)(n-2)}\left[(a_1 + a_2 + \cdots + a_{n-1})^2 - (a_1^2 + a_2^2 + \cdots + a_{n-1}^2)\right]^2$$

$$= x^2 - \frac{1}{(n-1)(n-2)}(y-x)^2.$$

故有

$$\frac{a_1^4 + a_2^4 + \cdots + a_n^4}{n^2-3n+3} \leqslant \frac{x^2 - \dfrac{1}{(n-1)(n-2)}(y-x)^2 + y^2}{n^2-3n+3}.$$

而原不等式右边为

$$\frac{(a_1^2 + a_2^2 + \cdots + a_n^2)^2}{n(n-1)} = \frac{(x+y)^2}{n(n-1)},$$

故只需证明

$$\frac{x^2 - \dfrac{1}{(n-1)(n-2)}(y-x)^2 + y^2}{n^2-3n+3} \leqslant \frac{(x+y)^2}{n(n-1)}.$$

由 a_n^2 的最大性得 $(n-1)y - x \geqslant 0$，再由柯西不等式得

$$(n-1)x = (n-1)(a_1^2 + a_2^2 + \cdots + a_{n-1}^2) \geqslant (a_1 + a_2 + \cdots + a_{n-1})^2 = a_n^2 = y.$$

故上述不等式成立，故我们完成了证明.

例题 11 对于正整数 $n(n \geqslant 2)$，已知实数 $a_1, a_2, \cdots, a_n$ 满足 $a_1 + a_2 + \cdots + a_n = 0, a_1^2 + a_2^2 + \cdots + a_n^2 = 1$，求以下表达式的最大值：

$$a_1^3 + a_2^3 + \cdots + a_n^3.$$

方法讲解 不妨设 $a_1 = \max\{a_1, a_2, \cdots, a_n\}$，若 $a_1 > \sqrt{\dfrac{n-1}{n}}$，此时

$$a_2 + a_3 + \cdots + a_n < -\sqrt{\frac{n-1}{n}} \Rightarrow a_2^2 + \cdots + a_n^2 \geqslant \frac{(a_2 + a_3 + \cdots + a_n)^2}{n-1} > \sqrt{\frac{n-1}{n}},$$

产生矛盾，故 $a_1 \leqslant \sqrt{\dfrac{n-1}{n}}$. 下面考虑局部不等式

$$\left[a_i + \frac{1}{\sqrt{n(n-1)}}\right]^2 \left[a_i - \frac{n-1}{\sqrt{n(n-1)}}\right] \leqslant 0 \ (i = 1, 2, \cdots, n).$$

故有

$$\sum_{i=1}^{n} a_i^3 \leqslant n \cdot \frac{n-1}{[\sqrt{n(n-1)}]^3} + \sum_{i=1}^{n} a_i^2 \left[\frac{-2}{\sqrt{n(n-1)}} + \frac{n-1}{\sqrt{n(n-1)}}\right] - \sum_{i=1}^{n} a_i \left[\frac{1}{n(n-1)} - \frac{2(n-1)}{n(n-1)}\right]$$

$$= \frac{1}{\sqrt{n(n-1)}} + \frac{n-3}{\sqrt{n(n-1)}} = \frac{n-2}{\sqrt{n(n-1)}}.$$

当 $a_1 = \dfrac{n-1}{\sqrt{n(n-1)}}, a_2 = a_3 = \cdots = a_n = \dfrac{-1}{\sqrt{n(n-1)}}$ 时取等号.

注 当取等非对称时，通过取等构造恒成立的局部不等式是一种有效的手段.

例题 12 设 $a_1, a_2, \cdots, a_{2023} \geqslant 0$，且 $\sum\limits_{i=1}^{2023} a_i = 1$，求 $S = \sum\limits_{1 \leqslant i < j \leqslant 2023, i \mid j} a_i a_j$ 的最大值.

方法讲解 所求的最大值为 $\dfrac{5}{11}$.

一方面，当 $a_1 = a_2 = a_{2^2} = \cdots = a_{2^{10}} = \dfrac{1}{11}$，其余变量为 0 时取到.

另一方面，令 $x_k = a_{2^{k-1}} + a_{2^{k-1}+1} + a_{2^k-1}(1 \leqslant k \leqslant 10), x_{11} = a_{1024} + a_{1025} + \cdots + a_{2023}$，由于 $2^{k-1}+1, 2^{k-1}+2, \cdots, 2^k-1$ 中任意两个数相互不整除，所以有

$$S = \sum_{1 \leqslant i < j \leqslant 2023, i \mid j} a_i a_j \leqslant \sum_{1 \leqslant k < l \leqslant 11} x_k x_l = \frac{1}{2}\left[\left(\sum_{k=1}^{11} x_k\right)^2 - \sum_{k=1}^{11} x_k^2\right] \leqslant \frac{1}{2}\left(1 - \frac{1}{11}\right) = \frac{5}{11}.$$

（其中最后一个不等号使用了柯西不等式）

注 事实上，我们还可以解决以下一般问题：

给定正整数 n，设 $a_1, a_2, \cdots, a_n \geqslant 0$，且 $\sum\limits_{i=1}^{n} a_i = 1$，记 $G = (V, E)$ 为简单图，其顶点记为 $1, 2, \cdots, n$，求 $S = \sum\limits_{1 \leqslant i < j \leqslant n, ij \in E} a_i a_j$ 的最大值.

所求的最大值为 $\dfrac{k-1}{2k}$，其中 k 为图 G 中最大完全子图中的顶点个数. 取等条件为那个最大完全子图的点 i 对应的 a_i 都为 $\dfrac{1}{k}$，其余变量 a_j 为 0. 证明需要用一些调整的办法，考虑表达式

$$S = \sum_{1 \leqslant i < j \leqslant n, (i,j) \in E} a_i a_j.$$

若存在 $(i_0, j_0) \notin E, 1 \leqslant i_0 < j_0 \leqslant n$ 使得 $a_{i_0} > 0, a_{j_0} > 0$，则将 a_{i_0} 用 $a_{i_0} + x$ 代替，a_{j_0} 用 $a_{j_0} - x$ 代替，

其中 $-a_{i_0}\leqslant x\leqslant a_{j_0}$，其余变量不变. 此时 S 为关于 x 的一次函数，从而必在边界处取到最大值，在 $x=-a_{i_0}$ 或 $x=a_{j_0}$，即 $a'_{i_0}=0,a'_{j_0}=a_{i_0}+a_{j_0}$ 或 $a'_{j_0}=0,a'_{i_0}=a_{i_0}+a_{j_0}$（其余变量不变）可以使 S 的值不减. 通过这样的调整，不妨设 S 取到最大值时，所有大于 0 的变量 $a_{i_1},a_{i_2},\cdots,a_{i_m}(1\leqslant i_1<i_2<\cdots<i_m\leqslant n)$ 都满足 $(i_s,i_t)\in E,1\leqslant s<t\leqslant m$，从而 $m\leqslant k$，即完成了证明.

注意，这个推广是很多问题的特殊情形，比如在相同条件下求 $\sum\limits_{i=1}^{n}a_ia_{i+1}$ 的最大值.（当 $n=3$ 时，所对应的图的最大完全子图的顶点数为 3；当 $n\geqslant 4$ 时，所对应的图的最大完全子图的顶点数为 2.）

例题 13 已知 $n(n\geqslant 2)$ 为正整数，且 $x_1+x_2+\cdots+x_n=n,x_i\geqslant 0,i=1,2,\cdots,n$，求以下表达式的最大值与最小值：

$$(x_1-1)(x_2-1)+(x_2-1)(x_3-1)+\cdots+(x_{n-1}-1)(x_n-1).$$

方法讲解 先证明一个较常见的引理：

引理（后文中若用到该引理，称该引理为"$\frac{1}{4}$ 引理"）：对任意 $n\geqslant 4,a_1,a_2,\cdots,a_n\geqslant 0$，有

$$a_1a_2+a_2a_3+\cdots+a_{n-1}a_n+a_na_1\leqslant\frac{(a_1+a_2+\cdots+a_n)^2}{4}.$$

引理的证明：① 当 n 为偶数时，设 $n=2k,k\in\mathbf{N}^*$，则由二元均值不等式有

$$a_1a_2+a_2a_3+\cdots+a_{n-1}a_n+a_na_1\leqslant(a_1+a_3+\cdots+a_{2k-1})(a_2+a_4+\cdots+a_{2k})$$
$$\leqslant\frac{(a_1+a_2+\cdots+a_n)^2}{4}.$$

第一个取小于等于号是因为左边的项在右边的展开式中都会出现.

② 当 n 为奇数时，设 $n=2k+1,k\in\mathbf{N}^*$，由轮换对称性，不妨设 $a_n=\min\{a_1,a_2,\cdots,a_n\}$，故 $a_na_1\leqslant a_1a_4$，结合二元均值不等式，我们有

$$a_1a_2+a_2a_3+\cdots+a_{n-1}a_n+a_na_1\leqslant(a_1+a_3+\cdots+a_{2k-1}+a_{2k+1})(a_2+a_4+\cdots+a_{2k})$$
$$\leqslant\frac{(a_1+a_2+\cdots+a_n)^2}{4}.$$

第一个取小于等于号是因为左边的项除了 a_na_1 外在右边的展开式中都会出现，而 $a_na_1\leqslant a_1a_4$. 故引理证毕.

回到原题：当 $n=2$ 时，$(x_1-1)(x_2-1)=x_1x_2-x_1-x_2+1=x_1x_2-1\geqslant-1$，显然 $(x_1-1)(x_2-1)\leqslant 0$. 当 $x_1=x_2=1$ 时，$(x_1-1)(x_2-1)=0$；当 $x_1=0,x_2=2$ 时，$(x_1-1)(x_2-1)=-1$. 故此时其最大值为 0，最小值为 -1.

当 $n\geqslant 3$ 时，

$$(x_1-1)(x_2-1)+(x_2-1)(x_3-1)+\cdots+(x_{n-1}-1)(x_n-1)$$
$$=x_1x_2+x_2x_3+\cdots+x_{n-1}x_n+x_n\cdot 1+1\cdot x_1-(n+1)\geqslant-(n+1).$$

而当 $x_1=x_3=\cdots=x_n=0,x_2=n$ 时，

$$(x_1-1)(x_2-1)+(x_2-1)(x_3-1)+\cdots+(x_{n-1}-1)(x_n-1)=-(n+1).$$

另外，由引理有

$$x_1x_2+x_2x_3+\cdots+x_{n-1}x_n+x_n\cdot 1+1\cdot x_1\leqslant\frac{(x_1+x_2+\cdots+x_n+1)^2}{4}=\frac{(n+1)^2}{4},$$

故

$$(x_1-1)(x_2-1)+(x_2-1)(x_3-1)+\cdots+(x_{n-1}-1)(x_n-1)$$
$$\leqslant\frac{(n+1)^2}{4}-(n+1)=\frac{(n+1)(n-3)}{4}.$$

当 $x_1 = \dfrac{n+1}{2}$, $x_2 = \dfrac{n-1}{2}$, $x_3 = \cdots = x_n = 0$ 时,

$$(x_1 - 1)(x_2 - 1) + (x_2 - 1)(x_3 - 1) + \cdots + (x_{n-1} - 1)(x_n - 1) = \dfrac{(n+1)(n-3)}{4}.$$

此时其最大值为 $\dfrac{(n+1)(n-3)}{4}$,最小值为 $-(n+1)$.

综上,当 $n = 2$ 时,所求的最大值为 0,最小值为 -1;当 $n \geqslant 3$ 时,所求的最大值为 $\dfrac{(n+1)(n-3)}{4}$,最小值为 $-(n+1)$.

例题 14　给定正实数 k,设 $a, b, c \geqslant 0$,且不全为 0,求

$$\dfrac{a}{a + k\sqrt{b^2 + c^2}} + \dfrac{b}{b + k\sqrt{c^2 + a^2}} + \dfrac{c}{c + k\sqrt{a^2 + b^2}}$$

的最大值和最小值.

方法讲解　最小值:当 $k < 1$ 时,在 $a = 1, b = c = 0$ 时取得最小值 1;当 $k \geqslant 1$ 时,在 $a = b = 1$, $c = 0$ 时取得最小值 $\dfrac{2}{1+k}$.

最大值:当 $k < \sqrt{2}$ 时,在 $a = b = c = 1$ 时取得最大值 $\dfrac{3}{1 + k\sqrt{2}}$;当 $k \geqslant \sqrt{2}$ 时,在 $a = 1, b = c = 0$ 时取得最大值 1.

我们先来证明最小值:

当 $k < 1$ 时,由于 $k\sqrt{b^2 + c^2} \leqslant \sqrt{b^2 + c^2} \leqslant b + c$,故有

$$\dfrac{a}{a + k\sqrt{b^2 + c^2}} + \dfrac{b}{b + k\sqrt{c^2 + a^2}} + \dfrac{c}{c + k\sqrt{a^2 + b^2}} \geqslant \dfrac{a}{a + b + c} + \dfrac{b}{a + b + c} + \dfrac{c}{a + b + c} = 1.$$

下面我们来证明当 $k \geqslant 1$ 时,

$$\dfrac{a}{a + k\sqrt{b^2 + c^2}} + \dfrac{b}{b + k\sqrt{c^2 + a^2}} + \dfrac{c}{c + k\sqrt{a^2 + b^2}} \geqslant \dfrac{2}{1 + k}.$$

设 $S = \dfrac{a}{a + k\sqrt{b^2 + c^2}} + \dfrac{b}{b + k\sqrt{c^2 + a^2}} + \dfrac{c}{c + k\sqrt{a^2 + b^2}}$,则由柯西不等式得

$$\left[a(a + k\sqrt{b^2 + c^2}) + b(b + k\sqrt{c^2 + a^2}) + c(c + k\sqrt{a^2 + b^2}) \right] S \geqslant (a + b + c)^2.$$

为了证明 $S \geqslant \dfrac{2}{1 + k}$,只需证明

$$\dfrac{(a + b + c)^2}{a(a + k\sqrt{b^2 + c^2}) + b(b + k\sqrt{c^2 + a^2}) + c(c + k\sqrt{a^2 + b^2})} \geqslant \dfrac{2}{1 + k}$$

$$\Leftrightarrow (1 + k)(a + b + c)^2 \geqslant 2\left[a(a + k\sqrt{b^2 + c^2}) + b(b + k\sqrt{c^2 + a^2}) + c(c + k\sqrt{a^2 + b^2}) \right]$$

$$\Leftrightarrow (k - 1)(a^2 + b^2 + c^2) + 2(k + 1)(ab + bc + ca) - 2k(a\sqrt{b^2 + c^2} + b\sqrt{c^2 + a^2} + c\sqrt{a^2 + b^2}) \geqslant 0,$$

我们将证明

$$(k - 1)(a^2 + b^2 + c^2) + 2(k - 1)(ab + bc + ca) - 2(k - 1)(a\sqrt{b^2 + c^2} + b\sqrt{c^2 + a^2} + c\sqrt{a^2 + b^2}) \geqslant 0,$$

及

$$4(ab + bc + ca) \geqslant 2(a\sqrt{b^2 + c^2} + b\sqrt{c^2 + a^2} + c\sqrt{a^2 + b^2}).$$

上面第二个不等式的证明是简单的,只要注意到

$$a\sqrt{b^2 + c^2} \leqslant ab + ac, \quad b\sqrt{c^2 + a^2} \leqslant bc + ba, \quad c\sqrt{a^2 + b^2} \leqslant ca + cb$$

即可.第一个不等式即

$$(a+b+c)^2 \geq 2(a\sqrt{b^2+c^2} + b\sqrt{c^2+a^2} + c\sqrt{a^2+b^2}),$$

由柯西不等式得

$$[2(a\sqrt{b^2+c^2} + b\sqrt{c^2+a^2} + c\sqrt{a^2+b^2})]^2 \leq 4(a+b+c)[a(b^2+c^2) + b(c^2+a^2) + c(a^2+b^2)],$$

故只需证明

$$4[a(b^2+c^2) + b(c^2+a^2) + c(a^2+b^2)] \leq (a+b+c)^3.$$

该不等式展开后用舒尔不等式即可证明. 下面我们再来证明最大值的问题.

当 $k \geq \sqrt{2}$ 时，由于 $k\sqrt{b^2+c^2} \geq \sqrt{2} \cdot \sqrt{b^2+c^2} \geq b+c$，故有

$$\frac{a}{a+k\sqrt{b^2+c^2}} + \frac{b}{b+k\sqrt{c^2+a^2}} + \frac{c}{c+k\sqrt{a^2+b^2}} \leq \frac{a}{a+b+c} + \frac{b}{a+b+c} + \frac{c}{a+b+c} = 1.$$

当 $k < \sqrt{2}$ 时，我们来证明：

$$\frac{a}{a+k\sqrt{b^2+c^2}} + \frac{b}{b+k\sqrt{c^2+a^2}} + \frac{c}{c+k\sqrt{a^2+b^2}} \leq \frac{3}{1+k\sqrt{2}}.$$

为方便起见，设 $\frac{k}{\sqrt{2}} = t < 1$，则由于 $k\sqrt{b^2+c^2} \geq \frac{k}{\sqrt{2}}(b+c) = t(b+c)$，故有

$$\frac{a}{a+k\sqrt{b^2+c^2}} + \frac{b}{b+k\sqrt{c^2+a^2}} + \frac{c}{c+k\sqrt{a^2+b^2}}$$

$$\leq \frac{a}{a+t(b+c)} + \frac{b}{b+t(c+a)} + \frac{c}{c+t(a+b)}$$

$$= \frac{1}{1-t}\left[\frac{(1-t)a}{a+t(b+c)} + \frac{(1-t)b}{b+t(c+a)} + \frac{(1-t)c}{c+t(a+b)}\right]$$

$$= \frac{1}{1-t}\left[3 - \frac{t(a+b+c)}{a+t(b+c)} - \frac{t(a+b+c)}{b+t(c+a)} - \frac{t(a+b+c)}{c+t(a+b)}\right].$$

由柯西不等式得

$$\frac{1}{a+t(b+c)} + \frac{1}{b+t(c+a)} + \frac{1}{c+t(a+b)} \geq \frac{9}{(1+2t)(a+b+c)},$$

故

$$\frac{a}{a+k\sqrt{b^2+c^2}} + \frac{b}{b+k\sqrt{c^2+a^2}} + \frac{c}{c+k\sqrt{a^2+b^2}} \leq \frac{1}{1-t}\left(3 - \frac{9t}{1+2t}\right) = \frac{3}{1+2t} = \frac{3}{1+k\sqrt{2}}.$$

故我们完成了所有解答过程.

例题 15 求最大的实数 k，使得对于任意实数 a,b,c，均有

$$a^2 + b^2 + c^2 - ab - bc - ca \geq k\sqrt[3]{(a-b)^2(b-c)^2(c-a)^2}.$$

方法讲解 所求的最大值为 $\dfrac{3}{\sqrt[3]{4}}$.

一方面，令 $a=1, b=-1, c=0$，可得 $k \leq \dfrac{3}{\sqrt[3]{4}}$.

另一方面，我们来证明 $k = \dfrac{3}{\sqrt[3]{4}}$ 时该不等式成立. 由对称性，不妨设 $a \geq b \geq c$，令 $x = a-b, y = b-c$. 故 $x, y \geq 0$，且

$$a^2 + b^2 + c^2 - ab - bc - ca = x^2 + y^2 + xy \geq \frac{(x+y)^2}{4} + xy + xy$$

$$\geq 3\sqrt[3]{\frac{(x+y)^2}{4}x^2y^2} = \frac{3}{\sqrt[3]{4}}\sqrt[3]{(x+y)^2x^2y^2}.$$

（其中第一个不等号是因为其等价于 $(x-y)^2 \geqslant 0$，第二个不等号使用了均值不等式.）故我们完成了证明.

> **注** 本题只是一个吓唬人的三元不等式，因为其本质是二元不等式. 但有不少初学者会弄错答案，原因就是一直想套用均值不等式，这是因为对问题的实质不够了解.

例题 16 记 a,b,c 是给定的正实数，且 $x^2+y^2+z^2=1,x,y,z$ 为实数，求以下表达式的最大值与最小值：

$$\sqrt{a^2x^2+b^2y^2+c^2z^2}+\sqrt{b^2x^2+c^2y^2+a^2z^2}+\sqrt{c^2x^2+a^2y^2+b^2z^2}.$$

方法讲解 最小值为 $a+b+c$，最大值为 $\sqrt{3(a^2+b^2+c^2)}$.

一方面，当 $x=1,y=0,z=0$ 时，题中表达式取到 $a+b+c$；当 $x^2=y^2=z^2=\dfrac{1}{3}$ 时，题中表达式取到 $\sqrt{3(a^2+b^2+c^2)}$. 另一方面，由距离不等式得

$$\sqrt{a^2x^2+b^2y^2+c^2z^2}+\sqrt{b^2x^2+c^2y^2+a^2z^2}+\sqrt{c^2x^2+a^2y^2+b^2z^2}$$
$$\geqslant \sqrt{(ax+bx+cx)^2+(by+cy+ay)^2+(cz+az+bz)^2}=a+b+c.$$

由柯西不等式得

$$\sqrt{a^2x^2+b^2y^2+c^2z^2}+\sqrt{b^2x^2+c^2y^2+a^2z^2}+\sqrt{c^2x^2+a^2y^2+b^2z^2}$$
$$\leqslant \sqrt{3(a^2x^2+b^2y^2+c^2z^2+b^2x^2+c^2y^2+a^2z^2+c^2x^2+a^2y^2+b^2z^2)}=\sqrt{3(a^2+b^2+c^2)}.$$

故我们完成了证明.

例题 17 设 $n(n \geqslant 3)$ 为整数，$a_1,a_2,\cdots,a_n$ 为非零实数，其和为 S. 求以下表达式的最小值：

$$\sum_{i=1}^{n}\left|\frac{S-a_i}{a_i}\right|.$$

方法讲解 所求的最小值为 $\dfrac{n-1}{n-2}$.

一方面，当 $a_2=a_3=\cdots=a_n=1,a_1=-(n-2)$ 时，该表达式可以取到 $\dfrac{n-1}{n-2}$.

另一方面，不妨设 $|a_1| \geqslant |a_2| \geqslant \cdots \geqslant |a_n|>0$. 故结合绝对值不等式有

$$\sum_{i=1}^{n}\left|\frac{S-a_i}{a_i}\right| \geqslant \sum_{i=1}^{n}\left|\frac{S-a_i}{a_1}\right|=\left|\frac{S-a_1}{a_1}\right|+\sum_{i=2}^{n}\left|\frac{S-a_i}{a_1}\right|$$

$$\geqslant \left|\frac{S-a_1}{a_1}\right|+\frac{1}{n-2}\sum_{i=2}^{n}\left|\frac{S-a_i}{a_1}\right| \geqslant \frac{\left|\dfrac{1}{n-2}\sum\limits_{i=2}^{n}(S-a_i)-(S-a_1)\right|}{|a_1|}$$

$$=\frac{\left|\dfrac{1}{n-2}((n-2)S+a_1)-(S-a_1)\right|}{|a_1|}=\frac{n-1}{n-2}.$$

故我们完成了证明.

例题 18 给定正整数 $n(n \geqslant 3)$，非负实数 $x_1,x_2,\cdots,x_n$ 满足和为 2，且 $x_{n+1}=x_1$. 求

$$\sum_{i=1}^{n}\sqrt{1-x_ix_{i+1}}$$

的最大值与最小值.

方法讲解 所求的最大值为 n，最小值为 $n-1$.

当 $x_1=2,x_2=\cdots=x_n=0$ 时可取到最大值 n.

当 $x_1=x_2=1,x_3=\cdots=x_n=0$ 时可取到最小值 $n-1$.

另一方面，显然有

$$\sum_{i=1}^{n} \sqrt{1-x_i x_{i+1}} \leqslant \sum_{i=1}^{n} 1 = n.$$

当 $n \geqslant 4$ 时，由"$\frac{1}{4}$ 引理"知

$$\sum_{i=1}^{n} \sqrt{1-x_i x_{i+1}} \geqslant \sum_{i=1}^{n}(1-x_i x_{i+1}) = n - \sum_{i=1}^{n} x_i x_{i+1} \geqslant n - \frac{\left(\sum\limits_{i=1}^{n} x_i\right)^2}{4} = n-1.$$

当 $n=3$ 时，我们需证明：若 a,b,c 为非负实数且 $a+b+c=2$，则

$$\sqrt{1-bc} + \sqrt{1-ca} + \sqrt{1-ab} \geqslant 2.$$

证明如下：不妨设 $a \leqslant b \leqslant c$，则由二元均值不等式得

$$b^2 + ca \leqslant bc + ca = c(a+b) \leqslant 1,$$

故

$$\sqrt{1-ca} \geqslant b.$$

下证：

$$\sqrt{1-bc} + \sqrt{1-ab} \geqslant 2-b$$
$$\Leftrightarrow 2-b(c+a) + 2\sqrt{(1-bc)(1-ab)} \geqslant 4-4b+b^2$$
$$\Leftrightarrow \sqrt{(1-bc)(1-ab)} \geqslant 1-b$$
$$\Leftrightarrow (1-bc)(1-ab) \geqslant 1-2b+b^2$$
$$\Leftrightarrow 1-b(c+a) + ab^2 c \geqslant 1-2b+b^2 \Leftrightarrow ab^2 c \geqslant 0.$$

这是显然成立的，故我们完成了证明.

> **注** 本题的难点是对 $n=3$ 时最小值部分的证明，当然最后的证明也可以对 $\sqrt{1-bc} + \sqrt{1-ab} \geqslant 2-b$ 轮换求和，因为这个局部的式子事实上不需要用到 a,b,c 的序关系.

例题 19 设 $x,y,z \geqslant 0$，且至多有一个为 0，求

$$f(x,y,z) = \sqrt{\frac{x^2 + 256yz}{y^2 + z^2}} + \sqrt{\frac{y^2 + 256zx}{z^2 + x^2}} + \sqrt{\frac{z^2 + 256xy}{x^2 + y^2}}$$

的最小值.

方法讲解 所求的最小值为 12.

一方面，当 $x=2+\sqrt{3}, y=1, z=0$ 时，$f(x,y,z) = 12$.

另一方面，我们来证明：

$$f(x,y,z) \geqslant 12.$$

首先由对称性不妨设 $x \geqslant y \geqslant z$.

(a) 当 $256y^3 \geqslant x^2 z$ 时，我们有

$$\frac{x^2 + 256yz}{y^2 + z^2} \geqslant \frac{x^2}{y^2},$$

且易得

$$\frac{y^2 + 256zx}{z^2 + x^2} \geqslant \frac{y^2}{x^2}; \frac{z^2 + 256xy}{x^2 + y^2} \geqslant \frac{256xy}{x^2 + y^2}.$$

结合均值不等式有

$$f(x,y,z) \geqslant \frac{x}{y} + \frac{y}{x} + \sqrt{\frac{256xy}{x^2 + y^2}} = \frac{x^2 + y^2}{xy} + 8\sqrt{\frac{xy}{x^2 + y^2}} + 8\sqrt{\frac{xy}{x^2 + y^2}} \geqslant 12.$$

(b) 当 $256y^3 \leqslant x^2z$ 时，$x^2 \geqslant 256y^2$，故有

$$f(x,y,z) \geqslant \sqrt{\frac{x^2+256yz}{y^2+z^2}} \geqslant \sqrt{\frac{256y^2+256yz}{y^2+z^2}} \geqslant 16 > 12.$$

故我们完成了证明.

> **注** 本题的思想是调整法，我们想先将一个数调整为 0. 但在调整的过程中遇到了一些麻烦，即某种情形不能完成调整，而在这种情况下可以直接完成问题的证明.

例题 20 给定正整数 n，对正实数 $a_1, a_2, \cdots, a_n$，定义 $\sigma(a_1, a_2, \cdots, a_n) = \min\left\{ \left| \sum\limits_{i=1}^{n} e_i a_i \right| \,\middle|\, e_i \in \{-1, 1\} \right\}$，求最小的正实数 λ，使得 $\sigma(a_1, a_2, \cdots, a_n) \sum\limits_{i=1}^{n} a_i \leqslant \lambda(a_1^2 + a_2^2 + \cdots + a_n^2)$ 对所有正实数 $a_1, a_2, \cdots, a_n$ 成立.

方法讲解 **方法一**：λ 的最小值为 1，令 $a_1 = 1, a_2 = \cdots = a_n = x \in \left(0, \dfrac{1}{n}\right)$，易知 $\sigma(a_1, a_2, \cdots, a_n) = 1 - (n-1)x$，则题目中的不等式即为

$$[1-(n-1)x][1-(n-1)x] \leqslant \lambda[1+(n-1)x^2].$$

令 $x \to 0^+$，即得 $\lambda \geqslant 1$.

下面用数学归纳法证明当 $\lambda = 1$ 时不等式成立，即

$$\sigma(a_1, a_2, \cdots, a_n) \sum_{i=1}^{n} a_i \leqslant a_1^2 + a_2^2 + \cdots + a_n^2.$$

当 $n = 1$ 时，该不等式显然成立. 下设 $n \geqslant 2$，且假设以上不等式在 $n-1$ 时成立. 下面证明在 n 时该不等式成立. 由对称性，不妨设 $a_1 \geqslant a_2 \geqslant \cdots \geqslant a_n$，易知

$$\sigma(a_1, a_2, \cdots, a_n) \leqslant |\sigma(a_1, a_2, \cdots, a_{n-1}) - a_n|.$$

故我们只需证明

$$|\sigma(a_1, a_2, \cdots, a_{n-1}) - a_n| \sum_{i=1}^{n} a_i \leqslant a_1^2 + a_2^2 + \cdots + a_n^2.$$

(1) 当 $a_n \geqslant \sigma(a_1, a_2, \cdots, a_{n-1})$ 时，

$$|\sigma(a_1, a_2, \cdots, a_{n-1}) - a_n| \sum_{i=1}^{n} a_i \leqslant a_n \sum_{i=1}^{n} a_i \leqslant a_1^2 + a_2^2 + \cdots + a_n^2.$$

(2) 当 $\sigma(a_1, a_2, \cdots, a_{n-1}) \geqslant a_n$ 时，

$$\begin{aligned}
|\sigma(a_1, a_2, \cdots, a_{n-1}) - a_n| \sum_{i=1}^{n} a_i &= (\sigma(a_1, a_2, \cdots, a_{n-1}) - a_n) \sum_{i=1}^{n} a_i \\
&= \sigma(a_1, a_2, \cdots, a_{n-1}) \sum_{i=1}^{n-1} a_i + a_n\left[\sigma(a_1, a_2, \cdots, a_{n-1}) - \sum_{i=1}^{n-1} a_i\right] - a_n^2 \\
&\leqslant \sigma(a_1, a_2, \cdots, a_{n-1}) \sum_{i=1}^{n-1} a_i \leqslant \sum_{i=1}^{n-1} a_i^2 \leqslant \sum_{i=1}^{n} a_i^2.
\end{aligned}$$

故我们完成了归纳过渡，即完成了证明.

方法二：先证明一个引理：

引理：给定正整数 n，对正实数 $a_1, a_2, \cdots, a_n$，定义 $\sigma(a_1, a_2, \cdots, a_n) = \min\{ \left| \sum\limits_{i=1}^{n} e_i a_i \right| \mid e_i \in \{-1, 1\}\}$，由对称性，不妨设 $a_1 \geqslant a_2 \geqslant \cdots \geqslant a_n$，则有以下结论：

(1) 若 $a_1 \geqslant a_2 + a_3 + \cdots + a_n$，则

$$\sigma(a_1, a_2, \cdots, a_n) = a_1 - (a_2 + a_3 + \cdots + a_n).$$

(2) 若 $a_1 < a_2 + a_3 + \cdots + a_n$，则

$$\sigma(a_1, a_2, \cdots, a_n) \leqslant a_m - a_{m+1} - a_{m+2} - \cdots - a_n.$$

其中 a_m 是用"贪心算法"使得式子最后变号的数.

引理的证明：(1) 显然成立，(2) 可用"贪心算法"构造证明：考虑局部最优，即若前面结果大于 0，则减去 a_i；若前面结果小于 0，则加上 a_i.

回到原题：不妨设 $a_1 \geqslant a_2 \geqslant \cdots \geqslant a_n$，与引理类似，分成两类情况：

情形一：若 $a_1 \geqslant a_2 + a_3 + \cdots + a_n$，则

$$a_1^2 - (a_2 + a_3 + \cdots + a_n)^2 \leqslant \lambda(a_1^2 + a_2^2 + \cdots + a_n^2).$$

为保证恒成立，需要

$$a_1^2 - (a_2 + a_3 + \cdots + a_n)^2 \leqslant \lambda[a_1^2 + (n-1)(a_2 + \cdots + a_n)^2].$$

此时固定 a_1，使 $a_2 + a_3 + \cdots + a_n$ 趋向 0^+，知 λ 最佳值为 1.

情形二：若 $a_1 < a_2 + a_3 + \cdots + a_n$，当 $\lambda = 1$ 时，由引理可知 $\sigma(a_1, a_2, \cdots, a_n) \leqslant a_m - a_{m+1} - a_{m+2} - \cdots - a_n$，其中 a_m 是用"贪心算法"使得式子最后变号的数，且 $a_m \geqslant a_{m+1} + a_{m+2} + \cdots + a_n$，有下式：

$$\sigma(a_1, a_2, \cdots, a_n) \sum_{i=1}^{n} a_i \leqslant (a_m - a_{m+1} - a_{m+2} - \cdots - a_n) \sum_{i=1}^{n} a_i$$

$$= a_m(a_1 + a_2 + \cdots + a_m) - (a_{m+1} + a_{m+2} + \cdots + a_n)\left(\sum_{i=1}^{n} a_i - a_m\right)$$

$$\leqslant a_m(a_1 + a_2 + \cdots + a_m)$$

$$\leqslant a_1^2 + a_2^2 + \cdots + a_n^2.$$

综上所述，λ 最佳值为 1.

例题 21 给定正整数 $n \geqslant 3$，$a_1, a_2, \cdots, a_n$ 为非负实数，且 $a_{n+1} = a_1$，$\sum_{i=1}^{n} a_i = 3$，求 $\sum_{i=1}^{n} \dfrac{a_i a_{i+1}}{4 - a_i}$ 的最大值.

方法讲解 所求的最大值为 1. 当 $a_1 = 2, a_2 = 1, a_3 = \cdots = a_n = 0$ 时可取到.

下面证明

$$\sum_{i=1}^{n} \frac{a_i a_{i+1}}{4 - a_i} \leqslant 1.$$

当 $n \geqslant 4$ 时，不妨设 $a_1 = \max\{a_1, a_2, \cdots, a_n\}$，则

$$\sum_{i=1}^{n} \frac{a_i a_{i+1}}{4 - a_i} \leqslant \frac{\sum\limits_{i=1}^{n} a_i a_{i+1}}{4 - a_1}.$$

又由于 $a_i a_{i+1} \leqslant a_1 a_i, 4 \leqslant i \leqslant n$，得

$$a_1 + \sum_{i=1}^{n} a_i a_{i+1} \leqslant (a_1 + a_3)(1 + a_2 + a_4 + \cdots + a_n) \leqslant 4.$$

（最后一步使用了二元均值不等式）. 故当 $n \geqslant 4$ 时，我们得到了

$$\frac{\sum\limits_{i=1}^{n} a_i a_{i+1}}{4 - a_1} \leqslant 1.$$

对于 $n = 3$，设 $a = a_1, b = a_2, c = a_3$，原不等式等价于

$$\frac{ab}{4 - a} + \frac{bc}{4 - b} + \frac{ca}{4 - c} \leqslant 1$$

$$\Leftrightarrow ab(4-b)(4-c) + bc(4-c)(4-a) + ca(4-a)(4-b) \leqslant (4-a)(4-b)(4-c)$$

$$\Leftrightarrow 16(ab + bc + ca) - 4(ab^2 + bc^2 + ca^2) - 9abc \leqslant 16 + 4(ab + bc + ca) - abc$$

$$\Leftrightarrow 12(ab + bc + ca) - 4(ab^2 + bc^2 + ca^2) - 8abc \leqslant 16$$

$$\Leftrightarrow 4(a + b + c)(ab + bc + ca) - 4(ab^2 + bc^2 + ca^2) - 8abc \leqslant 16 \Leftrightarrow a^2 b + b^2 c + c^2 a + abc \leqslant 4.$$

最后一个式子是一个常见的不等式,证明时不妨设 b 是 a,b,c 三个数的中间数,则 $(b-a)(b-c) \leqslant 0$,即 $b^2+ac \leqslant ab+bc$,故 $b^2c+c^2a \leqslant abc+bc^2$,从而

$$a^2b+b^2c+c^2a+abc \leqslant a^2b+abc+bc^2+abc = b(a+c)^2 \leqslant 4.$$

(最后一步使用了二元均值不等式),故我们完成了证明.

例题 22 设 $x_i \geqslant 0 (i=1,2,\cdots,n)$ 且 $\sum\limits_{i=1}^{n} x_i^2 + 2\sum\limits_{1 \leqslant k < j \leqslant n} \sqrt{\dfrac{k}{j}}\, x_k x_j = 1$,求 $\sum\limits_{i=1}^{n} x_i$ 的最小值与最大值.

方法讲解 由于

$$\left(\sum_{i=1}^{n} x_i\right)^2 = \sum_{i=1}^{n} x_i^2 + 2\sum_{1 \leqslant k < j \leqslant n} x_k x_j \geqslant \sum_{i=1}^{n} x_i^2 + 2\sum_{1 \leqslant k < j \leqslant n} \sqrt{\frac{k}{j}}\, x_k x_j = 1,$$

从而 $\sum\limits_{i=1}^{n} x_i \geqslant 1$,且当 $x_1=1, x_2=\cdots=x_n=0$ 时,$\sum\limits_{i=1}^{n} x_i = 1$,故 $\sum\limits_{i=1}^{n} x_i$ 的最小值为 1.

为求最大值,我们做如下代换,以简化条件:设 $y_j = \dfrac{x_j}{\sqrt{j}}, j=1,2,\cdots,n$,则问题转化为:若 $\sum\limits_{i=1}^{n} i y_i^2 + 2\sum\limits_{1 \leqslant k < j \leqslant n} k y_k y_j = 1$,且 $y_i \geqslant 0 (i=1,2,\cdots,n)$,求 $\sum\limits_{i=1}^{n} \sqrt{i}\, y_i$ 的最大值. 由于

$$\sum_{i=1}^{n} i y_i^2 + 2\sum_{1 \leqslant k < j \leqslant n} k y_k y_j = 1 \Rightarrow y_n^2 + (y_n + y_{n-1})^2 + \cdots + (y_n + \cdots + y_1)^2 = 1,$$

我们再做变换,设 $z_i = y_n + \cdots + y_i, i=1,2,\cdots,n$(为方便起见,令 $z_{n+1}=0$),那么 $y_i = z_i - z_{i+1}$. 从而问题又转化为:若 $\sum\limits_{i=1}^{n} z_i^2 = 1$ 且 $z_1 \geqslant z_2 \geqslant \cdots \geqslant z_n$,求 $\sum\limits_{i=1}^{n} \sqrt{i}(z_i - z_{i+1})$ 的最大值.

到这里已经很容易了,这是因为由柯西不等式得

$$\sum_{i=1}^{n} \sqrt{i}(z_i - z_{i+1}) = \sum_{i=1}^{n} (\sqrt{i} - \sqrt{i-1}) z_i \leqslant \sqrt{\sum_{i=1}^{n} (\sqrt{i} - \sqrt{i-1})^2},$$

在 $z_i = \dfrac{\sqrt{i} - \sqrt{i-1}}{\sqrt{\sum\limits_{i=1}^{n} (\sqrt{i} - \sqrt{i-1})^2}}$,亦即

$$x_i = \sqrt{i}\, y_i = \sqrt{i}(z_i - z_{i+1}) = \sqrt{i}\, \frac{2\sqrt{i} - \sqrt{i-1} - \sqrt{i+1}}{\sqrt{\sum\limits_{i=1}^{n} (\sqrt{i} - \sqrt{i-1})^2}}$$

时,$\sum\limits_{i=1}^{n} x_i$ 取大值,最大值为 $\sqrt{\sum\limits_{i=1}^{n} (\sqrt{i} - \sqrt{i-1})^2}$.

例题 23 (上题变式)设正整数 $n \geqslant 2, x_i \geqslant 0 (i=1,2,\cdots,n)$ 且 $\sum\limits_{i=1}^{n} x_i^2 + 2\sum\limits_{1 \leqslant k < j \leqslant n} \sqrt{\dfrac{j}{k}}\, x_k x_j = 1$,求 $\sum\limits_{i=1}^{n} x_i$ 的最小值与最大值.

方法讲解 由于

$$\left(\sum_{i=1}^{n} x_i\right)^2 = \sum_{i=1}^{n} x_i^2 + 2\sum_{1 \leqslant k < j \leqslant n} x_k x_j \leqslant \sum_{i=1}^{n} x_i^2 + 2\sum_{1 \leqslant k < j \leqslant n} \sqrt{\frac{j}{k}}\, x_k x_j = 1,$$

从而 $\sum\limits_{i=1}^{n} x_i \leqslant 1$,且当 $x_1=1, x_2=\cdots=x_n=0$ 时,$\sum\limits_{i=1}^{n} x_i = 1$,故 $\sum\limits_{i=1}^{n} x_i$ 的最大值为 1.

最小值为 $\sqrt{\dfrac{2}{\sqrt{n}+1}}$,当 $x_1 = x_n = \sqrt{\dfrac{1}{2\sqrt{n}+2}}, x_2 = \cdots = x_{n-1} = 0$ 时可取到. 下面我们用数学归纳法证明对任意非负实数 $x_i, 1 \leqslant i \leqslant n$,

$$\Big(\sum_{i=1}^{n} x_i\Big)^2 \geqslant \frac{2}{\sqrt{n}+1}\Big(\sum_{i=1}^{n} x_i^2 + 2\sum_{1\leqslant k<j\leqslant n}\sqrt{\frac{j}{k}}\,x_k x_j\Big).$$

当 $n=2$ 时，上述不等式显然成立．下设 n 时上述不等式成立．对 $n+1$ 时，令 $y_i = x_i$，$1\leqslant i\leqslant n-1$，$y_n = x_n + x_{n+1}$．由归纳假设知

$$\Big(\sum_{i=1}^{n} y_i\Big)^2 \geqslant \frac{2}{\sqrt{n}+1}\Big(\sum_{i=1}^{n} y_i^2 + 2\sum_{1\leqslant k<j\leqslant n}\sqrt{\frac{j}{k}}\,y_k y_j\Big)$$

$$= \frac{2}{\sqrt{n}+1}\Big(\sum_{i=1}^{n+1} x_i^2 + 2x_n x_{n+1} + 2\sum_{1\leqslant k<j\leqslant n}\sqrt{\frac{j}{k}}\,x_k x_j + 2\sum_{k=1}^{n}\sqrt{\frac{n}{k}}\,x_k x_{n+1}\Big).$$

为完成归纳假设，只需证明

$$\frac{2}{\sqrt{n}+1}\Big(\sum_{i=1}^{n+1} x_i^2 + 2x_n x_{n+1} + 2\sum_{1\leqslant k<j\leqslant n}\sqrt{\frac{j}{k}}\,x_k x_j + 2\sum_{k=1}^{n}\sqrt{\frac{n}{k}}\,x_k x_{n+1}\Big)$$

$$\geqslant \frac{2}{\sqrt{n+1}+1}\Big(\sum_{i=1}^{n+1} x_i^2 + 2\sum_{1\leqslant k<j\leqslant n+1}\sqrt{\frac{j}{k}}\,x_k x_j\Big)$$

$$\Leftarrow (\sqrt{n+1}+1)\Big(\sum_{i=1}^{n+1} x_i^2 + 2\sum_{1\leqslant k<j\leqslant n}\sqrt{\frac{j}{k}}\,x_k x_j + 2\sum_{k=1}^{n}\sqrt{\frac{n}{k}}\,x_k x_{n+1}\Big)$$

$$\geqslant (\sqrt{n}+1)\Big(\sum_{i=1}^{n+1} x_i^2 + 2\sum_{1\leqslant k<j\leqslant n+1}\sqrt{\frac{j}{k}}\,x_k x_j\Big)$$

$$\Leftrightarrow (\sqrt{n+1}-\sqrt{n})\Big(\sum_{i=1}^{n+1} x_i^2 + 2\sum_{1\leqslant k<j\leqslant n}\sqrt{\frac{j}{k}}\,x_k x_j\Big) \geqslant 2(\sqrt{n+1}-\sqrt{n})\sum_{k=1}^{n}\frac{1}{\sqrt{k}}\,x_k x_{n+1}$$

$$\Leftrightarrow \sum_{i=1}^{n+1} x_i^2 + 2\sum_{1\leqslant k<j\leqslant n}\sqrt{\frac{j}{k}}\,x_k x_j \geqslant 2\sum_{k=1}^{n}\frac{1}{\sqrt{k}}\,x_k x_{n+1}$$

而上式左边 $\geqslant \Big(\sum_{k=1}^{n} x_k\Big)^2 + x_{n+1}^2 \geqslant 2\Big(\sum_{k=1}^{n} x_k\Big)x_{n+1} \geqslant$ 上式右边，故我们完成了归纳过渡．故完成了证明．

注 事实上，该题也可以采用与上题类似的代换方法，且过程中需要用到切比雪夫不等式．但是解答冗长，这里不再赘述，有兴趣的读者可以自行尝试．

例题 24 给定正整数 $n(n\geqslant 2)$，求最小的正实数 c，使得对任意复数 $z_1, z_2, \cdots, z_n$，均有

$$\Big|\sum_{k=1}^{n} z_k\Big| + c\sum_{1\leqslant k<j\leqslant n}|z_k - z_j| \geqslant \sum_{k=1}^{n}|z_k|.$$

方法讲解 c 的最小值为 $\frac{2}{n}$．一方面，令 $z_1 = z_2 = \cdots = z_{n-1} = 1$，$z_n = -(n-1)$，得

$$c(n-1)n \geqslant 2(n-1) \Rightarrow c \geqslant \frac{2}{n}.$$

下面证明当 $c = \frac{2}{n}$ 时，原不等式成立，即

$$\Big|\sum_{k=1}^{n} z_k\Big| + \frac{2}{n}\sum_{1\leqslant k<j\leqslant n}|z_k - z_j| \geqslant \sum_{k=1}^{n}|z_k|$$

$$\Leftrightarrow n\Big|\sum_{j=1}^{n} z_j\Big| + \sum_{k=1}^{n}\sum_{j\neq k}|z_k - z_j| \geqslant \sum_{k=1}^{n} n\cdot|z_k|$$

$$\Leftrightarrow \sum_{k=1}^{n}\Big(\Big|\sum_{j=1}^{n} z_j\Big| + \sum_{j\neq k}|z_k - z_j| - n|z_k|\Big) \geqslant 0.$$

由绝对值不等式得

$$\left| \sum_{j=1}^{n} z_j \right| + \sum_{j \neq k} |z_k - z_j| \geqslant \left| \sum_{j=1}^{n} z_j + \sum_{j \neq k} (z_k - z_j) \right| = n|z_k|.$$

故上述不等式成立.

例题 25 给定正整数 $n(n \geqslant 2)$, 求最小的实数 λ, 使得对任意实数 $a_1, a_2, \cdots, a_n$ 及 b, 均有

$$\lambda \sum_{i=1}^{n} \sqrt{|a_i - b|} + \sqrt{n \left| \sum_{i=1}^{n} a_i \right|} \geqslant \sum_{i=1}^{n} \sqrt{|a_i|}.$$

方法讲解 λ 的最小值为 $\dfrac{n-1+\sqrt{n-1}}{\sqrt{n}}$. 一方面, 令 $a_1 = a_2 = \cdots = a_{n-1} = b = 1, a_n = -(n-1)$, 得

$$\lambda \sqrt{n} \geqslant n - 1 + \sqrt{n-1} \Rightarrow \lambda \geqslant \frac{n-1+\sqrt{n-1}}{\sqrt{n}}.$$

下证当 $\lambda = \dfrac{n-1+\sqrt{n-1}}{\sqrt{n}}$ 时不等式成立, 即

$$\frac{n-1+\sqrt{n-1}}{\sqrt{n}} \cdot \sum_{i=1}^{n} \sqrt{|a_i - b|} + \sqrt{n \left| \sum_{i=1}^{n} a_i \right|} \geqslant \sum_{i=1}^{n} \sqrt{|a_i|}$$

$$\Leftrightarrow (n-1+\sqrt{n-1}) \cdot \sum_{i=1}^{n} \sqrt{|a_i - b|} + n \sqrt{\left| \sum_{i=1}^{n} a_i \right|} \geqslant \sum_{i=1}^{n} \sqrt{n|a_i|}$$

$$\Leftrightarrow \sum_{i=1}^{n} \left(\sum_{j \neq i} \sqrt{|a_j - b|} + \sqrt{(n-1)|a_i - b|} + \sqrt{\left| \sum_{j=1}^{n} a_j \right|} \right) \geqslant \sum_{i=1}^{n} \sqrt{n|a_i|},$$

由基本不等式可得

$$\sum_{j \neq i} \sqrt{|a_j - b|} + \sqrt{(n-1)|a_i - b|} + \sqrt{\left| \sum_{j=1}^{n} a_j \right|}$$

$$\geqslant \sqrt{\sum_{j \neq i} |a_j - b| + (n-1)|a_i - b| + \left| \sum_{j=1}^{n} a_j \right|}$$

$$\geqslant \sqrt{\left| \sum_{j \neq i} (b - a_j) + (n-1)(a_i - b) + \sum_{j=1}^{n} a_j \right|} = \sqrt{n|a_i|}.$$

故我们完成了证明.

例题 26 记 n 是一个正偶数, $a_1, a_2, \cdots, a_n$ 是 n 个非负实数, 满足 $a_1 + a_2 + \cdots + a_n = 1$, 求

$$\sum_{1 \leqslant i < j \leqslant n} \min\{(i-j)^2, (n+i-j)^2\} a_i a_j$$

的最大值.

方法讲解 所求的最大值为 $\dfrac{n^2}{16}$. 当 $a_1 = a_{\frac{n}{2}+1} = \dfrac{1}{2}$, 其余变量为 0 时, 能取到最大值. 下面我们证明:

$$\sum_{1 \leqslant i < j \leqslant n} \min\{(i-j)^2, (n+i-j)^2\} a_i a_j \leqslant \frac{n^2}{16}.$$

记

$$b_i = a_i + a_{i+1} + \cdots + a_{i+\frac{n}{2}-1}, 1 \leqslant i \leqslant n,$$

其中 $a_{i+n} = a_i$, 注意到 $b_i + b_{i+\frac{n}{2}} = 1$, 故 $b_i b_{i+\frac{n}{2}} \leqslant \dfrac{1}{4}$. 从而

$$\frac{n}{2} \sum_{i=1}^{\frac{n}{2}} b_i b_{i+\frac{n}{2}} \leqslant \frac{n}{2} \cdot \frac{n}{2} \cdot \frac{1}{4}.$$

下面我们证明

$$\sum_{1 \leqslant i < j \leqslant n} \min\{(i-j)^2, (n+i-j)^2\} a_i a_j \leqslant \frac{n}{2} \sum_{i=1}^{\frac{n}{2}} b_i b_{i+\frac{n}{2}}.$$

因为

$$\sum_{i=1}^{\frac{n}{2}} b_i b_{i+\frac{n}{2}} = \sum_{1 \leqslant i < j \leqslant n} \min\{|i-j|, |n+i-j|\} a_i a_j,$$

故以上两式相减得

$$\sum_{1 \leqslant i < j \leqslant n} \left[\frac{n}{2} \min\{|i-j|, |n+i-j|\} - \min\{(i-j)^2, (n+i-j)^2\} \right] a_i a_j \geqslant 0,$$

因为我们有 $\min\{(i-j)^2, (n+i-j)^2\} = \min\{|i-j|, |n+i-j|\}^2 \leqslant \frac{n}{2} \min\{|i-j|, |n+i-j|\}$.

注 本题是 2019 年集训队第二天的第三题,但难度比预期的要低很多.

例题 27 给定正整数 n,求最小的实数 λ,使得对任意实数 $a_1 \geqslant a_2 \geqslant \cdots \geqslant a_n \geqslant 0$,有

$$\sum_{k=1}^{n} \left(a_1 + a_2 + \cdots + a_k - k \sqrt[k]{a_1 a_2 \cdots a_k} \right)^2 \leqslant \lambda \sum_{k=1}^{n} a_k^2.$$

方法讲解 当 $n = 1$ 时,易知 λ 的最小值为 0. 下面考虑 $n > 1$ 的情形. 对任意 $1 \leqslant i \leqslant \left\lfloor \frac{n}{2} \right\rfloor$,令 $a_i = 1$. 其余的 $a_i = 0$. 则有

$$\left\lfloor \frac{n}{2} \right\rfloor^2 \cdot \left(n - \left\lfloor \frac{n}{2} \right\rfloor \right) \leqslant \lambda \left\lfloor \frac{n}{2} \right\rfloor.$$

从而

$$\lambda \geqslant \left\lfloor \frac{n}{2} \right\rfloor \left(n - \left\lfloor \frac{n}{2} \right\rfloor \right) = \left\lfloor \frac{n^2}{4} \right\rfloor.$$

下证 $\lambda = \left\lfloor \frac{n^2}{4} \right\rfloor$ 时,不等式成立.

当 $n = 1$ 时显然成立,下设 $n \geqslant 2$. 由于 $a_1 \geqslant a_2 \geqslant \cdots \geqslant a_n \geqslant 0$,故 $k \sqrt[k]{a_1 a_2 \cdots a_k} \geqslant k a_k$,则

$$\sum_{k=1}^{n} \left(a_1 + a_2 + \cdots + a_k - k \sqrt[k]{a_1 a_2 \cdots a_k} \right)^2 \leqslant \sum_{i=1}^{n} \left[\sum_{j=1}^{i} (a_j - a_i) \right]^2.$$

对 $1 \leqslant i \leqslant n-1$,令 $b_i = a_i - a_{i+1}, b_n = a_n$,则 $b_1, b_2, \cdots, b_n$ 都是非负实数. 故

$$\text{上式右边} \leqslant \sum_{i=2}^{n} \left(\sum_{j=1}^{i-1} \sum_{k=j}^{i-1} b_k \right)^2$$

$$= \sum_{i=2}^{n} \left(\sum_{j=1}^{i-1} j b_j \right)^2 = \sum_{i=2}^{n} \left(\sum_{j=1}^{i-1} j^2 b_j^2 + 2 \sum_{1 \leqslant j < k \leqslant i-1} jk b_j b_k \right)$$

$$= \sum_{i=1}^{n-1} (n-i) i^2 b_i^2 + 2 \sum_{1 \leqslant i < j \leqslant n-1} ij b_i b_j.$$

故只要证明

$$\sum_{i=1}^{n-1} (n-i) i^2 b_i^2 + 2 \sum_{1 \leqslant i < j \leqslant n-1} (n-j) ij b_i b_j \leqslant \lambda \sum_{k=1}^{n} a_k^2.$$

代入 $a_i = \sum_{j=i}^{n} b_j$,可得

$$\lambda \sum_{k=1}^{n} a_k^2 = \left\lfloor \frac{n^2}{4} \right\rfloor \left[\sum_{i=1}^{n} \left(\sum_{j=i}^{n} b_j \right)^2 \right] \geqslant \left\lfloor \frac{n^2}{4} \right\rfloor \left[\sum_{i=1}^{n-1} \left(\sum_{j=i}^{n-1} b_j \right)^2 \right]$$

$$= \left\lfloor \frac{n^2}{4} \right\rfloor \left[\sum_{i=1}^{n-1} \left(\sum_{j=i}^{n-1} b_j^2 + 2 \sum_{i \leqslant j < k \leqslant n-1} b_j b_k \right) \right] = \left\lfloor \frac{n^2}{4} \right\rfloor \left(\sum_{i=1}^{n-1} i b_i^2 + 2 \sum_{1 \leqslant i < j \leqslant n-1} i b_i b_j \right).$$

故只要证明

$$\sum_{i=1}^{n-1} (n-i) i^2 b_i^2 + 2 \sum_{1 \leqslant i < j \leqslant n-1} (n-j) ij b_i b_j \leqslant \left\lfloor \frac{n^2}{4} \right\rfloor \left(\sum_{i=1}^{n-1} i b_i^2 + 2 \sum_{1 \leqslant i < j \leqslant n-1} i b_i b_j \right).$$

注意到对整数 $i(1 \leqslant i \leqslant n), i(n-i) \leqslant \left\lfloor \dfrac{n^2}{4} \right\rfloor, b_i \geqslant 0$，故

$$上式右边 - 左边 = \sum_{i=1}^{n-1} \left[\left\lfloor \frac{n^2}{4} \right\rfloor - (n-i)i \right] i\, b_i^2 + 2 \sum_{1 \leqslant i < j \leqslant n-1} i \left[\left\lfloor \frac{n^2}{4} \right\rfloor - j(n-j) \right] b_i b_j \geqslant 0.$$

故我们证明了不等式成立，因此所求 λ 的最小值为 $\left\lfloor \dfrac{n^2}{4} \right\rfloor$.

注 这道题的关键放缩使用了均值不等式，把问题化为了一些二次式的处理. 之后主要是一些展开计算，并且只要证明每项的系数非负即可. 虽然计算比较复杂，但只要具备耐心、细心和一定的计算功底就可以完成.

例题 28 给定正整数 $n \geqslant 2$，已知 $a_1, a_2, \cdots, a_n$ 是不全为 0 的实数，求 $\dfrac{a_1 a_2 + a_2 a_3 + \cdots + a_{n-1} a_n}{a_1^2 + a_2^2 + \cdots + a_n^2}$ 的最大值.

方法讲解 所求的最大值为 $\cos \dfrac{\pi}{n+1}$. 记 $\alpha = \dfrac{\pi}{n+1}$，由二元均值不等式有

$$2a_1 a_2 \leqslant \frac{\sin 2\alpha}{\sin \alpha} a_1^2 + \frac{\sin \alpha}{\sin 2\alpha} a_2^2,$$

$$2a_2 a_3 \leqslant \frac{\sin 3\alpha}{\sin 2\alpha} a_2^2 + \frac{\sin 2\alpha}{\sin 3\alpha} a_3^2,$$

$$\cdots$$

$$2a_{n-1} a_n \leqslant \frac{\sin n\alpha}{\sin(n-1)\alpha} a_{n-1}^2 + \frac{\sin(n-1)\alpha}{\sin n\alpha} a_n^2.$$

注意到，对任意正整数 $k(1 \leqslant k \leqslant n-1)$，由和差化积公式有

$$\frac{\sin(k-1)\alpha}{\sin k\alpha} + \frac{\sin(k+1)\alpha}{\sin k\alpha} = 2\cos \alpha, \ 且 \frac{\sin(n-1)\alpha}{\sin n\alpha} = 2\cos \alpha.$$

故将以上 $n-1$ 个不等式相加即得

$$2(a_1 a_2 + a_2 a_3 + \cdots + a_{n-1} a_n) \leqslant 2\cos\alpha (a_1^2 + a_2^2 + \cdots + a_n^2),$$

即

$$a_1 a_2 + a_2 a_3 + \cdots + a_{n-1} a_n \leqslant \cos\alpha (a_1^2 + a_2^2 + \cdots + a_n^2).$$

在 $a_k = \sin k\alpha \,(1 \leqslant k \leqslant n)$ 时可取到等号. 故所求的最大值为 $\cos \dfrac{\pi}{n+1}$.

注 为什么会得到这些含有三角函数的系数呢？事实上，我们可以待定 $n-1$ 个正的系数，且由均值不等式得

$$2a_1 a_2 \leqslant \lambda_1 a_1^2 + \frac{1}{\lambda_1} a_2^2,$$

$$2a_2 a_3 \leqslant \lambda_2 a_2^2 + \frac{1}{\lambda_2} a_3^2,$$

$$\cdots$$

$$2a_{n-1} a_n \leqslant \lambda_{n-1} a_{n-1}^2 + \frac{1}{\lambda_{n-1}} a_n^2.$$

然后让 $a_1^2, a_2^2, \cdots, a_n^2$ 之前的系数全相等，并设其为 $t(t > 0)$，我们得到了

$$\lambda_1 = \frac{1}{\lambda_1} + \lambda_2 = \cdots = \frac{1}{\lambda_{n-2}} + \lambda_{n-1} = \frac{1}{\lambda_{n-1}} = t.$$

那么 $\lambda_1, \lambda_2, \cdots, \lambda_{n-1}$ 满足

$$\lambda_k = t - \frac{1}{\lambda_{k-1}}.$$

这是个分式递推数列. 令 $x^2 - tx + 1 = 0$ 的两根为 α, β（事实上, 容易知道 $t \neq 2$, 从而这两根不相等）, 那么我们有

$$\frac{\lambda_k - \alpha}{\lambda_k - \beta} = \frac{\beta}{\alpha} \cdot \frac{\lambda_{k-1} - \alpha}{\lambda_{k-1} - \beta}, 2 \leqslant k \leqslant n-2,$$

故

$$\frac{\lambda_{n-1} - \alpha}{\lambda_{n-1} - \beta} = \left(\frac{\beta}{\alpha}\right)^{n-1}.$$

由 $\lambda_{n-1} = \dfrac{1}{t} = \dfrac{1}{\alpha + \beta}, \alpha\beta = 1$, 得

$$\left(\frac{\beta}{\alpha}\right)^{n+1} = 1.$$

故 $\beta^{2n+2} = 1$, 从而存在正整数 $k(1 \leqslant k \leqslant 2n+1)$, 使得 $\beta = \cos\dfrac{k\pi}{n+1} + \mathrm{i}\sin\dfrac{k\pi}{n+1}, \alpha = \cos\dfrac{k\pi}{n+1} - \mathrm{i}\sin\dfrac{k\pi}{n+1}$, 故 $t = \alpha + \beta = 2\cos\dfrac{k\pi}{n+1}$, 并且要保证 $\lambda_1, \lambda_2, \cdots, \lambda_{n-1}$ 都是正的. 事实上, k 只能等于 1. 故 $t = 2\cos\dfrac{\pi}{n+1}$, 并将此时的 $\lambda_1, \lambda_2, \cdots, \lambda_{n-1}$ 代入开始的二元均值部分, 就有了解答里的系数.

例题 29 求最小的正实数 k, 使得对任意正数 a, b, c, 都有

$$3\sqrt{\frac{bc}{(a+b)(a+c)}} + 4\sqrt{\frac{ca}{(b+c)(b+a)}} + 6\sqrt{\frac{ab}{(c+a)(c+b)}} \leqslant k.$$

方法讲解 k 的最小值为 $2\sqrt{13}$. 令 $b = 9, c = 4$, 当 $a \to +\infty$ 时,

$$3\sqrt{\frac{bc}{(a+b)(a+c)}} + 4\sqrt{\frac{ca}{(b+c)(b+a)}} + 6\sqrt{\frac{ab}{(c+a)(c+b)}} \to 2\sqrt{13}.$$

故 $k \geqslant 2\sqrt{13}$. 下证

$$3\sqrt{\frac{bc}{(a+b)(a+c)}} + 4\sqrt{\frac{ca}{(b+c)(b+a)}} + 6\sqrt{\frac{ab}{(c+a)(c+b)}} \leqslant 2\sqrt{13}.$$

由二元均值不等式得

$$3\sqrt{\frac{bc}{(a+b)(a+c)}} \leqslant \frac{3}{2}\left(\frac{2}{3} \cdot \frac{b}{a+b} + \frac{3}{2} \cdot \frac{c}{a+c}\right),$$

$$4\sqrt{\frac{ca}{(b+c)(b+a)}} \leqslant 2\left(\frac{\sqrt{13}}{2} \cdot \frac{c}{b+c} + \frac{2}{\sqrt{13}} \cdot \frac{a}{b+a}\right),$$

$$6\sqrt{\frac{ab}{(c+a)(c+b)}} \leqslant 3\left(\frac{3}{\sqrt{13}} \cdot \frac{a}{c+a} + \frac{\sqrt{13}}{3} \cdot \frac{b}{c+b}\right).$$

由于 $1 < \dfrac{4}{\sqrt{13}}, \dfrac{9}{4} < \dfrac{9}{\sqrt{13}}$, 将以上三式相加, 即得

$$3\sqrt{\frac{bc}{(a+b)(a+c)}} + 4\sqrt{\frac{ca}{(b+c)(b+a)}} + 6\sqrt{\frac{ab}{(c+a)(c+b)}} < \frac{4}{\sqrt{13}} + \frac{9}{\sqrt{13}} + \sqrt{13} = 2\sqrt{13}.$$

故我们完成了证明.

注 此题是笔者的一道改编题,解答过程是极其简洁的,当然我相信还是会有读者会惊讶于这里的这些系数是怎么想到的.也许我们一开始会去这样待定系数 $x,y,z>0$,使得

$$3\sqrt{\frac{bc}{(a+b)(a+c)}}\leqslant\frac{3}{2}\left(x\cdot\frac{b}{a+b}+\frac{1}{x}\cdot\frac{c}{a+c}\right),$$

$$4\sqrt{\frac{ca}{(b+c)(b+a)}}\leqslant 2\left(y\cdot\frac{c}{b+c}+\frac{1}{y}\cdot\frac{a}{b+a}\right),$$

$$6\sqrt{\frac{ab}{(c+a)(c+b)}}\leqslant 3\left(z\cdot\frac{a}{c+a}+\frac{1}{z}\cdot\frac{b}{c+b}\right).$$

当然我们开始可能还是会天真地以为要保证 $\frac{b}{a+b},\frac{a}{b+a}$ 前的系数相等,$\frac{c}{a+c},\frac{a}{c+a}$ 前的系数相等,$\frac{c}{b+c},\frac{b}{c+b}$ 前的系数相等,这样就得到了关于 x,y,z 的三个等式:

$$\frac{3x}{2}=\frac{2}{y},2y=\frac{3}{z},3z=\frac{3}{2x},$$

解得

$$x=\frac{2}{3},y=2,z=\frac{3}{4}.$$

这样我们就得到了

$$3\sqrt{\frac{bc}{(a+b)(a+c)}}+4\sqrt{\frac{ca}{(b+c)(b+a)}}+6\sqrt{\frac{ab}{(c+a)(c+b)}}\leqslant\frac{29}{4}.$$

这也是我改编之前的问题,但当我们考虑取等条件时发现等号取不到,那么我们就去考虑左边的最大值,或者说不一定能取到那个最大值,但是能接近于该值(在《微积分》中这样的数称为上确界).经过一些尝试与思考后,我们发现在 $a:b:c=+\infty:9:4$ 时,左边能接近于 $2\sqrt{13}$,那么系数 x,y,z 的取定实数上要保证在 $a:b:c=+\infty:9:4$ 时取到等号,比如 y 的确定要保证:

$$y\cdot\frac{4}{13}=\frac{1}{y}.$$

从而 $y=\frac{\sqrt{13}}{2}$,其余类似.

例题 30 给定正整数 $n\geqslant 2$,$x_1,x_2,\cdots,x_n$ 为非负实数,且满足 $\displaystyle\sum_{1\leqslant i<j\leqslant n}x_ix_j=1$,设 $s=x_1+x_2+\cdots+x_n$,求 $\displaystyle\sum_{i=1}^{n}\frac{1}{s-x_i}$ 的最小值.

方法讲解 当 $2\leqslant n\leqslant 5$ 时,最小值为 $\frac{n+2}{2}$;当 $n\geqslant 6$ 时,最小值为 $2\sqrt{n-2}$.

(1)当 $n\geqslant 6$ 时,在 $x_1+x_2=\sqrt{n-2}$,$x_1x_2=1$,$x_3=\cdots=x_6=0$ 时,可取到 $2\sqrt{n-2}$.(这样的 x_1,x_2 存在且是非负实数,这里需要用到 $n\geqslant 6$.)

$$\sum_{i=1}^{n}\frac{1}{s-x_i}=\left(\sum_{i=1}^{n}\frac{1}{s-x_i}\right)\left(\sum_{1\leqslant i<j\leqslant n}x_ix_j\right)$$

$$=\sum_{i=1}^{n}\frac{1}{s-x_i}\cdot\left(\sum_{j\neq i}x_ix_j+\sum_{1\leqslant j<k\leqslant n,j\neq i,k\neq i}x_jx_k\right)$$

$$=\sum_{i=1}^{n}\frac{1}{s-x_i}\cdot\left[x_i(s-x_i)+\sum_{1\leqslant j<k\leqslant n,j\neq i,k\neq i}x_jx_k\right]$$

$$= \sum_{i=1}^{n} x_i + \sum_{i=1}^{n} \frac{1}{s-x_i} \cdot \sum_{1 \leqslant j < k \leqslant n, j \neq i, k \neq i} x_j x_k$$

$$\geqslant s + \sum_{i=1}^{n} \frac{1}{s} \cdot \sum_{1 \leqslant j < k \leqslant n, j \neq i, k \neq i} x_j x_k = s + \frac{n-2}{s} \geqslant 2\sqrt{n-2}.$$

（因为对于每个 $x_j x_k, j \neq k$ 恰好会出现 $n-2$ 次，在所有的 $i \neq j, i \neq k$ 的和式中出现.）

（2）当 $2 \leqslant n \leqslant 5$ 时，若 $s \geqslant 2$，在 $x_1 = x_2 = 1, x_3 = \cdots = x_n = 0$ 时，可取到 $2\sqrt{n-2}$. 另一方面，我们依据（1）中的方法仍然可得

$$\sum_{i=1}^{n} \frac{1}{s-x_i} \geqslant s + \frac{n-2}{s} \geqslant \frac{n+2}{2}.$$

最后一步利用了函数 $f(x) = x + \frac{a}{x}, a > 0$ 的性质. 若 $s \leqslant 2$，则

$$\left(\sum_{i=1}^{n} \frac{1}{s-x_i} \right) \cdot s = \sum_{i=1}^{n} \frac{1}{s-x_i} \cdot (s - x_i + x_i)$$

$$= n + \sum_{i=1}^{n} \frac{x_i}{s-x_i} \geqslant n + \frac{s^2}{\sum_{i=1}^{n} (s-x_i) x_i} = n + \frac{s^2}{2},$$

最后一个不等号应用了柯西不等式. 故

$$\sum_{i=1}^{n} \frac{1}{s-x_i} \geqslant \frac{n}{s} + \frac{s}{2} \geqslant \frac{n+2}{2}.$$

最后一步利用了函数 $f(x) = x + \frac{a}{x}(a > 0)$ 的性质. 至此我们完成了证明.

注 （1）此题由 2008 年江西省预赛题（同时也是 2018 年武汉大学自主招生题，在以前集训队选拔时也考过）推广而来，原题如下：

记 a, b, c 为非负实数，满足 $ab + bc + ca = 1$，证明：

$$\frac{1}{a+b} + \frac{1}{b+c} + \frac{1}{c+a} \geqslant \frac{5}{2}.$$

（2）上述解答不容易，需要注意到乘上条件以后可以提出一个 x_i，然后采用局部放缩的方法证明.

例题 31 已知 a, b, c, d 为实数且满足 $a^2 + b^2 + c^2 + d^2 = 4$. 求 $a^3 + b^3 + c^3 + d^3$ 的最大值.

方法讲解 所求的最大值为 8.

一方面，当 $(a, b, c, d) = (2, 0, 0, 0)$ 及其所有的轮换时，$a^3 + b^3 + c^3 + d^3 = 8$.

另一方面，由条件知 $a^2 \leqslant 4$，故 $a \leqslant 2$，从而 $a^3 \leqslant 2a^2$. 同理 $b^3 \leqslant 2b^2, c^3 \leqslant 2c^2, d^3 \leqslant 2d^2$. 故

$$a^3 + b^3 + c^3 + d^3 \leqslant 2(a^2 + b^2 + c^2 + d^2) = 8.$$

故我们完成了证明.

例题 32 若 a, b, c 是正实数，求 $\sqrt{\dfrac{a^3}{a^3 + (b+c)^3}} + \sqrt{\dfrac{b^3}{b^3 + (c+a)^3}} + \sqrt{\dfrac{c^3}{c^3 + (a+b)^3}}$ 的最小值.

方法讲解 所求的最小值为 1.

一方面，当 $a = b = c$ 时，题中表达式的值为 1.

另一方面，由均值不等式，对任意 $x \geqslant 0$，我们有

$$\sqrt{1 + x^3} = \sqrt{(1+x)(1-x+x^2)} \leqslant \frac{(1+x) + (1-x+x^2)}{2} = 1 + \frac{x^2}{2}.$$

从而对任意 $a > 0$，我们有

$$\sqrt{\frac{a^3}{a^3 + (b+c)^3}} = \frac{1}{\sqrt{1 + \left(\frac{b+c}{a} \right)^3}} \geqslant \frac{1}{1 + \frac{1}{2} \left(\frac{b+c}{a} \right)^2} \geqslant \frac{1}{1 + \frac{b^2 + c^2}{a^2}} = \frac{a^2}{a^2 + b^2 + c^2}.$$

当然,上述不等式在 $a = 0$ 时显然成立.同理,我们有

$$\sqrt{\frac{b^3}{b^3+(c+a)^3}} \geq \frac{b^2}{a^2+b^2+c^2}, \sqrt{\frac{c^3}{c^3+(a+a)^3}} \geq \frac{c^2}{a^2+b^2+c^2}.$$

将以上三式相加即得原不等式成立.

例题 33 给定整数 $n(n \geq 3)$ 及实数 $\lambda \in \left[\frac{1}{2}, 2\right]$.设 $a_1, a_2, \cdots, a_n, b_1, b_2, \cdots, b_n$ 是 $2n$ 个非负实数,满足 $a_1 + a_2 + \cdots + a_n = b_1 + b_2 + \cdots + b_n = 1$.对任意 $i = 1, 2, \cdots, n$,令 $c_i = (\lambda a_i + b_{i+1})(\lambda a_{i+1} + b_i)$(这里 $a_{n+1} = a_1, b_{n+1} = b_1$).求 $c_1 + c_2 + \cdots + c_n$ 的最大值.

方法讲解 所求的最大值为 2λ.

一方面,当 $a_1 = b_1 = 1, a_2 = a_3 = \cdots = a_n = b_2 = b_3 = \cdots = b_n = 0$ 时,$\sum\limits_{i=1}^{n} c_i = 2\lambda$.

另一方面,由于 $\lambda \in \left[\frac{1}{2}, 2\right]$,且由二元均值不等式,我们有

$$\sum_{i=1}^{n} c_n = \sum_{i=1}^{n} (\lambda a_i + b_{i+1})(\lambda a_{i+1} + b_i) = \sum_{i=1}^{n} (\lambda^2 a_i a_i + 1 + b_i b_i + 1 + 2\lambda a_i b_i)$$

$$\leq 2\lambda \sum_{i=1}^{n} (a_i a_i + 1 + b_i b_i + 1 + a_i b_i) \leq 2\lambda \sum_{i=1}^{n} \left(a_i a_i + 1 + b_i b_i + 1 + \frac{a_i^2 + b_i^2}{2}\right)$$

$$= \lambda \left(\sum_{i=1}^{n} a_{i+2}^2 \sum_{i=1}^{n} a_i a_{i+1} + \sum_{i=1}^{n} b_{i+2}^2 \sum_{i=1}^{n} b_i b_{i+1}\right)$$

$$\leq \lambda \left(\sum_{i=1}^{n} a_{i+2}^2 \sum_{1 \leq i < j \leq n} a_i a_j + \sum_{i=1}^{n} b_{i+2}^2 \sum_{1 \leq i < j \leq n} b_i b_j\right)$$

$$= \lambda \left[\left(\sum_{i=1}^{n} a_i\right)^2 + \left(\sum_{i=1}^{n} b_i\right)^2\right] = 2\lambda.$$

故我们完成了证明.

例题 34 设 $n \geq 2$,$x_1, x_2, \cdots, x_n$ 均为实数,且 $\sum\limits_{i=1}^{n} x_i^2 + \sum\limits_{i=1}^{n-1} x_i x_{i+1} = 1$.对于每个固定的 $k(k \in \mathbf{N}, 1 \leq k \leq n)$,求 $|x_k|$ 的最大值.

方法讲解 所求的最大值为 $\sqrt{\frac{2k(n+1-k)}{n+1}}$.一方面,由条件配方得

$$x_1^2 + (x_1 + x_2)^2 + \cdots + (x_{n-1} + x_n)^2 + x_n^2 = 2.$$

由柯西不等式及绝对值不等式可得

$$\sqrt{\frac{x_1^2 + (x_1 + x_2)^2 + \cdots + (x_{k-1} + x_k)^2}{k}} \geq \frac{1}{k}(|x_1| + |x_1 + x_2| + \cdots + |x_{k-1} + x_k|)$$

$$\geq \frac{1}{k}|x_1 - (x_1 + x_2) + \cdots + (-1)^{k-1}(x_{k-1} + x_k)| = \frac{1}{k}|x_k|,$$

从而有

$$x_1^2 + (x_1 + x_2)^2 + \cdots + (x_{k-1} + x_k)^2 \geq \frac{1}{k} x_k^2.$$

同理可得

$$(x_k + x_{k+1})^2 + \cdots + (x_{n-1} + x_n)^2 + x_n^2 \geq \frac{1}{n+1-k} x_k^2.$$

将以上两式相加,得

$$\left(\frac{1}{k} + \frac{1}{n+1-k}\right) x_k^2 \leq 2 \Rightarrow |x_k| \leq \sqrt{\frac{2k(n+1-k)}{n+1}}.$$

当且仅当 $x_1 = -(x_1 + x_2) = x_2 + x_3 = \cdots = (-1)^{k-1}(x_{k-1} + x_k), x_k + x_{k+1} = -(x_{k+1} + x_{k+2}) = \cdots = (-1)^{n-k}x_n$ 时（以上两式确定 $x_1, x_2, \cdots, x_n$ 的比例关系）及题中的条件满足时可取到等号.

例题 35 试求最小的实数 λ，使得

$$(a_1 - a_2)^2 + (a_2 - a_3)^2 + \cdots + (a_{99} - a_{100})^2 + (a_{100} - a_1)^2 \leqslant \lambda(100 - a_1 - a_2 - \cdots - a_{100})$$

对任意满足 $a_1^2 + a_2^2 + \cdots + a_{100}^2 = 100$ 的实数 $a_1, a_2, \cdots, a_{100}$ 都成立.

方法讲解 λ 的最小值为 8.

一方面，取 $a_1 = a_3 = \cdots = a_{99} = x, a_2 = a_4 = \cdots = a_{100} = y, x^2 + y^2 = 2$，代入原不等式可得

$$100(x - y)^2 \leqslant \lambda[100 - 50(x + y)].$$

令 $x + y = u$，则 $(x - y)^2 = 4 - u^2$，且取 $u \neq 2$，则 $u < 2$，故上述不等式等价于

$$100(4 - u^2) \leqslant \lambda(100 - 50u) \Leftrightarrow 2(2 + u) \leqslant \lambda.$$

令 $x \to 1, x \neq 1$，得 $u \to 2, u \neq 2$，故 $\lambda \geqslant 8$.

另一方面，由柯西不等式有 $a_1 + a_2 + \cdots + a_{100} \leqslant 100$，则

$$8(100 - a_1 - a_2 - \cdots - a_{100}) - \sum_{i=1}^{100}(a_i - a_{i+1})^2$$

$$= 400 + \sum_{i=1}^{100}[2a_i^2 + 2a_{i+1}^2 - (a_i - a_{i+1})^2] - 4\sum_{i=1}^{100}(a_i + a_{i+1})$$

$$= \sum_{i=1}^{100}[4 + (a_i + a_{i+1})^2 - 4(a_i + a_{i+1})] = \sum_{i=1}^{100}(a_i + a_{i+1} - 2)^2 \geqslant 0.$$

故我们完成了证明.

1.5 离散问题的极值

例题 1 设 n 为正整数，且存在正整数 $x_1, x_2, \cdots, x_n$ 满足 $x_1 x_2 \cdots x_n (x_1 + x_2 + \cdots + x_n) = 100n$. 求 n 的最大值.

方法讲解 n 的最大值为 9702.

一方面，当 $n = 9702$ 时，$x_1 = x_2 = \cdots = x_{n-1} = 1, x_n = 99$ 可满足条件.

另一方面，若正整数 $x_1, x_2, \cdots, x_n$ 满足条件，由于 $x_1 + x_2 + \cdots + x_n \geqslant n$，且 $x_1 + x_2 + \cdots + x_n = n$ 当且仅当 $x_i = 1, \forall i = 1, 2, \cdots, n$，此时显然不符合条件. 故 $x_1 + x_2 + \cdots + x_n > n$. 从而 $x_1 x_2 \cdots x_n < 100$，即 $x_1 x_2 \cdots x_n \leqslant 99$. 由于

$$x_1 x_2 \cdots x_n = (1 + x_1 - 1)(1 + x_2 - 1)\cdots(1 + x_n - 1) \geqslant 1 + x_1 + x_2 + \cdots + x_n - n,$$

故

$$x_1 + x_2 + \cdots + x_n \leqslant x_1 x_2 \cdots x_n + n - 1 \leqslant 98 + n,$$

从而

$$100n = x_1 x_2 \cdots x_n (x_1 + x_2 + \cdots + x_n) \leqslant (98 + n) \times 99,$$

即得

$$n \leqslant 99 \times 98 = 9702.$$

故我们完成了证明.

例题 2 给定大于 1 的正整数 n，设 $x_i \in \mathbf{N}^*, i = 1, 2, \cdots, n$ 且 $x_1 + x_2 + \cdots + x_n = x_1 x_2 \cdots x_n$，求 $x_1 + x_2 + \cdots + x_n$ 的最大值.

方法讲解 所求的最大值为 $2n$.

一方面，当 $x_1 = x_2 = \cdots = x_{n-2} = 1, x_{n-1} = 2, x_n = n$ 时可满足条件.

另一方面，不妨设 $x_1 \geqslant x_2 \geqslant \cdots \geqslant x_n$，易知 $x_1 \geqslant x_2 \geqslant 2$，故 $x_2 + x_3 + \cdots + x_n - n \geqslant 0$，从而

$$x_1 + x_2 + \cdots + x_n = x_1 x_2 \cdots x_n = x_1(1 + x_2 - 1)(1 + x_3 - 1) \cdots (1 + x_n - 1)$$
$$\geqslant x_1(1 + x_2 - 1 + x_3 - 1 + \cdots + x_n - 1) = (2 + x_1 - 2)(2 + x_2 + x_3 + \cdots + x_n - n)$$
$$\geqslant 4 + 2(x_1 - 2) + 2(x_2 + x_3 + \cdots + x_n - n),$$

即得

$$x_1 + x_2 + \cdots + x_n \leqslant 2n.$$

故我们完成了证明.

例题 3 设 $\sigma = \{a_1, a_2, \cdots, a_n\}$ 为 $\{1, 2, \cdots, n\}$ 的一个排列,记 $F(\sigma) = \sum_{i=1}^{n} a_i a_{i+1}, a_{n+1} = a_1$,求 $\min F(\sigma)$.

方法讲解 问题等价于圆周上放置 n 个数,使得相邻数的乘积之和为最小,最小值记为 T_n.

不妨设 $a_1 = n$,则数字 1 必与它相邻. 否则设 $a_j = 1 (j \neq 2, n)$,则可将 $a_2, a_3, \cdots, a_j$ 的数字改变为 a_j, $a_{j-1}, \cdots, a_2$ 上的数字,则相邻数的乘积和的改变量为

$$a_1 a_j + a_2 a_{j+1} - a_1 a_2 - a_j a_{j+1} = (a_1 - a_{j+1})(a_j - a_2) < 0.$$

于是可确定 $a_2 = 1$. 再说明数字 2 也必与数字 n 相邻,即 $a_n = 2$.

事实上,若 $a_j = 2 (j \neq n)$,则交换 $a_n, a_{n-1}, \cdots, a_j$ 为 $a_j, a_{j+1}, \cdots, a_n$. 此时的目标改变值为

$$a_1 a_j + a_n a_{j-1} - a_1 a_n - a_j a_{j-1} = (a_1 - a_{j-1})(a_j - a_n) < 0.$$

因此,当目标取到最小值时,$a_1 = n, a_2 = 1, a_n = 2$. 由此出发,依次可得 $a_3 = n - 1, a_{n-1} = n - 2$. 在已安排好的两端数字基础上,若剩下的数比两端数字都小,则在剩下的数中找两个最小的数字,按小对大,大对小放置;若剩下的数比两端数字大,则在剩下的数字中找两个最大的数,按大对小、小对大放置. 由此规律即得

$$a_4 = 3, a_{n-2} = 4, a_5 = n - 3, a_{n-3} = n - 4, \cdots.$$

下面用递推法计算 T_n.

考虑 $n+2$ 个数字,我们在 T_n 的数字排序中,将每个数字加 1,再放置 $1, n+2$ 这两个数字,在 $2, n+1$ 的中间插入 $n+2, 1$,即可得到 T_{n+2}. 因此

$$T_{n+2} = T'_n + (n+1) + (n+2) + 2(n+2) - 2(n+1),$$

其中

$$T'_n = \sum_{i=1}^{n} (a_i + 1)(a_{i+1} + 1) = T_n + n(n+2).$$

由此可得

$$T_{n+2} = T_n + n^2 + 4n + 5.$$

可以推出

$$T_n = \begin{cases} \dfrac{1}{6}n^3 + \dfrac{1}{2}n^2 + \dfrac{5}{6}n - 3, & n = 2m, m \in \mathbf{N}^*, \\ \dfrac{1}{6}n^3 + \dfrac{1}{2}n^2 + \dfrac{5}{6}n - \dfrac{1}{2}, & n = 2m - 1, m \in \mathbf{N}^*. \end{cases}$$

例题 4 已知 $a_1, a_2, \cdots, a_{25}$ 是非负整数,且 k 是 25 个数中最小的一个,证明:

$$\lfloor \sqrt{a_1} \rfloor + \lfloor \sqrt{a_2} \rfloor + \cdots + \lfloor \sqrt{a_{25}} \rfloor \geqslant \lfloor \sqrt{a_1 + a_2 + \cdots + a_{25} + 200k} \rfloor.$$

方法讲解 不妨设 $k = a_1$. 再对 $1 \leqslant i \leqslant 25$,设 $a_i = b_i^2 + r_i$,其中 $0 \leqslant r_i \leqslant 2b_i$,则只需证明

$$b_1 + b_2 + \cdots + b_{25} \geqslant \lfloor \sqrt{b_1^2 + b_2^2 + \cdots + b_{25}^2 + r_1 + r_2 + \cdots + r_{25} + 200k} \rfloor.$$

这只需证明 $(b_1 + b_2 + \cdots + b_{25} + 1)^2 > b_1^2 + b_2^2 + \cdots + b_{25}^2 + 2b_1 + 2b_2 + \cdots + 2b_{25} + 200k$,即

$$\sum_{1 \leqslant i < j \leqslant 25} b_i b_j \geqslant 100(b_1^2 + 2b_1).$$

因为 b_1 是 $b_1, b_2, \cdots, b_{25}$ 中的最小者,所以

$$\sum_{1\leqslant i<j\leqslant 25}b_ib_j\geqslant 300b_1^2.$$

于是只需证明

$$3b_1^2\geqslant b_1^2+2b_1.$$

这显然成立.综上,命题得证.

例题 5　将 $2n(n\geqslant 2)$ 个不同的整数分成两组 $a_1,a_2,\cdots,a_n;b_1,b_2,\cdots,b_n$.证明:

$$\sum_{i=1}^n\sum_{j=1}^n|a_i-b_j|-\sum_{1\leqslant i<j\leqslant n}(|a_j-a_i|+|b_j-b_i|)\geqslant n.$$

方法讲解　由对称性,不妨设 $a_1<a_2<\cdots<a_n,b_1<b_2<\cdots<b_n$,则

$$\sum_{i=1}^n\sum_{j=1}^n|a_i-b_j|-\sum_{1\leqslant i<j\leqslant n}(|a_j-a_i|+|b_j-b_i|)$$

$$=\sum_{i=1}^n|a_i-b_i|+\sum_{1\leqslant i<j\leqslant n}(|a_i-b_j|+|a_j-b_i|)-\sum_{1\leqslant i<j\leqslant n}(|a_j-a_i|+|b_j-b_i|)$$

$$=\sum_{i=1}^n|a_i-b_i|+\sum_{1\leqslant i<j\leqslant n}(|a_i-b_j|+|a_j-b_i|-|a_j-a_i|-|b_j-b_i|)$$

$$=\sum_{i=1}^n|a_i-b_i|+\sum_{1\leqslant i<j\leqslant n}(|a_i-b_j|+|a_j-b_i|-(a_j-a_i)-(b_j-b_i))$$

$$=\sum_{i=1}^n|a_i-b_i|+\sum_{1\leqslant i<j\leqslant n}\{[|a_i-b_j|-(b_j-a_i)]+[|a_j-b_i|-(a_j-b_i)]\}$$

$$\geqslant\sum_{i=1}^n|a_i-b_i|\geqslant n.$$

例题 6　设 $n(n\geqslant 2)$ 为正整数,$x_1,x_2,\cdots,x_n$ 是互不相同的整数,且 $x_{n+1}=x_1$,求

$$f=\sum_{i=1}^n x_i^2-\sum_{i=1}^n x_ix_{i+1}$$

的最小值.

方法讲解　所求的最小值为 $2n-3$.

当 n 为偶数时,$x_1=1,x_2=3,\cdots,x_{\frac{n}{2}}=n-1,x_{\frac{n}{2}+1}=n,x_{\frac{n}{2}+2}=n-2,\cdots,x_n=2$ 可以取到最小值.

当 n 为奇数时,$x_1=1,x_2=3,\cdots,x_{\frac{n+1}{2}}=n,x_{\frac{n+3}{2}}=n-1,x_{\frac{n+5}{2}}=n-3,\cdots,x_n=2$ 可以取到最小值.

下面证明:

$$f\geqslant 2n-3\Leftrightarrow\sum_{i=1}^n(x_i-x_{i+1})^2\geqslant 4n-6.$$

记 $a_i=|x_i-x_{i+1}|,i=1,2,\cdots,n$,不妨设 x_1 为 $x_1,x_2,\cdots,x_n$ 中的最小值,x_t 为 $x_1,x_2,\cdots,x_n$ 中的最大值,则

$$a_1+a_2+\cdots+a_{t-1}\geqslant|x_t-x_1|\geqslant n-1,a_t+\cdots+a_n\geqslant|x_t-x_1|\geqslant n-1.$$

又由于 $a_i\in\mathbf{Z}$,从而 $(a_i-1)(a_i-2)\geqslant 0$,即 $a_i^2\geqslant 3a_i-2$,从而

$$2f=\sum_{i=1}^n(x_i-x_{i+1})^2=\sum_{i=1}^n a_i^2\geqslant\sum_{i=1}^n(3a_i-2)=4n-6.$$

故我们完成了证明.

例题 7　设整数 $a_1,a_2,\cdots,a_{2019}$ 满足 $1=a_1\leqslant a_2\leqslant\cdots\leqslant a_{2019}=99$.记 $f=(a_1^2+a_2^2+\cdots+a_{2019}^2)-(a_1a_3+a_2a_4+a_3a_5+\cdots+a_{2017}a_{2019})$.求 f 的最小值 f_0,并确定使 $f=f_0$ 成立的数组 $(a_1,a_2,\cdots,a_{2019})$ 的个数.

方法讲解　一方面,由条件知

$$2f=a_1^2+a_2^2+a_{2018}^2+a_{2019}^2+\sum_{i=1}^{2017}(a_{i+2}-a_i)^2\quad①.$$

由于 $a_1 a_2$ 及 $a_{i+2} - a_i (i = 1, 2, \cdots, 2016)$ 均为非负整数,故有

$$a_1^2 \geqslant a_1, a_2^2 \geqslant a_2,$$

且 $(a_{i+2} - a_i)^2 \geqslant a_{i+2} - a_i (i = 1, 2, \cdots, 2016)$,于是

$$a_1^2 + a_2^2 + \sum_{i=1}^{2016} (a_{i+2} - a_i)^2 \geqslant a_1 + a_2 + \sum_{i=1}^{2016} (a_{i+2} - a_i) = a_{2017} + a_{2018} \quad ②.$$

由 ①② 得

$$2f \geqslant a_{2017} + a_{2018} + (a_{2019} - a_{2017})^2 + a_{2018}^2 + a_{2019}^2.$$

结合 $a_{2019} = 99$ 及 $a_{2018} \geqslant a_{2017} > 0$,可知

$$f \geqslant \frac{1}{2}[2a_{2017} + (99 - a_{2017})^2 + a_{2017}^2 + 99^2] = (a_{2017} - 49)^2 + 7400 \geqslant 7400 \quad ③.$$

另一方面,令

$$a_1 = a_2 = \cdots = a_{1920} = 1,$$
$$a_{1920+2k-1} = a_{1920+2k} = k (k = 1, 2, \cdots, 49),$$
$$a_{2019} = 99,$$

此时验证知,上述所有不等式均取到等号,从而 f 的最小值 $f_0 = 7400$. 以下考虑 ③ 的取等条件. 此时 $a_{2017} = a_{2018} = 49$,且②中的不等式符号均取等号,即 $a_1 = a_2 = 1, a_{i+2} - a_i \in \{0, 1\} (i = 1, 2, \cdots, 2016)$. 因此 $1 = a_1 \leqslant a_2 \leqslant \cdots \leqslant a_{2018} = 49$,且对每个 $k (1 \leqslant k \leqslant 49)$,$a_1, a_2, \cdots, a_{2018}$ 中至少有两项等于 k. 易验证这也是 ③ 取等号的充分条件. 对每个 $k (1 \leqslant k \leqslant 49)$,设 $a_1, a_2, \cdots, a_{2018}$ 中等于 k 的项数为 $1 + n_k$,则 n_k 为正整数,且 $(1 + n_1) + (1 + n_2) + \cdots + (1 + n_{49}) = 2018$,即

$$n_1 + n_2 + \cdots + n_{49} = 1969.$$

该方程的正整数解 $(n_1, n_2, \cdots, n_{49})$ 的组数为 C_{1968}^{48},且每组解唯一对应一个使 ③ 取等号的数组 $(a_1, a_2, \cdots, a_{2019})$,故使 $f = f_0$ 成立的数组 $(a_1, a_2, \cdots, a_{2019})$ 有 C_{1968}^{48} 个.

例题 8 已知 $x_1, x_2, \cdots, x_{25}$ 为实数且对于任意 $1 \leqslant i \leqslant 25$ 都有 $0 \leqslant x_i \leqslant i$,求如下表达式的最大值:
$$S = x_1^3 + x_2^3 + \cdots + x_{25}^3 - (x_1 x_2 x_3 + x_2 x_3 x_4 + \cdots + x_{25} x_1 x_2).$$

方法讲解 考虑函数 $f(x) = x^3 - kx + t (x \geqslant 0)$,这里 k, t 均为常数,则 $f''(x) = 6x \geqslant 0$. 在 S 中,先将 $x_2, x_3, \cdots, x_{25}$ 看成常数,x_1 为变量,则易知当 S 取最大值时,x_1 只能取 0 或 1. 类似地,当 S 取最大值时,x_i 只能取 0 或 $i (i = 1, 2, \cdots, 25)$.

下面我们证明:当 S 取最大值时,相邻三个数 x_i, x_{i+1}, x_{i+2} 中至少有一个为 0,其中 $i = 1, 2, \cdots, 25$,且规定 $x_{i+25} = x_i$. 事实上,在

$$T = x_i^3 + x_{i+1}^3 + x_{i+2}^3 - (x_{i-2} x_{i-1} x_i + x_{i-1} x_i x_{i+1} + x_i x_{i+1} x_{i+2} + x_{i+1} x_{i+2} x_{i+3} + x_{i+2} x_{i+3} x_{i+4})$$

中,若 x_i, x_{i+1}, x_{i+2} 都不为 0,则分三种情况:

① 若 $i \leqslant 23$,则将 x_i 调为 0,因为 $x_i^3 \leqslant x_{i-2} x_{i-1} x_i + x_{i-1} x_i x_{i+1} + x_i x_{i+1} x_{i+2}$,故 T 增大;

② 若 $i = 24$,则将 $x_{i+2} = x_1$ 调为 0,因为 $x_{i+2}^3 \leqslant x_i x_{i+1} x_{i+2} + x_{i+1} x_{i+2} x_{i+3} + x_{i+2} x_{i+3} x_{i+4}$,故 T 增大;

③ 若 $i = 25$,则将 $x_{i+1} = x_1$ 调为 0,因为 $x_{i+1}^3 \leqslant x_{i-1} x_i x_{i+1} + x_i x_{i+1} x_{i+2} + x_{i+1} x_{i+2} x_{i+3}$,故 T 增大.

于是上述论断得证. 所以我们只需考虑在相邻的三个数 x_i, x_{i+1}, x_{i+2} 中至少有一个为 0 的情况下,
$$S = x_1^3 + x_2^3 + \cdots + x_{25}^3 - (x_1 x_2 x_3 + x_2 x_3 x_4 + \cdots + x_{25} x_1 x_2) = x_1^3 + x_2^3 + \cdots + x_{25}^3$$
的最大值.

若 $x_1 = 0$,将 $x_1, x_2, \cdots, x_{25}$ 分组为 $\{x_1\}, \{x_2, x_3, x_4\}, \{x_5, x_6, x_7\}, \cdots, \{x_{23}, x_{24}, x_{25}\}$,则
$$x_1^3 + x_2^3 + \cdots + x_{25}^3 \leqslant 3^3 + 4^3 + 6^3 + 7^3 + \cdots + 24^3 + 25^3.$$

若 $x_1 = 1$,将 $x_1, x_2, \cdots, x_{25}$ 分组为 $\{x_2\}, \{x_3, x_4, x_5\}, \{x_6, x_7, x_8\}, \cdots, \{x_{24}, x_{25}, x_1\}$,则
$$x_1^3 + x_2^3 + \cdots + x_{25}^3 \leqslant 2^3 + 4^3 + 5^3 + 7^3 + 8^3 + \cdots + 25^3 + 1^3.$$

比较可知,$3^3 + 4^3 + 6^3 + 7^3 + \cdots + 24^3 + 25^3 = 75824$ 为所求的最大值.

例题 9 对于实数 x,y，定义函数 $f(x,y)=\begin{cases}0,x>y,\\x,x\leqslant y.\end{cases}$ 记 X 为所有 $\{1,2,\cdots,100\}$ 到自身的一一映射构成的集合．对于任意实数 $a_1,a_2,\cdots,a_{100}$，求

$$\min_{\sigma\in X}\{f(a_1,\sigma(1))+f(a_2,\sigma(2))+\cdots+f(a_{100},\sigma(100))\}$$

的最大值.

方法讲解 所求的最大值为 2550.

方法一： 一方面，当 $a_1=a_2=\cdots=a_{100}=50$ 时，

$$f(a_1,\sigma(1))+f(a_2,\sigma(2))+\cdots+f(a_{100},\sigma(100))=50\times51=2550.$$

另一方面，我们只需证明，对于任意 $a_1,a_2,\cdots,a_{100}$，都存在一个 $\sigma\in X$，使得

$$f(a_1,\sigma(1))+f(a_2,\sigma(2))+\cdots+f(a_{100},\sigma(100))\leqslant2550.$$

由对称性，不妨设 $a_1\geqslant a_2\geqslant\cdots\geqslant a_{100}$ 且取 σ 就为恒等映射，则

$$f(a_1,\sigma(1))+f(a_2,\sigma(2))+\cdots+f(a_{100},\sigma(100))=f(a_1,1)+f(a_2,2)+\cdots+f(a_{100},100).$$

设 $a_{100}\leqslant100$，否则上述表达式显然为 0．记 k 为满足 $a_k-k\leqslant0$ 的最小的正整数，从而

$$f(a_1,1)+f(a_2,2)+\cdots+f(a_{100},100)=f(a_k,k)+f(a_{k+1},k+1)+\cdots+f(a_{100},100)$$
$$=a_k+a_{k+1}+\cdots+a_{100}\leqslant(101-k)a_k\leqslant(101-k)k\leqslant50\times51=2550.$$

最后一步用到了 k 是整数，故我们完成了证明.

方法二： 一方面，当 $a_1=a_2=\cdots=a_{100}=50$ 时，

$$f(a_1,\sigma(1))+f(a_2,\sigma(2))+\cdots+f(a_{100},\sigma(100))=50\times51=2550.$$

另一方面，我们只需证明，对于一组确定的 $\sigma(1),\sigma(2),\cdots,\sigma(100)$，所有 $(a_1,a_2,\cdots,a_{100})$ 赋值后的平均值不超过 2550.

单独考虑 $f(a_1,\sigma(i))$，$i=1,2,\cdots,100$，当 $a_1\leqslant\sigma(i)$ 时，$f(a_1,\sigma(i))=a_1$；

当 $a_1>\sigma(i)$ 时，$f(a_1,\sigma(i))=0$，故有 $\dfrac{1}{100}\sum\limits_{a_1=1}^{100}f(a_1,\sigma(i))=\dfrac{\sigma(i)[\sigma(i)+1]}{200}$，

所以总的平均值为 $\sum\limits_{i=1}^{100}\dfrac{\sigma(i)[\sigma(i)+1]}{200}=\sum\limits_{i=1}^{100}\dfrac{i(i+1)}{200}$.

注 本题是根据俄罗斯的一道组合题改编而来的．当然此题算代数题，在解答过程中用到了一些组合的思想．题目如下：

已知存在一台特殊的自动取款机，当插入某张卡片后，若卡内的钱数大于等于小明输入的钱数，则自动取款机支付他输入的钱数；否则该卡直接被吞没．现小明有 100 张卡，卡内的钱数分别为 $1,2,\cdots,100$，但小明并不知道任何一张卡内的钱数，试给出一种方案，使得不论何种情况小明拿到的钱数最多.

例题 10 已知 $a_1,a_2,\cdots,a_{10}$ 为整数，且满足 $\sum\limits_{k=1}^{10}ka_k=2023$，求 $\sum\limits_{k=1}^{10}ka_k^2$ 的最小值.

方法讲解 所求的最小值为 74419.

一方面，当 $a_2=a_{10}=36$，$a_1=a_3=a_4=\cdots=a_9=37$ 时，

$$\sum_{k=1}^{10}ka_k=2023,\sum_{k=1}^{10}ka_k^2=74419.$$

另一方面，注意到

$$\sum_{k=1}^{10}ka_k^2-74407=\sum_{k=1}^{10}ka_k^2+\sum_{k=1}^{10}37^2k^2-74\sum_{k=1}^{10}ka_k$$
$$=\sum_{k=1}^{10}k(a_k-37)^2\geqslant\sum_{k=1}^{10}k(37-a_k)=37\times55-2023=12,$$

故
$$\sum_{k=1}^{10} k a_k^2 \geqslant 74419.$$

从而我们完成了证明.

例题 11　设 $x_1, x_2, \cdots, x_{20} \in \mathbf{N}^*$ 且满足 $x_1 + x_2 + \cdots + x_{20} = 2023, x_{k+20} = x_k, k \in \mathbf{N}^*$. 记
$$S_k = x_1 x_{k+1} + x_2 x_{k+2} + \cdots + x_{20} x_{k+20}.$$

若 $S_1 \geqslant S_2 \geqslant \cdots \geqslant S_9 \geqslant S_{10}$, 求 S_9 的最小值与最大值.

方法讲解　先求最小值: 对 $\forall 1 \leqslant i \leqslant 20, (x_i - 1)(x_{i+9} - 1) \geqslant 0$, 则 $x_i x_{i+9} \geqslant x_i + x_{i+9} - 1$.

从而 $S_9 = \sum_{i=1}^{20} x_i x_{i+9} \geqslant \sum_{i=1}^{20} (x_i + x_{i+9}) - 20 = 4026$, 且当 $x_1 = 2004, x_2 = x_3 = \cdots = x_{20} = 1$ 时, 符合条件, 此时 $S_9 = 4026$.

再求最大值: 注意到 $S_0 + 2(S_1 + S_2 + \cdots + S_9) + S_{10} = (x_1 + x_2 + \cdots + x_{20})^2 = 2023^2$.

$$\geqslant S_0 + S_{10} + 18 S_9 = \sum_{k=1}^{10} (x_k + x_{k+10})^2 + 18 S_9$$

$$\geqslant \frac{1}{10} \left(\sum_{k=1}^{10} (x_k + x_{k+10}) \right)^2 + 18 S_9 = \frac{1}{10} \times 2023^2 + 18 S_9$$

$$\Rightarrow S_9 \leqslant \frac{2023^2}{20} = 204626.45 \Rightarrow S_9 \leqslant 204626,$$

当 $x_1 = x_2 = x_3 = 102, x_4 = x_5 = \cdots = x_{20} = 101$ 时取到等号, 此时 $S_9 = 204626$.

综上, S_9 的最小值为 4026, 最大值为 204626.

例题 12　设 $a_1, a_2, \cdots, a_{100}$ 是非负整数, 同时满足以下条件:

(1) 存在正整数 $k \leqslant 100$, 使得 $a_1 \leqslant a_2 \leqslant \cdots \leqslant a_k$, 而当 $i > k$ 时, $a_i = 0$;

(2) $a_1 + a_2 + a_3 + \cdots + a_{100} = 100$;

(3) $a_1 + 2 a_2 + 3 a_3 + \cdots + 100 a_{100} = 2022$.

求 $a_1 + 2^2 a_2 + 3^2 a_3 + \cdots + 100^2 a_{100}$ 的最小值.

方法讲解　所求的最小值为 40940.

一方面, 当 $a_{19} = 19, a_{20} = 40, a_{21} = 41$ 时, 条件都满足, 且
$$a_1 + 2^2 a_2 + 3^2 a_3 + \cdots + 100^2 a_{100} = 40940.$$

另一方面, 由于

$k \cdot 100 = k(a_1 + a_2 + \cdots + a_k) \geqslant 2022 = a_1 + 2 a_2 + 3 a_3 + \cdots + 100 a_{100} \geqslant k(a_1 + a_2 + \cdots + a_k)$,

故得 $k \geqslant 21$, 且 $a_{21} \geqslant a_{20}$. 下面考虑
$$f(i) = (i - 19)\left(i - \frac{62}{3}\right).$$

易得当 $i \leqslant 19$ 或 $i \geqslant 21$ 时, $f(i) \geqslant 0, f(21) = \frac{2}{3}, f(20) = -\frac{2}{3}$. 从而

$$\sum_{i=1}^{k} (i - 19)\left(i - \frac{62}{3}\right) a_i = \sum_{i=1}^{k} f(i) a_i \geqslant \frac{2}{3} a_{21} - \frac{2}{3} a_{20} \geqslant 0,$$

可得

$$\sum_{i=1}^{k} i^2 a_i \geqslant \frac{119}{3} \sum_{i=1}^{k} i a_i - \frac{1178}{3} \sum_{i=1}^{k} a_i = \frac{119}{3} \times 2022 - \frac{1178}{3} \times 100 = 40939\frac{1}{3},$$

故

$$\sum_{i=1}^{k} i^2 a_i \geqslant 40940.$$

从而我们完成了证明.

例题 13 设正整数 $a_1, a_2, \cdots, a_{31}, b_1, b_2, \cdots, b_{31}$ 满足：

① $a_1 < a_2 < \cdots < a_{31} \leqslant 2015, b_1 < b_2 < \cdots < b_{31} \leqslant 2015$；

② $a_1 + a_2 + \cdots + a_{31} = b_1 + b_2 + \cdots + b_{31}$.

求 $S = \sum\limits_{i=1}^{31} |a_i - b_i|$ 的最大值.

方法讲解 定义集合 $A = \{m \mid a_m > b_m, 1 \leqslant m \leqslant 31\}, B = \{n \mid a_n < b_n, 1 \leqslant n \leqslant 31\}$. 令

$$S_1 = \sum_{m \in A} (a_m - b_m), \quad S_2 = \sum_{n \in B} (b_n - a_n),$$

则 $S = S_1 + S_2$. 又由 ② 知，$S_1 - S_2 = \sum\limits_{m \in A \cup B} (a_m - b_m) = 0$，从而

$$S_1 = S_2 = \frac{S}{2}.$$

当 $A = \varnothing$ 时，$S = 2S_1 = 0$.

以下设 $A \neq \varnothing$，则 $B \neq \varnothing$，此时 $|A|, |B|$ 为正整数，且 $|A| + |B| \leqslant 31$.

记 $u = a_k - b_k = \max\limits_{m \in A} \{a_m - b_m\}, v = b_l - a_l = \max\limits_{n \in B} \{b_n - a_n\}$.

我们证明 $u + v \leqslant 1984$. 不失一般性，设 $1 \leqslant k < l \leqslant 31$，则

$$u + v = a_k - b_k + b_l - a_l = b_{31} - (b_{31} - b_l) - b_k - (a_l - a_k).$$

注意到 ①，有 $b_{31} \leqslant 2015, b_{31} - b_l \geqslant 31 - l, b_k \geqslant k, a_l - a_k \geqslant l - k$，故

$$u + v \leqslant 2015 - (31 - l) - k - (l - k) = 1984.$$

又显然有 $S_1 \leqslant u |A|, S_2 \leqslant v |B|$，从而

$$1984 \geqslant u + v \geqslant \frac{S_1}{|A|} + \frac{S_2}{|B|} \geqslant \frac{S_1}{|A|} + \frac{S_2}{31 - |A|} = \frac{S}{2} \cdot \frac{31}{|A|(31 - |A|)} \geqslant \frac{31S}{2 \times 15 \times 16}$$

即 $S \leqslant \dfrac{2 \times 15 \times 16}{31} \times 1984 = 30720$. 若取

$$(a_1, a_2, \cdots, a_{16}, a_{17}, a_{18}, \cdots, a_{31}) = (1, 2, \cdots, 16, 2001, 2002, \cdots, 2015),$$
$$(b_1, b_2, \cdots, b_{31}) = (961, 962, \cdots, 991),$$

则条件 ①，② 均满足，此时 $S = 2S_2 = 2 \times 16 \times 960 = 30720$.

综上所述，S 的最大值为 30720.

注 此题为 2015 年 CMO 的第一题，但难度超过了预期，当时很多学生用了调整的办法做这道题，但使用调整法得分的学生却寥寥无几. 这里的解答过程先使用正负分离，再分别设出最大项的方法，值得同学们借鉴.

例题 14 对于 $1, 2, \cdots, 2n$ 的一个排列 $a_1, a_2, \cdots, a_n, b_1, b_2, \cdots, b_n$，定义函数

$$f(a_1, a_2, \cdots, a_n, b_1, b_2, \cdots, b_n) = \sum_{i=1}^{n-1} |a_i b_i - a_{i+1} b_{i+1}|.$$

求所有的排列中，$f(a_1, a_2, \cdots, a_n, b_1, b_2, \cdots, b_n)$ 的最小值.

方法讲解 一方面，不妨设

$$\max_{1 \leqslant i \leqslant n} \{a_i b_i\} = a_s b_s, \quad \min_{1 \leqslant i \leqslant n} \{a_i b_i\} = a_t b_t \quad (1 \leqslant s < t \leqslant n).$$

根据条件知

$$f(a_1, a_2, \cdots, a_n, b_1, b_2, \cdots, b_n) \geqslant \sum_{i=s}^{t-1} |a_i b_i - a_{i+1} b_{i+1}| \geqslant \left| \sum_{i=s}^{t-1} (a_i b_i - a_{i+1} b_{i+1}) \right| = a_s b_s - a_t b_t. \quad (*)$$

在 $a_1 b_1, a_2 b_2, \cdots, a_n b_n$ 中，由于恰有一个数为 1，不妨设 $a_i = 1$ 或 $b_i = 1$，故 $a_t b_t \leqslant a_i b_i \leqslant 1 \cdot 2n = 2n$.

考虑集合 $\{n, n+1, \cdots, 2n\}$，由抽屉原理，必存在 j 使得 $a_j, b_j \in \{n, n+1, \cdots, 2n\}$，故 $a_s b_s \geqslant a_j b_j$

$\geqslant n(n+1).$

代入（＊）式，得

$$f(a_1,a_2,\cdots,a_n,b_1,b_2,\cdots,b_n)\geqslant n(n+1)-2n=(n-1)n.$$

另一方面，当$(a_1,a_2,\cdots,a_n,b_1,b_2,\cdots,b_n)=(1,2,\cdots,n,2n,2n-1,\cdots,n+1)$时，

$$f(a_1,a_2,\cdots,a_n,b_1,b_2,\cdots,b_n)=(n-1)n.$$

综上所述，$f(a_1,a_2,\cdots,a_n,b_1,b_2,\cdots,b_n)$的最小值为$n(n-1)$.

> **注** 若记$g(a_1,a_2,\cdots,a_n,b_1,b_2,\cdots,b_n)=\sum_{i=1}^{n}|a_ib_i-a_{i+1}b_{i+1}|$，其中$a_{n+1}=a_1$，$b_{n+1}=b_1$，则
>
> $$g(a_1,a_2,\cdots,a_n,b_1,b_2,\cdots,b_n)\geqslant 2(a_sb_s-a_tb_t)\geqslant 2(n-1)n,$$
>
> 并且当$(a_1,a_2,\cdots,a_n,b_1,b_2,\cdots,b_n)=(1,2,\cdots,n,2n,2n-1,\cdots,n+1)$时，有
>
> $$g(a_1,a_2,\cdots,a_n,b_1,b_2,\cdots,b_n)=2(n-1)n.$$

例题 15 已知$a_1,a_2,\cdots,a_n(1\leqslant a_1<a_2<\cdots<a_n)$都是整数，证明：

$$\frac{1}{[a_1,a_2]}+\frac{1}{[a_2,a_3]}+\cdots+\frac{1}{[a_{n-1},a_n]}\leqslant 1-\frac{1}{2^{n-1}}.$$

方法讲解 用数学归纳法证明.

当$n=1$时，结论成立.

假设当$n=k-1$时结论成立，即

$$\frac{1}{[a_1,a_2]}+\cdots+\frac{1}{[a_{k-2},a_{k-1}]}\leqslant 1-\frac{1}{2^{k-2}}.$$

当$n=k$时，若$a_k\geqslant 2^{k-1}$，则$\frac{1}{a_k}\leqslant\frac{1}{2^{k-1}}$，所以

$$\frac{1}{[a_1,a_2]}+\cdots+\frac{1}{[a_{k-2},a_{k-1}]}+\frac{1}{[a_{k-1},a_k]}\leqslant 1-\frac{1}{2^{k-2}}+\frac{1}{2^{k-1}}=1-\frac{1}{2^{k-1}},$$

结论成立.

若$a_k<2^k$，则

$$\frac{1}{[a_1,a_2]}+\cdots+\frac{1}{[a_{k-2},a_{k-1}]}+\frac{1}{[a_{k-1},a_k]}$$

$$=\frac{(a_1,a_2)}{a_1a_2}+\cdots+\frac{(a_{k-2},a_{k-1})}{a_{k-2}a_{k-1}}+\frac{(a_{k-1},a_k)}{a_{k-1}a_k}$$

$$=\frac{(a_1,a_2-a_1)}{a_1a_2}+\cdots+\frac{(a_{k-2},a_{k-1}-a_{k-2})}{a_{k-2}a_{k-1}}+\frac{(a_{k-1},a_k-a_{k-1})}{a_{k-1}a_k}$$

$$\leqslant\frac{a_2-a_1}{a_1a_2}+\cdots+\frac{a_{k-1}-a_{k-2}}{a_{k-2}a_{k-1}}+\frac{a_k-a_{k-1}}{a_{k-1}a_k}$$

$$=\frac{1}{a_1}-\frac{1}{a_2}+\cdots+\frac{1}{a_{k-2}}-\frac{1}{a_{k-1}}+\frac{1}{a_{k-1}}-\frac{1}{a_k}$$

$$=\frac{1}{a_1}-\frac{1}{a_k}\leqslant 1-\frac{1}{2^{k-1}}.$$

综上，命题得证.

例题 16 设$n\in\mathbf{N}^*$，正整数数列$\{x_k\}$满足$1=x_0\leqslant x_1\leqslant\cdots\leqslant x_n$，证明：

$$\sum_{i=1}^{n}\frac{\sqrt{x_i-x_{i-1}}}{x_i}\leqslant\left(\sum_{i=1}^{n}\frac{1}{i}\right)-\frac{1}{2}.$$

方法讲解 用数学归纳法证明. 当$n=1$时，有

$$\frac{\sqrt{x_1 - x_0}}{x_1} = \frac{\sqrt{x_1 - 1}}{x_1} = \sqrt{-\left(\frac{1}{x_1} - \frac{1}{2}\right)^2 + \frac{1}{4}} \leqslant \frac{1}{2} = 1 - \frac{1}{2}.$$

结论成立. 假设当 $n = k$ 时, 结论成立, 即

$$\sum_{i=1}^{k} \frac{\sqrt{x_i - x_{i-1}}}{x_i} \leqslant \left(\sum_{i=1}^{k^2} \frac{1}{i}\right) - \frac{1}{2}.$$

下面证明: 当 $n = k + 1$ 时, 结论也成立. 若 $x_{k+1} > (k+1)^2$, 则由归纳假设得

$$\sum_{i=1}^{k+1} \frac{\sqrt{x_i - x_{i-1}}}{x_i} \leqslant \left(\sum_{i=1}^{k^2} \frac{1}{i}\right) - \frac{1}{2} + \frac{\sqrt{x_{k+1} - x_k}}{x_{k+1}} \quad ①.$$

而

$$\frac{\sqrt{x_{k+1} - x_k}}{x_{k+1}} \leqslant \frac{\sqrt{x_{k+1} - 1}}{x_{k+1}} = \sqrt{\frac{1}{x_{k+1}} - \left(\frac{1}{x_{k+1}}\right)^2} < \sqrt{\frac{1}{(k+1)^2} - \frac{1}{(k+1)^4}}$$

$$= \frac{\sqrt{k^2 + 2k}}{(k+1)^2} < \frac{k+1}{(k+1)^2} < \sum_{i=k^2+1}^{(k+1)^2} \frac{1}{i}.$$

代入 ① 式得

$$\sum_{i=1}^{k+1} \frac{\sqrt{x_i - x_{i-1}}}{x_i} \leqslant \left[\sum_{i=1}^{(k+1)^2} \frac{1}{i}\right] - \frac{1}{2}.$$

此时结论成立.

若 $x_{k+1} \leqslant (k+1)^2$, 由 $1 = x_0 \leqslant x_1 \leqslant \cdots \leqslant x_k \leqslant x_{k+1}$ 知, 对所有 $i = 1, 2, \cdots, k+1$, $x_i - x_{i-1}$ 都是非负整数, 故 $x_{i+1} - x_i \geqslant \sqrt{x_{i+1} - x_i}$. 从而

$$\sum_{i=1}^{k+1} \frac{\sqrt{x_i - x_{i-1}}}{x_i} \leqslant \sum_{i=1}^{k+1} \frac{x_i - x_{i-1}}{x_i}$$

$$\leqslant \left(\frac{1}{x_0 + 1} + \frac{1}{x_0 + 2} + \cdots + \frac{1}{x_1}\right) + \left(\frac{1}{x_1 + 1} + \frac{1}{x_1 + 2} + \cdots + \frac{1}{x_2}\right) + \cdots + \left(\frac{1}{x_k + 1} + \frac{1}{x_k + 2} + \cdots + \frac{1}{x_{k+1}}\right)$$

$$= \frac{1}{2} + \frac{1}{3} + \cdots + \frac{1}{x_{k+1}} \leqslant \left[\sum_{i=1}^{(k+1)^2} \frac{1}{i}\right] - \frac{1}{2}.$$

此时结论也成立.

综上所述, 结论对任意 $n \in \mathbf{N}^*$ 都成立.

例题 17 设数列 $\langle r_n \rangle$ 满足 $r_1 = 2, r_n = r_1 r_2 \cdots r_{n-1} + 1, n \geqslant 2$, 正整数 $a_1, a_2, \cdots, a_n$ 满足 $\sum_{k=1}^{n} \frac{1}{a_k} < 1$.

证明: $\sum_{k=1}^{n} \frac{1}{a_k} \leqslant \sum_{k=1}^{n} \frac{1}{r_k}$.

方法讲解 首先证明

$$\sum_{i=1}^{n} \frac{1}{r_i} = 1 - \frac{1}{r_1 r_2 \cdots r_n}.$$

对 n 用数学归纳法. 当 $n = 1$ 时, 利用 $r_1 = 2$, 有 $\frac{1}{r_1} = 1 - \frac{1}{r_1}$.

设当 $n = k \in \mathbf{Z}$ 时结论成立, 则当 $n = k + 1$ 时, 利用归纳假设, 有

$$\sum_{j=1}^{k+1} \frac{1}{r_j} = 1 - \frac{1}{r_1 r_2 \cdots r_k} + \frac{1}{r_{k+1}} = 1 - \frac{r_{k+1} - r_1 r_2 \cdots r_k}{r_1 r_2 \cdots r_k r_{k+1}} = 1 - \frac{1}{r_1 r_2 \cdots r_k r_{k+1}}.$$

所以结论成立. 下面用数学归纳法来证明题目中的结论.

当 $n = 1$ 时, $\frac{1}{a_1} < 1$, 则正整数 $a_1 \geqslant 2$, 当然有 $\frac{1}{a_1} \leqslant \frac{1}{2} = \frac{1}{r_1}$.

设当 $n = 1, 2, \cdots, k$ 时, 题目中的不等式成立, 即

$$\frac{1}{a_1} \leqslant \frac{1}{r_1}, \frac{1}{a_1} + \frac{1}{a_2} \leqslant \frac{1}{r_1} + \frac{1}{r_2}, \cdots, \sum_{i=1}^{k} \frac{1}{a_i} \leqslant \sum_{i=1}^{k} \frac{1}{r_i}.$$

对于 $n = k+1$，用反证法，假设 $\sum_{j=1}^{k+1} \frac{1}{a_j} < 1$，但是有

$$\sum_{i=1}^{k+1} \frac{1}{a_i} > \sum_{i=1}^{k+1} \frac{1}{r_i}.$$

不妨设正整数序列 $a_1, a_2, \cdots, a_{k+1} (a_1 \leqslant a_2 \leqslant \cdots \leqslant a_{k+1})$，对上述不等式依次乘以小于等于零的整数 $a_1 - a_2, a_2 - a_3, \cdots, a_k - a_{k+1}$，然后全部相加，有

$$\frac{1}{a_1}(a_1 - a_2) + \left(\frac{1}{a_1} + \frac{1}{a_2}\right)(a_2 - a_3) + \left(\frac{1}{a_1} + \frac{1}{a_2} + \frac{1}{a_3}\right)(a_3 - a_4) + \cdots$$

$$+ \left(\frac{1}{a_1} + \frac{1}{a_2} + \cdots + \frac{1}{a_k}\right)(a_k - a_{k+1}) + \left(\frac{1}{a_1} + \frac{1}{a_2} + \cdots + \frac{1}{a_{k+1}}\right)a_{k+1}$$

$$> \frac{1}{r_1}(a_1 - a_2) + \left(\frac{1}{r_1} + \frac{1}{r_2}\right)(a_2 - a_3) + \left(\frac{1}{r_1} + \frac{1}{r_2} + \frac{1}{r_3}\right)(a_3 - a_4) + \cdots$$

$$+ \left(\frac{1}{r_1} + \frac{1}{r_2} + \cdots + \frac{1}{r_k}\right)(a_k - a_{k+1}) + \left(\frac{1}{r_1} + \frac{1}{r_2} + \cdots + \frac{1}{r_{k+1}}\right)a_{k+1} \quad ①.$$

① 式左端为

$$\left(1 - \frac{a_2}{a_1}\right) + \left(\frac{a_2}{a_1} + 1 - \frac{a_3}{a_1} - \frac{a_3}{a_2}\right) + \left(\frac{a_3}{a_1} + \frac{a_3}{a_2} + 1 - \frac{a_4}{a_1} - \frac{a_4}{a_2} - \frac{a_4}{a_3}\right) + \cdots$$

$$+ \left(\frac{a_k}{a_1} + \frac{a_k}{a_2} + \cdots + \frac{a_k}{a_{k-1}} + 1 - \frac{a_{k+1}}{a_1} - \frac{a_{k+1}}{a_2} - \cdots - \frac{a_{k+1}}{a_k}\right) + \left(\frac{a_{k+1}}{a_1} + \frac{a_{k+1}}{a_2} + \cdots + \frac{a_{k+1}}{a_k} + 1\right) = k + 1,$$

而 ① 式右端为

$$\left(\frac{a_1}{r_1} - \frac{a_2}{r_1}\right) + \left(\frac{a_2}{r_1} + \frac{a_2}{r_2} - \frac{a_3}{r_1} - \frac{a_3}{r_2}\right) + \left(\frac{a_3}{r_1} + \frac{a_3}{r_2} + \frac{a_3}{r_3} - \frac{a_4}{r_1} - \frac{a_4}{r_2} - \frac{a_4}{r_3}\right)$$

$$+ \left(\frac{a_4}{r_1} + \frac{a_4}{r_2} + \frac{a_4}{r_3} + \frac{a_4}{r_4} - \frac{a_5}{r_1} - \frac{a_5}{r_2} - \frac{a_5}{r_3} - \frac{a_5}{r_4}\right) + \cdots$$

$$+ \left(\frac{a_k}{r_1} + \frac{a_k}{r_2} + \cdots + \frac{a_k}{r_k} - \frac{a_{k+1}}{r_1} - \frac{a_{k+1}}{r_2} - \cdots - \frac{a_{k+1}}{r_k}\right) + \left(\frac{1}{r_1} + \frac{1}{r_2} + \cdots + \frac{1}{r_{k+1}}\right)a_{k+1} = \sum_{i=1}^{k+1} \frac{a_1}{r_1}.$$

从而有

$$\sum_{i=1}^{k=1} \frac{a_i}{r_i} < k + 1.$$

利用均值不等式，有

$$\sqrt[k+1]{\frac{a_1}{r_1} \cdot \frac{a_2}{r_2} \cdot \cdots \cdot \frac{a_{k+1}}{r_{k+1}}} \leqslant \frac{1}{k+1} \sum_{j=1}^{k+1} \frac{a_j}{r_j} < 1.$$

利用上式，有

$$a_1 a_2 \cdots a_{k+1} < r_1 r_2 \cdots r_{k+1}.$$

由于 $\sum_{j=1}^{k+1} \frac{1}{a_j} < 1$，所以

$$a_1 a_2 \cdots a_{k+1} \left(\sum_{j=1}^{k+1} \frac{1}{a_j}\right) < a_1 a_2 \cdots a_{k+1}.$$

由于上式左、右两端皆是正整数，所以 $a_1 a_2 \cdots a_{k+1} \left(\sum_{j=1}^{k+1} \frac{1}{a_j}\right) \leqslant a_1 a_2 \cdots a_{k+1} - 1.$

利用上式，有 $\sum_{i=1}^{k+1} \frac{1}{a_i} \leqslant 1 - \frac{1}{a_1 a_2 \cdots a_{k+1}}$，即有

$$\sum_{j=1}^{k+1} \frac{1}{a_j} < 1 - \frac{1}{r_1 r_2 \cdots r_{k+1}} = \sum_{j=1}^{k+1} \frac{1}{r_j}.$$

产生矛盾,故

$$\sum_{i=1}^{k+1} \frac{a_i}{r_i} \geqslant k+1.$$

归纳假设成立.

例题 18 设 $n, a_1, a_2, \cdots, a_n$ 为正整数,且 $\frac{1}{a_1} + \frac{1}{a_2} + \cdots + \frac{1}{a_n} = 1$,证明: $\max\{a_1, a_2, \cdots, a_n\} \leqslant 2^{2^{n-1}}$.

方法讲解 定义数列 $\{r_n\}_{n=1}^{+\infty}$ 满足 $r_1 = 2, r_{n+1} = 1 + r_1 r_2 \cdots r_n$,不妨设 a_n 最大,则由 $\frac{1}{a_1} + \cdots + \frac{1}{a_{n-1}} < 1$ 及例题 17 的结论知

$$\frac{1}{a_1} + \frac{1}{a_2} + \cdots + \frac{1}{a_{n-1}} < \frac{1}{r_1} + \frac{1}{r_2} + \cdots + \frac{1}{r_{n-1}}.$$

而 $\frac{1}{r_1} + \frac{1}{r_2} + \cdots + \frac{1}{r_{n-1}} + \frac{1}{r_n - 1} = 1$,所以 $\frac{1}{a_n} > \frac{1}{r_n - 1} \Rightarrow a_n \leqslant r_n$.

下面用数学归纳先证明 $r_n \leqslant 2^{2^{n-1}}$. 当 $n = 1$ 时, $r_1 = 2 \leqslant 2^{2^0}$,成立. 设当 $n = 1, 2, \cdots, (n-1)$ 时已成立,考虑 n 时的情形

$$r_n = 1 + r_1 \cdots r_{n-1} \leqslant 1 + 2^{2^0 + 2^1 + \cdots + 2^{n-2}} = 1 + 2^{2^{n-1}-1} < 2^{2^{n-1}}.$$

所以 $\max\{a_1, a_2, \cdots, a_n\} \leqslant 2^{2^{n-1}}$.

例题 19 若 $(x_1, x_2, \cdots, x_n)$ 为 $(a_1, a_2, \cdots, a_n)$ 的一个排列,且 $a_1 \geqslant a_2 \geqslant \cdots \geqslant a_n, x_{n+1} = x_1$,则

(1) $\sum_{i=1}^{n-1} |x_{i+1} - x_i|$ 的最小值为 $a_1 - a_n$.

(2) $\sum_{i=1}^{n} |x_{i+1} - x_i|$ 的最小值为 $2(a_1 - a_n)$.

(3) $\sum_{i=1}^{n} |x_{i+1} - x_i|$ 的最大值为 $\begin{cases} 2[(a_1 + a_2 + \cdots + a_{\frac{n}{2}}) - (a_n + a_{n-1} + \cdots + a_{\frac{n}{2}+1})], & n \text{ 为偶数}; \\ 2[(a_1 + a_2 + \cdots + a_{\frac{n-1}{2}}) - (a_n + a_{n-1} + \cdots + a_{\frac{n+3}{2}})], & n \text{ 为奇数}. \end{cases}$

方法讲解 (1),(2) 的证明思路与前面的例题 14 一样.下面来证明 (3).由绝对值的定义,有

$$|a - b| = 2\max\{a, b\} - a - b.$$

当 $n = 2k (k \in \mathbf{N}^*)$ 为偶数时,

$$\sum_{i=1}^{n} |x_{i+1} - x_i| = 2\sum_{i=1}^{n} \max\{x_i, x_{i+1}\} - 2\sum_{i=1}^{n} x_i$$
$$\leqslant 2(2a_1 + 2a_2 + \cdots + 2a_k) - 2(a_1 + a_2 + \cdots + a_{2k})$$
$$= 2(a_1 + a_2 + \cdots + a_k) - 2(a_{k+1} + a_{k+2} + \cdots + a_{2k}).$$

当 $(x_1, x_2, \cdots, x_n) = (a_1, a_{k+1}, a_2, a_{k+2}, \cdots, a_k, a_{2k})$ 时可取等号.当 $n = 2k+1 (k \in \mathbf{N}^*)$ 为奇数时,

$$\sum_{i=1}^{n} |x_{i+1} - x_i| = 2\sum_{i=1}^{n} \max\{x_i, x_{i+1}\} - 2\sum_{i=1}^{n} x_i$$
$$\leqslant 2(2a_1 + 2a_2 + \cdots + 2a_k + a_{k+1}) - 2(a_1 + a_2 + \cdots + a_{2k} + a_{2k+1})$$
$$= 2(a_1 + a_2 + \cdots + a_k) - 2(a_{k+2} + a_{k+3} + \cdots + a_{2k+1}).$$

当 $(x_1, x_2, \cdots, x_n) = (a_1, a_{k+2}, a_2, a_{k+3}, \cdots, a_k, a_{2k+1}, a_{k+1})$ 时可取等号.

例题 20 设 n 是正整数, $a_1, a_2, \cdots, a_n$ 是 $1, 2, \cdots, n$ 的一个排列,求 $\sum_{i=1}^{n} \min\{a_i, 2i-1\}$ 的最小值.

方法讲解 所求的最小值为 $\left\lfloor \frac{n^2 + n + 1}{3} \right\rfloor$,且在 $a_i = n+1-i$ 时取到.

设 $\lfloor\dfrac{n}{3}\rfloor=k$，则由题设，对于任意 $j(1\leqslant j\leqslant k)$，$2j-1$ 与 $2j$ 均在 a_i 中出现一次，故在求和式

$\displaystyle\sum_{i=1}^{n}\min\{a_i,2i-1\}$ 的 n 个项中，每个 $2j-1$ 至多出现两次，每个 $2j$ 至多出现一次.

① 当 $n=3k$ 时，
$$\sum_{i=1}^{n}\min\{a_i,2i-1\}\geqslant\sum_{i=1}^{k}[2(2i-1)+2i]=\frac{n(n+1)}{3}.$$

② 当 $n=3k+1$ 时，
$$\sum_{i=1}^{n}\min\{a_i,2i-1\}\geqslant\sum_{i=1}^{k}[2(2i-1)+2i]+(2k+1)=\frac{n(n+1)+1}{3}.$$

③ 当 $n=3k+2$ 时，
$$\sum_{i=1}^{n}\min\{a_i,2i-1\}\geqslant\sum_{i=1}^{k}[2(2i-1)+2i]+2(2k+1)=\frac{n(n+1)}{3}.$$

结合上述三种情形，得
$$\sum_{i=1}^{n}\min\{a_i\cdot2i-1\}\geqslant\lfloor\frac{n^2+n+1}{3}\rfloor.$$

例题 21　设 $a_i\in\mathbf{N}^*$，$i\in\mathbf{N}^*$，证明：$\displaystyle\sum_{k=1}^{n}\frac{\sqrt{a_k}}{1+a_1+a_2+\cdots+a_k}\leqslant\sum_{k=1}^{n}\frac{1}{k}$.

方法讲解　只需证
$$\left(\sum_{k=1}^{n}\frac{\sqrt{a_k}}{1+a_1+a_2+\cdots+a_k}\right)^2\leqslant\left(\sum_{k=1}^{n}\frac{1}{k}\right)^2.$$

我们有
$$\left(\sum_{k=1}^{n}\frac{\sqrt{a_k}}{1+a_1+a_2+\cdots+a_k}\right)^2\leqslant\left(\sum_{k=1}^{n}\frac{1}{k}\right)\left[\sum_{k=1}^{n}\frac{ka_k}{(1+a_1+a_2+\cdots+a_k)^2}\right]$$
$$\leqslant\left(\sum_{k=1}^{n}\frac{1}{k}\right)\left[\sum_{k=1}^{n}\frac{ka_k}{(1+a_1+\cdots+a_k)(1+a_1+\cdots+a_{k-1})}\right]$$
$$=\left(\sum_{k=1}^{n}\frac{1}{k}\right)\left[\sum_{k=1}^{n}k\left(\frac{1}{1+a_1+\cdots+a_{k-1}}-\frac{1}{1+a_1+\cdots+a_k}\right)\right]$$
$$=\left(\sum_{k=1}^{n}\frac{1}{k}\right)\left(\sum_{k=0}^{n-1}\frac{1}{1+a_1+\cdots+a_k}-\frac{n}{1+a_1+\cdots+a_n}\right)$$
$$\leqslant\left(\sum_{k=1}^{n}\frac{1}{k}\right)\left(\frac{1}{1}+\frac{1}{2}+\cdots+\frac{1}{n}-0\right)=\left(\sum_{k=1}^{n}\frac{1}{k}\right)^2.$$

命题得证.

例题 22　设正整数 $a_1,a_2,\cdots,a_{22}$ 满足 $a_1+a_2+\cdots+a_{22}=59$，求 $\displaystyle\sum_{k=1}^{22}\frac{a_k}{a_k+1}$ 的最大值.

方法讲解　考虑局部不等式 $\dfrac{x}{x+1}\leqslant kx+b$，且最后在 $x=2,3$ 时取等号，

由此可得 $2k+b=\dfrac{2}{3}$，$3k+b=\dfrac{3}{4}$，计算得 $k=\dfrac{1}{12}$，$b=\dfrac{1}{2}$.

代入检验有 $\dfrac{x}{x+1}\leqslant\dfrac{1}{12}x+\dfrac{1}{2}\Leftrightarrow12x\leqslant(x+1)(x+6)\Leftrightarrow(x-2)(x-3)\geqslant0$，成立！

故有 $\displaystyle\sum_{k=1}^{22}\frac{a_k}{a_k+1}\leqslant\sum_{k=1}^{22}\left(\frac{1}{12}a_k+\frac{1}{2}\right)=\frac{1}{12}\sum_{k=1}^{22}a_k+11=15\frac{11}{12}$.

当 $a_1=a_2=\cdots=a_7=2$，$a_8=a_9=\cdots=a_{22}=3$ 时取到最大值 $15\dfrac{11}{12}$.

例题 23 求最大的实数 λ，使对 $\forall n \in \mathbf{N}^*$，$\forall a_1, a_2, \cdots, a_n$ 为互不相同的正整数，均有

$$\left(\sum_{i=1}^{n} \frac{1}{a_i}\right)\left[\sum_{i=1}^{n} a_i \sqrt{a_i(a_i^3 + 1)}\right] - \left(\sum_{i=1}^{n} a_i\right)^2 \geqslant \lambda n^2(n^2 - 1).$$

方法讲解 一方面，

$$\left(\sum_{i=1}^{n} \frac{1}{a_i}\right)\left[\sum_{i=1}^{n} a_i \sqrt{a_i(a_i^3 + 1)}\right] - \left(\sum_{i=1}^{n} a_i\right)^2 > \left(\sum_{i=1}^{n} \frac{1}{a_i}\right)\left(\sum_{i=1}^{n} a_i^3\right) - \left(\sum_{i=1}^{n} a_i\right)^2$$

$$= \sum_{1 \leqslant i < j \leqslant n} \left(\frac{a_j^3}{a_i} + \frac{a_i^3}{a_j} - 2a_i a_j\right)$$

$$= \sum_{1 \leqslant i < j \leqslant n} \frac{(a_i + a_j)^2(a_i - a_j)^2}{a_i a_j} \geqslant 4 \sum_{1 \leqslant i < j \leqslant n} (a_i - a_j)^2$$

$$\geqslant 4 \sum_{1 \leqslant i, j \leqslant n} (i - j)^2 = 4\left[n \sum_{i=1}^{n} i^2 - \left(\sum_{i=1}^{n} i\right)^2\right]$$

$$= 4\left[\frac{n^2(n+1)(2n+1)}{6} - \frac{n^2(n+1)^2}{4}\right]$$

$$= \frac{1}{3} n^2(n^2 - 1).$$

另一方面，取 $a_i = N + i, N \in \mathbf{Z}^+, N \to +\infty$.

$$\lim_{N \to +\infty} \left\{\left(\sum_{i=1}^{n} \frac{1}{a_i}\right)\left[\sum_{i=1}^{n} a_i \sqrt{a_i(a_i^3 + 1)}\right] - \left(\sum_{i=1}^{n} a_i\right)^2\right\}$$

$$\leqslant \lim_{N \to +\infty} \left\{\left(\sum_{i=1}^{n} \frac{1}{a_i}\right)\left[\sum_{i=1}^{n} \left(a_i^3 + \frac{1}{2}\right)\right] - \left(\sum_{i=1}^{n} a_i\right)^2\right\}$$

$$= \frac{n}{2} \lim_{N \to +\infty} \sum_{i=1}^{n} \frac{1}{a_i} + \lim_{N \to +\infty} \left[\left(\sum_{i=1}^{n} \frac{1}{a_i}\right)\left(\sum_{i=1}^{n} a_i^3\right) - \left(\sum_{i=1}^{n} a_i\right)^2\right]$$

$$= \lim_{N \to +\infty} \sum_{1 \leqslant i < j \leqslant n} \frac{(a_i + a_j)^2(a_i - a_j)^2}{a_i a_j} = 4 \lim_{N \to +\infty} \sum_{1 \leqslant i < j \leqslant n} (a_i - a_j)^2$$

$$+ \lim_{N \to +\infty} \sum_{1 \leqslant i < j \leqslant n} \frac{(a_i - a_j)^4}{a_i a_j} = \frac{n^2(n^2 - 1)}{3} + \lim_{N \to +\infty} \sum_{1 \leqslant i < j \leqslant n} \frac{(a_i - a_j)^4}{a_i a_j}$$

$$\leqslant \frac{n^2(n^2 - 1)}{3} + n^4 \lim_{N \to +\infty} \frac{1}{(N+i)(N+j)} = \frac{n^2(n^2 - 1)}{3}.$$

所以 $\lambda \leqslant \frac{1}{3}$.

综上，$\lambda_{\max} = \frac{1}{3}$.

例题 24 给定正整数 n，已知 $a_1, a_2, \cdots, a_n$ 是 $1, 2, \cdots, n$ 的一个排列，求 $\left\lfloor \frac{a_1}{1} \right\rfloor + \left\lfloor \frac{a_2}{2} \right\rfloor + \cdots + \left\lfloor \frac{a_n}{n} \right\rfloor$ 的最小值.

方法讲解 一方面，由归纳给出构造.

当 $n = 1$ 时，取 $a_1 = 1$ 即可.

若取 $1, 2, \cdots, n-1$ 时都可给出构造，则取 n 时，设 $2^a \leqslant n < 2^{a+1}$，其中 a 为正整数.

令 $m = 2^a$，根据归纳假设，存在 1 至 $m-1$ 的排列 $b_1, \cdots, b_{m-1}$，满足

$$\sum_{k=1}^{m-1} \left[\frac{b_k}{k}\right] = [\log_2(m-1)] + 1 = a.$$

令 $a_i = b_i, i = 1, 2, \cdots, m-1$. 再令 $a_m = n, a_j = j - 1, j = m+1, \cdots, n$. 这样有

$$\sum_{k=1}^{n} \left[\frac{a_k}{k}\right] = \sum_{k=1}^{m-1} \left[\frac{a_k}{k}\right] + \left[\frac{n}{m}\right] = a + 1 = [\log_2 n] + 1.$$

故取 n 时也存在构造,归纳证毕.

另一方面,归纳证明 $\sum_{k=1}^{n}\left[\dfrac{a_k}{k}\right]\geqslant[\log_2 n]+1$.

为方便归纳,我们加强命题:当 $a_1,a_2,\cdots,a_n$ 为互不相同的正整数时,上式仍然成立.

当 $n=1$ 时,命题显然成立.若取 $1,2,\cdots,n-1$ 时命题均成立,则取 n 时,设 a_t 为 $a_1,\cdots,a_n$ 中的最大者,则有 $a_t\geqslant n$,得到

$$\sum_{k=1}^{n}\left[\frac{a_k}{k}\right]\geqslant\sum_{k=1}^{t-1}\left[\frac{a_k}{k}\right]+\left[\frac{n}{t}\right]\geqslant[\log_2(t-1)]+1+\left[\frac{n}{t}\right].$$

记 $[\log_2(t-1)]=\beta$,$[\log_2 n]=r$.由 $t\leqslant n$ 知 $\beta\leqslant r$.若 $\beta<r$,有

$$[\log_2(t-1)]+1+\left[\frac{n}{t}\right]\geqslant\beta+1+[2^{r-\beta-1}]\geqslant\beta+1+(r-\beta-1)+1=r+1.$$

若 $\beta=r$,有

$$[\log_2(t-1)]+1+\left[\frac{n}{t}\right]\geqslant\beta+1=r+1.$$

故取 n 时命题成立,归纳证毕.综上,所求的最小值为 $[\log_2 n]+1$.

例题 25 记 α 为方程 $x^2+x=5$ 的正根,正整数 n 与非负整数 $c_0,c_1,\cdots,c_n$ 满足 $\sum_{k=0}^{n}c_k\alpha^k=2015$.

(1) 证明:$\sum_{k=0}^{n}c_k\equiv 2(\bmod 3)$;

(2) 求 $\sum_{k=0}^{n}c_k$ 的最小值.

方法讲解 记 $P(x)=\sum_{k=0}^{n}c_k x^k-2015=(x^2+x-5)\cdot Q(x)+Ax+B$,这里 $Q(x)\in\mathbf{Z}[x]$,A,$B\in\mathbf{Z}$.根据条件知

$$P(\alpha)=0=(\alpha^2+\alpha-5)\cdot Q(\alpha)+A\alpha+B=A\alpha+B\quad(*).$$

因为 α 为无理数,故只可能 $A=B=0$,也即 $P(x)=\sum_{k=0}^{n}c_k x^k-2015=(x^2+x-5)\cdot Q(x)$.

(1) 在($*$)式中,取 $x=1$,则有 $\sum_{k=0}^{n}c_k-2015=-3Q(1)$,从而知 $\sum_{k=0}^{n}c_k\equiv 2015\equiv 2(\bmod 3)$.

(2) 假设 $c_0,c_1,\cdots,c_n$ 为满足题设条件的,使得 $\sum_{k=0}^{n}c_k$ 取最小值的一组非负整数.

容易证明,对任意 $i\in\{0,1,\cdots,n-2\}$,都有 $0\leqslant c_i\leqslant 4$.

事实上,若存在某个 $i\in\{0,1,\cdots,n-2\}$,使得 $c_i\geqslant 5$,则 $c_0,c_1,\cdots,c_{i-1},c_i-5,c_{i+1}+1,c_{i+2}+1,c_{i+3}$,$c_{i+4},\cdots,c_n$ 仍满足题设条件,且使得 $\sum_{k=0}^{n}c_k$ 取得的和更小,这就得到矛盾.

设($*$)式中的 $Q(x)=\sum_{k=0}^{n-2}a_k x^k$,由($*$)式知

$$c_0-2015=-5a_0,$$
$$c_1=-5a_1+a_0,$$
$$c_2=-5a_2+a_1+a_0,$$
$$c_3=-5a_3+a_2+a_1,$$
$$\cdots$$
$$c_{n-2}=-5a_{n-2}+a_{n-3}+a_{n-4},$$
$$c_{n-1}=5a_{n-2}+a_{n-3},$$
$$c_n=a_{n-2}.$$

注意到$c_i \in \{0,1,2,3,4\}$，依次根据上式知$c_0 = 0, a_0 = 403; c_1 = 3, a_1 = 80; \cdots$. 依次类推，$c_{i+1}$ 为$a_i + a_{i-1}$ 除以 5 的余数，a_{i+1} 为$a_i + a_{i-1}$ 除以 5 的商. 依次可得

$$(a_0, a_1, \cdots, a_{11}) = (403, 80, 96, 35, 26, 12, 7, 3, 2, 1, 0, 0),$$
$$(c_0, c_1, \cdots, c_{11}) = (0, 3, 3, 1, 1, 1, 3, 4, 0, 0, 3, 1).$$

因此，$\sum\limits_{k=0}^{n} c_k$ 的最小值为 $0+3+3+1+1+1+3+4+0+0+3+1 = 20$.

例题 26 设$a_1, a_2, \cdots, a_n$ 是给定的$n(n \geq 1)$个实数. 证明：存在实数$b_1, b_2, \cdots, b_n$ 满足以下条件：

(a) 对任意的$i(1 \leq i \leq n)$，$a_i - b_i$ 是正整数；

(b) $\sum\limits_{1 \leq i < j \leq n} (b_i - b_j)^2 \leq \dfrac{n^2-1}{12}$.

方法讲解 我们先考虑下面的问题：设$a_1, a_2, \cdots, a_n$ 是给定的$n(n \geq 1)$个实数. 证明：存在实数$b_1, b_2, \cdots, b_n$ 满足下列条件：(a') 对任意的$i(1 \leq i \leq n)$，$a_i - b_i$ 是整数；(b) $\sum\limits_{1 \leq i < j \leq n} (b_i - b_j)^2 \leq \dfrac{n^2-1}{12}$.

显然条件(a) 强于条件(a').

另一方面，如果序列$(b_1', b_2', \cdots, b_n')$满足条件(a') 和(b)，不难证明序列$(b_1, b_2, \cdots, b_n)$（其中$b_i = b_i' - \sum\limits_{i=1}^{n} |a_i - b_i'| - 1 (1 \leq i \leq n)$）满足条件(a) 和(b).

因此两个问题是等价的，下面给出新问题的证明.

对一个实数序列 $X = \{x_i\}_{i=1}^{n}$，我们用$\Delta(X)$表示平方和：$\sum\limits_{1 \leq i < j \leq n} (x_i - x_j)^2$.

对一个实数序列 $A = \{a_i\}_{i=1}^{n}$，我们用$\Phi(A)$表示，使得$a_i - b_i (i = 1, 2, \cdots, n)$为整数的所有序列 $B = \{b_i\}_{i=1}^{n}$ 的集合.

我们有如下两个引理：

引理 1：对一个给定的序列$A = \{a_i\}_{i=1}^{n}$，Δ 在$\Phi(A)$里有最小值，即存在$B \in \Phi(A)$使得对所有的$X \in \Phi(A)$，有$\Delta(B) \leq \Delta(X)$.

引理 1 的证明：很显然$\Phi(A)$里有无数项序列，不失一般性，我们可以仅考虑序列 $B = (b_1, b_2, \cdots, b_n) \in \Phi(A)$，其中$b_1 = a_1$. 因为我们可以同时对$b_i$加上任意一个整数，若对于某个$i$，$|b_i - b_1| > \sqrt{\Delta(A)}$，则$\Delta(B) \geq (b_i - b_1)^2 > \Delta(A)$.

因此只有有限个$B \in \Phi(A)$，其中$b_1 = a_1$，使得$\Delta(B) \leq \Delta(A)$（因为有$|b_i - b_1| \leq \sqrt{\Delta(A)}$）. 又因为$A \in \Phi(A)$，所以$\Delta$ 在$\Phi(A)$里有最小值.

引理 2(钟开莱不等式)：设序列$x_1 \geq x_2 \geq \cdots \geq x_n \geq 0$ 和$y_1 \geq y_2 \geq \cdots \geq y_n \geq 0$满足对所有的$i = 1, 2, \cdots, n$，部分和$x_1 + x_2 + \cdots + x_i$ 小于等于部分和$y_1 + y_2 + \cdots + y_i$，则$x_1^2 + x_2^2 + \cdots + x_n^2 \leq y_1^2 + y_2^2 + \cdots + y_n^2$.

引理 2 的证明：令$s_i = x_1 + x_2 + \cdots + x_i, t_i = y_1 + y_2 + \cdots + y_i$，则
$$s_{i+1} - s_i = x_{i+1}, t_{i+1} - t_i = y_{i+1}, s_i \leq t_i.$$
由 Abel 公式，要证的不等式左边等价于
$$s_1(x_1 - x_2) + s_2(x_2 - x_3) + \cdots + s_{n-1}(x_{n-1} - x_n) + s_n x_n$$
$$\leq t_1(x_1 - x_2) + t_2(x_2 - x_3) + \cdots + t_{n-1}(x_{n-1} - x_n) + t_n x_n$$
$$= x_1 y_1 + x_2 y_2 + \cdots + x_n y_n$$
$$= s_1(y_1 - y_2) + s_2(y_2 - y_3) + \cdots + s_{n-1}(y_{n-1} - y_n) + s_n y_n$$
$$\leq t_1(y_1 - y_2) + t_2(y_2 - y_3) + \cdots + t_{n-1}(y_{n-1} - y_n) + t_n y_n$$
$$= y_1^2 + y_2^2 + \cdots + y_n^2.$$

回到原题:由引理 1 可知,对于一个给定的序列 $A = \{a_i\}_{i=1}^n$,我们可以选择序列 $B = \{b_i\}_{i=1}^n \in \Phi(A)$ 使得 $\Delta(B)$ 最小.

因为我们可以对 $a_i(b_i)$ 进行排序,并且可以给每项加上一个常数.因此不失一般性,我们假设 $b_1 \geqslant b_2 \geqslant \cdots \geqslant b_n$ 并且 $b_1 + b_2 + \cdots + b_n = \dfrac{n+1}{2}$.

取 $k \in \{1, 2, \cdots, n-1\}$,考虑序列 $C = \{c_i\}_{i=1}^n \in \Phi(\tilde{A})$,其中当 $i \leqslant k$ 时,$c_i = b_i$;否则,$c_i = b_i + 1$. 由 B 的选择可知 $\Delta(B) \leqslant \Delta(C)$,即

$$\sum_{\substack{1 \leqslant i \leqslant k < j \leqslant n}} (b_i - b_j)^2 \leqslant \sum_{\substack{1 \leqslant i \leqslant k < j \leqslant n}} (b_i - b_j - 1)^2 = \sum_{\substack{1 \leqslant i \leqslant k < j \leqslant n}} \left[(b_i - b_j)^2 - 2(b_i - b_j) + 1 \right].$$

从而

$$0 \leqslant -2 \sum_{\substack{1 \leqslant i \leqslant k < j \leqslant n}} (b_i - b_j) + k(n-k),$$

或者

$$2n \sum_{1 \leqslant i \leqslant k} b_i \leqslant 2k \sum_{1 \leqslant i \leqslant n} b_i + k(n-k) = k(2n+1-k).$$

计算可得

$$\sum_{1 \leqslant i \leqslant k} b_i \leqslant \frac{k(2n+1-k)}{2n} = \frac{n}{n} + \frac{n-1}{n} + \cdots + \frac{n-k+1}{n}.$$

对序列 $b_1, b_2, \cdots, b_n$ 和 $\dfrac{n}{n}, \dfrac{n-1}{n}, \cdots, \dfrac{1}{n}$,运用引理 2 得

$$b_1^2 + b_2^2 + \cdots + b_n^2 \leqslant \frac{(n+1)(2n+1)}{6n}.$$

最后,我们有

$$\sum_{1 \leqslant i \leqslant j \leqslant n} (b_i - b_j)^2 = (n-1) \sum_{1 \leqslant i \leqslant n} b_i^2 - 2 \sum_{1 \leqslant i < j \leqslant n} b_i b_j^2 = n \sum_{1 \leqslant i \leqslant n} b_i^2 - \left(\sum_{1 \leqslant i \leqslant n} b_i \right)^2$$

$$\leqslant \frac{(n+1)(2n+1)}{6} - \frac{(n+1)^2}{4} = \frac{n^2 - 1}{12}.$$

从而序列 B 满足条件 (a′) 和 (b).

1.6 数列与不等式

例题 1 设数列 $\{a_n\}$ 满足 $\left| a_n - \dfrac{a_{n+1}}{2} \right| \leqslant 1, n \in \mathbf{N}$.

(1) 证明:$|a_n| \geqslant 2^{n-1}(|a_1| - 2), n \in \mathbf{N}$.

(2) 若 $|a_n| \leqslant \left(\dfrac{3}{2} \right)^n, n \in \mathbf{N}$,证明:$|a_n| \leqslant 2$.

方法讲解 (1) 首先将条件变形为对任意 $n \in \mathbf{N}$,有

$$\left| \frac{a_k}{2^k} - \frac{a_{k+1}}{2^{k+1}} \right| \leqslant \frac{1}{2^k}.$$

再结合绝对值不等式有

$$\left| \frac{a_1}{2} \right| - \left| \frac{a_n}{2^n} \right| \leqslant \left| \frac{a_1}{2} - \frac{a_n}{2^n} \right| \leqslant \sum_{k=1}^{n-1} \left| \frac{a_k}{2^k} - \frac{a_{k+1}}{2^{k+1}} \right| \leqslant \sum_{k=1}^{n-1} \frac{1}{2^k} = 1 - \frac{1}{2^{n-1}} < 1,$$

即

$$|a_n| > 2^{n-1}(|a_1| - 2).$$

故我们完成了证明.

（2）在变形后的条件中，对 k 从 n 到 $m+n$ 进行求和，得

$$\left|\frac{a_n}{2^n}\right| - \left|\frac{a_{m+n+1}}{2^{m+n+1}}\right| \leqslant \sum_{k=n}^{m+n}\left|\frac{a_k}{2^k} - \frac{a_{k+1}}{2^{k+1}}\right| \leqslant \sum_{k=n}^{m+n}\frac{1}{2^k} = \frac{1}{2^{n-1}} - \frac{1}{2^{m+n}} < \frac{1}{2^{n-1}}.$$

结合条件，有

$$2^{m+1}(|a_n|-2) < |a_{m+n+1}| \leqslant \left(\frac{3}{2}\right)^{m+n+1},$$

即

$$|a_n| - 2 \leqslant \left(\frac{3}{2}\right)^n \cdot \left(\frac{3}{4}\right)^{m+1}.$$

对固定的 n，令 $n \to +\infty$，得右边趋向于 0，故 $|a_n|-2 \leqslant 0$，即 $|a_n| \leqslant 2$.

例题 2　设正整数 $n > 1$，证明：$\left(1+\dfrac{1}{n^2}\right)^{\frac{1}{2n}} - \left(1+\dfrac{1}{n^2}\right)^{-\frac{1}{2n}} < \dfrac{1}{n^2\sqrt{1+n^2}}$.

方法讲解　记 $\alpha = \left(1+\dfrac{1}{n^2}\right)^{\frac{1}{2n}}$，$\beta = \left(1+\dfrac{1}{n^2}\right)^{-\frac{1}{2n}}$，则

$$\alpha^n - \beta^n = \left(1+\frac{1}{n^2}\right)^{\frac{1}{2}} - \left(1+\frac{1}{n^2}\right)^{-\frac{1}{2}} = \frac{1}{n\sqrt{1+n^2}}.$$

注意到 $\alpha\beta = 1$，结合均值不等式得

$$\frac{\alpha^n - \beta^n}{\alpha - \beta} = \sum_{k=0}^{n-1}\alpha^k\beta^{n-1-k} \geqslant n\left(\prod_{k=0}^{n-1}\alpha^k\beta^{n-1-k}\right)^{\frac{1}{n}} = n.$$

由于 $\alpha > 1 > \beta$，$n > 1$，知上式不能取等号. 故我们有 $\dfrac{\alpha^n-\beta^n}{\alpha-\beta} > n$. 再结合上面的不等式我们有

$$\alpha - \beta < \frac{1}{n^2\sqrt{1+n^2}}.$$

从而证明了原不等式成立.

> **注**　本题难度不大，只需要将要证不等式左边的式子利用 n 次方和公式就顺利解决了. 处理这种变量数较少（一元或二元）的指数型不等式的方法：（1）求导；（2）n 次方；（3）伯努利不等式. 如果是多变元，那么可能会用到赫尔德不等式.

例题 3　已知 n 是正整数，实数 x 满足 $x \leqslant n$. 证明：$n - n\left(1-\dfrac{x}{n}\right)^n e^x \leqslant x^2$.

方法讲解　（1）当 $-n \leqslant x \leqslant n$ 时，注意到 $e^t \geqslant 1+t$，$t \in \mathbf{R}$（熟知），及对任意 $t \geqslant -1$，有 $(1+t)^n \geqslant 1+nt$（伯努利不等式，事实上条件改为 $n \geqslant 1$ 的实数都成立）. 我们有

$$n\left(1-\frac{x}{n}\right)^n e^x = n\left(1-\frac{x}{n}\right)^n \left(e^{\frac{x}{n}}\right)^n \geqslant n\left(1-\frac{x}{n}\right)^n\left(1+\frac{x}{n}\right)^n$$

$$= n\left(1-\frac{x^2}{n^2}\right)^n \geqslant n\left(1-\frac{x^2}{n}\right) = n - x^2.$$

从而原不等式成立.

（2）当 $x \leqslant -n$ 时，

$$n - n\left(1-\frac{x}{n}\right)^n e^x \leqslant n \leqslant n^2 \leqslant x^2.$$

综上，我们证明了原不等式成立.

> **注**　对这道题，我们的处理方式并不是一味地求导. 而是将 e^x 看成 $\left(e^{\frac{x}{n}}\right)^n$ 之后，对里面的式子进行放缩，一方面，这样放缩的效果比原来直接放缩的效果会好；另一方面，跟题目中的 n 次方相统一.

例题 4　证明:对任意的正整数 n,不等式 $(2n+1)^n \geqslant (2n)^n + (2n-1)^n$ 成立.

方法讲解　根据二项式定理知

$$(2n+1)^n - (2n-1)^n = 2\left[(2n)^{n-1}\,\mathrm{C}_n^1 + (2n)^{n-3}\,\mathrm{C}_n^3 + \cdots\right] \geqslant 2\,(2n)^{n-1}\,\mathrm{C}_n^1 = (2n)^n.$$

不等式得证.

例题 5　已知 $m,n \in \mathbf{N}^*, m < n$. 证明: $\displaystyle\sum_{i=0}^{m} \begin{bmatrix} n \\ i \end{bmatrix} < \left(\dfrac{3n}{m}\right)^m$.

方法讲解　$\displaystyle\sum_{i=0}^{m} \begin{bmatrix} n \\ i \end{bmatrix} \leqslant \sum_{i=0}^{m} \dfrac{n^i}{i!} \leqslant \left(\dfrac{n}{m}\right)^m \cdot \sum_{i=0}^{m} \dfrac{m^i}{i!} < \left(\dfrac{n}{m}\right)^m \cdot \mathrm{e}^m < \left(\dfrac{3n}{m}\right)^m.$

这里用到了指数函数的幂级数展开 $\mathrm{e}^m = \displaystyle\sum_{i=0}^{\infty} \dfrac{m!}{i!}$.

例题 6　已知数列 $\{a_n\}$ 满足 $a_0 = 5, a_{n+1} = a_n + \dfrac{1}{a_n}, n \in \mathbf{N}$,求 a_{1000} 的十分位和百分位.

方法讲解　将条件平方可得

$$a_{n+1}^2 = a_n^2 + \dfrac{1}{a_n^2} + 2.$$

因此 $a_n^2 - a_0^2 \geqslant 2n$,即 $a_n^2 \geqslant 25 + 2n$. 从而

$$2 < a_{n+1}^2 - a_n^2 \leqslant 2 + \dfrac{1}{25+2n}.$$

因此求和得

$$a_n^2 \leqslant 25 + 2n + \sum_{i=0}^{n-1} \dfrac{1}{25+2i}.$$

当 $n \leqslant 1000$ 时,

$$\sum_{i=0}^{n-1} \dfrac{1}{25+2i} \leqslant \sum_{i=0}^{999} \dfrac{1}{25+2i} = \dfrac{1}{2} \sum_{i=0}^{999} \dfrac{1}{12.5+i} < \dfrac{1}{2} \int_{11.5}^{1011.5} \dfrac{1}{x}dx = \dfrac{1}{2} \ln \dfrac{1011.5}{11.5} < 2.5.$$

故

$$25 + 2n \leqslant a_n^2 < 27.5 + 2n, \quad n \leqslant 1000.$$

再代入条件式的平方,并求和得

$$2025 + \sum_{i=0}^{999} \dfrac{1}{27.5+2i} \leqslant a_{1000}^2 \leqslant 2025 + \sum_{i=0}^{999} \dfrac{1}{25+2i}.$$

而左端至少是 $2025 + \dfrac{1}{2} \ln \dfrac{1013.75}{13.75} > 2027$,右端不多于 2027.5. 因为 $45.02^2 = 2026.8004, 45.03^2 = 2027.7009$,从而

$$45.02 < a_{1000} < 45.03.$$

因此 a_n 的十分位是 0,百分位是 2.

例题 7　设数列 $\{a_n\}$ 定义如下: $a_1 = 1, a_{n+1} = a_n + \dfrac{1}{2a_n}(n \in \mathbf{N}^*)$,求 $\displaystyle\lim_{n \to \infty}(a_n - \sqrt{n})$ 的值.

方法讲解　由条件知 $a_{n+1}^2 = a_n^2 + 1 + \dfrac{1}{4a_n^2}$,即 $a_{n+1}^2 - a_n^2 = 1 + \dfrac{1}{4a_n^2}$,故

$$a_n^2 = a_1^2 + \sum_{k=1}^{n-1} \left(1 + \dfrac{1}{4a_k^2}\right) = n + \dfrac{1}{4}\left(\sum_{k=1}^{n-1} \dfrac{1}{a_k^2}\right).$$

于是知 $a_n^2 \geqslant n$,即 $\dfrac{1}{a_n^2} \leqslant \dfrac{1}{n}$. 代入上式即知

$$a_n^2 \leqslant n + \dfrac{1}{4}\left(\sum_{k=1}^{n-1} \dfrac{1}{k}\right) \Rightarrow (a_n - \sqrt{n})(a_n + \sqrt{n}) \leqslant \dfrac{1}{4}\left(\sum_{k=1}^{n-1} \dfrac{1}{k}\right) \Rightarrow a_n - \sqrt{n} \leqslant \dfrac{\displaystyle\sum_{k=1}^{n-1} \dfrac{1}{k}}{8\sqrt{n}}.$$

于是有 $0 \leqslant a_n - \sqrt{n} \leqslant \dfrac{\sum\limits_{k=1}^{n-1} \frac{1}{k}}{8\sqrt{n}}$，而

$$\sum_{k=1}^{n-1} \frac{1}{k} \leqslant \sum_{k=1}^{n-1} \frac{1}{k^{\frac{2}{3}}} < \sum_{k=1}^{n} 3 \left[k^{\frac{1}{3}} - (k-1)^{\frac{1}{3}} \right] = 3 n^{\frac{1}{3}},$$

从而 $\dfrac{\sum\limits_{k=1}^{n-1} \frac{1}{k}}{8\sqrt{n}} < \dfrac{3 n^{\frac{1}{3}}}{8 n^{\frac{1}{2}}} = \dfrac{3}{8} n^{-\frac{1}{6}}$，所以

$$\lim_{n \to \infty} \frac{\sum\limits_{k=1}^{n-1} \frac{1}{k}}{8\sqrt{n}} = 0.$$

故

$$\lim_{n \to \infty} (a_n - \sqrt{n}) = 0.$$

例题 8 设数列 $\{a_n\}$ 的定义如下：$a_1 = 1, a_{n+1} = a_n + \dfrac{1}{a_n^2} (n \in \mathbf{N}^*)$，证明：当 $n \geqslant 2$ 时，

$$\sqrt[3]{3n+2} \leqslant a_n \leqslant \sqrt[3]{3n + \frac{31}{15} + \ln(3n-1) - \frac{1}{9n-3} - \ln5}.$$

方法讲解 根据条件知

$$a_{n+1}^3 = \left(a_n + \frac{1}{a_n^2} \right)^3 = a_n^3 + 3 + \frac{3}{a_n^3} + \frac{1}{a_n^6}.$$

令 $b_n = a_n^3$，则 $b_1 = 1, b_2 = 8$，且

$$b_{n+1} = b_n + 3 + \frac{3}{b_n} + \frac{1}{b_n^2}.$$

故当 $n \geqslant 2$ 时，有

$$b_n = b_1 + \sum_{k=1}^{n-1} (b_{k+1} - b_k) = b_1 + \sum_{k=1}^{n-1} \left(3 + \frac{3}{b_k} + \frac{1}{b_k^2} \right)$$

$$= 1 + 3(n-1) + 3 + 1 + \sum_{k=2}^{n-1} \left(\frac{3}{b_k} + \frac{1}{b_k^2} \right)$$

$$= 3n + 2 + \sum_{k=2}^{n-1} \left(\frac{3}{b_k} + \frac{1}{b_k^2} \right).$$

故当 $n \geqslant 2$ 时，有 $b_n \geqslant 3n + 2$，即 $a_n \geqslant \sqrt[3]{3n+2}$.

另一方面，因为 $b_n \geqslant 3n+2$，所以

$$b_n \leqslant 3n + 2 + \sum_{k=2}^{n-1} \left[\frac{3}{3n+2} + \frac{1}{(3n+2)^2} \right]$$

$$\leqslant 3n + 2 + \int_1^{n-1} \frac{3}{3x+2} \mathrm{d}x + \int_1^{n-1} \frac{1}{(3x+2)^2} \mathrm{d}x$$

$$= 3n + 2 + \left[\ln(3n-1) - \ln5 \right] - \left(\frac{1}{9n-3} - \frac{1}{15} \right)$$

$$= 3n + \frac{31}{15} + \ln(3n-1) - \frac{1}{9n-3} - \ln5.$$

于是知

$$a_n \leqslant \sqrt[3]{3n + \frac{31}{15} + \ln(3n-1) - \frac{1}{9n-3} - \ln5}.$$

综上，命题得证.

例题 9 设数列 $\{a_n\}$ 定义如下：$a_1 = 1, a_{n+1} = \dfrac{a_n}{n} + \dfrac{n}{a_n}(n \in \mathbf{N}^*)$，证明：当 $n \geqslant 4$ 时，$[a_n^2] = n$，其中 $[x]$ 表示不超过 x 的最大整数.

方法讲解 由条件知 $a_{n+1}^2 = \left(\dfrac{a_n}{n} + \dfrac{n}{a_n}\right)^2 = \dfrac{a_n^2}{n^2} + \dfrac{n^2}{a_n^2} + 2$. 令 $b_n = a_n^2$，则 $b_1 = 1$，且

$$b_{n+1} = \dfrac{b_n}{n^2} + \dfrac{n^2}{b_n} + 2.$$

我们要证明，当 $n \geqslant 4$ 时，都有 $n < b_n < n+1$. 为此，我们来证明更强的结论，当 $n \geqslant 4$ 时，都有

$$n + \dfrac{2}{n} < b_n < n+1.$$

经计算 $b_2 = 4, b_3 = 4, b_4 = \dfrac{169}{36}$，故当 $n = 4$ 时结论成立.

假设当 $n = k(k \geqslant 4)$ 时，$k + \dfrac{2}{k} < b_k < k+1$. 下面我们考虑 b_{k+1}.

注意到 $f(x) = \dfrac{x}{k^2} + \dfrac{k^2}{x} + 2$ 在区间 $(0, k^2)$ 上单调递减，在区间 $(k^2, +\infty)$ 上单调递增，且

$$k + \dfrac{2}{k} < b_k < k+1 < k^2,$$

故

$$b_{k+1} = \dfrac{b_k}{k^2} + \dfrac{k^2}{b_k} + 2 > \dfrac{k+1}{k^2} + \dfrac{k^2}{k+1} + 2 = k+1 + \dfrac{1}{k+1} + \dfrac{1}{k} + \dfrac{1}{k^2} > k+1 + \dfrac{2}{k+1},$$

$$b_{k+1} = \dfrac{b_k}{k^2} + \dfrac{k^2}{b_k} + 2 < \dfrac{k+\dfrac{2}{k}}{k^2} + \dfrac{k^2}{k+\dfrac{2}{k}} + 2 = k+2 - \dfrac{(k^2-2)^2 - 8}{k^3(k^2+2)} < k+2.$$

于是知

$$k+1 + \dfrac{2}{k+1} < b_{k+1} < k+2.$$

根据数学归纳法，命题得证.

例题 10 设数列 $\{x_n\}$ 满足 $x_{n+1} = x_n^2 - 6, n \in \mathbf{N}^*$，且对于 $\forall x_1 \neq -2$，都存在 n 使得 $x_n \geqslant \alpha$，求 α 的最大值.

方法讲解 α 的最大值为 $\dfrac{\sqrt{21}-1}{2}$.

一方面，当 $x_1 = \dfrac{\sqrt{21}-1}{2}$ 时，$x_k = \dfrac{\sqrt{21}-1}{2}$，此时 k 为奇数；$x_k = \dfrac{-\sqrt{21}-1}{2}$，此时 k 为偶数. 故 $\alpha \leqslant \dfrac{\sqrt{21}-1}{2}$.

另一方面，若对于任意正整数 n 都有 $x_n < \dfrac{\sqrt{21}-1}{2}$：

① 我们首先证明，对任意 n，都有 $-3 \leqslant x_n \leqslant -\dfrac{\sqrt{21}-1}{2}$.

若 $x_n < -3$，则 $x_{n+1} = x_n^2 - 6 > 3$，与 $x_{n+1} < \dfrac{\sqrt{21}-1}{2} < 3$ 矛盾；

若 $x_n > -\dfrac{\sqrt{21}-1}{2}$，则 $x_n \in \left(-\dfrac{\sqrt{21}-1}{2}, \dfrac{\sqrt{21}-1}{2}\right)$，从而 $x_{n+1} = x_n^2 - 6 < \left(\dfrac{\sqrt{21}-1}{2}\right)^2 - 6 = $

$\dfrac{-\sqrt{21}-1}{2}$，从而 $x_{n+2}=x_{n+1}^2-6>\left(\dfrac{-\sqrt{21}-1}{2}\right)^2-6=\dfrac{\sqrt{21}-1}{2}$，与 $x_{n+2}<\dfrac{\sqrt{21}-1}{2}$ 矛盾.

② 又 $x_{n+1}+2=x_n^2-6+2=(x_n+2)(x_n-2)$，因此 $|x_{n+1}+2|=|x_n+2||x_n-2|$，由 ① 知 $|x_n-2|\geqslant 2$，因此 $|x_{n+1}+2|\geqslant 2|x_n+2|$，故

$$|x_{n+1}+2|\geqslant 2|x_n+2|\geqslant 2^2|x_{n-1}+2|\geqslant\cdots\geqslant 2^n|x_1+2|.$$

而由 ① 知 $x_n\geqslant -3$，从而 $2^n|x_1+2|\leqslant 1$，即 $|x_1+2|\leqslant\dfrac{1}{2^n}$. 令 $n\to\infty$，得 $x_1=-2$，故矛盾.

综上，一定存在 n 使得 $x_n\leqslant\dfrac{\sqrt{21}-1}{2}$.

例题 11 设数列 $\{a_n\}(n\geqslant 2)$ 满足 $a_n=\sqrt{1+2\sqrt{1+3\sqrt{1+4\sqrt{\cdots+\sqrt{1+n}}}}}$.

(1) 证明：这个数列严格递增，且有上界；

(2) 求 $\lim\limits_{n\to\infty}a_n$.

方法讲解 (1) 显然 $a_n<a_{n+1}$，故这个数列严格递增.

(2) 对于给定的正整数 n，记

$$b_k=\sqrt{1+k\sqrt{1+(k+1)\sqrt{1+(k+2)\sqrt{\cdots+\sqrt{1+n}}}}}.$$

使用 n 次分子有理化，我们有

$$3-a_n=3-\sqrt{1+2\sqrt{1+3\sqrt{1+4\sqrt{\cdots+\sqrt{1+n}}}}}$$

$$=\dfrac{(3^2-1)-2\sqrt{1+3\sqrt{1+4\sqrt{\cdots+\sqrt{1+n}}}}}{3+b_2}=\dfrac{2\left(4-\sqrt{1+3\sqrt{1+4\sqrt{\cdots+\sqrt{1+n}}}}\right)}{3+b_2}$$

$$=\dfrac{2\left[(4^2-1)-3\sqrt{1+4\sqrt{\cdots+\sqrt{1+n}}}\right]}{(3+b_2)(4+b_3)}=\cdots=\dfrac{(n+1)!}{(3+b_2)(4+b_3)\cdots(n+1+b_n)}.$$

由 $b_k>1$ 得

$$0<3-a_n<\dfrac{6}{n+2}.$$

从而 $a_n<3$，故 a_n 有界，且极限为 3.

> **注** 拉马努金恒等式：给定正实数 x，则
>
> $$\sqrt{1+x\sqrt{1+(x+1)\sqrt{1+(x+2)\sqrt{\cdots+\sqrt{1+\cdots}}}}}=x+1.$$
>
> 事实上，拉马努金恒等式的严格证明可以仿照例题的做法. 这里再给出一个不严格的证明，根据完全平方公式即得
>
> $$x+1=\sqrt{1+x(x+2)}=\sqrt{1+x\sqrt{1+(x+1)(x+3)}}$$
>
> $$=\sqrt{1+x\sqrt{1+(x+1)\sqrt{1+(x+2)(x+4)}}}=\cdots$$
>
> $$=\sqrt{1+x\sqrt{1+(x+1)\sqrt{1+(x+2)\sqrt{\cdots+\sqrt{1+\cdots}}}}}.$$

例题 12 求所有实数 a，使得数列 $\{a_n\}$ 为正实数数列且满足 $a_1=a$，$a_n^2=1+na_{n+1}(n\in\mathbf{N}^*)$，存在无数个正整数 n，满足 $a_n<2^n$.

方法讲解　根据条件知

$$a_n^2 - (n+1)^2 = na_{n+1} + 1 - (n+1)^2 \Rightarrow [a_n + (n+1)][a_n - (n+1)] = n[a_{n+1} - (n+2)].$$

① 当 $a = 2$ 时,由数学归纳法易得 $a_n = n+1, n \in \mathbf{N}^*$,故符合条件.

② 若 $a < 2$,则由上式,对任意 $n \in \mathbf{N}^*$,$a_n < n+1$,故

$$n[(n+2) - a_{n+1}] = [a_n + (n+1)][(n+1) - a_n] > (n+2)[(n+1) - a_n].$$

故

$$\frac{(n+2) - a_{n+1}}{(n+1) - a_n} > \frac{n+2}{n}.$$

于是对任意正整数 $n(n > 1)$,有

$$\frac{(n+1) - a_n}{2 - a_1} = \prod_{k=1}^{n-1} \frac{(k+2) - a_{k+1}}{(k+1) - a_k} > \prod_{k=1}^{n-1} \frac{k+2}{k} = \frac{n(n+1)}{2}.$$

从而

$$a_n < (n+1) - \frac{n(n+1)(2 - a_1)}{2} = \frac{(n+1)[2 - (2 - a_1)n]}{2}.$$

故当 n 充分大时,必有 $a_n < \dfrac{(n+1)[2 - (2 - a_1)n]}{2} < 0$,这与数列 $\{a_n\}$ 为正实数数列矛盾.

③ 若 $a > 2$,则由数学归纳法易得 $a_n > n+1, n \in \mathbf{N}^*$.根据前面的等式有

$$n[a_{n+1} - (n+2)] = [a_n + (n+1)][a_n - (n+1)] > 2(n+1)[a_n - (n+1)]$$

$$\Rightarrow \frac{a_{n+1} - (n+2)}{a_n - (n+1)} > \frac{2(n+1)}{n}.$$

从而对任意正整数 n,有

$$a_n - (n+1) = (a_1 - 2) \prod_{i=1}^{n-1} \frac{a_{i+1} - (i+2)}{a_i - (i+1)} \geqslant (a_1 - 2) \prod_{i=1}^{n-1} \frac{2(i+1)}{i} = (a-2) \cdot 2^{n-1} \cdot n.$$

取 $M = \left\lfloor \dfrac{2}{a-2} \right\rfloor$,则当 $n \geqslant M+1$ 时,都有

$$a_n \geqslant n+1 + (a-2) \cdot 2^{n-1} \cdot n > (a-2) \cdot 2^{n-1} \cdot \frac{2}{a-2} = 2^n.$$

这表明满足 $a_n < 2^n$ 的正整数 n 只有有限个,与题意矛盾.

综上所述,满足条件的 $a = 2$.

例题 13　已知数列 $\{a_n\}$ 满足:① 对任意正整数 $n, a_n > 0$;② $a_{n+1} = \dfrac{a_n^2 - 1}{n}(n \in \mathbf{N}^*)$.证明:$a_1 \geqslant 2$,且 $\{a_n\}$ 单调递增.

方法讲解　因为 $a_{n+1} = \dfrac{a_n^2 - 1}{n} > 0$,所以 $a_n > 1(n \in \mathbf{N}^*)$.根据条件知

$$a_n^2 - (n+1)^2 = na_{n+1} + 1 - (n+1)^2 \Rightarrow [a_n + (n+1)][a_n - (n+1)] = n[a_{n+1} - (n+2)].$$

若 $a_1 < 2$,则由上式,对任意 $n \in \mathbf{N}^*$,$a_n < n+1$,故

$$n[(n+2) - a_{n+1}] = [a_n + (n+1)][(n+1) - a_n] > (n+2)[(n+1) - a_n],$$

所以

$$\frac{(n+2) - a_{n+1}}{(n+1) - a_n} > \frac{n+2}{n}.$$

对任意正整数 $n > 1$,有

$$\frac{(n+1) - a_n}{2 - a_1} = \prod_{k=1}^{n-1} \frac{(k+2) - a_{k+1}}{(k+1) - a_k} > \prod_{k=1}^{n-1} \frac{k+2}{k} = \frac{n(n+1)}{2}.$$

从而

$$a_n < (n+1) - \frac{n(n+1)(2-a_1)}{2} = \frac{(n+1)[2-(2-a_1)n]}{2}$$

当 n 充分大时，必有 $a_n < \dfrac{(n+1)[2-(2-a_1)n]}{2} < 0$，与条件矛盾. 故 $a_1 \geqslant 2$. 从而结合条件我们有对 $n \in \mathbf{N}^*, a_n \geqslant n+1$. 再根据

$$n[a_{n+1} - (n+2)] = [a_n + (n+1)][a_n - (n+1)] \geqslant n[a_n - (n+1)],$$

得 $a_{n+1} \geqslant a_n + 1 > a_n$. 故数列 $\{a_n\}$ 单调递增.

综上，命题得证.

> **注** 本题的递推关系为 $a_n^2 = 1 + na_{n+1}$，此为拉马努金恒等式的递推形式.

例题 14 设正实数数列 $\{a_n\}$ 满足 $a_1 = 8, a_2 = 64, a_3 = 1024, a_{n+3} \cdot a_{n+1} = a_{n+2}^4 \cdot a_n^2, n \in \mathbf{N}^*$，求

$\sqrt{a_1 + \sqrt{a_2 + \sqrt{a_3 + \cdots}}}$ 的值.

方法讲解 记 $b_n = \log_2 a_n, n \in \mathbf{N}^*$，则由条件得

$$b_{n+3} = 4b_{n+2} - 5b_{n+1} + 2b_n.$$

这是常系数线性递推数列. 考虑其特征多项式 $x^3 - 4x^2 + 5x - 2 = (x-1)^2(x-2)$，由特征根法（也可以直接使用归纳），可得

$$b_n = 2^{n-1} + 2n.$$

故 $a_n = 2^{2^{n-1}+2n}$. 从而知

$$\sqrt{a_1 + \sqrt{a_2 + \sqrt{a_3 + \cdots}}} = \sqrt{2^{2^0+2} + \sqrt{2^{2^1+2\times2} + \sqrt{2^{2^2+2\times3} + \cdots}}} = \sqrt{2}\sqrt{2^2 + \sqrt{2^{2\times2} + \sqrt{2^{2\times3} + \cdots}}},$$

且有

$$3 = \sqrt{2^2 + 2 \cdot 2^1 + 1} = \sqrt{2^2 + \sqrt{2^4 + 2 \cdot 2^2 + 1}} = \sqrt{2^2 + \sqrt{2^4 + \sqrt{2^6 + 2 \cdot 2^3 + 1}}}$$

$$= \cdots = \sqrt{2^2 + \sqrt{2^4 + \sqrt{2^6 + \cdots + \sqrt{2^{2n} + 2 \cdot 2^n + 1}}}},$$

所以

$$\sqrt{a_1 + \sqrt{a_2 + \sqrt{a_3 + \cdots}}} = 3\sqrt{2}.$$

故所求的值为 $3\sqrt{2}$.

例题 15 设 $n(n \geqslant 3)$ 是给定的正整数，$x_1, x_2, \cdots, x_n$ 为正实数，求

$$f(x_1, x_2, \cdots, x_n) = \frac{x_1}{x_n + x_1 + x_2} + \frac{x_2}{x_1 + x_2 + x_3} + \cdots + \frac{x_n}{x_{n-1} + x_n + x_1}$$

的最小上界和最大下界.

方法讲解 所求的最大下界为 1，最小上界为 $\left\lfloor \dfrac{n}{2} \right\rfloor$.

求最大下界是简单的. 一方面，

$$f(x_1, x_2, \cdots, x_n) \geqslant \frac{x_1}{x_1 + x_2 + \cdots + x_n} + \frac{x_2}{x_1 + x_2 + \cdots + x_n} + \cdots + \frac{x_n}{x_1 + x_2 + \cdots + x_n} = 1;$$

另一方面，取 $x_k = x^{k-1}$，令 $x \to \infty$，可得 $f(x_1, x_2, \cdots, x_n) \to 1$.

关于最小上界，注意到对任意 $k(1 \leqslant k \leqslant n$，其中 $x_{n+1} = x_1, x_{n+2} = x_2, x_0 = x_n)$，我们有

$$\frac{x_k}{x_{k-1} + x_k + x_{k+1}} + \frac{x_{k+1}}{x_k + x_{k+1} + x_{k+2}} < \frac{x_k}{x_k + x_{k+1}} + \frac{x_{k+1}}{x_k + x_{k+1}} = 1.$$

当 n 为偶数时，

$$f(x_1, x_2, \cdots, x_n) \leqslant \frac{n}{2}.$$

当 n 为奇数时,不妨设 $x_1 + x_2 + x_3 = \max\limits_{1 \leqslant i \leqslant n}\{x_i + x_{i+1} + x_{i+2}\}$,从而有

$$\frac{x_1}{x_n + x_1 + x_2} + \frac{x_2}{x_1 + x_2 + x_3} + \frac{x_3}{x_2 + x_3 + x_4} \leqslant \frac{x_1 + x_2 + x_3}{x_1 + x_2 + x_3} = 1.$$

对于后面的项,每相邻两项之和小于 1,故有

$$f(x_1, x_2, \cdots, x_n) \leqslant \frac{n-1}{2}.$$

从而对任意正整数 $n(n \geqslant 3)$,

$$f(x_1, x_2, \cdots, x_n) \leqslant \left\lfloor \frac{n}{2} \right\rfloor.$$

另外,当 $x_2 = x_4 = \cdots = x_{2\lfloor \frac{n}{2} \rfloor} = 1, x_1 = x_3 = \cdots = x_{2\lfloor \frac{n+1}{2} \rfloor - 1} \to 0$ 时,$f(x_1, x_2, \cdots, x_n) \to \left\lfloor \frac{n}{2} \right\rfloor$.

综上,我们完成了证明.

例题 16 设 $a_1, a_2, \cdots, a_{2021}$ 是整数,满足对任意 $n = 1, 2, \cdots, 2016$,均有 $a_{n+5} + a_n > a_{n+2} + a_{n+3}$. 求 $a_1, a_2, \cdots, a_{2021}$ 中最大值与最小值之差的最小可能值.

方法讲解 所求的最小可能值为 85008.

一方面,由条件知(这里所有出现的下标均属于 $\{1, 2, \cdots, 2021\}$),

$$a_{n+5} - a_{n+2} \geqslant a_{n+3} - a_n + 1,$$

故由归纳法可得 $a_{n+2k+3} - a_{n+2k} \geqslant a_{n+3} - a_n + k \, (k \in \mathbf{N})$,即

$$a_{n+2k+3} - a_{n+3} \geqslant a_{n+2k} - a_n + k.$$

从而由归纳可得 $a_{n+2k+3m} - a_{n+3m} \geqslant a_{n+2k} - a_n + km \, (k, m \in \mathbf{N})$,即

$$a_{n+2k+3m} - a_{n+3m} - a_{n+2k} + a_n \geqslant km.$$

在上式中,令 $n = 1, k = 506, m = 336$,可得

$$a_{2021} - a_{1013} - a_{1009} + a_1 \geqslant 506 \times 336,$$

故

$$\max_{1 \leqslant i \leqslant 2021} a_i - \min_{1 \leqslant i \leqslant 2021} a_i \geqslant \frac{506 \times 336}{2} = 85008.$$

另一方面,定义数列 $\{b_n\}_{n \in \mathbf{Z}}$,满足

$$b_n = -3, n \equiv 0 \pmod{6}; \quad b_n = 0, n \equiv 3 \pmod{6};$$

$$b_n = 1, n \equiv \pm 2 \pmod{6}; \quad b_n = 4, n \equiv \pm 1 \pmod{6}.$$

易知数列 $\{b_n\}_{n \in \mathbf{Z}}$ 满足 $b_{n+5} + b_n = b_{n+3} + b_{n+2}$,且令

$$a_n = \frac{(n - 1011)^2 - b_n}{12},$$

则容易知道 $a_{n+5} + a_n = a_{n+3} + a_{n+2} + 1$,从而满足条件,且对于任意 $n \in \{1, 2, \cdots, 2021\}$,有 $a_n \geqslant 0$ 且

$$\max_{1 \leqslant i \leqslant 2021} a_i = a_1 = a_{2021} = \frac{1010^2 - 4}{12} = 85008, \quad \min_{1 \leqslant i \leqslant 2021} a_i = 0.$$

故所构造的 $a_n, n \in \{1, 2, \cdots, 2021\}$ 符合条件,且 $a_1, a_2, \cdots, a_{2021}$ 中最大值与最小值之差为 85008.

例题 17 给定正整数 $n(n \geqslant 2)$,设正整数 $a_i(i = 1, 2, \cdots, n)$ 满足 $a_1 < a_2 < \cdots < a_n$ 以及 $\sum\limits_{i=1}^{n} \frac{1}{a_i} \leqslant$

1. 证明:对任意实数 x,有 $\left(\sum\limits_{i=1}^{n} \frac{1}{a_i^2 + x^2} \right)^2 \leqslant \frac{1}{2} \cdot \frac{1}{a_1(a_1 - 1) + x^2}$.

方法讲解 当 $x^2 \geqslant a_1(a_1 - 1)$ 时,由于 $\sum\limits_{i=1}^{n} \frac{1}{a_i} \leqslant 1$,得

$$\left(\sum_{i=1}^{n}\frac{1}{a_i^2+x^2}\right)^2 \leqslant \left(\sum_{i=1}^{n}\frac{1}{2a_i|x|}\right)^2 = \frac{1}{4x^2}\left(\sum_{i=1}^{n}\frac{1}{a_i}\right)^2 \leqslant \frac{1}{4x^2} \leqslant \frac{1}{2}\cdot\frac{1}{a_1(a_1-1)+x^2}.$$

当 $x^2 < a_1(a_1-1)$ 时，由柯西不等式得

$$\left(\sum_{i=1}^{n}\frac{1}{a_i^2+x^2}\right)^2 \leqslant \left(\sum_{i=1}^{n}\frac{1}{a_i}\right)\sum_{i=1}^{n}\frac{a_i}{(a_i^2+x^2)^2} \leqslant \sum_{i=1}^{n}\frac{a_i}{(a_i^2+x^2)^2}.$$

对于正整数 $a_1, a_2, \cdots, a_n (a_1 < a_2 < \cdots < a_n)$，有 $a_{i+1} \geqslant a_i+1 (i=1,2,\cdots,n-1)$，且

$$\frac{2a_i}{(a_i^2+x^2)^2} \leqslant \frac{2a_i}{\left(a_i^2+x^2+\frac{1}{4}\right)^2-a_i^2} = \frac{1}{\left(a_i-\frac{1}{2}\right)^2+x^2} - \frac{1}{\left(a_i+\frac{1}{2}\right)^2+x^2}$$

$$\leqslant \frac{1}{\left(a_i-\frac{1}{2}\right)^2+x^2} - \frac{1}{\left(a_{i+1}-\frac{1}{2}\right)^2+x^2}.$$

同理

$$\frac{2a_n}{(a_n^2+x^2)^2} \leqslant \frac{1}{\left(a_n-\frac{1}{2}\right)^2+x^2} - \frac{1}{\left(a_n+\frac{1}{2}\right)^2+x^2} \leqslant \frac{1}{\left(a_n-\frac{1}{2}\right)^2+x^2}.$$

所以

$$\sum_{i=1}^{n}\frac{a_i}{(a_i^2+x^2)^2} \leqslant \frac{1}{2}\sum_{i=1}^{n-1}\left[\frac{1}{\left(a_i-\frac{1}{2}\right)^2+x^2} - \frac{1}{\left(a_{i+1}-\frac{1}{2}\right)^2+x^2}\right] + \frac{1}{2}\cdot\frac{1}{\left(a_n-\frac{1}{2}\right)^2+x^2}$$

$$= \frac{1}{2}\cdot\frac{1}{\left(a_1-\frac{1}{2}\right)^2+x^2} \leqslant \frac{1}{2}\cdot\frac{1}{a_1(a_1-1)+x^2}.$$

故命题成立.

例题 18 已知数列 $\{a_n\}$ 满足 $a_1 = \frac{21}{16}$ 及 $2a_n - 3a_{n-1} = \frac{3}{2^{n+1}}$，$n \geqslant 2$，设 $m(m \geqslant 2)$ 为正整数，证明：当 $n \leqslant m$ 时，

$$\left(a_n+\frac{3}{2^{n+3}}\right)^{\frac{1}{m}}\left[m-\left(\frac{2}{3}\right)^{\frac{n(m-1)}{m}}\right] < \frac{m^2-1}{m-n+1}.$$

方法讲解 由条件得

$$2\left(a_n+\frac{3}{2^{n+3}}\right) = 3\left(a_{n-1}+\frac{3}{2^{n+2}}\right).$$

故 $\left\{a_n+\frac{3}{2^{n+3}}\right\}$ 是以 $a_1+\frac{3}{16} = \frac{3}{2}$ 为首项、$\frac{3}{2}$ 为公比的等比数列，故

$$a_n+\frac{3}{2^{n+3}} = \left(\frac{3}{2}\right)^n.$$

故结论不等式等价于

$$\left(\frac{3}{2}\right)^{\frac{n}{m}}\cdot\left[m-\left(\frac{2}{3}\right)^{\frac{n(m-1)}{m}}\right] < \frac{m^2-1}{m-n+1}.$$

记 $t = \left(\frac{2}{3}\right)^{\frac{n}{m}} < 1$，那么由均值不等式即得

$$m-1+t^{m-1} \geqslant mt^{\frac{m-1}{m}} > mt \Leftrightarrow t(m-t^{m-1}) < m-1.$$

故我们只需证明

$$\left(\frac{3}{2}\right)^{\frac{2n}{m}} \leqslant \frac{m+1}{m-n+1} \Leftrightarrow \left(1-\frac{n}{m+1}\right)^m \left(\frac{3}{2}\right)^{2n} \leqslant 1.$$

由伯努利不等式(或均值不等式)得

$$1-\frac{n}{m+1} \leqslant \left(1-\frac{1}{m+1}\right)^n.$$

(用均值不等式时可将左边乘 $n-2$ 个 1) 又由均值不等式得

$$\left(\frac{3}{2}\right)^2 = \frac{3}{2} \cdot \frac{3}{2} \cdot \underbrace{1 \cdot 1 \cdot \cdots \cdot 1}_{n-2\uparrow 1} \leqslant \left(\frac{n+1}{m}\right)^m.$$

结合以上两个不等式,即完成了证明.

例题 19 设实数列 $\{a_n\}$ 满足 $a_1 = \frac{1}{2}$,$a_{k+1} = -a_k + \frac{1}{2-a_k}$,$k = 1, 2, \cdots$,证明:

$$\left[\frac{n}{2(a_1+a_2+\cdots+a_n)}-1\right]^n \leqslant \left(\frac{a_1+a_2+\cdots+a_n}{n}\right)^n \cdot \prod_{i=1}^n \left(\frac{1}{a_i}-1\right).$$

方法讲解 首先,用数学归纳法证明 $0 < a_n \leqslant \frac{1}{2}$,$n = 1, 2, \cdots$.

当 $n=1$ 时,命题显然成立. 假设命题对 $n(n \geqslant 1)$ 成立,即有 $0 < a_n \leqslant \frac{1}{2}$.

设 $g(x) = -x + \frac{1}{2-x}$,$x \in \left[0, \frac{1}{2}\right]$,则 $g(x)$ 是减函数,于是

$$a_{n+1} = g(a_n) \leqslant g(0) = \frac{1}{2}, \quad a_{n+1} = g(a_n) \geqslant g\left(\frac{1}{2}\right) = \frac{1}{6} > 0.$$

故命题对 $n+1$ 也成立. 原命题等价于

$$\left(\frac{n}{a_1+a_2+\cdots+a_n}\right)^n \left[\frac{n}{2(a_1+a_2+\cdots+a_n)}-1\right]^n \leqslant \left(\frac{1}{a_1}-1\right)\left(\frac{1}{a_2}-1\right)\cdots\left(\frac{1}{a_n}-1\right).$$

设 $f(x) = \ln\left(\frac{1}{x}-1\right)$,$x \in \left(0, \frac{1}{2}\right)$,则 $f(x)$ 是凸函数,即对 $0 < x_1, x_2 < \frac{1}{2}$,有

$$f\left(\frac{x_1+x_2}{2}\right) \leqslant \frac{f(x_1)+f(x_2)}{2}.$$

事实上,$f\left(\frac{x_1+x_2}{2}\right) \leqslant \frac{f(x_1)+f(x_2)}{2}$ 等价于

$$\left(\frac{2}{x_1+x_2}-1\right)^2 \leqslant \left(\frac{1}{x_1}-1\right)\left(\frac{1}{x_2}-1\right),$$

等价于 $(x_1-x_2)^2 \geqslant 0$. 所以,由琴生不等式可得

$$f\left(\frac{x_1+x_2+\cdots+x_n}{n}\right) \leqslant \frac{f(x_1)+f(x_2)+\cdots+f(x_n)}{n},$$

所以

$$\left(\frac{n}{a_1+a_2+\cdots+a_n}-1\right)^n \leqslant \left(\frac{1}{a_1}-1\right)\left(\frac{1}{a_2}-1\right)\cdots\left(\frac{1}{a_n}-1\right).$$

由已知及柯西不等式可得

$$\sum_{i=1}^n (1-a_i) = \sum_{i=1}^n \frac{1}{a_i+a_{i+1}} - n \geqslant \frac{n^2}{\sum_{i=1}^n (a_i+a_{i+1})} - n$$

$$= \frac{n^2}{a_{n+1}-a_1+2\sum_{i=1}^n a_i} - n \geqslant \frac{n^2}{2\sum_{i=1}^n a_i} - n = n\left[\frac{n}{2\sum_{i=1}^n a_i} - 1\right],$$

所以 $\dfrac{\sum\limits_{i=1}^{n}(1-a_i)}{\sum\limits_{i=1}^{n}a_i}\geqslant\dfrac{n}{\sum\limits_{i=1}^{n}a_i}\left(\dfrac{n}{2\sum\limits_{i=1}^{n}a_i}-1\right)$，故

$$\left(\dfrac{n}{a_1+a_2+\cdots+a_n}\right)^n\left[\dfrac{n}{2(a_1+a_2+\cdots+a_n)}-1\right]^n\leqslant\left[\dfrac{(1-a_1)+(1-a_2)+\cdots+(1-a_n)}{a_1+a_2+\cdots+a_n}\right]^n$$

$$\leqslant\left(\dfrac{1}{a_1}-1\right)\left(\dfrac{1}{a_2}-1\right)\cdots\left(\dfrac{1}{a_n}-1\right).$$

从而原命题得证.

例题 20 设非负数列 $a_1,a_2,\cdots$ 满足 $a_{n+m}\leqslant a_n+a_m$，$m,n\in\mathbf{N}$，证明：对任意 $n\geqslant m$，均有

$$a_n\leqslant ma_1+\left(\dfrac{n}{m}-1\right)a_m.$$

方法讲解 设 $n=mq+r$，$q\in\mathbf{N}$，$0\leqslant r<m$，则由条件式 $a_{n+m}\leqslant a_n+a_m$，有

$$a_n\leqslant a_{mq}+a_r\leqslant qa_m+a_r=\dfrac{n-r}{m}\cdot a_m+a_r=\left(\dfrac{n}{m}-1\right)a_m+\dfrac{m-r}{m}a_m+a_r$$

$$\leqslant\left(\dfrac{n}{m}-1\right)a_m+\dfrac{m-r}{m}\cdot ma_1+ra_1=\left(\dfrac{n}{m}-1\right)a_m+ma_1.$$

1.7 数列的综合应用

例题 1 给定 $0<\lambda<1$，设 A 为一个可重正整数集合，可重集 $A_n=\{a\in A\mid a\leqslant n\}$. 若对 $\forall n\in\mathbf{N}^*$，集合 A_n 至多含有 $n\lambda$ 个元素. 证明：存在无数个 $n\in\mathbf{N}^*$，使得 A_n 的元素和 $\leqslant\dfrac{n(n+1)}{2}\lambda$.

方法讲解 记 x_n 表示可重集 A 中 n 出现的次数，其中 $n\in\mathbf{N}^*$，$x_n\in\mathbf{N}$，则条件等价于，对任意 $\forall n\in\mathbf{N}^*$，有

$$x_1+x_2+\cdots+x_n\leqslant n\lambda.$$

我们需要证明，存在多个 $n\in\mathbf{N}^*$，使得

$$1\cdot x_1+2\cdot x_2+\cdots+n\cdot x_n\leqslant\dfrac{n(n+1)}{2}\lambda.$$

设 $S_n=(x_1-\lambda)+(x_2-\lambda)+\cdots+(x_n-\lambda)\leqslant0$，则有

$$|S_n-S_{n-1}|=|x_n-\lambda|\geqslant\min\{\lambda,1-\lambda\}=d.$$

故 $d>0$，这里设 $S_0=0$. 假设结论不成立，则存在 $N>0$，使得当 $n\geqslant N$ 时，有

$$1\cdot x_1+2\cdot x_2+\cdots+n\cdot x_n>\dfrac{n(n+1)}{2}\lambda,$$

即

$$S_n>\dfrac{S_0+S_1+\cdots+S_{n-1}}{n}\Leftrightarrow\dfrac{S_0+S_1+\cdots+S_{n-1}+S_n}{n+1}>\dfrac{S_0+S_1+\cdots+S_{n-1}}{n}.$$

记 $b_n=\dfrac{S_0+S_1+\cdots+S_{n-1}}{n}$，则当 $n\geqslant N$ 时，$b_{n+1}>b_n$，且 $S_n>b_n\geqslant b_N$.

$$b_{3N}=\dfrac{S_0+S_1+\cdots+S_{3N-1}}{3N}=\dfrac{Nb_N+(S_N+S_{N+1})+\cdots+(S_{3N-2}+S_{3N-1})}{3N}$$

$$=\dfrac{Nb_N+(2\min\{S_N,S_{N+1}\}+|S_{N+1}-S_N|)+\cdots+(2\min\{S_{3N-2},S_{3N-1}\}+|S_{3N-1}-S_{3N-2}|)}{3N}$$

$$>\dfrac{Nb_N+2Nb_N+Nd}{3N}=b_N+\dfrac{d}{3}.$$

类似地,对任意 $m \in \mathbf{N}$,我们可以证明:$b_{3^m \cdot N} > b_{3^{m-1} \cdot N} + \dfrac{d}{3}$,即

$$b_{3^m \cdot N} > b_N + \frac{md}{3}.$$

取 m 足够大,此时与 $b_{3^m \cdot N} < S_{3^m \cdot N} \leqslant 0$ 相矛盾.

故我们利用反证法证明了本题.

> **注** 事实上,上述证明前面部分先将问题代数化,通过设 S_n 将条件和结论合理地表达出来.再根据 S_n, S_{n-1} 之差必须相差一个固定的量 $d(d > 0)$,利用配对的手法一步步放大 b_n,从而得出矛盾.本题后面部分也可以利用 $n \geqslant N$ 时 b_n 单调递增并且 $b_n \leqslant 0$,利用单调有界必有极限定理,先设出极限再推导.但这种做法不如本题中的做法基础.感兴趣的同学可以自行尝试.

例题 2 求最大的实数 c,使得对任意正整数 n 及任意满足 $0 = x_0 < x_1 < \cdots < x_n = 1$ 的数列 $\{x_n\}$,都有 $\displaystyle\sum_{k=1}^{n} x_k^2 (x_k - x_{k-1}) > c$.

方法讲解 首先证明 $c \geqslant \dfrac{1}{3}$. 由 $x_k > x_{k-1} > 0$ 得

$$3 \sum_{k=1}^{n} x_k^2 (x_k - x_{k-1}) = \sum_{k=1}^{n} (x_k^2 + x_k^2 + x_k^2)(x_k - x_{k-1})$$
$$> \sum_{k=1}^{n} (x_k^2 + x_k x_{k-1} + x_{k-1}^2)(x_k - x_{k-1})$$
$$= \sum_{k=1}^{n} (x_k^3 - x_{k-1}^3) = x_n^3 - x_0^3 = 1 - 0 = 1.$$

下面证明:若 $c > \dfrac{1}{3}$,则存在 $0 = x_0 < x_1 < x_2 < \cdots < x_n = 1$,使得

$$\sum_{k=1}^{n} x_k^2 (x_k - x_{k-1}) < c.$$

设 $x_k = \dfrac{k}{n}, k = 0, 1, \cdots, n$. 当 $n > 3$,且 $\dfrac{1}{n} < c - \dfrac{1}{3}$ 时,

$$\sum_{k=1}^{n} x_k^2 (x_k - x_{k-1}) = \frac{1}{n^3} \sum_{k=1}^{n} k^2 = \frac{n(n+1)(2n+1)}{6\,n^3} = \frac{1}{3} + \frac{1}{2n}\Big(1 + \frac{1}{3n}\Big) < \frac{1}{3} + \frac{1}{n} < c.$$

因此 c 的最大值为 $\dfrac{1}{3}$.

例题 3 记 $n(n \geqslant 2)$ 为整数,$a_1, a_2, \cdots, a_n$ 为正实数且满足 $a_1 + a_2 + \cdots + a_n = 1$.证明:

$$\sum_{k=1}^{n} \frac{a_k}{1 - a_k}(a_1 + a_2 + \cdots + a_{k-1})^2 < \frac{1}{3}.$$

方法讲解 对任意 $k(1 \leqslant k \leqslant n)$,记

$$s_k = a_1 + a_2 + \cdots + a_k \ \text{且} \ b_k = \frac{a_k s_{k-1}^2}{1 - a_k},$$

且为方便起见,令 $s_0 = 0$,则为证明原不等式,只需要证明

$$b_k < \frac{s_k^3 - s_{k-1}^3}{3}.$$

上式等价于

$$0 < (1 - a_k)\big[(s_{k-1} + a_k)^3 - s_{k-1}^3\big] - 3a_k s_{k-1}^2$$
$$\Leftrightarrow 0 < (1 - a_k)(3s_{k-1}^2 + 3s_{k-1}a_k + a_k^2) - 3s_{k-1}^2$$
$$\Leftrightarrow 0 < -3a_k s_{k-1}^2 + 3(1 - a_k)s_{k-1}a_k + (1 - a_k)a_k^2$$
$$\Leftrightarrow 0 < 3(1 - a_k - s_{k-1})s_{k-1}a_k + (1 - a_k)a_k^2.$$

由 $a_k + s_{k-1} = s_k \leqslant 1$ 且 $a_k \in (0,1)$ 知上式成立. 故有

$$\sum_{k=1}^{n} \frac{a_k}{1-a_k}(a_1 + a_2 + \cdots + a_{k-1})^2 = \sum_{k=1}^{n} b_k < \sum_{k=1}^{n} \frac{s_k^3 - s_{k-1}^3}{3} = \frac{1}{3}.$$

故我们完成了证明.

例题 4 求最大的实数 c，使得对任意正整数 n 及任意满足 $0 = x_0 < x_1 < \cdots < x_n = 1$ 的数列 $\{x_n\}$，都有 $\displaystyle\sum_{k=1}^{n}(x_k - x_{k-1})(x_k^3 - x_{k-1}^3) \geqslant \frac{c}{n}$.

方法讲解 所求 c 的最大值为 $\dfrac{3}{4}$.

一方面，令 $x_k = \sqrt{\dfrac{k}{n}}$，得

$$c \leqslant n \cdot \frac{1}{n^2} \sum_{k=1}^{n} (\sqrt{k} - \sqrt{k-1})\left[(\sqrt{k})^3 - (\sqrt{k-1})^3\right]$$

$$= \frac{1}{n} \sum_{k=1}^{n} (\sqrt{k} - \sqrt{k-1})^2 \left[(\sqrt{k})^2 + (\sqrt{k-1})^2 + \sqrt{k} \cdot \sqrt{k-1}\right]$$

$$< \frac{1}{n} \sum_{k=1}^{n} \frac{3k}{(\sqrt{k} + \sqrt{k-1})^2} = \frac{3}{4} + \frac{3}{n} \sum_{k=1}^{n} \left[\frac{k}{(\sqrt{k} + \sqrt{k-1})^2} - \frac{1}{4}\right]$$

$$\leqslant \frac{3}{4} + \frac{3}{n}\left[1 + \sum_{k=2}^{n} \frac{1}{4(k-1)}\right].$$

易知 $\displaystyle\lim_{n \to \infty} \frac{\sum_{k=1}^{n} \frac{1}{k}}{n} = 0$，故 $c \leqslant \dfrac{3}{4}$.

另一方面，我们来证明：当 $c = \dfrac{3}{4}$ 时，命题成立. 由柯西不等式得

$$\sum_{k=1}^{n}(x_k - x_{k-1})(x_k^3 - x_{k-1}^3) \geqslant \frac{1}{n}\left[\sum_{k=1}^{n} \sqrt{(x_k - x_{k-1})(x_k^3 - x_{k-1}^3)}\right]^2$$

$$= \frac{1}{n}\left[\sum_{k=1}^{n}(x_k - x_{k-1})\sqrt{x_k^2 + x_k x_{k-1} + x_{k-1}^2}\right]^2$$

$$\geqslant \frac{3}{4n}\left[\sum_{k=1}^{n}(x_k - x_{k-1})(x_k + x_{k-1})\right]^2 = \frac{3}{4n}.$$

（其中最后一个"$\geqslant$"是因为对任意非负实数 a, b，有 $\sqrt{a^2 + ab + b^2} \geqslant \dfrac{\sqrt{3}}{2}(a+b) \Leftrightarrow (a-b)^2 \geqslant 0$.）故我们完成了证明.

注 若将问题推广为：给定正数 $\alpha > 0$，求最大的实数 c，使得对任意正整数 n 及任意满足 $0 = x_0 < x_1 < \cdots < x_n = 1$ 的数列 $\{x_n\}$，都有

$$\sum_{k=1}^{n}(x_k - x_{k-1})(x_k^\alpha - x_{k-1}^\alpha) \geqslant \frac{c}{n}.$$

那么所求的最大实数 c 为 $\dfrac{4\alpha}{(\alpha+1)^2}$. 做法与前面类似，但整个过程需要用 Lagrange 插值定理等一些稍高级的工具. 例子为 $x_k = \left(\dfrac{k}{n}\right)^{\frac{2}{\alpha+1}}$.

例题 5　求最大的实数 c，使得对任意正整数 n 及任意满足 $0 = x_0 < x_1 < \cdots < x_n = 1$ 的数列 $\{x_n\}$，都有 $\sum\limits_{k=1}^{n} x_k^3 (x_k - x_{k-1}) \geqslant \dfrac{1}{4} + \dfrac{c}{n}$.

方法讲解　一方面，设 $A = \sum\limits_{k=1}^{n} x_k^3 (x_k - x_{k-1}), B = \sum\limits_{k=1}^{n} x_{k-1}^3 (x_k - x_{k-1})$，则

$$A + B = \sum_{k=1}^{n} (x_k^3 + x_{k-1}^3)(x_k - x_{k-1})$$

$$\geqslant \frac{1}{2} \sum_{k=1}^{n} (x_k^3 + x_k^2 x_{k-1} + x_k x_{k-1}^2 + x_{k-1}^3)(x_k - x_{k-1})$$

$$= \frac{1}{2} \sum_{k=1}^{n} (x_k^4 - x_{k-1}^4) = \frac{1}{2}.$$

$$A - B = \sum_{k=1}^{n} (x_k^3 - x_{k-1}^3)(x_k - x_{k-1})$$

$$= \sum_{k=1}^{n} (x_k - x_{k-1})^2 (x_k^2 + x_k x_{k-1} + x_{k-1}^2)$$

$$\geqslant \frac{3}{4} \sum_{k=1}^{n} (x_k - x_{k-1})^2 (x_k^2 + 2x_k x_{k-1} + x_{k-1}^2)$$

$$= \frac{3}{4} \sum_{k=1}^{n} (x_k^2 - x_{k-1}^2)^2$$

$$\geqslant \frac{3}{4} \times \frac{1}{n} \left[\sum_{k=1}^{n} (x_k^2 - x_{k-1}^2) \right]^2 = \frac{3}{4} \times \frac{1}{n}.$$

所以 $A \geqslant \dfrac{1}{4} + \dfrac{3}{8} \times \dfrac{1}{n}$，故 $c = \dfrac{3}{8}$ 满足题目要求.

另一方面，我们取 $x_k = \sqrt{\dfrac{k}{n}}, k = 0, 1, \cdots, n$，此时

$$A + B - \frac{1}{2} = \frac{1}{2} \sum_{k=1}^{n} (x_k - x_{k-1})^2 (x_k^2 - x_{k-1}^2) = \frac{1}{2n} \sum_{k=1}^{n} (x_k - x_{k-1})^2$$

$$\leqslant \frac{1}{2n} \times \max\{(x_k - x_{k-1})\} = \frac{1}{2n} \times (x_1 - x_0) = \frac{1}{2n\sqrt{n}},$$

$$A - B - \frac{3}{4} \times \frac{1}{n} = \frac{1}{4} \sum_{k=1}^{n} (x_k - x_{k-1})^4 \leqslant \frac{1}{4} \times \max\{(x_k - x_{k-1})^3\} = \frac{1}{4} \frac{1}{n\sqrt{n}}.$$

所以 $A \leqslant \dfrac{1}{4} + \dfrac{3}{8} \times \dfrac{1}{n} + \dfrac{3}{8} \times \dfrac{1}{n\sqrt{n}}$，这样满足题意的 c 需要满足

$$\frac{1}{4} + \frac{3}{8} \times \frac{1}{n} + \frac{3}{8} \times \frac{1}{n\sqrt{n}} \geqslant A \geqslant \frac{1}{4} + \frac{c}{n} \Rightarrow c \leqslant \frac{3}{8} + \frac{3}{8\sqrt{n}}$$

对所有正整数 n 均成立. 故 $c \leqslant \dfrac{3}{8}$，即满足题目要求的最大实数 c 是 $\dfrac{3}{8}$.

例题 6　已知 $a_1, a_2, \cdots, a_n$ 和 $b_1, b_2, \cdots, b_n$ 都是实数，证明：对任意实数 $x_1, x_2, \cdots, x_n (x_1 \leqslant x_2 \leqslant \cdots \leqslant x_n)$，不等式 $\sum\limits_{i=1}^{n} a_i x_i \leqslant \sum\limits_{i=1}^{n} b_i x_i$ 恒成立的充要条件为 $\sum\limits_{i=1}^{k} a_k \geqslant \sum\limits_{i=1}^{k} b_k, k \in \{1, 2, \cdots, n-1\}$ 及 $\sum\limits_{i=1}^{n} a_i = \sum\limits_{i=1}^{n} b_i$.

方法讲解　为了方便，我们记 $S_k = \sum\limits_{i=1}^{k} a_i, T_k = \sum\limits_{i=1}^{k} b_i$，其中 $k = 1, 2, \cdots, n$.

先证明充分性. 若 $\sum\limits_{i=1}^{k} a_i \geqslant \sum\limits_{i=1}^{k} b_i (k = 1, 2, \cdots, n-1)$ 及 $\sum\limits_{i=1}^{n} a_i = \sum\limits_{i=1}^{n} b_i$，

注意到 $x_k - x_{k+1} \leqslant 0$，则根据阿贝尔求和公式知

$$\sum_{i=1}^{n} a_i x_i = S_n x_n + \sum_{k=1}^{n-1} S_k (x_k - x_{k+1}) \leqslant T_n x_n + \sum_{k=1}^{n-1} T_k (x_k - x_{k+1}) = \sum_{i=1}^{n} b_i x_i.$$

充分性得证. 接下来我们证明必要性.

在不等式 $\sum_{i=1}^{n} a_i x_i \leqslant \sum_{i=1}^{n} b_i x_i$ 中, 取 $x_1 = x_2 = \cdots = x_n = 1$, 则 $\sum_{i=1}^{n} a_i \leqslant \sum_{i=1}^{n} b_i$;

取 $x_1 = x_2 = \cdots = x_n = -1$, 则 $\sum_{i=1}^{n} a_i \geqslant \sum_{i=1}^{n} b_i$. 所以 $\sum_{i=1}^{n} a_i = \sum_{i=1}^{n} b_i$.

对于任意 $k \in \{1, 2, \cdots, n-1\}$, 取 $x_1 = x_2 = \cdots = x_k = 0, x_{k+1} = x_{k+2} = \cdots = x_n = 1$, 则 $\sum_{i=k+1}^{n} a_i \leqslant \sum_{i=k+1}^{n} b_i$. 注意到 $\sum_{i=1}^{n} a_i = \sum_{i=1}^{n} b_i$, 所以 $\sum_{i=1}^{k} a_i \geqslant \sum_{i=1}^{k} b_i$. 必要性得证.

综上所述, 命题得证.

例题 7 （贝蒂定理）设 a, b 为正实数, 记 $A = \{[na] \mid n \in \mathbf{N}^*\}$, $B = \{[na] \mid n \in \mathbf{N}^*\}$, 则集合 A, B 是正整数集 $\mathbf{N}^*$ 的划分的充要条件为 $\dfrac{1}{a} + \dfrac{1}{b} = 1$, 且 a, b 都是无理数.

方法讲解 先证明必要性. 若集合 A, B 是正整数集 $\mathbf{N}^*$ 的划分, 那么由 $0 \notin A, B$, 得到 $a, b \geqslant 1$. 我们先用元素个数的估计来证明 $\dfrac{1}{a} + \dfrac{1}{b} = 1$. 考虑给定正整数 N, 集合 $X = \{1, 2, \cdots, N\}$, 注意到 $[na] \in X \Leftrightarrow na < N+1$, 故 $|A \cap X| = \left\lfloor \dfrac{N+1}{a} \right\rfloor - 1$, 同理 $|B \cap X| = \left\lfloor \dfrac{N+1}{b} \right\rfloor - 1$. 由于 $A \cap X, B \cap X$ 也是 X 的划分, 所以

$$N = \left\lfloor \frac{N+1}{a} \right\rfloor + \left\lfloor \frac{N+1}{b} \right\rfloor - 2,$$

故 $\dfrac{N+1}{a} + \dfrac{N+1}{b} - 2 \leqslant N < \dfrac{N+1}{a} + \dfrac{N+1}{b}$, 即

$$\frac{1}{a} + \frac{1}{b} - 2 \leqslant N\left(1 - \frac{1}{a} - \frac{1}{b}\right) < \frac{1}{a} + \frac{1}{b}.$$

只有中间一项是 N 的一次项, 令 $N \to \infty$, 得到

$$\frac{1}{a} + \frac{1}{b} = 1.$$

显然 a, b 都为无理数. 因为若其中一个为有理数, 则另一个也为有理数, 那么 A 与 B 的交集非空.

再来证明充分性.

首先证明 $A \cap B = \varnothing$. 若 $A \cap B \neq \varnothing$, 取 $k \in A \cap B$, 则存在正整数 n_1, n_2 满足:

$$k \leqslant n_1 a < k+1, k \leqslant n_2 b < k+1,$$

即

$$\frac{k}{a} \leqslant n_1 < \frac{k+1}{a}, \frac{k}{b} \leqslant n_2 < \frac{k+1}{b}.$$

将两式相加并利用 $\dfrac{1}{a} + \dfrac{1}{b} = 1$ 得

$$k \leqslant n_1 + n_2 < k+1.$$

故 $n_1 + n_2 = k$, 且 $\dfrac{k}{a} = n_1 \Rightarrow a$ 是有理数, 矛盾. 故 $A \cap B = \varnothing$. 而

$$\frac{N+1}{a} + \frac{N+1}{b} - 2 < \left\lfloor \frac{N+1}{a} \right\rfloor + \left\lfloor \frac{N+1}{b} \right\rfloor - 2 < \frac{N+1}{a} + \frac{N+1}{b},$$

所以

$$N-1<\left\lfloor\frac{N+1}{a}\right\rfloor+\left\lfloor\frac{N+1}{b}\right\rfloor-2<N+1.$$

从而 $\left\lfloor\frac{N+1}{a}\right\rfloor+\left\lfloor\frac{N+1}{b}\right\rfloor-2=N$，故

$$|A\cap X|+|B\cap X|=|X|.$$

从而 $A\cap X,B\cap X$ 是 X 的划分，由于 N 的任意性，每个正整数都会在 A,B 中出现. 从而我们证明了定理.

注 贝蒂定理是正整数划分里的重要定理. 我们在考虑无限的问题时经常取一个任意的正整数 N，然后去趋近无穷.

例题 8 已知数列 $\{x_n\}$ 与 $\{y_n\}$ 满足 $x_1=1,x_n+y_n=an-1,x_{n+1}$ 是除 $x_1,x_2,\cdots,x_n,y_1,y_2,\cdots,y_n$ 之外的最小正整数，这里 $a>4$ 是正整数，求 $\{x_n\}$ 与 $\{y_n\}$ 的通项公式.

方法讲解 由于 $a>4$，可设 $\alpha=\dfrac{a-\sqrt{a^2-4a}}{2},\beta=\dfrac{a+\sqrt{a^2-4a}}{2}$，则易知 α,β 都是无理数，且 $1<\alpha<2,\dfrac{1}{\alpha}+\dfrac{1}{\beta}=1,\alpha+\beta=a$. 记

$$u_n=[n\alpha],\quad v_n=[n\beta].$$

下面用数学归纳法证明对任意正整数 n，有 $x_n=u_n,y_n=v_n$.

当 $n=1$ 时，由于 $1<\alpha<2$，故 $x_n=u_n=1$，且 $y_n=v_n=4a-2$，命题成立.

假设对所有不大于 k 的正整数 i，都有

$$x_i=u_i,y_i=v_i,$$

则由贝蒂定理（见上一题），我们知道 u_n,v_n 是正整数集 $\mathbf{N}^*$ 的划分，显然 u_n,v_n 是严格递增的正整数数列，且 $u_{k+1}<v_{k+1}$. 从而 u_{k+1} 是除 $u_1,u_2,\cdots,u_k,v_1,v_2,\cdots,v_k$ 之外的最小正整数. 而 x_{k+1} 是除 $x_1,x_2,\cdots,x_k,y_1,y_2,\cdots,y_k$ 之外的最小正整数. 由归纳假设知

$$\{u_1,u_2,\cdots,u_k,v_1,v_2,\cdots,v_k\}=\{x_1,x_2,\cdots,x_k,y_1,y_2,\cdots,y_k\}.$$

从而 $u_{k+1}=x_{k+1}$. 又 $u_{k+1}+v_{k+1}=a(k+1)-1$，结合条件知 $x_{k+1}+y_{k+1}=a(k+1)-1$，故 $v_{k+1}=y_{k+1}$. 从而我们完成了归纳过渡. 故

$$x_n=u_n=\left[n\cdot\frac{a-\sqrt{a^2-4a}}{2}\right],\quad y_n=v_n=\left[n\cdot\frac{a+\sqrt{a^2-4a}}{2}\right].$$

这就是我们所求的通项公式.

例题 9 已知数列 $\{x_n\}$ 与 $\{y_n\}$ 满足 $x_1=1,y_n=x_n+n,x_{n+1}$ 是除 $x_1,x_2,\cdots,x_n,y_1,y_2,\cdots,y_n$ 之外的最小正整数，求 $\{x_n\}$ 与 $\{y_n\}$ 的通项公式.

方法讲解 记 $\alpha=\dfrac{1+\sqrt{5}}{2},\beta=\dfrac{3+\sqrt{5}}{2}$，那么 $\dfrac{1}{\alpha}+\dfrac{1}{\beta}=1,\alpha,\beta$ 是无理数. 那么数列 $u_n=[n\alpha],v_n=[n\beta]$ 是正整数 $\mathbf{N}^*$ 的划分. 从而可以类似上题归纳地证明：$x_n=u_n=[n\alpha],y_n=v_n=[n\beta]$.

注 （1）这里的 α,β 可以通过解以下方程得到：

$$\beta-\alpha=1,\text{且}\frac{1}{\alpha}+\frac{1}{\beta}=1.$$

（2）上面问题的本质是贝蒂定理的应用，首先 x_n,y_n 很明显是正整数集的划分，先由贝蒂定理构造出两个符合条件的数列，再去用归纳法证明. 如果不熟悉这种做法，那么这个通项其实不好求.

例题 10 设 $a_i(i \in \mathbf{N}^*)$ 为正实数,证明: $\sum\limits_{i=1}^{n}\dfrac{1}{a_i}-\sum\limits_{1 \le i < j \le n}\dfrac{1}{a_i+a_j}+\cdots+\dfrac{(-1)^{n-1}}{a_1+a_2+\cdots+a_n}>0$,即

$$\sum_{k=1}^{n}\sum_{1 \le i_1 < i_2 < \cdots < i_k \le n}\frac{(-1)^{k-1}}{a_{i_1}+a_{i_2}+\cdots+a_{i_k}}>0.$$

方法讲解 利用积分

$$\sum_{k=1}^{n}\sum_{1 \le i_1 < i_2 < \cdots < i_k \le n}\frac{(-1)^{k-1}}{a_{i_1}+a_{i_2}+\cdots+a_{i_k}}$$

$$=\sum_{k=1}^{n}\sum_{1 \le i_1 < i_2 < \cdots < i_k \le n}(-1)^{k-1}\int_{0}^{1}\frac{1}{x}\cdot x^{a_{i_1}}x^{a_{i_2}}\cdots x^{a_{i_k}}\,\mathrm{d}x$$

$$=\int_{0}^{1}\frac{1}{x}\sum_{k=1}^{n}\sum_{k \le i_1 < \cdots < i_k \le n}(-1)^{k-1}\cdot x^{a_{i_1}}x^{a_{i_2}}\cdots x^{a_{i_k}}\,\mathrm{d}x$$

$$=\int_{0}^{1}\frac{1-\prod\limits_{k=1}^{n}(1-x^{a_k})}{x}\,\mathrm{d}x>0.$$

例题 11 证明:不存在无穷正有理数数列 $\{a_n\}$,使得对于任意正整数 n 都有 $a_{n+1}^2=a_n+1$.

方法讲解 若存在这样的正有理数数列满足条件,则设 $\alpha=\dfrac{1+\sqrt{5}}{2}$. 若 $a_1=\dfrac{q}{p}<\alpha, p, q \in \mathbf{N}^*$,则可用数学归纳法证明对任意正整数 n,都有

$$a_n < \alpha, 且 a_n < a_{n+1}, p\,a_n \in \mathbf{N}^*.$$

故 $p\,a_n$ 是严格单调递增且有上界的正整数数列,这是不可能的.

当 $a_1=\dfrac{q}{p}>\alpha, p, q \in \mathbf{N}^*$ 时,类似可得出矛盾. 故不存在.

例题 12 求所有的函数 $f:(0,+\infty)\to(0,+\infty)$,使对任意的正实数 x,都有下式成立:

$$f(f(x))=12x-f(x).$$

方法讲解 所求的函数为 $f(x)=3x, \forall x \in (0,+\infty)$.

记 f 在 x 点的 n 次迭代后的值为 $f^{(n)}(x)$. 首先容易用数学归纳法证明对任意 x,有

$$f^{(n)}(x)=\frac{4\times 3^n+3\times(-4)^n}{7}x+\frac{3^n-(-4)^n}{7}f(x).$$

(这用归纳验证是简单的,相当于常系数线性递推数列的特征根法验证.)而当 $x>0$ 时,$f^{(n)}(x)>0$,得当 $n=2m, m \in \mathbf{N}^*$ 时,$\dfrac{4\times 3^{2m}+3\times 4^{2m}}{7}x+\dfrac{3^{2m}-4^{2m}}{7}f(x)>0$,即

$$\frac{f(x)}{x}<\frac{4\times 3^{2m}+3\times 4^{2m}}{4^{2m}-3^{2m}}.$$

当 $n=2m+1, m \in \mathbf{N}^*$ 时,$\dfrac{4\times 3^{2m+1}-3\times 4^{2m+1}}{7}x+\dfrac{3^{2m+1}+4^{2m+1}}{7}f(x)>0$,即

$$\frac{f(x)}{x}>\frac{3\times 4^{2m+1}-4\times 3^{2m+1}}{3^{2m+1}+4^{2m+1}}.$$

从而有

$$\frac{3\times 4^{2m+1}-4\times 3^{2m+1}}{3^{2m+1}+4^{2m+1}}<\frac{f(x)}{x}<\frac{4\times 3^{2m}+3\times 4^{2m}}{4^{2m}-3^{2m}}.$$

而

$$\lim_{m\to\infty}\frac{3\times 4^{2m+1}-4\times 3^{2m+1}}{3^{2m+1}+4^{2m+1}}=\lim_{m\to\infty}\frac{4\times 3^{2m}+3\times 4^{2m}}{4^{2m}-3^{2m}}=3,$$

故对 $\forall x \in (0,+\infty), f(x)=3x$.

注　本题固定 x 后就变成了一个常系数线性递推数列问题.利用常系数线性递推数列的基本知识计算出 $f^{(n)}(x)$.再由其一定是正数计算出 $f(x)$,其实 $f(x)=3x$ 也可以看成 x 处的一个不动点.

例题 13　求所有的单调函数 $f:\mathbf{R}\to\mathbf{R}$,满足对 $x\in\mathbf{R}$ 都有
$$f(2020x)=f(x)+2019x.$$

方法讲解　由条件知
$$f(2020x)-2020x=f(x)-x.$$
从而对任意正整数 n,有
$$f(x)-x=f\left(\frac{x}{2020^n}\right)-\frac{x}{2020^n}. \tag{1}$$

由于 $f(x)$ 单调,故 $f(x)$ 在 0 点处的左右极限存在.设 $\lim\limits_{x\to 0^-}f(x)=a,f(0)=b,\lim\limits_{x\to 0^+}f(x)=c$,则 $a\leqslant b\leqslant c$,从而对任意 $x>0$,在(1)中令 $n\to+\infty$,得到 $f(x)=x+c$;对任意 $x<0$,在(1)中令 $n\to+\infty$,得到 $f(x)=x+a$.从而所求的函数为
$$f(0)=b;f(x)=x+c,x>0;f(x)=x+a,x<0,$$
其中 $a\leqslant b\leqslant c$.易知这样的函数满足条件.

例题 14　是否存在函数 $f:\mathbf{R}\to\mathbf{R}$,使得 $f(f(x))=x^2-2$ 对所有 $x\in\mathbf{R}$ 成立?

方法讲解　考虑 $f^{(2)}$ 与 $f^{(4)}$ 的不动点.由
$$x=f^{(2)}(x)=x^2-2$$
得 $f^{(2)}$ 的不动点为 $2,-1$.由
$$x=f^{(4)}(x)=f^{(2)}(f^{(2)}(x))=(f^{(2)}(x))^2-2=(x^2-2)^2-2$$
得 $(x^2-x-2)(x^2+x-1)=0$,从而 $f^{(4)}$ 的不动点为
$$2,-1,\alpha=\frac{\sqrt{5}-1}{2},\beta=\frac{-\sqrt{5}-1}{2}.$$

因为 $f^{(4)}(f(\alpha))=f(f^{(4)}(\alpha))=f(\alpha)$,所以 $f(\alpha)$ 也是 $f^{(4)}$ 的不动点.

若 $f(\alpha)=2$,则 $\alpha=f^{(4)}(\alpha)=f^{(3)}(2)=f(2)=f^{(2)}(\alpha)$.从而 $\alpha=2$ 或 -1,矛盾.因此 $f(\alpha)\neq 2$.同理 $f(\alpha)\neq -1$.

若 $f(\alpha)=\alpha$,则 $f^{(2)}(\alpha)=\alpha$,仍得 $\alpha=2$ 或 -1,矛盾.于是 $f(\alpha)=\beta$.

同理 $f(\beta)=\alpha$,这样就有 $f^{(2)}(\alpha)=f(\beta)=\alpha$,仍得矛盾.

综上,所求的映射不存在.

注　考虑 $f^{(2)}$ 的二阶不动点(即 $f^{(4)}$ 的不动点)是解该题的关键.

例题 15　求所有的函数 $f:\mathbf{N}^*\to\mathbf{N}^*$,满足对任意正整数 n,有
$$2n+2001\leqslant f(f(n))+f(n)\leqslant 2n+2002.$$

方法讲解　我们定义正整数数列 $\{a_n\}_{n\geqslant 0}$,a_0 为任意正整数,且 $a_{n+1}=f(a_n)$,则由条件得,对任意正整数 n,有(取条件中的 n 为"a_{n-1}")
$$2a_{n-1}+2001\leqslant a_{n+1}+a_n\leqslant 2a_{n-1}+2002\Leftrightarrow 0\leqslant a_{n+1}-a_n-667+2(a_n-a_{n-1}-667)\leqslant 1.$$

令 $c_n=a_n-a_{n-1}-667,n\in\mathbf{N}$,从而有
$$0\leqslant c_{n+1}+2c_n\leqslant 1,\forall n\in\mathbf{N}.$$

若 $c_1>0$,则 $c_1\geqslant 1,c_2\leqslant 1-2c_1\leqslant -1,c_3\geqslant -2c_2\geqslant 2$.故我们可以用数学归纳法证明对任意正整数 k,$c_{2k+1}\geqslant 2^k$.若 $c_{2k+1}\geqslant 2^k$ 成立,则 $c_{2k+2}\leqslant -2c_{2k+1}+1\leqslant -2^{k+1}+1$ 且 $c_{2k+3}\geqslant -2c_{2k+2}\geqslant 2^{k+2}-2\geqslant 2^{k+1}$.故我们完成了归纳,故
$$a_{2k+2}-a_{2k}-1334=c_{2k+2}+c_{2k+1}\leqslant -2^k+1.$$

当 $k \geqslant 11$ 时, $a_{2k+2} < a_{2k}$, 而这又是正整数数列, 故矛盾.

同理, 当 $c_1 < 0$ 时, 可以得到类似矛盾. (应该是当 $k \geqslant 11$ 时, $a_{2k+3} < a_{2k+1}$)

综上, 我们得到了 $c_1 = 0$, 即 $a_1 - a_0 - 667 = 0$, 即 $f(a_0) = a_0 + 667$. 故

$$f(n) = n + 667, \forall n \in \mathbf{N}^*.$$

经检验满足条件. 故所求的函数为 $f(n) = n + 667, n \in \mathbf{N}^*.$

注　此题跟上几题有类似之处, 都是固定一个值, 将函数问题转化为数列问题, 然后考虑到取值足够大时, 来得到一些结论.

例题 16　求值: $\tan^2 1° + \tan^2 2° + \cdots + \tan^2 89°.$

方法讲解　引入 90 次单位根, $w = \cos \dfrac{2\pi}{180} + i\sin \dfrac{2\pi}{180}$. 根据万能公式有

$$\cos 2\alpha + i\sin 2\alpha = \frac{1 - \tan^2 \alpha}{1 + \tan^2 \alpha} + i\frac{2\tan\alpha}{1 + \tan^2 \alpha} = \frac{1 - \tan^2 \alpha + 2i\tan\alpha}{1 + \tan^2 \alpha}$$

$$= \frac{(1 + i\tan\alpha)^2}{(1 + i\tan\alpha)(1 - i\tan\alpha)} = \frac{1 + i\tan\alpha}{1 - i\tan\alpha}.$$

从而对任意 $k(1 \leqslant k \leqslant 89)$, 我们有

$$\frac{1 + i\tan k°}{1 - i\tan k°} = \cos 2k° + i\sin 2k° = w^k.$$

故对任意 $k(1 \leqslant k \leqslant 89)$, 有

$$\left(\frac{1 + i\tan k°}{1 - i\tan k°}\right)^{180} = 1 \Leftrightarrow (1 + i\tan k°)^{180} = (1 - i\tan k°)^{180}.$$

从而 $\tan k°(1 \leqslant k \leqslant 89)$ 是下述方程的根:

$$(1 + ix)^{180} - (1 - ix)^{180} = 0 \Leftrightarrow \sum_{k=0}^{89} C_{180}^{2k+1} (ix)^{179-2k} = 0.$$

而 $\tan k°(1 \leqslant k \leqslant 89) \neq 0$, 故其是下述方程的根:

$$\sum_{k=0}^{89} C_{180}^{2k+1} i^{178-2k} x^{178-2k} = 0.$$

从而 $\tan^2 k°(1 \leqslant k \leqslant 89)$ 是下述方程的根:

$$\sum_{k=0}^{89} C_{180}^{2k+1} i^{178-2k} x^{89-k} = 0.$$

很明显, 这 89 个数互不相同, 而上述方程恰为 89 次方程, 故 $\tan^2 k°(1 \leqslant k \leqslant 89)$ 恰为上述方程的所有根. 由韦达定理知

$$\tan^2 1° + \tan^2 2° + \cdots + \tan^2 89° = -\frac{C_{180}^3 i^{176}}{C_{180}^1 i^{178}} = \frac{15931}{3}.$$

注　事实上, 由完全一样的办法, 我们可以证明: 对任意正整数 n,

$$\cot^2 \frac{\pi}{2n+1} + \cot^2 \frac{2\pi}{2n+1} + \cdots + \cot^2 \frac{n\pi}{2n+1} = \frac{n(2n-1)}{3}.$$

例题 17　证明: $\dfrac{1}{1^2} + \dfrac{1}{2^2} + \dfrac{1}{3^2} + \cdots + \dfrac{1}{n^2} + \cdots = \dfrac{\pi^2}{6}.$

方法讲解　当 $x \in \left(0, \dfrac{\pi}{2}\right)$ 时, 有如下不等式:

$$\sin x < x < \tan x \Rightarrow \sin^2 x < x^2 < \tan^2 x \Rightarrow \cot^2 x < \frac{1}{x^2} < \frac{1}{\sin^2 x} = 1 + \cot^2 x.$$

在上式中, 令 $x = \dfrac{k\pi}{2n+1}, 1 \leqslant k \leqslant n, k \in \mathbf{Z}$, 则有

$$\cot^2 \frac{k\pi}{2n+1} < \frac{(2n+1)^2}{k^2 \pi^2} < \cot^2 \frac{k\pi}{2n+1} + 1.$$

求和并利用上题"注"中的恒等式得

$$\frac{n(2n-1)}{3} = \sum_{k=1}^{n} \cot^2 \frac{k\pi}{2n+1} < \frac{(2n+1)^2}{\pi^2}\Big(\sum_{k=1}^{n} \frac{1}{k^2}\Big) < \sum_{k=1}^{n} \cot^2 \frac{k\pi}{2n+1} + n = \frac{n(2n-1)}{3} + n.$$

故我们有

$$\pi^2 \cdot \frac{n(2n-1)}{3(2n+1)^2} < \sum_{k=1}^{n} \frac{1}{k^2} < \pi^2 \cdot \frac{n(2n+2)}{3(2n+1)^2}.$$

又因为

$$\lim_{n \to \infty} \frac{n(2n-1)}{3(2n+1)^2} = \lim_{n \to \infty} \frac{n(2n+2)}{3(2n+1)^2} = \frac{1}{6},$$

所以

$$\lim_{n \to \infty} \sum_{k=1}^{n} \frac{1}{k^2} = \frac{\pi^2}{6}.$$

这说明原恒等式成立.

例题 18 对于 x,y 有乘法交换律：$yx = xy$. 现定义新的乘法交换律：$yx = pxy$. 而乘法结合律和分配律保持不变. 例如：$(x+y)^2 = x^2 + xy + yx + y^2 = x^2 + (p+1)xy + y^2$.

(1) 设 $(x+y)^n = \sum\limits_{k=0}^{n} a_{n,k} x^{n-k} y^k$，证明：$a_{n,k}$ 是以 p 为变元的整系数多项式.

(2) 求 $a_{n,k}$.

方法讲解 (1) 由于

$$(x+y)^{n+1} = \sum_{k=0}^{n+1} a_{n+1,k} x^{n+1-k} y^k = \Big(\sum_{k=0}^{n} a_{n,k} x^{n-k} y^k\Big)(x+y),$$

且 $x^{n-k} y^k x = p^k x^{n+1-k} y^k$，所以

$$a_{n+1,k} = p^k a_{n,k} + a_{n,k-1}, 0 \leqslant k \leqslant n+1, 且 a_{n,n+1} = a_{n,-1} = 0, a_{n,n} = a_{n,0} = 1.$$

故对 n 用数学归纳法，易得 $a_{n,k}$ 是以 p 为变元的整系数多项式.

(2) 我们用数学归纳法证明（对 n）：

$$a_{n,k} = \frac{\prod\limits_{i=1}^{n}(p^i - 1)}{\prod\limits_{i=1}^{k}(p^i - 1) \cdot \prod\limits_{i=1}^{n-k}(p^i - 1)}.$$

当 $n=1$ 时，显然成立. 假设取 n 时命题已成立，考虑 $a_{n+1,k}$，在 $k=0, n+1$ 时已证.

当 $1 \leqslant k \leqslant n$ 时，

$$a_{n+1,k} = p^k a_{n,k} + a_{n,k-1} = p^k \cdot \frac{\prod\limits_{i=1}^{n}(p^i - 1)}{\prod\limits_{i=1}^{k}(p^i - 1) \cdot \prod\limits_{i=1}^{n-k}(p^i - 1)} + \cdot \frac{\prod\limits_{i=1}^{n}(p^i - 1)}{\prod\limits_{i=1}^{k-1}(p^i - 1) \cdot \prod\limits_{i=1}^{n+1-k}(p^i - 1)}$$

$$= p^k \cdot (p^{n+1-k} - 1) \cdot \frac{\prod\limits_{i=1}^{n}(p^i - 1)}{\prod\limits_{i=1}^{k}(p^i - 1) \cdot \prod\limits_{i=1}^{n+1-k}(p^i - 1)} + (p^k - 1) \cdot \frac{\prod\limits_{i=1}^{n}(p^i - 1)}{\prod\limits_{i=1}^{k}(p^i - 1) \cdot \prod\limits_{i=1}^{n+1-k}(p^i - 1)}$$

$$= \frac{\prod\limits_{i=1}^{n+1}(p^i - 1)}{\prod\limits_{i=1}^{k}(p^i - 1) \cdot \prod\limits_{i=1}^{n+1-k}(p^i - 1)}.$$

故我们完成了归纳过渡.(当 $p=\pm 1$ 时,可按极限理解.)

注 (1)本题等式中的系数事实上是二项式系数的推广.本题的第二问要猜测出这个结果不容易,我尝试了很多 n 较小的情形.

(2)题目的意思应该是对特定两个数 x,y 交换相乘时,有 $yx=pxy$,那么 $y^2x=pyxy=p^2xy^2$.

(3)利用这个题我们可以证明对任意整数 p,都有 $\dfrac{\prod\limits_{i=1}^{n}(p^i-1)}{\prod\limits_{i=1}^{k}(p^i-1)\cdot\prod\limits_{i=1}^{n-k}(p^i-1)}\in \mathbf{Z}.$

例题 19 对于任意非负整数 $n,k(n\geq k)$,$a_{n,k}$ 满足
$$a_{n,0}=1,\forall n\in\mathbf{N};a_{n,k}=a_{n-1,k}+a_{n,k-1},n\geq k\geq 0,$$
其中 $a_{n,n+1},a_{n,-1}$ 规定为 0. 求 $a_{n,k}$.

方法讲解 我们用数学归纳法证明 $a_{n,k}=\mathrm{C}_{n+k}^k-\mathrm{C}_{n+k}^{k-1}$,其中 $\mathrm{C}_{n+k}^{-1}=0$.

对 $n+k$ 采用数学归纳法,当 $n+k=0,1$ 时,显然成立.

假设当 $n+k=m$ 时,上式已成立.当 $n+k=m+1$ 时,由于 $(n-1)+k=n+(k-1)=m$,所以
$$a_{n,k}=a_{n-1,k}+a_{n,k-1}=\mathrm{C}_{n+k-1}^k-\mathrm{C}_{n+k-1}^{k-1}+\mathrm{C}_{n+k-1}^{k-1}-\mathrm{C}_{n+k-1}^{k-2}=\mathrm{C}_{n+k}^k-\mathrm{C}_{n+k}^{k-1}.$$
(注意上述过程对 $k=n$ 及 $k=0$ 时也成立)故我们完成了归纳过渡,从而完成了证明.

注 此题的递推过程本质是组合里的卡特兰数.

例题 20 对任意复数 $a_1,a_2,\cdots,a_n$,证明:
$$\left(\sum_{i=1}^{n}a_i\right)^n-\sum_{i=1}^{n}\left(\sum_{j\neq i}^{n}a_j\right)^n+\sum_{1\leq i<j\leq n}\left(\sum_{k\neq i,j}a_k\right)^n-\cdots+(-1)^{n-1}\sum_{i=1}^{n}a_i^n=n!\prod_{i=1}^{n}a_i.$$

方法讲解 考虑形式级数
$$f(z)=\prod_{i=1}^{n}(\mathrm{e}^{za_i}-1).$$
我们用两种不同的方法来计算它.一方面,
$$f(z)=\prod_{i=1}^{n}\left(za_i+\frac{z^2a_i^2}{2!}+\cdots\right),$$
故其 z^n 系数为 $\prod\limits_{i=1}^{n}a_i$.另一方面,
$$f(z)=\mathrm{e}^{z\cdot\sum_{i=1}^{n}a_i}-\sum_{i=1}^{n}\mathrm{e}^{z\sum_{j\neq i}^{n}a_j}+\cdots+(-1)^{n-1}\sum_{i=1}^{n}\mathrm{e}^{za_i}+(-1)^n.$$

注意到在 e^{kz} 形式级数展开时,z^n 项系数为 $\dfrac{k^n}{n!}$,故我们证明了结论中的恒等式成立.

注 (1)题目中的恒等式也可以写成:记 $X=\{1,2,\cdots,n\}$,则
$$\sum_{\varphi\neq T\subseteq X}(-1)^{n-|T|}\left(\sum_{i\in T}a_i\right)^n=n!\prod_{i=1}^{n}a_i.$$

(2)用本题结论可以证明 2004 年普特南数学竞赛题.该试题如下:

对任意正整数 n,存在正整数 N 及有理数 $c_1,c_2,\cdots,c_N$ 及 $a_{ij}\in\{-1,0,1\},1\leq i\leq N,1\leq j\leq n$,使得恒等式
$$x_1x_2\cdots x_n=\sum_{i=1}^{N}c_i(a_{i1}x_1+a_{i2}x_2+\cdots+a_{in}x_n)^n$$
对任意复数 $x_1,x_2,\cdots,x_n$ 均成立.

例题 21　证明:非负整数集 $\mathbf{N}$ 不能划分成 $k(k \geqslant 2)$ 个公差互不相同的等差数列的并.(即不存在 k 个等差数列两两不相交,但其并集是 $\mathbf{N}$)

方法讲解　采用反证法.若结论不成立,设这 k 个等差数列为

$$\{a_1 + nd_1\}_{n \geqslant 0}, \{a_2 + nd_2\}_{n \geqslant 0}, \cdots, \{a_k + nd_k\}_{n \geqslant 0}, a_i \in \mathbf{N}, d_i \in \mathbf{N}^*, 1 \leqslant i \leqslant k.$$

不妨设 $d_1 < d_2 < \cdots < d_n$,对任意复数 $|z| < 1$,我们有

$$1 + z + z^2 + \cdots + = z^{a_1}(1 + z^{d_1} + z^{2d_1} + \cdots) + z^{a_2}(1 + z^{d_2} + z^{2d_2} + \cdots) + \cdots + z^{a_k}(1 + z^{d_k} + z^{2d_k} + \cdots).$$

所以 $\dfrac{1}{1-z} = \dfrac{z^{a_1}}{1-z^{d_1}} + \dfrac{z^{a_2}}{1-z^{d_2}} + \cdots + \dfrac{z^{a_k}}{1-z^{d_k}}$,故

$$\frac{1-z^{d_k}}{1-z} = \frac{z^{a_1}(1-z^{d_k})}{1-z^{d_1}} + \frac{z^{a_2}(1-z^{d_k})}{1-z^{d_2}} + \cdots + \frac{z^{a_{k-1}}(1-z^{d_k})}{1-z^{d_{k-1}}} + z^{a_k}.$$

令 $z = r \cdot \mathrm{e}^{\frac{2\pi \mathrm{i}}{d_k}}, 0 < r < 1$,并令 $r \to 1$,则上式的左边 $\to 0$,右边 $\to \mathrm{e}^{\frac{a_k \cdot 2\pi \mathrm{i}}{d_k}} \neq 0$.矛盾.

> **注**　本题是数论中非常精彩的结论.解答先采用反证假设,建立形式级数的等式,再取一些特殊的 z 去得出矛盾.

例题 22　令 A 表示由 $\{1,2,3,\cdots,2023\}$ 中的元素组成的所有数列(任意有限或无限长)$\{a_1, a_2, \cdots\}$ 构成的集合.如果数列 M 前面连续若干项是数列 T,那么称数列 M 以数列 T 开头.由一些有限长数列组成的集合 $S \subset A$ 满足:对 A 中任意一个无限长的数列 M,都存在 S 中唯一数列 T, M 以 T 开头.问:下面三个结论哪个成立?①S 一定是有限集;②S 一定是无限集;③S 可以是有限集也可以是无限集.证明你的结论.
　　　　　　　　　　　　　　　　　　　　　　　　　　　　　　　　　（2017 年北大夏令营第二天第一题）

方法讲解　① 成立, S 一定为有限集.如 $S = \{1, 2, \cdots, 2023\}$,这 2023 个长度为 1 的数列组成的集合符合条件.

若 S 为无限集,那么由抽屉原理可得,存在以 $a_1 \in \{1, 2, 3, \cdots, 2023\}$ 开头的 S 中的数列有无数个.再在上述以 a_1 开头的数列中使用抽屉原理可得,存在 $a_2 \in \{1, 2, 3, \cdots, 2023\}$,使得以 a_1, a_2 开头的 S 中的数列有无数个.由数学归纳法易得,对于任意正整数 n,以 $a_1, a_2, \cdots, a_n$ 开头的 S 中的数列有无数个.现取 $M = \{a_n\}_{n \in \mathbf{N}}$,由条件可得,存在正整数 k,使得有限长数列 $a_1, a_2, \cdots, a_k \in S$,那么由选取方式可得, S 以 $a_1, a_2, \cdots, a_k$ 开头的数列有无数个.再取一个不同于 $a_1, a_2, \cdots, a_k$ 的数列,设为 $a_1, a_2, \cdots, a_k, b_1, \cdots, b_s, s \in \mathbf{N}^*$,然后取 M 为数列: $a_1, a_2, \cdots, a_k, b_1, \cdots, b_s, 1, 1, \cdots$ 即得矛盾(因为在 S 中至少有两个 T,满足 M 以 T 开头).

例题 23　已知正整数 c,设数列 $x_1, x_2, \cdots$ 满足 $x_1 = c$ 且

$$x_n = x_{n-1} + \left[\frac{2x_{n-1} - (n+2)}{n}\right] + 1, n = 2, 3, \cdots,$$

其中 $[x]$ 表示不大于 x 的最大整数,求数列 $\{x_n\}$ 的通项公式.

方法讲解　条件等价于

$$x_n - 1 = x_{n-1} - 1 + \left[\frac{2(x_{n-1} - 1)}{n}\right], n = 2, 3, \cdots.$$

记 $a_n = x_n - 1$,则

$$a_n = \left[\frac{(n+2)a_{n-1}}{n}\right], n = 2, 3, \cdots.$$

① 当 $3 \mid c - 1$ 时,我们易用数学归纳法得

$$a_n = \frac{(n+1)(n+2)}{6} \cdot (c-1).$$

② 当 $3 \mid c - 2$ 时,设

$$a_n = \frac{(n+1)(n+2)}{6} \cdot (c-2) + b_n, b_n \in \mathbf{N}^*.$$

代入递推关系，可得

$$b_n = \left[\frac{(n+2)b_{n-1}}{n}\right], n = 2, 3, \cdots 且 b_1 = 1.$$

注意到

$$\left[\frac{(n+2)(n-1)}{n}\right] = n, n = 2, 3, \cdots,$$

故由数学归纳法易得 $b_n = n$，从而此时

$$a_n = \frac{(n+1)(n+2)}{6} \cdot (c-2) + n.$$

③ 当 $3 \mid c-3$ 时，设

$$a_n = \frac{(n+1)(n+2)}{6} \cdot (c-3) + b_n, b_n \in \mathbf{N}^*.$$

代入递推关系，可得

$$b_n = \left[\frac{(n+2)b_{n-1}}{n}\right], n = 2, 3, \cdots 且 b_1 = 1.$$

注意到

$$\left[\frac{(n+2)(n+1)^2}{4n}\right] = \left[\frac{(n+2)^2}{4}\right], n = 2, 3, \cdots,$$

故由数学归纳法易得 $b_n = \left[\dfrac{(n+2)^2}{4}\right]$，从而此时

$$a_n = \frac{(n+1)(n+2)}{6} \cdot (c-3) + \left[\frac{(n+2)^2}{4}\right].$$

综上所述，数列 $\{x_n\}$ 的通项公式为：

$$x_n = \frac{(n+1)(n+2)}{6} \cdot (c-1) + 1, c \equiv 1 \pmod 3,$$

$$x_n = \frac{(n+1)(n+2)}{6} \cdot (c-2) + n + 1, c \equiv 2 \pmod 3,$$

$$x_n = \frac{(n+1)(n+2)}{6} \cdot (c-3) + \left[\frac{(n+2)^2}{4}\right] + 1, c \equiv 0 \pmod 3.$$

注 先通过平移变换转化为求数列 $\{a_n\}$ 的通项公式，再通过集体减去一个式子转化为只要解决 $a_1 = 0, 1, 2$ 时的情形。

例题 24 给定实数 a 和正整数 n，证明：

(1) 存在唯一的实数数列 $x_0, x_1, \cdots, x_n, x_{n+1}$，满足 $\begin{cases} x_0 = x_{n+1} = 0, \\ \dfrac{1}{2}(x_{i+1} + x_{i-1}) = x_i + x_i^3 - a^3, i = 1, 2, \cdots, n. \end{cases}$

(2)(1) 中的数列 $x_0, x_1, \cdots, x_n, x_{n+1}$ 满足 $|x_i| \leqslant |a|, i = 0, 1, \cdots, n+1.$

方法讲解 (1)① 存在性：注意到

$$x_{i+1} = 2(x_i + x_i^3 - a^3) - x_{i-1}, i = 1, 2, \cdots, n.$$

固定 $x_0 = 0$，易知 x_{n+1} 可以写成 x_1 的次数为 3^n 的多项式形式。而 3^n 为奇数，从而存在 $x_1 \in \mathbf{R}$，使得 $x_{n+1} = 0$，故证明了存在性。

② 唯一性：若实数数列 $u_0, u_1, \cdots, u_n, u_{n+1}$ 及 $v_0, v_1, \cdots, v_n, v_{n+1}$ 同时满足题设条件，则

$$\frac{1}{2}(u_{i+1} + u_{i-1}) = u_i + u_i^3 - a^3, i = 1, 2, \cdots, n 且 \frac{1}{2}(v_{i+1} + v_{i-1}) = v_i + v_i^3 - a^3, i = 1, 2, \cdots, n.$$

将以上两式相减得

$$(u_i - v_i)(1 + u_i^2 + v_i^2 + u_i v_i) = \frac{(u_{i+1} - v_{i+1}) + (u_{i-1} - v_{i-1})}{2}.$$

取 $i_0 \in \{1, 2, \cdots, n\}$，使得

$$|u_{i_0} - v_{i0}| = \max_{1 \leqslant i \leqslant n} |u_i - v_i|.$$

结合 $|u_0 - v_0| = |u_{n+1} - v_{n+1}| = 0$ 及 $u_{i_0}^2 + v_{i_0}^2 + u_{i_0} v_{i_0} \geqslant 0$ 得

$$|u_{i_0} - v_{i_0}| \leqslant |u_{i_0} - v_{i_0}|(1 + u_{i_0}^2 + v_{i_0}^2 + u_{i_0} v_{i_0}) = \left| \frac{(u_{i_0+1} - v_{i_0+1}) + (u_{i_0-1} - v_{i_0-1})}{2} \right|,$$

$$\frac{|u_{i_0+1} - v_{i_0+1}| + |u_{i_0-1} - v_{i_0-1}|}{2} \leqslant |u_{i_0} - v_{i_0}|.$$

所以

$$|u_{i_0} - v_{i_0}| = 0 \text{ 或 } u_{i_0}^2 + v_{i_0}^2 + u_{i_0} v_{i_0} = 0.$$

不管哪种情况，都可以得到

$$|u_{i_0} - v_{i_0}| = 0.$$

证明了对任意 $i (0 \leqslant i \leqslant n+1)$，有 $u_i = v_i$，从而证明了唯一性.

(2) 取 $i_0 \in \{1, 2, \cdots, n\}$，使得

$$x_{i_0} = \max_{1 \leqslant i \leqslant n} |x_i|.$$

从而有

$$|x_{i_0}|^3 + |x_{i_0}| = |x_{i_0}^3 + x_{i_0}| = \left| a^3 + \frac{x_{i_0-1} + x_{i_0+1}}{2} \right| \leqslant |a|^3 + |x_{i_0}|.$$

故 $|x_{i_0}| \leqslant |a|$，即对任意 $i (0 \leqslant i \leqslant n+1)$，有 $|x_i| \leqslant |a|$.

故我们完成了证明.

1.8　多项式及其应用

◎ 一、知识要点

1. 多项式定义

设 n 为正整数，n 次多项式 $f(x) = a_n x^n + a_{n-1} x^{n-1} + \cdots + a_0 (a_n \neq 0)$，其中系数 $a_n, a_{n-1}, a_{n-2}, \cdots, a_0 \in C (C$ 为某个数集)，也称该多项式为系数在 C 中的一元多项式，记为 $C[x]$. 多项式 $f(x)$ 的次数记为 $\deg f$，a_n 叫作 $f(x)$ 的首项系数，a_0 叫作常数项，$f(x) \equiv 0$ 称为零多项式，其次数不予定义.

若多项式 $f(x) = \sum_{i=0}^{m} a_i x^i$ 与 $g(x) = \sum_{i=0}^{n} b_i x^i$ 的次数相同，即 $m = n$，且 $a_i = b_i, i = 0, 1, \cdots, n$，则称 $f(x)$ 与 $g(x)$ 相等.

定理 1　任意一个 $n(n \geqslant 1)$ 次多项式恰有 n 个复根，其中 k 重根按 k 个根计算.

定理 2　设 $n \in \mathbf{N}^*$，$f(x)$ 与 $g(x)$ 是 $C[x]$ 中两个次数不超过 n 的多项式，则 $f(x)$ 与 $g(x)$ 恒等的充要条件是存在 $n+1$ 个不同的复数 x，使得 $f(x)$ 与 $g(x)$ 的值相等.

2. 多项式的运算

多项式可以进行加、减、乘、除运算.

设多项式 $f(x) = a_n x^n + \cdots + a_1 x + a_0$，$g(x) = b_m x^m + \cdots + b_1 x + b_0$，则

$$f(x) \pm g(x) = (a_0 \pm b_0) + (a_1 \pm b_1)x + \cdots,$$

$$f(x)g(x) = c_{m+n} x^{m+n} + c_{m+n-1} x^{m+n-1} + \cdots + c_1 x + c_0.$$

其中 $c_k = a_0 b_k + a_1 b_{k-1} + a_2 b_{k-2} + \cdots + a_k b_0, k = 1, 2, \cdots, m+n$，这里 $a_i = 0, i = n+1, n+2, \cdots,$ $n+m; b_j = 0, j = m+1, m+2, \cdots, m+n$，即 $c_{m+n} = a_n b_m, c_{m+n-1} = a_n b_{m-1} + a_{n-1} b_m, \cdots, c_1 = a_1 b_0 + a_0 b_1,$ $c_0 = a_0 b_0,$

$$\deg(f \pm g) \leqslant \max\{\deg f, \deg g\}, \quad \deg(f \cdot g) = \deg f + \deg g.$$

类似整数除法运算，两个多项式相除，有如下定理：

定理 3 （带余除法定理）设 $f(x)$ 与 $g(x)$ 是多项式，且 $g(x) \neq 0$，那么存在唯一的一对多项式 $q(x)$ 与 $r(x)$，使 $f(x) = g(x)q(x) + r(x)$，这里 $r(x) = 0$ 或者 $\deg r(x) < \deg g(x)$，$q(x)$ 叫作 $f(x)$ 除以 $g(x)$ 所得的商，$r(x)$ 叫作余式.

推论 1 若 $f(x)$ 除以 $x - a$ 所得余数为 $f(a)$，则 $x - a \mid f(x) - f(a)$.

推论 2 若 $f(x) \in \mathbf{Z}[x]$，a 与 b 是不同的整数，则 $a - b \mid f(a) - f(b)$.

多项式 $f(x)$ 有因式 $x - a$ 的充要条件为 $f(a) = 0$.

设 $f(x)$ 与 $g(x)$ 是两个次数不大于 n 的多项式，若有 $n+1$ 个不同的数 $x_0, x_1, x_2, \cdots, x_n$，使得 $f(x_i) = g(x_i)$，则 $f(x) = g(x)$.

性质 1 （传递性）若 $f(x) \mid g(x)$ 且 $g(x) \mid h(x)$，则 $f(x) \mid h(x)$.

性质 2 （线性性）若 $f(x) \mid g_i(x), i = 1, 2, \cdots, n$，则 $f(x) \mid \sum_{k=1}^{n} k_i(x) g_i(x)$，其中，$k_i(x)$ 是任意多项式，$i = 1, 2, \cdots, n$.

定理 4 （贝祖定理）设 $(f(x), g(x)) = d(x)$，则存在多项式 $u(x)$ 与 $v(x)$，使得 $u(x)f(x) + v(x)g(x) = d(x)$.

特别地，$d(x) = 1$（这时称 $f(x)$ 与 $g(x)$ 互质）的充要条件是存在多项式 $u(x)$ 与 $v(x)$，使得 $u(x)f(x) + v(x)g(x) = 1$.

3. 多项式的根

定理 5 若实系数多项式 $f(x)$ 有一个复数根 a，则 a 的共轭复数 $\bar{a}$ 也是 $f(x)$ 的根，并且 a 与 $\bar{a}$ 有同一重数，就是说实系数多项式 $f(x)$ 的复数根成对出现.

定理 6 （韦达定理）若一元 n 次方程 $a_n x^n + a_{n-1} x^{n-1} + \cdots + a_1 x + a_0 = 0$ 有 n 个根 $x_1, x_2, \cdots, x_n$，

则

$$\begin{cases} x_1 + x_2 + \cdots + x_n = -\dfrac{a_{n-1}}{a_n}, \\[2mm] \displaystyle\sum_{1 \leqslant i < j \leqslant n} x_i x_j = \dfrac{a_{n-2}}{a_n}, \\[2mm] \displaystyle\sum_{1 \leqslant i < j < k \leqslant n} x_i x_j x_k = -\dfrac{a_{n-3}}{a_n}, \\[2mm] \cdots \\[2mm] \displaystyle\prod_{i=1}^{n} x_i = \dfrac{(-1)^n a_0}{a_n}. \end{cases}$$

定理 7 （实系数多项式因式分解定理）任意一个 n 次实系数多项式 $f(x)$ 都可以表示为 $f(x) = a_n(x - x_1) \cdots (x - x_m)(x^2 + 2b_1 x + c_1) \cdots (x^2 + 2b_l x + c_l)$，如果不计因式的书写顺序，这种表示是唯一的，其中 m, l 是非负整数，$m + 2l = n$；$x_1, x_2, \cdots, x_m$ 是 $f(x)$ 的全部实数根，而 $b_1, \cdots, b_l, c_1, \cdots, c_l$ 是实数，并且二次三项式 $x^2 + 2b_1 x + c_1, \cdots, x^2 + 2b_l x + c_l$ 都没有实数根，即 $b_1^2 < c_1, \cdots, b_l^2 < c_l$.

定理 8 设 $\dfrac{q}{p}(\neq 0)$ 是整系数多项式 $f(x) = a_n x^n + \cdots + a_1 x + a_0$ 的有理根，其中 $p, q \in \mathbf{Z}, (p, q) = 1$，则 $p \mid a_n, q \mid a_0$.

4. 插值多项式

定理9 （拉格朗日插值公式）设 $f(x)$ 是一个次数不超过 n 的多项式，$a_1, a_2, \cdots, a_{n+1}$ 是 $n+1$ 个不同的数，则

$$f(x) = f(a_1) \frac{(x-a_2)(x-a_3)\cdots(x-a_{n+1})}{(a_1-a_2)(a_1-a_3)\cdots(a_1-a_{n+1})} + f(a_2) \frac{(x-a_1)(x-a_3)\cdots(x-a_{n+1})}{(a_2-a_1)(a_2-a_3)\cdots(a_2-a_{n+1})} + \cdots +$$

$$f(a_{n+1}) \frac{(x-a_1)(x-a_2)\cdots(x-a_n)}{(a_{n+1}-a_1)(a_{n+1}-a_2)\cdots(a_{n+1}-a_n)}.$$

5. 中国剩余定理

设多项式 $m_i(x)(1 \leqslant i \leqslant n)$ 两两互质，则对任意 $b_i(x)(1 \leqslant i \leqslant n)$，都存在多项式 $f(x)$，使得 $f(x) \equiv b_i(x) \pmod{m_i(x)}$，即 $f(x) = k_i(x)m_i(x) + b_i(x), 1 \leqslant i \leqslant n$。

◎ 二、例题讲解

例题 1 设 $f(x)$ 是数域 P 上的多项式，对 $\forall a, b \in P$，都有 $f(a+b) = f(a) + f(b)$，证明 $f(x) = kx, k \in P$。

方法讲解 **方法一**：易知，对任意的正整数 n，有 $f(n) = f(1)n$。

令 $k = f(1), g(x) = f(x) - kx$，则 $g(n) = f(n) - kn = f(n) - f(1)n = 0$。

所以 $g(x)$ 有无数个根，故知 $g(x) = 0$，即 $f(x) = kx$。

方法二：设 $f(x) = a_n x^n + a_{n-1}x^{n-1} + \cdots + a_1 x + a_0$。

由题设知 $f(2x) = f(x) + f(x) = 2f(x)$，从而有

$$0 = f(2x) - 2f(x) = (2^n - 2)a_n x^n + (2^{n-1} - 2)a_{n-1}x^{n-1} + \cdots + (2^2 - 2)a_2 x^2 - a_0.$$

故 $a_0 = 0, (2^i - 2)a_i = 0 (i = 2, \cdots, n)$，但 $2^i - 2 \neq 0 (i = 2, \cdots, n)$，所以

$$a_n = a_{n-1} = \cdots = a_2 = a_0 = 0.$$

于是 $f(x) = a_1 x (a_1 \in P)$。

例题 2 设 $f(x), g(x), h(x) \in \mathbf{R}[x]$，且满足 $f^2(x) = xg^2(x) + xh^2(x)$，证明：$f(x) = g(x) = h(x) = 0$。

方法讲解 **方法一**：若 $f(x) \neq 0$，则显然 $x[g^2(x) + h^2(x)] \neq 0$，等式左边的次数为 $2\partial(f(x))$，是偶数，而等式右边的次数为 $2\partial[g^2(x) + h^2(x)] + 1$，是奇数，矛盾. 所以 $f(x) = 0$，从而方程 $0 = xg^2(x) + xh^2(x)$ 对所有 $x \in \mathbf{R}$ 成立. 进而得到 $g^2(x) + h^2(x) = 0$，即得 $g^2(x) = -h^2(x)$。

若 $g(x) \neq 0$，则 $h(x) \neq 0$，且它们的次数相同. 设它们的最高次项系数分别为 $a_m, b_m(a_m b_m \neq 0)$，由 $g^2(x) = -h^2(x)$ 可得 $a_m^2 = -b_m^2$，因为 a_m, b_m 为实数，所以这不可能. 故 $g(x) = h(x) = 0$。

方法二：若 $f(x) \neq 0$，则必有 $x_0 < 0$，使 $f(x_0) \neq 0$，否则 $f(x)$ 有无数个根，与 $f(x) \neq 0$ 的假设相矛盾. 将 x_0 代入 $f^2(x) = xg^2(x) + xh^2(x)$，得

$$f^2(x_0) = x_0 g^2(x_0) + x_0 h^2(x_0).$$

上式左边大于零，而右边小于等于零，这不可能，所以 $f(x) = 0$，从而 $g^2(x) + h^2(x) = 0$。

若 $g(x) \neq 0$，则 $h(x) \neq 0$，从而有 $x_1 \in \mathbf{R}$，使得 $g(x_1) \neq 0, h(x_1) \neq 0$，从而 $g^2(x_1) + h^2(x_1) \neq 0$，矛盾. 所以 $g(x) = h(x) = 0$。

例题 3 设整数 k 不被 5 整除. 证明：多项式 $x^5 - x + k$ 不能写成两个次数较低的整系数多项式的乘积. 如果 k 是 5 的倍数，那么情况如何？

方法讲解 当 5 不能整除 k 时，如果 $x^5 - x + k$ 能够写成两个次数较低的整系数多项式的乘积，那么只有下面两种可能：

$(1) x^5 - x + k = (x+a)(x^4 + bx^3 + cx^2 + dx + e)$;

$(2) x^5 - x + k = (x^2 + ax + b)(x^3 + cx^2 + dx + e)$.

对于第一种情形,令 $x = -a$ 代入,得 $-a^5 + a + k = 0$,所以 $k = a^5 - a$. 由于 a 是整数,根据费马小定理,有 $5 \mid a^5 - a$,这与 5 不能整除 k 矛盾.

对于第二种情形,比较两边的系数,得
$$\begin{cases} a + c = 0, \\ ac + b + d = 0, \\ e + ad + bc = 0, \\ ae + bd = -1, \\ be = k. \end{cases}$$

所以 $c = -a, d = -ac - b = a^2 - b, e = -ad - bc = 2ab - a^3$.

将它们代入后面两式,得 $3a^2 b + 1 = a^4 + b^2, ab(2b - a^2) = k$. 所以

$k = a(2b^2 - a^2 b) = a[2(3a^2 b + 1 - a^4) - a^2 b] = a(5a^2 b - 2a^4 + 2) = 5a^3 b - 2(a^5 - a)$,

于是仍由费马小定理知,$5 \mid k$. 矛盾.

所以,当 5 不能整除 k 时,$x^5 - x + k$ 不能写成两个次数较低的整系数多项式的乘积. 当 $5 \mid k$ 时,$x^5 - x + k$ 有可能分解为两个次数较低的整系数多项式的乘积. 例如,$x^5 - x - 15 = (x^2 - x + 3)(x^3 + x^2 - 2x - 5)$.

例题 4 设 $f(x) = a_n x^n + a_{n-1} x^{n-1} + \cdots + a_1 x + a_0$ 和 $g(x) = b_m x^m + b_{m-1} x^{m-1} + \cdots + b_1 x + b_0$ 是两个整系数多项式. 如果乘积 $f(x)g(x)$ 的一切系数都是偶数,但不能全被 4 整除,证明:$f(x)$ 和 $g(x)$ 之一有全部偶系数,另一个至少有一个奇系数.

方法讲解 首先,如果 $f(x), g(x)$ 的系数都是偶数,那么 $f(x)g(x)$ 的全部系数都能被 4 整除,所以 $f(x), g(x)$ 不能都只有偶系数.

其次,如果 $f(x)$ 与 $g(x)$ 都至少有一个奇系数,设对于 $0 \leqslant k \leqslant n$ 和 $0 \leqslant l \leqslant m, a_n, a_{n-1}, \cdots, a_{k+1}$ 及 $b_m, b_{m-1}, \cdots, b_{l+1}$ 全为偶数,而 a_k 和 b_l 是奇数,那么 $f(x)g(x)$ 中 x^{k+l} 的系数是

$$a_k b_l + (a_{k+1} b_{l-1} + a_{k+2} b_{l-2} + \cdots) + (a_{k-1} b_{l+1} + a_{k-2} b_{l+2} + \cdots),$$

它是一个奇数 $a_k b_l$ 与若干个偶数之和,即 x^{k+l} 的系数为奇数,这与 $f(x)g(x)$ 的一切系数都为偶数矛盾. 因此,$f(x)$ 与 $g(x)$ 之一有全部偶系数,另一个至少有一个奇系数.

例题 5 设 $f(x) \in \mathbf{Q}[x]$ 不可约,且存在 $a \in \mathbf{C}$（全体复数集合）使得 $f(a) = f\left(\dfrac{1}{a}\right) = 0$,证明:对 $b \in C$,若满足 $f(b) = 0$,则有 $f\left(\dfrac{1}{b}\right) = 0$.

方法讲解 设 $\deg f = n$,令 $g(x) = x^n f\left(\dfrac{1}{x}\right)$,则有 $f(a) = g(a) = 0$,于是 $f(x), g(x)$ 在复数域中不互质,所以它们在有理数中也不互质. 设 $(f, g) = d$,则有 $d \mid f$,但是 f 不可约,因此 $d = f, d \mid g$,这说明 $g(x) = kf(x)$,因此由 $f(b) = 0$ 得出 $g(b) = b^n f\left(\dfrac{1}{b}\right) = kf(b) = 0$,显然 $b \neq 0$,故 $f\left(\dfrac{1}{b}\right) = 0$.

例题 6 已知实数 a, b, c 和正实数 λ 使得 $f(x) = x^3 + ax^2 + bx + c$ 有三个实数根 x_1, x_2, x_3,且满足 $x_2 - x_1 = \lambda, x_3 > \dfrac{1}{2}(x_2 + x_1)$,求 $\dfrac{2a^3 + 27c - 9ab}{\lambda^3}$ 的最大值.

方法讲解 设 $x_1 = m - \dfrac{1}{2}\lambda, x_2 = m + \dfrac{1}{2}\lambda, x_3 = m + k (k > 0)$.

$a = -(x_1 + x_2 + x_3) = -(3m + k)$;

$b = x_1 x_2 + x_1 x_3 + x_2 x_3 = 3m^2 + 2mk - \dfrac{1}{4}\lambda^2$;

$$c = -x_1 x_2 x_3 = -m^3 - m^2 k + \frac{1}{4} \lambda^2 m + \frac{1}{4} \lambda^2 k.$$

则 $2a^3 + 27c - 9ab = -2(3m+k)^3 + 27\left(-m^3 - m^2 k + \frac{1}{4} \lambda^2 m + \frac{1}{4} \lambda^2 k\right)$

$$+ 9(3m+k)\left(3m^2 + 2mk - \frac{1}{4}\lambda^2\right) = -2k^3 + \frac{9}{2}\lambda^2 k.$$

令 $\dfrac{k}{\lambda} = t$,则 $\dfrac{1}{\lambda^3}(2a^3 + 27c - 9ab) = -2t^3 + \dfrac{9}{2}t.$

取 $g(t) = -2t^3 + \dfrac{9}{2}t$,则 $g'(t) = -6t^2 + \dfrac{9}{2}$,$g''(t) = -12t.$

令 $g'(t) = 0$,得 $t = \pm\dfrac{\sqrt{3}}{2}$,而当 $t = \dfrac{\sqrt{3}}{2}$ 时,$g''(t) < 0.$

所以,当 $t = \dfrac{\sqrt{3}}{2}$ 时,$g(t)$ 取得最大值 $g\left(\dfrac{\sqrt{3}}{2}\right) = -2\left(\dfrac{\sqrt{3}}{2}\right)^3 + \dfrac{9}{2}\left(\dfrac{\sqrt{3}}{2}\right) = \dfrac{3\sqrt{3}}{2}.$

若取 $\lambda = 1$,则 $k = \dfrac{\sqrt{3}}{2}.$

令 $a = 0$,得 $m = -\dfrac{\sqrt{3}}{6}$,代入 b,c 的表达式得 $b = -\dfrac{1}{2}$,$c = \dfrac{\sqrt{3}}{18}$,

此时 $f(x) = x^3 - \dfrac{1}{2}x + \dfrac{\sqrt{3}}{18}$ 满足题意.

例题 7 设 N 为正整数,且 $N+1$ 为质数,$a_i \in \{0,1\}$,$i = 0,1,2,\cdots,N$,并且 a_i 不全相同.若多项式 $f(x)$ 满足 $f(i) = a_i$,$i = 0,1,2,\cdots,N$,证明:$f(x)$ 的次数至少为 N.

方法讲解 若 $f(x)$ 的次数小于 N,则由牛顿插值公式可设

$$f(x) = c_0 + c_1 x + c_2 x(x-1) + \cdots + c_N x(x-1)\cdots(x-N+1) \quad ①.$$

其中 $c_0, c_1, \cdots, c_N$ 待定. 由于 $f(x)$ 的次数小于 N,故 $c_N = 0$. 在 ① 中分别令 $x = 0,1,2,\cdots,N$,得方程组

$$\begin{cases} c_0 = f(0), \\ c_0 + c_1 = f(1), \\ c_0 + 2c_1 + 2! c_2 = f(2), \\ \cdots \\ c_0 + \dfrac{N!}{(N-1)!}c_1 + \dfrac{N!}{(N-2)!}c_2 + \cdots + \dfrac{N!}{0!}c_N = f(N). \end{cases}$$

将上面第 $i+1$ 式乘 $(-1)^i C_N^i$,再求和,可知 $(-1)^N \cdot \dfrac{N!}{0!}c_N = \sum_{i=0}^{N}(-1)^i C_N^i f(i).$

于是,由 $c_N = 0$ 可知 $\sum_{i=0}^{N}(-1)^i C_N^i f(i) = 0.$

注意到,$N+1$ 为质数,记 $p = N+1$,则

$$N(N-1)\cdots(N-i+1) = (p-1)(p-2)\cdots(p-i) \equiv (-1)(-2)\cdots(-i) = (-1)^i \cdot i! \pmod{p}.$$

结合当 $0 \leqslant i \leqslant N$ 时,$(i!, p) = 1$,可知 $C_N^i \equiv (-1)^i \pmod{p}$,所以有

$$0 = \sum_{i=0}^{N}(-1)^i C_N^i f(i) \equiv \sum_{i=0}^{N}(-1)^{2i} a_i = \sum_{i=0}^{N} a_i \pmod{p}.$$

这要求 $a_0, a_1, \cdots, a_N$ 均相等,矛盾. 所以,多项式的次数至少为 N.

例题 8 设 2007 个实数 $x_1, x_2, \cdots, x_{2007}$ 满足方程组 $\sum\limits_{k=1}^{2007} \dfrac{x_k}{n+k} = \dfrac{1}{2n+1}, n = 1, 2, \cdots, 2007$，求 $\sum\limits_{k=1}^{2007} \dfrac{x_k}{2k+1}$ 的值.

方法讲解 构造 2007 次多项式，

$$f(x) = (x+1)(x+2)\cdots(x+2007)\left[(2x+1)\left(\frac{x_1}{x+1} + \frac{x_2}{x+2} + \cdots + \frac{x_{2007}}{x+2007}\right) - 1\right] \quad ①.$$

根据条件，当 $x = 1, 2, \cdots, 2007$ 时，有 $f(x) = 0$，因此存在常数 c，使得

$$f(x) = c(x-1)(x-2)\cdots(x-2007) \quad ②.$$

在 ①，② 中，分别取 $x = -\dfrac{1}{2}$，得到 $c = \dfrac{1}{4015}$，因此

$$f(x) = \frac{1}{4015}(x-1)(x-2)\cdots(x-2007) \Rightarrow$$

$$(x+1)(x+2)\cdots(x+2007)\left[(2x+1)\left(\frac{x_1}{x+1} + \frac{x_2}{x+2} + \cdots + \frac{x_{2007}}{x+2007}\right) - 1\right]$$

$$= \frac{1}{4015}(x-1)(x-2)\cdots(x-2007) \quad ③.$$

在 ③ 中令 $x = \dfrac{1}{2}$，即得 $\sum\limits_{k=1}^{2007} \dfrac{x_k}{2k+1} = \dfrac{1}{4} \times \left(1 - \dfrac{1}{4015^2}\right)$.

例题 9 已知 $f(x) \in \mathbf{R}[x]$. 证明：$f(x)$ 的根都为实数的充要条件是 $f(x)^2$ 不能表示为两个非零实系数多项式 $g(x)$ 与 $h(x)$ 的平方和，其中 $f(x) \nmid g(x)$.

方法讲解 先证必要性.

假设存在 $g(x), h(x) \in \mathbf{R}[x]$，使得 $f(x)^2 = g(x)^2 + h(x)^2, f(x) \nmid g(x)$ ①.

如果 $f(x)$ 的根都为实数，那么对 $f(x)$ 的任意一个根 α，均有 $g(\alpha)^2 + h(\alpha)^2 = 0$，从而 $g(\alpha) = h(\alpha) = 0$. 这导致 $\deg f \leqslant \deg g$（若 α 为重根，利用 ①，在 ① 的两边每次约去公因式 $(x-\alpha)^2$，可知若 α 为 $f(x)$ 的 k 重根，则 α 也是 $g(x)$ 的 k 重根），并且 $f(x)$ 的根都是 $g(x)$ 的根，故 $f(x) \mid g(x)$，得出矛盾. 所以必要性获证.

再证充分性. 只需证明：若存在 $\alpha \in \mathbf{R}$，使得 $f(\alpha) = 0$，则可将 $f(x)^2$ 表示为满足条件的多项式 $g(x)$ 与 $h(x)$ 的平方和. 事实上，由 $f(\alpha) = 0$，可知 $f(\bar{\alpha}) = 0$，于是，可设 $f(x) = (x-\alpha)(x-\bar{\alpha})f_1(x), f_1(x) \in \mathbf{R}[x]$. 这时 $f(x)^2 = |x-\alpha|^4 f_1(x)^2$，所以取 $g(x) = [\mathrm{Re}(x-\alpha)^2]f_1(x), h(x) = [\mathrm{Im}(x-\alpha)^2]f_1(x)$，就有

$$f(x)^2 = g(x)^2 + h(x)^2,\ \text{且}\ f(x) \nmid g(x).$$

综上所述，命题成立.

例题 10 若整系数多项式 $p(x)$ 满足对某个非零整数 n，有 $p(n^2) = 0$，证明：对任意非零有理数 a，有 $p(a^2) \neq 1$.

方法讲解 若 $p(x)$ 是一个常数，结论显然成立.

假设 $p(x)$ 是 $m(m \in \mathbf{N}^*)$ 次多项式，因为 $p(x)$ 为整系数多项式，且 $p(n^2) = 0$，所以存在整系数多项式 $Q(x)$，使 $p(x) = Q(x)(x - n^2)$.

假设存在一个 a，使 $p(a^2) = 1$. 设 $a = \dfrac{q}{p}$（p, q 互质），则

$$1 = p(a^2) = Q(a^2)(a^2 - n^2) = \frac{1}{p^{2m}}\left[p^{2m-1}Q\left(\left(\frac{q}{p}\right)^2\right)\right][q^2 - (pn)^2],$$

即 $\left[p^{2m-1}\cdot Q\left(\left(\frac{q}{p}\right)^2\right)\right]\left[q^2-(pn)^2\right]=p^{2m}$，因此 $q^2-(pn)^2$ 是 p^{2m} 的因数.

因为 p,q 互质，所以 $q-pn$ 与 $q+pn$ 同 p 没有公共质因数. 又因为 n,p,q 是非零整数，所以 $q-pn$ 和 $q+pn$ 不可能同为 1，所以 $q^2-(pn)^2$ 不是 p^{2m} 的因数. 综上，原命题成立.

例题 11 设 $P(x)$ 为 $2n$ 次多项式，满足 $P(0)=P(2)=\cdots=P(2n)=0$，$P(1)=P(3)=\cdots=P(2n-1)=2$ 及 $P(2n+1)=-30$. 求 n 及 $P(x)$.

方法讲解 令 $Q(x)=P(x)-1$，于是 $Q(k)=(-1)^{k+1}$，$k=0,1,2,\cdots,2n$.

由拉格朗日插值多项式知 $Q(x)=\sum_{k=0}^{2n}Q(x)\,\dfrac{(x-x_0)\cdots(x-x_{k-1})(x-x_{k+1})\cdots(x-x_{2n})}{(x_k-x_0)\cdots(x_k-x_{k-1})(x_k-x_{k+1})\cdots(x_k-x_{2n})}$，

其中 $x_k=k$，$k=0,1,2,\cdots,2n$. 将 $x=2n+1$ 代入上式，便得

$$Q(2n+1)=\sum_{k=0}^{2n}(-1)^{k+1}\,\frac{(2n+1)\cdots(2n+1-k+1)(2n+1-k-1)\cdots(2n+1-2n)}{k(k-1)\cdots(-1)(-2)\cdots[-(2n-k)]}$$

$$=\sum_{k=0}^{2n}(-1)^{k+1}(-1)^{2n-k}\,\frac{(2n+1)\cdots(2n+2-k)(2n-k)\cdots1}{k!(2n-k)\cdots1}$$

$$=\sum_{k=0}^{2n}(-1)^{2n+1}\,\frac{(2n+1)\cdots(2n+1-k+1)}{k!}$$

$$=-\sum_{k=0}^{2n}C_{2n+1}^k=-\sum_{k=0}^{2n+1}C_{2n+1}^k+1=-2^{2n+1}+1.$$

所以 $P(2n+1)=Q(2n+1)+1=2-2\cdot4^n$.

已知 $P(2n+1)=-30$，所以 $2-2\cdot4^n=-30$，解得 $n=2$.

设 $P(x)=ax^2+bx+c$，则 $\begin{cases}P(0)=c=0,\\P(1)=a+b+c=2,\\P(2)=4a+2b+c=0.\end{cases}$

解得 $a=-2,b=4,c=0$，于是 $P(x)=-2x^2+4x$.

例题 12 设实数 a_1,a_2,a_3,b_1,b_2,b_3 满足 $\begin{cases}a_1+a_2+a_3=b_1+b_2+b_3,\\a_1a_2+a_2a_3+a_3a_1=b_1b_2+b_2b_3+b_3b_1,\\\min\{a_1,a_2,a_3\}\leqslant\min\{b_1,b_2,b_3\}.\end{cases}$，证明：

$\max\{a_1,a_2,a_3\}\leqslant\max\{b_1,b_2,b_3\}$.

方法讲解 不妨设 $a_1\leqslant a_2\leqslant a_3$，$b_1\leqslant b_2\leqslant b_3$.

令 $f(x)=(x-a_1)(x-a_2)(x-a_3)$，$g(x)=(x-b_1)(x-b_2)(x-b_3)$.

则 $f(x)=x^3-(a_1+a_2+a_3)x^2+(a_1a_2+a_2a_3+a_3a_1)x-a_1a_2a_3$，

$g(x)=x^3-(b_1+b_2+b_3)x^2+(b_1b_2+b_2b_3+b_3b_1)x-b_1b_2b_3$.

由条件知 $g(x)-f(x)=a_1a_2a_3-b_1b_2b_3$.

令 $\lambda=a_1a_2a_3-b_1b_2b_3$，即 $g(x)=f(x)+\lambda$.

令 $x=a_1$，则 $\lambda=g(a_1)-f(a_1)=(a_1-b_1)(a_1-b_2)(a_1-b_3)$，

设 $a_1\leqslant a_2\leqslant a_3$，$b_1\leqslant b_2\leqslant b_3$. 故有 $\lambda\leqslant0$.

当 $x>b_3$ 时，$g(x)=(x-b_1)(x-b_2)(x-b_3)>0$.

又因为 $\lambda\leqslant0$，$f(x)=g(x)-\lambda>0$，知 $f(x)$ 在区间 $(b_3,+\infty)$ 上没有根.

而 a_3 是 $f(x)$ 的一个根，所以 $a_3\leqslant b_3$. 命题得证.

注 在解题过程中,当得出了 $\lambda \leqslant 0$ 时,如果我们能够画出 $y=f(x)$ 的图象,那么只要将其图象向下平移 $-\lambda$ 个单位长度即可得到 $y=g(x)$ 的图象.这里我们不难画出 $y=f(x)$ 的草图(如图 1.8.1),对应得到 $y=g(x)$ 的图象.

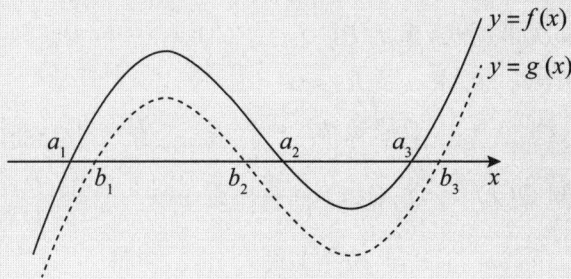

图 1.8.1

例题 13 设 $P(x)=x^n+a_{n-1}x^{n-1}+\cdots+a_1x+a_0$ 是实系数多项式.证明:在任意互不相同的 $n+1$ 个整数 $b_1,b_2,\cdots,b_n,b_{n+1}$ 中,一定存在一个 $b_j(1\leqslant j\leqslant n+1)$,使得 $|P(b_j)|\geqslant\dfrac{n!}{2^n}$.

方法讲解 不妨设 $b_1<b_2<\cdots<b_n<b_{n+1}$,并记 $P(b_j)=y_j,j=1,2,\cdots,n+1$.由拉格朗日插值公式知 $P(x)=\displaystyle\sum_{j=1}^{n+1}y_j\dfrac{\prod\limits_{i\neq j}(x-b_i)}{\prod\limits_{i\neq j}(b_j-b_i)}$.由于 $P(x)$ 的首项系数为 1,所以

$$\sum_{j=1}^{n+1}\frac{y_j}{\prod\limits_{i\neq j}(b_j-b_i)}=1 \quad ①.$$

因为 $b_k(k=1,2,\cdots,n+1)$ 是整数,$b_1<b_2<\cdots<b_{n+1}$,所以对 $1\leqslant i,j\leqslant n+1$,有

$$|b_j-b_i|\geqslant|j-i|.$$

记 $M=\max\limits_{1\leqslant j\leqslant n+1}\{|y_i|\}$,那么由 ① 式得 $M\displaystyle\sum_{j=1}^{n+1}\dfrac{1}{\prod\limits_{i\neq j}(b_j-b_i)}\geqslant1$,所以

$$1\leqslant M\sum_{j=1}^{n+1}\frac{1}{(j-1)!(n+1-j)!}=M\sum_{j=0}^{n}\frac{1}{j!(n-j)!}=M\sum_{j=0}^{n}\frac{C_n^j}{n!}=\frac{M}{n!}\sum_{j=0}^{n}C_n^j=\frac{M\cdot2^n}{n!},$$

即 $M\geqslant\dfrac{n!}{2^n}$.从而存在一个 b_j,使得 $|P(b_j)|=M\geqslant\dfrac{n!}{2^n}$.

例题 14 对两两不同的实数 $x_i(1\leqslant i\leqslant n)$,证明:$\displaystyle\sum_{i=1}^{n}\dfrac{x_i^m}{\prod\limits_{j\neq i}(x_i-x_j)}=\begin{cases}0,0\leqslant m\leqslant n-2,\\1,m=n-1.\end{cases}$

方法讲解 考虑函数 $p(x)=x^m$ 和 n 个不同的点 x_i,则 $f(x)=\displaystyle\sum_{i=1}^{n}x_i^m\prod\limits_{j\neq i}\dfrac{x-x_j}{x_i-x_j}$ 满足 $f(x_i)=p(x_i)$,而两个多项式的次数都不超过 $n-1$,所以它们恒等,因此 $\displaystyle\sum_{i=1}^{n}x_i^m\prod\limits_{j\neq i}\dfrac{x-x_j}{x_i-x_j}=x^m$,左端 x^{n-1} 项的系数为 $\displaystyle\sum_{l=1}^{n}\dfrac{x_l^m}{\prod\limits_{j\neq l}(x_l-x_j)}$,对比系数即得答案.

注 这是拉格朗日插值公式的应用,因为目标式子就很像插值公式,为解题提供了思路.

例题 15 设多项式 $f(x)=x^{2020}+\displaystyle\sum_{i=0}^{2019}c_ix^i$,其中 $c_i\in\{-1,0,1\}$.记 N 为 $f(x)=0$ 正整数根的个数(含重根).若 $f(x)=0$ 无负整数根,求 N 的最大值.

方法讲解 首先,由于 $c_i \in \{-1, 0, 1\}$, $f(x)$ 的根的绝对值不可能大于等于 2. 故仅需考虑 $-1, 0, 1$ 三种整数根. 考虑

$$f(x) = (x-1)(x^3-1)(x^5-1)(x^{11}-1)(x^{21}-1)(x^{43}-1)(x^{85}-1)(x^{171}-1)(x^{341}-1)(x^{683}-1)x^{656},$$

满足条件. 此时 $f(x)$ 的次数为 2020, 其中 $x = 1$ 的根的数量为 $N = 10$, 并且 -1 不为 $f(x)$ 的根.

记 $f_i = x^{q_i} - 1$, 其中

$$q_1 = 1, q_2 = 3, q_3 = 5, q_4 = 11, q_5 = 21, q_6 = 43, q_7 = 85, q_8 = 171, q_9 = 341, q_{10} = 683.$$

容易归纳证明, $\prod\limits_{i=1}^{J} f_i$ 是一个所有系数属于 $\{-1, 0, 1\}$ 的多项式, $J = 1, 2, \cdots, 10$.

我们再证明 $N = 10$ 即为最大值.

现设 $N \geqslant 11$, 于是 $(x-1)^{11} \mid x^{2020} + \sum\limits_{i=0}^{2019} c_i x^i$. 令 $x = -1$, 我们有 $2^{11} \mid f(-1)$. 由于 $|f(-1)| \neq 0$, 故 $|f(-1)| \geqslant 2^{11}$. 同时, $|f(-1)| \leqslant 1 + \sum\limits_{i=0}^{2019} c_i \leqslant 2021 < 2^{11}$, 矛盾.

故 N 的最大值为 10.

例题 16 证明: 不存在一个次数为 998 次的实系数多项式 $P(x)$, 使得对任意的 $x \in C$, 均有 $P(x)^2 - 1 = P(x^2 + 1)$ ①.

方法讲解 用反证法.

设存在满足条件的 $P(x)$, 并设 $P(x) = a_{998} x^{998} + a_{997} x^{997} + \cdots + a_1 x + a_0 (a_{998} \neq 0)$.

利用 ① 式, 比较两边多项式的系数, 得 $a_{997} = a_{995} = \cdots = a_3 = a_1 = 0$. 于是 $P(x)$ 是一个偶函数.

令 $Q(x) = P(x) - \dfrac{1+\sqrt{5}}{2}$ (这里 $\dfrac{1+\sqrt{5}}{2}$ 是方程 $t^2 - 1 = t$ 的根), 则 $Q(x)$ 也是 998 次的偶函数, 且满足

$$Q(x)[Q(x) + 1 + \sqrt{5}] = Q(x^2 + 1) \quad ②.$$

设 $Q(x) = R(x^2)$, 则 $R(x)$ 是一个 499 次实系数多项式, 于是由复数根成对定理, 可知 $R(x)$ 有一个实数根, 从而存在 α, 使得 $\alpha^2 \in \mathbf{R}$, 且 $Q(\alpha) = 0$. 这样, 由 ② 知 $\alpha^2 + 1$ 也是 $Q(x)$ 的实数根, 依 ② 式不断迭代, 可知

$$\alpha^2 + 1 < (\alpha^2 + 1)^2 + 1 < [(\alpha^2 + 1)^2 + 1]^2 + 1 < \cdots.$$

上面不等式中每个数都是 $Q(x)$ 的实数根, 所以 $Q(x)$ 有无数个实数根, 只能是 $Q(x) = 0$, 与 $Q(x)$ 为 998 次多项式矛盾.

所以, 不存在满足条件的多项式 $P(x)$.

例题 17 证明: $f(x) = x^p + px + 2p - 1$ (p 是质数) 不能分解为两个次数大于零的有理系数多项式的积.

方法讲解 对质数 p 分两种情形讨论.

(1) 当 $p = 3$ 时, $f(x) = x^3 + 3x + 5$. 如果命题不成立, 由于它是三次多项式, 故必有有理根, 且 $f(x)$ 的有理根只能是 $\pm 1, \pm 5$, 而 $f(\pm 1) \neq 0$, $f(\pm 5) \neq 0$, 从而命题成立.

(2) 当 $p \neq 3$ 时, 为了能利用艾森斯坦因判别法, 需要把 $f(x)$ 变形. 令 $x = y + 1$, 代入 $f(x)$, 得

$$g(y) = f(y+1) = (y+1)^p + p(y+1) + 2p - 1$$
$$= y^p + C_p^1 y^{p-1} + \cdots + C_p^{p-2} y^2 + (C_p^1 + p)y + 3p.$$

因为 $p \nmid 1, p \mid C_p^i, i = 1, 2, \cdots, p-1$, 又 $p \neq 3$, 所以 $p^2 \nmid 3p$.

从而由艾森斯坦因判别法知, $g(y)$ 在有理数范围内不可约, 于是 $f(x)$ 在有理数范围内不可约.

例题 18 设 $n \in \mathbf{N}^*$, 求满足 $f(x^n + 1) = f^n(x) + 1$ 的多项式 $f(x)$.

方法讲解 如果 $f(0) = 0$, 那么 $f(x) = x$.

设 $f(x) = a_m x^m + a_{m-1} x^{m-1} + \cdots + a_0, a_0 \neq 0, \varepsilon = \mathrm{e}^{\frac{2\pi i}{n}}$, 则

$$f^n(\varepsilon x) = f((\varepsilon x)^n + 1) - 1 = f(x^n + 1) - 1 = f^n(x).$$

所以有 $0 \leqslant k < n$，使 $f(\varepsilon x) = \varepsilon^k f(x)$．比较两边的常数项得 $a_0 = \varepsilon^k a_0$，所以

$$\varepsilon^k = 1, f(\varepsilon x) = f(x).$$

再比较各项系数得 $a_l \varepsilon^l = a_l (1 \leqslant l \leqslant m)$，所以在 n 不能整除 l 时，$a_l = 0$．

故 $f(x) = \varphi(x^n) = \psi(x^n + 1)$，其中 φ, ψ 都是多项式．

令 $y = x^n + 1$，则 $\psi(y) = f^n(x) = f(x^n + 1) - 1 = f(y) - 1 = \psi(y^n + 1) - 1$，所以 $\psi(y)$ 满足与 $f(x)$ 同样的方程 $\psi(y^n + 1) = \psi^n(y) - 1$，但 ψ 的次数是 f 的次数除以 n．

如此继续下去，若每次所得的多项式的常数项均非零（即 $\psi(0) \neq 0, \cdots$），则 f 的次数，ψ 的次数，$\cdots$ 都是 n 的倍数．从而 f 只能为常数（次数为 0）a_0，并且 a_0 是方程 $a_0 = a_0^n + 1$ 的根（由此易知 n 必须为大于 1 的奇数，$a_0 < -1$）．

若 $\psi(0) = 0$，则 $\psi(y) = y$，$f(x) = \psi(x^n + 1) = x^n + 1$．

类似地，有 $f(x) = g(g(x)), g(g(g(x))), \cdots$，其中 $g(x) = x^n + 1$．

例题 19 假设 $P(x) \in \mathbf{Z}[x]$ 的系数的绝对值均不超过正整数 m．若 $|P(m+2)|$ 为质数，证明：$P(x)$ 为整系数不可约多项式．

方法讲解 首先给出一个引理：

引理：$P(x)$ 所有根的模长一定小于 $m + 1$．

引理的证明：反之，若存在根 r 使得 $|r| \geqslant m + 1$，那么由 $P(r) = 0$ 可知

$$|r|^d = |r^d| \leqslant |a_d||r^d| = |a_d r^d|$$
$$= |a_{d-1} r^{d-1} + a_{d-2} r^{d-2} + \cdots + a_0|$$
$$\leqslant |a_{d-1}||r|^{d-1} + \cdots + |a_1||r| + |a_0| \text{（三角不等式）}$$
$$\leqslant m(|r|^{d-1} + |r|^{d-2} + \cdots + 1) \text{（系数上界）}$$
$$= m \frac{|r|^d - 1}{|r| - 1}$$
$$\leqslant m \frac{|r|^d - 1}{2018} \text{（} |r| - 1 \geqslant m \text{）}$$
$$= |r|^d - 1.$$

因此 $|r|^d < |r|^d - 1$，矛盾！故引理成立．

回到原题：再次反证假设 $P(x)$ 在 $\mathbf{Z}[x]$ 中可约．将其写为 $P(x) = Q(x)R(x)$，其中 Q 与 R 均为整系数非常值多项式．考虑

$$|P(m+2)| = |Q(m+2)R(m+2)| = |Q(m+2)||R(m+2)|$$

为质数，那么 $|Q(m+2)|$ 与 $|R(m+2)|$ 之中必将有且仅有一个 1．不妨假设 $|Q(m+2)| = 1$．将 $Q(x)$ 写作 $Q(x) = c(x - r_1)(x - r_2) \cdots (x - r_d)$，其中 c 为整数，r_i 为其复数根，且满足所有模长均小于 $m + 1$．因此，

$$1 = |Q(m+2)|$$
$$= |c(m + 2 - r_1)(m + 2 - r_2) \cdots (m + 2 - r_d)|$$
$$= |c||m + 2 - r_1||m + 2 - r_2| \cdots |m + 2 - r_d|$$
$$\geqslant |1|(m + 2 - |r_1|)(m + 2 - |r_2|) \cdots (m + 2 - |r_d|)$$
$$> 1 \text{（根的模长不超过 } m + 1 \text{）}$$

即 $1 < 1$，再次得出矛盾．因此 $P(x)$ 不可约．

注 本题中引理即为将首项分离出来操作并放缩为等比数列求和的例子．

例题 20 是否存在多项式 $P(x)$，使得 $P(n) = 2^n$ 对所有足够大的正整数 n 都成立？

方法讲解 先证明一个引理.

引理：假设 $\deg P(x) = d$，那么有 $P(x) < x^{d+1}$ 对于足够大的 x 恒成立.

引理的证明：假设 $P(x) = a_d x^d + a_{d-1} x^{d-1} + \cdots + a_0$，$M = \max\{|a_d|, |a_{d-1}|, \cdots, |a_0|\}$，

则对于任意 $x > M + 1$，有 $1 + x + \cdots + x^d = \dfrac{x^{d+1} - 1}{x - 1} < \dfrac{x^{d+1}}{M}$.

故有 $x^{d+1} > M(1 + x + \cdots + x^d)$

$\geqslant |a_d| |x^d| + |a_{d-1}| |x^{d-1}| + \cdots + |a_0|$

$\geqslant |a_d x^d + a_{d-1} x^{d-1} + \cdots + a_0|$

$= |P(x)| \geqslant P(x)$，

回到原题：$P(n) < n^{d+1}$，又 $\lim\limits_{n \to \infty} \dfrac{n^k}{2^n} = \lim\limits_{n \to \infty} \dfrac{k!}{(\ln 2)^k \, 2^n} = 0$，因此 $2^n = P(n) < n^{d+1}$ 不可能对于充分大的

n 成立. 因此不存在这样的正整数 n.

例题 21 设 $n \geqslant 2$，$A_1, A_2, \cdots, A_n$ 是数域 K 上的方阵，它们的极小多项式两两互质，证明：任给数域 K 上的多项式 $f_1(x), \cdots, f_n(x)$，都存在多项式 $f(x) \in K[x]$，使得 $f(A_i) = f_i(A_i)$.

方法讲解 想要找一系列多项式 $k_i(x)$ 使得 $f(x) = k_i(x) m_i(x) + f_i(x)$，其中 $m_i(x)$ 是 A_i 的极小多项式，将这个写成同余的形式，即 $f(x) \equiv f_i(x) \pmod{m_i(x)}, 1 \leqslant i \leqslant n$.

如果能找到一组 $p_i(x)$ 满足 $p_i(x) \equiv 1 \pmod{m_i(x)}$，$p_i(x) \equiv 0 \pmod{m_j(x)}, j \neq i$，

此时令 $f(x) = p_1(x) f_1(x) + \cdots + p_n(x) f_n(x)$ 即可，这样就简化了同余方程组.

因为 $m_i(x)$ 两两互质，所以 $\left(\prod\limits_{j \neq i} m_j(x), m_i(x)\right) = 1$，因此存在 $u_i(x), v_i(x)$ 使得

$$u_i(x) \prod_{j \neq i} m_j(x) + v_i(x) m_i(x) = 1.$$

取 $p_i(x) = u_i(x) \prod\limits_{j \neq i} m_j(x)$ 即可.

例题 22 设 $f(x), g(x)$ 均为整系数多项式，且 $\deg f(x) > \deg g(x)$. 若对无数个质数 p，$pf(x) + g(x)$ 存在有理数根，证明：$f(x)$ 必存在有理数根.

方法讲解 记 $pf(x) + g(x)$ 的有理数根为 $\alpha_p = \dfrac{r_p}{s_p}$，$(r_p, s_p) = 1$.

由 $pf(\alpha_p) + g(\alpha_p) = 0$ 得到 $-p = \dfrac{g(\alpha_p)}{f(\alpha_p)}$，所以 α_p 有界.

若子列 $\alpha_{p_i} \to \alpha$，则必有 $f(\alpha) = 0$. 下面证明 α 可为有理数.

设 $f(x) = a_n x^n + \cdots + a_1 x + a_0, a_n a_0 \neq 0$；$g(x) = b_m x^n + \cdots + b_1 x + b_0, b_m \neq 0, m < n$.

由 $pf(\alpha_p) + g(\alpha_p) = 0$ 得到 $s_p \mid pa_n, r_p \mid pa_0 + b_0$. 记 $pa_0 + b_0 = r_p l_p, l_p$ 为整数.

(1) 若有无数个质数 p 满足 $p \mid s_p$，则 $s_p \mid a_n$，所以存在无数个质数 p_i，满足 $s_{p_i} = s$.

(2) 若有无数个质数 p_i 满足 $p_i \mid s_p$，则 $\dfrac{s_p}{p} \mid a_n$. 因此存在整数 $d \mid a_n$，所以存在无数个质数 p 满足 $s_p = p\delta, \delta$ 为整数. 从而 $\dfrac{r_p}{s_p} = \dfrac{pa_0 + b_0}{p\delta} \cdot \dfrac{1}{l_p}$.

① 若 $l_p \to \infty$，则 $\alpha_p \to 0$；

② 若 l_p 有界，则 $\alpha_p = \dfrac{r_p}{s_p} \to \dfrac{a_0}{\delta} \cdot \dfrac{1}{l}$.

所以 α 为有理数. 证毕.

注 在本题的基础上，可以得到如下更强的结果：

设 $f(x)$，$g(x)$ 为整系数多项式，$\deg f(x) > \deg g(x)$，且存在质数数列 $\{p_i\}$，使得 $p_i f(x) + g(x)$ 有有理数根 α_i，则 α_i 有子列满足 $\lim_{n_i \to \infty} \alpha_{n_i} = \alpha \in \mathbf{Q}$（有理数集）。

证明：由上面的证明可知，$f(x)$ 存在有理数根。

$$p_i f(\alpha_i) + g(\alpha_i) = 0 \Leftrightarrow p_i \sum_{u=0}^{n} a_u \alpha_i^u + \sum_{v=0}^{m} b_v \alpha_i^v = 0, i = 1, 2, \cdots.$$

将上式视为关于 a_u，b_v 的方程组，则其有由整数构成的基础解系 $(f_1, g_1), \cdots, (f_k, g_k)$，从而有

$$f = \sum_{i=1}^{k} r_i f_i, \quad g = \sum_{i=1}^{k} r_i g_i, \quad r_i \in \mathbf{R}.$$

取 $\bar{r_i} \in \mathbf{Z}$，以及 $\bar{f} = \sum_{i=1}^{k} \bar{r_i} f_i$，$\bar{g} = \sum_{i=1}^{k} \bar{r_i} g_i$，$r_i \in \mathbf{R}$，满足 $\deg \bar{f} = n > m = \deg \bar{g}$。

因此，$\bar{f}$，$\bar{g}$ 满足 $p_i \bar{f}(\alpha_i) + \bar{g}(\alpha_i) = 0$。从而由引理知 α_i 有子列满足 $\lim_{n_i \to \infty} \alpha_{n_i} = \alpha \in \mathbf{Q}$，则 α 为有理根。

例题 23 设 $f : \mathbf{N}^* \to \mathbf{N}^*$ 满足：对任意 m, n 有 $m + n \mid f(m) + f(n)$ 成立。

（1）若 f 为整系数多项式，证明：f 任意项的次数为奇数。

（2）构造满足条件的非多项式映射 f。

方法讲解 （1）设 $f(x) = a_k x^k + \cdots + a_1 x + a_0 (a_i \in \mathbf{Z})$，

取质数 $p > \max\{k+1, |a_j|\}$，$j = 0, 1, 2, \cdots, k$（或取 $p > k + |a_k| + \cdots + |a_1| + |a_0| + 1$），

则对 $i = 1, 2, \cdots, p-1$ 均有 $f(i) + f(p-i) \equiv 0 \pmod{p}$，从而 $f(i) + f(-i) \equiv 0 \pmod{p}$。

由于对满足 $p > k + |a_k| + \cdots + |a_1| + |a_0| + 1$ 的质数 p 都成立，即 $f(x) + f(-x)$ 有无数个质因数（或考虑拉格朗日定理），所以 $f(x) + f(-x) = 0$。

由此可知 f 任意项的次数为奇数。

（2）构造满足条件，并且 $f(k) > k^k (k \in \mathbf{N}^*)$ 的映射即可。

引理： 设 m_i 为正整数，则同余方程组 $\begin{cases} x \equiv a_1 \pmod{m_1}, \\ x \equiv a_2 \pmod{m_2}, \\ \cdots \\ x \equiv a_n \pmod{m_n}, \end{cases}$ ① 有解当且仅当 $\gcd(m_i, m_j) \mid a_i - a_j (1 \leqslant i < j \leqslant n)$。

引理的证明：对 n 归纳。当 $n = 2$ 时，方程组等价于 $m_1 x + a_1 = m_2 y + a_2$ 有解，又等价于 $\gcd(m_1, m_2) \mid a_1 - a_2$，得证。

回到原题：设取 $n-1$ 时已证，下证取 n 时也成立。

首先 $x \equiv a_i \pmod{m_i}$，$x \equiv a_n \pmod{m_n}$ 有解 b_i，再考虑方程组

$$\begin{cases} x \equiv b_1 \pmod{\operatorname{lcm}(m_1, m_n)}, \\ x \equiv b_2 \pmod{\operatorname{lcm}(m_2, m_n)}, \\ \cdots \\ x \equiv b_{n-1} \pmod{\operatorname{lcm}(m_{n-1}, m_n)}, \end{cases} ②$$

此时 $\gcd(\operatorname{lcm}(m_i, m_n), \operatorname{lcm}(m_j, m_n)) = \operatorname{lcm}(\gcd(m_i, m_j), m_n)$。

由 $b_i \equiv a_n \pmod{m_n}$，$b_j \equiv a_n \pmod{m_n}$ 得 $m_n \mid (b_i - b_j)$。

由 $b_i \equiv a_i \pmod{m_i}$，$b_j \equiv a_j \pmod{m_j}$ 得 $\gcd(m_i, m_j) \mid (b_i - a_i) - (b_j - a_j)$。

所以 $\gcd(\operatorname{lcm}(m_i, m_n), \operatorname{lcm}(m_j, m_n)) \mid b_i - b_j$。

由归纳假设知 ② 有解，从而原同余方程组 ① 有解。

下面用归纳法构造 $f(n)$ 满足 $m+n\mid f(m)+f(n),m-n\mid f(m)-f(n)(1\leqslant m<n)$ 的映射.

设 $f(1),\cdots,f(k-1)$ 已构造好,考虑同余方程组

$$\begin{cases} x \equiv -f(i)\ (\mathrm{mod}\,k+i)\ (1\leqslant i<k-1),\\ x \equiv f(i)\ (\mathrm{mod}\,k-i)\ (1\leqslant i<k-1). \end{cases}$$

因为 $\gcd(k\pm i,k\pm j)\mid i-j\mid f(i)-f(j),\gcd(k\pm i,k\mp j)\mid i+j\mid f(i)+f(j)$,所以由引理知存在大于 k^k 的解,取为 $f(k)$ 即可.

◎ 三、课外训练

1. 设 $f(x)=x^{50}+x^{49}+\cdots+x+1,g(x)=x^{50}-x^{49}+x^{48}-x^{47}+\cdots+x^2-x+1$,证明:乘积 $f(x)g(x)$ 的展开式中无奇数次项.

2. 设 m,n 均是自然数,$d=(m,n)$,证明:$(x^m-1,x^n-1)=x^d-1$.

3. 设 $p(x),f(x)\in P[x],p(x)$ 在数域 P 上不可约.若 $p(x),f(x)$ 有公共复数根,则 $p(x)\mid f(x)$.

4. 设 $f(x),g(x),h(x)\in P[x]$.若 $(f(x),g(x))=1,(f(x),h(x))=1$,则 $(f(x),g(x)h(x))=1$.

5. 设 $f(x)=1999x^{1999}+1998x^{1998}+\cdots+2x^2+x+1$,证明:$f(x)$ 至少有一个复数根.

6. 设整系数多项式 $P(x)$,满足 $P(19)=P(94)=1994$,求 $P(x)$ 的常数项,已知它的绝对值小于 1000.

7. 已知实系数多项式 $p(x)=x^2+ax+b$ 满足 $a<2$,假设 $p(p(x))=0$ 有 4 个不同的实数根,其中两个根的和小于或等于 -1,证明:对所有的非负实数 x,y,有 $p(x+y)\geqslant p(x)+p(y)$.

8. 证明:对任意的 $n\in \mathbf{N}^*,a\in \mathbf{R}$,并且 $n\neq 1,\sin\alpha\neq 0$,多项式 $P(x)=x^n\sin\alpha-x\sin n\alpha+\sin(n-1)\alpha$ 被多项式 $Q(x)=x^2-2x\cos\alpha+1$ 整除.

9. 设 $a_1,a_2,\cdots,a_{100},b_1,b_2,\cdots,b_{100}$ 为互不相同的实数,将它们按如下法则填入 100×100 的方格表:在位于第 i 行、第 j 列相交处的方格内填入数字 a_i+b_j.现知道任意一列数的乘积都等于 1,证明:任意一行数的乘积都等于 -1.

10. 对于给定的 n 个不同的数 $a_1,a_2,\cdots,a_n\in \mathbf{N}^*,n>1$.记 $p_i=\prod\limits_{1\leqslant j\leqslant n,j\neq i}(a_i-a_j)(i=1,2,\cdots,n)$.

证明:对任意的 $k\in \mathbf{N}^*,\sum\limits_{i=1}^{n}\dfrac{a_i^k}{p_i}$ 是整数.

11. 设 M 是所有形如 $p(x)=ax^3+bx^2+cx+d,a,b,c,d\in \mathbf{R}$ 且当 $x\in[-1,1]$ 时满足 $|p(x)|\leqslant 1$ 的多项式的集合.证明:必有某一个数 k,使得对所有的 $p(x)\in M$,都有 $|a|\leqslant k$,并求最小的 k.

12. 对于任意一个确定的正整数 k,求多项式 $f(x)$,使其满足 $f(f(x))=(f(x))^k$.

13. 已知 $P(z)=z^n+c_1z^{n-1}+c_2z^{n-2}+\cdots+c_{n-1}z+c_n$ 是复变量 z 的实系数多项式.若 $|P(i)|<1$,证明:存在实数 a,b,使得 $P(a+bi)=0$,且 $(a^2+b^2+1)^2<4b^2+1$.

14. 设 $p(x),g(x)$ 是两个实系数多项式,且对一切实数 x 有 $p(q(x))=q(p(x))$,证明:若方程 $p(x)=q(x)$ 无实数根,则 $p(p(x))=q(q(x))$ 也无实数根.

15. 设 $n(n\geqslant 2)$ 为正整数,求所有的实系数多项式 $P(x)=a_nx^n+a_{n-1}x^{n-1}+\cdots+a_0$,使得 $P(x)$ 恰有 n 个不大于 -1 的实数根,并且 $a_0^2+a_1a_n=a_n^2+a_0a_{n-1}$.

16. 设 $f(x)$ 是整系数多项式,并且 $f(x)=1$ 有整数根,约定将所有满足上述条件的 f 组成的集合记为 F,对于任意给定的整数 $k(k>1)$,求最小的整数 $m(k)>1$,要求能保证存在 $f\in F$,使得 $f(x)=m(k)$ 恰有 k 个互不相同的整数根.

17. 设多项式 $ax^n-ax^{n-1}+c_2x^{n-2}+\cdots+c_{n-2}x^2-n^2bx+b$ 恰有 n 个正实数根,证明:它的所有实数根相等.

18. 若不存在多项式 $Q(x),R(x) \in \mathbf{Z}[x]$，且 Q 不是常数，使得 $P(x) \equiv Q^2(x)R(x)(\bmod n)$，则称首一多项式 $P(x) \in \mathbf{Z}[x]$ 是模 n 无平方因子的. 给定质数 p 及整数 $m(m \geq 2)$，求模 p 无平方因子的 m 次首一多项式 $P(x)$ 的个数，其中多项式的系数取自 $\{0,1,\cdots,p-1\}$.

19. 求满足条件的实系数多项式 $f(x)$：

(1) 对于任意的实数 a，有 $f(a+1) = f(a) + f(1)$；

(2) 存在某一实数 $k_1 \neq 0$，使 $f(k_1) = k_2$，$f(k_2) = k_3$，$\cdots$，$f(k_{n-1}) = k_n$，$f(k_n) = k_1$，其中 n 为 $f(x)$ 的次数.

20. 证明：对任意整数 $n(n \geq 4)$，存在一个 n 次多项式 $f(x) = x^n + a_{n-1}x^{n-1} + \cdots + a_1 x + a_0$.

具体如下性质：

(1) $a_0,a_1,\cdots,a_{n-1}$ 均为正整数；

(2) 对任意的正整数 m 及任意 $k(k \geq 2)$ 个互不相同的正整数 $r_1,r_2,\cdots,r_k$，均有 $f(m) \neq f(r_1)f(r_2)\cdots f(r_k)$.

21. 设 $a_1,a_2,\cdots,a_n$ 是 n 个互不相同的整数，证明：$f(x) = (x-a_1)^2(x-a_2)^2\cdots(x-a_n)^2 + 1$ 在有理数域上不可约.

22. 已知复平面上的正 n 边形，其各个顶点对应的复数恰是某个整系数多项式 $f(x) = x^n + a_{n-1}x^{n-1} + \cdots + a_1 x + a_0$ 的 n 个复数根. 求该正多边形面积的最小值.

23. 设 $f(x) \in \mathbf{Z}[x]$，令 $P = \{p \mid p$ 为质数且对某个 $j \in \mathbf{N}^*,p \mid f(2023^j)\}$. 已知 P 为有限集，求 $f(x)$.

第二章　平面几何

2.1　圆的性质

◎ **一、知识要点**

1.在同圆或等圆中,同弧(弦)或等弧(弦)所对的圆周角相等,所对的圆心角也相等.(圆心角是圆周角的两倍)

2.在同圆或等圆中,有如下基本量:两个圆心角、两条弧、两条弦(或两条弦的弦心距),若其中有一组量相等,那么它们所对应的其余各组量都分别相等.

3.圆内接四边形对角互补.反之,对角互补的四边形是圆的内接四边形.

4.圆的内接四边形的外角等于内对角.反之,外角等于内对角的四边形是圆的内接四边形.

5.在同圆中,平行的两条弦所夹的弧相等.反之,相等两弧的对应端点连线相互平行.

6.弦切角定理:弦切角等于所夹弧所对的圆周角.反之,如果过弦的一个端点的直线与弦所成的角等于弦所对的圆周角,那么该直线是圆的切线.

7.垂径定理:垂直于弦的直径平分这条弦,并且平分弦所对的两条弧.反之,平分弦(或弧)的直径也垂直于弦.

8.相交圆的连心线垂直平分公共弦.

9.切线长定理:从圆外一点引圆的两条切线,这两条切线长相等,圆心和这一点的连线,平分两条切线的夹角.

10.圆的外切四边形对边之和相等,反之,对边之和相等的四边形必有内切圆.

11.圆幂定理:当点在圆外时,即为切割线定理;当点在圆内时,即为相交弦定理.

12.若 ⊙A 与 ⊙B 交于 C,D 两点,外公切线和 ⊙A,⊙B 分别切于 E,F,则:(1)CD 平分 EF;(2)$\angle ECF + \angle EDF = 180°$.

证明　如图 2.1.1,延长 DC,交 EF 于点 R.

(1)因为 EF 是两圆的公切线,所以
$$ER^2 = RC \cdot RD = FR^2,$$
得证.

(2)因为
$$\angle RDF = \angle RFC, \angle RDE = \angle REC,$$
所以
$$\angle ECF + \angle EDF = 180°,$$
得证.

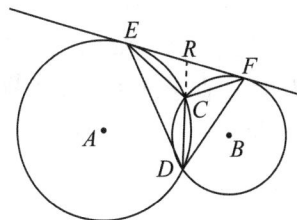

图 2.1.1

13. 若 $\odot A$ 与 $\odot B$ 外切于点 T，外公切线和 $\odot A$，$\odot B$ 分别切于 C，D 两点，则
$$\angle CTD = 90°.$$

14. 设两圆外切于点 T，一条直线依次交两圆于点 M，N，P，Q，则 $\angle MTQ$ $+ \angle NTP = 180°.$

证明　如图 2.1.2，作两圆的内公切线 TS，交 MQ 于点 S，则
$$\angle MTQ + \angle NTP = \angle MTQ + \angle NTS + \angle STP$$
$$= \angle MTQ + \angle M + \angle Q = 180°.$$

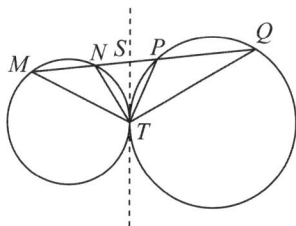

图 2.1.2

15. 若 $\odot A$ 与 $\odot B$ 外切于点 T，一条直线与 $\odot A$ 切于点 K，与 $\odot B$ 交于点 P，Q，则有如下结论：

(1) KT 平分 $\angle PTQ$ 的外角；(2) 延长 KT，交 $\odot B$ 于点 M，则 M 为 $\overset{\frown}{PMQ}$ 的中点．

16. 设两圆内切于点 T，一条直线依次交两圆于点 M，N，P，Q，则 $\angle MTN = \angle QTP$．

证明　过点 T 作两圆的公切线 TS，如图 2.1.2，则
$$\angle MTN = \angle PNT - \angle M = \angle PTS - \angle QTS = \angle PTQ.$$

17. 设两圆内切于点 T，一条直线与小圆切于点 K，和大圆交于 M，N 两点，则 TK 平分 $\angle MTN$．

18. 若 $\odot A$ 与 $\odot B$ 相交于 C，D 两点．过点 C，D 的两条直线分别交两圆于点 E，F，G，H，则 $EG /\!/ FH$．

证明　如图 2.1.3 和图 2.1.4，我们只证明图 2.1.3 的情况．连接 CD．

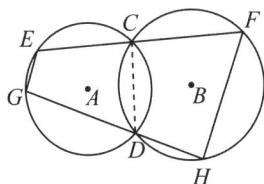　　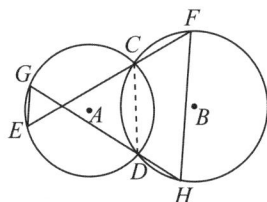

图 2.1.3　　　　　图 2.1.4

因为点 C，D，H，F 和点 C，D，G，E 都分别共圆，所以 $\angle E + \angle F = \angle E + \angle CDG = 180°$．因此 $EG /\!/ FH$．

19. 设两圆外切于点 E，点 A，B 和点 C，D 分别在两圆上，满足直线 AD 交 BC 于点 E，则：(1) $BA /\!/ CD$，(2) 点 B，C 处两圆的切线平行．

20. 若 $\odot A$ 与 $\odot B$ 交于 D，K 两点，过点 D 的两条直线分别交 $\odot A$ 和 $\odot B$ 于点 G，E 和点 H，F，则 $R_A = R_B \Leftrightarrow GE = HF$．

证明　如图 2.1.5，有
$$R_A = R_B \Leftrightarrow \frac{GE}{\sin \angle GDE} = \frac{HF}{\sin \angle FDH} \Leftrightarrow GE = HF.$$

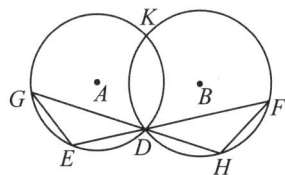

图 2.1.5

◎ 二、例题讲解

例题 1　如图 2.1.6，设 Γ 是锐角三角形 ABC 的外接圆，D 是边 BC 上一点，M 是 AD 的中点，过点 D 且垂直于 AB 的直线与 AB 交于点 E，与圆 Γ 交于点 F，且点 D 在点 E，F 之间．直线 EM 与 FC 交于点 P．证明：若 $\angle BAD = \angle AFE$，则 AP 与圆 Γ 相切．

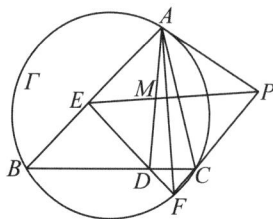　　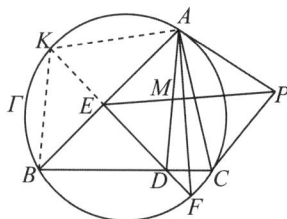

图 2.1.6　　　　　图 2.1.7

方法讲解　如图 2.1.7,设直线 EF 与圆 Γ 的另一个交点为 K,则 $\angle FEP = \angle ADE = \angle EAF = \angle BKD$,$\angle PFE = \angle DBK$,所以 $\triangle PEF \backsim \triangle DKB$,因此 $KB \cdot EP = KD \cdot EF = KE \cdot EF + ED \cdot EF = AE \cdot EB + AE^2 = AE \cdot AB$,即 $\dfrac{EP}{AE} = \dfrac{AB}{KB}$.又 $\angle PEA = \angle EAD = \angle AFK = \angle ABK$,这说明 $\triangle PAE \backsim \triangle AKB$,从而 $\angle EAP = \angle BKA$,即 $\angle BAP = \angle BKA$,故 AP 与圆 Γ 相切.

例题 2　如图 2.1.8,圆 Γ_1,Γ_2 交于 A,B 两点,且圆 Γ_1 的圆心 O_1 在圆 Γ_2 上;P 是圆 Γ_1 上的一点,直线 PA,PB 与圆 Γ_2 的另一个交点分别为 C,D,$O_1 E$ 是圆 Γ_2 的直径.证明:四边形 $CPDE$ 是平行四边形.

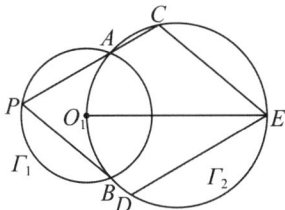
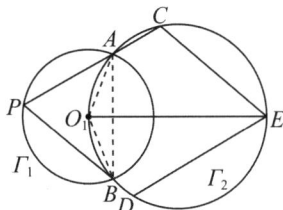

图 2.1.8　　　　　图 2.1.9

方法讲解　如图 2.1.9.因为 $O_1 E$ 通过两圆的圆心,所以 $AB \perp O_1 E$.而 $O_1 A = O_1 B$,所以 $O_1 E$ 平分 $\angle BO_1 A$,于是 $\angle BPA = \dfrac{1}{2} \angle BO_1 A = \angle EO_1 A$.但 $\angle EO_1 A + \angle ACE = 180°$,这样便有 $\angle DPC + \angle PCE = 180°$,从而 $CE /\!/ PD$.同理,$DE /\!/ PC$.故四边形 $CPDE$ 是平行四边形.

例题 3　如图 2.1.10,设圆 Γ 的内接四边形 $ABCD$ 的两对角线 AC 与 BD 交于点 E,过点 E 的一条直线与直线 AB,BC 分别交于点 P,Q,圆 Γ' 过 D,E 两点且与 PQ 相切,圆 Γ 与圆 Γ' 的另一个交点为 R.证明:P,B,Q,R 四点共圆.

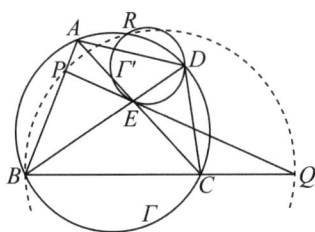
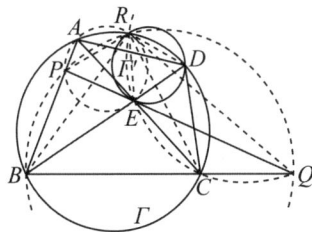

图 2.1.10　　　　　图 2.1.11

方法讲解　仅考虑点 P 在边 AB 上、点 Q 在边 BC 的延长线上的情形,如图 2.1.11 所示.因为 B,C,D,R 四点共圆,圆 Γ' 与 EP 相切,所以 $\angle RCB = \angle RDB = \angle REP$,因此 $\angle QCR = \angle QER$,这说明 R,E,C,Q 四点共圆.同理,A,P,E,R 四点共圆,于是 $\angle PRQ = \angle PRE + \angle ERQ = \angle PAE + \angle ECB = \angle BAC + \angle ACB$,这样便有 $\angle PRQ + \angle QBP = \angle BAC + \angle ACB + \angle ABC = 180°$,故 P,B,Q,R 四点共圆.

例题 4　如图 2.1.12,在锐角三角形 ABC 中,$\angle BAC$ 的平分线与 BC 交于点 D,M 是 AD 的中点,点 E 在线段 BM 上,且 $\angle MEA = \angle DAC$.证明:$EA \perp EC$.

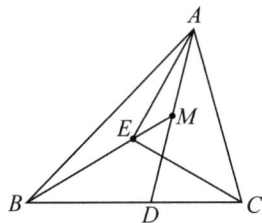
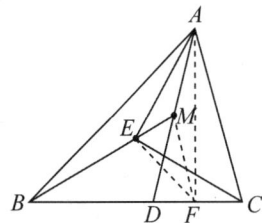

图 2.1.12　　　　　图 2.1.13

方法讲解　如图 2.1.13.过点 A 作 BC 的垂线,设垂足为 F,则 $MF = AM$.因为 $\angle MEA = \angle DAC$,AD 平分 $\angle BAC$,所以 $\angle MEA = \angle BAM$,因此 $MA^2 = ME \cdot MB$,于是 $MF^2 = ME \cdot MB$,这说明 $\angle FEM = \angle MFB$.又 $\angle MFB = \angle FDM = \angle CBA + \angle BAD$,$\angle MEA = \angle DAC$,所以 $\angle FEA = \angle FEM +$

$\angle MEA = \angle MFB + \angle DAC = \angle CBA + \angle BAD + \angle DAC = \angle CBA + \angle BAC$，因此 $\angle FEA + \angle ACF = \angle CBA + \angle BAC + \angle ACB = 180°$，这说明 A, E, F, C 四点共圆，而 $FA \perp FC$，故 $EA \perp EC$.

例题 5 如图 2.1.14，在 $\triangle ABC$ 中，$AB = AC$，M 是 BC 的中点，P 是过点 A 且与 BC 平行的直线上一点，X, Y 两点分别在射线 PB, PC 上，且 $\angle MXP = \angle PYM$. 证明：A, P, X, Y 四点共圆.

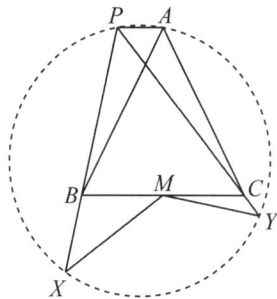
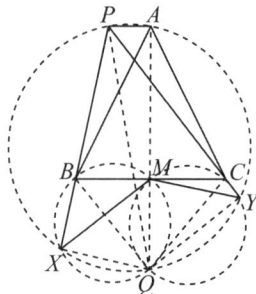

图 2.1.14　　　　　　　图 2.1.15

方法讲解 如图 2.1.15. 设 $\triangle MBX$ 的外接圆与 $\triangle MYC$ 的外接圆交于 M, Q 两点，则 $\angle MQB = \angle MXB$，$\angle CQM = \angle CYM$. 而条件 $\angle MXP = \angle PYM$ 说明，$\angle MXB = \angle CYM$，所以 $\angle MQB = \angle CQM$. 又 M 是 BC 的中点，因此 $MQ \perp BC$，于是 $XP \perp XQ$，$YP \perp YQ$. 又由 $AB = AC$ 知 $AM \perp BC$，所以 A, M, Q 三点共线，且 $AQ \perp BC$. 再注意 $AP \parallel BC$，因此 $AP \perp AQ$，故 A, P, X, Y 四点皆在以 PQ 为直径的圆上.

例题 6 如图 2.1.16，设 O, H 分别是锐角三角形 ABC 的外心和垂心，M 是线段 AO 的中点，AO 的垂直平分线与直线 BC 交于点 P. 证明：$\triangle AMP$ 的外接圆通过线段 OH 的中点.

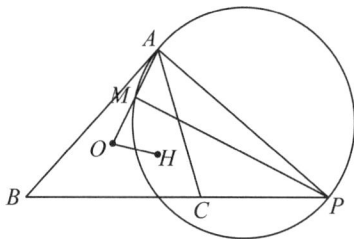
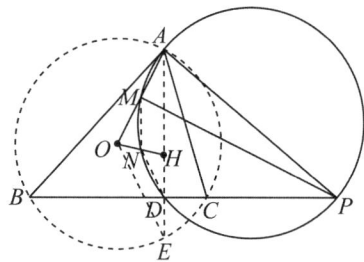

图 2.1.16　　　　　　　图 2.1.17

方法讲解 如图 2.1.17. 设 N 是 OH 的中点，直线 AH 与 BC 交于点 D，与 $\triangle ABC$ 外接圆的另一个交点为 E，则 $AD \perp BC$，且 D 为 HE 的中点. 又 $MP \perp AO$，M 是 AO 的中点，所以 A, M, D, P 四点共圆，$ND \parallel OE$，$MN \parallel AD$，且 $ND = \dfrac{1}{2}OE = \dfrac{1}{2}OA = MA$，这说明四边形 $AMND$ 是等腰梯形. 而等腰梯形是圆内接四边形，因此 A, M, N, D 四点共圆，于是 A, M, N, P 四点共圆，故 $\triangle AMP$ 的外接圆通过线段 OH 的中点 N.

例题 7 如图 2.1.18，设 $\triangle ABC$ 是一个直角三角形，$\angle BAC = 90°$. 其内切圆分别与 BC, CA, AB 相切于点 D, E, F. 设 M 为 EF 的中点，点 P 为点 A 在 BC 上的投影，K 为 MP 与 AD 的交点. 证明：$\triangle AFE$ 和 $\triangle PDK$ 的外接圆具有相等的半径.

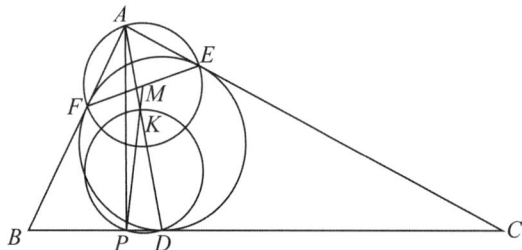
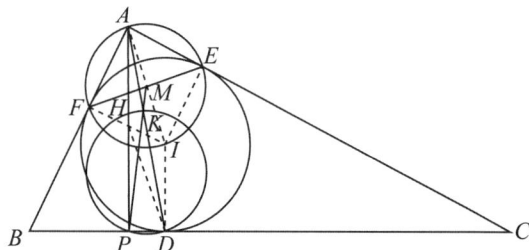

图 2.1.18　　　　　　　图 2.1.19

方法讲解 如图 2.1.19,作 $\triangle KPD$ 的外接圆交 AP 于点 H,记 I 为 $\triangle ABC$ 的内心,则四边形 $AEIF$ 为正方形,M 是直角梯形 $APDI$ 斜腰的中点,所以 $MP = MD$,$\angle MPD = \angle MDP$,所以 $\angle APM = \angle IDM$.

由射影定理 $EI^2 = IM \cdot IA = ID^2$,故 $\triangle IDM \backsim \triangle IAD$,所以

$$\angle APM = \angle IDM = \angle IAD = \angle MAK \Rightarrow \angle PKD = \angle PAM.$$

因为 $\angle PHD = \angle PKD$,所以 $\angle PHD = \angle PAM$,从而 $DH \parallel AI$.而 $AP \parallel ID$(都垂直于 BC),可知四边形 $AHDI$ 为平行四边形.所以 $AI = DH$.显然此时有 $\angle AFI = \angle HPD = \dfrac{\pi}{2}$,故 $\odot(AEF)$ 与 $\odot(PKD)$ 为等圆.

例题 8 如图 2.1.20,在圆 Γ 的内接四边形 $ABCD$ 中,$AB = AD$,$CB = CD$,且 E,F 分别是边 BC,CD 上的点,且 $\angle EAF = \dfrac{1}{2}\angle BAD$.直线 AE,AF 与圆 Γ 的另一个交点分别为 P,Q.证明:$PQ \parallel EF$.

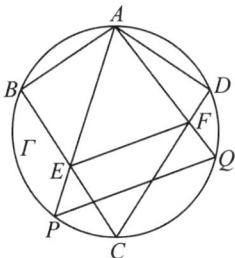 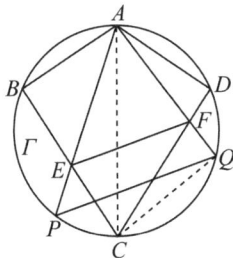

图 2.1.20　　　　图 2.1.21

方法讲解 如图 2.1.21. 显然 AC 是圆 Γ 的直径,$\angle BAC = \dfrac{1}{2}\angle BAD$,所以 $\angle AQC = \angle CBA(=90°)$,$\angle BAC = \angle PAQ$,进而 $\angle BAE = \angle CAQ$,这说明 $\triangle ABE \backsim \triangle AQC$,因此 $\dfrac{AB}{AQ} = \dfrac{AE}{AC}$,于是 $AE \cdot AQ = AB \cdot AC$.同理 $AF \cdot AP = AD \cdot AC$.而 $AB = AD$,这样便有 $AE \cdot AQ = AF \cdot AP$,从而 $\dfrac{AE}{AP} = \dfrac{AF}{AQ}$,故 $PQ \parallel EF$.

例题 9 如图 2.1.22,在 $\triangle ABC$ 中,M 是 BC 的中点,$\angle BAC$ 的平分线交 BC 和 $\triangle ABC$ 的外接圆分别于点 K,L.若以 BC 为直径的圆与 $\angle BAC$ 的外角平分线相切,证明:该圆也与 $\triangle KLM$ 的外接圆相切.

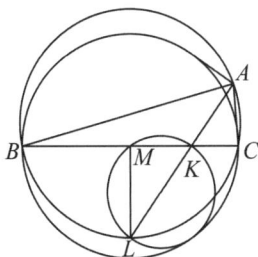

图 2.1.22

方法讲解 如图 2.1.23,设 $\angle BAC$ 的外角平分线与 $\triangle ABC$ 的外接圆和直线 BC 分别交于点 N,T.则 N,M,L 三点共线,且垂直于 BC.

由 PM,AK 都与 AP 垂直知它们平行,又

$$TP^2 = TB \cdot TC = TA \cdot TN,$$

所以

$$\frac{TK}{TM} = \frac{TA}{TP} = \frac{TP}{TN}.$$

于是 $PK \parallel NM$,故 $PK \perp BC$.

设点 Q 是点 P 关于 BC 的对称点,则点 Q 在以 BC 为直径的圆上.由 $PM \parallel KL$ 且 ML,PK 都与 BC 垂直知,四边形 $PMLK$ 是平行四边形.于是 $ML = PK = KQ$,所以四边形 $MLQK$ 是平行四边形.又 $\angle LMK = 90°$,所以四边形 $MLQK$ 是矩形,特别地,点 Q 在 $\triangle KLM$ 的外接圆上.

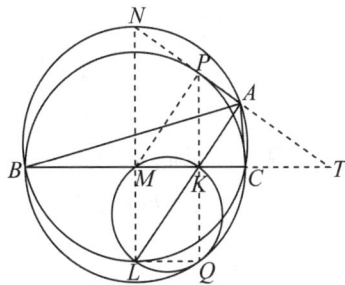

图 2.1.23

最后,因为 QM 平分 KL,所以点 Q 在两圆的连心线上,故两圆相切于点 Q.

例题 10 如图 2.1.24,设 ω 是 $\triangle ABC$ 的外接圆,其中 $\angle B = 3\angle C$.$\angle A$ 的内角平分线与 ω 和 BC 相交于 M 和 D.点 E 在线段 CM 的延长线上,使得 ME 等于 ω 的半径.证明:$\triangle ACE$ 和 $\triangle BDM$ 的外接圆

是相切的.

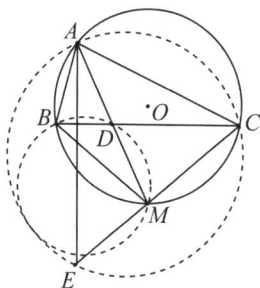 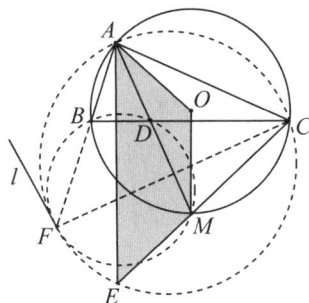

图 2.1.24　　　　　　　　图 2.1.25

方法讲解　如图 2.1.25,设 F 是直线 AB 与 $\triangle BDM$ 的外接圆的交点.首先,我们将证明 A,C,E,F 四点共圆.

设 $\angle ACB = \alpha$.注意到 $AB \cdot AF = AD \cdot AM = AB \cdot AC$,因此 $AF = AC$.所以 $\angle FCE = 90° - \angle CMA = 90° - 3\alpha$.注意到 $AO = OM = ME$ 且 $\angle AOM = 180° - 2\alpha = 180° - \angle OMC = \angle OME$.因此,四边形 $AOME$ 是等腰梯形.故 $AE \perp BC$ 且 $\angle FAE = 90° - 3\alpha$,因此 $\angle FAE = \angle FCE$,故 A,C,E,F 四点共圆.

设 l 为 $\odot ACEF$ 在 F 处的切线.注意到

$$\angle BFl = \angle AFl = \angle ACF = 2\alpha, \quad \angle BDF = 180° - 2\angle CDM = 180° - 2(90° - \alpha) = 2\alpha.$$

因此 $\angle BFl = \angle BDF$,所以 l 与 $\odot BDM$ 相切.命题得证.

例题 11　如图 2.1.26,给定一个锐角三角形 ABC.角 $\angle BAC$ 的角平分线交 BC 于点 P.点 D 和 E 分别位于线段 AB 和 AC 上,使得 $BC \parallel DE$.点 K 和 L 分别位于线段 PD 和 PE 上,使得点 A,D,E,K,L 共圆.证明:点 B,C,K,L 也共圆.

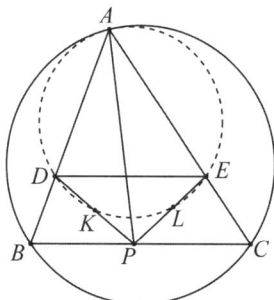 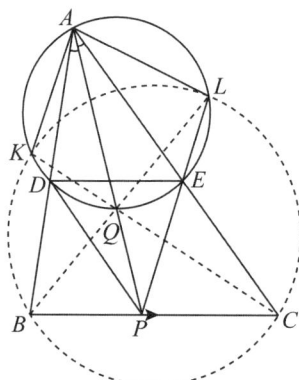

图 2.1.26　　　　　　　　图 2.1.27

方法讲解　如图 2.1.27,设 AP 与 $\odot ADE$ 相交于点 Q.注意到 $\angle ABP = \angle ADE = 180° - \angle ALP$,因此点 A,L,P,B 共圆.因此 $\angle ELQ = \angle EAQ = \angle PAB = \angle PLB$.因此点 L,Q,B 共线.类似地,点 A,K,P,C 共圆,并且点 K,Q,C 共线.

现在注意到由于点 A,L,P,B 和点 A,K,P,C 共圆,所以 $AQ \cdot QP = BQ \cdot LQ$ 和 $AQ \cdot QP = CQ \cdot KQ$.因此 $BQ \cdot LQ = CQ \cdot KQ$,故点 B,C,K,L 共圆.

例题 12　如图 2.1.28,在凸四边形 $ABCD$ 中,$\angle ABC = \angle ADC = 90°$,对角线 BD 上一点 P 满足 $\angle APB = 2\angle CPD$,线段 AP 上两点 X,Y 满足 $\angle AXB = 2\angle ADB$,$\angle AYD = 2\angle ABD$.证明:$BD = 2XY$.

方法讲解　如图 2.1.29,注意 $\angle ABC = \angle ADC = 90°$,取 AC 的中点 O,则 O 为凸四边形 $ABCD$ 的外心.显然点 P,B 在 AC 的同侧(否则 $\angle APB \leqslant \angle CPD$

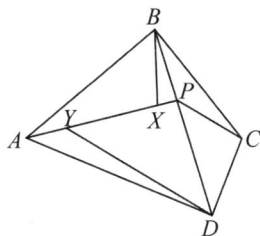

图 2.1.28

$< 2\angle CPD$,不合题意).根据条件,可知
$$\angle AXB = 2\angle ADB = \angle AOB, \angle AYD = 2\angle ABD = \angle AOD,$$
分别得到点 A,O,X,B 共圆,点 A,Y,O,D 共圆.因此
$$\angle OXA = \angle OBA = \angle CAB = \angle CDB, \angle OYP = \angle ODA = \angle CAD = \angle CBD,$$
所以 $\triangle OXY \backsim \triangle CDB$.

设 $OM \perp AP$ 于点 $M, CK \perp AP$ 于点 $K, CL \perp BD$ 于点 L.由 O 为 AC 的中点,得 $CK = 2OM$.由于 $\angle KPL = \angle APB = 2\angle CPD$,则 PC 平分 $\angle KPL$,故 $CK = CL$.

考虑到 OM, CL 是相似三角形 $\triangle OXY, \triangle CDB$ 的对应边 XY, DB 上的高,从而
$$\frac{XY}{BD} = \frac{OM}{CL} = \frac{OM}{CK} = \frac{1}{2}.$$

故 $BD = 2XY$.

例题 13　如图 2.1.30,设 A,B,C,D 是圆 Γ 上顺次排列的四点,且 $AB \perp BC, BC \perp CD$. X 是圆 Γ 上在 A,D 之间的一点,直线 AX 与 CD 交于点 E,直线 DX 与 AB 交于点 F.证明:$\triangle AXF$ 的外接圆与 $\triangle DXE$ 的外接圆相切,且其公切线过圆 Γ 的圆心.

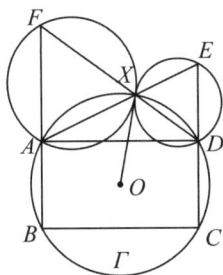 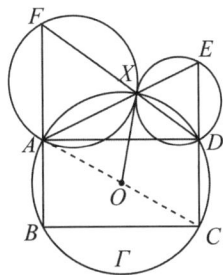

图 2.1.30　　　　图 2.1.31

方法讲解　如图 2.1.31.显然四边形 $ABCD$ 是一个矩形.设 O 是圆 Γ 的圆心,则 O 为 AC 的中点.因为 $AB \parallel DC$,点 X 在圆 Γ 上,所以 $\angle AFX = \angle EDX = \angle CAX = \angle AXO$,这说明 XO 是 $\triangle AXF$ 的外接圆的切线.同理,XO 也是 $\triangle DXE$ 的外接圆的切线,故 $\triangle AXF$ 的外接圆与 $\triangle DXE$ 的外接圆相切于点 X,且 XO 是其过切点的公切线.

例题 14　如图 2.1.32,已知 A,B,C 三点在以 O 为圆心的圆上,且 $\angle ABC > 90°$,过点 C 且垂直于 AC 的直线与直线 AB 交于点 D,过点 D 且垂直于 AO 的直线与 AC 交于点 E,与圆 O 交于点 F(点 F 在点 D,E 之间).证明:$\triangle BEF$ 的外接圆与 $\triangle CDF$ 的外接圆相切于点 F.

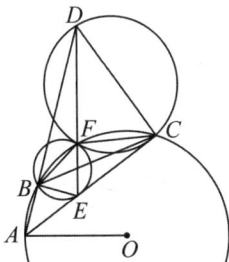 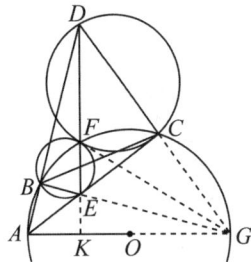

图 2.1.32　　　　图 2.1.33

方法讲解　**方法一**:如图 2.1.33,设直线 DE 与 AO 交于点 K, AG 是圆 O 的直径,则 D,C,G 三点共线,且 E 为 $\triangle ADG$ 的垂心,从而 $GE \perp AD$, G,E,B 三点共线.

因为 $\angle EBF = \angle GBF = \angle GAF = \angle KFG = \angle EFG$,所以 $\triangle BEF$ 的外接圆与 FG 相切于 F.

又 $\angle FDC = \angle KDG = \angle GAC = \angle GFC$,所以 $\triangle CDF$ 的外接圆也与 FG 相切于 F.

故 $\triangle BEF$ 的外接圆与 $\triangle CDF$ 的外接圆相切于 F.

方法二：如图 2.1.33.设直线 DE 与 AO 交于 K,AG 是圆 O 的直径,则 D,C,G 三点共线,且 E 为 $\triangle ADG$ 的垂心,从而 $GE \perp AD,G,E,B$ 三点共线,所以 $GE \cdot GB = GK \cdot GA = GC \cdot GD$.

又 $AF \perp FG,FK \perp AG$,由直角三角形的射影定理知 $GF^2 = GK \cdot GA$,

于是 $GF^2 = GE \cdot GB = GC \cdot GD$,

这说明 GF 既是 $\triangle BEF$ 的外接圆的切线,也是 $\triangle CDF$ 的外接圆的切线,故 $\triangle BEF$ 的外接圆与 $\triangle CDF$ 的外接圆相切于点 F.

例题 15 如图 2.1.34,设 $\triangle ABC$ 的边 BC 上一点 D 关于点 B,C 的对称点分别为 E,F,$\triangle AEC$ 的外接圆与 $\triangle ABF$ 的外接圆交于 A,P 两点,PB 与直线 AE 交于点 M,PC 与直线 AF 交于点 N.证明:MN $/\!/$ BC.

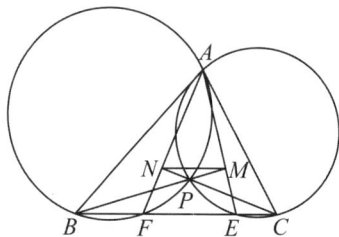 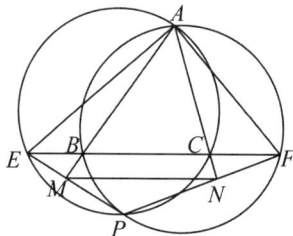

图 2.1.34   图 2.1.35

方法讲解 首先指出,条件"点 D 关于点 B,C 的对称点分别为 E,F"中对称的要求是多余的.事实上,我们有如下命题:

命题:如图 2.1.35,设 E,F 是 $\triangle ABC$ 的边 BC 所在直线上两点,$\triangle AEC$ 的外接圆与 $\triangle ABF$ 的外接圆交于 A,P 两点,PE 与直线 AB 交于点 M,PF 与直线 AC 交于点 N,则 MN $/\!/$ BC.

证明:如图 2.1.36.因为 A,E,P,C 四点共圆,A,B,P,F 四点共圆,

所以 $\angle BAP = \angle BFP$,$\angle PAC = \angle PEC$,

因此 $\angle BAC + \angle FPE = \angle BAP + \angle PAC + \angle FPE = \angle EFP + \angle PEF + \angle FPE = 180°$.

这说明 A,M,P,N 四点共圆,于是 $\angle MNP = \angle MAP = \angle BAP = \angle BFP$,故 MN $/\!/$ BC.

回到原题:如图 2.1.37.因为 A,E,P,C 四点共圆,A,B,P,F 四点共圆,

所以 $\angle BAP = \angle EFP$,$\angle PAC = \angle PEF$,

因此 $\angle BAC + \angle FPE = \angle BAP + \angle PAC + \angle FPE = \angle EFP + \angle PEF + \angle FPE = 180°$.

这说明 A,M,P,N 四点共圆,于是 $\angle MNP = \angle MAP = \angle EAP = \angle ECP$,故 MN $/\!/$ BC.

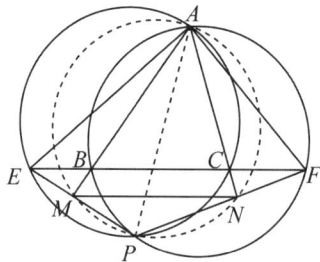 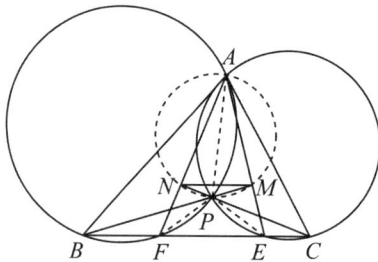

图 2.1.36   图 2.1.37

例题 16 如图 2.1.38,D,E,F 分别为 $\triangle ABC$ 的边 BC,CA,AB 上的点,且 B,C,E,F 四点共圆,AD 与 CF 的交点在 $\triangle AEF$ 的外接圆上.设 AD 与 EF 交于点 K,P 是 CE 上一点,且 $\angle CDP = \angle BAD$.证明:PK $/\!/$ CF.

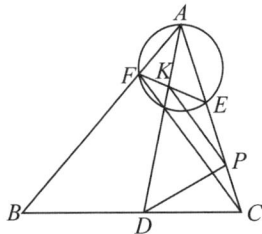

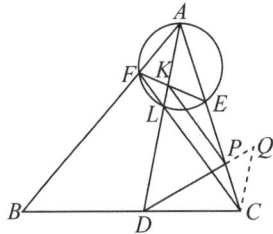

图 2.1.38   图 2.1.39

方法讲解   如图 2.1.39,因为 B,C,E,F 四点共圆,所以 $\angle EFA = \angle ACB$.
又因为 $\angle CDP = \angle BAD$,所以 $\triangle AFK \backsim \triangle DCP$.

设 AD 与 CF 交于点 L,过点 C 且平行于 AD 的直线与直线 DP 交于点 Q.

因为点 L 在 $\triangle AEF$ 的外接圆上,$CQ \parallel AD$,所以 $\angle LFK = \angle DAC = \angle QCP$.

这说明 L,Q 是 $\triangle AFK$ 与 $\triangle DCP$ 的两个相似对应点,因此,$\dfrac{AK}{KL} = \dfrac{DP}{PQ}$.

由 $CQ \parallel AD$ 知 $\dfrac{DP}{PQ} = \dfrac{AP}{PC}$,于是 $\dfrac{AK}{KL} = \dfrac{AP}{PC}$,故 $PK \parallel CL$,即 $PK \parallel CF$.

例题 17   如图 2.1.40,在 $\triangle ABC$ 中,$AB + AC = \sqrt{2}BC$,M 是 BC 的中点,点 D 在 AC 上,且 $BD \perp AC$.证明:圆(MCD) 与 AB 相切.

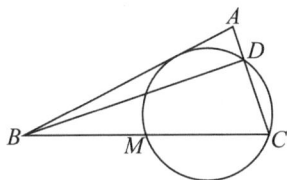

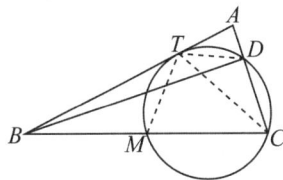

图 2.1.40   图 2.1.41

方法讲解   如图 2.1.41,不妨设 $AB > AC$,再设 AB 上的点 T 使得 $BT = TA + AC$,

则 $BT = \dfrac{1}{2}(AB + AC)$.因为 $AB + AC = \sqrt{2}BC$,所以 $BT = \dfrac{\sqrt{2}}{2}BC$.

又 M 是 BC 的中点,因此 $BT^2 = \dfrac{1}{2}BC^2 = BM \cdot BC$,这样便有 $\angle TCM = \angle BTM$.

另外,因为 $BD \perp AC$,所以 $AB\cos A = AD$.注意 $AB + AC = \sqrt{2}BC$.

由余弦定理得 $AB^2 + AC^2 = BC^2 + 2AB \cdot AC\cos A = \dfrac{1}{2}(AB + AC)^2 + 2AD \cdot AC$,

所以 $(AB - AC)^2 = 4AD \cdot AC$.

但 $AB - AC = 2AT$,因此 $AT^2 = AD \cdot AC$,于是 $\angle DCT = \angle DTA$,

于是 $\angle DCM + \angle MTD = \angle DCT + \angle TCM + \angle MTD = \angle DTA + \angle BTM + \angle MTD = 180°$.

这说明点 T 在圆(MCD) 上.再由 $\angle TCM = \angle BTM$ 即知圆(MCD) 与 AB 相切于点 T.

例题 18   如图 2.1.42,在 $\triangle ABC$ 中,$AB = AC$,D 是 AC 的中点,$\triangle ABD$ 的外接圆 Γ 在点 A 处的切线与直线 BC 交于点 E,O 是 $\triangle ABE$ 的外心.证明:AO 的中点在圆 Γ 上.

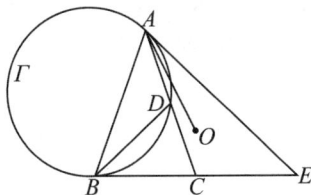

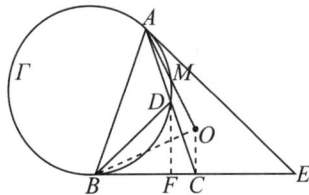

图 2.1.42   图 2.1.43

方法讲解　如图 2.1.43,因为 AE 是圆 Γ 的切线,所以 $\angle DAE = \angle DBA$,
因此 $\angle BAE = \angle BAD + \angle DAC = \angle BAD + \angle DBA = \angle BDC$.
由 $AB = AC$ 知 $\angle EBA = \angle DCB$,这说明 $\triangle EAB \backsim \triangle BDC$.

因为 D 是 AC 的中点,所以 $AB = AC = 2DC$,因此 $\dfrac{BE}{BC} = \dfrac{AB}{CD} = 2$,从而 C 是 BE 的中点.

又因为 O 是 $\triangle ABE$ 的外心,所以 $OC \perp BE$.

另外,设 AO 与圆 Γ 的另一个交点为 M,直线 MD 与 BE 交于点 F,则 $\angle BDF = \angle BAO = 90° - \angle AEB$,但 $\angle AEB = \angle CBD$,所以 $\angle BDF = 90° - \angle CBD$,这说明 $MD \perp BC$,因而 $MD \parallel OC$.

因为 D 为 AC 的中点,故 M 为 AO 的中点.换句话说,AO 的中点 M 在圆 Γ 上.

例题 19　如图 2.1.44,设 M,N 分别是 $\triangle ABC$ 的边 AB,AC 的中点,点 N 关于点 M 的对称点为 D,$\triangle BMD$ 的外接圆 Γ 与 CD 的另一交点为 E,点 F 在 CM 上,且线段 BF 的中点恰在圆 Γ 上.证明:B,E,F,C 四点共圆.

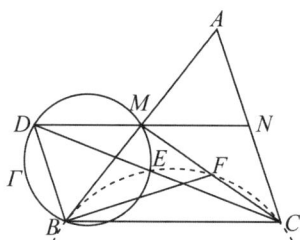 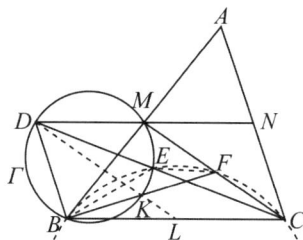

图 2.1.44　　　　图 2.1.45

方法讲解　如图 2.1.45,设 L 是 BC 的中点.因为 M,N 分别是 AB,AC 的中点,所以 $MN \parallel LC$,$MN = LC$.而 D,N 两点关于点 M 对称,因此 $DM \parallel LC$,且 $DM = LC$,从而四边形 $DLCM$ 是平行四边形,于是 $DL \parallel MC$.再设 BF 的中点为 K,则 $KL \parallel FC$,这说明 D,K,L 三点共线,且 $DK \parallel MC$,所以 $\angle FCD = \angle KDE$.因为点 K 在圆 Γ 上,所以 $\angle KDE = \angle KBE$,于是 $\angle FCD = \angle KBE$,即 $\angle FCE = \angle FBE$,故 B,E,F,C 四点共圆.

例题 20　如图 2.1.46,在平行四边形 $ABCD$ 中,$AB < BC$,点 O 在 AD 上,且 $OB = OD$,以 O 为圆心、OA 为半径的圆 ω 与 AD 交于另一点 E.证明:直线 BO 与 CE 的交点在圆 ω 上.

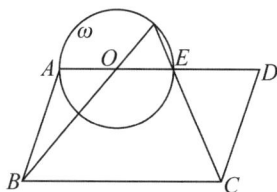 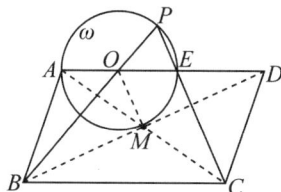

图 2.1.46　　　　图 2.1.47

方法讲解　如图 2.1.47,因为 $ABCD$ 是平行四边形,设 AC 与 BD 交于点 M,则 M 既为 AC 的中点,也为 BD 的中点.因为 O 为 AE 的中点,所以 $OM \parallel EC$.又 $OB = OD$,所以 $OM \perp BD$,因此 $EC \perp BD$.又因为 $OD \parallel BC$,所以 $\angle ODB = \angle CBD$.而 $\angle DBO = \angle ODB$,因此 $\angle DBO = \angle CBD$,这说明 BD 平分 $\angle CBO$.设直线 BO 与直线 CE 交于点 P,则 $BC = BP$.又 $OE \parallel BC$,所以 $OP = OE$,故点 P 在圆 ω 上.

例题 21　如图 2.1.48,设 Γ 为 $\triangle ABC$ 的外接圆,O 为其外心,OD 为 $\triangle BOC$ 的外接圆的直径,点 E 在直线 BC 上,点 F 在 DC 的延长线上,且四边形 $AECF$ 是平行四边形.证明:EF 与 AD 的交点在 $\triangle OBC$ 的外接圆上.

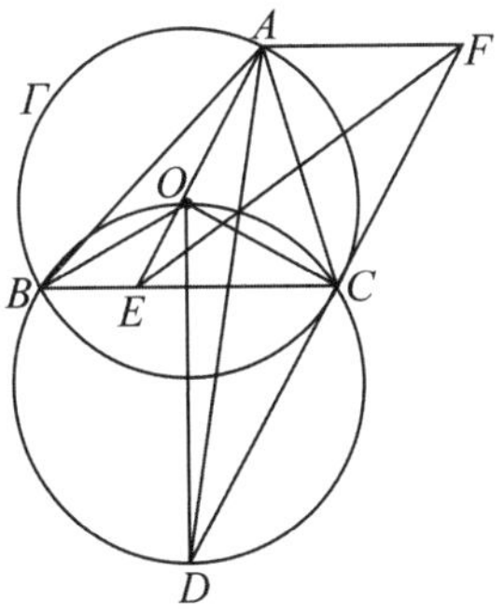

图 2.1.48 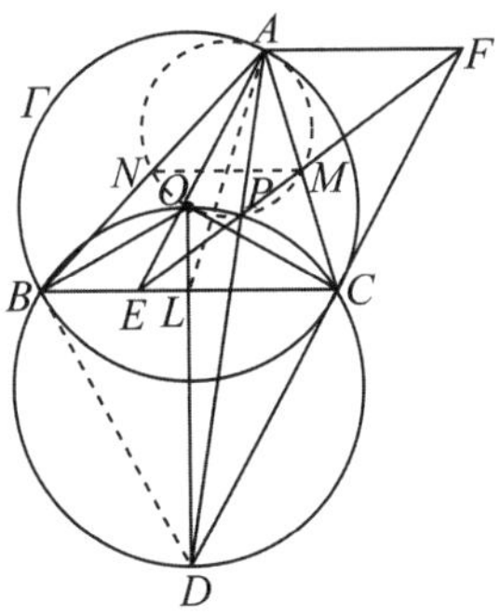　　　　　　　图 2.1.49 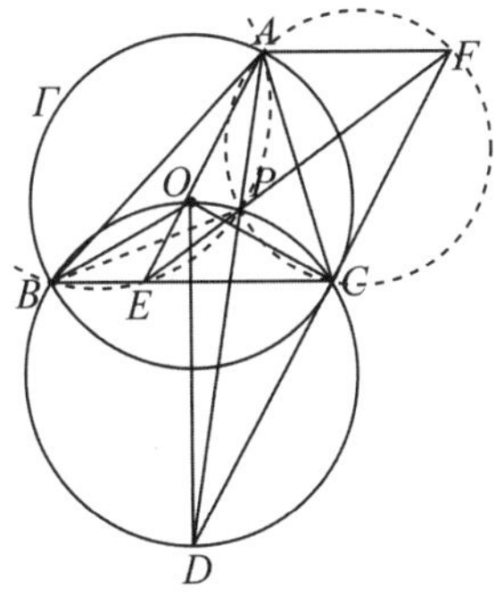　　　　　　　图 2.1.50

方法讲解　　**方法一**: 如图 2.1.49. 设 EF 与 AD 交于点 P, L 为 BC 的中点. 因为 OD 为 $\triangle OBC$ 的外接圆的直径, 所以 $OB \perp BD$, $OC \perp CD$, 即 BD, CD 皆为 $\triangle ABC$ 的外接圆 Γ 的切线, 因此 AD 是 $\triangle ABC$ 的陪位中线. 而 L 为 BC 的中点, 于是 AP 与 AL 是 $\angle BAC$ 的两条等角线, 即 $\angle LAC = \angle BAP$.

另外, 因为四边形 $AECF$ 是平行四边形, 所以 EF 过 AC 的中点 M.

设 N 是 AB 的中点, 则 $NM \parallel BC$, 因此 $\angle NMP = \angle CEM$.

由 $AE \parallel CD$, CD 为圆 Γ 的切线可知 $\angle CEA = \angle BCD = \angle BAC$, 所以 $\triangle EAC \backsim \triangle ABC$.

而 EM 与 AL 是这两个相似三角形的对应中线, 所以 $\angle CEM = \angle LAC = \angle BAP$, 因此 $\angle NMP = \angle NAP$, 于是点 P 在 $\triangle ANM$ 的外接圆上.

显然 $OM \perp AM$, $ON \perp AN$, 所以, O 也在 $\triangle AMN$ 的外接圆上, 且 AO 是 $\triangle AMN$ 的外接圆的直径, 因而 $OP \perp AP$, 于是 $OP \perp PD$, 故点 P 在以 OD 为直径的圆上, 即点 P 在 $\triangle OBC$ 的外接圆上.

方法二: 如图 2.1.50. 首先注意, $\angle BOC = 2\angle BAC$, OD 平分 $\angle BOC$, 所以 $\angle BOD = \angle DOC = \angle BAC$. 而四边形 $AECF$ 是平行四边形, 因此 $\angle AFC = \angle CEA = \angle BCD = \angle BOD = \angle BAC$. 设 AD 与 $\triangle OBC$ 的外接圆的另一个交点为 P, 则 $\angle BPD = \angle BOD = \angle BAC = \angle CEA$, 所以 $\angle APB = \angle AEB$, 这说明 A, B, E, P 四点共圆, 因此 $\angle EPD = \angle CBA$. 又 $\angle AFC = \angle BAC = \angle DOC = \angle DPC$, 这说明 A, P, C, F 四点共圆, 所以 $\angle CPF = \angle CAF = \angle ACB$.

再注意 $\angle DPC = \angle BAC$, 这样便有 $\angle EPD + \angle DPC + \angle CPF = \angle CBA + \angle BAC + \angle ACB = 180°$, 于是 E, P, F 三点共线, 故 P 是 EF 与 AD 的交点, 这就证明了 EF 与 AD 的交点在 $\triangle OBC$ 的外接圆上.

例题 22　　如图 2.1.51, 在 $\triangle ABC$ 中, $AB \neq AC$, M 是 BC 的中点, 直线 AM 与 $\triangle ABC$ 的外接圆 Γ 的另一个交点为 D, $\angle BAC$ 的平分线与 BC 交于点 E. 证明: 过 $\triangle ADE$ 的外心且平行于 BC 的直线与圆 Γ 相切.

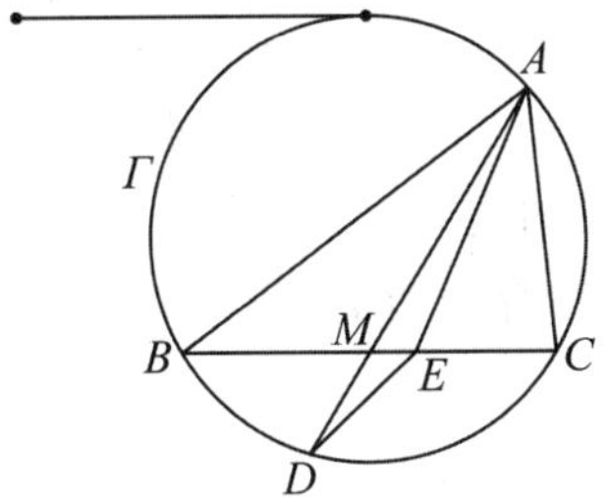

图 2.1.51 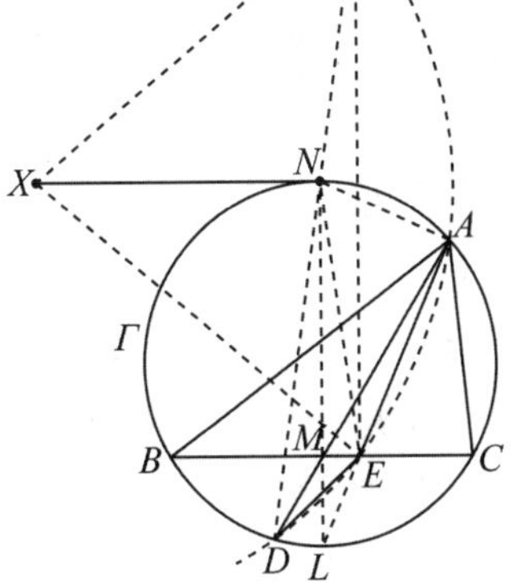　　　　　　　　　图 2.1.52

方法讲解 如图 2.1.52.设 L,N 分别是圆 Γ 上 $\overset{\frown}{BC}$（不含点 A）的中点和 $\overset{\frown}{BAC}$ 的中点,则 A,E,L 三点共线,L,M,N 三点共线,且 $LN \perp BC$,LN 是圆 Γ 的直径.

因为 $AE \perp AN$,$MN \perp BC$,所以 A,E,M,N 四点共圆.

又 A,N,D,L 四点共圆,因此 $\angle MNE = \angle MAE = \angle DAE = \angle DNL$.

另外,设直线 DN 与 $\triangle ADE$ 的外接圆的另一个交点为 F,则 $\angle DFE = \angle DAE = \angle DNL$,所以 $EF \parallel LN$,因此 $EF \perp BC$,且 $\angle FEN = \angle LNE = \angle DNL = \angle NFE$,于是 $NE = NF$.

再设 X 为 $\triangle ADE$ 的外心,则 $XE = XF$,这说明 XN 是 EF 的垂直平分线,所以 $XN \parallel BC$.注意 N 是圆 Γ 上 $\overset{\frown}{BAC}$ 的中点,故 XN 是圆 Γ 的切线.这就是说,过 $\triangle ADE$ 的外心 X 且平行于 BC 的直线 XN 与圆 Γ 相切.

例题 23 如图 2.1.53,设 $ABCD$ 是圆内接四边形,P 是 AB 上一点,对角线 AC 与线段 DP 交于点 Q,过点 P 且平行于 CD 的直线与直线 BC 交于点 K,过点 Q 且平行于 BD 的直线与直线 BC 交于点 L.证明:$\triangle PBK$ 的外接圆与 $\triangle QLC$ 的外接圆相切.

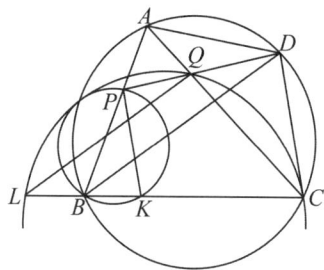

图 2.1.53

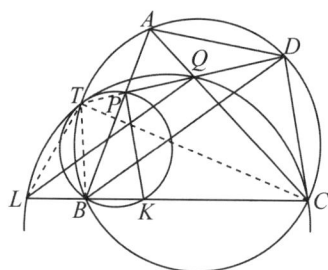

图 2.1.54

方法讲解 如图 2.1.54.因为 $PK \parallel DC$,所以 $\angle PKB = \angle DCB$.设直线 PD 与 $\triangle ABC$ 的外接圆的另一个交点为 T,则由 $\angle BTD + \angle DCB = 180°$ 知 $\angle BTP + \angle PKB = 180°$,这说明 P,T,B,K 四点共圆.由 $QL \parallel DB$ 知 $\angle TQL = \angle TDB = \angle TCL$,这说明 Q,T,L,C 四点也共圆.又因为 $\angle PBT = \angle QCT$,即知 $\triangle PBK$ 的外接圆与 $\triangle QLC$ 的外接圆相切于点 T.

例题 24 如图 2.1.55,设 O 是 $\triangle ABC$ 的外心,过点 A 且垂直于 BC 的直线与 CO 交于点 D,M 是线段 AD 上一点,N 是 AC 的中点,直线 MO 与 BC 交于点 E,圆 (NBC) 与 AB 的另一个交点为 F.证明:B,E,O,F 四点共圆的充要条件是 M 为 AD 的中点.

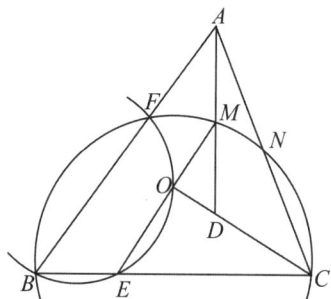

图 2.1.55

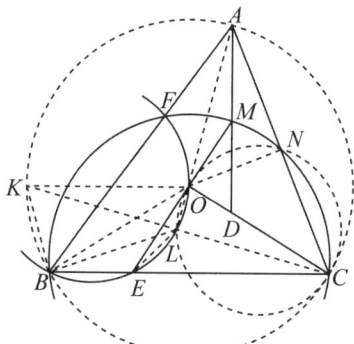

图 2.1.56

方法讲解 如图 2.1.56.过点 C 作 $\triangle ABC$ 外接圆的垂直于 AO 的弦 CK,CK 与直线 AO 交于点 L,则 L 是 CK 的中点,且 $AL \perp CK$.因为 N 是 AC 的中点,所以 $ON \perp AC$,这说明 O,L,N,C 四点共圆.又 B,C,N,F 四点共圆,因而由圆幂定理知 $AO \cdot AL = AN \cdot AC = AF \cdot AB$,于是 F,B,L,O 四点共圆.

另外,注意到 $\angle ADO = 90° - \angle OCB = \angle BAC = \angle BKC$,由 $AO \perp KC$,$AD \perp BC$ 知 $\angle OAD = \angle KCB$,所以 $\triangle ADO \backsim \triangle CKB$.又 L 为 CK 的中点,F,B,L,O 四点共圆,于是 B,E,O,F 四点共圆 $\Leftrightarrow O$,

B,E,L 四点共圆 $\Leftrightarrow \angle EOL = \angle EBL \Leftrightarrow \angle MOA = \angle CBL \Leftrightarrow M$ 与 L 是 $\triangle ADO$ 与 $\triangle CKB$ 的两个相似对应点 $\Leftrightarrow M$ 为 AD 的中点. 故 B,E,O,F 四点共圆 $\Leftrightarrow M$ 为 AD 的中点.

例题 25 如图 2.1.57, 在 $\triangle ABC$ 中, $AB = AC$, $\angle BAC < 60°$, D 是边 AC 上一点, 且 $\angle CBD = \angle BAC$. 过点 A 且平行于 BC 的直线与 BD 的垂直平分线交于点 E, F 是 CA 的延长线上一点, 且 $AF = 2AC$. 证明: 过点 E 且垂直于 AC 的直线与过点 F 且垂直于 AB 的直线的交点在直线 BD 上.

方法讲解 先证一条引理.

引理: 如图 2.1.58, 在 $\triangle ABC$ 中, $AB = AC$, $\angle BAC < 60°$, D 是边 AC 上一点, 且 $\angle CBD = \angle BAC$. 过点 A 且平行于 BC 的直线与 BD 的垂直平分线交于点 E, 则四边形 $AEBC$ 是平行四边形.

引理的证明: 如图 2.1.59. 因为 $AB = AC$, $AE \parallel BC$, 所以 AE 是 $\angle BAC$ 的外角平分线, 这样, E 是 $\angle BAD$ 的外角平分线与 BD 的垂直平分线的交点, 且 $AB \neq AD$, 因而点 E 在 $\triangle ABD$ 的外接圆上, 即 A, E, B, D 四点共圆. 注意到 $\angle CBD = \angle BAC$, 所以 $\angle BDC = \angle ACB$. 又 $AE \parallel BC$, 因此 $\angle EAD = 180°$ $- \angle ACB = 180° - \angle BDC = \angle ADB$, 这说明 $\angle DBE = \angle BEA$, 从而 $\angle BEA + \angle EAD = 180°$, 于是, $EB \parallel AC$, 故四边形 $AEBC$ 是平行四边形.

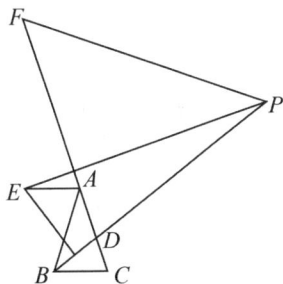
图 2.1.57

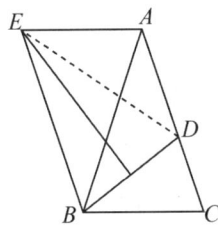
图 2.1.58

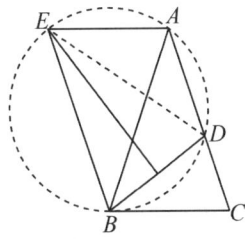
图 2.1.59

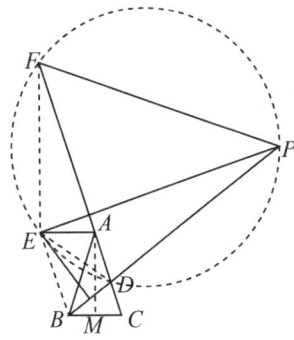
图 2.1.60

回到原题: 如图 2.1.60. 由引理, 四边形 $AEBC$ 是平行四边形, 所以 $EA = BC$. 由引理的证明知, 四边形 $AEBD$ 内接于圆, 所以 $\angle ADE = \angle ABE = \angle BAC$, 即 $\angle FDE = \angle BAC$. 又 $EP \perp AC$, $FP \perp AB$, 所以 $\angle FPE = \angle BAC$, 因此 $\angle FPE = \angle FDE$, 这说明 D, E, F, P 四点共圆, 于是 $\angle PDF = \angle PEF$.

另外, 设 M 为 BC 的中点, 则 $EA = BC = 2MC$. 又 $FA = 2AC$, 且 $\angle FAE = \angle ACM$, 因此 $\triangle FEA \backsim \triangle AMC$, 于是 $EF \perp EA$. 又 $EP \perp AC$, 即知 $\angle PEF = \angle FAE = \angle ACB = \angle BDC$, 这也就是说, $\angle PDF = \angle BDC$, 故 B, D, P 三点共线. 换句话说, 过点 E 且垂直于 AC 的直线与过点 F 且垂直于 AB 的直线的交点 P 在直线 BD 上.

例题 26 如图 2.1.61, 设 M 是 $\triangle ABC$ 的外接圆上 $\overparen{BAC}$ 的中点, B, C 两点在直线 AM 上的射影分别为 E, F, 过点 E 且垂直于 AB 的直线与过点 F 且垂直于 AC 的直线交于点 P, EP 与 AB 交于点 X, FP 与 AC 交于点 Y, N 是 XY 的中点. 证明: $\angle MPE = \angle FPN$.

方法讲解 方法一: 如图 2.1.62. 显然, 直线 AM 是 $\angle BAC$ 的外角平分线, 所以 $\triangle AEB \backsim \triangle AFC$. 又 $EX \perp AB$, $FY \perp AC$, 所以 X, Y 是两个相似对应点, 因此 $\dfrac{AX}{AB} = \dfrac{AY}{AC}$, 这说明 $XY \parallel BC$. 设 H 是 $\triangle ABC$ 的垂心, 则 $BH \parallel YP$, $CH \parallel XP$, 所以 $\triangle HBC \backsim \triangle PYX$. 再设 L 是 BC 的中点, 则 $\angle BHL = \angle YPN$, 即 $\angle BHL = \angle FPN$.

另外, 因为 $\angle BAC$ 的平分线与 $\angle BHC$ 的平分线平行, 于是设过点 L 且平行于 EF 的直线与直线 HB, HC 分别交于点 U, V, 则 $HU = HV$.

由分角线定理, 有 $\dfrac{UL}{LV} = \dfrac{HU}{HV} \cdot \dfrac{\sin \angle BHL}{\sin \angle LHC} = \dfrac{\sin \angle BHL}{\sin \angle LHC}$, $1 = \dfrac{BL}{LC} = \dfrac{HB}{HC} \cdot \dfrac{\sin \angle BHL}{\sin \angle LHC}$,

所以 $\dfrac{UL}{LV} = \dfrac{HC}{HB}$. 由正弦定理有 $\dfrac{HC}{HB} = \dfrac{\sin \angle CBH}{\sin \angle HCB} = \dfrac{\cos \angle ACB}{\cos \angle CBA}$, 因此 $\dfrac{UL}{LV} = \dfrac{\cos \angle ACB}{\cos \angle CBA}$.

注意到 $\angle PEA = \angle ABE = \angle FCA = \angle AFP$，所以 $PE = PF$. 而 $HU = HV$，$\angle EPF = \angle UHV$，因此 $\triangle PEF \backsim \triangle HUV$. 由 M 是 $\overparen{BAC}$ 的中点知 $MB = MC$. 又 $BE \perp EM$，$CF \perp MF$，$\angle EMB = \angle ACB$，$\angle CMF = \angle CBA$，因此 $\dfrac{EM}{MF} = \dfrac{EM}{MB} \cdot \dfrac{MC}{MF} = \dfrac{\cos \angle EMB}{\cos \angle CMF} = \dfrac{\cos \angle ACB}{\cos \angle CBA} = \dfrac{UL}{LV}$. 这说明 M,L 是 $\triangle PEF$ 与 $\triangle HUV$ 的两个相似对应点，所以 $\angle MPE = \angle UHL$，即 $\angle MPE = \angle BHL$. 又 $\angle BHL = \angle FPN$，故 $\angle MPE = \angle FPN$.

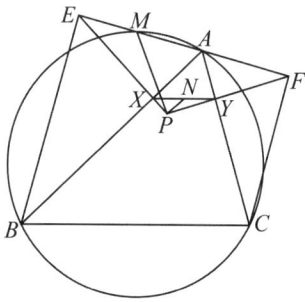
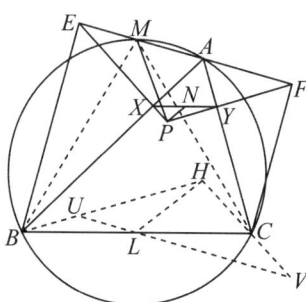
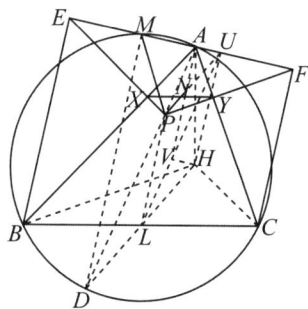

图 2.1.61　　　　　　　　图 2.1.62　　　　　　　　图 2.1.63

方法二：如图 2.1.63. 显然，直线 AM 是 $\angle BAC$ 的外角平分线，所以 $\triangle AEB \backsim \triangle AFC$. 又 $EX \perp AB$，$FY \perp AC$，所以 X,Y 是两个相似对应点，因此 $\dfrac{AX}{AB} = \dfrac{AY}{AC}$，这说明 $XY \parallel BC$. 设 H 是 $\triangle ABC$ 的垂心，则 $BH \parallel YP$，$CH \parallel XP$，所以 $\triangle HBC \backsim \triangle PYX$. 再设 L 是 BC 的中点，则 $PN \parallel HL$.

注意到 A,X,P,Y 四点共圆，且 AP 为其直径，于是，设 AD 是 $\triangle ABC$ 的外接圆的直径，则点 P 在 AD 上，且 $MD \perp EF$. 又 $\angle PEA = \angle ABE = \angle FCA = \angle AFP$，所以 $PE = PF$，这说明点 P 在 EF 的垂直平分线上. 但 EF 的垂直平分线过点 L，因此，PL 是 EF 的垂直平分线，从而 PL 平行于 $\angle BAC$ 的平分线.

设 H 在 EF 和 $\angle BAC$ 的平分线上的射影分别为 U 和 V，则 U,V,L 三点共线，且 $UL \parallel AP$. 又 $PL \parallel AV$，所以四边形 $APLV$ 是平行四边形，因此 $PL = AV = UH$. 注意到 $PL \parallel UH$，所以四边形 $PLHU$ 也是平行四边形，因而 $UP \parallel HL$. 又 $PN \parallel HL$，于是 U,N,P 三点共线.

因为 L 既是 BC 的中点，也是 HD 的中点，E,M,U,F 分别是 B,D,H,C 在直线 EF 上的射影，所以 $EM = UF$. 而 $PE = PF$，故 $\angle MPE = \angle FPU$，也就是说，$\angle MPE = \angle FPN$.

◎ 三、课外训练

1. 如图，设 $\triangle ABC$ 的外心为 O，M 为外接圆上不含点 A 的 $\overparen{BC}$ 的中点. 点 S 在 $\triangle ABC$ 的外接圆上，且满足直线 AS，BC 以及过点 O 且垂直于 AM 的直线三线共点. 作点 D 使得四边形 $ABDC$ 为平行四边形. 证明：点 D 在直线 SM 上.

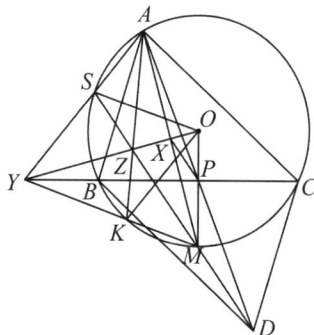
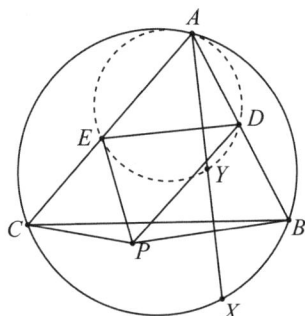

第 1 题　　　　　　　　　　　　第 2 题

2. 如图,在 $\triangle ABC$ 中,$AB < AC$,点 D 和点 E 分别在线段 AB 和 AC 上(异于端点).点 P 满足 $PB = PD$,$PC = PE$.点 X 在 $\triangle ABC$ 外接圆的不含点 A 的 $\overparen{BC}$ 上(异于点 B,C).设直线 XA 和 $\triangle ADE$ 的外接圆的另一个交点为 Y.证明:$PX = PY$.

3. 如图,设四边形 $ABCD$ 是平行四边形.过点 C 的一条直线与线段 AB 交于点 X,与直线 AD 交于点 Y.圆 AXY 在点 X 和点 Y 处的切线相交于点 T.$\triangle ABD$ 和 $\triangle TXY$ 的外接圆相交于两个点,证明其中一个点位于直线 AT 上,另一个点位于直线 CT 上.

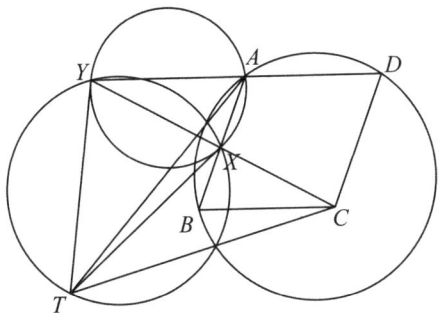

第 3 题

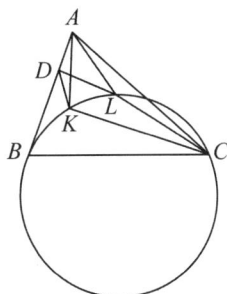

第 4 题

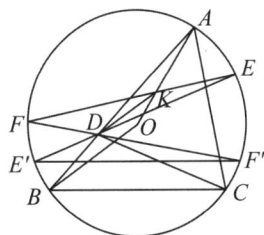

第 5 题

4. 如图,在 $\triangle ABC$ 中,K,L 是内部两点,D 为边 AB 上一点.已知 B,K,L,C 四点共圆,且 $\angle AKD = \angle BCK$,$\angle ALD = \angle BCL$.证明:$AK = AL$.

5. 如图,设锐角三角形 ABC($AB > AC$)的外接圆为 $\odot O$,点 D 在边 AB 上满足 $DA = DC$,过点 D 作 BO 的平行线,与 OA 交于点 K,过点 K 作 AC 的垂线,与 $\odot O$ 交于 E,F 两点,延长 ED 和 FD,分别与 $\odot O$ 交于点 E',F'.证明:$E'F' \parallel BC$.

6. (2022 年中国数学奥林匹克希望联盟夏令营)如图,在 $\triangle ABC$ 中,$AB = AC$,D 在线段 AB 的延长线上,E 在线段 AC 上,满足 $BD = CE$,记 $\triangle ABC$ 的外接圆为 Γ,$\triangle BDE$ 的外接圆交圆 Γ 于另外一点 P,$\triangle CDE$ 的外接圆交圆 Γ 于另外一点 Q.证明:$PQ \parallel BC$.

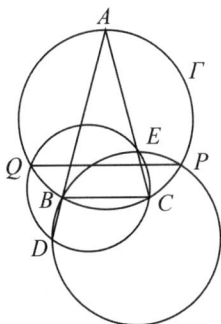

第 6 题

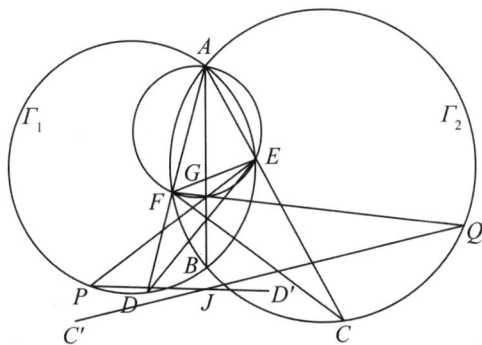

第 8 题

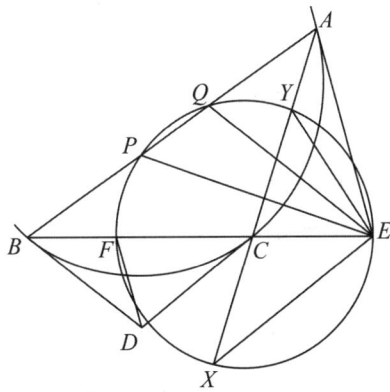

第 9 题

7. 已知五边形 $ABCDE$ 内接于 $\odot\omega$,令 X,Y 为直线 CD 和射线 AB,AE 的交点,P 为线段 EX,BY 的交点,EX,BY 再次交 $\odot\omega$ 于点 Q,R.点 A' 为点 A 关于 CD 的对称点.$\odot(PQR)$,$\odot(A'XY)$ 交于两点.证明:可以将它们标记为点 M,N,使得 CM,DN 的交点在 $\odot(PQR)$ 上.

8. 如图,平面上两圆 Γ_1,Γ_2 相交于 A,B 两点,过 A 的两条射线 l_1,l_2 交圆 Γ_1 于点 D,E,交圆 Γ_2 于点 F,C(其中 E,F 分别在线段 AC,AD 上,且均不与端点重合).已知 AB,CF,DE 三线共点,$\triangle AEF$ 的外接圆交 AB 于点 G,直线 EG 交圆 Γ_1 于点 P,直线 FG 交圆 Γ_2 于点 Q.设 C,D 关于直线 AB 的对称点分别为 C',D',若 PD' 与 QC' 交于点 J,证明:点 J 在直线 AB 上.

9. 设 Ω 为 $\triangle ABC$ 的外接圆,其中 $\angle BCA > 90°$ 且 $AB > AC$.圆 Ω 在点 B 和点 C 处的切线交于点 D,圆 Ω 在点 A 处的切线与直线 BC 交于点 E.过点 D 且平行于 AE 的直线与线段 BC 交于点 F.以线段

EF 为直径的圆与直线 AB 交于点 P 和点 Q，与直线 AC 交于点 X 和点 Y. 证明：$\angle AEB$，$\angle PEQ$，$\angle XEY$ 中的一个等于另外两个之和.

10. 如图，在 Rt$\triangle ABC$ 中，$\angle B = 90°$，在 CB 的延长线上任取一点 D，设线段 AD 的中点为 E. $\triangle ACD$ 的外接圆与 $\triangle BDE$ 的外接圆交于点 F. 证明：当点 D 变动时，直线 EF 过定点.

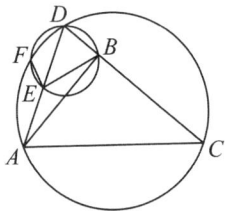

第 10 题

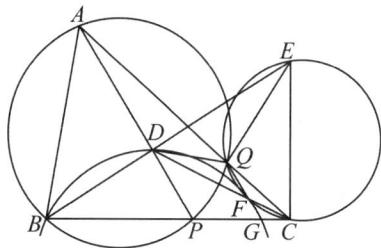

第 11 题

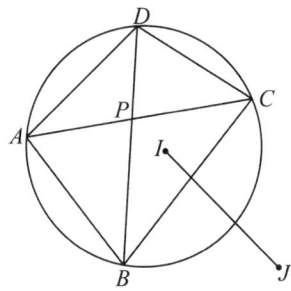

第 12 题

11. 如图，在锐角三角形 ABC 中，$\angle BAC > \angle ACB$，点 P 在 BC 上，且 $\angle BAP = \angle ACB$，$\triangle ABP$ 的外接圆与 AC 的另一个交点为 Q，点 D 在 AP 上，点 E 在直线 BD 上，且 $\angle CDQ = \angle PAC$，$CE = CD$，$\triangle QCE$ 的外接圆与线段 CD 的另一个交点为 F，直线 QF 与直线 BC 交于点 G. 证明：B,D,F,G 四点共圆.

12. 如图，设圆内接四边形 $ABCD$ 的对角线 AC 与 BD 交于点 P，I 是 $\triangle PBC$ 的内心，J 是与 BC 及 AB，DC 的延长线均相切的圆的圆心. 证明：IJ 平分不含点 A 的 $\overset{\frown}{BC}$.

13. 在直角三角形 ABC 中，E,F 分别是直角边 AB，AC 上的任意点，自点 A 向 BC，CE，EF，FB 引垂线，垂足分别是 M,N,P,Q. 证明：M,N,P,Q 四点共圆.

2.2 三角形的五心

◎ 一、知识要点

我们通常谈的三角形五心是指外心、重心、垂心、内心、旁心. 随着时代的变化，九点圆的圆心也常常会出现在数学竞赛题中.

1. 在三角形内部，重心是到三个顶点的距离平方和最小的点，也是到三边距离之积最大的点.

2. 重心 G 到任一直线 l 的距离等于三个顶点到同一直线距离代数和的 $\dfrac{1}{3}$.

3. 设 O 为 $\triangle ABC$ 的外心，O 在三边上的射影为 D,E,F，则 O 为 $\triangle DEF$ 的垂心.

4. $\triangle ABC$ 的内心 I 关于外心 O 的对称点 R 为 $\triangle ABC$ 旁心三角形的外心.

5. 设 I,O,H,G 分别为 $\triangle ABC$ 的内心、外心、垂心、重心，R,r,r_A 分别为 $\triangle ABC$ 的外接圆半径、内切圆半径、$\angle A$ 所对的旁切圆半径，则有如下结论：

(1) $OI^2 = R^2 - 2Rr$（欧拉定理），$OI_A^2 = R^2 + 2Rr_A$；

(2) $OG^2 = R^2 - \dfrac{1}{9}(a^2 + b^2 + c^2)$，其中 a,b,c 分别为 $\triangle ABC$ 中 $\angle A$，$\angle B$，$\angle C$ 所对的边长；

(3) $HG = 2OG = \dfrac{2}{3}OH$.

6. 三角形的顶点 A，内心 I，$\angle A$ 所对应的旁心三点共线.

7.（鸡爪定理）设 I 为 $\triangle ABC$ 内一点，AI 与 $\odot ABC$ 交于另一点 D，则 I 为 $\triangle ABC$ 内心的充要条件

是 $DI = DB = DC$.

证明 先证明必要性.

连接 IC. 因为 AD 为 $\angle BAC$ 的平分线, 故 $BD = CD$.

因为 I 为 $\triangle ABC$ 的内心, 故

$$\angle DIC = \angle DAC + \angle ICA = \angle BAD + \angle ICB = \angle BCD + \angle ICB = \angle ICD,$$

因此 $ID = CD$.

再证明充分性.

因为 I 是 $\triangle ABC$ 的内心, 所以 $\angle ABD = \angle ACD = 90°$. 因为 $BD = CD$, 故 AD 为 $\angle BAC$ 的平分线.

因为 $ID = CD$, 故 $\angle ICD = \angle DIC = \angle DAC + \angle ICA = \angle BAD + \angle ICA = \angle BCD + \angle ICA$.

又 $\angle ICD = \angle BCD + \angle ICB$, 故 $\angle ICB = \angle ICA$.

8. 设 I 为 $\triangle ABC$ 内一点, 则 I 是内心的充要条件是 $\angle BIC = 90° + \dfrac{1}{2} \angle CAB$, $\angle CIA = 90° + \dfrac{1}{2} \angle ABC$, $\angle BIA = 90° + \dfrac{1}{2} \angle ACB$.

证明 如图 2.2.1, 由性质 7 知, I 是内心 $\Leftrightarrow DI = DB = DC$.

因此 $DI = DC \Leftrightarrow \angle DIC = \angle ICD \Leftrightarrow \angle DIC = 90° - \dfrac{1}{2} \angle ADC \Leftrightarrow \angle CIA = 90° + \dfrac{1}{2} \angle ABC$.

同理, $DI = DB \Leftrightarrow \angle AIB = 90° + \dfrac{1}{2} \angle ACB$.

故原命题得证.

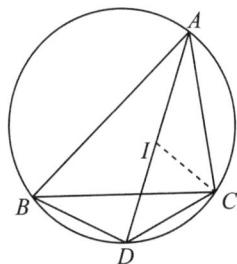

图 2.2.1

9. 设 I 为 $\triangle ABC$ 的内心, I 在 BC, CA, AB 上的射影分别为 D, E, F, 令 $p = \dfrac{a+b+c}{2}$, 则 $AE = AF = p - a$, $BD = BF = p - b$, $CE = CD = p - c$.

10. 设 I_A 为 $\triangle ABC$ 外一点, AI_A 与 $\triangle ABC$ 的外接圆交于另一点 D, 则 I_A 为 $\angle BAC$ 所对的旁心的充要条件是 $DI_A = DB = DC$.

11. 设 I_A 为 $\triangle ABC$ 外一点, 则 I_A 是 $\angle BAC$ 所对的旁心的充要条件是 $\angle BI_AC = 90° - \dfrac{1}{2} \angle CAB$, $\angle CI_AA = \dfrac{1}{2} \angle ABC$, $\angle BI_AA = \dfrac{1}{2} \angle ACB$.

12. 设 I_A 为 $\triangle ABC$ 中 $\angle BAC$ 所对的旁心, I_A 在 BC, CA, AB 上的射影分别为 D, E, F, 令 $p = \dfrac{a+b+c}{2}$, 则 $AE = AF = p$, $BD = BF = p - c$, $CE = CD = p - b$.

13. 如图 2.2.2, 设 I 为 $\triangle ABC$ 的内心, $\angle CAB$ 的平分线交 BC 于点 K, 交 $\triangle ABC$ 的外接圆于点 D, 则 $\dfrac{AI}{KI} = \dfrac{AD}{DI} = \dfrac{DI}{DK} = \dfrac{AC + AB}{BC}$.

证明 因为 $\triangle DKC \backsim \triangle DCA$, 故 $\dfrac{DC}{DK} = \dfrac{AD}{DC} = \dfrac{AC}{CK} = \dfrac{AI}{KI}$.

因此 $DI^2 = DC^2 = DK \cdot DA$.

于是 $\dfrac{AD}{DI} = \dfrac{DI}{DK} = \dfrac{AD}{DC} = \dfrac{AI}{KI}$. 再由 $\dfrac{AI}{KI} = \dfrac{AB}{BK} = \dfrac{AC}{CK}$, 得 $\dfrac{AI}{KI} = \dfrac{AB + AC}{BC}$. 得证.

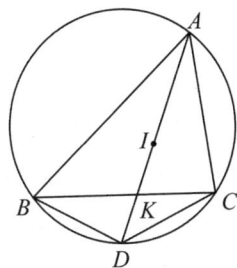

图 2.2.2

注 若将内心 I 换为 $\angle CAB$ 所对的旁心 I_A, 则结论同样成立.

14. $\triangle ABC$ 的三个旁心和内心构成垂心组. $\triangle ABC$ 的顶点和垂心分别是垂足三角形的旁心和内心.

15. 设 $\triangle ABC$ 的内心为 I，$\angle ACB$，$\angle BAC$，$\angle ABC$ 所对应的旁心分别为 I_C，I_A，I_B，则有以下结论：

(1) $I_A I_B = \dfrac{AB}{\sin\frac{C}{2}}$，$I_C I_B = \dfrac{CB}{\sin\frac{A}{2}}$，$I_A I_C = \dfrac{AC}{\sin\frac{B}{2}}$；$I_A I = \dfrac{BC}{\cos\frac{A}{2}}$，$I_C I = \dfrac{AB}{\cos\frac{C}{2}}$，$I_B I = \dfrac{AC}{\cos\frac{B}{2}}$.

(2) $\triangle I_A I_B I_C$ 的外接圆半径 R' 是 $\triangle ABC$ 的外接圆半径 R 的 2 倍，即 $R' = 2R$.

16. (九点圆定理) 设 $\triangle ABC$ 的三条高分别为 AD，BE，CF，垂心记为 H，线段 AH，BH，CH，AB，BC，CA 的中点分别记为 P，Q，R，N，L，M，则 P，Q，R，N，L，M，D，E，F 九点共圆.

17. (欧拉定理) $\triangle ABC$ 的外心 O，垂心 H，重心 G 共线，且满足 $GH = 2GO$.

18. $\triangle I_A I_B I_C$ 的外心 O' 和 $\triangle ABC$ 的内心 I 关于 $\triangle ABC$ 的外心 O 对称，即 O 为 IO' 的中点，亦即九点圆圆心为三角形内、外心连线的中点.

19. (鸭爪定理) 垂心关于三角形三边的对称点在外接圆上. 垂心关于三边中点的对称点也在外接圆上.

20. 设 H 为 $\triangle ABC$ 的垂心，则 $\angle BHA = 180° - \angle BCA$，$\angle AHC = 180° - \angle ABC$，$\angle BHC = 180° - \angle BAC$.

21. $\triangle ABC$ 的垂心 H 和三个顶点 A，B，C 构成垂心组. 垂心组中任意三点的外接圆均为等圆.

22. 垂心 H 是 $\triangle ABC$ 的垂足三角形的内心.

23. 设 H 为 $\triangle ABC$ 的垂心，R 为 $\triangle ABC$ 外接圆的半径，则 $CH = 2R \mid \cos C \mid$，$AH = 2R \mid \cos A \mid$，$BH = 2R \mid \cos B \mid$.

24. 设锐角三角形 ABC 的外心、垂心分别为 O，H，则 $\angle OAB = \angle HAC$，$\angle OBC = \angle HBA$，$\angle OCA = \angle HCB$.

25. 设 $\triangle ABC$ 的外心、垂心分别为 O，H，则 $\overrightarrow{OH} = \overrightarrow{OA} + \overrightarrow{OB} + \overrightarrow{OC}$.

证明 若 G 为 $\triangle ABC$ 的重心，则 $\overrightarrow{OG} = \dfrac{1}{3}\overrightarrow{OA} + \dfrac{1}{3}\overrightarrow{OB} + \dfrac{1}{3}\overrightarrow{OC}$.

由欧拉定理知 $\overrightarrow{OH} = 3\overrightarrow{OG}$，故 $\overrightarrow{OH} = \overrightarrow{OA} + \overrightarrow{OB} + \overrightarrow{OC}$.

26. $\triangle ABC$ 的外心 O 到 BC 的距离等于点 A 到垂心距离的一半.

27. $\triangle ABC$ 的九点圆圆心、垂心、外心分别为 V，H，O，记 R_V 和 R_O 分别为九点圆和外接圆的半径，则 V 为 OH 的中点，且 $R_V = \dfrac{1}{2}R_O$.

证明 设 $\triangle ABC$ 的三条高分别为 AD，BE，CF，线段 AH，BH，CH，AB，BC，CA 的中点分别记为 P，Q，R，N，L，M，连接 AO，OL，OH，设 OH 的中点为 V，以 $R_V = \dfrac{1}{2}R_O$ 为半径作圆，如图 2.2.3.

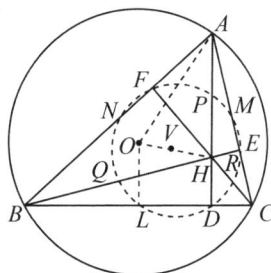

图 2.2.3

因为 $VP \parallel AO$，$VP = \dfrac{1}{2}AO$，所以点 P 在 $\odot V$ 上.

同理，点 Q，R 也在 $\odot V$ 上.

由欧拉定理的证明知 $OL \parallel AH$，$OL = \dfrac{1}{2}AH = PH$，故 $\angle LOV = \angle VHP$，因此 $\triangle LOV \cong \triangle PHV$，故 $VL = VP$，$\angle OVL = \angle PVH$，即 L 也在 $\odot V$ 上，且 L，V，P 三点共线. 同理，M，N 也在 $\odot V$ 上.

因为 $\angle PDL = 90°$，故点 D 也在 $\odot V$ 上. 同理，点 E，F 也在 $\odot V$ 上. 得证.

28. 垂心 H 与三角形外接圆上任意一点的连线被九点圆平分.

29. 垂心关于三边的对称点在外接圆上，垂心关于三边中点的对称点也在外接圆上.

30. 设 C 为 $\triangle AEF$ 的内心，射线 AC 交 EF 于点 B，交 $\odot AEF$ 于点 O，点 D 在射线 AC 上，则 D 为

$\triangle AEF$ 的旁心的充要条件是 $\dfrac{AC}{CB} = \dfrac{DO}{OB}$.

31.设 D 为 $\triangle AEF$ 的旁心,射线 AD 交 EF 于点 B,设 $\triangle DEF$ 的外接圆圆心为 O,点 C 在线段 AD 上,则 C 为 $\triangle AEF$ 的内心的充要条件是 $\dfrac{AC}{CB} = \dfrac{DO}{OB}$.

32.设 C 为 $\triangle AEF$ 的内心,D 为 $\angle A$ 所对的旁心,AD 交 EF 于点 B,过点 B 作 $\odot CEF$ 的弦 PQ,则 C 也是 $\triangle APQ$ 的内心.

33.$\triangle ABC$ 的内心和旁心的连线被其外接圆平分.

◎ 二、例题讲解

例题 1 如图 2.2.4,在锐角三角形 ABC 中,BC 的垂直平分线与 CA 的延长线交于点 P,与 AB 交于点 Q,设 M,N 分别是 BC,PQ 的中点,直线 AN 与直线 BC 交于点 D.证明:$\triangle ABC$ 与 $\triangle AMD$ 有一个共同的垂心.

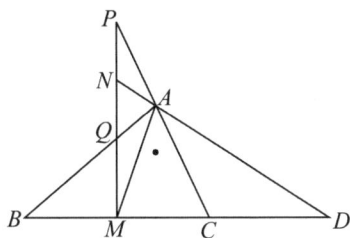

图 2.2.4

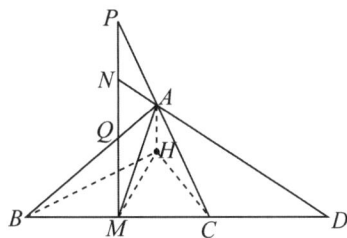

图 2.2.5

方法讲解 如图 2.2.5.设 H 是 $\triangle ABC$ 的垂心,则 $HB \perp AP$,$HC \perp AQ$.又 $PQ \perp BC$,所以 $\triangle APQ \backsim \triangle HBC$,且 $HM \perp AN$,即 $HM \perp AD$.又 $HA \perp MD$,因此 H 也是 $\triangle AMD$ 的垂心,故 $\triangle ABC$ 与 $\triangle AMD$ 有一个共同的垂心 H.

例题 2 如图 2.2.6,在凸四边形 $ABCD$ 中,$AB = AD$,$\angle BAC = 2\angle DCA$,$\angle CAD = 2\angle ACB$.证明:$BC = CD$.

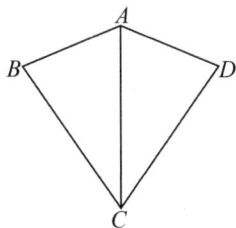

图 2.2.6

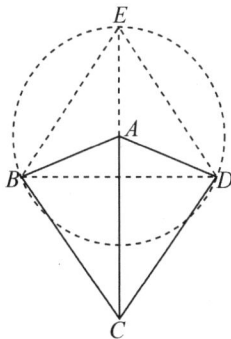

图 2.2.7

方法讲解 如图 2.2.7.延长 CA 至点 E,使 $AE = AB = AD$,则 A 是 $\triangle EBD$ 的外心,所以 $\angle BAC = 2\angle BEA$,且 $\angle CAD = 2\angle AED$.又 $\angle BAC = 2\angle DCA$,$\angle CAD = 2\angle ACB$,因此 $\angle BEA = \angle DCA$,$\angle AED = \angle ACB$,于是 $BE \parallel CD$,$ED \parallel BC$,这说明 $EBCD$ 是一个平行四边形,从而 AC 平分 BD.又 $AB = AD$,所以 AC 垂直平分 BD,故 $BC = CD$.

例题 3 如图 2.2.8,设 $\triangle ABC$ 为非等腰锐角三角形,其重心为 G,M 是 BC 的中点,以 G 为圆心、GM 为半径的圆与 BC 的另一个交点为 N,点 A 关于点 N 的对称点为 D.证明:$GD \perp BC$.

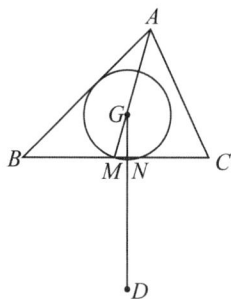
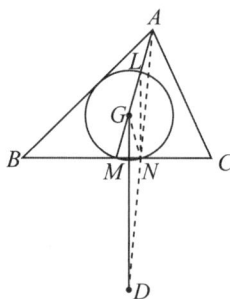

图 2.2.8　　　　　　图 2.2.9

方法讲解　如图 2.2.9. 设以 G 为圆心、GM 为半径的圆与 AG 交于点 L，则 LM 为其直径，所以 $LN \perp BC$. 又 M 是 BC 的中点，G 是 $\triangle ABC$ 的重心，由重心的性质得 $AG = 2GM$，所以 L 是 AG 的中点. 而 N 是 AD 的中点，因此 $GD \parallel LN$，故再由 $LN \perp BC$，即知 $GD \perp BC$.

例题 4　如图 2.2.10，在 $\triangle ABC$ 中，AD 为 $\angle BAC$ 的平分线，E, F 为 BC 上的点满足 $AE = AB$，$DB = DF$. G 为 AC 上的点，且满足 $AG = AB$. 证明：CG 为 $\odot(EFG)$ 的切线.

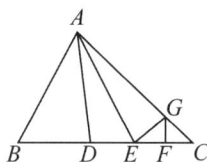

图 2.2.10

方法讲解　易知 $\angle GEF = 180^\circ - \angle BEG = \angle DAG$.

记 $BC = a, CA = b, BA = c$，则 $CG = b - c, CF = BC - 2BD = a - 2\dfrac{ac}{b+c}, CD = \dfrac{ab}{b+c}$.

易得 $\dfrac{CG}{CA} = \dfrac{b-c}{b} = \dfrac{CF}{CD}$，知 $FG \parallel AD$，于是 $\angle CGF = \angle GEF$，故命题得证.

例题 5　如图 2.2.11，设 $\triangle ABC$ 的内心为 I，点 A 对应的旁心为 J，过 B, I 两点且与 CI 相切于点 I 的圆的圆心为 S，过 C, I 两点且与 BI 相切于点 I 的圆的圆心为 T，ST 交 IJ 于点 K. 求 $\dfrac{IK}{KJ}$ 的值.

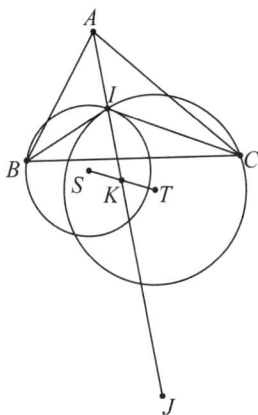
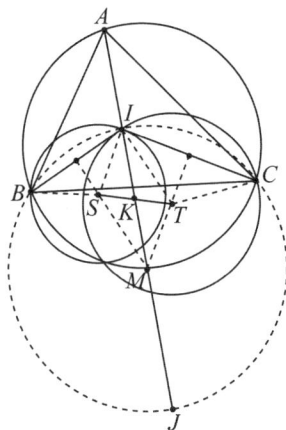

图 2.2.11　　　　　　图 2.2.12

方法讲解　如图 2.2.12，设 AJ 交 $\odot(ABC)$ 于点 M，则 M 为 $\odot(BICJ)$ 的圆心，$MI = MJ$. 显然 MS 垂直平分 BI，MT 垂直平分 CI，于是 $\angle SIM = 90^\circ - \angle MIC = \angle IMT$，知 $MT \parallel IS$. 同理 $MS \parallel IT$，于是点 K 为 IM 的中点，故 $\dfrac{IK}{KJ} = \dfrac{1}{3}$.

例题 6 如图 2.2.13,设 $\triangle ABC$ 内心和点 A 对应的旁心分别为 I 和 J,L 为 $\overparen{BAC}$ 的中点,直线 LB 交直线 IA 于点 X,LC 交 AI 于点 Y.点 D 为 A 的对径点.证明:$\odot(XLY)$ 与 $\odot(JDI)$ 相切.

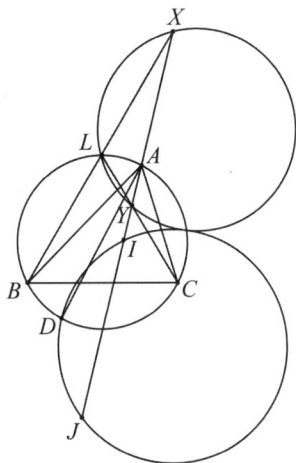

图 2.2.13

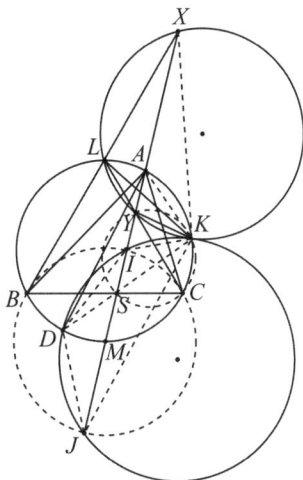

图 2.2.14

方法讲解 如图 2.2.14,设 AI 交 BC 于点 S,DS 交 $\odot(JDI)$ 于点 K.不失一般性,设 $AB > AC$.注意到 J,B,I,C 四点共圆,由相交弦定理有 $DS \cdot SK = IS \cdot SJ = SB \cdot SC$,知点 K 在 $\odot(ABC)$ 上.注意到

$$\angle CYS = 180° - \angle YCS - \angle CSY = 180° - \left(90° - \frac{\angle A}{2}\right) - \left(\angle B + \frac{\angle A}{2}\right) = 90° - \angle B,$$

$$\angle CKS = \angle CBD = 90° - \angle B,$$

于是 C,K,Y,S 四点共圆.另外,易知

$$\angle LXA = \frac{\angle A}{2} - \angle LBA = \frac{\angle A}{2} - \left(\frac{\angle C}{2} - \frac{\angle B}{2}\right) = 90° - \angle C,$$

$$\angle LKY = \angle LKC - \angle YKC = 180° - \angle LBC - (180° - \angle YSC) = 90° - \angle C,$$

知点 K 在 $\odot(XLY)$ 上,$\angle LKD = 180° - \angle LBD = \angle B + \frac{\angle A}{2}$.

设直线 AI 交 $\odot(ABC)$ 于点 M,易知 M 为 IJ 的中点,注意到 $DM \perp AM$,知 $DI = DJ$.

$$\angle LXK + \angle DJK = \angle KYC + (\angle DJI + \angle KJI) = \angle KSC + (\angle DIJ + \angle KDI)$$

$$= \angle YSC = \angle B + \frac{\angle A}{2} = \angle LKD,$$

故 $\odot(XLY)$ 与 $\odot(JDI)$ 相切于点 K.

例题 7 如图 2.2.15,在锐角三角形 ABC 中,$\angle C > 2\angle B$,内心 I 关于 BC 的对称点为 K,直线 KC 与直线 BA 交于点 D,$EB \parallel CI$,交 $\odot(ABC)$ 于点 E,交过点 A 的 BC 平行线于点 F.证明:若 $CE = BF$,则 $AD = FK$.

方法讲解 如图 2.2.16,设直线 CI 交直线 AF 于点 N,交 $\odot(ABC)$ 于点 M.FM 交 $\odot(ABC)$ 于点 P,连接 BI,则有

$$BF = CE = BM, \quad \angle MEF = \angle MEB = \angle MCB = \frac{1}{2}\angle C,$$

$$\angle MNF = \angle ANC = \angle NCB = \frac{1}{2}\angle C,$$

故 M,N,E,F 四点共圆,且四边形 $MNEF$ 为等腰梯形.

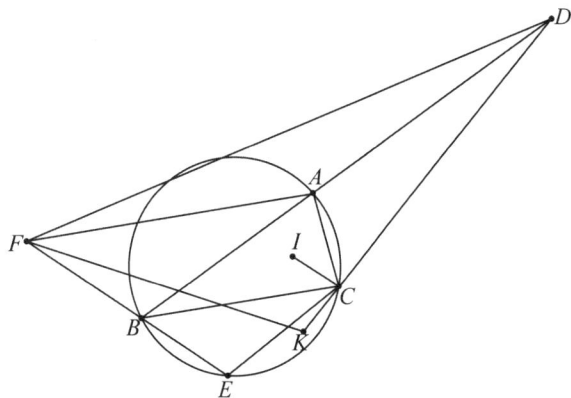

图 2.2.15

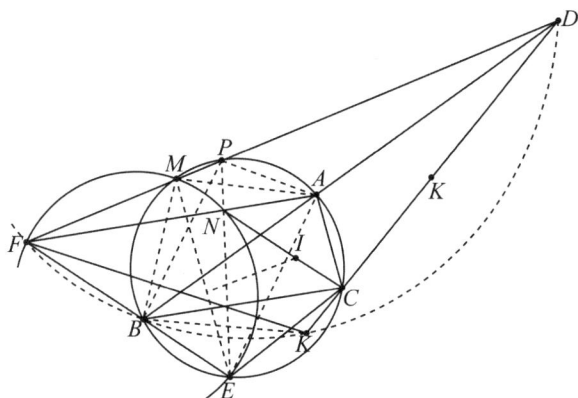

图 2.2.16

设直线 FM 与直线 EN 交于点 P'，易算得 $\angle MP'E = 180° - 2\angle MFB = \angle MBF = \angle MAE$，知点 P' 在 $\odot(ABC)$ 上，即点 P' 和点 P 重合.

由鸡爪定理有 $MI = MB = BF$，于是易知四边形 $MFBI$ 为平行四边形，所以 $BI \ /\!/ \ FP$.

于是 $\angle PFB = \angle IBE = \dfrac{1}{2}\angle B + \angle CBE = \dfrac{1}{2}\angle B + \angle AFB = \dfrac{1}{2}\angle B + \dfrac{1}{2}\angle C$，

知 $\angle MFN = \dfrac{1}{2}\angle B$，$\angle PMA = \dfrac{1}{2}\angle C - \dfrac{1}{2}\angle B = \angle EBK$，

于是 $\angle AMF = \angle FBK$，且 $BK = BI = FM$，结合 $MA = MB = BF$ 知 $\triangle AMF \cong \triangle FBK$，故 $AF = FK$，$\angle BFK = \angle MAF = \angle PMA - \dfrac{1}{2}\angle B = \dfrac{1}{2}\angle C - \angle B = \angle BDK$，故 D,F,B,K 四点共圆.

于是 $\angle FDB = \angle FKB = \angle MFA = \dfrac{1}{2}\angle B = \angle ABI$，知 $FD \ /\!/ \ BI$.

又 $BI \ /\!/ \ FP$，知 F,P,D 三点共线.

于是 $\angle ADF = \angle AFD = \dfrac{1}{2}\angle B$，所以 $AD = AF = FK$，命题得证.

例题 8　如图 2.2.17，在 $\triangle ABC$ 中，$AB < AC$，$\triangle ABC$ 的内切圆 I 与 BC,AC,AB 分别切于点 D，E,F，过点 D 作 $DP \perp EF$ 于点 P. 点 S 是 $\odot(ABC)$ 中 $\overset{\frown}{BAC}$ 的中点，证明：SD 与 AP 的交点 K 在 $\odot(ABC)$ 上.

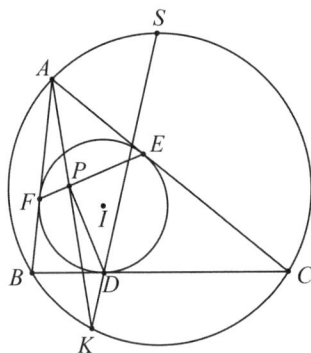

图 2.2.17

方法讲解　显然 P,D 为 $\triangle AFE$ 和 $\triangle SBC$ 的一对相似对应点，于是有 $\angle FAP = \angle BSD$，则有 $\angle BAK = \angle FAP = \angle BSD = \angle BSK$，所以 A,B,K,S 四点共圆，即 K 在 $\odot(ABS)$ 上，故命题得证.

例题 9　如图 2.2.18，设锐角不等边 $\triangle ABC$ 的垂心为 H，外心为 O，$\triangle AHO$ 的外心为 K. 证明：点 K 关于 OH 的对称点在 BC 上.

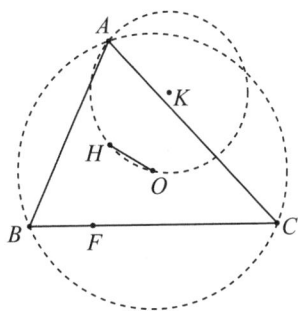

图 2.2.18

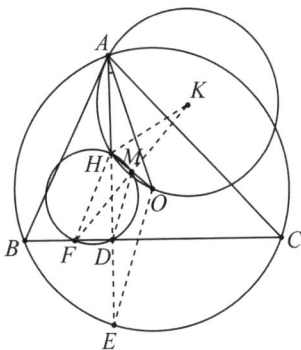

图 2.2.19

方法讲解　如图 2.2.19,设直线 AH 交 BC 于点 D,交 $\triangle ABC$ 的外接圆于点 E,M 为 OH 的中点,KM 交 BC 于点 F,连接 OE,MD,HD,HF.

由 $FM \perp HM$,$FD \perp HD$ 知 H,M,D,F 四点共圆.

另外,由垂心性质知 $DE = DH$,故 $DM \parallel OE$.于是

$$\angle HFM = \angle HDM = \angle AEO = \angle EAO = \angle HAO = \angle HKM,$$

故点 F 和点 K 关于 HM 对称.命题得证.

例题 10　如图 2.2.20,在 $Rt\triangle ABC$ 中,$\angle ACB = 90°$,CD 是边 AB 上的高,E 是 $\triangle ACD$ 的重心,F 是 $\triangle BCD$ 的重心,点 P 满足 $\angle CEP = 90°$,且 $CP = AP$,点 Q 满足 $\angle CFQ = 90°$,$CQ = BQ$.证明:直线 PQ 过 $\triangle ABC$ 的重心.

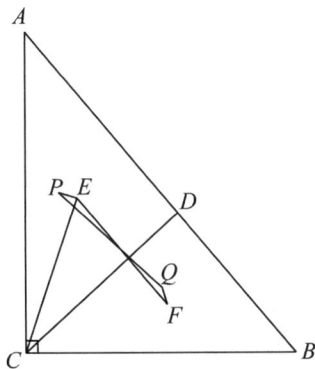

图 2.2.20

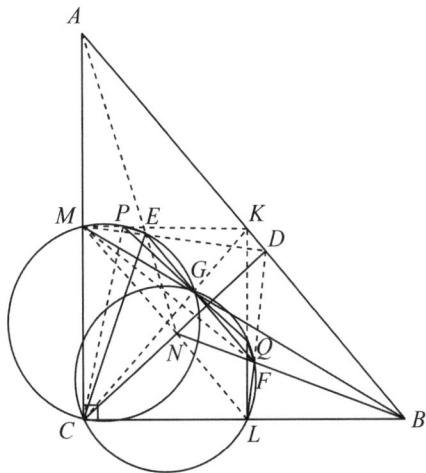

图 2.2.21

方法讲解　如图 2.2.21,用 K,L,M 表示 AB,BC,CA 的中点.由已知条件知 $PM \perp AC$,$QL \perp BC$,且有 M,P,E,C 四点共圆,L,F,Q,C 四点共圆.显然 L,F,D 三点共线,M,E,D 三点共线.同时注意到 LQ 和 MP 的交点为 AB 的中点 K,有 $\angle KMC = \angle KLC = 90°$,知 K,M,C,L 四点共圆,由 $CD \perp AB$ 知点 D 也在该圆上.

设 EF 交 $\odot(MPEC)$ 于点 G,则 $\angle CGE = 180° - \angle CME = \angle CLD = \angle CLF$,于是点 G 也在 $\odot(LFQC)$ 上,即 G 是 $\odot(MPEC)$ 和 $\odot(LFQC)$ 的交点.

设 PQ 交 $\odot(MPEC)$ 于点 G_1 则 $\angle CG_1P = 180° - \angle CMP = \angle CLK = \angle CLQ$,于是点 G_1 也在 $\odot(LFQC)$ 上,即 G_1 是 $\odot(MPEC)$ 和 $\odot(LFQC)$ 的交点.于是点 G 和点 G_1 重合.

另外,设 $\triangle ABC$ 的重心为 G_2,显然点 G_2 在 CK 上,由于 $\triangle ACD \backsim \triangle ABC$,点 E 和 G_2 分别为其重心,于是有 $\angle CEM = \angle BG_2K = \angle CG_2M$,即点 G_2 在 $\triangle CEM$ 的外接圆上.同理点 G_2 在 $\triangle CFL$ 的外接圆上,$\triangle CEM$ 的外接圆和 $\triangle CFL$ 的外接圆除点 C 外只能有一个交点,即点 G_2 和点 G 重合.故命题得证.

例题 11 如图 2.2.22，设 H 是锐角三角形 ABC 的垂心，M,N 分别是 AB,AC 的中点，点 H 在四边形 $BMNC$ 的内部，圆 (HBM) 与圆 (HCN) 相切。过点 H 且平行于 BC 的直线与圆 (HBM) 和圆 (HCN) 的另一交点分别为 E,F，直线 ME 与 NF 交于点 D，J 是 $\triangle HMN$ 的内心。证明：$DJ = DA$.

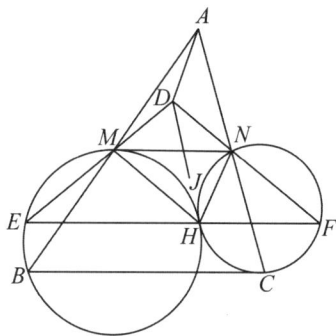 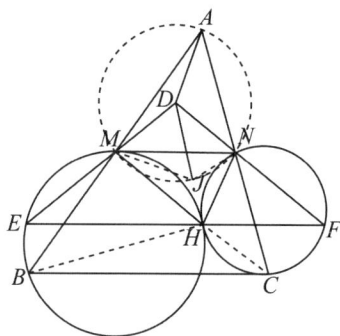

图 2.2.22   图 2.2.23

方法讲解 如图 2.2.23。因为 M,N 分别是 AB,AC 的中点，所以 $MN \parallel BC$。又 $EF \parallel BC$，所以 $MN \parallel EF \parallel BC$。因为 H 是 $\triangle ABC$ 的垂心，所以 $\angle NCH = \angle HBM = 90° - \angle BAC$，又 $\angle NMD = \angle FED = \angle HBM$，$\angle DNM = \angle DFE = \angle NCH$。这样便有 $\angle NMD = \angle DNM$，于是 $DM = DN$。又

$$\angle MDN = 180° - \angle FED - \angle DFE = 180° - 2(90° - \angle BAC) = 2\angle BAC,$$

所以 D 是 $\triangle AMN$ 的外心。

另外，因为圆 (HBM) 与圆 (HCN) 相切，所以 $\angle NHM = \angle NCH + \angle HBM = 180° - 2\angle BAC$。又 J 是 $\triangle HMN$ 的内心，所以 $\angle NJM = 90° + \dfrac{1}{2}\angle NHM = 180° - \angle BAC$，这说明 A,M,J,N 四点共圆，即点 J 在 $\triangle AMN$ 的外接圆上，故 $DJ = DA$.

例题 12 如图 2.2.24，设 $\triangle ABC$ 的内心为 I，外心为 O，点 A 关于 OI 的对称点为 P，OI 与 $\triangle BIC$ 外接圆交于点 Q。证明：直线 AI,BC,PQ 共点。

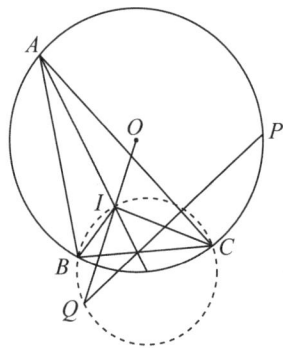 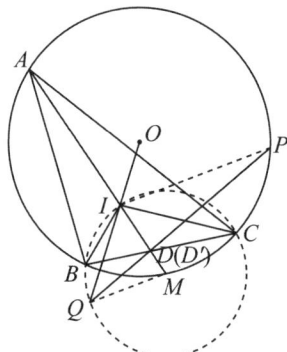

图 2.2.24   图 2.2.25

方法讲解 如图 2.2.25，由 $OA = OP$ 知，点 P 在 $\triangle ABC$ 的外接圆上。连接 IP，记直线 AI 与 $\triangle BIC$ 外接圆交于点 M，连接 MQ。由题设的对称知 $\angle OIP = \angle OIA = \angle MIQ = \angle MQI$，于是 $MQ \parallel PI$。设 PQ 与 IM 交于点 D，则有 $\dfrac{ID}{DM} = \dfrac{IP}{QM} = \dfrac{IA}{IM}$.

另外，设 BC 与 AM 交于点 D'。由内心性质易知 $\dfrac{ID'}{D'M} = \dfrac{IA}{IM}$，于是点 D 和点 D' 重合，故命题得证。

例题 13 如图 2.2.26，在非等边三角形 ABC 中，$\angle A$ 的平分线交 BC 于点 D。设 $\triangle ABD,\triangle ACD$ 的外心分别为 E,F。$\triangle BDE$ 的外接圆与 $\triangle DCF$ 的外接圆再次交于另一点 P，$\triangle ABC,\triangle BDE,\triangle CDF$ 的外心分别为 O,X,Y。证明：$OP \parallel XY$.

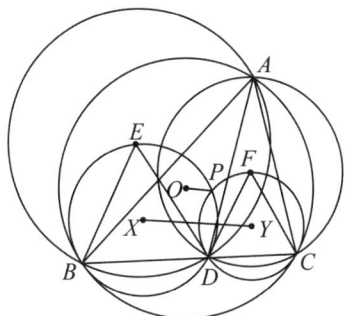
图 2.2.26

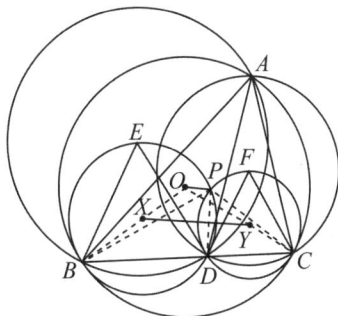
图 2.2.27

方法讲解 如图 2.2.27,因为 E,X,O 分别是 $\triangle ABD,\triangle BDE,\triangle ABC$ 的外心,所以

$$\angle XBD = 90° - \angle BED = 90° - 2\angle BAD = 90° - \angle BAC = \angle OBC.$$

从而 B,X,O 三点共线.同理可证 C,Y,O 三点共线.

因为 $\angle BPC = \angle BPD + \angle CPD = \angle BED + \angle CFD = 2\angle BAD + 2\angle CAD = 2\angle BAC = \angle BOC$,所以 B,C,P,O 四点共圆.于是 $\angle OPB = \angle OCB = 90° - \angle BAC$.

又因为 $\angle BPD = \angle BED = 2\angle BAD = \angle BAC$,所以 $\angle OPD = \angle OPB + \angle BPD = 90°$,即

$$OP \perp PD.$$

因为 PD 是 $\odot X$ 与 $\odot Y$ 的公共弦,所以

$$PD \perp XY.$$

综上可得 $OP \parallel XY$.

例题 14 如图 2.2.28,在锐角三角形 ABC 中,$\angle A > \angle B > \angle C,O,H$ 分别为外心、垂心.直线 OH 交 BC 于点 T,$\triangle AHO$ 的外心为 X.证明:点 H 关于 XT 的对称点在 $\triangle ABC$ 的外接圆上.

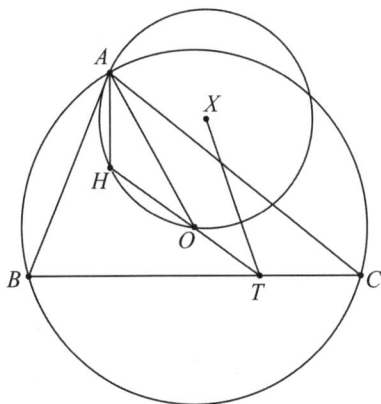
图 2.2.28

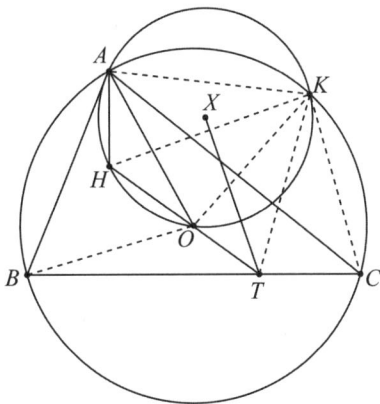
图 2.2.29

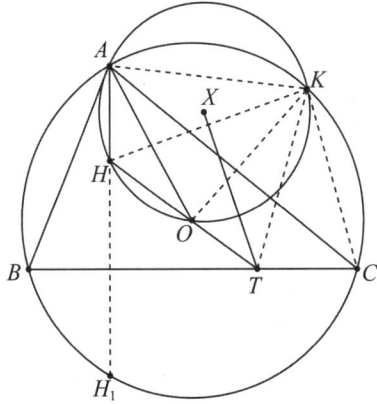
图 2.2.30

方法讲解 **方法一:**如图 2.2.29,设 K 是 $\odot X$ 与 $\odot O$ 的另一个交点,要证明点 H,K 关于 XT 对称,只需证明 $TH = TK$.

因为 $OA = OK$,所以只需证明 $\triangle THK \backsim \triangle OAK$,即 $\triangle TOK \backsim \triangle HAK$.因为 $\angle TOK = \angle HAK$,所以只需证明 $\dfrac{TO}{OK} = \dfrac{HA}{AK}$.在 $\triangle BOT$ 中,

$$\frac{TO}{OK} = \frac{TO}{OB} = \frac{\cos A}{\sin\angle OTB}.$$

又 $\dfrac{HA}{AK} = \dfrac{\cos A}{\sin\angle ACK}$,所以只需证明 $\angle OTB = \angle ACK$.

事实上,

$$\angle OTB = \angle AHO - 90° = 90° - \angle AKO = \angle ACK.$$

综上,命题得证.

方法二: 如图 2.2.30,设 K 是 $\odot X$ 与 $\odot O$ 的另一个交点,要证明点 H,K 关于 XT 对称,只需证明点 T 在 HK 的中垂线上.设 AH 的延长线交 $\odot O$ 于点 H_1.

因为 $\angle THK = \angle OAK = \angle OKA = \angle THH_1$,所以 T 在 KH_1 的中垂线上.

又点 T 在 HH_1 的中垂线上,所以 T 是 $\triangle KHH_1$ 的外心,故点 T 在 HK 的中垂线上.

综上,命题得证.

例题 15 如图 2.2.31,在 $\triangle ABC$ 中,$AB = AC$,M,N 为边 BC 上两点(点 M 在点 B,N 之间),且 $\angle MAN = \frac{1}{2}\angle BAC$.$\triangle AMC$ 的外接圆与 $\triangle ANB$ 的外接圆交于 A,P 两点.证明:直线 AP 通过 $\triangle AMN$ 的外心.

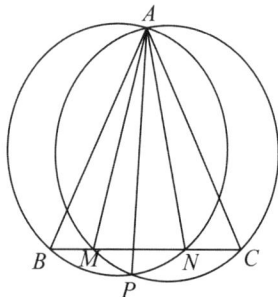 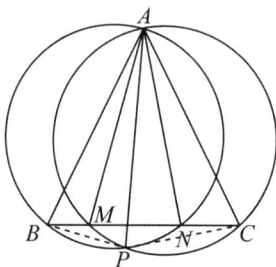 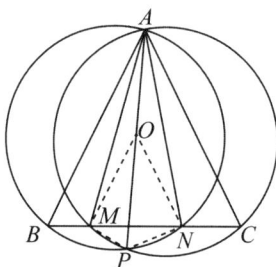

图 2.2.31 　　　　　　　图 2.2.32 　　　　　　　图 2.2.33

方法讲解 **方法一:** 如图 2.2.32,因为 $\angle CPB = \angle CPA + \angle APB = \angle CMA + \angle ANB = 180° - \angle MAN$,而 $\angle MAN = \frac{1}{2}\angle BAC$,所以 $\angle CPB = \frac{1}{2}(360° - \angle BAC)$.又 $AB = AC$,这说明 A 是 $\triangle BPC$ 的外心,因此 $AB = AP = AC$.而 $\angle APM = \angle ACM = \angle MBA$,由此可知 AM 是线段 BP 的垂直平分线,于是 $\angle MAP = 90° - \angle APB = 90° - \angle ANB$,故 $\triangle AMN$ 的外心在直线 AP 上,换句话说,直线 AP 通过 $\triangle AMN$ 的外心.

方法二: 如图 2.2.33,设过点 M 且平行于 AB 的直线与 AP 交于点 O,则 $\angle NMO = \angle NBA = \angle NPA$,所以 O,M,P,N 四点共圆,因此 $\angle ONM = \angle OPM = \angle ACM = \angle CBA = \angle NMO$,于是 $OM = ON$,且 $ON \parallel AC$.由 $OM \parallel AB$,$ON \parallel AC$ 知,$\angle MON = \angle BAC$.而 $\angle MAN = \frac{1}{2}\angle BAC$,所以 $\angle MON = 2\angle MAN$,这说明点 O 是 $\triangle AMN$ 的外心,故 $\triangle AMN$ 的外心在 AP 上,换句话说,直线 AP 通过 $\triangle AMN$ 的外心.

例题 16 如图 2.2.34,设 $\triangle ABC$ 的内心为 I,外心为 O,内切圆在边 BC,CA,AB 上的切点分别是 D,E,F,作 $DP \perp EF$ 于点 P,射线 IP,AP 分别交外接圆于点 Q,G,取 BC 的中点 M,证明:D 是 $\triangle GMQ$ 的内心.

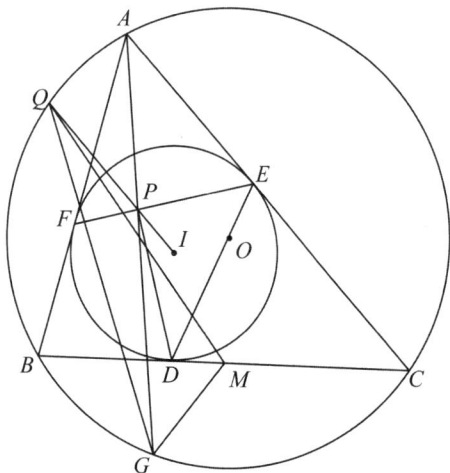 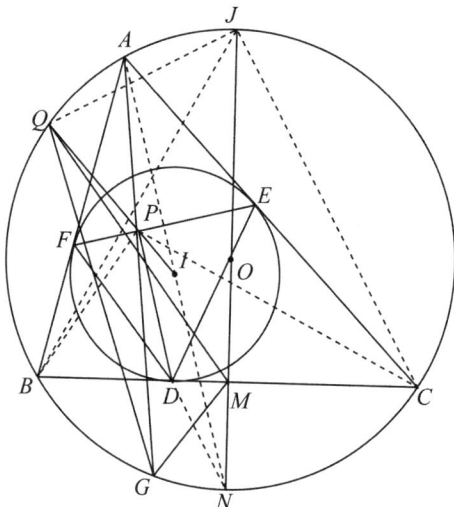

图 2.2.34 　　　　　　　　　　　　　　　图 2.2.35

方法讲解　如图 2.2.35,设垂直于 BC 的直径为 JN(上下极点分别为 J,N),由 $DP \perp EF$ 构型可知直线 IP 与 $\odot O$ 的交点即为 $\odot(AEF)$ 与 $\odot O$ 的交点,且 $\triangle JBC$ 与 $\triangle AFE$ 相似对应.故知 Q,D,N 和 J,D,G 分别三点共线,并且 Q 为 $\odot(AEF)$ 和外接圆的交点,$\angle AQI = 90°$.由 Q,D,N 三点共线知 $\angle JQD = 90°$,又 $JM \perp BC$,于是 J,Q,D,M 四点共圆.

由 J,D,G 三点共线知 $\angle JGN = 90°$,又 $JM \perp BC$,于是 D,G,N,M 四点共圆.

于是 $\angle DMQ = \angle DJQ = \angle GJQ = \angle GNQ = \angle GND = \angle GMD$,即 MD 平分 $\angle GMQ$.

另外,$\angle GQD = \angle GQN = \angle GJN = \angle DJM = \angle DQM$,即 QD 平分 $\angle GQM$,于是点 D 为 $\triangle GQM$ 的内心,命题得证.

例题 17　如图 2.2.36,在锐角三角形 ABC 中,$AB \neq AC$,D 是直线 BC 上一点,使得 DA 与 $\triangle ABC$ 的外接圆相切.设 E,F 分别是 $\triangle ABD,\triangle ACD$ 的外心,M 是 EF 的中点.证明:$\triangle AMD$ 的外接圆在点 D 处的切线与 $\triangle ABC$ 的外接圆相切.

方法讲解　连接 DE,OE,DF,OF,过点 D 作 $\odot O$ 的切线,切点为 P.

题目可以转化为证明 $\angle MDP = \angle MAD$.

由 E,F 为 $\odot(ABD),\odot(ACD)$ 外心,可得

$$\begin{aligned}
\angle BDF &= \angle ADF - \angle ADB \\
&= \left(\frac{\pi}{2} - \angle ACD\right) - \angle ADC \\
&= \frac{\pi}{2} - \angle DAB - \angle ADC \\
&= \frac{\pi}{2} - \angle ABC.
\end{aligned}$$

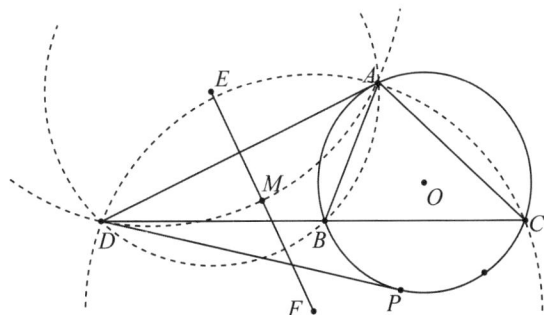

图 2.2.36

故 $DF \perp AB$,同理可得 $DE \perp AC$,且 OF 垂直平分 AC,OE 垂直平分 AB,故 $OE \parallel DF$,$OF \parallel DE$,即四边形 $OEDF$ 为平行四边形.故 EF 的中点 M 与点 D,O 共线.

由对称性可得 DM 平分 $\angle ADP$,即转化结论成立,原命题得证.

例题 18　如图 2.2.37,设 O,I,H 为 $\triangle ABC$ 的外心、内心、垂心,直线 AI 和直线 AH 与 $\triangle ABC$ 外接圆分别交于点 M,W.证明:若 $OI \parallel BC$,则 $\triangle OIH$ 的外心在 MW 上.

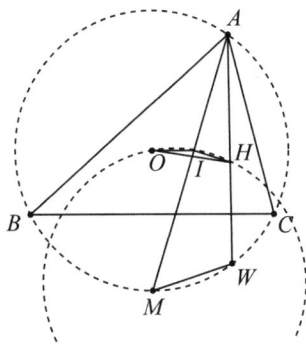

图 2.2.37

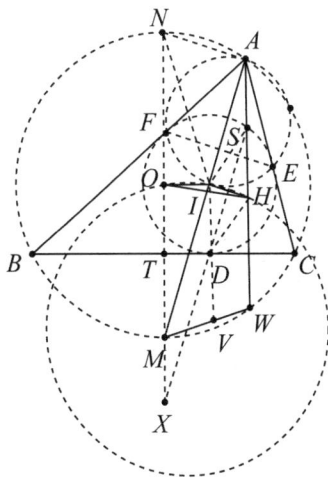

图 2.2.38

方法讲解　如图 2.2.38,设 $\odot I$ 分别切 BC,CA,AB 于点 D,E,F,过点 M 作直径 MN,与 BC 交于点 T,过点 D 作 $DS \perp EF$,交内切圆于点 S,SD 与 NM 的延长线交于点 X,交 MW 于点 K,直线 ID 交 MW 于点 V.

由已知条件 $OI \parallel BC$ 知,OI 垂直平分 NM 和 AW.由 $DP \perp EF$ 构型知 $\angle IAS = \angle MNI = \angle NMI$

$= \angle IAH$，于是点 S 在 AH 上.（事实上，关于 S 落在 AH 上同视为常规结论.）

另外，由 $IN = IM$ 知 $SA = SI$.于是 $SA = SI = ID$.由垂心的性质知 $AH = 2OT = 2ID$，于是 S 为 AH 的中点.于是四边形 $SIDH$ 为菱形，所以 SD 垂直平分 IH.

显然 $AI \perp EF$，所以 $AI \parallel SD$，于是 $IH \perp AI$，知 $IH \parallel AN$，$\angle IHW = \angle NAW = \angle MWA$，则四边形 $IVWH$ 为等腰梯形，由垂心的性质知 H,W 关于 BC 对称，有 $DI = DV$.

易知四边形 $AMXS$ 为平行四边形，$MX = AS = ID = DV$，结合 $DV \parallel MX$ 知 K 为 MV 的中点，在梯形 $DTMV$ 中，由 K 为 MV 的中点知，点 K 在 TD 的垂直平分线上，则点 K 也在 OI 的垂直平分线上，于是点 K 为 $\triangle OIH$ 的外心，它在 MW 上.

例题 19 如图 2.2.39，锐角三角形 ABC 固定在平面上，最长边为 BC.设 PQ 为其外接圆的任意一条直径，其中点 P 在劣弧 $\overparen{AB}$ 上，点 Q 在劣弧 $\overparen{AC}$ 上.点 X,Y,Z 分别为点 P 到直线 AB，点 Q 到直线 AC，点 A 到直线 PQ 的垂足.证明：$\triangle XYZ$ 的外心位于定圆上（不依赖于点 P 和点 Q 的选取）.

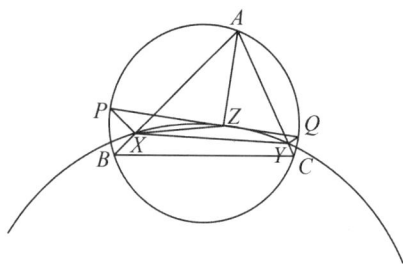

图 2.2.39

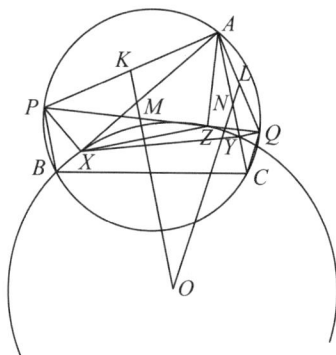

图 2.2.40

方法讲解 如图 2.2.40，由三组垂直得 A,P,X,Z 四点共圆，AP 为该圆直径.

设 AP,AQ 的中点分别为 K,L，AB,AC 的中点分别为 M,N.设 $\triangle XYZ$ 的外心为 O，则 $KO \perp XZ$，$OL \perp YZ$.

注意到 $\angle BPZ + \angle PZX = \angle BAQ + \angle PAB = \angle PAQ = 90°$，故 $XZ \perp BP$，从而 $PB \parallel KO$.

因为 KM 为 $\triangle APB$ 的中位线，所以 $BP \parallel KM$.所以 K,M,O 三点共线.同理 L,N,O 三点共线.

注意到 $\angle MON$ 等于 BP 与 CQ 的夹角，等于 $90° - \angle A$，为定角，而 M,N 为定点，所以点 O 在以 MN 为弦、圆周角为 $90° - \angle A$ 的圆上.得证.

例题 20 如图 2.2.41，在锐角三角形 ABC 中，K 为 BC 延长线上一点，过点 K 分别作 AB,AC 的平行线 KP,KQ.若 $BK = BP$，$CK = CQ$，且 $\triangle KPQ$ 的外接圆与 AK 交于点 T，证明：

(1) $\angle BTC + \angle APB = \angle CQA$；

(2) $AP \cdot BT \cdot CQ = AQ \cdot CT \cdot BP$.

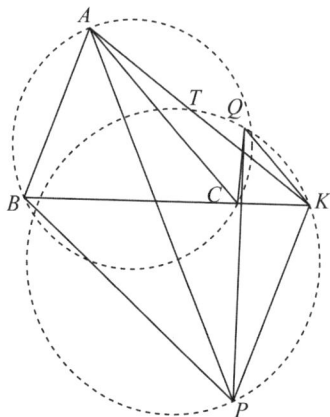

图 2.2.41

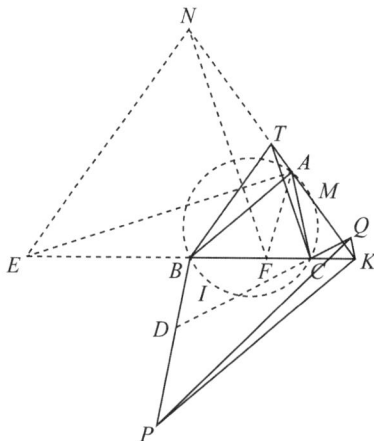

图 2.2.42

方法讲解 如图 2.2.42,设直线 BP,CQ 交于点 D,由 $KP \parallel AB,BK = BP$ 易得 BA 为 $\angle CBD$ 的外角平分线.同理,CA 为 $\angle BCD$ 的外角平分线.所以 A 为 $\triangle BCD$ 的 D- 旁心.

设 $\triangle BCD$ 的内心为 I.因为 $BK = BP$,所以 BI 垂直平分 KP.同理,CI 垂直平分 KQ.所以 I 为 $\triangle KPQ$ 的外心.

设 KT 的中点为 M,则 $\angle IMT = 90°$,故 M 在以 AI 为直径的圆上.由鸡爪定理,A,B,I,C 四点共圆,且 AI 为直径.故 A,B,I,C,M 五点共圆.

设 K 关于 B,C,T 的对称点分别为 E,F,N,则 $KE \cdot KF = 4KB \cdot KC = 4KA \cdot KM = KA \cdot KN$,故 A,N,E,F 四点共圆.

(1) 由于 BA 平分 $\angle PBE$,且 $BP = BK = BE$,所以点 P,E 关于 AB 对称,$\angle APB = \angle AEB$.同理,$\angle AQC = \angle AFC$.

于是 $\angle AQC - \angle APB = \angle AFC - \angle AEB = \angle EAF = \angle ENF = \angle BTC$,

即 $\angle BTC + \angle APB = \angle AQC$.

(2) 由 A,N,E,F 四点共圆,得 $\dfrac{AP \cdot BT \cdot CQ}{AQ \cdot CT \cdot BP} = \dfrac{AE}{AF} \cdot \dfrac{EN}{FN} \cdot \dfrac{KF}{KE} = \dfrac{AE}{FN} \cdot \dfrac{EN}{AF} \cdot \dfrac{KF}{KN} \cdot \dfrac{KN}{KE} = 1$,

故 $AP \cdot BT \cdot CQ = AQ \cdot CT \cdot BP$.

例题 21 如图 2.2.43,在锐角三角形 ABC 中,$AB < AC$,Ω 是外接圆,S 是 $\overset{\frown}{BAC}$ 的中点.过点 A 作 BC 的垂线,交 BS 于点 D,交圆 Ω 于点 E.过点 D 作 BC 的平行线,交直线 BE 于点 L,设 $\triangle BDL$ 的外接圆 ω 与圆 Ω 交于另一点 P.证明:圆 ω 在点 P 处的切线与直线 BS 的交点在 $\angle BAC$ 的平分线上.

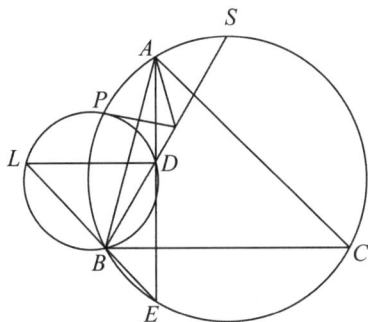

图 2.2.43

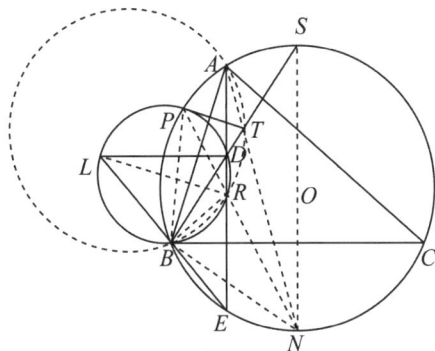

图 2.2.44

方法讲解 如图 2.2.44,设 N 为 $\overset{\frown}{BC}$ 的中点,AN 交 BS 于点 T,只需证明 PT 与 $\odot(DBL)$ 相切.设 AD 与 $\odot(DBL)$ 的第二个交点为 R,则 LR 为 $\odot(DBL)$ 的直径,由于

$$\angle ATB = \angle ASB + \frac{\pi}{2} = \angle ACB + \frac{\pi}{2} = \pi - \angle CAE = \pi - \angle CBE$$

$$= \pi - \angle BLD = \pi - \angle ERB = \angle ARB,$$

故 A,T,R,B 四点共圆.再由 $\angle ART = \angle ABS = \angle NAE = \angle TAR$ 知 $TA = TR$.由 $\angle BPN = \angle BSN = \angle BDR = \angle BPR$ 知 P,R,N 三点共线.故

$$\angle ATR = \pi - \angle ABR = \pi - 2\angle ABS = 2\left(\frac{\pi}{2} - \angle APS\right) = 2(\pi - \angle APR),\text{且 } TA = TR.$$

所以 T 是 $\triangle APR$ 的外心,故 $TP^2 = TA^2 = TD \cdot TB$.于是 TP 为 $\odot(DBL)$ 的切线.

例题 22 设四边形 $ABCD$ 为圆内接四边形.平行于 BD 的直线 L 和 $\triangle ABC$,$\triangle CDA$ 的内切圆均相切.证明:直线 L 经过 $\triangle BCD$ 或 $\triangle DAB$ 的内心.

方法讲解 如图 2.2.45,记 AC 与切线 L 交于点 K,与 BD 交于点 T.不妨设点 K 和点 A 位于 BD 同侧.I,I_1,I_2 分别为 $\triangle ABD,\triangle ABC,\triangle ACD$ 的内心,F 为 $\overset{\frown}{AD}$ 的中点,故点 B,I,F 和点 C,I_2,F 均共线,

且点 I,I_2 均在以 F 为圆心、FA 为半径的 $\odot F$ 上.

下证点 K,I 重合.

由于 $L \parallel BD$，又 L 是切线，故 $\angle ATB = 2\angle I_2KC$.

注意到 $\angle ABD = 2\angle FCA$，延长 I_2K，与 $\odot F$ 交于点 H. 于是

$$\begin{aligned}
\angle HFC &= 180° - 2\angle FI_2H = 180° - 2(\angle KCI_2 + \angle CKI_2) \\
&= 180° - \angle ABD - \angle ATB = \angle BAC = \angle BFC \\
&= \angle IFC.
\end{aligned}$$

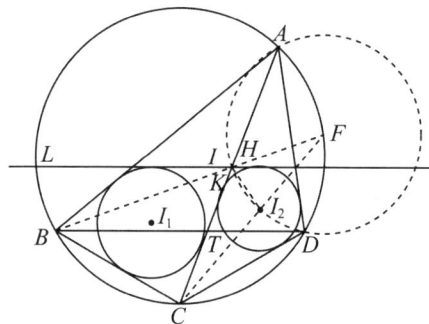

图 2.2.45

由于点 K,I 均在 CF 同侧且点 H,I 均在 $\odot F$ 上，故点 H,I 重合，即 I,K,I_2 三点共线. 同理 I,K,I_1 三点共线，若点 I,K 不重合，那么 I,K,I_1,I_2 四点共线，而 $\angle I_1KI_2 = 90°$，矛盾. 故点 I 与点 K 重合，从而切线 L 过 $\triangle ABD$ 的内心.

例题 23 如图 2.2.46，设 $\triangle ABC$ 内一点 P 关于 BC,CA,AB 的对称点分别是 D,E,F，Γ 是 $\triangle DEF$ 的外接圆，直线 PD,PE,PF 与圆 Γ 的另一个交点分别为 X,Y,Z. 证明：AX,BY,CZ 三线交于圆 Γ 上一点.

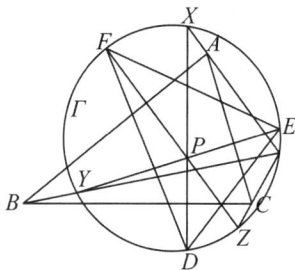 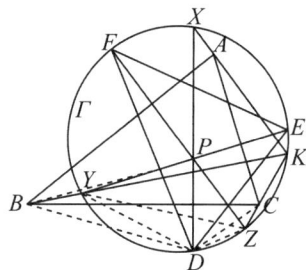

图 2.2.46 　　　　图 2.2.47

方法讲解 如图 2.2.47. 因为 AB,BC 分别是 PF,PD 的垂直平分线，所以 B 是 $\triangle PFD$ 的外心，这样便有

$$\angle DBC = \frac{1}{2}\angle DBP = \angle DFP = \angle DFZ = \angle DYZ.$$

同理，$\angle BCD = \angle YZD$，因此 $\triangle DBC \backsim \triangle DYZ$，进而 $\triangle DBY \backsim \triangle DCZ$. 设直线 BY,CZ 交于点 K，则 D,Y,K,Z 四点共圆，而 D,Y,Z 三点皆在圆 Γ 上，故点 K 也在圆 Γ 上. 这就是说，设直线 BY 与圆 Γ 的另一个交点为 K，则直线 CZ 也通过点 K. 同理，直线 AX 也通过点 K.

例题 24 如图 2.2.48，设 O,H 分别为锐角三角形 ABC 的外心和垂心，直线 AO 与直线 HB,HC 分别交于点 P,Q. 证明：$\triangle HPQ$ 的外心位于 $\triangle ABC$ 的一条中线上.

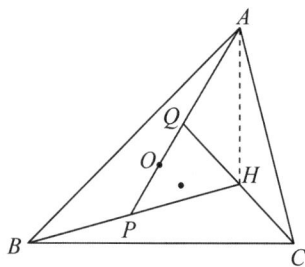 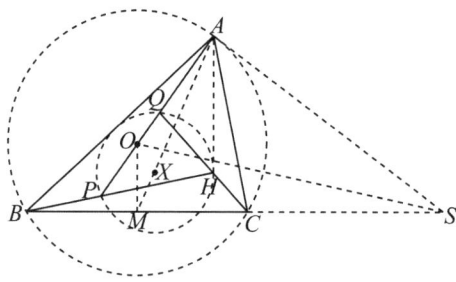

图 2.2.48 　　　　图 2.2.49

方法讲解 如图 2.2.49. 因为 O,H 分别为 $\triangle ABC$ 的外心、垂心，外心 O 在 AP 上，所以 $\angle BAP = \angle CBH$，因此 $\angle HPQ = \angle BAP + \angle HBA = \angle CBH + \angle HBA = \angle CBA$. 同理，$\angle QHP = \angle CAB$，于是 $\triangle HPQ \backsim \triangle ABC$. 又 $\angle HAC = \angle BAP$，$\angle ACH = \angle HBA$，所以 $\angle AHQ = \angle HAC + \angle ACH = \angle BAP + \angle HBA = \angle HPQ$，这说明 AH 是 $\triangle HPQ$ 的外接圆的切线.

设 X 是 $\triangle HPQ$ 的外心，$\triangle ABC$ 的外接圆在点 A 处的切线与直线 BC 交于点 S，则 X,O 是 $\triangle HPQ$

与 $\triangle ABC$ 的两个相似对应点,A,S 两点亦然,所以 $\angle PAX = \angle OSB$.

再设 M 是 BC 的中点,则 $OM \perp BS$.但 $AO \perp AS$,所以 A,O,M,S 四点共圆,因此 $\angle PAM = \angle OSB = \angle PAX$,故 A,X,M 三点共线,换句话说,$\triangle HPQ$ 的外心 X 位于 $\triangle ABC$ 的中线 AM 上.

例题 25 如图 2.2.50,设 O,I,H 分别是非等边锐角三角形 ABC 的外心、内心、垂心,Γ 是 $\triangle ABC$ 的外接圆,M 是 $\overset{\frown}{BHC}$ 的中点,P 是圆 Γ 上一点,且 $\angle HPA = \angle AMH$,X 是 $\triangle PIA$ 的外心.证明:直线 XI,AO 的交点在圆 Γ 上.

方法讲解 先证明几条引理.

引理 1:如图 2.2.51,设 H 是锐角三角形 ABC 的垂心,直线 AH 与 BC 交于点 D,M 是 $\triangle ABC$ 的外接圆 Γ 上 $\overset{\frown}{BC}$(不含点 A)的中点,直线 MD 与圆 Γ 的另一个交点为 P,N 是点 M 关于 BC 的对称点,则 $\angle HNA = \angle APH$.

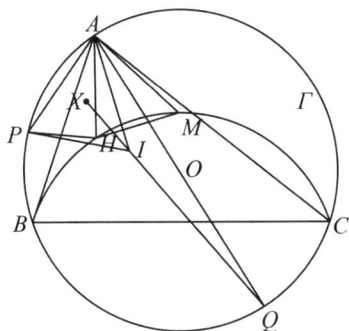
图 2.2.50

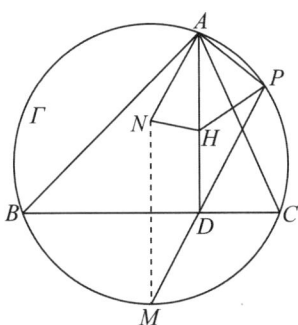
图 2.2.51

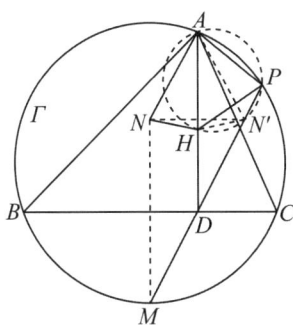
图 2.2.52

引理 1 的证明:如图 2.2.52.注意到 M,N 两点关于 BC 对称,$AD \perp BC$,$AD \parallel NM$.

设点 N 关于 AD 的对称点为 N',则点 N' 在直线 MD 上,$\angle HNA = \angle AN'H$,且 D 是 MN' 的中点.由圆幂定理与垂心的性质,有 $DN' \cdot DP = DM \cdot DP = DB \cdot DC = DH \cdot DA$.

这说明 A,H,N',P 四点共圆,所以 $\angle AN'H = \angle APH$,故 $\angle HNA = \angle APH$.

引理 2:如图 2.2.53,设 Γ 是 $\triangle ABC$ 的外接圆,K,M 两点在直线 BC 上,L,N 两点在圆 Γ 上,且 AK,AL 是 $\angle BAC$ 的两条等角线,AM,AN 也是 $\angle BAC$ 的两条等角线.证明:直线 KN,LM 的交点在圆 Γ 上.

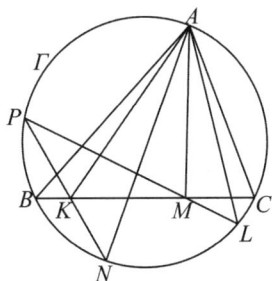
图 2.2.53

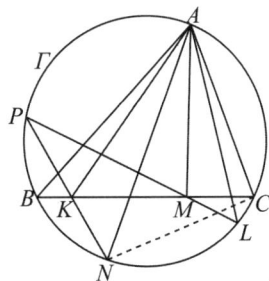
图 2.2.54

引理 2 的证明:如图 2.2.54.因为 AK,AL 是 $\angle BAC$ 的两条等角线,所以 $\angle BAK = \angle LAC$.因为 $\angle KBA = \angle CLA$,所以 $\triangle ABK \backsim \triangle ALC$,从而 $\dfrac{AB}{AL} = \dfrac{AK}{AC}$,于是 $AK \cdot AL = AB \cdot AC$.同理,$AM \cdot AN = AB \cdot AC$.这样便有 $AK \cdot AL = AM \cdot AN$,所以 $\dfrac{AK}{AM} = \dfrac{AN}{AL}$.

由 AK,AL 是 $\angle BAC$ 的两条等角线,AM,AN 也是 $\angle BAC$ 的两条等角线知,$\angle KAN = \angle MAL$,所以 $\triangle AKN \backsim \triangle AML$,这说明 $\angle ANK = \angle ALM$.设直线 KN 与 LM 交于点 P,则 A,P,N,L 四点共圆.而 A,L,N 三点都在圆 Γ 上,故点 P 也在圆 Γ 上.也就是说,直线 KN,LM 的交点在圆 Γ 上.

引理 3：如图 2.2.55，设 I 是 $\triangle ABC$ 的内心，Γ 是 $\triangle ABC$ 的外接圆，M 是直线 AI 与圆 Γ 的另一个交点，过点 A 作 BC 的垂线，垂足为 D，AE 是圆 Γ 的直径，则 $\angle EIM = \angle ADI$．

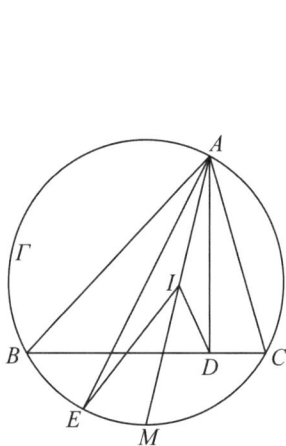
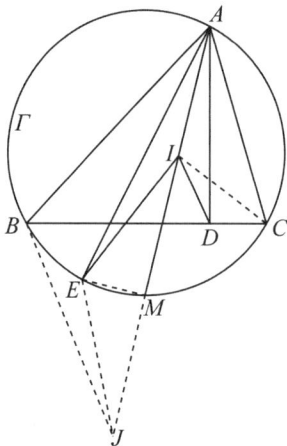
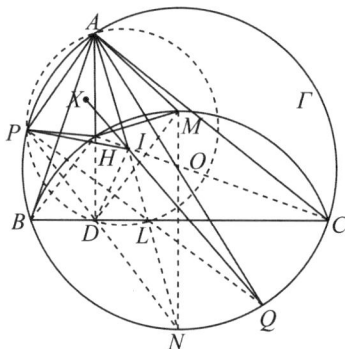

图 2.2.55　　　　　　图 2.2.56　　　　　　　图 2.2.57

引理 3 的证明：如图 2.2.56．显然，M 是圆 Γ 上 $\overset{\frown}{BC}$（不含点 A）的中点．设 J 是 $\triangle ABC$ 的 A- 旁心，则 M 是 IJ 的中点．又 AE 是圆 Γ 的直径，所以 $ME \perp AM$，这说明 ME 是 IJ 的垂直平分线，因此 $\angle EIM = \angle AJE$．

另外，因为 AD，AE 是 $\angle BAC$ 的两条等角线，且点 D 在 BC 上，点 E 在圆 Γ 上，所以 $AD \cdot AE = AB \cdot AC$．又 $\angle BAJ = \angle IAC$，$\angle AJB = \frac{1}{2}\angle ACB = \angle ACI$，所以 $\triangle ABJ \backsim \triangle AIC$，因此 $AI \cdot AJ = AB \cdot AC$，这样便有 $AI \cdot AJ = AD \cdot AE$，即 $\dfrac{AJ}{AD} = \dfrac{AE}{AI}$．再由 $\angle EAM = \angle MAD$ 知 $\triangle AEJ \backsim \triangle AID$，于是 $\angle AJE = \angle ADI$，故 $\angle EIM = \angle ADI$．

回到原题：如图 2.2.57．设直线 AH 与 BC 交于点 D，直线 AI 与 BC 交于点 L，与圆 Γ 的另一个交点为 N，则 $AD \perp BC$，N 是圆 Γ 上 $\overset{\frown}{BC}$（不含点 A）的中点．注意 $\triangle HBC$ 的外接圆与 $\triangle ABC$ 的外接圆 Γ 是等圆，因而这两个圆关于 BC 对称，而 M 是 $\overset{\frown}{BHC}$ 的中点，所以 N 是点 M 关于 BC 的对称点．又 P 是圆 Γ 上一点，且 $\angle HPA = \angle AMH$，由引理 1，P，D，N 三点共线．再设直线 AO 与圆 Γ 的另一个交点为 Q，则 AQ 是圆 Γ 的直径，而 AN 是 $\angle BAC$ 的自等角线，AN 与 BC 交于点 L，由引理 2，直线 ND 与 QL 的交点在圆 Γ 上．但 P，D，N 三点共线说明直线 ND 与圆 Γ 的另一个交点为 P，所以 P，L，D 三点共线．

另外，因为 $\angle NBC = \angle BCN = \angle BPN$，所以 $ND \cdot NP = NB^2$．由第一鸡爪定理，$NI = NB$，因此 $ND \cdot NP = NI^2$，于是 $\angle PIN = \angle NDI$．又由 $AD \perp BC$，$AP \perp PQ$，PQ 过点 L 知，A，P，D，L 四点共圆，所以 $\angle NDL = \angle PAI$．由引理 3，$\angle NIQ = \angle IDA$，这样便有
$$\angle PIQ = \angle PIN + \angle NIQ = \angle NDI + \angle IDA = \angle NDA = \angle NDL + \angle LDA = \angle PAI + 90°．$$

因为 $\angle XIP = 90° - \angle PAI$，所以 $\angle XIP + \angle PIQ = 180°$，故 X，I，Q 三点共线，换句话说，直线 XI 与 AO 的交点为 Q，它在圆 Γ 上．

例题 26　如图 2.2.58，设 ω，ω' 分别是一个非等边锐角三角形 ABC 的内切圆与 A- 旁切圆，且圆 ω，ω' 与 BC 分别切于点 P，P'，圆 Γ 过 B，C 两点且与圆 ω 切于点 Q，圆 Γ' 过 B，C 两点且与圆 ω' 切于点 Q'，直线 PQ 与 $P'Q'$ 交于点 M．证明：$AM \perp BC$．

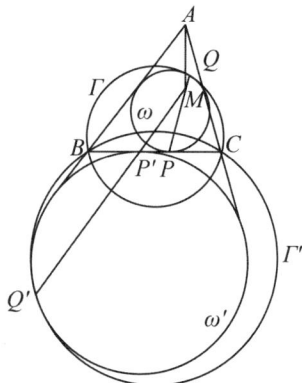

图 2.2.58

方法讲解 先证明几条引理.

引理1:如图2.2.59,设 M 是 $\triangle ABC$ 的高 AD 的中点,E 是 $\triangle ABC$ 的内切圆与边 BC 的切点,F 是 $\triangle ABC$ 的 A-旁切圆与 BC 的切点,则 $\triangle ABC$ 的 A-旁心 J 在直线 ME 上,$\triangle ABC$ 的内心 I 在直线 MF 上.

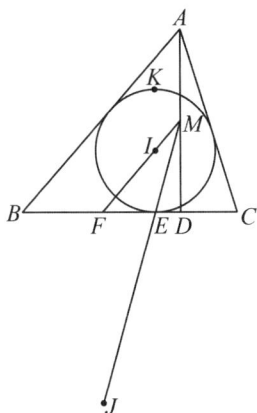 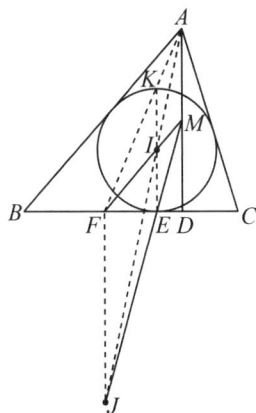

图2.2.59   图2.2.60

引理1的证明:如图2.2.60,设 K 是 $\triangle ABC$ 的内切圆上点 E 的对径点,则 A,K,F 三点共线.显然,$FJ \parallel KE \parallel AD$.而 M 为 AD 的中点,所以 $\triangle ABC$ 的内心 I 在 FM 上.又 A,I,J 三点共线,所以 $\dfrac{JF}{MD} = \dfrac{JF}{AM} = \dfrac{FI}{IM} = \dfrac{FE}{ED}$,故 J,E,M 三点共线,即 $\triangle ABC$ 的 A-旁心 J 在直线 ME 上.

引理2:如图2.2.61,设 AD 是 $\triangle ABC$ 的边 BC 上的高,M 是 AD 的中点,$\triangle ABC$ 的内切圆与边 BC 切于点 E,直线 ME 与 $\triangle ABC$ 的内切圆的另一个交点为 P,则圆 (PBC) 与 $\triangle ABC$ 的内切圆切于点 P.

引理2的证明:如图2.2.62,设 I,J 分别是 $\triangle ABC$ 的内心和 A-旁心,$\triangle ABC$ 的内切圆在点 P 处的切线与直线 BC 交于点 T,显然 $PE \perp TI$.设 PE 与 TI 交于点 S,则 S 为 PE 的中点.由引理1,点 $M,E,$ J 在一条直线上,所以 $SJ \perp SI$.又 $BJ \perp BI,CJ \perp IC$,因此,I,B,J,C,S 五点共圆.由圆幂定理得 $TB \cdot TC = TS \cdot TI$,又 $IE \perp ET,ES \perp IT$.由直角三角形的射影定理,$TS \cdot TI = TE^2$,又 $TE = TP$,即知 $TB \cdot TC = TP^2$,于是 $\triangle PBC$ 的外接圆与 TP 相切于点 P.而 $\triangle ABC$ 的内切圆也与 TP 相切于点 P,故圆 (PBC) 与 $\triangle ABC$ 的内切圆切于点 P.

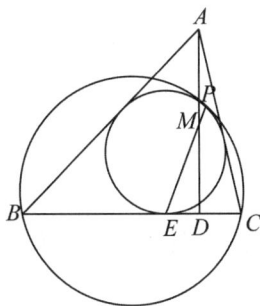 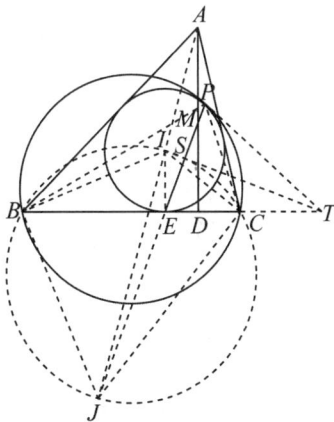

图2.2.61   图2.2.62

引理3:如图2.2.63,设 AD 是 $\triangle ABC$ 的边 BC 上的高,M 是 AD 的中点,$\triangle ABC$ 的 A-旁切圆与边 BC 切于点 E,直线 ME 与 $\triangle ABC$ 的 A-旁切圆的另一个交点为 P,则圆 (PBC) 与 $\triangle ABC$ 的 A-旁切圆切于点 P.

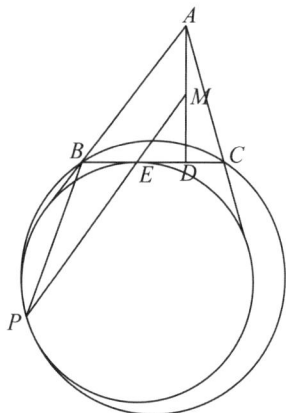
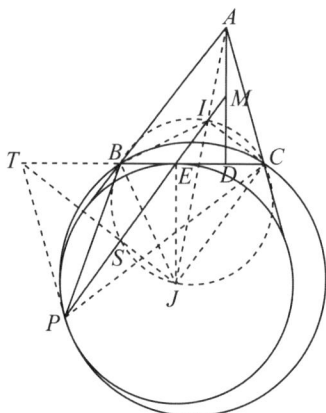
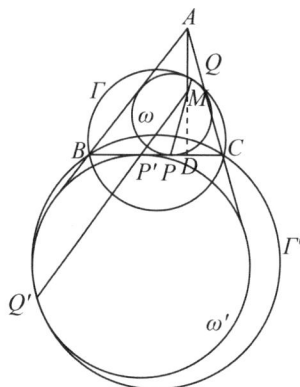

图 2.2.63　　　　　　　图 2.2.64　　　　　　　图 2.2.65

引理 3 的证明：如图 2.2.64，设 I,J 分别是 $\triangle ABC$ 的内心和 A-旁心，$\triangle ABC$ 的 A-旁切圆在点 P 处的切线与直线 BC 交于点 T，显然 $PE \perp TJ$. 设 PE 与 TJ 交于点 S，则 S 为 PE 的中点. 由引理 1，点 M，I,E 在一直线上，所以 $SJ \perp SI$. 又 $BJ \perp BI,CJ \perp CI$，因此，I,B,S,J,C 五点共圆. 由圆幂定理，$TB \cdot TC = TS \cdot TJ$. 又 $EJ \perp ET,ES \perp JT$，由直角三角形的射影定理，$TS \cdot TJ = TE^2$. 又 $TE = TP$，故 $TB \cdot TC = TP^2$，于是 $\triangle PBC$ 的外接圆与 TP 相切于点 P. 而 $\triangle ABC$ 的 A-旁切圆也与 TP 相切于点 P，故圆（PBC）与 $\triangle ABC$ 的 A-旁切圆切于点 P.

回到原题：如图 2.2.65. 设 AD 是 $\triangle ABC$ 的边 BC 上的高. 由引理 2，直线 PQ 过 AD 的中点. 由引理 3，直线 $P'Q'$ 也过 AD 的中点，这说明直线 PQ 与 $P'Q'$ 的交点 M 即为 AD 的中点. 而 $AD \perp BC$，故 $AM \perp BC$.

例题 27　如图 2.2.66，$\triangle ABC$ 的外接圆为 ω，点 P 和 Q 分别是 $\overset{\frown}{ABC}$ 和 $\overset{\frown}{ACB}$ 的中点. 过点 A 的圆 ω 的切线与直线 PQ 相交于点 R. 若线段 AR 的中点 M 在直线 BC 上，证明：$AB + AC = 2BC$.

方法讲解　如图 2.2.67，记 I_A,I_B,I_C 分别是 $\triangle ABC$ 与边 BC,CA,AB 相切的旁切圆圆心，则 AI_A,BI_B,CI_C 分别是 $\angle BAC,\angle CBA,\angle BCA$ 的角平分线，I_BI_C,I_CI_A,I_AI_B 分别是 $\angle BAC,\angle CBA,\angle BCA$ 的外角平分线，所以点 A，B,C 都是 $\triangle I_AI_BI_C$ 的垂足，圆 ω 是 $\triangle I_AI_BI_C$ 的九点圆.

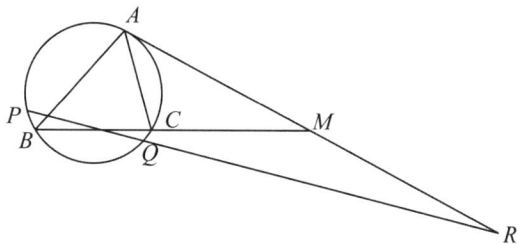

图 2.2.66

设 I_AI_C 与圆 ω 的另一个交点为 P'（不与点 B 重合），则 P' 为 I_AI_C 的中点，于是 $AP' = P'I_A = CP'$，故 P' 为 $\overset{\frown}{ABC}$ 的中点，即 $P' = P$. 同理，Q 为 I_AI_B 的中点. 所以 PQ 是 $\triangle I_AI_BI_C$ 的中位线.

记直线 BC 与 AI_A,I_CI_B 的交点分别为 L,K.

因为 $\angle MAL = \angle MAC + \angle CAL = \angle ABC + \angle LAB = \angle ALM$，所以 $AM = ML$.

因为 $\triangle AKL$ 是直角三角形，所以 $AM = MK$.

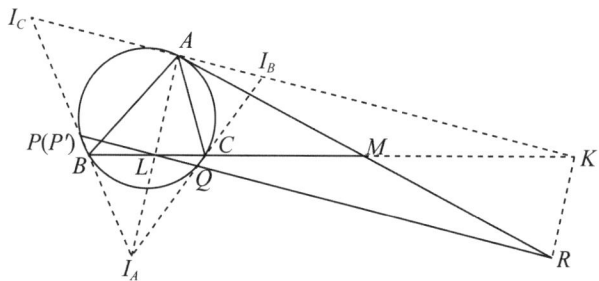

图 2.2.67

由 $AM = ML = MK = MR$ 知，四边形 $ALRK$ 是矩形，并且 $LR \parallel I_BI_C$.

因为 PQ 和 LR 均与 I_BI_C 平行，且有公共点 R，故点 L 在 $\triangle I_AI_BI_C$ 的中位线 PQ 上，所以 L 是 AI_A 的中点.

由角平分线定理得 $\dfrac{AB}{BL} = \dfrac{AC}{CL} = \dfrac{AI_A}{I_AL} = 2$，故 $\dfrac{AB + AC}{BL + CL} = 2$，所以 $AB + AC = 2BC$.

◎ 三、课外训练

1.如图,在 △ABC 中,$AB + AC = 3BC$,D 为边 AC 上一点,且 $4AD = AC$,点 E,F 分别在 AB,AC 上,且 $EF \parallel BC$,EF 与 △ABC 的内切圆相切.求 BD 将线段 EF 所截两部分的比值.

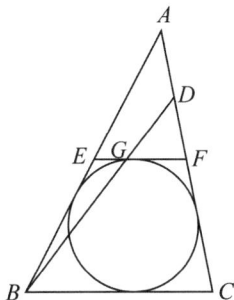 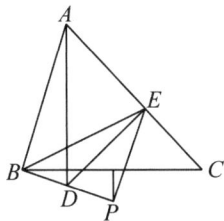 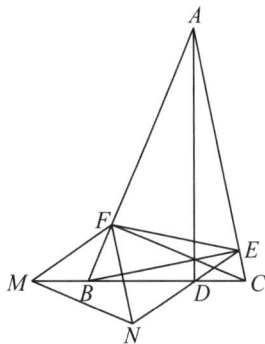

第 1 题　　　　　　第 2 题　　　　　　第 3 题

2.如图,在 △ABC 中,过点 B 且垂直于 AB 的垂线与过点 A 且垂直于 BC 的直线交于点 D,BC 的垂直平分线与直线 BD 交于点 P,再过点 D 作 AC 的垂线,垂足为 E.证明:△BPE 是一个等腰三角形.

3.如图,在锐角三角形 ABC 中,$BC < CA < AB$,点 D,E,F 分别在边 BC,CA,AB 上,且 $AD \perp BC$,$BE \perp CA$,$CF \perp AB$,过点 F 作 DE 的平行线,与直线 BC 交于点 M,$\angle MFE$ 的平分线与直线 DE 交于点 N.证明:F 为 △DMN 的外心当且仅当 B 为 △FMN 的外心.

4.设 M 是锐角三角形 ABC 的中点,J,K 分别是 △MAB,△MCA 的 M- 旁心,直线 BC 与 △JAB 的外接圆、△KAC 的外接圆的另一个交点分别为 E,F.证明:$BE = CF$.

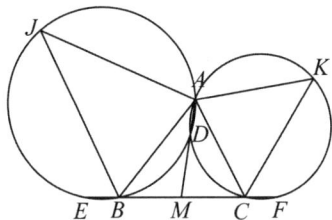 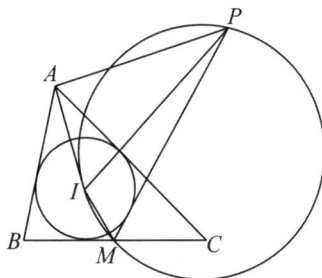

第 4 题　　　　　　　　　　第 5 题

5.在 △ABC 中,$AB \neq AC$,I 是 △ABC 的内心,过 BC 的中点 M 且不同于 BC 的切线与过点 A 且垂直于 AI 的直线交于点 P.证明:AI 是 △PIM 的外接圆的切线.

6.设 I 是 △ABC 的内心,直线 BI 与 CA 交于点 D,直线 CI 与 △ABC 的外接圆的另一个交点为 M,过内心 I 且垂直于 AI 的直线与直线 MD 交于点 E,点 B 关于点 C 的对称点为 F.证明:B,I,E,F 四点共圆.

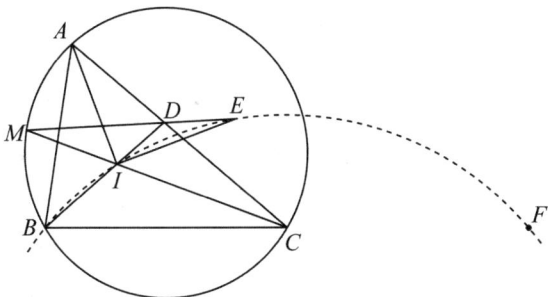 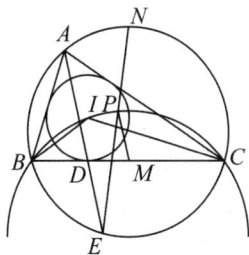

第 6 题　　　　　　　　　　第 7 题

7. 在 $\triangle ABC$ 中，$AB < AC$，I 为其内心，其内切圆与边 BC 切于点 D，直线 AD 与 $\triangle ABC$ 的外接圆的另一个交点为 E，M 与 N 分别为 BC 的中点与 $\overset{\frown}{BAC}$ 的中点，EN 与 $\overset{\frown}{BIC}$ 交于点 P.证明：$PM \parallel AD$.

8. 在 $\triangle ABC$ 中，BC 是最短边，点 E，F 分别在 AB，AC 上，且 $BE = BC = CF$，BF 与 CE 交于点 D.证明：$\triangle DEB$ 的外接圆与 $\triangle DCF$ 的外接圆的另一个交点是 $\triangle ABC$ 的内心.

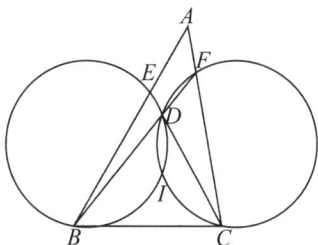
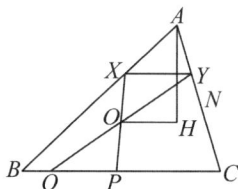
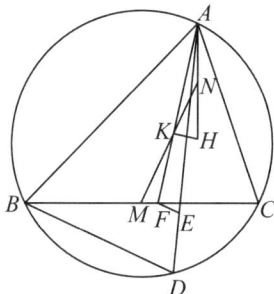

第 8 题　　　　第 9 题　　　　第 11 题

9. 设 O，H 分别为锐角三角形 ABC 的外心、垂心，AH 的垂直平分线与 AB，AC 分别交于点 X，Y，直线 XO，YO 与 BC 分别交于点 P，Q，且 $XP + YQ = BC + XY$.证明：$OH \perp BC$.

10. 设 $\triangle ABC$ 的顶点 A，B，C 关于对边的对称点分别是 A'，B'，C'，$\triangle ABB'$ 的外接圆与 $\triangle AC'C$ 的外接圆交于 A，D 两点，$\triangle BCC'$ 的外接圆与 $\triangle BA'A$ 的外接圆交于 B，E 两点，$\triangle CAA'$ 的外接圆与 $\triangle CB'B$ 的外接圆交于 C，F 两点.证明：AD，BE，CF 三线共点.

11. 在 $\triangle ABC$ 中，$AB > AC$，H 为 $\triangle ABC$ 的垂心，D 是 $\triangle ABC$ 的外接圆的 $\overset{\frown}{BC}$（不含点 A）上一点，E 是 AD 上一点，且 $AD = AB$，$AE = AC$，点 F 在 BC 上，且 $EF \parallel DB$，M 是 BC 的中点，H 在 AF 上的射影为 K.证明：直线 MK 平分线段 AH.

12. 设锐角三角形 ABC 的 A-旁切圆与直线 AB，AC 分别切于点 E，F，点 P，Q 分别在 CB，BC 的延长线上，且 $PB = AB$，$CQ = CA$.直线 PE 与 QF 交于点 R，J 是 $\triangle ABC$ 的 A-旁心.证明：$AR \perp JR$.

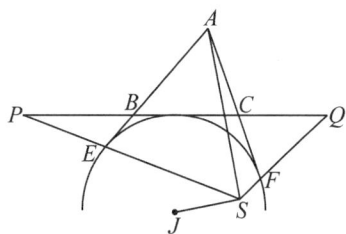
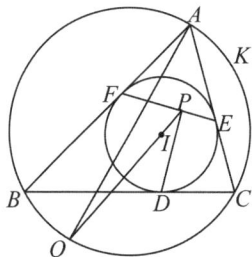
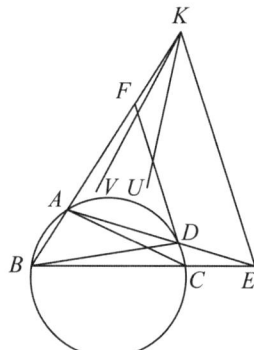

第 12 题　　　　第 13 题　　　　第 16 题

13. 设 $\triangle ABC$ 的内切圆与边 BC，CA，AB 分别切于点 D，E，F，点 D 在 EF 上的射影为点 P，AQ 是 $\triangle ABC$ 的外接圆的直径，I 是 $\triangle ABC$ 的内心.证明：P，I，Q 三点共线.

14. 在 $\triangle ABC$ 中，$AB > AC$，I 是内心，AM 是中线.过点 I 且与 BC 垂直的直线与 AM 交于点 L，点 I 关于点 A 的对称点为点 J.证明：$\angle ABJ = \angle LBI$.

15. 设锐角三角形 ABC 的垂心为 H，CD，BE 分别为边 AB，AC 上的高.延长 ED，CB，交于点 P，AJ 为 $\triangle ABC$ 外接圆的直径，延长 JH，交 DE 于点 T，连接 JP.证明：$AT \perp JP$.

16. 如图，在圆内接四边形 $ABCD$ 中，$BD > AC$，直线 BC，AD 交于点 E，直线 AB，CD 交于点 F，过点 E 作直线 CD 的平行线，交直线 AB 于点 K，U，V 分别为 $\triangle FAC$，$\triangle FBD$ 的外心.证明：$\angle UKV = \angle BCD - \angle ABC$.

17. 在 $\triangle ABC$ 中, AD, BE 分别为 $\angle CAB$, $\angle CBA$ 的平分线, I, H, O 分别为 $\triangle ABC$ 的内心、垂心、外心. 连接 HO, 分别交 AC, BC 于点 P, Q. 若 C, I, D, E 四点共圆, 证明: $PQ = AP + BQ$.

18. 如图, 设四边形 $ABCD$ 外切于圆心为 O 的圆, 直线 AB 与 CD 交于点 E, $\triangle EAD$ 的外接圆与 $\triangle EBC$ 的外接圆交于 E, P 两点. 证明: PO 平分 $\angle APC$.

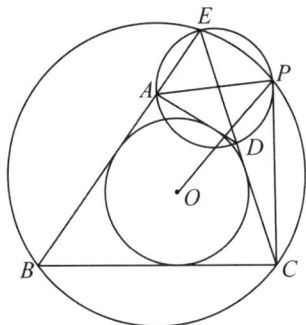

第 18 题

2.3 重要定理及其应用

◎ 一、知识要点

1. 梅涅劳斯(Menelaus) 定理

若 D, E, F 分别是 $\triangle ABC$ 的三边 BC, CA, AB 或其延长线上的点, 则 D, E, F 三点共线的充要条件是 $\dfrac{AF}{FB} \cdot \dfrac{BD}{DC} \cdot \dfrac{CE}{EA} = 1$.

证明　先证必要性. 如图 2.3.1, 过点 C 作 $CG \parallel AB$, 交 DF 于点 G, 则有

$$\frac{BD}{DC} = \frac{FB}{CG}, \frac{CE}{AE} = \frac{CG}{AF}.$$

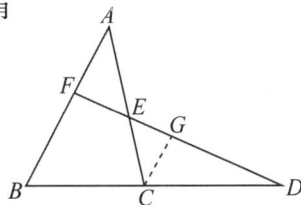

图 2.3.1

故

$$\frac{AF}{FB} \cdot \frac{BD}{DC} \cdot \frac{CE}{EA} = \frac{AF}{FB} \cdot \frac{FB}{CG} \cdot \frac{CG}{AF} = 1.$$

再证充分性. 延长 DE, 交 AB 于点 F', 由必要性可知 $\dfrac{AF'}{F'B} \cdot \dfrac{BD}{DC} \cdot \dfrac{CE}{EA} = 1$.

因为 $\dfrac{AF}{FB} \cdot \dfrac{BD}{DC} \cdot \dfrac{CE}{EA} = 1$, 故 $AF = AF'$, 即点 F 与点 F' 重合, 得证.

梅涅劳斯定理还可以利用面积形式证明. 证明如下:

连接 CF, AD, 由题意知

$$\frac{BD}{DC} = \frac{S_{\triangle FBD}}{S_{\triangle DFC}}, \frac{AF}{FB} = \frac{S_{\triangle FAD}}{S_{\triangle FBD}}, \frac{CE}{EA} = \frac{S_{\triangle DFC}}{S_{\triangle FAD}},$$

三式相乘即得.

※ 梅涅劳斯定理的角元形式

如图 2.3.2, 若 D, E, F 分别是 $\triangle ABC$ 三边 BC, CA, AB 或其延长线上的点, O 为平面上任意一点, 则 D, E, F 三点共线的充要条件是

$$\frac{\sin \angle BOD}{\sin \angle DOC} \cdot \frac{\sin \angle COE}{\sin \angle EOA} \cdot \frac{\sin \angle AOF}{\sin \angle FOB} = 1.$$

证明 注意到

$$\frac{BD}{DC} = \frac{S_{\triangle BOD}}{S_{\triangle COD}} = \frac{OB \cdot OD \cdot \sin\angle BOD}{OD \cdot OC \cdot \sin\angle DOC} = \frac{OB \cdot \sin\angle BOD}{OC \cdot \sin\angle DOC}.$$

同理可知 $\dfrac{CE}{EA} = \dfrac{OC \cdot \sin\angle COE}{OA \cdot \sin\angle EOA}, \dfrac{AF}{FB} = \dfrac{OA \cdot \sin\angle AOF}{OB \cdot \sin\angle FOB}.$ 三式相乘即得

证.

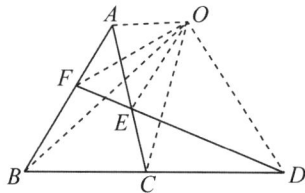

图 2.3.2

2. 塞瓦(Ceva) 定理

若 D, E, F 分别是 $\triangle ABC$ 三边 BC, CA, AB 或其延长线上的点,则 AD,

BE, CF 三线平行或共点的充要条件是 $\dfrac{AF}{FB} \cdot \dfrac{BD}{DC} \cdot \dfrac{CE}{EA} = 1.$

证明 先证明必要性.设 AD, BE, CF 交于点 P,如图 2.3.3 和图 2.3.4 所示.

以图 2.3.3 为例,考虑直线 BPE 截 $\triangle ADC$,得 $\dfrac{DP}{PA} \cdot \dfrac{AE}{EC} \cdot \dfrac{BC}{DB} = 1.$

考虑直线 FPC 截 $\triangle ADB$,得 $\dfrac{AF}{FB} \cdot \dfrac{BC}{CD} \cdot \dfrac{DP}{PA} = 1.$

两式相除即得.

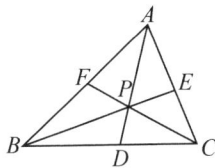 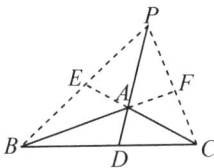 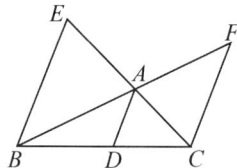

图 2.3.3   图 2.3.4   图 2.3.5

再证明充分性.若 $AD \parallel BE \parallel CF$,如图 2.3.5,则 $\dfrac{CE}{EA} = \dfrac{CB}{BD}$,故 $\dfrac{AF}{FB} = \dfrac{DC}{CB}$,则 $AD \parallel CF$,即三线平

行.

若 AD 交 BE 于点 P,设 CP 交 AB 于点 R,则由对点 P 及 $\triangle ABC$ 得 $\dfrac{AR}{RB} \cdot \dfrac{BD}{DC} \cdot \dfrac{CE}{EA} = 1.$

故 $\dfrac{AR}{RB} = \dfrac{AF}{FB}$,因此 $AR = AF$,即点 R 和点 F 重合,从而三线共点.证毕.

注 (1) 在图 2.3.3 和图 2.3.4 中,点 P 叫作 $\triangle ABC$ 的塞瓦点.

(2) 图 2.3.3 也适用于点 A 和 $\triangle BPC$ 的情形,其中 E, F 分别在 BP, CP 的延长线上,此时有 $\dfrac{PE}{EB} \cdot$

$\dfrac{BD}{DC} \cdot \dfrac{CF}{FP} = 1.$ 若连接 EF,交 AP 于点 K,则对点 E 及 $\triangle AFP$ 运用塞瓦定理得 $\dfrac{PK}{KA} \cdot \dfrac{AB}{BF} \cdot \dfrac{FC}{CP} = 1.$

(3) 必要性的证明还可以利用面积形式,证明如下:

因 $\dfrac{BD}{DC} = \dfrac{S_{\triangle ABP}}{S_{\triangle ACP}}, \dfrac{AF}{FB} = \dfrac{S_{\triangle ACP}}{S_{\triangle BCP}}, \dfrac{CE}{AE} = \dfrac{S_{\triangle BCP}}{S_{\triangle ABP}}$,故 $\dfrac{AF}{FB} \cdot \dfrac{BD}{DC} \cdot \dfrac{CE}{EA} = 1.$

※ 塞瓦定理的角元形式

设 D, E, F 分别是 $\triangle ABC$ 三边 BC, CA, AB 或其延长线上的点,则 AD, BE, CF 三线平行或共点的

充要条件是 $\dfrac{\sin\angle ACF}{\sin\angle BCF} \cdot \dfrac{\sin\angle BAD}{\sin\angle CAD} \cdot \dfrac{\sin\angle CBE}{\sin\angle ABE} = 1.$

证明 如图 2.3.3,

$$\frac{AF}{BF} = \frac{AC\sin\angle ACF}{BC\sin\angle BCF}, \frac{BD}{CD} = \frac{AB\sin\angle BAD}{AC\sin\angle CAD}, \frac{CE}{AE} = \frac{BC\sin\angle CBE}{AB\sin\angle ABE},$$

三式相乘,再由塞瓦定理知结论成立.

类似地,设 D,E,F 分别是 $\triangle ABC$ 的外接圆上 $\overset{\frown}{BC},\overset{\frown}{CA},\overset{\frown}{AB}$ 上的点,则 AD,BE,CF 共点的充要条件是 $\dfrac{AF}{FB}\cdot\dfrac{BD}{DC}\cdot\dfrac{CE}{EA}=1$.

※ 等角共轭点

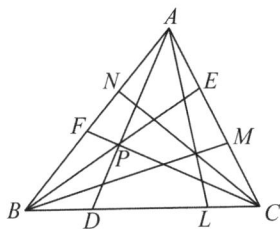

图 2.3.6

如图 2.3.6,设 P 为 $\triangle ABC$ 内任意一点,在三角形内作射线 AL,BM,CN,使得 $\angle LAC=\angle PAB,\angle MBC=\angle PBA,\angle NCA=\angle PCB$,则 AL,BM,CN 共点.设 AL,BM,CN 交于点 K,则点 K 和点 P 称为等角共轭点.

证明　对点 P 及 $\triangle ABC$ 运用塞瓦定理的角元形式得

$$\frac{\sin\angle ACF}{\sin\angle BCF}\cdot\frac{\sin\angle BAD}{\sin\angle CAD}\cdot\frac{\sin\angle CBE}{\sin\angle ABE}=1\quad（＊）.$$

将已知条件 $\angle LAC=\angle PAB,\angle MBC=\angle PBA,\angle NCA=\angle PCB$ 代入 （＊）式得

$$\frac{\sin\angle NCB}{\sin\angle NCA}\cdot\frac{\sin\angle LAC}{\sin\angle LAB}\cdot\frac{\sin\angle MBA}{\sin\angle MBC}=1.$$

由塞瓦定理的角元形式知原命题成立.

注　在三角形的五心中,外心和垂心即为等角共轭点.

3. 托勒密定理

若四边形 $ABCD$ 是圆内接四边形,则 $AC\cdot BD=AB\cdot CD+BC\cdot AD$.

证明　如图 2.3.7,在 BD 上取一点 P,使得 $\angle BAP=\angle CAD$,如图,2.3.7.

因为 A,B,C,D 四点共圆,故 $\angle ABP=\angle ACD$,则 $\triangle BAP\backsim\triangle CAD$,故 $\dfrac{CD}{BP}=\dfrac{AC}{AB}$.

易知 $\triangle BAC\backsim\triangle PAD$,则 $\dfrac{PD}{BC}=\dfrac{AD}{AC}$.由 $\dfrac{CD}{BP}=\dfrac{AC}{AB}$ 得 $AC\cdot BP=AB\cdot CD$,

由 $\dfrac{PD}{BC}=\dfrac{AD}{AC}$ 得 $AC\cdot PD=BC\cdot AD$,两式相加即得 $AC\cdot BD=AB\cdot CD+BC\cdot AD$.

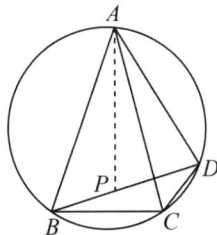
图 2.3.7

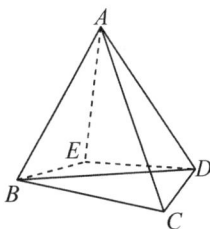
图 2.3.8

托勒密定理的逆定理:若四边形 $ABCD$ 满足 $AC\cdot BD=AB\cdot CD+BC\cdot AD$,则四边形 $ABCD$ 是圆内接四边形.

证明　如图 2.3.8,取点 E,使得 $\angle BAE=\angle CAD,\angle ABE=\angle ACD$,则 $\triangle BAE\backsim\triangle CAD$,故 $\dfrac{CD}{BE}=\dfrac{AC}{AB}=\dfrac{AD}{AE}$,即 $AC\cdot BE=AB\cdot CD$.

易知 $\triangle BAC\backsim\triangle EAD$,则 $\dfrac{ED}{BC}=\dfrac{AD}{AC}$,即 $AC\cdot ED=BC\cdot AD$.

因为 $AC\cdot BD=AB\cdot CD+BC\cdot AD$,故 $BD=BE+ED$,则 $\angle ABD=\angle ACD$,得证.

托勒密定理是圆内接四边形的相关定理.对于任意凸四边形 $ABCD$,有托勒密不等式 $AB\cdot CD+BC\cdot AD\geqslant AC\cdot BD$,当且仅当四边形 $ABCD$ 是圆内接四边形时,等号成立.

托勒密定理的角元形式：若四边形 $ABCD$ 是圆内接四边形，则
$$\sin\angle ABC \sin\angle BAD = \sin\angle ACB \sin\angle CAD + \sin\angle ACD \sin\angle BAC.$$

※ 三弦定理

若四边形 $ABCD$ 是圆内接四边形，则
$$AC\sin\angle BAD = AB\sin\angle CAD + AD\sin\angle BAC.$$

4. 西姆松（Simson）定理

过 $\triangle ABC$ 的外接圆上一点 P 向三边作垂线，垂足分别记为 L,M,N，则 L，M,N 三点共线. 此直线叫作点 P 关于 $\triangle ABC$ 的西姆松线.

证明　如图 2.3.9，连接 PA,PB,PC. 因为
$$\angle PBC = \angle PAM, \angle PLB = \angle PMA = 90°,$$
故 $\triangle PBL \backsim \triangle PAM$，因此 $\angle BPL = \angle APM$.
又 B,P,N,L 和 P,M,A,N 分别四点共圆，故
$$\angle BNL = \angle BPL = \angle APM = \angle ANM.$$
所以 L,N,M 三点共线.

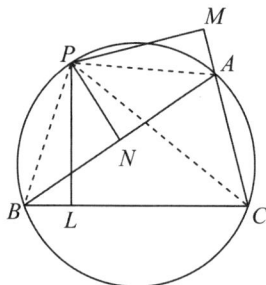
图 2.3.9

※ 西姆松定理的逆定理

过点 P 向 $\triangle ABC$ 的三边作垂线，垂足记为 L,M,N. 若 L,M,N 三点共线，则点 P 在 $\triangle ABC$ 的外接圆上.

证明　因为 B,P,N,L 和 P,M,A,N 分别四点共圆，故
$$\angle BPL = \angle BNL = \angle ANM = \angle APM.$$
又 $\angle PLB = \angle PMA = 90°$，故 $\angle PBC = \angle PAM$，因此 P,A,C,B 四点共圆. 得证.

5. 帕斯卡（Pascal）定理

在圆内接六边形 $ABCDEF$ 中，AB 交 ED 于点 G，AF 交 CD 于点 H，BC 交 EF 于点 I，则 G,H,I 三点共线.

证明　连接 GI，分别交 AF,CD 于点 H',H''，如图 2.3.10.
只需证 $\dfrac{GH'}{IH'} = \dfrac{GH''}{IH''}$. 因为
$$\frac{GH'}{IH'} \cdot \frac{IH''}{GH''} = \frac{S_{\triangle AGF}}{S_{\triangle AIF}} \cdot \frac{S_{\triangle ICD}}{S_{\triangle GCD}} = \frac{S_{\triangle AGF}}{S_{\triangle CIF}} \cdot \frac{S_{\triangle ADG}}{S_{\triangle AIF}} \cdot \frac{S_{\triangle CIF}}{S_{\triangle CDG}} \cdot \frac{S_{\triangle ICD}}{S_{\triangle GDA}}$$
$$= \frac{AG \cdot AF}{CI \cdot CF} \cdot \frac{DG \cdot AD}{IF \cdot AF} \cdot \frac{IF \cdot CF}{DG \cdot CD} \cdot \frac{CD \cdot CI}{AG \cdot AD} = 1,$$
故原命题得证.

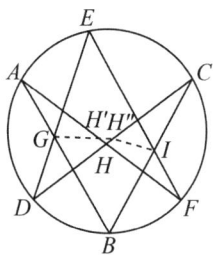
图 2.3.10

> **注**　帕斯卡定理同样适用于圆内接五边形或四边形，若存在顶点重合，则相应的线段即转化为该点处圆的切线，这种情况称为退化的帕斯卡定理.

※ 帕斯卡定理的逆定理

在六边形 $ABCDEF$ 中，A,B,C,D,E 都在 $\odot O$ 上. 设 AB 交 DE 于点 G，BC 交 EF 于点 H，CD 交 AF 于点 I，若 G,H,I 三点共线，则点 F 也在 $\odot O$ 上.

证明　设直线 AF 交 $\odot O$ 于 K，连接 KE，交 BC 于点 J，如图 2.3.11.
对圆内接六边形 $ABCDEK$，由帕斯卡定理知 G,J,I 三点共线.
又 G,H,I 三点共线，故点 J 和点 H 重合，即点 F 也在 $\odot O$ 上.

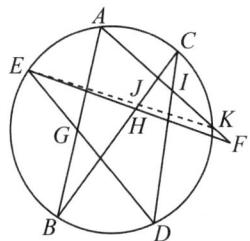
图 2.3.11

◎ 二、例题讲解

例题 1　如图 2.3.12,在锐角三角形 ABC 中,$AB > AC$,M,N 分别是 $\triangle ABC$ 的外接圆上 $\overset{\frown}{BC}$(不含点 A)和 $\overset{\frown}{BAC}$ 的中点,过点 N 作 AB 的垂线,垂足为 D.证明:$\triangle ACD$ 的外接圆平分线段 AM.

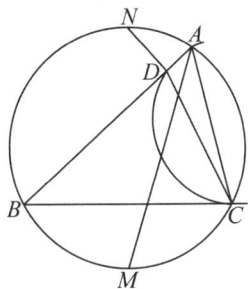 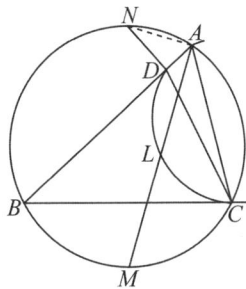

图 2.3.12　　　　　图 2.3.13

方法讲解　如图 2.3.13.设 $\angle BAM = \angle MAC = \alpha$,则 $\angle NAB = 90° - \alpha$,$\angle NAC = 90° + \alpha$,且 $AD = AN\sin\alpha$.先考虑圆内三弦 AN,AB,AC,由三弦定理知 $AN\sin 2\alpha + AC\cos\alpha = AB\cos\alpha$,再由 $\sin 2\alpha = 2\sin\alpha\cos\alpha$ 得 $2AN\sin\alpha = AB - AC$,所以 $AD = \dfrac{AB - AC}{2}$.

再考虑圆内三弦 AB,AM,AC,由三弦定理得 $AM\sin 2\alpha = AB\sin\alpha + AC\sin\alpha$,由倍角公式得 $2AM\cos\alpha = AB + AC$.设 $\triangle ACD$ 的外接圆与 AM 的另一个交点为 L,考虑圆内三弦 AD,AL,AC,由三弦定理得 $AL\sin 2\alpha = AD\sin\alpha + AC\sin\alpha = (AD + AC)\sin\alpha$.由倍角公式 $\sin 2\alpha = 2\sin\alpha\cos\alpha$,得 $2AL\cos\alpha = AD + AC = \dfrac{AB + AC}{2} = AM\cos\alpha$.因而 $2AL = AM$,故 L 是 AM 的中点.也就是说,$\triangle ACD$ 的外接圆平分线段 AM.

例题 2　在 $\triangle ABC$ 中,过 A,B 两点且与 AC 相切的圆交 BC 于另一点 E,过 A,C 两点且与 AB 相切的圆交 BC 于另一点 F,已知 X,Y 分别是线段 AE,AF 上的点,直线 CX 与 AB 交于点 N,直线 BY 与 AC 交于点 M,直线 MN 与 BC 交于点 P.证明:PA 是 $\triangle ABC$ 外接圆的切线的充要条件是 $AX = AY$.

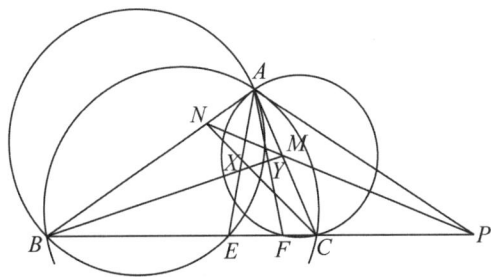

图 2.3.14

方法讲解　如图 2.3.14.首先,因为 AC,AB 是不同两圆的切线,所以 $\angle EAC = \angle CBA$,$\angle ACB = \angle BAF$,因此 $\angle AEB = \angle EAC + \angle ACB = \angle CBA + \angle BAF = \angle CFA$,从而 $AE = AF$.

其次,考虑 $\triangle ABE$ 与截线 CXN,$\triangle AFC$ 与截线 BYM,$\triangle ABC$ 与截线 PMN,由梅涅劳斯定理,有

$$\frac{BC}{CE} \cdot \frac{EX}{XA} \cdot \frac{AN}{NB} = 1,\ \frac{FB}{BC} \cdot \frac{CM}{MA} \cdot \frac{AY}{YF} = 1,\ \frac{PC}{PB} \cdot \frac{MA}{CM} \cdot \frac{NB}{AN} = 1.$$

三式相乘得 $\dfrac{BF}{EC} \cdot \dfrac{XE}{AX} \cdot \dfrac{AY}{YF} \cdot \dfrac{PC}{PB} = 1$,所以 $\dfrac{PB}{PC} = \dfrac{BF}{EC} \cdot \dfrac{XE}{AX} \cdot \dfrac{AY}{YF}$.

又 $BF \cdot BC = AB^2$,$EC \cdot BC = AC^2$,所以 $\dfrac{BF}{EC} = \dfrac{AB^2}{AC^2}$,因此 $\dfrac{PB}{PC} = \dfrac{AB^2}{AC^2} \cdot \dfrac{XE}{AX} \cdot \dfrac{AY}{YF}$.

故 PA 是 $\triangle ABC$ 的外接圆的切线 $\Leftrightarrow$

$$\frac{PB}{PC} = \frac{AB^2}{AC^2} \Leftrightarrow \frac{XE}{AX} \cdot \frac{AY}{YF} = 1 \Leftrightarrow \frac{AX}{XE} = \frac{AY}{YF} \Leftrightarrow \frac{AX}{AE} = \frac{AY}{AF} \Leftrightarrow AX = AY.$$

例题 3 如图 2.3.15，设四边形 $ABCD$ 是圆的内接四边形，直线 DA 与 BC 交于点 P，对角线 AC 与 BD 交于点 Q，点 Q 关于 PD 的对称点是 E，四边形 $DQCF$ 是平行四边形．证明：P,E,D,F 四点共圆．

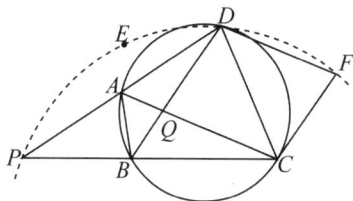
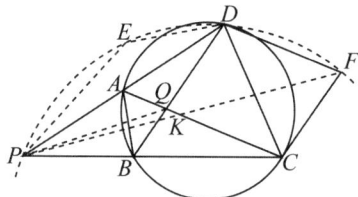

图 2.3.15　　　　　　图 2.3.16

方法讲解 如图 2.3.16．因为四边形 $ABCD$ 内接于圆，所以 $\angle PDQ = \angle QCP$．又四边形 $DQCF$ 是平行四边形，由平行四边形的等角线性质知，PQ,PF 是 $\angle CPD$ 的两条等角线，所以 $\angle QPD = \angle CPF$．注意 E 是点 Q 关于 PD 的对称点，所以 $\angle DPE = \angle QPD = \angle CPF$，且 $\angle EDP = \angle PDQ = \angle ACP$．设 PF 与 AC 交于点 K，则 $\angle PED = \angle PKC$．又 $AC \parallel DF$，即知 $\angle DFP = \angle CKF$，因此 $\angle PED + \angle DFP = \angle PKC + \angle CKF = 180°$．故 P,E,D,F 四点共圆．

例题 4 如图 2.3.17，设 $\triangle ABC$ 的内切圆 ω 与边 CA,AB 分别切于点 E,F，点 P,Q 分别在 CA,AB 上，且 $AP = CE$，$AQ = BF$．圆 ω 与 BP,CQ 的离 BC 较近的交点分别为 M,N，BP 与 CQ 交于点 S．证明：$S_{四边形 PQMN} = S_{\triangle SBC}$．

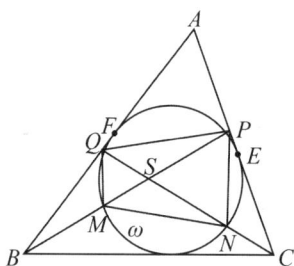
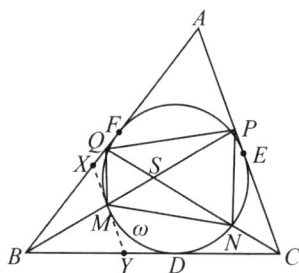

图 2.3.17　　　　　　图 2.3.18

方法讲解 如图 2.3.18．考虑 $\triangle ABP$ 与截线 QSC，由梅涅劳斯定理得 $\dfrac{BS}{SP} \cdot \dfrac{PC}{CA} \cdot \dfrac{AQ}{QB} = 1$．而 $AP = CE$，所以 $QB = AF = AE = CP$．又 $AQ = BF$，因此 $\dfrac{SP}{BS} = \dfrac{AQ}{CA} = \dfrac{BF}{CA}$，于是 $\dfrac{SP}{BP} = \dfrac{BF}{BF + CA}$．

另外，设圆 ω 与 BC 切于点 D，过点 M 且平行于 AC 的直线与 AB,BC 分别交于点 X,Y，则 $\triangle XBY$ 与 $\triangle ABC$ 是位似的，M,P 是两个位似对应点．显然，点 P 是 $\triangle ABC$ 的 B-旁切圆与 AC 的切点，而 $XY \parallel AC$，所以 XY 与圆 ω 相切，且切点为 M，因此 $\triangle XBY$ 的周长 $l = BD + BF = 2BF$．又不难知道，$\triangle ABC$ 的周长为 $L = 2(BF + CA)$，于是 $\dfrac{BM}{BP} = \dfrac{l}{L} = \dfrac{BF}{BF + CA} = \dfrac{SP}{BP}$，因此 $BM = SP$，从而 $PM = SB$．同理，$QN = SC$．故 $S_{四边形 PQMN} = \dfrac{1}{2} PM \cdot QN \sin\angle MSN = \dfrac{1}{2} SB \cdot SC \sin\angle BSC = S_{\triangle SBC}$．

例题 5 如图 2.3.19，在凸四边形 $ABCD$ 中，M,N 分别是边 AB,CD 的中点，K,L 分别是边 BC，AD 上的点，且 $\angle MKB = \angle NLD$，$\dfrac{AL}{LD} = \dfrac{BK}{KC}$．证明：$\angle KMN = \angle CAD$，且 $\angle LNM = \angle ACB$．

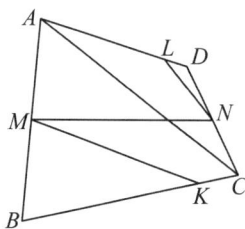
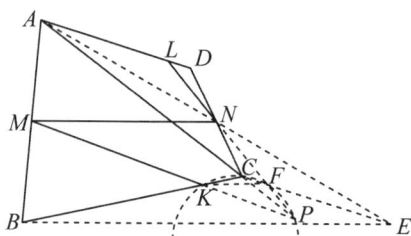

图 2.3.19　　　　　　图 2.3.20

方法讲解　如图 2.3.20.设直线 MK 与直线 AC 交于点 P,考虑 $\triangle ABC$ 与截线 MKP,由梅涅劳斯定理得

$$\frac{BK}{KC} \cdot \frac{CP}{PA} \cdot \frac{AM}{MB} = 1.$$

注意 M,N 分别是 AB,CD 的中点,且 $\frac{AL}{LD} = \frac{BK}{KC}$,所以,$\frac{AL}{LD} \cdot \frac{DN}{NC} \cdot \frac{CP}{PA} = 1.$ 而 L,N,P 分别是 $\triangle CAD$ 的三边 AD,DC,CA 所在直线上的三点,由梅涅劳斯定理知 L,N,P 三点共线,也就是说,AC,MK,LN 三线交于一点 P.

另外,设 A,L 两点关于点 N 的对称点分别为 E,F,则 E,F,C 三点共线,且 $\frac{EF}{FC} = \frac{AL}{LD} = \frac{BK}{KC}$,这说明 $KF \parallel BE$. 又 M,N 分别是 AB,AE 的中点,所以 $BE \parallel MN$,因此 $KF \parallel MN$. 显然,$CF \parallel AD$. 又 $\angle PKC = \angle MKB = \angle NLD = \angle NFC = \angle PFE$,所以 C,K,P,F 四点共圆,故 $\angle KMN = \angle PKF = \angle CAD$,且 $\angle LNM = \angle NFK = \angle ACB$,即 $\angle KMN = \angle CAD$,且 $\angle LNM = \angle ACB$.

例题 6　如图 2.3.21,点 P 在 $\triangle ABC$ 内部,延长 AP,BP,CP,分别交对边于点 D,E,F. 直线 AD 和圆 (ABC) 交于点 D_1. 点 S 在圆 (ABC) 上,直线 AS 和 EF 交于点 T,直线 TP 和 BC 交于点 K,直线 KD_1 和圆 (ABC) 交于点 X.证明:S,D,X 三点共线.

方法讲解　令 S' 为 AS 与 BC 的交点. 对平面上任意点 X 定义 $f(X) = \frac{XB}{XC}$.

根据面积法容易计算得 $f(D) = f(D_1)f(A)$,证明 S,D,X 三点共线等价于证明 $f(D) = f(S)f(X)$.

由图中条件可知 $f(K) = f(D_1)f(X)$ 以及 $f(S') = f(S)f(A)$,故我们仅需证明 $f(D)^2 = f(S')f(K)$.

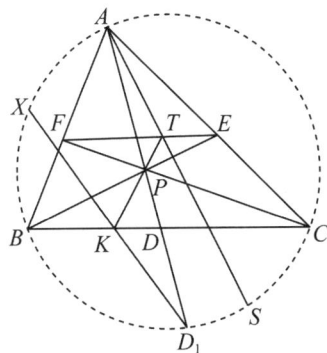

图 2.3.21

通过计算可知

$$f(S') = \frac{S'B}{S'C} = \frac{\sin\angle FAT}{\sin\angle EAT} \cdot \frac{AB}{AC} = \frac{TF \cdot AE}{TE \cdot AF} \cdot \frac{AB}{AC},$$

$$f(K) = \frac{\sin\angle KPB}{\sin\angle KPC} \cdot \frac{PB}{PC} = \frac{\sin\angle EPT}{\sin\angle FPT} \cdot \frac{PB}{PC} = \frac{TE \cdot PF}{TF \cdot PE} \cdot \frac{PB}{PC}.$$

上述两式结合可知 $f(S')f(K) = \frac{PF \cdot PB \cdot AB \cdot AE}{PE \cdot PC \cdot AC \cdot AF}.$

由梅涅劳斯定理可知

$$\frac{CE}{EA} \cdot \frac{AB}{BF} \cdot \frac{FP}{PC} = 1, \frac{BF}{FA} \cdot \frac{AC}{CE} \cdot \frac{EP}{PB} = 1.$$

综上可得

$$f(S')f(K) = \left(\frac{AE}{AF} \cdot \frac{BF}{CE}\right)^2 = f(D)^2 \text{（塞瓦定理）}.$$

命题得证.

例题 7　如图 2.3.22,已知锐角三角形 ABC 的外接圆为 $\odot O$,过点 A 作 $\odot O$ 的切线 l,l 与直线 BC 交于点 D,E 是 DA 延长线上的一点,F 是劣弧 $\overparen{BC}$ 上一点,直线 EF 与劣弧 $\overparen{AB}$ 交于点 G,直线 FB,GC 分别与直线 l 交于点 P,Q.证明:$AD = AE$ 的充要条件为 $AP = AQ$.

方法讲解　设 EF 与 BC 交于点 H,对于直线 GCQ 和 $\triangle HED$,由梅涅劳斯定理得

$$\frac{HG}{GE} \cdot \frac{EQ}{QD} \cdot \frac{DC}{CH} = 1 \quad ①.$$

对于直线 PBF 和 $\triangle HED$,由梅涅劳斯定理得

$$\frac{HF}{FE} \cdot \frac{EP}{PD} \cdot \frac{DB}{BH} = 1 \quad ②.$$

由 ①×② 得

$$\frac{HG}{GE} \cdot \frac{EQ}{QD} \cdot \frac{DC}{CH} \cdot \frac{HF}{FE} \cdot \frac{EP}{PD} \cdot \frac{DB}{BH} = 1 \quad ③.$$

由相交弦定理和切割线定理得

$$HB \cdot HC = HF \cdot HG, EG \cdot EF = EA^2, DB \cdot DC = DA^2,$$

代入 ③ 式得 $\dfrac{DA^2}{EA^2} \cdot \dfrac{EQ}{QD} \cdot \dfrac{EP}{PD} = 1.$

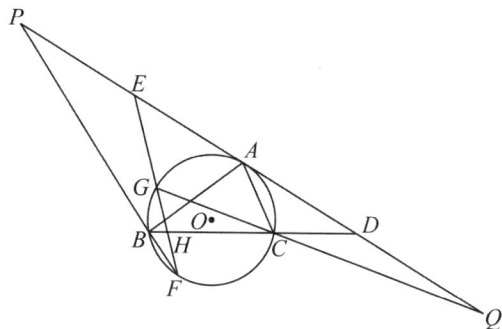

图 2.3.22

于是，$AD^2(AQ + AE)(AP - AE) = AE^2(AQ - AD)(AP + AD)$，

整理后得

$$(AD + AE)[AP \cdot AQ(AD - AE) + AD \cdot AE(AP - AQ)] = 0$$

$$\Rightarrow AP \cdot AQ(AD - AE) = AD \cdot AE(AQ - AP).$$

从而 $AD = AE$ 的充要条件为 $AP = AQ$.

例题 8 设 P 为 $\triangle ABC$ 内一点，A_1, B_1, C_1 分别是 PA 和 BC，PB 和 CA，PC 和 AB 的交点，A_2, B_2, C_2 分别是 B_1C_1 和 BC，C_1A_1 和 CA，A_1B_1 和 AB 的交点. 设 W_1, W_2, W_3 分别是以 A_1A_2, B_1B_2, C_1C_2 为直径的圆. 证明：W_1, W_2, W_3 有一个公共点的充要条件是 W_1 和 W_2 有公共点.

方法讲解 先证明一个引理：

引理：一条直线上顺次排列着 A, B, C, D 四点，且有 $\dfrac{AB}{BC} = \dfrac{AD}{DC}$，直线外一点 P 满足 $\angle BPD = \dfrac{\pi}{2}$，则 BP 为 $\triangle APC$ 的一条内角平分线，PD 为同一角的外角平分线.

引理的证明：如图 2.2.23，作 $\angle QPD = \pi - \angle APD = \dfrac{\pi}{2} - \angle APB = \dfrac{\pi}{2}$

$- \angle BPC' = \angle DPC'$，所以 DP 为 $\angle QPC'$ 的平分线，由内、外角平分线的性质定理知 $\dfrac{AB}{BC'} = \dfrac{AP}{PC'} = \dfrac{AD}{DC'}$. 又 $\dfrac{AB}{BC} = \dfrac{AD}{DC}$，两式相除得 $\dfrac{BC}{CD} = \dfrac{BC'}{C'D}$. 而 C, C' 均在线段 BD 上，故点 C 与点 C' 重合. 所以 PB 为 $\angle APC$ 的平分线，PD 为其外角平分线，引理得证.

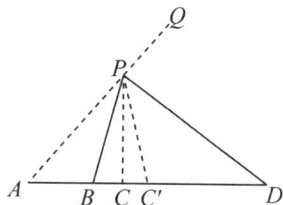

图 2.3.23

回到原题：必要性显然，证明充分性：

如图 2.3.24，设 K 为 W_1 与 W_2 的一个交点，连接 $AK, BK, CK, C_1K, C_2K, A_1K, A_2K$. 视 $A_2B_1C_1$ 为 $\triangle ABC$ 的截线，由梅涅劳斯定理得

$$\frac{AC_1}{C_1B} \cdot \frac{BA_2}{A_2C} \cdot \frac{CB_1}{B_1A} = 1 \quad ①.$$

视 P 为 $\triangle ABC$ 内一点，由塞瓦定理得

$$\frac{AC_1}{C_1B} \cdot \frac{BA_1}{A_1C} \cdot \frac{CB_1}{B_1A} = 1 \quad ②.$$

由 ①÷② 得 $\dfrac{BA_1}{A_1C} = \dfrac{BA_2}{A_2C}$.

由 $K \in W_1$ 知 $\angle A_1KA_2 = \dfrac{\pi}{2}$，由引理知 KA_1 为 $\angle BKC$ 的平分线，

再由角平分线性质定理知 $\dfrac{BA_1}{A_1C} = \dfrac{BK}{KC}$.

同理 $\dfrac{CB_1}{B_1A} = \dfrac{CK}{KA}$，故 $\dfrac{BK}{KA} = \dfrac{BA_1}{A_1C} \cdot \dfrac{CB_1}{B_1A}$.

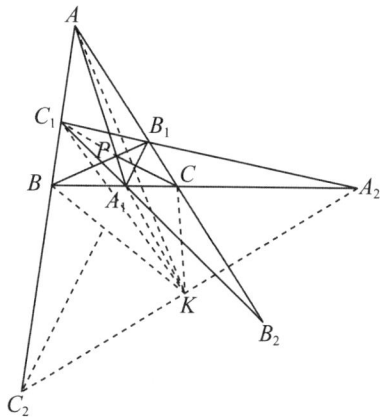

图 2.3.24

由 ② 得 $\dfrac{BA_1}{A_1C} \cdot \dfrac{CB_1}{B_1A} = \dfrac{BC_1}{C_1A}$，所以 $\dfrac{BK}{KA} = \dfrac{BC_1}{C_1A}$，进而 KC_1 为 $\angle AKB$ 的平分线.

同理可知 $\dfrac{BC_2}{C_2A} = \dfrac{BC_1}{C_1A} = \dfrac{BK}{KA}$，所以 KC_2 为 $\angle AKB$ 的外角平分线，故 $\angle C_1KC_2 = \dfrac{1}{2}(\angle AKB + (\pi - \angle AKB)) = \dfrac{\pi}{2}$. 所以 $K \in W_3$. 充分性获证，故原命题成立.

例题 9 在 $\triangle ABC$ 中，$AB > AC$，D 为 $\triangle ABC$ 的外接圆中 $\overparen{BC}$(不含 A)的中点，点 E,F 在 DB,DC 上，且 $\angle EAF = \dfrac{1}{2}\angle BAC$，过点 A 作 BC 的平行线，与过点 D 的 BC 的垂线交于点 G，点 A 在 EF 上的垂足为 H，证明：$2GH = AB + AC$.

方法讲解 如图 2.3.25，作 $AS \perp BD$，$AT \perp CD$，垂足分别为 S,T，连接 SH,TH.

所以 $\angle AGD = \angle ASD = \angle ATD = 90°$，

所以 A,G,S,D,T 五点共圆.

而 $\angle GDT = \angle GDS$，所以 $GS = GT$.

由 $\angle ASE = \angle AHE = \dfrac{\pi}{2}$ 得 A,S,E,H 四点共圆，同理 A,H,F,T 四点共圆.

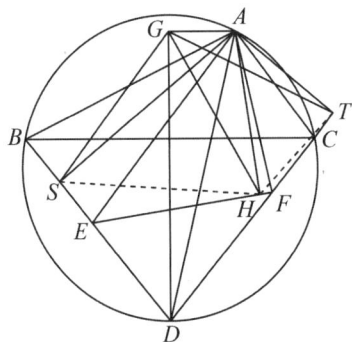
图 2.3.25

因为 $\angle SHT = \angle SHA + \angle AHT = \angle BEA + \angle AFC$
$= (\angle EAD + \angle EDA) + (\angle FAD + \angle ADF)$
$= \angle EAF + \angle EDF = 180° - \dfrac{1}{2}\angle BAC$，

结合 $\angle SGT = \angle SAT = 180° - \angle SDT = \angle BAC$，所以 $\angle SHT = 180° - \dfrac{1}{2}\angle SGT$.

结合 $GS = GT$ 知，G 为 $\triangle SHT$ 外心，所以 $GH = GS = GT$.

而 $GS = AD \cdot \sin\angle GDS = AD \cdot \sin\dfrac{1}{2}\angle BDC$，

由托勒密定理得 $(AB + AC) \cdot DB = AD \cdot BC$，

所以 $AD = (AB + AC) \cdot \dfrac{1}{2\sin\frac{1}{2}\angle BDC}$，所以 $GH = GS = \dfrac{AB + AC}{2}$.

例题 10 如图 2.3.26，AB 是圆 ω 的一条弦，P 为 $\overparen{AB}$ 上一点，E,F 为线段 AB 上两点，满足 $AE = EF = FB$. 连接 PE,PF 并延长，与圆 ω 分别相交于点 C,D. 证明：$EF \cdot CD = AC \cdot BD$.

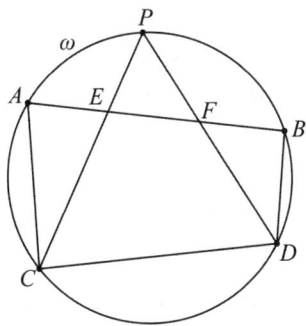
图 2.3.26

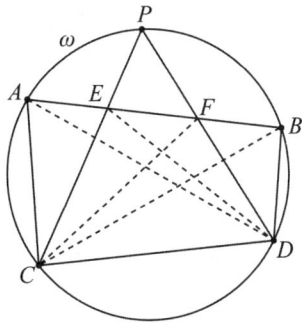
图 2.3.27

方法讲解 如图 2.3.27，连接 AD,BC,CF,DE，由于 $AE = EF = FB$，从而 $\dfrac{BC \cdot \sin\angle BCE}{AC \cdot \sin\angle ACE} = \dfrac{BE}{AE} = 2$ ①.

同理 $\dfrac{AD \cdot \sin\angle ADF}{BD \cdot \sin\angle BDF} = \dfrac{AF}{BF} = 2$ ②.

又 $\angle BCE = \angle BCP = \angle BDP = \angle BDF$，$\angle ACE = \angle ACP = \angle ADP = \angle ADF$，

由 ①×② 得 $\dfrac{BC \cdot AD}{AC \cdot BD} = 4$，即 $BC \cdot AD = 4AC \cdot BD$ ③.

由托勒密定理知 $AD \cdot BC = AC \cdot BD + AB \cdot CD$ ④.

结合 ③，④ 得 $AB \cdot CD = 3AC \cdot BD$，即 $EF \cdot CD = AC \cdot BD$.

注 延长 FB 到点 X，使得 $FB = BX$，由 $FP \cdot FD = FB \cdot FA = FE \cdot FX$ 得 P,E,D,X 四点共圆，于是可得 $\triangle DXB \backsim \triangle DAC$.

例题 11 在给定的凸五边形 $ABCDE$ 中，$ABDE$ 为平行四边形，$BCDE$ 为圆内接四边形. 以 C 为圆心、CD 为半径作圆，分别交直线 BD，DE 于点 F，G. 若 A，F，G 三点共线，设该直线交 BC 于点 H，过点 A，H 作 $\odot X$，分别交 AB，AE 于点 P，Q，且 $\odot X$ 不与 AB，AE 相切. 证明：$AP + AQ$ 为定值.

方法讲解 连接 BE，过点 C 作 $CM \perp BD$ 于点 M，$CN \perp DE$ 于点 N，$CL \perp BE$ 于点 L，连接 AD，CE，如图 2.3.28.

由西姆松定理知 L，M，N 三点共线.

因为 C 为 $\triangle FDG$ 的外心，故 M，N 分别为 FD，DG 的中点，即 MN 为 $\triangle FDG$ 的中位线，故 LMN 也为 $\triangle ADG$ 的中位线.

因为 AD 的中点在 BE 上，故直线 LMN 和 BE 的交点为 AD 的中点，又点 L 在 BE 上，故 AD 交 BE 于点 L，因此 $BC = CE$.

因为 $\angle CDF = \angle CEB = \angle CBE = \angle CDG$，所以

$$\angle DGF = \dfrac{1}{2}\angle DCF = 90° - \angle CDF = 90° - \angle CDG = \angle DFG,$$

所以 $\angle BAF = \angle G = \angle DFG = \angle EAF$.

因为 A，P，Q，H 四点共圆，由三弦定理知

$$AP\sin\angle HAQ + AQ\sin\angle PAH = AH\sin\angle PAQ.$$

故 $AP + AQ = AH\,\dfrac{\sin\angle PAQ}{\sin\angle PAH} = 2AH\cos\dfrac{\angle BAE}{2}$ 为定值.

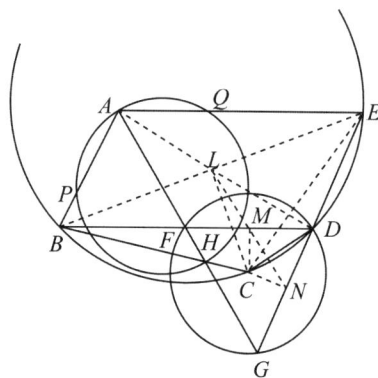

图 2.3.28

注 设 P 是 $\angle AOB$ 的角平分线上的定点，过 O，P 两点任作一个圆与角的边 OA，OB 分别交于另一点 C，D，则 $OC + OD$ 是一个定值.

证明：如图 2.3.29. 设 $\angle COP = \angle POD = \alpha$，则 $\angle COD = 2\alpha$. 考虑圆内三弦 OC，OP，OD，由三弦定理得 $OC\sin\alpha + OD\sin\alpha = OP\sin2\alpha$. 又由倍角公式 $\sin2\alpha = 2\sin\alpha\cos\alpha$，以及 $0 < 2\alpha < 180°$ 知，$\sin\alpha > 0$，故 $OC + OD = 2OP\cos\alpha$ 为定值.

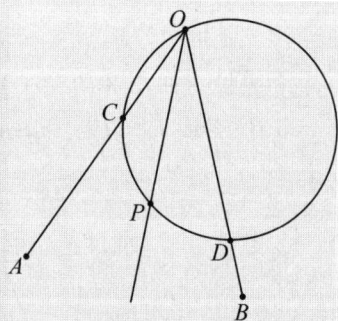

图 2.3.29

例题 12 凸四边形 $ABCD$ 内接于 $\odot O$. M，N 分别是点 D 在 AB，BC 上的射影，S，T 分别是点 C 在 AB，AD 上的射影. U 是 CD 的中点. MN，OC 交于点 E，ST，OD 交于点 F. 证明：$UE = UF$.

方法讲解 设 H_1，H_2 分别是 $\triangle ABC$，$\triangle ABD$ 的垂心，连接 MH_2，H_1H_2，CH_2，DH_1，OU，如图 2.3.30.

记 $AH_1 \bigcap BC = P$，有

$$CH_1 = \frac{CP}{\sin\angle CH_1 P} = \frac{AC\mid\cos\angle ACB\mid}{\sin\angle ABC} = 2R\mid\cos\angle ACB\mid.$$

同理可知 $DH_2 = 2R\mid\cos\angle ACB\mid$. 因此有 $CH_1 = DH_2$.

又 $DH_2\parallel CH_1$,所以 DH_2H_1C 为平行四边形,故 DH_1 和 CH_2 互相平分.

又点 D 关于 $\triangle ABC$ 的西姆松线为 MN,故 MN 平分 DH_1.

同理,ST 平分 CH_2.

故 CH_2,DH_1,MN,ST 交于一点,设该点为 X,连接 XU.

因为 U 为中点,故 $DH_2\parallel XU\parallel CH_1$.

因为 $OD = OC$,且 U 为 CD 的中点,故 $\angle EOU = \angle FOU$.

因为 $\angle UXF = \angle TSC = \angle TAC = \angle DBC = \angle DOU$,故 U,F,X,O 四点共圆.

同理,$\angle UXE = \angle UOE$,故 U,X,O,E 四点共圆. 因此 U,F,O,E 四点共圆.

又 $\angle EOU = \angle FOU$,故 $UE = UF$.

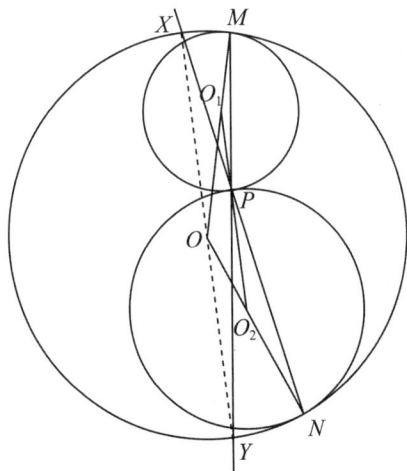

图 2.3.30

例题 13 如图 2.3.31,给定 $\triangle ABC$ 和其内部的点 P. 圆 ω_A 与 $\odot(BPC)$ 内切于点 P,并且与 $\odot(ABC)$ 内切于点 A_1. 圆 Γ_A 与 $\odot(BPC)$ 外切于点 P,并且与 $\odot(ABC)$ 内切于点 A_2. 类似地,定义 B_1,B_2,C_1,C_2. 假设 $\triangle ABC$ 的外心为 O,证明:直线 A_1A_2,B_1B_2,C_1C_2,OP 四线共点.

方法讲解 引理:如图 2.3.32,$\odot O$,$\odot O_1$,$\odot O_2$ 两两相切,记 M,N,P 分别为两两切点,记 NP,MP 分别交 $\odot O$ 于 X,Y 两点,则 X,O,Y 三点共线.

引理的证明:事实上,由
$$\angle O_1PM = \angle O_1MP = \angle OYM \ 得 \ O_1P\parallel OY.$$

同理 $O_2P\parallel OX$,且已知 O_1,P,O_2 三点共线,故 X,O,Y 三点共线.

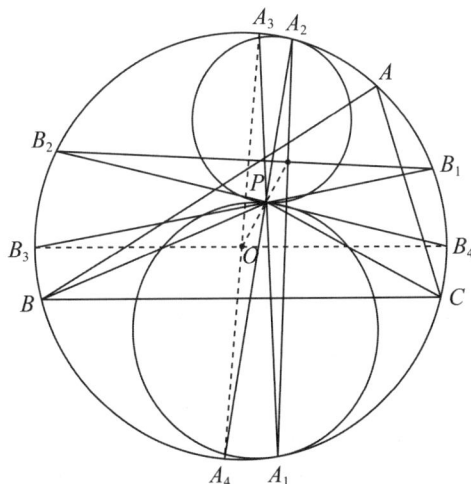

图 2.3.31

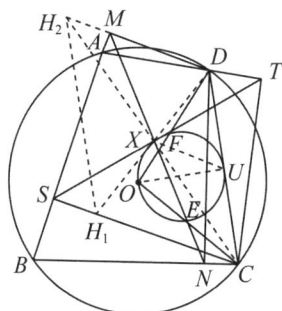

图 2.3.32

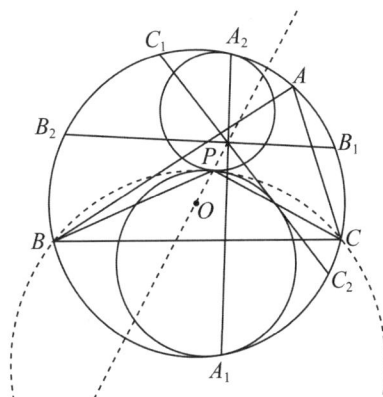

图 2.3.33

回到原题:如图 2.3.33,记 $X_iP\bigcap\odot(ABC) = X_{i+2}$,$X\in\{A,B\}$,$i = 1,2$. 由引理可知 A_3A_4,B_3B_4 均经过 O 点. 记 $B_1B_2\bigcap A_1A_2 = X$,$B_1B_4\bigcap A_1B_4 = Y$. 对六边形 $A_1A_2A_4B_1B_2B_4$ 用帕斯卡定理可知 X,P,Y 三点共线,对六边形 $B_3B_4A_1A_3A_4B_1$ 用帕斯卡定理可知 P,O,Y 三点共线. 故 P,O,X 三点共线. 故 A_1A_2,B_1B_2,OP 三线共点,同理可证四线共点.

例题 14 如图 2.3.34,在锐角非等腰三角形 ABC 中,$\angle BAC$ 的外角平分线与直线 BC 交于点 X. 过点 B,C 分别作 $\triangle ABC$ 外接圆的切线,交于点 D,过点 X 的直线分别与 CD,BD 交于点 Z,Y. 已知

$\odot(AYB)$ 与 $\odot(AZC)$ 交于点 N. 证明：ND 平分 $\angle YNZ$.

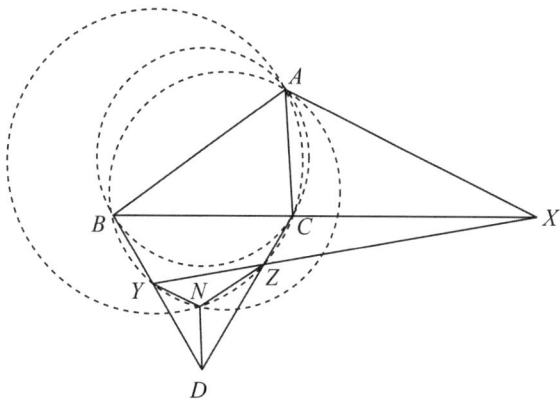

图 2.3.34

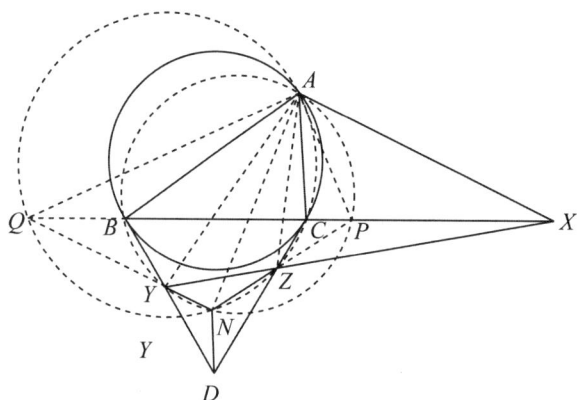

图 2.3.35

方法讲解 如图 2.3.35，设 $\odot(AYB)$ 和 $\odot(AZC)$ 与直线 BC 的另一个交点分别为 P，Q，连接 ZP，YQ，AQ，AY，AZ，AN.

$$\angle ANZ = 180° - \angle ACZ = 180° - \angle C - \angle A = \angle B = \angle ABP = \angle ANP.$$

于是 N，Z，P 三点共线，同理 N，Y，Q 三点共线. 于是 $\angle CZP = \angle NZD = \angle NAC = \angle NQC = \angle BQY$，同理 $\angle NYD = \angle BYQ = \angle CPZ$，得 $\triangle QBY \backsim \triangle ZCP$.

由 $\angle APC = \angle APB = \angle AYB$，$\angle ACP = 180° - \angle ACQ = 180° - \angle ANQ = \angle ABY$，

得 $\triangle APC \backsim \triangle AYB$.

要证明 DN 平分 $\angle YNZ$，可证明 $\angle DNZ = \angle DNY$，先假设 $\angle DNZ = \angle DNY = \alpha$.

设 $\triangle DNZ$ 外接圆的半径为 R，$\triangle DNY$ 外接圆的半径为 r，则有 $DZ = 2R \cdot \sin\alpha$，$DY = 2r \cdot \sin\alpha$.

又 $DN = 2R \cdot \sin\angle NZD = 2r \cdot \sin\angle NYD$，得

$$\frac{DY}{DZ} = \frac{r}{R} = \frac{\sin\angle NZD}{\sin\angle NYD} = \frac{\sin\angle CZP}{\sin\angle CPZ} = \frac{CP}{CZ}.$$

另外，YZX 截 $\triangle DBC$，由梅涅劳斯定理得 $\frac{DY}{YB} \cdot \frac{BX}{XC} \cdot \frac{CZ}{DZ} = 1$，得 $\frac{DY}{DZ} = \frac{XC}{XB} \cdot \frac{YB}{CZ}$. 注意到 AX 是

$\angle BAC$ 的外角平分线，于是 $\frac{XC}{XB} = \frac{AC}{AB}$，所以 $\frac{DY}{DZ} = \frac{AC}{AB} \cdot \frac{YB}{CZ}$.

注意到 $\triangle APC \backsim \triangle AYB$，有 $\frac{AB}{AC} = \frac{BY}{CP}$，于是 $\frac{DY}{DZ} = \frac{CP}{BY} \cdot \frac{YB}{CZ} = \frac{CP}{CZ}$. 于是反推回去可得 $\angle DNZ = \angle DNY = \alpha$.

例题 15 如图 2.3.36，在锐角三角形 ABC 中，$AB < AC$，设 A' 为点 A 关于 BC 的对称点. $\triangle A'BC$ 的外接圆与射线 AB，AC 分别交于点 D，E，已知点 B 在点 A，D 之间，点 E 在点 A，C 之间. 取线段 BC，CD，BE 的中点 S，P，Q. 证明：直线 BC 与 AA' 的交点 X 在 $\triangle PSQ$ 的外接圆上.

方法讲解 用 A，B，C 表示 $\triangle ABC$ 的对应角，$BC = a$，$AC = b$，$AB = c$.

由已知条件易得 $\angle A = \angle BA'C = \angle BDC = \angle ADC = \angle AEB$，所以

$$AE = 2AB \cdot \cos A = 2c \cdot \cos A，AD = 2AC \cdot \cos A = 2b \cdot \cos A，$$
$$CE = AC - AE = b - 2c \cdot \cos A，BD = AD - AB = 2b \cdot \cos A - c，$$
$$SQ = \frac{1}{2}CE = \frac{1}{2}(b - 2c \cdot \cos A)，SP = \frac{1}{2}BD = \frac{1}{2}(2b \cdot \cos A - c)，$$
$$SX = SB - BX = \frac{1}{2}a - c \cdot \cos B.$$

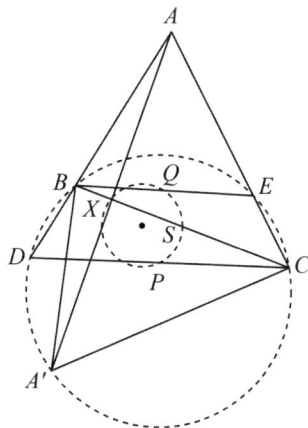

图 2.3.36

注意到 $\angle QSX = \angle ACB = C$，$\angle PSX = \angle ABC = B$，由 $SQ \parallel AC$，$SP \parallel AB$ 知 $\angle PSQ = 180° - A$．由三弦定理的逆定理知，要使 S, Q, X, P 四点共圆，只需

$$SQ \cdot \sin B + SP \cdot \sin C = SX \cdot \sin(180° - A) = SX \cdot \sin A.$$

将上面计算的各量代入上式得

$$\frac{1}{2}(b - 2c \cdot \cos A) \cdot \sin B + \frac{1}{2}(2b \cdot \cos A - c) \cdot \sin C = \left(\frac{1}{2}a - c \cdot \cos B\right) \cdot \sin A.$$

注意到余弦定理及正弦定理，用 a, b, c 分别代替 $\sin A, \sin B, \sin C$，借助余弦公式用 a, b, c 表示 $\cos A$ 和 $\cos B$，可以知道等式是成立的．

由三弦定理的逆定理知 S, Q, X, P 四点共圆，命题得证．

例题 16 如图 2.3.37，在锐角三角形 ABC 中，AD 为高，以 AB 为直径的圆为 Ω，以 AC 为直径的圆为 γ，过点 D 分别作圆 Ω，γ 的切线，与这两个圆交于点 K, L．平面上一点 S 满足 $\angle ABC + \angle ABS = \angle ACB + \angle ACS = 180°$．证明：$A, K, S, L$ 四点共圆．

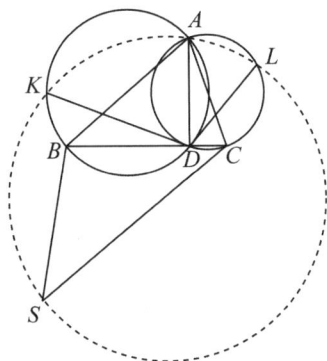

图 2.3.37

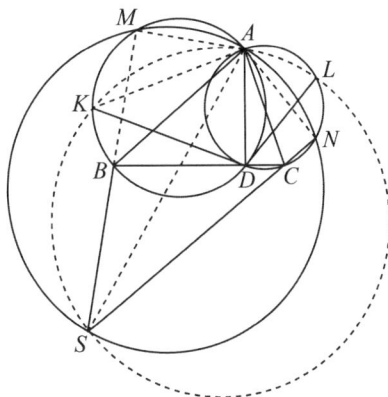

图 2.3.38

方法讲解 如图 2.3.38，设 SC, SB 的延长线分别交圆 Ω, γ 于点 N, M．由已知条件易知 $\angle ABM = \angle ABD$，$\angle ACN = \angle ACD$，进而得 $\triangle ABM \cong \triangle ABD$，$\triangle ACN \cong \triangle ACD$．于是 $AM = AD = AN$．

显然 $\angle AMS = \angle ANS = 90°$，知 $\triangle AMS \cong \triangle ANS$ 且有 A, M, S, N 四点共圆．易算得 $\angle MAS = \angle A = \angle NAS$．由三弦定理可得 $AS \cdot \cos A = AD$．

又易知 $\angle BAK = \angle BDK = 90° - \angle C$，$\angle CAL = \angle CDL = 90° - \angle B$．

于是 $AK = AB \cdot \sin C$，$AL = AC \cdot \sin B$．

由三弦定理知要证 A, K, S, L 四点共圆，只需证明：

$$AS \cdot \sin\angle KAL = AK \cdot \sin\angle SAL + AL \cdot \sin\angle SAK,$$

且 $\angle SAL = \angle SAN + \angle NAL = \angle A + (90° - \angle B) - (90° - \angle C) = 180° - 2\angle B$，同理 $\angle SAK = 180° - 2\angle C$，$\angle KAL = 180° - 2\angle B + 180° - 2\angle C = 2\angle A$．于是只需

$$AS \cdot \sin 2A = AB \cdot \sin C \cdot \sin 2B + AC \cdot \sin B \cdot \sin 2C.$$

将 $AS \cdot \cos A = AD$ 代入并注意到 $\sin B = \dfrac{AD}{AB}$，$\sin C = \dfrac{AD}{AC}$，则只需要 $\sin A = \sin C \cos B + \sin B \cos C = \sin(B + C) = \sin A$．

得证．

例题 17 如图 2.3.39，设 $\triangle ABC$ 内接于圆 O，I, J 分别为 $\triangle ABC$ 的内心和 $\angle BAC$ 所对的旁心，点 X, Y 在圆 O 上，满足 $\angle AXI = \angle AYJ = 90°$，线段 IJ 的中垂线交直线 BC 于点 K．证明：AK 平分 XY．

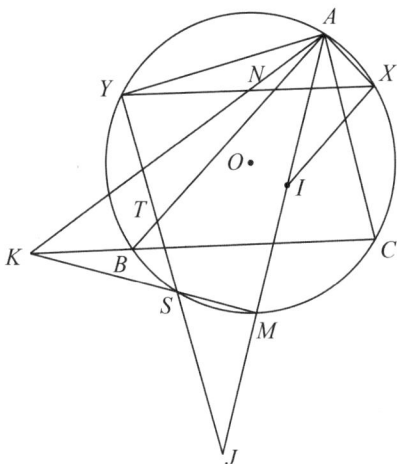

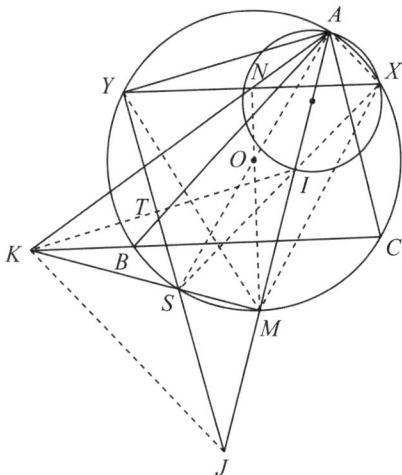

图 2.3.39　　　　　　　　　　　　　　　　　　　图 2.3.40

方法讲解　如图 2.3.40,设 YJ 分别交 MK,IK 于点 S,T.由已知条件知 MK 为 IJ 的垂直平分线,于是有 $\angle SMA = \angle AYS = 90°$,点 S 在外接圆上.易知 A,O,S 以及 X,I,S 分别三点共线.由三角形内心的性质易得 $MS \cdot MK = MI^2 = MJ^2$,于是 $\triangle MJS \backsim \triangle MKJ$ 得 $\angle MJS = \angle MKJ = \angle MKI$,于是 K,T,M,J 四点共圆,有 $JT \perp IK$,于是点 S 为 $\triangle IJK$ 的垂心.

$$\angle YMX = \angle YSX = \angle TSI = \angle IKJ, \angle XYM = \angle XSM = \angle ISM = \angle KJI,$$

于是 $\triangle YMX \backsim \triangle IKJ$,注意到 $IK = JK$,有 $MY = MX$,显然 $MB = MC$,于是 $XY \parallel BC$.设 XY 中点为 N,则知 M,O,N 三点共线.

要证 A,N,K 三点共线,考虑 ANK 截 $\triangle OSM$,由梅涅劳斯定理的逆定理知,只需证明:

$$\frac{MN}{NO} \cdot \frac{OA}{AS} \cdot \frac{SK}{KM} = 1,$$

$$\frac{MN}{NO} = \frac{MY \cdot \sin\angle MYN}{OY \cdot \sin\angle OYN}, \frac{SK}{KM} = \frac{SJ \cdot \sin\angle KJS}{JM \cdot \sin\angle KJM}.$$

注意到 $\angle MYN = \angle KJM$,$\angle KJS = \angle OYN$,即要证明 $2 \cdot \frac{MJ}{SJ} \cdot YO = MY$,即 $2R \cdot \sin\angle JSM = 2R \cdot \sin\angle YXM = MY$(设 R 为圆 O 的半径),这显然成立,故命题得证.

例题 18　如图 2.3.41,在 $\triangle ABC$ 中,$AB \neq AC$,$\angle BAC$ 的平分线与 BC 交于点 D,以 AD 为边长作两个正方形 $ADEM$ 与 $ADFN$,且点 B,E 位于直线 AD 的同侧.证明:BE,CF,MN 三线共点.

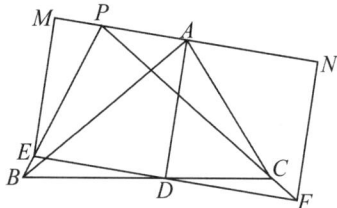

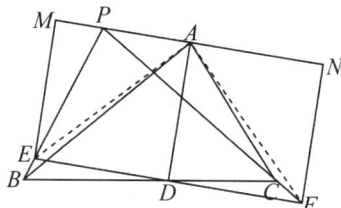

图 2.3.41　　　　　　　　　　　　　图 2.3.42

方法讲解　如图 2.3.42.显然,$\triangle AEF$ 是以 EF 为斜边的等腰直角三角形,且 AD 是 $\angle EAF$ 的平分线.又 AD 是 $\angle BAC$ 的平分线,所以 $\angle EAB = \angle CAF$.设直线 BE 与 CF 交于点 P,考虑 $\triangle PBC$ 与截线 DFE 和点 A,由梅涅劳斯定理的第二角元形式,$\frac{\sin\angle BAD}{\sin\angle DAC} \cdot \frac{\sin\angle CAF}{\sin\angle FAP} \cdot \frac{\sin\angle PAE}{\sin\angle EAB} = 1$.而 AD 平分 $\angle BAC$,所以 $\angle BAD = \angle DAC$.又 $\angle EAB = \angle CAF$,所以 $\sin\angle PAE = \sin\angle PAF$.但点 A,E,F 不在一条直线上,故 $\angle PAE + \angle PAF = 180°$,这说明 AP 为 $\angle EAF$ 的外角平分线,当然 AP 也是 $\angle BAC$ 的外角平分线.注意因为 AD 是 $\angle BAC$ 的平分线,MN 过点 A,且 $MN \perp AD$,所以 MN 是 $\angle BAC$ 的外角

平分线,因此点 P 在直线 MN 上,故 BE,CF,MN 三线共点.

例题 19 如图 2.3.43,设 H,Γ 分别是锐角三角形 ABC 的垂心和外接圆,直线 AH 与 BC 交于点 D,圆 Γ 的 $\overset{\frown}{BC}$(不含点 A)上一点 P 在边 BC,CA 所在直线上的射影分别为 M,N,PH 与 MN 交于点 K.证明:$\angle KMD = \angle MDK$.

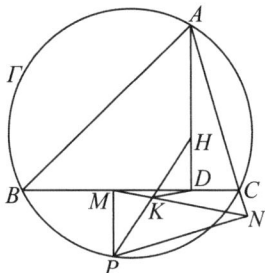 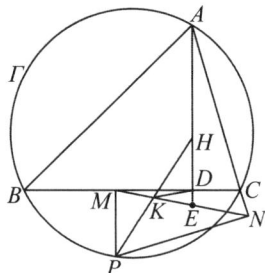

图 2.3.43　　　　图 2.3.44

方法讲解 如图 2.3.44.显然,MN 是点 P 关于 $\triangle ABC$ 的西姆松线,而 H 是 $\triangle ABC$ 的垂心,由斯坦纳定理,MN 平分线段 PH,即 K 是 PH 的中点.又 $AD \perp BC$,$PM \perp BC$,设直线 AD 与 MN 交于 E,则 K 是 ME 的中点,且 $KD = KE = KM$,故 $\angle KMD = \angle MDK$.

例题 20 如图 2.3.45,在锐角三角形 ABC 中,$AB \neq AC$,D 是 $\triangle ABC$ 的外接圆 Γ 上劣弧 BC 的中点,点 E,F 分别在 AB,AC 上,且 $AE = AF$,$\triangle AEF$ 的外接圆与圆 Γ 的另一个交点为 P,直线 PE,PF 与圆 Γ 的另一个交点分别为 Q,R,DQ 与 AB 交于点 X,DR 与 AC 交于点 Y.证明:XY 过线段 BC 的中点.

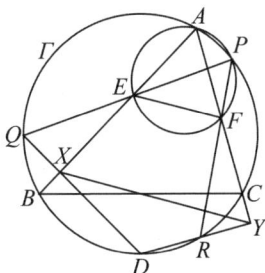 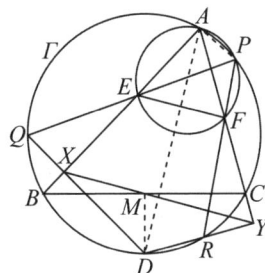

图 2.3.45　　　　图 2.3.46

方法讲解 如图 2.3.46.不失一般性,设 $AB > AC$,则点 P 在 $\overset{\frown}{CA}$ 上,所以 $\angle ADX = \angle ADQ = \angle APQ = \angle APE = \angle AFE$.因为 $AE = AF$,D 是 $\triangle ABC$ 的外接圆 Γ 上劣弧 BC 的中点,所以 $\angle ADX = \angle AFE = 90° - \dfrac{1}{2}\angle BAC = 90° - \angle BAD$,因此 $DX \perp AB$.同理,$DY \perp AC$.设 M 是线段 BC 的中点.又 D 是劣弧 BC 的中点,M 是线段 BC 的中点,于是 $DM \perp BC$.而点 D 在 $\triangle ABC$ 的外接圆上,故由西姆松定理,X,M,Y 三点共线,换句话说,线段 XY 过线段 BC 的中点.

例题 21 如图 2.3.47,设 $\triangle ABC$ 的外心为 O,垂心为 H,AD 为 BC 上的高,AM 为边 BC 上的中线.过 H 且垂直 AM 的直线分别交 AM,BC 于点 P,Q.OA,OD 再次交 $\triangle BOC$ 的外接圆于点 T,R,AS 垂直 TH 于点 S.证明:P,Q,R,S 四点共圆.

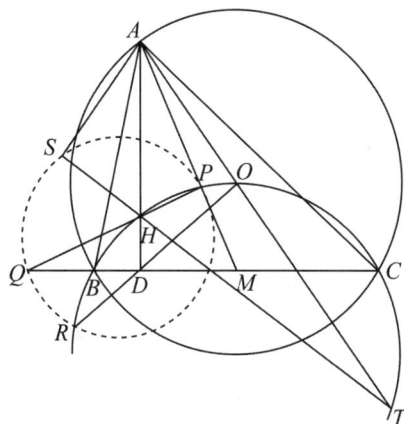

图 2.3.47

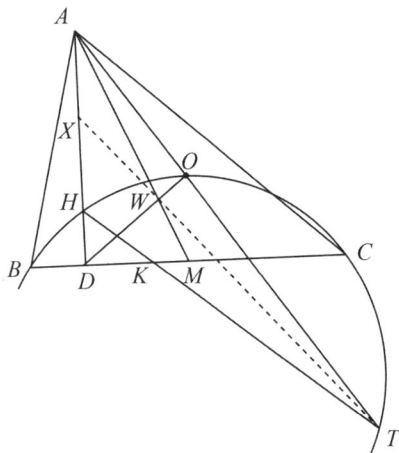

图 2.3.48

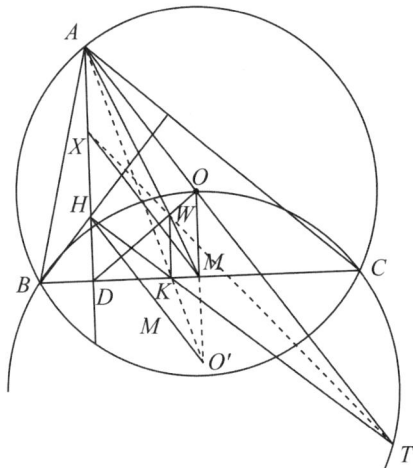

图 2.3.49

方法讲解 引理：如图 2.3.48，设 $\triangle ABC$ 的外心为 O，垂心为 H，AD 为 BC 上的高线，AM 为边 BC 上的中线，OD 交 AM 于点 W。AO 交 $\triangle BOC$ 的外接圆于点 T，TH 交 BC 于点 K，则有 $WK \perp BC$。

引理的证明：如图 2.3.49。作点 O 关于 BC 的对称点 O'，设 AH 的中点为 X。由垂心性质易知 $HO' \parallel XM \parallel AT$。

设 AO' 交 BC 于点 K，则有 $\dfrac{DK}{KM} = \dfrac{DA}{MO'} = \dfrac{DA}{OM} = \dfrac{DW}{WO}$，于是 $WK \parallel OM$，故 $WK \perp BC$，$\dfrac{AK}{KO'} = \dfrac{AW}{WM}$。

接下来证明 X, W, T 三点共线。由梅涅劳斯定理的逆定理知，只需证明 $\dfrac{DW}{WO} \cdot \dfrac{OT}{TA} \cdot \dfrac{AX}{XD} = 1$。

注意到 $\dfrac{DW}{WO} = \dfrac{DA}{MO}$ 和 $AX = OM$，则只需证明 $\dfrac{DA}{DX} = \dfrac{TA}{TO}$，即 $\dfrac{XA}{DX} = \dfrac{OA}{TO}$。

$$\angle TOC = 2(90° - \angle B) = 180° - 2\angle B,$$
$$\angle BOC = 2\angle A, \quad \angle BOT = 2\angle A - 2(90° - \angle B) = 180° - 2\angle C.$$

设 $OB = OC = OA = R$，则有 $AH = 2R\cos A$，$AD = AB\sin B = 2R\sin C\sin B$，

得 $AX = R\cos A$，$DX = AD - AX = 2R\sin C\sin B - R\cos A$。

因为 B, O, C, T 四点共圆，由三弦定理有 $OT\sin 2A = OB\sin(180° - 2B) + OC\sin(180° - 2C)$，

故 $OT = \dfrac{R(\sin 2B + \sin 2C)}{\sin 2A}$。将以上各量代入知，只需证明 $\sin 2A + \sin 2B + \sin 2C = 4\sin A\sin B\sin C$。这是个三角恒等式。故 X, W, T 三点共线。

另外，设 AO' 交 HT 于点 K'，则有 $\dfrac{AK'}{K'O'} = \dfrac{AT}{HO'} = \dfrac{AT}{MX} = \dfrac{AW}{WM} = \dfrac{AK}{KO'}$，于是点 K 和点 K' 重合。

故引理得证。

回到原题：如图 2.3.50。设 AD 的延长线交 $\triangle BHC$ 外接圆于点 V，连接 MV。记 TS 交 BC 于点 K，OR 交 AM 于点 W。由垂心的性质知，点 V 和点 A 关于 BC 对称，于是 $\angle MVH = \angle MAH$。

由已知条件知 A, P, D, Q 四点共圆，A, S, D, K 四点共圆。于是 $\angle MVH = \angle MAH = \angle MQH$，于是 H, M, V, Q 四点共圆，则 $OD \cdot DR = BD \cdot CD = HD \cdot DV = MD \cdot DQ$，于是 Q, R, M, O 四点共圆，得 $QR \perp RO$。由引理有 $WK \perp BC$。故 Q, R, K, W 四点共圆。

由 $QP \perp AM$ 知，点 P 也在该圆上。另一方面，易知 $\angle SKQ = \angle SAH = \angle SPH = \angle SPQ$，于是 S, P, K, Q 四点共圆，进而有 $S,$

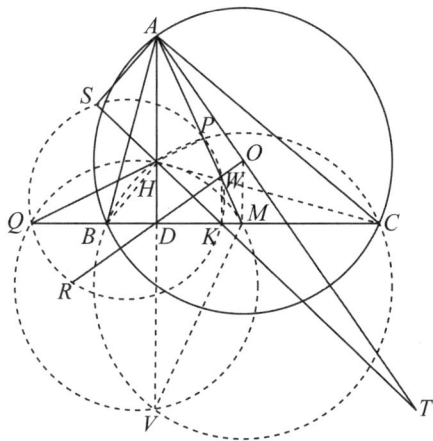

图 2.3.50

P,W,K,R,Q 六点共圆. 综上命题得证.

例题 22 如图 2.3.51, 设 H 为是一个非直角 $\triangle ABC$ 的垂心, 直线 AH, BH, CH 分别与直线 BC, CA, AB 交于点 D, E, F, 点 E, F 关于直线 AD 的对称点分别为 E', F', 直线 BF' 与 CE' 交于点 X, 直线 BE' 与 CF' 交于点 Y. 证明: AX, BC, HY 三线共点.

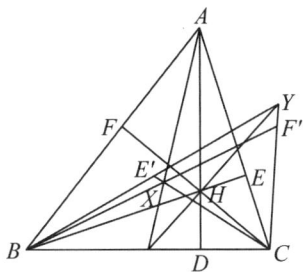 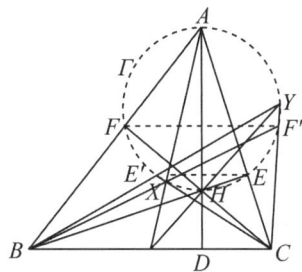

图 2.3.51 图 2.3.52

方法讲解 如图 2.3.52. 显然 A, E, H, F 四点在以 AH 为直径的圆 Γ 上, 而点 E', F' 分别为点 E, F 关于圆 Γ 的直径 AH 的对称点, 所以 E', F' 两点也在圆 Γ 上, 即 A, F, E', H, E, F' 六点共圆. 考虑六边形 $EHXE'FF'$, 因为 EH 与 $F'X$ 交于点 B, HF 与 XE' 交于点 C, 且 $FF' \parallel EE' \parallel BC$, 注意 E, H, F, F', E' 五点均在圆 Γ 上, 由帕斯卡定理的逆定理知, 点 X 也在圆 Γ 上. 同理, 点 Y 也在圆 Γ 上. 再考虑圆内接六边形 $HEF'YAX$, 由帕斯卡定理知, HE 与 XF' 的交点 B, EA 与 $F'Y$ 的交点 C, AX 与 HY 的交点, 这三点共线, 也就是说, AX, BC, HY 三线共点.

例题 23 如图 2.3.53, 设 H 是锐角 $\triangle ABC$ 的垂心, 点 X, Y 分别在边 AB, AC 上, 且 $AX = AY$, X, H, Y 三点共线, $\triangle AXY$ 的外接圆在 X, Y 两点的切线交于点 P. 证明: A, B, P, C 四点共圆.

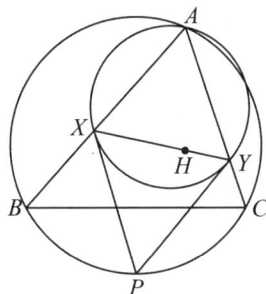 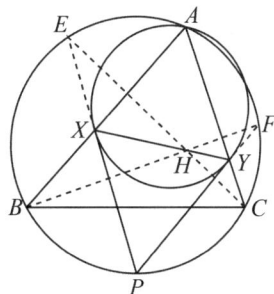

图 2.3.53 图 2.3.54

方法讲解 如图 2.3.54. 设直线 PX 与 CH 交于点 E, 直线 PY 与 BH 交于点 F. 因为 XE 与 $\triangle AEF$ 的外接圆相切, $AX = AY$, 所以 $\angle AXE = \angle AYX = \angle YXA$, 即 AB 是 $\angle HXE$ 的平分线. 又 $HE \perp AB$, 这说明 AB 是 HE 的垂直平分线, 因此, 点 H, E 关于 AB 对称. 又三角形的垂心关于三角形的边的对称点在三角形的外接圆上, 于是, 点 E 在 $\triangle ABC$ 的外接圆上. 同理, 点 F 也在 $\triangle ABC$ 的外接圆上. 考虑六边形 $AEBPCF$, 因为其三组对边的交点 X, H, Y 共线, E, F 两点皆在 $\triangle ABC$ 的外接圆上, 故由帕斯卡定理, 点 P 也在 $\triangle ABC$ 的外接圆上.

例题 24 设圆内接四边形 $ABCD$ 的外心为 O, AC 交 BD 于点 P. 设 $\angle A$ 和 $\angle B$, $\angle B$ 和 $\angle C$, $\angle C$ 和 $\angle D$, $\angle D$ 和 $\angle A$ 的角平分线分别交于不同的点 X, Y, Z, W. 证明: O, X, Y, Z, W 五点共圆当且仅当 P, X, Y, Z, W 五点共圆.

方法讲解 如图 2.3.55, 设 $E = A'B \cap CD'$, $F = A'D \cap B'C$, $G = XY \cap ZW$, 则在圆内接六边形 $BA'CDAD'$ 中,

$$BD \cap CA = P, \quad DD' \cap AA' = W, \quad BA' \cap CD' = E.$$

由帕斯卡定理知, P, W, E 三点共线.

在圆内接六边形 $BA'CB'C'D'$ 中,

$BB' \cap CC' = Y, A'C' \cap B'D' = O, BA' \cap CD' = E.$

由帕斯卡定理知，Y, O, E 三点共线.

在圆内接六边形 $BA'CDB'A$ 中，

$BD \cap CA = P, BB' \cap AA' = X, A'D \cap B'C = F.$

由帕斯卡定理知，X, P, F 三点共线.

在圆内接六边形 $A'CDB'C'D'$ 中，

$A'C' \cap B'D' = O, DD' \cap CC' = Z, A'D \cap B'C = F.$

由帕斯卡定理知，O, Z, F 三点共线.

在圆内接六边形 $BA'CDB'D'$ 中，

$BA' \cap CD' = E, DD' \cap BB' = G, A'D \cap B'C = F.$

由帕斯卡定理知，F, G, E 三点共线.

现在考虑六边形 $PXWZOY, XY \cap ZW = G, OZ \cap PX = F, OY \cap PW = E.$

由帕斯卡定理的逆定理得 E, F, G 三点共线，可得，若六边形 $PXWZOY$ 中的五个点共圆，则第六个点一定在该圆上.

证毕.

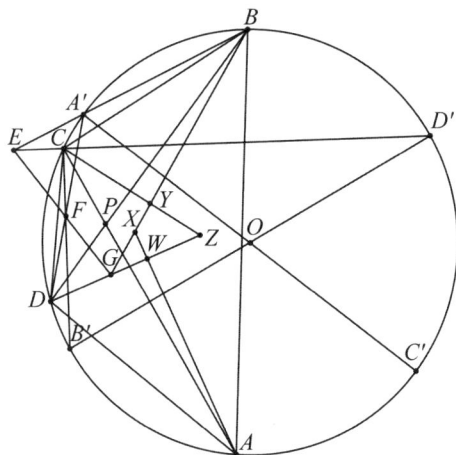

图 2.3.55

例题 25 在锐角三角形 ABC 中，$AB = AC, M, L, N$ 分别为 BC, AM, AC 的中点. $\triangle AMC$ 的外接圆与线段 AB 再次相交于点 P，与线段 BL 交于点 Q. 设 O 为 $\triangle BQC$ 的外心. 若直线 AC 和 PQ 交于点 X，OB 和 LN 交于点 Y，直线 BQ 和 CO 交于点 Z，证明：X, Y, Z 三点共线.

方法讲解 如图 2.3.56，倍长 MN 至点 T，得矩形 $AMCT$.

由 $\overrightarrow{AT} = \overrightarrow{MC} = \overrightarrow{BM}$ 知，四边形 $ATMB$ 为平行四边形.

而 L 为 AM 的中点，故 B, L, T 三点共线.

由 $AB = AC, BM = MC, OB = OC$，得 A, O, M 三点共线.

因为 $\angle AOC = \frac{1}{2}\angle BOC = \angle TQC = \angle TAC = \frac{\pi}{2} - \angle OAC,$

所以 $AC \perp OC$，即 OC 为 $\odot N$ 切线.

设 $CP \cap AT = W$，由 $OB \perp AB, CP \perp AB$ 得 $OB \parallel CP.$

因为 $YL \parallel BC \parallel AT, OL \parallel CT, OB \parallel CP \Rightarrow OY \parallel CW,$
所以 $\triangle YLO \backsim \triangle WTC.$

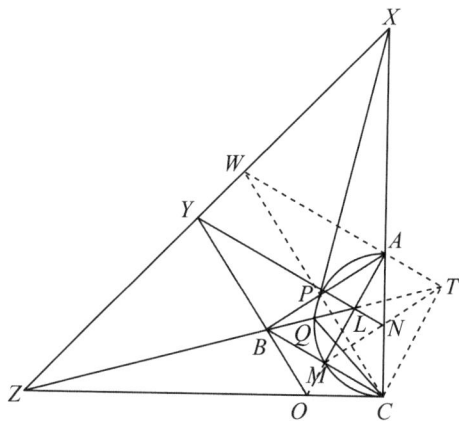

图 2.3.56

而 $Z = TL \cap OC$，故 Z 为 $\triangle YLO$ 与 $\triangle WTC$ 的位似中心，故 Y, Z, W 三点共线.

在圆内接五边形 $APQCT$ 中，

$$OC \cap TQ = Z, CP \cap AT = W, CA \cap PQ = X.$$

由帕斯卡定理知，X, W, Z 三点共线.

综上，X, Y, Z 三点共线.

例题 26 已知圆内接凸六边形 $ABCDEF$，AB 与 DC 交于点 G，AF 与 DE 交于点 H，点 M, N 分别为 $\triangle BCG, \triangle EFH$ 的外心，证明：BE, CF, MN 三线共点.

方法讲解 如图 2.3.57，设点 A 的对径点为 L，点 D 的对径点为 J，$BL \cap CJ = P, FL \cap EJ = Q,$ $BE \cap CF = K.$

由 DJ, AL 为直径知，$EJ \perp ED, AF \perp FL.$

所以 E, Q, F, H 四点共圆，且圆心为 QH 的中点，即 N 为 QH 的中点.

同理，M 为 PG 的中点.

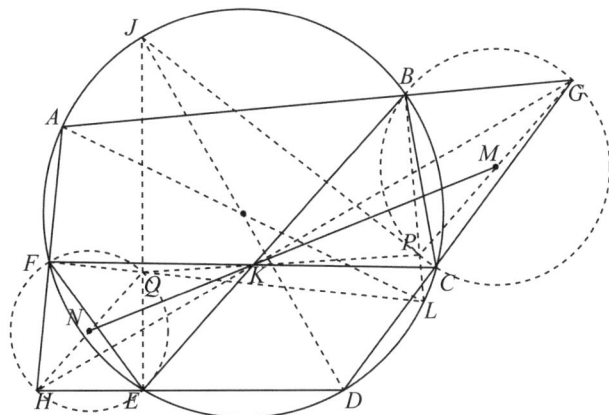

图 2.3.57

对圆内接六边形 $ABCDEF$ 使用帕斯卡定理：

$$AB \bigcap CD = G, BE \bigcap CF = K, AF \bigcap DE = H,$$

所以 G, H, K 三点共线.

对圆内接六边形 $BCLEFJ$ 使用帕斯卡定理：

$$BL \bigcap CJ = P, JE \bigcap FL = Q, BE \bigcap CF = K,$$

所以 P, Q, K 三点共线.

注意到 QH 与 AB 的夹角为

$$\pi - \angle BAF - \angle AHN = \pi - \angle BAF - \left(\frac{\pi}{2} - \angle FEH \right) = \frac{\pi}{2} - (\angle BAF - \angle FEH)$$

$$= \frac{\pi}{2} - (\angle BAF - \angle FAD) = \frac{\pi}{2} - \angle BAD = \frac{\pi}{2} - \angle BCG = \angle MGB,$$

故 QH 与 AB 的夹角等于 MG 与 AB 的夹角，所以 $QH \parallel MG$.

而 G, H, K 三点共线，P, Q, K 三点共线，$\triangle KQH \backsim \triangle KPG$，$M, N$ 分别为 QP, QH 的中点，

所以由相似对应得 $\angle QKN = \angle PKM$.

于是 M, N, K 三点共线.

综上，BE, CF, MN 三线共点于 K.

◎ 三、课外训练

1. 如图，在 $\triangle ABC$ 中，$AB \neq AC$，$\angle BAC$ 是钝角，O 是 $\triangle ABC$ 的外心，$\varGamma$ 是其外接圆，M 是圆 $\varGamma$ 上 $\overset{\frown}{BAC}$ 的中点，点 M 关于 BC 的对称点为 D，$\triangle AMO$ 的外接圆与 BC 交于 X, Y 两点，直线 AX, AY 与圆 $\varGamma$ 的另一交点分别为 E, F. 证明：D, E, F 三点共线.

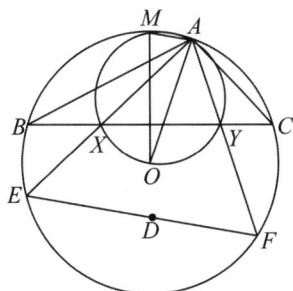

第 1 题

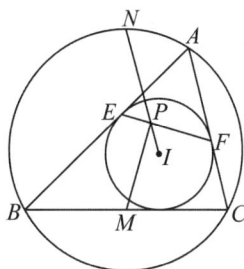

第 2 题

2. 如图，设 $\triangle ABC$ 的内切圆与 AB, AC 分别切于点 E, F，BC 的中点 M 在 EF 上的射影为 P，I 是 $\triangle ABC$ 的内心，N 是 $\triangle ABC$ 的外接圆上 $\overset{\frown}{BAC}$ 的中点. 证明：I, P, N 三点共线.

3. 如图,设 $ABCDE$ 是凸五边形,$\triangle ABE$,$\triangle BEC$ 和 $\triangle EDB$ 都按对应顶点相似.直线 BE 和 CD 交于点 T.证明:直线 AT 和 $\triangle ACD$ 的外接圆相切.

4. 如图,已知平行四边形 $ABCD$,对角线交于点 O,M 为 CD 的中点.在边 CD 上任取一点 P(不与点 M 重合),过点 O,P,M 作圆,与 BD,AC 分别交于点 G,H;与 $\odot AOD$,$\odot BOC$ 分别交于点 E,F.连接 EH,FG,证明:EH,FG,OP 三线共点.

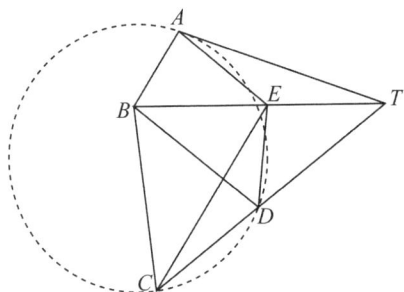

第 3 题

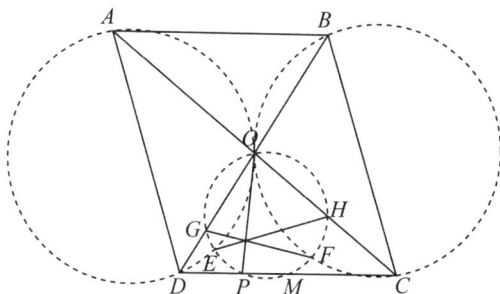

第 4 题

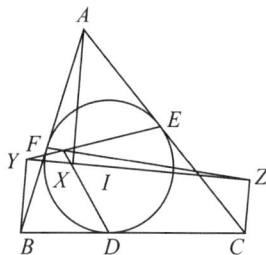

第 5 题

5. 如图,在 $\triangle ABC$ 中,I 为其内心,内切圆与 BC,CA,AB 分别切于点 D,E,F.设 l 是过点 I 的一条直线,点 A,B,C 在 l 上的投影为 X,Y,Z.证明:DX,EY,FZ 三线共点.

6. 如图,在锐角三角形 ABC 中,已知 $AB > AC$,H 是垂心,AM 是中线,$BE \perp AC$ 于点 E,$CF \perp AB$ 于点 F.点 D 在边 BC 上,满足 $\angle CAD = \angle BAM$ 且 $\angle ADH = \angle MAH$,证明:EF 平分线段 AD.

7. 在 $\triangle ABC$ 中,点 D,E,F 分别在边 BC,CA,AB 上,且满足四边形 $AFDE$,$BDEF$,$CEFD$ 都有内切圆.证明:$\triangle ABC$ 的内切圆半径是 $\triangle DEF$ 的内切圆半径的两倍.

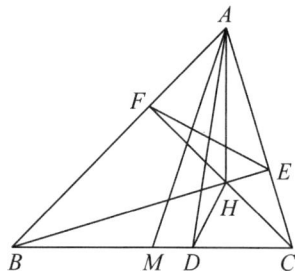

第 6 题

8. 在锐角 $\triangle ABC$ 中,点 A,A_b,B_a,B,B_c,C_b,C,C_a,A_c 按顺序分布在其三条边上.设 $\odot AA_bC_a$ 与 $\odot AA_cB_a$ 交于另一点 A_1($A_1 \neq A$),并类似定义 B_1,C_1.已知 A_1,B_1,C_1 这三个点互异且不共线.证明:直线 AA_1,BB_1,CC_1 过同一个点,且该点在 $\triangle A_1B_1C_1$ 的外接圆上.

9. 点 P 在 $\triangle ABC$ 的外接圆上,$\triangle ABC$ 的垂心记为 H,$PL \perp BC$ 于点 L,$PN \perp BA$ 于点 N,则 PH 被直线 LN 平分.

10. 如图,设凸四边形 $ABCD$ 内接于圆 ω.直线 AB 与 CD 交于点 K.在对角线 BD 上取点 L,使得 $\angle BAC = \angle DAL$.过点 C 作 BD 的平行线,交 KL 于点 M.证明:BM 与圆 ω 相切.

11. 在平行四边形 $ABCD$ 中,过 A,B 两点的圆与直线 BC,AC,BD,AD 分别交于另一点 E,F,G,H,直线 EF 与 GH 交于点 K.证明:点 K 到直线 AD,BC 的距离相等.

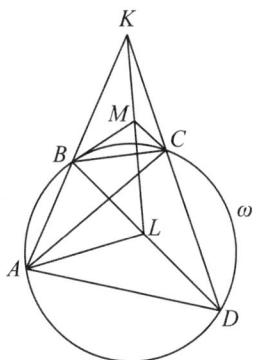

第 10 题

12. 在 $\triangle ABC$ 中,$AC > BC$,F 是 AB 的中点,过点 F 作 $\triangle ABC$ 的外接圆的直径 DE,点 C 与点 E 在 AB 同侧.过点 C 作 $CL /\!/ AB$,交 DE 于点 L.证明:$(AC + BC)^2 = 4EF \cdot DL$.

13. 设点 M 在 $\triangle ABC$ 的外接圆上,点 N 在 $\overset{\frown}{BMC}$ 上,且满足 $\angle MAB = \angle NAC$.点 M 在 AB,AC,BC 上的射影分别为 F,E,D.证明:$AN \perp DEF$.

14. 设 H 是锐角 $\triangle ABC$ 的垂心,点 X,Y 分别在边 AB,AC 上,且 $AX = AY$,X,H,Y 三点共线,$\triangle AXY$ 的外接圆在 X,Y 两点处的切线交于点 P.证明:A,B,P,C 四点共圆.

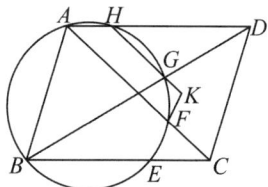

第 11 题

15. 在 △ABC 中,圆 Γ 与边 BC 切于点 X,与边 AC 切于点 Y. P 为 AB 上一点,直线 XP,YP 分别与圆 Γ 再次交于点 K,L. 直线 AK,BL 分别与圆 Γ 再次交于点 R,S. 证明:XR,YS,AB 三线共点.

16. 如图,在不等边三角形 ABC 中,其内心为 I,外心为 O. 角 A,B,C 所对的边的长度分别记为 a,b,c,且 c<a<b. 点 B_1,C_1 分别是射线 AC,AB 上的点且满足 $AB_1=AC_1=b+c-a$. 直线 BB_1 与 CC_1 交于点 P,直线 AP 与 BC 交于点 Q. 点 D 是点 A 关于 OI 的轴对称点. 证明:QD 是 ∠BDC 的外角平分线.

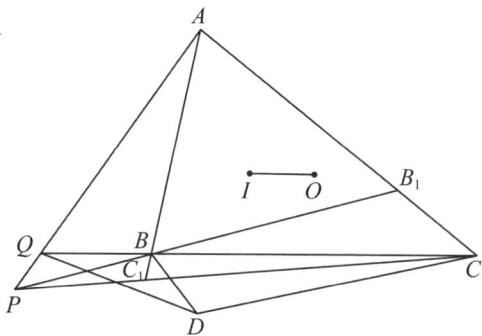

第 16 题

2.4 圆幂与根轴

◎ 一、知识要点

1. 设 ⊙O 的半径为 R,则点 A 对 ⊙O 的幂定义为 AO^2-R^2. 当点 A 在圆外时,圆幂为正;当点 A 在圆上时,圆幂为 0;当点 A 在圆内时,圆幂为负.

2. 若存在到两个圆的幂都相等的点,则该点的轨迹是一条垂直于两圆连心线的直线(称此直线为两圆的根轴). 反过来,根轴上的点到两圆的幂相等.

3. 若两圆相交,则两圆的根轴为公共弦所在的直线.

4. 若两圆外切,则两圆的根轴为它们的内公切线;若两圆内切,则根轴为它们的外公切线.

5. 若两圆外离,则从两圆的根轴上的点分别引两圆的切线,切线长相等,从而根轴必过四条公切线的中点.

6. 蒙日定理(根心定理):已知平面上任意三个圆,若这三个圆的圆心不共线,则三条根轴相交于一点,这个点叫它们的根心;若三个圆的圆心共线,则三条根轴互相平行. 如:三角形的垂心是所有过任一条高的两个端点的圆的根心.

◎ 二、例题讲解

例题 1　如图 2.4.1,设 BF,CE 是锐角 △ABC 的两条高,∠BEC 的平分线与 ∠BFC 的平分线交于点 D,DE,DF 与 BC 分别交于点 X,Y. 证明:△DBX 的外接圆与 △DCY 的外接圆的公共点在直线 AD 上.

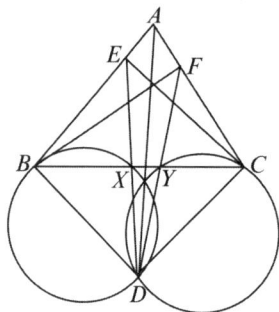
图 2.4.1

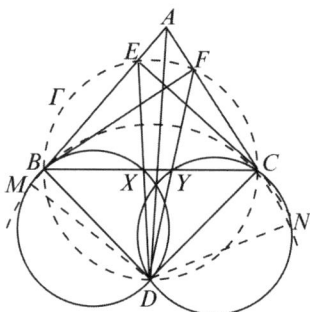
图 2.4.2

方法讲解 如图 2.4.2，显然 E,F 两点皆在以 BC 为直径的圆 Γ 上，所以 $\angle BEC$ 的平分线与 $\angle BFC$ 的平分线皆过圆 Γ 上 $\overset{\frown}{BC}$（不含点 E）的中点，这说明点 D 即圆 Γ 上 $\overset{\frown}{BC}$（不含点 E）的中点，因此，$\angle DBC = \angle DEC = \angle BED$. 于是 $\angle DBE = \angle BXD$.

设直线 AB 与 $\triangle DBX$ 的外接圆的另一个交点为 M，则 $\angle MBD = \angle EXB = \angle DMB$，所以 $DM = DB$. 同样，设直线 AC 与 $\triangle DCY$ 的外接圆的另一个交点为 N，则 $DN = DC$.

易知 $DB = DC$，所以 $DM = DB = DC = DN$，因而 B,C,M,N 四点共圆，由圆幂定理知，$AB \cdot AM = AC \cdot AN$，这说明点 A 对 $\triangle DBX$ 的外接圆与 $\triangle DCY$ 的外接圆有等幂，即点 A 在 $\triangle DBX$ 的外接圆与 $\triangle DCY$ 的外接圆的根轴上. 但两个圆的公共点必在两圆的根轴上，故 $\triangle DBX$ 的外接圆与 $\triangle DCY$ 的外接圆的公共点在直线 AD 上.

例题 2 如图 2.4.3，设 T 是线段 AB 上一点，且 $TA > TB$. 动点 P 在过点 T 且垂直于 AB 的直线上，点 C 在线段 PA 上，且 $\angle PBC = \angle BAP$. 证明：过点 C 且垂直于 PA 的直线与 AB 的交点是一个定点.

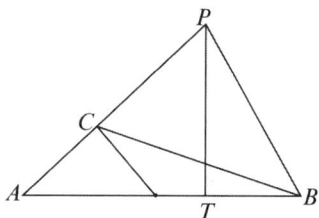
图 2.4.3

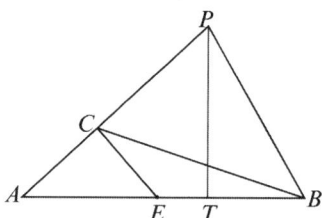
图 2.4.4

方法讲解 **方法一**：如图 2.4.4，设过点 C 且垂直于 PA 的直线与 AB 交于点 E，注意 $PT \perp AB$，所以 P,C,E,T 四点共圆，由圆幂定理知，$PA \cdot CA = AE \cdot AT$.

又 $PA^2 = AE \cdot AT + PB^2$，于是 $AE \cdot AT = PA^2 - PB^2$.

注意到 $PT \perp AB$，所以 $PA^2 - PB^2 = AT^2 - TB^2$，因此 $AE \cdot AT = AT^2 - TB^2$，这说明线段 AE 有定长，故 E 是一个定点.

方法二：如图 2.4.5. 因为 $\angle PBC = \angle BAP$，所以 $PC \cdot PA = PB^2$，故 $AC \cdot AP = PA^2 - PB^2$. 同理，设 Q 是过点 T 且垂直于 AB 的直线上的另一点，点 D 在线段 QA 上，且 $\angle QBD = \angle BAQ$，则 $AD \cdot AQ = QA^2 - QB^2$. 注意到 $PQ \perp AB$，所以 $PA^2 - PB^2 = QA^2 - QB^2$，因此 $AC \cdot AP = AD \cdot AQ$，这说明 P,C,D,Q 四点共圆.

再设 $\triangle PCT$ 的外接圆与 $\triangle QDT$ 的外接圆交于 T,E 两点，则由根心定理知，PC,QD,TE 三线共点. 而 PC 与 QD 交于点 A，所以 A,E,T 三点共线，即点 E 在直线 AT 上. 注意 PQ 与 AB 垂直于点 T，所以 $CE \perp PA$，$DE \perp QA$，即对于任意两个动点 P,Q，过点 C 且垂直于 PA 的直线与过点 D 且垂直于 QA 的直线交于 AB 上一点 E，故 E 是定点.

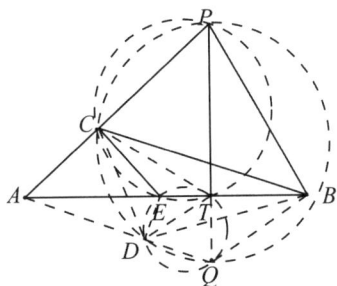

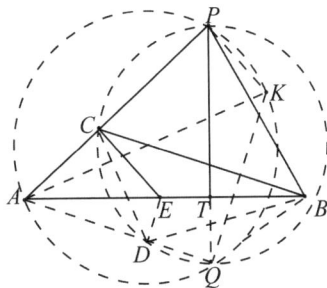

图 2.4.5　　　　　　　　　　　　　图 2.4.6

方法三：如图 2.4.6，因为 $\angle PBC = \angle BAP$，所以 $PC \cdot PA = PB^2$，因此 $AC \cdot AP = PA^2 - PB^2$. 同理，设 Q 是过点 T 且垂直于 AB 的直线上的另一点，点 D 在线段 QA 上，且 $\angle QBD = \angle BAQ$，则 $AD \cdot AQ = QA^2 - QB^2$. 注意 $PQ \perp AB$，所以 $PA^2 - PB^2 = QA^2 - QB^2$，因此 $AC \cdot AP = AD \cdot AQ$，这说明 P,C,D,Q 四点共圆，CD 是 PQ 的逆平行线. 作 $\triangle APQ$ 的外接圆的直径 AK，则 $AK \perp CD$，$KP \perp AC$，$KQ \perp AD$，这就是说，过 $\triangle AQP$ 的三个顶点 A,Q,P 分别作 $\triangle ACD$ 的边 CD、DA、AC 的垂线，三条垂线交于一点 K. 由正交三角形定理知，过点 A 且垂直于 QP 的直线、过点 C 且垂直于 PA 的直线、过点 D 且垂直于 AQ 的直线，这三条垂线也交于一点 E，即对于任意两个动点 P,Q，过点 C 且垂直于 PA 的直线与过点 D 且垂直于 QA 的直线交于 AB 上一点 E，故 E 是定点.

方法四：如图 2.4.6. 因为 $\angle PBC = \angle BAP$，所以 $PC \cdot PA = PB^2$，因此 $AC \cdot AP = PA^2 - PB^2$. 同理，设 Q 是过点 T 且垂直于 AB 的直线上的另一点，点 D 在线段 QA 上，且 $\angle QBD = \angle BAQ$，则 $AD \cdot AQ = QA^2 - QB^2$. 注意到 $PQ \perp AB$，所以 $PA^2 - PB^2 = QA^2 - QB^2$，因此 $AC \cdot AP = AD \cdot AQ$，这说明 P,C,D,Q 四点共圆，CD 是 PQ 的逆平行线. 于是，作 $\triangle APQ$ 的外接圆的直径 AK，则 $AK \perp CD$. 因为 $AT \perp PQ$，所以 AT 是 AK 关于 $\angle QAP$ 的等角线. 设过点 C 且垂直于 PA 的直线与过点 D 且垂直于 AQ 的直线交于点 E，则 AE 也是 AK 关于 $\angle QAP$ 的等角线，因而 A,E,T 三点共线，这说明对于任意两个动点 P,Q，过点 C 且垂直于 PA 的直线与过点 D 且垂直于 QA 的直线交于 AB 上一点 E，故 E 是定点.

例题 3　如图 2.4.7，设 P 为 $\triangle ABC$ 所在平面上一点. 过点 P 作 PA 的垂线，交直线 BC 于点 D；过点 P 作 PB 的垂线，交直线 CA 于点 E；过点 P 作 PC 的垂线，交 AB 于点 F. 设 L,M,N 分别是 AD,BE,CF 的中点，证明：L,M,N 三点共线.

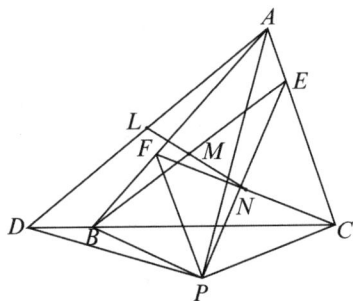

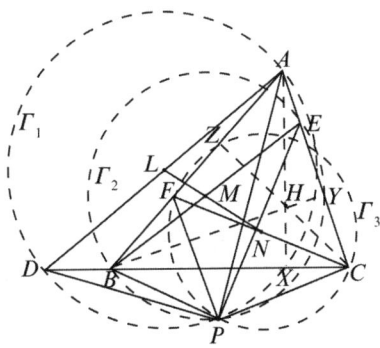

图 2.4.7　　　　　　　　　　　　　图 2.4.8

方法讲解　如图 2.4.8. 设 H 是 $\triangle ABC$ 的垂心，直线 AH 与 BC 交于点 X，直线 BH 与 CA 交于点 Y，直线 CH 与 AB 交于点 Z，则 $AX \perp DX$，$BY \perp EY$，$CZ \perp FZ$. 记 Γ_1 是以 AD 为直径的圆，Γ_2 是以 BE 为直径的圆，Γ_3 是以 CF 为直径的圆，则点 X 在圆 Γ_1 上，点 Y 在圆 Γ_2 上，点 Z 在圆 Γ_3 上. 注意 A,B,X,Y 四点共圆，B,C,Y,Z 四点共圆，由圆幂定理知，$HA \cdot HX = HB \cdot HY = HC \cdot HZ$，这说明点 H 对圆 Γ_1、Γ_2、Γ_3 的幂相等. 显然，P 是圆 Γ_1、Γ_2、Γ_3 的公共点，因而点 P 对圆 Γ_1、Γ_2、Γ_3 的幂相等，所以圆 Γ_1、Γ_2、Γ_3 是共轴圆. 而 L,M,N 分别是圆 Γ_1、Γ_2、Γ_3 的圆心，故 L,M,N 三点共线.

例题 **4** 如图 2.4.9，设 Γ 是 $\triangle ABC$ 的外接圆，M 是圆 Γ 上 $\overset{\frown}{BC}$（不含点 A）的中点，E，F 分别是 AB，AC 上的点，且 $EF \parallel BC$，直线 ME，MF 与圆 Γ 的另一交点分别为 X，Y，直线 XY 与 EF 交于点 P. 证明：PA 是圆 Γ 的切线.

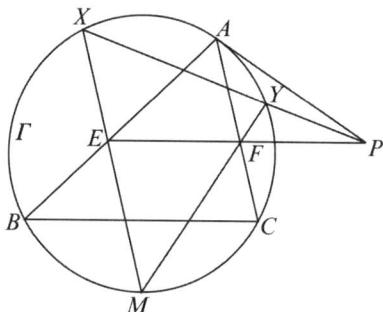

图 2.4.9

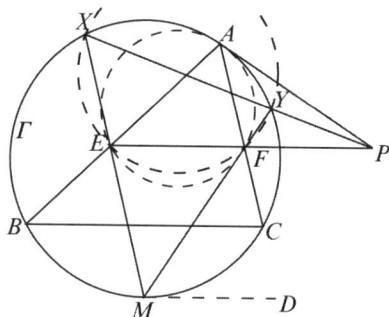

图 2.4.10

方法讲解 如图 2.4.10. 设 MD 是圆 Γ 在点 M 处的切线，则由 M 是 $\overset{\frown}{BC}$（不含点 A）的中点知 $MD \parallel BC$. 又 $EF \parallel BC$，所以 $MD \parallel EF$，因此 $\angle EFM = \angle DMY = \angle MXY$，这说明 E，F，X，Y 四点共圆. 又由 $EF \parallel BC$ 知，$\triangle AEF$ 的外接圆与圆 Γ 相切于点 A. 考虑圆 Γ、圆 $(XEFY)$、圆 (AEF)，由根心定理，圆 Γ 与圆 $(XEFY)$ 的根轴 XY、圆 $(XEFY)$ 与圆 (AEF) 的根轴 EF、圆 (AEF) 与圆 Γ 的根轴，三线共点或平行. 注意直线 XY 与 EF 交于点 P，所以 PA 是圆 Γ 与圆 (AEF) 的根轴. 又圆 Γ 与圆 (AEF) 的根轴是圆 Γ 与圆 (AEF) 在点 A 处的公切线，故 PA 是圆 Γ 的切线.

例题 **5** 如图 2.4.11，设 P 是 $\triangle ABC$ 外接圆上 $\overset{\frown}{BAC}$ 的中点，H 是 $\triangle ABC$ 的垂心. 取点 Q，S，使得四边形 $HAPQ$ 和 $SACQ$ 构成平行四边形. 设 T 是 AQ 的中点，R 是线段 SQ 和 PB 的交点. 证明 AB，SH 和 TR 三线共点.

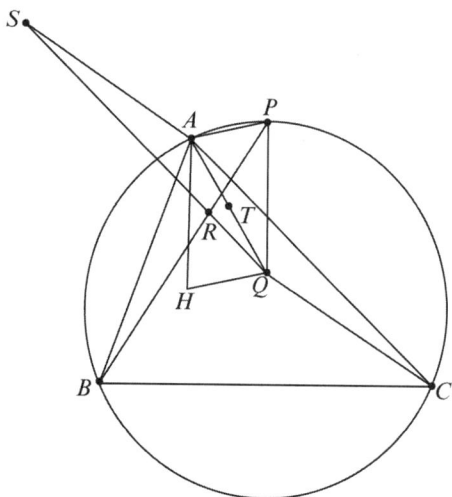

图 2.4.11

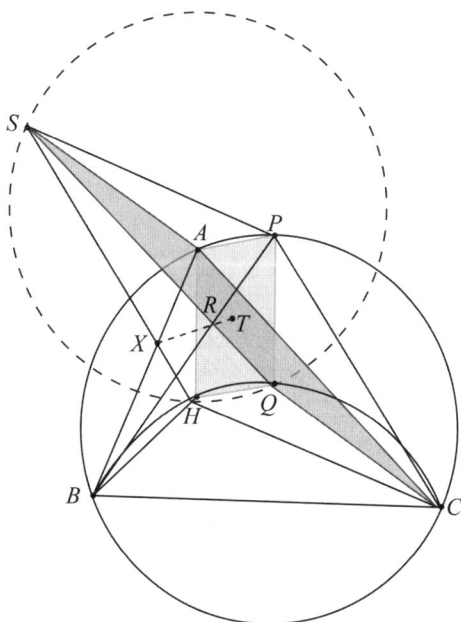

图 2.4.12

方法讲解 如图 2.4.12，设 SH 与 AB 相交于点 X. 首先，注意到 $\triangle BHC$ 的外接圆是 $\triangle ABC$ 的外接圆以向量 $\overrightarrow{AH}$ 平移得到的. 由于 $\overrightarrow{AH} = \overrightarrow{PQ}$，因此 B，H，Q，C 四点共圆.

$$\angle QBC = \angle QCB = \frac{\angle A}{2}, \quad \angle PBQ = \angle PCQ = \frac{\pi}{2} - \angle A \quad ①.$$

由 $AS \parallel QC, SH \parallel PC$ 以及 ① 式,有

$$\angle ASH = \angle PCQ = \frac{\pi}{2} - \angle A = \angle ABH.$$

因此 S, A, H, B 四点共圆,且 $XA \cdot XB = XH \cdot XS$. 同样,由 $PS \parallel CH, SQ \parallel AC$ 以及 ① 式,有

$$\angle PSQ = \angle ACH = \frac{\pi}{2} - \angle A = \angle PBQ.$$

因此 S, P, Q, B 四点共圆,且 $RQ \cdot RS = RP \cdot RB$. 现考虑 $\triangle SHQ$ 和 $\triangle ABC$ 的外接圆,可知点 R, X 在两圆根轴上,由于两圆的半径相同且关于点 T 中心对称,故点 T 亦在根轴上,即 R, X, T 三点共线. 故命题得证.

例题 6 如图 2.4.13,设锐角三角形 ABC 的外接圆在 B, C 两点处的切线交于点 D,过点 A 且垂直于 AB 的直线与过点 C 且垂直于 AC 的直线交于点 E,过点 A 且垂直于 AC 的直线与过点 B 且垂直于 AB 的直线交于点 F. 证明:$AD \perp EF$.

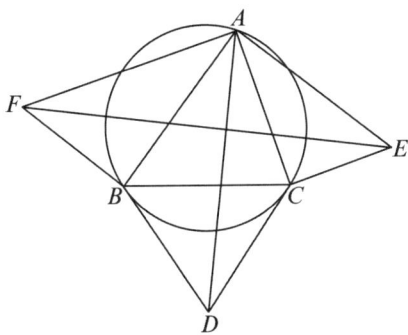

图 2.4.13

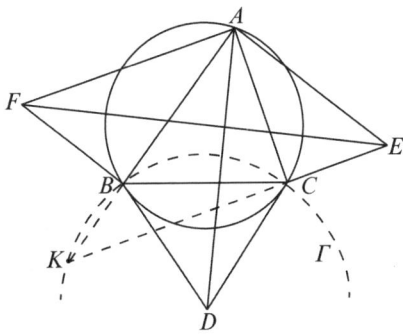

图 2.4.14

方法讲解 如图 2.4.14. 注意 DB, DC 是锐角三角形 ABC 的外接圆的切线,所以 $\angle DBC = \angle BCD = \angle BAC$,因此 $\angle CDB = 180° - 2\angle BAC$. 再注意 $CE \perp AC$,设直线 CE 与 AB 交于点 K,则 $\angle CKB = 90° - \angle BAC$,所以 $\angle CDB = 2\angle CKB$. 又 $DB = DC$,因而点 D 是 $\triangle KBC$ 的外心,也就是说,点 K 在以 D 为圆心、$DB (= DC)$ 为半径的圆 Γ 上. 因为 $AE \perp AK$,$AC \perp EK$,由直角三角形的射影定理知,$EA^2 = EC \cdot EK$,这说明点 E 对点圆 A 的幂与对圆 Γ 的幂相等,因而点 E 在圆 A 与圆 Γ 的根轴上. 同理,点 F 也在圆 A 与圆 Γ 的根轴上,于是,直线 EF 是圆 A 与圆 Γ 的根轴,故 $AD \perp EF$.

例题 7 如图 2.4.15 设 $\triangle ABC$ 的内切圆与边 BC, CA, AB 分别切于点 D, E, F,设 M 是 EF 的中点,点 A 关于 $\triangle ABC$ 的外接圆 Γ 的对径点为 A',圆 $(A'EF)$ 与圆 Γ 交于 A', P 两点,圆 (AMP) 与圆 $(A'EF)$ 交于 P, Q 两点,PQ 与 EF 交于点 K. 证明:$DK \perp EF$.

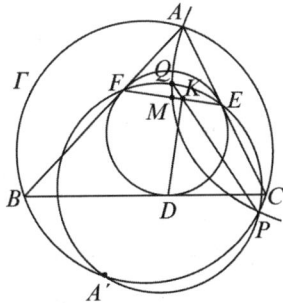

图 2.4.15

方法讲解 先证明两条引理.

引理 1:如图 2.4.16(或图 2.4.18)在 $\triangle ABC$ 中,$AB = AC$,D 是 $\triangle ABC$ 的外接圆上一点,直线 AD 与直线 BC 交于点 E,则 $AD \cdot AE = AC^2$.

引理 1 的证明:如图 2.4.17(或图 2.4.19),连接 CD,因为 $\angle CDE = \angle CBA = \angle ACB$,所以 $\triangle ADC$

$\backsim \triangle ACE$，故 $AD \cdot AE = AC^2$.

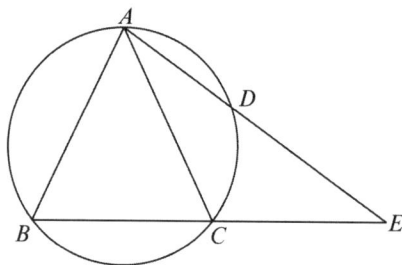

图 2.4.16

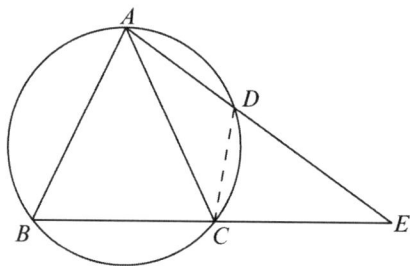

图 2.4.17

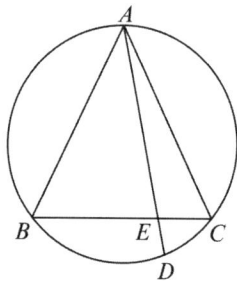

图 2.4.18

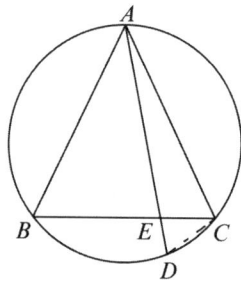

图 2.4.19

引理 2：如图 2.4.20，设 $\triangle ABC$ 的内切圆与边 BC,CA,AB 分别切于点 D,E,F，设点 D 在 EF 上的射影为 K. $\triangle AEF$ 的外接圆与 $\triangle ABC$ 的外接圆交于 A,P 两点，则 $PA \perp PK$.

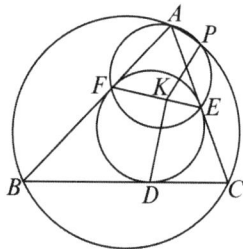

图 2.4.20

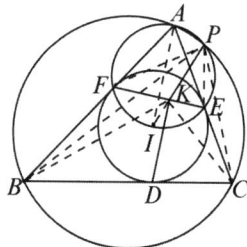

图 2.4.21

引理 2 的证明：如图 2.4.21. 因为 $\triangle AEF$ 的外接圆与 $\triangle ABC$ 的外接圆交于 A,P 两点，所以 $\angle PEA$ $= \angle PFA$，$\angle PCA = \angle PBA$，因此 $\triangle PCE \backsim \triangle PBF$，于是 $\dfrac{PE}{PF} = \dfrac{CE}{BF}$. 易知 $\triangle KFB \backsim \triangle KEC$，所以 $\dfrac{KE}{KF}$ $= \dfrac{CE}{BF}$，因此 $\dfrac{KE}{KF} = \dfrac{PE}{PF}$，从而 PK 平分 $\angle FPE$. 设 I 是 $\triangle ABC$ 的内心，显然，点 I 在 $\triangle AEF$ 的外接圆上，且 I 为 $\overset{\frown}{FE}$（不含点 A）的中点，因而 KI 是 $\angle FPE$ 的平分线，这说明 K,P,I 三点共线. 又 AI 是 $\triangle AEF$ 的外接圆的直径，于是 $PI \perp PK$，故 $PA \perp PK$.

回到原题：如图 2.4.22. 设 $\triangle AEF$ 的外接圆与圆 Γ 交于 A,R 两点，则 $RA' \perp RA$. 考虑圆 Γ、圆 (AEF)、圆 (EFA')，由根心定理知，直线 $AR,EF,A'P$ 交于一点 S. 因为 $AM \perp MS$，$AP \perp PS$，所以 A，M,P,S 四点共圆，即点 S 在圆 (AMP) 上，且 AS 是圆 (AMP) 的直径. 设直线 $A'R$ 与圆 (AMP) 交于 T，U 两点，则 $TA \perp TS$，且由 $AR \perp RA'$ 知，$AT = AU$，$TR \perp AS$. 由射影定理知 $AT^2 = AR \cdot AS$. 又 AE $= AF$，由引理 1 知 $AE^2 = AR \cdot AS$，所以 $AU = AT = AE = AF$，这说明 U,T,E,F 四点共圆. 再考虑圆 $(UTEF)$、圆 (EFA')、圆 (AMP)，由根心定理知，RA'，PQ，EF 三线共点. 而 PQ 与 EF 交于点 K，所以 RA' 与 EF 也交于点 K，故由引理 2 知 $DK \perp EF$.

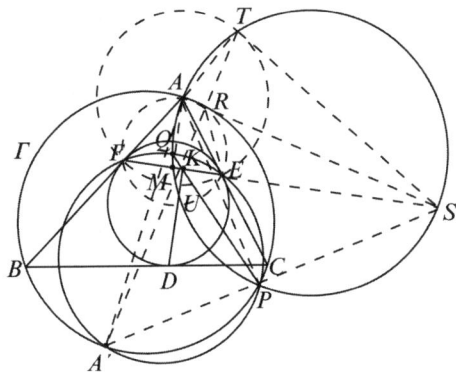

图 2.4.22

例题 8 如图 2.4.23,在 $\triangle ABC$ 中,$AB=AC$,D,E,F 分别是边 BC,CA,AB 上的点,且 $DE \parallel AB$,$DF \parallel AC$,$\angle EDF$ 的平分线与 EF 交于点 P;M 是 $\triangle ABC$ 的外接圆上 $\overparen{BC}$(不含点 A)的中点.直线 MD 与 EF 交于点 Q.证明:B,C,P,Q 四点共圆.

方法讲解 先证明一条引理:

引理:如图 2.4.24,在 $\triangle ABC$ 中,$AB=AC$,D,E,F 分别是边 BC,CA,AB 上的点,且 $DE \parallel AB$,$DF \parallel AC$,若 M 是 $\triangle ABC$ 的外接圆上 $\overparen{BC}$(不含点 A)的中点,则 $MD \perp EF$.

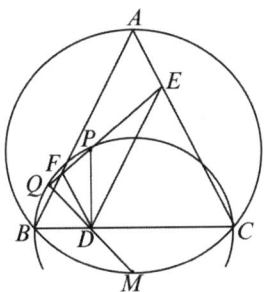

图 2.4.23

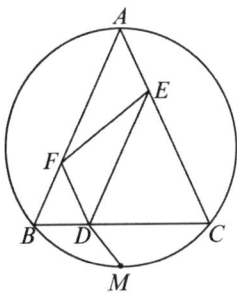

图 2.4.24

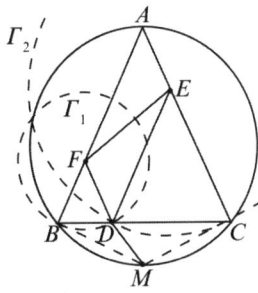

图 2.4.25

引理的证明:如图 2.4.25.因为 $AB=AC$,$DE \parallel AB$,$DF \parallel AC$,所以 $FB=FD$,$EC=ED$.设 Γ_1 是以 F 为圆心、FD 为半径的圆,Γ_2 是以 E 为圆心、ED 为半径的圆,则圆 Γ_1 过点 B,圆 Γ_2 过点 C.注意 $MB \perp FB$,$MC \perp EC$,所以 MB 是圆 Γ_1 的切线,MC 是圆 Γ_2 的切线.而 $MB=MC$,所以点 M 在圆 Γ_1 与圆 Γ_2 的根轴上.又点 D 是圆 Γ_1 与圆 Γ_2 的一个交点,所以点 D 也在圆 Γ_1 与圆 Γ_2 的根轴上,因此 MD 是圆 Γ_1 与圆 Γ_2 的根轴.而 E 和 F 分别为圆 Γ_1 与圆 Γ_2 的圆心,故 $MD \perp EF$.

回到原题:**方法一**:如图 2.4.26.显然 $MB \perp AB$.由引理知 $MQ \perp EF$,这说明 B,M,F,Q 四点共圆,因此 $\angle BQF + \angle FMB = 180°$.又 $\angle DCM = \angle BAM = \angle MAC = \angle PDF$,$\angle CMD = \angle DFP$,所以 $\triangle CDM \backsim \triangle DPF$.注意 $FB=FD$,$BM=CM$,因此,$\dfrac{PD}{FB} = \dfrac{PD}{FD} = \dfrac{DC}{CM} = \dfrac{DC}{BM}$.再由 $BF \perp BM$,$DP \perp DC$ 即知,$\triangle FBM \backsim \triangle PDC$,于是 $\angle FMB = \angle PCD$,从而 $\angle BQF + \angle PCD = 180°$,即 $\angle BQP + \angle PCB = 180°$,故 B,C,P,Q 四点共圆.

方法二:如图 2.4.27.设直线 EF 与 BC 交于点 S.由引理知 $DQ \perp EF$;显然,$DP \perp BC$,所以,$\triangle SDQ \backsim \triangle SPD$,因此,$SP \cdot SQ = SD^2$.又因 $DE \parallel AB$,$DF \parallel AC$,所以,$\triangle SDF \backsim \triangle SCE$,$\triangle SBF \backsim \triangle SDE$,因此,$\dfrac{SD}{SC} = \dfrac{SF}{SE}$,$\dfrac{SF}{SE} = \dfrac{SB}{SD}$,于是 $\dfrac{SD}{SC} = \dfrac{SB}{SD}$,即 $SB \cdot SC = SD^2$,这样便有 $SP \cdot SQ = SB \cdot SC$,故 B,C,P,Q 四点共圆.

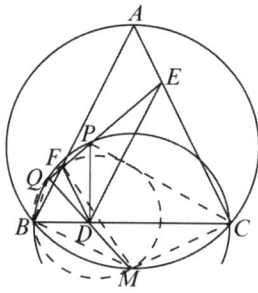

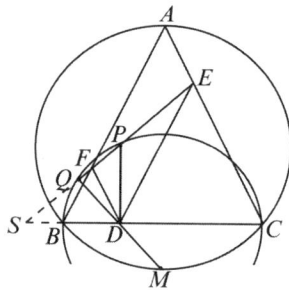

图 2.4.26   图 2.4.27

例题 9　如图 2.4.28,设 $\triangle ABC$ 的内心为 I,l_A 为过 BC 中点且垂直于 AI 的直线,类似定义 l_B,l_C,记 β 为 l_A,l_B,l_C 围成的三角形,H 为 β 的垂心,Ω 为 β 的外接圆.证明:$\triangle ABC$ 的外接圆与 Ω 的根轴平分 IH.

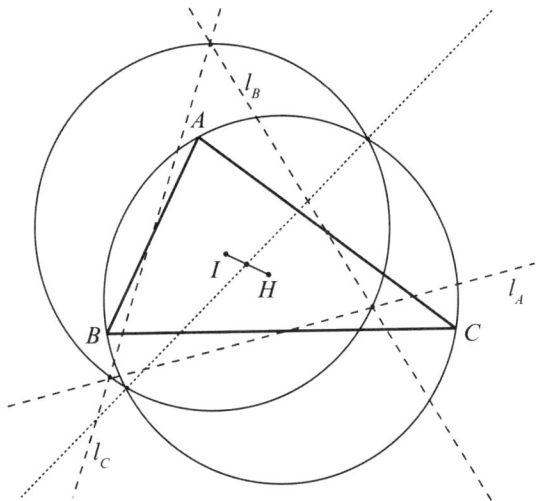

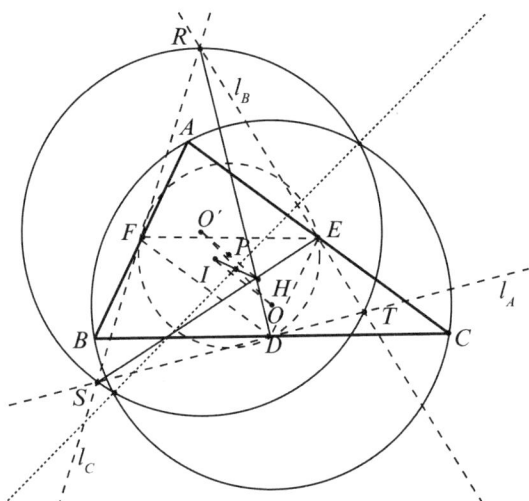

图 2.4.28   图 2.4.29

方法讲解　如图 2.4.29.记 β 的顶点为 R,S,T,$\triangle ABC$ 三边的中点分别为 D,E,F.

由 $AI \perp l_A$ 知 $\angle(l_A,CA) = 90° - \dfrac{1}{2}\angle A = \angle(l_A,DF)$,故 l_A 为 $\angle FDE$ 的外角平分线,同理知 l_B 为 $\angle FED$ 的外角平分线,l_C 为 $\angle EFD$ 的外角平分线,于是 $\triangle RST$ 为 $\triangle DEF$ 的旁心三角形.由 H 为 $\triangle RST$ 的垂心知,H 为 $\triangle DEF$ 的内心,且 $\triangle DEF$ 为 $\triangle RST$ 的垂足三角形,于是 $\triangle DEF$ 的外接圆为 $\triangle RST$ 的九点圆.

另外,显然 $\triangle DEF$ 的外接圆为 $\triangle ABC$ 的九点圆.于是 $\triangle RST$ 的外接圆和 $\triangle ABC$ 的外接圆为等圆.设 $\triangle ABC$ 的外心为 O,$\triangle RST$ 的外心为 O',九点圆圆心为 P.

由 $\triangle DEF$ 和 $\triangle ABC$ 反向相似,有 $OI \parallel HP$,又点 O' 在 HP 上,所以 $OI \parallel HO'$,进一步易得 $OI = 2HP = HO'$,于是 OO' 和 IH 互相平分.

由圆 O 和圆 O' 为等圆,则两者相交时的根轴必和 OO' 互相垂直平分,于是根轴过 OO' 的中点,也即 IH 的中点,即两圆根轴平分 IH.

例题 10　已知 $\triangle ABC$,点 A_1,B_1,C_1 在 $\triangle ABC$ 的内部,且满足 $BA_1 = A_1C$,$CB_1 = B_1A$,$AC_1 = C_1B$,以及 $\angle BA_1C + \angle CB_1A + \angle AC_1B = 480°$.设直线 BC_1 与 CB_1 交于点 A_2,直线 CA_1 与 AC_1 交于点 B_2,直线 AB_1 与 BA_1 交于点 C_2.证明:若 $\triangle A_1B_1C_1$ 的三边长度两两不等,则 $\triangle AA_1A_2$,$\triangle BB_1B_2$ 和 $\triangle CC_1C_2$ 的外接圆都经过两个公共点.

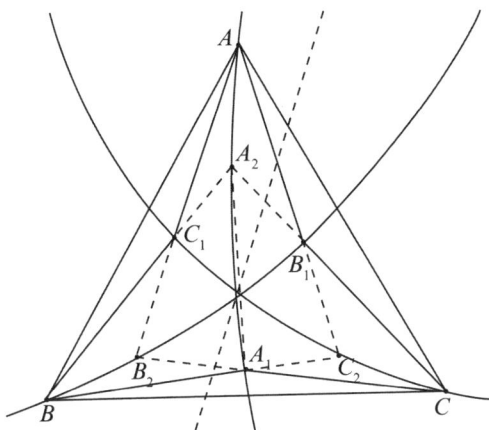

图 2.4.30

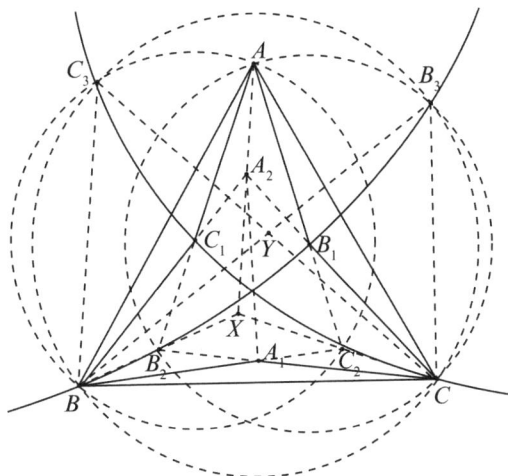

图 2.4.31

方法讲解　首先,对 $\triangle ABC$ 和 A_2,B_2,C_2 分别用角元 Ceva 定理可知

$$\prod_{cyc}\frac{\sin\angle BAA_2}{\sin\angle CAA_2}=\prod_{cyc}\frac{\sin\angle ABC_1}{\sin\angle CBC_1}\cdot\frac{\sin\angle BCB_1}{\sin\angle ACB_1}=1.$$

故由角元 Ceva 定理的逆定理可知 AA_2,BB_2,CC_2 共点,记公共点为 X.注意到

$$\angle BA_2C=60°+\angle ABC_1+\angle ACB_1=60°+180°-\frac{\angle AC_1B+\angle AB_1C}{2}=\frac{\angle BA_1C}{2},$$

即得点 A_2 在以点 A_1 为圆心、A_1B 为半径的圆上,记此圆为 ω_1,轮换地定义 ω_2,ω_3.

引理 1:如图 2.4.31,设点 X 关于 $\triangle ABC$ 的等角共轭点为 Y,AY 交 $\odot(AA_1A_2)$ 于另一点 A_3,则点 A_3 在 ω_1 上.轮换地定义点 B_3,C_3,则点 B_3,C_3 分别在 ω_2,ω_3 上.

引理 1 的证明:注意到 AA_1 平分 $\angle A_2AA_3$ 且 A,A_1,A_2,A_3 四点共圆,即知 $A_1A_3=A_1A_2$.

引理 2:B,C,B_3,C_3 四点共圆.

引理 2 的证明:由于 BB_3 与 BB_2 关于 BB_1 对称,故 $\angle BB_3C=\angle ACB_2$,同理 $\angle BC_3C=\angle C_2BA$,由点 B,C 关于 AA_1 对称即知 $\angle ACB_2=\angle C_2BA$,这说明引理 2 成立.故立知 $YB\cdot YB_3=YC\cdot YC_3$,同理,可知点 Y 到 $\odot(AA_1A_2),\odot(BB_1B_2),\odot(CC_1C_2)$ 的圆幂相等.

导角可知 $\angle AB_2B_1=90°-\angle ACA_1=90°-\angle A_1BA=\angle AC_2C_1$.

故 B_1,C_1,B_2,C_2 四点共圆.同理,对点组可得另两个共圆,由蒙日定理知 A_1A_2,B_1B_2,C_1C_2 共点 Z 且点 Z 到 $\odot(AA_1A_2),\odot(BB_1B_2),\odot(CC_1C_2)$ 的圆幂相等.

引理 3:Y,Z 是两个不同的点.

引理 3 的证明:注意到 $A_1B_2C_1A_2B_1C_2$ 是凸六边形(点 A_1,B_1,C_1 均在 $\triangle ABC$ 内部保证),故点 Z 在线段 A_1A_2 上,又点 X 在 $\triangle ABC$ 内部,故点 Y 也在 $\triangle ABC$ 内部,故其在线段 AA_3 上,由于 AA_2 与 AA_3 关于 AA_1 对称,故点 Y,Z 在 AA_1 的异侧,这说明 Y,Z 是两个不同的点.

综上所述,$\odot(AA_1A_2),\odot(BB_1B_2),\odot(CC_1C_2)$ 共轴.

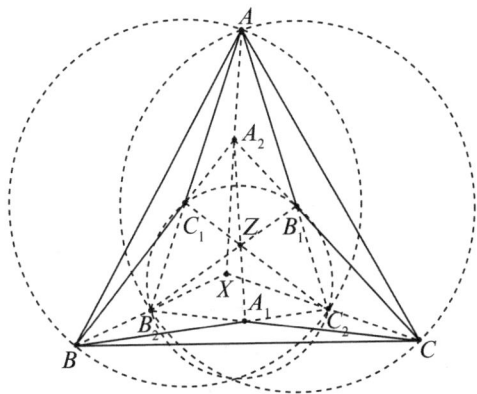

图 2.4.32

例题 11　圆内接四边形 $ABCD$ 的外接圆圆心为 O,设 $\angle A,\angle B$ 的内角平分线交于点 X;$\angle B,\angle C$ 的内角平分线交于点 Y;$\angle C,\angle D$ 的内角平分线交于点 Z;$\angle D,\angle A$ 的内角平分线交于点 W.记 AC 交 BD 于点 P,且 X,Y,Z,W,O,P 这六个点两两不重合.证明:O,X,Y,Z,W 五点共圆当且仅当 $P,X,Y,Z,$

W 五点共圆.

方法讲解 若四边形 $ABCD$ 至少有一组对边平行,不妨设 $AB \parallel CD$,则 X,Z,O,P 四点共线(所在直线是 AB 的中垂线).不可能有 O,X,Y,Z,W 五点共圆,也不可能有 P,X,Y,Z,W 五点共圆.故四边形 $ABCD$ 的两组对边都不平行.

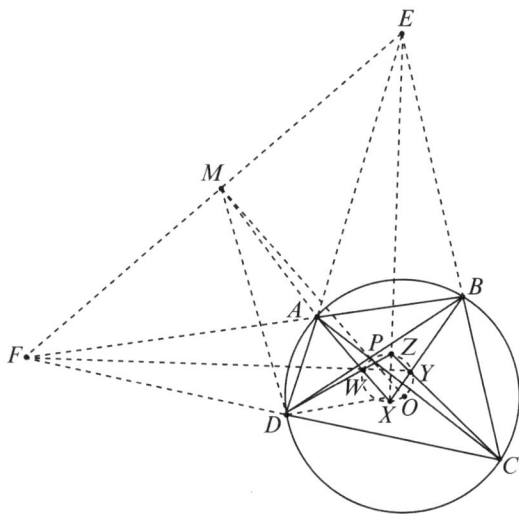

图 2.4.33

如图 2.4.33,设 $AD \cap BC = E$,$AB \cap CD = F$.记圆内接四边形 $ABCD$ 的外接圆为 Ω.

易知 X 是 $\triangle ABE$ 的 E- 旁心,Z 是 $\triangle CDE$ 的内心,W 是 $\triangle ADF$ 的 F- 旁心,Y 是 $\triangle BCF$ 的内心.

从而 X,Z,E 三点共线,且该直线平分 $\angle AEB$;Y,W,F 三点共线,且该直线平分 $\angle BFC$.

因为

$$\angle YXW + \angle YZW = \angle AXB + \angle CZD$$

$$= \left(90° - \frac{1}{2}\angle AEB\right) + \left(90° + \frac{1}{2}\angle CED\right) = 180°,$$

所以 X,Y,Z,W 四点共圆,记该圆为 ω.

因为 $\angle XZC = \angle ZEC + \angle ZCE = \frac{1}{2}\angle CED + \frac{1}{2}\angle BCD = 90° - \frac{1}{2}\angle EDC = \frac{1}{2}\angle ABC = \angle XBC$,所以 B,C,X,Z 四点共圆,于是 $EB \cdot EC = EX \cdot EZ$,这说明点 E 对圆 Ω、圆 ω 等幂,即点 E 在圆 Ω 与圆 ω 的根轴上.

同理可得,点 F 也在圆 Ω 与圆 ω 的根轴上.故 EF 是圆 Ω 与圆 ω 的根轴.

设 $\triangle EAB$ 的外接圆交 EF 于点 E,M.因为 $\angle FMA = \angle EBA = \angle CDA$,所以 M,A,D,F 四点共圆.

用 $\rho(k)$ 表示点 k 对圆 Ω 的幂.易知 $EP^2 = \rho(E) + \rho(P)$,$FP^2 = \rho(F) + \rho(P)$.

于是 $EP^2 - FP^2 = \rho(E) - \rho(F) = EO^2 - FO^2$,从而可得

$$OP \perp EF \quad ①.$$

因为 $EM^2 - FM^2 = EM \cdot EF - FM \cdot EF = EA \cdot ED - FA \cdot FB = \rho(E) - \rho(F) = EO^2 - FO^2$,所以

$$OM \perp EF \quad ②.$$

由①②得 O,P,M 三点共线,且所在直线与 EF 垂直.

又由 M,A,D,F 四点共圆得

$$\angle DMO = 90° - \angle FMD = 90° - \angle FAD = 90° - \angle BCD = 90° - \frac{1}{2}\angle BOD = \angle ODP$$

$$\Rightarrow \triangle ODP \backsim \triangle OMD$$

$$\Rightarrow OP \cdot OM = OD^2 = R^2(记圆 \Omega 的半径为 R)$$

$$\Rightarrow MP \cdot MO = MO^2 - OP \cdot OM = MO^2 - R^2 = \rho(M).$$

又因为点 M 在直线 EF 上,而 EF 是圆 Ω 与圆 ω 的根轴,所以点 M 对圆 Ω、圆 ω 等幂,即点 M 对圆 ω 的幂等于 $MP \cdot MO$.这表明,点 O 在圆 ω 上 $\Leftrightarrow$ 点 P 在圆 ω 上.

注　定差幂线定理：$AB \perp CD \Leftrightarrow AC^2 - AD^2 = BC^2 - BD^2$.

证明：先证明"$\Rightarrow$".设直线 AB 和直线 CD 交于点 E,连接 AD,
AC,BC,BD,如图 2.4.34,则

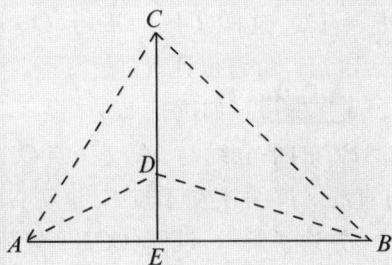

$$AC^2 - AD^2 = AC^2 - AE^2 + AE^2 - AD^2$$
$$= CE^2 - DE^2$$
$$= CE^2 + BE^2 - BE^2 - DE^2$$
$$= BC^2 - BD^2.$$

再证明"$\Leftarrow$".设 $\angle AED = \theta$,即证 $\cos\theta = 0$,则

图 2.4.34

$$AC^2 + BD^2 = AE^2 + EC^2 - 2AE \cdot EC\cos\theta + BE^2 + ED^2 + 2BE \cdot ED\cos\theta,$$
$$AD^2 + BC^2 = AE^2 + ED^2 - 2AE \cdot ED\cos\theta + BE^2 + EC^2 + 2BE \cdot EC\cos\theta.$$

故

$$BE \cdot EC\cos\theta - AE \cdot ED\cos\theta = BE \cdot ED\cos\theta - AE \cdot EC\cos\theta,$$

整理得 $CD \cdot AB\cos\theta = 0$,即 $\cos\theta = 0$,得证.

例题 12　如图 2.4.35,$\triangle ABC$ 的外接圆是 Ω,外心是 $O.D,E$ 是圆 Ω 的一对对径点,圆 Ω 在点 D 处的切线分别交直线 BC,AB 于点 J,L,圆 Ω 在点 E 处的切线分别交直线 BC,AC 于点 K,M.设 $\triangle ADJ$,$\triangle AEK$ 的外接圆交于另一点 F,$\triangle ADL$,$\triangle AEM$ 的外接圆交于另一点 N,证明：若点 N 在直线 AO 上,则点 F 也在.

方法讲解　当 $AB = AC$ 时,由对称性知结论成立,不妨设 $AB > AC$.

如图 2.4.36,设直线 DE 与 $\triangle ADJ$,$\triangle AEK$,$\triangle ADL$,$\triangle AEM$ 外接圆的第二交点分别为 P,Q,R,S.

易知 $\triangle ARE \backsim \triangle ALD$,所以由 $AE \perp AD$ 知 $AR \perp AL$.同理,$AP \perp AJ$,$AQ \perp AK$,$AS \perp AM$.

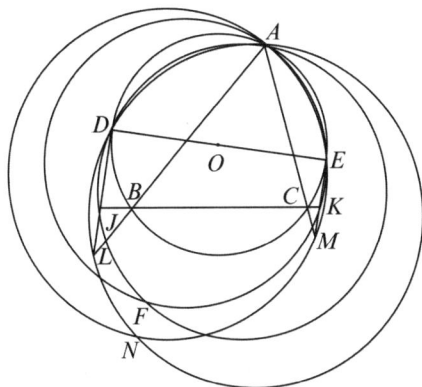

图 2.4.35

过点 A 作圆 Ω 的切线 l,再过点 A 作 DE 的垂线,分别交 BC,DE 于点 U,V.

由条件,点 O 在 $\triangle ADL$ 和 $\triangle AEM$ 外接圆的根轴 AN 上,于是 $OS \cdot OE = OR \cdot OD$.

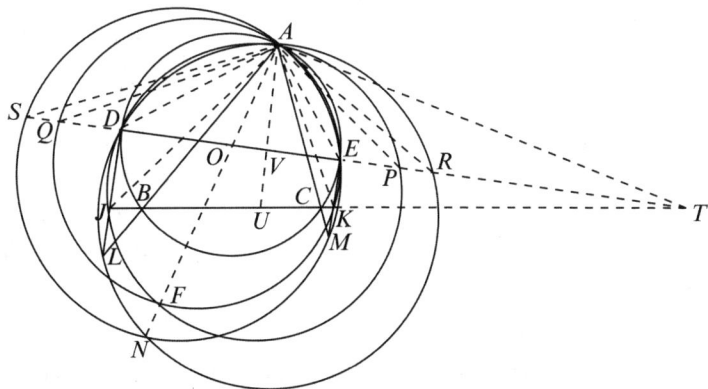

图 2.4.36

因为 $OE = OD$,所以 $OS = OR$.

于是 $(AR,AS;AO,RS)$ 四条直线的方向成调和线束,故与它们垂直的方向 $(AB,AC;l,AU)$ 也成调和线束.设 l 交直线 BC 于点 T,则 $(B,C;U,T)$ 成调和点列.于是点 U 在点 T 关于圆 Ω 的极线上,所以该极线就是 AU.因为 DE 过点 O 且与 AU 垂直,所以 DE 经过点 T.

因为 $DJ \parallel UV \parallel EK$ 且 $(D,E;V,T)$ 成调和点列,所以 $(J,K;U,T)$ 也成调和点列.

于是 $(AJ,AK;AU,AT)$ 成调和线束，故与它们垂直的方向 $(AP,AQ;PQ,AO)$ 也成调和线束，从而 $OP = OQ$. 这样，$OP \cdot OD = OQ \cdot OE$，故点 O 在 $\triangle ADJ$ 和 $\triangle AEK$ 外接圆的根轴 AF 上.

综上，命题得证.

例题 13 如图 2.4.37，设 A,B,C,D 是共圆四点，直线 AB 与 CD 交于点 P，$\angle APC$ 的平分线与 AC 交于点 Q，圆 (QCD) 与直线 BC 再次交于点 E，圆 (ABQ) 与直线 AD 再次交于点 F. 证明：$BE = DF$.

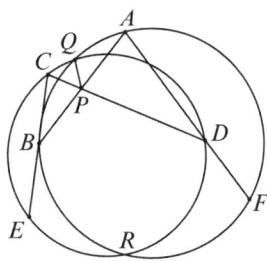
图 2.4.37

方法讲解 设圆 (QCD) 与圆 (ABQ) 交于 Q,R 两点，BD 与 QR 交于点 K，BD 与圆 (QCD)、圆 (ABQ) 的另一交点分别为 X,Y，则点 K 在圆 (QCD) 与圆 (ABQ) 的根轴上，所以

$$KX \cdot KD = KQ \cdot KR = KB \cdot KY.$$

因此 $\dfrac{KX}{KY} = \dfrac{KB}{KD}$. 由等比定理知 $\dfrac{BX}{YD} = \dfrac{KX - BK}{KY - KD} = \dfrac{BK}{DK}$.

又 A,B,C,D 四点共圆，由圆幂定理知 $PA \cdot PB = PC \cdot PD$，这说明点 P 在圆 (QCD) 与圆 (ABQ) 的根轴上. 点 Q 显然在圆 (QCD) 与圆 (ABQ) 的根轴上，所以 P,Q,R 三点共线，即 PK 是 $\angle BPD$ 的平分线.

因此 $\dfrac{BK}{DK} = \dfrac{PB}{PD}$.

又由 A,B,C,D 四点共圆知 $\triangle PBC \backsim \triangle PDA$，所以 $\dfrac{PB}{PD} = \dfrac{BC}{AD}$，因此 $\dfrac{BX}{YD} = \dfrac{BC}{DA}$.

再由圆幂定理知 $BE \cdot BC = BX \cdot BD$，$DF \cdot DA = BD \cdot YD$，于是 $\dfrac{BE}{DF} \cdot \dfrac{BC}{DA} = \dfrac{BX}{YD} = \dfrac{BC}{DA}$.

因而 $\dfrac{BE}{DF} = 1$，故 $BE = DF$.

例题 14 如图 2.4.38，已知圆 O 上有 A,B,C,D,E 五点，$AB \parallel CE$，且线段 AD 平分线段 BE. 过点 B 作圆 O 的切线与直线 AC 交于点 F. 证明：$FC = FD$.

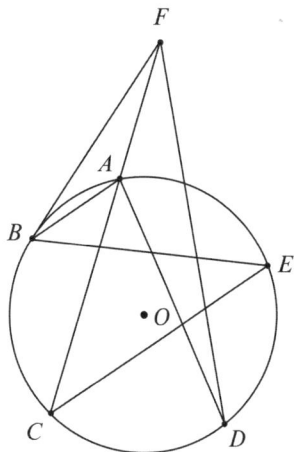
图 2.4.38

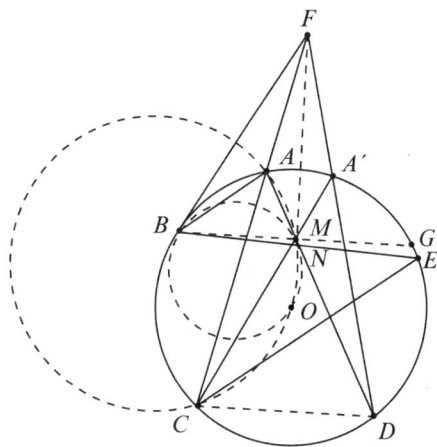
图 2.4.39

方法讲解 只需证明 $OF \perp CD$，设 FD 交 $\odot O$ 于点 A'，则 OF 与 AD 的交点也为 $A'C$ 上的点.

如图 2.4.39，作 $EG \parallel AD$，交 $\odot O$ 于 G，连接 BG，交 AD 于 M，设 AD，BE 的交点为 N，则 MN 为 $\triangle BEG$ 的中位线. 所以 $BM = MG$，则 $OM \perp BG$.

又 $\overset{\frown}{BC} = \overset{\frown}{AE} = \overset{\frown}{DG}$，所以 $BG \parallel CD$，所以只需证点 M 在 OF 上.

因为 $OM \perp BG$，所以 $\angle MOC = 180° - \dfrac{1}{2}\angle COD = 180° - \angle CAD$，所以 A,M,O,C 四点共圆.

由 $\odot O$ 及过点 B,M,O 的圆（以 BO 为直径的圆），可得三条根轴 OM,AC,BF 交于一点 F，故 O,M，

F 三点共线. 得证.

例题 15　如图 2.4.40,在锐角三角形 ABC 中,$AB > AC$,M 为 $\triangle ABC$ 的外接圆 Γ 的劣弧$\overset{\frown}{BC}$ 的中点,K 为 $\angle BAC$ 的外角平分线与 BC 延长线的交点. 在过点 A 且垂直于 BC 的直线上取一点 D(异于点 A),使得 $DM = AM$. 设 $\triangle ADK$ 的外接圆与圆 Γ 的第二个交点为 T. 证明:AT 平分线段 BC.

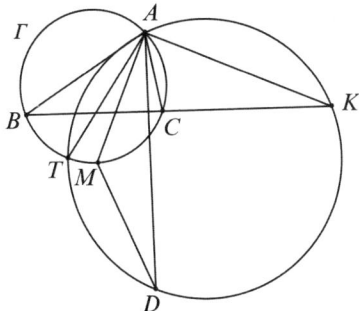
图 2.4.40

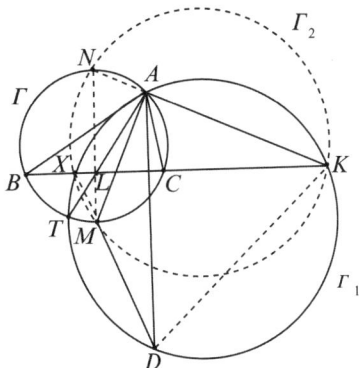
图 2.4.41

方法讲解　如图 2.4.41,延长 DM,与 BC 交于点 X. 设 L 为 BC 的中点,N 为圆 Γ 的$\overset{\frown}{BAC}$ 的中点,则 N,A,K 三点共线. 易知 AM 为 $\angle BAC$ 的平分线,故 $AM \perp AK$.

又 $AD \perp BC$,$AM = DM$,所以 $\angle AKX = 90° - \angle DAK = \angle MAD = \angle ADM = \angle ADX$.

从而,A,K,D,X 四点共圆(即得 A,K,D,T,X 五点共圆),记该圆为 Γ_1.

注意到 $MN \parallel AD$,则 $\angle NMX = \angle ADX = \angle AKX = \angle NKX$.

故 N,K,M,X 四点共圆,记该圆为 Γ_2.

对圆 Γ,Γ_1,Γ_2 运用根心定理,知圆 Γ 与圆 Γ_1 的根轴 AT、圆 Γ 与圆 Γ_2 的根轴 MN、圆 Γ_1 与圆 Γ_2 的根轴 XK 三线共点.

由于 MN 与 XK 交于点 L,故 AT 经过点 L,即 AT 平分线段 BC.

例题 16　如图 2.4.42,在 $\triangle ABC$ 中,$AB > AC$,$\triangle ABC$ 内两点 X,Y 均在 $\angle BAC$ 的平分线上,且满足 $\angle ABX = \angle ACY$. 设 BX 的延长线与线段 CY 交于点 P,$\triangle BPY$ 的外接圆 ω_1 与 $\triangle CPX$ 的外接圆ω_2 交于点 P,Q. 证明:A,P,Q 三点共线.

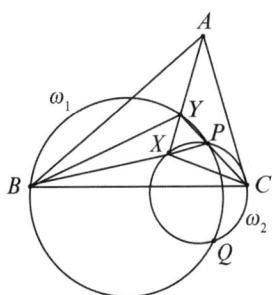
图 2.4.42

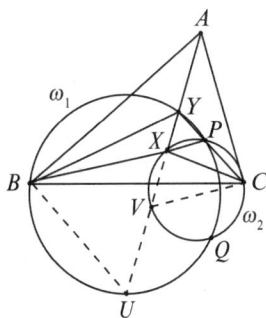
图 2.4.43

方法讲解　由 $\angle BAX = \angle CAY$,$\angle ABX = \angle ACY$,可知 $\triangle ABX \backsim \triangle ACY$. 所以

$$\frac{AB}{AC} = \frac{AX}{AY} \quad ①.$$

如图 2.4.43,延长 AX,分别交圆 ω_1,ω_2 于点 U,V,则 $\angle AUB = \angle YUB = \angle YPB = \angle YPX = \angle XVC = \angle AVC$.

于是 $\triangle ABU \backsim \triangle ACV$. 所以

$$\frac{AB}{AC} = \frac{AU}{AV} \quad ②.$$

由①②可得 $\dfrac{AX}{AY}=\dfrac{AU}{AV}$，即 $AU\cdot AY=AV\cdot AX$.

上述等式两端分别为点 A 到圆 ω_1,ω_2 的幂，这意味着点 A 在圆 ω_1,ω_2 的根轴（即直线 PQ）上，换言之，A,P,Q 三点共线.

例题 17 设 AB 为 $\odot O$ 的弦，M 为劣弧 $\overset{\frown}{AB}$ 的中点. 由 $\odot O$ 外一点 C 向 $\odot O$ 引切线，切点分别为 S，T. 令线段 MS,MT 与线段 AB 的交点分别为 E,F，由 E,F 作线段 AB 的垂线，分别与 OS,OT 交于点 X，Y. 由点 C 向 $\odot O$ 引一割线，设两交点依次为 P,Q，线段 MP 与 AB 交于点 R. 令 $\triangle PQR$ 的外心为 Z. 证明：X,Y,Z 三点共线.

方法讲解 如图 2.4.44，连接 OM.

由垂径定理知 $OM\perp AB$. 于是 $OM /\!/ EX$.

由 $OM=OS$ 知 $XE=XS$.

以 X 为圆心、XE 为半径作圆，则 $\odot X$ 与 AB,SC 均相切.

再作 $\triangle RQP$ 的外接圆，连接 MA,AP,MC.

在 $\odot O$ 中，由 $\overset{\frown}{AM}=\overset{\frown}{BM}$

$\Rightarrow \angle MAB=\angle MBA=\angle MPA=\angle MSA$

$\Rightarrow \triangle AMR\backsim\triangle PMA,\triangle MAE\backsim\triangle MSA$

$\Rightarrow MR\cdot MP=MA^2=ME\cdot MS.$

又由切割线定理知 $CQ\cdot CP=CS^2$.

则 M,C 两点均在 $\odot Z$ 与 $\odot X$ 的根轴上，从而 $ZX\perp MC$.

类似地，$ZY\perp MC$.

因此，X,Y,Z 三点共线.

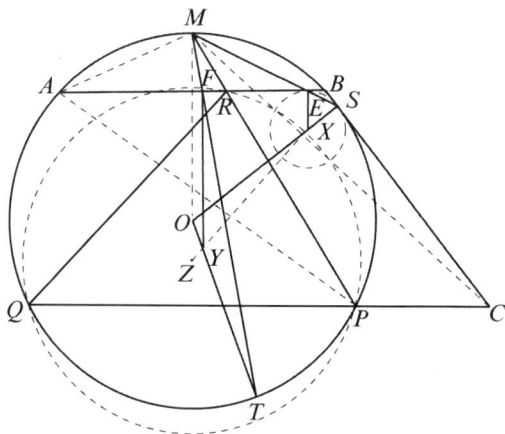

图 2.4.44

例题 18 在 $\triangle ABC$ 中，点 E,F 分别在边 AB,AC 上，且 $BF=CE$. 设线段 BE,CF 的中点分别为 M，N，BF 交 CE 于点 D.

(1) 设 $\triangle DBE,\triangle DCF$ 的外心分别为 I,J，证明：$MN /\!/ IJ$；

(2) 设 K 是 MN 的中点，$\triangle AEF$ 的垂心为 H，证明：当点 E 在边 AB 上变动时，直线 HK 过定点.

方法讲解 (1) 设 $\odot I$ 交 $\odot J$ 于点 D,P，如图 2.4.45.

因为 $\angle DBP=\angle DEP,\angle DCP=\angle DFP,BF=CE$，

所以 $\triangle BFP\cong\triangle ECP$，所以 $BP=EP,FP=CP$，所以 $PI\perp EB,PJ\perp CF$.

所以 I,M,P 三点共线，且该直线是 BE 的中垂线，J,N,P 三点共线，且该直线是 CF 的中垂线.

又因为 $\angle BPE=\angle BDE=\angle CDF=\angle CPF$，

所以 $\angle BPM=\dfrac{1}{2}\angle BPE=\dfrac{1}{2}\angle CPF=\angle CPN$.

图 2.4.45

于是 $\dfrac{PM}{PI}=\dfrac{PM\cdot 2\sin\dfrac{\angle BIP}{2}}{PB}=2\cos\angle BPM\cdot\sin\dfrac{\angle BIP}{2}=2\cos\angle CPN\cdot\sin\dfrac{\angle PJC}{2}=\dfrac{PN}{PJ}.$

故 $MN /\!/ IJ$.

(2) 如图 2.4.46，设 $\triangle ABC$ 的垂心为 Q. 下证：直线 HK 过定点 Q.

设线段 BF,CE 的中点分别为 X,Y，则

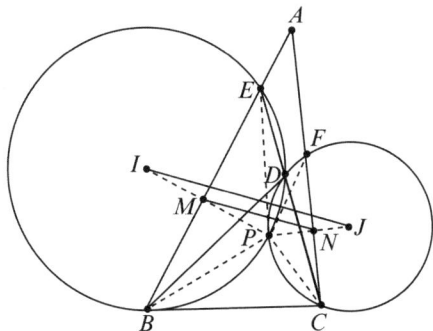

$$\overrightarrow{KX} + \overrightarrow{KY} = \frac{1}{2}(\overrightarrow{KB} + \overrightarrow{KF}) + \frac{1}{2}(\overrightarrow{KC} + \overrightarrow{KE})$$
$$= \frac{1}{2}(\overrightarrow{KB} + \overrightarrow{KE}) + \frac{1}{2}(\overrightarrow{KC} + \overrightarrow{KF})$$
$$= \overrightarrow{KM} + \overrightarrow{KN} = \mathbf{0}.$$

所以 X, K, Y 三点共线,且 K 是 XY 的中点.

记以 BF 为直径的圆为 $\odot X$,以 CE 为直径的圆为 $\odot Y$,则 $\odot X$ 和 $\odot Y$ 是等圆. 从而,点 K 在 $\odot X$ 与 $\odot Y$ 的根轴上.

设 $HE \bigcap AC = S_1, HF \bigcap AB = T_1, BQ \bigcap AC = S_2, CQ \bigcap AB = T_2$.

由 H, Q 分别是 $\triangle AEF, \triangle ABC$ 的垂心,知点 T_1, S_2 在 $\odot X$ 上,点 S_1, T_2 在 $\odot Y$ 上.

因为 $\angle HT_1A = \angle HS_1F = 90°$,所以 E, S_1, F, T_1 四点共圆,于是 $HT_1 \cdot HF = HE \cdot HS_1$,这说明点 H 对 $\odot X$ 与 $\odot Y$ 等幂,即点 H 在 $\odot X$ 与 $\odot Y$ 的根轴上.

同理可证,点 Q 在 $\odot X$ 与 $\odot Y$ 的根轴上.

故 K, H, Q 三点共线.

例题 19 如图 2.4.47,已知凸六边形 $ABCC_1B_1A_1$ 满足 $AB = BC$,且 AA_1, BB_1, CC_1 有公共的中垂线. 设对角线 AC_1 与 A_1C 交于点 D,$\triangle ABC$ 的外接圆 Γ 与 $\triangle A_1BC_1$ 的外接圆交于点 B, E. 证明:直线 BB_1 与 DE 的交点在圆 Γ 上.

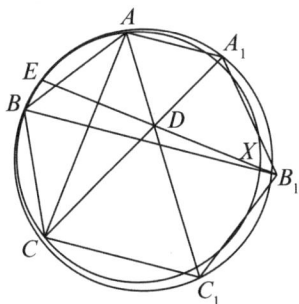

图 2.4.47

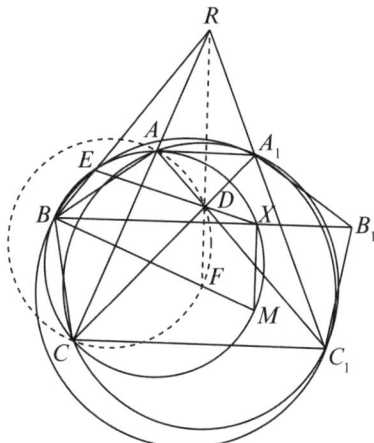

图 2.4.48

方法讲解 若 $AA_1 = CC_1$,则凸六边形 $ABCC_1B_1A_1$ 关于直线 BB_1 对称. 于是,$\triangle ABC$ 的外接圆 Γ 与 $\triangle A_1BC_1$ 的外接圆切于点 B,矛盾. 从而 $AA_1 \neq CC_1$,如图 2.4.48.

对于圆 Γ,$\triangle A_1BC_1$ 的外接圆及等腰梯形 ACC_1A_1 的外接圆,由蒙日定理知,这三个圆两两的根轴 AC, A_1C_1, BE 交于一点 R. 由对称性知,点 R 在 AA_1, CC_1 的中垂线上,且在 $\angle ADC$ 的外角平分线上.

设 RD 与 $\triangle ACD$ 的外接圆的第二个交点为 F.

由割线定理得 $RB \cdot RE = RA \cdot RC = RD \cdot RF$,所以 B, E, D, F 四点共圆.

由对称性,DR 平分 $\angle ADA_1$,因为 DF 是 $\angle ADC$ 的外角平分线,所以,F 为 $\overset{\frown}{ADC}$ 的中点. 在圆 Γ 中,由 $AB = BC$ 知,B 为 $\overset{\frown}{AC}$ 的中点.

设 BM 为圆 Γ 的直径,则点 B, F, M 均在 AC 的中垂线上.

设 DE 与圆 Γ 的第二个交点为 X. 于是 $\angle BXM = 90°$.

由 $\angle EXM = 180° - \angle EBM = 180° - \angle EBF = \angle EDF$ 得 $XM \parallel DF$.

又 $BX \perp XM, BB_1 \perp DF$，则点 X 在直线 BB_1 上，即 BB_1 与 DE 的交点 X 在圆 Γ 上.

例题 20 在 $\triangle ABC$ 中，D 为 BC 的中点，取 $\triangle ABC$ 的外接圆 ω，设 E,F 分别是 $\overparen{BC},\overparen{BAC}$ 的中点. $\triangle ADE$ 的外接圆与射线 AB,AC 分别交于点 J,K，$\triangle ADF$ 的外接圆与射线 AB,AC 分别交于点 L,M. 证明：若 AD,JK,LM 共点，则 JM,LK 的交点在圆 ω 上.

方法讲解 如图 2.4.49，设 Q 为点 A 关于 EF 的对称点. 我们的目标是证明：Q,J,M 三点共线.

结论 1：J,L,M,K 四点共圆.

给论 1 的证明：设 LM,JK,AD 交于点 U. 由于 AD 是 $\triangle ADE$ 外接圆与 $\triangle ADF$ 外接圆的根轴，因此 U 到两圆的幂相等，故 $UJ \cdot UK = UM \cdot UL$，因此 J,L,M,K 四点共圆.

结论 2：$\angle ADC = 45°$.

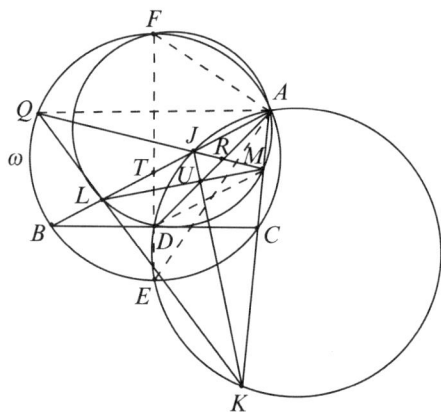
图 2.4.49

结论 2 的证明：由结论 1 及 A,J,D,K,E 五点共圆，A,L,D,M,F 五点共圆，有

$$\angle JDA = \angle JKA = \angle JKM = \angle JLM = \angle ALM = \angle ADM \quad ①$$

且

$$\angle FDJ = 180° - \angle JDE = \angle JAE = \angle BFE,$$

$$\angle CDM = 90° - \angle FDM = \angle FAM - 90° = \angle FAC - 90° = 90° - \angle FEC = \angle BFE.$$

因此，

$$\angle FDJ = \angle CDM \quad ②$$

由 ① + ② 得 $\angle FDA = \angle CDA = \dfrac{90°}{2} = 45°$.

结论 3：Q,J,M 三点共线.

结论 3 的证明：在 $\triangle ADJ,\triangle JDT$ 中用正弦定理，有 $\dfrac{AJ}{JT} = \dfrac{AD}{DT} \cdot \dfrac{\sin\angle ADJ}{\sin\angle JDT}$.

同理可得，$\dfrac{AM}{MC} = \dfrac{AD}{DC} \cdot \dfrac{\sin\angle ADM}{\sin\angle MDC}$.

又由结论 2 中证明过的 $\angle FDJ = \angle CDM$，$\angle JDA = \angle ADM$，得到

$$\frac{AJ}{JT} \cdot \frac{MC}{AM} = \frac{DC}{DT}.$$

另外，注意到 $\angle QDT = 45°$，因此 DQ 是 $\triangle CDT$ 的外角平分线，因此 $\dfrac{DC}{DT} = \dfrac{QC}{QT}$，故

$$\frac{AJ}{JT} \cdot \frac{MC}{AM} \cdot \frac{QT}{CQ} = 1.$$

由梅涅劳斯定理：Q,J,M 三点共线.

与结论 3 同理可得 Q,L,K 三点共线. 因此 JM 与 KL 交于圆 ω 上的点 Q. 证毕.

例题 21 如图 2.4.50，有三个圆 Ω_1,Ω_2,Ω，其中 Ω_1 与 Ω_2 外切于点 N，且都与圆 Ω 内切，切点分别为 U,V. 作 Ω_1,Ω_2 的一条外公切线 PQ（P,Q 是切点，且点 P 在圆 Ω_1 上，点 Q 在圆 Ω_2 上），与圆 Ω 交于点 X，Y. 设 M 是不含点 U,V 的 $\overparen{XY}$ 的中点，在圆 Ω 上有点 Z，满足 $MZ \perp NZ$. $\triangle QVZ$ 的外接圆与 $\triangle PUZ$ 的外接圆不同于点 Z 的交点为 T. 记圆 Ω_1,Ω_2,Ω 的半径分别为 r_1,r_2,R. 用 r_1,r_2,R 表示 $TU + TV$.

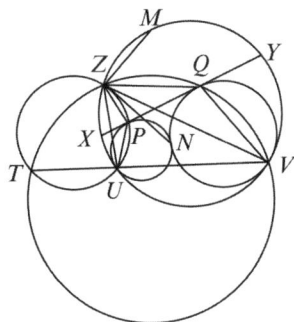

图 2.4.50

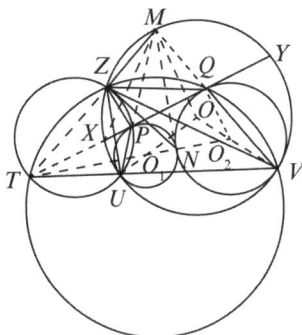

图 2.4.51

方法讲解　如图 2.4.51,设圆 Ω_1,Ω_2,Ω 的圆心分别为 O_1,O_2,O. 易知 O,O_1,U 三点共线;O,O_2,V 三点共线;O_1,N,O_2 三点共线.

因为 M 是 $\overparen{XY}$ 的中点,所以 $OM \perp XY$.

又因为 $O_1P \perp XY$,所以 $O_1P \parallel OM$,从而

$$\angle PUO_1 = 90° - \frac{1}{2}\angle PO_1U = 90° - \frac{1}{2}\angle MOU = \angle MUO.$$

则 M,P,U 三点共线. 同理可证:M,Q,V 三点共线.

由 M 是 $\overparen{XY}$ 的中点,易得 $\triangle MXP \backsim \triangle MUX$,$\triangle MYQ \backsim \triangle MVY$,从而 $MP \cdot MU = MX^2 = MY^2 = MQ \cdot MV$(即 P,Q,V,U 四点共圆). 故 M 对 $\triangle PUZ$,$\triangle QVZ$ 的外接圆等幂,则点 M 在 TZ 上.

考虑圆 Ω_1,Ω_2 和 $\odot PQVU$.

圆 Ω_1 与 $\odot PQVU$ 的根轴是 PU;圆 Ω_2 与 $\odot PQVU$ 的根轴是 QV. 而 PU 交 QV 于点 M,根据根心定理知圆 Ω_1 与圆 Ω_2 的根轴过点 M,即 MN 是圆 Ω_1 与圆 Ω_2 的根轴,亦即 MN 是圆 Ω_1 与圆 Ω_2 的内公切线. 从而

$$MN \perp O_1O_2 \quad ①.$$

因为 $MZ \cdot MT = MP \cdot MU = MN^2$,$MZ \perp NZ$,所以 $MN \perp TN$. 又由 ① 得

$$T,O_1,N,O_2 \text{ 四点共线} \quad ②.$$

因为 $MZ \cdot MT = MP \cdot MU = MX^2$,所以 $\triangle MXT \backsim \triangle MZX$,从而

$$\angle MXT = \angle MZX = 180° - \angle MYX = 180° - \angle MXY \Rightarrow T \text{ 在 } XY \text{ 上} \quad ③.$$

因为

$$\angle TNP = 90° - \frac{1}{2}\angle PO_1O_2 = 90° - \frac{1}{2}(180° - \angle QO_2O_1) = \frac{1}{2}\angle QO_2O_1 = \angle TQN,$$

所以 $\triangle TPN \backsim \triangle TNQ$,从而可得 $TN^2 = TP \cdot TQ$.

在 $Rt\triangle MNT$ 中,由射影定理可得 $TZ \cdot TM = TN^2$. 从而

$$TP \cdot TQ = TZ \cdot TM \Rightarrow P,Q,M,Z \text{ 四点共圆}$$
$$\Rightarrow \angle ZUT = \angle ZPT = \angle ZMQ = 180° - \angle ZUV$$
$$\Rightarrow T,U,V \text{ 三点共线}.$$

又由 ②,③ 知 O_1O_2,XY,UV 三线共点,公共点为 T.

因为 $\triangle OUV$ 被直线 TO_1O_2 所截,所以根据梅涅劳斯定理可得

$$\frac{OO_2}{O_2V} \cdot \frac{VT}{TU} \cdot \frac{UO_1}{O_1O} = 1 \Rightarrow \frac{TU}{TV} = \frac{O_1U}{O_2V} \cdot \frac{OO_2}{OO_1} = \frac{r_1}{r_2} \cdot \frac{R-r_2}{R-r_1}.$$

如图 2.4.52,又因为

$$TU \cdot TV = TP \cdot TQ = r_1\cot\alpha \cdot r_2\cot\alpha = r_1r_2\cot^2\alpha$$
$$= r_1r_2 \cdot \frac{(r_1+r_2)^2 - (r_1-r_2)^2}{(r_1-r_2)^2} = \frac{4r_1^2r_2^2}{(r_1-r_2)^2},$$

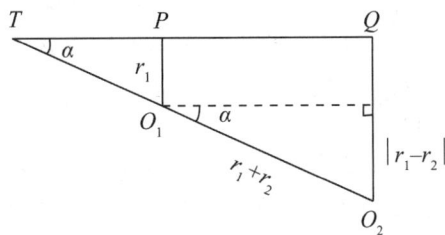

图 2.4.52

所以

$$TU = \sqrt{\frac{TU}{TV} \cdot TU \cdot TV} = \frac{2r_1r_2}{|r_1-r_2|}\sqrt{\frac{r_1(R-r_2)}{r_2(R-r_1)}},$$

$$TV = \sqrt{\frac{TV}{TU} \cdot TU \cdot TV} = \frac{2r_1r_2}{|r_1-r_2|}\sqrt{\frac{r_2(R-r_1)}{r_1(R-r_2)}}.$$

故

$$TU + TV = \frac{2r_1r_2}{|r_1-r_2|}\left[\sqrt{\frac{r_1(R-r_2)}{r_2(R-r_1)}} + \sqrt{\frac{r_2(R-r_1)}{r_1(R-r_2)}}\right] = \frac{2\sqrt{r_1r_2}(r_1R + r_2R - 2r_1r_2)}{|r_1-r_2|\sqrt{(R-r_1)(R-r_2)}}.$$

◎ 三、课外训练

1. 已知 $\triangle ABC$ 内接于 $\odot O$, AO 和 BC 交于点 D. 设 U,V 分别为点 D 在 AC,AB 上的射影, 过点 A 作 $\odot O$ 的切线, 分别交 DU,DV 于点 E,F. 设 EC 交 FB 于点 P. 证明: $PD \perp BC$.

2. 圆 Γ_1 和圆 Γ_2 相交于 P,Q 两点, 圆 Γ_1 的弦 AB(异于 PQ)与圆 Γ_2 的弦 CD(异于 PQ)均经过 PQ 的中点 M. 线段 BD 与圆 Γ_1 交于点 G(异于点 B), 与圆 Γ_2 交于点 H(异于点 D). 点 E,F 分别在线段 BM,DM 上, 满足 $EM = AM$, $FM = CM$. 直线 EH 与 FG 相交于点 N. 证明: M,E,N,F 四点共圆.

3. 设四边形 $ABCD$ 内接于圆 O, BD 平分 AC, $\angle ABC$ 的角平分线交 $\angle ADC$ 的角平分线于点 X(点 X 不同于点 B,D). 证明: $\triangle XAC$, $\triangle XBD$ 的外心所在的直线平分线段 OX.

4. 设锐角三角形 ABC 的外心为 O, K 是边 BC 上一点(不是边 BC 的中点), D 是线段 AK 延长线上一点, 直线 BD 与 AC 交于点 N, 直线 CD 与 AB 交于点 M. 证明: 若 $OK \perp MN$, 则 A,B,C,D 四点共圆.

5. 如图, 在 $\triangle ABC$ 中, $AB \neq AC$, $\angle BAC \neq 90°$, O,H 分别是 $\triangle ABC$ 的外心、垂心, Γ 是 $\triangle ABC$ 的外接圆, M,N 分别是边 AB,AC 的中点, 直线 BH 与 AC 交于点 E, 直线 CH 与 AB 交于点 F, $\odot \Gamma$ 在点 A 处的切线与直线 MN 交于点 P, $\odot \Gamma$ 与 $\triangle AEF$ 的外接圆交于 A,K 两点, 直线 AK 与 EF 交于点 Q, 证明: $PQ \perp OH$.

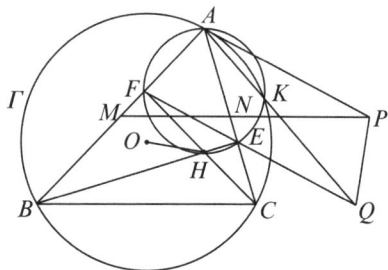 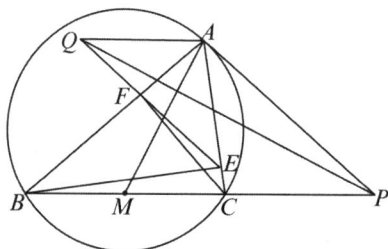 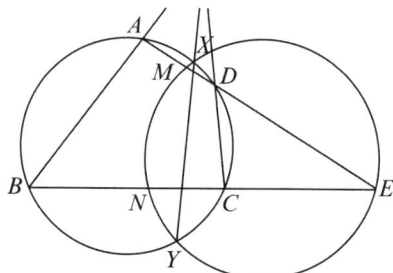

第 5 题   第 6 题   第 7 题

6. 如图, 在锐角三角形 ABC 中, $AB > AC$, 过顶点 B,C 作 $\triangle ABC$ 的两条高, 垂足分别为 E,F, $\triangle ABC$ 的外接圆在点 A 处的切线与直线 BC 交于点 P, 过点 A 且平行于 BC 的直线与直线 EF 交于点 Q, M 是 BC 的中点, 证明: $AM \perp PQ$.

7. 如图, 设四边形 $ABCD$ 内接于圆, 直线 AD 与 BC 交于点 E. 若 M,N 分别是 AD,BC 上的点, 且 $\frac{AM}{MD} = \frac{BN}{NC}$, $\odot(EMN)$ 与 $\odot(ABCD)$ 交于 X,Y 两点, 证明: XY,AB,CD 三线共点或平行.

8. 在梯形 $ABCD$ 中, $AB \parallel CD$, $AB > CD$, CD 的中垂线与线段 AB 交于点 F, O_1 和 O_2 分别是 $\triangle AFD$ 和 $\triangle BFC$ 的外心, AC 与 BD 交于点 E, 证明: $FE \perp O_1O_2$.

2.5 几何变换

◎ 一、知识要点

1. 平移和旋转是两种比较常用的几何变换,它们都具有保距性.

2. 对于以 O 为中心的一个旋转,如果旋转角是 $180°$,也称为关于点 O 的中心对称.注意,如果一个图形在关于点 O 的对称之下变为自身,那么称该图形以点 O 为对称中心.例如,圆、平行四边形都是中心对称图形,对称中心分别是圆心和平行四边形对角线的交点.

3. 把平面图形 F 变到与它关于直线 g 对称的图形 F',这样的几何变换叫作关于直线 g 的反射变换.反射变换也叫作轴对称,反射轴叫作对称轴.

4. 在平面内到其自身的映射下,对于任意两点 A,B 及其像 A',B',如果总有 $A'B'=kAB(k>0)$,这个映射就叫作相似变换.

5. 在相似变换下,共线点对应共线点,射线对应射线,角对应角,相似变换保持三点 A,B,C 的比值 $\dfrac{AB}{BC}$ 不变 $\left(\dfrac{AB}{BC}=\dfrac{A'B'}{B'C'}\right)$,保持两条直线的夹角不变,相似变换把一个图形变为与它相似的图形.

6. 在平面到自身的一一变换下,若 A' 是任意一点 A 的像,满足下列条件:

(i) 连接 AA' 的直线都通过同一点 O;

(ii) $OA':OA=k,k$ 是不为 0 的常数;

(iii) 若 $k>0$,点 A,A' 在 O 的同侧;若 $k<0$,点 A,A' 在点 O 的异侧.

则称这种变换为位似变换,用 $H(O,k)$ 表示,O 叫作位似中心,常数 k 叫作位似比.

如果用向量表示,位似变换可简洁地定义为 $\overrightarrow{OA'}=k\overrightarrow{OA}$.

7. 设 O 是平面 π 上的一个定点,k 是一个非零常数,如果平面 π 的一个变换,使得对于平面 π 上任意异于 O 的点 A 与其像 A',恒有

(1) A',O,A 三点共线;

(2) $\overrightarrow{OA'}\cdot\overrightarrow{OA}=k$.

则这个变换称为平面 π 的一个反演变换,记作 $I(O,k)$,其中定点 O 称为反演中心,常数 k 称为反演幂.记 $\odot O$ 是以点 O 为圆心,$\sqrt{|k|}$ 为半径的圆,称 $\odot O$ 为反演基圆,点 A' 称为点 A 关于 $\odot O$ 的反演点(或反点).

当反演幂 $k>0$ 时,反演变换 $I(O,k)$ 称为双曲型反演变换;当 $k<0$ 时,反演变换 $I(O,k)$ 称为椭圆型反演变换.

此外还有一种反演方式称为伊朗式反演.在 $\triangle ABC$ 中,令 AN 为 $\angle BAC$ 的角平分线.伊朗式反演是指:以 A 为反演中心,$\sqrt{AB\cdot AC}$ 为半径作反演变换,随后再作关于 AN 的对称反射.实际上它是反演变换和轴反射的复合变换.

显然,当点 A' 是点 A 的反演点时,点 A 也是点 A' 的反演点.因为点 A 与点 A' 互为反演点,由此可见,反演变换是可逆的,且其逆变换就是自身.

平面 π 上的图形 F 在反演变换下的像 F' 称为图形 F 关于这个反演变换的反形,简单图形 F' 是图形 F 的反形,显然,如果图形 F' 是图形 F 的反形,那么图形 F 是图形 F' 的反形,因而图形 F 与图形 F' 互为反形.

反演变换的不动点称为自反点,而反演变换的不变图形称为自反图形.

8. 设 A,B 为平面上两点且点 A,B,O 不共线,在反演变换 $I(O,k)$ 下,设 A,B 两点的反演点分别为

A',B'，则 A,B,A',B' 四点共圆.

证明 如图 2.5.1，设 $A \xrightarrow{I(O,k)} A', B \xrightarrow{I(O,k)} B'$，且点 A,B,A',B' 不共线，由反演变换的定义，有 $\overrightarrow{OA'} \cdot \overrightarrow{OA} = k = \overrightarrow{OB'} \cdot \overrightarrow{OB}$，故 A,B,A',B' 四点共圆.

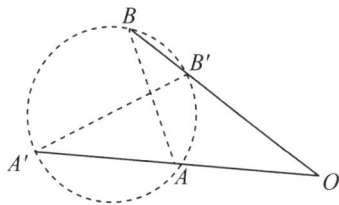
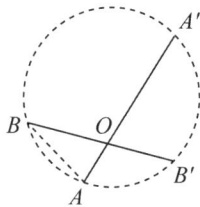

图 2.5.1 图 2.5.2

9. 在反演变换 $I(O,k)$ 下，设 A,B（均不同于反演中心 O）两点的反演点分别为 A',B'，则有 $A'B' = \dfrac{|k|}{OA \cdot OB} \cdot AB$.

证明 若 O,A,B 三点共线，则由 $\overrightarrow{OA'} \cdot \overrightarrow{OA} = k$，$\overrightarrow{OB'} \cdot \overrightarrow{OB} = k$，可得

$$\overrightarrow{A'B'} = \overrightarrow{OB'} - \overrightarrow{OA'} = \frac{k}{\overrightarrow{OB}} - \frac{k}{\overrightarrow{OA}} = \frac{k(\overrightarrow{OA} - \overrightarrow{OB})}{\overrightarrow{OA} \cdot \overrightarrow{OB}} = \frac{k\,\overrightarrow{BA}}{\overrightarrow{OA} \cdot \overrightarrow{OB}}.$$

若 O,A,B 三点不共线，则由 $\triangle OB'A' \backsim \triangle OAB$，有 $\dfrac{A'B'}{AB} = \dfrac{OA'}{OB} = \dfrac{OA \cdot OA'}{OA \cdot OB} = \dfrac{|k|}{OA \cdot OB}$.

由此可见，无论哪种情形，结论都成立.

10. 除反演中心外，平面上的每个点，都有唯一的反演点，且这种关系是对称的，即如果点 P 是点 P' 的反演点，那么点 P' 也是点 P 的反演点. 位于反演圆上的点，保持在原处；位于反演圆内的点，变换为圆外部的点；位于反演圆外的点，变换为圆内部的点.

11. 设 P 为反演圆 $O(r)$ 外的一点，则它的反演点 P' 是 OP 与点 P 到圆的切线的切点连线的交点.

12. 过反演中心的直线反演后为自身（这条直线不包含反演中心，即挖去反演中心）. 任意一条不过反演中心的直线的反形是经过反演中心的圆，反之亦然. 即经过反演中心的图，它的反形是一条不过反演中心的直线. 特别地，过反演中心相交的圆，变为不过反演中心的相交直线.

13. 不过反演中心的圆，它的反形是一个圆，反演中心是这两个互为反形的圆的一个位似中心，任一对反演点是逆对应点.

14. 两条直线或曲线的夹角在反演变换下是不变的（两条曲线之间的夹角是指它们的交点处切线之间的夹角）.

◎ 二、例题讲解

例题 1 如图 2.5.3，在 $\triangle ABC$ 中，I 为内心. 点 D,E,F 分别在边 BC,CA,AB 上，且 $BD = BF$，$CD = CE$. 点 P,M,N 分别在直线 BC,IC,IB 上，且 $AP \parallel EM \parallel FN \parallel ID$. 证明：$P,D,M,N$ 四点共圆.

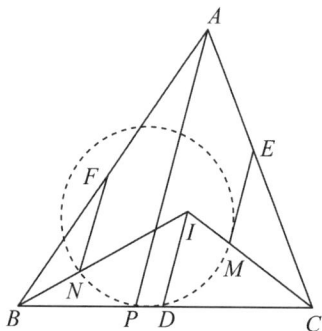
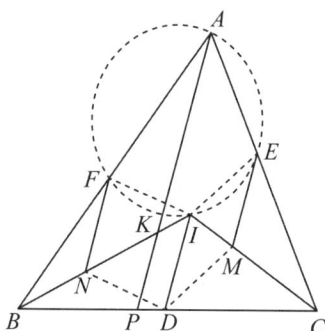

图 2.5.3 图 2.5.4

方法讲解 如图 2.5.4,连接 IE,DM,IF,DN.

因为 CI 平分 $\angle ACB,CD = CE,AP \parallel EM \parallel FN \parallel ID$,故 $\angle EMI = \angle DIM = \angle EIM$,所以 $ID = IE = ME = MD$,从而四边形 $IDME$ 为菱形.

同理,四边形 $IDNF$ 为菱形.

因为 $\angle AEI + \angle AFI = \angle BDI + \angle CDI = 180°$,故 A,E,I,F 四点共圆.设此圆交 AP 于点 A,K.

连接 KI,则 $\angle AKI = \angle IEC = \angle IDC = \angle KPC$,从而 $KI \parallel PD$,四边形 $KPDI$ 为平行四边形.

于是四点 K,I,E,F 沿射线 ID 方向平移线段 ID 的长度后分别至点 P,D,M,N.故 P,D,M,N 四点共圆.

例题2 在锐角三角形 ABC 中,$\angle A > 60°$,H 为 $\triangle ABC$ 的垂心,点 M,N 分别在边 AB,AC 上,$\angle HMB = \angle HNC = 60°$,$O$ 为 $\triangle HMN$ 的外心.点 D 和点 A 在直线 BC 的同侧,使得 $\triangle DBC$ 为正三角形.证明:H,O,D 三点共线.

方法讲解 连接 OH,BH,则 $\angle OHB = \angle OHN + \angle NHB$.由 H 为 $\triangle ABC$ 的垂心知 $\angle BHN = 150°$,另外 $\angle OHN = \angle HMN - 90°$.

故 $\angle OHB = \angle OHN + \angle NHB = \angle HMN + 60°$.

下面只需证明 $\angle BHD = \angle HMN + 60°$,即可证明 H,O,D 三点共线.

如图 2.5.5,连接 HD,HC,将正三角形 $\triangle BHD$ 绕点 B 按逆时针方向旋转 $60°$ 到 $\triangle BKC$ 的位置,得到正三角形 $\triangle BKH$,容易知道 $\triangle HBM \backsim \triangle HCN$.从而 $\dfrac{HM}{HN} = \dfrac{HB}{HC} = \dfrac{HK}{HC}$,由 $\angle BHC = \angle NHM + 60°$ 知 $\angle KHC = \angle NHM$,因此得到 $\triangle HKC \backsim \triangle HMN$,从而 $\angle HKC = \angle HMN$.由作图易知 $\triangle BHD \cong \triangle BKC$,从而 $\angle BHD = \angle BKC = 60° + \angle HKC = 60° + \angle HMN$,从而证明了本题.

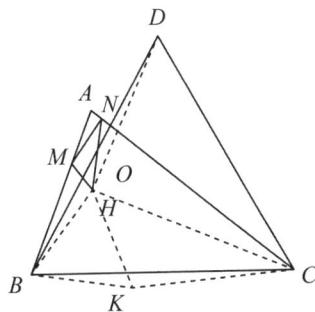

图 2.5.5

例题3 如图 2.5.6,在 $\triangle ABC$ 中,$\angle BAC = 60°$,O,I,H 分别是 $\triangle ABC$ 的外心、内心和垂心,直线 AI 与 BC 交于点 D,过点 H 且平行于 AD 的直线与圆 (OIH) 的另一个交点为 E,$\angle BAC$ 的外角平分线与直线 BC 交于点 F.证明:$OD \perp EF$.

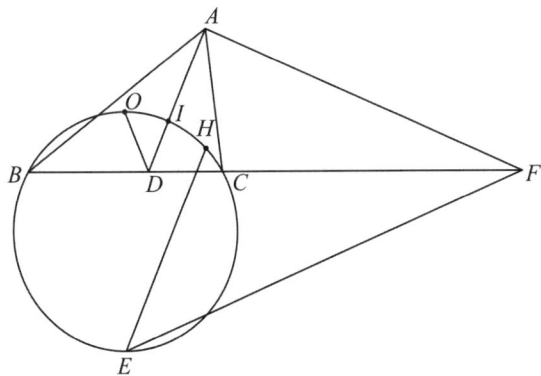

图 2.5.6

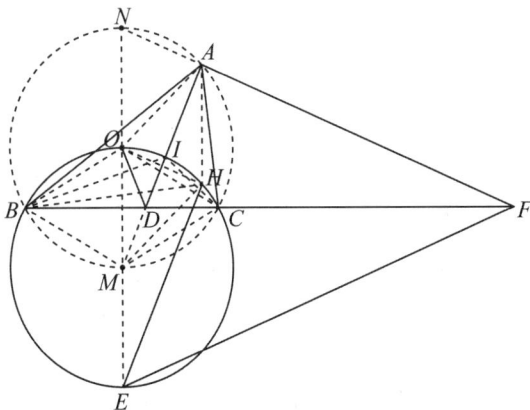

图 2.5.7

方法讲解 如图 2.5.7,因为 $\angle BAC = 60°$,O,I,H 分别是 $\triangle ABC$ 的外心、内心和垂心,所以 $\angle BOC = 2\angle BAC = 120°$,$\angle BIC = 90° + \dfrac{1}{2}\angle BAC = 120°$,$\angle BHC = 180° - \angle BAC = 120°$,这说明 $\angle BOC = \angle BIC = \angle BHC$,因此 B,C,O,I,H 五点共圆,且由鸡爪定理知,其圆心为 $\triangle ABC$ 的外接圆的 $\overset{\frown}{BC}$(不含点 A)的中点 M.注意 A,D,M 三点共线,$\triangle HBC$ 的外接圆与 $\triangle ABC$ 的外接圆是等圆,它们关于 BC 对称,所以圆心 O,M 关于 BC 对称,直线 OD 与 AD 也关于 BC 对称.

另外,因为 $AH = 2AO\cos\angle BAC = AO$,$MH = MO$,所以 AM 垂直平分 OH,而 $HE \parallel AM$,因此

$HE \perp OH$，这说明 OE 是圆 (OIH) 的直径.再设 N 是 $\triangle ABC$ 的外接圆上 $\overset{\frown}{BAC}$ 的中点,则 N,E 两点关于 BC 对称.又 AN 是 $\angle BAC$ 的外角平分线,所以 N,A,F 三点共线,且 AF 与 EF 关于 BC 对称.注意到直线 OD 与 AD 关于 BC 对称,$AD \perp AF$,故 $OD \perp EF$.

例题 4　如图 2.5.8,在 $\triangle ABC$ 中,$AB = AC$,点 E,F 分别在 AC,AB 上,BE 与 CF 交于点 P,AP 与 EF 交于点 D,点 S 使得 $SB \perp AB$,$SC \perp AC$,作 $SK \perp EF$ 于点 K.证明:B,C,K,D 四点共圆.

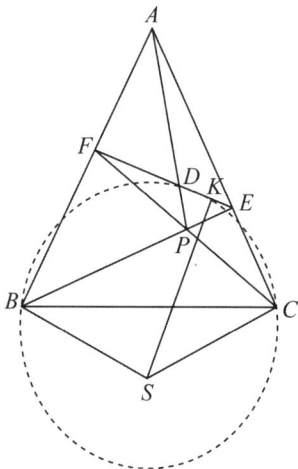
图 2.5.8

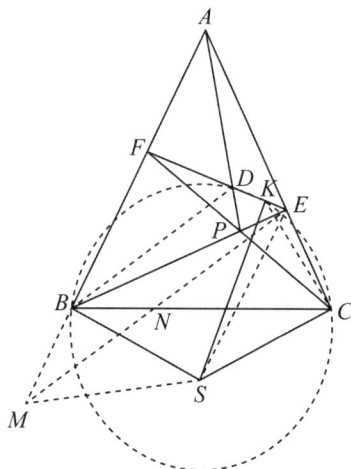
图 2.5.9

分析　作 $EM \parallel DB$,交直线 AB,BC 分别于点 M,N,连接 SE,CK.可将 $\triangle SBM$ 绕点 S 按逆时针方向旋转到 $Rt\triangle SCE$ 的位置.

方法讲解　如图 2.5.9,对 $\triangle AEF$ 及点 P,由塞瓦定理得 $\dfrac{ED}{DF} \cdot \dfrac{FB}{BA} \cdot \dfrac{AC}{CE} = 1$.

因为 $BA = AC$,故 $\dfrac{ED}{DF} = \dfrac{CE}{BF}$.作 $EM \parallel DB$,分别交直线 AB,BC 于点 M,N,连接 SE,CK.

则 $\dfrac{BM}{BF} = \dfrac{ED}{DF} = \dfrac{CE}{BF}$,故 $BM = CE$.

易知 $SB = SC$,所以 $Rt\triangle SBM \cong Rt\triangle SCE$.

从而 $SM = SE$,且 $\angle BSM = \angle CSE$,故 $\angle MSE = \angle BSC$.

于是,在等腰 $\triangle SME$ 和等腰 $\triangle SBC$ 中,$\angle SEN = \angle SCN$,所以 S,C,E,N 四点共圆.

又因为 S,C,E,K 四点共圆,所以 $\angle CKE = \angle CSE = \angle CNE = \angle CBD$,故 B,C,K,D 四点共圆.

例题 5　设 $\triangle ABC$ 是一个锐角三角形且 $AC < BC$.一个通过 A,B 两点的圆与线段 AC,BC 除点 A 和点 B 之外的另两个交点分别为 A_1,B_1.$\triangle ABC$ 的外接圆与 $\triangle A_1B_1C$ 的外接圆交于除 C 之外的一点 P.线段 AB_1 与线段 BA_1 交于点 S.设点 Q 与点 R 分别为点 S 关于直线 CA 与直线 CB 的对称点.证明:P,Q,R,C 四点共圆.

方法讲解　如图 2.5.10,过点 S 作 CB,CA 的垂线,分别交 CA,CB 于点 M,N.因为 $\triangle ABC$ 为锐角三角形,所以点 M,N 存在且分别在 CA_1,CB_1 的延长线上.

分别过点 M,N 作 CA,CB 的垂线,交于点 T,则点 M,S,N,T 构成平行四边形且点 S 为 $\triangle CMN$ 的垂心,从而 $MN \perp CS$.

设点 T 关于 CA,CB 的对称点分别为点 T_1,T_2,则点 M,N 分别为 TT_1,TT_2 的中点.再由平行四边形 $MSNT$ 知 T_1T_2 过点 S,且 T_1T_2 与 MN 平行,即 $T_1T_2 \perp CS$.又点 A,A_1,B_1,B 共圆,所以 $\triangle A_1SA$ 与 $\triangle B_1SB$ 相似,而

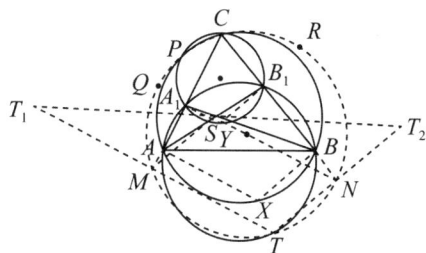
图 2.5.10

$$\angle A_1MS = \angle CMS = 90° - \angle ACB = \angle CNS = \angle B_1NS,$$

且

$$\angle MA_1S = \angle AA_1S = \angle BB_1S = \angle NB_1S,$$

因此 $\triangle A_1SM$ 与 $\triangle B_1SN$ 相似，故

$$\frac{A_1A}{B_1B} = \frac{A_1S}{B_1S} = \frac{A_1M}{B_1N},$$

所以

$$\frac{A_1A}{A_1M} = \frac{B_1B}{B_1N}.$$

过点 A_1，B_1 分别作 CA，CB 的垂线，交于点 Y，过点 A，B 分别作 CA，CB 的垂线，交于点 X，而 $TM \perp CA$，$TN \perp CB$. 由点 M，A，A_1 共线，点 N，B，B_1 共线，两直线不平行重合且 $\frac{A_1A}{A_1M} = \frac{B_1B}{B_1N}$，得点 Y，X，T 共线. 而点 C，P，A_1，B_1，Y 共圆，直径为 CY，点 C，P，A，B，X 共圆，直径为 CX，则 $\angle CPY = 90° = \angle CPX$，所以点 P，X，Y 共线，$\angle CPT = 90°$.

而点 Q，S 与点 T_1，T 分别关于 CA 对称，所以 $\angle CQT = \angle CST_1 = 90°$. 同理，$\angle CRT = 90°$. 从而

$$\angle CPT = \angle CQT = \angle CRT = 90°,$$

所以点 C，P，Q，T，R 共圆，得证.

例题 6　如图 2.5.11，过 $\triangle ABC$ 的外心 O 的一条直线与边 AB，AC 分别交于点 E，F，EF 与 $\triangle OBC$ 的外接圆的另一个交点为 P，D 是 BC 上一点. 证明：$\angle BPD = 2\angle PBA$ 的充分必要条件是 $\frac{BD}{DC} = \frac{EP}{PF}$.

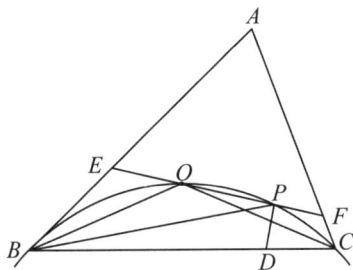
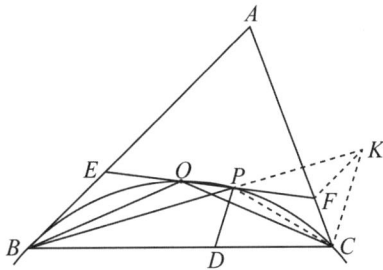

图 2.5.11　　　　　图 2.5.12

方法讲解　如图 2.5.12. 因为 $OB = OC$，所以 $\angle EPB = \angle OCB = \angle CBO = \angle CPF$，即 OP 是 $\angle BPC$ 的外角平分线. 而 $\angle OCB = 90° - \angle BAC$，因此，$\frac{1}{2}\angle CPK = \angle EPB = \angle CPF = 90° - \angle BAC$.

作位似变换 $H(O,k)$，其中 $PF = -k \cdot PE$，则 E 的对应点为 F. 设 B 的对应点为 K，则 $\angle PKF = \angle PBE$，$\angle FPK = \angle EPB$，$KF // BE$，且 $\frac{BP}{PK} = \frac{EP}{PF}$. 因为 $\angle EPB = \angle CPF$，所以 $\angle FPK = \angle CPF$，即 PF 平分 $\angle CPK$. 又 $KF // BE$，所以

$$\angle CFK = 180° - \angle BAC = 90° + \frac{1}{2}\angle CPK.$$

这说明 F 是 $\triangle PCK$ 的内心，因此 $\angle PKC = 2\angle PKF = 2\angle PBA$，于是 $\angle BPD = 2\angle PBA \Leftrightarrow \angle BPD = \angle PKC \Leftrightarrow PD // KC \Leftrightarrow \frac{BP}{PK} = \frac{BD}{DC} \Leftrightarrow \frac{EP}{PF} = \frac{BD}{DC}$. 故 $\angle BPD = 2\angle PBA \Leftrightarrow \frac{EP}{PF} = \frac{BD}{DC}$.

例题 7　如图 2.5.13，在凸四边形 $ABCD$ 中，$AB \neq AC$，ω_1 与 ω_2 分别是 $\triangle ABC$ 与 $\triangle ADC$ 的内切圆，圆 ω 与 BC，BA，CD，AD 的延长线均相切. 证明：ω_1 与 ω_2 外公切线的交点在 ω 上.

方法讲解　首先依赖于 ω 切四边形延长线计算可得 $AB + AD = BC + CD$，记 ω_1 与 ω_2 分别与 AC 切于 U，V 两点.

引理：对三个圆 ω_1，ω_2，ω_3，其两两的外位似中心 X_{12}，X_{13}，X_{23} 共线.

引理的证明：事实上，由于 $\dfrac{O_iX_{i,i+1}}{O_{i+1}X_{i,i+1}} = \dfrac{r_i}{r_{i+1}}$，故

$$\prod \dfrac{O_iX_{i,i+1}}{O_{i+1}X_{i,i+1}} = 1,$$

故 $\{X_{i,i+1}\}$ 共线.

回到原题：记 ω_1 与 ω_2 外位似中心为 T，ω 与 ω_2 外位似中心为 D'，则 B,T,D' 三点共线.

作 $\triangle ABC$ 关于点 B 的旁切圆 ω_B，则 ω_1 与 ω_B 的位似中心为 B，且

$$AV = \dfrac{1}{2}(AD + AC - DC) = \dfrac{1}{2}(AC + BC - AB).$$

故 V 也为 ω_B 的切点，即 V 为 ω_B，ω_2 的外位似中心. 故 B,V,T 三点共线. 同理，作 $\triangle ADC$ 关于点 D 的旁切圆，可得到 D,U,T 三点共线.

作 ω 平行于 AC 的切线，分别交 BA，BC 于点 X,Y，记切点为 T'，由 V,T' 为 $\triangle BAC$，$\triangle BXY$ 的切点，故由位似可得 B,V,T' 三点共线；同理可得 D,U,T' 三点共线.

综上，点 T 与点 T' 重合. 命题得证.

例题 8　如图 2.5.14，I 是 $\triangle ABC$ 的内心，一条不过点 A,B,C,I 的直线 l 分别与直线 AI,BI,CI 交于点 D,E,F. 证明：由线段 AD,BE,CF 的垂直平分线 x,y,z 围成的三角形的外接圆 Θ 与 $\triangle ABC$ 的外接圆 ω 相切.

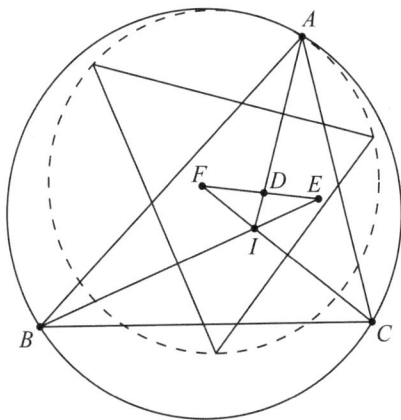

图 2.5.14

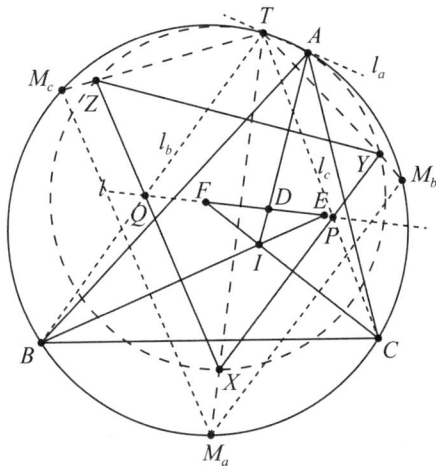

图 2.5.15

方法讲解　如图 2.5.15，设直线 x,y,z 围成 $\triangle XYZ$.

设 l 关于 x,y,z 的对称直线分别为 l_a,l_b,l_c，先证明 l_a,l_b,l_c 交于圆 Θ 上一点.

设 l_b,l_c 交于点 T，且 l 与 XY,XZ 分别交于点 P,Q，则 X 是 $\triangle TPQ$ 的旁心. 于是

$$\angle PTQ = 180° - 2\angle PXQ = 180° - 2\left(90° - \dfrac{A}{2}\right) = A,$$

所以 T 在圆 Θ 上.

同理，l_a,l_b 的交点和 l_c,l_a 的交点也在圆 Θ 上，故 l_a,l_b,l_c 交于圆 Θ 上的点 T.

由 TX 平分 $\angle PTQ$ 知，直线 TX 经过 $\overset{\frown}{BC}$ 的中点 M_a. 同理，直线 TY 经过 $\overset{\frown}{CA}$ 的中点 M_b，直线 TZ 经过 $\overset{\frown}{AB}$ 的中点 M_c.

易知 $\triangle M_aM_bM_c$ 与 $\triangle XYZ$ 的三边分别平行，所以 M_aX,M_bY,M_cZ 的交点 T 是它们的位似中心. 又 T 在圆 Θ 上，所以它们的外接圆 Θ 与 ω 相切于点 T.

综上,命题得证.

例题 9 如图 2.5.16,已知非等腰锐角 $\triangle ABC$ 的内心为 I,边 BC,CA,AB 的中点分别为 A',B',C',$\angle A,\angle B,\angle C$ 内的旁切圆分别为 $\odot I_1,\odot I_2,\odot I_3$,设 $\odot I_1,\odot I_2,\odot I_3$ 关于点 A',B',C' 分别对称的圆为 $\odot I_1',\odot I_2',\odot I_3'$,设 $\odot I_1,\odot I_2,\odot I_3$ 的根心为 P,$\odot I_1',\odot I_2',\odot I_3'$ 的根心为 Q,证明:P 是线段 IQ 的中点.

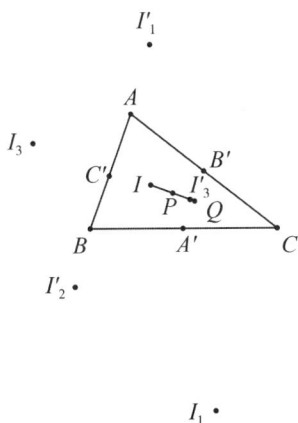

图 2.5.16

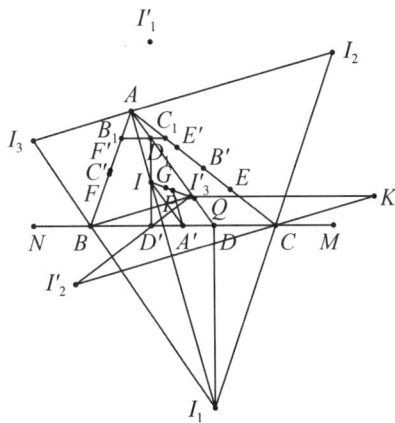

图 2.5.17

方法讲解 如图 2.5.17,设 $\triangle ABC$ 的重心为 G,以 G 为位似中心、$-\dfrac{1}{2}$ 为位似比的位似变换为 h,则 $\triangle ABC \xrightarrow{h} \triangle A'B'C'$.设 $\odot I_2,\odot I_3$ 与直线 BC 分别切于点 M,N,则 $CM = \dfrac{1}{2}(AB - BC + CA) = BN$,于是 $A'M = A'N$.由 $A'M^2 = A'N^2$ 可知,点 A' 在 $\odot I_2$ 与 $\odot I_3$ 的根轴 l_1 上,且 $l_1 \perp I_2 I_3$.

因为 I_2,I_3 均在 $\angle BAC$ 的外角平分线上,所以 $AI \perp I_2 I_3$,于是 $AI \parallel l_1$,且直线 $AI \xrightarrow{h} l_1$.设 $\triangle A'B'C'$ 的内心为 I',由于 $AI \xrightarrow{h} A'I'$,则直线 l_1 过点 I'.

同理 $\odot I_3$ 与 $\odot I_1$ 的根轴 l_2 和 $\odot I_1$ 与 $\odot I_2$ 的根轴 l_3 也均过点 I',因此点 I' 即为 $\odot I_1,\odot I_2,\odot I_3$ 的根心为 P,于是 I,G,P 三点共线,且 $GI = 2GP$.

设 $\odot I_1,\odot I_2,\odot I_3$ 分别与边 BC,CA,AB 切于点 D,E,F,再设 $\odot I_1',\odot I_2',\odot I_3'$ 分别与边 BC,CA,AB 切于点 D',E',F',则 $AE' = CE = BF = AF'$.由 $AE'^2 = AF'^2$ 可知,点 A 在 $\odot I_2'$ 与 $\odot I_3'$ 的根轴 l_1' 上,且 $l_1' \perp I_2' I_3'$.

因为四边形 $AI_2 CI_2'$、四边形 $AI_3 BI_3'$ 均为平行四边形,所以 $I_2'C \parallel AI_2$,$I_2'C = AI_2$;$BI_3' \parallel I_3 A$,$BI_3' = I_3 A$.作 $CK \parallel BI_3'$,$CK = BI_3'$,则 I_2',C,K 三点共线,于是 $I_2'K \parallel I_2 I_3$,且 $I_2'K = CK + I_2'C = BI_3' + I_2'C = I_3 A + AI_2 = I_2 I_3$.由于四边形 $CKI_3'B$ 为平行四边形,所以 $I_3'K \parallel BC$,$I_3'K = BC$.

因为 $I_1 D \perp BC$,所以 $I_1 D \perp KI_3'$.又因为 $I_1 A \perp I_2 I_3$,所以 $I_1 A \perp KI_2'$,于是 $\angle AI_1 D = \angle I_2' K I_3'$.

由于 I_2,I_3,B,C 四点共圆,且 I_1,B,I_3 及 I_1,C,I_2 均三点共线,所以 $\triangle I_1 I_2 I_3 \backsim \triangle I_1 CB$,于是

$$\frac{I_1 A}{I_1 D} = \frac{I_2 I_3}{BC} = \frac{KI_2'}{KI_3'}.$$

因此 $\triangle I_1 AD \backsim \triangle KI_2' I_3'$,从而可得 $AD \perp I_2' I_3'$,即 AD 为 $\odot I_2',\odot I_3'$ 的根轴.

同理可得 $\odot I_3'$ 与 $\odot I_1'$ 的根轴和 $\odot I_1'$ 与 $\odot I_2'$ 的根轴分别为 BE,CF.

由于 $\odot I_1',\odot I_2',\odot I_3'$ 的根心为 Q,所以 Q 为直线 AD,BE,CF 的交点($\triangle ABC$ 的奈格尔点).

因为 A' 为线段 $D'D$ 的中点,所以 $\triangle ABC$ 的内切圆 $\odot I$ 与边 BC 切于点 D'.设 $D'D_1$ 为 $\odot I$ 的直径,过点 D_1 作 BC 的平行线,与边 AB,AC 分别交于点 B_1,C_1,则点 A 为 $\triangle ABC$ 与 $\triangle AB_1 C_1$ 的位似中心.由于 $\odot I_1,\odot I$ 为对应的旁切圆,所以 D,D_1 为对应点,因此 A,D_1,D 三点共线,且 $IA' \parallel D_1 D$,即 $AQ \parallel A'I$,于是直线 $AQ \xrightarrow{h} A'I$.同理,$BQ \xrightarrow{h} B'I$,$CQ \xrightarrow{h} C'I$,因此 $Q \xrightarrow{h} I$,即点 I 为 $\triangle A'B'C'$ 的奈格尔点,于是 I,

G,Q 三点共线,且 $GQ = 2GI$.

综上可知 I,G,P,Q 依次排列在一条直线上,且 $IQ = 3IG = 6GP = 2IP$,因此 P 是线段 IQ 的中点.

例题 10 如图 2.5.18,设 M 是 $\triangle ABC$ 的边 BC 的中点,N 是 AM 的中点,过 B,M 两点且和 AM 相切的圆与 AB 的另一交点为 P.证明:AC 与圆（APN）相切.

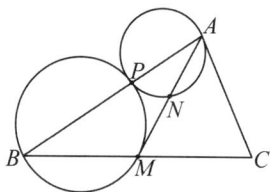 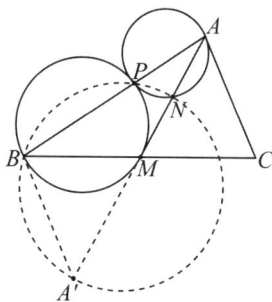

图 2.5.18　　　　　图 2.5.19

方法讲解 如图 2.5.19.因为 M 是 BC 的中点,作中心反射变换 $C(M)$,设 $A \to A'$,则 M 是 AA' 的中点,$\angle MA'B = \angle MAC$.注意到 AM 与圆（PBM）相切,N 是 AM 的中点,由圆幂定理得 $AP \cdot AB = AM^2 = 2AM \cdot \frac{1}{2}AM = AA' \cdot AN$,这说明 P,B,A',N 四点共圆,所以 $\angle NPA = \angle NA'B = \angle NAC$,故 AC 是圆（APN）的切线.

例题 11 如图 2.5.20,在凸四边形 $ABCD$ 中,$\angle CBA = \angle DCB$,$AD \perp CD$,$\angle ACB$ 的平分线与 AB 交于 E,且 $AB = 2CD$.证明:$CE \perp CD$.

方法讲解 如图 2.5.21.作轴反射变换 $S(AD)$,设 $C \to C'$,则 C,D,C' 三点共线,AD 平分 $\angle CAC'$,且 $C'C = 2CD = AB$.又 $\angle CBA = \angle DCB$,所以四边形 $ABCC'$ 是等腰梯形,因此 $AC' \parallel BC$,这说明 $\angle ACB = \angle CAC'$.又 $\angle ACB$ 的平分线与 AB 交于点 E,则 $\angle ACE = \angle CAD$,所以 $CE \parallel AD$.而 $AD \perp CD$,故 $CE \perp CD$.

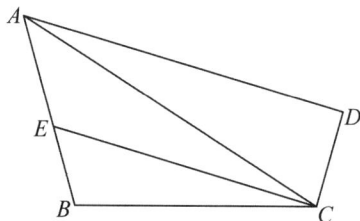 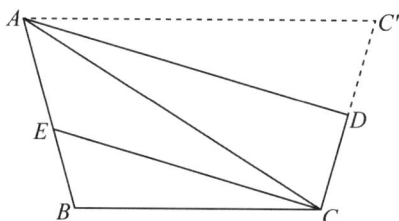

图 2.5.20　　　　　图 2.5.21

例题 12 如图 2.5.22,设 $\triangle ABC$ 的 A-旁切圆 $\odot I_a$ 与直线 AB,AC 分别切于 P,Q,线段 BI_a,CI_a 与 PQ 分别交于点 D,E,BE 与 CD 交于点 X.类似地,定义点 Y,Z.证明:AX,BY,CZ 三线共点.

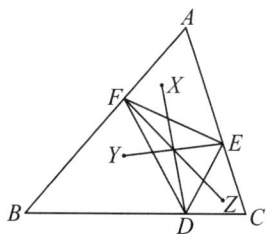 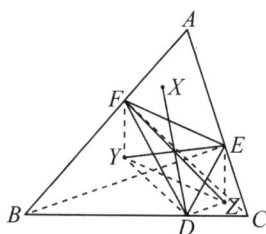 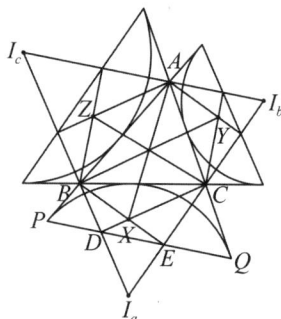

图 2.5.22　　　图 2.5.23　　　图 2.5.24

方法讲解 先证明一条引理:

引理:设 $\triangle DEF$ 是锐角三角形 ABC 的垂足三角形,X,Y,Z 分别是 $\triangle AEF,\triangle BFD,\triangle CDE$ 的垂心.证明:DX,EY,FZ 三线交于一点.

引理的证明:如图 2.5.23.显然,$\triangle DCE$ 同向相似于 $\triangle DFB$.以 D 为中心作位似旋转变换,使 $\triangle DCE \to \triangle DFB$,则 $Z \to Y$,所以 $\angle(CF,ZY) = \angle CDZ$.又 $DZ /\!/ BE,B,C,E,F$ 四点共圆,所以 $\angle CDZ = \angle CBE = \angle CFE$,因此,$\angle(CF,ZY) = \angle CFE$.这表明 $ZY /\!/ EF$.而 $EZ \perp BC,FY \perp BC$,所以 $EZ /\!/ FY$,因而四边形 $EFYZ$ 是平行四边形,于是 EY 与 FZ 互相平分.同理,EY 与 DX 互相平分.故 DX,EY,FZ 三线交于一点.

回到原题:如图 2.5.24.由三角形的旁切圆的性质知 $CD \perp BI_a,BE \perp CI_a$,所以 X 是 $\triangle I_aBC$ 的垂心.同理,Y 是 $\triangle I_bCA$ 的垂心,Z 是 $\triangle I_cAB$ 的垂心.又三角形的旁心三角形是锐角三角形,且原三角形是其旁心三角形的垂足三角形,即 $\triangle ABC$ 是 $\triangle I_aI_bI_c$ 的垂足三角形,故由引理知 AX,BY,CZ 三线共点.

例题 13 如图 2.5.25,在 $\triangle ABC$ 中,$\angle ACB = 2\angle CBA$,D 是三角形内一点,且 $DB = DC$.证明:$AD = AC$ 的充分必要条件是 $\angle BAC = 3\angle BAD$.

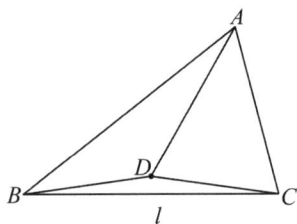 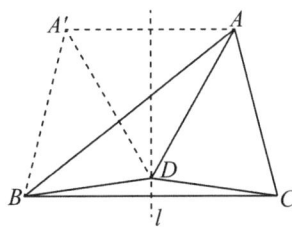

图 2.5.25   图 2.5.26

方法讲解 如图 2.5.26,条件"$DB = DC$"说明 $\triangle DBC$ 是一个等腰三角形.以它的对称轴 l 为反射轴作轴反射变换 $S(l)$,则 $C \to B$.设 $A \to A'$,则 $\angle BA'D = \angle DAC$,且四边形 $A'BCA$ 是等腰梯形,因而是一个圆内接四边形.又 $\angle A'BC = \angle ACB = 2\angle ABC$,所以 BA 为 $\angle A'BC$ 的平分线,从而 $A'A = AC = AD$.又 $A'B = AC,A'D = AD$,所以 $A'B = A'A$.于是 $AD = AC \Leftrightarrow A'B = A'D = A'A \Leftrightarrow$ 点 A' 是 $\triangle ABD$ 的外心 $\Leftrightarrow \angle BA'D = 2\angle BAD \Leftrightarrow \angle DAC = 2\angle BAD \Leftrightarrow \angle BAC = 3\angle BAD$.

例题 14 如图 2.5.27,在内接于圆 Γ 的梯形 $ABCD$ 中,$AB /\!/ CD$,P,Q 为线段 AB 上的两点(P,Q 两点不重合),且 $AP = QB$,直线 CP,CQ 与圆 Γ 的另一个交点分别为 E,F,直线 EF 与 AB 交于点 S.证明:SD 与圆 Γ 相切.

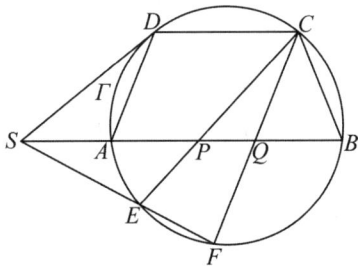 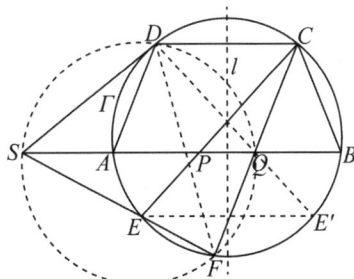

图 2.5.27   图 2.5.28

方法讲解 如图 2.5.28.显然,四边形 $ABCD$ 是等腰梯形.设 l 是这个等腰梯形的对称轴,作轴反射变换 $S(l)$,则 $A \to B,D \to C$.又 $AP = QB$,所以,$P \to Q$.再设 $E \to E'$,则 E' 仍在圆 Γ 上,且 D,Q,E' 三点共线,$EE' /\!/ AB$,所以 $\angle DFS = \angle DE'E = \angle DQS$,这说明 D,S,F,Q 四点共圆.又因为 $AB /\!/ CD$,所以 $\angle SDF = \angle SQF = \angle DCF$,于是,$SD$ 是 $\triangle CDF$ 的外接圆的切线,又圆 Γ 即 $\triangle CDF$ 的外接圆,故 SD 与圆 Γ 相切.

例题 15 如图 2.5.29,设 I,O 分别为 $\triangle ABC$ 的内心、外心,$\triangle ABC$ 的 A-旁切圆与直线 BC,AB,AC 分别切于点 D,E,F.证明:若线段 EF 的中点在 $\triangle ABC$ 的外接圆上,则 I,O,D 三点共线.

方法讲解 **方法一:**如图 2.5.30.设 M 为 EF 的中点,J,K,L 分别为 $\triangle ABC$ 的 A-旁心、B-旁心和

C- 旁心, LJ 与 DE 交于点 N, 则 LJ 是 $\angle CBA$ 的外角平分线, $LJ \perp DE$, N 是 DE 的中点, 所以 $MN \parallel FD$. 注意到 $FD \perp JK$, $IL \perp JK$, 因此 $MN \parallel IL$. 又点 M 在 $\triangle ABC$ 的外接圆上, 且点 I, M, J 都在 $\angle BAC$ 的平分线上, 所以 M 是 $\triangle ABC$ 的外接圆上 $\overparen{BC}$（不含点 A）的中点, 因而 M 也是 IJ 的中点, 于是 N 是 LJ 的中点, 这说明 DE 是 LJ 的垂直平分线. 同理, DF 是 JK 的垂直平分线, 这样一来, 点 D 是 $\triangle JKL$ 的外心. 显然, I, O 分别为 $\triangle JKL$ 的垂心和九点圆圆心, 而三角形的外心、垂心和九点圆圆心共线（三角形的 Euler 线）, 且九点圆圆心是外心与垂心的连线的中点, 故 D, O, I 三点共线, 且 O 是 ID 的中点. 得证.

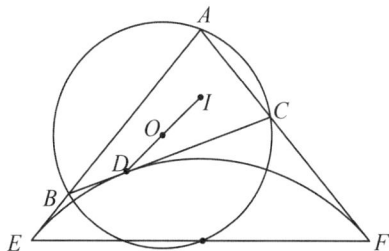

图 2.5.29

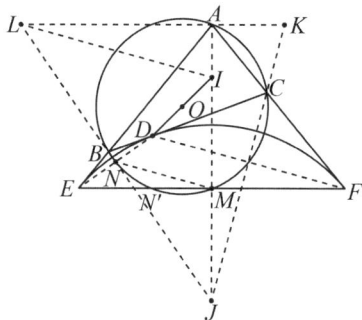

图 2.5.30

方法二: 如图 2.5.31, 设 M 为 EF 的中点, J 是 $\triangle ABC$ 的 A- 旁心, 则 A, I, M, J 都在 EF 的垂直平分线上. 因为 $EJ \perp EA$, $FJ \perp FA$, 所以点 J 在 $\triangle AFE$ 的外接圆 Γ 上; 若点 M 在 $\triangle ABC$ 的外接圆 ω 上, 则 M 也是 IJ 的中点. 再设圆 ω 与圆 Γ 的另一个交点为 P, 以 P 为位似中心作位似旋转变换, 使圆 $\Gamma \to$ 圆 ω, 则 $F \to B$, $E \to C$, 所以 $FE \to BC$.

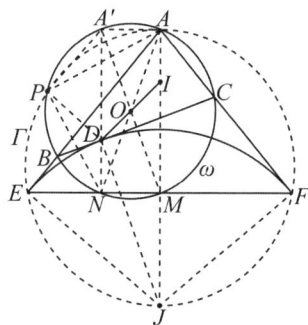

图 2.5.31

设圆 ω 与 EF 的另一个交点为 N, 则由圆幂定理得 $EM \cdot EN = AE \cdot BE$, $MF \cdot NF = AF \cdot CF$. 因为 $EB = BD$, $CF = DC$, $EM = MF$, $AE = AF$, 所以 $\dfrac{EN}{NF} = \dfrac{EN \cdot EM}{NF \cdot MF} = \dfrac{BE \cdot AE}{CF \cdot AF} = \dfrac{BE}{CF} = \dfrac{BD}{DC}$, 因此 $N \to D$. 因为 A 是圆 Γ 与圆 ω 的异于点 P 的交点, 设 $A \to A'$, 则点 A' 在圆 ω 上, 且 AA' 为圆 Γ 的切线, 所以 $AA' \perp AM$, 从而 $A'M$ 为圆 ω 的直径, 且 $A'M \perp BC$. 显然, AN 也为圆的直径, 因而四边形 $AA'NM$ 为矩形.

另外, 因为 $\triangle PND \backsim \triangle PAA'$, 而 $PN \perp PA$, 所以 $ND \perp AA'$, 因而点 D 在 $A'N$ 上. 因为 $A'M \perp BC$, $DJ \perp BC$, 所以 $A'M \parallel DJ$. 又 $A'D \parallel MJ$, 这说明 $A'DJM$ 是平行四边形, 于是 $A'D = MJ = IM$, 故 ID 过 $A'M$ 的中点, 即 $\triangle ABC$ 的外心 O, 这就是说, D, O, I 三点共线, 且 O 为 ID 的中点. 得证.

例题 16 如图 2.5.32, 设 H 是一个非等腰 $\triangle ABC$ 的垂心, 直线 AH 与 BC 交于点 O, 设 K, L 分别是 AB, AC 的中点, D 是 BC 上异于 B, C, O 的一个动点, E, F 分别是 $\triangle ABD$ 的垂心与 $\triangle ADC$ 的垂心, 线段 DE, DF 的中点分别为 M, N, 过点 H 且垂直于 HK 的直线与过点 N 且垂直于 HL 的直线交于点 P, 设 Q 是线段 EF 的中点, S 为 $\triangle HPQ$ 的垂心. 证明: $\dfrac{OS}{OH}$ 与 $\dfrac{OP}{OQ}$ 均为常数.

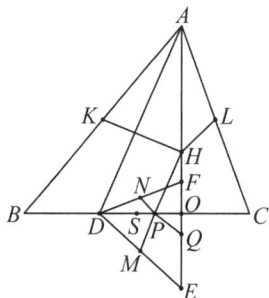

图 2.5.32

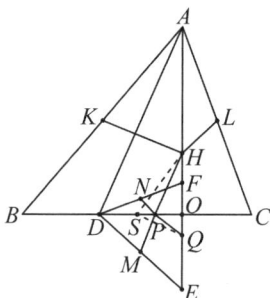

图 2.5.33

方法讲解 如图 2.5.33.因为 E,F 分别是 $\triangle ABD$ 的垂心与 $\triangle ADC$ 的垂心,所以 $AE \perp BC,AF \perp BC$.又 $AH \perp BC$,因此,E,F 两点都在直线 AH 上,且 $\angle FED = 90° - \angle BAO = \angle CBA$.同理,$\angle DFE = \angle ACB$,这说明 $\triangle DEF \backsim \triangle ABC$.注意到 $OA \perp BC,OD \perp EF$,设 $OD = k \cdot OA$,作位似旋转变换 $S(O,k,90°)$,则 $\triangle ABC \to \triangle DEF$,且 $K \to M,L \to N$.注意到 $MP \perp KH,NP \perp HL$,所以 $KH \to MP$,$HL \to NP$,从而 $H \to P$,因此,点 P 是 $\triangle DEF$ 的垂心,且点 P 在线段 DO 上.又 S 是 $\triangle HPQ$ 的垂心,所以 $HS \perp PQ,SP \perp HQ$,因此,直线 $HS \to$ 直线 PQ,直线 $OS \to$ 直线 OQ,这说明 $S \to Q$.但 Q 是 EF 的中点,故 S 是 BC 的中点.由于 O,S,H 都是不依赖于点 D 的定点,因此 $\dfrac{OS}{OH}$ 为常数.又在位似旋转变换 $S(O,k,90°)$ 下,$H \to P,S \to Q$,故 $\dfrac{OP}{OQ} = \dfrac{OH}{OS}$ 也为常数.

例题 17 如图 2.5.34,设 $\triangle ABC$ 的外接圆在点 A 处的切线与直线 BC 交于点 P,点 A 关于点 P 的对称点为 D,$\triangle ACD$ 的外接圆 Γ_1 与 $\triangle ABP$ 的外接圆 Γ_2 交于 A,E 两点,直线 BE 与圆 Γ_1 的另一个交点为 F.证明:$CF = AB$.

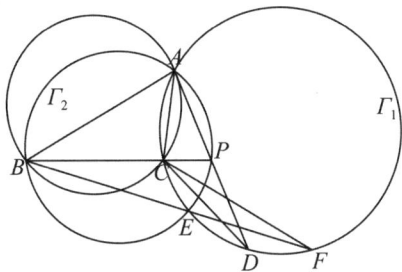 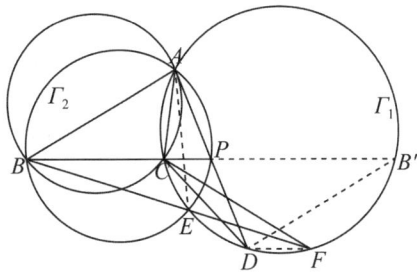

图 2.5.34   图 2.5.35

方法讲解 如图 2.5.35.注意到 P 是 AD 的中点,作中心反射变换 $C(P)$,则 $A \to D$.设 $B \to B'$,则 $DB' = AB,\angle CB'D = \angle CBA$.又 AP 是 $\triangle ABC$ 的外接圆的切线,所以 $\angle CBA = \angle CAD$,因此 $\angle CB'D = \angle CAD$,这说明 A,C,D,B' 四点共圆,即点 B' 在圆 Γ_1 上.再因为 A,B,E,P 四点共圆,A,E,D,F 四点共圆,所以 $\angle EBP = \angle EAP = \angle EFD$,因此 $DF \parallel BP$,即 $DF \parallel CB'$,于是 $CF = DB'$,故 $CF = AB$.

例题 18 如图 2.5.36,设 P,Q 是平行四边形 $ABCD$ 内的两点,且 $\triangle PAB,\triangle QBC$ 皆为正三角形,过点 P 且垂直于 PD 的直线与过点 Q 且垂直于 QD 的直线交于点 K.证明:$BK \perp AC$.

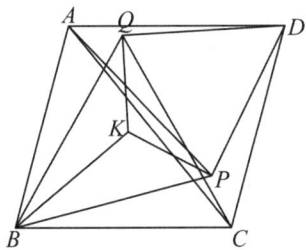 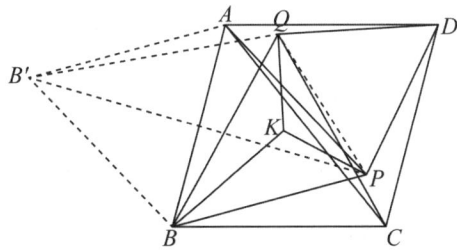

图 2.5.36   图 2.5.37

方法讲解 如图 2.5.37.因为四边形 $ABCD$ 是平行四边形,$\triangle PAB$ 和 $\triangle QBC$ 皆为正三角形,所以 $PB = PA,BQ = BC = AD$.又 $\angle PBA = \angle CBQ = 60°$,所以 $\angle CBA + \angle PBQ = \angle CBQ + \angle PBA = 120°$.注意到 $\angle BAP = 60°$,因此 $\angle PBQ = 120° - \angle CBA = \angle BAD - 60° = \angle PAD$,这样便有 $\triangle PDA \cong \triangle PQB$,从而 $PD = PQ$.同理,$QD = PQ$,所以 $\triangle PQD$ 也是正三角形.而 $KP \perp PD,KQ \perp QD$,因此 $\angle QPK = \angle KQP = 30°$.作位似旋转变换 $S(P,\sqrt{3},30°)$,则 $K \to Q$.设 $B \to B'$,则 $\triangle AB'B$ 是正三角形.

这样,再作旋转变换 $R(B,60°)$,则 $B' \to A,Q \to C$,所以 $BK \xrightarrow{R(B,60°)S(P,\sqrt{3},30°)} AC$.又位似旋转变换与旋转变换之积仍是一个位似旋转变换,注意到 $30° + 60° = 90°$,因而存在点 O,使得 $R(B,60°)S(P,\sqrt{3},30°) = S(O,\sqrt{3},90°)$,即有 $BK \xrightarrow{S(O,\sqrt{3},90°)} AC$,故 $BK \perp AC$,且还有 $AC = \sqrt{3}BK$.

例题 19 如图 2.5.38，在 △ABC 中，∠BAC 的平分线与 △ABC 的外接圆交于另一点 D，∠BAC 的外角平分线与 AC 的垂直平分线交于点 E．证明：AB 的中点在 △ADE 的外接圆上．

方法讲解　方法一：如图 2.5.39．设 M 是 AB 的中点，作中心反射变换 C(M)，则 B → A．

设 D → D′，则 M 是 DD′ 的中点，且 AD′ = BD = CD，∠D′AB = ∠DBA = ∠CBA + $\frac{1}{2}$∠BAC．

又 ∠BAE = 90° + $\frac{1}{2}$∠BAC，所以

$$\angle EAD' = 360° - \angle D'AB - \angle BAE = 360° - \left(\angle CBA + \frac{1}{2}\angle BAC\right) - \left(90° + \frac{1}{2}\angle BAC\right)$$
$$= 90° + \angle ACB.$$

而 ∠ECD = ∠ECA + ∠ACD = ∠CAE + ∠ACD = $\left(90° - \frac{1}{2}\angle BAC\right)$ + $\left(\angle ACB + \frac{1}{2}\angle BAC\right)$ = 90° + ∠ACB，这说明 ∠EAD′ = ∠ECD．注意到 EA = EC，即知 △ED′A ≅ △EDC，因此 ED′ = ED，这样便有 ME ⊥ MD．又 AE ⊥ AD，故 A，M，D，E 四点共圆，换句话说，AB 的中点在 △ADE 的外接圆上．

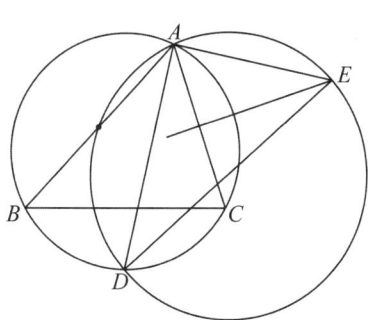
图 2.5.38

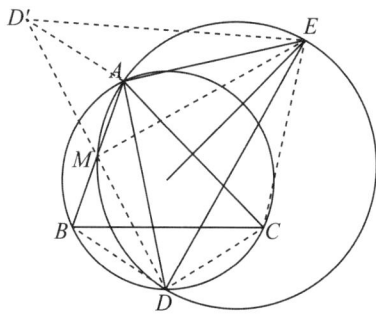
图 2.5.39

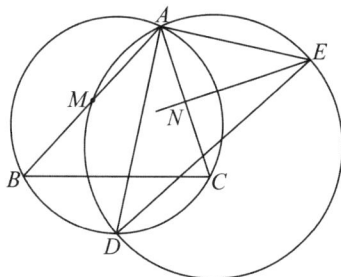
图 2.5.40

方法二：如图 2.5.40．设 △ADE 的外接圆与 AB 的另一交点为 M，AC 的中点为 N，记 ∠BAD = ∠DAC = α，则 ∠CAE = 90° − α，∠BAE = 90° + α．注意到 ∠DAE = 90°，考虑 △ADE 的外接圆的三弦 AM，AD，AE，由三弦定理得 AM sin 90° + AE sin α = AD sin(90° + α)，即 AM + AE sin α = AD cos α．又 ∠AEN = α，所以 AE sin α = AN = $\frac{1}{2}$ AC，即 2AE sin α = AC，因此 2AM + AC = 2AD cos α．

另外，考虑 △ABC 的外接圆的三弦 AB，AD，AC，由三弦定理得 AB sin α + AC sin α = AD sin 2α，再由 sin 2α = 2 sin α cos α，得 AB + AC = 2AD cos α，所以 AB = 2AM，这说明 M 是 AB 的中点，故 AB 的中点在 △ADE 的外接圆上．

例题 20 如图 2.5.41，设 H 是锐角 △ABC 的垂心，直线 BH 与 AC 交于点 E，直线 CH 与 AB 交于点 F，过点 H 且垂直于 EF 的直线与 △ABC 的外接圆的 $\overparen{BC}$（不含点 A）交于 D，AD 与 BC 交于 P．证明：PD = PH．

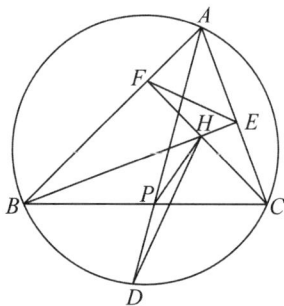
图 2.5.41

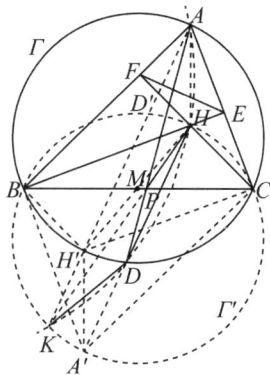
图 2.5.42

方法讲解 如图 2.5.42，设 Γ 是 $\triangle ABC$ 的外接圆，Γ' 是 $\triangle HBC$ 的外接圆，易知圆 Γ 与圆 Γ' 是等圆．设 M 是 BC 的中点，作中心反射变换 $C(M)$，则 $\Gamma \to \Gamma'$，$\Gamma' \to \Gamma$，$B \to C$，$C \to B$．设 $A \to A'$，$H \to H'$，$D \to D'$，则 H' 是 $\triangle A'CB$ 的垂心，AH' 是圆 Γ 的直径，HA' 是圆 Γ' 的直径，点 D' 在圆 Γ 上，$HA' /\!/ AH'$，$H'A' = AH$，$H'A' /\!/ HA$，$H'A' = HA$，$D'H = H'D$．因为 $AH' \perp EF$，所以 $HA' \perp EF$．又 $HD \perp EF$，因此 H, D, A' 三点共线，A, D', H' 三点共线．

设直线 AH' 与圆 Γ 交于 D', K 两点，则 $D'K /\!/ HA'$，所以 $KA' = D'H = H'D$，这说明四边形 $KA'DH'$ 是一个以 $H'K, DA'$ 为两底的等腰梯形，因此 $DK = H'A' = HA$，这又说明四边形 $HAKD$ 是一个以 HD, AK 为两底的等腰梯形，因而四边形 $HAKD$ 是圆内接四边形．考虑圆 Γ、圆 Γ'、圆 $(HAKD)$，由根心定理知 HK, AD, BC 三线共点．而 AD 与 BC 交于点 P，于是 P 是等腰梯形 $HAKD$ 的对角线 AD 与 HK 的交点，它在 HD 的垂直平分线上，故 $PD = PH$．

例题 21 如图 2.5.43，在 $\triangle ABC$ 中，I 为内心．线段 AI 与 $\triangle ABC$ 的内切圆相交于点 D．已知线段 BD 垂直于线段 AC．设 P 为满足 $\angle BPA = \angle PAI = 90°$ 的点．点 Q 在线段 BD 上，且满足 $\triangle ABQ$ 的外接圆与线段 BI 相切．点 X 在直线 PQ 上，且满足 $\angle IAX = \angle XAC$．证明：$\angle AXP = 45°$．

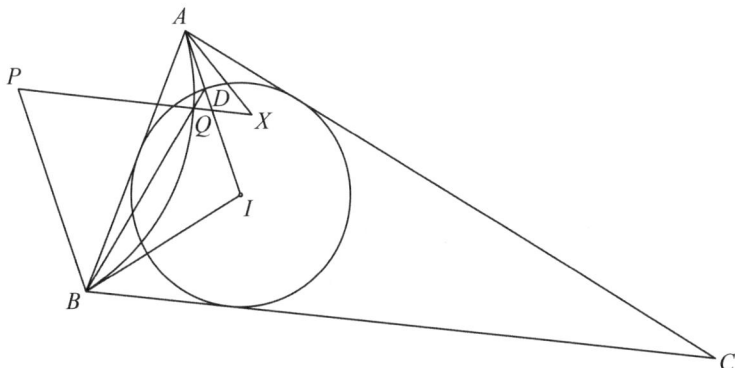

图 2.5.43

方法讲解 记 r 为 $\triangle ABC$ 的内切圆的半径．先证明：$BP = BQ$．

如图 2.5.44，作点 Q 关于点 B，以 BA 为反演幂的反演点 R．由 BI 与 $\odot(ABQ)$ 相切，可知 $\odot(ABQ)$ 的反形为过点 A 且与 BI 平行的直线，故 $AR /\!/ BI$．

已知 $AI \perp AP$，$BP \perp AP$，取 BP 上的点 B'，使得四边形 $ADBB'$ 为平行四边形．已知 $BD \perp AC$，注意到
$$\angle PAB' = \angle PAC - 90° = \pi - \angle PAB - 90° = \angle ABP,$$

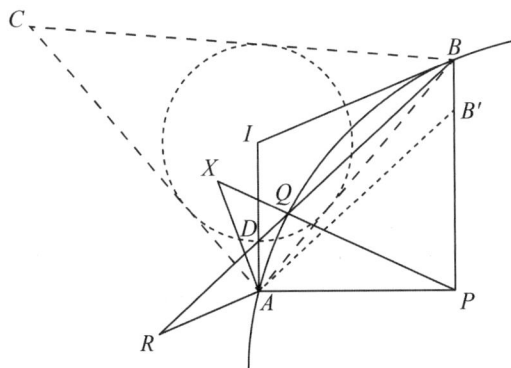

图 2.5.44

故
$$BR = BD \cdot \frac{IA}{ID} = AB' \cdot \frac{IA}{r} = \frac{AB'}{\sin\angle BAI}$$
$$= AB' \cdot \frac{AB}{AP} = \frac{AB}{\cos\angle PAB'} = \frac{AB}{\cos\angle ABP}$$
$$= \frac{BA^2}{BP}.$$

可得 $BR \cdot BP = BA^2 = BQ \cdot BR \Rightarrow BP = BQ$．

回到原题，可知
$$\angle AXP = 180° - \angle PAX - \angle APX$$
$$= 90° - \angle IAX - (90° - \angle BPQ)$$
$$= 90° - \frac{\angle PBQ}{2} - \frac{\angle BAI}{2}$$

$$= 90° - \frac{90° - \angle PAB'}{2} - \frac{\angle ABP}{2} = 45°.$$

命题得证.

例题 22 如图 2.5.45，凸六边形 $ABCDEF$ 中，$\angle FAB + \angle BCD + \angle DEF = 360°$ 且 $\angle AEB = \angle ADB$. 已知直线 AB, DE 交于点 P. 证明：$\triangle AFE, \triangle BCD$ 的外心和点 P 共线.

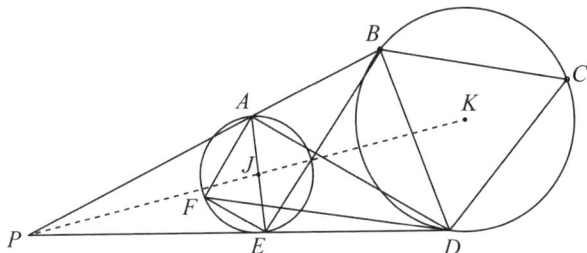

图 2.5.45

方法讲解 由 $\angle AEB = \angle ADB$ 知 A, B, D, E 四点共圆. $\angle FAB + \angle BCD + \angle DEF = 360°$，知 $\angle PAF + \angle PEF = \angle BCD$.

设 $\triangle FED$ 的外接圆与 $\triangle BCD$ 的外接圆交于点 G，连接 BG，则 $\angle BCD = \angle BGD$，$\angle PEF = \angle DGF$，于是 $\angle PAF = \angle BGF$，知 A, F, G, B 四点共圆.

考虑 $\odot(FEDG), \odot(FABG), \odot(ABDE)$，由根心定理知 BA, DE, GF 共点于 P，即 P, F, G 三点共线. 于是有 $PA \cdot PB = PE \cdot PD = PF \cdot PG$.

以点 P 为反演中心，$\sqrt{PA \cdot PB}$ 为半径作反演变换，则 A, B, F, G, E, D 分别互为反形，即反演变换将 $\triangle AFE$ 的外接圆变换为 $\triangle BGD$ 的外接圆. 由反演变换的性质知，点 P、$\triangle AFE$ 的外接圆圆心、$\triangle BGD$ 的外接圆圆心共线. 故命题得证！

例题 23 在锐角三角形 ABC 中，垂心为 H. 以 BC 为直径的圆 ω 上一点 D 满足 $DB < DC$ 且 $DH \parallel BC$，DH 的垂直平分线交圆 ω 于点 E, F. $\angle EHF$ 与其邻补角的平分线分别交 AC, AB 于点 J, K. 证明：JK 平分 AH.

方法讲解 如图 2.5.46，设点 D, H 关于 BC 的对称点分别为 D', H'，则 $D' \in \omega$.

设 $BX \perp AC$ 于点 X，$CY \perp AB$ 于点 Y，$AZ \perp BC$ 于点 Z，则 A, H, Z, H' 四点共线.

由点 H, H' 关于 BC 对称，知点 H' 在 $\triangle ABC$ 外接圆上.

设 AH 的中点为 M，$\angle EHF$ 的角平分线交 EF 于点 L.

由点 D, H 关于 EF 对称，结合角平分线定理知 $\dfrac{EH}{HF} = \dfrac{EL}{LF} = \dfrac{ED}{DF}$. 故 DL 平分 $\angle EDF$.

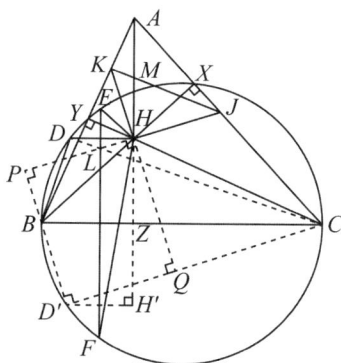

图 2.5.46

又 $EF \perp DH, DH \parallel BC$，故 $EF \perp BC$.

因此 C 为 $\overset{\frown}{ECF}$ 的中点，所以 DC 平分 $\angle EDF$. 由此可得 D, L, C 三点共线.

此时，$\angle LCD' = \angle DCD' = 2\angle DCB = 2\angle LDH$（$BC \parallel DH$）$= \angle LDH + \angle LHD$（$LD = LH$）$= \angle HLC$.

因此，$HL \parallel CD'$，故 BD' 平行 $\angle EHF$ 的外角平分线 HK.

设 $HJ \cap D'B = P, KH \cap CD' = Q$. 由 $HP \parallel D'Q, HQ \parallel PD'$，知 $\angle PD'Q = \angle BD'C = 90°$.

故四边形 $HPD'Q$ 为矩形，因此 H, P, D', Q 四点共圆.

以 H 为中心，$-AH \cdot HZ$ 为幂进行反演，则点 A, Z 互反，点 C, Y 互反，点 B, X 互反.

由 M 为 AH 的中点,又 Z 为 HH' 的中点,知点 M 的反演点为 H'.

由 $HP \perp PB, HX \perp XJ$ 知 B, P, X, J 四点共圆.故点 J, P 互反,同理点 K, Q 互反.

故 K, M, J 三点共线 $\Leftrightarrow H, P, Q, H'$ 四点共圆.

由点 D', H' 与点 D, H 关于 BC 对称,有 $D'H' \ /\!/ \ BC$.

因此,由 $HH' \perp BC$ 知 $HH' \perp H'D'$.而 $HQ \perp QD', HP \perp PD'$,有 H, P, D', H', Q 五点共圆.

因此 K, M, J 三点共线,即 JK 平分 AH,证毕.

例题 24 如图 2.5.47,设 $\triangle ABC$ 的外心为 O,点 D 为点 A 在 BC 上的垂足,P 为 AD 上一点.点 P 在 CA, AB 上的垂足分别为 E, F,点 D 在 EF 上的垂足为 T.直线 AO 和圆 (ABC) 再次交于点 A',直线 $A'D$ 和圆 (ABC) 再次交于点 R.点 Q 在直线 AO 上,且满足 $\angle ABP = \angle QBC$.证明:D, P, T, R 四点共圆,且 DQ 与此圆相切.

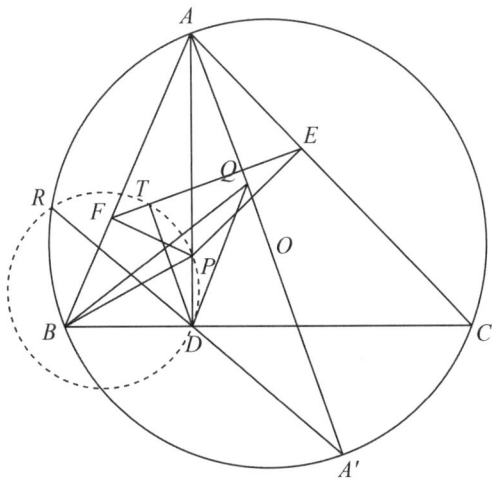

图 2.5.47

方法讲解 如图 2.5.48,设 $AR \cap EF = G$,由于 $\angle ARD = \angle GTD = 90°$,可知 D, T, G, R 四点共圆.由 $\angle AFP = \angle ADB = \dfrac{\pi}{2}$ 得 D, B, F, P 四点共圆.由 $\angle RGF = \angle RDT = \angle RA'A = \angle RBA$ 得 B, R, G, F 四点共圆.故由蒙日定理可知 D, P, G, R 四点共圆.

下证 DQ 是 $\odot (DPGR)$ 的切线.

过点 A' 作 $\odot O$ 的切线,交 BC 于点 J,已知 $\triangle PFE \backsim \triangle A'CB$,且 $PG, A'J$ 可视为两个三角形对应外接圆切线,故点 J, G 相似对应,所以 $\angle A'AG = \angle PAJ$.故以点 A 为反演中心,$\sqrt{AR \cdot AJ}$ 为反演幂作反演,可得 $\odot (DPTR)$ 的反形为 $\odot (A'P^*J)$,$\odot (ADQ)$ 的反形为 $\odot (AA'Q^*)$,其中点 P^*, Q^* 为点 P,Q 的反演点.(注意点 D 的反演点为 A',且点 B 的反演点为 C)

故只需证明 $\odot (A'P^*J)$ 与 $\odot (AA'Q^*)$ 相切,作点 Q^* 关于 BC 的平行线,交 JA' 的延长线于点 X,可知 $\angle XQ^*A = \angle AA'X = \dfrac{\pi}{2}$,故 X 在 $\odot (AA'Q^*)$ 上.故证明两圆相切等价于证明 $\triangle A'P^*J \backsim \triangle A'AX$.故只需证明 $\dfrac{AA'}{A'P^*} = \dfrac{XA'}{A'J}$.

记 AQ^* 交 $\odot (ABC)$ 于点 K,可知 $KA' \ /\!/ \ BC \ /\!/ \ XQ^*$.故 $\dfrac{XA'}{A'J} = \dfrac{Q^*K}{KD}$.从而可知 $PA' \ /\!/ \ DP^*$,故 $\dfrac{AA'}{A'P^*} = \dfrac{AP}{DP}$.又因为

$$AB \cdot AC = AQ^* \cdot AQ \Rightarrow \triangle ABQ \backsim \triangle AQ^*C \Rightarrow \angle PBC = \angle QBA = \angle CQ^*A'$$

故 B, P, C, Q^* 四点共圆.可知 $DP \cdot DQ^* = DB \cdot DC = DK \cdot DA$,

故 $\dfrac{AA'}{A'P^*} = \dfrac{AP}{DP} = \dfrac{Q^*K}{KD} = \dfrac{XA'}{A'J}$.

命题得证.

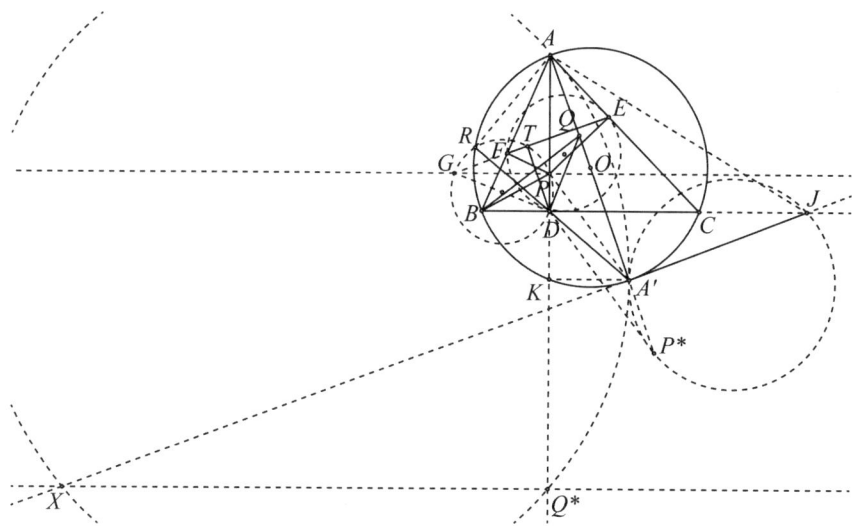

图 2.5.48

◎ 三、课外训练

1. 如图，在 $\triangle ABC$ 中，C 为直角，$AC \neq BC$，I 为内心，点 D 为点 C 在 AB 上的射影. $\triangle ABC$ 的内切圆 ω 与边 BC，CA，AB 分别相切于点 A_1，B_1，C_1. 设 E，F 分别是点 C 关于直线 C_1A_1，C_1B_1 的对称点，K，L 分别是点 D 关于直线 C_1A_1，C_1B_1 的对称点. 证明：$\triangle A_1EI$，$\triangle B_1FI$，$\triangle C_1KL$ 的外接圆共点.

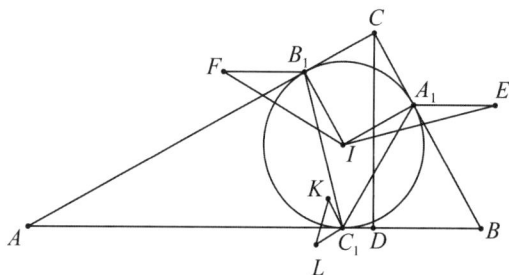

第 1 题

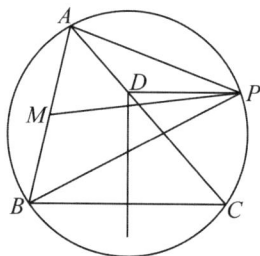

第 2 题

2. 如图，在 $\triangle ABC$ 中，已知 $AB < AC$，BC 的垂直平分线与 AC 交于点 D，P 是 $\triangle ABC$ 的外接圆的 $\overset{\frown}{CA}$（不含点 B）上一点，且 $DP \parallel BC$，M 是 AB 的中点. 证明：$\angle APD = \angle MPB$.

3. 设 $\triangle ABC$ 的内切圆 ω 与边 BC 切于点 K. 圆 ω_0 与圆 ω 关于点 A 对称. 选取点 A_0，使得线段 BA_0 和 CA_0 与圆 ω_0 相切. 设 M 为边 BC 的中点. 证明：直线 AM 平分线段 KA_0.

4. 设四边形 $A_1A_2A_3A_4$ 与 $B_1B_2B_3B_4$ 分别为两个正方形，顶点按顺时针方向排列. 线段 A_1B_1，A_2B_2，A_3B_3，A_4B_4 的垂直平分线分别与线段 A_2B_2，A_3B_3，A_4B_4，A_1B_1 的垂直平分线交于点 P，Q，R，S. 证明：$PR \perp QS$.

5. 如图，在 $\triangle ABC$ 中，已知 $AC > AB$，点 D，E 分别在边 AB，AC 上，满足 DE 与 BC 平行，线段 BE，CD 交于点 R. 设点 A' 为点 A 关于直线 BC 的对称点. 连接 $A'R$，与 $\triangle ADE$ 的外接圆交于点 S. 证明：$\triangle BCS$ 的外接圆与 $\triangle ADE$ 的外接圆相切.

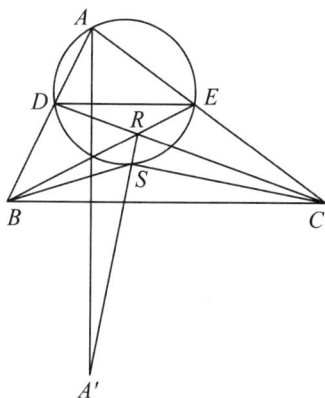

第 5 题

6. 在 $\triangle ABC$ 中，I'_B, I'_C 分别是 AC, AB 边上旁切圆圆心 I_B, I_C 关于 AC 中点 M_B，AB 中点 M_C 的对称点，D 是 BC 边上旁切圆与 BC 的切点，证明：$AD \perp I'_B I'_C$.

7. 如图，在 $\triangle ABC$ 中，已知 $AB < AC$，I 为其内心，D, E, F 分别为内切圆与 BC, AB, AC 的切点，过点 D 作 $DS \perp EF$ 于点 S，过点 A 作 IS 的垂线，交 IS 于点 Y. 证明：$\triangle BIC$ 的外接圆 $\odot X$ 与 $\triangle YEB$ 的外接圆 $\odot J$，$\triangle YFC$ 的外接圆 $\odot S$ 相切，且两切线的交点在 $\triangle ABC$ 的外接圆 $\odot O$ 上，且 X, S, J, Y, O 五点共圆.

8. 如图，任意两边均不相等的 $\triangle ABC$ 的外接圆为 $\odot O$，重心为 G，形内一点 K 满足 $\angle BAK = \angle CAG$，$\angle ABK = \angle CBG$，点 D 与点 A 在边 BC 的同侧且满足 $PA = PD$，直线 AP 与 $\odot O$ 的另一个交点为 T. 证明：点 T 关于 $\triangle ABC$ 的西姆松线 l 与直线 OK 平行.

9. 设 D, E 分别是 $\triangle ABC$ 的边 AB, AC 延长线上的点，点 D', E' 分别在直线 AB, AC 上，且直线 $D'E'$ 与 DE 关于 BC 的垂直平分线对称. 证明：$BD + CE = DE$ 的充要条件是 $BD' + CE' = D'E'$.

10. 已知凸四边形 $ABCD$ 外切于圆 ω，PQ 为圆 ω 的垂直于 AC 的直径. 设直线 BP 与 DQ 交于点 X，直线 BQ 与 DP 交于点 Y. 证明：点 X 和点 Y 均在直线 AC 上.

11. 设 H 是锐角三角形 ABC 的垂心，点 E, F 分别在线段 HB, HC 上，且 $EF \parallel BC$，$\triangle HEF$ 的外心在 BC 上. 证明：$\triangle HEF$ 的外接圆 ω 与 $\triangle ABC$ 的外接圆 Γ 相切.

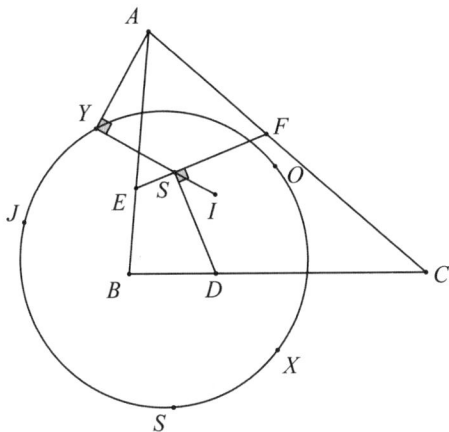

第 7 题

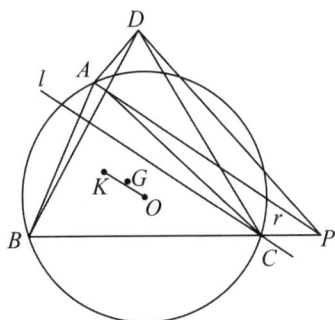

第 8 题

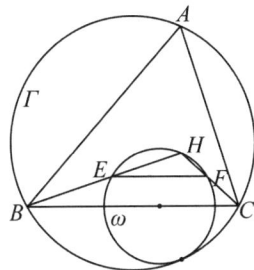

第 11 题

12. 设圆 Γ_1 与圆 Γ_2 交于 A, B 两点，过点 B 作一条割线，分别与圆 Γ_1, Γ_2 交于点 C, D，P 是线段 CD 上一点，E, F 是分别为圆 Γ_1, Γ_2 上的点，且点 E, P 在 AC 的两侧，点 P, F 在 AD 的两侧，$EP \parallel AD$，$FP \parallel AC$. 证明：B, P, E, F 四点共圆.

13. 如图，$\triangle ABC$ 的垂心为 H，高 BH, CH 分别与 AC, AB 交于点 E, F，设 M 为 BC 的中点，过点 A 作 BC 的平行线，与 $\triangle CMF$ 的外接圆交于点 X, Y. 其中点 X, B 在 AH 的同侧，点 Y, C 在 AH 的同侧. 直线 MX, MY 与 CF 分别交于点 U, V. 证明：$\triangle MUV$ 的外接圆与 $\triangle EFH$ 的外接圆相切.

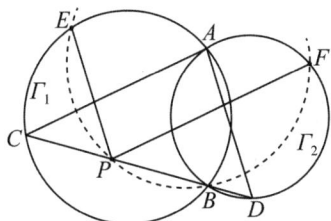

第 12 题

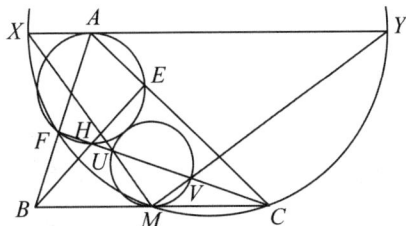

第 13 题

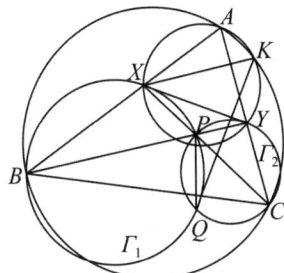

第 14 题

14. 如图，圆 Γ_1, Γ_2 交于 P, Q 两点，XY 是两圆距点 P 较近的公切线，点 X 在圆 Γ_1 上，点 Y 在圆 Γ_2 上. 直线 YP 与圆 Γ_1 交于 P, B 两点，直线 XP 与圆 Γ_2 交于 P, C 两点，直线 BX 与 CY 交于点 A，且 $\triangle ABC$ 的

外接圆与 $\triangle AXY$ 的外接圆交于 A，K 两点．证明：$\angle KXA = \angle KQP$．

2.6 平面几何的证题方法

◎ 一、知识要点

解决平面几何问题，还有解析法、三角法、复数法、向量法，等等．而解析法、复数法、向量法在本质上是一样的．

1．复数 $z = a + bi$ 与复平面内的点 $Z(a,b)$ 及平面向量 $\overrightarrow{OZ} = (a,b)(a,b \in \mathbf{R})$ 是一一对应关系．在本节中，就用 P 表示点 P 对应的复数．

2．复数 $z_1 + z_2$ 是以 $\overrightarrow{OZ_1}$，$\overrightarrow{OZ_2}$ 为邻边的平行四边形的对角线 $\overrightarrow{OZ}$ 所对应的复数．

3．复数 $z_1 - z_2$ 是从向量 $\overrightarrow{OZ_2}$ 的终点指向向量 $\overrightarrow{OZ_1}$ 的终点的向量 $\overrightarrow{Z_2Z_1}$ 所对应的复数．

4．若 P 及 Q 是两个点，从点 P 到点 Q 的向量用 $\overrightarrow{PQ}$ 表示．在平面上建立坐标系，用 O 表示原点，平面上的每个点 P，唯一地确定一个向量 $\overrightarrow{OP}$，它称为点 P 的位置向量，有时我们简单地用 $\mathbf{P}$（代替 $\overrightarrow{OP}$）表示这个向量．

5．设 $\mathbf{P}$ 及 $\mathbf{Q}$ 分别是点 P 及点 Q 的位置向量，R 是有向线段 PQ 上一点，它分 PQ 所成的比为 $m:n$，则位置向量 $\mathbf{R}$ 由下式给出：

$$\mathbf{R} = \mathbf{P} + \frac{m}{m+n}(\mathbf{Q} - \mathbf{P}).$$

6．任意 $\triangle PQR$ 的重心的位置向量是

$$\frac{1}{3}\mathbf{P} + \frac{1}{3}\mathbf{Q} + \frac{1}{3}\mathbf{R}.$$

7．设 $\triangle ABC$ 的外接圆的圆心为 O，垂心为 H，则 $\overrightarrow{OH} = \overrightarrow{OA} + \overrightarrow{OB} + \overrightarrow{OC}$．

8．向量的内积，又称为点积、数量积，是一个数量．给定向量 $\mathbf{a}$ 及 $\mathbf{b}$，内积 $\mathbf{a} \cdot \mathbf{b}$ 由下面公式定义：

$$\mathbf{a} \cdot \mathbf{b} = |\mathbf{a}||\mathbf{b}|\cos\theta.$$

这里 θ 是两个向量的夹角，$0 \leqslant \theta \leqslant 180°$．

若 $\mathbf{a}$，$\mathbf{b}$ 当中至少有一个为零时，规定：$\mathbf{a} \cdot \mathbf{b} = 0$．当 $\mathbf{a}$，$\mathbf{b}$ 相等时，记

$$\mathbf{a} \cdot \mathbf{a} = \mathbf{a}^2 = |\mathbf{a}|^2.$$

对任意向量 $\mathbf{a}$，$\mathbf{b}$，$\mathbf{c}$，由数量积的定义可知：

（1）两个非零向量 $\mathbf{a}$，$\mathbf{b}$ 共线的充要条件是 $\mathbf{a} \cdot \mathbf{b} = \pm|\mathbf{a}||\mathbf{b}|$．

（2）两个非零向量 $\mathbf{a}$，$\mathbf{b}$ 垂直的充要条件是 $\mathbf{a} \cdot \mathbf{b} = 0$．

◎ 二、例题讲解

例题 1 在凸四边形 $ABCD$ 中，对角线 AC 与 BD 互相垂直，对边 AB 与 CD 不平行．P 为线段 AB 及 CD 垂直平分线的交点，且点 P 在四边形 $ABCD$ 的内部．证明：$ABCD$ 为圆的内接四边形的充要条件是 $\triangle ABP$ 与 $\triangle CDP$ 的面积相等．

方法讲解 如图 2.6.1，取 AC 所在直线为 x 轴、BD 所在直线为 y 轴建立直角坐标系．设四个顶点为 $A(-a,0)$，$B(0,-b)$，$C(c,0)$，$D(0,d)$，其中 $a,b,c,d > 0$．

由 AB 与 DC 不平行得 $ad \neq bc$．

又由相交弦定理知，$ABCD$ 为圆内接四边形当且仅当 $ac = bd$.

由 AB 的中点 $\left(-\dfrac{a}{2}, -\dfrac{b}{2}\right)$ 及 $k_{AB} = -\dfrac{b}{a}$ 得 AB 的垂直平分线方程为

$$y + \frac{b}{2} = \frac{a}{b}\left(x + \frac{a}{2}\right).$$

同理，CD 的垂直平分线方程为

$$y - \frac{d}{2} = \frac{c}{d}\left(x - \frac{c}{2}\right).$$

以上两式联立，解得交点 P 的坐标为

$$x_0 = \frac{b^2 d + bd^2 - a^2 d - bc^2}{2(ad - bc)}, \quad y_0 = \frac{b^2 c + ad^2 - a^2 c - ac^2}{2(ad - bc)}.$$

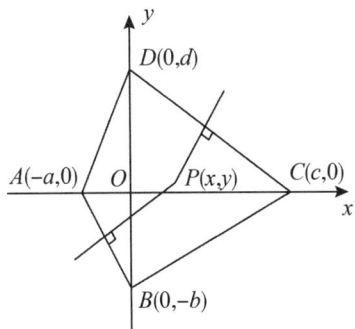

图 2.6.1

由于点 P 在四边形内，故点 P 在直线 AB 的上方，且在直线 CD 的下方.

直线 AB 的方程为 $\dfrac{x}{-a} + \dfrac{y}{-b} = 1$，即 $bx + ay + ab = 0$.

因此点 P 到 AB 的距离为 $h_1 = \dfrac{bx_0 + ay_0 + ab}{\sqrt{a^2 + b^2}}$. 又 $|AB| = \sqrt{a^2 + b^2}$，所以

$$S_{\triangle PAB} = \frac{1}{2} h_1 |AB| = \frac{1}{2}(bx_0 + ay_0 + ab).$$

将 x_0, y_0 式子代人并化简得

$$S_{\triangle PAB} = \frac{(a^2 + b^2)(bd - ac + d^2 - c^2)}{4(ad - bc)}.$$

同理，由 CD 的方程 $dx + cy - cd = 0$，得点 P 到 CD 的距离为 $h_2 = \dfrac{|dx_0 + cy_0 - cd|}{\sqrt{a^2 + c^2}}$.

$$S_{\triangle PCD} = \frac{1}{2} h_2 |CD| = \frac{1}{2}(cd - dx_0 - cy_0) = \frac{(c^2 + d^2)(a^2 - b^2 - bd + ac)}{4(ad - bc)}.$$

两个面积式相减并化简得

$$S_{\triangle PAB} - S_{\triangle PCD} = \frac{bd - ac}{4(ad - bc)}\left[(a + c)^2 + (b + d)^2\right].$$

所以四边形 $ABCD$ 为圆内接四边形 $\Leftrightarrow bd = ac \Leftrightarrow S_{\triangle PAB} = S_{\triangle PCD}$.

例题 2 如图 2.6.2，在 $\triangle ABC$ 中，$\angle ABC = 40°$，$\angle ACB = 20°$，N 是 $\triangle ABC$ 内的一点，$\angle NBC = 30°$，$\angle NAB = 20°$，求 $\angle NCB$.

方法讲解 对点 N 和 $\triangle ABC$ 运用塞瓦定理的角元形式得

$$\frac{\sin\angle ACN}{\sin\angle BCN} \cdot \frac{\sin\angle BAN}{\sin\angle CAN} \cdot \frac{\sin\angle CBN}{\sin\angle ABN} = 1.$$

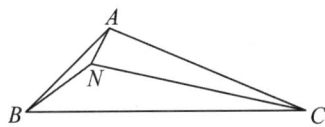

图 2.6.2

设 $\angle NCB = x$，将已知条件代入得

$$\frac{\sin(20° - x)}{\sin x} \cdot \frac{\sin 20°}{\sin 100°} \cdot \frac{1}{\sin 10°} = 2.$$

故 $\sin(20° - x) = \sin x$，解得 $x = 10°$.

例题 3 如图 2.6.3，在 $\triangle ABC$ 中，$\angle ABC = 40°$，$\angle ACB = 30°$. P 是 $\angle ABC$ 的平分线上一点，满足 $\angle PCB = 10°$，BP 的延长线交 AC 于点 M，CP 的延长线交 AB 于点 N. 证明：$PM = AN$.

方法讲解 对点 P 和 $\triangle ABC$ 运用塞瓦定理的角元形式得

$$\frac{\sin\angle ACN}{\sin\angle BCN} \cdot \frac{\sin\angle BAP}{\sin\angle CAP} \cdot \frac{\sin\angle CBM}{\sin\angle ABM} = 1.$$

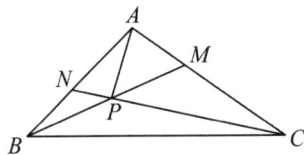

图 2.6.3

设 $\angle CAP = x$，因为 BP 平分 $\angle ABC$，将已知条件代入上式得 $\dfrac{\sin 20°}{\sin 10°} \cdot \dfrac{\sin(110° - x)}{\sin x} = 1$，解得 $x = 80°$.

在 $\triangle ANP$ 中，$\dfrac{AP}{AN} = \dfrac{\sin \angle ANP}{\sin \angle APN} = \dfrac{\sin 50°}{\sin 100°}$；在 $\triangle AMP$ 中，$\dfrac{AP}{PM} = \dfrac{\sin \angle AMP}{\sin \angle PAM} = \dfrac{\sin 50°}{\sin 80°}$.

两式相除即得 $AN = PM$.

例题 4 如图 2.6.4，已知等腰 $\triangle ABC$ 的顶角 A 的平分线交其外接圆于点 D，且点 M, N, P 分别在边 AB, AC, BC 上，使四边形 $AMPN$ 为平行四边形．若 $PR \parallel AD$，交 MN 于点 R，直线 NM, DP 交于点 Q．证明：B, Q, R, C 四点共圆．

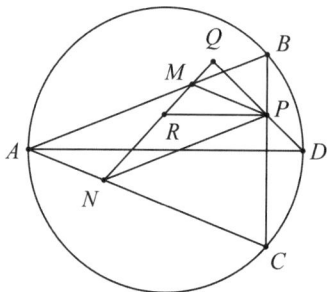

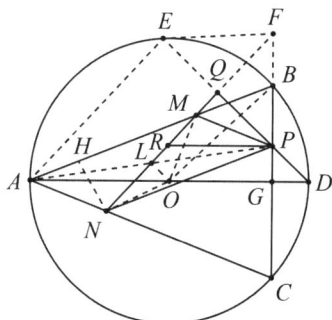

图 2.6.4 　　　　　　　　　　图 2.6.5

方法讲解 如图 2.6.5，设 $AD \cap BC = G$，延长 DP，交圆 O 于点 E.

记 $\angle BAC = 2\alpha$，$\angle ADP = \beta$，$AM = PN = a$，$AN = MB = b$，则

$$BG = (a+b)\sin\alpha, \quad BP = 2b\sin\alpha, \quad GP = BG - BP = (a-b)\sin\alpha,$$

$$GD = AD - AG = (a+b)\left(\frac{1}{\cos\alpha} - \cos\alpha\right) = \frac{(a+b)\sin^2\alpha}{\cos\alpha},$$

所以 $\tan\beta = \dfrac{GP}{GD} = \dfrac{a-b}{a+b}\cot\alpha$，进而可得

$$\tan\angle BAE = \tan(90° - \alpha - \beta) = \cot(\alpha + \beta) = \frac{1 - \tan\alpha\tan\beta}{\tan\alpha + \tan\beta} = \frac{1 - \dfrac{a-b}{a+b}}{\tan\alpha + \dfrac{a-b}{a+b}\cot\alpha} = \frac{b\sin 2\alpha}{a - b\cos 2\alpha}.$$

过点 N 作 $NH \perp AM$ 于点 H，由 $\tan\angle AMN = \dfrac{HN}{HM} = \dfrac{b\sin 2\alpha}{a - b\cos 2\alpha}$，得 $\tan\angle BAE = \tan\angle AMN$，所以 $\angle BAE = \angle AMN$，$MN \parallel AE$.

由 $AE \perp ED$ 知 $NQ \perp ED$，故 $FP^2 = FQ \cdot FR = FB \cdot FC$，所以 B, Q, R, C 四点共圆．

例题 5 如图 2.6.6，在 $\triangle ABC$ 中，设外心为 O，垂心为 H．直线 OH 与边 AC, AB 分别交于点 E, F．$\triangle AEF$ 的外接圆与 $\odot O$ 交于不同于点 A 的点 J．设 $\triangle AEF$ 的外心为 S，延长 AS，与 EF 交于点 X．证明：A, J, H, X 四点共圆．

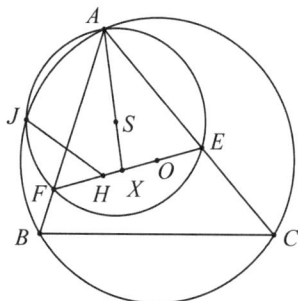

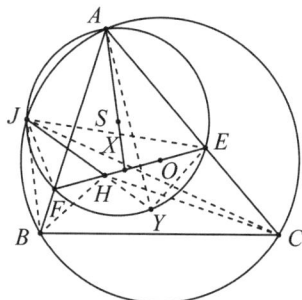

图 2.6.6 　　　　　　　　　　图 2.6.7

方法讲解 如图 2.6.7，作 $AY \perp EF$，交 $\odot(AEF)$ 于点 Y.

首先,由 $\angle JBA = \angle JCA,\angle JFA = \angle JEA$ 可推出 $\triangle JFB \backsim \triangle JEC$. 所以

$$\frac{JF}{JE} = \frac{BF}{CE} = \frac{\dfrac{FH}{\sin\angle ABH} \cdot \sin\angle FHB}{\dfrac{EH}{\sin\angle ACH} \cdot \sin\angle EHC} = \frac{\dfrac{FH}{\cos A} \cdot \sin(\angle AFE + \angle EAF - 90°)}{\dfrac{EH}{\cos A} \cdot \sin(\angle AEF + \angle EAF - 90°)}$$

$$= \frac{FH \cdot \cos(\angle AFE + \angle EAF)}{EH \cdot \cos(\angle AEF + \angle EAF)},$$

其中用到 $\triangle BFH$ 与 $\triangle CEH$ 中的正弦定理.

注意到 $\cos(\angle AFE + \angle EAF) = -\cos\angle AEF,\cos(\angle AEF + \angle EAF) = -\cos\angle AFE$,从而 $\dfrac{\cos(\angle AFE + \angle A)}{\cos(\angle AEF + \angle A)} \cdot \dfrac{\sin\angle FAY}{\sin\angle EAY} = 1$. 所以

$$\frac{JF \cdot \sin\angle FAY}{JE \cdot \sin\angle EAY} = \frac{FH}{EH} \Rightarrow \frac{JF \cdot \sin\angle FJY}{JE \cdot \sin\angle EJY} = \frac{FH}{EH} \Rightarrow \frac{S_{\triangle JFY}}{S_{\triangle JEY}} = \frac{FH}{EH} \Rightarrow J,H,Y \text{ 三点共线}.$$

又 $\angle EAY = 90° - \angle AEF = \angle FAS,\angle AYE = \angle AFX$,故 $\triangle AXF \backsim \triangle AEY$.

所以 $\angle AJH + \angle AXH = \angle AJH + \angle AEY = 180°$,故 A,J,H,X 四点共圆.

例题 6　如图 2.6.8,设 ω 是 $\triangle ABC$ 的内切圆,圆 ω 的半径为 r,在 $\triangle ABC$ 的内部分别作三个小圆,使得它们既与三边中的两个相切,也与圆 ω 相切.设这三个小圆的半径分别为 r_1,r_2,r_3. 证明:$r_1 + r_2 + r_3 \geqslant r$.

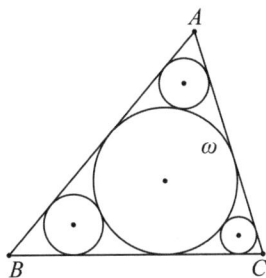
图 2.6.8

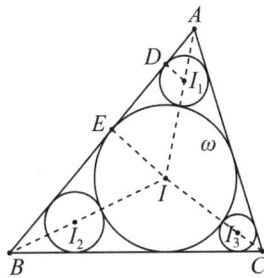
图 2.6.9

方法讲解　如图 2.6.9,设圆 ω 的圆心为 I,三个小圆的圆心分别为 I_1,I_2,I_3,则 A,I_1,I 三点共线;B,I_2,I 三点共线;C,I_3,I 三点共线. 记 $\alpha = \dfrac{1}{2}\angle BAC,\beta = \dfrac{1}{2}\angle ABC,\gamma = \dfrac{1}{2}\angle ACB$. 设 $\odot I_1,\odot I$ 与 AB 分别切于点 D,E.

在 $Rt\triangle ADI_1$ 中,$AI_1 = \dfrac{r_1}{\sin\alpha}$. 在 $Rt\triangle AEI$ 中,$AI = \dfrac{r}{\sin\alpha}$. 而 $AI = AI_1 + I_1I = \dfrac{r_1}{\sin\alpha} + r_1 + r$,所以 $\dfrac{r_1}{\sin\alpha} + r_1 + r = \dfrac{r}{\sin\alpha}$ 即

$$\sin\alpha = \frac{r - r_1}{r + r_1} \quad ①.$$

同理可得

$$\sin\beta = \frac{r - r_2}{r + r_2} \quad ②.$$

$$\sin\gamma = \frac{r - r_3}{r + r_3} \quad ③.$$

而

$$\sin\alpha + \sin\beta + \sin\gamma = 2\sin\frac{\alpha+\beta}{2}\cos\frac{\alpha-\beta}{2} + \cos(\alpha+\beta) \leqslant 2\sin\frac{\alpha+\beta}{2} + 1 - 2\sin^2\frac{\alpha+\beta}{2}$$

$$= \frac{3}{2} - 2\left(\sin\frac{\alpha+\beta}{2} - \frac{1}{2}\right)^2 \leqslant \frac{3}{2}.$$

结合 ①②③ 可得 $\dfrac{r-r_1}{r+r_1}+\dfrac{r-r_2}{r+r_2}+\dfrac{r-r_3}{r+r_3}\leqslant\dfrac{3}{2}$，从而 $\dfrac{2r}{r+r_1}+\dfrac{2r}{r+r_2}+\dfrac{2r}{r+r_3}\leqslant\dfrac{9}{2}$，即

$$\frac{1}{r+r_1}+\frac{1}{r+r_2}+\frac{1}{r+r_3}\leqslant\frac{9}{4r}\quad ④.$$

由柯西不等式可得

$$\frac{1}{r+r_1}+\frac{1}{r+r_2}+\frac{1}{r+r_3}\geqslant\frac{3^2}{(r+r_1)+(r+r_2)+(r+r_3)}=\frac{9}{3r+r_1+r_2+r_3}.$$

再结合 ④ 可得 $\dfrac{9}{4r}\geqslant\dfrac{9}{3r+r_1+r_2+r_3}$，即 $r_1+r_2+r_3\geqslant r$.

例题 7 如图 2.6.10，设 AB 为 $\odot O$ 的直径，D，F 为 $\odot O$ 上的点，直线 DF 与 $\odot O$ 在点 B 处的切线交于点 C，直线 OC 与直线 AD 交于点 E. 证明：$EB\perp BF$.

方法讲解 以 O 为原点，直线 AB 为实轴建立复平面（点 B 在正半轴上），则

$$B=1,A=-1;$$
$$C=\frac{2BDF-B^2D-B^2F}{DF-B^2}=\frac{2DF-D-F}{DF-1}.$$

由于 E 在直线 OC 与直线 AD 上，有：

$$\begin{cases}C\bar E=\bar C E,\\ E+AD\bar E=A+D.\end{cases}$$

与 C，A 的表达式联立，解得

$$E=\frac{-3DF+D+F+2D^2F-D^2}{-D^2+D+DF-F}.$$

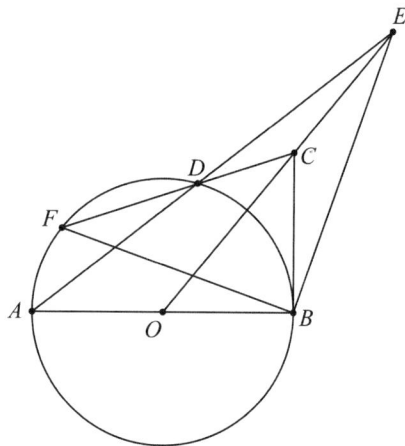

图 2.6.10

因此，

$$E-B=\frac{-3DF+D+F+2D^2F-D^2}{-D^2+D+DF-F}-1=\frac{-4DF+2F+2D^2F}{-D^2+D+DF-F}=\frac{2F(D-1)^2}{(D-1)(F-D)}$$
$$=\frac{2F(D-1)}{F-D}.$$

因此，

$$\frac{E-B}{F-B}=\frac{2F(D-1)}{(F-D)(F-1)}.$$

与其共轭互为相反数，是纯虚数. 因此 $EB\perp BF$.

例题 8 如图 2.6.11，设 A_1 为非直角 $\triangle ABC$ 的外接圆上点 A 的对径点，O 为 $\triangle ABC$ 的外心，D 为 $\triangle ABC$ 的外接圆在点 A_1 处的切线与直线 BC 的交点，直线 OD 分别与 AB，AC 交于点 P，Q. 证明：$|OP|=|OQ|$.

方法讲解 以 $\triangle ABC$ 的外接圆圆心为原点，半径为单位长建立复平面，则

$$A_1=-A;$$
$$D=\frac{BC(-A)+BC(-A)-(-A)(-A)B-(-A)(-A)C}{BC-(-A)(-A)}$$
$$=\frac{-2ABC-A^2B-A^2C}{BC-A^2}.$$

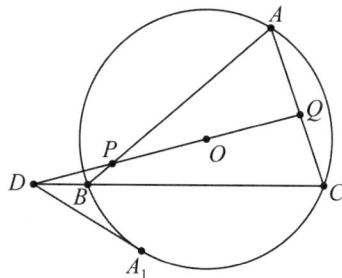

图 2.6.11

由于 O，D，P 三点共线，则

$$\overline{P} = \frac{\overline{DP}}{D} = \frac{\dfrac{2A+B+C}{BC-A^2}}{\dfrac{-2ABC-A^2B-A^2C}{BC-A^2}}P = \frac{2A+B+C}{-2ABC-A^2B-A^2C}P \quad (*).$$

由于 A, B, P 三点共线,则

$$AB\overline{P} + P = A + B.$$

将 $(*)$ 式代入,得

$$\frac{B^2+AB-BC-AC}{-2BC-AB-AC}P = A+B;$$

$$P = \frac{2BC+AB+AC}{C-B}.$$

同理,

$$Q = \frac{2BC+AB+AC}{B-C}.$$

因此,$P = -Q$, $|OP| = |OQ|$.

例题 9 如图 2.6.12,设 $\triangle ABC$ 的角 A 的角分线交外接圆 $\odot O$ 于点 D,H 为 $\triangle ABC$ 的垂心,AB,AC,BC 上的点 E,F,G 满足 $OE \parallel BD$,$OF \parallel CD$,$HG \parallel AD$. 证明:$|GE| = |BE| = |GF| = |CF|$.

方法讲解 以 $\triangle ABC$ 外接圆圆心为原点,半径为单位长建立复平面.

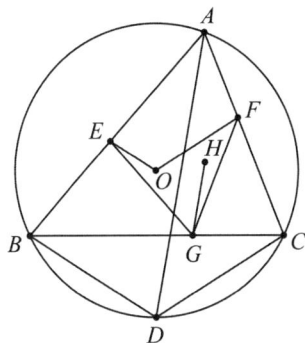

图 2.6.12

设 $B = b^2$,$C = c^2$,并选取合适的 b, c 使 $D = bc$.

由于 $OE \parallel BD$,点 E 在 AB 上,有

$$\begin{cases} E + AB\overline{E} = A + B, \\ E(\overline{B} - \overline{D}) = \overline{E}(B-D), \end{cases}$$

解得

$$E = \frac{D(A+B)}{D-A}.$$

由于 $HG \parallel AD$,点 G 在 BC 上,有

$$\begin{cases} G + BC\overline{G} = B + C, \\ (G-H)(\overline{A}-\overline{D}) = (\overline{G}-\overline{H})(A-D). \end{cases}$$

将 $H = A + B + C$ 代入,解得

$$G = \frac{BC(A+B+C+D)}{BC-AD}.$$

因此,

$$E - G = \frac{D(A+B)}{D-A} - \frac{BC(A+B+C+D)}{BC-AD} = \frac{-bc^2(b+c)}{bc-A};$$

$$E - B = \frac{D(A+B)}{D-A} - B = \frac{Ab(b+c)}{bc-A}.$$

因此,

$$|GE| = |BE| = \frac{|b+c|}{|bc-A|}.$$

同理,

$$|GF| = |CF| = \frac{|b+c|}{|bc-A|}.$$

证毕.

例题 10 如图 2.6.13,设 $\triangle ABC$ 的内切圆分别切 BC,CA,AB 于点 D,E,F,$\triangle ABC$ 的内切圆上点 D 的对径点为 K,直线 DE 与直线 KF 交于点 S.证明:$SA \parallel BC$.

方法讲解 以 $\triangle ABC$ 的内心 I 为原点,内切圆半径为单位长建立复平面,则

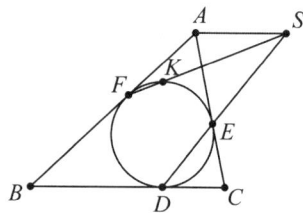
图 2.6.13

$$K = -D, A = \frac{2EF}{E+F};$$

$$S = \frac{DEF + DEK - DFK - EFK}{DE - FK} = \frac{2DEF - D^2E + D^2F}{DE + DF}.$$

因此,

$$S - A = \frac{2DEF - D^2E + D^2F}{DE + DF} - \frac{2EF}{E+F} = \frac{D^2F - D^2E}{DE+DF} = \frac{D(F-E)}{E+F}.$$

因此,

$$\frac{S-A}{D-I} = \frac{F-E}{E+F}.$$

与其共轭互为相反数,是纯虚数.

因此 $SA \perp DI$.因此 $SA \parallel BC$.

例题 11 如图 2.6.14,设凸五边形 $ABCDE$ 内接于 $\odot O$,且 $AB = CD = EA$.对角线 BD,CE 相交于点 P,点 H 是 $\triangle ABE$ 的垂心,M,N 分别是边 BC,DE 的中点,点 G 是 $\triangle AMN$ 的重心,直线 PH,OG 相交于点 T.证明:$AT \perp CD$.

方法讲解 **方法一**:如图 2.6.15,设 H_1 是 $\triangle ACD$ 的垂心,只需证明 A,T,H_1 三点共线.由 $\triangle ABE$ 是等腰三角形可知 O,A,H 三点共线.延长 CH_1,DH_1,与 $\odot O$ 分别交于点 B',E'.

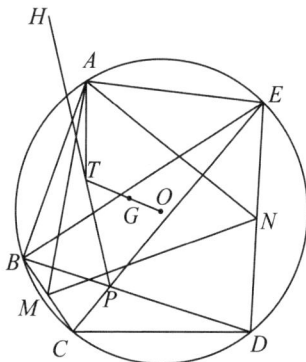
图 2.6.14

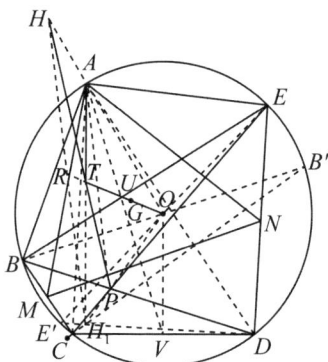
图 2.6.15

由 $AB = CD$ 可知 $AD \parallel BC$.又 $CB' \perp AD$,故 $BC \perp B'C$,因此 BB' 是 $\odot O$ 的直径.同理 EE' 也是 $\odot O$ 的直径.对圆内接广义六边形 $B'BDE'EC$ 用帕斯卡定理,得 O,P,H_1 三点共线.取弦 BE,CD 的中点 U,V,熟知

$$\overrightarrow{OU} = \frac{1}{2}\overrightarrow{AH}, \overrightarrow{OV} = \frac{1}{2}\overrightarrow{AH_1},$$

所以 $\overrightarrow{UV} = \frac{1}{2}\overrightarrow{HH_1}$,故 $HH_1 \parallel UV$.

又 $AB = CD = EA$,所以 $AD \parallel BC$,$AC \parallel DE$.于是 $S_{\triangle ABD} = S_{\triangle ACD} = S_{\triangle ACE}$,从而 $S_{\triangle APB} + S_{\triangle APD} = S_{\triangle APC} + S_{\triangle APE}$.结合 U,V 分别为 BE,CD 的中点,有

$$S_{\triangle APU} = \frac{1}{2}(S_{\triangle APE} - S_{\triangle APB}) = \frac{1}{2}(S_{\triangle APD} - S_{\triangle APC}) = S_{\triangle APV},$$

故 $AP \parallel UV$.因此 $AP \parallel HH_1$.

因为点 G 是 $\triangle AMN$ 的重心,可得

$$3\overrightarrow{OG} = \overrightarrow{OA} + \overrightarrow{OM} + \overrightarrow{ON} = \overrightarrow{OA} + \frac{\overrightarrow{OB} + \overrightarrow{OC}}{2} + \frac{\overrightarrow{OD} + \overrightarrow{OE}}{2}$$

$$= \frac{(\overrightarrow{OA} + \overrightarrow{OB} + \overrightarrow{OE}) + (\overrightarrow{OA} + \overrightarrow{OC} + \overrightarrow{OD})}{2} = \frac{\overrightarrow{OH} + \overrightarrow{OH_1}}{2},$$

故直线 OG,HH_1 的交点 R 是 HH_1 的中点. 结合 $AP \parallel HH_1$ 知, 在 $\triangle OHH_1$ 中,

$$\frac{OA}{AH} \cdot \frac{HR}{RH_1} \cdot \frac{H_1P}{PO} = \frac{OA}{AH} \cdot 1 \cdot \frac{H_1P}{PO} = 1.$$

由塞瓦定理的逆定理知, AH_1,OG,PH 三线共点, 该交点就是点 T, 故 $AT \perp CD$.

方法二: 以 $\odot O$ 为单位圆建立复平面, 用大写字母表示该点所对应的复数.

由 $AB = CD = EA$ 知, $\dfrac{B}{A} = \dfrac{D}{C} = \dfrac{A}{E}$. 设 $B = a^2, E = b^2, A = ab, C = bc, D = ac$, 则

$$H = A + B + E = a^2 + ab + b^2,$$

$$M = \frac{B+C}{2} = \frac{a^2 + bc}{2}, N = \frac{D+E}{2} = \frac{b^2 + ac}{2},$$

$$G = \frac{A+M+N}{3} = \frac{1}{6}(a^2 + 2ab + b^2 + ac + bc) = \frac{1}{6}(a+b)(a+b+c),$$

$$P = \frac{BD(C+E) - CE(B+D)}{BD - CE} = \frac{a^3c(bc+b^2) - b^3c(a^2+ac)}{a^3c - b^3c} = \frac{ab(ab+bc+ca)}{a^2+ab+b^2}.$$

重新定义 T 是过点 A 且垂直于 CD 的直线与 OG 的交点, 证明 H, T, P 三点共线.

由 T, G, O 三点共线知 $\dfrac{T}{G} = \dfrac{\overline{T}}{\overline{G}}$, 所以

$$\overline{T} = \frac{\overline{G}}{G}T = \frac{ab + bc + ca}{a^2b^2c(a+b+c)}T \quad ①.$$

由 $AT \perp CD$ 知 $(\overline{C} - \overline{D})(T - A) + (C - D)(\overline{T} - \overline{A}) = 0$, 所以

$$T - abc^2\overline{T} = ab - c^2 \quad ②.$$

由①②解得 $T = \dfrac{ab(a+b+c)}{a+b}$. 从而

$$H - T = a^2 + ab + b^2 - \frac{ab(a+b+c)}{a+b} = \frac{(a+b)(a^2+b^2) - abc}{a+b},$$

$$P - T = \frac{ab(ab+bc+ca)}{a^2+ab+b^2} - \frac{ab(a+b+c)}{a+b} = \frac{ab[abc - (a+b)(a^2+b^2)]}{(a^2+ab+b^2)(a+b)},$$

所以

$$\frac{H-T}{P-T} = -\frac{a^2+ab+b^2}{ab}.$$

易知 $\overline{\left(\dfrac{H-T}{P-T}\right)} = \dfrac{H-T}{P-T}$, 所以 H, T, P 三点共线.

例题 12　设点 O, I_B, I_C 分别是锐角三角形 ABC 的外接圆圆心、角 B 内的旁切圆圆心和角 C 内的旁切圆圆心. 在 AC 边上取点 E 和 Y, 使得 $\angle ABY = \angle CBY, BE \perp AC$. 在 AB 边上取点 F 和 Z, 使得 $\angle ACZ = \angle BCZ, CF \perp AB$. 直线 I_BF 和 I_CE 交于点 P. 证明: $PO \perp YZ$.

方法讲解　如图 2.6.16, 设 I_A 为 $\triangle ABC$ 在角 A 内的旁心, 易知 I_C, A, I_B 三点共线, I_B, C, I_A 三点共线, I_A, B, I_C 三点共线, $AI_A \perp I_BI_C$.

用 A, B, C 表示 $\triangle ABC$ 三个内角, 注意到

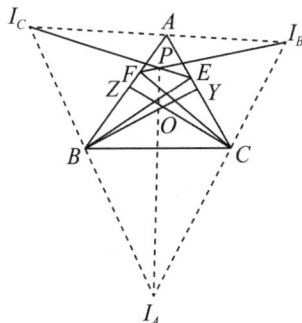

图 2.6.16

$$\angle OCI_A = \left(\frac{\pi}{2} - A\right) + \left(\frac{\pi}{2} - \frac{C}{2}\right),$$

$$\angle OBI_A = \left(\frac{\pi}{2} - A\right) + \left(\frac{\pi}{2} - \frac{B}{2}\right),$$

$$\angle FAI_B = \frac{\pi + A}{2},$$

$$\angle FCI_B = \left(\frac{\pi}{2} - A\right) + \left(\frac{\pi}{2} - \frac{C}{2}\right),$$

由上述角度关系及正弦定理得

$$\frac{\sin\angle CI_AO}{\sin\angle OI_AB} = \frac{\sin\angle CI_AO}{CO} \cdot \frac{BO}{\sin\angle OI_AB} = \frac{\sin\angle OCI_A}{OI_A} \cdot \frac{OI_A}{\sin\angle OBI_A} = \frac{\sin\left(A + \frac{C}{2}\right)}{\sin\left(A + \frac{B}{2}\right)},$$

$$\frac{\sin\angle I_CI_BF}{\sin\angle FI_BI_A} = \frac{\sin\angle I_CI_BF}{FA} \cdot \frac{FC}{\sin\angle FI_BI_A} \cdot \frac{FA}{FC} = \frac{\sin\angle FAI_B}{FI_B} \cdot \frac{FI_B}{\sin\angle FCI_B} \cdot \frac{FA}{FC} = \frac{\sin\frac{\pi + A}{2}}{\sin\left(A + \frac{C}{2}\right)} \cdot \cot A,$$

同理

$$\frac{\sin\angle EI_CI_B}{\sin\angle I_AI_CE} = \frac{\sin\frac{\pi + A}{2}}{\sin\left(A + \frac{B}{2}\right)} \cdot \cot A,$$

即

$$\frac{\sin\angle I_AI_CE}{\sin\angle EI_CI_B} = \frac{\sin\left(A + \frac{B}{2}\right)}{\sin\frac{\pi + A}{2}} \cdot \tan A.$$

故

$$\frac{\sin\angle I_CI_BF}{\sin\angle FI_BI_A} \cdot \frac{\sin\angle CI_AO}{\sin\angle OI_AB} \cdot \frac{\sin\angle I_AI_CE}{\sin\angle EI_CI_B} = 1.$$

由 $\triangle ABC$ 为锐角三角形知, I_CE, I_BF, I_AO 分别在 $\angle I_AI_CI_B, \angle I_CI_BI_A, \angle I_BI_AI_C$ 内, 故由角元塞瓦 (Ceva) 定理得, I_AO, I_CE, I_BF 三线共点.

如图 2.6.17, 设 I_A, O 在 AB 上的射影分别为 T, M, 点 O 在 BY 上的射影为 N. 由 I_AO, I_CE, I_BF 三线共点于 P 知, 只需证明 $I_AO \perp YZ$ 即可, 这等价于证明

$$\overrightarrow{I_AO} \cdot \overrightarrow{YZ} = 0.$$

注意到 $I_AB \perp BY$, 故

$$\overrightarrow{I_AO} \cdot \overrightarrow{ZY} = \overrightarrow{I_AO} \cdot \overrightarrow{ZB} + (\overrightarrow{I_AB} + \overrightarrow{BO}) \cdot \overrightarrow{BY}$$

$$= \overrightarrow{I_AO} \cdot \overrightarrow{ZB} + \overrightarrow{BO} \cdot \overrightarrow{BY}$$

$$= \overrightarrow{TM} \cdot \overrightarrow{ZB} + \overrightarrow{BN} \cdot \overrightarrow{BY}$$

$$= BN \cdot BY - TM \cdot BZ.$$

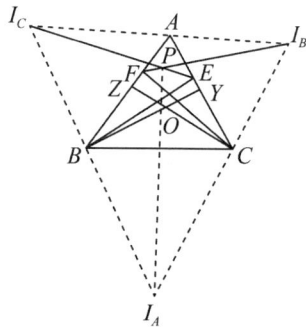

图 2.6.17

设 BY 与 $\triangle ABC$ 外接圆的另一个交点为 S, 则 N 为 BS 的中点, 且易知 $\triangle ABY$ 与 $\triangle SBC$ 相似, 故 $\frac{AB}{SB} = \frac{BY}{BC}$, 所以

$$BN \cdot BY = \frac{1}{2} BS \cdot BY = \frac{1}{2} BA \cdot BC.$$

设 $BC = a, AC = b, AB = c$，则 $TB = \frac{1}{2}(a+b-c), MB = \frac{1}{2}c$，故

$$TM = TB + MB = \frac{1}{2}(a+b).$$

由 $\frac{BZ}{ZA} = \frac{BC}{CA}$ 及 $BZ + ZA = AB$ 知，$BZ = \frac{ac}{a+b}$，故

$$TM \cdot BZ = \frac{ac}{2} = BN \cdot BY.$$

从而 $\overrightarrow{I_A O} \cdot \overrightarrow{YZ} = 0$，证毕.

例题 13　如图 2.6.18，设 T_1, T_2, T_3, T_4 是一条直线上两两不同的 4 个点，点 T_2 介于点 T_1 和点 T_3 之间，点 T_3 介于点 T_2 和点 T_4 之间. 设 $\odot \omega_1$ 过点 T_1 和点 T_4，$\odot \omega_2$ 过点 T_2 且与 $\odot \omega_1$ 内切于点 T_1，$\odot \omega_3$ 过点 T_3 且与 $\odot \omega_2$ 外切于点 T_2，$\odot \omega_4$ 过点 T_4 且与 $\odot \omega_3$ 外切于点 T_3. 一条直线交 $\odot \omega_1$ 于点 P, W，交 $\odot \omega_2$ 于点 Q, R，交 $\odot \omega_3$ 于点 S, T，交 $\odot \omega_4$ 于点 U, V，这些点在直线上顺次为 P, Q, R, S, T, U, V, W. 证明：$PQ + TU = RS + VW$.

方法讲解　设 $\odot \omega_i$ 的圆心为 $O_i, i = 1, 2, 3, 4$. 注意到等腰三角形 $O_i T_i T_{i-1}$ 都是相似的（这里的下标都是在模 4 意义下取的），我们知道 $\odot \omega_4$ 和 $\odot \omega_1$ 内切于 T_4，且 $O_1 O_2 O_3 O_4$ 是一个（可能退化的）平行四边形.

设点 O_i 在直线 PW 上的投影为 F_i. 显然，相应的 F_i 分别是线段 PW, QR, ST, UV 的中点.

既然 $O_1 O_2 O_3 O_4$ 是一个平行四边形，那么就有

$$\overrightarrow{F_1 F_2} + \overrightarrow{F_3 F_4} = \mathbf{0} \text{ 且 } \overrightarrow{F_2 F_3} + \overrightarrow{F_4 F_1} = \mathbf{0}.$$

哪怕这个平行四边形是退化的（即 O_1, O_2, O_3, O_4 四点共线），这两个向量等式仍然成立，因为这时它们都在直线 $T_1 T_4$ 上，且 O_i 是 $T_{i+1} T_i$ 的中点. 因此

$$\overrightarrow{PQ} - \overrightarrow{RS} + \overrightarrow{TU} - \overrightarrow{VW}$$
$$= (\overrightarrow{PF_1} + \overrightarrow{F_1 F_2} + \overrightarrow{F_2 Q}) - (\overrightarrow{RF_2} + \overrightarrow{F_2 F_3} + \overrightarrow{F_3 S}) + (\overrightarrow{TF_3} + \overrightarrow{F_3 F_4} + \overrightarrow{F_4 U}) - (\overrightarrow{VF_4} + \overrightarrow{F_4 F_1} + \overrightarrow{F_1 W})$$
$$= (\overrightarrow{PF_1} - \overrightarrow{F_1 W}) - (\overrightarrow{RF_2} - \overrightarrow{F_2 Q}) + (\overrightarrow{TF_3} - \overrightarrow{F_3 S}) - (\overrightarrow{VF_4} - \overrightarrow{F_4 U}) + (\overrightarrow{F_1 F_2} + \overrightarrow{F_3 F_4}) - (\overrightarrow{F_2 F_3} + \overrightarrow{F_4 F_1})$$
$$= \mathbf{0}.$$

这样，我们有 $\overrightarrow{PQ} + \overrightarrow{TU} = \overrightarrow{RS} + \overrightarrow{VW}$. 命题得证.

例题 14　如图 2.6.19，在 $\triangle ABC$ 中，$\angle BAC$ 的平分线与 BC 交于点 D，$\angle CBA$ 的平分线与 CA 交于点 E，$\angle ACB$ 的平分线与 AB 交于点 F，点 D 关于 BC 的中点的对称点为 D'（点 E', F' 类似定义），$\triangle D'E'F'$ 的外接圆与 BC, CA, AB 的另一交点分别为 X, Y, Z. 证明：若 X, Y, Z 恰为某一点 P 分别在直线 BC, CA, AB 上的射影，则 $\triangle ABC$ 是一个等腰三角形.

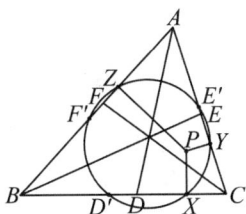

图 2.6.19

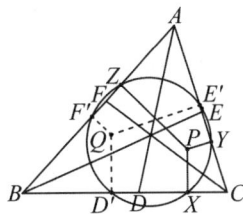

图 2.6.20

方法讲解　如图 2.6.20，记 $BC = a, CA = b, AB = c$，则由三角形角平分线性质定理得 $BD = \frac{ca}{b+c}$，

$DC = \dfrac{ab}{b+c}$. 注意 D,D' 两点关于 BC 的中点对称，所以 $BD' = DC = \dfrac{ab}{b+c}$，$D'C = BD = \dfrac{ca}{b+c}$，因此

$$BD'^2 - D'C^2 = \frac{a^2(b-c)}{b+c}.$$

同理，

$$CE'^2 - E'A^2 = \frac{b^2(c-a)}{c+a},\quad AF'^2 - F'B^2 = \frac{c^2(a-b)}{a+b}.$$

于是

$$BD'^2 - D'C^2 + CE'^2 - E'A^2 + AF'^2 - F'B^2 = \frac{a^2(b-c)}{b+c} + \frac{b^2(c-a)}{c+a} + \frac{c^2(a-b)}{a+b}$$

$$= \frac{a^2(b-c)(c+a)(a+b) + b^2(c-a)(a+b)(b+c) + c^2(a-b)(b+c)(c+a)}{(b+c)(c+a)(a+b)}.$$

注意 $(c+a)(a+b) = a(a+b+c) + bc$，所以

$a^2(b-c)(c+a)(a+b) = a^2(b-c)\big[a(a+b+c)+bc\big] = (a+b+c)a^3(b-c) + abc(ab-ca)$.

而 $abc\big[(ab-ca)+(bc-ab)+(ca-bc)\big] = 0$，因此

$$a^2(b-c)(c+a)(a+b) + b^2(c-a)(a+b)(b+c) + c^2(a-b)(b+c)(c+a)$$
$$= (a+b+c)\big[a^3(b-c) + b^3(c-a) + c^3(a-b)\big].$$

又 $a^3(b-c) + b^3(c-a) + c^3(a-b) = bc(b^2-c^2) + ca(c^2-a^2) + ab(a^2-b^2)$，且

$$bc(b^2-c^2) = bc(b+c)(b-c) = (a+b+c)bc(b-c) - abc(b-c),$$
$$abc\big[(b-c)+(c-a)+(a-b)\big] = 0,$$

从而

$$a^2(b-c)(c+a)(a+b) + b^2(c-a)(a+b)(b+c) + c^2(a-b)(b+c)(c+a)$$
$$= (a+b+c)^2\big[bc(b-c) + ca(c-a) + ab(a-b)\big].$$

又 $bc(b-c) + ca(c-a) + ab(a-b) = -(b-c)(c-a)(a-b)$，于是

$$a^2(b-c)(c+a)(a+b) + b^2(c-a)(a+b)(b+c) + c^2(a-b)(b+c)(c+a)$$
$$= -(b-c)(c-a)(a-b)(a+b+c)^2.$$

这样便有

$$(b+c)(c+a)(a+b)(BD'^2 - D'C^2 + CE'^2 - E'A^2 + AF'^2 - F'B^2)$$
$$= -(b-c)(c-a)(a-b)(a+b+c)^2.$$

另外，设点 P 关于 $\triangle ABC$ 的等角共轭点为 Q，则由三角形的等角共轭点的垂足圆性质知，点 Q 在直线 BC,CA,AB 上的射影分别为 D',E',F'，即有 $QD' \perp BC$，$QE' \perp CA$，$QF' \perp AB$，所以，由 Carnot 定理知

$$BD'^2 - D'C^2 + CE'^2 - E'A^2 + AF'^2 - F'B^2 = 0.$$

因此 $(b-c)(c-a)(a-b) = 0$，这说明 $\triangle ABC$ 总有两边相等，故 $\triangle ABC$ 是一个等腰三角形.

例题 15 如图 2.6.21，设 $ABCD$ 是凸四边形，P 是边 AD 上一点，I,J,K 分别是 $\triangle PAB$，$\triangle PBC$，$\triangle PCD$ 的内心. 证明：P,I,J,K 四点共圆的充分必要条件是 $ABCD$ 是一个圆外切四边形.

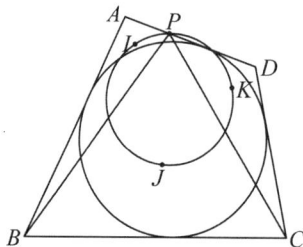

图 2.6.21

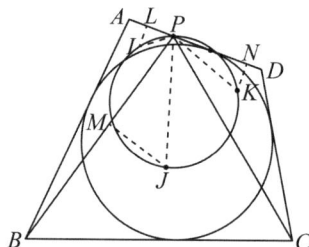

图 2.6.22

方法讲解 如图 2.6.22,设 $\angle API = \angle IPB = \alpha, \angle BPJ = \angle JPC = \beta, \angle CPK = \angle KPD = \gamma$, 则 $\alpha + \beta + \gamma = 90°$,且 $\angle IPJ = \alpha + \beta = 90° - \gamma, \angle JPK = \beta + \gamma = 90° - \alpha, \angle IPK = \alpha + 2\beta + \gamma = 90° + \beta$,所以

$$\sin\angle IPJ = \cos\gamma, \sin\angle JPK = \cos\alpha, \sin\angle IPK = \cos\beta.$$

再设点 I, K 在 AD 上的射影分别为 L, N,点 J 在 PB 上的射影为 M,则 $PI\cos\alpha = PL, PJ\cos\beta = PM, PK\cos\gamma = PN$,即

$$PI\sin\angle JPK = PL, PJ\sin\angle IPK = PM, PK\sin\angle IPJ = PN.$$

而 L 是 $\triangle PAB$ 的内切圆与 PA 的切点,M 是 $\triangle PBC$ 的内切圆与 PB 的切点,N 是 $\triangle PCD$ 的内切圆与 PD 的切点,所以

$$2PL = PA + PB - AB, 2PM = PB + PC - BC, 2PN = PC + PD - CD.$$

由三弦定理的逆定理知 P, I, J, K 四点共圆 $\Leftrightarrow PI\sin\angle JPK + PK\sin\angle IPJ = PJ\sin\angle IPK$

$$\Leftrightarrow PI\cos\alpha + PK\cos\gamma = PJ\cos\beta \Leftrightarrow PL + PN = PM$$

$$\Leftrightarrow PA + PB - AB + PC + PD - CD = PB + PC - BC$$

$$\Leftrightarrow PA + PD + BC = AB + CD \Leftrightarrow AB + CD = BC + DA$$

$\Leftrightarrow$ 四边形 $ABCD$ 是一个圆外切四边形.

例题 16 在凸四边形 $ABCD$ 中,$\angle B = \angle D$. 证明:BD 的中点在 $\triangle ABC$ 内切圆与 $\triangle ACD$ 内切圆的内公切线上.

方法讲解 如图 2.6.23,设 AC 的中点为 M,BD 的中点为 N,$\triangle ABC, \triangle ADC$ 的内切圆分别为 $\odot I$, $\odot J$,分别与 BC 切于点 E, F. 再设 D', F', J' 分别是点 D, F, J 关于点 M 的对称点,P, Q 分别为点 E, F 关于 IJ 的对称点.易知 PQ 为 $\odot I$ 和 $\odot J$ 的内公切线,下证 P, Q, N 三点共线.

以 $\odot(ABC)$ 为单位圆,以其圆心为原点建立复平面.设 $A = a^2, B = b^2$, $C = c^2, D' = d^2$(显然 D' 在圆上).规定 $0 < \arg B < \arg A < \arg C < 2\pi, 0 < \arg D' < \arg A < \arg C < 2\pi, 0 < \arg b < \pi, 0 < \arg d < \pi, \pi < \arg a < 2\pi, 0 < \arg c < \pi$,则由复数的内心公式可得 $I = -ab - bc - ca, J' = -ad - dc - ca$.点 E 为 I 在 AC 上的投影,故

$$E = \frac{A + C + I - AC\bar{I}}{2} = \frac{a^2 + c^2}{2} + \frac{(a+c)(ac - b^2)}{2b}.$$

同理,$F' = \frac{a^2 + c^2}{2} + \frac{(a+c)(ac - d^2)}{2d}$.

由中心对称可知

$$F = 2M - F' = \frac{a^2 + c^2}{2} + \frac{(a+c)(d^2 - ac)}{2d},$$

$$J = a^2 + c^2 + ad + dc + ca, D = a^2 + c^2 - d^2.$$

再由对称点公式可知

$$P = \frac{I(\bar{E} - \bar{J}) - J(\bar{E} - \bar{I})}{\bar{I} - \bar{J}}, Q = \frac{I(\bar{F} - \bar{J}) - J(\bar{F} - \bar{I})}{\bar{I} - \bar{J}}.$$

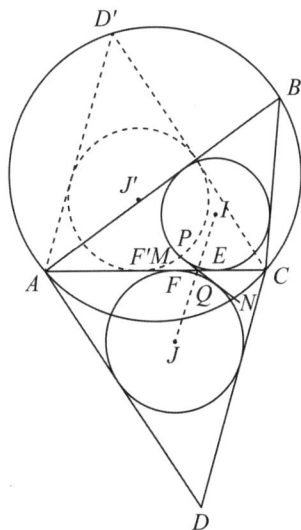

图 2.6.23

下面说明 $\dfrac{N - P}{N - Q}$ 为实数:$\dfrac{N - P}{N - Q} = \dfrac{N\bar{I} - N\bar{J} - I\bar{E} + I\bar{J} - J\bar{E} + J\bar{I}}{N\bar{I} - N\bar{J} - I\bar{F} + I\bar{J} - J\bar{F} + J\bar{I}}$,化简得到

$$\frac{N - P}{N - Q} = \frac{-abc^2 + abd^2 + acd^2 - ab^2c + bcd^2 - a^2bc}{acd^2 - ab^2c - ab^2d + ac^2d + a^2cd - b^2cd} = \frac{-\dfrac{c}{d} + \dfrac{d}{c} + \dfrac{d}{b} - \dfrac{b}{d} + \dfrac{d}{a} - \dfrac{a}{d}}{\dfrac{d}{b} - \dfrac{b}{d} - \dfrac{b}{c} + \dfrac{c}{b} + \dfrac{a}{b} - \dfrac{b}{a}}.$$

注意到上式的分子和分母均为纯虚数(均可写为共轭复数之差),因此 $\dfrac{N - P}{N - Q}$ 为实数,这表明 P, Q, N,

N 三点共线.

例题 17 如图 2.6.24，设 $\triangle ABC$ 的外接圆为圆 Ω. 过点 B,C 作圆 Ω 的切线，两条切线交于点 D. 过点 A 作与 BC 相切于点 B 的圆，该圆与 $\triangle ABC$ 中 BC 边上的中线交于点 $G(G \neq A)$. 直线 BG 交 CD 于点 E，直线 CG 交 BD 于点 F.

（1）设过 BE,CF 中点的直线交 BF 于点 M，交 CE 于点 N. 证明：A，D,M,N 四点共圆.

（2）设直线 AD 与 $\triangle DBC$ 的外接圆不同于点 D 的交点为 H，直线 AG 与 $\triangle GBC$ 的外接圆不同于点 G 的交点为 K. 线段 HK，HE，HF 的中垂线分别与直线 BC，AC，AB 交于点 R,P,Q. 证明：R,P,Q 三点共线.

方法讲解 （1）如图 2.6.25，设 BE,CF,BC 的中点分别为 X,Y,Z. 过点 A 且与 BC 相切于点 B 的圆为 ω_B，过点 A 且与 BC 相切于点 C 的圆为 ω_C.

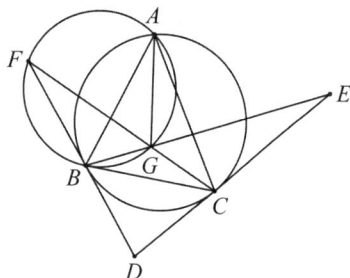

图 2.6.24

因为 $ZC^2 = ZB^2 = ZG \cdot ZA$，$ZC$ 是圆 ω_C 的切线，所以点 G 在圆 ω_C 上.

因为 $\angle AGE = \angle ABG + \angle BAG = \angle ABG + \angle CBG = \angle ABC = \angle ACE$，所以 A,E,C,G 四点共圆，即点 E 在圆 ω_C 上. 同理可证：点 F 在圆 ω_B 上. 于是 $\angle AFG = \angle ABG$，$\angle ACG = \angle AEG$. 由此可知 $\triangle AFC \backsim \triangle ABE$. 从而

$$\frac{FY}{BX} = \frac{FC}{BE} = \frac{AF}{AB}.$$

由 $\angle AFY = \angle ABX$ 可得 $\triangle AFY \backsim \triangle ABX$. 因此 $\angle AYF = \angle AXB$，故 A,X,G,Y 四点共圆.

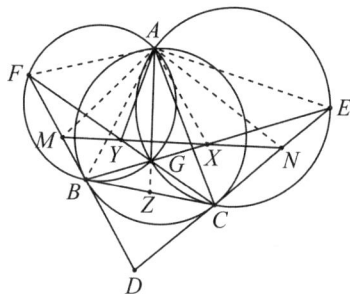

图 2.6.25

所以 $\angle AYX = \angle AGX = \angle AFB$，即 A,Y,M,F 四点共圆.

同理可证 A,X,N,E 四点共圆. 故

$$\angle AMD = 180° - \angle AMF = 180° - \angle AYF = \angle AYG = \angle AXE = \angle ANE.$$

故 A,D,M,N 四点共圆.

（2）根据梅涅劳斯定理的逆定理可知，要证 R,P,Q 三点共线，只需证

$$\frac{BQ}{QA} \cdot \frac{AP}{PC} \cdot \frac{CR}{RB} = 1.$$

如图 2.6.26，设线段 HE,HF,HK 的中点分别为 S,T,U.

$$\frac{BQ}{QA} = \frac{S_{\triangle TBQ}}{S_{\triangle TQA}} = \frac{\frac{1}{2}TB \cdot TQ \sin\angle BTQ}{\frac{1}{2}TQ \cdot TA \sin\angle ATQ}$$

$$= \frac{TB \cdot \sin(90° + \angle BTH)}{TA \cdot \sin(90° - \angle ATH)}$$

$$= \frac{TB \cdot \cos\angle BTH}{TA \cdot \cos\angle ATH} = \frac{TB \cdot \dfrac{TB^2 + TH^2 - BH^2}{2TB \cdot TH}}{TA \cdot \dfrac{TA^2 + TH^2 - AH^2}{2TA \cdot TH}}$$

$$= \frac{TB^2 + TH^2 - BH^2}{TA^2 + TH^2 - AH^2}.$$

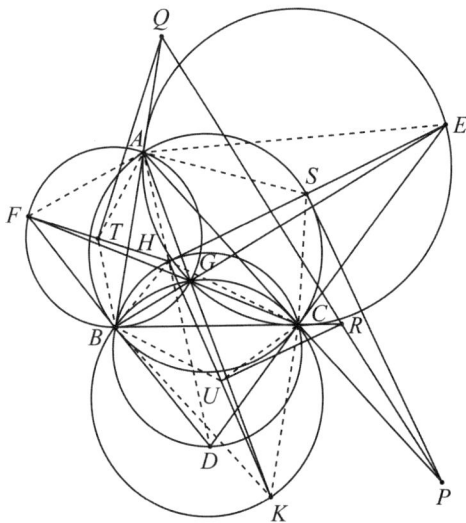

图 2.6.26

由中线长公式可得 $TB^2 = \dfrac{1}{2}(BH^2 + BF^2) - TH^2$，$TA^2 = \dfrac{1}{2}(AH^2 + AF^2) - TH^2$. 从而

$$\frac{BQ}{QA} = \frac{BF^2 - BH^2}{AF^2 - AH^2} \quad ①.$$

同理可得

$$\frac{AP}{PC} = \frac{AE^2 - AH^2}{CE^2 - CH^2} \quad ②.$$

$$\frac{CR}{RB} = \frac{CK^2 - CH^2}{BK^2 - BH^2} \quad ③.$$

设 $\alpha = \angle BAC, \beta = \angle ABC, \gamma = \angle ACB$. 因为 $\angle BAF = \angle BGF = \angle BCG + \angle CBG = \angle CAG + \angle BAG = \angle BAC = \alpha, \angle EAC = \angle EGC = \angle BKC = \angle BGF$, 所以 $\angle BAF = \angle BKC = \angle EAC = \alpha$.

同理可得 $\angle AFB = \angle KCB = \angle ACE = \beta, \angle ABF = \angle KBC = \angle AEC = \gamma$.

设 $\angle GAB = \theta$, 则 $\angle GAC = \alpha - \theta$.

因为 AG 是 $\triangle ABC$ 的中线, 所以 $1 = \dfrac{S_{\triangle ABG}}{S_{\triangle ACG}} = \dfrac{AB}{AC} \cdot \dfrac{\sin\theta}{\sin(\alpha - \theta)} = \dfrac{\sin\gamma \cdot \sin\theta}{\sin\beta \cdot \sin(\alpha - \theta)}$, 即

$$\sin\beta\sin(\alpha - \theta) = \sin\gamma\sin\theta \quad ④.$$

因为 AD 是 $\triangle ABC$ 的 A- 陪位中线, 所以 $\angle HAB = \angle GAC = \alpha - \theta, \angle HAC = \angle GAB = \theta$. 从而

$$\angle HBA = \angle BHD - \angle HAB = \angle BCD - \angle HAB = \alpha - (\alpha - \theta) = \theta,$$
$$\angle HCA = \angle CHD - \angle HAC = \angle CBD - \angle HAC = \alpha - \theta.$$

设 $BC = a, CA = b, AB = c, \triangle ABC$ 的外接圆半径为 R.

在 $\triangle ABF$ 中, 由正弦定理可得 $\dfrac{BF}{\sin\alpha} = \dfrac{AF}{\sin\gamma} = \dfrac{AB}{\sin\beta}$, 即 $BF = \dfrac{c \cdot \sin\alpha}{\sin\beta}, AF = \dfrac{c \cdot \sin\gamma}{\sin\beta}$.

在 $\triangle ABH$ 中, 由正弦定理可得 $\dfrac{BH}{\sin(\alpha - \theta)} = \dfrac{AH}{\sin\theta} = \dfrac{AB}{\sin(180° - \alpha)}$, 即 $BH = \dfrac{c \cdot \sin(\alpha - \theta)}{\sin\alpha}, AH = \dfrac{c \cdot \sin\theta}{\sin\alpha}$.

因此 $\dfrac{BF^2 - BH^2}{AF^2 - AH^2} = \dfrac{\dfrac{\sin^2\alpha}{\sin^2\beta} - \dfrac{\sin^2(\alpha - \theta)}{\sin^2\alpha}}{\dfrac{\sin^2\gamma}{\sin^2\beta} - \dfrac{\sin^2\theta}{\sin^2\alpha}} = \dfrac{\sin^4\alpha - \sin^2\beta\sin^2(\alpha - \theta)}{\sin^2\alpha\sin^2\gamma - \sin^2\beta\sin^2\theta}$. 又由 ①④ 可得

$$\frac{BQ}{QA} = \frac{\sin^4\alpha - \sin^2\gamma\sin^2\theta}{\sin^2\alpha\sin^2\gamma - \sin^2\beta\sin^2\theta} \quad ⑤.$$

在 $\triangle ACE$ 中, 由正弦定理可得 $\dfrac{AE}{\sin\beta} = \dfrac{CE}{\sin\alpha} = \dfrac{AC}{\sin\gamma}$, 即 $AE = \dfrac{b \cdot \sin\beta}{\sin\gamma}, CE = \dfrac{b \cdot \sin\alpha}{\sin\gamma}$.

在 $\triangle ACH$ 中, 由正弦定理可得 $\dfrac{AH}{\sin(\alpha - \theta)} = \dfrac{CH}{\sin\theta} = \dfrac{AC}{\sin(180° - \alpha)}$, 即 $AH = \dfrac{b \cdot \sin(\alpha - \theta)}{\sin\alpha}, CH = \dfrac{b \cdot \sin\theta}{\sin\alpha}$.

从而 $\dfrac{AE^2 - AH^2}{CE^2 - CH^2} = \dfrac{\dfrac{\sin^2\beta}{\sin^2\gamma} - \dfrac{\sin^2(\alpha - \theta)}{\sin^2\alpha}}{\dfrac{\sin^2\alpha}{\sin^2\gamma} - \dfrac{\sin^2\theta}{\sin^2\alpha}} = \dfrac{\sin^2\alpha\sin^2\beta - \sin^2\gamma\sin^2(\alpha - \theta)}{\sin^4\alpha - \sin^2\gamma\sin^2\theta}$, 又由 ② 可得

$$\frac{AP}{PC} = \frac{\sin^2\alpha\sin^2\beta - \sin^2\gamma\sin^2(\alpha - \theta)}{\sin^4\alpha - \sin^2\gamma\sin^2\theta} \quad ⑥.$$

在 $\triangle BCK$ 中, 由正弦定理可得 $\dfrac{CK}{\sin\gamma} = \dfrac{BK}{\sin\beta} = \dfrac{BC}{\sin\alpha} = 2R$, 即 $CK = 2R \cdot \sin\gamma, BK = 2R \cdot \sin\beta$.

再由 $CH = \dfrac{b \cdot \sin\theta}{\sin\alpha} = \dfrac{2R \cdot \sin\beta\sin\theta}{\sin\alpha}, BH = \dfrac{c \cdot \sin(\alpha - \theta)}{\sin\alpha} = \dfrac{2R \cdot \sin\gamma\sin(\alpha - \theta)}{\sin\alpha}$ 可得

$$\frac{CK^2 - CH^2}{BK^2 - BH^2} = \frac{\sin^2\gamma - \dfrac{\sin^2\beta\sin^2\theta}{\sin^2\alpha}}{\sin^2\beta - \dfrac{\sin^2\gamma\sin^2(\alpha-\theta)}{\sin^2\alpha}} = \frac{\sin^2\alpha\sin^2\gamma - \sin^2\beta\sin^2\theta}{\sin^2\alpha\sin^2\beta - \sin^2\gamma\sin^2(\alpha-\theta)}.$$

结合 ③ 可知

$$\frac{CR}{RB} = \frac{\sin^2\alpha\sin^2\gamma - \sin^2\beta\sin^2\theta}{\sin^2\alpha\sin^2\beta - \sin^2\gamma\sin^2(\alpha-\theta)} \quad ⑦.$$

由 ⑤×⑥×⑦ 可得 $\dfrac{BQ}{QA}\cdot\dfrac{AP}{PC}\cdot\dfrac{CR}{RB} = 1$.

例题 18 设 $\triangle ABC$ 的外接圆圆心和内切圆圆心分别为 O 和 I，点 M 和点 Q 分别在边 AB 和 AC 上，点 N 和点 P 均在边 BC 上（点 N 在线段 BP 内），使得五边形 $AMNPQ$ 的五条边长度相等. 记点 S 为直线 MN 和 QP 的交点，l 为 $\angle MSQ$ 的角平分线. 证明：直线 OI 与 l 平行.

方法讲解 如图 2.6.27，设 U 为 PM 的中点，V 为 QN 的中点，W 为 QM 的中点，点 I 在 BC 上的投影为点 T.

由于 UW,VW 分别为 $\triangle PQM,\triangle QMN$ 的中位线，故 $\dfrac{1}{2}\overrightarrow{PQ} = \overrightarrow{UW}$，$\dfrac{1}{2}\overrightarrow{NM} = \overrightarrow{VW}$，因为 $PQ = MN$，所以 $UW = VW$，由此得到

$$\overrightarrow{UV}\cdot(\overrightarrow{WU} + \overrightarrow{WV}) = 0.$$

因此 $\overrightarrow{UV}\cdot(\overrightarrow{QP} + \overrightarrow{MN}) = 0$，所以 $l\perp UV$. 下证 $OI\perp UV$，即 $OI\ /\!/\ l$. 这只需证明

$$OU^2 - IU^2 = OV^2 - IV^2 \quad ①.$$

由中线长公式，

$$2OU^2 = OP^2 + OM^2 - \frac{1}{2}PM^2 \quad ②,$$

$$2IU^2 = IP^2 + IM^2 - \frac{1}{2}PM^2 \quad ③,$$

$$2OV^2 = OQ^2 + ON^2 - \frac{1}{2}QN^2 \quad ④,$$

$$2IV^2 = IQ^2 + IN^2 - \frac{1}{2}QN^2 \quad ⑤.$$

由 AI 为 $\angle BAC$ 平分线且 $AQ = AM$ 知，$\triangle AMI$ 与 $\triangle AQI$ 全等，故

$$IQ = IM \quad ⑥.$$

设 $\triangle ABC$ 外接圆半径为 R，由圆幂定理知

$$OP^2 = R^2 - CP\cdot PB, \quad ON^2 = R^2 - CN\cdot NB,$$

故

$$OP^2 - ON^2 = (CP + PN)\cdot NB - CP\cdot(PN + NB) = (NB - CP)\cdot PN.$$

同理，

$$OM^2 - OQ^2 = AQ\cdot QC - AM\cdot MB = NP\cdot(QC - MB) = NP\cdot(AC - AB),$$

因而

$$OP^2 - ON^2 + OM^2 - OQ^2 = NP\cdot(NB - CP + AC - AB) \quad ⑦.$$

而

$$IP^2 - IN^2 = PT^2 - TN^2 = \overrightarrow{PT}^2 - \overrightarrow{TN}^2 = (\overrightarrow{PT} + \overrightarrow{TN})\cdot(\overrightarrow{PT} - \overrightarrow{TN})$$
$$= \overrightarrow{PN}\cdot(\overrightarrow{CT} - \overrightarrow{CP} - \overrightarrow{BN} + \overrightarrow{BT})$$

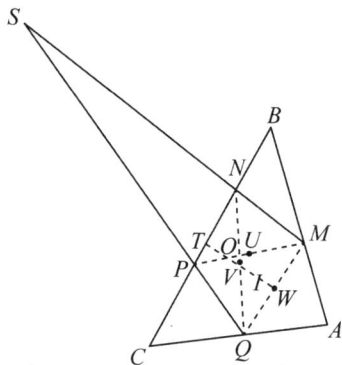

图 2.6.27

$$= PN \cdot (CT - CP + NB - TB) \quad ⑧.$$

由于 I 为内心,故 $CT - TB = AC - AB$,结合 ⑦ 得

$$OP^2 - ON^2 + OM^2 - OQ^2 = IP^2 - IN^2 \quad ⑨.$$

由 ②③④⑤⑥⑨ 即得 ① 成立,证毕.

例题 19 如图 2.6.28,在 $\triangle ABC$ 中,O,H 分别为外心、垂心,过点 A 作 OH 的垂线,分别与 OH,$\odot O$ 交于点 K,P,设 E,F 分别为 AB,AC 上的点,满足 $BE = CP$,$OF = BP$,证明:$EK \perp FK$.

方法讲解 设 $A(0,a)$,$B(b,0)$,$C(c,0)$,则垂心 H 的坐标为 $\left(0, -\dfrac{bc}{a}\right)$,点 O 的坐标为 $\left(\dfrac{b+c}{2}, \dfrac{a^2+bc}{2a}\right)$,故 l_{OH} 的方程为 $y = \dfrac{a^2+3bc}{a(b+c)}x - \dfrac{bc}{a}$,$k_{AK} = -\dfrac{a(b+c)}{a^2+3bc}$. 故 l_{AK} 的方程为 $y = -\dfrac{a(b+c)}{a^2+3bc}x + a$,联立得

$$x_K = \frac{(a^2+bc)(a^2+3bc)(b+c)}{a^4+a^2b^2+a^2c^2+8a^2bc+9b^2c^2},$$

$$y_K = \frac{a(a^4-b^3c-bc^3+6a^2bc+7b^2c^2)}{a^4+a^2b^2+a^2c^2+8a^2bc+9b^2c^2},$$

$$y_P = 2y_K - y_A = 2y_K - a = \frac{a(a^2+2bc-b^2)(a^2+2bc-c^2)}{a^4+a^2b^2+a^2c^2+8a^2bc+9b^2c^2},$$

$$x_P = 2x_K = \frac{2(a^2+bc)(a^2+3bc)(b+c)}{a^4+a^2b^2+a^2c^2+8a^2bc+9b^2c^2},$$

$$|BP|^2 = (x_P-b)^2 + y_P^2 = \frac{(a^2+2bc-b^2)^2(a^2+c^2)}{a^4+a^2b^2+a^2c^2+8a^2bc+9b^2c^2}.$$

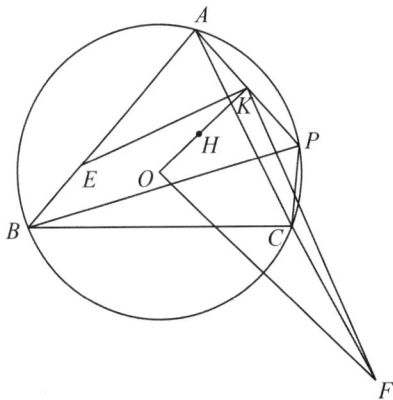

图 2.6.28

由 $k_{AC} = -\dfrac{a}{c}$,故

$$x_F = \frac{-c \cdot (a^2+2bc-b^2)}{\sqrt{a^4+a^2b^2+a^2c^2+8a^2bc+9b^2c^2}} + c, \quad y_F = \frac{a \cdot (a^2+2bc-b^2)}{\sqrt{a^4+a^2b^2+a^2c^2+8a^2bc+9b^2c^2}}.$$

同理可得 $x_E = \dfrac{b \cdot (a^2+2bc-c^2)}{\sqrt{a^4+a^2b^2+a^2c^2+8a^2bc+9b^2c^2}} + b$,$y_E = \dfrac{-a \cdot (a^2+2bc-c^2)}{\sqrt{a^4+a^2b^2+a^2c^2+8a^2bc+9b^2c^2}}$.

要证 $KE \perp KF$,即证 $\overrightarrow{KE} \cdot \overrightarrow{KF} = 0$,即 $(x_K-x_E)(x_K-x_F) + (y_K-y_E)(y_K-y_F) = 0$,对两边同乘 $(a^4+a^2b^2+a^2c^2+8a^2bc+9b^2c^2)^2$,

$$LHS = \left[3b^2c^3 - 6b^3c^2 + 3a^2bc^2 - 4a^2b^2c + a^4c - a^2b^3 - b(a^2+2bc-c^2) \cdot \sqrt{S}\right]$$

$$\cdot \left[3c^2b^3 - 6c^3b^2 + 3a^2cb^2 - 4a^2bc^2 + a^4b - a^2c^3 + c(a^2+2bc-b^2) \cdot \sqrt{S}\right]$$

$$+ \left[a(a^4-b^3c-bc^3+6a^2bc+7b^2c^2) + a(a^2+2bc-c^2) \cdot \sqrt{S}\right]$$

$$\cdot \left[a(a^4-b^3c-bc^3+6a^2bc+7b^2c^2) - a \cdot (a^2+2bc-b^2) \cdot \sqrt{S}\right],$$

其中

$$S = a^4 + a^2b^2 + a^2c^2 + 8a^2bc + 9a^2b^2$$

$$= \left[-a^2(c-b)(c+b)(bc^3-7b^2c^2+b^3c-6a^2bc-a^4)\sqrt{S} - a^2(c+b)^4(bc+a^2)^2\right] +$$

$$\left[a(a^4-b^3c-bc^3+6a^2bc+7b^2c^2) \cdot a \cdot (a^2+2bc+b^2-a^2-2bc-c^2) \cdot \sqrt{S} + a^2 \cdot (c+b)^4 \cdot (bc+a^2)^2\right]$$

$$= 0,$$

即 $\overrightarrow{KE} \cdot \overrightarrow{KF} = 0$. 故 $KE \perp KF$.

例题 20 如图 2.6.29,设锐角 $\triangle ABC$ 的垂心为 H,CD,BE 分别为 AB,AC 边上的高,延长 ED,CB,交于点 P,AJ 为 $\triangle ABC$ 外接圆的直径.延长 JH,交 DE 于点 T,证明:$AT \perp JP$.

方法讲解 设 $A(0,a),B(b,0),C(c,0)$，计算可得点 J 的

坐标为 $\left(b+c,\dfrac{bc}{a}\right)$，$l_{JH}$ 的方程为 $y=\dfrac{2bc}{a(b+c)}x-\dfrac{bc}{a}$.

由于 DE 过点 $\left(\dfrac{2bc}{b+c},0\right)$ 与 $\left(0,\dfrac{2abc}{bc-a^2}\right)$，从而 l_{DE} 的方程为

$y=\dfrac{a(b+c)}{a^2-bc}x+\dfrac{2abc}{bc-a^2}$，联立有

$$\dfrac{2b^2c^2+a^2c^2+a^2b^2}{a(c+b)(bc-a^2)}\cdot x=bc\cdot\dfrac{(bc+a^2)}{a\cdot(bc-a^2)}\Rightarrow x_T$$

$$=\dfrac{bc(bc+a^2)\cdot(b+c)}{2b^2c^2+a^2b^2+a^2c^2}.$$

代入知 $y_T=-\dfrac{abc(c-b)^2}{2b^2c^2+a^2c^2+a^2b^2}$，于是

$$k_{AT}=\dfrac{a-y_T}{-x_T}=\dfrac{2ab^2c^2+a^3c^2+a^3b^2+abc(c-b)^2}{-bc(bc+a^2)(b+c)}=-\dfrac{a^3c^2+a^3b^2+abc^3+ab^3c}{bc(b+c)(bc+a^2)}=\dfrac{-a(b^2+c^2)}{bc(b+c)}.$$

计算可得点 P 的坐标为 $\left(\dfrac{2bc}{b+c},0\right)$，故

$$k_{JP}=\dfrac{\dfrac{bc}{a}}{(b+c)-\dfrac{2bc}{b+c}}=\dfrac{bc(b+c)}{a((b+c)^2-2bc)}=\dfrac{bc(b+c)}{a(b^2+c^2)}.$$

于是 $k_{AT}k_{JP}=-1$. 故 $AT\perp JP$ 成立.

例题 21 如图 2.6.30，在 $\triangle ABC$ 中，O 为外心，H 为垂心. P 是以 AO 为直径的圆上一点，P 的等角共轭点为 Q,AQ 分别交 BC 和 $\triangle ABC$ 的外接圆于点 R,S. 证明：

(1) $QR=RS$；

(2) $\angle ORB=\angle SQH$.

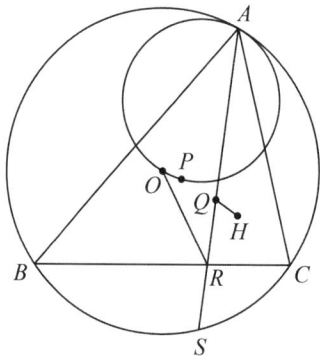

图 2.6.30

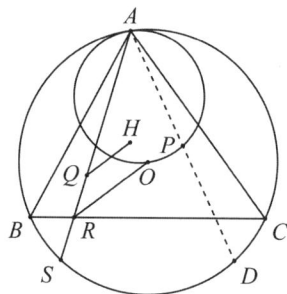

图 2.6.31

方法讲解 如图 2.6.31，延长 AP，交 $\odot(ABC)$ 于点 $D(\neq A)$. 以 $\odot(ABC)$ 为单位圆建立复平面.

因为 $\odot(AO)$ 和 $\odot(ABC)$ 位似，位似中心是 A，位似比是 $1:2$，所以 $P=\dfrac{A+D}{2}$. 根据等角共轭点的定义，

$$\begin{cases}\dfrac{C-A}{D-A}\div\dfrac{Q-A}{B-A}=\overline{\left(\dfrac{C-A}{D-A}\div\dfrac{Q-A}{B-A}\right)}=\dfrac{\dfrac{1}{C}-\dfrac{1}{A}}{\dfrac{1}{D}-\dfrac{1}{A}}\div\dfrac{\overline{Q}-\dfrac{1}{A}}{\dfrac{1}{B}-\dfrac{1}{A}},\\[4mm]\dfrac{A-B}{Q-B}\div\dfrac{P-B}{C-B}=\overline{\left(\dfrac{A-B}{Q-B}\div\dfrac{P-B}{C-B}\right)}=\dfrac{\dfrac{1}{A}-\dfrac{1}{B}}{\overline{Q}-\dfrac{1}{B}}\div\dfrac{\overline{P}-\dfrac{1}{B}}{\dfrac{1}{C}-\dfrac{1}{B}}.\end{cases}$$

解关于 $Q, \overline{Q}$ 的线性方程组得

$$Q = \frac{2ABD + 2ACD - ABC - BCD - 2AD^2}{D(A-D)}.$$

又 $\overset{\frown}{BS} = \overset{\frown}{CD}$，所以 $S = \dfrac{BC}{D}$，故

$$R = \frac{BC(A+S) - AS(B+C)}{BC - AS} = \frac{AB + AC - BC - AD}{A - D}.$$

所以 $Q + S = 2R$，即 $\overline{QR} = \overline{RS}$，(1) 得证.

因为 $H = A + B + C$，设

$$z = \frac{C-B}{0-R} \div \frac{H-Q}{A-R} = \frac{D(A-B)(A-C)(B-C)(A-D)}{(A+D)(AB+AC-BC-AD)(BC+AD-BD-CD)},$$

则 $\arg z = \angle CRO - \angle HQA$. 由 $z = \overline{z}$ 知 $z \in \mathbf{R}$，从而 $\angle CRO = \angle HQA$，(2) 得证.

例题 22　如图 2.6.32，设 A, B 是单位圆 ω 上的两个定点，满足 $\sqrt{2} < AB < 2$. P 是 ω 上的动点，满足 $\triangle ABP$ 是锐角三角形且 $AP > AB > BP$. 设 $\triangle ABP$ 的垂心为 H，S 是劣弧 $\overset{\frown}{AP}$ 上的点，满足 $SH = AH$. T 是劣弧 $\overset{\frown}{AB}$ 上的一点，满足 $TB \parallel AP$. 设直线 ST, BP 交于点 Q. 证明：以 HQ 为直径的圆经过一个定点.

方法讲解　设 AB 的中点为 M. 我们来证明以 HQ 为直径的圆过点 M. 采用复数法，以 ω 为单位圆建立复平面，用各点小写字母表示其对应复数.

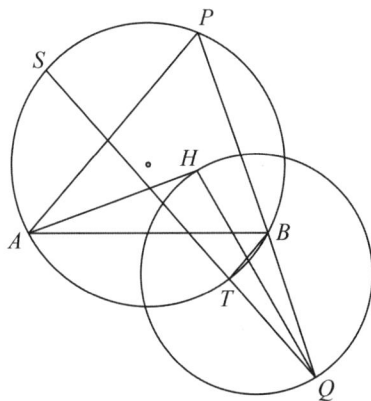

图 2.6.32

$h = a + b + p, AS \perp OH$

$$\Rightarrow a s = \frac{h - o}{\overline{h} - \overline{o}} = \frac{(a+b+p)abp}{ab + bp + ap}$$

$$\Rightarrow s = \frac{(a+b+p)bp}{ab + bp + pa}.$$

这里利用了 a, b, p 模长均为 1.

$$TB \parallel AP \Rightarrow t = \frac{ap}{b}.$$

重新定义点 Q 在 BP 上并且 $MQ \perp HM$，来证明 Q, S, T 三点共线.

$$q + bp\overline{q} = b + p, \quad \frac{q - m}{\overline{q} - \overline{m}} = -\frac{h - m}{\overline{h} - \overline{m}}.$$

联立得

$$q = \frac{p(b+p)}{p+a}.$$

只需证明 $q + st\overline{q} = s + t$. 代入后，这等价于

$$\frac{p(b+p)}{p+a} + \frac{a^2 p(b+p)(a+b+p)}{b(ab+ap+bp)(p+a)} = \frac{(a+b+p)bp}{ab+ap+pb} + \frac{ap}{b}.$$

将分母带有 $ab + ap + bp$ 的两项移到一边通分：

$$\frac{p(b(b+p) - a(p+a))}{b(p+a)} = \frac{p(a+b+p)[b^2(p+a) - a^2(b+p)]}{(ab+ap+bp)b(p+a)}.$$

因式分解得证.

例题 23　在非等腰 $\triangle ABC$ 中，P, Q 是形内两点. 已知 $\angle PAQ, \angle PBQ, \angle PCQ$ 的平分线恰好是 $\triangle ABC$ 的三条高. 证明：PQ 的中点在 $\triangle ABC$ 的欧拉线上.

方法讲解　以 $\triangle ABC$ 的外接圆为单位圆建立复平面，用小写字母表示一个点对应的复数.

设 H 是 $\triangle ABC$ 的垂心. 因为 AH 是 $\angle PAQ$ 的平分线, 所以

$$\frac{p-a}{h-a} \Big/ \frac{h-a}{q-a} \in \mathbf{R}.$$

因为 $h = a+b+c$, 所以

$$\frac{(p-a)(q-a)}{(b+c)^2} \in \mathbf{R}.$$

于是

$$\frac{(p-a)(q-a)}{(b+c)^2} = \overline{\left(\frac{(p-a)(q-a)}{(b+c)^2} \right)} = \frac{(a\bar{p}-1)(a\bar{q}-1)}{a^2} \cdot \frac{b^2 c^2}{(b+c)^2},$$

即

$$a^2(p-a)(q-a) = b^2 c^2 (a\bar{p}-1)(a\bar{q}-1).$$

展开得

$$a^2 pq - a^2 b^2 c^2 \overline{pq} + (a^4 - b^2 c^2) = a^3(p+q) - ab^2 c^2(\bar{p}+\bar{q}).$$

同理,

$$b^2 pq - a^2 b^2 c^2 \overline{pq} + (b^4 - c^2 a^2) = b^3(p+q) - a^2 bc^2(\bar{p}+\bar{q}),$$
$$c^2 pq - a^2 b^2 c^2 \overline{pq} + (c^4 - a^2 b^2) = c^3(p+q) - a^2 b^2 c(\bar{p}+\bar{q}).$$

分别乘以 $b^2-c^2, c^2-a^2, a^2-b^2$ 并相加, 因为

$$\sum_{cyc} a^2(b^2-c^2) = 0, \quad \sum_{cyc}(b^2-c^2) = 0, \quad \sum_{cyc}(a^4-b^2c^2)(b^2-c^2) = 0,$$
$$\sum_{cyc} a^3(b^2-c^2) = -(a-b)(b-c)(c-a)(ab+bc+ca),$$
$$\sum_{cyc} bc(b^2-c^2) = -(a-b)(b-c)(c-a)(a+b+c),$$

所以

$$(ab+bc+ca)(p+q) = abc(a+b+c)(\bar{p}+\bar{q}).$$

于是

$$\frac{p+q}{h} = \frac{p+q}{a+b+c} = (\bar{p}+\bar{q}) \cdot \frac{abc}{ab+bc+ca} = \overline{\left(\frac{p+q}{a+b+c} \right)} = \overline{\left(\frac{p+q}{h} \right)}.$$

故 PQ 的中点在 OH 上.

综上, 命题得证.

例题 24 如图 2.6.33, 已知 $\triangle ABC$ 和 $\triangle A'B'C'$ 有共同的外接圆 ω 和共同的垂心 H. 设 Ω 是由三直线 AA', BB', CC' 围成的三角形的外接圆, 证明: 点 H、圆 ω 的圆心、圆 Ω 的圆心三点共线.

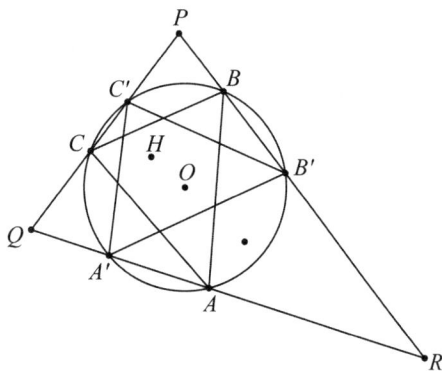

图 2.6.33

方法讲解 以圆 ω 为单位圆建立复平面, 用小写字母表示一个点对应的复数.

由题意, $h = a+b+c = a'+b'+c'$. 旋转可不妨设 h 是实数, 此时只需证明 $\triangle PQR$ 的外心对应的复数是实数.

过 a, a' 的直线的方程为

$$l_1(z): aa'\bar{z} + z - a - a' = 0,$$

类似定义 $l_2(z), l_3(z)$. 则过 P, Q, R 的所有二次曲线为 $l_1 l_2, l_2 l_3, l_3 l_1$ 的线性组合.

在 $\triangle PQR$ 的外接圆方程中无 z^2 和 $\bar{z}^2$ 项, 因为

$$l_1(z) l_2(z) = aa'bb'\bar{z}^2 + z^2 + (aa'+bb')z\bar{z} - (a+a'+b+b')z$$
$$- (aa'(b+b') + bb'(a+a'))\bar{z} + (a+a')(b+b'),$$

所以容易验证 $\triangle PQR$ 的外接圆方程为

$$F(z):\left(\frac{1}{aa'}-\frac{1}{bb'}\right)l_1l_2+\left(\frac{1}{bb'}-\frac{1}{cc'}\right)l_2l_3+\left(\frac{1}{cc'}-\frac{1}{aa'}\right)l_3l_1=0.$$

注意到在 $F(z)$ 中 $z\bar{z}$ 的系数

$$\sum\left(\frac{1}{aa'}-\frac{1}{bb'}\right)(aa'+bb')=\sum\left(\frac{bb'}{aa'}-\frac{aa'}{bb'}\right)$$

是纯虚数,所以为证 $F(z)=0$ 的圆心对应的复数是实数,只需证明 $F(z)$ 中 z 的系数 P 也是纯虚数. 因为

$$P=-\sum\left(\frac{1}{aa'}-\frac{1}{bb'}\right)(a+a'+b+b')=\sum\frac{c-b}{aa'}+\sum\frac{c'-b'}{aa'},$$

$a+b+c=a'+b'+c'$ 是实数,所以只需证明

$$Q=\left(\frac{c-b}{aa'}+\frac{a-c}{bb'}+\frac{b-a}{cc'}\right)(a'+b'+c')+\left(\frac{c'-b'}{aa'}+\frac{a'-c'}{bb'}+\frac{b'-a'}{cc'}\right)(a+b+c)$$

是纯虚数. 化简知

$$Q=2\sum\left(\frac{aa'}{bb'}-\frac{bb'}{aa'}\right)+\sum\left(\frac{a}{b}-\frac{b}{a}\right)+\sum\left(\frac{a'}{b'}-\frac{b'}{a'}\right).$$

因此是纯虚数. 综上,命题得证.

◎ 三、课外训练

1. 如图,已知 $\odot O_1$,$\odot O_2$ 与 $\triangle ABC$ 的三边所在直线相切,E,F,G,H 为切点,且 EG 和 FH 的延长线交于点 P,证明:$PA\perp BC$.

2. 在四边形 $ABCD$ 中,$AB=AD$,$BC=DC$. 经过 AC 与 BD 的交点 O 任意作两条直线,分别交 AD 于点 E,交 BC 于点 F,交 AB 于点 G,交 CD 于点 H,GF,EH 分别交 BD 于点 I,J. 证明:$OI=OJ$.

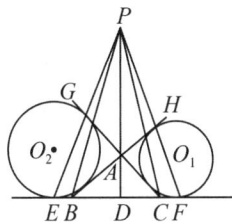

第 1 题

3. 在线段 AB 上取内分点 M,使 $AM\leqslant BM$. 分别以 MA,MB 为边,在 AB 的同侧作正方形 $AMCD$ 和 $MBEF$. $\odot P$ 和 $\odot Q$ 分别是这两个正方形的外接圆,两圆交于点 M,N. 证明:B,C,N 三点共线.

4. 设 O,I 分别为非等腰锐角三角形 ABC 的外心、内心,D,E,F 分别为边 BC,CA,AB 的中点,点 T 为点 I 在 AB 上的射影,P 为 $\triangle DEF$ 的外心,Q 为 OI 的中点. 若 A,P,Q 三点共线,求 $\dfrac{AO}{OD}-\dfrac{BC}{AT}$ 的值.

5. 在锐角三角形 ABC 中,$AB\neq AC$,设 K 为中线 AD 的中点,$DE\perp AB$ 于点 E,$DF\perp AC$ 于点 F,直线 KE,KF 分别交 BC 于点 M,N,$\triangle DEM$ 和 $\triangle DFN$ 的外心分别为 X 和 Y. 证明:$XY\parallel BC$.

6. 在 $\triangle ABC$ 中,$\angle ABC=40°$,$\angle ACB=20°$,N 为 $\triangle ABC$ 内部一点,且满足 $\angle NBC=30°$,$\angle NAB=20°$,求 $\angle NCB$.

7. 在 $\triangle ABC$ 中,$\angle BAC=80°$,$\angle ABC=60°$,D 为 $\triangle ABC$ 内部一点,且满足 $\angle DAB=10°$,$\angle DBA=20°$,求 $\angle ACD$.

8. 如图,设 H 为 $\triangle ABC$ 的垂心,D 为 CH 的中点,点 E 为点 B 在 AD 上的投影. 证明:B,C,E,H 四点共圆.

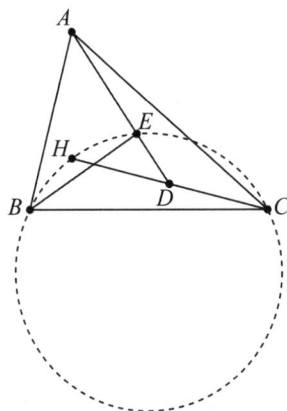

第 8 题

2.7 平面几何的综合应用

◎ 一、知识要点

1. 曼海姆定理

设 $\triangle ABC$ 内接于 $\odot O$，若 $\odot M$ 与 $\odot O$ 内切，且与 AB，AC 分别相切于点 P，Q，则 PQ 的中点为 $\triangle ABC$ 的内心.

证明 设 $\triangle ABC$ 的内心为 I，$\odot M$ 和 $\odot O$ 内切于点 D，过点 D 作两圆的公切线 EF，连接 DP，DQ 并延长，分别交 $\odot O$ 于点 S，T，连接 BD，AD，AS，如图 2.7.1.

因为

$$\angle PDE = \angle PQD = \angle BPD = \angle PAD + \angle ADP,$$
$$\angle PDE = \angle SDE = \angle SAD = \angle PAD + \angle SAB.$$

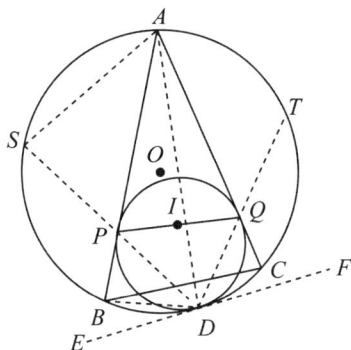

图 2.7.1

所以 $\angle SAB = \angle ADP$，所以 S 是 $\overset{\frown}{AB}$ 的中点，因此 SC 平分 $\angle ACB$，故 S，I，C 三点共线.

同理，T，I，B 三点共线，即 $BT \cap SC = I$.

考虑圆内接六边形 $ABTDSC$，因为 $AB \cap SD = P$，$BT \cap SC = I$，$AC \cap TD = Q$，所以由帕斯卡定理知 P，I，Q 三点共线.

又 $AP = AQ$，故 I 为 PQ 的中点，结论成立.

注 若 $\odot M$ 和 $\odot O$ 外切，且与 AB，AC 的延长线分别切于 P，Q，则 PQ 的中点为 $\triangle ABC$ 的旁心.

2. 曼海姆定理的逆定理

设 I 为 $\triangle ABC$ 的内心，过点 I 作 AI 的垂线，分别交 AB，AC 于点 P，Q，若 $\odot L$ 分别与 AB，AC 相切于点 P，Q，则 $\odot L$ 和 $\triangle ABC$ 的外接圆内切.

证明 延长 AI，交 $\triangle ABC$ 外接圆于点 M，如图 2.7.2.

设 $\triangle ABC$ 的外心为 O，外接圆半径为 R，则

$$LM \cdot LA = R^2 - LO^2.$$

易知 A，I，L 三点共线，故

$$LO^2 = R^2 - LM \cdot LA = R^2 - IM \cdot LA + IL \cdot LA$$
$$= R^2 - IM \cdot LA + LP^2.$$

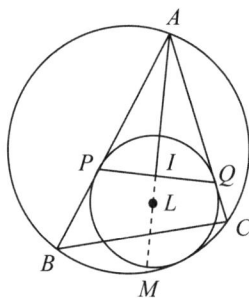

图 2.7.2

因 I 为内心，故

$$IM = CM = 2R\sin\frac{A}{2} = 2R\frac{LP}{LA},$$

即 $2R \cdot LP = IM \cdot LA$. 所以

$$LO^2 = R^2 - IM \cdot LA + LP^2 = R^2 - 2R \cdot LP + LP^2 = (R - LP)^2,$$

即 $LO = R - LP$，得证.

注：若 I 为旁心，则 $\odot L$ 和 $\triangle ABC$ 的外接圆外切.

3. 曼海姆定理的推广（沢山定理）

设 $\triangle ABC$ 内接于 $\odot O$，点 D 在 AB 上，$\odot M$ 和 $\odot O$ 内切于点 T，$\odot M$ 和 DB，DC 分别切于点 P，Q，

则 PQ 过 $\triangle ABC$ 的内心.

证明 连接 AT，BT，CT，分别交 $\odot M$ 于点 Y，X，K，过点 T 作 $\odot O$ 的切线 ZT，延长 PQ，交 AC 于点 G，连接 TP，TG 并延长，分别交 $\odot O$ 于点 E，F，连接 BF，CE，如图 2.7.3.

因为 $\angle XYT = \angle XTZ = \angle BTZ = \angle BAT$，故 $XY \parallel AB$. 同理，$YK \parallel AC$.

故 P 为 $\overset{\frown}{XY}$ 的中点，则 PT 平分 $\angle XTY$，即 TE 平分 $\angle BTA$，故 CE 平分 $\angle BCA$.

下证 BF 平分 $\angle ABC$，这只需证 TF 平分 $\angle ATC$，即证 $\dfrac{AG}{CG} = \dfrac{AT}{CT}$.

由直线 PQG 截 $\triangle ACD$ 得 $\dfrac{AP}{PD} \cdot \dfrac{DQ}{QC} \cdot \dfrac{CG}{AG} = 1$，即

$$\frac{AG}{CG} = \frac{AP}{QC}.$$

因为 $AP^2 = AY \cdot AT$，$CQ^2 = CK \cdot CT$，故

$$\frac{AP^2}{CQ^2} = \frac{AY \cdot AT}{CK \cdot CT}.$$

因为 $YK \parallel AC$，故

$$\frac{AG^2}{CG^2} = \frac{AP^2}{CQ^2} = \frac{AY \cdot AT}{CK \cdot CT} = \frac{AT^2}{CT^2},$$

即 $\dfrac{AG}{CG} = \dfrac{AT}{CT}$，故 BF 平分 $\angle ABC$.

设 EC 和 BF 的交点为 I，则 I 为 $\triangle ABC$ 的内心. 又 $AB \cap ET = P$，$BF \cap EC = I$，$AC \cap TF = G$，故对圆内接六边形 $ABFTEC$ 运用帕斯卡定理得 P，I，G 三点共线，即 P，I，Q 三点共线，得证.

> **注** 若点 D 在 AB 的延长线上，$\odot M$ 和 $\odot O$ 外切于点 T，则 PQ 过 $\angle BAC$ 所对的旁心.

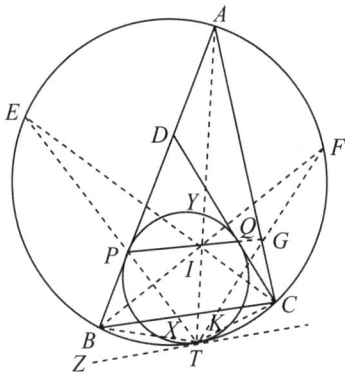

4.（斯特瓦尔特定理）

设 P 为 $\triangle ABC$ 的 BC 边上任意一点（点 P 与点 B，C 不重合），证明：$AB^2 \cdot PC + AC^2 \cdot PB = AP^2 \cdot BC + PC \cdot PB \cdot BC$.

证明 连接 AP 并延长，交 $\triangle ABC$ 的外接圆于点 D，连接 DB，DC，如图 2.7.4.

由 $\triangle ABP \backsim \triangle CDP$ 得 $DC = \dfrac{PC \cdot AB}{AP}$；

由 $\triangle ACP \backsim \triangle BDP$ 得 $DB = \dfrac{PB \cdot AC}{AP}$.

故 $AB \cdot CD + AC \cdot BD = AB \dfrac{PC \cdot AB}{AP} + AC \dfrac{AC \cdot BP}{AP}$.

因为 A，B，D，C 四点共圆，由托勒密定理知 $AB \cdot DC + AC \cdot DB = AD \cdot BC$，故

$$AB \frac{PC \cdot AB}{AP} + AC \frac{AC \cdot BP}{AP} = BC \cdot AD = BC(AP + PD) = BC \cdot AP + BC \cdot PD.$$

又 $BP \cdot PC = AP \cdot PD$，代入上式得

$$AB \frac{PC \cdot AB}{AP} + AC \frac{AC \cdot BP}{AP} = BC \cdot AP + BC \frac{BP \cdot PC}{AP}.$$

故 $PC \cdot AB^2 + AC^2 \cdot BP = BC \cdot AP^2 + BC \cdot BP \cdot PC$.

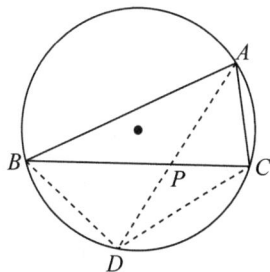

5. 张角定理

设射线 AB,AP,AC 上分别有三点 B,P,C,且线段 BP,PC 对点 A 的张角分别为 x,y,满足 $x+y<180°$,则 B,P,C 三点共线的充要条件是 $\dfrac{\sin(x+y)}{AP}=\dfrac{\sin y}{AB}+\dfrac{\sin x}{AC}$.

证明 如图 2.7.5,

B,P,C 三点共线 $\Leftrightarrow S_{\triangle ABC}=S_{\triangle APC}+S_{\triangle APB}$

$$\Leftrightarrow \frac{1}{2}AB\cdot AC\sin(x+y)=\frac{1}{2}AP\cdot AC\sin y+\frac{1}{2}AP\cdot AB\sin x$$

$$\Leftrightarrow \frac{\sin(x+y)}{AP}=\frac{\sin y}{AB}+\frac{\sin x}{AC}.$$

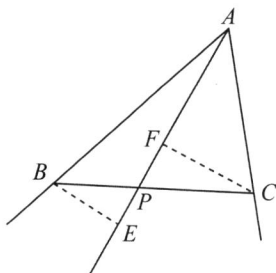

图 2.7.5

注 (1) 当 AP 为角平分线时,$\dfrac{2\cos x}{AP}=\dfrac{1}{AB}+\dfrac{1}{AC}$.

(2) 若 B,P,C 三点共线,则张角定理和斯特瓦尔特定理互相等价.

证明:过点 B 作 $BE\perp AP$ 于点 E,过点 C 作 $CF\perp AP$ 于点 F,如图 2.7.5.

因为 $\dfrac{AB\sin x}{AC\sin y}=\dfrac{BP}{CP}$,故

$$AB^2\cdot PC+AC^2\cdot BP=AP^2\cdot BC+BP\cdot PC\cdot BC$$

$$\Leftrightarrow AC\cdot BP\frac{AC^2+AP^2-PC^2}{2AP\cdot AC}+AB\cdot PC\frac{AB^2+AP^2-BP^2}{2AP\cdot AB}=AP\cdot BC$$

$$\Leftrightarrow AC\cdot BP\cos y+AB\cdot PC\cos x=AP\cdot BP+AP\cdot PC$$

$$\Leftrightarrow AC\cos y\frac{AB\sin x}{AC\sin y}+AB\cos x=AP\frac{AB\sin x}{AC\sin y}+AP$$

$$\Leftrightarrow AC\cdot AB\sin(x+y)=AP\cdot AB\sin x+AP\cdot AC\sin y$$

$$\Leftrightarrow \frac{\sin(x+y)}{AP}=\frac{\sin y}{AB}+\frac{\sin x}{AC}.$$

6. 蝴蝶定理

M 是 $\odot O$ 的弦 AB 的中点,过点 M 作弦 CD,EF,连接 CF,DE,分别交 AB 于点 G,H,则 $MH=MG$.

证明 过点 O 作 $OP\perp CD,OQ\perp EF$,垂足分别为 P,Q,如图 2.7.6.

令 $\angle AMF=\angle BME=x,\angle BMD=\angle AMC=y$,以 M 为视点,在 $\triangle CMF$ 和 $\triangle MED$ 中运用张角定理得

$$\frac{\sin(x+y)}{MG}=\frac{\sin y}{MF}+\frac{\sin x}{MC},\quad \frac{\sin(x+y)}{MH}=\frac{\sin y}{ME}+\frac{\sin x}{MD}.$$

只需证

$$\frac{\sin y}{MF}+\frac{\sin x}{MC}=\frac{\sin y}{ME}+\frac{\sin x}{MD}.$$

因为 $MF\cdot ME=MD\cdot MC$,所以只需证

$$\sin y(MF-ME)=\sin x(MD-MC).$$

因为

$$MF-ME=MQ+QF-ME=MQ+QE-ME=2MQ,$$

且 $OM\perp AB$,所以

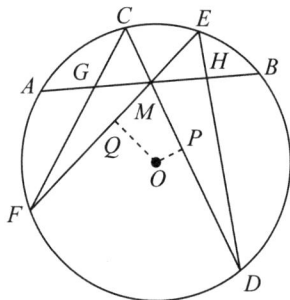

图 2.7.6

$$MQ = OM\cos\angle OMQ = OM\sin x,$$

所以 $MF - ME = 2OM\sin x$. 同理, $MD - MC = 2OM\sin y$. 得证.

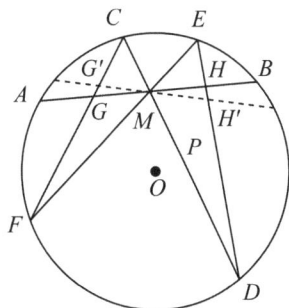

7. 蝴蝶定理的逆定理

过 $\odot O$ 内一点 M 任意作两条弦 EF, CD, 过点 M 的弦 AB 与 CF, ED 分别交于点 G, H, 若 $MG = MH$, 则 $MA = MB$.

证明 若 $MA \neq MB$, 即 M 不是 AB 的中点, 则过点 M 作一条直线垂直于 OM, 分别交 CF, ED 于点 G', H', 如图 2.7.7.

由蝴蝶定理知 $MG' = MH'$.

图 2.7.7

因为 $MG = MH$, 故 $\triangle MGG' \cong \triangle MHH'$, 因此 $\angle MGG' = \angle MHH'$, 所以 $CF \parallel DE$, 矛盾.

8. 坎迪定理

设 $\odot O$ 的两条弦 AB, CD 交于点 E, 过点 E 的弦 GH 分别交 AD, BC 于点 P, Q. 则 $\dfrac{1}{EG} - \dfrac{1}{EH} = \dfrac{1}{EP} - \dfrac{1}{EQ}$.

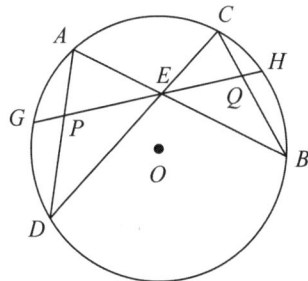

证明 设 $EQ = x, EP = y, EG = a, EH = b$, 如图 2.7.8, 可知

$$
\begin{aligned}
1 &= \frac{S_{\triangle APE}}{S_{\triangle ECQ}} \cdot \frac{S_{\triangle ECQ}}{S_{\triangle PDE}} \cdot \frac{S_{\triangle PDE}}{S_{\triangle BEQ}} \cdot \frac{S_{\triangle BEQ}}{S_{\triangle APE}} \\
&= \frac{AP \cdot AE}{EC \cdot CQ} \cdot \frac{EC \cdot EQ}{EP \cdot ED} \cdot \frac{DP \cdot DE}{BE \cdot BQ} \cdot \frac{EQ \cdot EB}{EA \cdot EP} \\
&= \frac{EQ^2 \cdot AP \cdot DP}{EP^2 \cdot BQ \cdot CQ} = \frac{EQ^2 \cdot PH \cdot GP}{EP^2 \cdot QH \cdot GQ},
\end{aligned}
$$

图 2.7.8

故

$$\frac{EQ^2}{EP^2} = \frac{QH \cdot GQ}{PH \cdot GP}.$$

将 $EQ = x, EP = y, EG = a, EH = b$ 代入后得

$$\frac{x^2}{y^2} = \frac{(b-x)(a+x)}{(a-y)(y+b)}.$$

化简得 $\dfrac{1}{b} - \dfrac{1}{a} = \dfrac{1}{x} - \dfrac{1}{y}$. 得证.

9. 笛沙格定理

在 $\triangle ABC$ 和 $\triangle DEF$ 中, AD, BE, CF 三线共点的充要条件是 AC 和 DF 的交点、BC 和 EF 的交点、AB 和 DE 的交点共线.

证明 先证明必要性. 设 DA, EB, FC 交于点 G, BA 和 ED 交于点 L, BC 和 EF 交于点 M, AC 和 LM 交于点 N, 如图 2.7.9.

由直线 GAD 截 $\triangle LBE$ 得

$$\frac{EG}{GB} \cdot \frac{BA}{AL} \cdot \frac{LD}{DE} = 1.$$

同理,

$$\frac{EG}{GB} \cdot \frac{BC}{CM} \cdot \frac{MF}{FE} = 1.$$

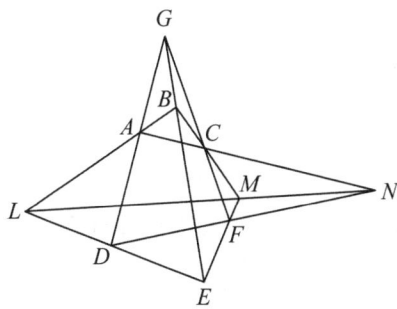

图 2.7.9

故 $\dfrac{BA}{AL} \cdot \dfrac{LD}{DE} = \dfrac{BC}{CM} \cdot \dfrac{MF}{FE}$, 即

$$\frac{MC}{BC} \cdot \frac{BA}{AL} = \frac{MF}{FE} \cdot \frac{ED}{DL} \quad (*).$$

由直线 ACN 截 $\triangle LBM$ 得 $\dfrac{LN}{NM}\cdot\dfrac{MC}{CB}\cdot\dfrac{BA}{AL}=1$. 将（＊）式代入上式得 $\dfrac{LN}{MN}\cdot\dfrac{MF}{FE}\cdot\dfrac{ED}{DL}=1$, 因此 N,

F, D 三点共线.

考虑 $\triangle ADL$ 和 $\triangle CMF$, 由必要性的证明过程可知充分性成立. 证毕.

> **注** 在 $\triangle ABC$ 和 $\triangle DEF$ 中, 若 $AB\parallel DE$, $AC\parallel DF$, $BC\parallel EF$, 则 AD, BE, CF 平行或共点.

10. 完全四边形

两组对边都能相交的四边形叫作完全四边形. 若四边形 $ABDF$ 的对边 AB 与 FD 交于点 C, BD 与 AF 交于点 E, 则称图形 $ABCDEF$ 为完全四边形. 完全四边形 $ABCDEF$ 中的线段 AD, BF, CE 称为对角线. $\triangle ACF$, $\triangle BCD$, $\triangle ABE$, $\triangle DEF$ 称为完全四边形 $ABCDEF$ 的四个三角形.

11. 完全四边形的四个三角形的外接圆共点, 该点称为该完全四边形的密克尔点.

12. 设完全四边形 $ABCDEF$ 的三条对角线 AD, BF, CE 的中点分别为 M, N, P, 则 M, N, P 三点共线, 此线称为牛顿线.

证明 取 CD, BD, BC 的中点 Q, R, S, 连接 SP, SN, MQ, 如图 2.7.10.
易知 M, Q, R; S, Q, P; S, R, N 分别三点共线. 要证 M, N, P 三点共线, 只需证

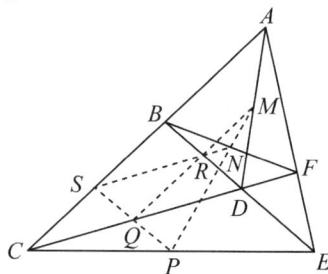

图 2.7.10

$$\frac{SP}{PQ}\cdot\frac{QM}{MR}\cdot\frac{RN}{NS}=1.$$

由于 SP, QM, SN 均为三角形的中位线, 因此

$$\frac{SP}{PQ}=\frac{BE}{ED},\frac{QM}{RM}=\frac{AC}{AB},\frac{RN}{NS}=\frac{DF}{CF}.$$

故只需证 $\dfrac{BE}{ED}\cdot\dfrac{AC}{AB}\cdot\dfrac{DF}{CF}=1$. 由直线 AFE 截 $\triangle BCD$ 知, 此式显然成立.

> **注** 牛顿线垂直于完全四边形的西姆松线（即密克尔点对于四个三角形的西姆松线）.

13. 调和点列

一条直线上依次存在四点 A, B, C, D, 满足 $AB\cdot CD=BC\cdot AD$, 则称 A, B, C, D 为调和点列. 当 A, B, C, D 依次为一条直线上四点时, A, B, C, D 为调和点列的充要条件是下列之一:

(1) $\dfrac{1}{AB}+\dfrac{1}{AD}=\dfrac{2}{AC}$;

(2) $\dfrac{2}{BD}=\dfrac{1}{BC}-\dfrac{1}{AB}$;

(3) 设 AC 的中点为 M, 则 $MC^2=MB\cdot MD$;

(4) 设 AC 的中点为 M, 则 $DC\cdot DA=DB\cdot DM$.

14. 调和线束

若 A, B, C, D 为调和点列, 从直线外一点 P 引射线 PA, PB, PC, PD, 则称 PA, PB, PC, PD 为调和线束.

15. 调和四边形

对边长的乘积相等的圆内接四边形称为调和四边形.

16. 陪位中线

设 M 是 $\triangle ABC$ 的边 BC 的中点, 若直线 m 和 AM 关于 $\angle BAC$ 的平分线对称, 则直线 m 称为 $\triangle ABC$ 的 A 陪位中线. 类似可定义 B 陪位中线, C 陪位中线.

17. 在完全四边形 $ABCDEF$ 中,直线 AD 与 BF,CE 分别交于点 M,N,则 $AM \cdot DN = MD \cdot AN$,即 A,M,D,N 成调和点列.

证明　如图 2.7.11,对点 B 及 $\triangle ADF$ 应用塞瓦定理得 $\dfrac{AM}{MD} \cdot \dfrac{CD}{CF} \cdot \dfrac{FE}{EA} = 1$.

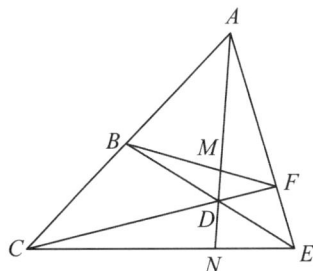
图 2.7.11

由直线 CNE 截 $\triangle ADF$ 得 $\dfrac{AN}{ND} \cdot \dfrac{CD}{CF} \cdot \dfrac{FE}{EA} = 1$.

故 $\dfrac{AM}{MD} = \dfrac{AN}{ND}$.证毕.

> **注**　若 BF 交 CE 于点 P,则 B,M,F,P 和 C,N,E,P 均成调和点列.

18. 完全四边形的四个三角形的外心及密克尔点五点共圆.

证明　如图 2.7.12,设 M 为完全四边形 $ABCDEF$ 的密克尔点,$\triangle ACF$,$\triangle BCD$,$\triangle DEF$,$\triangle ABE$ 的外心分别为 O_1,O_2,O_3,O_4,连接 O_1O_3,O_1O_2,MO_2,MO_3,FO_3,CO_2,MD,ME.因为 $MC \perp O_1O_2$,故

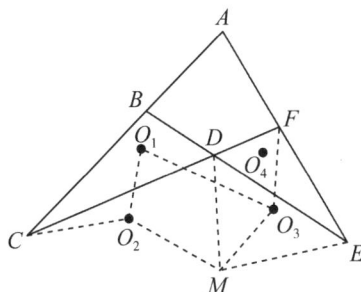
图 2.7.12

$$\angle O_1O_2M = 180° - \frac{1}{2}\angle CO_2M = 180° - \angle CDM = \angle FDM.$$

又 $MF \perp O_1O_3$,故

$$\angle O_1O_3M + \angle O_1O_2M = \frac{1}{2}\angle FO_3M + \angle FDM = \angle FEM + \angle FDM$$

$= 180°$.

因此 O_1,O_2,O_3,M 四点共圆.同理,O_2,O_3,O_4,M 四点共圆.故 O_1,O_2,O_3,O_4,M 五点共圆.证毕.

19. 在完全四边形 $ABCDEF$ 中,四边形 $ABDF$ 有内切圆的充要条件是下列条件之一:

(1) $BC + BE = FC + FE$;

(2) $AC + DE = CD + AE$.

证明　我们只证明条件(1),条件(2)的证明可参照条件(1).

对于(1),先证明充分性.

在 CF 上取一点 G,使得 $CG = BC$,在 EA 上取一点 H,使得 $BE = EH$,如图 2.7.13.故

$$FH = EH - EF = EB - EF = FC - BC = FC - CG = GF.$$

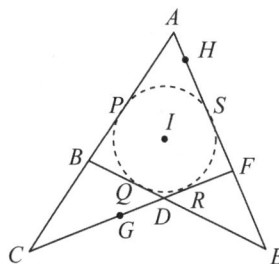
图 2.7.13

作 $\angle ACF$,$\angle BEA$,$\angle AFC$ 的平分线 l_1,l_2,l_3,因为 $CG = BC$,$BE = EH$,$FH = GF$,故 l_1,l_2,l_3 分别是 BG,BH,HG 的中垂线,即 l_1,l_2,l_3 是 $\triangle BGH$ 三边的中垂线,则 l_1,l_2,l_3 交于一点,设为 I.易知点 I 到 AB,AE,BE,CF 的距离都相等,即四边形 $ABDF$ 有内切圆.

再证明必要性.

设四边形 $ABDF$ 的内切圆 $\odot I$ 切各边于点 P,Q,R,S,则

$$BC + BE = CP - BP + QE + BQ = CP + QE = CR + ES = CF + EF.$$

20. 如图 2.7.14,在完全四边形 $ABCDEF$ 中,四边形 $ABDF$ 有旁切圆的充要条件为下列之一:

(1) $AB + BD = AF + FD$;

(2) $AC + CD = ED + AE$.

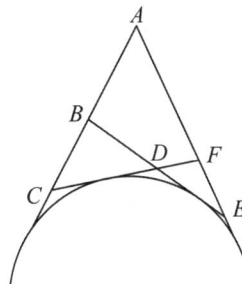
图 2.7.14

21. 极点与极线

已知曲线 $C: ax^2 + bxy + cy^2 + dx + ey + f = 0$,则称点 $P(x_0, y_0)$ 是直线 l:

$$axx_0 + b\frac{xy_0 + x_0y}{2} + cyy_0 + d\frac{x + x_0}{2} + e\frac{y + y_0}{2} + f = 0$$ 关于曲线 C 的极点（以下简称直线 l 的极点），

直线 l 是点 $P(x_0, y_0)$ 关于曲线 C 的极线（以下简称点 P 的极线）.

22. 当曲线为圆时，圆上的点所对的极线即为该点的切线，圆外的点所对的极线即为该点的切点弦，圆内的点所对的极线和圆相离.

23. 共轭点

若点 A 关于曲线 C 的极线过点 B，且点 B 关于曲线 C 的极线过点 A，则 A 和 B 称为曲线 C 的共轭点.

24. 若点 A 关于 $\odot O$ 的极线为 l，则 $OA \perp l$.

25. 若点 P 的极线过点 Q，则点 Q 的极线过点 P，即点 P 和它的极线上任意一点 Q 互为共轭点.

证明 设曲线 $C: ax^2 + bxy + cy^2 + dx + ey + f = 0$，点 $P(x_0, y_0)$，$Q(x_1, y_1)$，则点 P 的极线为

$$axx_0 + b\frac{xy_0 + x_0y}{2} + cyy_0 + d\frac{x + x_0}{2} + e\frac{y + y_0}{2} + f = 0.$$

因为点 Q 在极线上，所以

$$ax_1x_0 + b\frac{x_1y_0 + x_0y_1}{2} + cy_1y_0 + d\frac{x_1 + x_0}{2} + e\frac{y_1 + y_0}{2} + f = 0.$$

而点 Q 的极线为 $ax_1x + b\frac{x_1y + xy_1}{2} + cy_1y + d\frac{x_1 + x}{2} + e\frac{y_1 + y}{2} + f = 0$，故结论成立.

26. 若过点 A 和过点 B 的极线的交点为 P，则点 P 的极线为直线 AB.

27. 点 $A_1, A_2, \cdots, A_n$ 共线的充要条件是点 $A_i(i = 1, 2, \cdots, n)$ 的极线共点或平行.

28. 若 P, Q 为共轭点，则 $PQ^2 = P$ 的幂 $+ Q$ 的幂.

29. 设 $\odot X$ 和 $\odot Y$ 交于 P, Q 两点，AB 为 $\odot X$ 的直径，则 A, B 为 $\odot Y$ 的共轭点的充要条件是 $XP \perp YP$.

30. 如图 2.7.15，A, I, D, J 依次为一直线上的四点，B 是该直线外一点，则下列三个条件中，任意两个成立均可以推出第三个：

(1) A, I, D, J 成调和点列；

(2) BI, BJ 分别是 $\angle ABD$ 的内、外角平分线；

(3) $BI \perp BJ$.

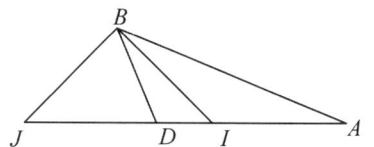

图 2.7.15

31. 在 $\triangle ABC$ 中，I 为内心，J 为 $\angle A$ 所对的旁心，若 AJ 交 BC 于点 D，则 A, I, D, J 为调和点列.

32. 过 $\odot O$ 外一点 A 作 $\odot O$ 的割线 ACD，则 A, C, B, D 成调和点列的充要条件是点 B 在点 A 关于 $\odot O$ 的极线上.

证明 先证明充分性.

如图 2.7.16，点 A 关于 $\odot O$ 的极线交 $\odot O$ 于点 P, Q，PQ 交 AO 于点 L，连接 LC, LD, OC, OD.

因为 $AC \cdot AD = AQ^2 = AL \cdot AO$，所以 C, D, O, L 四点共圆.

因此 $\angle ALC = \angle CDO = \angle OCD = \angle OLD$，故 LQ 平分 $\angle DLC$. 又 $AL \perp LQ$，由性质 7 知充分性得证.

再证明必要性.

取 CD 的中点 M，则 $OM \perp CD$. $AP^2 = AC \cdot AD = AB \cdot AM$.

又 $AP^2 = AL \cdot AO$，故 $AL \cdot AO = AB \cdot AM$，所以 L, B, M, O 共圆.

则 $\angle OLB = 180° - \angle OMB = 90°$，即点 B 在 PQ 上. 必要性得证.

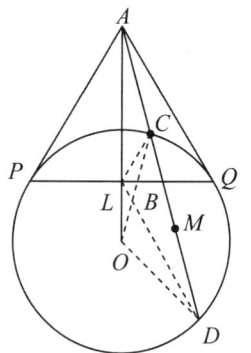

图 2.7.16

33. 若 O 是 $\triangle ABC$ 所在平面上一点（不在三边所在的直线上），直线 AO, BO, CO 分别交 BC, AC, AB 所在的直线于 D, E, F，则 AB 上一点 G 与 E, D 共线 $\Leftrightarrow A, F, B, G$ 为调和点列.

证明 如图 2.7.17,对点 O 和 $\triangle ABC$ 运用塞瓦定理得

$$\frac{AF}{FB} \cdot \frac{BD}{DC} \cdot \frac{CE}{EA} = 1 \quad (*).$$

由梅涅劳斯定理知

$$G,E,D \text{ 三点共线} \Leftrightarrow \frac{AG}{GB} \cdot \frac{BD}{DC} \cdot \frac{CE}{EA} = 1.$$

而 A,F,B,G 为调和点列 $\Leftrightarrow \dfrac{AG}{GB} = \dfrac{AF}{FB}$. 由式 $(*)$ 得

$$G,E,D \text{ 三点共线} \Leftrightarrow A,F,B,G \text{ 为调和点列}.$$

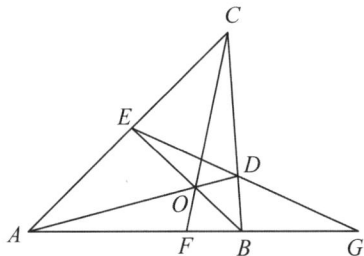

图 2.7.17

34. 设 $\triangle ABC$ 的内(旁)切圆为 $\odot I$,与三边 AB,BC,AC 分别切于点 D,E,F,则 AB 上一点 G 与点 E,F 共线 $\Leftrightarrow A,D,B,G$ 为调和点列.

35. 已知 P 为四边形 $ABCD$ 的外接圆上一点,则 $ABCD$ 是调和四边形的充要条件 PA,PB,PC,PD 为调和线束.

证明 如图 2.7.18,不妨设点 P 在 $\overset{\frown}{AD}$ 上,PB,PC 分别交 AD 于点 E,F.

因为 PA,PB,PC,PD 为调和线束等价于 A,E,F,D 成调和点列,所以

$$\frac{EF}{AE} = \frac{FD}{AD} \Leftrightarrow \frac{PF\sin\angle EPF}{AP\sin\angle APE} = \frac{PF\sin\angle DPF}{AP\sin\angle APD} \Leftrightarrow \frac{BC}{AB} = \frac{CD}{AD} \Leftrightarrow BC \cdot AD = AB \cdot CD.$$

证毕.

36. 已知 $ABCD$ 内接于 $\odot O$,过点 A,C 分别作 $\odot O$ 的切线,记为 m,n,则四边形 $ABCD$ 是调和四边形的充要条件是直线 m,n,BD 互相平行或者三线共点.

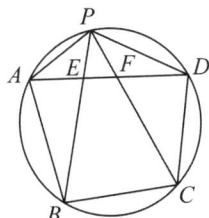

图 2.7.18

◎ 二、例题讲解

例题 1 如图 2.7.19,已知 $\triangle ABC$ 内接于 $\odot O$,AD 是 $\odot O$ 的直径,E 是 BC 上一点,点 D 关于点 E 的对称点为点 K. 过 C,D,E 三点的圆再次交 OC 于点 F,DF 的延长线交 AC 于点 P,PK 的延长线分别交 AB,BC 于点 Q,T,过 A,P,Q 三点的圆再次交 $\odot O$ 于点 S. 证明:S,K,E,T 四点共圆.

方法讲解 **方法一**:如图 2.7.20,设 M,N 分别是 DQ,DP 中点,O_1,O_2 分别是 $\triangle CED,\triangle BED$ 的外心,OB 再次交 $\odot(BDE)$ 于点 L. 因为 OM // AB,所以 $OM \perp BD$,从而点 O_2 在 OM 上,同理点 O_1 在 ON 上.

因为 $\angle OO_1D = \dfrac{1}{2}(360° - \angle DO_1C) = 180° - \angle DFC = \angle OFD$,所以 O,F,O_1,D 四点共圆.

同理 O,L,O_2,D 四点共圆.

因为 $\angle OO_2D = 180° - \angle BED = \angle DEC = \angle DFC$,所以 O,F,O_2,D 四点共圆,则 O,L,O_1,D,O_2,F 六点共圆. 于是 $\angle DLE = \angle DBE = \angle DAC = \angle DOO_1 = \angle DLO_1$,从而 L,E,O_1 三点共线. 同理 F,E,O_2 三点共线.

在圆内接六边形 $LDFO_2OO_1$ 中,由帕斯卡定理知,LD 与 OO_2 的交点在 NE 上,于是 L,M,D 三点共线,从而点 L 在 DQ 上. 因为 B,L,E,D 四点共圆,所以 $\angle LDE = \angle LBE = 90° - \angle BAC$. 同理 $\angle FDE = 90° - \angle BAC$. 而

$$\angle CBM = \angle QBM - \angle ABC = \angle BQM - \angle ABC$$
$$= \angle BAD + \angle QDA - \angle ABC,$$
$$\angle BCN = \angle ACB - \angle PCN = \angle ACB - \angle DPC$$

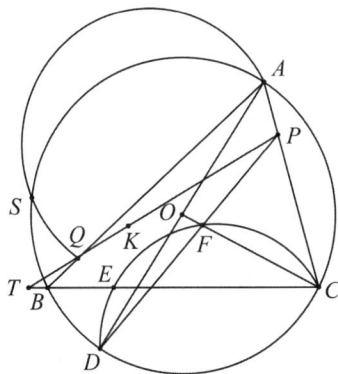

图 2.7.19

$$= \angle ACB - (\angle CAD + \angle ADP).$$

所以 $\angle CBM - \angle BCN = (\angle BAD + \angle QDA + \angle CAD + \angle ADP) - (\angle ABC + \angle ACB) = 0$.

于是 $\angle CBM = \angle BCN$，所以 $BM \parallel CN$．所以 $\dfrac{KP}{KQ} = \dfrac{EN}{EM} = \dfrac{EC}{EB}$．

因为 $\angle SQA = \angle SPA$，所以 $\angle SQB = \angle SPC$．

而 $\angle SBQ = \angle SCP$，所以 $\triangle SBQ$ 与 $\triangle SCP$ 旋转相似，从而 $\triangle SQP$ 与 $\triangle SBC$ 也旋转相似．

由 $\dfrac{KP}{KQ} = \dfrac{EC}{EB}$ 知 K,E 是一对相似对应点，所以 SK,SE 的夹角与 PQ，BC 的夹角相等，即 $\angle KSE = \angle PTC = \angle KTE$．所以 S,K,E,T 四点共圆．

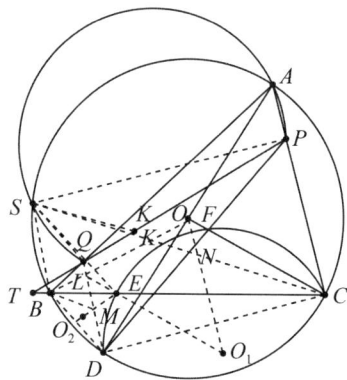

图 2.7.20

方法二： 如图 2.7.21，设点 D 关于 AB,AC 的对称点分别为 H,I,HI 分别交 AB,AC 于点 J,L．

设 $\triangle BDE$ 的外接圆交 BO 于点 G,DG 交 AB 于点 Q',PQ' 交 HI 于点 K'．

由于 $\angle OGD = 180° - \angle BGD = 180° - \angle BED = \angle DEC = 180° - \angle OFD$，故 O,F,D,G 四点共圆．因为 $\dfrac{Q'K'}{K'P} = \dfrac{Q'J}{PL} \cdot \dfrac{\sin\angle Q'JK'}{\sin\angle PLK'}$，过点 D 作 $MN \parallel BC$，交 AB，AC 于点 M,N，由 $\angle ABD = \angle ACD = 90°$，有

$\angle JDB = \angle MDB = 90° - \angle ABC = \angle OAC$．

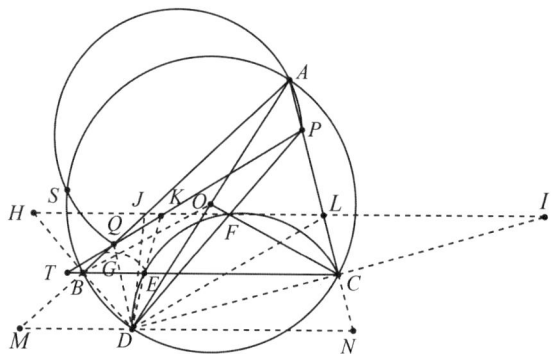

图 2.7.21

故 $\angle ADJ = \angle OCB = \angle ADL = \angle OBC$，而 $\angle LDJ = 2\angle OBC = 180° - \angle BOC = \angle PDQ'$，

因此 $\angle Q'DJ = \angle PDL$，$\dfrac{Q'J}{PL} = \dfrac{Q'D}{PD} \cdot \dfrac{\sin\angle PLD}{\sin\angle Q'JD} = \dfrac{Q'D}{PD} \cdot \dfrac{\sin\angle LDA}{\sin\angle JDA} \cdot \dfrac{AJ}{AL} = \dfrac{Q'D}{PD} \cdot \dfrac{\sin\angle PLK'}{\sin\angle Q'JK'}$．

故 $\dfrac{Q'K'}{K'P} = \dfrac{Q'D}{DP}$，即 DK' 平分 $\angle Q'DP$．

由 DE 平分 $\angle Q'DP$，有 D,E,K' 三点共线．由 $DE = EK = EK'$ 有 $K = K'$，$Q = Q'$．

因此，$\angle QHJ = \angle QDJ = \angle PDL = \angle PIL$，故 $QH \parallel PI$．可得

$$\frac{QK}{PK} = \frac{QD}{PD} = \frac{QH}{PI} = \frac{HK}{IK} = \frac{BE}{CE}.$$

因为 A,B,C,S 和 A,P,Q,S 分别四点共圆，有 $\angle SPT = \angle SAB = \angle SCT$，故 S,P,C,T 四点共圆．

因为 $\angle SQP = 180° - \angle SAP = \angle SBC$，$\angle SPQ = \angle SAQ = \angle SCB$，所以 $\triangle SPQ \backsim \triangle SCB$．

由 $\dfrac{QK}{KP} = \dfrac{BE}{EC}$，有 $\triangle SKE \backsim \triangle SPC$．故 $\angle KSE = \angle PSC = \angle PTC$，即 K,S,T,E 四点共圆．

方法三： 设 $\angle PDE = \alpha = \angle FCE = 90° - \angle BAC$．在 AB 上取点 Q' 使直线 DP,DQ' 关于直线 DK 对称，如图 2.7.22，由张角定理：

$$\frac{\sin\angle CDB}{DE} = \frac{\sin\angle CDE}{BD} + \frac{\sin\angle BDE}{CD} \qquad ①.$$

因为 $\sin\angle CDB = \sin\angle CAB = \cos\alpha$，由 $\angle CDB - \alpha = (180° - \angle BAC) - (90° - \angle BAC) = 90°$，得

$$\angle CDE + \angle BDQ' = \angle BDE + \angle CDP = 90°.$$

代入 ① 式得 $\dfrac{\cos\alpha}{DE} = \dfrac{\cos\angle BDQ'}{BD} + \dfrac{\cos\angle CDP}{CD} = \dfrac{1}{PD} + \dfrac{1}{Q'D}$（用到 $DC \perp AC,DB \perp AB$），所以

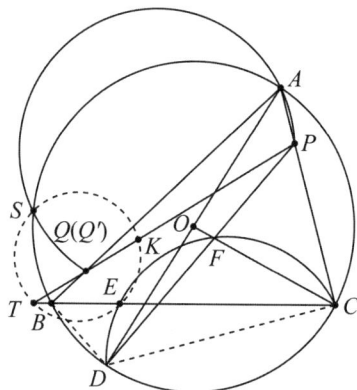

图 2.7.22

$$\frac{\sin 2\alpha}{DK} = \frac{\sin\alpha}{PD} + \frac{\sin\alpha}{Q'D}.$$

故 P,K,Q' 三点共线,从而点 Q 与点 Q' 重合. 所以

$$\frac{PK}{KQ} = \frac{PD}{DQ} = \frac{CD}{BD} \cdot \frac{\cos\angle BDQ}{\cos\angle CDP} = \frac{CD}{BD} \cdot \frac{\sin\angle CDE}{\sin\angle BDE} = \frac{CE}{EB} \quad ②.$$

因为 $\angle SPQ = \angle SAQ = \angle SCB$,$\angle SQP = 180° - \angle SAP = \angle SBC$,所以结合 ② 式可得 $\triangle SPQ \backsim \triangle SCB$,$\triangle SPK \backsim \triangle SCE$. 所以 $\angle SKQ = \angle SEB$,故 S,K,E,T 四点共圆. 证毕.

例题 2　如图 2.7.23,在锐角三角形 ABC 中,D,E,F 分别是边 BC,AC,AB 上高的垂足,点 V 是 $\triangle DEF$ 的外心. 设 DF 与 BE 交于点 P,DE 与 CF 交于点 Q. 证明:$AV \perp PQ$.

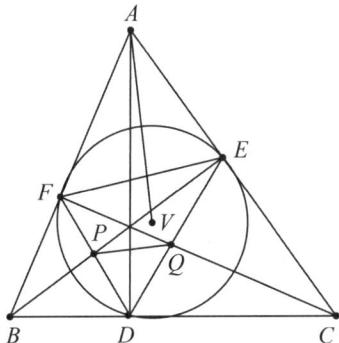 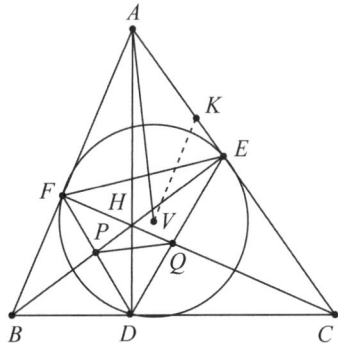

图 2.7.23　　　　　　　　图 2.7.24

方法讲解　**方法一:**如图 2.7.24,设 $\triangle ABC$ 的垂心为 H,过点 V 作 AB 的平行线,交 AC 于点 K. 注意到 $VK \perp QH$,$AK \perp PH$. 因此想证明 $AV \perp PQ$,只需证明 $\triangle AVK \backsim \triangle PQH$. 因为 $\angle AKV = 180° - \angle BAC = \angle BHC$,故想证明 $\triangle AVK \backsim \triangle PQH$,只需证明 $\dfrac{PH}{QH} = \dfrac{AK}{VK}$. 在 $\triangle HPD$ 和 $\triangle HQD$ 中运用正弦定理,结合 $\angle FDH = \angle EDH$,得到

$$\frac{PH}{QH} = \frac{\sin\angle HQD}{\sin\angle HPD}.$$

另外,在 $\triangle AVK$ 中用正弦定理,得到

$$\frac{AK}{VK} = \frac{\sin\angle AVK}{\sin\angle VAK} = \frac{\sin\angle VAF}{\sin\angle VAE}.$$

再在 $\triangle AFV$ 和 $\triangle AEV$ 中用正弦定理,结合 $VE = VF$,得到

$$\frac{AK}{VK} = \frac{\sin\angle VAF}{\sin\angle VAE} = \frac{\sin\angle VFA}{\sin\angle VEA}.$$

注意到

$$\angle HQD = 180° - \angle DFQ - \angle FDQ = (90° - \angle EFQ) + (90° - \angle FDE)$$
$$= \angle AFE + \angle VFE = \angle AFV,$$

同理可得 $\angle HPD = \angle VEA$. 因此 $\dfrac{PH}{QH} = \dfrac{AK}{VK}$.

方法二:如图 2.7.25,设直线 PQ 交 $\odot V$ 于点 I,G,$\triangle ABC$ 垂心为 H,由 F,H,D,B 四点共圆,有

$$PH \cdot PB = PF \cdot PD = PI \cdot PG.$$

故 B,I,H,G 四点共圆. 同理可证 C,I,H,G 四点共圆,故 B,C,I,H,G 五点共圆. 设其圆心为 X.

设 $\triangle ABC$ 的外接圆为 $\odot O$,由于 $\triangle BHC$ 的外接圆与 $\odot O$ 关于 BC 对称,故 $OX = 2OM = AH$. 因为 $OX \parallel AH$,所以四边形 $AOXH$ 为平行

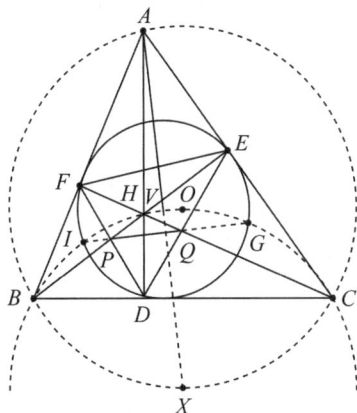

图 2.7.25

四边形.又 V 是 OH 的中点,所以 A,V,X 三点共线.又因为 $\odot V$ 与 $\odot X$ 的根轴 IG 与两圆圆心的连线垂直,即 $IG \perp VX$,故 $PQ \perp AV$.

例题 3 如图 2.7.26,在 $\triangle ABC$ 中,$\angle BAC = 90°$,$\triangle ABC$ 的外接圆在点 A 处的切线与直线 BC 交于点 D,M 是 AD 的中点,过点 B 且平行于 AD 的直线与直线 MC 交于点 E.证明:$AE \perp BC$.

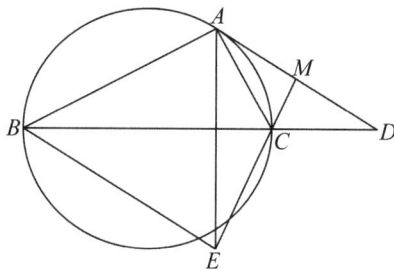
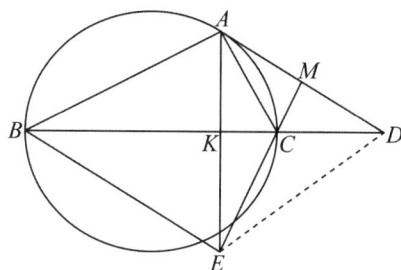

图 2.7.26   图 2.7.27

方法讲解 如图 2.7.27,设 AE 与 BC 交于点 K.因为 M 是 AD 的中点,$BE \parallel AD$,所以 $E(B,M,A,D)$ 是一个调和线束,因而 B,C,K,D 是一个调和点列.但 $AB \perp AC$,于是 AC 平分 $\angle KAD$.又 AD 是 $\triangle ABC$ 的外接圆的切线,这样便有 $\angle KAC = \angle CAD = \angle CBA$.再由 $AB \perp AC$ 知 $AK \perp BC$,也就是 $AE \perp BC$.

例题 4 如图 2.7.28,设 D,E,F 分别在锐角三角形 ABC 的边 BC,CA,AB 上,且 $AD \perp BC$,$BE \perp CA$,$CF \perp AB$.直线 EF 与 BC 交于点 P,过点 D 且平行于 EF 的直线与 CA,AB 分别交于点 Q,R.证明:圆 (PQR) 通过 BC 的中点.

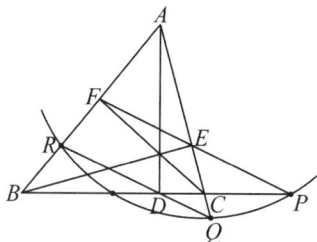
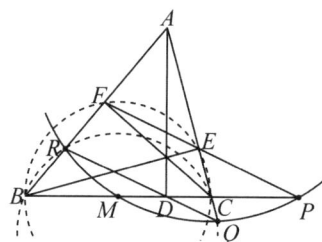

图 2.7.28   图 2.7.29

方法讲解 如图 2.7.29,注意 $BE \perp CA$,$CF \perp AB$,所以 B,C,E,F 四点共圆.又 $QR \parallel EF$,因此 $\angle BCQ = \angle BFE = \angle BRQ$,这说明 B,C,Q,R 四点共圆,由圆幂定理知 $DR \cdot DQ = DB \cdot DC$.

另外,由完全四边形的调和性知,B,C,D,P 成调和点列.设 M 是 BC 的中点,则由调和点列的性质知 $DB \cdot DC = DM \cdot DP$,所以 $DR \cdot DQ = DM \cdot DP$.由圆幂定理的逆定理知 M,P,Q,R 四点共圆,也就是说,圆 (PQR) 通过 BC 的中点 M.

例题 5 如图 2.7.30,设 O 是锐角 $\triangle ABC$ 的外心,M 是 BC 的中点,P 是 $\triangle ABC$ 内一点,且 $AP \perp BC$,$PB \perp PC$,直线 PM 关于 BC 的对称直线与直线 AO 交于点 Q.证明:AM 平分线段 PQ.

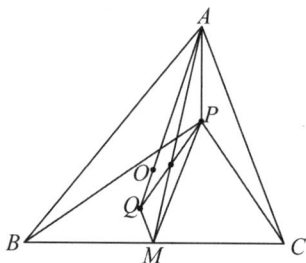
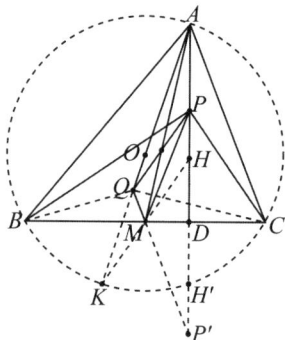

图 2.7.30   图 2.7.31

方法讲解 如图 2.7.31,设 H 是 $\triangle ABC$ 的垂心,AK 是 $\triangle ABC$ 的外接圆的直径,则 H,M,K 三点共线,且 M 是 HK 的中点.因为 $AP \perp BC$,所以点 P 在直线 AH 上.设直线 AH 与 BC 交于点 D,点 P,H 关于 BC 的对称点分别是 P',H',则点 P',H' 皆在直线 AH 上,且 D 既是 PP' 的中点,也是 HH' 的中点,点 H' 在 $\triangle ABC$ 的外接圆上,P',M,Q 三点共线.因为 $PB \perp PC$,$PD \perp BC$,由直角三角形的射影定理和圆幂定理,有

$$DP'^2 = DP^2 = DB \cdot DC = DA \cdot DH' = DA \cdot DH.$$

这说明 P',P,H,A 成调和点列,所以,$Q(P',P,H,A)$ 是一个调和线束,即 $Q(M,P,H,K)$ 是一个调和线束,而 M 是 HK 的中点,因而 $HK \parallel PQ$.再由 M 是 HK 的中点知,AM 平分线段 PQ.

注 可以证明,P,Q 是 $\triangle ABC$ 的两个等角共轭点.

例题 6 如图 2.7.32,设对角线互相垂直的凸四边形 $ABCD$ 内接于圆心为 O 的圆 Γ,过顶点 A,C 作圆 Γ 的切线,它们与直线 BD 围成一个三角形 T.证明:$\triangle OBD$ 的外接圆与三角形 T 的外接圆相切.

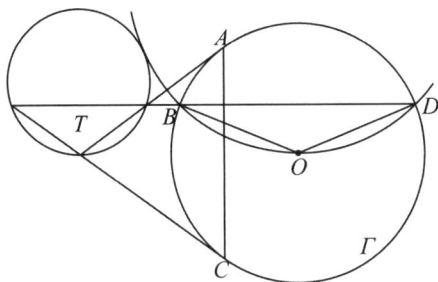
图 2.7.32

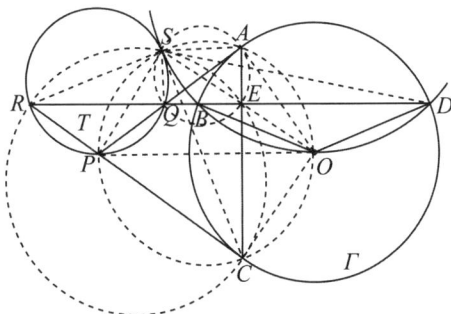
图 2.7.33

方法讲解 如图 2.7.33,设圆 Γ 在 A,C 两点的切线交于点 P,直线 BD 与切线 PA,PC 分别交于点 Q,R,AC 与 BD 交于点 E,完全四边形 $CEQPAR$ 的密克尔点为 S,则 S 是 $\triangle PCA$ 的外接圆、$\triangle CER$ 的外接圆、$\triangle PQR$ 的外接圆、$\triangle EAQ$ 的外接圆的公共点.因为 PA,PC 是圆 O 的切线,所以 $AO \perp AP$,$CO \perp CP$,因此 OP 是 $\triangle PCA$ 的外接圆的直径,且 $PO \perp AC$.又 $AC \perp BD$,所以 $PO \parallel BD$.注意到 PO 平分 $\angle CPA$,所以 $\angle PRQ = \angle CPO = \angle OPA = \angle RQP$,因此 $\angle ESA = \angle EQA = \angle RQP = \angle CRE = \angle CSE$,即 SE 平分 $\angle CSA$.又 A,C,O,S 四点共圆,$OA = OC$,所以 SO 平分 $\angle CSA$,这说明 S,E,O 三点共线.由圆幂定理知 $ES \cdot EO = EA \cdot EC = EB \cdot ED$,因而 S,B,O,D 四点共圆,即点 S 在 $\triangle OBD$ 的外接圆上.

因为 $\angle PRQ = \angle RQP$,$OB = OD$,$PO \parallel BD$,所以 PO 是 $\triangle PQR$ 的外接圆与 $\triangle OBD$ 的外接圆的切线,因而 $\angle PRS = \angle OPS$,$\angle SDO = \angle SOP$.再注意 $\angle PSO = \angle PAO = 90°$,于是 $\angle PRS + \angle SDO = \angle OPS + \angle SOP = 90° = \angle PSO$,故 $\triangle SRP$ 的外接圆与 $\triangle SOD$ 的外接圆相切于点 S,这就是说,$\triangle OBD$ 的外接圆与 $\triangle PQR$ 的外接圆相切,且切点为完全四边形 $CEQPAR$ 的密克尔点.

例题 7 如图 2.7.34,凸四边形 $ABCD$ 内接于圆 Γ,其中 $AB > CD$,AB 与 CD 不平行,对角线 AC 与 BD 交于点 M,点 M 在 AB 上的射影为 E,且 EM 平分 $\angle CED$.证明:AB 是圆 Γ 的直径.

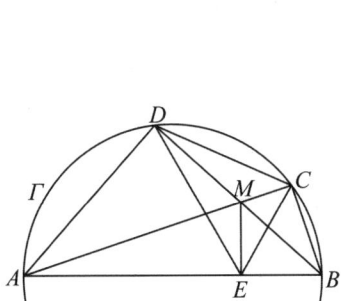
图 2.7.34

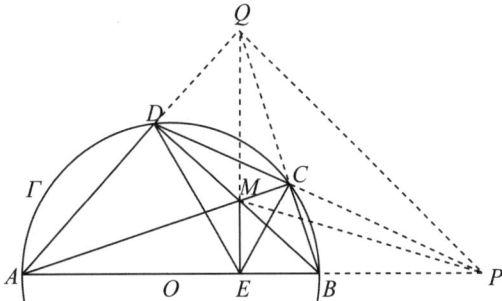
图 2.7.35

方法讲解 如图 2.7.35，因为 AB 与 CD 不平行，所以直线 AB 与 CD 必交于一点 P. 又四边形 $ABCD$ 内接于圆，AB 与 CD 不平行，如果 $AD \parallel BC$，则 $ABCD$ 是一个以 AD，BC 为两底的等腰梯形，于是 $AB = CD$，此与 $AB > CD$ 矛盾，因而直线 AD 与 BC 必交于一点 Q.

注意 EM 平分 $\angle CED$，且 $EM \perp AB$，所以 EA 与 EB 是 $\angle CED$ 的两条等角线。由等角线的性质知，EM，EQ 是 $\angle CED$ 的两条等角线，但 EM 是 $\angle CED$ 的平分线，于是 EQ 也是 $\angle CED$ 的平分线，即 E，M，Q 三点共线.

设 O 是圆 Γ 的圆心，则 O 是 $\triangle MPQ$ 的垂心（Brocard 定理），所以 $OP \perp ME$，又 $EM \perp AB$，点 P 在直线 AB 上，因此点 O 在 AB 上，故 AB 是圆 Γ 的直径.

例题 8 如图 2.7.36，设 $\triangle ABC$ 的外接圆在 B，C 两点处的切线交于点 D，$\angle BAC$ 的内角平分线、外角平分线与直线 BC 分别交于点 E，F，过点 E 且垂直于 BC 的直线与 AD 交于点 K，设 M，N 分别是 DE，EF 的中点。证明：K，M，N 三点共线.

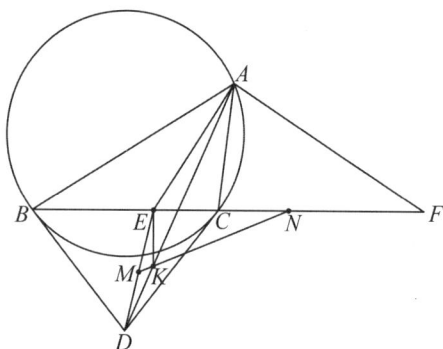

图 2.7.36

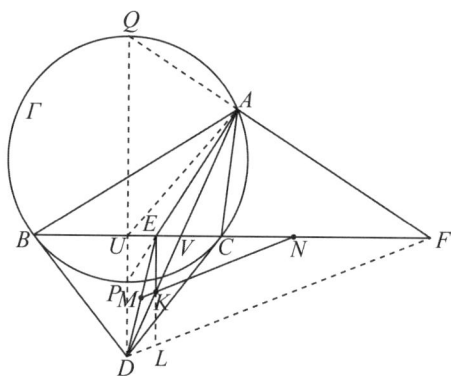

图 2.7.37

方法讲解 如图 2.7.37，设直线 AE，AF 与 $\triangle ABC$ 的外接圆 Γ 的另一交点分别为 P，Q，则 P，Q 分别是圆 Γ 上 $\overparen{BC}$（不含点 A）的中点和 $\overparen{BAC}$ 的中点。再设 U 是 BC 的中点，AD 与 BC 交于点 V，则 D，P，U，Q 四点共线，且 U，D，P，Q 成调和点列，所以 $A(U,D,P,Q)$ 是调和线束，因此 U，V，E，F 成调和点列，这样便有 $D(U,V,E,F)$ 成调和线束。再设直线 EK 与 DF 交于点 L，则 $EL \parallel DU$，由调和线束的性质知，K 是 EL 的中点，故 K，M，N 三点共线.

例题 9 如图 2.7.38，在 $\triangle ABC$ 中，$AB \neq AC$，B，C 两点在 $\angle BAC$ 的平分线上的射影分别为 M，N，以 MN 为直径的圆与 BC 交于 E，F 两点。证明：$\angle BAE = \angle FAC$.

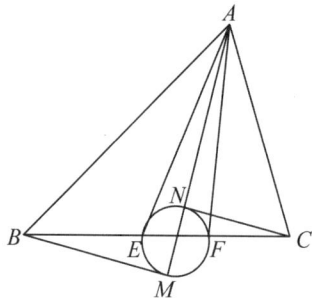

图 2.7.38

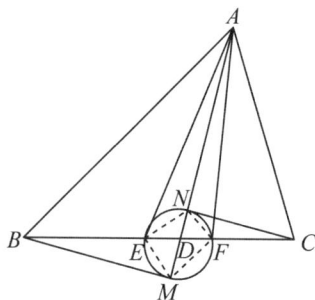

图 2.7.39

方法讲解 如图 2.7.39，不妨设 $AB > AC$，则 $AM > AN$，点 M 在 $\triangle ABC$ 外，点 N 在 $\triangle ABC$ 内。再设 $\angle BAC$ 的平分线与 BC 交于点 D，点 E 在 B，D 两点之间，则 $\triangle ABM \backsim \triangle ACN$，$\triangle DBM \backsim \triangle DCN$.

注意 AD 平分 $\angle BAC$，所以 $\dfrac{AM}{AN} = \dfrac{AB}{AC} = \dfrac{DB}{DC} = \dfrac{DM}{DN}$，这说明 A，D，M，N 成调和点列。又 $EM \perp EN$，因此，EN 是 $\angle CEA$ 的平分线。同理，FN 是 $\angle AFB$ 的平分线，于是 N 是 $\triangle AEF$ 的内心，因而 AD 是

$\angle EAF$ 的平分线.又 AD 是 $\angle BAC$ 的平分线,故 $\angle BAE = \angle FAC$.

例题 10 如图 2.7.40,点 O 为锐角三角形 ABC 的外心.$\odot P$ 过 A,O 两点,且 $OP \parallel BC$.点 D 和点 A 在边 BC 的两侧,满足 $\angle ABD = \angle ACD = \angle BAC$.$\odot Q$ 是以 AD 为直径的圆,$\odot R$ 是 $\triangle BCD$ 的外接圆.证明:$\odot P,\odot Q,\odot R$ 交于一点.

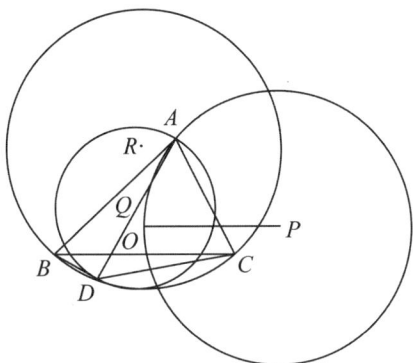

图 2.7.40

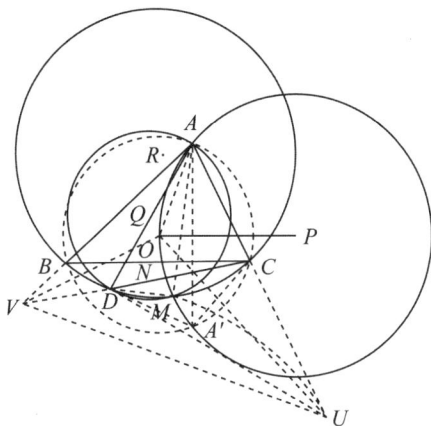

图 2.7.41

方法讲解 如图 2.7.41,设 AC,BD 的延长线相交于点 U,AB,CD 的延长线相交于点 V.
设 $\odot R$ 和 $\triangle UDV$ 的外接圆相交于 D,M 两点,下证 M 是 $\odot P,\odot Q,\odot R$ 的公共点.
取点 A 关于 OP 的对称点 A',则 A' 是 $\odot O,\odot P$ 的一个交点,且 $AA' \perp BC$.设 N 是 BC 的中点.
由于 $\angle ABD = \angle ACD = \angle BAC$,故 $AU = BU$ 且 $AV = CV$.
而 O 是 $\triangle ABC$ 的外心,故 $OU \perp AB$ 且 $OV \perp AC$,进而 O 是 $\triangle AUV$ 的垂心,
于是 $\angle OUV = \angle OAB = 90° - \angle ACB = 90° - \angle AA'B = \angle A'BC$,即 $\angle OUV = \angle A'BC$.
同理 $\angle OVU = \angle A'CB$,因此 $\triangle OUV \backsim \triangle A'BC$.
由圆周角定理可知 $\angle MBC = \angle MDC = \angle MUV$,即 $\angle MBC = \angle MUV$.
同理,$\angle MCB = \angle MVU$,故 $\triangle MBC \backsim \triangle MUV$.结合 $\triangle OUV \backsim \triangle A'BC$ 与 $\triangle MBC \backsim \triangle MUV$ 可知
$$\angle A'MO = \angle(BC,UV) = \angle NOA,$$
即 $\angle A'MO = \angle NOA$.又 $ON \parallel AA'$,所以
$$\angle A'MO + \angle OAA' = \angle NOA + \angle OAA' = 180°.$$
于是 A,O,M,A' 四点共圆,即点 M 在 $\odot P$ 上.
显然 $\angle ABU = \angle ACV$,故 B,C,U,V 四点共圆.由密克尔点的性质可知 $AM \perp DM$,故 M 也在 $\odot Q$ 上.
综上所述,$\odot P,\odot Q,\odot R$ 共点于 M,结论成立.

例题 11 如图 2.7.42,在 $\triangle ABC$ 中,H 是垂心.以 H 为圆心,过点 A 的圆与边 AC,AB 分别相交于不同于点 A 的另外两点 D,E.$\triangle ADE$ 的垂心是 H',AH' 的延长线与 DE 相交于点 F.点 P 在四边形 $BCDE$ 内部,满足 $\triangle PDE \backsim \triangle PBC$(顶点按对应顺序排列).设直线 HH',PF 相交于点 K,证明:A,H,P,K 四点共圆.

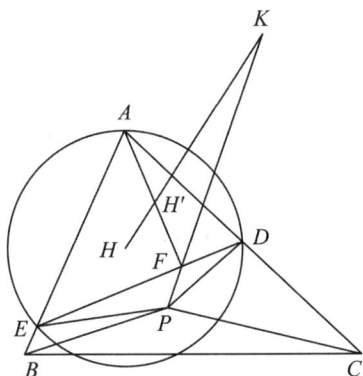

图 2.7.42

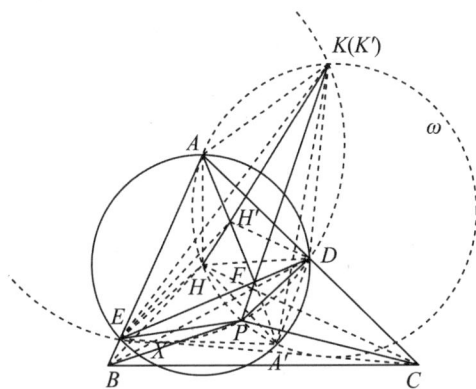

图 2.7.43

方法讲解 如图 2.7.43，设 AF 的延长线与 $\odot H$ 交于点 A'. 作 $\triangle AHA'$ 的外接圆 ω. 设直线 HH' 与 ω 交于除点 H 以外的另一点 K'.

先证明点 K' 在 $\triangle PDE$ 的外接圆上.

由 $HA = HA'$ 与圆周角定理可得 $\angle HAH' = \angle AA'H = \angle AK'H$，故 $\triangle HAH' \backsim \triangle HK'A$，因此
$$HA^2 = HH' \cdot HK'.$$

而 $HD = HE = HA$，故 $HD^2 = HE^2 = HH' \cdot HK'$，于是 $\triangle HDH' \backsim \triangle HK'D$，$\triangle HEH' \backsim \triangle HK'E$. 进而可得
$$\angle DK'E = \angle HK'D + \angle HK'E = \angle HDH' + \angle HEH' = \angle DHE - \angle DH'E$$
$$= 2\angle BAC - (180° - \angle BAC) = 3\angle BAC - 180°.$$

设 BD, CE 相交于点 X，由密克尔点的知识可知，$\triangle XDE$ 与 $\triangle XBC$ 的外接圆相交于除点 X 以外的另一点 P. 注意到 $AB = BD$，$AC = CE$，因此
$$\angle DPE = \angle DXE = 360° - \angle DAE - \angle AEX - \angle ADX = 360° - 3\angle BAC.$$

因此 $\angle DK'E + \angle DPE = 180°$，则 D, P, E, K' 四点共圆，即点 K' 在 $\triangle PDE$ 的外接圆上.

再证明点 P 在圆 ω 上.

由已知条件知 $\triangle PDE \backsim \triangle PBC$. 而 $\angle A'DE = \angle EAF = 90° - \angle AED = \angle HAD = \angle HBC$，即 $\angle A'DE = \angle HBC$. 同理可得 $\angle A'ED = \angle HCB$，从而 $\triangle A'DE \backsim \triangle HBC$. 故 $\angle HPA' = \angle(BC, DE) = \angle HAA'$，于是 A, H, P, A' 四点共圆，进而点 P 在圆 ω 上.

又 PK' 是圆 ω 与 $\triangle DPE$ 外接圆的根轴，且 $FA \cdot FA' = FD \cdot FE$，则点 F 对两圆等幂，进而 P, F, K' 三点共线. 因此点 K' 与点 K 重合. 而点 A, H, P, K 均在圆 ω 上，故结论成立.

例题 12 如图 2.7.44，设圆内接四边形 $ABCD$ 的两组对边均不平行，对角线 AC, BD 交于点 E，边 AD, BC 的中点分别为 M, N，$\triangle MBC$ 的外接圆与直线 AD 的第二个交点为 S，$\triangle NAD$ 的外接圆与直线 BC 的第二个交点为 T，试判断直线 ST 与 $\triangle EMN$ 的外接圆 Γ 的位置关系，并说明理由.

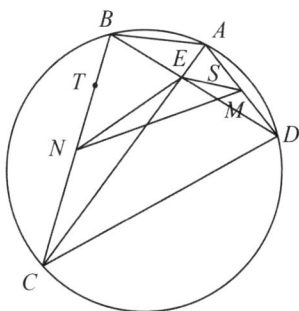

图 2.7.44

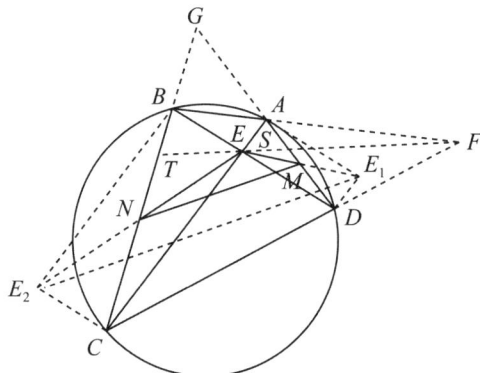

图 2.7.45

方法讲解 直线 ST 与圆 Γ 切于点 E.

设直线 BA, CD 交于点 F，DA, CB 交于点 G（如图 2.7.45），EF 与 AD, BC 分别交于点 S', T'.

对于点 E 及 $\triangle BCF$，由塞瓦定理得 $\dfrac{CT'}{T'B} \cdot \dfrac{BA}{AF} \cdot \dfrac{FD}{DC} = 1$；对于直线 GAD 及 $\triangle BCF$，由梅涅劳斯定理得 $\dfrac{CG}{GB} \cdot \dfrac{BA}{AF} \cdot \dfrac{FD}{DC} = 1$. 于是 $\dfrac{CT'}{T'B} = \dfrac{CG}{GB}$，即 G, B, T', C 为调和点列. 因为 N 为线段 BC 的中点，所以 $GT' \cdot GN = GB \cdot GC$. 由割线定理可得 $GB \cdot GC = GA \cdot GD$，则 $GT' \cdot GN = GA \cdot GD$.

由割线定理的逆定理可得 A, D, N, T' 四点共圆，则 $T' = T$.

由于 FG, FB, FT', FC 为调和线束，则 G, A, S', D 为调和点列.

同理，因为 M 为线段 AD 的中点，所以 $GS' \cdot GM = GA \cdot GD = GB \cdot GC$，则 B, C, M, S' 四点共圆，

故 $S' = S$.设点 E 关于点 M,N 的对称点分别为 E_1,E_2,则 EAE_1D 和 EBE_2C 均为平行四边形,于是 M,N 分别为线段 EE_1,EE_2 的中点,因此 $MN \parallel E_1E_2$.

由于 $\angle ADE_1 = \angle CAD = \angle CBE$,$\angle DAE_1 = \angle BDA = \angle BCE$,因此 $\triangle ADE_1 \backsim \triangle CBE$.因为 $\triangle FAD \backsim \triangle FCB$,所以 E_1,E 是对应点,这表明 FE_1,FE 是 $\angle BFC$ 的等角线.

同理,E,E_2 是对应点,FE_2,FE 也是 $\angle BFC$ 的等角线,于是 F,E_1,E_2 三点共线.

由 $\angle FEE_1 = \angle FE_2E = \angle MNE$ 可知,直线 ST 与圆 Γ 切于点 E.

例题 13 如图 2.7.46,设四边形 $ABCD$ 内接于圆 O.直线 AC 和 BD 交于点 E,直线 AD 和 BC 交于点 F.O_1,O_2 分别为 $\triangle ABE$,$\triangle CDE$ 的外心.设圆 $(ABCD)$ 和圆 (OO_1O_2) 交于 P,Q 两点.证明:P,Q,F 三点共线.

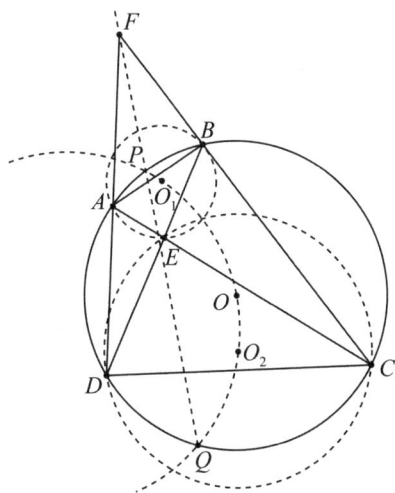
图 2.7.46

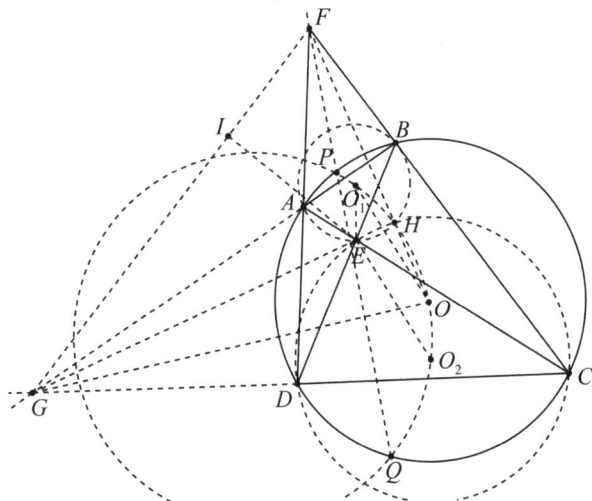
图 2.7.47

方法讲解 如图 2.7.47,设 AB 与 CD 相交于点 G,由于 $ABCD$ 为圆内接四边形,可知 $CDGAFB$ 的密克尔点即为 O 在 FG 上的投影,且 E 为 $\triangle OFG$ 的垂心.设 GE 与 FO 相交于点 H,可知 H 亦为 $\odot O_1$ 与 $\odot O_2$ 的另一个交点.

我们有 $\angle O_1EB + \angle EDC = 90° - \angle EAB + \angle EDC = 90°$,故 $O_1E \perp DC \Rightarrow O_1E \parallel OO_2$.同理 $OO_1 \parallel O_2E$,因此 O_1EO_2O 是一个平行四边形.故由 $O_1O_2 \perp EH$ 且 $\angle EHO = \dfrac{\pi}{2} \Rightarrow OH \parallel O_1O_2$,同时 $O_1E = O_1H = OO_2$,故 O_1O_2OH 为等腰梯形,因此点 H 在 $\overparen{OO_1O_2}$ 上.

故 $FH \cdot FO = FI \cdot FG = FB \cdot FC$,可知点 F 在 $\odot(OO_1O_2)$ 与 $\odot(O)$ 的根轴上.故 F,P,Q 三点共线.

例题 14 如图 2.7.48,六边形 $ABCDEF$ 内接于圆 O,且 AD,BE,CF 共点于 X.P 为平面上任意一点,设 $\triangle PAB$ 的外心为 O_{AB},类似定义点 O_{BC},O_{CD},O_{DE},O_{EF},O_{FA}.证明:$O_{AB}O_{DE}$,$O_{BC}O_{EF}$,$O_{CD}O_{FA}$,OX 共点.

方法讲解 事实上,我们只要证明 $O_{AB}O_{DE}$ 与 OX 的交点 N 可以由点 P,X 及 $\odot O$ 唯一确定.继而类似得到 $O_{BC}O_{EF}$,$O_{CD}O_{FA}$ 也与 OX 交于同一点 N.

如图 2.7.49,不妨设 AB 交 DE 于点 L,则点 L 在点 X 关于 $\odot O$ 的极线 l 上.设 $\odot(PAB)$ 与 $\odot(PDE)$ 交于另一点 K,则由蒙日定理知,P,K,L 三点共线.注意到 $O_{AB}O_{DE}$ 是 PK 的中垂线,则点 L 在以 N 为圆心,NP 为半径的圆 $\odot N$ 和 $\odot O$ 的根轴上.

又 $NO \perp l$,故 $\odot N$ 和 $\odot O$ 的根轴即为 l.

由共轴圆组性质,过点 P 存在唯一的 $\odot N$ 使得其与 $\odot O$ 的根轴为 l.故点 N 由点 P,X 及 $\odot O$ 唯一确定(直线 l 为 X 的根轴).得证.

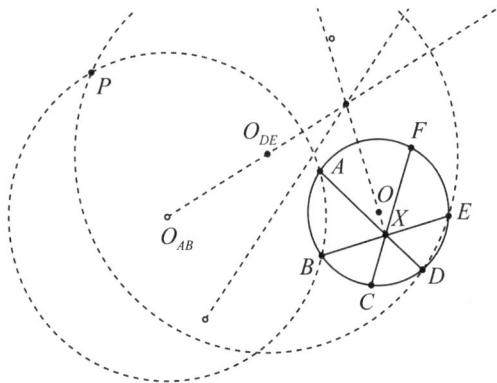

图 2.7.48

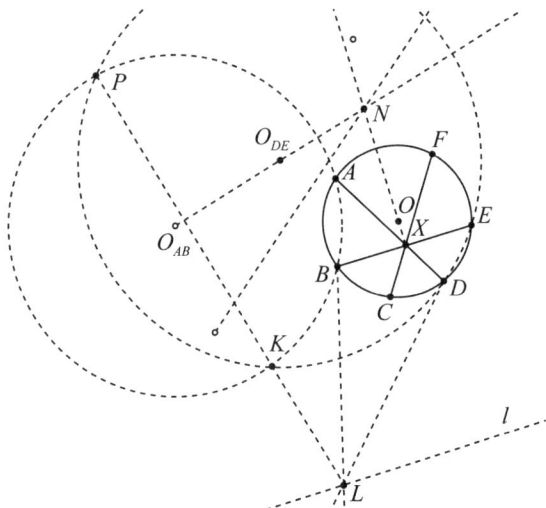

图 2.7.49

例题 15 如图 2.7.50,在 $\triangle ABC$ 中,点 D,E,F 分别在边 BC,AC,AB 上,且满足 $DE \parallel AB$,$DF \parallel AC$,以及 $\dfrac{BD}{DC} = \dfrac{AB^2}{AC^2}$. 令 $\odot(AEF)$ 与直线 AD 相交于点 R,过点 A 作 $\odot(ABC)$ 的切线,与 $\odot(AEF)$ 再次相交于点 S. 令直线 EF 与 BC 交于点 L,与 SR 交于点 T. 证明:当且仅当直线 BS 平分线段 TL 时,直线 SR 平分线段 AB.

方法讲解 **方法一:** 我们先证明若 SR 平分 AB,那么 BS 平分 TL. 由 $\dfrac{BD}{CD} = \dfrac{AB^2}{AC^2}$ 可知 AD 为陪位中线,取 AD 所在弦的中点 R',由调和四边形性质可知点 B,F,R',D,点 C,E,R',D,点 B,F,E,C 均分别共圆,点 A,F,R',E 共圆,可知点 R,R' 重合.($\angle ABR' = \angle D'BC$)

令 $AD \bigcap \odot(ABC) = D'$,$M$ 是 AB 的中点,那么 MR 是 $\triangle ABD'$ 的中位线,因此 $\angle AES = \angle ARS = \angle AD'B = \angle ACB$,因此 $SE \parallel BC$.

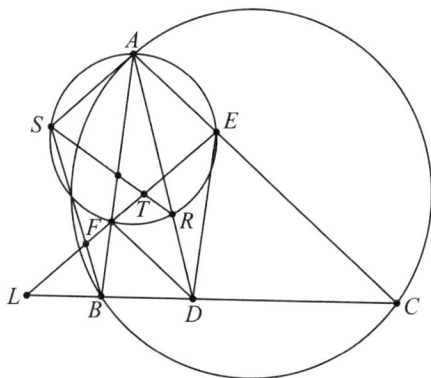

图 2.7.50

令 $X = \odot(AEF) \bigcap \odot(ABC)$ 为 $BFEC$ 的密克尔点. 显然,AX,EF,BC 在点 L 处相交. 此外,$\angle AXS = \angle AES = \angle ACB$,这意味着 S,X,B 三点共线. 而且 $\angle SAB = \angle ACB = \angle AFE$,所以 $AS \parallel EF$,故 $EASF$ 是一个等腰梯形. 我们有 $\angle SFX = \angle SAX = \angle ABX$,所以 SF 切圆 $\odot(FXB)$,因此 $SF^2 = SX \cdot SB = SA^2$. 因此 $SF = SA = AE$,导角可知 $\angle B = 2\angle C$.

容易证明 $\angle BRF = \angle BDF = \angle BCA = \angle ECR + \angle RCB = \angle RCB + \angle FER$,所以 $\odot(BRC)$ 和 $\odot(AEF)$ 在点 R 处相切,这意味着 FE,BC 和公共切线在点 L 处相交. 此外 RD 是 $\angle BRC$ 的角平分线,所以 $LR = LD$.

由于 $\angle B = 2\angle C$,$\angle EDC = \angle B$,$\angle FED = \angle AFE = \angle C$,所以 $DL = DE$.

此外,由 $SE = 2AE\cos C = 2DF\cos C = DL$,可知 $LDES$ 是一个菱形,故 $LS = LR$.

已知 LR 切 $\odot(AEF)$,故 $ARXS$ 是调和四边形.

最后,通过点 S 在 EF 上投影 $(SR;XA) = -1$ 得出 BS 平分 TL. 证毕.

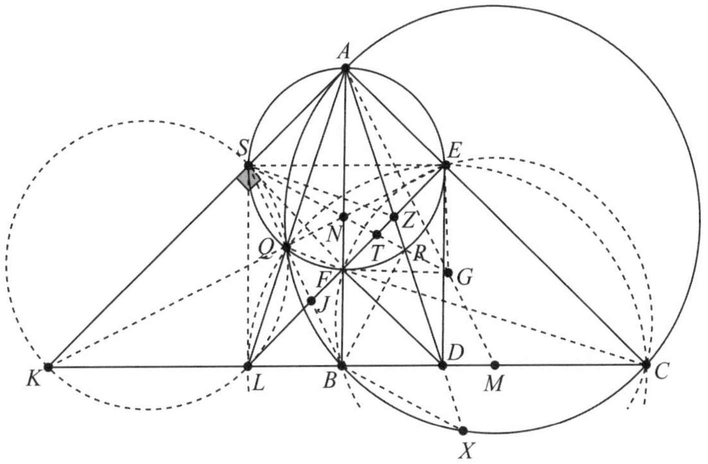

图 2.7.51

方法二:如图 2.7.51,由题设显然知,AD 为 $\triangle ABC$ 的 A 陪位中线,可以算得 $AF \cdot AB = AE \cdot AC$,得 B,C,E,F 四点共圆.由此可知 AD 过 EF 的中点.

设 $\odot(ABC)$ 与 $\odot(AEF)$ 交于点 Q.由 $LF \cdot LE = LB \cdot LC$ 知,点 L 在 $\odot(AEF)$ 与 $\odot(CEF)$ 的根轴上,得 L,Q,A 三点共线.$\angle SAF = \angle ACB = \angle AFE$,知 $AS \parallel EF$.以 A 为反演中心,$AF \cdot AB$ 为反演幂作反演变换,知 $\odot(AEF)$ 和直线 BC 互为反形.设 AS 交 BC 于点 K,则 $AS \cdot AK = AQ \cdot AL = AF \cdot AB = AE \cdot AC$.

由 $A(E,F,S,R)$ 可知 K,B,D,C 为调和点列,从点 A 将点 K,B,D,C 向 $\odot(AEF)$ 投影知,四边形 $SFRE$ 为调和四边形.过点 E,F 分别作 $\odot(AEF)$ 的切线,交于点 G,则 AG 为 $\triangle AEF$ 的 A 陪位中线,故点 G 在 AM 上,其中 M 为 BC 的中点.

设 AD 再交 $\odot(ABC)$ 于点 X,则有 $\angle ABR = \angle ADF = \angle CAD = \angle CBX$,结合四边形 $ABXC$ 为调和四边形知,R 为 AX 的中点.(同前证明)

设 AD 交 EF 于点 Z,则 Z 为 AD 的中点,结合 $EF \parallel AS$ 知 $ZS = ZA = ZD$,于是 $AS \perp SD$.导角可得 $\triangle LFD \backsim \triangle LDE$,$LD^2 = LE \cdot LF = LB \cdot LC$,由调和点列的性质知,$L$ 为 KD 的中点,知 $LS^2 = LD^2 = LF \cdot LE$,知 LS 为 $\odot(AEF)$ 的切线.由配极原则知,LR 也为 $\odot(AEF)$ 的切线(点 S,G 的极线交于点 L),于是 E,F,T,L 为调和点列.

考虑反向的证明:设 LT 的中点为 J,重新定义点 Q 为 BS 与 $\odot(AEF)$ 的交点.

由调和点列的性质有 $JL^2 = JF \cdot JE = JQ \cdot JS$,得 $\angle JLQ = \angle LSQ = \angle SAQ$,结合 $JL \parallel AS$ 知 A,Q,L 三点共线,则此点 Q 和上面所作出的点 Q 重合.$\angle LSQ = \angle SAQ = \angle ACQ = \angle ABQ$,得 $SL \parallel AB$,从点 S 将调和四边形 $ASQR$ 向 AB 投影得 SL,SB,SR,SA 为调和线束,结合 $SL \parallel AB$ 知 SR 平分 AB.故充分性得证.

例题 16 如图 2.7.52,在 $\triangle ABC$ 中,I 为内心,$AB < BC < CA$.设 $\triangle IBC$,$\triangle IAC$,$\triangle IAB$ 的垂心分别为 H_A,H_B,H_C.$H_B H_C$ 与 BC 交于点 K_A,过点 I 作 $H_B H_C$ 的垂线,与 BC 交于点 L_A,类似定义 K_B,L_B,K_C,L_C.证明:$K_A L_A = K_B L_B + K_C L_C$.

方法讲解 设 $\triangle ABC$ 的内切圆 $\odot I$ 与 BC,CA,AB 切于点 K'_A,K'_B,K'_C,则 K'_C,I,H_C 三点共线,K'_B,I,H_B 三点共线.

由 $\angle K'_C BH_C = 90° - \dfrac{1}{2}\angle BAC = \angle K'_B CH_B$,得 $\triangle K'_C BH_C \backsim \triangle K'_B CH_B$,故 $\dfrac{BH_C}{CH_B} = \dfrac{BK'_C}{CK'_B} = \dfrac{BK'_A}{CK'_A}$.

因为 $BH_C \parallel CH_B$,所以 $\dfrac{BK_A}{CK_A} = \dfrac{BH_C}{CH_B} = \dfrac{BK'_A}{CK'_A}$,故 $K_A = K'_A$.

同理可得 $K_B = K'_B$,$K_C = K'_C$,即 K_A,K_B,K_C 是 $\odot I$ 与三边的切点.

再证明：L_A, L_B, L_C 分别是 BC, CA, AB 的中点．

如图 2.7.53，设 BC, CA, AB 的中点分别为 M_A, M_B, M_C，只需证明 $IM_A \perp H_B H_C$．

设 BI, CI 分别与 $K_B K_C$ 交于点 X, Y，BI 与 $K_A K_B$ 交于点 Z，CI 与 $K_A K_C$ 交于点 W．

因为 $\angle BXK_C = \angle AK_C K_B - \angle ABI = \dfrac{1}{2}\angle ACB = \angle IK_A K_B$，所以 I，K_A, X, K_B 四点共圆．又 I, K_A, C, K_B 四点共圆，所以 I, K_A, C, X, K_B 五点共圆，所以 $\angle CXI = 90°$，C, X, H_A 三点共线．从而 $\angle M_A XB = \angle M_A BX = \angle ABX$，所以 $M_A X \parallel AB$，点 X 在 $M_A M_B$ 上．

同理，B, Y, H_A 三点共线，点 W, Z 均在 $M_B M_C$ 上．

因为点 C 关于 $\odot I$ 的极线过点 Z，所以点 Z 关于 $\odot I$ 的极线过点 C，又 $CX \perp ZI$，所以点 Z 的极线为 CX（过点 H_A）．

同理，点 W 的极线为 BY（过点 H_A）．故点 H_A 的极线为 ZW，也为 $M_B M_C$．

同理 H_B 的极线为 $M_A M_C$，H_C 的极线为 $M_A M_B$．所以点 M_A 的极线为 $H_B H_C$，从而 $IM_A \perp H_B H_C$．得证．

因为 $AB < BC < CA$，所以 $K_A L_A = \dfrac{AC - AB}{2}$，$K_B L_B = \dfrac{BC - AB}{2}$，$K_C L_C = \dfrac{AC - BC}{2}$．

因此 $K_A L_A = K_B L_B + K_C L_C$．

例题 17 已知不等边三角形 ABC 的外心和垂心分别为 O 和 H，$\triangle AHO$ 内部的点 P 满足 $\angle AHP = \angle POA$．M 是线段 OP 的中点．令 BM 和 CM 分别再次交 $\triangle ABC$ 的外接圆于点 X 和 Y．证明：直线 XY 过 $\triangle APO$ 的外心．

方法讲解 如图 2.7.54，过点 M 作 OP 的垂线，交 XY 于点 U，交 BC 于点 V．设点 A 关于 OP 的对称点为 A'．AP 交 $\odot(ABC)$ 于不同于点 A 的一点 N，AH 交 $\odot(ABC)$ 于不同于点 A 的一点 K．连接 $A'O, A'N$．

由蝴蝶定理知 $OM \perp UV \Rightarrow MU = MV$．因为 UV 为 OP 中垂线，故点 U, V 关于 OP 对称．

因为 $\angle POA' = \dfrac{1}{2}\angle AOA' = \angle ANA'$，所以 O, P, A', N 四点共圆．设此圆为 ω．

设 $A'K \bigcap \omega = A', L$，连接 PL．因为 $\angle PLA' = \angle ANA' = \angle AKA'$，所以 $AK \parallel PL$，而 $\angle AKA' = \angle POA' = \angle AOP = \angle PHA$，进而 $\angle HPL = \angle KLP$，所以四边形 $PHKL$ 为等腰梯形．

由于点 H, K 关于 BC 对称，故 BC 为 PL 的中垂线．进而 V 为 PL 与 OP 的垂直平分线交点，V 为 $\triangle OPL$ 外心．因为 A', P, O, N, L 五点共圆，故 V 为 $\triangle A'PO$ 外心，从而 $VO = VP = VA' = UA = UO = UP$，故 U 为 $\triangle APO$ 外心．证毕．

例题 18 设 $\triangle ABC$ 是锐角三角形，边 AB 的中点为 M．作过 B, C 的圆，分别交线段 CM, BM 于点 P, Q．设点 P 关于点 M 的对称点为 K，$\triangle AKM$ 的外接圆与 $\triangle CQM$ 的外接圆再次交于点 X，$\triangle AMC$ 的外接圆与 $\triangle KMQ$ 的外接圆再次交于点 Y．直线 BP 交 CQ 于点 T．证明：MT 与 $\triangle MXY$ 的外接圆相切．

方法讲解 如图 2.7.55，因为 M 是线段 AB, PK 的中点，所以四边形 $APBK$ 是平行四边形．

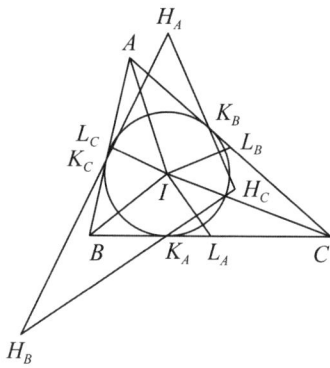
图 2.7.52

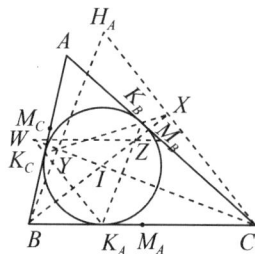
图 2.7.53

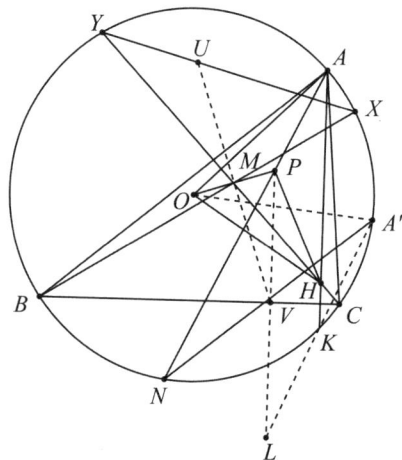
图 2.7.54

又因为 B,C,P,Q 四点共圆,所以 $\angle KAM =$
$\angle PBM = \angle PCQ$,从而 A,C,Q,K 四点共圆,记该圆圆
心为 F.

因为 $\angle AFK = 2\angle ACK = \angle AYM + \angle AQK =$
$\angle AYM + \angle MYK = \angle AYK$,所以 A,F,Y,K 四点
共圆.

同理可证 C,F,Y,Q 四点共圆,X,F,Q,K 四点
共圆.

于是

$\angle FYM = 360° - \angle FYQ - \angle MYQ = \angle FCQ +$

$\angle MKQ = 90° - \dfrac{1}{2}\angle CFQ + \angle CAQ = 90°,$

$\angle FXM = \angle FXK - \angle MXK = 180° - \angle FQK -$

$\qquad \angle MAK = 180° - \left(90° - \dfrac{1}{2}\angle KFQ\right) - \angle KAQ$

$\qquad\qquad = 90° + \dfrac{1}{2}\angle KFQ - \angle KAQ = 90°.$

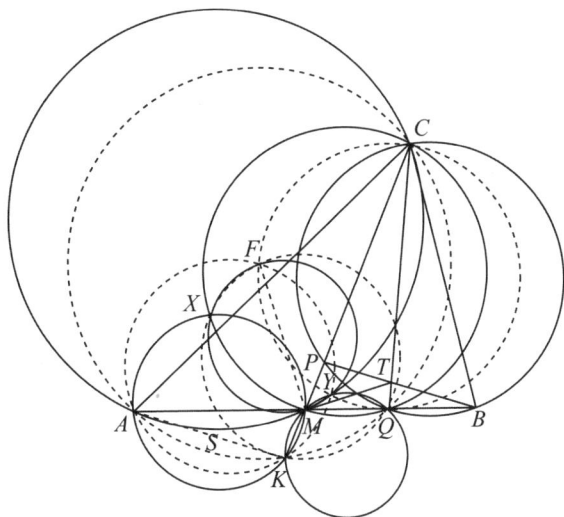

图 2.7.55

故点 X,Y 在以 FM 为直径的圆上,即 $\triangle MXY$ 的外接圆圆心是 FM 的中点.

设直线 TM 交 AK 于点 S,则 M 是 ST 的中点.

对圆内接四边形 $AKCQ$ 运用蝴蝶定理的逆定理得 $FM \perp ST$,即 MT 与 $\triangle MXY$ 的外接圆相切.

例题 19 如图 2.7.56,已知 $\triangle ABC$ 的外接圆为 Γ,D 为 BC 的中点,点 E 在 $\triangle ABC$ 内,满足 $\angle BAD = \angle CAE$,且 $\angle BEC = 90°$.点 M 在 BC 上,满足 $\angle EMD = \angle ADM$.延长 AM,交圆 Γ 于点 L,K 为线段 AL 上一点,满足 $\angle ABK = \angle CDL$.设 $AN \perp BC$,交 BC 于点 N,证明:$KL = 2DN$.

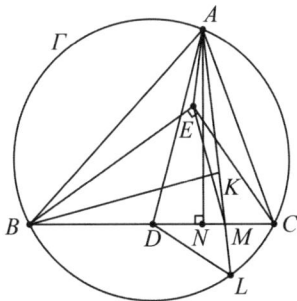

图 2.7.56

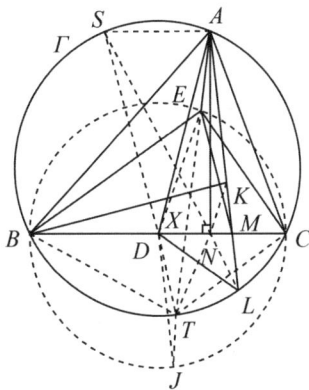

图 2.7.57

方法讲解 如图 2.7.57,设 AE 交圆 Γ 于点 T,由题意可知 $\triangle ABK \backsim \triangle CDL$,则 $\dfrac{AB}{DC} = \dfrac{BK}{DL}$.

由 $ABTC$ 为调和四边形可知 $\dfrac{AB}{DC} = \dfrac{AB}{BD} = \dfrac{BT}{DT}$,$\angle ABT = \angle CDT$,于是有 $\angle KBT = \angle LDT$,$\dfrac{DL}{DT} =$

$\dfrac{BK}{BT}$,故 $\triangle BTK \backsim \triangle DTL$,进而有 $\triangle TLK \backsim \triangle TDB \backsim \triangle BDA$,则 $KL = \dfrac{TL \cdot AD}{DB}$.

过点 A 作 BC 的平行线,交圆 Γ 于点 S,易知 $AS = 2DN$,要证明 $KL = 2DN$,只要证

$$\dfrac{TL \cdot AD}{DB} = AS \Leftrightarrow \sin\angle EAM \cdot AD = \sin\angle ATS \cdot DB.$$

设 AE 交 BC 于点 X,交以 BC 为直径的圆于另一点 J,则 $AX \cdot XT = BX \cdot XC = EX \cdot XJ$,所以

$$\frac{AX}{XJ} = \frac{EX}{XT}.$$

又 $ABTC$ 为调和四边形,故 $\angle ADM = \angle TDM$,从而 $EM \parallel DT$,进而有 $\dfrac{EX}{XT} = \dfrac{MX}{XD}$,于是 $\dfrac{AX}{XJ} = \dfrac{MX}{XD}$,则 $DJ \parallel AM$,故可知 $\angle DET = \angle DJX = \angle EAM$. 于是 $\sin\angle EAM = \sin\angle DET$,而由正弦定理知

$$\sin\angle DET = \frac{DT}{DE}\sin\angle ATD = \frac{DT}{DC}\sin\angle ATD.$$

又易知 $\dfrac{AD}{DC} = \dfrac{DC}{DT}$,故 $\sin\angle DET = \dfrac{DC}{AD} \cdot \sin\angle ATD = \dfrac{DC \cdot \sin\angle ADC}{\sin\angle ACB \cdot AC} \cdot \sin\angle ATD$,故命题等价于

$$AD \cdot \sin\angle ADC = AC \cdot \sin\angle ACB.$$

这显然成立,故命题得证.

例题 20 如图 2.7.58,在 $\triangle ABC$ 中,$AC > BC > AB$,$\odot I$ 为其内切圆,D 是 AC 的中点,M 是 $\odot I$ 与 AC 的切点,点 F 在 AM 上,$AE \perp BI$ 于点 E,$DJ \parallel AE$ 且 J,E,F 三点共线,$\odot(DEF)$ 交 DJ 于 D,K 两点.证明:$\odot(JFK)$ 与 $\odot I$ 相切.

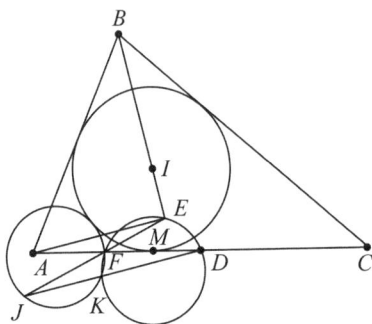
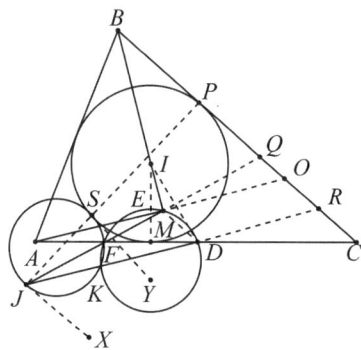

图 2.7.58　　　　　　　　图 2.7.59

方法讲解 **方法一:** 如图 2.7.59,设直线 AE,JE,JD 分别交 BC 于点 O,Q,R,$\odot I$ 与 BC 切于点 P. 连接 JP,与 $\odot I$ 交于点 S. 设 $AB = c,BC = a,AC = b$,由 BE 平分 $\angle ABC$,$BE \perp AE$ 知 E 为 AO 的中点.所以

$$DE = \frac{1}{2}CO = \frac{1}{2}(a - c) = \frac{1}{2}b - \frac{1}{2}(b + c - a) = AD - AM = DM.$$

由 $BE \perp AE$,$DJ \parallel AE$ 知 $BE \perp DJ$.

由定差幂线定理知 $JI^2 - DI^2 = JE^2 - DE^2$. 于是

$$JS \cdot JP = 点 J 到 \odot I 的幂 = JI^2 - MI^2 = JI^2 - DI^2 + DM^2 = JI^2 - DI^2 + DE^2 = JE^2.$$

由 $AE \parallel DJ$,$DE \parallel BC$ 得平行四边形 $DEOR$,于是 $DR = EO = AE$. 于是

$$\frac{JF}{JE} = \frac{DJ}{DJ + AE} = \frac{DJ}{JR} = \frac{JE}{JQ},$$

即

$$JF \cdot JQ = JE^2 = JS \cdot JP.$$

故 P,S,F,Q 四点共圆.所以 $\angle JSF = \angle PQF = \angle DEQ = \angle DKF$(因为 $DE \parallel BC$,D,E,F,K 四点共圆),所以 J,S,F,K 四点共圆.

过点 S 作 $\odot(JFK)$ 的切线 SY,过点 J 作 $\odot(JFK)$ 的切线 JX,由

$$\angle KJX = \angle JFK = \angle JDE = \angle JRB$$

得 $JX \parallel BC$,所以 $\angle JSY = \angle SJX = \angle BPS$,故 $\angle PSY = \angle CPS$. 而 BC 为 $\odot I$ 的切线,于是 SY 为 $\odot I$

的切线,即 SY 为 $\odot I$ 与 $\odot(JFK)$ 的公切线,故 $\odot I$ 与 $\odot(JFK)$ 相切.

方法二:如图 2.7.60,取 AB 的中点 G,设 AB 与 $\odot I$ 切于点 N,BC 与 $\odot I$ 切于点 P.

下面证明 E 是中位线 DG 与切点弦 MP 的交点,即 DG,MP,BI 三线共点.

事实上,$\angle AGE = 2\angle ABE = \angle ABC$,从而 $GE \parallel BC$,所以 G,E,D 三点共线.

由于 $\angle AMI = \angle AEI = 90°$,故 A,M,E,I 四点共圆.因此

$$\angle EMC = \angle AIE = 90° - \frac{1}{2}\angle ACB = \angle PMC,$$

所以 M,E,P 三点共线.

设 $PN \cap DG = H$,同理可知 H,I,C 三点共线且 $\angle AHC = 90°$.

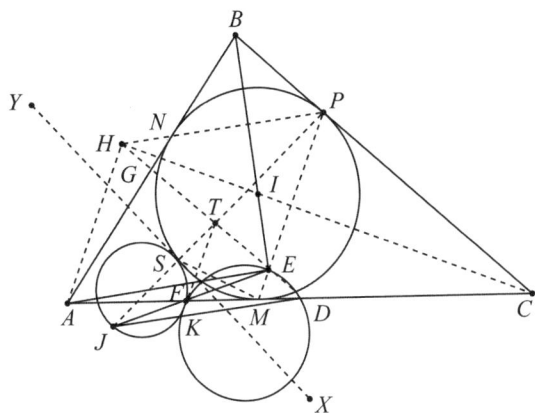

图 2.7.60

设 $PJ \cap \odot I = S$,$PJ \cap DG = T$,连接 AH,MS,FS,FT.下面证明 S 即为 $\odot I$ 与 $\odot JKF$ 的切点.

首先,由 $\angle AHC = 90°$ 可知 $AD = DH$,又由 $CM = CP$,中位线 $DHG \parallel CP$,可知 $\triangle ADH \backsim \triangle MCP$,同时 $AH \parallel MP$,再由点 A 与点 P 到直线 DG 距离相等知 $AH = EP$,四边形 $AHPE$ 为平行四边形,则 $AE = PH$.

由 $DJ \parallel AE \parallel PH$ 知

$$DF = AD \cdot \frac{DJ}{AE + DJ} = DH \cdot \frac{DJ}{PH + DJ} = DT.$$

由于 $DE \parallel CP$ 及等腰三角形 CPM 知 $DM = DE$,从而四边形 $METF$ 为等腰梯形.

而 $\angle SMP = \angle SPB = \angle STH$,可知 S,T,E,M 四点共圆,故 S,T,E,M,F 五点共圆,即 S,T,E,F 四点共圆.

再结合 E,F,K,D 四点共圆,可知 J,S,F,K 四点共圆,即点 S 在 $\odot(JFK)$ 上.

过点 S 作 $\odot I$ 切线 XSY,可知

$$\angle JKS = \angle JFS = \angle STE = \angle SPC = \angle PSX = \angle JSY.$$

所以直线 XSY 也是 $\odot(JFK)$ 切线,即 $\odot I$ 与 $\odot(JFK)$ 相切于点 S.

例题 21 如图 2.7.61,AB,AC 分别与圆 Ω 相切于 B,C 两点,D 是 AC 的中点,O 是 $\triangle ABC$ 的外心.圆 Γ 过 A,C 两点,与圆 Ω 的劣弧 $\overparen{BC}$ 相交于另一点 P,与边 AB 相交于点 Q.已知劣弧 $\overparen{PQ}$ 的中点 R 满足 $CR \perp AB$.L 是射线 PQ 与 CA 的交点.设 M 是 AL 的中点,N 是 DR 的中点,$MX \perp ON$ 于点 X.证明:$\triangle DNX$ 的外接圆经过圆 Γ 的圆心.

方法讲解 如图 2.7.62,设 Z,S 分别为圆 Ω 和圆 Γ 的圆心,设 F 为点 C 到 AB 的垂足.设点 Q' 在 AB 上且 $Q'F = QF$,易知 Q',P,C 三点共线.由于 $\triangle CQQ'$ 为等腰三角形,且 $\angle QAP = \angle QCP$,故 $\triangle CQQ' \backsim \triangle APQ'$,故 $\triangle APQ'$ 也是等腰三角形.

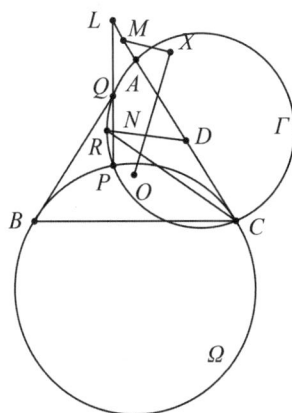

图 2.7.61

由于 AR 平分 $\angle Q'AP$,故 $AR \perp CQ'$,故 R 为 $\triangle AQ'C$ 垂心.

显然 O,D,S 三点共线,故 D,N,X,S 四点共圆 $\Leftrightarrow OD \cdot OS = ON \cdot OX$.设 Y 为点 N 到 OM 上的垂足,则只需证 D,S,Y,M 四点共圆 $\Leftrightarrow \angle SYM = 90° \Leftrightarrow Y,N,S$ 三点共线 $\Leftrightarrow NS \perp MO$.

设 T 为 $Q'R$ 的中点,由于 R 为 $\triangle AQ'C$ 垂心,S 为 $\odot(ARC)$ 圆心,由外心、垂心的熟知结论知 $RTDS$ 为平行四边形,故 S,N,T 三点共线.由 M,O 为 AL,AZ 的中点知 $MO \parallel LZ$.(Z 为点 A 关于 $\odot O$ 的对径

点）且 $NS \parallel Q'D$. 故我们只需说明 $LZ \perp Q'D$. 设 K 为完全四边形 $CALQQ'P$ 的密克尔点，则点 K 在 LQ' 上. 故 $DZ^2 - Q'Z^2 = DC^2 - CZ^2 - (Q'B^2 - BZ^2) = DC^2 - Q'B^2 = DA^2 - Q'B^2$, 故 $(LD^2 - DA^2) - (LQ'^2 - Q'B^2) = LA \cdot LC - LQ'^2 + Q'B^2$.

由熟知结论知 $LQ'^2 = LA \cdot LC + Q'P \cdot Q'C$. 故由圆幂定理知上式 $= Q'B^2 - Q'P \cdot Q'C = 0$. 故 $LZ \perp Q'D$.

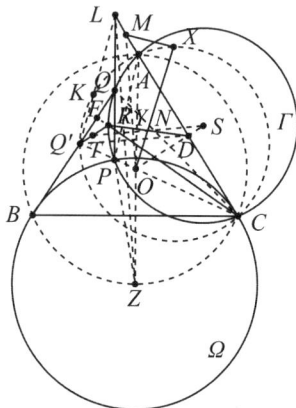
图 2.7.62

◎ 三、课外训练

1. 如图，$ABCD$ 是圆内接四边形，过点 B,D 作圆 O_1、圆 O_2 与直线 BA,BC 分别交于不同于 A,B,C 的点 E,F. 设 H 是 $\triangle DEF$ 的垂心. 证明：如果 AC, DO,EF 交于一点，那么 $\triangle ABC \backsim \triangle EHF$.

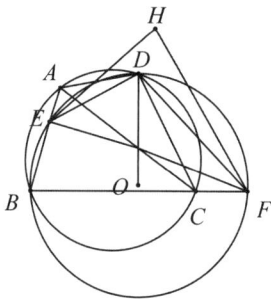
第 1 题

2. 在不等边三角形 ABC 中，AD,BE,CF 分别为角平分线，其中点 D,E,F 分别在 BC,CA,AB 上. M,N 分别为 BC,EF 的中点. 过点 M 作 AD 的平行线，交直线 AN 于点 P. 证明：点 P 在 $\triangle ABC$ 外接圆上的充要条件是 $DE = DF$.

3. 如图，在 $\triangle ABC$ 中，AB 上一点 D 和 AC 上一点 E 满足 $DE \parallel BC$，BE 与 CD 交于点 P，$\triangle APD$ 的外接圆和 $\triangle BCD$ 的外接圆再次相交于点 M，$\triangle APE$ 的外接圆和 $\triangle BCE$ 的外接圆再次相交于点 N. 设 ω 为过点 M,N 且与 BC 相切的圆，过点 M,N 分别作 ω 的切线. 证明：这两条切线的交点在 AP 上.

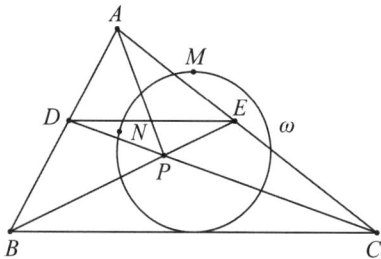
第 3 题

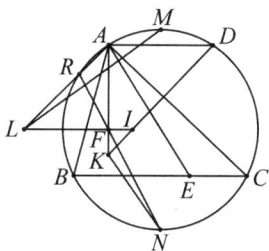
第 4 题

4. 如图，设锐角三角形 $ABC(AB < AC)$ 的内心是 I，外接圆是 $\odot O$. M 和 N 分别是 $\overparen{BAC}$ 和 $\overparen{BC}$ 的中点，D 是 $\overparen{AC}$ 上一点，满足 $AD \parallel BC$. $\triangle ABC$ 在 $\angle BAC$ 内的旁切圆与边 BC 相切于点 E. 点 F 在 $\triangle ABC$ 内，满足 $IF \parallel BC$ 且 $\angle BAF = \angle CAE$. 设直线 NF 与 $\odot O$ 的另一个交点是 R，直线 AF 与 DI 相交于点 K，直线 AR 与 IF 相交于点 L. 证明：$NK \perp ML$.

5. 如图，在锐角三角形 ABC 中，$AB < AC$，I 是内心，J 是顶点 A 所对的旁心. 点 X,Y 分别在 $\triangle ABC$ 外接圆的劣弧 $\overparen{AB}$，$\overparen{AC}$ 上，满足 $\angle AXI = \angle AYJ = 90°$. 点 K 在 BC 的延长线上，满足 $KI = KJ$. 证明：直线 AK 平分线段 XY.

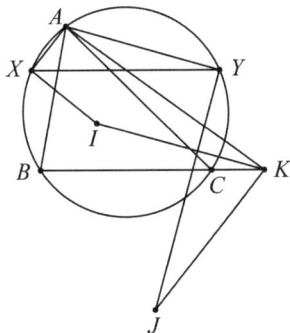

第 5 题

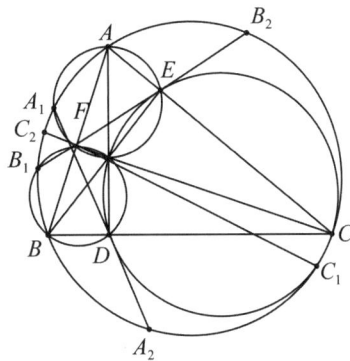

第 6 题

6.已知非等腰锐角三角形 ABC 的三条高线分别为 AD,BE,CF,其中,D,E,F 分别为垂足.$\triangle AEF,\triangle BFD,\triangle CDE$ 的外接圆与 $\triangle ABC$ 的外接圆 $\odot O$ 的第二个交点分别为 $A_1,B_1,C_1,A_1D,B_1E,$ C_1F 与 $\odot O$ 的第二个交点分别为 A_2,B_2,C_2,证明:

(1)AA_2,BB_2,CC_2 三线交于一点;

(2)$AA_2^2 + BB_2^2 + CC_2^2 \dfrac{4(ab + bc + ca)^2}{3(a^2 + b^2 + c^2)}$,其中 $a = BC,b = CA,c = AB$.

7.如图,设 D 是锐角三角形 $ABC(AB > AC)$ 内部一点,使得 $\angle DAB = \angle CAD$.线段 AC 上的点 E 满足 $\angle ADE = \angle BCD$,线段 AB 上的点 F 满足 $\angle FDA = \angle DBC$,且直线 AC 上的点 X 满足 $CX = BX$.设 O_1 和 O_2 分别为 $\triangle ADC$ 和 $\triangle EXD$ 的外心.证明:直线 BC,EF,O_1O_2 共点.

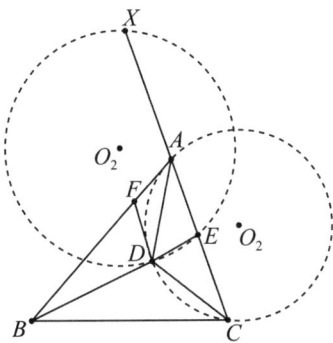

第 7 题

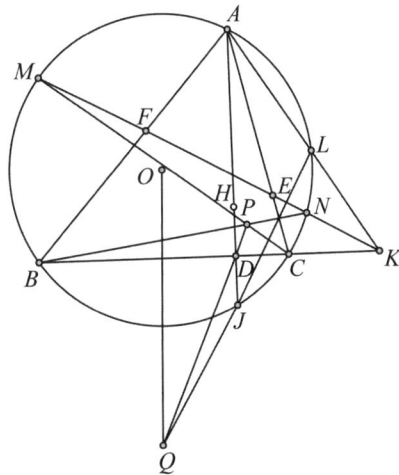

第 8 题

8.如图,设 $\triangle ABC$ 的垂心为 H,AH 分别交 $BC,\odot(ABC)$ 于点 D,J.AB 和 AC 上的垂足分别为 F 和 E,FE 交 BC 于点 K,交 $\odot(ABC)$ 于点 M,N,AK 再交 $\odot(ABC)$ 于点 L.BN 与 CM 交于点 P,LJ 与 PD 交于点 Q.证明:$OQ \perp BC$.

第三章　初等数论

```
┈┈┈┈┈┈┈┈┈┈┈┈┈┈┈┈┈┈┈┈┈┈┈┈┈┈┈┈
```

3.1　整除的基本性质

◎ 一、知识要点

本节主要讨论带余除法和整除的性质.它们是所有数论概念的基础.

(一)带余除法

对于任意整数 $a,b(b \neq 0)$,存在唯一的一对整数 q,r,使得 $a = qb + r, 0 \leqslant r < |b|$.其中 q 和 r 分别称为 b 除 a 的商和余数.

(二)整除

设 a,b 是两个整数,且 $b \neq 0$,如果存在一个整数 q,使等式 $a = bq$ 成立,那么我们称 a 能被 b 整除或 b 整除 a,记作 $b \mid a$,也称 b 为 a 的约数或 a 为 b 的倍数.

整除的性质有(设 $b \neq 0, c \neq 0, b, c \in \mathbf{Z}$):

(1) 对于所有非零整数 $a, a \mid a$ 且 $a \mid 0$.

(2) 若 $b \mid a, a \neq 0$,则 $|b| \leqslant |a|$;若 $b \mid a, a \mid b, a \neq 0$,则 $|a| = |b|$.

(3) 若 $c \mid b, b \mid a$,则 $c \mid a$.

(4) 若 $b \mid a$,则 $cb \mid ca$.

(5) 若 $c \mid a, c \mid b$,则 $c \mid ma + nb, m, n \in \mathbf{Z}$.

(三)最大公约数和最小公倍数

我们知道任意一个自然数集必有一个最小数,任意一个有上界的自然数集必有一个最大数.所以两个整数 a,b(不全为零)的公约数中有最大数,称为最大公约数,记为 (a,b);a,b 的公倍数中有最小数,称为最小公倍数,记为 $[a,b]$.其性质有:

(1) 设 m 为正整数,则 $(am, bm) = m(a,b)$,$[am, bm] = m[a,b]$;

(2) 设 a,b 是两个正整数,则 $(a,b)[a,b] = ab$;

(3) 设 a,b,c 是三个正整数,则 $(ab, bc, ac)[a,b,c] = abc$;

(4) 设正整数 k 是整数 a,b 的公倍数,则 $\left(\dfrac{k}{a}, \dfrac{k}{b}\right) = \dfrac{k}{[a,b]}$;

(5) 设正整数 c 是 a,b 的公约数,则 $\left(\dfrac{a}{c}, \dfrac{b}{c}\right) = \dfrac{(a,b)}{c}$;

(6) 若 $(a,b) = 1, (ab, c) = (a,c)(b,c)$;

（7）若 $a_1, a_2, \cdots, a_n$ 是 n 个不全为零的整数，则

$$(a_1, a_2, \cdots, a_n) = ((a_1, a_2, \cdots, a_k), (a_{k+1}, a_{k+2}, \cdots, a_n)).$$

（四）辗转相除法（Euclid 算法）及贝祖定理

1. 辗转相除法（Euclid 算法）

设 a, b 是两个给定的整数，$b \neq 0$，且 $b \mid a$，则可经有限步运算得到下面的等式：

$$a = bq_1 + r_1, 0 \leqslant r_1 < |b|;$$
$$b = r_1 q_2 + r_2, 0 \leqslant r_2 < r_1;$$
$$\cdots$$
$$r_{n-2} = r_{n-1} q_n + r_n, 0 \leqslant r_n < r_{n-1};$$
$$r_{n-1} = r_n q_{n+1} + r_{n+1}, r_{n+1} = 0.$$

证明：由上述可知 $0 \leqslant r_{n+1} < r_n < r_{n-1} < \cdots < r_1 < |b|$，而递减的自然数数列 $\{r_n\}$ 必有最小值，所以存在 n，使得 $r_{n+1} = 0$。

由此可知 $r_n \mid r_{n-1}$，而 $r_{n-2} = r_{n-1} q_n + r_n$，所以 $r_n \mid r_{n-2}, \cdots$，可递推得出 $r_n \mid b, r_n \mid a$，故 r_n 为 a 与 b 的公约数，所以 $r_n \mid (a, b)$。记 $d = (a, b)$。

由 $a = bq_1 + r_1$ 知 $d \mid r_1$。又 $r_2 = b - r_1 q_2$，故 $d \mid r_2, \cdots$，可递推得出 $d \mid r_n$，即 $(a, b) \mid r_n$。

所以 $r_n = (a, b)$。因为 r_n 是关于 r_{n-1} 和 r_{n-2} 的一个线性算式，反推可得 r_n 是关于 r_{n-2} 和 r_{n-3} 的一个线性算式，$\cdots$，r_n 是关于 a 和 b 的一个线性算式。

故我们又有下面的贝祖定理：

2. 贝祖定理

设 a, b 是不全为零的整数，则存在整数 x, y，使得

$$ax + by = (a, b).$$

而对于任意的整数 x, y，有 $(a, b) \mid ax + by$。所以对于整数 x, y，(a, b) 为所有 $ax + by$ 的最小值。从而若存在整数 x, y 使得 $ax + by = 1$，则有 $(a, b) = 1$。

（五）算术基本定理

设整数 $n > 1$，那么必有

$$n = p_1 p_2 \cdots p_k;$$

这里 $p_i (1 \leqslant i \leqslant k)$ 都是质数，并且在不计次序的前提下，上述表达式是唯一的。

证明：先证明存在性：

注意到，任意一个大于 1 的正整数 n，要么它是质数（已不可再分解），要么它有一个大于 1 且小于 n 的约数 m，此时 $n = m \cdot \dfrac{n}{m}$（其中 $m, \dfrac{n}{m}$ 均为大于 1 的整数）。

所以任意整数 n 总可以分解为若干个质数的积。

再证明唯一性：

在证明唯一性前，我们先证明一个引理：

欧几里得第一定理：如果 p 为质数，且 $p \mid ab$，那么 $p \mid a$ 或者 $p \mid b$。

引理证明：若 $p \nmid a$，则 $(p, a) = 1$，由贝祖定理知，存在整数 x, y，使得 $px + ay = 1$。则 $pbx + aby = b$，故 $p \mid (b - aby)$，又 $p \mid ab$，所以 $p \mid b$。引理得证。

回到算术基本定理的唯一性证明。若对于某个大于 1 的正整数 n，有 n 的两种分解，即

$$n = p_1 p_2 \cdots p_t = q_1 q_2 \cdots q_s.$$

其中 $p_1 \leqslant p_2 \leqslant \cdots \leqslant p_t, q_1 \leqslant q_2 \leqslant \cdots \leqslant q_s$，且 $p_i, q_j (1 \leqslant i \leqslant t, 1 \leqslant j \leqslant s)$ 为质数. 则有 $p_i | q_1 q_2 \cdots q_s (1 \leqslant i \leqslant t)$. 而 $p_i, q_j (1 \leqslant i \leqslant t, 1 \leqslant j \leqslant s)$ 为质数，由欧几里得定理知，存在 $1 \leqslant j \leqslant s$，使得 $q_j = p_i$，从而 $t \leqslant s$. 同理由 $q_i | p_1 p_2 \cdots p_t$ 知 $s \leqslant t$，所以 $t = s$，并有 $p_i = q_i$，故唯一性得证.

如果我们将上述分解式中相同的质数合并，就有 $n = p_1^{\alpha_1} p_2^{\alpha_2} \cdots p_k^{\alpha_k} (\alpha_1, \alpha_2, \cdots, \alpha_k \in \mathbf{N}^*, p_1 < p_2 < \cdots < p_k$，其中 $p_i (1 \leqslant i \leqslant k)$ 均为质数$)$，这一分解式被称为 n 的标准分解式.

◎ 二、例题讲解

例题 1 设 $y_n = 1\overbrace{22\cdots21}^{n}$. 若 $(10^9 - 1) | y_n$，则 n 的最小值为_____.

方法讲解 由于 $y_n = \overbrace{11\cdots1}^{n+1} \times 11 = \dfrac{11 \times (10^{n+1} - 1)}{9}$，那么由 $(10^9 - 1) | y_n$ 知

$$(10^9 - 1) \left| \frac{11 \times (10^{n+1} - 1)}{9} \right. .$$

因为 $(10^9 - 1, 11) = ((11 - 1)^9 - 1, 11) = (-2, 11) = 1$，所以

$$[9 \times (10^9 - 1)] | (10^{n+1} - 1).$$

设 m, n 为正整数，且 $m = nq + r, 0 \leqslant r < n$，则由带余除法可知

$$a^m - 1 = a^{nq+r} - a^r + a^r - 1 = (a^n - 1)(a^{m-n} + a^{m-2n} + \cdots + a^r) + a^r - 1.$$

由辗转相除法知 $(a^m - 1, a^n - 1) = a^{(m,n)} - 1$.

因为 $(10^9 - 1) | (10^{n+1} - 1)$，所以 $9 | (n+1)$.

设 $n + 1 = 9k$，则有 $9(10^9 - 1) | (10^{9k} - 1)$，

又 $10^{9k} - 1 = (10^9 - 1)[10^{9(k-1)} + 10^{9(k-2)} + \cdots + 10^9 + 1]$，

所以 $9 | [10^{9(k-1)} + 10^{9(k-2)} + \cdots + 10^9 + 1]$，即 $9 | k$.

所以 $n + 1 \geqslant 81$，所以 n 的最小值为 80.

例题 2 （多选题）已知 x, y 为两个不同的质数，n 为不小于 2 的正整数且 $(x+y) | (x^n + y^n)$，则（ ）

A. 存在奇数 n 符合题意   B. 不存在奇数 n 符合题意

C. 存在偶数 n 符合题意   D. 不存在偶数 n 符合题意

方法讲解 当 n 为奇数时，$(x+y)^n = (x+y)(x^{n-1} - x^{n-2}y + \cdots - xy^{n-2} + y^{n-1})$.

当 n 为偶数且 $n \geqslant 2$ 时，$x^n + y^n = (x+y)(x^{n-1} + y^{n-1}) - xy(x^{n-2} + y^{n-2})$，

若 $(x+y) | (x^n + y^n)$，则 $(x+y) | [xy(x^{n-2} + y^{n-2})]$.

又 $((x+y), xy) = 1$，则 $(x+y) | (x^{n-2} + y^{n-2})$.

重复上述过程，知 $(x+y) | 2$，这与 x, y 为两个不同的质数矛盾.

故选择 AD.

例题 3 对任意的正整数 n，证明：$2^n | [(3 + \sqrt{5})^n + 1]$，其中 $[x]$ 表示不大于实数 x 的最大整数.

方法讲解 设数列 $\{a_n\}$ 满足 $a_1 = 6, a_2 = 28, a_{n+1} = 6a_n - 4a_{n-1}$，则

$$a_n = (3 + \sqrt{5})^n + (3 - \sqrt{5})^n.$$

由数列的递推式可知 a_n 均为整数. 又 $3 - \sqrt{5} \in (0, 1)$，所以 $(3 + \sqrt{5})^n < a_n < (3 + \sqrt{5})^n + 1$，故

$$a_n = [(3 + \sqrt{5})^n + 1].$$

下证：$2^n | a_n$.

已知 $a_1 = 6, a_2 = 28$，故有 $2 | a_1, 4 | a_2$.

假设当 $n < k$ 时，均有 $2^n \mid a_n$，则 $2^k \mid 6a_{k-1}$，$2^k \mid 4a_{k-2}$，故 $2^k \mid (6a_{k-1} - 4a_{k-2})$，即 $2^k \mid a_k$.

综上，由数学归纳法知 $2^n \mid a_n$. 命题得证.

例题 4 设质数 p 满足 $p = 3k+1$，k 为整数且 $q = 2\left[\dfrac{p}{3}\right]$. 若 $\dfrac{1}{1\times 2} + \dfrac{1}{3\times 4} + \cdots + \dfrac{1}{(q-1)q} = \dfrac{m}{n}$，

其中 m, n 为互质的正整数，证明：$p \mid m$.（$[x]$ 表示不大于实数 x 的最大整数）

方法讲解 由题意知 $q = 2\left[\dfrac{3k+1}{3}\right] = 2k$，

$$
\begin{aligned}
\text{故}\ \frac{m}{n} &= \frac{1}{1\times 2} + \frac{1}{3\times 4} + \cdots + \frac{1}{(q-1)q} = \frac{1}{1\times 2} + \frac{1}{3\times 4} + \cdots + \frac{1}{(2k-1)\times 2k} \\
&= \left(1 + \frac{1}{3} + \cdots + \frac{1}{2k-1}\right) - \left(\frac{1}{2} + \frac{1}{4} + \cdots + \frac{1}{2k}\right) = \frac{1}{k+1} + \frac{1}{k+2} + \cdots + \frac{1}{2k} \\
&= \frac{1}{2}\left[\left(\frac{1}{k+1} + \frac{1}{2k}\right) + \left(\frac{1}{k+2} + \frac{1}{2k-1}\right) + \cdots + \left(\frac{1}{2k} + \frac{1}{k+1}\right)\right] \\
&= \frac{p}{2}\left[\frac{1}{(k+1)\cdot 2k} + \frac{1}{(k+2)(2k-1)} + \cdots + \frac{1}{2k(k+1)}\right].
\end{aligned}
$$

故 $p \mid m$.

例题 5 证明：$T = 1 + \dfrac{1}{2} + \dfrac{1}{3} + \cdots + \dfrac{1}{n}\ (n > 1)$ 不是整数.

方法讲解 若 T 是整数，设 $P = [1, 2, 3, \cdots, n]$，即 $1, 2, 3, \cdots, n$ 的最小公倍数.

则 $PT = P\left(1 + \dfrac{1}{2} + \dfrac{1}{3} + \cdots + \dfrac{1}{n}\right)$ 为 P 的倍数.

设 $n = 2^k + r\ (0 \leqslant r < 2^k)$，则 $v_2(P) = k$.

故对于任意的整数 m，满足 $1 \leqslant m \leqslant n$ 且 $m \neq 2^k$ 时，

都有 $m \mid P$，且 $2 \left|\dfrac{P}{m}\right.$，而 $\dfrac{P}{2^k}$ 为奇数，

故 $P\left(1 + \dfrac{1}{2} + \dfrac{1}{3} + \cdots + \dfrac{1}{n}\right)$ 为奇数，即 PT 为奇数，这与 P 为偶数矛盾. 故 T 不是整数.

例题 6 证明：对于任意自然数 n 和 k，数 $2n^{3k} + 4n^k + 10$ 都不能表示为若干个连续自然数之积.

方法讲解
$$
\begin{aligned}
2n^{3k} + 4n^k + 10 &= 3(n^{3k} + n^k + 3) - (n^{3k} - n^k) + 1 \\
&= 3(n^{3k} + n^k + 3) - n^k(n^k - 1)(n^k + 1) + 1.
\end{aligned}
$$

因为 $3 \mid n^k(n^k - 1)(n^k + 1)$，所以 $3 \nmid 2n^{3k} + 4n^k + 10$，

即 $2n^{3k} + 4n^k + 10$ 不能表示成 3 个以上连续自然数的乘积.

若存在整数 m，使得 $2n^{3k} + 4n^k + 10 = m(m+1)$，则 $3 \mid [m(m+1) - 1]$.

又对于任意的整数 m，$m(m+1) - 1$ 均不能被 3 整除，矛盾. 故不存在这样的整数 m.

命题得证.

例题 7 求所有的正整数 m, n，使得 $n^4 \mid (2m^5 - 1)$ 且 $m^4 \mid (2n^5 + 1)$.

方法讲解 满足题设的整数对只有 $(m, n) = (1, 1)$，容易验证 $(m, n) = (1, 1)$ 满足题设.

下证仅有这一个解：

设 $(m, n) = d$，则 $d \mid (2m^5 - 1)$，故 $d = 1$，即 m, n 互质.

由题意知 $n^4 \mid (2m^5 - 1 - 2n^5)$，$m^4 \mid (2n^5 + 1 - 2m^5)$，故

$$m^4 n^4 \mid (2m^5 - 2n^5 - 1).$$

又 $2m^5 - 2n^5 - 1$ 为奇数，不等于 0，所以 $|2m^5 - 2n^5 - 1| \geqslant m^4 n^4$.

若 $m > n$，则有 $m^4 n^4 \leqslant 2m^5 - 2n^5 - 1 \leqslant 2m^5$，故 $n^4 \leqslant 2m$，

则 $\dfrac{n^{11}}{16} \cdot n^5 = \left(\dfrac{n^4}{2}\right)^4 \leqslant m^4 \leqslant 2n^5 + 1$，故 $\dfrac{n^{11}}{16} \leqslant 2$，所以 $n = 1$.

所以 $m^4 \leqslant 2n^5 + 1 = 3$，故 $m = 1$，矛盾．

若 $n > m$，则 $m^4 n^4 \leqslant 2n^5 + 1 - 2m^5 \leqslant 2n^5$，故 $m^4 \leqslant 2n$．

则 $\dfrac{m^{11}}{16} \cdot m^5 = \left(\dfrac{m^4}{2}\right)^4 \leqslant n^4 \leqslant 2m^5 - 1$，故 $\dfrac{m^{11}}{16} \leqslant 2$，所以 $m = 1$．

所以 $n^4 \leqslant 2m^5 - 1 = 1$，故 $n = 1$，矛盾．

若 $m = n$，则 $m^4 n^4 \mid 1$，故 $m = n = 1$．

综上，只有 $(m, n) = (1, 1)$ 满足题设．

例题 8 证明：存在无数对正整数 $a, b(a > b)$ 满足下列性质：

① $(a, b) = 1$；② $a \mid (b^2 - 5)$；③ $b \mid (a^2 - 5)$．

方法讲解 设数列 $\{a_n\}$ 满足 $a_1 = 1, a_2 = 4, a_{n+2} = 3a_{n+1} - a_n (n = 1, 2, \cdots)$．

下证：$(a_{n+1}, a_n) = 1(n \in \mathbf{N}^*)$ 且 $a_n^2 - a_{n+1}a_{n-1} = 5(n \geqslant 2)$．

当 $n = 1$ 或 $n = 2$ 时，易验证成立．

假设当 $n = k(k \geqslant 2)$ 时有 $(a_k, a_{k+1}) = 1, a_k^2 - a_{k+1}a_{k-1} = 5$，

则 $(a_{k+2}, a_{k+1}) = (3a_{k+1} - a_k, a_{k+1}) = (a_k, a_{k+1}) = 1$．

$a_{k+1}^2 - a_k a_{k+2} = a_{k+1}^2 - a_k(3a_{k+1} - a_k) = a_{k+1}(a_{k+1} - 3a_k) + a_k^2 = -a_{k+1}a_{k-1} + a_k^2 = 5$．

综上，由数学归纳法知 $(a_{n+1}, a_n) = 1$ 且 $a_n^2 - a_{n+1}a_{n-1} = 5$，故 $a_{n+1} \mid (a_n^2 - 5), a_n \mid (a_{n+1}^2 - 5)$．

可知对于所有的正整数 n，$\begin{cases} a = a_{n+1}, \\ b = a_n \end{cases}$ 满足题设．命题得证．

例题 9 已知 $a > 1, b > 1, a, b$ 为互质的正整数，$(a + b) \mid (a^b + b^a)$．证明：这样的正整数对 (a, b) 有无数组．

分析 设正奇数 a, b 满足 $a > b$，注意到 $(a + b)(a^{b-1} - ba^{b-2} + \cdots + b^{b-1}) = a^b + b^b$，

故 $a^b + b^a = a^b + b^b + (b^a - b^b) = (a + b)(a^{b-1} - ba^{b-2} + \cdots + b^{b-1}) + (a + b)\dfrac{b^a - b^b}{a + b}$．

只需 $x = \dfrac{b^a - b^b}{a + b}$ 为正整数，即 $(a + b) \mid (b^a - b^b)$，只需 $(a + b) \mid (b^{a-b} - 1)$．

设 $a + b = 2x, a - b = 2y$，则只需 $2x \mid [(x - y)^{2y} - 1]$．

令 $y = 1$，即只需 $2x \mid [(x - 1)^2 - 1]$，即 $2x \mid x^2$，故可令 x 为偶数．

方法讲解 任取正整数 n，令 $a = 2n - 1, b = 2n + 1$，

因为 $4 \mid [(2n - 1)^{2n+1} + 1], 4 \mid [(2n + 1)^{2n-1} - 1]$，故 $4 \mid [(2n - 1)^{2n+1} + (2n + 1)^{2n-1}]$，

有 $n \mid [(2n - 1)^{2n+1} + 1], n \mid [(2n + 1)^{2n-1} - 1]$，故 $n \mid [(2n - 1)^{2n+1} + (2n + 1)^{2n-1}]$，

所以 $4n \mid (a^b + b^a)$，即 $(a + b) \mid (a^b + b^a)$．命题得证．

例题 10 求所有的正整数 n，使得存在正整数 a, b，满足 $a^2 + b + 3$ 不能被任何质数的立方整除，且 $n = \dfrac{ab + 3b + 8}{a^2 + b + 3}$．

方法讲解 由题意 $n = a + 3 - \dfrac{(a + 1)^3}{a^2 + b + 3}$，所以 $a^2 + b + 3 \mid (a + 1)^3$．

故对于任意的 $a^2 + b + 3$ 的质因子 p，有 $p \mid a + 1$．

又 $p^3 \nmid a^2 + b + 3$，所以 $a^2 + b + 3 \mid (a + 1)^2$．

又 $2(a^2 + b + 3) > (a + 1)^2$，所以 $a^2 + b + 3 = (a + 1)^2$，即 $b = 2a - 2$．

则 $n = a + 3 - (a + 1) = 2$．

当 $a = b = 2$ 时满足题设，此时 $n = 2$．

例题 11 求所有的正整数 n，使得存在一个正整数 d，满足 $d \mid n$ 且 $(d^2 n + 1) \mid (n^2 + d^2)$．

方法讲解 若存在一个正整数 d，满足 $d \mid n$ 且 $(d^2 n + 1) \mid (n^2 + d^2)$．

设 $n = dk, k \in \mathbf{N}^*$，则 $(d^3k+1) \mid (d^2k^2+d^2)$．

又 $(d^2, d^3k+1) = 1$，故有 $(d^3k+1) \mid (k^2+1)$．

所以 $d^3k+1 \leqslant k^2+1$，即 $k \geqslant d^3$．

又 $d^6+1 = d^6(k^2+1) - (d^6k^2-1) = d^6(k^2+1) - (d^3k-1)(d^3k+1)$，

可知 $(d^3k+1) \mid d^6+1$，所以 $d^3k+1 \leqslant d^6+1$，即 $k \leqslant d^3$．

综上，可得 $k = d^3$，即 $n = d^4$．所求 $n = m^4 (m \in \mathbf{Z}^+)$．

例题 12 证明：若正整数 a, b 满足 $2a^2+a = 3b^2+b$，则 $a-b$ 和 $2a+2b+1$ 都是完全平方数．

方法讲解 由 $2a^2+a = 3b^2+b$，知 $2(a^2-b^2)+a-b = b^2$，即 $(a-b)(2a+2b+1) = b^2$．

若 $(a-b, 2a+2b+1) > 1$，设质数 $p \mid (a-b, 2a+2b+1)$，则 $p \mid b^2$，故 $p \mid b$．

又 $p \mid a-b$，故 $p \mid a$，这与 $p \mid 2a+2b+1$ 矛盾，故 $(a-b, 2a+2b+1) = 1$，

故 $a-b$ 和 $2a+2b+1$ 都是完全平方数．

例题 13 设整数 $n \geqslant 2$，求最小的正整数 m，使得存在一个正整数数列 $a_1, a_2, \cdots, a_n$ 满足：(1) $a_1 < a_2 < \cdots < a_n = m$；(2) $\dfrac{a_1^2+a_2^2}{2}, \dfrac{a_2^2+a_3^2}{2}, \cdots, \dfrac{a_{n-1}^2+a_n^2}{2}$ 均为完全平方数．

分析：由 $\dfrac{a_1^2+a_2^2}{2} > \left(\dfrac{a_1+a_2}{2}\right)^2$ 知 $\dfrac{a_1^2+a_2^2}{2} \geqslant \left(\dfrac{a_1+a_2}{2}+1\right)^2$，

即 $a_2^2 - 2a_2(2+a_1) + (a_1-2)^2 - 8 \geqslant 0$，即 $a_2 \geqslant 2 + a_1 + \sqrt{8(a_1+1)}$．

不妨令 $2(a_1+1)$ 为完全平方数，设为 $4a^2$，此时 $a_1 = 2a^2-1, a_2 = 2(a+1)^2-1$．

方法讲解 先证一个引理：

引理：设 $k \in \mathbf{N}^*$，对于任意正整数对 (x, y)，若 $2k^2-1 \leqslant x < y < 2(k+1)^2-1$，则 $\dfrac{x^2+y^2}{2}$ 不为完全平方数．

引理的证明：当 x, y 的奇偶性不同时，$\dfrac{x^2+y^2}{2}$ 显然不是整数．

当 x, y 的奇偶性相同时，$\dfrac{x^2+y^2}{2} > \left(\dfrac{x+y}{2}\right)^2$，

$\left(\dfrac{x+y}{2}+1\right)^2 - \dfrac{x^2+y^2}{2} = x+y+1 - \left(\dfrac{y-x}{2}\right)^2 \geqslant (2k^2-1) + (2k^2+1) + 1 - (2k)^2 = 1 > 0$，

所以 $\left(\dfrac{x+y}{2}\right)^2 < \dfrac{x^2+y^2}{2} < \left(\dfrac{x+y}{2}+1\right)^2$，故 $\dfrac{x^2+y^2}{2}$ 不是完全平方数，引理得证．

回到原题：下面用数学归纳法证明：对任意的 $k = 1, 2, \cdots, n$，均有 $a_k \geqslant 2k^2-1$．

① 当 $k = 1$ 时，$a_1 \geqslant 1 = 2k^2-1$．

② 假设 $a_k \geqslant 2k^2-1$，由引理知，

若 $a_{k+1} < 2(k+1)^2-1$，则 $\dfrac{a_k^2+a_{k+1}^2}{2}$ 不是完全平方数，矛盾．

故 $a_{k+1} \geqslant 2(k+1)^2-1$．

综上所述，对任意的 $k = 1, 2, \cdots, n$，均有 $a_k \geqslant 2k^2-1$．

所以 $m = a_n \geqslant 2n^2-1$．取 $a_k = 2k^2-1 (k = 1, 2, \cdots, n-1)$，

则 $\dfrac{a_k^2+a_{k+1}^2}{2} = (2k^2+2k+1)^2$ 均为完全平方数．

此时 $m = a_n = 2n^2-1$．故 m 的最小值为 $2n^2-1$．

例题 14 设 n 为无平方因子的正偶数，k 为整数，p 为质数，满足 $p < 2\sqrt{n}, p \mid n, p \mid n+k^2$．证明：$n$ 可以表示为 $ab+bc+ca$，其中 a, b, c 为互不相同的正整数．

分析：若 $n = ab + bc + ca$，则有 $n + k^2 = ab + bc + ca + k^2$．令 $a = k$，则有 $n + k^2 = (k + b)(k + c)$．又 $p \mid n + k^2$，不妨设 $k + b = p$，则 a, b, c 均可得出，下面只需证明三者为互不相等的正整数即可．

方法讲解 由题意知 p 为奇质数且 $p \mid k$．

若 $k > p$，设 k' 为 p 除 k 的余数，有 $0 < k' < p$，则 $p \mid n + k'^2$．

不妨设 $1 \leqslant k \leqslant p - 1$，否则用 k' 替代 k．

取 $a = k, b = p - k > 0, c = \dfrac{n + k^2}{p} - k = \dfrac{n - k(p - k)}{p}$，则有 $n = ab + bc + ca$．

下证 a, b, c 为互不相同的正整数．

(1) $\dfrac{n + k^2}{k} = \dfrac{n}{k} + k \geqslant 2\sqrt{n} > p$，故 $c = \dfrac{n + k^2}{p} - k > 0$，故 c 为正整数；

(2) 若 $a = b$，则有 $p = 2k$，与 p 为奇质数矛盾，故 $a \neq b$；

(3) 若 $a = c$，则有 $n = k(2p - k)$，因为 n 为偶数，故 k 也为偶数，所以 $4 \mid n$，与 n 无平方因子矛盾，故 $a \neq c$；

(4) 若 $b = c$，则有 $n = p^2 - k^2 = (p - k)(p + k)$，因为 n 为偶数，故 p, k 同奇偶性，所以 $4 \mid n$，与 n 无平方因子矛盾，故 $b \neq c$．

综上，命题成立．

例题 15 设正整数 a, b 满足 $(a!) \cdot (b!)$ 为 $a! + b!$ 的倍数，证明：$3a \geqslant 2b + 2$．

方法讲解 ① 当 $a > b \geqslant 1$ 时，$3a \geqslant 2b + 2$ 显然成立．

② 当 $a = b$ 时，若 $a = b = 1$，则 $(a!) \cdot (b!) = 1, a! + b! = 2$，不满足题设；

若 $a = b \geqslant 2$，则 $3a \geqslant 2b + 2$ 成立．

③ 当 $a < b$ 时，设 $c = b - a$，则等价于证明 $a \geqslant 2c + 2$．

而 $(a!) \cdot (b!) = (a!)^2 (a + 1)(a + 2) \cdots (a + c)$，

$a! + b! = (a!) \cdot [1 + (a + 1)(a + 2) \cdots (a + c)]$．

设 $M = (a + 1)(a + 2) \cdots (a + c)$，则有 $(1 + M) \mid (a!) \cdot M$，故 $(1 + M) \mid a!$．

又 M 为连续的 c 个自然数的乘积，故 $c! \mid M$，所以 $(1 + M, c!) = 1$，

从而 $(1 + M) \left| \dfrac{a!}{c!} \right.$．即 $(1 + M) \mid (c + 1)(c + 2) \cdots a$．

（ⅰ）若 $a \leqslant 2c$，则 $\dfrac{a!}{c!}$ 为不多于 c 个的连续正整数的积，M 为 c 个连续正整数的乘积，且 $a + c > a$，

所以 $1 + M = \dfrac{(a + c)!}{a!} + 1 > \dfrac{a!}{c!}$，矛盾．故 $a \geqslant 2c + 1$．

（ⅱ）若 $a = 2c + 1$，则 $\dfrac{a!}{c!} = \dfrac{(2c + 1)!}{c!} = (c + 1) \cdots (2c + 1)$，有 $(c + 1) \left| \dfrac{a!}{c!} \right.$．

又 $M = \dfrac{(3c + 1)!}{(2c + 1)!} = (2c + 2)(2c + 3) \cdots (3c + 1)$，故 $(c + 1) \mid M$，

所以 $(c + 1, M + 1) = 1$，所以 $(M + 1) \left| \dfrac{a!}{c!(c + 1)} \right.$，即 $(M + 1) \left| \dfrac{a!}{(c + 1)!} \right.$，

$M = \dfrac{(a + c)!}{a!}$ 为 c 个连续正整数之积，$\dfrac{a!}{(c + 1)!}$ 也为 c 个连续正整数之积．

又 $a + c > a$，所以 $M + 1 > \dfrac{a!}{(c + 1)!}$，这与 $(M + 1) \left| \dfrac{a!}{(c + 1)!} \right.$ 矛盾．

所以 $a \geqslant 2c + 2$．

例题 16 设 $k(k > 3)$ 为给定的奇数．证明：存在无数个正奇数 n，使得有两个正整数 d_1, d_2，满足 $d_1 \left| \dfrac{n^2 + 1}{2} \right., d_2 \left| \dfrac{n^2 + 1}{2} \right.$，且 $d_1 + d_2 = n + k$．

分析：由题意知，只需 $d_1 d_2 \left| \dfrac{(d_1 + d_2 - k)^2 + 1}{2} \right.$. 当 $d_1 = d_2 = 1$ 时，$\dfrac{(d_1 + d_2 - k)^2 + 1}{2} = \dfrac{(k-2)^2 + 1}{2}$ 为整数，成立. 我们只需证明有无数个正整数对 (d_1, d_2) 满足 $d_1 d_2 [(k-2)^2 + 1] = (d_1 + d_2 - k)^2 + 1$. 由于上述方程可视为关于 d_1 的二次方程，对于确定的整数 k, d_2，若存在整数解 d_1，则必存在整数解 d_1'. 我们可以按照一定的规律构造一系列的解，并使得 $d_1 + d_2$ 递增，即可证明问题.

方法讲解 考虑不定方程 $xy[(k-2)^2 + 1] = (x + y - k)^2 + 1$ ①.

已知 $(x_1, y_1) = (1, 1)$ 为方程 ① 的解，假设 $(x_i, y_i)(x_i \leqslant y_i)$ 为方程 ① 的一组正奇数解.

令 $x_{i+1} = y_i, y_{i+1} = (k-1)(k-3)y_i + 2k - x_i$，方程 ① 可整理为

$$x^2 - [(k-1)(k-3)y + 2k]x + (y - k)^2 + 1 = 0.$$

若 (x_i, y_i) 为方程的一组解，则由韦达定理知 $((k-1)(k-3)y_i + 2k - x_i, y_i)$ 也是方程的一组解，故 (x_{i+1}, y_{i+1}) 是方程的一组解.

因为 x_i, y_i, k 均为奇数，故 x_{i+1}, y_{i+1} 也为奇数.

而 $y_{i+1} \geqslant 4 \times 2y_i + 2k - x_i > y_i > 0$，故 (x_{i+1}, y_{i+1}) 为正奇数解且 $x_{i+1} + y_{i+1} > x_i + y_i$.

重复上述过程，我们可以得到满足方程 ① 的无数组正奇数解组，且 $x_1 + y_1 < x_2 + y_2 < \cdots$，则对任意大于 k 的整数 i，均有 $x_i + y_i > k$，此时可取 $n = x_i + y_i - k, d_1 = x_i, d_2 = y_i$. 命题得证.

例题 17 定义 $f_k(n)$ 为正整数 n 的所有正因数的 k 次方之和，即 $f_k(n) = \sum\limits_{\substack{m \mid n \\ m > 0}} m^k$. 问：是否存在正整数 $a, b(a \neq b)$，使得对所有的正整数 n，均有 $f_a(n) \mid f_b(n)$？

方法讲解 假设存在，令 $n = 2$，则有 $(1 + 2^a) \mid (1 + 2^b)$. 设 $b = aq + r(0 \leqslant r < a)$，则有

$$1 + 2^b = 1 + 2^{aq + r} = 1 + 2^r (-1)^q + 2^r \cdot (2^a + 1) \cdot \dfrac{2^{aq} - (-1)^q}{2^a - (-1)}.$$

易知 $\dfrac{2^{aq} - (-1)^q}{2^a - (-1)}$ 为整数，从而 $(1 + 2^a) \mid [1 + 2^r (-1)^q]$.

又 $0 \leqslant 1 + 2^r (-1)^q \leqslant 1 + 2^r < 1 + 2^a$，故 $2^r (-1)^q + 1 = 0$，即 $r = 0, q$ 为奇数.

此时 b 为 a 的奇数倍. 设 $b = aq, q$ 为奇数.

取 $n = 2^{q-1}$，则 $f_a(n) = \sum\limits_{i=0}^{q-1} 2^{ia} = \dfrac{2^{aq} - 1}{2^a - 1}$. 同理得 $f_b(n) = \sum\limits_{i=0}^{q-1} 2^{ib} = \dfrac{2^{bq} - 1}{2^b - 1}$.

因为 $f_a(n) \mid f_b(n)$，所以 $(2^{aq} - 1) \mid [(2^a - 1) f_b(2^{q-1})]$.

而 $f_b(2^{q-1}) = \sum\limits_{i=0}^{q-1} 2^{ib} = \sum\limits_{i=0}^{q-1} (2^{ib} - 1) + q$，

其中对任意的 $k \in \{0, 1, \cdots, q-1\}$，有 $(2^b - 1) \mid (2^{kb} - 1)$，即 $(2^{aq} - 1) \mid (2^{kb} - 1)$.

于是 $(2^{aq} - 1) \mid [(2^a - 1)q]$，又 $0 < q(2^a - 1) < 2^{aq} - 1$，矛盾.

所以不存在满足题意的正整数 a, b.

例题 18 已知正整数 $a_0, a_1, a_2, \cdots, a_{3030}$ 满足 $2a_{n+2} = a_{n+1} + 4a_n (n = 0, 1, 2, \cdots, 3028)$，证明：在 $a_0, a_1, a_2, \cdots, a_{3030}$ 中，至少有一个数能被 2^{2020} 整除.

方法讲解 加强命题：已知正整数 $a_0, a_1, a_2, \cdots, a_{3k}$ 满足 $2a_{n+2} = a_{n+1} + 4a_n (n = 0, 1, 2, \cdots, 3k-2)$，证明：$a_0, a_1, a_2, \cdots, a_{3k}$ 中至少有一个能被 2^{2k} 整除.

① 当 $k = 1$ 时，因为 a_0, a_1, a_2, a_3 均为正整数，由 $2a_3 = a_2 + 4a_1$ 知 a_2 为偶数，故 $4 \mid 2a_2$，即 $4 \mid a_1 + 4a_0$，故 $4 \mid a_1$，即 $k = 1$ 时命题成立.

② 假设取 $k-1$ 时命题成立，下面考虑取 k 的情形.

因为 $a_n = 2a_{n+1} - 4a_{n-1}$，故对于任意正整数 $n(n \leqslant 3k-1)$，有 a_n 为偶数，

设 $b_n = \dfrac{a_{n+1}}{2}(0 \leqslant n \leqslant 3k-2)$，则正整数数列 $\{b_n\}$ 满足 $2b_{n+2} = b_{n+1} + 4b_n(0 \leqslant n \leqslant 3k-4)$，

有 $b_n = 2b_{n+1} - 4b_{n-1}$，故 $b_n(1 \leqslant n \leqslant 3k-3)$ 为偶数．又 $b_0 = \dfrac{a_1}{2}$ 为偶数，

故 $c_n = \dfrac{b_n}{2}(0 \leqslant n \leqslant 3k-3)$ 均为正整数，且满足 $2c_{n+2} = c_{n+1} + 4c_n(0 \leqslant n \leqslant 3k-5)$．

由归纳假设知 $c_0, c_1, c_2, \cdots, c_{3k-3}$ 中至少有一个数能被 2^{2k-2} 整除，故 $a_0, a_1, a_2, \cdots, a_{3k}$ 中至少有一个能被 2^{2k} 整除．

综上所述，当 $k = 1010$ 时，命题成立，本题得证．

例题 19 是否存在正整数 m 和无穷递增正整数数列 $\{a_n\}$ 和 $\{b_n\}$，使得集合 $M = \{p \mid p$ 为质数，且存在正整数 i, j，使得 $p \mid a_i b_j + m\}$ 为有限集？

方法讲解 不存在．

若存在正整数 m 和无穷递增正整数数列 $\{a_n\}$ 和 $\{b_n\}$，使得 M 为有限集，

设 $M = \{p_1, p_2, \cdots, p_r\}$，则所有形如 $a_i b_j + m$ 的数都可以表示为 $p_1^{\alpha_1} p_2^{\alpha_2} \cdots p_r^{\alpha_r}$（其中 $\alpha_i \in \mathbf{N}$）．

由于 $\{b_n\}$ 为无穷递增正整数数列，故可取充分大的 k，使得 $a_1 b_k > (a_{r+1} m)^r$．

考虑 $a_i b_k + m(i = 1, 2, \cdots, r+1)$，设 $a_i b_k + m = p_1^{\alpha_{i,1}} p_2^{\alpha_{i,2}} \cdots p_r^{\alpha_{i,r}} > a_1 b_k + m > (a_{r+1} m)^r$．

设对于某个 i，$p_1^{\alpha_{i,1}}, p_2^{\alpha_{i,2}}, \cdots, p_r^{\alpha_{i,r}}$ 中最大的一个为 $x_i = p_j^{\alpha_{i,j}}$，

则有 $x_i^r \geqslant p_1^{\alpha_{i,1}} p_2^{\alpha_{i,2}} \cdots p_r^{\alpha_{i,r}} = a_i b_k + m$，即 $x_i \geqslant \sqrt[r]{a_i b_k + m}$．

在 $x_1, x_2, \cdots, x_{r+1}$ 中，由抽屉原理知，存在 i_1, i_2 和质数 $p \in M$，使得 p 同时整除 x_{i_1} 和 x_{i_2}．

设 $x_{i_1} = p^\alpha, x_{i_2} = p^\beta(\alpha \leqslant \beta)$，则 $p^\alpha \mid a_{i_1} b_k + m$，$p^\beta \mid a_{i_2} b_k + m$，

于是 $p^\alpha \mid [a_{i_2}(a_{i_1} b_k + m) - a_{i_1}(a_{i_2} b_k + m)]$，即 $p^\alpha \mid (a_{i_1} - a_{i_2}) m$，

故 $p^\alpha \leqslant |(a_{i_1} - a_{i_2}) m| < a_{r+1} m$．

但由于 $p^\alpha = x_{i_1} \geqslant \sqrt[r]{a_{i_1} b_k + m} > \sqrt[r]{a_i b_k}$，当 k 取充分大的数时，我们有 $\sqrt[r]{a_i b_k} > a_{r+1} m$，矛盾．

故不存在正整数 m 和无穷递增正整数数列 $\{a_n\}$ 和 $\{b_n\}$，使得 M 为有限集．

例题 20 已知数列 $x_n = an + b, y_n = cn + d$，其中 $a, b, c, d \in \mathbf{Z}^+$，且 $(a, b) = (c, d) = 1$．证明：存在无数个正整数 n，使得 x_n, y_n 均不含有平方因子．

方法讲解 设质数集为 P．对于足够大的 N，我们考虑集合 $S_1 = \{n \mid \exists p, p^2 \mid an + b, n \leqslant N\}$ 和 $S_2 = \{n \mid \exists p, p^2 \mid cn + d, n \leqslant N\}$ 中元素的个数．

$$|S_1| \leqslant \sum_{\substack{p \in P \\ p \leqslant \sqrt{aN+b}}} \left[\frac{N}{p^2}\right] \leqslant \sum_{\substack{p \in P \\ p \leqslant \sqrt{aN+b}}} \left(\frac{N}{p^2} + 1\right) \leqslant N \cdot \sum_{\substack{p \in P \\ p \leqslant \sqrt{aN+b}}} \frac{1}{p^2} + \sqrt{aN+b} \leqslant Nt + \sqrt{aN+b},$$

其中 $t = \sum_{p \in P} \dfrac{1}{p^2} \leqslant \dfrac{1}{4} + \dfrac{1}{9} + \dfrac{1}{25} + \dfrac{1}{49} + \dfrac{1}{2}\sum_{i=6}^{\infty}\left(\dfrac{1}{2i-1} - \dfrac{1}{2i+1}\right) < 0.47 < \dfrac{1}{2}$．

同理 $|S_2| \leqslant Nt + \sqrt{cN+d}$．所以

$$|S_1| + |S_2| \leqslant 2Nt + \sqrt{aN+b} + \sqrt{cN+d}．$$

设 $S = \{n \in \mathbf{N}^* \mid \forall p, p^2 \nmid an + b, p^2 \nmid cn + d, n \leqslant N\}$，所以

$$|S| \leqslant N - 2Nt - \sqrt{aN+b} - \sqrt{cN+d} = (1-2t)N - \sqrt{aN+b} - \sqrt{cN+d}．$$

对于足够大的 N，上述等式大于 0，且随着 N 的增大而递增，故命题得证．

◎ 三、课外训练

1. 已知 $a, b, m, n \in \mathbf{N}^*$，且 $(a, b) = 1, a > 2$，问：$a^n + b^n \mid a^m + b^m$ 的充要条件是 $n \mid m$ 吗？

2. 求出所有的有序正整数数对 (m,n)，使得 $\dfrac{n^3+1}{mn-1}$ 是整数.

3. 设 a,b 都是正整数，是否存在整数 p,q 使得对任意的正整数 n，$p+na$ 与 $q+nb$ 互质？

4. 试确定使 ab^2+b+7 整除 a^2b+a+b 的全部正整数数对 (a,b).

5. 有两个无数项的等差正整数数列 $a_1<a_2<a_3<\cdots,b_1<b_2<\cdots$. 已知存在无数对正整数 (i,j)，使得 $i\leqslant j\leqslant i+2021$，且 $a_i\mid b_j$. 证明：对任意正整数 i，一定存在一个正整数 j，使得 $a_i\mid b_j$.

6. 对于每个整数 $n\geqslant 3$，令 S_n 为所有小于 n 的质数的总和. 问：是否有无数个整数 $n(n\geqslant 3)$，使得 S_n 与 n 互质？

7. 求所有正整数组成的集合 $\{x_1,x_2,\cdots,x_{20}\}$，满足 $x_{i+2}^2=[x_i,x_{i+1}]+[x_{i-1},x_i]$，其中 $i=1,2,\cdots,20,x_0=x_{20},x_1=x_{21},x_2=x_{22}$.

8. 对于任意质数 $p\geqslant 3$. 证明：当正整数 x 足够大时，$x+1,x+2,\cdots,x+\dfrac{p+3}{2}$ 中至少有一个整数有大于 p 的质因子.

9. 设 p,q 是两个不同的质数，$p>q$，证明：$p!-1$ 与 $q!-1$ 的最大公约数不超过 $p^{\frac{p}{3}}$.

10. 将 2020 个正整数排成一行，其中任意相邻的三个数中，第三个数都能被前两个数以及前两个数的和整除，求最后一项的最小值.

11. 设 p 为大于 3 的质数，证明：存在小于 $\dfrac{p}{2}$ 的正整数 y，使得 $py+1$ 不能表示为两个大于 y 的正整数之积.

12. 已知正整数 $n>20$ 及 $k>1$ 且 $k^2\mid n$. 证明：存在正整数 a,b,c，使得 $n=ab+bc+ca$.

13. 设整数 $n(n>1)$ 恰有 k 个互不相同的质因子，记 n 的所有正约数之和为 $\sigma(n)$. 证明：$\sigma(n)\mid(2n-k)!$.

14. 设 $1,2,\cdots,100$ 的排列 $a_1,a_2,\cdots,a_{100}$ 满足：对任意 $1\leqslant k<l\leqslant 100$，或者 a_k 与 a_l 都是 $l-k$ 的倍数，或者 a_k 与 a_l 都不是 $l-k$ 的倍数. 证明：或者 $a_1=1$ 或者 $a_{100}=1$.

15. 设 p 与 $p+2$ 都是质数，且 $p>3$. 数列 $\{a_n\}$ 满足 $a_1=2,a_n=a_{n-1}+\left\lceil\dfrac{pa_{n-1}}{n}\right\rceil,n\geqslant 2$（其中 $\lceil x\rceil$ 表示不小于 x 的最小整数）. 证明：当 $3\leqslant n\leqslant p-1$ 时，$n\mid(pa_{n-1}+1)$.

3.2 同余、剩余系

◎ 一、知识要点

本节主要讨论同余的概念和简单性质，以及剩余系的应用. 同余理论是初等数论研究的重要方法之一，在数学竞赛中占有非常重要的地位. 本节介绍的剩余系也是解决一类数论问题的有效工具.

（一）同余的定义

设 m 是一个给定的正整数，如果两个整数 a 与 b 被 m 除所得的余数相同，则称 a 与 b 模 m 同余，记作 $a\equiv b\pmod m$；否则，就说 a 与 b 模 m 不同余，记作 $a\not\equiv b\pmod m$. 显然，$a\equiv b\pmod m\Leftrightarrow a=km+b(k\in\mathbf{Z})\Leftrightarrow m\mid(a-b)$.

（二）同余的性质

1. 反身性：$a\equiv a\pmod m$.

2. 对称性：$a \equiv b(\bmod m) \Leftrightarrow b \equiv a(\bmod m)$.

3. 传递性：若 $a \equiv b(\bmod m)$，$b \equiv c(\bmod m)$，则 $a \equiv c(\bmod m)$.

4. 同余式相加：若 $a_1 \equiv b_1(\bmod m)$，$a_2 \equiv b_2(\bmod m)$，则 $a_1 \pm a_2 \equiv b_1 \pm b_2(\bmod m)$.

特别地，$a \equiv b(\bmod m) \Leftrightarrow a \pm k \equiv b \pm k(\bmod m)$.

5. 同余式相乘：若 $a_1 \equiv b_1(\bmod m)$，$a_2 \equiv b_2(\bmod m)$，则 $a_1 a_2 \equiv b_1 b_2(\bmod m)$.

特别地，$a \equiv b(\bmod m)$，$k \in \mathbf{Z} \Leftrightarrow ak \equiv bk(\bmod m)$；

$$a \equiv b(\bmod m)，n \in \mathbf{N} \Leftrightarrow a^n \equiv b^n(\bmod m).$$

6. 若 $ac \equiv bc(\bmod m)$，则当 $(c, m) = 1$ 时，$a \equiv b(\bmod m)$；当 $(c, m) = d$ 时，$a \equiv b\left(\bmod \dfrac{m}{d}\right)$.

特别地，$ac \equiv bc(\bmod mc) \Leftrightarrow a \equiv b(\bmod m)$.

7. 若 $a \equiv b(\bmod m)$，$d \mid m$，则 $a \equiv b(\bmod d)$.

8. 若 $a \equiv b(\bmod m)$，$d \neq 0$，则 $da \equiv db(\bmod dm)$.

9. 若 $a \equiv b(\bmod m_i)(i = 1, 2, \cdots, k)$，则 $a \equiv b(\bmod [m_1, m_2, \cdots, m_n])$.

特别地，若 $m_1, m_2, \cdots, m_n$ 两两互质，则 $a \equiv b(\bmod m_1 m_2 \cdots m_n)$.

（三）剩余类

设 m 是正整数，把全体整数按模 m 的余数来分类，可以分成 m 类，将相应的 m 个集合记为 K_0, K_1，$\cdots, K_{m-1}$，其中 $K_r = \{qm + r \mid q \in \mathbf{Z}, 0 \leqslant r \leqslant m-1\}$ 称为模 m 的一个剩余类（或同余类）.

剩余类的常用性质：

1. $Z = \bigcup\limits_{0 \leqslant i \leqslant m-1} K_i$ 且 $K_i \bigcap K_j = \varnothing(i \neq j)$，即每个整数仅在 $K_0, K_1, \cdots, K_{m-1}$ 的一个里.

2. 对于任意 $a, b \in \mathbf{Z}$，则 $a, b \in K_r$ 的充要条件是 $a \equiv b(\bmod m)$.

3. 在任意给定的 $m+1$ 个数中，必有两个数模 m 同余.

（四）完全剩余系

设 $K_0, K_1, \cdots, K_{m-1}$ 为模 m 的全部剩余类，从每个 K_r 中任取一个 a_r，得 m 个数 $a_0, a_1, \cdots, a_{m-1}$ 组成的数组，叫作模 m 的一个完全剩余系，简称完系.

完全剩余系的常用性质：

1. m 个整数构成模 m 的一个完全剩余系 $\Leftrightarrow m$ 个数模 m 两两不同余.

2. 若 $(a, m) = 1$，$x_i(1 \leqslant i \leqslant n)$ 构成模 n 的完全剩余系，则 $ax_i + b$ 遍历模 m 的完全剩余系.

3. 设 m_1, m_2 是两个互质的正整数，而 x, y 分别遍历模 m_1, m_2 的完全剩余系，则 $m_2 x + m_1 y$ 遍历模 $m_1 m_2$ 的完全剩余系.

4. 若 $x_i(1 \leqslant i \leqslant n)$ 构成模 n 的完全剩余系，则 $\displaystyle\sum_{i=1}^{n} x_i \equiv \dfrac{n(n+1)}{2} \equiv \begin{cases} \dfrac{n}{2}(\bmod n)(2 \mid n), \\ 0(\bmod n)(2 \nmid n). \end{cases}$

（五）简化剩余系

$\{r_1, r_2, \cdots, r_{\varphi(m)}\}$ 为模 m 的简化剩余系（缩系），其中 $(r_i, m) = 1$，且 $r_i \neq r_j(\bmod m)$.

常用性质：

1. 若 $(a, m) = 1$，$x_i(1 \leqslant i \leqslant \varphi(n))$ 构成模 n 的简化剩余系，则 $ax_i + b$ 遍历模 m 的简化剩余系.

2. 若 m_1, m_2 是两个互质的正整数，而 x, y 分别遍历模 m_1, m_2 的简化剩余系，则 $m_2 x + m_1 y$ 遍历模 $m_1 m_2$ 的简化剩余系.

3. 若 $x_i, y_i (1 \leqslant i \leqslant n)$ 均构成模 m 的简化剩余系,则 $\prod\limits_{i=1}^{\varphi(n)} x_i \equiv \prod\limits_{i=1}^{\varphi(n)} y_i \pmod{n}$.

(六) 数论倒数

若 $m \geqslant 1, (a, m) = 1$, 则存在 $x \in \mathbf{Z}$, 使得 $ax \equiv 1 \pmod{m}$, 则称 x 为 a 模 m 的数论倒数, 记作 a^{-1}.

证明　因为 $(a, m) = 1$, 故 $ak (k = 1, 2, \cdots, m)$ 构成了模 m 的一个完全剩余系.

所以存在一个 $x \in \{1, 2, \cdots, m\}$, 使得 $ax \equiv 1 \pmod{m}$. 故 a 模 m 的数论倒数存在.

(七) 升幂引理(LTE)

1. 函数 $v_p(n)$

对正整数 n, 质数 p, 定义 $v_p(n)$ 为 n 中所含 p 的幂次, 即满足 $p^k | n$ 的整数 k 的最大值.

易知 $v_p(n)$ 满足 $v_p(ab) = v_p(a) + v_p(b)$.

2. 升幂引理(LTE):

情形 1. 设 $n \in \mathbf{Z}^+, x, y \in \mathbf{Z}, p$ 为奇质数, $(x, p) = (y, p) = 1$ 且 $x \equiv y \pmod{p}$, 则有
$$v_p(x^n - y^n) = v_p(x - y) + v_p(n).$$

情形 2. 设 n 为正奇数, $x, y \in \mathbf{Z}, p$ 为奇质数, $(x, p) = (y, p) = 1$ 且 $x \equiv y \pmod{p}$, 则有
$$v_p(x^n + y^n) = v_p(x + y) + v_p(n).$$

情形 3. 设 n 为正奇数, x, y 为奇数, 且 $4 | x - y$, 则有
$$v_2(x^n - y^n) = v_2(x - y) + v_2(n).$$

情形 4. 设 n 为正偶数, x, y 为奇数, 则有
$$v_2(x^n - y^n) = v_2(x + y) + v_2(x - y) + v_2(n) - 1.$$

证明　首先我们证明两个引理:

引理 1: 若 $n \in \mathbf{Z}_+, x, y \in \mathbf{Z}$, 则对任意的质数 p, 若 $(p, n) = 1, x \equiv y \pmod{p}$ 且 $(p, x) = (p, y) = 1$, 则 $v_p(x^n - y^n) = v_p(x - y)$.

引理 1 的证明:
$$x^n - y^n = (x - y)(x^{n-1} + x^{n-2} y + \cdots + y^{n-1}).$$

因为 $x \equiv y \pmod{p}$, 所以 $x^{n-1} + x^{n-2} y + \cdots + y^{n-1} \equiv n x^{n-1} \not\equiv 0 \pmod{p}$.

所以 $v_p(x^n - y^n) = v_p(x - y)$. 引理 1 证毕.

引理 2: 设 n 为正奇数, $x, y \in \mathbf{Z}$, 则对任意的质数 p, 若 $(p, n) = 1, x + y \equiv 0 \pmod{p}$ 且 $(p, x) = (p, y) = 1$, 则 $v_p(x^n + y^n) = v_p(x + y)$.

引理 2 的证明:
$$x^n + y^n = (x + y)[x^{n-1} - x^{n-2} y + \cdots + (-y)^{n-1}].$$

因为 $x \equiv -y \pmod{p}$, 所以 $x^{n-1} - x^{n-2} y + \cdots + (-y)^{n-1} \equiv n x^{n-1} \not\equiv 0 \pmod{p}$.

所以 $v_p(x^n + y^n) = v_p(x + y)$. 引理 2 证毕.

下面我们来证明情形 1. ① 首先证明 $v_p(x^p - y^p) = v_p(x - y) + 1$.

只需证明 $p | x^{p-1} + x^{p-2} y + \cdots + y^{p-1}$ 且 $p^2 \nmid x^{p-1} + x^{p-2} y + \cdots + y^{p-1}$.

因为 $x \equiv y \pmod{p}$, 所以 $x^{p-1} + x^{p-2} y + \cdots + y^{p-1} \equiv p x^{p-1} \not\equiv 0 \pmod{p}$.

设 $y = kp + x (k \in \mathbf{Z})$, 则对于 $1 \leqslant t \leqslant p - 1, y^t = (kp + x)^t \equiv kptx^{t-1} + x^t \pmod{p^2}$,

故 $x^{p-1-t} y^t \equiv ktp x^{p-2} + x^{p-1} \pmod{p^2}$.

则 $x^{p-1} + x^{p-2} y + \cdots + y^{p-1} \equiv p x^{p-1} + \dfrac{p(p-1)}{2} kp x^{p-2} \equiv p x^{p-1} \not\equiv 0 \pmod{p^2}$.

故 $v_p(x^p - y^p) = v_p(x-y) + 1$.

② 设 $n = p^\alpha b$（其中 $\alpha, b \in \mathbf{Z}_+$，$(b,p)=1$），则由 ① 知

$v_p(x^n - y^n) = v_p[(x^p)^b - (y^p)^b] = v_p(x^p - y^p) = v_p(x^{p^{\alpha-1}} - y^{p^{\alpha-1}}) + 1 = \cdots = v_p(x-y) + \alpha = v_p(x-y) + v_p(n)$.

情形 1 得证.

类似地，我们可以证明情形 2,3,4. 在此不再累述，留给读者自行证明.

◎ 二、例题讲解

例题 1 设正整数 $n \leqslant 2021$，且 $n^5 - 5n^3 + 4n + 7$ 是完全平方数，则可能的 n 的个数为 _____.

方法讲解 $n^5 - 5n^3 + 4n + 7 = n(n^2-1)(n^2-4) + 7 = (n-2)(n-1)n(n+1)(n+2) + 7$.

$4 \mid (n-2)(n-1)n(n+1)(n+2)$，故 $n^5 - 5n^3 + 4n + 7 \equiv 3 \pmod 4$.

又平方数模 4 余 0 或 1，故不存在 n 使得 $n^5 - 5n^3 + 4n + 7$ 是完全平方数.

另解 当 n 为偶数时，$4 \mid [n^3(n^2-1)]$；当 n 为奇数时，$n^2 \equiv 1 \pmod 4$. 故 $4 \mid [n^3(n^2-1)]$. 故

$$n^5 - 5n^3 + 4n + 7 \equiv n^5 - n^3 + 3 = n^3(n^2-1) + 3 \equiv 3 \pmod 4.$$

又平方数模 4 余 0 或 1，故不存在 n 使得 $n^5 - 5n^3 + 4n + 7$ 是完全平方数.

例题 2 是否存在 $f: \mathbf{N}^* \to \mathbf{N}^*$，使得对于任意的 $x,y,z \in \mathbf{N}^*$，有

$$z + f(x) + f(f(y)) \mid x^2 + [f(f(z))]^2 + [f(y)]^2.$$

方法讲解 不存在. 取 $x=1$，任取 $y \in \mathbf{N}^*$，取 z 使得 $4 \mid f(f(y)) + f(1) + z$，

则 $4 \mid x^2 + [f(f(z))]^2 + [f(y)]^2$，即 $1 + [f(f(z))]^2 + [f(y)]^2 \equiv 0 \pmod 4$.

但对于任意的平方数，模 4 的余数要么为 1，要么为 0，

所以 $1 + [f(f(z))]^2 + [f(y)]^2$ 模 4 的余数只能为 1,2,3，矛盾. 故不存在这样的映射 f.

例题 3 试求所有的正整数 a,b,c，使得 $2^{a!} + 2^{b!} + 2^{c!}$ 为某个正整数的立方.

方法讲解 $(a,b,c) = (1,1,2), (1,2,1), (2,1,1)$.

当 $n \geqslant 3$ 时，$3 \mid n!$. 记 $n! = 3k$，k 为正整数，

则 $2^{n!} = 2^{3k} = 8^k \equiv 1 \pmod 7$，而正整数的立方在模 7 后，余数只有 $0, \pm 1$.

同理，当 $n \geqslant 3$ 时，$6 \mid n!$，记 $n! = 6m$，m 为正整数.

则 $2^{n!} = 2^{6m} = 64^m \equiv 1 \pmod 9$，正整数的立方在模 9 后，余数只有 $0, \pm 1$.

不妨设 $a \geqslant b \geqslant c$.

① 若 $a \geqslant b \geqslant c \geqslant 3$，则 $2^{a!} + 2^{b!} + 2^{c!} \equiv 3 \pmod 7$ 不可能为立方数.

② 若 $a \geqslant b \geqslant 3 > c$，

若 $c = 2$，则 $2^{a!} + 2^{b!} + 2^{c!} \equiv 6 \pmod 9$ 不可能为立方数；

若 $c = 1$，则 $2^{a!} + 2^{b!} + 2^{c!} \equiv 4 \pmod 7$ 不可能为立方数.

③ 若 $a \geqslant 3 > b \geqslant c$，

若 $b = c = 2$，则 $2^{a!} + 2^{b!} + 2^{c!} \equiv 2 \pmod 7$ 不可能为立方数；

若 $b = 2, c = 1$，则 $2^{a!} + 2^{b!} + 2^{c!} \equiv 7 \pmod 9$ 不可能为立方数；

若 $b = c = 1$，则 $2^{a!} + 2^{b!} + 2^{c!} \equiv 5 \pmod 7$ 不可能为立方数.

④ 若 $3 > a \geqslant b \geqslant c$，只有当 $(a,b,c) = (2,1,1)$ 时满足题设.

综上所述，所求的解为 $(a,b,c) = (1,1,2), (1,2,1), (2,1,1)$.

例题 4 求最小的正整数 n，使得 $2^n + 5^n - n$ 是 1000 的倍数.

方法讲解 因为 $1000 = 2^3 \times 5^3$，所以 $2^3 \mid 2^n + 5^n - n$，$5^3 \mid 2^n + 5^n - n$.

若 $n < 3$，则 $5^3 > 2^n + 5^n - n > 0$，矛盾，故 $n \geqslant 3$. 故 $2^3 \mid 5^n - n$，$5^3 \mid 2^n - n$.

（1）先考虑 $2^3 \mid 5^n - n$，注意到对于正整数 k，有 $5^{2k} \equiv 1 (\bmod 8), 5^{2k+1} \equiv 5 (\bmod 8)$.

若 n 为偶数，则 $5^n - n \equiv 1 - n \not\equiv 0 (\bmod 8)$，矛盾；若 n 为奇数，则 $5^n - n \equiv 5 - n \equiv 0 (\bmod 8)$，所以 $n \equiv 5 (\bmod 8)$. 设 $n = 8k + 5$，其中 k 为自然数.

（2）再考虑 $5^3 \mid 2^n - n$.

由 $2^n = 2^{8k+5} = 32 \times 256^k \equiv 32 \times 6^k (\bmod 125)$ 知，$32 \times 6^k \equiv 8k + 5 (\bmod 125)$.

① 先考虑 $5 \mid (32 \times 6^k - 8k - 5)$，$32 \times 6^k - 8k - 5 \equiv 2 - 3k \equiv 0 (\bmod 5)$，故 $k \equiv 4 (\bmod 5)$，

可设 $k = 5p - 1$，p 为正整数，则 $n = 40p - 3$.

② 再考虑 $25 \mid (32 \times 6^k - 8k - 5)$，

注意到 $6^4 \equiv 11^2 \equiv -4 (\bmod 25), 6^5 \equiv -24 \equiv 1 (\bmod 25)$，

所以 $32 \times 6^k - 8k - 5 = 32 \times 6^{5p-1} - 8(5p - 1) - 5 = 32 \times 6^4 \times 6^{5(p-1)} - 40p + 3$

$\equiv 7 \times (-4) - 15p + 3 \equiv -15p (\bmod 25)$，故 $5 \mid p$，设 $p = 5q, q$ 为正整数，则 $k = 25q - 1$.

③ 最后考虑 $125 \mid (32 \times 6^k - 8k - 5)$，

$2^{10} = 1024 \equiv 24 (\bmod 125), 2^{25} \equiv 24^2 \times 32 = 2^{11} \times 3^2 \equiv 48 \times 9 \equiv 57 (\bmod 125)$，

$3^5 = 243 \equiv -7 (\bmod 125), 3^{25} \equiv -7^5 \equiv -57 (\bmod 125)$，

所以 $6^{25} = 2^{25} \times 3^{25} \equiv 57 \times (-57) \equiv 1 \equiv 126 (\bmod 125), 6^{24} \equiv 21 (\bmod 125)$，

$32 \times 6^k - 8k - 5 = 32 \times 6^{25q-1} - 8(25q - 1) - 5 = 32 \times 6^{25(q-1)} \times 6^{24} - 200q + 3$

$\equiv 32 \times 21 + 50q + 3 \equiv 47 + 50q + 3 \equiv 50(1 + q) (\bmod 125)$.

所以 $5 \mid 1 + q$，故 $q \geq 4$，所以 $k = 25q - 1 \geq 99, n = 8k + 5 \geq 797$.

故 n 的最小值为 797.

例题 5 设 m 为整数，$|m| \geq 2$. 整数数列 $\{a_n\}$ 满足：a_1, a_2 不全为 0，且对任意正整数 n，均有 $a_{n+2} = a_{n+1} - ma_n$. 证明：若存在整数 $r, s (r > s \geq 2)$，使得 $a_r = a_s = a_1$，则 $|r - s| \geq |m|$.

方法讲解 不妨设 $(a_1, a_2) = 1$（否则，若 $(a_1, a_2) = d > 1$，则对于任意的正整数 $i, d \mid a_i$，可用 $\dfrac{a_i}{d}$ 来替代 a_i，条件与结论不发生改变）.

由题意知 $a_2 \equiv a_3 \equiv \cdots (\bmod |m|)$.

因为 $a_s = a_1$，故 $a_1 \equiv a_2 (\bmod |m|)$. 又 $(a_1, a_2) = 1$，故 $(a_1, |m|) = 1$.

因为 $0 = a_r - a_s = -m(a_{r-2} + a_{r-3} + \cdots + a_{s-1})$，所以 $a_{r-2} + a_{r-3} + \cdots + a_{s-1} = 0$.

故 $a_1(r - s) \equiv 0 (\bmod |m|)$，故 $r \equiv s (\bmod |m|)$，所以 $|r - s| \geq |m|$.

例题 6 求所有的正整数对 (a, b)，使得 a^3 是 b^2 的倍数且 $b - 1$ 是 $a - 1$ 的倍数.

方法讲解 ① 当 $b = 1$ 时，显然成立.

② 当 $b > 1$ 时，由 $a - 1 \mid b - 1$ 知 $a \leq b$. 设 $\dfrac{a^3}{b^2} = c$ 为正整数.

(i) 若 $c = 1$，设 $a^3 = b^2 = d^6$，则 $a = d^2 \in \mathbf{Z}_+, b = d^3 \in \mathbf{Z}_+, d = \dfrac{b}{a} \in \mathbf{Q}_+$.

若 d 不是整数，设 $d = \dfrac{m}{n}, (m, n) > 1, m, n$ 均为正整数，则 $d^2 = \dfrac{m^2}{n^2}$ 非整数，矛盾，故 d 为整数.

所以 $\dfrac{b - 1}{a - 1} = \dfrac{d^3 - 1}{d^2 - 1} = d + \dfrac{1}{d + 1}$ 为正整数，又 $0 < \dfrac{1}{d + 1} < 1$，矛盾.

(ii) 若 $c > 1$，则由 $a - 1 \mid b - 1$ 知 $a \equiv b \equiv 1 (\bmod a - 1)$，故 $c \equiv 1 (\bmod a - 1)$，

所以 $c \geq 1 + (a - 1) = a$，有 $a^3 = b^2 c \geq b^2 a$，即 $a \geq b$，所以 $a = b$.

综上所述，对于任意的正整数 n，数对 $(n, 1)$ 或 (n, n) 满足题设.

例题 7 设质数 p 整除 $2^{2019}-1$，数列 $\{a_n\}$ 满足 $a_0=2,a_1=1,a_{n+1}=a_n+\dfrac{p^2-1}{4}a_{n-1},n\geqslant 1$，证明：对任意非负整数 n，p 不整除 a_n+1。

方法讲解 可求得数列 $\{a_n\}$ 的通项公式为 $a_n=\left(\dfrac{1+p}{2}\right)^n+\left(\dfrac{1-p}{2}\right)^n$。

因为 $2^n a_n=(1+p)^n+(1-p)^n\equiv 2(\bmod p)$，故只需证 $2^n+2\not\equiv 0(\bmod p)$。

若 $2^n+2\equiv 0(\bmod p)$，因为 $p\mid(2^{2019}-1)$，故 $p\neq 2$，故 $2^{n-1}\equiv -1(\bmod p)$。

一方面，$2^{2019(n-1)}\equiv(-1)^{2019}\equiv -1(\bmod p)$，

另一方面，因为 $2^{2019}\equiv 1(\bmod p)$，故 $2^{2019(n-1)}\equiv 1^{n-1}=1(\bmod p)$，矛盾。

故 $p\nmid(2^n+2)$，即 $p\nmid(a_n+1)$。

例题 8 给定正整数 a 和 b。证明：存在无数个正整数 n，使得 a^n+1 不可被 n^b+1 整除。

方法讲解 若正整数 n 使得 a^n+1 不可被 n^b+1 整除，则称 n 为"好的"。只需找到无数个"好的" n。

方法一：下证对于任何偶数 n，在 n 与 n^3 中都至少有一个是"好的"，可知题中结论成立。

假设对任意偶数 n，都有 $(n^b+1)\mid(a^n+1)$ 和 $(n^{3b}+1)\mid a^{n^3}+1$。

因为 $(n^b+1)\mid(n^{3b}+1)$，所以 $a^n\equiv a^{n^3}\equiv -1(\bmod n^b+1)$。

因为 $a^{n^3}=(a^n)^{n^2}\equiv(-1)^{n^2}\equiv 1(\bmod n^b+1)$，矛盾。

所以 $(n^b+1)\mid(a^n+1)$ 和 $(n^{3b}+1)\mid a^{n^3}+1$ 不能同时成立，即 n 与 n^3 中都至少有一个是"好的"。

故使得 a^n+1 不可被 n^b+1 整除的 n 有无数个。

方法二：假如存在奇数 $k<l$，使得 2^k 和 2^l 都不是"好的"，

于是有 $(2^{kb}+1)\mid(a^{2^k}+1)$ 且 $(2^{lb}+1)\mid(a^{2^l}+1)$。

因为 $(2^b+1)\mid(2^{kb}+1)$ 且 $(2^b+1)\mid(2^{lb}+1)$，所以 $(2^b+1)\mid(a^{2^k}+1)$ 且 $(2^b+1)\mid(a^{2^l}+1)$，

即 $a^{2^k}\equiv a^{2^l}\equiv -1(\bmod 2^b+1)$，而 $a^{2^l}=(a^{2^k})^{2^{l-k}}\equiv(-1)^{2^{l-k}}=1(\bmod 2^b+1)$，矛盾。

所以至多只有一个奇数 k，使得 2^k 不是"好的"。故存在无数个 n 是"好的"。

方法三：对于 $a=1$，任意的偶数 n 都是"好的"。下证 $a>1$ 的情形。先证明一个引理：

引理：设 $a>1$，m 与 n 都是正整数，若 $(a^m+1)\mid(a^n+1)$，则 $m\mid n$。

引理的证明：设 $n=mq+r(0\leqslant r<m)$，则 $0\equiv a^n+1=a^{mq+r}+1\equiv(-1)^q a^r+1(\bmod a^m+1)$。

又 $0\leqslant a^r\pm 1<a^m+1$，所以只有 $a^r-1=0$，即 $r=0$，即 $m\mid n$。引理得证。

回到原题：取 $n=a^k(k\in\mathbf{Z}_+)$，若 n 不是"好的"，则 $(a^{kb}+1)\mid(a^{a^k}+1)$，由引理知 $kb\mid a^k$。

而当 k 为大于 a 的质数时，这是不可能的，矛盾。所以命题得证。

例题 9 设数列 $\{a_n\}$ 满足 $a_0=2,a_1=5,a_{n+1}=5a_n-a_{n-1}(n\geqslant 1,n\in\mathbf{N})$。已知非负整数 m 和正整数 n 满足 $a_m\mid a_{2n-2}+a_{2n-1}$，证明：$3\mid m,3\mid n$。

方法讲解 对于任意的正整数 n，令 $a_{-n}=a_n$。则有 $a_{n+1}=5a_n-a_{n-1}(n\in\mathbf{Z})$ 成立。

① 下证：$a_m\mid(a_{m+t}+a_{m-t})$。

因为 $a_{m+1}+a_{m-1}=5a_m$，所以 $a_m\mid(a_{m+1}+a_{m-1})$。而 $a_{m+2}+a_{m-2}=5(a_{m+1}+a_{m-1})-2a_m\equiv 0(\bmod a_m)$，若对于任意的 $0<k\leqslant t$，均有 $a_m\mid(a_{m+k}+a_{m-k})$，则

$$a_{m+t+1}+a_{m-t-1}=5(a_{m+t}+a_{m-t})-a_{m+t-1}-a_{m-t+1}\equiv 0(\bmod a_m)。$$

综上可知，$a_m\mid(a_{m+t}+a_{m-t})$。

② 取 $t=m+n$，得 $a_{n+2m}\equiv -a_{-n}\equiv -a_n(\bmod a_m)$。

若 $m>0$，设 $2n-2=2mq+r(-m\leqslant r<m$ 且 $q,r\in\mathbf{Z})$，

则有 $a_r+a_{r+1}\equiv a_{2n-2}+a_{2n-1}\equiv 0(\bmod a_m)$。

又 $a_{-r}=a_r$，故存在 $r\in\{0,1,2,\cdots,m-1\}$，使得 $a_m\mid(a_r+a_{r+1})$。

易知当 $n\geqslant 0$ 时，$a_{n+1}>a_n$。若 $0\leqslant r\leqslant m-2$，则 $0<a_r+a_{r+1}\leqslant a_{m-2}+a_{m-1}<a_m$。

而 $a_m < a_{m-1} + a_m < 2a_m$，故不存在 $r \in \{0,1,2,\cdots,m-1\}$，使得 $a_m \mid (a_r + a_{r+1})$，矛盾.

故只有 $m = 0$，此时 $2 \mid a_{2n-2} + a_{2n-1}$.

易得对于 $k \in \mathbf{N}, a_{3k} \equiv 0(\bmod 2), a_{3k+1} \equiv a_{3k+2} \equiv 1(\bmod 2)$，故 $3 \mid n$.

综上所述，$3 \mid m, 3 \mid n$.

例题 10 设正整数 a,b 满足 $a \equiv b \equiv 1(\bmod 3)$. 证明：存在无数个最终周期的质数数列 $\{p_n\}$，满足 $p_{n+1} \mid (p_n^2 + ap_n + b)$ 对所有正整数 n 成立.

方法讲解 当 p_1 是任意质数时，存在一个最终周期的质数数列满足条件.

(1) 若 $p_m \equiv 1(\bmod 3)$，由 $a \equiv b \equiv 1(\bmod 3)$ 知 $3 \mid (p_m^2 + ap_m + b)$，故可取 $p_{m+1} = 3$.

(2) 若 $p_m^2 + ap_m + b$ 不是 3 的倍数，但有模 3 余 1 的质因子，则取 p_{m+1} 为其中最小的一个.

(3) 若 $p_m^2 + ap_m + b$ 不是 3 的倍数，但没有模 3 余 1 的质因子，则取 p_{m+1} 为模 3 余 2 的质因子中最小的一个.

下证：上述构造的质数数列 $\{p_n\}$ 为最终周期的.

若 $\{p_n\}$ 不是最终周期的数列.

由于数列的每一项由前一项确定，所以数列必不存在两个相等的项.

若数列中存在两项模 3 余 1 的质数，则它们的后一项均为 3，故 $\{p_n\}$ 必为最终周期的数列，矛盾.

故数列中至多存在两项为模 3 不余 2 的项，即存在正整数 N，使得对任意 $n > N$，都有 p_n 模 3 余 2.

由数列的构造方式知，$p_n^2 + ap_n + b$ 只有模 3 余 2 的质因子.

又 $p_n^2 + ap_n + b \equiv 1(\bmod 3)$，所以 $p_n^2 + ap_n + b$ 有偶数个模 3 余 2 的质因子.

所以 $p_{n+1} \leqslant \sqrt{p_n^2 + ap_n + b} < p_n + a + b$.

下证：数列 $\{p_n\}$ 有上界.

记 $P = \max\{p_1, p_2, \cdots, p_N, a+b\}, M = (P+a+b)!$，则 $p_{N+1} < p_N + a + b < M$.

假设 $p_k \leqslant M, k > N$，则 $p_{k+1} < p_k + a + b \leqslant M + a + b$.

又 $M+1, M+2, \cdots, M+a+b$ 均为合数，故 $p_{k+1} \leqslant M$，故数列 $\{p_n\}$ 有上界.

故数列 $\{p_n\}$ 必存在相等的两项，即 $\{p_n\}$ 为最终周期数列.

例题 11 证明：对任意整数 t，存在互不相同的质数 p_1, p_2, p_3 和正整数 $\alpha_1, \alpha_2, \alpha_3$，满足 $p_1^{\alpha_1} + p_2^{\alpha_2} + p_3^{\alpha_3} \equiv t(\bmod p_1 p_2 p_3)$.

方法讲解 ① 当 $t = 1$ 时，$3^{10} + 5^7 + 17 \equiv 1(\bmod 3 \times 5 \times 17)$.

② 当 $t = 3$ 时，$3^4 + 5^3 + 7 \equiv 3(\bmod 3 \times 5 \times 7)$.

③ 当 $t \neq 1$ 且 $t \neq 3$ 时，取质数 $p_1 \mid t-2$，取正整数 α_1，使得 $p_1^{\alpha_1} + 1 - t \geqslant 2$.

取质数 $p_2 \mid p_1^{\alpha_1} + 1 - t$. 若 $p_1 = p_2$，则 $p_1 \mid t-1$，这与 $p_1 \mid t-2$ 矛盾，故 $p_1 \neq p_2$.

取 $\alpha_2 = k(p_1 - 1)$，其中 k 为整数，且满足 $p_1^{\alpha_1} + p_2^{\alpha_2} - t \geqslant 2$.

取质数 $p_3 \mid p_1^{\alpha_1} + p_2^{\alpha_2} - t$.

(i) 若 $p_3 = p_1$，则 $p_1 \mid p_2^{\alpha_2} - t$，故 $p_1 \mid t-1$，这与 $p_1 \mid t-2$ 矛盾，故 $p_1 \neq p_3$.

(ii) 若 $p_3 = p_2$，则 $p_2 \mid p_1^{\alpha_1} - t$，这与 $p_2 \mid p_1^{\alpha_1} + 1 - t$ 矛盾，故 $p_2 \neq p_3$.

取 $\alpha_3 = (p_1 - 1)(p_2 - 1)$，

则 $p_1^{\alpha_1} + p_2^{\alpha_2} + p_3^{\alpha_3} \equiv 0 + 1 + 1 = 2 \equiv t(\bmod p_1)$，

$p_1^{\alpha_1} + p_2^{\alpha_2} + p_3^{\alpha_3} \equiv t - 1 + 1 = t(\bmod p_2)$，

$p_1^{\alpha_1} + p_2^{\alpha_2} + p_3^{\alpha_3} \equiv p_1^{\alpha_1} + p_2^{\alpha_2} \equiv t(\bmod p_3)$.

命题得证.

例题 12 证明：从任意 n 个整数 $a_1, a_2, \cdots, a_n$ 中，必可选出若干个数，它们的和（包括只一个加数）能被 n 整除.

方法讲解 设 S_k 为数列 $\{a_n\}$ 的前 k 项和，考虑 $S_1,S_2,S_3,\cdots,S_n$ 这 n 个数：

若这 n 个数互不同余，则存在某个 S_k，使得 $n \mid S_k$；

若这 n 个数中存在 $k,m \in \mathbf{Z}_+$ 且 $k < m$，使得 $S_k = S_m$，则有 $a_{k+1} + a_{k+2} + \cdots + a_{k+m}$ 被 n 整除.

例题 13 对以下两个问题，分别求正整数 n 的所有可能值：

(1) 存在 $a_1,a_2,\cdots,a_n$，使得 $a_i,a_i + i\,(1 \leqslant i \leqslant n)$ 分别构成模 n 的完全剩余系；

(2) 存在 $a_1,a_2,\cdots,a_n$，使得 $a_i,a_i + i,a_i - i\,(1 \leqslant i \leqslant n)$ 分别构成模 n 的完全剩余系.

方法讲解 (1) 当 n 为偶数时，因为 $a_i\,(1 \leqslant i \leqslant n)$ 构成模 n 的完全剩余系，

故 $\displaystyle\sum_{i=1}^{n} a_i + \sum_{i=1}^{n}(a_i + i) \equiv 2\sum_{i=1}^{n} a_i + \sum_{i=1}^{n} i \equiv 3\sum_{i=1}^{n} i = \frac{3n(n+1)}{2} \equiv \frac{n}{2} \pmod{n}$.

又 $a_i,a_i + i\,(1 \leqslant i \leqslant n)$ 分别构成模 n 的完全剩余系，

所以 $\displaystyle\sum_{i=1}^{n} a_i + \sum_{i=1}^{n}(a_i + i) \equiv 2\sum_{i=1}^{n} i \equiv 0 \pmod{n}$，矛盾，故不存在.

当 n 为奇数时，令 $a_i = i\,(1 \leqslant i \leqslant n)$，则 $a_i + i = 2i$ 也为模 n 的完全剩余系.

故当 n 为奇数时，存在 $a_1,a_2,\cdots,a_n$，使得 $a_i,a_i + i\,(1 \leqslant i \leqslant n)$ 分别构成模 n 的完全剩余系.

(2) 由 (1) 知，n 为奇数.

又 $\displaystyle\sum_{i=1}^{n} i \equiv 0 \pmod{n}$，故 $\displaystyle\sum_{i=1}^{n} a_i \equiv \sum_{i=1}^{n}(a_i + i) \equiv \sum_{i=1}^{n}(a_i - i) \equiv 0 \pmod{n}$.

所以 $2\displaystyle\sum_{i=1}^{n} i^2 \equiv \sum_{i=1}^{n}\left[(a_i + i)^2 + (a_i - i)^2\right] = 2\sum_{i=1}^{n}(a_i^2 + i^2) \equiv 4\sum_{i=1}^{n} i^2 \pmod{n}$，

因此 $2\displaystyle\sum_{i=1}^{n} i^2 \equiv 0 \pmod{n}$，又 $2\displaystyle\sum_{i=1}^{n} i^2 = \frac{n(n+1)(2n+1)}{3}$，

若 $3 \mid n$，则 $2\displaystyle\sum_{i=1}^{n} i^2 = \frac{n(n+1)(2n+1)}{3} \equiv \frac{n}{3} \pmod{n}$，矛盾，故 $3 \nmid n$.

所以 $(6,n) = 1$，令 $a_i = 2i\,(1 \leqslant i \leqslant n)$，则 $a_i + i = 3i, a_i - i = i\,(1 \leqslant i \leqslant n)$ 均可构成模 n 的完全剩余系.

综上，n 为满足 $(6,n) = 1$ 的所有正整数.

例题 14 求所有满足以下条件的正整数 n：存在模 n 的两个完全剩余系 $a_i,b_i\,(1 \leqslant i \leqslant n)$，使得 $a_i b_i\,(1 \leqslant i \leqslant n)$ 也是模 n 的完全剩余系.

方法讲解 当 $n = 1,2$ 时，令 $a_i = b_i = i\,(1 \leqslant i \leqslant n)$.

下证：$n \geqslant 3$ 不满足条件.

① 若 n 为奇质数，则因为 a_i,b_i 遍历模 n 的完全剩余系，所以存在 i,j 使得 $a_i \equiv b_j \equiv 0 \pmod{n}$.

不妨设为 $a_n \equiv b_n \equiv 0 \pmod{n}$，则对于任意的 $i\,(1 \leqslant i \leqslant n-1)$，有 $n \mid a_i, n \mid b_i$，

所以 $\displaystyle\prod_{i=1}^{n-1} a_i \equiv \prod_{i=1}^{n-1} b_i \equiv \prod_{i=1}^{n-1} i \equiv -1 \pmod{n}$.

而 $\displaystyle\prod_{i=1}^{n-1} a_i b_i \equiv \left(\prod_{i=1}^{n-1} i\right)^2 \equiv 1 \equiv -1 \pmod{n}$，矛盾. 故 n 不是奇质数.

② 设 p 为 n 的质因子，且 $n = pk\,(k > 1)$. 若 $a_i,b_i,a_i b_i$ 遍历 n 的完全剩余系.

注意到 $a_i,b_i,a_i b_i\,(1 \leqslant i \leqslant n)$ 各列中均有 k 个 p 的倍数，故若 $p \mid a_i$，则必有 $p \mid b_i$，否则 $a_i b_i\,(1 \leqslant i \leqslant n)$ 中 p 的倍数多于 k 个，此时显然有 $p^2 \mid a_i b_i$.

不妨设 $a_1 b_1, a_2 b_2, \cdots, a_k b_k$ 为 $a_i b_i\,(1 \leqslant i \leqslant n)$ 中所有 p 的倍数，则 $p^2 \mid a_i b_i\,(1 \leqslant i \leqslant n)$.

又 $a_i b_i\,(1 \leqslant i \leqslant n)$ 遍历模 n 的完全剩余系，故必存在正整数 m，使得 $a_m b_m \equiv p \pmod{p^2}$，矛盾.

故 $n = 1$ 或 $n = 2$.

例题 15　设 p 是奇质数, S 是由 $p+1$ 个整数构成的集合. 证明: 存在 S 中的 $p-1$ 个不同的元素 a_1, $a_2,\cdots,a_{p-1}$, 使得 $p\,|\,a_1+2a_2+\cdots+(p-1)a_{p-1}$.

方法讲解　设 $S=\{x_1,x_2,\cdots,x_{p+1}\}$.

当 $x_1\equiv x_2\equiv\cdots\equiv x_{p+1}\pmod p$ 时, 因为 $p\,|\,1+2+\cdots+(p-1)$, 所以任取 S 中的 $p-1$ 个不同的元素即可.

当 S 中存在两个元素模 p 不同余时, 不妨设 $x_p\equiv x_{p+1}\pmod p$.

在 $x_1+x_2+\cdots+x_{p-1}+x_p$ 和 $x_1+x_2+\cdots+x_{p-1}+x_{p+1}$ 中必有一个不是 p 的倍数.

不妨设 $p\,|\,x_1+x_2+\cdots+x_{p-1}+x_p$.

记 $X=\sum\limits_{i=1}^{p}x_i,\ Y=\sum\limits_{i=1}^{p}ix_i$, 因为 $p\,|\,X$, 所以对于 $0\leqslant k\leqslant p-1$, $kX+Y$ 构成模 p 的一组完全剩余系, 故存在 k 使得 $p\,|\,kX+Y$.

则 $kX+Y=\sum\limits_{i=1}^{p}(k+i)x_i\equiv\sum\limits_{j=1}^{p}jx_{p-k+j}=x_{p-k+1}+2x_{p-k+2}+\cdots+(p-1)x_{p-k-1}\pmod p$,

其中 $x_{p+m}=x_m,\ m\in\mathbf{N}^*$.

故命题得证.

例题 16　设 k 是正整数, 证明: 至多存在有限个由有限个质数组成的集合 T, 满足 $\prod\limits_{p\in T}p\,\Big|\,\prod\limits_{p\in T}(p+k)$.

方法讲解　用反证法: 假设存在无数个满足条件的 T.

对任意正整数 M, 存在满足条件的 T, T 中存在大于 M 的元素. 否则, 所有这样的 T 都是 $\{1,2,\cdots,M\}$ 的子集, 其个数为有限个, 矛盾!

取 $M=2k^2+k$. 设 T 是满足条件的集合, 且有大于 M 的元素.

设 q 为 T 中最大的元素, 下面用归纳法证明: 对 $i=0,1,2,\cdots,k$, 都有 $q-ik\in T$.

当 $i=0$ 时, 命题成立.

假设命题对 i 时成立, 则我们考虑 $i+1$ 时的情形:

由题意及归纳假设知 $q-ik\,\Big|\,\prod\limits_{p\in T}(p+k)$, 且 $q-ik$ 为质数, 故存在 $p\in T$, 使得 $q-ik\,|\,p+k$,

故 $2(q-ik)=2q-2ik>q+2k^2+k-2k^2=q+k\geqslant p+k\geqslant q-ik$,

所以 $q-ik=p+k$, 即 $p=q-(i+1)k$ 为 T 中的元素, 故命题对 $i+1$ 成立.

因此, $q,q-k,\cdots,q-k^2$ 都是 T 的元素.

而 $(k,k+1)=1$, 所以 $q,q-k,\cdots,q-k^2$ 构成模 $k+1$ 的完全剩余系.

从而存在 $0\leqslant i\leqslant k$, 使得 $k+1\,|\,q-ik$.

另外, $q-ik>2k^2+k-k^2=k^2+k>k+1$, 故 $q-ik$ 为合数, 矛盾.

综上所述, 至多存在有限个由有限个质数组成的集合 T 满足条件.

例题 17　是否存在正整数集的子集 A, 使得对每个正整数 n, $A\bigcap\{n,2n,3n,\cdots,15n\}$ 恰含一个元素, 且存在无数个正整数 m, 使得 $\{m,m+2018\}\subseteq A$?

方法讲解　对任意的正整数 n, 设 $n=2^a3^b5^c7^d11^e13^ft$ (其中 $a,b,c,d,e,f,t\in\mathbf{N},t\geqslant 1$ 且 t 不含质因子 $2,3,5,7,11,13$). 定义 $f(n)=a+4b+9c+11d+7e+14f$.

下面证明: 对任意的正整数 n, $f(n),f(2n),\cdots,f(15n)$ 构成模 15 的完全剩余系.

事实上, $f(2n)-f(n)=1,f(4n)-f(n)=2,f(8n)-f(n)=3$,

$f(3n)-f(n)=4,f(6n)-f(n)=5,f(12n)-f(n)=6,f(9n)-f(n)=8$,

$f(5n)-f(n)=9,f(10n)-f(n)=10,f(15n)-f(n)=13$,

$f(7n)-f(n)=11,f(14n)-f(n)=12$,

$f(11n) - f(n) = 7, f(13n) - f(n) = 14,$

可知，$f(n), f(2n), \cdots, f(15n)$ 构成模 15 的完全剩余系.

令集合 $A = \{n \in \mathbf{Z}_+ \mid f(n) \equiv 0 (\bmod 15)\}$，则对任意的正整数 n，$A \bigcap \{n, 2n, \cdots, 15n\}$ 恰含一个元素.

由中国剩余定理知，存在无数个正整数 m 满足

$$\begin{cases} m \equiv 1(\bmod 2), \\ m \equiv 2(\bmod 3), \\ m \equiv 1(\bmod 5), \\ m \equiv 1(\bmod 7), \\ m \equiv 1(\bmod 11), \\ m \equiv 1(\bmod 13), \end{cases} \text{即} \begin{cases} m + 2018 \equiv 1(\bmod 2), \\ m + 2018 \equiv 1(\bmod 3), \\ m + 2018 \equiv 4(\bmod 5), \\ m + 2018 \equiv 3(\bmod 7), \\ m + 2018 \equiv 6(\bmod 11), \\ m + 2018 \equiv 4(\bmod 13). \end{cases}$$

故 $m, m + 2018$ 均不能被 $2, 3, 5, 7, 11, 13$ 整除，故有 $f(m) = f(m + 2018) = 0$.

故存在无数个正整数 m，使得 $\{m, m + 2018\} \subseteq A$. 命题得证.

例题 18 设 $a, b, c \in \mathbf{Z}_+$，证明：存在无数个正整数 x，使得 $a^x + x \equiv b(\bmod c)$.

方法讲解 对 c 进行归纳.

当 $c = 1$ 时，显然成立.

若 $c > 1$，设 c 的标准分解式为 $c = p_1^{\alpha_1} p_2^{\alpha_2} \cdots p_n^{\alpha_n}$（其中 $p_1 < p_2 < \cdots < p_n$ 为质数，$\alpha_i \in \mathbf{N}, i = 1, 2, \cdots, n$）.

假设对于任意给定的正整数 a, b 及 $c_0 = p_1^{\alpha_1} p_2^{\alpha_2} \cdots p_n^{\alpha_n - 1}$，存在无数个 x，使得 $a^x + x \equiv b(\bmod c_0)$.

故对于任意给定的正整数 a，则存在 $x_1, x_2, \cdots, x_{c_0} > \max\{\alpha_1, \alpha_2, \cdots, \alpha_n\}$，使得 $a^{x_j} + x_j (1 \leqslant j \leqslant c_0)$ 遍历了模 c_0 的完全剩余系.

令 $d = \varphi(c) p_1 p_2 \cdots p_{n-1}$，则 $c_0 \mid d, \varphi(c) \mid d$.

下面证明这 c 个数：$a^{x_j + kd} + x_j + kd (1 \leqslant j \leqslant c_0, 0 \leqslant k \leqslant p_n - 1, j, k \in \mathbf{Z})$ 遍历了模 c 的完全剩余系.

由于 $x_j > \max\{\alpha_1, \alpha_2, \cdots, \alpha_n\}$，于是对任意的 j, k，均有 $a^{x_j + kd} \equiv a^{x_j} (\bmod c)$.

故 $a^{x_j + kd} + x_j + kd \equiv a^{x_j} + x_j + kd (\bmod c)$.

若存在 $j_1, j_2 \in \{1, 2, \cdots, c_0\}, k_1, k_2 \in \{0, 1, \cdots, p_n - 1\}$，

满足 $a^{x_{j_1} + k_1 d} + x_{j_1} + k_1 d \equiv a^{x_{j_2} + k_2 d} + x_{j_2} + k_2 d (\bmod c)$，

则 $a^{x_{j_1} + k_1 d} + x_{j_1} + k_1 d \equiv a^{x_{j_2} + k_2 d} + x_{j_2} + k_2 d (\bmod c_0)$.

由 $c_0 \mid d$ 知 $a^{x_{j_1}} + x_{j_1} \equiv a^{x_{j_2}} + x_{j_2} (\bmod c_0)$，由 x_{j_1}, x_{j_2} 的取法知 $j_1 = j_2$.

从而 $k_1 d \equiv k_2 d (\bmod c)$，即 $c \mid [(k_1 - k_2) d]$，故 $p_n^{\alpha_n} \mid [(k_1 - k_2) d]$.

由 d 的质因子分解式中仅含有 $\alpha_n - 1$ 个 p_n，故必有 $p_n \mid (k_1 - k_2)$，即 $k_1 = k_2$.

故 $a^{x_j + kd} + x_j + kd (1 \leqslant j \leqslant c_0, 0 \leqslant k \leqslant p_n - 1, j, k \in \mathbf{Z})$ 两两模 c 不同余，即这 c 个数遍历了模 c 的完全剩余系.

对给定的 b，存在 j, k，使得 $x = x_j + kd$ 满足 $a^x + x \equiv b(\bmod c)$.

由于模 p 的完全剩余系可以任意选取，故这样的 x 有无数个.

例题 19 求所有的正整数 n，使得存在正整数 x 和 y，满足 $(x, y) = 1$，且 $x^n + y^n$ 是 $(x + y)^4$ 的倍数.

方法讲解 若 n 为偶数，则 $x^n + y^n \equiv x^n + (x + y - x)^n \equiv 2x^n \equiv 0(\bmod(x + y))$.

又 $(x + y, x) = (x, y) = 1$，所以 $(x + y) \mid 2$，故 $x = y = 1$，即 2 是 16 的倍数，矛盾.

若 n 为奇数，注意到 $x + y \geqslant 3$，设 p 为 $x + y$ 的奇质因子，

则 $v_p(x^n + y^n) = v_p(x + y) + v_p(n) \geqslant 4v_p(x + y)$，故 $v_p(n) \geqslant 3v_p(x + y) \geqslant 3$.

若 $n = p^3 q$（其中 p 为奇质数，q 为奇数），

令 $x=1,y=p-1$,则有 $v_p(x^n+y^n)=v_p(x+y)+v_p(n)\geqslant 4$,有 $(x+y)^4\mid(x^n+y^n)$.

故满足条件的所有 n 为使得 $p^3\mid n$ 的所有奇数,其中 p 为奇质数.

例题 20 设 a,b 是两个正奇数.证明:对任意 $n\in\mathbf{N}$,存在一个 $m\in\mathbf{N}$,使得 2^n 至少整除 $a^m b^2-1$ 和 $b^m a^2-1$ 中的一个数.

方法讲解 设 $v_2(a^2-1)=x,v_2(b^2-1)=y$,不妨设 $x\leqslant y$.

因为 a 为正奇数,故当 $i\geqslant 1$ 时,$v_2(a^{2^i}+1)=1$.

又因为 $a^{2^{n-x+1}}-1=(a^2-1)(a^2+1)(a^4+1)\cdots(a^{2^{n-x}}+1)$,

所以 $v_2(a^{2^{n-x+1}}-1)=x+n-x=n$.

设正整数 t 满足 $2^n\mid a^t-1$,则 $2^n\mid[a^{(t,2^{n-x+1})}-1]$.

若 $(t,2^{n-x+1})\leqslant 2^{n-x}$,则 $2^n\mid 2^{n-x}-1$,这与 $v_2(2^{n-x}-1)=n-1$ 矛盾,故 $(t,2^{n-x+1})>2^{n-x}$,故 $2^{n-x+1}\mid t$.

所以 $a^2,a^4,a^6,\cdots,a^{2^{n-x+1}}$ 这 2^{n-x} 个数模 2^n 互不同余.

又 $a^2\equiv 1(\bmod 2^x)$,故上述 2^{n-x} 个数模 2^x 均余 1.

故它们模 2^n 的余数应为 $1,1+2^x,1+2\cdot 2^x,\cdots,1+(2^{n-x}-1)2^x+1$ 的一个排列.

而 $b^2\equiv 1(\bmod 2^x)$,可知 $(b^2)^{-1}\equiv 1(\bmod 2^x)$.

故存在整数 $k(1\leqslant k\leqslant 2^{n-x})$,使得 $a^{2k}\equiv 1\equiv(b^2)^{-1}(\bmod 2^n)$,此时有 $a^{2k}b^2\equiv 1(\bmod 2^n)$.

命题成立.

◎ 三、课外训练

1. 设 n 为非负整数,证明:$5^{2n+3}+3^{n+3}\cdot 2^n$ 不为质数.

2. 设正整数 a,b,n 满足 $a>b$,且 $a^{2021}\mid n,b^{2021}\mid n,2022\mid a-b$.证明:存在由 n 的正因子构成的集合 T,使得 T 中元素的和能被 2022 整除但不能被 2022^2 整除.

3. 给定正整数 m,k.证明:存在无数个正整数 $n(n\geqslant k)$,使得 m 与 C_n^k 互质.

4. 设 m 是正整数.证明:存在正整数 k,使得可将正整数集 $\mathbf{N}^*$ 分拆为 k 个互不相交的子集 $A_1,A_2,\cdots,A_k$,每个子集中均不存在 4 个数 a,b,c,d(可以相同),满足 $ab-cd=m$.

5. 设整数 $x_1,x_2,\cdots,x_{2014}$ 模 2014 互不同余,整数 $y_1,y_2,\cdots,y_{2014}$ 模 2014 也互不同余.证明:可将 $y_1,y_2,\cdots,y_{2014}$ 重新排列为 $z_1,z_2,\cdots,z_{2014}$,使得 $x_1+z_1,x_2+z_2,\cdots,x_{2014}+z_{2014}$ 模 4028 互不同余.

6. 证明:从集合 $\{1,2,\cdots,20\}$ 中任取 4 个数(允许相同),必可将其中的 3 个数适当地记为 a,b,c,使得关于 x 的同余方程 $ax\equiv b(\bmod c)$ 有整数解.

7. 若 p,q 是不同的质数,$a_1,a_2,\cdots,a_p$ 及 $b_1,b_2,\cdots,b_q$ 均为正整数,且 $\{a_i+b_j\mid 1\leqslant i\leqslant p,1\leqslant j\leqslant q\}$ 可构成模 pq 的完全剩余系.证明:$a_1,a_2,\cdots,a_p$ 及 $b_1,b_2,\cdots,b_q$ 分别构成模 p 和模 q 的完全剩余系.

8. 对于多项式 P 和正整数 n,用 P_n 表示使得 $|P(a)|-|P(b)|$ 能被 n 整除的正整数对 $(a,b)(a<b\leqslant n)$ 的个数.求所有的整系数多项式 P,使得对任意正整数 n,都有 $P_n\leqslant 2021$.

9. 设 $n\in\mathbf{Z}^+$,记 $m=n^2+n+1$,若正整数 a 与 m 互质,且集合 $A=\{a^i-a^j\mid 0\leqslant i,j\leqslant n\}$ 构成一个模 m 的完全剩余系.证明:$a^{n+1}\equiv 1(\bmod m)$.

10. 连接正 n 边形的顶点,得到一条边数为 n 的闭折线形,证明:若 n 为偶数,则在闭折线中必有两条边平行.

11. 求所有的整系数多项式 $P(x)$,满足:对任意无穷整数列 $a_1,a_2,\cdots$,其中每个整数恰在数列中出现一次,都存在角标 $i<j$ 和整数 k,使得 $a_i+a_{i+1}+\cdots+a_j=P(k)$.

12. 设数列 $\{a_n\}$ 满足 $a_1=1,a_{n+1}=a_n+2^{a_n},n\geqslant 1$,证明:对任意正整数 $m,a_1,a_2,\cdots,a_{3^m}$ 构成模 3^m 的完全剩余系.

13. 定义 $S_n = \{C_n^n, C_{2n}^n, \cdots, C_{n_s}^n\}$ $(n \in \mathbf{Z}^+)$. 证明：

(1) 存在无数个 n，使得 S_n 不为模 n 的完全剩余系；

(2) 存在无数个 n，使得 S_n 为模 n 的完全剩余系.

14. 已知 $a_0, a_1, \cdots, a_{P-1}$ 是 $0, 1, \cdots, P-1$ 的一个排列，$P(P \geqslant 5)$ 为质数，当 $a_0, a_1, \cdots, a_{P-1}$ 满足 x 取遍模 P 的完全剩余系时，$\sum_{i=1}^{P-1} a_i x^i$ 取遍模 P 的完全剩余系，则称 $a_0, a_1, \cdots, a_{P-1}$ 为"好排列". 证明："好排列"的个数不小于 $2(P-1)$ 个.

15. 对于正整数 k, m，若对任意正整数 a，均存在一个正整数 n，使得 $1^k + 2^k + \cdots + n^k \equiv a \pmod{m}$，则称正整数 k 具有性质 $T(m)$. 求：

(1) 所有具有性质 $T(20)$ 的正整数 k；

(2) 具有性质 $T(20^{15})$ 的最小的正整数 k.

3.3 同余的基本定理及其应用

◎ 一、知识要点

本节主要介绍数论的四大定理（欧拉定理、费马小定理、威尔逊定理、中国剩余定理）及其应用. 除此以外，本节还要介绍数论中的几个基本概念：指数和原根.

（一）欧拉定理

1. 欧拉函数 $\varphi(n)$

n 个正整数 $1, 2, \cdots, n$ 中与 n 互质的个数被称为 n 的欧拉函数，并记为 $\varphi(n)$.

若 n 的标准分解式是 $n = p_1^{a_1} p_2^{a_2} \cdots p_k^{a_k}$，$i = 1, 2, \cdots, k$，则 $\varphi(n)$ 的计算公式是：
$$\varphi(n) = p_1^{a_1-1} p_2^{a_2-1} \cdots p_k^{a_k-1} (p_1 - 1)(p_2 - 1) \cdots (p_k - 1), i = 1, 2, \cdots, k.$$

下面给出证明：① 若 $(a, b) = 1$，由容斥原理知
$$\varphi(ab) = ab - [a - \varphi(a)]b - [b - \varphi(b)]a + [a - \varphi(a)][b - \varphi(b)] = \varphi(a)\varphi(b).$$

② 设 p 为质数，则 $\varphi(p) = p - 1$，$\varphi(p^k) = p^k - p^{k-1} = p^{k-1}(p-1)$ $(k \in \mathbf{Z}_+)$.

③ 若 n 的标准分解式为 $n = p_1^{a_1} p_2^{a_2} \cdots p_r^{a_r}$，则有
$$\varphi(n) = \varphi(p_1^{a_1} p_2^{a_2} \cdots p_r^{a_r}) = \varphi(p_1^{a_1})\varphi(p_1^{a_1}) \cdots \varphi(p_r^{a_r}) = p_1^{a_1-1} p_2^{a_2-1} \cdots p_r^{a_r-1}(p_1-1)(p_2-1) \cdots (p_r-1).$$
命题得证.

2. 欧拉定理

设正整数 a, m 满足 $(a, m) = 1$，则 $a^{\varphi(m)} \equiv 1 \pmod{m}$.

欧拉定理的证明：设 $\{r_1, r_2, \cdots, r_{\varphi(m)}\}$ 为模 m 的简化剩余系.

因为 $(a, m) = 1$，所以 $\{ar_1, ar_2, \cdots, ar_{\varphi(m)}\}$ 也为模 m 的简化剩余系.

所以 $a^{\varphi(m)} r_1 r_2 \cdots r_{\varphi(m)} \equiv r_1 r_2 \cdots r_{\varphi(m)} \pmod{m}$，故 $a^{\varphi(m)} \equiv 1 \pmod{m}$.

（二）费马小定理

对于质数 p 及任意整数 a，有 $a^p \equiv a \pmod{p}$.

推论 设 p 为质数，a 是与 p 互质的任一整数，则 $a^{p-1} \equiv 1 \pmod{p}$.

费马小定理的证明：显然费马小定理是欧拉定理的一种特例.

下面我们对 a 用数学归纳法给出另一种证明：

① 当 $a = 0$ 或 1 时，显然成立.

② 假设 $a^p \equiv a \pmod{p}$，则 $(a+1)^p - (a+1) = \sum_{k=0}^{p} C_p^k a^k - a - 1 = \sum_{k=1}^{p-1} C_p^k a^k + a^p - a$.

因为 $C_p^k = \dfrac{p!}{k!(p-k)!}$，$p$ 为质数，所以当 $1 \leqslant k \leqslant p-1$ 时，$p \mid C_p^k$.

故 $p \mid \left(\sum_{k=1}^{p-1} C_p^k a^k + a^p - a \right)$，即 $(a+1)^p - (a+1) = \sum_{k=1}^{p-1} C_p^k a^k + a^p - a \equiv 0 \pmod{p}$.

故 $(a+1)^p \equiv a+1 \pmod{p}$.

由 ①② 知，质数 p 及任意整数 a，有 $a^p \equiv a \pmod{p}$.

特别地，当 a, p 互质时，我们有 $a^{p-1} \equiv 1 \pmod{p}$，故推论成立.

（三）拉格朗日定理

设 p 为质数，在模 p 意义下考虑一个 n 次整系数多项式：
$$f(x) = a_n x^n + a_{n-1} x^{n-1} + \cdots + a_0 \ (p \nmid a_n),$$
则同余方程 $f(x) \equiv 0 \pmod{p}$ 在模 p 意义下至多有 n 个不同的解.

方法讲解　对 n 进行归纳.

当 $n = 0$ 时，由于 $p \nmid a_0$，故 $f(x) \equiv 0 \pmod{p}$ 无解，定理对 $n = 0$ 成立.

假设命题对所有次数小于 n 的多项式都成立.

若存在一个 n 次的多项式 $f(x)$，使得 $f(x) \equiv 0 \pmod{p}$ 在模 p 意义下有 $n+1$ 个不同的解 $x_0, x_1, x_2, \cdots, x_n$.

利用因式定理，可设 $f(x) - f(x_0) = (x - x_0)g(x)$，则 $g(x)$ 在模 p 意义下是一个至多 $n-1$ 次的多项式.

因为 $x_0, x_1, x_2, \cdots, x_n$ 均为 $f(x) \equiv 0 \pmod{p}$ 的解，故对于 $i(1 \leqslant i \leqslant n)$，都有
$$(x_i - x_0)g(x_i) \equiv f(x_i) - f(x_0) \equiv 0 \pmod{p}.$$

而 $x_i \not\equiv x_0 \pmod{p}$，故 $g(x_i) \equiv 0 \pmod{p}$，即 $g(x) \equiv 0 \pmod{p}$ 在模 p 意义下存在至少 n 个根，矛盾.

所以，n 次的多项式 $f(x)$ 在模 p 意义下至多有 n 个不同的解. 定理得证.

（四）威尔逊定理

设 p 为质数，则 $(p-1)! \equiv -1 \pmod{p}$.

证明一　首先 $p = 2$ 时显然成立.

当 p 为奇质数时，对 $2 \leqslant a \leqslant p-2$，将 a 与其模 p 的数论倒数 a^{-1} 配对，将 1 与 $p-1$ 配对.

下面我们证明这种配对模式是可以做到的.

① 不存在 $i, j(1 \leqslant i < j \leqslant p-1)$，使得 $j^{-1} \equiv i^{-1} \pmod{p}$.

② 对于 $2 \leqslant i \leqslant p-2$，都有 $i^{-1} \in \{2, 3, \cdots, p-2\}$ 且 $i \not\equiv i^{-1} \pmod{p}$.

下面给出证明：

① 若存在 $i, j(1 \leqslant i < j \leqslant p-1)$，使得 $j^{-1} \equiv i^{-1} \pmod{p}$，则有 $i \cdot i^{-1} \equiv j \cdot i^{-1} \equiv 1 \pmod{p}$，故 $(j-i) \cdot i^{-1} \equiv 0 \pmod{p}$，所以 $j \equiv i \pmod{p}$ 或 $i^{-1} \equiv 0 \pmod{p}$，矛盾.

故对于任意的 $i(1 \leqslant i \leqslant p-1)$，$i$ 模 p 的数论倒数 i^{-1} 各不相同.

② 对于 $i(2 \leqslant i \leqslant p-2)$，$\{i, 2i, \cdots, (p-1)i\}$ 构成了模 p 的简化剩余系.

又 $i \equiv 1 \pmod{p}$，$(p-1)i \equiv -i \equiv 1 \pmod{p}$，

故 $i^{-1} \equiv 1 \pmod{p}$，$i^{-1} \equiv p-1 \pmod{p}$，即 $i^{-1} \in \{2, 3, \cdots, p-2\}$.

若 $i^2 \equiv 1 \pmod{p}$，则 $(i+1)(i-1) \equiv 0 \pmod{p}$，

而对于 $2 \leqslant i \leqslant p-2$，$i+1 \equiv 0 \pmod{p}$ 且 $i-1 \equiv 0 \pmod{p}$，矛盾. 故 $i \equiv i^{-1} \pmod{p}$.

所以可将 $\{2, 3, \cdots, p-1\}$ 中的数做两两配对，使得数对的乘积模 p 余 1.

再将 1 与 $p-1$ 配对，则这些数对的累积为 $(p-1)! \equiv 1 \cdot (p-1) \equiv -1 \pmod{p}$，定理成立.

证明二 首先 $p=2$ 时显然成立.

当 p 为奇质数时，设 $f(x) = (x-1)(x-2) \cdots (x-p+1) - (x^{p-1} - 1)$，则 $f(x)$ 在模 p 意义下为一个至多 $p-2$ 次的多项式.

由费马小定理知，$x = 1, 2, \cdots, p-1$ 都是方程 $f(x) \equiv 0 \pmod{p}$ 的解，故在模 p 意义下 $f(x)$ 为一个零多项式，故 $0 \equiv f(0) = (-1)^{p-1} \cdot (p-1)! + 1 = (p-1)! + 1 \pmod{p}$，即

$$(p-1)! \equiv -1 \pmod{p}.$$

综上，命题得证.

（五）中国剩余定理

设 $m_1, m_2, \cdots, m_k$ 是两两互质的正整数，那么对于任意整数 $a_1, a_2, \cdots, a_k$，一次同余方程组 $x \equiv a_j \pmod{m_j}$，$1 \leqslant j \leqslant k$ 必有解，且解可以写为

$$x \equiv M_1 N_1 a_1 + M_2 N_2 a_2 + \cdots + M_k N_k a_k \pmod{m}.$$

这里 $m = m_1 m_2 \cdots m_k$，$M_i = \dfrac{m}{m_i}$ $(1 \leqslant i \leqslant k)$，以及 N_j 满足 $M_j N_j \equiv 1 \pmod{m_j}$，$1 \leqslant j \leqslant k$（即 N_j 为 M_j 对模 m_j 的逆）. 中国剩余定理的作用在于它能断言所说的同余式组当模两两互质时一定有解，而对于解的形式并不做要求.

（六）指数与原根

1. 指数

设 $m \geqslant 1$，$(a, m) = 1$，使得 $a^r \equiv 1 \pmod{m}$ 成立的最小的正整数 r 称为 a 模 m 的指数，记作 $\delta_m(a)$.

指数的性质：若 $a^n \equiv 1 \pmod{m}$，$n \in \mathbf{N}^*$，则 $\delta_m(a) \mid n$.

证明 记 $\delta_m(a) = r$，设 $n = kr + t$ $(t, r \in \mathbf{N}, 0 \leqslant t < r)$.

若 $t > 0$，则 $a^t \equiv (a^r)^k \cdot a^t \equiv a^n \equiv 1 \pmod{m}$，这与 $\delta_m(a)$ 的最小性矛盾，故 $\delta_m(a) \mid n$.

由此可知，若 $m \geqslant 1$，$(a, m) = 1$，则 $\delta_m(a) \mid \varphi(m)$. 特别地，若 m 为质数，则 $\delta_m(a) \mid (m-1)$.

2. 原根

设 $m \in \mathbf{N}^*$，$a \in \mathbf{Z}$，若 $(a, m) = 1$，且 $\delta_m(a) = \varphi(m)$，则称 a 为模 m 的原根.

先指出原根的两个性质：

性质 1 设 $m \in \mathbf{N}^*$，$a, b \in \mathbf{Z}$，$(a, m) = (b, m) = 1$，则 $\delta_m(ab) = \delta_m(a) \delta_m(b)$ 的充要条件是 $(\delta_m(a), \delta_m(b)) = 1$.

性质 1 的证明 **必要性**：由 $a^{\delta_m(a)} \equiv 1 \pmod{m}$，$b^{\delta_m(b)} \equiv 1 \pmod{m}$ 可知

$$(ab)^{[\delta_m(a), \delta_m(b)]} \equiv 1 \pmod{m},$$

所以 $\delta_m(ab) \mid [\delta_m(a), \delta_m(b)]$. 由于 $\delta_m(ab) = \delta_m(a) \delta_m(b)$，故

$$[\delta_m(a) \delta_m(b)] \mid [\delta_m(a), \delta_m(b)].$$

故 $(\delta_m(a), \delta_m(b)) = 1$.

充分性：由 $(ab)^{\delta_m(ab)} \equiv 1 \pmod{m}$ 可知

$$1 \equiv (ab)^{\delta_m(ab) \delta_m(b)} \equiv a^{\delta_m(ab) \delta_m(b)} \pmod{m},$$

故 $\delta_m(a) \mid [\delta_m(ab) \delta_m(b)]$. 又 $(\delta_m(a), \delta_m(b)) = 1$，故 $\delta_m(a) \mid \delta_m(ab)$.

同理，$\delta_m(b)\mid\delta_m(ab)$. 所以 $[\delta_m(a)\delta_m(b)]\mid\delta_m(ab)$.

又 $(ab)^{\delta_m(a)\delta_m(b)}=(a^{\delta_m(a)})^{\delta_m(b)}\cdot(b^{\delta_m(b)})^{\delta_m(a)}\equiv1(\bmod m)$，故 $\delta_m(ab)\mid[\delta_m(a)\delta_m(b)]$.

综上可知，充分性成立.

性质 2　设 $k\in\mathbf{N},m\in\mathbf{N}^*,a\in\mathbf{Z},(a,m)=1$，则 $\delta_m(a^k)=\dfrac{\delta_m(a)}{(\delta_m(a),k)}$.

性质 2 的证明　一方面，因为 $(a^k)^{\delta_m(a^k)}\equiv1(\bmod m)$，故 $\delta_m(a)\mid k\delta_m(a^k)$，于是 $\dfrac{\delta_m(a)}{(\delta_m(a),k)}\Big|\delta_m(a^k)$.

另一方面，由 $a^{\delta_m(a)}\equiv1(\bmod m)$ 知，$(a^k)^{\frac{\delta_m(a)}{(\delta_m(a),k)}}=(a^{\delta_m(a)})^{\frac{k}{(\delta_m(a),k)}}\equiv1(\bmod m)$，

故 $\delta_m(a^k)\Big|\dfrac{\delta_m(a)}{(\delta_m(a),k)}$. 于是 $\delta_m(a^k)=\dfrac{\delta_m(a)}{(\delta_m(a),k)}$.

定理　若 p 为奇质数，则模 p 的原根存在.

证明　我们先证明一个引理：

引理：设 $a,b\in\mathbf{Z}$，且 $(a,p)=(b,p)=1$，则存在 $c\in\mathbf{Z}$，使得 $\delta_p(c)=[\delta_p(a),\delta_p(b)]$.

引理的证明：记 $\delta_p(a)=r,\delta_p(b)=s$，设 $d=(r,s)$，记 $r=dx$，则 $[\delta_p(a),\delta_p(b)]=sx$.

由性质 2 知 $\delta_p(a^d)=\dfrac{\delta_p(a)}{(\delta_p(a),d)}=\dfrac{r}{(r,d)}=x$.

而 $\delta_p(b)=s,(x,s)=1$，由性质 1 知 $\delta_p(a^db)=xs=[\delta_p(a),\delta_p(b)]$. 引理证毕.

回到原题：由引理可知，存在 $k\in\mathbf{Z}$，使得 $\delta_p(k)=[\delta_p(1),\delta_p(2),\cdots,\delta_p(p-1)]$.

故对于任意的 $i=1,2,\cdots,p-1$，都有 $\delta_p(i)\mid\delta_p(k)$，即 $i=1,2,\cdots,p-1$，都是同余方程 $x^{\delta_p(k)}\equiv1(\bmod p)$ 的根，由拉格朗日定理可知 $\delta_p(k)\geqslant p-1$.

由费马小定理知 $k^{p-1}\equiv1(\bmod p)$，于是有 $\delta_p(k)\mid p-1$.

综上，$\delta_p(k)=p-1$，即 k 为模 p 的原根. 证毕.

事实上可以证明，当且仅当 $m=1,2,4,p^\alpha,2p^\alpha(p$ 为奇质数，$\alpha\in\mathbf{Z}^+)$ 时，模 m 的原根是存在的.

◎ 二、例题讲解

例题 1　证明：存在正整数 n，使得 3^n 被 2^n 除所得的余数大于 10^{2021}.

方法讲解　先取定正整数 u，使得 $3^u>10^{2021}$，再取定正整数 v，使得 $2^v>3^u$.

由欧拉定理知 $3^{\varphi(2^v)}\equiv1(\bmod 2^v)$，即 $3^{2^{v-1}}\equiv1(\bmod 2^v)$.

取 $n=u+k\cdot2^{v-1}>v$，其中 k 为正整数.

则 $3^n\equiv3^u(\bmod 2^v)$，故 3^n 被 2^n 除所得的余数为 $3^u+t\cdot2^v$（其中 t 为满足 $3^u+t\cdot2^v\leqslant2^n$ 的某个自然数）. 而 $3^u+t\cdot2^v\geqslant3^u>10^{2021}$，故命题得证.

例题 2　设 k 为正整数，m 为奇数. 证明：存在一个正整数 n，使得 n^n-m 可以被 2^k 整除.

方法讲解　(1) 当 $k=1$ 时，取 $n=1,n^n-m=1-m$ 被 2 整除.

(2) 假设当 $k=t$ 时，结论成立.

则当 $k=t+1$ 时，由归纳假设知，$\exists n_0\in\mathbf{N}^*,n_0^{n_0}\equiv m(\bmod 2^t)$.

① 若 $n_0^{n_0}\equiv m(\bmod 2^{t+1})$，则命题已成立.

② 若 $n_0^{n_0}\not\equiv m(\bmod 2^{t+1})$，则 $n_0^{n_0}\equiv m+2^t(\bmod 2^{t+1})$，令 $n=n_0+2^t$.

因为 m 为奇数，故 n_0 也为奇数，有 $(n_0,2^{t+1})=1$.

由欧拉定理知 $(n_0+2^t)^{2^t}\equiv(n_0+2^t)^{\varphi(2^{t+1})}\equiv1(\bmod 2^{t+1})$.

所以 $n^n=(n_0+2^t)^{(n_0+2^t)}\equiv(n_0+2^t)^{n_0}\equiv n_0^{n_0}+\mathrm{C}_{n_0}^1 n_0^{n_0-1}2^t\equiv n_0^{n_0}(1+2^t)\equiv(m+2^t)(1+2^t)\equiv m(\bmod 2^{t+1})$.

例题 3 若互质的正整数 n,k 满足 $n > k$ 且 $n-k \mid n^n - k^k$，则称 (n,k) 是一个好对. 证明:存在无数组好对 (n,k)，使得 $(n,1013k)$ 也为好对.

分析 令 $k = 1$，则 $n-1 \mid n^n - 1$. 故对于任意的正整数 n，$(n,1)$ 是好对. 只需证明存在无数个正整数 n 使得 $(n,1013)$ 也为好对. 令 $n - 1013 = t$，即寻找正整数 t，使得 $t \mid \left[(t+1013)^{(t+1013)^{t+1013}} - 1013^{1013^{1013}}\right]$，即 $(t+1013)^{(t+1013)^{t+1013}} \equiv 1013^{1013^{1013}} \pmod{t}$，即 $1013^{(t+1013)^{t+1013}} \equiv 1013^{1013^{1013}} \pmod{t}$. 由欧拉定理知,只需 $(t+1013)^{t+1013} \equiv 1013^{1013} \pmod{\varphi(t)}$，考虑若 $\varphi(t) \mid t$ 且 $(t,1013) = 1$，则 $(t+1013)^{t+1013} \equiv 1013^{t+1013} \equiv 1013^{1013} \pmod{\varphi(t)}$.

方法讲解 对于任意的正整数 m，考虑数对 $(2^m + 1013, 1)$.

令 $n = 2^m + 1013$，有 $n-1 \mid n^n - 1$，故 $(2^m + 1013, 1)$ 均为好对.

令 $t = n - 1013 = 2^m$，则 $\varphi(2^m) = 2^{m-1}$.

又 $(2,1013) = 1$，由欧拉定理知 $1013^{2^{m-1}} \equiv 1 \pmod{2^m}$.

故 $n^n = (2^m + 1013)^{2^m + 1013} \equiv 1013^{2^m + 1013} \equiv 1013^{1013} \pmod{2^{m-1}}$，

有 $n^{n^n} = (2^m + 1013)^{n^n} \equiv (1013)^{n^n} \equiv 1013^{1013^{1013}} \pmod{2^m}$，即 $n - 1013 \mid n^{n^n} - 1013^{1013^{1013}}$.

故存在无数对数对 (n,k) 满足 $(n,k),(n,1013k)$ 均为好对.

例题 4 设整数 m 与 n 互质,且均大于 1. 证明:存在正整数 a,b,c，满足 $m^a = 1 + n^b c$，且 $(c,n) = 1$.

方法讲解 可证存在正整数 a,b，使得 $n^b \mid (m^a - 1)$，且 $\left(\dfrac{m^a - 1}{n^b}, n\right) = 1$.

设 n 的标准分解式为 $n = p_1^{\alpha_1} p_2^{\alpha_2} \cdots p_k^{\alpha_k}$，由欧拉定理知 $m^{\varphi(n)} \equiv 1 \pmod{n}$.

设 $m^{\varphi(n)} - 1 = p_1^{\beta_1} p_2^{\beta_2} \cdots p_k^{\beta_k} \cdot N$（其中 $(N,n) = 1$，$\beta_i \geqslant \alpha_i$（$i = 1,2,\cdots,k$）），

取正整数 b，使得对于任意的 $i \in \{1,2,\cdots,k\}$，都有 $b\alpha_i - \beta_i \geqslant 0$.

取 $a = t\varphi(n)$，其中 $t = \prod\limits_{i=1}^{k} p_i^{b\alpha_i - \beta_i}$.

由升幂引理知,对于正整数 t，有 $v_{p_i}[m^{t\varphi(n)} - 1] = v_{p_i}[m^{\varphi(n)} - 1] + v_{p_i}(t) = b\alpha_i$.

此时 $n^b \mid (m^a - 1)$，且 $\left(\dfrac{m^a - 1}{n^b}, n\right) = 1$.

故存在正整数 a,b,c，满足 $m^a = 1 + n^b c$，且 $(c,n) = 1$.

例题 5 给定正整数 a,b,c，证明:存在非负整数 k，满足 $(a^k + bc, b^k + ac, c^k + ab) > 1$.

分析 三个数分别乘以 a,b,c，可知 $(a^{k+1} + abc, b^{k+1} + abc, c^{k+1} + abc) > 1$，设质数 $p \mid (a^{k+1} + abc, b^{k+1} + abc, c^{k+1} + abc)$，则 $a^{k+1} \equiv b^{k+1} \equiv c^{k+1} \pmod{p}$. 考虑 $(a,p) = (b,p) = (c,p) = 1$，由费马定理知 $a^{p-1} \equiv 1 \pmod{p}$，故设 $p \mid abc + 1$.

方法讲解 设 p 为 $abc + 1$ 的一个质因子,下证 $k = p - 2$ 满足题设.

由 $(a,abc+1) = 1$ 知 $(a,p) = 1$，由费马定理知 $a^{p-1} \equiv 1 \pmod{p}$.

故 $a^{k+1} + abc = a^{p-1} + abc \equiv 1 + abc \equiv 0 \pmod{p}$，即 $p \mid a^{k+1} + abc$，所以 $p \mid a^k + bc$.

同理可知 $p \mid b^k + ac$，$p \mid c^k + ab$.

所以 $p \mid (a^k + bc, b^k + ac, c^k + ab)$，即 $(a^k + bc, b^k + ac, c^k + ab) > 1$.

例题 6 求所有的正整数 n，使得 $\dfrac{n^{3n-2} - 3n + 1}{3n - 2} \in \mathbf{Z}$.

方法讲解 由题意知 $0 \equiv n^{3n-2} - 3n + 1 \equiv n^{3n-2} - 1 \pmod{3n-2}$，即 $n^{3n-2} \equiv 1 \pmod{3n-2}$.

若 n 为偶数,则 $3n - 2$ 为偶数. 而 $n^{3n-2} - 1$ 为奇数,不能被 $3n - 2$ 整除,矛盾. 故 n 为奇数.

设 $3n - 2 \geqslant 3$，且 p 为奇数 $3n - 2$ 的最小质因子,则 $(p,n) = 1$.

由费马小定理知 $n^{p-1} \equiv 1 \pmod{p}$，而 $n^{3n-2} \equiv 1 \pmod{p}$，

设 r 为 n 模 p 的指数,则 $r \mid (p-1)$，$r \mid (3n-2)$，所以 $r \mid (p-1, 3n-2)$.

由 p 的最小性知 $(p-1, 3n-2) = 1$，故 $r = 1$，所以 $n \equiv 1 \pmod{p}$，即 $p \mid n - 1$.

所以 $p \mid (n-1, 3n-2)$，故 $p \mid 1$，矛盾. 故 $3n-2=1$，即 $n=1$.

所以 $n=1$ 是 $\dfrac{n^{3n-2}-3n+1}{3n-2} \in \mathbf{Z}$ 的唯一解.

例题 7 求所有的正整数 a, b，使得 $\dfrac{a^3+b^3}{ab+4}=2020$.

方法讲解 记 $p_1=2, p_2=5, p_3=101$，则 p_1, p_2, p_3 均为 2020 的质因子.

由题意知 $2020 \mid (a^3+b^3)$，故对于 $i=1,2,3$，有 $p_i \mid (a^3+b^3)$. 下证：$p_i \mid (a+b)$.

① 若 $p_i \mid a$，则 $p_i \mid b^3$，所以 $p_i \mid b$，故 $p_i \mid (a+b)$；同理当 $p_i \mid b$ 时，也有 $p_i \mid (a+b)$.

② 若 $p_i \nmid a$ 且 $p_i \nmid b$. 由题意知 $a^3 \equiv (-b)^3 (\bmod p_i)$，

又 $p_i \equiv 2 (\bmod 3)$，所以 $a^{p_i-2} \equiv (-b)^{p_i-2} (\bmod p_i)$.

由费马小定理知 $a^{p_i-1} \equiv (-b)^{p_i-1} \equiv 1 (\bmod p_i)$，所以 $a \equiv -b (\bmod p_i)$，即 $p_i \mid (a+b)$.

综上，对于 $i=1,2,3$，有 $p_i \mid (a+b)$.

因此 $1010 \mid a+b$. 由条件知 $\dfrac{2020}{a+b}=\dfrac{a^2-ab+b^2}{ab+4} \geqslant \dfrac{ab}{ab+4}=1-\dfrac{4}{ab+4}$，

又 $a+b \geqslant 1010$，所以 $ab \geqslant a(1010-a) \geqslant 1009$.

从而 $\dfrac{2020}{a+b} \geqslant 1-\dfrac{4}{1013}=\dfrac{1009}{1013}$，所以 $a+b \leqslant 2020$，即 $a+b \in \{1010, 2020\}$.

若 $a+b=2020$，则 $\dfrac{a^2-ab+b^2}{ab+4}=\dfrac{2020}{a+b}=1$，知 $(a-b)^2=4$，

所以 $(a,b)=(1009,1011)$ 或 $(1011,1009)$，满足题设.

若 $a+b=1010$，则 $\dfrac{a^2-ab+b^2}{ab+4}=\dfrac{2020}{a+b}=2$，即 $(a+b)^2-5ab=8$，

有 $ab=\dfrac{1010^2-8}{5} \notin \mathbf{Z}$，矛盾.

综上所述，$(a,b)=(1009,1011)$ 或 $(1011,1009)$.

例题 8 求所有满足 $\tau(n) \mid (2^{\sigma(n)}-1)$ 的正整数 n，其中 $\tau(n)$ 表示 n 的正约数的个数，$\sigma(n)$ 表示 n 的正约数之和.

方法讲解 设 $L(n)$ 为 n 的最小质因子.

引理：对 $k>2, k \in \mathbf{Z}^+$，$L\left(\dfrac{k^n-1}{k-1}\right) \geqslant L(n) (n \in \mathbf{Z}^+)$，且 $L(2^n-1)>L(n) (n \in \mathbf{Z}^+)$.

引理的证明：反证法. 若对于某个 $k \in \mathbf{Z}^+$ 且 $k \geqslant 2$，存在 n 使得 $L\left(\dfrac{k^n-1}{k-1}\right)<L(n)$，显然 $n \neq 1$.

设 $p=L\left(\dfrac{k^n-1}{k-1}\right)$，则 $p \mid \dfrac{k^n-1}{k-1}$，故 $p \mid (k^n-1)$，即 $k^n \equiv 1 (\bmod p)$，所以 $(p,k)=1$.

由费马小定理知 $k^{p-1} \equiv 1 (\bmod p)$，

又 $p<L(n)$，故 $(p-1,n)=1$，则 k 模 p 的指数为 1，即 $k \equiv 1 (\bmod p)$.

故 $\dfrac{k^n-1}{k-1}=k^{n-1}+\cdots+k+1 \equiv n (\bmod p)$，即 $p \mid n$，矛盾.

引理得证.

回到原题：设正整数 n 的标准分解式为 $n=\prod_{i=1}^{m} p_i^{\alpha_i}$（$p_i$ 为不同的质数，$\alpha_i \in \mathbf{Z}^+$），

则 $\sigma(n)=\prod_{i=1}^{m} \dfrac{p_i^{\alpha_i+1}-1}{p_i-1}$，$\tau(n)=\prod_{i=1}^{m}(\alpha_i+1)$. 由引理得

$$L(2^{\sigma(n)}-1)>L(\sigma(n))=L\left(\prod_{i=1}^{m} \dfrac{p_i^{\alpha_i+1}-1}{p_i-1}\right)=\min_{1 \leqslant i \leqslant m} L\left(\dfrac{p_i^{\alpha_i+1}-1}{p_i-1}\right) \geqslant \min_{1 \leqslant i \leqslant m} L(\alpha_i+1)=L(\tau(n)),$$

故不存在 n 使得 $\tau(n) \mid (2^{\sigma(n)} - 1)$，即不存在满足题设的 n.

例题 9 证明：对任意质数 p，存在正整数 n，使得 $1^n + 2^{n-1} + 3^{n-2} + \cdots + n^1 \equiv 2020 \pmod{p}$.

方法讲解 先证明一个引理：

引理：$\displaystyle\sum_{k=1}^{p(p-1)} k^{p(p-1)+1-k} \equiv -1 \pmod{p}$.

引理的证明：$\displaystyle\sum_{k=1}^{p(p-1)} k^{p(p-1)+1-k} \equiv \sum_{i=0}^{p-2}\sum_{r=1}^{p}(ip+r)^{p(p-1)+1-ip-r} \equiv \sum_{i=0}^{p-2}\sum_{r=1}^{p} r^{p(p-1)+1-ip-r} \pmod{p}$

$= \displaystyle\sum_{r=1}^{p}\sum_{i=0}^{p-2} r^{p(p-1)+1-ip-r} \pmod{p}$.

由 $(p, p-1) = 1$ 知，当 i 遍历 $0 \sim p-2$ 时，$p(p-1)+1-ip-r$ 遍历模 $p-1$ 的完全剩余系.
由费马定理知，当 $1 \leqslant r \leqslant p-1$ 时，$r^{p-1} - 1 \equiv \pmod{p}$.

又当 $r \neq 1$ 时，$(r-1, p) = 1$，此时 $\displaystyle\sum_{i=0}^{p-2} r^{p(p-1)+1-ip-r} \equiv \sum_{i=0}^{p-2} r^i = \frac{r^{p-1}-1}{r-1} \equiv 0 \pmod{p}$；

当 $r = 1$ 时，$\displaystyle\sum_{i=0}^{p-2} r^{p(p-1)+1-ip-r} \equiv \sum_{i=0}^{p-2} 1 = p-1 \equiv -1 \pmod{p}$；

当 $r = p$ 时，$\displaystyle\sum_{i=0}^{p-2} r^{p(p-1)+1-ip-r} \equiv 0 \pmod{p}$.

所以 $\displaystyle\sum_{r=1}^{p}\sum_{i=0}^{p-2} r^{p(p-1)+1-ip-r} \equiv -1 \pmod{p}$，引理得证.

回到原题：令 $n = tp(p-1)$，则

$$\sum_{k=1}^{n} k^{n+1-k} = \sum_{k=1}^{tp(p-1)} k^{tp(p-1)+1-k} \equiv \sum_{k=1}^{tp(p-1)} k^{p(p-1)+1-k} \equiv t\sum_{k=1}^{p(p-1)} k^{p(p-1)+1-k} \equiv -t \pmod{p}.$$

因此只需取正整数 $t \equiv -2020 \pmod{p}$. 命题得证.

例题 10 已知质数 p, q 满足 $p = 2q+1$. 证明：存在正整数 m 使得 mp 的各位数字之和是 2 或 3.

方法讲解 $p = 2q+1 \geqslant 5$，若 $p = 5$，则取 $m = 4$，$mp = 20$，其各位数字之和为 2，满足题设.

若 $p \geqslant 7$，由费马小定理知 $p \mid 10^{p-1} - 1$.

而 $10^{p-1} - 1 = 10^{2q} - 1 = (10^q - 1)(10^q + 1)$，所以 $p \mid 10^q - 1$ 或者 $p \mid 10^q + 1$.

若 $p \mid 10^q + 1$，取 $m = \dfrac{10^q + 1}{p}$，有 $mp = 10^q + 1$，其各位数字之和为 2.

若 $p \mid 10^q - 1$，则必有 $Q = \{10^0, 10^1, 10^2, \cdots, 10^{q-1}\}$ 中的元素模 p 两两不同余，即有 q 个不同的余数.
这是因为若存在自然数 a, b 满足 $0 \leqslant a < b \leqslant q-1$，且 $10^a \equiv 10^b \pmod{p}$，则 $10^{b-a} \equiv 1 \pmod{p}$.
因为 $10^q \equiv 1 \pmod{p}$，所以 $(b-a) \mid q$.
又 $(b-a, q) = 1$，所以 $b - a = 1$，即 $10 \equiv 1 \pmod{p}$，故 $p = 3 < 7$，矛盾.
故 $Q = \{10^0, 10^1, 10^2, \cdots, 10^{q-1}\}$ 中的元素模 p 两两不同余，
设其模 p 余数的集合为 $R = \{r_1, r_2, \cdots, r_q\} \subseteq \{1, 2, \cdots, p-1\}$.

若存在 $a(0 \leqslant a \leqslant q-1)$，使得 $10^a \equiv p-1 \pmod{p}$，则 $p \mid 10^a + 1$，令 $m = \dfrac{10^a + 1}{p} \in \mathbf{Z}^+$，则 mp 的各位数字之和为 2，满足题设.

若存在 $a(0 \leqslant a \leqslant q-1)$，使得 $10^a \equiv p-2 \pmod{p}$，则 $p \mid 10^a + 2$，令 $m = \dfrac{10^a + 2}{p} \in \mathbf{Z}^+$，则 mp 的各位数字之和为 3，满足题设.

若存在 $a(0 \leqslant a \leqslant q-1)$，使得 $10^a \equiv \dfrac{p-1}{2} \pmod{p}$，则 $p \mid (2 \cdot 10^a + 1)$，令 $m = \dfrac{2 \cdot 10^a + 1}{p} \in \mathbf{Z}^+$，
则 mp 的各位数字之和为 3，满足题设.

若 $R \subseteq \left\{1,2,\cdots,\dfrac{p-3}{2},\dfrac{p+1}{2},\cdots,p-3\right\}$,

考虑 $\dfrac{p-3}{2}=q-1$ 个抽屉: $\{1\},\{2,p-3\},\{3,p-4\},\cdots,\left\{\dfrac{p-3}{2},\dfrac{p+1}{2}\right\}$.

必然存在两个数 $a,b,0 \leqslant a \leqslant b \leqslant q-1$,使得 $10^a,10^b$ 模 p 的余数落在同一个抽屉里.

故 $10^a+10^b \equiv -1 \pmod{p}$,即 $p \mid 10^a+10^b+1$.

令 $m=\dfrac{10^a+10^b+1}{p} \in \mathbf{Z}^+$,则 mp 的各位数字之和为 3,满足题设.

综上所述,存在正整数 m 使得 mp 的各位数字之和是 2 或 3.

例题 11 设 A 是满足 $1 \leqslant n \leqslant 2021$ 并且 $(n,2021)=1$ 的所有整数 n 构成的集合. 对非负整数 j, 设 $S(j)=\displaystyle\sum_{n \in A} n^j$. 求所有的 j,使得 $S(j)$ 是 2021 的倍数.

方法讲解 满足条件的 j 是不被 42 和 46 整除的数. 我们证明一个引理:

引理: 对于任意的质数 p,有 $\displaystyle\sum_{n=1}^{p-1} n^j \equiv 0 \pmod{p} \Leftrightarrow (p-1) \mid j$.

引理的证明: 若 $(p-1) \mid j$,

由费马小定理知,对于任意的正整数 n 满足 $1 \leqslant n \leqslant p-1$,有 $n^{p-1} \equiv 1 \pmod{p}$,

故 $n^j \equiv 1 \pmod{p}$,故 $\displaystyle\sum_{n=1}^{p-1} n^j \equiv p-1 \pmod{p}$.

若 $(p-1) \mid j$,取模 p 的原根 m,则 $m^j \equiv 1 \pmod{p}$.

因为 $\displaystyle\sum_{n=1}^{p-1} n^j \equiv \sum_{n=1}^{p-1} (mn)^j \equiv m^j \sum_{n=1}^{p-1} n^j \pmod{p}$,故 $\displaystyle\sum_{n=1}^{p-1} n^j \equiv 0 \pmod{p}$. 引理证毕.

回到原题: $2021=43 \times 47$,所以本题即求所有的 j,使得 $43 \mid S(j)$ 且 $47 \mid S(j)$.

因为 $S(j) \equiv 47 \displaystyle\sum_{n=1}^{42} n^j \pmod{43}$, $S(j) \equiv 43 \displaystyle\sum_{n=1}^{46} n^j \pmod{47}$,

由引理知 $43 \mid S(j) \Leftrightarrow 42 \mid j$, $47 \mid S(j) \Leftrightarrow 46 \mid j$,

所以 j 是不被 42 和 46 整除的数.

例题 12 质数 $p>5$,证明: $2\displaystyle\sum_{k=1}^{p-1}\dfrac{1}{k}+p\sum_{k=1}^{p-1}\dfrac{1}{k^2}$ 写成最简分式形式时的分子为 p^4 的倍数.

方法讲解 先做一个规定,若整数 $(a,b)=1,m \mid a$,则称 $m \mid \dfrac{a}{b}$,即证明

$$p^4 \mid 2\sum_{k=1}^{p-1}\frac{1}{k}+p\sum_{k=1}^{p-1}\frac{1}{k^2}.$$

因为

$$2\sum_{k=1}^{p-1}\frac{1}{k}+p\sum_{k=1}^{p-1}\frac{1}{k^2}=\sum_{k=1}^{p-1}\left(\frac{1}{k}+\frac{1}{p-k}\right)+p\sum_{k=1}^{p-1}\frac{1}{k^2}=p\left[\sum_{k=1}^{p-1}\frac{1}{k(p-k)}+\sum_{k=1}^{p-1}\frac{1}{k^2}\right]=p^2\sum_{k=1}^{p-1}\frac{1}{k^2(p-k)},$$

故只需证明

$$p^2 \mid \sum_{k=1}^{p-1}\frac{1}{k^2(p-k)}.$$

因为

$$\sum_{k=1}^{p-1}\frac{1}{k^2(p-k)}=\frac{1}{2}\sum_{k=1}^{p-1}\left[\frac{1}{k^2(p-k)}+\frac{1}{k(p-k)^2}\right]=\frac{1}{2}\sum_{k=1}^{p-1}\frac{p}{k^2(p-k)^2},$$

又 p 为大于 5 的质数,所以等价于证明

$$p \mid \sum_{k=1}^{p-1}\frac{1}{k^2(p-k)^2}.$$

由例题 11 的引理，我们可以得出

$$\sum_{k=1}^{p-1}\frac{1}{k^2(p-k)^2}\equiv\sum_{k=1}^{p-1}\frac{1}{k^4}\equiv\sum_{k=1}^{p-1}\left(\frac{1}{k}\right)^4\equiv\sum_{k=1}^{p-1}k^4\equiv 0(\mathrm{mod}\,p).$$

综上，命题得证.

例题 13 设 p 是奇质数，$a_1,a_2,\cdots,a_k$ 是模 p 的所有原根，证明：

$$a_1+a_2+\cdots+a_k\equiv\mu(p-1)(\mathrm{mod}\,p),$$

其中 $\mu(n)$ 是默比乌斯函数.

默比乌斯函数定义：

$$\mu(n)=\begin{cases}1,\text{若 }n=1;\\(-1)^k,\text{若 }n\text{ 无平方因子，且 }n=p_1p_2\cdots p_k;\\0,\text{若 }n\text{ 有大于 }1\text{ 的平方因子}.\end{cases}$$

方法讲解 莫比乌斯函数有以下基本性质

$$\sum_{d\mid n}\mu(d)=\begin{cases}1,n=1,\\0,n>1.\end{cases}$$

设 g 为模 p 的一个原根，则 $g^0,g^1,\cdots,g^{p-1}$ 为模 p 的一个简化剩余系，则集合

$$\{g^i\mid 1\leqslant i\leqslant p-1,(i,p-1)=1\}$$

中的元素个数有 $\varphi(p-1)$ 个，此时该集合中的所有元素恰好是模 p 的全部原根.

故所有原根之和为

$$\sum_{i=1}^{k}a_i=\sum_{i=1,(i,p-1)=1}^{p-1}g^i=\sum_{i=1}^{p-1}g^i\sum_{(i,p-1)=1}1=\sum_{i=1}^{p-1}g^i\sum_{d\mid i,d\mid p-1}\mu(d)=\sum_{d\mid p-1}\mu(d)\sum_{i=1,d\mid i}^{p-1}g^i=\sum_{d\mid p-1}\mu(d)\sum_{m=1}^{\frac{p-1}{d}}g^{dm}.$$

由于 $d\mid p-1$，故当 $1\leqslant d\leqslant p-1$ 时恒有 $g^d\not\equiv 1(\mathrm{mod}\,p)$，于是有

$$\sum_{m=1}^{\frac{p-1}{d}}g^{dm}=\frac{g^{p-1+d}-g^d}{g^d-1}\equiv 0(\mathrm{mod}\,p).$$

因此得到 $a_1+a_2+\cdots+a_k\equiv\mu(p-1)(\mathrm{mod}\,p)$.

例题 14 求所有的正整数 k，使得只有有限个正奇数 n，满足 $n\mid(k^n+1)$.

方法讲解 ① 当 $k+1$ 不为 2 的正整数幂时，设奇质数 $p\mid k+1$，则 $(k,p)=1$.

由费马小定理知 $k^p+1\equiv k+1\equiv 0(\mathrm{mod}\,p)$，即 $p\mid(k^p+1)$.

设 α 为正整数，则由升幂引理得 $v_p(k^{p^\alpha}+1)=v_p(k^p+1)+v_p(p^{\alpha-1})\geqslant 1+\alpha-1=\alpha$，

故 $p^\alpha\mid(k^{p^\alpha}+1)$，即存在无数个奇数 n，满足 $n\mid(k^n+1)$. 故 $k+1$ 不含奇质因子.

② 当 $k+1=2^t(t\in\mathbf{Z}_+)$ 时，若存在正奇数 n，满足 $n\mid(k^n+1)$.

设 q 为 n 的最小质因子，因为 n 为奇数，故 $q\neq 2$.

因为 $n\mid k^n+1$，即 $k^n\equiv -1(\mathrm{mod}\,q)$，所以 $k^{2n}\equiv 1(\mathrm{mod}\,q)$，$(k,q)=1$.

由费马小定理知 $k^{q-1}\equiv 1(\mathrm{mod}\,q)$，故 $k^{(2n,q-1)}\equiv 1(\mathrm{mod}\,q)$.

又 q 为 n 的最小质因子，故 $(n,q-1)=1$，而 $2\mid(q-1)$，所以 $k^2\equiv 1(\mathrm{mod}\,q)$，即 $q\mid(k^2-1)$.

所以 $q\mid(k+1)$ 或者 $q\mid(k-1)$.

(i) 若 $q\mid(k+1)$，即 $q\mid 2^t$，与 $q\neq 2$ 矛盾；

(ii) 若 $q\mid(k-1)$，即 $k\equiv 1(\mathrm{mod}\,q)$，则 $k^n\equiv 1(\mathrm{mod}\,q)$，与 $n\mid k^n+1$ 矛盾.

故当 $k+1=2^t(t\in\mathbf{Z}_+)$ 时，不存在 n 满足条件.

综上所述，$k=2^t-1(t\in\mathbf{Z}_+)$.

例题 15 设 p 是奇质数,证明:$\sum_{i=1}^{p-1} i^{p-1} \equiv (p-1)! + p \pmod{p^2}$.

方法讲解 由费马小定理知,对于任意的 $i(1 \leqslant i \leqslant p-1)$,有 $i^{p-1} \equiv 1 \pmod{p}$.

设 $i^{p-1} = px_i + 1$,其中 x_i 是正整数,则

$$[(p-1)!]^{p-1} = \prod_{i=1}^{p-1} i^{p-1} = \prod_{i=1}^{p-1}(px_i+1) \equiv \sum_{i=1}^{p-1} px_i + 1 = \sum_{i=1}^{p-1} i^{p-1} - (p-2) \pmod{p^2}.$$

由威尔逊定理可设 $(p-1)! = kp - 1$,其中 k 是正整数.则

$$[(p-1)!]^{p-1} = (pk-1)^{p-1} \equiv -(p-1)pk + 1 \equiv pk + 1 = (p-1)! + 2 \pmod{p^2}.$$

故 $\sum_{i=1}^{p-1} i^{p-1} \equiv (p-1)! + p \pmod{p^2}$.命题得证.

例题 16 证明:存在无数个奇数 n,使得 $n! + 1$ 不是质数.

方法讲解 用反证法,假设只有有限个奇数 n,使得 $n!+1$ 不是质数,则必存在一个 N,当奇数 $n > N$ 时,$n!+1$ 均为质数.

取奇数 $n > 2N$.设 $p = n! + 1$ 为奇质数,考虑数 $p - n - 1$.

由 p,n 均为奇数,可知 $p-n-1$ 也为奇数,则 $(p-n-1)!+1$ 为质数.

由威尔逊定理知

$$(p-n-1)! + 1 = \frac{(p-1)!}{(p-1)(p-2)\cdots(p-n)} + 1 \equiv (-1)(-1)^{-1}(-2)^{-1}\cdots(-n)^{-1} + 1$$

$$\equiv (-1)^{n+1}(n!)^{-1} + 1 \equiv (-1)^{n+2} + 1 = 0 \pmod{p}.$$

故 $p \mid [(p-n-1)!+1]$,与 $(p-n-1)!+1$ 为质数矛盾.

故命题得证.

例题 17 是否存在有限的质数集合 S,使得对于每个整数 $n(n \geqslant 2)$,均存在质数 $p \in S$,满足 $p \mid (2^2 + 3^2 + \cdots + n^2)$?

方法讲解 不存在.

下证:对于任意有限的质数集合 S,均存在整数 $n \geqslant 2$,使得 $2^2 + 3^2 + \cdots + n^2$ 不能被 S 中的任何质数整除.令

$$N = 2^2 + 3^2 + \cdots + n^2 = \frac{n(n+1)(2n+1)}{6} - 1 = \frac{(n-1)(2n^2+5n+6)}{6},$$

取正整数 n 满足 $6 \mid (n-1)$,设 $k = \frac{n-1}{6}$,则 $N = k(72k^2 + 54k + 13)$.

由中国剩余定理知,存在正整数 k,使得对于每个 $p_i \in S, p_i \neq 139$,均有 $k \equiv 1 \pmod{p_i}$ 且 $k \equiv -1 \pmod{139}$.

此时对于任意的 $p_i \in S, p_i \neq 139$,有 $N = k(72k^2 + 54k + 13) \equiv 139 \pmod{p_i}$,且

$$N = k(72k^2 + 54k + 13) \equiv -(72 - 54 + 13) \equiv -31 \pmod{139}.$$

故 $(N, p_i) = (N, 139) = 1$,即 S 集合中任何一个质数都不能整除 N.

因此不存在满足题设的集合 S.

例题 18 证明:对于每个正整数 n,存在 $a,b \in \mathbf{Z}$,满足 $n \mid (4a^2 + 9b^2 - 1)$.

方法讲解 当 $n = 1$ 时,命题显然成立.

当 $n \geqslant 2$ 时,设 n 的标准代数分解式为 $n = p_1^{a_1} p_2^{a_2} \cdots p_k^{a_k}$.

① 先证:对于任意的 $i \in \{1, 2, \cdots, k\}$,存在 $a_i, b_i \in \mathbf{Z}_+$,使得 $p_i^{a_i} \mid (4a_i^2 + 9b_i^2 - 1)$.

这是因为,当 $p_i \neq 2$ 时,取 $2a_i \equiv 1 \pmod{p_i^{a_i}}$,$3b_i \equiv 0 \pmod{p_i^{a_i}}$ 即可;

当 $p_i = 2$ 时,取 $3b_i \equiv 1 \pmod{p_i^{a_i}}$,$2a_i \equiv 0 \pmod{p_i^{a_i}}$ 即可.

② 再考虑同余方程组 $\begin{cases} a \equiv a_i \pmod{p_i^{a_i}}, \\ b \equiv b_i \pmod{p_i^{a_i}}, \end{cases} (i = 1, 2, \cdots, k)$.

由中国剩余定理知, 上述同余方程组有解.

故存在 $a, b \in \mathbf{Z}$, 满足 $n \mid (4a^2 + 9b^2 - 1)$. 命题得证.

例题 19 设 n, k 是给定的整数, 且 $k(n-1)$ 是偶数. 证明: 存在整数 x, y 使得 $(x, n) = (y, n) = 1$, 且 $x + y \equiv k \pmod{n}$.

方法讲解 ① 当 $n = p^a$ (p 为质数) 时:

（ⅰ）若 $p = 2$, 则 $n = 2^a$, 所以 k 为偶数. 此时取 $x = 1, y = k - 1$ 即可.

（ⅱ）当 $p > 2$ 时:

若 $(p, k-1) = 1$, 则令 $\begin{cases} x = 1, \\ y = k - 1, \end{cases}$ 满足条件.

若 $(p, k-1) > 1$, 则 $(p, k-2) = 1$, 则令 $\begin{cases} x = 2, \\ y = k - 2, \end{cases}$ 满足条件.

② 若 $n = p_1^{a_1} p_2^{a_2} \cdots p_r^{a_r}$ (其中 $p_i (i = 1, 2, \cdots, r)$ 均为质数), 则对于任意的 $p_i (i = 1, 2, \cdots, r)$, 由 ① 知存在 x_i, y_i, 使得 $(x_i, p) = (y_i, p) = 1$, 且 $x_i + y_i = k$.

由中国剩余定理知, 方程组 $x \equiv x_i \pmod{p_i^{a_i}}, y \equiv y_i \pmod{p_i^{a_i}} (i = 1, 2, \cdots, r)$ 均有解, 即存在整数 x, y 满足上述方程, 其中 $(x, n) = (y, n) = 1$, 且 $x + y \equiv x_i + y_i \equiv k \pmod{p_i^{a_i}}$.

命题得证.

例题 20 设 $f: \mathbf{N}^* \to \mathbf{N}^*$, 满足对任意 m, n, 有 $m + n \mid (f(m) + f(n))$ 成立.

(1) 若 f 为整系数多项式, 证明: f 任意项的次数为奇数;

(2) 构造满足条件的非多项式映射 f.

方法讲解 (1) 设 $f(x) = a_k x^k + \cdots + a_1 x + a_0 (a_i \in \mathbf{Z})$. 设质数 $p > \max\{k+1, |a_j|\}, j = 0, 1, 2, \cdots, k$ (或取 $p > k + |a_k| + \cdots + |a_1| + |a_0| + 1$), 则对 $i = 1, 2, \cdots, p-1$ 均有 $f(i) + f(p-i) \equiv 0 \pmod{p}$. 由于对满足 $p > k + |a_k| + \cdots + |a_1| + |a_0| + 1$ 的质数 p 都成立, 即 $f(x) + f(-x)$ 有无数个质因数 (或考虑拉格朗日定理), 所以 $f(-x) + f(x) = 0$. 由此 f 任意项的次数为奇数.

(2) 构造满足条件, 并且 $f(k) > k^k (k \in \mathbf{N}^*)$ 的映射即可.

引理: 设 m_i 为正整数, 则同余方程组 $\begin{cases} x \equiv a_1 \pmod{m_1}, \\ x \equiv a_2 \pmod{m_2}, \\ \cdots \\ x \equiv a_n \pmod{m_n} \end{cases}$ ① 有解当且仅当 $\gcd(m_i, m_j) \mid (a_i - a_j) (1 \leqslant i < j \leqslant n)$.

引理证明: 对 n 归纳, 当 $n = 2$ 时, 方程组等价于 $m_1 x + a_1 = m_2 y + a_2$ 有解, 这又等价于 $\gcd(m_1, m_2) \mid (a_1 - a_2)$, 得证.

设取 $n-1$ 时已证, 下证取 n 时也成立. 首先 $x \equiv a_i \pmod{m_i}, x \equiv a_n \pmod{m_n}$ 有解 b_i, 再考虑方程组:

$$\begin{cases} x \equiv b_1 \pmod{\mathrm{lcm}(m_1, m_n)}, \\ x \equiv b_2 \pmod{\mathrm{lcm}(m_2, m_n)}, \\ \cdots \\ x \equiv b_{n-1} \pmod{\mathrm{lcm}(m_{n-1}, m_n)} \end{cases} ②.$$

此时 $\gcd(\mathrm{lcm}(m_i, m_n), \mathrm{lcm}(m_j, m_n)) = \mathrm{lcm}(\gcd(m_i, m_j), m_n)$.

由 $b_i \equiv a_n \pmod{m_n}, b_j \equiv a_n \pmod{m_n}$ 得 $m_n \mid (b_i - b_j)$.

由 $b_i \equiv a_i \pmod{m_i}, b_j \equiv a_j \pmod{m_j}$ 得 $\gcd(m_i, m_j) \mid ((b_i - a_i) - (b_j - a_j))$.

所以 $\gcd(\mathrm{lcm}(m_i, m_n), \mathrm{lcm}(m_j, m_n)) \mid b_i - b_j$, 由归纳假设 ② 有解, 从而原同余方程组 ① 有解.

回到原题:下面用归纳法构造 $f(n)$ 满足 $m+n\mid f(m)+f(n),m-n\mid(f(m)-f(n))(1\leqslant m<n)$ 的映射:设 $f(1),f(2),\cdots,f(k-1)$ 已经构造好,考虑同余方程组:

$$\begin{cases} x\equiv-f(i)(\bmod k+i)(1\leqslant i<k-1),\\ x\equiv f(i)(\bmod k-i)(1\leqslant i<k-1). \end{cases}$$

因为 $\gcd(k\pm i,k\pm j)\mid(i-j)\mid(f(i)-f(j)),\gcd(k\pm i,k\mp j)\mid(i+j)\mid(f(i)+f(j))$,
由引理知存在大于 k^k 的解,取为 $f(k)$ 即可.

例题 21　已知 p 为奇质数,对于任意 $n(0\leqslant n\leqslant p-2)$,有

$$\sum_{x=1}^{p}x^n\equiv 0(\bmod p).$$

方法讲解　当 $n=0$ 时显然成立.考虑 $n=1,2,\cdots,p-2$ 的情形.
取模 p 的原根 g,则 x 遍历模 p 的完全剩余系时,gx 也遍历模 p 的完全剩余系,故

$$\sum_{x=1}^{p}x^n\equiv\sum_{x=1}^{p}(gx)^n(\bmod p).$$

所以 $p\mid(g^n-1)\sum_{x=1}^{p}x^n$.而 g 为模 p 的原根,因此 g^n-1 不为 p 的倍数,故

$$\sum_{x=1}^{p}x^n\equiv 0(\bmod p).$$

◎ 三、课外训练

1. 已知对任意正整数 a,b,正整数 n 都不整除 2^a3^b+1.证明:对任意正整数 c,d,正整数 n 都不整除 2^c+3^d.

2. 设正整数 k,n 满足 $k\geqslant n!$,证明:$\varphi(k)\geqslant(n-1)!$.

3. 求所有的三元正整数组 (p,x,y),使得 p 是奇质数,且 $x^{p-1}+y$ 与 $x+y^{p-1}$ 都是 p 的幂.

4. 设 a,b,c,d 是正整数,若只有有限个质数整除集合 $\{a\cdot b^n+c\cdot d^n\mid n\in\mathbf{N}^*\}$ 中的元素,证明:$b=d$.

5. 证明:存在无数正整数对 (m,n),使得 $(m+n)\mid(m!)^n+(n!)^m+1$.

6. 证明:对于合数 N,记 X 表示所有与 N 不互质的剩余类构成的剩余系,若 $X\equiv\{a_1,a_2,\cdots,a_x\}\equiv\{b_1,b_2,\cdots,b_x\}(\bmod N)$,则 $\{a_1b_1,a_2b_2,\cdots,a_xb_x\}\equiv X(\bmod N)$,其中 $x=|X|=N-\varphi(N)$.

7. 证明:存在无数个正整数 n,使得 $n\mid 2^{2^n+1}+1$,但 $n\nmid 2^n+1$.

8. 证明:对任意正整数 $n(n\geqslant 3)$,若整数 $a_1\sim a_n$ 及 $b_1\sim b_n$ 均构成模 n 的完全剩余系,则 $a_1b_1,a_2b_2,\cdots,a_nb_n$ 不能构成模 n 的完全剩余系.

9. 求所有的首1整系数多项式 f,使得存在正整数 N,满足对任意质数 $p>N$,若 $f(p)$ 是正整数,则 $p\mid 2(f(p)!)+1$.

10. 将所有不含平方因子的正整数从小到大排列为 $a_1,a_2,\cdots$,证明:存在无数个正整数 n,使得 $a_{n+1}-a_n=2020$.

11. 设整数 $n\geqslant 4$,证明:若 n 整除 2^n-2,则 $\dfrac{2^n-2}{n}$ 是合数.

12. 求所有的整数 a,使得存在一个六元整数集合 X,满足对任意 $k=1,2,\cdots,36$,均存在 $x,y\in X$,使得 $ax+y-k$ 能被 37 整除.

13. 设正整数 n 满足:2^n-1 整除一个形如 $m^2+81(m\in\mathbf{Z}_+)$ 的数.求 n 的所有值.

14. 甲、乙两人玩了一个游戏:甲想了一个不超过 5000 的正整数 N,以及 20 个不同的正整数 $a_1,a_2,\cdots,a_{20}$,满足对 $1\leqslant k\leqslant 20$,$N\equiv a_k(\bmod k)$.在一次操作中,乙给甲一个由不超过 20 的正整数构成的集合 S,然后甲返回乙集合 $\{a_k\mid k\in S\}$,但是不透露元素与下标的对应关系.问:至少需要多少次操作乙才

能确定 N?

15.给定整数 $m \geqslant 2$，求最小的正整数 n，使得对任意整数 $a_1, a_2, \cdots, a_n, b_1, b_2, \cdots, b_n$，存在整数 x_1，$x_2, \cdots, x_n$，满足以下两个条件：

① 存在 $1 \leqslant i \leqslant n$，使得 $(x_i, m) = 1$；

② $\sum\limits_{i=1}^{n} a_i x_i \equiv \sum\limits_{i=1}^{n} b_i x_i \equiv 0 (\bmod m)$．

3.4 高斯函数

高斯函数又称为取整函数.高斯函数是一个计数符号,在计算数学、计算机等方面有着广泛的应用,也是初等数论重点研究的函数之一.

◎ 一、知识要点

1.高斯函数的定义

高斯函数是指不超过 x 的最大整数,记为 $[x]$.函数 $y = [x]$ 的定义域为 $\mathbf{R}$,值域为整数集 $\mathbf{Z}$.

称 $x - [x]$ 为 x 的小数部分,记作 $\{x\}$.函数 $y = \{x\}$ 的定义域为实数集 $\mathbf{R}$,值域为 $[0,1)$,函数 $y = \{x\}$ 为周期 $T = 1$ 的周期函数.另外,高斯函数 $[x]$ 也可以定义为大于或等于 x 的最小整数.没有特殊声明,高斯函数一般是按照前者的定义.

2.基本性质

① $x - 1 < [x] \leqslant x$.

② 若 $n \in \mathbf{Z}$,则 $[x + n] = [x] + n$.

③ 若 $x \leqslant y \Rightarrow [x] \leqslant [y]$,若 $x \geqslant 0, y \geqslant 0 \Rightarrow [xy] \geqslant [x][y]$, $[x] + [y] \leqslant [x + y] \leqslant [x] + [y] + 1$.

3. 设 $a, b \in \mathbf{N}$,在 $1, 2, \cdots, a$ 中,是 b 的倍数的有 $\left[\dfrac{a}{b}\right]$ 个.

4. 正整数 n 的阶乘 $n!$ 中质数 p 的指数为 $\sum\limits_{i=1}^{\infty}\left[\dfrac{n}{p^i}\right]$.

5. 若 $x \geqslant 0$,则不超过 x 的正整数的个数为 $[x]$.

6. 设函数 $y = f(x)$ 在区间 $(a, b]$ 上是连续函数,则在区间 $(a, b]$ 上, $0 < y \leqslant f(x)$ 中的整点的个数为 $\sum\limits_{a < n \leqslant b}[f(n)]$.

以上几条性质比较明显,证明略.

7. 对任意正整数 n 和实数 x,都有 $\left[\dfrac{x}{n}\right] = \left[\dfrac{[x]}{n}\right]$.

证明 因为 $\left[\dfrac{x}{n}\right] \leqslant \dfrac{x}{n} < \left[\dfrac{x}{n}\right] + 1$,所以 $n\left[\dfrac{x}{n}\right] \leqslant x < n\left(\left[\dfrac{x}{n}\right] + 1\right)$.

又 $n\left[\dfrac{x}{n}\right]$ 与 $n\left(\left[\dfrac{x}{n}\right] + 1\right)$ 均为整数,则 $n\left[\dfrac{x}{n}\right] \leqslant [x] < n\left(\left[\dfrac{x}{n}\right] + 1\right)$.

所以 $\left[\dfrac{x}{n}\right] \leqslant \dfrac{[x]}{n} < \left[\dfrac{x}{n}\right] + 1$,故 $\left[\dfrac{x}{n}\right] = \left[\dfrac{[x]}{n}\right]$.

8. 不小于 x 的最小整数是 $-[-x]$,小于 x 的最大整数是 $-[-x] - 1$,大于 x 的最小整数为 $[x] + 1$.

9. 离 x 最近的整数是 $\left[x + \dfrac{1}{2}\right]$ 和 $-\left[-x + \dfrac{1}{2}\right]$.当 $x + \dfrac{1}{2}$ 为整数时,这两个整数相邻且与 x 等距;当

$x+\dfrac{1}{2}$ 不为整数时，它们相等.

10. 设 $a\neq 0$，b 为整数，则 $b=a\left[\dfrac{b}{a}\right]+a\left\{\dfrac{b}{a}\right\}$.

◎ 二、例题讲解

例题 1 已知 $a,b\in \mathbf{N}^*$，$(a,b)=1$，证明：$\displaystyle\sum_{i=1}^{a-1}\left[\dfrac{ib}{a}\right]=\dfrac{1}{2}(a-1)(b-1)$.

方法讲解 令 $ib=\left[\dfrac{ib}{a}\right]a+r_i\,(1\leqslant r_i<a)$，下面证明对不同的 i,r_i 的取值也不相同.

否则，有 $jb=\left[\dfrac{jb}{a}\right]a+r_i\,(1\leqslant r_i<a,1\leqslant j<a)\Rightarrow b(j-i)=a\left(\left[\dfrac{jb}{a}\right]-\left[\dfrac{ib}{a}\right]\right)$，

因此得到 $a\,|\,b(j-i)\Rightarrow a\,|\,j-i$. 而 $1\leqslant i\neq j\leqslant a-1$，$|j-i|<a$. 矛盾.

所以 r_i 的取值也不相同，即充满 $1,2,3,\cdots,a-1$，因此 $\dfrac{ib}{a}=\left[\dfrac{ib}{a}\right]+\dfrac{r_i}{a}$，则有

$$\sum_{i=1}^{a-1}\left[\dfrac{ib}{a}\right]=\dfrac{b}{a}\sum_{i=1}^{a-1}i-\dfrac{1}{a}\sum_{r=1}^{a-1}r=\dfrac{(a-1)(b-1)}{2}.$$

注 该题也可以用取整函数的几何意义证明，留给读者思考.

例题 2 已知 $x\in \mathbf{R}$，$n\in \mathbf{N}^*$，证明：$[x]+\left[x+\dfrac{1}{n}\right]+\left[x+\dfrac{2}{n}\right]+\cdots+\left[x+\dfrac{n-1}{n}\right]=[nx]$.

方法讲解 设 $f(x)=[nx]-[x]-\left[x+\dfrac{1}{n}\right]-\left[x+\dfrac{2}{n}\right]-\cdots-\left[x+\dfrac{n-1}{n}\right]$，

则 $f\left(x+\dfrac{1}{n}\right)=\left[n\left(x+\dfrac{1}{n}\right)\right]-\left[x+\dfrac{1}{n}\right]-\left[x+\dfrac{2}{n}\right]-\cdots-\left[x+\dfrac{n-1}{n}\right]-[x+1]$

$=[nx]+1-\left[x+\dfrac{1}{n}\right]-\left[x+\dfrac{2}{n}\right]-\cdots-\left[x+\dfrac{n-1}{n}\right]-[x]-1$

$=[nx]-[x]-\left[x+\dfrac{1}{n}\right]-\left[x+\dfrac{2}{n}\right]-\cdots-\left[x+\dfrac{n-1}{n}\right]=f(x)$.

所以 $f(x)$ 是以 $\dfrac{1}{n}$ 为周期的周期函数，

令 $x=\alpha\left(0\leqslant \alpha<\dfrac{1}{n}\right)$，则 $0\leqslant n\alpha,[\alpha],\left[\alpha+\dfrac{1}{n}\right],\left[\alpha+\dfrac{2}{n}\right],\cdots,\left[\alpha+\dfrac{n-1}{n}\right]<1$.

所以 $f(x)=0\left(0\leqslant \alpha<\dfrac{1}{n}\right)$，由周期性知 $f(x)\equiv 0$. 故原等式成立.

该等式也叫埃尔米特恒等式.

注 该题还有一种常规证法，只要当 $x\in[0,1)$ 时，下面等式成立即可：

$$[x]+\left[x+\dfrac{1}{n}\right]+\left[x+\dfrac{2}{n}\right]+\cdots+\left[x+\dfrac{n-1}{n}\right]=[nx].$$

可以对 x 在区间 $[0,1]$ 上的取值分段讨论. 具体证明留给读者.

例题 3 对任意的 $n\in \mathbf{N}^*$，计算和式 $S=\displaystyle\sum_{k=0}^{\infty}\left[\dfrac{n+2^k}{2^{k+1}}\right]$ 的值.

方法讲解 因为 $\left[\dfrac{n+2^k}{2^{k+1}}\right]=\left[\dfrac{n}{2^{k+1}}+\dfrac{1}{2}\right]$ 对一切 $k=0,1,\cdots$ 成立，所以

$$\left[\frac{n}{2^{k+1}}+\frac{1}{2}\right]=\left[2\cdot\frac{n}{2^{k+1}}\right]-\left[\frac{n}{2^{k+1}}\right].$$

又因为 n 为固定数,当 k 适当大时,有 $\frac{n}{2^k}<1$,从而 $\left[\frac{n}{2^k}\right]=0$. 故

$$S=\sum_{k=0}^{\infty}\left(\left[\frac{n}{2^k}\right]-\left[\frac{n}{2^{k+1}}\right]\right)=\cdots=n.$$

> **注** $\left[\frac{t+1}{2}\right]+\left[\frac{t}{2}\right]=[t]$ 是埃尔米特恒等式的特例.

例题 4 设 n 为正整数,证明:$(15n)!(10n)!(6n)!\mid(30n)!(n)!$.

方法讲解 构造函数 $f(x)=[x]-\left[\frac{x}{2}\right]-\left[\frac{x}{3}\right]-\left[\frac{x}{5}\right]+\left[\frac{x}{30}\right]$,显然该函数的周期为 30,其在区间 $[0,30]$ 上恒大于零,所以 $f(x)\geqslant 0$. 令 $x=\frac{30n}{p^i}$,则 $\left[\frac{30n}{p^i}\right]-\left[\frac{15n}{p^i}\right]-\left[\frac{10n}{p^i}\right]-\left[\frac{6n}{p^i}\right]+\left[\frac{n}{p^i}\right]\geqslant 0$,其中 p 为任意质数,$i\in\mathbf{N}^*$.

命题得证.

例题 5 对任意实数 a,用 $[a]$ 表示不超过 a 的最大整数,记 $\{a\}=a-[a]$,是否存在正整数 m,n 及 $n+1$ 个实数 $x_0,x_1,\cdots,x_n$,使得 $x_0=428,x_n=1928,\frac{x_{k+1}}{10}=\left[\frac{x_k}{10}\right]+m+\left\{\frac{x_k}{5}\right\}(k=0,1,\cdots,n-1)$ 成立?证明你的结论.

方法讲解 假设存在满足条件的 m,n 及 $x_0,x_1,\cdots,x_n$. 令 $y_k=\frac{x_k}{10}(k=0,1,\cdots,n)$,则

$$y_0=42.8,y_n=192.8,y_{k+1}=[y_k]+m+\{2y_k\}(k=0,1,\cdots,n-1).$$

对 $k=0,1,\cdots,n-1$,因为 $[y_k]+m$ 为整数,且 $0\leqslant\{2y_k\}<1$,所以

$$[y_{k+1}]=[y_k]+m,\{y_{k+1}\}=\{2y_k\}.$$

由此可知

$$192=[y_n]=[y_0]+mn=42+mn\quad①,$$

且 $0.8=\{y_n\}=\{2^n y_0\}=\{2^n\times 0.8\}$,即

$$\frac{2^n\times 8-8}{10}=\frac{4(2^n-1)}{5}\in\mathbf{Z}\quad②.$$

注意到 ② 等价于 $2^n\equiv 1(\mathrm{mod}5)$,而 $2^1,2^2,2^3,2^4$ 模 5 的余数分别为 $2,4,3,1$,故 $4\mid n$,但由 ① 知 $mn=150$,故 n 不为 4 的倍数,矛盾.

因此,不存在满足条件的 m,n 及 $x_0,x_1,\cdots,x_n$. 证毕.

例题 6 设 $n\in\mathbf{N}^*,n\geqslant 5,2\leqslant q\leqslant n$,则 $(q-1)\left|\left[\frac{(n-1)!}{q}\right]\right.$.

方法讲解 ① 若 $q<n$,则 $q(q-1)\mid(n-1)!$,故 $\left[\frac{(n-1)!}{q}\right]=\frac{(n-1)!}{q}$ 被 $q-1$ 整除.

② 若 $q=n$ 且 n 为合数,由于 $n>4$,故 $n\mid(n-1)!$. 因为 $n-1\mid(n-1)!$ 且 $n-1$ 与 n 互质,所以 $q(q-1)\mid(n-1)!$,命题成立.

③ $q=n$ 为质数,由威尔逊定理知 $\left[\frac{(n-1)!}{q}\right]=\frac{(n-1)!-(n-1)}{n}$,分子也被 $n-1$ 整除.

同理得 $q(q-1)\mid(n-1)!-(n-1)$,命题成立.

例题 7 证明:存在一个有理数 $\frac{c}{d}$,其中 $d<100$,使得 $\left[\frac{ck}{d}\right]=\left[\frac{73k}{100}\right]$ 对于 $k=1,2,\cdots,99$ 均成立,其中 $[x]$ 表示 x 的整数部分.

方法讲解　注意到 $(73,100)=1$,运用贝祖定理,存在 c,d 使得 $73d-100c=1$.
下面证明对 $k=1,2,\cdots,99$,均满足要求.

设 $\left[\dfrac{ck}{d}\right]=n$,则

$$\frac{73k}{100}-\frac{kc}{d}=\frac{73kd-100kc}{100d}=\frac{k}{100d}<\frac{1}{d},\frac{ck}{d}<n+1\Rightarrow ck+1\leqslant(n+1)d.$$

因此 $n\leqslant\dfrac{kc}{d}<\dfrac{73k}{100}<\dfrac{1}{d}+\dfrac{kc}{d}=\dfrac{ck+1}{d}\leqslant n+1.$

这说明 $\dfrac{ck}{d}$ 和 $\dfrac{73k}{100}$ 的整数部分都是 n,所以 $\left[\dfrac{ck}{d}\right]=\left[\dfrac{73k}{100}\right].$

例题 8　试确定满足 $n-2[n\{\sqrt{n}\}]=1$ 的所有正整数 n.

方法讲解　由于 $n\{\sqrt{n}\}-1<[n\{\sqrt{n}\}]\leqslant n\{\sqrt{n}\}$,故 $2n\{\sqrt{n}\}-2<n-1\leqslant2n\{\sqrt{n}\}$,
即 $-1\leqslant2n\{\sqrt{n}\}-n<1$,所以 $n\mid2\sqrt{n}-2[\sqrt{n}]-1\mid\leqslant1$.

由此可得 $n\mid4n-(2[\sqrt{n}]+1)^2\mid\leqslant2\sqrt{n}+2[\sqrt{n}]+1\leqslant4\sqrt{n}+1$.

当 $n=1$ 时,$n-2[n\{\sqrt{n}\}]=1$;当 $n>1$ 时,注意到 $n=2[n\{\sqrt{n}\}]+1$ 为奇数,有 $n\geqslant3$.

因此 $\mid4n-(2[\sqrt{n}]+1)^2\mid\leqslant\dfrac{4}{\sqrt{n}}+\dfrac{1}{n}\leqslant\dfrac{4}{\sqrt{3}}+\dfrac{1}{3}<3$,所以 $4n-(2[\sqrt{n}]+1)^2=\pm1$.

由此得 $n=[\sqrt{n}]([\sqrt{n}]+1)$,这与 $n=2[n\{\sqrt{n}\}]+1$ 为奇数矛盾.

综上,所求正整数 n,只有 $n=1$.

例题 9　令 λ 为方程 $t^2-1998t-1=0$ 的正根,定义数列 $\{x_n\}$,$x_0=1$,$x_{n+1}=[\lambda x_n]$,证明:$1998\mid x_{1998}-1000$.

方法讲解　由题意 $\lambda^2-1998\lambda-1=0\Rightarrow\lambda=1998+\dfrac{1}{\lambda}\Rightarrow\lambda x_n=1998x_n+\dfrac{x_n}{\lambda}$,所以

$$x_{n+1}=[\lambda x_n]=1998x_n+\left[\frac{x_n}{\lambda}\right].$$

由已知 $x_{n+1}=[\lambda x_n]\Rightarrow\lambda x_n-1<x_{n+1}<\lambda x_n\Rightarrow x_n-\dfrac{1}{\lambda}<\dfrac{x_{n+1}}{\lambda}<x_n\Rightarrow\left[\dfrac{x_{n+1}}{\lambda}\right]=x_n-1.$

由此 $x_{n+1}=[\lambda x_n]=1998x_n+\left[\dfrac{x_n}{\lambda}\right]=1998x_n+x_{n-1}-1\equiv x_{n-1}-1(\bmod 1998)$,

所以 $x_{1998}\equiv x_{1996}-1\equiv x_{1994}-2\cdots\equiv x_0-999\equiv-998(\bmod 1998)$,

所以 $x_{1998}-1000\equiv-1998\equiv0(\bmod 1998)$,故 $1998\mid x_{1998}-1000$.

例题 10　已知函数 $f(n)=\left[n+\sqrt{\dfrac{n}{3}}+\dfrac{1}{2}\right]$,当 n 取遍所有正整数时,函数 $f(n)$ 也取遍所有的正整数,但 $a_n=3n^2-2n$ 的项除外.

方法讲解　考虑 $f(n+1)-f(n)\geqslant2\Rightarrow\left[\sqrt{\dfrac{n+1}{3}}+\dfrac{1}{2}\right]-\left[\sqrt{\dfrac{n}{3}}+\dfrac{1}{2}\right]\geqslant1$,即存在正整数 k 使得

$\sqrt{\dfrac{n}{3}}+\dfrac{1}{2}\leqslant k<\sqrt{\dfrac{n+1}{3}}+\dfrac{1}{2}\Rightarrow n\leqslant3k^2-3k+\dfrac{1}{4}<n+1$. 取 $n=3k^2-3k$,所以 $f(n)$ 取不到的项为

$a_k=n+k=3k^2-2k$. 而 $\left(\sqrt{\dfrac{n+1}{3}}+\dfrac{1}{2}\right)-\left(\sqrt{\dfrac{n}{3}}+\dfrac{1}{2}\right)<1$,所以每次最多只有一项取不到.

因此,$f(n)$ 除了 $a_n=3n^2-2n$ 的项外,取遍所有的正整数.

例题 11 给定正整数 $n > 1$，证明：数列 $a_k = \left[\dfrac{n^k}{k}\right](k = 1, 2, \cdots)$ 中有无数个是奇数的项.

方法讲解 若 n 为奇数，令 $k = n^t$，$t = 1, 2, \cdots$，命题成立.

当 n 为偶数时，令 $n = 2t$（t 为大于 1 的奇数），p 为 $2^{2^u} t^{2^u} - 2^u$ 的一个质因数（奇数），则 $(p, 2t) = 1$.
令 $k = 2^u p$，$u = 1, 2, \cdots$，则

$$n^k - 2^u = 2^{2^u p} \cdot t^{2^u p} - 2^u = (2^{p-1})^{2^u} 2^{2^u} (t^{p-1})^{2^u} t^{2^u} - 2^u \equiv 2^{2^u} t^{2^u} - 2^u \equiv 0 \pmod{p}.$$

显然，$2^u \mid (2t)^{2^u p} - 2^u$，所以 $\dfrac{2^{2^u p} t^{2^u p} - 2^u}{2^u p}$ 为整数 $\dfrac{n^k}{k} = \dfrac{2^{2^u p} t^{2^u p} - 2^u}{2^u p} + \dfrac{1}{p}$，

所以 $\left[\dfrac{n^k}{k}\right] = \dfrac{2^{2^u p} t^{2^u p} - 2^u}{2^u p} = \dfrac{2^{2^u p - u} t^{2^u p} - 1}{p}$，为奇数.

注 本题有多种解法，其他解法留给读者思考.

例题 12 已知 $a_0 = m + \dfrac{1}{2}$，$a_{n+1} = a_n [a_n]$，$n = 1, 2, \cdots$，若数列 $\{a_n\}$ 中至少有一个整数项，求正整数 m 的取值范围.

方法讲解 假设 $\{a_n\}$ 中没有一个整数项，令 $b_n = 2a_n$，$n = 0, 1, 2, \cdots$，由 $a_0 = 2m + 1 \in \mathbf{Z}$ 得 $\{b_n\}$ 为整数.

因为 $\{a_n\}$ 无整数项，所以 b_n 为奇数，$b_0 = 2m + 1$，$b_{n+1} = 2a_{n+1} = b_n \left[\dfrac{b_n}{2}\right] = \dfrac{b_n(b_n - 1)}{2}$.

当 $b_0 > 3$ 时，$b_{n+1} - 3 = \dfrac{(b_n - 3)(b_n + 2)}{2}$，数列 $\{b_n - 3\}$ 中因子 2 的个数是单调递减的，矛盾.

当 $b_0 = 2m + 1 = 3$ 时，$m = 1$，此时数列每项都等于 $\dfrac{3}{2}$.

所以 $m \geqslant 2$.

例题 13 设 $a_1 \geqslant 1$，$a_n = [\sqrt{n a_{n-1}}](n \geqslant 2)$，其中 $[x]$ 表示不超过 x 的最大整数. 证明：无论 a_1 取何正整数时，不在数列 $\{a_n\}$ 中的质数只有有限个.

方法讲解 ① 先证：当 $n \geqslant 3$ 时，$a_n \geqslant n - 2$.

（数学归纳法）：由题意知 $a_1 \geqslant 1$，$a_2 = [\sqrt{2a_1}] \geqslant 1$，$a_3 = [\sqrt{3a_2}] \geqslant 1$，
假设 $a_{n-1} \geqslant n - 3$，则 $a_n = [\sqrt{n a_{n-1}}] \geqslant [\sqrt{n(n-3)}] \geqslant n - 2$，从而结论成立.
② 令 $b_n = a_n - n$，则

$$-2 \leqslant b_n = [\sqrt{n(b_{n-1} + n - 1)}] - n \leqslant \left[\sqrt{\left(n + \dfrac{b_{n-1} - 1}{2}\right)^2}\right] - n = \left[\dfrac{b_{n-1} - 1}{2}\right] \leqslant \dfrac{b_{n-1} - 1}{2}.$$

所以 $b_n + 1 \leqslant \dfrac{b_{n-1} + 1}{2}$.

若 $b_{n-1} = -2$，则 $-2 \leqslant b_n \leqslant \left[-\dfrac{3}{2}\right]$，所以 $b_n = -2$；

若 $b_{n-1} = -1$，则 $b_n = [\sqrt{n^2 - 2n}] - n < -1$，所以 $b_n = -2$；

若 $b_{n-1} \geqslant 0$，则由 $b_n + 1 \leqslant \dfrac{b_{n-1} + 1}{2}$ 得，对足够大的 n 必有 $b_n < 0$，从而必有 $b_{n+1} = -2$.

综上可知，当 n 充分大时，$b_n = -2$，从而 $a_n = n - 2$. 所以不在数列 $\{a_n\}$ 中的质数只有有限个.

例题 14 试求所有的正整数 $m(m \leqslant 2021)$，使得存在正实数 t，满足对任意正整数 n 都有 $[t[tn]] \equiv m \pmod{2021}$ 成立.

方法讲解 所求的 $m = 2020$ 或 2021.

一方面,取 $t=2021$,则对任意正整数 n,$[t[tn]]\equiv 2021(\mathrm{mod}2021)$.

再取 t 为方程 $x^2-2021x-2021=0$ 的正根,则 $2021<t<2022$,且

$$[t[tn]]=[t^2n-t\{tn\}]=[2021tn+2021n-t\{tn\}]$$
$$=2021[tn]+2021n+[(2021-t)\{tn\}]\equiv -1\equiv 2020(\mathrm{mod}2021),$$

故 $m=2020$ 或 2021 成立.

另一方面,证明 m 只能取 2020 或 2021.

当 t 为有理数时,设 $t=\dfrac{p}{q}$,p 与 q 互质,且都为正整数.

令 $n=q^2\Rightarrow m\equiv p^2(\mathrm{mod}2021)$; 令 $n=2q^2\Rightarrow m\equiv 2p^2(\mathrm{mod}2021)\Rightarrow 2021\mid p^2\Rightarrow 43\mid p^2$,且 $47\mid p^2\Rightarrow 43\mid p$,且 $47\mid p\Rightarrow 2021\mid p\Rightarrow m=2021$.

当 t 为无理数时,由狄利克雷定理,存在正整数 n,使得 $\{nt\}<1-\{t\}$.

故 $[(n+1)t]=[nt]+[t]\Rightarrow m=[t[(n+1)t]]=[t[nt]+t[t]]$.

下面有两种可能,要么 $[t[nt]+t[t]]=[t[nt]]+[t[t]]\equiv 2m(\mathrm{mod}2021)$,

要么,$[t[nt]+t[t]]=[t[nt]]+[t[t]]+1\equiv 2m+1(\mathrm{mod}2021)$,

故 $m\equiv 2m$ 或 $2m+1(\mathrm{mod}2021)$. 所以 $m=2020$ 或 2021.

例题 15 令 $f(n)=\dfrac{1}{n}\left(\left[\dfrac{n}{1}\right]+\left[\dfrac{n}{2}\right]+\cdots+\left[\dfrac{n}{n}\right]\right)$,其中 $[x]$ 表示 x 的整数部分. 证明:

(1) 有无数个 n 使 $f(n+1)<f(n)$;

(2) 有无数个 n 使 $f(n+1)>f(n)$.

方法讲解 考虑平面直角坐标系中的整点集 $G_n=\{(x,y)\mid x,y\in \mathbf{N}^*,xy\leqslant n\}$.

在每条直线 $x=i(1\leqslant i\leqslant n)$ 上,G_n 的点数为 $\left[\dfrac{n}{i}\right]$,故 $|G_n|=\sum\limits_{i=1}^{n}\left[\dfrac{n}{i}\right]$.

另外,每条双曲线 $xy=j(1\leqslant j\leqslant n)$ 上 G_n 的点数为 j 的正因数个数 $d(j)$,故 $|G_n|=\sum\limits_{j=1}^{n}d(j)$. 于是 $f(n)=\dfrac{1}{n}\sum\limits_{j=1}^{n}d(j)$.

当 $j>1$ 时,$d(j)\geqslant 2$,由于 $f(6)=\dfrac{1+2+2+3+2+4}{6}>2$,故当 $n\geqslant 6$ 时,$f(n)>2$.

(1) 有无数个质数 $p\geqslant 7$,$d(p)=2<f(p-1)$,故 $f(p)=\dfrac{(p-1)f(p-1)+d(p)}{p}<f(p-1)$.

(2) 数列 $\{d(j)\}$ 无界(例如 $d(2^k)=k+1$). 故有无数个 n 使 $d(n+1)>\max\{d(1),d(2),\cdots,d(n)\}\geqslant f(n)$,从而 $f(n+1)>f(n)$.

例题 16 设两个正实数 $a,b(a\neq b)$ 满足:对任意正整数 n,$[an]\mid [bn]$,证明:a,b 为整数.

方法讲解 当 n 充分大时(使 $na,nb\geqslant 1$),数列 $x_n=\dfrac{[nb]}{[na]}=\dfrac{nb-\{nb\}}{na-\{na\}}$ 的各项均为正整数.

由于 $\{na\}$ 及 $\{nb\}\in[0,1)$,故当 $n\to\infty$ 时,x_n 趋于极限 $\dfrac{b}{a}$.

若整数数列有极限,则只能是其满足最终为常数,故必 $\dfrac{b}{a}=k\in \mathbf{N}^*$.

由 $a\neq b$ 得 $k\geqslant 2$,且存在 n_0,使得 $n\geqslant n_0$ 时,恒有 $b(n)=[nb]=k\cdot [na]=k\cdot a(n)$.

设 $n_0a=a(n_0)+\varepsilon(n_0)(\varepsilon(n_0)\in[0,1))$,

由 $b(n_0)=k\cdot a(n_0)+[k\cdot \varepsilon(n_0)]$ 得 $[k\cdot \varepsilon(n_0)]=0$,$k\cdot \varepsilon(n_0)<1$.

若 $\varepsilon(n_0)>0$,由于 $\dfrac{1}{\varepsilon(n_0)}-\dfrac{1}{k\varepsilon(n_0)}=\dfrac{k-1}{k\varepsilon(n_0)}>k-1\geqslant 1$,存在整数 m 满足 $\dfrac{1}{k\varepsilon(n_0)}<m<\dfrac{1}{\varepsilon(n_0)}$,现

在 $[mn_0 a] = m \cdot a(n_0) + [m \cdot \varepsilon(n_0)] = m \cdot a(n_0)$，但 $[mn_0 b] = km \cdot a(n_0) + [mk \cdot \varepsilon(n_0)] \geqslant km \cdot a(n_0) + 1$，矛盾. 故必 $\varepsilon(n_0) = 0$，即 $n_0 a$ 为整数，故 a 为有理数.

同理，只要证对任意 $b(n) = k \cdot a(n)$，a 为整数.

设 $na = a(n) + \dfrac{p}{q}(0 \leqslant p < q)$，则 $b(n) = k \cdot a(n) + \left[\dfrac{kp}{q}\right]$.

若 $kp \geqslant q$，取 r 使 $(rq+1)n \geqslant n_0$，则 $[(rq+1)na] = (rq+1)a(n) + rp$.

而 $[(rq+1)nb] = k(rq+1)a(n) + krp + \left[\dfrac{kp}{q}\right] > k[(rq+1)na]$，矛盾.

因此必定 $kp < q$，从而 $b(n) = k \cdot a(n)$.

例题 17 设整数 $n \geqslant 2$，正实数 $x_1, x_2, \cdots, x_n$ 满足 $x_1 x_2 \cdots x_n = 1$，证明：

$$\{x_1\} + \{x_2\} + \cdots + \{x_n\} \leqslant \dfrac{2n-1}{2}.$$

方法讲解 用数学归纳法证明，当 $n = 2$ 时，由 $x_1 x_2 = 1$，当 $x_1 = x_2 = 1$ 显然成立.

否则，不妨设 $x_1 > 1, x_2 < 1$，因为 $y = x + \dfrac{1}{x}(x > 1)$ 为增函数，所以

$$\{x_1\} + \{x_2\} = x_1 - [x_1] + \dfrac{1}{x_1} < [x_1] + 1 + \dfrac{1}{[x_1]+1} - [x_1] < 1 + \dfrac{1}{1+1} = \dfrac{3}{2}.$$

假设对整数 $n-1$ 成立. 为此先引入一个引理：

设 $0 < \alpha, \beta < 1$，则 $0 < (1-\alpha)(1-\beta) \Rightarrow \alpha + \beta < 1 + \alpha\beta$.

若对任意 $1 \leqslant i \neq j \leqslant n$，都有 $x_i x_j \geqslant 1 \Rightarrow x_k = 1, k = 1, 2, \cdots, n$，命题成立，所以至少有一对 $x_i x_j < 1$. 不妨设 $x_{n-1} x_n < 1$，所以

$$\{x_1\} + \{x_2\} + \cdots + \{x_n\} \leqslant \{x_1\} + \{x_2\} + \cdots + \{x_{n-2}\} + 1 + \{x_{n-1}\}\{x_n\}$$

$$\leqslant \{x_1\} + \cdots + \{x_{n-2}\} + 1 + \{x_{n-1}x_n\} \leqslant \dfrac{2(n-1)-1}{2} + 1 = \dfrac{2n-1}{2}.$$

例题 18 证明：在连续 20 个整数中一定存在一个整数 k，使得对任意正整数 n，都有 $n\sqrt{k}\{n\sqrt{k}\} > \dfrac{5}{2}$.

方法讲解 在连续 20 个正整数中一定存在 $k \equiv 15(\mathrm{mod}\,20)$，即 $k \equiv 3(\mathrm{mod}\,4) \Rightarrow \sqrt{k} \notin \mathbf{Z}$.

因此，对任意正整数 n，存在整数 m，使得 $m < n\sqrt{k} < m+1$，即 $[n\sqrt{k}] = m$.

由 $5 \mid k$，得到 $n^2 k \neq m^2 + 2, m^2 + 3$.

又 $k \equiv 3(\mathrm{mod}\,4)$，则 k 存在模 4 余 3 的质因数 p. 因为 $\left(\dfrac{-1}{p}\right) = -1$，所以

$$n^2 k \neq m^2 + 1, m^2 + 2^2 \Rightarrow n^2 k \geqslant m^2 + 5.$$

所以 $n\sqrt{k}\{n\sqrt{k}\} = n\sqrt{k}(n\sqrt{k} - [n\sqrt{k}]) = n^2 k - nm\sqrt{k}$

$$\geqslant m^2 + 5 - m\sqrt{m^2+5} > m^2 + 5 - \dfrac{m^2+5+m^2}{2} = \dfrac{5}{2}.$$

例题 19 设 p 为奇质数，a, b 是小于 p 的正整数，证明：$a + b = p$ 的充要条件是：对任何小于 p 的正整数 n，均有 $\left[\dfrac{2an}{p}\right] + \left[\dfrac{2bn}{p}\right] = $ 正奇数.（其中符号 $[\ ]$ 表示取整）

方法讲解 必要性：若 $a + b = p$，n 是小于 p 的任一正整数，记 $\left[\dfrac{2an}{p}\right] = u$，$\left[\dfrac{2bn}{p}\right] = v$，因为 p 是质数，故 $\dfrac{2an}{p}, \dfrac{2bn}{p}$ 皆不为整数，因此 $\alpha, \beta, 0 < \alpha < 1, 0 < \beta < 1$，使 $\dfrac{2an}{p} = u + \alpha$，$\dfrac{2bn}{p} = v + \beta$，相加得 $2n = u + v + (\alpha + \beta)$，故 $\alpha + \beta$ 为整数. 由于 $0 < \alpha + \beta < 2$，则必有 $\alpha + \beta = 1$，从而 $u + v = 2n - 1$ 为奇数.

充分性：若对任何小于 p 的正整数 n，均有 $\left[\dfrac{2an}{p}\right] + \left[\dfrac{2bn}{p}\right]$ 为正奇数　①.

令 $c = p - a$，则 $a + c = p$.

据必要性的讨论可知，对任何小于 p 的正整数 n，均有 $\left[\dfrac{2an}{p}\right] + \left[\dfrac{2cn}{p}\right] = $ 正奇数　②.

因此，由 ①② 知对任何小于 p 的正整数 n，均有 $\left[\dfrac{2bn}{p}\right] + \left[\dfrac{2cn}{p}\right]$ 为偶数　③.

由 ③ 式可得，对任何正整数 m，均有 $\left[\dfrac{2bm}{p}\right] + \left[\dfrac{2cm}{p}\right]$ 为偶数　④.

（事实上，设 $m = pt + n$，$0 \leqslant n < p$，则 $\left[\dfrac{2bm}{p}\right] + \left[\dfrac{2cm}{p}\right] = \left[\dfrac{2b(pt+n)}{p}\right] + \left[\dfrac{2c(pt+n)}{p}\right] = 2bt + 2ct$

$+ \left[\dfrac{2bn}{p}\right] + \left[\dfrac{2cn}{p}\right] = $ 偶数.）

为证充分性，只要证 $b = c$. 用反证法，若 $b \neq c$，不妨设 $b > c$，则 $1 \leqslant b - c < p$. 因为 p 是质数，所以 $(2(b-c), p) = 1$，

因此有正整数 m 与 k，使 $2(b-c)m - pk = 1$　⑤.

据此知，k 必为奇数，且 $\dfrac{2bm}{p} = \dfrac{2cm}{p} + \dfrac{1}{p} + k$　⑥.

显然，$\dfrac{2cm}{p} + \dfrac{1}{p} \neq$ 整数.（否则，若 $\dfrac{2cm}{p} + \dfrac{1}{p} = $ 整数，则由 ⑥ 式知 $\dfrac{2bm}{p}$ 为整数. 因为 $(2b, p) = 1$，所以

$p \mid m \Rightarrow \dfrac{2cm}{p}$ 为整数 $\Rightarrow \dfrac{1}{p}$ 为整数，矛盾）.

由于 $\dfrac{2cm}{p} + \dfrac{1}{p} \neq$ 整数，则 $\left[\dfrac{2cm}{p} + \dfrac{1}{p}\right] = \left[\dfrac{2cm}{p}\right]$，现对 ⑥ 式两边取整，得 $\left[\dfrac{2bm}{p}\right] + \left[\dfrac{2cm}{p}\right] = 2\left[\dfrac{2cm}{p}\right] +$

$k = $ 奇数，这与 ④ 式矛盾.

故原假设不成立，因此 $b = c$，即 $b = p - a$，所以 $a + b = p$.

例题 20　设 k 为给定的正整数，定义数列 $\{a_n\}$：$a_0 = 1$，$a_{n+1} = a_n + \left[\sqrt[k]{a_n}\right]$，$n = 0, 1, 2, \cdots$，其中 $[x]$ 表示不超过 x 的最大整数. 对每个 k，求数列 $\{\sqrt[k]{a_n}\}_{n \geqslant 0}$ 中所有整数构成的集合 A.

方法讲解　对每个 k，均有集合 $A = \{2^n \mid n = 0, 1, 2, \cdots\}$　（ * ）.

事实上，由条件 $a_0 = 1$ 知 $1 \in A$.

一般地，设 $m \in A$，证明：下一个属于 A 的正整数为 $2m$.（结合数学归纳法可知（ * ）式成立）

注意到 $m \in A$，这表明存在 $a_i = m^k$，且 $a_{i+1} = a_i + m$，

设 $a_{i+j} < (m+1)^k$，而 $a_{i+j+1} \geqslant (m+1)^k$，则 $a_{i+j+1} = a_{i+j} + m$，

而对 $1 \leqslant l \leqslant j$，均有 $a_{i+l} = a_{i+l-1} + m$，即 $0 \equiv a_i \equiv a_{i+1} \cdots \equiv a_{i+j+1} \pmod{m}$，所以 $a_{i+j+1} > (m+1)^k$.

设 $a_{i+j+1} = (m+1)^k + d$，由 $a_{i+j+1} = a_{i+j} + m = (m+1)^k + d < (m+1)^k + m$，从而 $d < m$，

再由 $a_{i+j+1} \equiv 0 \pmod{m}$ 得 $d \equiv m - 1 \pmod{m}$，即 $d = m - 1$.

进一步，$a_{i+j+1} \equiv m - 1 \pmod{m+1}$，再讨论下标 x，使 $a_x < (m+2)^k$，而 $a_{x+1} \geqslant (m+2)^k$. 同上讨论

可知 $a_{x+1} = (m+2)^k + (m-2)$. 一直下去，最终到下一个下标 y，使得 a_y 为 k 次时，必有 $a_y = (m+m)^k$

$= 2^k m^k$，从而下一个属于 A 的正整数为 $2m$.

◎ 三、课外训练

1. 求 $\left[\dfrac{1^2}{2016}\right]$，$\left[\dfrac{2^2}{2016}\right]$，$\cdots$，$\left[\dfrac{2016^2}{2016}\right]$ 这 2016 个数中不同值的个数.

2. 已知 $n \in \mathbf{N}^*$，证明：$[\sqrt{n} + \sqrt{n+1}] = [\sqrt{n} + \sqrt{n+2}]$.

3. 求 $S(n) = \sum\limits_{k=1}^{\frac{n(n+1)}{2}} \left[\dfrac{-1+\sqrt{1+8k}}{2}\right]$ 的值.

4. 证明：$\forall n, 2^n \mid \left[(3+\sqrt{5})^n\right]+1$.

5. 解方程 $x = \left[\dfrac{x}{2}\right] + \left[\dfrac{x}{3}\right] + \cdots + \left[\dfrac{x}{2003}\right]$.

6. 证明：在数列 $a_n = [n\sqrt{2}] + [n\sqrt{3}], n = 0,1,2,3,\cdots$ 中，有无数项为偶数，也有无数项为奇数.

7. 设 $n \in \mathbf{N}^*$，$x_1, x_2, \cdots, x_n \in \mathbf{R}$，且 $[x_1], [x_2], \cdots, [x_n]$ 是 $1,2,\cdots,n$ 的一个排列，求 $\sum\limits_{i=1}^{n-1} [x_{i+1}-x_i]$ 的最大值和最小值.

8. 求出所有的奇质数 p，使得 $p \mid 1^{p-1} + 2^{p-1} + \cdots + 2004^{p-1}$.

9. 设奇质数 $p,q(p<q)$ 在 $n!$ 标准分解中的指数相同，证明：$n < \dfrac{p(p+1)}{2}$.

10. 设 m,n 互质，m 为偶数，求值：$S = \sum\limits_{k=1}^{n-1} (-1)^{\left[\frac{mk}{n}\right]} \left\{\dfrac{mk}{n}\right\}$.

11. 对任意实数 x，证明：$\left[\dfrac{(n-1)!}{n(n+1)}\right]$ 是偶数.

12. 设 a,b 为无理数，且 $\dfrac{1}{a} + \dfrac{1}{b} = 1$，证明：$x = 1,2,3,\cdots$，整数 $[ax], [bx]$ 无重复遍历所有的正整数.

13. 设 $a,b,c \in \mathbf{R}$，且 $[an] + [bn] = [cn]$ 对每个正整数 n 成立，证明：$a \in \mathbf{Z}$ 或 $b \in \mathbf{Z}$.

14. 求所有非负整数 m,n，使得 $\sum\limits_{k=1}^{2^m} \left[\dfrac{kn}{2^m}\right] \in \{28,29,30\}$.

15. 设 $f(n) = n + [\sqrt{n}]$，证明：对于任意给定的正整数 m，序列 $m, f(m), f(f(m)), f(f(f(m))), \cdots$ 中至少包含一个整数的平方.

16. 给定两个不同的无平方因子的正整数 a,b，证明：存在某个正的常数 c，使得对于任何正整数 n，有 $\left|\{n\sqrt{a}\} - \{n\sqrt{b}\}\right| > cn^{-3}$.

17. 设 p 为质数，$p \equiv 1 \pmod 4$，求 $\sum\limits_{i=1}^{p} \left[\sqrt{pi}\right]$ 的值.

18. 设正整数数列 $\{a_n\}: a_{n+2} = \left[\dfrac{2a_{n+1}}{a_n}\right] + \left[\dfrac{2a_n}{a_{n+1}}\right]$，证明：存在正整数 m，使得 $a_m = 4$ 或 $a_m \in \{3,4\}$.

3.5 不定方程

◎ 一、知识要点

（一）一次不定方程

1. 二元一次不定方程 $ax + by = c(a,b,c$ 为整数$)$ 有整数解的充要条件是 $(a,b) \mid c$. 当有解时，设 x_0, y_0 是一组特解，那么其通解为 $x = x_0 + \dfrac{b}{(a,b)}t, y = y_0 - \dfrac{a}{(a,b)}t, t \in \mathbf{Z}$.

证明 若不定方程 $ax + by = c$ 有解，由整除的性质有 $(a,b) \mid c$. 反过来，若 $(a,b) \mid c$，令 $c = k(a,b)$. 由贝祖定理，存在整数 u,v 使得 $(a,b) = ua + vb$，即 $c = kua + kvb$，故原方程有解 $x = ku, y = kv$.

由于 x_0,y_0 是原方程的一个特解,即 $ax_0+by_0=c$,又 $ax+by=c$,两式相减得到 $\dfrac{x-x_0}{y-y_0}=-\dfrac{\dfrac{b}{(a,b)}}{\dfrac{a}{(a,b)}}$.

由 $\left(\dfrac{a}{(a,b)},\dfrac{b}{a,b}\right)=1$,可令 $x=x_0+\dfrac{b}{(a,b)}t,y=y_0-\dfrac{a}{(a,b)}t,t\in\mathbf{Z}$,即得不定方程的全部解.

同理,对于 n 元一次不定方程 $a_1x_1+\cdots+a_kx_k=c$ 有整数解的充要条件是 $(a_1,\cdots,a_k)\mid c$.

2. k 元一次不定方程 $x_1+\cdots+x_k=m(k,m$ 为正整数) 的正整数解的个数为 C_{m-1}^{k-1},非负整数解的个数为 C_{m+k-1}^{k-1}.

分析:用隔板方法证明,该不定方程的正整数解的组数也就是把 m 件物品分为 k 堆的分法种数.将 m 件物品沿直线排列,两个物品之间共有 $m-1$ 个空隙,从中选取 $k-1$ 个空隙插入隔板,就把 m 件物品分为 k 堆,所以该不定方程正整数解的组数就为 C_{m-1}^{k-1}.

不定方程 $x_1+\cdots+x_k=m$ 的非负整数解的组数等于不定方程 $y_1+\cdots+y_k=m+k$ 的正整数解的组数,其中 $y_1=x_1+1,\cdots,y_k=x_k+1$.所以该不定方程非负整数解的组数就为 C_{m+k-1}^{k-1}.

(二)勾股数

设正整数 x,y,z 满足方程 $x^2+y^2=z^2$,且 $(x,y)=1,2\mid y$,则称 x,y,z 为一组勾股数,方程的全部正整数解为 $x=a^2-b^2,y=2ab,z=a^2+b^2,(a,b)=1$,且 a,b 为一奇、一偶.

证明　由 $x^2+y^2=z^2$ 变形得 $\left(\dfrac{y}{2}\right)^2=\dfrac{z-x}{2}\cdot\dfrac{z+x}{2}$.由 $(x,y)=1$ 得到 $(x,z)=1$.又 $\left(\dfrac{z-x}{2},\dfrac{z+x}{2}\right)=\left(\dfrac{z-x}{2},z\right)=(z-x,z)=1$,所以存在正整数 a,b 且 a 与 b 互质,一奇一偶,使得 $\dfrac{z-x}{2}=a^2,\dfrac{z+x}{2}=b^2,\dfrac{y}{2}=ab$,解得 $x=a^2-b^2,y=2ab,z=a^2+b^2$.

(三)佩尔方程

形如 $x^2-Dy^2=1$ （1）的二元二次不定方程称为佩尔方程.确切地讲,方程(1)为第 I 型的佩尔方程.我们先对第 I 型的佩尔方程作一些研究,再将结论拓展到第 II 型的佩尔方程中去.

首先,若 (x,y) 是方程(1)的整数解,则 $(\pm x,\pm y)$(共 4 组)也是方程(1)的解,所以我们只讨论方程(1)的非负整数解,为此先讨论特殊情况.

① 显然方程(1)恒有一组解 $x=1,y=0$;

② 若 $D=0$,则方程(1)变为 $x^2=1$,得 $x=1,y$ 为任意非整数,所以方程(1)有无数组解;

③ 若 $D=-1$,则方程(1)变为 $x^2+y^2=1$,此时只有 $x=1,y=0$ 或 $x=0,y=1$ 两组非负整数解;

④ 若 $D<-1$,则方程(1)只有一组非负整数解 $x=1,y=0$.

当 D 为完全平方数时,(1)显然无正整数解.

综上可知,只讨论 D 为正整数,且不为完全平方数的情况即可.基本解的定义与性质:

(1)定义:如果方程(1)的正整数解 (x_0,y_0) 且是方程(1)的所有解中,使 $x_0+\sqrt{D}y_0$ 最小的一组解,则称 (x_0,y_0) 是方程(1)的基本解.

(2)性质:设 (x_0,y_0) 是方程(1)的最小解,则对于方程(1)的任意一个正整数解 (x,y),都有 $x_0\leqslant x,y_0\leqslant y$.

证明　先证明 $x_0\leqslant x$,若 $x_0>x$,则由 $x_0^2=Dy_0^2+1,x^2=Dy^2+1$,可得 $Dy_0^2+1>Dy^2+1$,即 $y_0>y$,于是 $x+y\sqrt{D}>x_0+y_0\sqrt{D}$,这与 (x_0,y_0) 是最小解矛盾,同理可证 $y_0\leqslant y$.

方程 $x^2 - Dy^2 = 1(D > 0$ 且不是完全平方数) 的通解：

二元二次不定方程 $x^2 - Dy^2 = 1(D$ 是非完全平方数的正整数) 的整数解为 $x + \sqrt{D}y = \pm(x_0 + \sqrt{D}y_0)^n$，其中 (x_0, y_0) 是最小解，n 是整数. 进一步，如果 x_1, y_1 是整数，则由上述恒等式知，存在整数 x_n, y_n 使得

$$\begin{cases} (x_1 + \sqrt{D}y_1)^n = x_n + \sqrt{D}y_n, \\ (x_1 - \sqrt{D}y_1)^n = x_n - \sqrt{D}y_n. \end{cases}$$

当 $n \geqslant 2$ 时，

$$\begin{aligned} (x_1 + \sqrt{D}y_1)^n &= (x_1 + \sqrt{D}y_1)(x_1 + \sqrt{D}y_1)^{n-1} \\ &= (x_1 + \sqrt{D}y_1)(x_{n-1} + \sqrt{D}y_{n-1}) = (x_1 x_{n-1} + Dy_1 y_{n-1}) + \sqrt{D}(x_1 y_{n-1} + x_{n-1} y_1), \end{aligned}$$

所以

$$x_n = x_1 x_{n-1} + Dy_1 y_{n-1}, y_n = x_1 y_{n-1} + x_{n-1} y_1.$$

易得第 Ⅰ 型佩尔方程的解为 $\begin{cases} x_n = \dfrac{1}{2}[(x_0 + \sqrt{D}y_0)^n + (x_0 - \sqrt{D}y_0)^n], \\ y_n = \dfrac{1}{2\sqrt{D}}[(x_0 + \sqrt{D}y_0)^n - (x_0 - \sqrt{D}y_0)^n]. \end{cases}$

对于第 Ⅱ 类佩尔方程 $x^2 - Dy^2 = -1(D > 0)$，若其有一组解 (x, y)，则方程有无数组解，其解的通式为

$$\begin{cases} x_{2n-1} = \dfrac{1}{2}[(x_1 + \sqrt{D}y_1)^{2n-1} + (x_1 - \sqrt{D}y_1)^{2n-1}], \\ y_{2n-1} = \dfrac{1}{2\sqrt{D}}[(x_1 + \sqrt{D}y_1)^{2n-1} - (x_1 - \sqrt{D}y_1)^{2n-1}]. \end{cases}$$

◎ 二、例题讲解

例题 1 设 x, y, u, v 为正整数，求满足 $\sqrt{xy} + \sqrt{uv}$ 为有理数，且 $\left| \dfrac{x}{9} - \dfrac{y}{4} \right| = \left| \dfrac{u}{3} - \dfrac{v}{12} \right| = uv - xy$ 的全部正整数组 (x, y, u, v).

方法讲解 显然，当 $x : y = 9 : 4; u : v = 1 : 4$ 时，xy, uv 都是完全平方数，即 $\sqrt{xy} + \sqrt{uv}$ 为有理数，所以正整数组 $(x, y, u, v) = (9k, 4k, 3k, 12k), k \in \mathbf{N}^*$ 满足条件.

下面证明：当 $uv - xy > 0$ 时，uv, xy 不能均为完全平方数.

若 uv, xy 均为完全平方数，则 $36uv, 36xy$ 均为完全平方数.

由 $\left| \dfrac{x}{9} - \dfrac{y}{4} \right| = \left| \dfrac{u}{3} - \dfrac{v}{12} \right| = uv - xy$ 得 $|4x - 9y| = |12u - 3v| = 36uv - 36xy$.

令 $36xy = 4x \cdot 9y = a^2, 36uv = 12u \cdot 3v = c^2 (a, c \in \mathbf{N}^*)$，

令 $b = \dfrac{4x + 9y}{2}, d = \dfrac{12u + 3v}{2}, S = \dfrac{|4x - 9y|}{2} = \dfrac{|12u - 3v|}{2}$，可知 $b, d \in \mathbf{N}^*$，

显然 $b^2 - a^2 = \left(\dfrac{4x + 9y}{2} \right)^2 - 36xy = S^2$.

同理 $d^2 - c^2 = S^2$，即 $S^2 = b^2 - a^2 = d^2 - c^2$.

又 $2S = c^2 - a^2 = d^2 - b^2$，

由于 $d^2 - b^2$ 为偶数 $\Rightarrow d, b$ 同奇偶，即 $b \leqslant d - 2 \Rightarrow 2S \geqslant d^2 - (d-2)^2 \Rightarrow d \leqslant \dfrac{S}{2} + 1$.

另外,$d^2 = c^2 + S^2 > S^2$,即 $S^2 < d^2 \leqslant (\frac{S}{2}+1)^2 \Rightarrow 3S^2 < 4S + 4 \Rightarrow S < 2$,即 $S = 1$,

即 $b^2 - a^2 = 1 \Rightarrow (b-a)(b+a) = 1 \Rightarrow \begin{cases} b-a = 1, \\ b+a = 1 \end{cases}$ 或 $\begin{cases} b-a = -1, \\ b+a = -1, \end{cases}$ 矛盾.

所以 uv, xy 不可能都是完全平方数.

例题 2 求所有的三元正整数数组 (x,y,z),使得 y 为质数,且 3 和 y 都不是 z 的约数,并满足 $x^3 - y^3 = z^2$.

方法讲解 由原方程变形得 $z^2 = (x-y)(x^2+xy+y^2)$. 设

$$(x-y, x^2+xy+y^2) = (x-y, (x-y)^2 + 3xy) = (x-y, 3xy) = (x-y, 3y^2) = d,$$

则 $d \mid 3y^2$. 由 y 为质数及 3 与 y 都不是 z 的约数,结合方程可知 $d = 1$,于是 $x-y, x^2+xy+y^2$ 都是完全平方数.

设 $x - y = u^2, x^2+xy+y^2 = v^2$,这里 $u, v \in \mathbf{N}^*$. 对方程 $x^2+xy+y^2 = v^2$ 两边乘以 4,移项并因式分解得

$$(2v - 2x - y)(2v + 2x + y) = 3y^2.$$

注意到 y 为质数,并且 $2v + 2x + y \in \mathbf{N}^*$,以及 $2v - 2x - y < 2v + 2x + y$,可知只能是

$$\begin{cases} 2v - 2x - y = 1 \text{ 或 } y \text{ 或 } 3; \\ 2v + 2x + y = 3y^2 \text{ 或 } 3y \text{ 或 } y^2. \end{cases}$$

对第 1 种情形,应有 $3y^2 - 1 = 2(2x + y) = 4u^2 + 6y$,于是 $u^2 + 1 \equiv 0 \pmod 3$,但 $u^2 \equiv 0$ 或 $1 \pmod 3$,此时无解;

对第 2 种情形,应有 $2y = 4x + 2y$,导致 $x = 0$,亦无解;

对第 3 种情形可知 $y^2 - 3 = 4u^2 + 6y$,即 $(y - 2u - 3)(y + 2u - 3) = 12$,解得 $(y, u) = (7, 1)$,进而 $(x, z) = (8, 13)$.

原方程满足条件的解为 $(x, y, z) = (8, 7, 13)$.

注 在此例中,先对方程一边进行因式分解,另一边是一个完全平方数,然后证明两个因式互质,从而使问题迎刃而解.

例题 3 求一切满足 $x^2 + xy + y^2 = \left(\dfrac{x+y}{3} + 1\right)^3$ 的整数 x, y 的值.

方法讲解 设 $a = x + y, b = x - y$,则 a, b 同奇偶,原方程化为

$$\frac{1}{4}\left[(a+b)^2 + (a+b)(a-b) + (a-b)^2\right] = \left(\frac{a}{3} + 1\right)^3,$$

化简得

$$3a^2 + b^2 = 4\left(\frac{a}{3} + 1\right)^3 \quad ①.$$

由 a, b 同奇偶得 $4 \mid 3a^2 + b^2$,于是 $\left(\dfrac{a}{3} + 1\right)^3 \in \mathbf{N}$,所以 $\dfrac{a}{3} + 1 \in \mathbf{N}$,所以 $3 \mid a$.

令 $a = 3c(c \in \mathbf{Z})$,则 ① 化为 $b^2 = (c-2)^2(4c+1)$.

令 $4c + 1 = (2n+1)^2 (n \in \mathbf{Z})$,解得 $c = n(n+1)$,进一步解得

$$b = (c-2)(2n+1) = (n^2 + n - 2)(2n+1), a = 3n^2 + 3n.$$

解得

$$x = n^3 + 3n^2 - 1, y = -n^3 + 3n + 1 (\text{或它们交换}).$$

注 涉及交叉项 xy 的方程,令 $a = x + y, b = x - y$ 是一种处理技巧.

例题 4 在 $1 \sim 100$ 的 100 个整数中,任意选取 3 个互不相同的数组成有序三元数 (x,y,z).求满足方程 $x+y=3z+10$ 的 (x,y,z) 的个数.

方法讲解 ① 当 $3z+10 \leqslant 101$,即 $z \leqslant 30$ 时,满足 $x+y=3z+10$ 的 (x,y,z) 的个数是

$$S = \sum_{k=1}^{30}(3k+9) = 1665.$$

② 当 $3z+10 \geqslant 102$,即 $31 \leqslant z \leqslant 63$ 时,满足 $x+y=3z+10$ 的 (x,y,z) 个数是

$$T = \sum_{k=31}^{63}(191-3k) = \sum_{k=1}^{33}[191-3(k+30)] = 1650.$$

再来考虑 x,y,z 有相等的情况:首先 x,y,z 不可能都相等.

③ 当 $x=y$ 时,满足 $x+y=3z+10$ 的 (x,y,z) 的个数是 $A=31$.

④ 当 $x=z$ 时,满足 $x+y=3z+10$ 的 (x,y,z) 的个数是 $B=45$.

⑤ 当 $y=z$ 时,满足 $x+y=3z+10$ 的 (x,y,z) 的个数是 $C=45$.

综上所述,题目所求的 (x,y,z) 个数是 $S+T-A-B-C=3194$.

例题 5 某人掷硬币,得正面记 a 分,得背面记 b 分($a>b,a,b \in \mathbf{N}^*$),并将每次得分进行统计.不论如何,恰有 35 个分值总是记录不到,例如 58 就记录不到.试确定 a,b 的值.

方法讲解 (1) 易知 $(a,b)=1$,否则 $(a,b)=ax+by$,即不是 (a,b) 倍数的数都记录不到,因此记录不到的分值有无数个,与题设矛盾.所以 $(a,b)=1$.

(2) 当 $n \geqslant ab$ 时,考虑整数 $n,n-a,n-2a,\cdots,n-a(b-1)$,它们两两 $\bmod b$ 不同余,否则,

$$n-ia \equiv n-ja(\bmod b)(0 \leqslant i \neq j \leqslant b-1) \Rightarrow b \mid a(j-i) \Rightarrow b \mid j-i,$$

矛盾.因此,存在 $n-ia \equiv 0(\bmod b) \Rightarrow n=ia+jb$,即 $n \geqslant ab$ 的整数都能记录到.

(3) 下面讨论当 $n \leqslant ab-1$ 时,$ax+by=n$ ① 的全部解,分数讨论如下:

当 $x=0$ 时,方程 ① 解的个数为 $\left[\dfrac{n}{b}\right]=\left[\dfrac{ab-1}{b}\right]$;

当 $x=1$ 时,方程 ① 解的个数为 $\left[\dfrac{n-a}{b}\right]=\left[\dfrac{ab-1-a}{b}\right]$;

当 $x=2$ 时,方程 ① 解的个数为 $\left[\dfrac{n-2a}{b}\right]=\left[\dfrac{ab-1-2a}{b}\right]$;

$\cdots$

当 $x=b-1$ 时,方程 ① 解的个数为 $\left[\dfrac{n-a(b-1)}{b}\right]=\left[\dfrac{ab-1-a(b-1)}{b}\right]$;

当 $y=0$ 时,方程 ① 解的个数为 $\left[\dfrac{ab-1}{a}\right]$.

显然,$\left[\dfrac{ai-1}{b}\right]=\left[\dfrac{ai}{b}\right]$,否则,存在正整数 l,使得 $\dfrac{ai-1}{b}<l \leqslant \dfrac{ai}{b} \Rightarrow ai-1<bl \leqslant ai$,矛盾.

所以 $n \leqslant ab-1$,方程组 ① 解的个数

$$\left[\frac{ab-1}{b}\right]+\left[\frac{ab-1}{a}\right]+\sum_{i=1}^{b-1}\left[\frac{a(b-i)-1}{b}\right]=(a-1)+(b-a)+\sum_{i=1}^{b-1}\left[\frac{ai-1}{b}\right]$$

$$=(a-1)+(b-1)+\sum_{i=1}^{b-1}\left[\frac{ai}{b}\right]=(a-1)+(b-1)+\frac{(a-1)(b-1)}{2}.$$

所以取不到的值的个数为 $ab-1-(a-1)-(b-1)-\dfrac{(a-1)(b-1)}{2}=\dfrac{(a-1)(b-1)}{2}$.

令 $35=\dfrac{1}{2}(a-1)(b-1)$,得 $(a-1)(b-1)=70=1 \times 70=2 \times 35=5 \times 14=7 \times 10$.

因为 $a>b,(a,b)=1$,解得 $a=71,b=2;a=11,b=8$.

当 $a=71,b=2\Rightarrow71\times0+2\times29=58$,矛盾.

所以 $a=11,b=8$.

例题 6 设 p,q,r 为质数,n 为正整数,且 $p^n+q^n=r^2$,求 n 的值.

方法讲解 由奇偶性可知 p,q,r 之一为 2,当 $r=2$ 时,$p=2,q=2,n=1$.

若 $n>1,p,q$ 之一为 2,不妨设 $q=2$.

当 n 为大于 1 的奇数时,$r^2=(p+q)(p^{n-1}-p^{n-2}q+p^{n-3}q^2-p^{n-4}q^3+\cdots+p^2q^{n-3}-pq^{n-2}+q^{n-1})$.

而 $p^{n-1}-p^{n-2}q+p^{n-3}q^2-p^{n-4}q^3+\cdots+p^2q^{n-3}-pq^{n-2}+q^{n-1}>1$.

由于 r 为质数,所以 $r=p+q=p^{n-1}-p^{n-2}q+p^{n-3}q^2-p^{n-4}q^3+\cdots+p^2q^{n-3}-pq^{n-2}+q^{n-1}$,

即有 $p^n+2^n=(p+2)^2$,当 $n\geqslant3$ 时,$p^n+2^n\geqslant p^3+2^3>(p+2)^2$,矛盾.

当 n 为大于 1 的偶数时,令 $n=2k$,则 $p^{2k}+2^{2k}=r^2$,显然 $p^k,2^k,r$ 为一组勾股数,则存在正整数 a,b 使得 $p^k=a^2-b^2,2^k=2ab$,于是 $a=2^{k-1},b=1$,那么 $p^k=4^{k-1}-1<4^k$,所以 $p=3$.

所以 $3^k=4^{k-1}-1$,当 $k=1,2,3,4,5$ 时,无正整数解;当 $k\geqslant6$ 时,$3^k<4^{k-1}-1$,所以此时无正整数解.

综上,$n=1$.

例题 7 证明:方程 $x(z^2-y^2)=z(x^2+y^2)$ 无正整数解 (x,y,z).

方法讲解 假设原方程有正整数解,将原方程变形为 $xz^2-(x^2+y^2)z-xy^2=0$,

则判别式 $\Delta=(x^2+y^2)^2+(2xy)^2$ 为完全平方数.

设 $a=x^2+y^2,b=2xy$,则 $a>b$,且 $a^2-b^2=(x^2-y^2)^2$ 为完全平方数.

于是,a^4-b^4 也为完全平方数.假设 (a,b,c) 是 $a^4-b^4=c^2$ 的所有正整数解中满足 a 最小的一组解.

若 $(a,b)=d>1$,设 $a=da_1,b=db_1$,于是 $d^2\mid c$.

设 $c=d^2c_1$,则 $a_1^4-b_1^4=c_1^2$ 也成立,且 $a_1<a$,与 a 的最小性矛盾.因此 $d=1$.

若 c 为偶数,则 a 与 b 同为奇数,且 $(a^2+b^2,a^2-b^2)=2$.于是 $\left(\dfrac{a^2+b^2}{2}\right)\left(\dfrac{a^2-b^2}{2}\right)=\left(\dfrac{c}{2}\right)^2$.

而 $\left(\dfrac{a^2+b^2}{2},\dfrac{a^2-b^2}{2}\right)=1$,故 $\dfrac{a^2+b^2}{2}$ 与 $\dfrac{a^2-b^2}{2}$ 均为完全平方数.

设 $e=\sqrt{\dfrac{a^2+b^2}{2}},f=\sqrt{\dfrac{a^2-b^2}{2}}$,则 $e^4-f^4=(ab)^2$.

又 $a>b$,所以 $e=\sqrt{\dfrac{a^2+b^2}{2}}<a$,矛盾.

若 c 为奇数,则 $c^2\equiv1(\mathrm{mod}4)$.于是,$a$ 为奇数,b 为偶数.

因为 $(a^2)^2=(b^2)^2+c^2$ 为勾股方程,所以 $a^2=r^2+s^2,b^2=2rs,c=r^2-s^2$.

其中,正整数 r,s 满足 $(r,s)=1$,且不妨设 r 为偶数,s 为奇数.

注意到,$\left(\dfrac{r}{2},s\right)=1$.故 $\dfrac{r}{2}$ 与 s 均为完全平方数.

设 $\dfrac{r}{2}=u^2,s=v^2$,其中,正整数 u,v 满足 $(u,v)=1$.

又 $a^2=(2u^2)^2+(v^2)^2$ 为勾股方程,则 $a=m^2+n^2,2u^2=2mn,v^2=m^2-n^2$,

其中,正整数 m,n 满足 $(m,n)=1$.

于是,m,n 均为完全平方数.设 $m=p^2,n=q^2$,则 $p^4-q^4=v^2$.

而 $p=\sqrt{m}\leqslant m^2<m^2+n^2=a$,矛盾.

综上,原方程无正整数解.

例题 8 证明：$x - \dfrac{1}{x} + y - \dfrac{1}{y} = 4$ 无有理数解.

方法讲解 假设存在有理数解 (x, y)，则 $\left(-\dfrac{1}{x}, y\right), \left(x, -\dfrac{1}{y}\right), \left(-\dfrac{1}{x}, -\dfrac{1}{y}\right)$ 都是其解.

假设 $x > 0, y > 0$，令 $xy = u$，解得 $x + y = \dfrac{4u}{u-1}(u > 0, u \neq 1)$.

方程 $t^2 - \dfrac{4u}{u-1}t + u = 0$ 有有理数解，则 $\Delta = \dfrac{(4u)^2}{(u-1)^2} - 4u = \dfrac{4[4u^2 - (u-1)^2 u]}{(u-1)^2}$ 为有理数完全

平方数，

即 $4u^2 - (u-1)^2 u = u(6u - u^2 - 1)$ 为有理数完全平方数.

令 $u = \dfrac{p}{q}, (p, q) = 1$，则 $u(6u - u^2 - 1) = \dfrac{pq(6pq - p^2 - q^2)}{q^4}, p \neq q$，即 $pq(6pq - p^2 - q^2)$ 为完

全平方数.

由于 $(p, 6pq - p^2 - q^2) = (q, 6pq - p^2 - q^2) = 1$，

存在 $s, t \in \mathbf{Z}^+$ 使 $p = s^2, q = t^2(s \neq t, (s, t) = 1), w^2 = 6pq - p^2 - q^2$.

若 p, q 一奇一偶，则 $w^2 \equiv 1 (\bmod 4)$. 又 $6pq - p^2 - q^2 \equiv -1 (\bmod 4)$，矛盾，故 p, q 都为奇数，

即 $w^2 = 6s^2 t^2 - s^4 - t^4 = (2st)^2 - (s^2 - t^2)^2$ ①.

设 w 为 ① 的最小解，由 ① 得 $\left(\dfrac{w}{2}\right)^2 = (st)^2 - \left(\dfrac{s^2 - t^2}{2}\right)^2$，即 $\left(\dfrac{w}{2}\right)^2 + \left(\dfrac{s^2 - t^2}{2}\right)^2 = (st)^2$，

$s^2 - t^2 \equiv 0 (\bmod 4), \left(st, \dfrac{s^2 - t^2}{2}\right) = 1$，故存在 $m, n, (m, n) = 1, 2 \mid m$，使得 $\begin{cases} \dfrac{w}{2} = m^2 - n^2, \\ st = m^2 + n^2, \\ \dfrac{s^2 - t^2}{2} = 2mn. \end{cases}$

由 $(s - t)(s + t) = 4mn$，以及 $(s - t, s + t) = 2$.

令 $s + t = 2AB, s - t = 2CD, m = AC, n = BD$（$C$ 为偶数，A, B, D 为奇数），A, B, C, D 两两互质.

由 $st = m^2 + n^2$ 得 $(AB + CD)(AB - CD) = (AC)^2 + (BD)^2 \Rightarrow 2(AB)^2 = (A^2 + D^2)(B^2 + C^2)$.

由 $(A^2, A^2 + D^2) = 1, (B^2 + C^2, B^2) = 1 \Rightarrow A^2 + D^2 = 2B^2, B^2 + C^2 = A^2$，即存在 a, b 使 $A = a^2 + b^2, B = a^2 - b^2, C = 2ab$，

$(a, b) = 1 \Rightarrow 2B^2 = A^2 + D^2 \Rightarrow 2(a^2 - b^2)^2 = (a^2 + b^2)^2 + D^2$

$\Rightarrow (2D)^2 = 6(a + b)^2 (a - b)^2 - (a + b)^4 - (a - b)^4$.

而 $a + b + a - b = 2a < 2B(a^2 + b^2) = 2BA = s + t$，矛盾. 证毕.

例题 9 证明：存在无数个正整数 n 使得 $(n^2 + 1) \mid n!$.

方法讲解 方法一：令 $n^2 + 1 = 5y^2$，显然，这是一个佩尔方程，$(2, 1)$ 为其一组解.

又 $y \neq 5, 2y = 2\sqrt{\dfrac{n^2 + 1}{5}} < n$，

显然 $5, y, 2y$ 互不相同，且都小于 n，而佩尔方程有无数组解，所以命题成立.

方法二：在恒等式 $4x^4 + 1 = (2x^2 + 2x + 1)(2x^2 - 2x + 1)$ 中，令 $x = 5k + 1(k \in \mathbf{N}^*)$，得

$$(50k^2 + 20k + 2)^2 + 1 = 5(10k^2 + 6k + 1)(50k^2 + 10k + 1).$$

又 $5 < 10k^2 + 6k + 1 < 50k^2 + 10k + 1 < 50k^2 + 20k + 2$，

所以 $(50k^2 + 20k + 2)^2 + 1 \mid (50k^2 + 20k + 2)!(k \in \mathbf{N}^*)$ 恒成立，所以欲证成立.

例题 10 是否存在无数个有理数 a，使得 $\sqrt{2 + a\sqrt{2}}$ 能改写成 $b + c\sqrt{2}(b, c$ 均为有理数) 的形式？

方法讲解 令 $\sqrt{2 + a\sqrt{2}} = b + c\sqrt{2}(a, b, c$ 都是有理数)，两边平方得 $2 + a\sqrt{2} = b^2 + 2c^2 + 2bc\sqrt{2}$.

由于 $\sqrt{2}$ 为无理数，所以 $\begin{cases} b^2 + 2c^2 = 2, \\ 2bc = a. \end{cases}$ 显然 $|c| \leqslant 1$.

将 $b = \dfrac{a}{2c}$ 代入 $b^2 + 2c^2 = 2$ 得 $\dfrac{a^2}{4c^2} + 2c^2 = 2 \Rightarrow a^2 = 2(1-c^2)(2c)^2$，即 $a = \pm 2|c| \sqrt{2(1-c^2)}$.

令 $c = \dfrac{n}{m}$（m, n 为既约整数，且 $m > 0, m \geqslant n$），则 $\sqrt{2(1-c^2)} = \dfrac{1}{m} \sqrt{2(m^2 - n^2)}$.

令 $2(m^2 - n^2) = l^2, l = 2h \Rightarrow m^2 - n^2 = 2h^2 \Rightarrow m^2 - 2h^2 = n^2$.

再令 $n = 1$，即 $m^2 - 2h^2 = 1$，其有解 $(3, 2)$，

所以其全部解满足 $m_k + h_k \sqrt{2} = (3 + 2\sqrt{2})^k$（$k = 1, 2, 3, \cdots$），

$$\begin{cases} m_k = \dfrac{1}{2}\left[(3 + 2\sqrt{2})^k + (3 - 2\sqrt{2})^k\right], \\ h_k = \dfrac{1}{2\sqrt{2}}\left[(3 + 2\sqrt{2})^k - (3 - 2\sqrt{2})^k\right], \end{cases} k = 1, 2, 3, \cdots.$$

所以满足条件要求的有理数 a 有无数个.

例题 11 证明：存在无数个正整数 n，使得 $[\sqrt{n}] + \left[\sqrt{\dfrac{n}{3}}\right] \mid n$.

方法讲解 令 $3y^2 = x^2 + 2$，构造集合 $S = \{x_0^2 + 2, x_0^2 + 3, \cdots, x_0^2 + 2x_0\}$.

由 $x_0^2 = 3y_0^2 - 2$ 得 $x_0 > y_0$，$|S| = 2x_0 - 1 = x_0 + x_0 - 1 \geqslant x_0 + y_0$（$x_0 \geqslant y_0 + 1$）.

由抽屉原理，存在 x_0, y_0 使 $x_0 + y_0 \mid n_0$，其中 $x_0^2 + 2 \leqslant n_0 \leqslant x_0^2 + 2x_0$，

显然 $[\sqrt{n_0}] = x_0$，现在希望 $\left[\sqrt{\dfrac{n_0}{3}}\right] = y_0$，下证 $y_0 \leqslant \sqrt{\dfrac{n_0}{3}} < y_0 + 1$.

因为 $\sqrt{\dfrac{n_0}{3}} \geqslant \sqrt{\dfrac{x_0^2 + 2}{3}} = \sqrt{\dfrac{3y_0^2}{3}} = \sqrt{y_0^2} = y_0$，

下证 $\sqrt{\dfrac{n_0}{3}} < y_0 + 1 \Leftarrow \dfrac{n_0}{3} \leqslant \dfrac{x_0^2 + 2x_0}{3} < (y_0 + 1)^2 \Leftarrow \begin{cases} x_0^2 + 2x_0 < 3y_0^2 + 6y_0 + 3, \\ x_0^2 + 2 = 3y_0^2 \end{cases}$

$\Leftarrow 2x_0 < 6y_0 + 5 \Leftarrow x_0 < 3y_0 + \dfrac{5}{2}$，

而 $x_0 = \sqrt{3y_0^2 - 2} \Leftarrow \sqrt{3y_0^2 - 2} < 3y_0 + \dfrac{5}{2} \Leftarrow 3y_0^2 - 2 < 9y_0^2 + 15y_0 + \dfrac{25}{4}$，成立.

所以，对每个正整数 x_0 存在正整数 n，即存在无数个正整数 n，使得 $[\sqrt{n}] + \left[\sqrt{\dfrac{n}{3}}\right] \mid n$.

例题 12 设 $m, n, p \in \mathbf{N}^*$，且 $m + n + p - 2\sqrt{mnp} = 1$. 证明：$m, n, p$ 中至少有一个为完全平方数.

方法讲解 由 $m + n + p - 2\sqrt{mnp} = 1$ 得 $(m + n + p - 1)^2 = 4mnp$，$m = n = 2, p = 1$ 符合要求.

令 $a = 2m - 1, b = 2n - 1, c = 2p - 1$，则有

$(a + b + c + 1)^2 = 2(a+1)(b+1)(c+1)$

$\Rightarrow a^2 + b^2 + c^2 - 2abc = 1$

$\Rightarrow a^2b^2 - a^2 - b^2 + 1 = a^2b^2 - 2abc + c^2$ 或 $b^2c^2 - b^2 - c^2 + 1 = b^2c^2 - 2abc + a^2$

$\Rightarrow (a^2 - 1)(b^2 - 1) = (ab - c)^2$ 或 $(b^2 - 1)(c^2 - 1) = (bc - a)^2$.

因为 $a^2 - 1 = (2m - 1)^2 - 1 = 4m^2 - 4m = 4m(m - 1)$，所以 $(2m - 2)^2 < a^2 - 1 < (2m - 1)^2$，

所以 $a^2 - 1$ 不是完全平方数. 同理 $b^2 - 1, c^2 - 1$ 也不是完全平方数.

所以存在非负正整数 d, u, v 满足 $\sqrt{d} \notin \mathbf{Z}, \begin{cases} a^2 - 1 = du^2, \\ b^2 - 1 = dv^2, \\ c^2 - 1 = dw^2, \end{cases}$ 且 $|ab - c| = duv, |bc - a| = dvw.$

令 x_1, y_1 为佩尔方程 $x^2 - dy^2 = 1$ 的基本解，

令 $s = x_1 + \sqrt{d}y_1$，得方程的所有解 $(x_k, y_k)(k \geqslant 0)$ 为 $\begin{cases} x_k = \dfrac{1}{2}\left(s^k + \dfrac{1}{s^k}\right), \\ y_k = \dfrac{1}{2\sqrt{d}}\left(s^k - \dfrac{1}{s^k}\right). \end{cases}$

$a = \dfrac{1}{2}\left(s^{k_1} + \dfrac{1}{s^{k_1}}\right), b = \dfrac{1}{2}\left(s^{k_2} + \dfrac{1}{s^{k_2}}\right), c = \dfrac{1}{2}\left(s^{k_3} + \dfrac{1}{s^{k_3}}\right)(k_1, k_2, k_3$ 为正整数$)$.

假设 $m \geqslant n \geqslant p$，则 $k_1 \geqslant k_2 \geqslant k_3$，且 $ab - c = duv$.

$$c = ab - duv = \frac{1}{4}\left(s^{k_1} + \frac{1}{s^{k_1}}\right)\left(s^{k_2} + \frac{1}{s^{k_2}}\right) - \frac{1}{4}\left(s^{k_1} - \frac{1}{s^{k_1}}\right)\left(s^{k_2} - \frac{1}{s^{k_2}}\right) = \frac{1}{2}\left(s^{k_1 - k_2} + \frac{1}{s^{k_1 - k_2}}\right),$$

即 $k_3 = k_1 - k_2$. 所以 k_1, k_2, k_3 中有一个数为偶数，不妨设 k_1 为偶数，$m = \dfrac{a+1}{2} = \left[\dfrac{1}{2}\left(s^{\frac{k_1}{2}} + \dfrac{1}{s^{\frac{k_1}{2}}}\right)\right]^2$.

故 m 为完全平方数.

例题 13 求不定方程 $5^x + 1 = 16^y + 2 \times 5^z$ 的正整数解.

方法讲解 将原方程变形为 $5^x - 2 \times 5^z = 16^y - 1$，若方程有正整数解，则 $x > z$.

原方程两边 mod3 得 $(-1)^x - (-1)^{z+1} \equiv 0 \pmod 3 \Rightarrow x \equiv z + 1 \pmod 2$；

原方程两边 mod8 得 $5^x \equiv 2 \times 5^z - 1 \pmod 8 \equiv 1 \pmod 8$（因为 $5^z \equiv 5$ 或 $1 \pmod 8$）.

所以 x 为偶数，即 z 为奇数.

若 $z = 1$，则 $5^x = 16^y + 9$. 设 $x = 2m$，则 $(5^m - 3)(5^m + 3) = 16^y$，

又 $(5^m - 3, 5^m + 3) = (5^m - 3, 6) = 2$，令 $5^m - 3 = 2, 5^m + 3 = 2^{4y-1}$，得 $m = 1, y = 1$.

若 $z > 1$，则由 $5^x - 2 \times 5^z = 16^y - 1$，及 $5^3 \mid 5^x - 2 \times 5^z$ 得 $5^3 \mid 16^y - 1 \Rightarrow 5 \mid y$（因为 16 模 125 的阶为 5）.

令 $5^k \mid y \Rightarrow 16^{5^k} - 1 \mid 16^y - 1$，而 $16^{5^k} - 1 \equiv (5^5)^k - 1 \equiv 0 \pmod{11} \Rightarrow 11 \mid 5^z(5^{x-z} - 2) \Rightarrow 11 \mid 5^{x-z} - 2$，但对 $m \in \mathbf{N}^*, 5^n \equiv 5, 3, 4, 9, 1 \pmod{11}$，矛盾.

所以原方程无正整数解.

注 解决指数型方程，除了选择合适的模外，常常还需要借助阶找到指数的因数.

例题 14 若 $3^p + 2 \times 3^q = 2^{p+q+1} - 1$，求正整数 p, q 的值.

方法讲解 当 $p = 1$，即 $3^q = 2^{q+1} - 2(q \geqslant 2)$ 时，两边模 8 得 $3^q \equiv -3 \pmod 8$，矛盾，方程无解.

当 $p = 2$ 时，$5 + 3^q = 2^{q+2} \Rightarrow q = 1$ 或 $q = 3$.

当 $q \geqslant 4$ 时，$3^q = 9^{\frac{q}{2}} > 8^{\frac{q}{2}} = 2^{\frac{3q}{2}} \geqslant 2^{q+2}\left(\dfrac{3q}{2} \geqslant q + 2 \Leftrightarrow 3q \geqslant 2q + 4 \Leftrightarrow q \geqslant 4\right)$，方程无解.

当 $p = 3$ 时，$14 + 3^q = 2^{q+3}$，两边模 8 得出矛盾，原方程无正整数解.

当 $p = 4$ 时，$41 + 3^q = 2^{q+4}$，两边模 8 得出矛盾，原方程无正整数解.

当 $p = 5$ 时，$122 + 3^q = 2^{q+5}$，两边模 8 得出矛盾，原方程无正整数解.

设 $p \geqslant 6$，令 $n = p + q \geqslant 7$，得

$$3^p < 3^p + 2 \times 3^q = 2^{p+q+1} - 1 < 2^{n+1} = 8^{\frac{n+1}{3}} < 9^{\frac{n+1}{3}} = 3^{\frac{2(n+1)}{3}}，即 p < \frac{2(n+1)}{3}，$$

同理，$2 \times 3^q < 2^{n+1} = 2 \times 8^{\frac{n}{3}} < 2 \times 3^{\frac{2n}{3}}$，即 $q < \dfrac{2n}{3} < \dfrac{2(n+1)}{3}$，

所以 $p, q > n - \dfrac{2(n+1)}{3} = \dfrac{n-2}{3}$，即 $p, q \geqslant 2$，

记 $h = \min\{p, q\}$，则 $3^h \mid 2^{n+1} - 1, h \geqslant 2$，因为 $\delta_9(2) = 6(\delta_9(2)$ 表示 2 模 9 的阶$)$. 令 $n + 1 = 6k$，则

$$2^{n+1} - 1 = 2^{6k} - 1 = (4^k)^3 - 1 = (4^k - 1)(4^{2k} + 4^k + 1) = (2^k - 1)(2^k + 1)(4^{2k} + 4^k + 1).$$

因为 $(2^k-1, 2^k+1) = (2^k-1, 2) = 1, 4^{2k}+4^k+1 = (4^k-1)^2+3\times4^k \equiv 0 \pmod 3$,

又 $4^{2k}+4^k+1 = (4^k-1)^2+3\times4^k \not\equiv 0 \pmod 9$,所以 $3^{h-1} \mid 2^k-1$,或 $3^{h-1} \mid 2^k+1$,

所以 $3^{h-1} \leqslant 2^k+1 \leqslant 3^k = 3^{\frac{n+1}{6}} \Rightarrow \frac{n+2}{3}-1 \leqslant h-1 \leqslant \frac{n+1}{6}$,故 $6 \leqslant n \leqslant 11$,与 $6 \mid n+1$ 矛盾.

所以,原方程的解为 $p=2, q=1$ 或 $p=2, q=3$.

例题 15 求满足条件 $3^a-5^b=2$ 的正整数 a, b.

方法讲解 $(a,b)=(1,0), (a,b)=(3,2)$.

如果 $a \leqslant 3$,或者 $b \leqslant 2$,则满足条件的解为 $(a,b)=(1,0), (a,b)=(3,2)$.

假设 $a \geqslant 4, b \geqslant 3$,原方程变形为 $3^3(3^{a-3}-1) = 5^2(5^{b-2}-1)$.

令 $x=a-3, y=b-2 (x,y>0)$,原方程化为 $3^3(3^x-1) = 5^2(5^y-1)$.

显然,满足 $3^n \equiv 1 \pmod{25}$ 的 n 的最小值 $n=20$,所以 $20 \mid x$.

同理,$18 \mid y$,这是因为满足 $5^n \equiv 1 \pmod{27}$ 的最小值 $n=18$.

由费马小定理得 $19 \mid 5^y-1$.进一步,使得 $3^x \equiv 1 \pmod{19}$ 成立的最小 x 的值为 18,所以 $180 \mid x$.

由于 $10 \mid x$,于是由费马小定理得 $11 \mid 3^x-1$,因此 $11 \mid 5^y-1$.

而使得 $11 \mid 5^y-1$ 成立的 y 的最小值为 5,所以 $90 \mid y$.

因为 $12 \mid x$,由费马小定理得 $13 \mid 3^x-1$,由此可知 $13 \mid 5^y-1$.

因为 5 模 13 的阶是 4,因此 $4 \mid y$,所以 $180 \mid y$.于是 $12 \mid y$.

因为 $5^{12}-1 = (5^6-1)(5^6+1), 601 \mid 5^6+1 (601 = 5^4-5^2+1)$,

又 601 是一个质数,以及 $601 \mid 5^y-1$,所以 $601 \mid 3^y-1$.

注意到 $\varphi(601) = 600 = 5^2 \times 24$,令 α 为 3 模 601 的阶.

如果 α 不是 25 的倍数,那么 α 就是 120 的一个因数.

因此,如果 601 不整除 $3^{120}-1$,那么 $25 \mid \alpha$,也即 $25 \mid x$.

由于 $3^{120}-1 \equiv 729^{20}-1 \equiv 128^{20}-1 \equiv 2^{140}-1 \pmod{601}$,

如果 $2^{20} \equiv 1 \pmod{601}$,则有 $2^{140} \equiv 1 \pmod{601}$.

因为 7 不是 600 的因子,显然 $2^{20} = 1024^2 \equiv 423^2 \equiv 1 \pmod{601}$.

所以 $25 \mid x$,即 $100 \mid x$.

进一步,$\varphi(125) = 100$,由欧拉定理有 $125 \mid 3^x-1$,

但 $y>0$,125 不整除 $5^2(5^y-1)$,所以 $x=y=0$ 与 $x,y>0$ 矛盾.

所以,这种情形下方程无正整数解.

注 这是一道典型的指数方程试题,解决指数方程的主要方法就是选取合适的模.

例题 16 在正整数范围内解方程 $x^2+y^2+x+y+1 = xyz$.

方法讲解 令 $x=y$,得 $x[x(z-2)-2]=1$,解得 $x=y=1, z=5$.

现假设 $z \neq 5$,由已知得

$0 = x^2+y^2+x+y+1-xyz = (yz-x-1)^2+y^2+(yz-x-1)+y+1-(yz-x-1)yz$,

因此,$(yz-x-1, y, z)$ 为该方程的一组解.

又 $x(yz-x-1) = y^2+y+1 > 0$,所以 $yz-x-1 > 0$.

由对称性,设 $x>y$,即 $x \geqslant y+1$,

则 $x^2 \geqslant (y+1)^2 > y^2+y+1 = x(yz-x-1)$,即 $x > yz-x-1$.

从解 (x,y,z) 出发,可以得一系列解组 $(x_k, y, z)(k \geqslant 1)$,其中 x_k 严格递减.

这是不可能的,因此 $z=5$,即 $x^2+y^2+x+y+1 = 5xy$,可知 x,y 同为奇数.

令 $u = \frac{3x-1}{2}, v = \frac{3y-1}{2}$,则 $u,v \in \mathbf{Z}$,原方程变形为 $u^2-5uv+v^2 = -3$ ①.

显然 $(1,1)$，$(1,4)$ 都是 ① 的解. 设 (u_1,v_1) 是方程另外任意一组解，不妨设 $u_1 > v_1$，

那么 $v_1^2 + (5v_1 - u_1)^2 + 3 = 5v_1(5v_1 - u_1)$，得出 $(v_1, 5v_1 - u_1)$ 也是 ① 的一组解，

由 $(u_1 - v_1)(u_1 - 4v_1) = u_1^2 - 5u_1v_1 + 4v_1^2 = 3v_1^2 - 3 \geqslant 0$ 得 $u_1 \geqslant 4v_1$，从而 $5v_1 - u_1 \leqslant v_1$.

于是，按照上述操作，由 (u_1, v_1) 得 $(u_2, v_2) = (v_1, 5v_1 - u_1)(v_1 \geqslant v_2)$.

重复这种操作得 (u_k, v_k)，其中 $v_1, v_2, v_3, \cdots (v_1 \geqslant v_2 \geqslant v_3 \geqslant \cdots)$ 是非增无穷正整数数列，因而存在某个下标 k_0 使得 $v_k(k \geqslant k_0)$ 全相等，即 $v_{k_0} = 1$，整数组 (u_{k_0}, v_{k_0}) 是方程 ① 的一组解，代入方程得出 $u_{k_0} = 4$ 或 1.

若 $(u_{k_0}, v_{k_0}) = (1,1)$，则按上述操作得到的 $(u_k, v_k)(k \geqslant k_0)$ 全部停留在 $(1,1)$. 因此，从 $(1,1)$ 出发，使用逆向操作，解得 ① 的一组正整数解.

从 $(u_1, v_1) \rightarrow (u_2, v_2) = (5u_1 - v_1, u_1)$ 有 $u_{k+1} = 5u_k - v_k$，$v_{k+1} = u_k$，

得递推公式 $u_{k+1} = 5u_k - u_{k-1}$，$u_0 = 1$，$u_1 = 4$，$v_{k+1} = u_k$，

所以原方程的解 $(x,y,z) = \left(\dfrac{2u_n + 1}{3}, \dfrac{2v_n + 1}{3}, 5\right)$，$\left(\dfrac{2v_n + 1}{3}, \dfrac{2u_n + 1}{3}, 5\right)$.

例题 17 求所有正整数组 (x,y,z)，使得 $x \leqslant y \leqslant z$ 且 $x^3(y^3 + z^3) = 2012(xyz + 2)$.

方法讲解 由题意知 x 整除 $2012 \times 2 = 2^3 \times 503$，若 $503 \mid x$，则 $xyz + 2$ 与 503 互质，得 $503^3 \mid 2012$，矛盾.

因此，只有 $x = 2^k(k = 0,1,2,3)$. 又当 $k \geqslant 2$ 时，$v_2(xyz + 2) = 1$，$v_2(2012(xyz + 2)) = 3$，

而 $v_2(x^3) \geqslant 6$，亦矛盾. 故 $x = 1$ 或 2，分别给出 $y^3 + z^3 = 2012(yz + 2)$ 和 $y^3 + z^3 = 503(yz + 1)$.

此情形下皆有 $y^3 \equiv -z^3 \pmod{503}$，但 y, z 与 503 互质，此时由费马定理得 $y^{502} \equiv z^{502} \equiv 1$.

结合 $y^{501} \equiv -z^{501}$ 得 $y \equiv -z$，即 $503 \mid (y + z)$. 令 $y + z = 503m(m \geqslant 1)$.

① 当 $m(y - z)^2 + (m - 4)yz = 8$ 时，由 $y + z \geqslant 503$ 得 $yz \geqslant 502$，故 $m \leqslant 4$. 因为 $y^3 + z^3$ 为偶数，故 $y + z$ 为偶数，从而 m 为偶数，即 $m = 2$ 或 4. 但当 $m = 4$ 时，$4(y - z)^2 = 8$ 无整数解.

而 $m = 2$ 时化为 $(y + z)^2 - 5yz = 4$，$5yz = 4(503^2 - 1) = 4 \times 502 \times 504$ 亦无整数解.

② 当 $m(y - z)^2 + (m - 1)yz = 1$ 时，同理只有 $m = 1$，$(y - z)^2 = 1$，$z = y + 1$.

结合 $y + z = 503$ 得到 $y = 251$，$z = 252$. 因此只有一组解 $(x,y,z) = (2,251,252)$.

例题 18 给定正整数 k，设 $\sqrt{k(k+1)}$ 的小数部分的二进制表示为 $\overline{(0.a_1 a_2 \cdots)}_2$，证明：对任意正整数 n，$a_{n+1}, a_{n+2}, \cdots, a_{2n+1}$ 中至少有一个数字 1.

解析：我们先证明一个引理：

引理：对任意 $d \in \{-1, -2, \cdots, -k\}$，方程 $x^2 - 4k(k+1)y^2 = d$ 无正整数解.

引理的证明：若存在 $d \in \{-1, -2, \cdots, -k\}$，使得方程 $x^2 - 4k(k+1)y^2 = d$ 存在正整数解. 设 $x_0 + y_0\sqrt{4k(k+1)}$ 为其最小正整数解.

显然 $(2k + 1) + \sqrt{4k(k+1)}$ 为 $x^2 - 4k(k+1)y^2 = 1$ 的基本解，故对任意整数 n，

$$[x_0 + y_0\sqrt{4k(k+1)}] \cdot [(2k+1) + \sqrt{4k(k+1)}]^n$$

仍为原方程的整数解. 特别地，

$$[x_0 + y_0\sqrt{4k(k+1)}] \cdot [(2k+1) + \sqrt{4k(k+1)}]^{-1}$$

$$= [(2k+1)x_0 - 4k(k+1)y_0] + [(2k+1)y_0 - x_0]\sqrt{4k(k+1)}$$

也为原方程的整数解. 又由于 $x^2 - 4k(k+1)y^2 = d$ 无满足 $xy = 0$ 的整数解，故 $|(2k+1)x_0 - 4k(k+1)y_0| + |(2k+1)y_0 - x_0|\sqrt{4k(k+1)}$ 为原方程的正整数解. 而由 $x_0 + y_0\sqrt{4k(k+1)}$ 的最小性，知

$$|(2k+1)x_0 - 4k(k+1)y_0| \geqslant x_0.$$

(1) 若 $(2k+1)x_0 - 4k(k+1)y_0 \geqslant x_0$，则 $x_0 \geqslant 2(k+1)y_0$. 于是 $x_0^2 - 4k(k+1)y_0^2 > 0 > d$，矛盾.

(2) 若 $(2k+1)x_0 - 4k(k+1)y_0 \leqslant -x_0$，则 $x_0 \leqslant 2ky_0$. 于是 $x_0^2 - 4k(k+1)y_0^2 \leqslant -4ky_0^2 \leqslant -4k < d$，仍得

矛盾.

综上所述,引理得证.

回到原题:根据引理知 $4k(k+1)(2^{n-1})^2-\left[2^n\sqrt{k(k+1)}\right]^2\neq 1,2,\cdots,k$,故知

$$2^{2n}k(k+1)-\left[2^n\sqrt{k(k+1)}\right]^2\geqslant k+1\quad ①.$$

若 $a_{n+1},a_{n+2},\cdots,a_{2n+1}$ 均为 0,则

$$2^{n+1}\left\{2^n\sqrt{k(k+1)}\right\}<1$$

$$\Rightarrow 2^{n+1}\cdot\frac{2^{2n}k(k+1)-\left[2^n\sqrt{k(k+1)}\right]^2}{2^n\sqrt{k(k+1)}+\left[2^n\sqrt{k(k+1)}\right]}<1$$

$$\Rightarrow 2^{n+1}\cdot\frac{2^{2n}k(k+1)-\left[2^n\sqrt{k(k+1)}\right]^2}{2^{n+1}\sqrt{k(k+1)}}<1$$

$$\Rightarrow 2^{2n}k(k+1)-\left[2^n\sqrt{k(k+1)}\right]^2<\sqrt{k(k+1)}<k+1.$$

这与 ① 式矛盾.

综上所述,命题得证.

> **注**　根据引理,当 x,y 遍历所有正整数时,$4k(k+1)y^2-x^2$ 所能取到的最小正整数为 $4k$,当 $(x,y)=(2k,1)$ 时,等号成立.

◎ 三、课外训练

1.试求满足方程 $x^2-2xy+126y^2=2009$ 的所有整数对 (x,y).

2.求不定方程 $x_1+x_2+x_3+3x_4+3x_5+5x_6=21$ 的正整数解的组数.

3.在世界杯足球赛前,F 国教练为了考察 $A_1,A_2,A_3,A_4,A_5,A_6,A_7$ 这七名队员,准备让他们在三场训练比赛中都上场(每场 90 分钟).假定在比赛的任何时刻,这些队员中有且仅有一人在场上,且 A_1,A_2,A_3,A_4 每人上场的总时间(以分钟为单位)均能被 7 整除,A_5,A_6,A_7 每人上场的总时间(以分钟为单位)均能被 13 整除.如果每场换人次数有限,那么按每名队员上场的总时间计算,共有多少种不同的情况?

4.证明:方程 $x^4+y^4=z^2$ 没有正整数解.

5.在一所学校运动会的团体操表演时,有这样一个场面:运动员站成了第 1 排 1 人,第 2 排 2 人,第三排 3 人,$\cdots$,第 n 排 n 人的正三角形队形,忽然,又变成了每排 m 人的正方形队形.试问:是不是每个正三角形队形都能变成正方形队形呢?

6.求 m^2+n^2 的最大值,其中 $m,n\in\{1,2,\cdots,2016\}$ 且满足 $(n^2+2mn-2m^2)^2=1$.

7.设 $k\in\mathbf{N},k\geqslant 2$,证明:存在无数个整数 n,使得 $kn+1$ 及 $(k+1)n+1$ 都是完全平方数.

8.(1)证明存在无数个正整数 a,使得 $a+1$ 和 $3a+1$ 都是完全平方数;

(2)若 $a_1,a_2,\cdots,a_n(a_1<a_2<\cdots<a_n)$ 是(1)的全部正整数组成的数列,证明:$a_na_{n+1}+1$ 为平方数.

9.求方程 $2^x-5^y\cdot 7^z=1$ 的所有非负整数解 (x,y,z).

10.解方程 $x^{x+y}=y^{3x}$,其中 $x>1,y>1,x,y\in\mathbf{N}$.

11.求所有的三元正整数组 (a,b,c),使得 $a^2+2^{b+1}=3^c$.

12.证明:如果方程 $x^2+y^2+1=xyz$ 有正整数解 (x,y,z),则必有 $z=3$.

◎ 一、知识要点

（一）十进制数

任何一个正整数，在十进位制中都可用数字唯一地表示为

$$\overline{a_{n-1}a_{n-2}\cdots a_0} = a_{n-1}\times 10^{n-1} + a_{n-2}\times 10^{n-2} + \cdots + a_1\times 10 + a_0.$$

任何一个实数 a，在十进制中可以用数字唯一地表示为

$$a = (\overline{a_n\cdots a_0.b_1\cdots b_m})_p = a_n\times 10^n + \cdots + a_1\times 10 + a_0 + b_1\times 10^{-1} + b_2\times 10^{-2} + \cdots + b_m\times 10^{-m},$$

其中 $a_0,a_1,\cdots,a_n,b_1,b_2,\cdots,b_m \in \{0,1,2,\cdots,9\}$，且 $a_n\neq 0, b_m\neq 0$.

本讲将研究十进制下整数的数字问题，涉及数字的和、数字的积以及数字个数的问题等.

（二）p 进制数

任何一个正整数，在 p 进制中可以用数字唯一地表示为

$$(\overline{a_{n-1}a_{n-2}\cdots a_0})_p = a_{n-1}\times p^{n-1} + a_{n-2}\times p^{n-2} + \cdots + a_1\times p + a_0,$$

其中 $a_0,a_1,a_2,\cdots,a_{n-1} \in \{0,1,2,\cdots,p-1\}$，且 $a_{n-1}\neq 0, p\in \mathbf{Z}^+$，其中 n 仍为十进制.

任何一个实数 a，在 p 进制中可以用数字唯一地表示为

$$a = (\overline{a_n\cdots a_0.b_1\cdots b_m})_p = a_n\times p^n + \cdots + a_1\times p + a_0 + b_1\times p^{-1} + b_2\times p^{-2} + \cdots + b_m\times p^{-m},$$

其中 $a_0,a_1,\cdots,a_n,b_1,b_2,\cdots,b_m \in \{0,1,2,\cdots,p-1\}$，且 $a_n\neq 0, b_m\neq 0, p\in \mathbf{Z}^+$，其中 n 仍为十进制.

本讲也研究 p 进制下整数表示的唯一性问题、p 进制的运算特点、整除的特征、不同进制之间的转换、满足某种条件的整数的存在性问题、有关小数部分的周期性等问题.

（三）组合数的整除

设 n 的 p 进制表示为 $n = a_k p^k + a_{k-1}p^{k-1} + \cdots + a_1 p + a_0$，则 $n!$ 中 p 的幂指数为 $\dfrac{n-S(n)}{p-1}$，$S(n) = a_k + a_{k-1} + \cdots + a_0$，且 $S(mn)\leqslant S(m)S(n)$.

证明 在 $1,2,\cdots,n$ 中，有 $a_k p^{k-1} + a_{k-1}p^{k-2} + \cdots + a_1$ 个数是 p 的倍数，有 $a_k p^{k-2} + a_{k-1}p^{k-3} + \cdots + a_2$ 个数为 p^2 的倍数，$\cdots$，a_k 为 p^k 的倍数. 所以，在 $n!$ 中，p 的指数为

$$a_k(p^{k-1} + p^{k-2} + \cdots + 1) + a_{k-1}(p^{k-2} + p^{k-3} + \cdots + 1) + \cdots + a_1$$

$$= \frac{a_k(p^k-1)}{p-1} + \frac{a_{k-1}(p^{k-1}-1)}{p-1} + \cdots + \frac{a_1(p-1)}{p-1} = \frac{n-S(n)}{p-1}.$$

将 m,n 写成 p 进制，由上面所说，p 在 $\mathrm{C}_n^m = \dfrac{n!}{m!(n-m)!}$ 中的次数为

$$\frac{n-S(n)}{p-1} - \frac{m-S(m)}{p-1} - \frac{(n-m)-S(n-m)}{p-1} = \frac{S(m)+S(n-m)-S(n)}{p-1} \quad (1).$$

在 p 进制中，数 m 与 $n-m$ 相加与十进制类似，逐位相加，逢 p 进一. 如果每一位上数字的和都不超过 $p-1$（不进位），那么 $S(m) + S(n-m) = S(n)$. 只要有某一位上数字的和超过 $p-1$（进位），就有 $S(m) + S(n-m) > S(n)$. 所以（1）式一定是非负的.

当且仅当在 p 进制中，m 与 $n-m$ 相加，当各位数字的和都不超过 $p-1$ 时，p 不整除 C_n^m. 换一种说法：当且仅当在 p 进制中，当 m 的各位数字都不超过 n 的各位数字时，p 不整除 C_n^m.

◎ 二、例题讲解

例题 1　设 $u=21000$，v 是大于 7 的质数，求循环小数 $\dfrac{v}{u}$ 的周期和循环起点的最小值.

方法讲解　$u=2^3\times 5^3\times 21$，

设小数 $\dfrac{v}{u}$ 从小数点 k 往后以 t 为周期循环，则 $\left\{10^{k+t}\dfrac{v}{u}\right\}=\left\{10^k\dfrac{v}{u}\right\}$，

即 $2^3\times 5^3\times 21\mid 10^k(10^t-1)v$，所以 $2^3\times 5^3\mid 10^k$，$21\mid 10^t-1$，可得 $k\geqslant 3$，$10^t\equiv 1(\bmod 21)$.

又 $(10,21)=1$，$10^{20}\equiv 1(\bmod 21)$，$10^{12}\equiv 1(\bmod 21)$，

验证 $10^2\equiv 16$，$10^3\equiv 13$，$10^4\equiv 4$，$10^6\equiv 1(\bmod 21)$，$t\geqslant 6$.

所以，该数从小数点第四位开始循环，最小循环周期为 6.

例题 2　求满足下述条件的所有十进制三位数 n：

①n 除以 $S(n)+1$ 的余数为 1（$S(n)$ 是 n 的十进制数字之和）；

②n 的反序数也具有上述性质.

方法讲解　设 $n=\overline{abc}=100a+10b+c$，则 $S(n)=a+b+c$. 由条件 ①② 得

$$100a+10b+c=k(a+b+c+1)+1，\quad 100c+10b+a=m(a+b+c+1)+1.$$

两式相减得 $99(a-c)=(k-m)(a+b+c+1)$.

（ⅰ）若 $a\neq c$，则由于 $a+b+c+1>\mid a-c\mid>0$，故 $a+b+c+1$ 不与 99 互质，即被 3 或 11 整除. 若 $3\mid(a+b+c+1)$，则 $n\equiv a+b+c\equiv 2(\bmod 3)$，此时由上式 $n\equiv 1(\bmod 3)$，矛盾. 故 $11\mid(a+b+c+1)$. 此时 $a+b+c\equiv-1$，$a-b+c\equiv 1(\bmod 11)$，推出 $b\equiv 10(\bmod 11)$. 但 $0\leqslant b\leqslant 9$，因此此情形无解.

（ⅱ）若 $a=c$，则 $81a-11=(k-10)(2a+b+1)$. 列表尝试 $(2a+b+1)\mid(81a-11)$，$0\leqslant b\leqslant 9$.

a	1	2	3	4	5	6	7	8	9
$81a-11$	70	151	232	313	394	475	556	637	718
$2a+b+1$	$b+3$	$b+5$	$b+7$	$b+9$	$b+11$	$b+13$	$b+15$	$b+17$	$b+19$
b	2,4,7	/	1	/	/	6	/	/	/

因此，共有 5 个解 $121,141,171,313,666$.

例题 3　方程 $[x]+[2x]+[4x]+[8x]+[16x]+[32x]=12345$ 是否有解？

方法讲解　因为 $63\times 195=12285<12345<12348=63\times 196$，所以 $195<x<196$.

现将 x 的小数部分以 2 为基表示为 $x=195+0.abcdef$，则

$2x=2\times 195+a.bcdef$，$4x=4\times 195+ab.cdef$，

$8x=8\times 195+abc.def$，$16x=16\times 195+abcd.ef$，

$32x=32\times 195+abcde.f$.

由上式可得 $[x]=195$，$[2x]=2\times 195+a$，$[4x]=4\times 195+2a+b$，

$[8x]=8\times 195+4a+2b+c$，$[16x]=16\times 195+8a+4b+2c+d$，

$[32x]=32\times 195+16a+8b+4c+2d+e$，

上式相加得 $[x]+[2x]+[4x]+[8x]+[16x]+[32x]=12285+31a+15b+7c+3d+e$，

所以 $31a+15b+7c+3d+e=60$，而 a,b,c,d,e 为 0 或 1.

$31a+15b+7c+3d+e \leqslant 31+15+7+3+1=57<60$，所以方程无解.

例题 4 设 $n \in \mathbf{N}^*$，证明：数列 $[\sqrt{2}n]$ 中有无数个整数是 2 的幂.

方法讲解 令 $\sqrt{2}=\overline{(b_0.b_1b_2\cdots)}_2$，$b_i \in \{0,1\}$，显然有无数个 $b_i=1$.

如果 $b_k=1$，则 $2^{k-1}\sqrt{2}=b_0b_1\cdots b_{k-1}+\left(\dfrac{1}{2}+\dfrac{b_{k+1}}{2^2}+\dfrac{b_{k+2}}{2^3}+\cdots\right)$，

即 $\left[2^{k-1}\sqrt{2}\right]=b_0b_1\cdots b_{k-1}=2^{k-1}\sqrt{2}-\left(\dfrac{1}{2}+\dfrac{b_{k+1}}{2^2}+\dfrac{b_{k+2}}{2^3}+\cdots\right)$，

所以 $2^{k-1}\sqrt{2}-1 \leqslant m=\left[2^{k-1}\sqrt{2}\right]<2^{k-1}\sqrt{2}-\dfrac{1}{2}$，

即 $2^{k-1}\times 2 \leqslant (1+m)\sqrt{2}<2^{k-1}\times 2+\dfrac{1}{2}\sqrt{2}$，即 $\left[(m+1)\sqrt{2}\right]=2^k$. 证毕.

例题 5 试求最大的整数 k，使得对每个正整数 n 皆有 $1980^k \mid \dfrac{(1980n)!}{(n!)^{1980}}$.

方法讲解 $1980=2^2 \times 3^2 \times 5 \times 11$，$\alpha_{11}(1980!)=\sum_{i \geqslant 1}\left[\dfrac{1980}{11^i}\right]=180+16+1=197$. 由于

$$\left[\dfrac{m}{5^i}\right] \geqslant \left[2 \times \dfrac{m}{11^i}\right] \geqslant 2\left[\dfrac{m}{11^i}\right],$$

故 $\alpha_5(m!) \geqslant 2\alpha_{11}(m!)$. 同理，$\alpha_3(m!) \geqslant 3\alpha_{11}(m!)$，$\alpha_2(m!) \geqslant 5\alpha_{11}(m!)$. 故满足 $1980^k \mid (1980!)!$ 的最大 k $=197$. 对任一质数 p，

$$\alpha_p\left(\dfrac{(1980n)!}{(n!)^{1980}}\right)=\alpha_p((1980n)!)-1980\alpha_p(n!)=\dfrac{1980S_p(n)-S_p(1980n)}{p-1}.$$

利用 $S(mn) \leqslant S(m)S(n)$，得到

$$\alpha_p\left(\dfrac{(1980n)!}{(n!)^{1980}}\right) \geqslant \dfrac{1980-S_p(1980)}{p-1}S_p(n) \geqslant \alpha_p((1980!)!).$$

因此对任意正整数 n，皆有 $1980^{197} \mid \dfrac{(1980n)!}{(n!)^{1980}}$. 所求的最大 $k=197$.

例题 6 求所有的正整数对 (m,n)，$n>1$，使得二项式系数 $C_m^1, C_m^2, \cdots, C_m^{m-1}$ 都是 n 的倍数.

方法讲解 设 p 是 n 的任一质因子. $p \mid C_m^k$ 当且仅当 k 的 p 进制记法中至少有一位数字大于 m 的相应数字，故 $C_m^1, C_m^2, \cdots, C_m^{m-1}$ 都是 p 的倍数当且仅当 m 的首位数字为 1，其余位均为 0，即 $m=p^u$. 由此得到 n 只有一种质因子 p，即 $n=p^v(1 \leqslant v \leqslant u)$.

取 $k=p^{u-1}$，由于 $m-k$ 的 p 进制减法只有 1 次借位，C_m^k 含 p 的方次为 1，故 $v=1$.

因此满足条件的所有 (m,n) 是 (p^u,p)，p 为质数，u 为正整数.

例题 7 用 $S(n)$ 表示 n 在十进制下数字之和，固定 $t \in \mathbf{N}^*$，方程 $n!=10^{a_1}+\cdots+10^{a_t}$ 仅有有限组正整数解.

方法讲解 反证，若不然，待定 $\alpha \in \mathbf{N}^*$，则存在 $n \geqslant 10^\alpha-1$，使 $10^{a_1}+\cdots+10^{a_t}=n!$ 有解.

同时，$n! \equiv 0 \pmod{10^\alpha-1}$.

注意到 10^i 模 $10^\alpha-1$ 仅有 α 种余数，分别为 $1,10,10^2,\cdots,10^{\alpha-1}$.

设 $a_i \equiv b_i \pmod{\alpha}$，$0 \leqslant b_i \leqslant \alpha-1$，则 $0 \equiv 10^{a_1}+\cdots+10^{a_t} \equiv 10^{b_1}+\cdots+10^{b_t} \pmod{10^\alpha-1}$.

又可设 $10^{b_1}+\cdots+10^{b_t}=k(10^\alpha-1)$，则 $S(k(10^\alpha-1))=t$，

则 $k \leqslant \dfrac{t \cdot 10^{\alpha-1}}{10^\alpha-1} \leqslant \dfrac{t}{9}$，设 k 的位数为 $m<t$，

令 $\alpha>2t$，则 $k \cdot 10^\alpha-k$ 中至少出现 $\alpha-m>t$ 个 9，故 $S(k(10^\alpha-1))>9t$，矛盾.

例题 8 有理数 a 和 b 的十进制展开都是最小正周期为 30 的循环小数. 已知 $a-b$ 和 $a+kb$ 的十进制展开小数的最小周期都为 15, 求正整数 k 的最小值.

分析 一个有理数的小数部分是周期为 T 的纯循环小数当且仅当它可以写成 $\dfrac{m}{10^T-1}$ 的形式, 其中 m 是整数. 注意两个不同周期之间的换算.

方法讲解 $k_{\min}=6$.

$a,b,a-b,a-kb$ 同时乘一个 10 的幂, 可使它们的小数部分同时变为纯循环小数, 因此我们假设它们都是纯循环小数.

注意到一个有理数的小数部分是周期为 T 的纯循环小数当且仅当它可以写成 $\dfrac{m}{10^T-1}$ 的形式, 其中 m 是整数.

假设 $a=\dfrac{m}{10^{30}-1},b=\dfrac{n}{10^{30}-1}$, 则 $a-b=\dfrac{m-n}{10^{30}-1},a+kb=\dfrac{m+kn}{10^{30}-1}$ 都是周期为 15 的循环小数,

两数相减得 $(k+1)b=\dfrac{(k+1)n}{10^{30}-1}$ 是一个周期为 15 的循环小数, 故 $(10^{15}+1)\mid(k+1)n$.

由于 n 不是 $10^{15}+1$ 的倍数(否则 b 的周期长度为 15), 故 $k+1$ 是 $10^{15}+1$ 的某个质因子的倍数.

注意到 $10^{15}+1$ 不是 $2,3,5$ 的倍数, 故 $k+1\geqslant 7$, 即 $k\geqslant 6$.

令 $k=6$, 取 $a=\dfrac{8}{7(10^{15}-1)},b=\dfrac{1}{7(10^{15}-1)}$.

注意到 $10^3+1=7\times 143$, 得 a,b 的最小正周期为 30.

而 $a-b=\dfrac{1}{10^{15}-1},a+6b=\dfrac{2}{10^{15}-1}$ 的最小正周期为 15, 满足题意.

例题 9 求所有的正整数数列 $\{a_n\}$, 使得对于任意的正整数 m,n, 均有 $S(a_m+a_n)=S(m+n)$, 其中 $S(k)$ 表示正整数 k 在二进制下的各位数字之和.

方法讲解 所求 $\{a_n\}$ 的通项公式为 $a_n=2^k n(k\in\mathbf{N})$.

上述数列显然满足要求. 首先证明满足要求的数列 $\{a_n\}$ 必有以上形式.

由条件得 $S(a_1)=S(2a_1)=S(a_1+a_1)=S(2)=1$. 故存在 $k\in\mathbf{N}$, 使得 $a_1=2^k$.

其次, 用归纳法证明命题: 对于任意的 $i=1,2,\cdots,2^n-1$, 均有 $a_i=2^k i$.

当 $n=1$ 时, 命题显然成立.

假设取 n 时的情况成立, 考虑取 $n+1$ 时的情况.

(1) 对于 $1\leqslant m\leqslant 2^n-1$, 有 $a_m=2^k m$.

(2) 对于 $2^n+1\leqslant m\leqslant 2^{n+1}-1$,

由条件得 $S(a_m)=S(2a_m)=S(a_m+a_m)=S(2m)=S(m)$ ①.

而 $S(a_m+a_{2^{n+1}-m})=S(m+2^{n+1}-m)=1$, 故存在 $s\in\mathbf{N}^*$, 使得 $a_m+a_{2^{n+1}-m}=2^s$.

注意到 $1\leqslant 2^{n+1}-m\leqslant 2^n-1$,

则由(1)得 $a_{2^{n+1}-m}=2^k(2^{n+1}-m)$, 即 $a_m=2^s-2^k(2^{n+1}-m)$ ②.

引理: 对于任意的 $u,v,\lambda\in\mathbf{N}$, 若 $2^u\geqslant\lambda$, 且 $2^v\geqslant\lambda$, 则 $S(2^u-\lambda)=S(2^v-\lambda)$ 是 $u=v$ 的充分条件.

引理的证明: 不妨设 $u\geqslant v$, 则由 $2^u-\lambda$ 在二进制下不超过 v 位得 $S(2^u-\lambda)=S(2^u-2^v)+S(2^v-\lambda)$.

故 $S(2^u-2^v)=0\Rightarrow 2^u-2^v=0\Rightarrow u=v$. 引理得证.

回到原题: 取 $u=s,v=n+k+1,\lambda=2^{n+k+1}-m$. 由①, ②式及引理得 $s=n+k+1$. 从而 $a_m=2^k m$.

(3) 对于 $m=2^n$,

由条件得 $n+1=S(2^{n+1}-1)=S(2^n+(2^n-1))=S(a_{2^n}+a_{2^n-1})=S(a_{2^n}+2^k(2^n-1))$ ③,

$2=S(2^{n+1}+1)=S(2^n+(2^n+1))=S(a_{2^n}+a_{2^n+1})=S(a_{2^n}+2^k(2^n+1))$ ④,

$$1 = S(2^{n+1}) = S(2^n + 2^n) = S(a_{2^n} + a_{2^n}) = S(2a_{2^n}) = S(a_{2^n}).$$

设 $t(t \in \mathbf{N})$ 使得 $a_{2^n} = 2^t$，则由 ③ 式得 $t \leqslant k-1$ 或 $t \geqslant n+k$.

又由 ④ 式得 $t = k$ 或 $t = n+k$. 故 $t = n+k$，即 $a_{2^n} = 2^{n+k}$.

结合（1）～（3）知结论成立.

综上，满足要求的所有正整数列 $\{a_n\}$ 为 $a_n = 2^k n (k \in \mathbf{N}, m = 1, 2, \cdots)$.

例题 10 已知非负整数数列 $a_0, a_1, a_2, \cdots$ 是递增数列，且每个非负整数能被唯一地表示为 $a_i + 2a_j + 4a_k$，其中 i, j, k 为任意非负整数. 求 a_{1998}.

分析 这是一个二进制问题，关键在于对唯一性的证明. 对具体项的构建需要逐步构造.

方法讲解 由唯一性可知具有以上性质的每个数列都是严格递增的.

下面证明这样的数列最多有一个.

假设存在两个数列 $x_0, x_1, x_2, \cdots (x_0 < x_1 < x_2 < \cdots < x_n < \cdots)$ 和 $y_0, y_1, y_2, \cdots (y_0 < y_1 < y_2 < \cdots < y_n < \cdots)$，对某些 n 有 $x_n \neq y_n$. 设 n 是满足 $x_n \neq y_n$ 的最小的一个角标，由于 $x_0 = y_0 = 0$，则 n 是正整数.

设 $x_{n-1} < y_n < x_n$，则存在非负整数 i, j, k，使得 $y_n = x_i + 2x_j + 4x_k$.

因为 $y_n < x_n$，所以 i, j, k 都小于 n. 故 $x_i = y_i, x_j = y_j, x_k = y_k$，于是 $y_n = y_i + 2y_j + 4y_k$.

而 y_n 也可以表示 $y_n = y_n + 2y_0 + 4y_0$，与唯一性矛盾.

先求出最初的几项：$a_0 = 0, a_1 = 1$.

对于 $m \leqslant 7$，有 $m = x_0 + 2x_1 + 4x_2$，其中 $x_i \in \{0, 1\}, i \in \{0, 1, 2\}$. 于是 $a_2 = 9, a_3 = 9$.

对于 $m \leqslant 63$，有 $m = x_0 + 2x_1 + 2^2 x_2 + 2^3 x_3 + 2^4 x_4 + 2^5 x_5$，其中 $x_i \in \{0, 1\}, i \in \{0, 1, 2, 3, 4, 5\}$. 于是 $m = (x_0 + 2^3 x_3) + 2(x_1 + 2^3 x_4) + 4(x_2 + 2^3 x_5)$.

由于 $x_i + 2^3 x_{i+3} \in \{0, 1, 8, 9\}$，且 $9 + 2 \times 9 + 4 \times 9 = 63$，于是 $a_4 = 64, a_5 = 65$.

一般地，对于任意正整数 m，能被唯一地写成 $\sum_{i=0}^{+\infty} 2^i x_i$，其中 $x_i \in \{0, 1\}$.

于是 $m = (x_0 + 2^3 x_3 + 2^6 x_6 + \cdots) + 2(x_1 + 2^3 x_4 + 2^6 x_7 + \cdots) + 4(x_2 + 2^3 x_5 + 2^6 x_8 + \cdots)$.

故 $a_n = y_0 + 8y_1 + 8^2 y_2 + 8^3 y_3 + \cdots$，其中 $y_i \in \{0, 1\}$.

因为 a_n 是严格递增的，将 $n = n_0 + 2n_1 + 2^2 n_2 + \cdots$，其中 $n_i \in \{0, 1\}$，

则 $a_n = n_0 + 8n_1 + 8^2 n_2 + \cdots$.

特别地，$1998 = 2 + 2^2 + 2^3 + 2^6 + 2^7 + 2^8 + 2^9 + 2^{10}$，则

$$a_{1998} = 8 + 8^2 + 8^3 + 8^6 + 8^7 + 8^8 + 8^9 + 8^{10}.$$

例题 11 设 $k \in \mathbf{Z}^*$，$s(n)$ 表示 n 的各位数字之和. 证明：在 k 位正整数中，满足 $s(n) < s(2n)$ 的 n 的个数等于 $s(n) > s(2n)$ 表示的 n 的个数.

分析 只要证明：在至多 k 位正整数中，满足 $s(n) < s(2n)$ 的 n 的个数等于 $s(n) > s(2n)$ 表示的 n 的个数. 利用配对法加以构造证明.

方法讲解 将至多 k 位数字的 n 与至多 k 位的数字 m 配对，令 $m = \underbrace{99\cdots9}_{k\text{个}} - n$　①.

接下来证明：$s(m) - s(2m) = s(2n) - s(n)$　②.

由 ① 式知，m 的每位数字等于 9 减去 n 的对应位上的数字.

对于 m, n，可以通过在数字左边添加 0 以确保其均为 k 位数字.

于是 $s(m) + s(n) = s(99\cdots9) = 9k$.

再考虑 $2m$ 和 $2n$，$2m = 199\cdots98 - 2n$.

考虑 $2m, 2n$ 均恰有 $k+1$ 位数字且 $2n$ 的首位数字为 1 或者 0. 相应地，$2m$ 的首位数字为 $1 - 1 = 0$ 或者 $1 - 0 = 1$；$2m$ 的末位数字为 8 减去 $2n$ 的末位数字，且由于 $2n$ 为偶数，$2m$ 的末位数字必不为 9；$2m$

的其余各位数字为 9 减去 $2n$ 对应位上的数字.

则 $s(2m)+s(2n)=s(199\cdots98)=1+9(k-1)+8=9k$.

故 $s(m)+s(n)=s(2m)+s(2n)$,② 式成立.

从而 $s(m)>s(2m)\Leftrightarrow s(n)<s(2n)$.

又 $99\cdots9$ 为奇数,没有数与之配对,于是满足 $s(n)<s(2n)$ 的 n 的个数等于 $s(n)>s(2n)$ 表示 n 的个数.

例题 12 设 n 为正整数,$\alpha(n)$ 为 n 的二进制表示中数字 1 的个数.证明:对所有正整数 r,$2^{2n-\alpha(n)}$ | $\sum\limits_{k=-n}^{n}C_{2n}^{n+k}k^{2r}$.

分析 建立 $\alpha(n)$ 与 $\alpha(n-1)$ 以及和式 $f(n,r)$ 与 $f(n,r-1),f(n-1,r-1)$ 之间的递推关系成为解决问题的重点.与正整数 r,n 有关的问题用数学归纳法解决.

方法讲解 我们证明结论对非负整数 n,r 成立(约定 $0^0=1$),记题中的和式为 $f(n,r)$.先给出 2 个引理.

引理 1:对正整数 n,r,有递推公式 $f(n,r)=n^2f(n,r-1)-2n(2n-1)f(n-1,r-1)$ ①.

引理 1 的证明:由 $C_u^v=C_u^{u-v}$ 易知

$$C_{2n}^{n+k}=\frac{2n}{n+k}C_{2n-1}^{n+k-1}=\frac{2n}{n+k}C_{2n-1}^{n-k}=\frac{2n(2n-1)}{(n+k)(n-k)}C_{2n-2}^{n-k-1}=\frac{2n(2n-1)}{(n+k)(n-k)}C_{2n-2}^{n+k-1},$$

即 $(n^2-k^2)C_{2n}^{n+k}=2n(2n-1)C_{2n-2}^{n+k-1}$.

由此知 $\sum\limits_{k=-n}^{n}C_{2n}^{n+k}k^{2r}=n^2\sum\limits_{k=-n}^{n}C_{2n}^{n+k}k^{2r-2}-2n(2n-1)\sum\limits_{k=-(n-1)}^{n-1}C_{2n-2}^{n-1+k}k^{2r-2}$,这就是 ① 式.证毕.

引理 2:对正整数 n,设 $2^{v_2(n)}\parallel n$,则 $v_2(n)=\alpha(n-1)-\alpha(n)+1$ ②.

引理 2 的证明:设 n 的二进制表示为 $n=2^{i_1}+2^{i_2}+\cdots+2^{i_t},0<i_1<i_2<\cdots<i_t$.

则 $v_2(n)=i_1,\alpha(n)=t$ 而且

$$\alpha(n-1)=\alpha(2^{i_1}+2^{i_2}+\cdots+2^{i_t}-1)=\alpha(2^{i_1}+2^{i_2}+\cdots+2^{i_t}+\sum_{0\leqslant j\leqslant i_1-1}2^j)$$
$$=(t-1)+i_1=\alpha(n)-1+v_2(n),$$

故 ② 成立.证毕.

回到原题:对 $n+r$ 用数学归纳法.

当 $r=0$ 或 $n=0$ 时结论显然成立.(当 $r=0$ 时,$f(n,r)=2^{2n}$)

设 n,r 均为正整数,且结论在 $n+r<m$ 时均成立.

现考虑 $n+r=m$ 的情形,由 ① 及 $v_2(ab)=v_2(a)+v_2(b)$,利用归纳假设可知

$v_2(f(n,r))\geqslant \min\{v_2(n^2f(n,r-1)),v_2(2n(2n-1)f(n-1,r-1))\}$
$=\min\{2v_2(n)+v_2(f(n,r-1)),v_2(n)+1+v_2(f(n-1,r-1))\}$,
$\geqslant \min\{2v_2(n)+2n-\alpha(n),v_2(n)+1+2(n-1)-\alpha(n-1)\}$(利用引理 2)
$=\min\{2v_2(n)+2n-\alpha(n),2n-\alpha(n)\}=2n-\alpha(n)$.

因此 $n+r=m$ 时结论成立,由数学归纳法知原命题成立.

例题 13 求有下述性质的所有整数 k:存在无数个正整数 n,使得 $(n+k)\nmid C_{2n}^n$.

方法讲解 首先,$k=1$ 不符合要求.

事实上,$\dfrac{1}{n+1}C_{2n}^n=\dfrac{(2n)!}{n!\cdot(n+1)!}[(n+1)-n]=C_{2n}^n-C_{2n}^{n-1}\in \mathbf{Z}$.

因此,对所有正整数 n,有 $(n+1)\mid C_{2n}^n$.

当 $k>1$ 时,k 有质因子 p,取 $n=p^m-k$,其中整数 m 足够大,使 $n>0$.这样的 n 有无数个.

接下来证明,对这些 n 有 $(n+k)\nmid C_{2n}^n$,即 $p^m\nmid C_{2n}^n$.

事实上，设质数 p 在 $C_{2n}^n = \dfrac{(2n)!}{(n!)^2}$ 中出现的幂次为 α，用 $[x]$ 表示不超过实数 x 的最大整数，

$$\alpha = \sum_{l=1}^{+\infty}\left[\frac{2n}{p^l}\right] - 2\sum_{l=1}^{+\infty}\left[\frac{n}{p^l}\right] = \sum_{l=1}^{m}\left(\left[\frac{2n}{p^l}\right] - 2\left[\frac{n}{p^l}\right]\right)$$

（由 $2n < 2p^m \leqslant p^{m+1}$，知当 $l \geqslant m+1$ 时，有 $\left[\dfrac{2n}{p^l}\right] = 0$）

$$= \sum_{l=1}^{m}\left[\left(2p^{m-l} + \left[\frac{-2k}{p^l}\right]\right) - 2\left(p^{m-l} + \left[\frac{-k}{p^l}\right]\right)\right]$$

$$= \left[\frac{-2k}{p}\right] - 2\left[\frac{-k}{p}\right] + \sum_{l=2}^{m}\left(\left[\frac{-2k}{p^l}\right] - 2\left[\frac{-k}{p^l}\right]\right)$$

$$\leqslant \left[\frac{-2k}{p}\right] - 2\left[\frac{-k}{p}\right] + \sum_{l=2}^{m}1（利用 [2x] - 2[x] \leqslant 1）$$

$$= m - 1 < m.（由 p \mid k，知 \left[\frac{-2k}{p}\right] - 2\left[\frac{-k}{p}\right] = 0）$$

因此 $p^m \nmid C_{2n}^n$.

当 $k \leqslant 0$ 时，因为质数有无数个，所以可取奇质数 $p > 2|k|$. 令 $n = p + |k|$，这样的 n 有无数个.
下面证明，对这些 n 有 $(n+k) \nmid C_{2n}^n$，即 $p \nmid C_{2n}^n$.

事实上，$C_{2n}^n = \dfrac{2n(2n-1)\cdots(n+1)}{n(n-1)\cdots 1}$ ①．

因为 $k \leqslant 0$，而 $p > 2|k|$，所以 $0 < n+k < n+1 \leqslant 2(n+k) \leqslant 2n，3(n+k) > 2n$.

从而，奇质数 p 在 ①式右边坟墓中出现的幂次为 1 次（仅在 $n+k$ 次中出现 1 次），在分子中出现的幂次也恰好为 1 次（仅在 $2(n+k)$ 中出现 1 次），由此 $p \nmid C_{2n}^n$.

综上，所求的 k 为不等于 1 的所有整数.

例题 14 用 $f(n)$ 表示正整数 n 的二进制表示中数字"1"占所有数字的比例，例如 $21 = (10101)_2$，则 $f(21) = \dfrac{3}{5}$.

(1) 是否存在由 21 个不超过 2024 的正整数构成的非常值等差数列 $a_1, a_2, \cdots, a_{21}$，使得 $f(a_1) = f(a_2) = \cdots = f(a_{21})$？证明你的结论.

(2) 是否存在无数个正整数 m，使得 $f(m^2) > \dfrac{7}{10}$？证明你的结论.

方法讲解 (1) 存在. 可将 21 项加强为 32 项，我们先证明下面的引理.

引理：设自然数 $x < 2^k$，则 $(2^k - 1)(x+1)$ 在二进制表示中恰有 k 个 1.

引理的证明：设 x 的二进制表示为 $x = \sum_{a \in A} 2^a$，则 $A \subset \{0, 1, \cdots, k-1\}$. 设 B 为 A 在 $\{0, 1, \cdots, k-1\}$ 中的补集，则

$$(2^k - 1)(x+1) = \sum_{a \in A} 2^{a+k} - \sum_{a \in A} 2^a + 2^k - 1 = \sum_{a \in A} 2^{a+k} + \sum_{a \in B} 2^a.$$

故二进制表示中恰有 k 个 1. 引理得证.

回到原题：考虑数列 $a_i = 2^{10} + 31i (1 \leqslant i \leqslant 32)$，由上述引理（$k=5$）知，$a_i$ 在二进制下恰有 $k+1 = 6$ 个 1. 又 a_i 的二进制表示为 11 位数，故 $f(a_1) = f(a_2) = \cdots = f(a_{32}) = \dfrac{6}{11}$.

(2) $45^2 = 2^{11} - 23 = (11111101001)_2，f(45^2) = \dfrac{8}{11}$.

设 $m_0 = 45$，下面归纳构造 m_i.

假设奇数 m_k 在二进制下有 l_k 位，m_k^2 在二进制下有 n_k 个 1，且 $m_k^2 = (11\cdots\cdots 001)_2$，二进制下前两

位为 11.

令奇数 $m_{k+1} = m_k(2^{l_k-1}+1)$，则 $m_{k+1}^2 = m_k^2(2^{2l_k-2}+2^{l_k}+1)$，二进制下有 $l_{k+1} = 3l_k - 2$ 位，前两位仍为 11，下面说明 m_{k+1}^2 在二进制下有 $n_{k+1} = 3n_k - 2$ 个 1.

事实上，设 m_k^2 的二进制表示为 $2^{l_k-1} + 2^{l_k-2} + \cdots + 2^0$，则 $m_k^2(2^{2l_k-2}+2^{l_k}+1) = 2^{3l_k-3}+2^{3l_k-4}+\cdots+2^{2l_k-2}+2^{2l_k-1}+2^{2l_k-2}+\cdots+2^{l_k}+2^{l_k-1}+2^{l_k-2}+\cdots+1$，其中只有 $2^{2l_k-2}+2^{2l_k-1}+2^{2l_k-2}$ 发生了两次进位，从而 m_{k+1}^2 在二进制下有 $n_{k+1} = 3n_k - 2$ 个 1.

首项 $l_0 = 11, n_0 = 8$，从而 $l_k = 10 \cdot 3^k + 1, n_k = 7 \cdot 3^k + 1, f(m_k^2) = \dfrac{n_k}{l_k} > \dfrac{7}{10}$.

例题 15　设集合 $T = \{2^n - 1, 2^n - 2^1, \cdots, 2^n - 2^{n-1}\}$，证明：对于集合 T 的任意子集 A, B，有 $S(A)$，$S(B)$ 都不存在整除关系.

方法讲解　设 $A = \{2^n - 2^{a_1}, 2^n - 2^{a_2}, \cdots, 2^n - 2^{a_p}\}, B = \{2^n - 2^{b_1}, 2^n - 2^{b_2}, \cdots, 2^n - 2^{b_q}\}$，
$a_1 < a_2 < \cdots < a_p \leqslant n-1, b_1 < b_2 < \cdots < b_q \leqslant n-1, 1 \leqslant p, q \leqslant n$，
$S(A) = 2^n p - \sum\limits_{i=1}^{p} 2^{a_i}, S(B) = 2^n q - \sum\limits_{j=1}^{q} 2^{b_j}$，记 $R = \sum\limits_{i=1}^{p} 2^{a_i}, T = \sum\limits_{j=1}^{q} 2^{b_j}, 1 \leqslant R, T \leqslant 2^n - 1$.

若 $S(A) = S(B)$，

则 $2^n(p-q) = \sum\limits_{i=1}^{p} 2^{a_i} - \sum\limits_{j=1}^{q} 2^{b_j} \Rightarrow 2^n \mid R - T \Rightarrow R = T \Rightarrow a_i = b_j (1 \leqslant i \leqslant n-1)$，即 $A = B$，矛盾.

反证法：设 $S(B) = kS(A) \Rightarrow 2^n q - T = k(p2^n - k) \Rightarrow 2^n(kp - q) = kR - T, V_2(R!) = \sum\limits_{i=1}^{\infty} \left[\dfrac{R}{2^i}\right] = R - S_2(R) = R - p$，所以

$$\sum_{i=1}^{n} \left[\frac{kR}{2^i}\right] = \sum_{i=1}^{n} \left[\frac{T + 2^n(kp-q)}{2^i}\right] = (kp-q)\sum_{i=0}^{n-1} 2^i + \sum_{i=1}^{n-1}\left[\frac{T}{2^i}\right]$$
$$= (kp-q)(2^n - 1) + T - q = (kp-q)2^n - (kp-q) + T - q$$
$$= k(R-p) = k\sum_{i=1}^{n}\left[\frac{R}{2^i}\right] = \sum_{i=1}^{n} k\left[\frac{R}{2^i}\right].$$

设 x 为实数，则 $[kx] = [k[x] + k\{x\}] = k[x] + [k\{x\}] \geqslant k[x]$，所以等号成立的条件为 $k\{x\} < 1$，即 $\{x\} < \dfrac{1}{k} \leqslant \dfrac{1}{2}$.

由于对所有 i，$\sum\left[\dfrac{kR}{2^i}\right] = \sum k\left[\dfrac{R}{2^i}\right]$，则对每个 i，$\left[\dfrac{kR}{2^i}\right] = k\left[\dfrac{R}{2^i}\right]$，即 $\left\{\dfrac{R}{2^i}\right\} < \dfrac{1}{2}(1 \leqslant i \leqslant n)$.

设 $V_2(R) = \alpha, 0 \leqslant \alpha \leqslant n-1$，则 $\left\{\dfrac{R}{2^{\alpha+1}}\right\} \geqslant \dfrac{1}{2}$，矛盾. 证毕.

例题 16　设正整数 d 不是完全平方数，对正整数 n，用 $S(n)$ 表示 $\sqrt{d}$ 的二进制表示下前 n 个数字（包括小数点之前的）中 1 的个数，证明：存在正整数 A，使得对任意 $n \geqslant A$，均有 $S(n) > \sqrt{2n} - 2$.

方法讲解　对正整数 a，记 $S_2(a)$ 表示 a 在二进制表示下各位数字之和.

设 $[\sqrt{d}]$ 在二进制表示下恰有 t 位数，则 $S(n) = S_2([2^{n-t}\sqrt{d}])$. 对任意整数 $n > t$，记 $A_n = [2^{n-t}\sqrt{d}]$，则

$$2^{n-t}\sqrt{d} - 1 < A_n < 2^{n-t}\sqrt{d} \Rightarrow 2^{2(n-t)}d - 2^{n-t+1}\sqrt{d} + 1 < A_n^2 < 2^{2(n-t)}d$$
$$\Rightarrow 2^{2(n-t)}d - 2^{n-t+1}\sqrt{d} < A_n^2 \leqslant 2^{2(n-t)}d - 1 \quad \textcircled{1}.$$

设 $d = \overline{(b_k b_{k-1} \cdots b_0)}_2, \sqrt{d} = \overline{(c_{t-1}c_{t-2}\cdots c_0 \cdot c_{-1}c_{-2}\cdots)}_2$，则

$$2^{2(n-t)}d - 2^{n-t+1}\sqrt{d} = \overline{(b_k b_{k-1}\cdots b_0 \underbrace{00\cdots0}_{2(n-t)\text{个}})}_2 - \overline{(c_{t-1}c_{t-2}\cdots c_0 c_{-1}c_{-2}\cdots c_{n+1}\cdot c_{n+2}c_{n+3}\cdots)}_2.$$

其二进制表示下小数点前第 $n+2 \sim 2(n-t)$ 位都是数字 1.

又 $2^{2(n-t)}d-1=(\overline{b_k b_{k-1} \cdots b_0 \underbrace{00\cdots0}_{2(n-t)\text{个}}})_2-1$，其二进制表示下第 $1\sim2(n-t)$ 位都是数字 1.

结合 (1) 知 A_n^2 的二进制表示下第 $n+2\sim2(n-t)$ 位都是数字 1，故

$$S_2(A_n^2)\geqslant 2(n-t)-(n+2)+1=n-2t-1 \quad ②.$$

另外，设 A_n 的二进制表示为 $A_n=\sum_{i=1}^{m}2^{\alpha_i}$，其中 $0\leqslant\alpha_1<\alpha_2<\cdots<\alpha_m$，则 $A_n^2=\sum_{i=1}^{m}2^{2\alpha_i}+$

$\sum_{1\leqslant i<j\leqslant m}2^{\alpha_i+\alpha_j+1}$，故

$$S_2(A_n^2)\leqslant m+C_m^2=\frac{m(m+1)}{2}=\frac{S_2(A_n)[S_2(A_n)+1]}{2} \quad ③.$$

根据 ②，③ 知

$$\frac{S_2(A_n)(S_2(A_n)+1)}{2}\geqslant n-2t-1\Rightarrow\left[S_2(A_n)+\frac{1}{2}\right]^2\geqslant 2(n-2t-1)+\frac{1}{4}>2(n-2t-1)$$

$$\Rightarrow S_2(A_n)>\sqrt{2(n-2t-1)}-\frac{1}{2}.$$

当 n 充分大时，$\sqrt{2(n-2t-1)}-\frac{1}{2}>\sqrt{2n}-2$，故当 n 充分大时，都有

$$S(n)=S_2(\left[2^{n-t}\sqrt{d}\right])=S_2(A_n)>\sqrt{2(n-2t-1)}-\frac{1}{2}>\sqrt{2n}-2.$$

命题得证.

◎ 三、课外训练

1. 设 $a,b,c\in\{0,1,2,\cdots,9\}$，若二次方程 $ax^2+bx+c=0$ 有有理根，证明：三位数 $\overline{abc}$ 不是质数.

2. 在二项式 $\left(\sqrt[3]{6}+\dfrac{1}{\sqrt{2}}\right)^{200}$ 的展开式中，整数项共有 _____ 项.

3. 设正整数 n,k 满足 $k\geqslant n,(3,n)=1$，证明：存在 n 的一个倍数 m，使得 m 在十进制表示下各位数字之和等于 k.

4. 设 $x,y\in(0,1)$，对每个正整数 n，y 的小数点后第 n 位数字等于 x 的小数点后第 2^n 位数字. 证明：若 x 是有理数，则 y 也是有理数.

5. 求最小的 $n\in\mathbf{N}^*$，使得 $n!$ 的十进制末尾恰有 1987 个数字 0.

6. 求所有整数 $m(m\geqslant2)$，使得区间 $\left[\dfrac{m}{3},\dfrac{m}{2}\right]$ 中的每个整数 n 都满足 $n\mid C_n^{m-2n}$.

7. 设正整数 $n\geqslant1$，证明：$nC_{2n}^n\mid\text{lcm}(1,2,\cdots,2n)$.

8. 给定正整数 m. 证明：存在正整数 n_0，使得对所有正整数 $n>n_0$，$\sqrt{n^2+817n+m}$ 的十进制表示的小数点后第一位数字均相同.

9. 对于任意正整数 k，定义 $S(k)$ 为 k 在十进制表示下的各位数字之和. 求所有整系数多项式 $P(x)$，使得对于任意正整数 $n(n\geqslant2016)$，$P(n)$ 为正整数，且 $S(P(n))=P(S(n))$.

10. 设 a,b,n 都是正整数，且 $(b^n-1)\mid a$. 证明：整数 a 在 b 进制表示下至少有 n 位数字异于 0.

11. 设 $t(n)$ 为正整数 n 在二进制表示下各位数字之和，$k(k\geqslant2)$ 为整数. 证明：

(1) 存在一个整数数列 $\{a_i\}_{i=1}^{\infty}$，使得对于所有的正整数 m,a_∞ 为大于 1 的奇数，且 $t(a_1 a_2\cdots a_m)=k$；

(2) 存在正整数 N，使得对于所有的整数 $m\geqslant N$，有 $t(3\times5\times\cdots\times(2m+1))>k$.

12. 定义 $S_n=\{C_n^n,C_{2n}^n,\cdots,C_{n^2}^n\}(n\in\mathbf{Z}^+)$. 证明：

(1) 存在无数个 n，使得 S_n 不是模 n 的完全剩余系；

(2) 存在无数个 n，使得 S_n 是模 n 的完全剩余系.

13. 设 k,l 为给定的两个正整数，证明：存在无数个正整数 $m(m \geqslant k)$，使得 C_m^k 与 l 互质.

14. 求具有下述性质的所有正整数 k，对任意正整数 n，均有 $2^{(k-1)n+1}$ 不整除 $\dfrac{(kn)!}{n!}$.

15. 对于正整数 n，令 $f_n = \left[2^n\sqrt{2008}\right] + \left[2^n\sqrt{2009}\right]$，证明：数列 $f_1, f_2, \cdots, f_n, \cdots$ 中有无数个奇数和无数个偶数（$[x]$ 表示不超过实数 x 的最大整数）.

16. 在 $n!$ 的十进制表示中，从个位数算起第一个非零数字为 a_n，问：是否存在自然数 N，使得 a_{N+1}，$a_{N+2}, a_{N+3}, \cdots$ 是周期数列？

3.7 数论的综合应用

◎ 一、知识要点

在综合应用时，常常会涉及一些数论中的小结论，我们总结如下.

1. 阶乘的含义和性质

$n! = 1 \times 2 \times 3 \times \cdots \times n, n_1!n_2!\cdots n_k! \mid (n_1 + n_2 + \cdots + n_k)!, n! \mid (k+1)(k+2)\cdots(k+n)$.
若 $a \leqslant b$，则 $a! \mid b!$.

2. 两个数的平方和性质

定理（平方因子）已知 p 为质数，$a, b \in \mathbf{N}^*$，$(a,b) = 1$，且 $p \not\equiv 3 \pmod 4$.

3. 阶及性质

使 $a^u \equiv 1 \pmod m$ 成立的最小正整数 u 叫作 a 模 m 的阶，记为 $\delta_m(a)$.

性质 1 设整数 a 和 m 互质，对任意非负整数 u, v，$a^u \equiv a^v \pmod m$ 当且仅当 $\delta_m(a) \mid (u-v)$. 特别地，$1, a, a^2, \cdots, a^{\delta_m(a)-1} \pmod m$ 互不同余. $\delta_m(a) \mid \varphi(m)$，对于质数 $p, \delta_p(a) \mid (p-1)$.

性质 2 若 $a^u \equiv 1 \pmod m$ 且 $a^v \equiv 1 \pmod m$，则 $a^{(u,v)} \equiv 1 \pmod m$.

性质 3 若 $a^u \equiv b^u \pmod m$，$a^v \equiv b^v \pmod m$ 且 $(a,b,m) = 1$（此时 a,b 都与 m 互质），则 $a^{(u,v)} \equiv b^{(u,v)} \pmod m$.

4. 二次剩余（平方剩余）

(1) 若 $(a,p) = 1$ 且同余式 $x^2 \equiv a \pmod p$ 有解，则称 a 为 $(\bmod p)$ 的平方剩余. $(\bmod p)$ 的简化剩余系中平方剩余与非平方剩余各 $\dfrac{p-1}{2}$ 个.

(2) 设 p 为奇质数，勒让德符号 $\left(\dfrac{a}{p}\right) \equiv a^{\frac{p-1}{2}} \pmod p (= \pm 1)$ 的计算规则：

$\left(\dfrac{a}{p}\right) = \left(\dfrac{a(\bmod p)}{p}\right)$，$\left(\dfrac{ab}{p}\right) = \left(\dfrac{a}{p}\right)\left(\dfrac{b}{p}\right)$，$\left(\dfrac{2}{p}\right) = (-1)^{\frac{p^2-1}{8}}$，$\left(\dfrac{q}{p}\right) = (-1)^{\frac{p-1}{2} \cdot \frac{q-1}{2}}\left(\dfrac{p}{q}\right)$（$q$ 为奇质数）.

(3) 高斯引理：对于 $k = 1, 2, \cdots, \dfrac{p-1}{2}$，记 $ak(\bmod p)$ 的最小非负余数为 u_k，其中大于 $\dfrac{p}{2}$ 的个数为 m，则 $\left(\dfrac{a}{p}\right) = (-1)^m$.

5. 升幂定理

$a^n \pm b^n$ 型数是数论问题中经常研究的对象，通过升幂定理可以准确地计算质因子的幂次.

定理 1 设 p 为奇质数，整数 a,b 满足 $p \nmid a$，$p \mid a-b$，则对正整数 n，
$$v_p(a^n - b^n) = v_p(a-b) + v_p(n).$$

定理 2 设整数 a,b 满足 $2 \nmid a$，$4 \mid a-b$，则对正整数 n，
$$v_2(a^n - b^n) = v_2(a-b) + v_2(n).$$

设整数 a,b 满足 $2 \nmid a$，$2 \| a-b$，则对正整数 n，
$$v_2(a^n - b^n) = v_2(a^2 - b^2) + v_2(n) - 1.$$

定理 3 设 p 为奇质数，整数 a,b 满足 $p \nmid a$，$p \mid a+b$，则对正奇数 n，
$$v_p(a^n + b^n) = v_p(a+b) + v_p(n).$$

定理 4 设整数 a,b 满足 $2 \nmid a,b$，则对正奇数 n，
$$v_2(a^n + b^n) = v_2(a+b).$$

6. 多项式性质

对于整系数多项式 $f(x) = a_n x^n + a_{n-1} x^{n-1} + \cdots + a_1 x + a_0$，我们将研究 $f(x)$ 的同余性质.

结论 1 对于不相等的整数 x,y，有 $x-y \mid f(x) - f(y)$.

结论 2 $f(x+m) \equiv f(x) \pmod{m}$.

下面我们考查模为质数的一元多项式的同余方程.

定义 若整数 c 满足 $f(c) \equiv 0 \pmod{p}$，则称 c 为同余方程 $f(x) \equiv 0 \pmod{p}$ 的一个解. 若 c,c' 均为 $f(x) \equiv 0 \pmod{p}$ 的解，且 $c \equiv c' \pmod{p}$，我们认为 c,c' 是同一个解.

定理（拉格朗日定理）设 $f(x)$ 为 n 次整系数多项式，a_n 为首项系数且 $p \nmid a_n$，则 n 次同余方程 $f(x) \equiv 0 \pmod{p}$ 的解的个数 k 满足 $k \leqslant n$.

性质 1 同余方程 $f(x) \equiv 0 \pmod{p}$ 的解的个数为 p 的充要条件为 $f(x) = (x^p - x)g(x) + ps(x)$.

性质 2 若同余方程 $f(x) \equiv 0 \pmod{p}$ 的解的个数大于 $f(x)$ 的次数，则 p 整除多项式各项的系数.

◎ 二、例题讲解

例题 1 设 k 为正整数，$n = (2^k)!$，证明：$\sigma(n)$ 至少有一个大于 2^k 的质因子，其中 $\sigma(n)$ 为 n 的所有正约数之和.

方法讲解 用 $v_2(n)$ 表示 n 的标准分解中 2 的幂次，则 $v_2(n) = \sum_{i=1}^{k} \left[\dfrac{2^k}{2^i}\right] = \sum_{i=0}^{k-1} 2^i = 2^k - 1$，故 $2^{2^k-1} \| n$.

设 $n = 2^{2^k-1} p_1^{a_1} p_2^{a_2} \cdots p_t^{a_t}$，其中 $t \in \mathbf{Z}^+$，$p_1, p_2, \cdots, p_t$ 为互不相同的奇质数，$a_1, a_2, \cdots, a_t$ 为正整数，则

$\sigma(n) = \sigma(2^{2^k-1}) \prod_{i=1}^{t} \sigma(p_i^{a_i}) = (2^{2^k} - 1)M = (2^{2^{k-1}} + 1)(2^{2^{k-1}} - 1)M$，其中 $M \in \mathbf{Z}^+$. 故 $(2^{2^{k-1}} + 1) \big| \sigma(n)$.

对 $2^{2^{k-1}} + 1$ 的任意个奇质数因子 p，由费马小定理知 $2^{p-1} \equiv 1 \pmod{p}$.

由 $2^{2^{k-1}} \equiv -1 \pmod{p}$ 知 $2^{2^k} \equiv 1 \pmod{p}$，故 $2^{(2^k, p-1)} \equiv 1 \pmod{p}$.

若 2^k 不整除 $p-1$，则 $(2^k, p-1) \big| 2^{k-1}$，

从而 $2^{2^{k-1}} \equiv 1 \pmod{p}$，则 $2^{2^{k-1}} \equiv 1 \equiv -1 \pmod{p}$，即 $p = 2$，与 p 是奇质数矛盾. 故 $2^k \mid (p-1)$.

因此 $p \geqslant 2^k + 1$，即 $\sigma(n)$ 有一个大于 2^k 的质因子.

例题 2 求质数 p 和 q，使得 $p^2 + 1 \mid 2003^q + 1$，$q^2 + 1 \mid 2003^p + 1$.

方法讲解 假设 $p \leqslant q$，当 $p = 2 \Rightarrow q = 2$.

若 $p > 2$，令 r 为 $p^2 + 1$ 一个质因子，显然 $r \mid 2003^q + 1 \Rightarrow r \mid 2003^{2q} - 1$.

设 d 是满足 $r \mid 2003^d - 1$ 的最小正整数，则 $d \mid 2q$.

①$(d,q)=1\Rightarrow d\,|\,2\Rightarrow d=2\Rightarrow r\,|\,2003^2-1=2^3\times3\times7\times11\times13\times167\Rightarrow r\in\{2,13\}$.

而$2003^q+1\equiv2(\bmod13)$,所以$r\neq13$.

②$(d,q)>1\Rightarrow q\,|\,d$,又$(r,2003)=1\Rightarrow2003^{r-1}\equiv1(\bmod r)\Rightarrow d\,|\,r-1\Rightarrow q\,|\,r-1$,

所以$p^2+1\equiv2r_1r_2\cdots\equiv2(\bmod q)\Rightarrow q\,|\,p^2-1=(p+1)(p-1)\Rightarrow p+1=q$,矛盾.

例题 3　求所有的质数对(p,q),使得$\dfrac{(2p^2-1)^q+1}{p+q}$和$\dfrac{(2q^2-1)^p+1}{p+q}$均为整数.

方法讲解　若p,q中有一个等于2,不妨设$p=2$,则有$\begin{cases}2+q\,|\,7^q+1,\\2+q\,|\,(2q^2-1)^2+1.\end{cases}$

又有$(2q^2-1)^2+1\equiv[2\times(-2)^2-1]^2+1\equiv50(\bmod q+2)$,可知$q+2\,|\,50$,即$q=3$或$q=23$.

又$2+q\,|\,7^q+1$,当$q=3$时,显然$5\,|\,344$不成立;当$q=23$时,由$7^{23}+1\equiv49^{11}\times7+1\equiv(-1)^{11}\times7+1\equiv-6(\bmod25)$,也不成立,故$p,q$均为奇质数.

当$p=q$时,$2p\,|\,(2p^2-1)^p+1$,显然成立,下面考虑$p\neq q$的情形.不妨设$p<q$,根据条件,$(2p^2-1)^q\equiv-1(\bmod p+q)$,可知$(2p^2-1)^{2q}\equiv1(\bmod p+q)$.设$2p^2-1$关于模$p+q$的阶为$\tau$,且易知$\tau$为偶数,则$\tau\,|\,2q$.由$\tau\,|\,\varphi(p+q)$可知$\tau\leqslant\varphi(p+q)\leqslant\dfrac{p+q}{2}<q$,所以$\tau=2$.故$2p^2-1\equiv-1(\bmod p+q)$,即$p+q\,|\,2p^2$.而$p\neq q$,有$(p+q,p)=1$,可知$p+q\,|\,2$,矛盾.故$p=q$,所求质数对为$(p,p)$.

例题 4　对整数$n(n\geqslant3)$,定义数列$\alpha_1,\alpha_2,\cdots,\alpha_k$为$n!$的质因子分解,$n!=p_1^{\alpha_1}p_2^{\alpha_2}\cdots p_k^{\alpha_k}$中质数$p_1<p_2<\cdots<p_k$分别对应的指数构成的数列.求所有整数$n(n\geqslant3)$,使得$\alpha_1,\alpha_2,\cdots,\alpha_k$是等比数列.

方法讲解　我们称满足题中条件的数为好数,我们有如下引理:

引理:已知质数p_1,p_2满足$p_1<p_2$,若$n\geqslant4$是好数,且$n<2p_1$,则$n\leqslant p_2-1$.

否则$V_{p_1}(n!)=V_{p_2}(n!)=1\Rightarrow V_2(n!)=1$,矛盾.

回到原题:易知当$n=3,4,6$时,n是好数,当$n=5$时,n不是好数.下设$n\geqslant7$且n是好数.

设$n!=p_1^{\alpha_1}p_2^{\alpha_2}\cdots p_k^{\alpha_k}$,$p_1=3$,$p_2=5$,$p_3=7$,

则$\alpha_2=\sum\limits_{t=1}^{+\infty}\left[\dfrac{n}{3^t}\right]>\sum\limits_{t=1}^{[\log_3n]}\left(\dfrac{n}{3^t}-1\right)=\dfrac{n}{2}-[\log_3n]-\dfrac{n}{2\times3^{[\log_3n]}}>\dfrac{n}{2}-\log_3n-\dfrac{3}{2}$.

同理$\alpha_4>\dfrac{n}{6}-\log_7n-\dfrac{7}{6}$,$\alpha_3=\sum\limits_{t=1}^{+\infty}\left[\dfrac{n}{5^t}\right]\leqslant\sum\limits_{t=1}^{+\infty}\dfrac{n}{5^t}=\dfrac{n}{4}$.

由$\alpha_3^2=\alpha_4\alpha_2$知$\left(\dfrac{n}{4}\right)^2>\left(\dfrac{n}{2}-\log_3n-\dfrac{3}{2}\right)\left(\dfrac{n}{6}-\log_7n-\dfrac{7}{6}\right)$,

即$\dfrac{3}{4}>\left(1-\dfrac{2\log_3n}{n}-\dfrac{3}{n}\right)\left(1-\dfrac{6\log_7n}{n}-\dfrac{7}{n}\right)$　($*$).

当$n\geqslant200$时,$\dfrac{\log_3n}{n}\leqslant\dfrac{\log_3200}{200}<\dfrac{1}{40}$,$\dfrac{\log_7n}{n}\leqslant\dfrac{\log_7200}{200}<\dfrac{3}{200}$,

则($*$)式右边$>\left(1-\dfrac{1}{20}-\dfrac{3}{200}\right)\left(1-\dfrac{9}{100}-\dfrac{7}{200}\right)>\dfrac{3}{4}$,矛盾.故$n\leqslant200$.

取$p_1=101,p_2=103$,由引理知$n\leqslant102$;取$p_1=53,p_2=59$,由引理知$n\leqslant58$;

取$p_1=31,p_2=37$,由引理知$n\leqslant36$;取$p_1=19,p_2=23$,由引理知$n\leqslant22$;

取$p_1=13,p_2=17$,由引理知$n\leqslant16$;取$p_1=11,p_2=13$,由引理知$n\leqslant12$.

故$7\leqslant n\leqslant12$,经检验只有$n=10$符合条件.

综上,所有的n为$3,4,6,10$.

例题 5　是否存在一个非常数且由不同正整数组成的无穷数列,使得对所有足够大的k,其中任意k项的和不含平方因子的充要条件是k不含平方因子.

方法讲解　假设存在,取质数 p 充分大,则由题意知,数列中仅有有限项被 p^2 整除.

若数列中有无数项被 p^2 整除,则存在 $r \in \{1, 2, \cdots, p-1\}$,使数列中有无数项模 p^2 余 pr,此时 p 个这样的项之和为 p^2 的倍数,矛盾!

所以数列中仅有有限项被 p^2 整除,将这些项去掉后,设剩下的项为 $a_1, a_2, \cdots$,则存在 $s \in \{1, 2, \cdots, p-1\}$,使有无数项模 p^2 余 s,若还有一项模 p^2 余 $t, t \equiv s(\mathrm{mod}\, p^2)$.

取 k,使 $p^2 \mid ks + t$,则 $(k, p) = 1$,取 $p^2 \cdot m + k$ 个模 p^2 余 s 的项和 1 个模 p^2 余 t 的项,其总和为 p^2 的倍数,故对任意充分大的 $m, p^2 \cdot m + k + 1$ 中有平方因子.

但 $k \equiv -1(\mathrm{mod}\, p^2) \Rightarrow (p^2, k+1) = 1$,矛盾.

从而对任意充分大的 p,原数列中的数要么被 p 整除,要么模 p 的余数全部相同,这显然矛盾.

故不存在满足题意的数列.

例题 6　设 $\Omega(n)$ 表示 n 个不同质因子的个数(即重数),若 n 的质因数分解为 $n = p_1^{a_1} p_2^{a_2} \cdots p_k^{a_k}$,则 $\Omega(n) = a_1 + a_2 + \cdots + a_n$. 现有两个非常数的等差正整数数列 $\{a_n\}, \{b_n\}$ 满足:对于每个正整数 n,均有 $\Omega(a_n) = \Omega(b_n)$. 证明:存在正有理数 q,使得对于每个 n,均有 $a_n = qb_n$.

方法讲解　设 $a_n = an + b, b_n = cn + d$,不妨设 $b, d > 0$(如将 a_{n+k} 代替 a_n).

令 $n = kb^2d^2$,则 $a_n = b(kabd^2 + 1), b_n = d(cb^2dk + 1)$.

由 $\Omega(b) = \Omega(d)$,记 $abd^2 = S, cb^2d = T$,则 $\Omega(Sk + 1) = \Omega(Tk + 1)(k \in \mathbf{Z}^+)$.

要证明 $a_n = qb_n$,只需证明 $ad = bc$,也就是只需证明 $S = T$.

若 $S \neq T$,设 p_1 为满足 $p_1 \nmid S$ 的最小质数,p_2 为满足 $p_2 \nmid S$ 的最小质数,不妨设 $p_1 \leqslant p_2$.

取充分大的 α,使得 $Sk + 1 \equiv 0(\mathrm{mod}\, p_1^\alpha)(1 \leqslant k \leqslant p_1^\alpha)$,则 $\Omega(Sk + 1) = \Omega(Tk + 1) \geqslant \alpha$.

设 $Tk + 1 = p_1^\beta q_1^{a_1} q_2^{a_2} \cdots q_l^{a_l}$,有 $p_1^\beta \leqslant (Sk+1, Tk+1) = (k \mid S - T \mid, Tk+1) = (\mid S - T \mid, Tk + 1) \leqslant \mid S - T \mid$ 且 $q_i > p_1 (i = 1, 2, \cdots, l)$.

(否则,若存在 i,使得 $q_i \leqslant p_1 \leqslant p_2$,根据 p_2 的定义有 $q_i \mid T$,则 $q_i \mid Tk$,显然,与 $q_i \mid (Tk + 1)$ 不符)

则 $Tk + 1 = p_1^\beta q_1^{a_1} q_2^{a_2} \cdots q_l^{a_l} \geqslant p_1^\beta (p_1 + 1)^{a_1 + \cdots + a_l} \geqslant p_1^\beta (p_1 + 1)^{\alpha - \beta} \geqslant \dfrac{(p_1 + 1)^\alpha}{p_1^\beta} \geqslant \dfrac{(p_1 + 1)^\alpha}{\mid S - T \mid}$

故 $\ln(Tk + 1) \geqslant \alpha \ln(p_1 + 1) - \ln \mid S - T \mid \Rightarrow \ln k \geqslant \alpha \ln(p_1 + 1) - \ln \mid S - T \mid - \ln(T + 1)$.

又 $\ln k \leqslant \ln p_1^\alpha = \alpha \ln p_1$,于是 $\alpha \ln p_1 \geqslant \alpha \ln(p_1 + 1) - \ln \mid S - T \mid - \ln(T + 1)$ 对任意充分大的 α 均成立. 显然,此时左边不可能大于右边,矛盾.

例题 7　若对于任意质数 p,及 $a, b \in \mathbf{Z}$,一个有限数列中模 p 余 a 的项数与模 p 余 b 的项数之差至多为 1,则称此数列是"好的". 若一个无穷数列的前任意若干项构成的子列是"好的"(即对于任意正整数 $n \geqslant 2, a_1, a_2, \cdots, a_n$ 是"好的"),则称此数列是"极好的". 证明或否定:对于任意"极好的"整数列 $\{a_n\}(n \geqslant 1)$,及任意的 $m \in \mathbf{Z}^+$,均有 $m! \mid a_1 a_2 \cdots a_n$.

方法讲解　答案是肯定的.

引理:若 $a, b \in \mathbf{Z}^+$ 满足对于任意质数 p,均有 $a(\mathrm{mod}\, p) \leqslant b(\mathrm{mod}\, p)$,则 $a = b$,其中 $a(\mathrm{mod}\, p) = r$ 表示 $r \equiv a(\mathrm{mod}\, p)$ 且 $r \in \{0, 1, 2, \cdots, p-1\}$.

引理的证明:取质数 $p > a + b$. 依题意知 $a \leqslant b$.

假设 $a < b$,若 $a > \dfrac{b}{2}$,则用 $c = b - a$ 代替 a,有 $0 < c < \dfrac{b}{2}$,

故 $c(\mathrm{mod}\, p) = b(\mathrm{mod}\, p) - a(\mathrm{mod}\, p) \leqslant b(\mathrm{mod}\, p)$,仍满足要求.

不妨设 $0 < a \leqslant \dfrac{b}{2}$,令 $A = a!, B = b(b-1) \cdots (b-a+1)$,则 $\dfrac{B}{A} = \mathrm{C}_b^a$.

用 $A(p^k)$ 表示 $1, 2, \cdots, a$ 中 p^k 的倍数的个数,$B(p^k)$ 表示 $b - a + 1, b - a + 2, \cdots, b$ 中 p^k 的倍数的个数,则 $A(p^k) = \left[\dfrac{a}{p^k}\right], B(p^k) = \left[\dfrac{b}{p^k}\right] - \left[\dfrac{b-a}{p^k}\right]$,其中 $[x]$ 表示不超过实数 x 的最大整数.

由于 $0 \leqslant [x+y] - [x] - [y] \leqslant 1$，于是 $B(p^k) - A(p^k) \in \{0,1\}$.

又 $b(\bmod p) \geqslant a(\bmod p)$，故 $1, 2, \cdots, a$ 中 p 的倍数的个数等于 $b-a+1, \cdots, b$ 中 p 的倍数的个数，即 $A(p) = B(p)$，进而只要 $p > a$.

则 $A(p^k) = B(p^k) = 0 (k = 1, 2, \cdots)$，故 $A = \prod\limits_{p \leqslant a} p^{A(p) + A(p^2) + \cdots}$，$B = \prod\limits_{p \leqslant a} p^{B(p) + B(p^2) + \cdots}$.

从而 $C_b^a = \prod\limits_{p \leqslant a} p^{B(p) - A(p) + B(p^2) - A(p^2) + \cdots}$. 令 $m(p)$ 为满足 $B(p^k) \neq 0$ 的最大 k，

结合 $A(p) = B(p)$ 知 $B(p) - A(p) + B(p^2) - A(p^2) + \cdots = \sum\limits_{i=2}^{m(p)} [B(p^i) - A(p^i)]$

$\Rightarrow B(p) - A(p) + B(p^2) - A(p^2) + \cdots \leqslant m(p) - 1$

$\Rightarrow C_b^a \Big| \prod\limits_{p \leqslant a} p^{m(p)-1}$

$\Rightarrow \dfrac{B}{\prod\limits_{p \leqslant a} p^{m(p)}} \Big| \dfrac{A}{\prod\limits_{p \leqslant a} p}$ ①.

由于 $b-a+1, b-a+2, \cdots, b$ 中有 $p^{m(p)}(p \leqslant a)$ 的倍数，结合 $b \geqslant 2a$ 得

$$\dfrac{B}{\prod\limits_{p \leqslant a} p^{m(p)}} \geqslant \prod\limits_{i=1}^{a-\pi(a)} (b-a+i) > a^{a-\pi(a)} \geqslant \dfrac{a!}{\prod\limits_{p \leqslant a} p} = \dfrac{A}{\prod\limits_{p \leqslant a} p},$$

其中 $\pi(a)$ 为不大于 a 的质数的个数. 与结论 ① 矛盾. 引理得证.

回到原题：首先，数列 $\{a_n\}$ 中无重复项. 否则，设 $a_i = a_j (i < j)$，取 $p > j$，则存在 r，使得 $a_1, a_2, \cdots, a_j$ 中没有模 p 余 r 的数，但模 p 余 a_i 的数有两个，矛盾.

下面归纳证明：数列 $\{a_n\}$ 中的前任意若干项为连续整数的一个排列.

当 $k = 1$ 时，a_1 可看作连续整数，结论成立.

设取 $k-1$ 时，$a_1, a_2, \cdots, a_{k-1}$ 为连续整数的一个排列，

设为 $\{a_1, a_2, \cdots, a_{k-1}\} = \{t+1, t+2, \cdots, t+k-1\}(k, t \in \mathbf{Z}, k \geqslant 2)$.

接下来证明：$a_k = t$ 或 $t+k$，则结论在 k 时成立.

事实上，由于数列 $\{a_n\}$ 中无相同项，于是 $a_k \geqslant t+k$ 或 $a_k \leqslant t$.

(1) 若 $a_k \geqslant t+k$. 假设 $a_k \neq t+k$，则 $a_k \geqslant t+k+1$. 令 $a_k = t+k+j(j \in \mathbf{Z}^+)$.

由于 $k+j-1 > k-1$，根据引理，不可能对于任意质数 p，均有 $k-1(\bmod p) \leqslant k+j-1(\bmod p)$.

于是，存在质数 $p, k-1(\bmod p) > k+j-1(\bmod p)$.

故 $k-1(\bmod p) \geqslant k+j(\bmod p) \geqslant 1$. 考虑 $a_1, a_2, \cdots, a_k$ 中模 p 余 $t+k+j$ 的数的个数 S.

由 $k-1(\bmod p) \geqslant k+j(\bmod p)$，故 $S = \left[\dfrac{k-1}{p}\right] + 1$.

其中，$\lceil x \rceil$ 表示不小于实数 x 的最小整数.

再考虑 $a_1, a_2, \cdots, a_k$ 中模 p 余 t 的数的个数 T.

由于 $k-1(\bmod p) \geqslant 1 \Rightarrow p \nmid (k-1)$，故 $T = \left[\dfrac{k-1}{p}\right]$.

从而 $S - T = \left(\left[\dfrac{k-1}{p}\right] - \left[\dfrac{k-1}{p}\right]\right) + 1 = 2$，与条件矛盾. 因此 $a_k = t+k$.

(2) 若 $a_k \leqslant t$，则 $-a_k \geqslant -t$. 考虑 $-a_1, -a_2, \cdots, -a_{k-1}, -a_k$. 由(1)得 $-a_k = -t$. 于是，$a_k = t$. 从而，结论在 k 时成立. 因此，由数学归纳法得数列 $\{a_n\}$ 的前任意若干项为连续整数的一个排列. 故对于任意的 $m \in \mathbf{Z}^+$，均有 $m! \mid a_1 a_2 \cdots a_n$.

例题 8 已知数列 $\{a_n\}$ 满足 $a_1 = a_2 = 1, a_{n+2} = a_{n+1} + a_n (n \in \mathbf{Z}^+)$. 证明：存在无数个正整数 k，使得 $2022 \mid (a_k^{2022} - a_k - 2)$.

方法讲解　首先,拓展 n 的取值为全体整数,

由 $a_1 = a_2 = 1$,$a_{n+2} = a_{n+1} + a_n (n \in \mathbf{Z})$ 知 $a_0 = 0$,$a_{-1} = 1$,$a_{-2} = -1$.

再设 $a_i \equiv b_i (\bmod 2022)$,且 $b_i \in \{0, 1, \cdots, 2021\}(i \in \mathbf{Z})$. 于是 $b_{i+2} \equiv b_{i+1} + b_i (\bmod 2022)$.

对于 $1 \leqslant s \leqslant 2022$,数组 (b_s, b_{s+1}) 均为 $\{(i, j) \mid 0 \leqslant i, j \leqslant 2021\}$ 中的元素,当 $1 \leqslant s \leqslant 2022^2 + 1$ 时,这样的数组 (b_s, b_{s+1}) 共有 $2022^2 + 1$ 个,但集合 $\{(i, j) \mid 0 \leqslant i, j \leqslant 2021\}$ 共有 2022^2 个元素,则必存在 s, t 满足 $1 \leqslant t < s \leqslant 2022^2 + 1$,且 $(b_s, b_{s+1}) = (b_t, b_{t+1})$,即 $b_s = b_t, b_{s+1} = b_{t+1}$.

于是 $b_{s+2} = b_{t+2}, b_{s-1} = b_{t-1}$. 进而 $b_{s+3} = b_{t+3}, b_{s-2} = b_{t-2}, \cdots$,即 $b_{s+m} = b_{t+m}(m \in \mathbf{Z})$.

从而,对于任意的 $k \in \mathbf{Z}$,有 $b_{s+(k-t)} = b_{t+(k-t)}$. 因此 $b_{k+(s-t)} = b_k$.

故对于任意的 $k \in \mathbf{Z}$,有 $a_{k+(s-t)} = a_k (\bmod 2022)$.

取 $k = -2 + (s-t)l(l \in \mathbf{Z}^+$,且 $l \geqslant 2)$,

则 $a_k^{2022} - a_k - 2 \equiv (-1)^{2022} - (-1) - 2 = 0 (\bmod 2022) \Rightarrow 2022 \mid (a_k^{2022} - a_k - 2)$.

由 l 的无穷性,易知,这样的 k 有无数个且均为正整数.

例题 9　已知 a, b 为不同的正有理数,使得存在无数个正整数 n,使得 $a^n - b^n$ 为正整数. 证明:a, b 均为正整数.

方法讲解　先证明一引理.

引理:若 p 为奇质数,$a, b, n \in \mathbf{N}^*$,$p \mid (a-b)$,$p \nmid b$,$a \neq b$,则 $p^\alpha \parallel n \Leftrightarrow p^\alpha \parallel \dfrac{a^n - b^n}{a - b}$. 其中 $p^\alpha \parallel q$ 表示 $p^\alpha \mid q$,且 $p^{\alpha+1} \nmid q(p, q \in \mathbf{N}^*, \alpha \in \mathbf{N})$.

引理的证明:设 $a - b = lp^\beta (p \nmid l, \beta \in \mathbf{N}^*)$,则

$$\frac{a^n - b^n}{a - b} = \frac{1}{lp^\beta}[(b + lp^\beta)^n - b^n] = \frac{1}{lp^\beta}[\mathrm{C}_n^1 lp^\beta b^{n-1} + \cdots + \mathrm{C}_n^k (lp^\beta)^k b^{n-k} + \cdots + (lp^\beta)^n]$$

$$= nb^{n-1} + \cdots + \frac{n}{k}\mathrm{C}_{n-1}^{k-1} l^{k-1} p^{\beta(k-1)} b^{n-k} + \cdots + l^{n-1} p^{\beta(n-1)} \quad ①.$$

设 $p^\gamma \parallel n$,只需证明 $p^\gamma \parallel \dfrac{a^n - b^n}{a - b}$ ②.

又 $p^\gamma \parallel nb^{n-1}$,而对 ① 式的其他项 $c_k \triangleq \dfrac{n}{k}\mathrm{C}_{n-1}^{k-1} l^{k-1} p^{\beta(k-1)} b^{n-k} (k > 1)$,

若能证得 $p^{\gamma+1} \mid c_k (k > 1)$ ③,则 ② 式成立.

要证结论 ③,只需 $p^{\gamma+1}$ 整除 $\dfrac{n}{k} p^{\beta(k-1)}$ 既约后的分子,即证 p 整除 $\dfrac{p^{\beta(k-1)}}{k}$ 既约后的分子 ④.

由 $p^{\beta(k-1)} > (1+1)^{k-1} > 1 + (k-1) = k$ 得 $\dfrac{p^{\beta(k-1)}}{k} > 1$.

这表明 $\dfrac{n}{k} p^{\beta(k-1)}$ 既约后的分子大于 1,但其分子应为 p 的幂,于是结论 ④ 成立.

引理得证.

回到原题:不妨设 $a = \dfrac{x}{z}, b = \dfrac{y}{z}(x, y, z \in \mathbf{N}^*)$,且 $(x, y, z) = 1$,则 $a^n - b^n \in \mathbf{Z} \Leftrightarrow z^n \mid (x^n - y^n)$.

分两种情况:

(1) $z = 2^k (k \in \mathbf{N})$.

若 $k = 0$,则 a, b 为正整数,原题得证.

若 $k \in \mathbf{N}^*$,可设 $2^\alpha \parallel (x^2 - y^2)$,对于任意的 $n \in \mathbf{N}^*$,均有 $z^n \mid (x^n - y^n)$.

设 $n = 2^k l(l$ 为奇数$)$,则 $2^n \mid (x^n - y^n)$ ⑤.

因为 $(x, y, z) = 1$,所以 x, y 均为奇数,

$$x^n - y^n = x^{2^k l} - y^{2^k l} = (x^{2^k} - y^{2^k})[x^{2^k(l-1)} + \cdots + y^{2^k(l-1)}]$$

$$= (x^2 - y^2)(x^2 + y^2) \cdots (x^{2^{k-1}} + y^{2^{k-1}}) [x^{2^k(l-1)} + \cdots + y^{2^k(l-1)}].$$

注意到,

$2^{\alpha} \| (x^2 - y^2), 2 \| (x^2 + y^2), 2 \| (x^4 + y^4), \cdots, 2 \| (x^{2^{k-1}} + y^{2^{k-1}}), 2 \nmid [x^{2^k(l-1)} + \cdots + y^{2^k(l-1)}].$

于是 $2^{\alpha+(k-1)} \| (x^n - y^n)$. 再由结论 ⑤,有 $n \leqslant \alpha + (k-1)$.

又 $n = 2^k l \geqslant 2^k$,从而 $k \leqslant \log_2 n$.

故 $n \leqslant \alpha + \log_2 n - 1$ 只能对有限多个 n 成立,矛盾.

(2) 存在质数 $p, p \mid z$. 设 k 为满足 $p \mid (x^k - y^k)$ 的最小正整数.

若 $n \in \mathbf{N}^*, p \mid (x^n - y^n)$,即 $x^n \equiv y^n \pmod{p}$,则 $(xy^{-1})^n \equiv 1 \pmod{p}$ ⑥,其中,y^{-1} 为 y 模 p 的数论倒数.

因为 $x^k \equiv y^k \pmod{p}$,所以 $(xy^{-1})^k \equiv 1 \pmod{p}$ ⑦.

由 ⑥⑦ 两式知 $k \mid n$. 设 $p^{\alpha} \| (x^k - y^k)$,$p^{\beta} \| \dfrac{n}{k}$,则 $\dfrac{n}{k} \geqslant p^{\beta} \Rightarrow \log_p n \geqslant \beta$ ⑧.

由引理知 $p^{\beta} \| \dfrac{x^n - y^n}{x^k - y^k}$. 于是 $p^{\alpha+\beta} \| (x^n - y^n)$.

因为 $z^n \mid (x^n - y^n)$,所以 $p^n \mid (x^n - y^n)$.

结合上面两式及 ⑧ 式得 $n \leqslant \alpha + \beta \leqslant \alpha + \log_p n \Rightarrow n \leqslant \alpha + \log_p n$.

上式只能对有限个 n 成立,矛盾. 证毕.

例题 10 对实数 $x(x > 1)$,用 $f(x)$ 表示小于 x 的最大完全平方数. 给定的整数列 $\{a_n\}(n \geqslant 1)$ 满足:对任意整数 $n(n \geqslant 2000)$,有 $a_n = a_{f(f(n))} + a_{n-f(n)}$. 证明:对任意正奇数 d,存在正整数 m,使得 $d \mid a_m$.

方法讲解 记 $N = 10^9$,考虑 $b_k = 9N^{2^k} (k = 1, 2, \cdots)$.

记 $S_k = a_{b_1} + a_{b_2} + \cdots + a_{b_k} (k = 1, 2, \cdots, d+1)$.

由抽屉原理,存在 $1 \leqslant u < v \leqslant d+1$,使得 $S_u \equiv S_v \pmod{d}$,即 $\sum\limits_{i=u+1}^{v} a_{b_i} \equiv 0 \pmod{d}$ ①.

下面证明:对 $t = u+1, u+2, \cdots, v$,有 $a_{b_{u+1}} + a_{b_{u+2}} + \cdots + a_{b_t} = a_{b_{u+1}+b_{u+2}+\cdots+b_t}$ ②.

由 t 归纳证明结论 ②.

当 $t = u+1$ 时,结论 ② 显然成立.

假设 $u+1 < t < v$ 时,$a_{b_{u+1}} + a_{b_{u+2}} + \cdots + a_{b_{t-1}} = a_{b_{u+1}+b_{u+2}+\cdots+b_{t-1}}$.

下面只需证明 $a_{b_t} + a_{b_{u+1}} + a_{b_{u+2}} + \cdots + a_{b_{t-1}} = a_{b_{u+1}+b_{u+2}+\cdots+b_t}$ ③.

由 $\{a_n\}(n \geqslant 1)$ 在 $n \geqslant 2000$ 时的递推式知,③ 式成立的一个充分条件是

$b_t = f(f(b_{u+1} + b_{u+2} + \cdots + b_t))$ ④.(显然 $b_{u+1} + b_{u+2} + \cdots + b_t \geqslant b_{u+1} \geqslant N > 2000$)

由于 $b_t = 9N^{2^t} = (3N^{2^{t-1}})^2$,于是 ④ 式等价于

$$b_{u+1} + b_{u+2} + \cdots + b_t \in ((3N^{2^{t-1}} + 1)^2, (3N^{2^{t-1}} + 2)^2] \quad ⑤.$$

由 $t > u+1$ 知,

$$b_{u+1} + b_{u+2} + \cdots + b_t \geqslant b_t + b_{t-1} = 9N^{2^t} + 9N^{2^{t-1}} > 9N^{2^t} + 6N^{2^{t-1}} + 2 > (3N^{2^{t-1}} + 1)^2.$$

又注意到

$$b_{u+1} + b_{u+2} + \cdots + b_t \leqslant 9N^{2^t} + \sum_{i=0}^{2^{t-1}} 9N^i \leqslant 9N^{2^t} + 9N^{2^{t-1}} \frac{N}{N-1} < (3N^{2^{t-1}} + 2)^2,$$

于是结论 ⑤ 成立,从而 ④③ 式也成立,进而结论 ② 对 t 成立.

由归纳法知结论 ② 得证. 在结论 ② 中,令 $t = v$,并结合 ① 式即知 $a_{b_{u+1}+b_{u+2}+\cdots+b_v} = \sum\limits_{i=u+1}^{v} a_{b_i} \equiv 0 \pmod{d}$.

从而,令 $m = b_{u+1} + b_{u+2} + \cdots + b_v$,即可使得 $d \mid a_m$. 因此,原命题得证.

例题 11 定义 n 的度为 $\deg(n) = \alpha_1 + \alpha_2 + \cdots + \alpha_n$，其中 n 的标准分解为 $n = p_1^{\alpha_1} p_2^{\alpha_2} \cdots p_k^{\alpha_k}$，其中 p_i 为互不相等的质数，a_i 为正整数。证明：存在 2018 个连续的正整数，这 2018 个数中恰有 1000 个数的度小于 11。

方法讲解 我们先证明如下引理：

引理：存在 l 个连续的正整数，使得这 l 个数中没有数的度小于 $t(t \geqslant 2)$。

引理的证明：我们对 t 作数学归纳。

当 $t = 2$ 时，只需证明存在 l 个连续正整数都是合数。

我们取 $(l+1)! + 2, (l+1)! + 3, \cdots, (l+1)! + (l+1)$ 即可。

假设取 $2, 3, \cdots, t-1(t \geqslant 3)$ 时结论成立，我们证明取 t 时也成立。

假设 $x+1, \cdots, x+l$ 这 l 个数的度都不小于 $(t-1)$，现在考虑 l 个数 $(x+l)! + x+1, (x+l)! + x+2, \cdots, (x+l)! + x+l$，显然这 l 个连续正整数每个的度都不小于 t。由归纳法知引理成立。

回到原题：由于 $2^{11} = 2048 > 2019$，故前 2018 个正整数的度都小于 11。

令 $w(x)$ 表示 $x+1, x+2, \cdots, x+2018$ 中度小于 11 的数的个数，于是 $w(1) = 2018$。

同时由引理我们知道，存在 2018 个连续正整数，这 2018 个正整数的度均不小于 11，故存在正整数 y 使得 $w(y) = 0$，易知 $w(z) - 1 \leqslant w(z+1) \leqslant w(z) + 1$，故 $|w(z+1) - w(z)| \leqslant 1$，由 $w(1) = 2018$，$w(y) = 0$，$w(z) \in \mathbf{N}$，从而 z 取遍 $1, 2, \cdots, y$ 时，$w(z)$ 取遍 $0, 1, \cdots, 2018$，故存在 z_0 使得 $w(z_0) = 1000$，结论成立。

注 构造 2018 个连续且度不小于 11 的正整数也可直接由中国剩余定理得到：直接解同余方程组 $x \equiv -1 (\bmod p_1^{11})$, $x \equiv -2 (\bmod p_2^{11})$, $\cdots$, $x \equiv -2018 (\bmod p_{2018}^{11})$，得到 x，则 $x+1, x+2, \cdots, x+2018$ 的度均不小于 11。

例题 12 求最小正整数 n，使得任何 n 元正整数集合 A 中都有 15 个元素，其和能被 15 整除。

方法讲解 设 A 有 28 个元素，模 15 余 1 和模 15 余 2 各 14 个。若 A 有 15 个元素，其和能被 15 整除，设其中 $x(1 \leqslant x \leqslant 14)$ 个模 15 余 1，$15-x$ 个模 15 余 2，则 $x + 2(15-x) \equiv 0 (\bmod 15)$，即 $x \equiv 0 (\bmod 15)$，矛盾，故必 $n \geqslant 29$。下证任何 29 元正整数集合 A 中都有 15 个元素，其和能被 15 整除。

引理 1：任何 5 元正整数集 B 中必有 3 个元素，其和能被 3 整除。

证明：若 B 有 3 个元素属于模 3 的同一剩余类，则这 3 个数满足要求；否则，B 中有 1 个模 3 的完全剩余系，这 3 个元素当然也满足要求。证毕。

引理 2：任何 9 元正整数集 C 中必有 5 个元素，其和能被 5 整除。

证明：C 中元素记为 $x_i(i = 1, 2, \cdots, 9)$。若 C 中任何 5 个元素 $x_{i_1}, x_{i_2}, x_{i_3}, x_{i_4}, x_{i_5}(1 \leqslant i_1 < i_2 < i_3 < i_4 < i_5 \leqslant 9)$ 之和均不能被 5 整除。由费马小定理有

$$(x_{i_1} + x_{i_2} + x_{i_3} + x_{i_4} + x_{i_5})^4 \equiv 1 (\bmod 5) \quad ①.$$

形如 ① 式的式子共有 C_9^5 个，将它们全相加，有

$$\sum (x_{i_1} + x_{i_2} + x_{i_3} + x_{i_4} + x_{i_5})^4 \equiv C_9^5 (\bmod 5) \quad ②.$$

② 式左边是一些形如 $x_{j_1}^{n_1} \cdots x_{j_t}^{n_t}(1 \leqslant t \leqslant 4, n_1, \cdots, n_t \in \mathbf{N}^*, n_1 + \cdots + n_t = 4)$ 的项的和，且有 C_{9-t}^{5-t} 个形如 ① 的式子含有 $x_{j_1}^{n_1} \cdots x_{j_t}^{n_t}$。由于 $1 \leqslant t \leqslant 4$ 时，$C_{9-t}^{5-t} \equiv 0 (\bmod 5)$，故 ② 式左边模 5 余 0，但显然有 $C_9^5 \equiv 1 (\bmod 5)$，矛盾。引理 2 得证。

回到原题：现设 A 有 29 个元素。由引理 2，可从中选出 $x_{11}, \cdots, x_{15}$，其和能被 5 整除，设商为 y_1；从余下的 24 个元素中选出 $x_{21}, \cdots, x_{25}$，其和能被 5 整除，设商为 y_2；再从余下的 19 个元素中选出 $x_{31}, \cdots, x_{35}$，其和能被 5 整除，设商为 y_3；再从余下的 14 个元素中选出 $x_{41}, \cdots, x_{45}$，其和能被 5 整除，设商为 y_4；最后从余下的 9 个元素中选出 $x_{51}, \cdots, x_{55}$，其和能被 5 整除，设商为 y_5。

由引理 1，可从 y_1, y_2, y_3, y_4, y_5 中选出 3 个，其和能被 3 整除，于是对应的 3 组共 15 个 A 中元素的

和必能被 15 整除.

综上所述,所求的最小正整数 $n = 29$.

例题 13 设集合 $S \subseteq \{1,2,3,\cdots,100\}$. 已知对 S 中任意两个不同元素 a,b,都存在正整数 k 和 S 中的两个不同元素 c,d(允许等于 a 或 b),使 $c < d$,且 $a + b = c^k d$,求集合 S 中元素个数的最大值.

方法讲解 取 $S_0 = \{1,2,3,4,5,7,9,11,13,\cdots,89,91\}$ 为 48 元集合,下面验证集合 S_0 满足题意.

若取相同奇偶性的两数 $a,b \in S_0$,则 $a + b$ 为偶数,且 $4 \leqslant a + b \leqslant 89 + 91$.

当 $a + b \neq 2^t(t = 2,3,\cdots,7)$ 时,取 $c = 2$,k 为恰能使 2^k 整除 $a + b$ 的正整数,此时 $\dfrac{a+b}{2^k}$ 必为一个小于 91 且不等于 1 的奇数,令它为 d 即可.

当 $a + b = 2^t(t = 3,4,\cdots,7)$ 时,可取 $k = t - 2,c = 2,d = 4$.

当 $a + b = 4$ 时,可取 $k = c = 1,d = 4$.

若取不同奇偶性的两数 $a,b \in S_0$,则 $a + b$ 为奇数,且 $3 \leqslant a + b \leqslant 4 + 91 = 95$.

当 $a + b \in \{3,4,\cdots,91\}$ 时,可取 $k = c = 1,d = a + b$.

当 $a + b = 93$ 时,可取 $k = 1,c = 3,d = 31$.

当 $a + b = 95$ 时,可取 $k = 1,c = 5,d = 19$.

于是 S_0 满足题意.下面证明满足题意的集合 S 的元素个数不超过 48 个.

设 $S = \{a_1,a_2,\cdots,a_n\}$,且 $a_1 < a_2 < \cdots < a_n$.

引理 $1:a_1 = 1$.

证明:假设 $a_1 \geqslant 2$,则 $a_m^k a_l = a_1 + a_2 < 2a_2 \leqslant a_1^k a_2 \leqslant a_m^k a_l,1 \leqslant m < l \leqslant n$,矛盾.

引理 2:若 $a_2 = t,t \geqslant 2$,则 $a_i = t - 2 + i,i = 2,3,\cdots,t^2 + 1$.

证明:用归纳法,当 $t = 2$ 时,显然成立.

设 $i = i_0$ 时,$a_{i_0} = t - 2 + i_0,i_0 < t^2 + 1$,则由已知条件可得,存在 $m,l(1 \leqslant m < l \leqslant n)$,使 $1 + a_{i_0} = a_m^k a_l$.

若 $m \geqslant 2$,则 $a_m^k a_l \geqslant a_m a_l \geqslant t(t + 1) > 1 + (t - 2 + i_0) = 1 + a_{i_0}$,矛盾.所以 $m = 1$.

于是 $1 + a_{i_0} = a_l$,此时 $a_{i_0+1} = a_l = t - 2 + (i_0 + 1)$.

所以当 $i = i_0 + 1$ 时成立.由归纳法知,引理 2 成立.

引理 3:若质数 $p \notin S$,则不存在 $m,l(1 \leqslant m < l \leqslant n)$,使 $a_m + a_l = p$.

证明:当质数 $p \notin S$ 时,显然 p 不能表示成 $c^k d$ 的形式,其中 $c,d \in S$.

结合已知条件可知,不存在这样的 a_m,a_l.

回到原题:下面证明 $n \leqslant 48$.

由引理 1 知 $a_1 = 1$.

当 $a_2 = 2$ 时,由引理 2 知 $a_3 = 3,a_4 = 4$.

对质数 101 用引理 3 知 $97,98,99,100 \notin S$.对质数 97 用引理 3 知,48 个数对 $(1,96),(2,95),\cdots,(48,49)$ 中,每对至多仅有 1 个数属于 S,故 $n \leqslant 48$.

当 $3 \leqslant a_2 \leqslant 6$ 时,用引理 2 可知,总有 $6,7,8,9 \in S$.由于 $97 + 6 = 103,98 + 9 = 99 + 8 = 100 + 7 = 107$,故对质数 $103,107$ 用引理 3 知 $97,98,99,100 \notin S$.与 $a_2 = 2$ 的情形相仿,故 $n \leqslant 48$.

当 $a_2 \geqslant 7$ 时,对质数 107 用引理 3 知,47 个数对 $(7,100),(8,99),\cdots,(53,54)$ 中,每对至多仅有 1 个数属于 S,故 $n \leqslant 47 + 1 = 48$.

综上所述,集合 S 中元素个数的最大值为 48.

例题 14 求同时满足下列两个条件的多项式 $f(x) = ax^3 + bx$ 的个数:

$(1)a,b \in \{1,2,\cdots,2013\}$;

$(2)f(1),f(2),\cdots,f(2013)$ 中任意两数之差都不是 2013 的倍数.

方法讲解 **方法一**：注意到 $2013 = 3 \times 11 \times 61$. 条件即要求 $f(x)(x \in \mathbf{Z})$ 遍历模 2013 的完全剩余系，也即等价于 $f(x)(x \in \mathbf{Z})$ 遍历模 $3,11,61$ 的完全剩余系.

对于任意奇质数 p，若 $f(x)$ 遍历模 p 的完全剩余系，即等价于对于任意 $m \not\equiv n \pmod{p}$，有

$$f(m) \not\equiv f(n) \pmod{p} \Leftrightarrow am^3 + bm \not\equiv an^3 + bn \pmod{p}$$
$$\Leftrightarrow (m-n)[a(m^2 + mn + n^2) + b] \not\equiv 0 \pmod{p}$$
$$\Leftrightarrow a(m^2 + mn + n^2) + b \not\equiv 0 \pmod{p}$$
$$\Leftrightarrow a[(2m+n)^2 + 3n^2] + 4b \not\equiv 0 \pmod{p}.$$

因为 $m \not\equiv n \pmod{p}$，所以 $2m + n \equiv 0 \pmod{p}$ 和 $n \equiv 0 \pmod{p}$ 不可能同时成立.

(1) 若 $f(x)$ 遍历模 3 的完全剩余系，即要求

$$a[(2m+n)^2 + 3n^2] + 4b \equiv a(2m+n)^2 + b \not\equiv 0 \pmod{3}.$$

显然，若 $m \not\equiv n \pmod{3}$，则 $2m + n \not\equiv 0 \pmod{3}$，从而 $(2x+y)^2 \equiv 1 \pmod{3}$，所以条件即等价于 $a + b \not\equiv 0 \pmod{3}$.

(2) 若 $f(x)$ 遍历模 11 的完全剩余系，即要求 $a[(2m+n)^2 + 3n^2] + 4b \not\equiv 0 \pmod{11}$.

根据二次互反律知 $\left(\dfrac{-3n^2}{11}\right) = \left(\dfrac{-1}{11}\right)\left(\dfrac{3}{11}\right) = (-1)^{\frac{11-1}{2}} \cdot \left(\dfrac{11}{3}\right) \cdot (-1)^{\frac{3-1}{2} \cdot \frac{11-1}{2}} = \left(\dfrac{2}{3}\right) = -1$，所以 $(2m+n)^2 + 3n^2 \not\equiv 0 \pmod{11}$.

另外，取 $n = 0$，显然 $(2m+n)^2 + 3n^2$ 可以遍历模 11 的 5 个二次剩余. 又因为 $\left(\dfrac{3n^2}{11}\right) = \left(\dfrac{3}{11}\right) = \left(\dfrac{11}{3}\right) \cdot (-1)^{\frac{3-1}{2} \cdot \frac{11-1}{2}} = -\left(\dfrac{2}{3}\right) = 1$，取 m 使得 $(2m+n)^2 \equiv 3n^2 \pmod{11}$，则 $(2m+n)^2 + 3n^2 \equiv 2(2m+n)^2 \pmod{11}$. 而 $\left(\dfrac{2(2m+n)^2}{11}\right) = \left(\dfrac{2}{11}\right) = (-1)^{\frac{11^2-1}{8}} = -1$，这说明 $(2m+n)^2 + 3n^2$ 可以遍历模 11 的 5 个二次非剩余.

综上所述，$(2m+n)^2 + 3n^2$ 恰可遍历模 11 的简化剩余系. 于是条件即等价于 a,b 中恰有一个能被 11 整除.

(3) 若 $f(x)$ 遍历模 61 的完全剩余系，即要求 $a[(2m+n)^2 + 3n^2] + 4b \not\equiv 0 \pmod{61}$.

根据二次互反律知 $\left(\dfrac{-3n^2}{61}\right) = \left(\dfrac{-1}{61}\right)\left(\dfrac{3}{61}\right) = (-1)^{\frac{61-1}{2}} \cdot \left(\dfrac{61}{3}\right) \cdot (-1)^{\frac{3-1}{2} \cdot \frac{61-1}{2}} = \left(\dfrac{1}{3}\right) = 1$，所以存在 m,n，使得 $m \not\equiv n \pmod{61}$，而 $(2m+n)^2 + 3n^2 \equiv 0 \pmod{61}$.

另外，取 $n = 0$，显然 $(2m+n)^2 + 3n^2$ 可以遍历模 61 的 30 个二次剩余. 又因为 $\left(\dfrac{3n^2}{61}\right) = \left(\dfrac{3}{61}\right) = \left(\dfrac{61}{3}\right) \cdot (-1)^{\frac{3-1}{2} \cdot \frac{61-1}{2}} = 1$，取 m 使得 $(2m+n)^2 \equiv 3n^2 \pmod{61}$，则 $(2m+n)^2 + 3n^2 \equiv 2(2m+n)^2 \pmod{61}$. 而 $\left(\dfrac{2(2m+n)^2}{61}\right) = \left(\dfrac{2}{61}\right) = (-1)^{\frac{61^2-1}{8}} = -1$，这说明 $(2m+n)^2 + 3n^2$ 可以遍历模 61 的 30 个二次非剩余.

综上所述，$(2m+n)^2 + 3n^2$ 恰可遍历模 61 的完全剩余系. 于是条件即等价于要求 $61 \mid a$，而 $61 \nmid b$.

综合上述讨论，所有满足条件的 a,b 为

$$\begin{cases} a + b \not\equiv 0 \pmod{3}, \\ a \not\equiv 0 \pmod{11}, \\ b \equiv 0 \pmod{11}, \\ a \equiv 0 \pmod{61}, \\ b \not\equiv 0 \pmod{61}, \\ 1 \leqslant a, b \leqslant 2013, \end{cases} \quad 或 \quad \begin{cases} a + b \not\equiv 0 \pmod{3}, \\ a \equiv 0 \pmod{11}, \\ b \not\equiv 0 \pmod{11}, \\ a \equiv 0 \pmod{61}, \\ b \not\equiv 0 \pmod{61}, \\ 1 \leqslant a, b \leqslant 2013. \end{cases}$$

综上所述,满足条件的 (a,b) 共有 $(3\times10\times1)\times(2\times1\times60)+(3\times1\times1)\times(2\times10\times60)=7200$ 组.

例题 15 设 S 是由正整数构成的无穷集合,记 $T=\{x+y\mid x,y\in S,x\neq y\}$. 若 $\{p\mid p$ 为质数,$p\equiv1\pmod 4$,存在 $x\in T$,使得 $p\mid x\}$ 为有限集,证明:集合 $\{p\mid p$ 为质数,存在 $x\in S$,使得 $p\mid x\}$ 为无穷集.

方法讲解 我们先证明一个引理:

引理:若 X 为一个无穷正整数集合,则集合 $\{p\mid p$ 为质数,存在 $x,y\in X,x\neq y$,使得 $p\mid(x+y)\}$ 为无穷集.

引理的证明:设 X 中的元素从小到大依次为 $a_1<a_2<\cdots$.

若集合 $\{p\mid p$ 为质数,存在 $x,y\in X,x\neq y$,使得 $p\mid(x+y)\}$ 为有限集,设该集合为 $\{p_1,p_2,\cdots,p_t\}$. 取定充分大的 $k>t+2$,且使得 $a_k>a_{t+1}{}^t$. 设

$$a_i+a_k=p_1^{\alpha_1^{(i)}}\cdot p_2^{\alpha_2^{(i)}}\cdots\cdot p_t^{\alpha_t^{(i)}}\quad(1\leqslant i\leqslant t+1).$$

定义 $f(i)=\max\{p_1^{\alpha_1^{(i)}},p_2^{\alpha_2^{(i)}},\cdots,p_t^{\alpha_t^{(i)}}\}(1\leqslant i\leqslant t+1)$,则 $f(i)\geqslant\sqrt[t]{a_i+a_k}>\sqrt[t]{a_{t+1}{}^t}=a_{t+1}$.

根据抽屉原理,存在 $i,j(1\leqslant i<j\leqslant t+1)$,使得 $f(i)$ 与 $f(j)$ 为同一个质数的幂. 设 $f(i)=p_s^\alpha$,$f(j)=p_s^\beta$,则

$$\min\{f(i),f(j)\}\mid(a_i+a_k),\min\{f(i),f(j)\}\mid(a_j+a_k).$$

于是知 $\min\{f(i),f(j)\}\mid(a_j-a_i)$.

而 $\min\{f(i),f(j)\}>a_{t+1}>a_j-a_i>0$,这就得到矛盾.

综上所述,引理得证.

回到原题:设 $S=\{a_1,a_2,\cdots\}\subseteq\mathbf{Z}^+$.

记 $Q=\{p\mid p$ 为质数,$p\equiv1\pmod 4$,存在 $x\in T$,使得 $p\mid x\}$,根据条件知 Q 为有限集.

若结论不成立,设 $P=\{p\mid p$ 为质数,存在 $x\in S$,使得 $p\mid x\}=\{p_1,p_2,\cdots,p_t\}$ 为有限集. 对于每个 $a_n\in S$,设 $a_n=\prod_{i=1}^t p_i^{\alpha_i^{(n)}}\ (n\in\mathbf{Z}^+)$

考虑 Z_2 上的 t 元向量 $e_n=(\alpha_1^{(n)},\alpha_2^{(n)},\cdots,\alpha_t^{(n)})(n\in\mathbf{Z}^+)$. 根据抽屉原理,存在一个 t 元向量 e,使得存在无数个 $e_n=e$. 记所有这样的 n 对应的 a_n 构成的集合为 S'.

因为 S' 为无穷集,根据引理知,存在 S' 中的两个不同元素 a_m,a_n,使得 a_m+a_n 存在奇素因子 $p>\max(P\bigcup Q)$. 因为 $e_m=e_n=e$,且 $a_m\neq a_n$,故存在两个不全为 1 的且互质的正整数 u,v,使得

$$a_m+a_n=\prod_{i=1}^t p_i^{\alpha_i^{(m)}}+\prod_{i=1}^t p_i^{\alpha_i^{(n)}}=\prod_{i=1}^t p_i^{\min\{\alpha_i^{(m)},\alpha_i^{(n)}\}}\cdot(u^2+v^2).$$

因为 $p\mid(a_m+a_n)$,且 $p\notin P$,故 $p\mid(u^2+v^2)$,故必有 $p\equiv1\pmod 4$,从而 $p\in Q$.

而 $p>\max(P\bigcup Q)$,这就得到矛盾.

综上所述,命题得证.

例题 16 求 $(1,2,\cdots,2021)$ 的所有排列 $(a_1,a_2,\cdots,a_{2021})$,使得对任意满足 $|m-n|>20^{21}$ 的正整数 m,n,都有以下不等式成立:$\sum_{i=1}^{2021}\gcd(m+i,n+a_i)<2|m-n|$.

方法讲解 先证明:当 $(a_1,a_2,\cdots,a_{2021})=(1,2,\cdots,2021)$ 时,满足条件.

不失一般性,假设 $m-n=s>20^{21}$,则

$$\sum_{i=1}^{2021}\gcd(m+i,n+a_i)=\sum_{i=1}^{2021}\gcd(m+i,n+i)$$

$$=\sum_{i=1}^{2021}\gcd(m-n,n+i)=\sum_{i=1}^{2021}\gcd(s,n+i)\quad①.$$

令 $d_i = \gcd(s, n+i)$，则对任意 $1 \leqslant i < j \leqslant 2021$，有 $d_i \mid s, d_j \mid s$. 从而

$$d_i d_j \mid s \cdot \gcd(d_i, d_j) \Rightarrow d_i d_j \mid s \cdot \gcd(n+i, n+j) \Rightarrow d_i d_j \mid s(j-i)$$
$$\Rightarrow d_i d_j \leqslant s(j-i) \leqslant 2020s.$$

上式表明，至多只有一个 $d_i > \sqrt{2020s}$，且每个 d_i 均不大于 s. 于是知

$$\sum_{i=1}^{2021} \gcd(m+i, n+a_i) = \sum_{i=1}^{2021} d_i \leqslant s + 2020\sqrt{2020s} < s + s = 2|m-n|.$$

故 $(a_1, a_2, \cdots, a_{2021}) = (1, 2, \cdots, 2021)$ 满足条件.

再证明：若 $(a_1, a_2, \cdots, a_{2021}) \neq (1, 2, \cdots, 2021)$，则不满足条件，只需证明：存在正整数 m, n 满足 $|m-n| > 20^{21}$，且 $\sum_{i=1}^{2021} \gcd(m+i, n+a_i) \geqslant 2|m-n|$.

考虑 2021 个差 $a_1 - 1, a_2 - 2, \cdots, a_{2021} - 2021$，设其中最大的一个为 $a_r - r$，最小的一个为 $a_t - t$，则 $a_r - r > 0 > a_t - t$. 此时，对任意正整数 m, n，有

$$\sum_{i=1}^{2021} \gcd(m+i, n+a_i)$$
$$\geqslant \gcd(m+r, n+a_r) + \gcd(m+t, n+a_t) + 2019$$
$$= \gcd(m+r, n-m+a_r-r) + \gcd(m+t, n-m+a_t-t) + 2019 \quad ②.$$

任意取定正整数 $s > 20^{21}$，使得 $s \equiv t - a_t + 1 (\mathrm{mod}\,(a_r - r) - (a_t - t))$，则
$(s + a_r - r, s + a_t - t) = ((a_r - r) - (a_t - t), s + a_t - t) = ((a_r - r) - (a_t - t), 1) = 1$.
于是根据中国剩余定理，存在正整数 m，使得

$$\begin{cases} m \equiv -r (\mathrm{mod}\, s + a_r - r), \\ m \equiv -t (\mathrm{mod}\, s + a_t - t). \end{cases}$$

再取 $n = m + s$，则根据 ② 知

$$\sum_{i=1}^{2021} \gcd(m+i, n+a_i)$$
$$\geqslant \gcd(m+r, n-m+a_r-r) + \gcd(m+t, n-m+a_t-t) + 2019$$
$$= \gcd(m+r, s+a_r-r) + \gcd(m+t, s+a_t-t) + 2019$$
$$= (s+a_r-r) + (s+a_t-t) + 2019$$
$$\geqslant 2s + 2020 + (a_t - t)$$
$$\geqslant 2s + 2020 + (1 - 2021)$$
$$= 2s = 2|m-n|.$$

综上所述，满足条件的 $(a_1, a_2, \cdots, a_{2021}) = (1, 2, \cdots, 2021)$.

例题 17 求所有正整数组 (p, n, k)，其中 p 为费马质数（即形如 $2^r + 1$ 的质数，r 为正整数），且 $p^n + n = (n+1)^k$.

方法讲解 由 p 为质数知 $r = 2^s$，原方程可写成 $p^n - 1 = (2^{2^s} + 1)^n - 1 = (n+1)[(n+1)^{k-1} - 1]$.
当 $n = 1$ 时，$2^{2^s} + 2 = 2^k$. 由 $k > 1$，右边被 4 整除，故必 $s = 0$，得一组解 $(3, 1, 2)$.
当 $n \geqslant 2$ 时，设它的最小质因子为 q，由 $(n+1)^{k-1} - 1$ 被 $n+1-1 = n$ 整除得 $p^n \equiv 1 (\mathrm{mod}\, q)$.
由费马定理得 $p^{q-1} \equiv 1 (\mathrm{mod}\, q)$，但 $q-1$ 与 n 互质，故 q 整除 $p - 1 = 2^{2^s}$，必 $q = 2$，即 n 为偶数.
此时由于 $p^2 - 1$ 被 $8 = 2^3$ 整除，故 $\alpha_2(p^n - 1) = \alpha_2(p^2 - 1) + \alpha_2(n) - 1 \geqslant \alpha_2(n) + 2$，
当 $k-1$ 为奇数时，$\alpha_2((n+1)((n+1)^{k-1} - 1)) = \alpha_2((n+1)^{k-1} - 1) = \alpha_2(n+1-1) = \alpha_2(n)$，矛盾.
因此必 $k-1$ 为偶数（k 为奇数）.
若 $p = 3$，由 $k-1$ 被 $p-1 = 2$ 整除及费马定理得 $(n+1)^{k-1} - 1$ 被 p 整除，矛盾.

因此 $p>3(s\geqslant 1).p\equiv 1(\bmod 4)$.

此时 $\alpha_2((n+1)^{k-1}-1)=\alpha_2((n+1)^2-1)+\alpha_2(k-1)-1=\alpha_2(n)+\alpha_2(n+2)+\alpha_2(k-1)-1$,

故 $\alpha_2(p^2-1)=\alpha_2(p-1)+\alpha_2(p+1)=\alpha_2(n+2)+\alpha_2(k-1)$.

由于 $k-1$ 不被 $p-1=2^s$ 整除,故 $\alpha_2(k-1)<\alpha_2(p-1),\alpha_2(n+2)>\alpha_2(p+1)$,

故 $n+2$ 被 4 整除,从而 $n\equiv 2(\bmod 4)$.

当 $p>5(s\geqslant 2)$ 时,由 $4\mid 2^s$ 及 $2^4\equiv 1(\bmod 5)$ 得到 $p\equiv 2(\bmod 5)$.

结合 $n\equiv 2(\bmod 4)$ 及 k 为奇数得到 $4+n\equiv n+1$ 或 $(n+1)^3(\bmod 5)$.

直接验算可知无整数解.

当 $p=5$ 时,$\alpha_2(n+2)+\alpha_2(k-1)=\alpha_2(5^2-1)=3,\alpha_2(k-1)<\alpha_2(5-1)=2$,

故 $\alpha_2(k-1)=1,\alpha_2(n+2)=2$,从而 $k\equiv 3(\bmod 4),n\equiv 2(\bmod 8)$.

由 $n\equiv(n+1)^3(\bmod 5)$ 直接验算得 $n\equiv 2(\bmod 5)$.

当 $n=2$ 给出解 $(5,2,3)$.

当 $n>2$ 时,由于它不被 4 整除,必有奇质因子,设 n 的最小奇质因子为 u.

同上,由 $5^n\equiv 1(\bmod u),5^{u-1}\equiv 1(\bmod u)$ 及 $(n,u-1)=2$ 得到 u 整除 $5^2-1=24$,故 $u=3$.

再由 $\alpha_3(5^n-1)=\alpha_3(5^2-1)+\alpha_3(\frac{n}{2})=1+\alpha_3(n)$ 和 $\alpha_3((n+1)^{k-1}-1)=\alpha_3(n)+\alpha_3(k-1)$,

得到 $\alpha_3(k-1)=1$.

故 $k\equiv 1(\bmod 3)$,结合 $k\equiv 3(\bmod 4)$ 得 $k\equiv 7(\bmod 12)$.

最后,由 $5^2\equiv -1(\bmod 13),\frac{n}{2}$ 为奇数及 $x^7\equiv\pm x(\bmod 13)$ 得 $-1+n\equiv\pm(n+1)(\bmod 13)$,

解出 $n\equiv 0(\bmod 13)$,矛盾.故当 $n>2$ 时无整数解.

因此,满足本题条件的 (p,n,k) 只有两组:$(3,1,2),(5,2,3)$.

◎ 三、课外训练

1. 设质数 $p\equiv 1(\bmod 4)$,证明:存在无数个正整数 m,使 $p(m-1)^2-1$ 为完全平方数.

2. 解方程:$2^x+3^y=z^2$.

3. 求所有的正整数 n,m,使得 $n^5+n^4=7^m-1$.

4. 证明:方程 $a^2+b^3=c^4$ 有无数组正整数解 $(a_i,b_i,c_i),i=1,2,\cdots$,使得对每个正整数 n,均有 c_n,c_{n+1} 互质.

5. 若 $n\in\mathbf{N}^*,p,q$ 均为质数,且满足 $pq\mid n^p+2,n+2\mid n^p+q^p$,证明:$\exists m\in\mathbf{N}^*$,使得 $q\mid 4^m\cdot n+2$.

6. 设 $f:\mathbf{N}^*\to\mathbf{N}^*$ 是 $\mathbf{N}^*$ 上的一个排列.

(1) 证明:存在一个由正整数构成的等差数列:$a,a+d,a+2d$,其中 $d>0$,使得 $f(a)<f(a+d)<f(a+2d)$.

(2) 是否存在正整数 $a,a+d,a+2d,\cdots,a+2007d$,其中 $d>0$,使得 $f(a)<f(a+d)<f(a+2d)<\cdots<f(a+2007d)$?

7. 证明:存在无数个质数,使得对于这些质数中的每个 p,至少存在一个 $n\in\mathbf{N}$,满足 $p\mid 2017^{2^n}+2017$.

8. 设 $a_1,a_2,\cdots,a_{100}$ 为 $1,2,\cdots,100$ 的一个排列,$S_k=a_1+a_2+\cdots+a_k$,问:$S_1,S_2,\cdots,S_{100}$ 中至多有多少个完全平方数?

9. 求使得对任意正整数 $n,\frac{a_0}{a_1}+\frac{a_0}{a_2}+\cdots+\frac{a_0}{a_n}+\frac{2017}{a_{n+1}}=1$ 均成立的正整数数列 $\{a_0,a_1,\cdots,a_{n+1}\}$ 所满

足的条件.

10. 证明：存在无数对互质的正整数 (m,n)，使得方程 $(x+m)^3 = nx$ 有三个不同的整数根.

11. 若 $n = p_1^{\alpha_1} p_2^{\alpha_2} \cdots p_t^{\alpha_t}$，其中 $p_1, p_2, \cdots, p_t$ 是不同质数，$\alpha_1, \alpha_2, \cdots, \alpha_t \in \mathbf{N}^*$，则称 $p_1^{\alpha_1}, p_2^{\alpha_2}, \cdots, p_t^{\alpha_t}$ 中最大的那个为 n 的最大质数幂因子. 设 $n_1, n_2, \cdots, n_{10000}$ 为 10000 个互不相同的正整数，并且它们的最大质数幂因子均相同. 证明：存在整数 $a_1, a_2, \cdots, a_{10000}$，使得 10000 个等差数列 $\{a_i + k n_i\}, i = 1, 2, \cdots, 10000$ 中，任意 2 个数列都没有公共项.

12. 给定正整数 n，证明：对任意不超过 $3n^2 + 4n$ 的正整数 a, b, c，均存在绝对值不超过 $2n$ 且不全为 0 的整数 x, y, z，使得 $ax + by + cz = 0$.

第四章 　 组合数学与图论

4.1 计数原理与计数公式

◎ 一、知识要点

计数是组合数学中最基本的内容,它是研究各类组合问题的基础.本节主要讲解计数的基本原理,包括加法原理、乘法原理及容斥原理.

组合数:从 n 个不同元素中任取 $k(k \leqslant n)$ 个元素形成一个组合,所有组合的个数叫作组合数,记为 $C_n^k(k \leqslant n)$.

$$C_n^k = \frac{n(n-1)\cdots(n-k+1)}{k(k-1)\cdots 1} = \frac{n!}{k!(n-k)!}.$$

排列数:从 n 个不同元素中任取 $k(k \leqslant n)$ 个元素排成一列,所有排列的个数叫作排列数,记为 $A_n^k(k \leqslant n)$.

$$A_n^k = n(n-1)\cdots(n-k+1).$$

加法原理:如果进行甲过程有 n 种方法,进行乙过程有 m 种方法,而这两个过程没有先后之别,互不影响,则进行甲过程或乙过程的方法总数为 $m+n$ 种.

乘法原理:如果进行甲过程有 n 种方法,进行乙过程有 m 种方法,则进行甲过程后接着进行乙过程的方法总数为 mn 种.

基于加法、乘法原理的分类计数方法是解决组合计数问题的基本方法.按一定的、统一的规则分类,根据加法、乘法分别做计算.要注意的是分类的合理性和技巧性,即不能遗漏也不能重复,同时尽量简化类别.通常在分类过程中,同层级的类是用加法原理,而类下面继续分类的不同层级的类之间则用乘法原理.

在应用加法原理的过程中,我们面临多个集合的并集中元素的计数问题.若干个集合的并集里面的元素可以属于某个集合,或者属于某几个集合.这个"或者"可以是不可兼的"或者",也可以是可兼的"或者",要计数就可能会重复遗漏.如果仅是两个集合的并集,我们分别计数两个集合的元素并相加,然后减去重复计数部分集合的公共元素.然而多个集合的并集的计数,元素的类别就很多,有只属于某一个集合的元素,有属于几个集合的元素,各种情形的讨论将比较复杂.容斥原理就是解决多个集合的并集的计数问题,它将问题转化成集合的交集来处理.也就是说,容斥原理将"或者"转化为"并且",明确地计数某些集合的公共元素.为了方便理解,我们将二个和三个集合的容斥原理单独写成如下定理.

定理 对任意三个有限集合 A,B,C,则有

$$|A \cup B| = |A| + |B| - |A \cap B|,$$

$$|A \cup B \cup C| = |A| + |B| + |C| - |A \cap B| - |A \cap C| - |B \cap C| + |A \cap B \cap C|.$$

其中 $|P|$ 表示集合 P 的元素的个数.

对于 n 个集合的容斥原理,基于上面的结论应用数学归纳法容易证明.

定理 设 $A_1,A_2,\cdots,A_n$ 为 n 个集合,则

$$|A_1 \bigcup A_2 \bigcup \cdots \bigcup A_n| = \sum_{i=1}^n |A_i| - \sum_{1\leqslant i<j\leqslant n} |A_i \bigcap A_j| + \sum_{1\leqslant i<j<k\leqslant n} |A_i \bigcap A_j \bigcap A_k|$$
$$+ \cdots + (-1)^{n-1}|A_1 \bigcap A_2 \bigcap \cdots \bigcap A_n|.$$

若要计算若干个集合补集的交集的个数,即求既不在集合 1,又不在集合 2,也不在集合 3…… 的元素个数.用数学归纳法及德·摩根(DeMorgan)定律:$\overline{A \bigcup B} = \overline{A} \bigcap \overline{B}, \overline{A \bigcap B} = \overline{A} \bigcup \overline{B}$,我们有以下结论.

定理 设 $A_1,A_2,\cdots,A_n$ 为 n 个集合,记 $\overline{A}_1,\cdots,\overline{A}_n$ 表示集合的补集,全集记为 S,则

$$|\overline{A}_1 \bigcap \overline{A}_2 \bigcap \cdots \bigcap \overline{A}_n| = |\overline{A_1 \bigcup A_2 \bigcup \cdots \bigcup A_n}| = |S| - |A_1 \bigcup A_2 \bigcup \cdots \bigcup A_n|.$$

◎ 二、例题讲解

例题 1 在数 $1 \sim 20$ 中选四个不同的数,按从小到大构成等差数列,问:共有多少种不同的选取方法?

方法讲解 设四个数从小到大依次为 a,b,c,d,根据等差数列的性质有 $d-a = 3d'$.换句话说,确定了这样的 a,d 就可以唯一决定出中间两个数 b,c.因为 a,d 满足差是 3 的倍数,我们将数 $1 \sim 20$ 按模 3 分类,

$$[0] = \{3,6,9,12,15,18\},$$
$$[1] = \{1,4,7,10,13,16,19\},$$
$$[2] = \{2,5,8,11,14,17,20\}.$$

于是 a,d 要属于同一类,根据各类计数,相加得到

$$C_6^2 + C_7^2 + C_7^2 = 15+21+21 = 57.$$

这个问题也可以按等差数列的首项来分类,比如选取数字 1 为等差数列首项的四个数,公差可以取 $1,2,\cdots,6(1+3\times 6 \leqslant 20)$.选取数字 2 为等差数列首项的四个数,等差也可以取 $1,2,\cdots,6(2+3\times 6 \leqslant 20)$.类似地,依次计算可得

$$\sum_{a=1}^{17}\left[\frac{20-a}{3}\right] = 6+6+3\times(5+4+3+2+1) = 57.$$

例题 2 从集合 $\{1,2,3,4,5,6\}$ 中依次选取三个不同的数 a_1,a_2,a_3,满足

$$|a_1 - a_2| + |a_2 - a_3| + |a_3 - a_1| = 6.$$

求这样选取的个数.

方法讲解 条件可以理解为求三个数的圆排列后数的两两相减(大减小)的和.因为只有三个数,则

$$|a_1 - a_2| + |a_2 - a_3| + |a_3 - a_1| = 2(\max\{a_1,a_2,a_3\} - \min\{a_1,a_2,a_3\}).$$

于是原条件就是选取三个数,最大数和最小数相差 3,按此分类,最大数、最小数分别是 4,1;5,2;6,3 这三类.每一类中间那个数有两个数字可以选择.

因此总的选取个数为

$$3!(2+2+2) = 36.$$

> **注** 对于 n 个数,有
>
> $$\sum_{i=1}^n |a_{i+1} - a_i| \geqslant 2(\max\{a_1,a_2,\cdots,a_n\} - \min\{a_1,a_2,\cdots,a_n\}), a_{n+1} = a_1.$$

例题 3 已知整数 $n \geqslant 3$, 记 $(a_1, a_2, \cdots, a_n)$ 为 $1, 2, \cdots, n$ 的一个圆排列. 求此圆排列的个数, 使得按顺时针方向排列时, 有

$$\sum_{i=1}^{n} |a_{i+1} - a_i| = 2n - 2, a_{n+1} = a_1.$$

方法讲解 由上面的注可知

$$\sum_{i=1}^{n} |a_{i+1} - a_i| \geqslant 2(\max\{a_1, a_2, \cdots, a_n\} - \min\{a_1, a_2, \cdots, a_n\}) = 2(n-1),$$

当且仅当数字 $1, n$ 之间的数字按单调递增的顺序排列时等号成立(从 1 到 n).

事实上, 假如 1 和 n 之间有数字 $b_1, b_2, \cdots, b_k$, 则

$$|1 - b_1| + |b_1 - b_2| + \cdots + |b_k - n| \geqslant |(1 - b_1) + (b_1 - b_2) + \cdots + (b_k - n)| = n - 1,$$

等号成立时绝对值中每一项的符号相同.

于是问题转化把 $2 \sim n-1$ 这些数分成两组, 排到数字 $1, n$ 所分成的两段弧上. 两组数字确定后, 它们的排列是唯一的. 而 $2 \sim n-1$ 分成两组的分法有 2^{n-2} 种, 即每个数字属于两组之一. 因此圆排列的个数就是 2^{n-2} 种.

例题 4 在正整数 $1, 2, \cdots, 10$ 中选取六个不同的数 $a_1, a_2, \cdots, a_6 (a_1 < a_2 < a_3 < a_4 < a_5 < a_6)$, 满足 $a_1 + a_6 = a_2 + a_5 = a_3 + a_4$. 求这样的选取的个数.

方法讲解 按条件中两数之和的值来分类. 比如和为 11 的有如下五组:

$$(1, 10), (2, 9), (3, 8), (4, 7), (5, 6).$$

选取六个数(两数和为 11)相当于从上述五组中选三组, 可选个数为 $C_5^3 = 10$.

类似地, 和为 $12, 13, 14, 15$, 及 $10, 9, 8, 7$ 分别计算, 最后选取的个数为

$$10 + 4 + 4 + 1 + 1 + 4 + 4 + 1 + 1 = 30.$$

例题 5 设 $i_1 i_2 \cdots i_n$ 是集合 $\{1, 2, \cdots, n\}$ 的一个排列. 如果存在 $k < l$ 且 $i_k > i_l$, 则称数对 (i_k, i_l) 为一个逆序, 排列 $i_1 i_2 \cdots i_n$ 中所有逆序对的个数称为此排列的逆序数. 比如 $n = 4$, 排列 1432 共有 $43, 42, 32$ 三个逆序对, 此排列 1432 的逆序数就是 3. 求 $n = 6$ 且 $i_3 = 4$ 的所有排列的逆序数之和.

方法讲解 首先不考虑 i_3 产生的逆序对, 共有 $5!$ 个排列, 在这些排列中, $i, j \neq 4$ 有一半 i 在 j 之前, 另一半 j 在 i 之前, 于是共有逆序对 $\frac{1}{2} C_5^2 5! = 600$ 个.

下面考虑 i_3 所引起的逆序数. 根据数字 $5, 6$ 没有、有一个、有两个排在前两个位置分三类分别计算

$$C_3^2 2! 3! \times 1 + (C_3^1 C_2^1) 2! 3! \times (1 + 2) + 2! 3! \times (2 + 3) = 312.$$

因此总的逆序数之和为 $600 + 312 = 912$.

上面解答中第一步的分类可以简化计数过程. 下面这个例题是 2022 年高中数学联赛一试的题目, 选定两个格子的公共边来分类, 其他边分属于不同格子, 互相不影响.

例题 6 在一个单位方格的四条边中, 若有两条边染上了颜色 i, 另两条边分别染了异于颜色 i 的另两种不同颜色, 则称该单位方格是"i 色主导"的. 现将一个 1×3 方格表的表格共含 10 条单位长线段染色, 每条线段染为红、黄、蓝三色之一, 使得红色主导、黄色主导、蓝色主导的单位方格各有一个. 这样的染色方式数是多少?

方法讲解 假设三个单位方格依次为颜色 $1, 2, 3$ 主导. 这里自然想到按影响两个方格的公共边来分类, 先对第一条的公共边的染色分类, 然后按第二条公共边的染色继续分小类.

考虑第一个和第二个方格相交的公共边(记 AB)来分类:

① 若边 AB 染颜色 1, 则第一格剩下三边染三种颜色, 有 $3! = 6$ 种. 再考虑第二、三格相交的边(记 CD)染颜色 $2, 3$ 来计算: (a) 当边 CD 染颜色 2 时, 第二格剩下边 2 种, 第三格有 3 种染色方式; (b) 当边 CD 染颜色 3 时, 第二格剩下两边只能都染颜色 2, 有 1 种情况, 第三格剩下三边有 6 种染色. 因此得到

$6 \times (2 \times 3 + 6) = 72.$

② 若边 AB 染颜色 2，此时类似①，按边 CD 继续分类，则按第一、二、三格的染色数量用加法、乘法原理得到 $3 \times (2 \times 3 + 2 \times 3 + 2 \times 6) = 72.$

③ 若边 AB 染色 3，此时类似①，按边 CD 继续分类，则按第一、二、三格的染色数量用加法、乘法原理得到 $3 \times (1 \times 3 + 2 \times 3) = 27.$

所求总的染色方式数为

$$6 \times (72 + 72 + 27) = 1026.$$

例题 7 设 $[a,b]$ 表示正整数 a,b 的最小公倍数，若正整数 x,y,z 满足条件

$$[x,y] = 72, [x,z] = 600, [y,z] = 900.$$

问：这样的有序组 (x,y,z) 的个数.

方法讲解 由于

$$[x,y] = 2^3 \times 3^2, [x,z] = 2^3 \times 3 \times 5^2, [y,z] = 2^2 \times 3^2 \times 5^2,$$

则有

$$\begin{cases} x = 2^3 \times 3^\alpha, \alpha = 0,1, \\ y = 2^\beta \times 3^2, \beta = 0,1,2, \\ z = 2^m \times 3^n \times 5^2, m = 0,1,2, n = 0,1. \end{cases}$$

于是按某个因子来分类计数，当 $\beta = 2$ 时，$m = 0,1,2$；当 $\beta = 0,1$ 时，$m = 2$. 当 $\alpha = 1$ 时，$n = 0,1$；当 $\alpha = 0$ 时，$n = 1$. 最后我们得到有序组 (x,y,z) 的个数为 $(3 + 2) \times (2 + 1) = 15.$

例题 8 将数集 $A = \{a_1, a_2, \cdots, a_n\}$ 中所有元素的算术平均值记为 $P(A) = \frac{1}{n}(a_1 + \cdots + a_n)$. 若 B 是 A 的非空子集，且 $P(B) = P(A)$，则称 B 是 A 的一个均衡子集. 试求数集 $A = \{1,2,3,\cdots,9\}$ 的所有均衡子集的个数.

方法讲解 由于 $P(A) = 5$，令 $A' = \{x - 5 \mid x \in A\} = \{-4,-3,-2,-1,0,1,2,3,4\}$，则 $P(A') = 0$. 只要找出 A' 的均衡子集即可. 分类计数：

① 一个元素的只有 1 个，即 $\{0\}$.

② 九个元素的只有 1 个，即 A'.

③ 二个元素的有 4 个，即 $\{-i, i\}, i = 1,2,3,4.$

④ 三个元素的有：

(i) 包含 0，有 4 个；(ii) 不包含 0，有 4 个：$\{-3,1,2\}, \{3,-1,-2\}, \{-4,1,3\}, \{4,-1,-3\}.$

⑤ 四个元素的有：(i) 每两个二元子集的并，即 $C_4^2 = 6$；(ii) 不含 0 的三元子集和 $\{0\}$ 的并，4 个；(iii) $\{1,4,-2,-3\}, \{-1,-4,2,3\}.$

⑥ 除 A' 外，若 B' 是均衡子集，则补集 $\overline{B'}$ 也是.

因此共有 $1 + 2(1 + 4 + 8 + 12) = 51.$

例题 9 给定正整数 $n (n \geqslant 2)$，对于一个 $2n$ 有序数组 $T = (a_1, b_1, a_2, b_2, \cdots, a_n, b_n)$，若 T 的每个分量均为 0 或 1，且对任意 $p, q (1 \leqslant p < q \leqslant n)$ 均有 $(a_p, b_p, b_q) \neq (1,0,1)$ 且 $(a_q, b_q, a_p) \neq (1,0,0)$，则称 T 为有趣数组. 求有趣数组的个数.

方法讲解 记 $A = (1,0), B = (0,1), C = (1,1), D = (0,0).$

先分析有趣数组的条件，当字符串含字母 A 时，A 之前不出现 B 和 D，A 之后不出现 B 和 C. 显然字符串不同时含 A, B，于是分两种情况：

① 若不含字母 A，则 B, C, D 都可以出现，这样的字符串共有 3^n 个.

② 若含字母 A，必是 $CC \cdots CAA \cdots ADD \cdots D$ 这样的形式. 设第一个 A 和最后一个 A 出现在第 x, y 位

置,则字母串数量由 x,y 确定,$1 \leqslant x \leqslant y \leqslant n$,因此取法数为 $n + C_n^2 = \frac{1}{2}n(n+1)$.

综合上述,共有 $3^n + \frac{1}{2}n(n+1)$.

下面再举个例子,这是网上的一道数学题,可以分别用分类和容斥原理解答.我们把问题推广到二维坐标,作为习题留给读者.

例题 10 有一只青蛙在一维坐标轴上从原点 O 出发,连跳 8 次,每次跳 1 单位距离,方向向前或向后.分别求满足下列条件的路径数:(1)青蛙经过点 $M(x=3)$;(2)青蛙经过点 M 一次且仅经过一次.

方法讲解 **方法一**:(分类计数)按跳第 k 次时首次落在点 M 来分类计算.

(1)设第一次到达点 M 时青蛙跳了 k 步,第 k 步后每步有 2 种不同的跳法.

(a)当 $k=3$ 时,前三步只能一直往前,后面五步前后方向任意,于是共有 $2^5 = 32$ 种;

(b)当 $k=4$ 时,不可能停留在点 M,因为若往前跳 x 步,往后跳了 y 步,则 $x+y=4$,由奇偶性知不能满足 $x-y=3$,因此此时方法数为 0;

(c)当 $k=5$ 时,前五步中有四步向前,一步向后,且向后这一步必须在前三步,这样就有 $3 \times 2^3 = 24$ 种;

(d)当 $k=6,8$ 时,同(b),方法数为 0;

(e)当 $k=7$ 时,前七步中有五步向前,两步向后,且前面路径不会到达点 M,用 F 表示向前,B 表示向后,则以下路径满足要求:

$BBFFFFF, BFBFFFF, BFFBFFF, BFFFBFF, FBBFFFF, FBFBFFF, FBFFBFF,$
$FFBBFFF, FFBFBFF,$

此时路径数为 $9 \times 2 = 18$.

于是所求路径数为 $32 + 24 + 18 = 74$.

(2)同样,我们假设第一次到达点 M 时青蛙跳了 k 步,和(1)不同,第 k 步后青蛙将不再回到点 M.后面的步数也要细心计算.

(a)当 $k=3$ 时,前三步只能往前,后五步 $FFFFF, FFFFB, FFFBF, FFBFF, FFFBB, FFBFB$,以及 F,B 全部互换,共 12 种;

(b)当 $k=4,6,8$ 时,数量为 0;

(c)当 $k=5$ 时,同(1)讨论,前五步有 3 种方法,后三步可以是 FFF, FFB, BBB, BBF,因此共有 $3 \times 4 = 12$ 种;

(d)当 $k=7$ 时,同(1)讨论,前七步有 9 种方法,后一步 2 种方法,共 18 种.

于是所求路径数目 $12 + 12 + 18 = 42$.

方法二:(容斥原理)记集合 $S = \{$青蛙跳 8 次的所有路径$\}$,$A = \{$青蛙跳 8 次且第 3 次在点 M 的所有路径$\}$,$B = \{$青蛙跳 8 次且第 5 次在点 M 的所有路径$\}$,$C = \{$青蛙跳 8 次且第 7 次在点 M 的所有路径$\}$.因为跳偶数次不能在点 M,因此问题(1)就转化为求 $|A \cup B \cup C|$.

计算得

$$|A| = 2^5 = 32, \quad |B| = \frac{5!}{4! \times 1!} \times 2^3 = 40, \quad |C| = \frac{7!}{5! \times 2!} \times 2 = 42,$$

$$|A \cap B| = 1 \times 2 \times 2^3 = 16, \quad |A \cap C| = 1 \times C_4^2 \times 2 = 12,$$

$$|B \cap C| = 5 \times 2 \times 2 = 20, \quad |A \cap B \cap C| = 1 \times 2 \times 2 \times 2 = 8.$$

于是所求(1)的路径数为

$$|A \cup B \cup C| = 32 + 40 + 42 - 16 - 12 - 20 + 8 = 74.$$

(2)由下列 Venn 图知,只属于 A,B,C 一个且仅一个集合的数量为

$$|A \cap \overline{B} \cap \overline{C}| + |\overline{A} \cap B \cap \overline{C}| + |\overline{A} \cap \overline{B} \cap C| = 12 + 12 + 18 = 42.$$

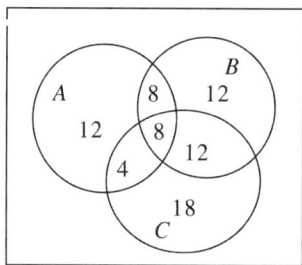

再举一个通过五个集合用容斥原理的例子，这是近年北京大学的一道数学测试题.

例题 11 已知数列 $\{a_k\}_{1 \leqslant k \leqslant 5}$ 各项均为正整数，且 $|a_{k+1} - a_k| \leqslant 1$，$\{a_k\}$ 中至少有一项为 3，求可能数列的个数.

方法讲解 记 $A_k = \{$满足题意的数列且 $a_k = 3\}$，$k = 1, 2, 3, 4, 5$.

经过烦琐的分类枚举计数，注意到数列每一项都是正整数，我们可以得到：

$$|A_1| = |A_5| = 75, \quad |A_2| = |A_4| = 26 \times 3 = 78, \quad |A_3| = 9 \times 9 = 81,$$

$$|A_1 \cap A_2| = |A_4 \cap A_5| = 26, \quad |A_1 \cap A_3| = |A_2 \cap A_4| = |A_3 \cap A_5| = 27,$$

$$|A_1 \cap A_4| = |A_2 \cap A_5| = 21, \quad |A_1 \cap A_5| = 19, \quad |A_2 \cap A_3| = |A_3 \cap A_4| = 27.$$

当三个集合相邻两个下标之差小于等于 1 时，$|A_i \cap A_j \cap A_k| = 9$，而当集合相邻两个下标之差等于 2 时，$(i, j, k) = (1, 2, 5), (1, 4, 5)$ $|A_i \cap A_j \cap A_k| = 7$. 四个不同集合交集的元素个数都是 3，五个集合交集的元素个数只有 1 个.

因此应用容斥原理得

$$|A_1 \cap A_2 \cap A_3 \cap A_4 \cap A_5| = (2 \times 75 + 2 \times 78 + 81) - (2 \times 26 + 5 \times 27 + 2 \times 21 + 19)$$
$$+ (2 \times 7 + 8 \times 9) - 5 \times 3 + 1 = 211.$$

用容斥原理解答虽然烦琐但思想是简单的. 事实上，这道题目可以用一一对应的技巧求解.

另一个解答：记

$$b_i = a_{i+1} - a_i, \quad i = 1, 2, 3, 4, \quad c = \min\{a_1, a_2, a_3, a_4, a_5\}.$$

由题设，$b_i \in \{-1, 0, 1\}$，$c \in \{1, 2, 3\}$.

容易证明满足题设的数列 $\{a_k\}_{1 \leqslant k \leqslant 5}$ 加上由 1, 2 组成的数列，和如上的 b_1, b_2, b_3, b_4, c 之间存在一一对应关系. 每个 b_i 和 c 都有 3 种取值，即 3^5. 而由 1, 2 组成的数列共有 2^5 个，因此所求满足题设的数列个数为

$$3^5 - 2^5 = 211.$$

如果把题目中的正整数的"正"字去掉，用容斥原理还可以类似计算，但不能再用一一对应的方法. 我们将它作为习题留给读者尝试.

例题 12 （错排公式）求 $1 \sim n$ 排成一排，每个 i 不在第 i 个位置的排列数.

方法讲解 记 A_i 表示 i 在第 i 个位置的排列的集合，则所求的错排

$$|\overline{A_1} \cap \overline{A_2} \cap \cdots \cap \overline{A_n}| = n! - |A_1 \cup A_2 \cup \cdots \cup A_n|.$$

易知 k 个集合的交集等于 k 个位置给定的排列数，

$$|A_{i_1} \cap A_{i_2} \cap \cdots \cap A_{i_k}| = (n - k)!.$$

于是应用容斥原理，得

$$|A_1 \cup A_2 \cup \cdots \cup A_n| = n \cdot (n-1)! - C_n^2 \cdot (n-2)! + \cdots + (-1)^{n-1} C_n^n 0!.$$

所求错排数量（记为 D_n）

$$D_n = n! - C_n^1 (n-1)! + C_n^2 (n-2)! - \cdots + (-1)^n C_n^n$$
$$= n! \left[1 - \frac{1}{1!} + \frac{1}{2!} - \cdots + (-1)^n \frac{1}{n!} \right].$$

例题 13 由字母 $a_1, a_2, \cdots, a_n$ 组成一个长度为 $2n$ 的单词,要求包含这些字母的每个字母各用两次,且相同字母不相邻.证明:所有这些单词的个数等于

$$\frac{1}{2^n}\left[(2n)! - C_n^1 2(2n-1)! + C_n^2 2^2(2n-2)! - \cdots + (-1)^n C_n^n 2^n n!\right].$$

方法讲解 记 S 为所有包含这 n 个字母的每个字母各用两次的单词的集合,对 $1 \leqslant k \leqslant n, A_k$ 表示 S 中两个字母 a_k 相邻的集合.因此根据题意,所求为

$$|\overline{A}_1 \cap \overline{A}_2 \cap \cdots \cap \overline{A}_n|.$$

因为

$$|S| = \frac{(2n)!}{2^n},$$

它是 $2n$ 个字母的全排列,并去掉每个字母出现两次的重复计数.计算

$$|A_{i_1} \cap A_{i_2} \cap \cdots \cap A_{i_k}| = \frac{(2n-k)!}{2^{n-k}},$$

即将 k 个相邻的字母每两个粘在一起,和其余 $2n-2k$ 个字母一起共 $2n-k$ 个字母的全排列,去掉 $n-k$ 个字母出现两次的重复计数.

最后应用容斥原理

$$|\overline{A}_1 \cap \overline{A}_2 \cap \cdots \cap \overline{A}_n| = |S| - |A_1 \cup A_2 \cup \cdots \cup A_n|,$$

易证题目的结论.

例题 14 设某班 $n(n \geqslant 2)$ 名同学排成一纵队出去散步,第二天再列队时,同学们都不希望他前面的同学与前一天的相同,问:有多少种排法?

方法讲解 设第一天的排列为 $123\cdots n$,则要求第二天不出现 $12, 23, 34, \cdots, (n-1)n$ 这些模式.

记 Q_n 表示符合要求的排列的个数.

显然 $n = 2, 21$ 时唯一,$Q_2 = 1$.若 $n = 3$,则 $213, 321, 132$,即 $Q_3 = 3$.

对任意 $n(n \geqslant 2)$,设 S 是 $1, 2, 3, \cdots, n$ 的所有全排列,则 $|S| = n!$.

记 P_i 表示排列中出现 $i(i+1)$ 模式的全体,把 $i(i+1)$ 看成一个整体,则 $|P_i| = (n-1)!$.

同理 $|P_i \cap P_j| = (n-2)!, i < j$(若 $i \neq j-1$,则 $i(i+1), j(j+1)$ 和其余 $n-4$ 个元素共 $(n-2)$ 个元素的全排;若 $i = j-1$,则 $i(i+1)(i+2)$ 看成是一个整体,和其余 $n-3$ 个元素共 $n-2$ 个元素的全排列).

$$Q_n = |\overline{P}_1 \cap \overline{P}_2 \cap \cdots \cap \overline{P}_{n-1}|.$$

用容斥原理,我们有

$$Q_n = n! - C_{n-1}^1(n-1)! + C_{n-1}^2(n-2)! - \cdots + (-1)^{n-1} C_{n-1}^{n-1} 1!.$$

例题 15 (Menage 问题)有 n 对夫妻围着圆桌(位置已有编号区别)男女相间而坐,要求夫妻之间不相邻,问:共有多少种不同的座位安排法?

方法讲解 用容斥原理,只要计算 k 对夫妻相邻时的种数.首先 n 对夫妻围着圆桌相间而坐的总方法数为 $2(n!)^2$,即 n 个男、女的全排列以及男女占据编号位置的奇位或偶位这两种情形.

令 A_i 表示男女相间而坐,第 i 对夫妻相邻而坐的所有方案,$i = 1, 2, \cdots, n$.

下面计算 $|A_{i_1} \cap A_{i_2} \cap \cdots \cap A_{i_k}|(k \leqslant n)$:对 $1 \leqslant k \leqslant n-1$,令 j 是不属于 $\{i_1, i_2, \cdots, i_k\}$ 的最小正整数.

先安排第 j 对夫妻的丈夫入座,使男女座位编号的奇偶性确定,方案数为 $2n$.

再安排第 $i_1, i_2, \cdots, i_k$ 对夫妻入座,使每对夫妻相邻而坐,相当于从 $2n-k-1$ 中选 k 个座位(每对夫妻看作一个整体,他们之间的左右位置由他们和 j 的位置的奇偶性唯一确定),方法数为 $k! C_{2n-k-1}^k$.

再安排余下的 $n-k-1$ 位男士入座,其方案数有 $(n-k-1)!$,最后安排余下 $n-k$ 位女士入座,方

案数为 $(n-k)!$. 所以

$$|A_{i_1} \cap A_{i_2} \cap \cdots \cap A_{i_k}| = 2nC_{2n-k-1}^k k!(n-k-1)!(n-k)!$$
$$= 2n\frac{(2n-k-1)!}{k!(2n-2k-1)!}k!(n-k-1)!(n-k)!$$
$$= \frac{4n(2n-k)![(n-k)!]^2}{(2n-k)(2n-2k)!}.$$

显然 $k=n$ 时, n 对夫妻相邻而坐的排法数是 $4n!$, 即 n 对夫妻的一个全排列及女士坐奇数号位置和偶数号位置, 以及她们的丈夫坐在她们左边相邻、右边相邻这 4 种. 于是上面式子对 $k=n$ 也成立.

根据容斥原理, 所求

$$|\overline{A_1} \cap \cdots \cap \overline{A_n}| = 2(n!)^2 - |A_1 \cup \cdots \cup A_n|$$
$$= 2(n!)^2 + \sum_{k=1}^n (-1)^k \sum_{i_1<i_2<\cdots<i_k} |A_{i_1} \cap A_{i_2} \cap \cdots \cap A_{i_k}|$$
$$= 2(n!)^2 + \sum_{k=1}^n (-1)^k C_n^k \frac{4n(2n-k)![(n-k)!]^2}{(2n-k)(2n-2k)!}$$
$$= 2(n!)^2 + \sum_{k=1}^n (-1)^k 4nn! \frac{(2n-k)!}{k!(2n-2k)!} \cdot \frac{(n-k)!}{2n-k}$$
$$= 2n! \sum_{k=0}^n (-1)^k \frac{2n}{2n-k} C_{2n-k}^k (n-k)!.$$

◎ 三、课外训练

1. 在 3×3 的棋盘中填入 1 至 9 这九个数, 使得任意两个有公共边的方格中的数字之差不超过 3, 问: 一共有多少种填法?

2. 一颗质地均匀的正方体骰子, 六个面上分别标有数字 1, 2, 3, 4, 5, 6. 现随机地抛三次（互相独立）, 所得的点数依次为 a_1, a_2, a_3. 求满足 $|a_1 - a_2| + |a_2 - a_3| + |a_3 - a_1| = 6$ 的情况数.

3. 若 $1 \sim 21$ 的排列 $a_1, a_2, \cdots, a_{21}$ 满足 $|a_{20} - a_{21}| \leqslant |a_{19} - a_{21}| \leqslant \cdots \leqslant |a_1 - a_{21}|$, 则这样的排列共有多少个?

4. 随机取数列 $x_i, y_i, i = 1, 2, \cdots, 9$, 数列 $\{x_i\}, \{y_i\}$ 的每一项均取 0 或 1, 若 $\sum_{i=1}^9 x_i = 4$, $\sum_{i=1}^9 y_i = 5$, 问: $\sum_{i=1}^9 |x_i - y_i| \geqslant 5$ 的概率是多少?

5. 设 $X = \{1, 2, 3, 4\}$, 问:

(1) X 到 X 共有多少个不同的函数?

(2) X 到 X 共有多少个不同且满足 $f \circ f = f$ 的函数?

(3) X 到 X 共有多少个不同且满足 $f \circ f = I_X$ 的函数?

6. 设 $X = \{1, 2, 3, 4, 5, 6\}$, 问: 满足 $f \circ f \circ f = I$ 的函数有多少个?

7. 设 $S_n = \{(x, y) \mid 0 \leqslant x, y \leqslant n, x, y$ 是整数$\}$. 问: 在 S_n 中选取四点可以形成多少个不同的正方形?

8. 在 3×3 的九宫格内, 每一格着色红色或蓝色. 问: 一共有多少种着色方案, 使得恰好出现三个红色格子、三个蓝色格子成一条直线?

9. 将 6 个数 2, 0, 1, 9, 20, 19 按任意次序排成一行, 拼成一个 8 位数（首位不为 0）, 求产生的不同八位数的个数.

10. 已知有 n 个顶点的图, 证明: 它包含一个三角形, 或存在一个顶点至多是 $\left[\dfrac{n}{2}\right]$ 条边的端点.

11. 有一只青蛙在二维坐标轴上从原点 $O(0,0)$ 出发, 连跳 8 次, 每次跳 1 单位距离, 方向沿坐标轴方向向右或向左, 向上或向下. 分别求满足下列条件的路径数:

(1) 青蛙到过点 $M(2,1)$;

(2) 青蛙到过 M 点一次且仅到过一次.

12. 设 $S = \{-10, -9, \cdots, -1, 0, 1, \cdots, 9, 10\}$, 求 $x, y, z \in S$, 使得下列方程成立的解组 (x, y, z) 满足 $x^3 + y^3 + z^3 = (x + y + z)^3$.

13. 将与 105 互质的正整数从小到大排列成数列, 求出这个数列的第 1000 项.

14. 已知数列 $\{a_k\}_{1 \leqslant k \leqslant 5}$ 的各项均为整数, 且 $|a_{k+1} - a_k| \leqslant 1$, $\{a_k\}$ 中至少有一项为 3, 求数列的个数.

15. 有 n 对夫妻排成一行, 男女相间而坐, 要求夫妻之间不相邻, 问: 共有多少种不同的座位安排法?

4.2 抽屉原理和极端原理

◎ 一、知识要点

抽屉原理又称鸽笼原理, 是组合数学的一个基本原理, 也常常用来证明某些问题解的存在性. 它的原理非常简单, 如果把 $n + 1$ 件物品任意放入 n 个抽屉, 那么必定有一个抽屉里至少有 2 件物品.

但它有一些不同的推广形式, 比如将任意 $mn + 1$ 个物品放入 m 个抽屉, 则必定有 1 个抽屉至少有 $n + 1$ 个物品. 有无数个物品放入有限 m 个抽屉, 则必定至少有 1 个抽屉有无数个物品. 它本质上和反证法相关, 或者说把应用反证法得到的结果作为定理形式固定了下来. 抽屉原理本身很简单, 但应用非常有效, 场景也各个不同. 比如, 在一个边长为 1 的正三角形内, 任给 5 个点, 证明: 其中必有 2 个点之间的距离不大于 $\frac{1}{2}$. 这个问题我们就把三角形三条边的中点连接得到 4 个小正三角形, 构造出 4 个抽屉. 现在有 5 个点落在这 4 个抽屉上, 则至少有 1 个抽屉里有至少 2 个点. 这 2 个点的距离比抽屉 (小正三角形) 的边长 $\frac{1}{2}$ 小, 即得到题目结论. 一般地, "抽屉"隐含在问题中, 有些不是明显能看到的, 有时候需要一些数学技巧去找出或构造出"抽屉".

极端原理是一种数学工具和方法, 或称之为一种数学技巧. 有些问题的解答, 需要先考虑极端情形, 比如一列数中的最大数或最小数, 团队中获胜场数最多或最少的队员, 所论范围内有朋友最多或最少的人等. 考虑这些极端情况, 得到启发, 或和极端情形比较、调整, 得到一般性结论. 极端情形通常需要分析, 甚至一定的归纳、猜测后确定. 极端原理应用广泛, 如采用的最优的策略, 贪婪的算法, 最坏的情形, 最多的可能等.

有些离散函数求极值问题也可以归类到这种技巧. 比如 2022 年高中联赛第三题:

设 $a_1, a_2, \cdots, a_{100}$ 是非负整数, 同时满足以下条件:

① 存在正整数 $k(k \leqslant 100)$, 使得 $a_1 \leqslant a_2 \leqslant \cdots \leqslant a_k$, 当 $i > k$ 时, $a_i = 0$;

② $a_1 + a_2 + \cdots + a_{100} = 100$;

③ $a_1 + 2a_2 + 3a_3 + \cdots + 100a_{100} = 2022$.

求 $T = a_1 + 2^2 a_2 + 3^2 a_3 + \cdots + 100^2 a_{100}$ 的最小值.

极端情形: 当 $a_1 = a_2 = \cdots = a_{18} = 0, a_{19} = 19, a_{20} = 40, a_{21} = 41, a_{22} = a_{23} = \cdots = a_{100} = 0, k = 21$ 时, 满足题设三个条件, 此时算出离散函数 T 的值. 再考虑其他情形和这个值的比较等. 这个极端情形如何得到? 我们尝试两个 $a_{k-1}, a_k(a_{k-1} \leqslant a_k)$ 非零时满足条件 ②③ 是无解的, 尝试三个 $a_{k-2}, a_{k-1}, a_k(a_{k-2} \leqslant a_{k-1} \leqslant a_k)$ 非零时满足条件 ②③ 的几组解中取 T 最小的. 然后基于此极端情形的猜测去证明

一般结论,这也是一种尝试的途径吧.

◎ 二、例题讲解

例题 1 把 $1 \sim 10$ 这 10 个正整数摆到一个圆周上,证明:一定存在三个相邻的数,它们的和数大于 17.

方法讲解 假设圆周上按顺时针方向排列的 10 个数为 $a_1, a_2, \cdots, a_{10}$,不妨设 $a_1 = 1$.构造三个抽屉

$$s_1 = a_2 + a_3 + a_4, s_2 = a_5 + a_6 + a_7, s_3 = a_8 + a_9 + a_{10}.$$

则 $s_1 + s_2 + s_3 = 2 + 3 + \cdots + 10 = 54$.于是 s_1, s_2, s_3 中至少有一个 s_j 的值大于等于 18.故存在三个相邻数之和大于 17.

> **注** 如果构造的抽屉不合适,可能得不到需要的结论.比如,取相邻三个数的和依次为
> $$s_j = a_j + a_{j+1} + a_{j+2}, j = 1, 2, \cdots, 10, a_{11} = a_1, a_{12} = a_2.$$
> 显然
> $$\sum_{j=1}^{10} s_j = 3 \sum_{j=1}^{10} a_j = 3(1 + 2 + \cdots + 10) = 165.$$
> 因此相邻三个数这 10 个抽屉里,总和是 165,因此只能证明一定有一个抽屉,三个数和大于等于 17.

例题 2 从 $1, 2, \cdots, 2n$ 中任选 $n+1$ 个数,则一定存在两个数,其中一个数是另一个数的倍数.

方法讲解 注意到任意一个整数均可表示为 $2^m q$ 的形式,其中 q 是奇数,$m \geqslant 0$.

而 $1, 2, \cdots, 2n$ 中有 n 个奇数,任选 $n+1$ 个数,则一定存在两个数,它们的 $2^m q$ 的表示形式中奇数相同.显然 $2^{m_1} q \mid 2^{m_2} q (m_1 < m_2)$,即结论.

例题 3 给定 20 个互不相等的正整数,它们均不超过 100,证明:它们两两相减(大数减小数)所得的差中至少有 3 个相等.

方法讲解 20 个数两两相减,有 $C_{20}^2 = 190$ 个,它们都大于 0 小于 100.这 190 个差可取 $1 \sim 99$ 这 99 个值,直接用抽屉原理无法证明.不妨设

$$a_1 < a_2 < \cdots < a_{20}.$$

若命题不成立,则

$$a_{20} - a_{19}, a_{19} - a_{18}, \cdots, a_2 - a_1.$$

这 19 个也无 3 个相同,从而 $1, 2, \cdots, 7, 8, 9$ 至多出现 2 次,则

$$99 \geqslant a_{20} - a_1 = (a_{20} - a_{19}) + (a_{19} - a_{18}) + \cdots + (a_2 - a_1).$$

右边 $\geqslant 2(1 + 2 + \cdots + 9) + 10 = 100$,矛盾.证毕.

例题 4 设 a_1, a_2, a_3, a_4, a_5 是 5 个正实数(可以相等),证明:一定存在 4 个互不相同的下标 i, j, k, l,使得 $\left| \dfrac{a_i}{a_j} - \dfrac{a_k}{a_l} \right| < \dfrac{1}{2}$.说明不等式右端的 $\dfrac{1}{2}$ 不能用更小的值来替代.

方法讲解 不妨设 $0 < a_1 \leqslant a_2 \leqslant a_3 \leqslant a_4 \leqslant a_5$.考虑将下列五个分数依次放入一个圆周的五个点上

$$\frac{a_1}{a_2}, \frac{a_3}{a_4}, \frac{a_2}{a_5}, \frac{a_1}{a_3}, \frac{a_4}{a_5}.$$

注意到相邻两个分数的 4 个下标互不相同.由于这五个分数都在 $(0, 1]$ 区间上,考虑两个抽屉 $\left(0, \dfrac{1}{2}\right]$ 和 $\left(\dfrac{1}{2}, 1\right]$.

根据抽屉原理,至少有三个分数落在同一个抽屉中,比如区间 $\left(0, \dfrac{1}{2}\right]$ 上.而五个数的圆周排列上的任何三个数,至少有两个是相邻的.这两个相邻分数的 4 个下标互不相同,它们的差一定小于 $\dfrac{1}{2}$.故题目

的结论成立.

特别地,当 a_1,a_2,a_3,a_4,a_5 取 $1,1,1,2,n$,且 n 趋于无穷大时,不等式右端的 $\frac{1}{2}$ 不能用更小的值来替代.

例题 5 已知 $n(n\geqslant 3)$ 是奇数,证明:集合 $\{2-1,2^2-1,2^3-1,\cdots,2^{n-1}-1\}$ 中至少存在一个数能被 n 整除.

方法讲解 因为 $n(n\geqslant 3)$ 是奇数,$1,2,2^2,\cdots,2^{n-1}$.这 n 个数都不能整除 n,它们除以 n 后的余数是 $1,2,3,\cdots,n-1$,其中必有 2 个数相等,设为 $2^k,2^h$.不妨设 $k>h\geqslant 0$.因此

$$2^k-2^h=sn,n\mid 2^h(2^{k-h}-1),0<k-h<n-1,$$

故 $n\mid(2^{k-h}-1)$.

例题 6 设有六个顶点的完全图(任何两个顶点之间有一条边相连),用红、蓝两种颜色对所有边着色,证明:

(1) 至少有一个同色边的三角形;

(2) 至少有两个同色边的三角形;

(3) 是否一定有三个同色边的三角形?

方法讲解 (1) 这是著名的 Ramsey 问题:把六个顶点假定为六个人,红、蓝线表示两人互相认识、互相不认识,那么这六个人中至少有三个人互相认识或至少有三个人互相不认识.

下面我们给出证明.假定六个顶点为 A,B,C,D,E,F,考虑顶点 A,它和另外五个顶点的连线着色,由抽屉原理,至少有三个顶点着同一种颜色.不妨设为 B,C,D,它们的连线着红色,即 AB,AC,AD 为红色.

再考虑边 BC,BD,CD:① 若此三边有一边是红色,比如 BC,则 $\triangle ABC$ 的三边都是红色;② 若此三边没有红色边,则 BC,BD,CD 都着蓝色,则 $\triangle BCD$ 的三边同色.

因此证明了至少有一个同色的三角形.

(2) 根据(1)的结论,至少有一个同色边的三角形,不妨设 $\triangle ABC$ 是一个红色边同色三角形.

下面用反证法,若没有第二个三角形是同色的.

考虑顶点 D:① 若 AD 着红色,则 DC,DB 只能着蓝色.若 DE(或者 DF)着蓝色,则顶点 D 引出至少三条同色的边,同(1)证明,有一个含 D 的蓝色三角形,或红色 $\triangle BCE$,此情形存在了两个同色三角形,与假设矛盾.

② 若 AD 着蓝色,AE,AF 中有一边着红色,则用 E(或 F)代替 D 回到 ① 的情形.因此 AD,AE,AF 都是着蓝色,由(1)知存在含 A 的蓝色三角形,或红色三角形 DEF.此种情形也和假设矛盾.

因此至少有两个同色边的三角形.

(3) 存在一种着色方式,它没有三个同色三角形.如 $\triangle ABC$、$\triangle DEF$ 都是红色三角形,其他边都着蓝色.记 $V_1=\{A,B,C\}$,$V_2=\{D,E,F\}$.因为任意其他三角形的三个顶点中,两个在一个顶点集合,一个在另一个顶点集合,所以就有一条红色边(同一个顶点集合),两条蓝色边(两个顶点集合的连线).

例题 7 记 $\{x\}$ 为实数 x 的小数部分,即 $\{x\}=x-[x]$.现有区间 $(0,1)$ 上的 n 个不同的实数 $\beta_1,\beta_2,\cdots,\beta_n$,证明:必有一个实数 β,使得 $\sum_{j=1}^{n}\{\beta_j-\beta\}\leqslant\frac{n-1}{2}$.

方法讲解 注意到如下事实,对于 $0<x<1$,有

$$\{x\}+\{-x\}=1.$$

于是

$$\sum_{i,j=1}^{n}\{\beta_j-\beta_i\}=C_n^2=\frac{n}{2}(n-1),$$

这里 $\{\beta_i-\beta_j\}$ 和 $\{\beta_j-\beta_i\}$ 两两配对计算.于是

$$\sum_{i=1}^{n}\left(\sum_{j=1}^{n}\{\beta_j-\beta_i\}\right)=\frac{n}{2}(n-1).$$

由抽屉原理,存在一个 i_0,

$$\sum_{j=1}^{n}\{\beta_j-\beta_{i_0}\}\leqslant\frac{n-1}{2}.$$

取 $\beta=\beta_{i_0}$ 即可.

例题 8 一列 n^2+1 个不同的数,任意排列,证明:一定存在长为 $n+1$ 的递增子数列或递减子数列.(子数列的概念是指原数列中保持次序不变的若干项)

方法讲解 **方法一**:设数列 $a_1,a_2,\cdots,a_{n^2+1}$,记从 a_k 开始为第一项的最长的递增数列长度为 x_k,最长的递减数列长度为 y_k,则每个 a_k 对应一组数 (x_k,y_k).若不存在长为 $n+1$ 的递增或递减子数列,则
$$1\leqslant x_k\leqslant n,1\leqslant y_k\leqslant n.$$

因为 a_k 有 n^2+1 个不同的数,而 $(1,n)\times(1,n)$ 共有 n^2 个整数点,由抽屉原理,一定存在 $k_1<k_2$,$(x_{k_1},y_{k_1})=(x_{k_2},y_{k_2})$.

若 $a_{k_1}<a_{k_2}$,则 $x_{k_1}+1\leqslant x_{k_2}$,矛盾;若 $a_{k_1}>a_{k_2}$,则 $y_{k_1}+1\leqslant y_{k_2}$,矛盾.

所以原假设不成立,即存在长为 $n+1$ 的递增或递减子数列.

方法二:反证法.若没有长为 $n+1$ 项的递增子数列,记 $f(i)$ 为 a_i 为末项的递增子数列的项数的最大值,$i=1,2,\cdots,n^2+1$,则 $1\leqslant f(i)\leqslant n$.由抽屉原理,存在 $n+1$ 个 $i_1,i_2,\cdots,i_{n+1}$,使得
$$f(i_1)=f(i_2)=\cdots=f(i_{n+1}).$$

故数列 $a_{i_1},a_{i_2},\cdots,a_{i_{n+1}}$ 是递减子数列.事实上,因为若某个 $a_{i_l}<a_{i_m}$,$i_l<i_m$,则 a_{i_m} 为末项的递增子数列项数一定大于 a_{i_l} 为末项的递增子数列加上 a_{i_m} 这一项,即 $f(i_l)+1\leqslant f(i_m)$,得到矛盾.

下面举几个极端原理的例子.

例题 9 有 m 个男生,n 个女生 $(m,n\geqslant2)$,每个男生至少认识一个女生,而每个女生没有认识所有男生.证明:存在两个男生和两个女生,其中男生恰好认识其中一个女生,而女生恰好认识其中一个男生.即存在两个男生 a_1,a_2 和两个女生 b_1,b_2,使得 $(a_1,b_1),(a_2,b_2)$ 互相认识,但 $(a_1,b_2),(a_2,b_1)$ 互不认识.

方法讲解 假设某男生 a_1 是认识女生最少的男生,他至少认识一个,记认识的女生为 b_1.因为 b_1 并不认识所有男生,因此至少有一个男生不认识,记 a_2.

设 a_2 认识的女生为 $b_2,b_3,\cdots,b_t(t\geqslant2)$,若 a_1 认识所有 $b_2,b_3,\cdots,b_t$,则 a_1 至少认识 b_1 及 $b_2,b_3,\cdots,b_t$,a_1 比 a_2 认识的女生至少多一个.这和 a_1 认识的女生最少矛盾.因此在 $b_2,b_3,\cdots,b_t$ 中,a_1 至少有一个不认识,记 b_2.则男生 a_1,a_2 和女生 b_1,b_2 满足要求.

例题 10 在一次有 $n(n\geqslant3)$ 名乒乓球选手参加的循环赛中,已知没有一名选手保持不败.证明:存在三名选手 A,B,C 的胜局形成循环,即 A 胜 B,B 胜 C,C 胜 A.

方法讲解 假设 B 是胜的场次最多的选手,因为没有全胜选手,故必有一名选手记为 A,胜了 B.再在所有败给 B 的选手中,必有胜了 A 的选手 C,否则 A 胜的场次比 B 胜的场次至少多一场(A 胜 B),这与 B 是胜的场次最多的选手矛盾.故存在三名选手 A,B,C,A 胜 B,B 胜 C,C 胜 A.

例题 11 有 25 人组成若干个委员会,每个委员会都有 5 名成员,每 2 个委员会至多有 1 名公共成员.证明:委员会的个数不超过 30.

方法讲解 假设共有 x 个委员会,A 参加了 n 个委员会且是参加委员会最多的人,则平均每人参加委员会的个数为 $\frac{5x}{25}=\frac{x}{5}\leqslant n$,即 $x\leqslant5n$.

考虑 A 参加的委员会,在这些委员会中,A 是公共成员,因此其他成员都不同,这些委员会的总人数为 $4n+1\leqslant25$,也就是说 $n\leqslant6$.

从而 $x \leqslant 5n = 30$. 故委员会个数不超过 30.

例题 12　设有 $2n \times 2n$ 的方格棋盘,在其中任意的 $3n$ 个方格中各放 1 个棋子.证明:可以选出 n 行、n 列,使得 $3n$ 个棋子都在这 n 行、n 列中.

方法讲解　按每行棋子个数从多到少依次记为 $p_1 \geqslant p_2 \geqslant p_3 \geqslant \cdots \geqslant p_{2n}$.

我们选取棋子个数多的前 n 行,则 $p_1 + p_2 + \cdots + p_n \geqslant 2n$.

否则,若 $p_1 + p_2 + \cdots + p_n \leqslant 2n - 1$,推出最小的 $p_n \leqslant 1$.

然而,由 $p_{n+1} + p_{n+2} + \cdots + p_{2n} \geqslant n + 1$,推出最大的 $p_{n+1} > 1$.这和 $p_n \geqslant p_{n+1}$ 矛盾.

最后我们再选取 n 列包含剩下 n 个棋子即可.证毕.

例题 13　某班共有 46 个学生,他们组织了一些兴趣小组,每组恰好 3 个人,并且每两个组最多 1 个公共成员.证明:肯定存在 10 个同学,他们不包含任何一个组.

方法讲解　要证明存在 10 个同学,他们中的任意 3 个都不会出现在一个兴趣小组里.

设 k 为最大的正整数,使得存在 k 个同学,他们不包含任何一组.若命题不成立,则 $k \leqslant 9$.

于是 $46 - k \geqslant 37$. $\mathrm{C}_k^2 \leqslant \mathrm{C}_9^2 = 36 < 37 \leqslant 46 - k$.

故对剩下的 $46 - k$ 人,由极端原理,任选其中 1 人和 k 个同学组成的 $k + 1$ 个同学中,必有至少 1 个两人组与此人组成 1 个三人组.注意到 k 个同学有 C_k^2 个二人组,由于 $\mathrm{C}_k^2 < 46 - k$,根据抽屉原理,$46 - k$ 个人中必有 2 个人与 k 个同学中相同 2 个人组组成 2 个三人组,这和假设每两个组最多 1 个公共成员矛盾.证毕.

例题 14　在有 20 支羽毛球队参加的单循环比赛中,问:至少要进行多少场比赛,才能使任何 3 支球队中必有 2 支球队彼此比赛过?

方法讲解　假设 A 队是比赛场次最少的,为 k 场,则与 A 比赛的 k 个队,每个队至少比赛 k 场,这些队共进行至少 k^2 场比赛.

另外,没有与 A 比赛过的有 $19 - k$ 队,它们之间必须两两都比赛过,否则没有比赛过的两个队与 A 队组成的三个队不符合要求.因此这些队比赛场数为 $\mathrm{C}_{19-k}^2 = \dfrac{1}{2}(19 - k)(18 - k)$.

因此,至少比赛的总场数为

$$N = \frac{1}{2}(k^2 + k) + \frac{1}{2}(19 - k)(18 - k) = (k - 9)^2 + 90 \geqslant 90.$$

最后说明 90 场比赛能达到要求:只需将 20 支球队分成两组,每组各 10 支球队进行单循环赛,这样任意 3 支球队,至少有 2 支属于同一组,彼此比赛过.

再举一个 2021 年高中联赛组合数学的例子,先考虑简单极端情形,一般情形需用到抽屉原理证明的一个结论.

例题 15　求具有下述性质的最小正数 c:对任意整数 $n(n \geqslant 4)$,以及集合 $A \subseteq \{1, 2, \cdots, n\}$,若 $|A| > cn$,则存在函数 $f: A \to \{-1, 1\}$,满足

$$\left| \sum_{a \in A} f(a)a \right| \leqslant 1.$$

方法讲解　题意是可以将 A 中的元素分成两部分,两部分的数之和相差小于等于 1.

当 $n = 6$ 时,取 $A = \{1, 4, 5, 6\}$,不存在满足要求的 f.此时 $|A| = \dfrac{2}{3}n$,故 $c < \dfrac{2}{3}$ 不具有题述性质.

我们需要如下结论(H):已知有 n 个正整数,总和小于 $2n$,则一定可以将这些数分成两部分,它们和的差最多相差 1.

用反证法证明.事实上,若最大数为 k,则 1 的个数 $m \geqslant k - 1$.否则总和至少为

$$1 \times (k - 2) + k + 2 \times [n - (k - 1)] = 2n.$$

将 n 个正整数从大到小依次分成两组,当两组不等时,下一个数放入和小的这一组.当所有大于 1

的数放完之后，两组和的差距不超过 k，于是将 $m(m \geqslant k-1)$ 个 1 放入，两组和最多相差 1.

回到原题. 注意到 $n \geqslant 4$，分两种情形讨论.

(1) $|A|$ 为偶数，设 $|A| = 2m$，将 A 中元素从小到大依次记为 $a_1, b_1, a_2, b_2, \cdots, a_m, b_m$.

令 $x_i = b_i - a_i > 0, 1 \leqslant i \leqslant m$，则

$$s = \sum_{i=1}^{m} x_i = (b_m - a_1) - \sum_{i=1}^{m-1}(a_{i+1} - b_i) \leqslant n - 1 - (m-1) = n - m < 2m.$$

这里用了 $2m = |A| > \dfrac{2}{3}n$. 从而 $x_1, \cdots, x_m$ 满足结论 (H) 的条件. 由此可以将 $x_1, \cdots, x_m$ 分成两部分，它们之和的差最多为 1.

(2) $|A|$ 为奇数，设 $|A| = 2m+1$，则 $m \geqslant 1$，将 A 中元素从小到大依次记为 $a, a_1, b_1, \cdots, a_m, b_m$.

令 $x_i = b_i - a_i, 1 \leqslant i \leqslant m$，则

$$s = a + x_1 + x_2 + \cdots + x_m = (a - a_1) + (b_1 - a_2) + \cdots + (b_{m-1} - a_m) + b_m$$
$$\leqslant -m + n < 2m + 1.5 < 2(m+1).$$

这里用了 $2m+1 = |A| > \dfrac{2}{3}n$，即 $n \leqslant 3m+1$.

根据结论 (H)，$a, x_1, \cdots, x_m$ 这 $m+1$ 个数，总和小于 $2(m+1)$，因此可以分成两部分，每部分之和的差最多为 1.

综上可得原问题结论.

◎ 三、课外训练

1. 设 $A = \{a_1, a_2, \cdots, a_{2k+1}\}$，$k \geqslant 1$，$a_i$ 是正整数，$i = 1, 2, \cdots, 2k+1$. 证明：对 A 的任意排列 $a_{i_1}, a_{i_2}, \cdots, a_{i_{2k+1}}$，式子 $\prod_{j=1}^{2k+1}(a_{i_j} - a_j)$ 恒为偶数.

2. 设 a, b, c, d 为四个任意的整数，证明：它们两两之差 $b-a, c-a, d-a, c-b, d-b, d-c$ 的乘积 S 一定可以被 12 整除.

3. 任给八个正整数 $a_1, a_2, \cdots, a_8 (1 \leqslant a_1 < a_2 < \cdots < a_8 \leqslant 16)$. 证明：存在一个正整数 k，使得 $a_j - a_i = k(1 \leqslant i < j \leqslant 8)$ 至少有三组解.

4. 对于给定的正整数 n，

(1) 在边长为 1 的正三角形内任取 $n^2 + 1$ 个点，必有 2 个点的距离小于等于 $\dfrac{1}{n}$；

(2) 在边长为 1 的正方形内任取 $n^2 + 1$ 个点，必有 2 个点的距离小于等于 $\dfrac{\sqrt{2}}{n}$；

(3) 在边长为 1 的正方形内任取 $(2n+1)$ 个点，必有 3 个点所构成三角形的面积小于等于 $\dfrac{1}{2n}$.

5. 在 $4 \times m$ 的格子中用三种颜色着色，每个格子着一种颜色. 求最小的 m，使得任意着色，一定存在四个顶点同色的矩形.

6. 已知 $a_1, a_2, \cdots, a_{99}, a_{100}$ 都是实数，在集合 $\left\{ a_1, \dfrac{a_1 + a_2}{2}, \dfrac{a_1 + a_2 + a_3}{3}, \cdots, \dfrac{a_1 + a_2 + \cdots + a_{100}}{100} \right\}$ 中至少有 51 个元素的值相等. 证明：$a_1, a_2, \cdots, a_{100}$ 中至少有 2 个数相等.

7. 设 $a_1, a_2, \cdots, a_n$ 是任意 n 个整数，证明：其中存在连续的若干个数，它们的和是 n 的倍数.

8. 对于 n 个点 $(x_i, y_i), i = 1, 2, \cdots, n$，称 $\left(\dfrac{x_1 + x_2 + \cdots + x_n}{n}, \dfrac{y_1 + y_2 + \cdots + y_n}{n} \right)$ 为这 n 个点系的重

心.设 $n(n \geqslant 3)$ 是奇数,则平面上任意 $n(n-1)^2+1$ 个整点必存在 n 个点,使得这 n 个点系的重心仍为整点.

9.将一个 10×10 的棋盘中的每个方格染成绿色或蓝色.现在我们同时切换任意 2×2 或 7×7 区域中所有正方形的颜色.问:我们一定能将整个棋盘染成蓝色吗?

10.设 n 是正整数,M 是具有下述性质的 n^2+1 个正数构成的集合:在 M 的任意 $n+1$ 个元素中,必有两个数,使得其中一个是另一个的倍数,证明:M 中存在 $n+1$ 个不同的数 $a_1,a_2,\cdots,a_{n+1}$,使得对于 $i=1,2,\cdots,n$ 均有 $a_i \mid a_{i+1}$.

11.已知正整数序列 $a_1,a_2,\cdots,a_{100}$,设任意相邻 10 个数的和小于等于 16,即对于 $1 \leqslant i \leqslant 91$ 均有 $a_i+a_{i+1}+\cdots+a_{i+9} \leqslant 16$.证明:一定存在 $k_1,k_2(k_1 < k_2)$ 使得 $a_{k_1}+a_{k_1+1}+\cdots+a_{k_2}=39$.

12.由 $1 \sim 20$ 这 20 个正整数任意排成一行,求最大的整数 T,存在 5 个位置相邻的数,它们的和大于或等于 T.

13.某地区网球赛 20 名成员举行了 14 场单打比赛,每人至少赛过一场,证明:必有 6 场比赛,其中 12 个参赛选手各不相同.

14.试把 220 分拆成 9 个不同的正整数之和,使其中最大数减去最小数的差最小,并求出这个最小值.

15.把 2022 分解成若干个不同的正整数之和,问:至多能分几项?

4.3 递推方法和母函数方法

◎ 一、知识要点

递推是解决组合计数问题非常重要且行之有效的方法,它刻画了组合问题中的一些结构,建立相互之间的递推关系.常见如汉诺塔问题,我们建立移动 n 步和前面状态的联系.又比如斐波那契兔子序列,我们建立当前兔子数和前一、二个月兔子数的递推关系式.

求解一般常系数的线性递推关系式有一些标准方法可利用,而求解非线性递推关系一般没有统一的方法,有时可用特殊方法来求解.

下面介绍二步常系数的线性递推关系的解法.假设 a,b 为给定的实常数,则递推关系式

$$f_{n+2}=af_{n+1}+bf_n,n \geqslant 0$$

的通解可由特征方程来表示.记特征方程为

$$\lambda^2-a\lambda-b=0.$$

(1)若特征方程有两个不同的实数根 λ_1,λ_2,则

$$f_n=c_1\lambda_1^n+c_2\lambda_2^n,$$

其中 c_1,c_2 由 f_0,f_1 确定;

(2)若特征方程有两个相同的实数根 λ,则

$$f_n=c_1\lambda^n+c_2n\lambda^n,$$

其中 c_1,c_2 由 f_0,f_1 确定;

(3)若特征方程有两个虚根(一定是共轭)$\rho e^{\pm i\theta}$,则

$$f_n=c_1\rho^n\cos(n\theta)+c_2\rho^n\sin(n\theta),$$

其中 c_1,c_2 由 f_0,f_1 确定.

对于一般的 k 步递推关系式:

$$f_{n+k}=c_{k-1}f_{n+k-1}+c_{k-2}f_{n+k-2}+\cdots+c_1f_{n+1}+c_0f_n,n \geqslant 0.$$

它的特征方程为

$$\lambda^k - c_{k-1}\lambda^{k-1} - c_{k-2}\lambda^{k-2} - \cdots - c_1\lambda - c_0 = 0.$$

通解根据特征方程根的情况讨论.

在组合问题中,有时候我们并不一定需要求出一般解的表达式.事实上,就算是 $k(k > 2)$ 步常系数线性递推关系,我们通常也无法准确求出特征方程的根.但只要得出所求量之间的递推关系式,通过递推关系式本身就可以得出一些有趣的结论.

母函数方法的思想是把离散数列和幂级数一一对应起来,对于一个有限或无限数列 $\{a_0, a_1, a_2, \cdots\}$,用幂级数

$$F(x) = a_0 + a_1 x + a_2 x^2 + \cdots,$$

使之成为一个整体,然后通过研究幂级数 $F(x)$ 导出数列.

比如有 1 克、2 克、3 克、4 克的砝码各一枚,问:能称出多少种质量?各有几种称法?我们只要计算

$$(1+x)(1+x^2)(1+x^3)(1+x^4) = 1 + x + x^2 + 2x^3 + 2x^4 + \cdots + x^9 + x^{10}.$$

可以看出 x^n 的系数,就是能称出 n 克质量的方法数.因为 x^n 项的 n 为:$n_1 + n_2 + n_3 + n_4 = n, n_i \in \{0, i\}$,对应 i 克的砝码在称 n 克质量时取到或者没取到,而系数就是能称出 n 克质量的方法数.

又比如在母函数 $(1 + x + x^2 + x^3 + x^4 + x^5)(1 + x + x^2)(1 + x + x^2 + x^3 + x^4)$ 的展开式中,x^n 项是由三项中各贡献一项的乘积,即 $x^n = x^{n_1} x^{n_2} x^{n_3}$,

$$n_1 + n_2 + n_3 = n, 0 \leqslant n_1 \leqslant 5, 0 \leqslant n_2 \leqslant 2, 0 \leqslant n_3 \leqslant 4.$$

x^n 项的系数是由合并同类项而来的,即上面解的个数.注意到,如果把母函数逐项相乘,将有 $6 \times 3 \times 5$ 项,这相当于 $0 \leqslant n_1 \leqslant 5, 0 \leqslant n_2 \leqslant 2, 0 \leqslant n_3 \leqslant 4$ 枚举出全部 $n_1 + n_2 + n_3$ 的值和组合.母函数方法通过对多项幂级数的简化演算,最后得到一个幂级数.此过程通常需要用到微积分的知识,下面的公式是有用的:对正整数 n,

$$\frac{1}{(1-x)^n} = (1 + x + x^2 + \cdots)^n = C_n^0 + C_n^1 x + C_{n+1}^2 x^2 + \cdots + C_{n+k-1}^k x^k + \cdots.$$

◎ 二、例题讲解

例题 1 设 $S = \{1, 2, \cdots, 10\}$,如果 S 的子集 T 至少含有 2 个元素且具有任意 2 个元素之差的绝对值大于 1,则称 T 具有性质 P,求 S 的所有具有性质 P 的不同子集的个数.

方法讲解 设 a_n 为 $S = \{1, 2, \cdots, n\}$ 的具有性质 P 的所有不同子集的个数,考虑 a_{n+2}, a_{n+1} 和 a_n 的递推关系:

集合 $\{1, 2, \cdots, n, n+1, n+2\}$ 的具有性质 P 的子集分 3 类:

(1) 二元子集 $\{j, n+2\}, j = 1, 2, \cdots, n$;

(2) 形如 $T_n \bigcup \{n+2\}$ 的具有性质 P 的子集;

(3) 集合 $\{1, 2, \cdots, n+1\}$ 的所有具有性质 P 的子集.

因此可得递推关系式

$$a_{n+2} = a_{n+1} + a_n + n.$$

计算得 $a_3 = 1, a_4 = 3$,故 $a_{10} = 133$.

例题 2 设 $S = \{1, 2, \cdots, 10\}$,将 S 中元素分成若干小组,每组一个数字或两个数字,问:共有多少种不同的分法?

方法讲解 假设 $S_n = \{1, 2, \cdots, n\}$,满足条件的分法有 a_n 种.如果数字 n 单独一组,则剩下 $n-1$ 个数字有 a_{n-1} 种不同的分法;如果数字 n 是两个数字的一组,设和它同组的数字是 $i(1 \leqslant i \leqslant n-1)$,则剩下 $n-2$ 个数字有 a_{n-2} 种不同的分法.因此有递推关系式

$$a_n = a_{n-1} + (n-1)a_{n-2}.$$

注意到 $a_1 = 1, a_2 = 2$,计算可得 $a_{10} = 9496$ 即为原题所求.

注意到我们并不需要或不能求出上面例题中 a_n 的一般表达式,数字不大时直接计算即可. 例题1这个递推关系式是常系数非齐次的,我们能求出解的表达式,例题 2 不是常系数的,虽齐次也不能求出解的表达式. 很多时候我们只要研究递推关系式中的量的性质,比如奇偶性、整除性等.

例题 3 设数列 $a_1, a_2, \cdots, a_n$ 是正整数 $1, 2, \cdots, n$ 的任一排列,$f(n)$ 是下述排列的个数,它们满足条件:① $a_1 = 1$;② $|a_i - a_{i+1}| \leqslant 2, i = 1, 2, \cdots, n-1$. 问:$f(1001)$ 能否被 3 整除?

方法讲解 我们把满足①②的排列 $a_1, a_2, \cdots, a_n$ 称为 n 项正则排列. 对于 n 个正则排列,因为 $a_1 = 1$,所以 $a_2 = 2$ 或者 3.

(i) 若 $a_2 = 2$,则 $a_2, a_3, \cdots, a_n$(各项减去 1 后)是 $n-1$ 项的正则排列,其个数为 $f(n-1)$;

(ii) 若 $a_2 = 3, a_3 = 2$,则必有 $a_4 = 4$,故 $a_4, a_5, \cdots, a_n$(各项减去 3 后)是 $n-3$ 项的正则排列,其个数为 $f(n-3)$;

(iii) 若 $a_2 = 3, a_3 \geqslant 4$,设 a_{k+1} 是该排列中第一个出现的偶数,则前 k 个数应该是 $1, 3, 5, \cdots, 2k-1$,a_{k+1} 是 $2k$ 或 $2k-2$. 因此 a_k 与 a_{k+1} 是相邻的整数.

由条件②,在 a_{k+1} 后的数,要么都小于它,要么都大于它(不能越过两个相邻的数 $a_k a_{k+1}$). 因为 2 在 a_{k+1} 之后,故后面的数比 a_{k+1} 都小. 这只有一种可能,即先依次递增排出所有不大于 n 的正奇数,再接着依次递减排出所有不大于 n 的正偶数.

综上,有递推关系式

$$f(n) = f(n-1) + f(n-3) + 1, n \geqslant 4.$$

容易算出 $f(1) = 1, f(2) = 1, f(3) = 2, f(4) = 4$,各项模 3 的余数依次为

$$1, 1, 2, 1, 0, 0, 2, 0, 1, 1, 2, 1, \cdots$$

它们构成以 8 为周期的数列. 又 $1001 = 125 \times 8 + 1$,故

$$f(1001) \equiv f(1) \equiv 1 \pmod{3}.$$

故不能被 3 整除.

再举一个例子,用递推方法可以简化计算,按满足条件的 k 分类计数较为烦琐.

例题 4 标着 $1 \sim 6$ 的六面均匀骰子投了 n 次,依次投出 $x_1, x_2, \cdots, x_n$,记 $x_0 = 0$. 求满足下列条件的概率,用 n 来表示.

条件:满足 $1 \leqslant k \leqslant n$,同时满足 $x_{k-1} \leqslant 4$ 以及 $x_k \geqslant 5$ 的 k 值有且仅有一个.

方法讲解 记满足条件的序列数为 D_n,显然 $D_1 = 2$.

对于一般的 $n(n \geqslant 2)$.

(1) 当 $x_1 = 1, 2, 3, 4$ 时,条件在 $2 \leqslant k \leqslant n$ 中满足,这样的序列数为 $4D_{n-1}$;

(2) 当 $x_1 = 5, 6$ 时,$k = 1$ 已经满足条件,$2 \leqslant k \leqslant n$ 都不能满足条件,此时对 $k = 1, 2, \cdots, n$,若 $x_2, \cdots, x_k$ 都取 $5, 6$,$x_{k+1}, \cdots, x_n$ 都取 $1, 2, 3, 4$,共有 $2^{k-1} \cdot 4^{n-k} = 2^{2n-k-1}$ 个. 因此

$$\sum_{k=1}^{n} 2^{2n-k-1} = 2^{2n-1} - 2^{n-1}.$$

我们得到非齐次的一步递推关系式

$$D_n = 4D_{n-1} + 2(2^{2n-1} - 2^{n-1}) = 4D_{n-1} + 2^{2n} - 2^n,$$

解得

$$D_n = (n-1)2^{2n} + 2^n.$$

因此所求概率为

$$\frac{D_n}{6^n} = \frac{(n-1)2^n + 1}{3^n}.$$

例题 5 　将数字 $1 \sim n$ 安排到位置 $1 \sim n$ 上，要求位置 1 只允许安排数字 $1,2$，位置 $k(2 \leqslant k \leqslant n-1)$ 只允许安排数字 $k-1,k,k+1$，位置 n 只允许安排数字 $n-1,n$．求这样的安排数．

方法讲解 　记安排数为 f_n．用递推方法，考虑 $n+1$ 时，对于第 $n+1$ 个位置，它只可能是数字 $n+1$ 或 n．当它是 $n+1$ 时，有方法数 f_n；当它是 n 时，位置 n 只能是 $n+1$．于是

$$f_{n+1} = f_n + f_{n-1}.$$

显然 $f_1 = 1, f_2 = 2$，补充 $f_0 = 1$，它就是著名的斐波那契数列．易知它的解

$$f_n = \frac{1}{\sqrt{5}} \left(\frac{1+\sqrt{5}}{2} \right)^{n+1} - \frac{1}{\sqrt{5}} \left(\frac{1-\sqrt{5}}{2} \right)^{n+1}, n = 0,1,2,\cdots.$$

上面问题相当于 n 个数的置换 σ，要求对每个 i 都有 $|\sigma(i)-i| \leqslant 1$，或者求直线上 n 个数满足条件的排列数．下面考虑圆周情形．

例题 6 　将数字 $1 \sim n$ 安排到位置 $1 \sim n$ 上，要求位置 1 只允许安排数字 $n,1,2$，位置 $k(2 \leqslant k \leqslant n-1)$ 只允许安排数字 $k-1,k,k+1$，位置 n 只允许安排数字 $n-1,n,1$．求这样的安排数．

方法讲解 　设所求为 h_n，考虑第 n 个位置．

① 若第 n 个位置安排数字 n，此时其他数字安排的个数就是 $n-1$ 时的直线情形，即上一个问题所求的 f_{n-1} 种方法．

② 若第 n 个位置安排数字 $n-1$，则考虑数字 n 安排的情况，分两种情况：

(a) 数字 n 安排在位置 $n-1$ 处（即 $n-1,n$ 数字交换），此时剩下 $n-2$ 个回到直线情形，即 f_{n-2} 种方法；

(b) 数字 n 安排在位置 1 处，则数字 1 只能安排在位置 2 处，数字 2 只能安排在位置 3 处，类推可知，数字 $n-2$ 只能安排在位置 $n-1$ 处，即唯一一种安排方法．

③ 若第 n 个位置安排数字 1，和 ② 的讨论相同．

于是我们最后得出安排的总数 h_n，

$$h_n = f_{n-1} + 2(f_{n-2} + 1), n \geqslant 3.$$

对 $n \geqslant 3$，

$$h_n = f_{n-1} + 2(f_{n-2} + 1) = f_{n-1} + 2f_{n-2} + 2.$$
$$h_{n+1} + h_n = f_n + 2f_{n-1} + 2 + f_{n-1} + 2f_{n-2} + 2$$
$$= f_n + f_{n-1} + 2f_n + 4$$
$$= f_{n+1} + 2f_n + 2 + 2 = h_{n+2} + 2.$$

计算得 $h_1 = 1, h_2 = 2, h_3 = 6, h_4 = 9$（递推公式对 $n \geqslant 3$ 成立），

$$h_{n+2} = h_{n+1} + h_n - 2, n \geqslant 3.$$

或写成一般项形式：$h_1 = 1, h_2 = 2$，

$$h_n = \left(\frac{1+\sqrt{5}}{2} \right)^n + \left(\frac{1-\sqrt{5}}{2} \right)^n + 2, n \geqslant 3.$$

还有一种问题，引进中间状态或过程，使得容易得到相互之间的递推关系．

例题 7 　对 $n \geqslant 1$，将 $2 \times n$ 的格子用 1×1 和 L 型 3- 格子的小片覆盖，问：共有多少种不同的覆盖方法数？

方法讲解 　**方法一**：记不同的覆盖数为 a_n．显然 $a_1 = 1, a_2 = 5, a_3 = 11$．

下面按是否覆盖第一条竖线、第二条竖线来分类推导递推关系式．

(1) 若没有覆盖第一条竖线，即开始 2×1 都是用 1×1 来覆盖，此时剩下 $2 \times (n-1)$ 格子的覆盖数为 a_{n-1}；

(2) 若覆盖第一条竖线但没有覆盖第二条竖线，即开始 2×2 有一个 L 型 3- 格子和一个 1×1 的小片覆盖，有 4 种覆盖方法，剩下 $2 \times (n-2)$ 格子的覆盖数为 a_{n-2}；

（3）若同时覆盖第一条、第二条竖线，即开始 2×3 有两个 L 型 3-格子覆盖，有 2 种覆盖数，剩下 $2\times(n-3)$ 格子的覆盖数为 a_{n-3}.

因此有递推关系式

$$a_n = a_{n-1} + 4a_{n-2} + 2a_{n-3}, n = 4,5,\cdots.$$

这个递推关系式的特征方程为

$$\lambda^3 - \lambda^2 - 4\lambda - 2 = 0.$$

它的三个根为

$$\lambda_1 = -1, \lambda_2 = 1 + \sqrt{3}, \lambda_3 = 1 - \sqrt{3}.$$

于是 $a_n = c_1\lambda_1^n + c_2\lambda_2^n + c_3\lambda_3^n$，根据初始值可得

$$a_n = (-1)^n + \frac{1}{\sqrt{3}}(1+\sqrt{3})^n - \frac{1}{\sqrt{3}}(1-\sqrt{3})^n.$$

我们引进中间状态，得到如下方法.

方法二：记 $2\times n$ 格子的覆盖数为 a_n，$2\times n$ 去掉第一个格子的覆盖数 b_n，则考虑第一个格子用的小片情形，得

$$a_n = b_n + 2b_{n-1} + a_{n-2}.$$

而对于 b_n 的个数，我们考虑第一列这个格子的小片，也可得

$$b_n = a_{n-1} + a_{n-2}.$$

显然 $a_1 = b_1 = 1, a_2 = 5, b_2 = 2$. 消去中间状态 b_n，我们可得方法一的关于 a_n 的递推关系式和解. 还有一种按类得出的递推关系式，比如奇、偶数类，模 m 的同余类.

例题 8　设 n 是偶数，从 $1,2,\cdots,n$ 中选取 4 个不同的数 a,b,c,d，满足 $a+c = b+d$. 证明：不同的选取方法（不考虑 a,b,c,d 的顺序）共有 $\dfrac{n(n-2)(2n-5)}{24}$ 种.

方法讲解　假设在 $A_n = \{1,2,\cdots,n\}$ 中取四个不同的数（不计顺序），满足 $a+b = c+d$ 的取法数为 d_n，则 d_n 按最小数是 1，以及不是 1 的（各个数减去 1，方法数为 d_{n-1}）来分类.

若最小数 $a = 1$，

（1）当 $n = 2m$ 时，$b = 2m, c, d$ 有 $m-1$ 个解；$b = 2m-1, 2m-2, c, d$ 都有 $m-2$ 个解；$\cdots$；$b = 5, 4, c, d$ 都有 1 个解. 所以

$$d_{2m} = d_{2m-1} + 2(1+2+\cdots+m-2) + (m-1) = d_{2m-1} + (m-1)^2.$$

（2）当 $n = 2m+1$ 时，$b = 2m+1, 2m, c, d$ 都有 $m-1$ 个解；$\cdots$；$b = 5, 4, c, d$ 都有 1 个解. 所以

$$d_{2m+1} = d_{2m} + 2(1+2+\cdots+m-1) = d_{2m} + m(m-1).$$

于是

$$d_{2m} = d_{2m-1} + (m-1)^2 = d_{2m-2} + (m-1)^2 + (m-1)(m-2) = d_{2m-2} + 2m^2 - 5m + 3.$$

$$d_{2m} = \frac{1}{3}m(m+1)(2m+1) - \frac{5}{2}m(m+1) + 3m = \frac{2}{3}m^3 - \frac{3}{2}m^2 + \frac{5}{6}m.$$

当 $n = 2m$ 时，符合题目要求的个数为

$$d_n = \frac{2}{24}n^3 - \frac{3}{8}n^2 + \frac{5}{12}n = \frac{1}{24}n(n-2)(2n-5).$$

这个题目本身可以不用递推方法，只要直接计算，先选三个不同的数，第四个数通过此三个数得到，即此三个数中的最大数加最小数减去中间数，然后去掉第四个数和原中间数相等的情形. 我们的解答仅为了说明递推方法，这里就省略这个解法的细节.

例题 9　对正整数 n，a_n 表示数字都属于 $\{1,3,4\}$ 且各数字之和为 n 的正整数的个数，证明：对任意正整数 n，a_{2n} 都是完全平方数.

方法讲解　记 A_n 表示所有由 $\{1,3,4\}$ 的数字组成且各数字之和为 n 的正整数的全体，$a_n = |A_n|$. 显然有 $a_1 = 1, a_2 = 1, a_3 = 2, a_4 = 4$，

$$a_{n+4} = a_{n+3} + a_{n+1} + a_n, n \geqslant 1.$$

它的特征方程为 $\lambda^4 = \lambda^3 + \lambda + 1$. 这个方程特殊，可以简化为 $(\lambda^2+1)(\lambda^2-\lambda-1) = 0$ 来求根.

$$\lambda_{1,2} = \pm i, \lambda_3 = \frac{1+\sqrt{5}}{2}, \lambda_4 = \frac{1-\sqrt{5}}{2}.$$

$$a_n = c_1 \cos \frac{n\pi}{2} + c_2 \sin \frac{n\pi}{2} + c_3 \lambda_3^n + c_4 \lambda_4^n.$$

其中 c_1, c_2, c_3, c_4，由 $a_1 = 1, a_2 = 1, a_3 = 2, a_4 = 4$ 确定. 于是

$$c_1 = \frac{2}{5}, c_2 = \frac{1}{5}, c_3 = \frac{3+\sqrt{5}}{10}, c_4 = \frac{3-\sqrt{5}}{10}.$$

经过计算

$$a_{2n} = \left[\frac{1+\sqrt{5}}{2\sqrt{5}} \left(\frac{1+\sqrt{5}}{2} \right)^n - \frac{1-\sqrt{5}}{2\sqrt{5}} \left(\frac{1-\sqrt{5}}{2} \right)^n \right]^2.$$

记 $c_n = \dfrac{1+\sqrt{5}}{2\sqrt{5}} \left(\dfrac{1+\sqrt{5}}{2} \right)^n - \dfrac{1-\sqrt{5}}{2\sqrt{5}} \left(\dfrac{1-\sqrt{5}}{2} \right)^n$，它对所有 n 是正整数. 事实上，$c_1 = 1, c_2 = 2, c_{n+1} = c_n + c_{n-1}, n \geqslant 2$. 因此对任何正整数 n, a_{2n} 都是完全平方数.

以上解题过程过于烦琐，利用特殊性把 a_n 的表达式求出来，然后通过解表达式求出 a_{2n} 是某个正整数的平方. 下面给出一种技巧性比较强的方法.

另一种方法：记 B_n 表示由数字 $1,2$ 组成且数字之和等于 n 的正整数的全体，$b_n = |B_n|$.

再记 $\widetilde{A}_n = \{10a + 2 \mid a \in A_n\} = \{\overline{a_2}, a \in A_n\}, B = \bigcup\limits_{n=1}^{\infty} B_n$.

定义函数 $f: B \to \mathbf{N}^*$ 如下：对于数字 B 中任一正整数 a，从左到右看 a 的数字，见到 1 把该数写下，见到 2 时把这个数字和它的后一个数字相加，用和代替这两个数字. 如

$$f(12112121) = 13133, f(112212221) = 114143.$$

当依次看到 2 是最后一个数字时，这个 2 就直接照抄为 2. 显然，f 是一对一的，且

$$f(B_{2n}) = A_{2n} \bigcup \widetilde{A}_{2n-2},$$

即 $b_{2n} = a_{2n} + a_{2n-2}, n \geqslant 2$. 计算 b_{2n}，分两类：

对 B_{2n} 的元素，若从左到右相加可以得到 n，则可由两个 B_n 中元素拼接而成，有 $b_n \times b_n$ 种；若从左到右相加不能得到 n，则必然是 B_{n-1} 中的元素 $2, B_{n-1}$ 中的元素拼接，有 $b_{n-1} \times b_{n-1}$ 种. 因此 $b_{2n} = b_n^2 + b_{n-1}^2$，所以

$$a_{2n} + a_{2n-2} = b_n^2 + b_{n-1}^2.$$

又因为 $b_1 = 1, a_2 = 1 = b_1^2$，由数学归纳法可得 $a_{2n} = b_n^2$.

下面举几个例子来说明母函数方法在组合计数等问题中的应用.

例题 10　用标有数字 $1,2,3,4,5,6$ 的骰子投掷六次，问：这六次的数字之和为 21 的概率是多少？

方法讲解　只要计算和为 21 的情况. 用母函数方法，令

$$F(x) = (x + x^2 + x^3 + x^4 + x^5 + x^6)^6 = x^6 \left(\frac{1-x^6}{1-x} \right)^6.$$

由于

$$(1-x^6)^6 = 1 - 6x^6 + 15x^{12} - 20x^{18} + 15x^{24} - 6x^{30} + x^{36},$$

$$\left(\frac{1}{1-x} \right)^6 = 1 + C_6^1 x + C_7^2 x^2 + C_8^3 x^3 + \cdots + C_{6+k-1}^k x^k + \cdots,$$

于是

$$F(x) = (x^6 - 6x^{12} + 15x^{18} - \cdots)(1 + C_6^1 x + C_7^2 x^2 + C_8^3 x^3 + \cdots + C_{6+k-1}^k x^k + \cdots).$$

计算 x^{21} 的系数,有

$$C_{20}^{15} - 6C_{14}^9 + 15C_8^3 = 4332.$$

因此六次的数字和为 21 的概率是 $\dfrac{4332}{6^6} = 0.0928 = 9.28\%$.

例题 11 证明:$\displaystyle\sum_{j=0}^n C_n^j 2^{n-j} C_j^{[+]} = C_{2n+1}^n$.

方法讲解 注意到 $C_j^{(+)}$ 是 $(1+x)(x^{-1}+x)^j$ 中的常数项,可得

$$\begin{aligned}
\sum_{j=0}^n C_n^j 2^{n-j}(1+x)(x^{-1}+x)^j &= (1+x)\sum_{j=0}^n C_n^j (x^{-1}+x)^j 2^{n-j} \\
&= (1+x)(x^{-1}+x+2)^n \\
&= \frac{1}{x^n}(1+x)(x^2+2x+1)^n \\
&= \frac{1}{x^n}(1+x)^{2n+1}.
\end{aligned}$$

下面的例子是 2004 年第 3 届女子奥林匹克的题目,巧妙设计幂次 2^k,从而可以反复应用 $(1-2^k)(1+2^k) = 1 - 2^{k+1}$ 化简母函数.

例题 12 一副三色牌共 32 张,其中红、黄、蓝每种颜色的牌各 10 张,编号分别是 $1, 2, \cdots, 10$,另有大小王各一张,编号为 0,从这副牌中抽出若干张牌,然后按如下规则计算分值,每张编号为 k 的牌计为 2^k 分,若它的分值之和等于 2004,就称这些牌为一个好牌组,试求好牌组的个数.

方法讲解 取 k 为好牌组提供的分数是 2^k,则分值的母函数表示就是 $1 + x^{2^k}$.大小王提供的分数是 2^0 分,母函数为 $1 + x^{2^0}$.因此取数字 k 的牌各 3 张及大小王,它的母函数为

$$F(x) = (1+x^{2^1})^3 (1+x^{2^2})^3 \cdots (1+x^{2^{10}})^3 (1+x^{2^0})^2.$$

化简,分子与分母同乘 $(1-x^{2^0})^3$,反复用 $(1-b)(1+b) = 1-b^2$,得

$$F(x) = \frac{1}{(1+x)(1-x)^3}(1-x^{2^{11}})^3.$$

$$\frac{1}{(1+x)(1-x)^3} = \frac{1}{(1-x^2)(1-x)^2} = \Big(\sum_{i \geqslant 0} x^{2i}\Big)\Big(\sum_{j \geqslant 0} C_{j+1}^1 x^j\Big).$$

于是 x^{2004} 的系数为

$$C_{2005}^1 + C_{2003}^1 + \cdots + C_3^1 + C_1^1 = 1003^2.$$

所以好牌组的个数为 1003^2.

例题 13 设正整数 n 拆分成 $1, 2, 3, \cdots$ 且不允许重复的拆分数为 $p(n)$,正整数 n 拆分成 $1, 3, 5, \cdots$ 的奇数和但允许重复的拆分数为 $q(n)$,证明:$p(n) = q(n)$.

方法讲解 用母函数方法,$p(n)$ 的母函数为

$$\begin{aligned}
G(x) &= (1+x)(1+x^2)(1+x^3)(1+x^4)\cdots \\
&= \frac{1-x^2}{1-x} \cdot \frac{1-x^4}{1-x^2} \cdot \frac{1-x^6}{1-x^3} \cdot \frac{1-x^8}{1-x^4} \cdots \\
&= \frac{1}{1-x} \cdot \frac{1}{1-x^3} \cdot \frac{1}{1-x^5} \cdot \frac{1}{1-x^7} \cdots \\
&= (1+x+x^2+\cdots)(1+x^3+x^6+\cdots)(1+x^5+x^{10}+\cdots)\cdots
\end{aligned}$$

将 n 拆分成 $1, 3, 5, \cdots$ 的奇数和,但允许重复的拆分数为 $q(n)$ 的母函数.因此 $p(n) = q(n)$.

例题 14 一所学校有奇数个班级,每个班级有奇数个学生.每个班级选出一个学生组成校队,证明以下两个命题等价:

① 校队中有奇数个男生的选法比有奇数个女生的选法多;

② 有奇数个班级的男生比女生多.

方法讲解 设有 n 个班级，第 k 个班级有 a_k 个男生，b_k 个女生，$k=1,2,\cdots,n$. 因为 n 是奇数，a_k+b_k 也是奇数，故 $a_k-b_k\neq 0$. 令

$$f(x)=\prod_{k=1}^{n}(a_k x+b_k)=\sum_{i=0}^{n}c_i x^i,$$

则 c_i 恰好是校队中有 i 个男生的选法，因此 $A=c_1+c_3+\cdots+c_n$ 就是校队中奇数个男生的选法数，$B=c_2+c_4+\cdots+c_{n-1}$ 就是校队中偶数个男生的选法数（即奇数个女生的选法数目）. 由于

$$B-A=f(-1)=\prod_{k=1}^{n}(b_k-a_k),$$

所以 $B<A\Leftrightarrow$ 有奇数个 k 满足 $b_k-a_k<0$. 因此 ①② 等价.

例题 15 用标有数字 $1,2,3,4,5,6$ 的骰子投掷 n 次，求这 n 次所得数字之和可被 5 整除的概率.

方法讲解 对于任意 k，记 p_k 表示和为 k 的概率，定义母函数

$$f(x)=\sum_{k=1}^{\infty}p_k x^k=\left(\frac{1}{6}(x+x^2+x^3+x^4+x^5+x^6)\right)^n.$$

根据题意，需要求

$$\sum_{k=1}^{\infty}p_{5k}=p_5+p_{10}+\cdots+p_{5k}+\cdots.$$

取 $\varepsilon=\cos\dfrac{2\pi}{5}+\mathrm{i}\sin\dfrac{2\pi}{5}$，$\varepsilon^5=1$，则

$$\sum_{k=1}^{\infty}p_{5k}=\frac{1}{5}\left[f(1)+f(\varepsilon)+f(\varepsilon^2)+f(\varepsilon^3)+f(\varepsilon^4)\right].$$

显然 $f(1)=1$，且 $f(\varepsilon^j)=\dfrac{\mathrm{e}^{jn}}{6^n}$，$j=1,2,3,4$. 计算

$$f(\varepsilon)+f(\varepsilon^2)+f(\varepsilon^3)+f(\varepsilon^4)=\begin{cases}\dfrac{4}{6^n}, & n\equiv 0\pmod 5,\\[2mm] -\dfrac{1}{6^n}, & n\equiv 1,2,3,4\pmod 5.\end{cases}$$

因此，所求

$$\sum_{k=1}^{\infty}p_{5k}=\begin{cases}\dfrac{1}{5}+\dfrac{4}{5\times 6^n}, & n\equiv 0\pmod 5,\\[2mm] \dfrac{1}{5}-\dfrac{1}{5\times 6^n}, & n\equiv 1,2,3,4\pmod 5.\end{cases}$$

◎ 三、课外训练

1. 若集合 $X_n=\{1,2,\cdots,n\}$ 的子集 S 满足最小整数等于它的元素个数，即 $\min\{x:x\in S\}=|S|$，则称该子集是非凡的. 设 g_n 是 X_n 的非凡子集的个数，证明：$g_n=g_{n-1}+g_{n-2}$，$(n\geqslant 3)$，及 $g_1=1,g_2=1$.

2. n 枚相同的棋子由甲、乙二人轮流取，每次可取 1 或 2 枚，取完为止. 记首尾都由甲取的取法数为 $g(n)$，求 $g(1000)\bmod 8$ 的值.

3. 对于整数 $n(n\geqslant 0)$，满足条件 $x\geqslant y\geqslant z$，$x+y+z=n$ 的非负整数解的个数为 $D_n=\dfrac{1}{12}(n+3)^2$，这里 x 是指离 x 最近的整数.

4. 蚂蚁在立方体上进行一系列移动，其中每次移动是指从一个顶点沿着立方体的边走到相邻的顶点. 起初，蚂蚁在立方体底面的某个顶点选择三个相邻的顶点之一做首次移动. 对于首次移动以后的每

次移动,蚂蚁不会返回它之前刚经过的顶点,而是选择移动到其他两个相邻顶点之一.所有的选择都是随机的,每次移动的各种可能出现的机会都相同.求蚂蚁经过 8 次移动后,到达立方体顶面的顶点的概率.

5. 设 h_n 是凸 $n+2$ 边形内由所有对角线分割成的区域个数,其中这些对角线中没有三条交于一个公共点.证明:

(1) 记 $h_0 = 0$,则有递推式 $h_n = h_{n-1} + C_{n+1}^3 + n, n \geqslant 1$;

(2) $h_n = C_{n+1}^2 + C_{n+1}^3 + C_{n+1}^4 = \dfrac{n(n+1)(n^2+n+10)}{24}$.

6. 推导出序列 $g_{n+3} = \begin{cases} 2g_{n+2} + g_{n+1}, & n \equiv 0 \pmod 3, \\ g_{n+2} + g_{n+1} + g_n, & n \equiv 1 \pmod 3, \\ g_{n+2} + g_{n+1}, & n \equiv 2 \pmod 3, \end{cases} n \geqslant 0$ 的表达式,其中初始值 $g_0 = 0, g_1 = 1$,

$g_2 = 1$.

7. 数字 $0-1$ 序列是指每项均为 0 或 1 的序列.若一个 $0-1$ 序列的每项的邻项中至少有一项为 1,则称其为极好的.例如,序列 $0,1,1,0,0,1,1,1$ 为一个极好的八项序列.用 B_n 表示 $n(n \geqslant 2)$ 项极好的 $0-1$ 序列的个数.求使 B_n 可被 20 整除的最小整数 n.

8. 设 m, n 是非负整数,证明:$\dfrac{m!(2m+2n)!}{(2m)!n!(m+n)!}$ 是整数.

9. 已知序列 $\{1,0,2,0,3,0,4,0,\cdots\}$,求其母函数.

10. 令 a, b 是正整数,对非负整数 n,令 $s(n)$ 是方程 $ax + by = n$ 的非负整数解,证明:数列 $(s(n))$ 的母函数是 $f(x) = \dfrac{1}{(1-x^a)(1-x^b)}$.

11. 求满足方程 $x_1 + x_2 + x_3 + x_4 = 20$ 且 $1 \leqslant x_1 \leqslant 5, 1 \leqslant x_2 \leqslant 6, 1 \leqslant x_3 \leqslant 7, 1 \leqslant x_4 \leqslant 8$ 的整数解 (x_1, x_2, x_3, x_4) 的个数.

12. 抛掷一枚硬币 20 次,有 13 次是正面,7 次是反面.问:没有连续五次正面的概率是多少?

13. 将 n 元钱全部兑换为 1 元和 2 元的纸币,问:有多少种不同的兑换方法?

14. 求用数字 1,2,3,4 各三个可组成的 5 位数的个数.

15. 证明:n 拆分成重复数不超过 2 的数之和的拆分数,等于他拆分成不被 3 除尽的数之和的拆分数.

4.4　映射方法

◎ 一、知识要点

定义　设 f 是从集合 M 到集合 N 的映射,即对任意 $x \in M$,存在唯一 $y \in N$ 使得 $y = f(x)$.进一步,若对任意 $x_1, x_2 \in M$,当 $x_1 \neq x_2$ 时,有 $f(x_1) \neq f(x_2)$,则称 f 为从 M 到 N 的单射(一对一);若对任意 $y \in N$,存在 $x \in M$,使得 $f(x) = y$,则称 f 是从 M 到 N 上的满射;若 f 既是单射又是满射,则称 f 是从 M 到 N 上的双射,或称一一映射.

映射方法是组合计数中常见的技巧,有限集合 M 和 N 之间存在一一映射,则 M, N 的元素个数相等.当集合 M 的元素个数比较难以计数时,我们通过建立构造 M 到另一个有限集合 N 的一一映射,把问题转化到容易计算的集合 N 中.有时候我们建立集合 M, N 部分元素的一一映射用来计算这两个集合元素个数的差,也可以利用若干不相交集合的一一映射,通过并集的总数来计算每个集合元素的个数.

特别地,对于指标集$\{1,2,\cdots,n\}$到自身的一一映射的结构称为置换.一般记为

$$\sigma = \begin{pmatrix} 1 & 2 & \cdots & n \\ a_1 & a_2 & \cdots & a_n \end{pmatrix},$$

这里$a_1,a_2,\cdots,a_n$是S中元素的一个全排列,即$\sigma(i)=a_i,i=1,2,\cdots,n$.

在置换中,如果$i<j$,有$\sigma(i)>\sigma(j)$,称为逆序对.所有逆序对的和称为置换σ的逆序数.

对于$S=\{1,2,\cdots,n\}$的置换σ,如果存在$\{i_1,i_2,\cdots,i_k\}\subseteq S$满足$\sigma(i_1)=i_2,\sigma(i_2)=i_3,\cdots,\sigma(i_{k-1})=i_k,\sigma(i_k)=i_1$,则称置换$\sigma$包含长度为$k$的轮换$\{i_1,i_2,\cdots,i_k\}$.任何置换是不相交轮换之积.比如

$$\begin{pmatrix} 1 & 2 & 3 & 4 & 5 & 6 \\ 5 & 3 & 2 & 6 & 4 & 1 \end{pmatrix} = (1\quad 5\quad 4\quad 6)(2\quad 3).$$

置换是一一映射,它的复合运算$\sigma\circ\tau$和一般映射(函数)的复合有区别.比如

$$\sigma = \begin{pmatrix} 1 & 2 & 3 & 4 & 5 \\ 5 & 3 & 2 & 4 & 1 \end{pmatrix},\tau = \begin{pmatrix} 1 & 2 & 3 & 4 & 5 \\ 3 & 2 & 5 & 1 & 4 \end{pmatrix},$$

则有

$$\sigma\circ\tau = \begin{pmatrix} 1 & 2 & 3 & 4 & 5 \\ 4 & 5 & 2 & 1 & 3 \end{pmatrix}.$$

故σ将1对应到i_1,τ将i_1对应到i_2,则$\sigma\circ\tau$将1对应到i_2.

◎ 二、例题讲解

例题 1 把正整数n拆分成m个正整数有序和的方法数是多少?

方法讲解 计算满足方程

$$x_1 + x_2 + \cdots + x_m = n$$

的正整数$(x_1,x_2,\cdots,x_m)$的m元组个数.这些m元组是与正整数严格递增数列$y_1,y_2,\cdots,y_m$($0<y_1<y_2<\cdots<y_m=n$)一一对应的,该对应由

$$y_1 = x_1,y_2 = x_1+x_2,\cdots,y_m = x_1+x_2+\cdots+x_m$$

给出.数$y_1,y_2,\cdots,y_{m-1}$可以从$1,2,\cdots,n-1$中取出,方法数为C_{n-1}^{m-1}.

例题 2 求从$\{1,2,\cdots,n\}$中取出满足下列条件的k个不同元素$(j_1,j_2,\cdots,j_k)$的组合数:

① $1\leqslant j_1<j_2<\cdots<j_k\leqslant n$;

② $j_i-j_{i-1}\geqslant m,i=2,3,\cdots,k,m$是正整数.

方法讲解 令

$$j_i' = j_i-(i-1)(m-1),i=1,2,\cdots,k,$$

则由②知

$$j_i'-j_{i-1}' = j_i-j_{i-1}-(m-1)\geqslant 1,i=2,3,\cdots,k.$$

再由①知

$$1\leqslant j_1'<j_2'<\cdots<j_k'\leqslant n-(k-1)(m-1).$$

易证,这个对应是一一映射,从而知所求的组合数为$C_{n-(k-1)(m-1)}^k$.

注 当$m=2$时,问题就是$1\sim n$中取k个不相邻的数,它的组合数是C_{n+1-k}^k.这是经常用到的一个结论.

例题 3 设整数a,b,c满足$0\leqslant a,b,c\leqslant n$,求满足$n\leqslant a+b+c\leqslant 2n$的$(a,b,c)$的个数.

方法讲解 在边长为n的立方体内,满足$a+b+c<n$是一个直角四面体(锥),而$a+b+c>2n$也是一个直角四面体(锥),它们的整点个数相同.事实上,满足$a+b+c<n$,唯一对应$a=n-a',b=$

$n-b', c=n-c'$, 得 $a'+b'+c'>2n$. 反之也成立.

而满足 $a+b+c<n$ 的整点个数为 C_{n+2}^3, 于是在 $0 \leqslant a,b,c \leqslant n$ 的条件下, 满足 $n \leqslant a+b+c \leqslant 2n$ 的 (a,b,c) 的个数等于所有组数减去满足 $a+b+c<n$ 或 $a+b+c>2n$ 的组数 (a,b,c), 即

$$(n+1)^3-2C_{n+2}^3.$$

例题 4 设 $S=\{1,2,\cdots,1000\}$, A 是 S 的一个 201 元子集, 若 A 中各元素之和能被 5 整除, 则称 A 是 S 的好子集. 求 S 的所有好子集的个数.

方法讲解 将 S 的所有 201 元子集分为 5 类: S_0,S_1,S_2,S_3,S_4, 它们的和被 5 整除的余数分别为 0, 1, 2, 3, 4. 作映射 $f:S_0 \rightarrow S_k (1 \leqslant k \leqslant 4)$ 如下:

若 $A=\{a_1,a_2,\cdots,a_{201}\} \in S_0$, 则 $f(A)=\{a_1+k,a_2+k,\cdots,a_{201}+k\}$, 其中当 $a_i+k>1000$ 时, 用 $a_i+k-1000$ 代替.

$$\sum_{i=1}^{201}(a_i+k)=\sum_{i=1}^{201}a_i+201k \equiv k \pmod{5}.$$

故 $f(A) \in S_k$, 容易验证, f 是一一映射, 所以 $|S_k|=|S_0|$.

$$|S_0|+|S_1|+|S_2|+|S_3|+|S_4|=C_{1000}^{201}.$$

于是

$$|S_0|=\frac{1}{5}C_{1000}^{201}.$$

例题 5 在 xOy 坐标下, 非降路径指在整数网格上每步从点 (x,y) 到点 $(x+1,y)$ 或点 $(x,y+1)$ 的路径. 求从点 $(0,0)$ 到点 (n,n) 的路径均满足 $x>y$ 的非降路径数.

方法讲解 显然, 第一步必然从点 $(0,0)$ 到点 $(1,0)$, 最后一步需从点 $(n,n-1)$ 到点 (n,n).

从点 $(1,0)$ 到点 $(n,n-1)$ 的非降路径数是 C_{2n-2}^{n-1}, 这些路径数中包含 $x \leqslant y$ 的路径. 下面计算从点 $(1,0)$ 到点 $(n,n-1)$ 且经过点 (x,y), $x \leqslant y$ 的非降路径数. 假设某非降路径经过点 (x,y), $x=y$, 设这些点中坐标最大的点为 P, 则从点 $(1,0)$ 到点 P 的路径中关于直线 $x=y$ 对称的路径对应于从点 $(0,1)$ 到点 P 的路径, 加上点 P 到点 $(n,n-1)$ 的路径, 即从点 $(1,0)$ 到点 $(n,n-1)$ 经过点 (x,y), $x=y$ 的非降路径唯一对应一条从点 $(0,1)$ 到点 $(n,n-1)$ 的非降路径. 反之, 从点 $(0,1)$ 到点 $(n,n-1)$ 的任意的一条非降路径, 一定经过 $x=y$ 的点, 也唯一对应于从点 $(1,0)$ 到点 $(n,n-1)$ 且经过点 (x,y), $x \leqslant y$ 的一条非降路径.

而从点 $(0,1)$ 到点 $(n,n-1)$ 的非降路径数是 C_{2n-2}^n. 于是所求路径数为

$$C_{2n-2}^{n-1}-C_{2n-2}^n=\frac{1}{n}C_{2n-2}^{n-1}.$$

这是组合数学中著名的卡特兰数, 有很多不同的表现形式和各种性质, 有兴趣同学可参看组合数学方面的专著.

例题 6 证明: 周长为 $2n$、边长为整数的三角形的个数, 等于把数 n 分拆成 3 项的分拆个数.

方法讲解 设 n 的一个分拆 $n=x+y+z$, 则 $(x+y)$, $(y+z)$, $(z+x)$ 中任意两个数之和大于另一个数, 这三个数的和等于 $2n$. 因此 $(x+y)$, $(y+z)$, $(z+x)$ 唯一对应于一个周长为 $2n$ 的三角形的三边长.

反之, 设一个周长为 $2n$ 的三角形, 边长 a,b,c 是整数, 因此 $\frac{1}{2}(a+b+c)=n$. 令 $x=n-a$, $y=n-b$, $z=n-c$ 是整数, 且

$$x+y+z=3n-(a+b+c)=n,$$

即唯一对应到数 n 的一个拆分. 因此周长为 $2n$、边长为整数的三角形和数 n 分拆成 3 项的分拆之间存在一一映射, 它们的个数相等.

例题 7 设 n 为正整数，记 $S = \{1, 2, \cdots, 2n\}$，记集合 S 所有 n 个元素的子集中，元素之和为偶数的子集的集合为 A_n，元素之和为奇数的子集的集合为 B_n。求 $|A_n| - |B_n|$ 的值。

方法讲解 当 n 是奇数时，注意到 $1 + 2 + \cdots + 2n = n(2n+1)$ 是一个奇数。对任意 n 个元素的子集 $A \in A_n$，则 $\bar{A} \in B_n$；对 $B \in B_n$，则 $\bar{B} \in A_n$。也就是说存在 A_n 到 B_n 的一一映射。故 $|A_n| - |B_n| = 0$。

当 n 是偶数时，我们将 S 中元素分成 n 组：$(1, 2n), (2, 2n-1), \cdots, (n, n+1)$ （$*$）。

我们分类讨论：

（1）在（$*$）中，这 n 组数中有一组不同时满足 $A \in A_n$，记最小为 i，$\{i, 2n+1-i\}$。若 $i \in A$，则 $A\{i\} \bigcup \{2n+1-i\} \in B_n$；若 $2n+1-i \in A$，则 $A\{2n+1-i\} \bigcup \{i\} \in B_n$。这说明在（$*$）中这 n 组数中有一组不同时满足 $A \in A_n$，则必有唯一 $B \in B_n$ 与此对应。反之，在（$*$）中这 n 组数中有一组不同时满足 $B \in B_n$，有唯一 $A \in A_n$ 与此对应。这种情形下的 A_n, B_n 的子集个数相等。

（2）再考虑在（$*$）中，这 n 组数中每一组同时满足 $A \in A_n$ 或 $B \in B_n$，即由（$*$）中的 $\frac{n}{2}$ 组数组成的子集，它的和是 $(1+2n) \times \frac{n}{2}$。因此当 $4 \mid n$ 时，这个子集属于 A_n；当 $2 \mid n, 4 \nmid n$ 时属于 B_n。于是

$$|A_n| - |B_n| = (-1)^{\frac{n}{2}} C_n^{\frac{n}{2}}.$$

综合（1）（2），对任意 n 有

$$|A_n| - |B_n| = \begin{cases} 0, & 2 \nmid n; \\ (-1)^{\frac{n}{2}} C_n^{\frac{n}{2}}, & 2 \mid n. \end{cases}$$

例题 8 设 m, n 是奇数，满足 $2 < 2m < n$。记 $S_n = \{1, 2, \cdots, n\}$，在集合 S_n 的所有 m 个元素的子集中，元素之和为偶数的子集的集合为 A_m，元素之和为奇数的子集的集合为 B_m。求 $|A_m| - |B_m|$ 的值。

方法讲解 先考虑所有不含元素 n 的 m 元子集。对任意 $P = \{p_1, p_2, \cdots, p_m\} \subseteq S_{n-1}$，有

$$Q = \{n - p_1, n - p_2, \cdots, n - p_m\} \subseteq S_{n-1}, \sum_{i=1}^{m}(n - p_i) = mn - \sum_{i=1}^{m} p_i.$$

正整数 m, n 都是奇数，因此若 $P \in A_m$，则 $Q \in B_m$；反之，若 $P \in B_m$，则 $Q \in A_m$。因此，在不含 n 的 m 元子集中，和是偶数、奇数的个数相等。

再考虑所有含 n 的 m 元子集，我们只要考虑 S_{n-1} 的所有 $m-1$ 元子集。类似上一个例题的方法，将 S_{n-1} 中元素分成 $\frac{n-1}{2}$ 组：

$$(1, n-1), (2, n-2), \cdots, \left(\frac{n-1}{2}, \frac{n+1}{2}\right).$$

当子集包含上述组中的一个元素时，可以将此元素换成另一个元素得到 A_{m-1} 和 B_{m-1} 的一一对应。只有当取上述 $\frac{m-1}{2}$ 组时，它的和为 $n \cdot \frac{m-1}{2}$。此时

$$|A_{m-1}| - |B_{m-1}| = (-1)^{\frac{m-1}{2}} C_{\frac{n-1}{2}}^{\frac{m-1}{2}}.$$

加上奇数 n，得 m 个元素的子集个数差

$$|A_m| - |B_m| = -(-1)^{\frac{m-1}{2}} C_{\frac{n-1}{2}}^{\frac{m-1}{2}}.$$

由此对任意 S_n 中的 m 元子集，

$$|A_m| - |B_m| = (-1)^{\frac{m+1}{2}} C_{\frac{n-1}{2}}^{\frac{m-1}{2}}.$$

例题 9 设有 n 道选择题，评分标准是这样的：答对一题得 p 分，答错一题扣 q 分，不答得 0 分，其中 p, q 是正整数且互质，求解答 n 道选择题的不同成绩的总数。

方法讲解 设答对的题数为 x,答错的题数为 y,不答的题数为 z,则

$$x + y + z = n.$$

答题的不同情形有 C_{n+2}^2 种.但很多不同的答题情形,得分会相同.

用直角坐标下 $x, y \geqslant 0, x + y \leqslant n$ 所围区域内的整点来讨论.假如 $P(x_1, y_1)$ 与 $Q(x_2, y_2)$ 的分数相同,则

$$px_1 - qy_1 = px_2 - qy_2 \Rightarrow p(x_1 - x_2) = q(y_1 - y_2).$$

也就是说,分数相等的两点在矩形(边长 p, q)的两个对角点上(左下、右上的对角点).图 4.4.1 中 Q, Q', Q'' 的得分数相同.

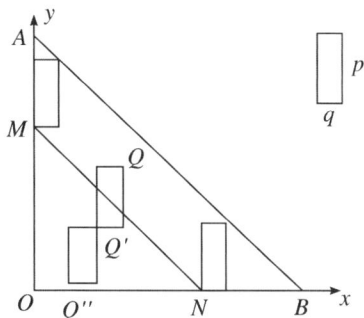

图 4.4.1

于是在图中,$\triangle OAB$ 区域内的整点个数减去 $\triangle OMN$(含边 MN)区域内的整点个数即所求,即

$$C_{n+2}^2 - C_{n-p-q+2}^2.$$

例题 10 将 $1, 2, \cdots, mn$ 填入一个 $m \times n$ 的矩形列阵 A,要求每个数字恰好出现一次,那么满足 $\min_i \max_j A(i, j) = \max_j \min_i A(i, j)$ 的排列方式共有多少种?其中 $A(i, j)$ 表示 A 的第 i 行、第 j 列的元素.

方法讲解 假设

$$A(i_0, j_0) = \min_i \max_j A(i, j) = \max_j \min_i A(i, j).$$

那么 $A(i_0, j_0)$ 是第 i_0 行的最大元素,同时又是第 j_0 列的最小元素,所以在 $1, 2, \cdots, mn$ 中存在 $n-1$ 个小于 $A(i_0, j_0)$ 的数,也存在 $m-1$ 个大于 $A(i_0, j_0)$ 的数,综合起来就是存在 $m+n-1$ 个数使得 $A(i_0, j_0)$ 是其中第 n 小的数.

反过来,如果从 $1, 2, \cdots, mn$ 中任意取出 $m+n-1$ 个数,从小到大排列为 $b_1, b_2, \cdots, b_{m+n-1}$,那么可以把 b_n 取出放入位置 (i_0, j_0) 上,并把 $b_1, b_2, \cdots, b_{n-1}$ 置于第 i_0 行,把 $b_{n+1}, \cdots, b_{m+n-1}$ 置于第 j_0 列,余下的 $(m-1)(n-1)$ 个数可以随意放置,可以说明这样的矩阵列满足条件.

① 取出 $m+n-1$ 个数 $b_1, b_2, \cdots, b_{m+n-1}$,有 C_{mn}^{m+n-1} 种方法;

② 把其中第 n 小的数 b_n 放到位置 (i_0, j_0),有 mn 种放置方法;

③ 把 $b_1, b_2, \cdots, b_{n-1}$ 放到第 i_0 行,有 $(n-1)!$ 种;

④ 把 $b_{n+1}, \cdots, b_{m+n-1}$ 放到第 i_0 列,有 $(m-1)!$ 种;

⑤ 最后把剩下的数填入,有 $[(m-1)(n-1)]!$ 种.

计算这五步得总数:

$$\frac{(mn)! m! n!}{(m+n-1)!}.$$

例题 11 在 $S = \{1, 2, \cdots, n\}$ 的置换 σ 中,求数字 $1, 2$ 属于同一个轮换的置换个数.

方法讲解 数字 $1, 2$ 属于同一个长度为 k 的轮换,轮换个数有 $(k-1)!$.先在 $n-2$ 个元素中选 $k-2$ 个,与 $1, 2$ 属于同一个轮换,剩下 $n-k$ 个元素全排列,有 $(n-k)!$.因此

$$\sum_{k=2}^n C_{n-2}^{k-2}(k-1)!(n-k)! = \sum_{k=2}^n (n-2)!(k-1) = \frac{1}{2} n!.$$

例题 12 求数 $1, 2, \cdots, 1000$ 的置换 σ 的个数，使得

$$|\sigma(1) - 1| = |\sigma(2) - 2| = \cdots = |\sigma(1000) - 1000| > 0.$$

方法讲解 记

$$|\sigma(1) - 1| = |\sigma(2) - 2| = \cdots = |\sigma(1000) - 1000| = k > 0.$$

若 $\sigma(1) = k + 1$，则 $\sigma(k+1) = 1$. 否则 $\sigma(k+1) = 2k + 1, \sigma(2k+1) = 3k+1, \cdots, \sigma(nk+1) = (n+1)k + 1$ 对所有 n 成立，这是不可能的.

同理可证 $\sigma(2) = k + 2$，只能 $\sigma(k+2) = 2$. 依次证明对 $j = 1, 2, \cdots, k$，均有 $\sigma(j) = k + j, \sigma(k + j) = j$. 于是置换 σ 将数 $\{1, 2, \cdots, 2k\}$ 一一映射到数 $\{1, 2, \cdots, 2k\}$. 因此 $2k \mid 1000, k \mid 500$.

由于 $500 = 2^2 \times 5^3$，k 可取 11 种值，即满足题设的置换个数就是 11.

例题 13 考虑置换

$$\sigma_1 = \begin{pmatrix} 1 & 2 & 3 & 4 & \cdots & 19 & 20 \\ a_1 & a_2 & a_3 & a_4 & \cdots & a_{19} & a_{20} \end{pmatrix}, \sigma_2 = \begin{pmatrix} 1 & 2 & 3 & 4 & \cdots & 19 & 20 \\ a_{19} & a_{20} & a_{17} & a_{18} & \cdots & a_1 & a_2 \end{pmatrix}.$$

证明：若 σ_1 有 100 个逆序，则 σ_2 至多有 100 个逆序.

方法讲解 考虑

$$\sigma_3 = \begin{pmatrix} 1 & 2 & 3 & 4 & \cdots & 19 & 20 \\ a_{20} & a_{19} & a_{18} & a_{17} & \cdots & a_2 & a_1 \end{pmatrix}.$$

则 σ_1, σ_3 恰好有 $C_{20}^2 = 190$ 个逆序，因为任意两个数 $a_i, a_j, \sigma_1, \sigma_3$ 中有且仅有一个逆序.

再比较 σ_2, σ_3，它们相差相邻的 10 对数，有 10 个逆序变化. 于是，若 σ_1 有 100 个逆序，则 σ_3 有 90 个逆序，于是 σ_2 至多有 100 个逆序.

例题 14 已知正整数 $a_1, a_2, \cdots, a_n$ 满足 $a_1 < a_2 < \cdots < a_n$，求具有以下性质的所有置换 σ：

$$a_1 a_{\sigma(1)} < a_2 a_{\sigma(2)} < \cdots < a_n a_{\sigma(n)}.$$

方法讲解 我们将证明 σ 是恒等置换. 否则，令 $(i_1, i_2, \cdots, i_k)$ 是轮换，即

$$\sigma(i_1) = i_2, \sigma(i_2) = i_3, \cdots, \sigma(i_k) = i_1.$$

不妨设 i_1 是 $i_1, i_2, \cdots, i_k$ 中的最小者. 由假设知

$$a_{i_2} a_{i_3} = a_{i_2} a_{\sigma(i_2)} < a_{i_k} a_{\sigma(i_k)} = a_{i_k} a_{i_1}.$$

从而 $a_{i_2} < a_{i_k}$，因此 $i_2 < i_k$. 类似地，

$$a_{i_2} a_{i_3} = a_{i_2} a_{\sigma(i_2)} < a_{i_k} a_{\sigma(i_k)} = a_{i_k} a_{i_1}.$$

因为 $a_{i_2} > a_{i_1}$，所以 $a_{i_3} < a_{i_k}$，从而 $i_3 < i_k$. 同样进行下去，得 $i_j < i_k, j = 1, 2, \cdots, k - 1$. 但此时

$$a_{i_{k-1}} a_{i_k} = a_{i_{k-1}} a_{\sigma(i_{k-1})} < a_{i_1} a_{\sigma(i_1)} = a_{i_1} a_{i_2}.$$

推出 $i_{k-1} < i_1$，与假设矛盾. 也就是说置换 σ 不存在任何轮换，是恒等映射.

例题 15 设 n 是大于 1 的奇数，求集合 $\{1, 2, \cdots, n\}$ 的置换 σ 的个数，使得

$$|\sigma(1) - 1| + |\sigma(2) - 2| + \cdots + |\sigma(n) - n| = \frac{1}{2}(n^2 - 1).$$

方法讲解 把 $|\sigma(k) - k|$ 展开成 $\pm \sigma(k) \pm k$，重新编号，上式左边形如

$$\pm 1 \pm 1 \pm 2 \pm 2 \cdots \pm n \pm n,$$

其中有 n 项取"+"，n 项取"−". 计算它的最大值，得

$$2\left(-1 - 2 - \cdots - \frac{n-1}{2}\right) - \frac{n+1}{2} + \frac{n+1}{2} + 2\left(\frac{n+3}{2} + \cdots + n\right) = \frac{1}{2}(n^2 - 1).$$

也就是说，我们需要计算左边取到最大值时的置换个数. 于是大数部分 T 和小数部分 S 配对相减，中间 $\frac{n+1}{2}$ 分三种情况.

$$T = \left\{\frac{n+3}{2}, \cdots, n\right\}, S = \left\{1, 2, \cdots, \frac{n-1}{2}\right\}.$$

令 $\sigma\left(\dfrac{n+1}{2}\right)=k$.

(1) 若 $k=\dfrac{n+1}{2}$，则

$$\left\{\sigma(1),\cdots,\sigma\left(\dfrac{n-1}{2}\right)\right\}=T,\left\{\sigma\left(\dfrac{n+3}{2}\right),\cdots,\sigma(n)\right\}=S;$$

(2) 若 $k<\dfrac{n+1}{2}$，则

$$\left\{\sigma(1),\cdots,\sigma\left(\dfrac{n-1}{2}\right)\right\}=T,\left\{\sigma\left(\dfrac{n+3}{2}\right),\cdots,\sigma(n)\right\}=S\cup\left\{\dfrac{n+1}{2}\right\}\{k\};$$

(3) 若 $k>\dfrac{n+1}{2}$，则

$$\left\{\sigma(1),\cdots,\sigma\left(\dfrac{n-1}{2}\right)\right\}=T\cup\left\{\dfrac{n+1}{2}\right\}\{k\},\left\{\sigma\left(\dfrac{n+3}{2}\right),\cdots,\sigma(n)\right\}=S.$$

因此，对任意 k,σ 的值，均有 $\left[\left(\dfrac{n-1}{2}\right)!\right]^2$ 种选择，从而总的置换个数为 $n\left[\left(\dfrac{n-1}{2}\right)!\right]^2$.

注 题目条件右端恰好是最大值，如果不是极值情况，那么问题处理会比较困难.

◎ 三、课外训练

1. 对于任意正整数 n，证明：满足 $w\geqslant x\geqslant y\geqslant z\geqslant 0$ 及方程 $w+x+y+z=n$ 的解的个数等于方程 $w+2x+3y+4z=n$ 的非负整数解的个数.

2. 设 k 是固定的正整数，$1\leqslant k\leqslant n$，试确定有多少个整数序列 $a_1,a_2,\cdots,a_k(1\leqslant a_1<a_2<\cdots<a_k\leqslant n)$ 满足 a_i 与 i 同奇偶性 $(i=1,2,\cdots,k)$.

3. 设数 $1,2,\cdots,100$ 的置换 σ 满足 $s_j=\sigma(1)+\sigma(2)+\cdots+\sigma(j),1\leqslant j\leqslant 100$ 的每项均不能被 3 整除. 求这样的置换数.

4. 在 xOy 坐标下，非降路径指在整数网格上每步从 (x,y) 到 $(x+1,y)$ 或 $(x,y+1)$ 的路径. 求从点 $(0,0)$ 到点 (n,n) 的路径均满足 $x\geqslant y$ 的非降路径数.

5. 已知四个正整数 m,n,p,q 满足 $p<m,q<n$. 在平面直角坐标系内取定四个点 $A(0,0),B(p,0),C(m,q),D(m,n)$. 考虑从点 A 到点 D 的非降路径 f 和从点 B 到点 C 的非降路径 g，证明：f 和 g 没有公共点的路径对 (f,g) 的个数为 $C_{m+n}^n C_{m+q-p}^q-C_{m+q}^m C_{m+n-p}^m$.

6. 设 d,n 是正整数，$d\mid n$，n 元整数组 $(x_1,x_2,\cdots,x_n)$ 满足条件：

① $0\leqslant x_1\leqslant x_2\leqslant\cdots\leqslant x_n\leqslant n$；

② $d\mid(x_1+x_2+\cdots+x_n)$.

证明：符合条件的所有 n 元数组中，恰有一半满足 $x_n=n$.

7. 设 $n\equiv 1\pmod 4$ 且 $n>1$，$P=\{a_1,a_2,\cdots,a_n\}$ 是 $\{1,2,\cdots,n\}$ 的任意排列，记 k_p 表示使不等式 $a_1+a_2+\cdots+a_k<a_{k+1}+a_{k+2}+\cdots+a_n$ 成立的最大下标 k，试对一切可能的不同排列 P，求对应的 k_p 的总和.

8. 有 1500 个人排成一队，从第一个人开始，从 1 到 3 报数 $(123123\cdots)$，直到最后一个人. 报出数字 3 的人退出队伍，余下向前靠拢，然后又从第一个人开始报数，重复这一过程直到剩下三个人. 问：最后第三个人，他原来排在哪个位置？

9. 如果数组 $\{1,2,\cdots,n\}$ 的一个置换满足：不存在任何一个正整数 $k(k<n)$ 使得这个置换中的前 k 个数字刚好是按某种顺序排列的 $1,2,\cdots,k$，那么我们称这个置换为新鲜的. 设 f_m 是所有

$(1,2,\cdots,m)$ 的新鲜的置换的种数.证明:对任意 $n \geqslant 3$,都有 $f_n \geqslant nf_{n-1}$.

注:若 $m = 4$,则 $(3,1,4,2)$ 是新鲜的,但 $(2,3,1,4)$ 不是.

10.将自然数 $1,2,\cdots,n$ 排成一排,使得除最前面的一个数外,其他每个数都与排在它前面的某个数之差的绝对值为 1.这种排列的个数有多少?

11.记整点集合 $S = \{(x,y) \mid 0 \leqslant x,y \leqslant 100,x,y$ 是整数$\}$,过 S 中的任意点作斜率为 $\dfrac{3}{7}$ 的直线,问:共有多少条不同的直线?

12.证明:对于任何一个 n 元置换 σ,存在置换 τ_1,τ_2 满足 $\sigma = \tau_1 \circ \tau_2$,$\tau_1^2 = \tau_2^2 = I$,这里 I 指恒等置换.

13.已知 $S = \{1,2,3,4,5,6\}$ 中的置换 σ 满足 $\sigma^6 = I$,这里 I 指恒等置换.求置换 σ 的个数.

14.设 $\{1,2,\cdots,100\}$ 的置换为 σ,将置换中任何一个奇数与任何一个偶数对调位置称作为一次操作.求在最不利的情况下,把置换 σ 变成恒等置换的最少操作数.

15.对于集合 $\{1,2,\cdots,n\}$ 的任一置换 σ,记 $d(\sigma) = |\sigma(1)-1| + |\sigma(2)-2| + \cdots + |\sigma(n)-n|$,用 $i(\sigma)$ 表示置换 σ 的逆序数.证明:$i(\sigma) \leqslant d(\sigma)$.

4.5 组合极值

◎ 一、知识要点

组合极值是最常见的组合问题之一,是求在特定条件下某个离散量的最大值或最小值.我们既需要探索和构造出达到极值的例子,又需要证明所得到的值是极值.为了构造出合适的例子,通常我们需要利用对称性,也需要熟悉一些常见的构型.证明极值就需要进行估值或者证明存在性,抽屉原则、算两次和归纳法是常见的方法.

◎ 二、例题讲解

例题 1 将圆周上的 2006 个点染成 17 种颜色,试问:至少可以连出多少条两端点同色且两两不相交的弦?

方法讲解 为了得到端点同色的弦,我们可以把某种颜色或者某两种颜色的点挑出来.由于 $2006 = 17 \times 118$,所以存在两种颜色,它们一共染了不少于 $2 \times 118 = 236$ 个点.我们对 k 归纳证明:$2k-1$ 个两种颜色的点一定可以连出 $k-1$ 条两两不交的端点同色的弦.$k = 1$ 显然.设 $k \geqslant 2$.从 $2k-1$ 个点中取出 2 个相邻的同色点连成弦,把它们去掉,根据归纳假设即可.根据这一断言,利用 235 个两种颜色的点,可以连得 117 条合乎要求的弦.

下面举例说明,117 是最大值.假定在圆周上分布着 $17k$ 个点.从某个点开始按顺时针方向将它们依次编号,并将 17 种不同颜色编为 0 至 16 号.然后将各个点染成号码为其编号被 17 除的余数的颜色.对这些点,至多能连出 $k-1$ 条合乎要求的弦.对 k 归纳.$k = 1$ 的情况成立.假设小于 k 时已证,$2k-1$ 个点时连了一定数的弦,设 AB 是其中的一条长度最短的弦.显然,该弦将圆周分为两段弧,在其中的一段弧上没有其他弦的端点.将该段弧"压缩"为一个点,得到 $17l$ 个点,其中 $l < k$.由归纳假设,它们之间至多连了 $l-1$ 条弦,因此,原来一共有不多于 $l-1+1 = l \leqslant k-1$ 条弦.

该题中取"最短"弦归纳的方法在很多图论问题中可用.

例题 2 一群科学家在研究所工作,在某天的 8 个小时内,每位科学家都至少去过咖啡厅一次.已知对任何两位科学家,恰有一位出现在咖啡厅的时间至少为 $x(x$ 为给定的大于 4 的正实数$)$.求在研所工作的科学家的最大可能人数.

方法讲解　对科学家去咖啡厅的时间算两次.设研究所中有 n 位科学家,t_{ij} 表示在第 i 位和第 j 位科学家中恰有一位在咖啡厅的时间.令 $S = \sum_{1 \leqslant i < j \leqslant n} t_{ij}$,则 $S \geqslant C_n^2 x$.

另外,我们将 8 小时工作时间分成有限段 $t_1, t_2, \cdots, t_m$,使得在每段时间中都没有科学家进出咖啡厅,设在时间段 t_i 中有 k_i 位科学家在咖啡厅中,则

$$S = \sum_{i=1}^{m} t_i k_i (n - k_i) \leqslant \sum_{i=1}^{m} t_i \left[\frac{n}{2}\right] \left(n - \left[\frac{n}{2}\right]\right) = 8 \left[\frac{n}{2}\right] \left(n - \left[\frac{n}{2}\right]\right).$$

这推出 $8 \left[\frac{n}{2}\right] \left(n - \left[\frac{n}{2}\right]\right) \geqslant \frac{n(n-1)}{2} x$.

如果 n 为偶数,令 $n = 2l$,则得到 $8l^2 \geqslant l(2l-1)x$,即 $l \leqslant \frac{x}{2x-8}$,$n \leqslant 2\left[\frac{x}{2x-8}\right]$;

如果 n 为奇数,令 $n = 2l+1$,则得到 $8l(l+1) \geqslant l(2l+1)x$,即 $l \leqslant \frac{8-x}{2x-8}$,$n \leqslant 2\left[\frac{8-x}{2x-8}\right] + 1 = 2\left[\frac{x}{2x-8}\right] - 1$.总之都有 $n \leqslant 2\left[\frac{x}{2x-8}\right]$.

下面举例说明最大值 $2\left[\frac{x}{2x-8}\right]$ 可以取到.

设 $n = 2l = 2\left[\frac{x}{2x-8}\right]$.令 $K = C_n^l$,将 8 小时工作时间 K 等分,每段时间对应 n 位科学家中的 l 位,不同的时间段对应的人不完全相同.由对称性,对于任意两位科学家,恰有一位出现在咖啡厅中的时间总和全相等,设为 y,则有 $8l(2l-l) = S = \frac{2l(2l-1)}{2} y$.由此得 $y = \frac{8l}{2l-1} \geqslant x$(等价于 $l \leqslant \frac{x}{2x-8}$).故满足条件.

例题 3　初始时刻将 $m \times n$ 的棋盘中一些格染为黑色,在之后的每一时刻,若存在一个白格至少与两个黑格相邻,则可将它也染黑.问:最初至少有多少黑格,才能让最终整个棋盘变成黑色?

方法讲解　该题可以归为操作类问题,我们用不变量来考虑.

考虑黑色区域的周长,在操作中周长不增,最终全为黑色,所以周长为 $2(m+n)$.初始时刻 k 个黑格,周长至多为 $4k$,所以 $k \geqslant \frac{m+n}{2}$.下面举例说明可以达到.

当 $m = n$ 时,取左下到右上的对角线上为黑格即可.一般情况,$k = m + \frac{n-m}{2}$,将矩形分成左边的正方形和右边的矩形,取正方形的对角线加上右边矩形第一行间隔取黑色格包含最后一格即可.

例题 4　设 n 为正整数,求具有如下性质的最小正整数 $f(n)$:若 M 是由非负整数构成的 $n \times n$ 方阵,行和、列和均相等且至少为 $f(n)$,则可以从中挑出 n 个元素,每个元素均大于 1,且每行、每列恰有一个元素.

方法讲解　每行每列恰有一个 1 对应了一个匹配,我们用 Hall 定理.将大于 1 的元素挑出,由这些元素所在的行与列作二部图 $G = (X, Y)$,只需证明 $f(n)$ 充分大时该图有完全匹配.如果没有完全匹配,则有 $A \subset X$ 满足 $|N(A)| = |A| - 1$.设 $|A| = s$,则有 s 行,其 $s-1$ 列元素大于 1,其余的 $n-s+1$ 列元素均大于等于 1.这 $s \times (s-1)$ 的子矩阵元素之和按列来看不超过 $(s-1)f(n)$,按行来看每行去掉的元素和至多为 $(n-s+1)$,从而元素之和至少为 $s[f(n)-(n-s+1)]$,所以 $s[f(n)-(n-s+1)] \leqslant (s-1)f(n)$,即 $f(n) \leqslant s(n-s+1)$.当 $s = \left[\frac{n+1}{2}\right]$ 时,右端最大值为 $\left[\frac{n+1}{2}\right]\left[\frac{n+1}{2}\right]$.所以 $f(n) \geqslant \left[\frac{n+1}{2}\right]\left[\frac{n+1}{2}\right] + 1$ 时总可以选出这样的 n 行、n 列.

下面说明这是最优的. 当 $n=2m-1$ 时,左上角 $m\times m$ 的正方形全为 1,前 m 行其余部分均为 m,前 m 列其余部分也均为 m,剩下的为 0. 此时行和 $=$ 列和 $=m^2$,并且没有满足要求的行、列. 当 $n=2m$ 时,左上角 $m\times m+1$ 的矩形全为 1,前 m 行其余部分均为 $m+1$,前 m 列其余部分也均为 m,剩下的为 0. 此时,行和 $=$ 列和 $=m(m+1)$,并且没有满足要求的行、列.

例题 5 已知 $2n\times 2n$ 的方格表的每个格子里均有一把椅子. 现有 $2n^2$ 对情侣要入座,每人坐一个位置. 定义:一对情侣之间的距离为他们座位相差的行数与相差的列数之和(例如,若有一对情侣分别坐在格子 $(3,3)$ 和 $(2,5)$,则其间的距离为 $|3-2|+|3-5|=3$),所有情侣的总距离等于这 $2n^2$ 对情侣的距离总和. 求总距离的最大值.

方法讲解 将水平方向和竖直方向分开考虑,转化为 1 维的问题. 先考虑水平方向的距离和的最大值.

将所有人投影到同一行上,并将每一对情侣之间连线. 考虑两种可能.

① 存在两对情侣的连线没有重叠部分,则两对各取一人交换位置,此时,水平方向距离之和更大.

② 任意两对的连线均有重叠部分. 不失一般性,假设每一对的男方均在女方左侧. 易知,男方均必须在左侧的 n 列. 否则,若有一对情侣的男女方均在右侧的 n 列中,右侧 n 列共剩下 $2n^2-2$ 个位子,但还有另外 $2n^2-1$ 对情侣要坐,于是,必然有一对情侣均在左侧的 n 列中. 而都在左侧 n 列的情侣其连线不可能和都在右 n 列的情侣重叠,矛盾. 这表明,每对情侣的男方均必然属于左侧的 n 列,女方均必然属于右侧的 n 列. 易计算此时的水平方向距离之和必为

$$2n\left[\sum_{i=1}^{n}(n+i)-\sum_{i=1}^{n}i\right]=2n^3.$$

类似地,垂直方向的距离之和的最大值也为 $2n^3$. 故距离总和至多为 $4n^3$.

再说明距离总和可以达到 $4n^3$. 考虑将情侣分成 A 和 B 两组,每组 n^2 对,并将座位分成四个象限,其中,每个象限为 $n\times n$ 的方格表. 令第一象限全坐 A 组男生,第二象限全坐 B 组女生,第三象限全坐 A 组女生,第四象限全坐 B 组男生,则可发现此构造达到上述估计的最大值.

例题 6 令正整数 $n\geqslant 2$,在 $n\times n$ 的棋盘状区域内,每个格子均为一座公园,每座公园里均有若干只猫(猫的数量为非负整数). 称两座公园相邻当且仅当它们有公共边. 为了管理这些猫,管理处对公园进行操作,每次操作均选择一座公园:

(1) 所选的公园,其猫的数量必不小于该公园的相邻公园数;

(2) 选定公园 A 后,但对于该公园的每座相邻公园 B,管理处均从公园 A 中选一只猫放到公园 B.

令 m 为所有公园内猫的数量,求 m 的最小值,使得存在一种初始的猫的分布,该管理处可以有办法通过适当地选择每次操作的公园来进行无数次操作.

方法讲解 最小值为 $2n(n-1)$. 例子:最左下角的公园没有猫,最下边一行及最左边一列上的公园各有一只猫,其余公园均有两只猫,则共有猫

$$(n-1)+(n-1)+2(n-1)^2=2n(n-1).$$

考虑从最上方横排开始,每排从最右边的公园到最左边的公园各做一次操作,接着换第二排,……依次下去,易检验在操作完全部的格子后,会回到起始状态,故可以操作无数次. 接下来证明至少有 $2n(n-1)$ 只猫.

首先,每一座公园均要被操作过无数次,否则,考虑所有操作无数次的公园所构成的集合 I,其内的猫的总数一定递减(因为存在一个无数次的公园旁边是有限次操作的公园),总有一天集合 I 中会没有猫而无法再进行操作,矛盾.

将所有公园与公园之间的边进行编号:$1,2,\cdots,2n(n-1)$,可将操作改为以下方式进行:

(i) 一开始,所有猫均没有编号.

(ii) 每次对公园 A 进行操作,要将一只猫从公园 A 跨过第 k 号放到公园 B 时,先检查是否有被编号

为 k 的猫：

若有编号为 k 的猫且该猫在 A 中,则将 k 号猫从公园 A 放到 B;

若有编号为 k 的猫,但不在 A 中,则从 A 中选一只没有被编号的猫,把它放到 B;

若没有编号为 k 的猫,则从 A 中选一只还没被编号的猫,将它编号为 k,然后放到 B 中(注意在第二和三种情况下一定可以找到没有编号的猫,否则,假设第一次发生找不到的情况,而此时该公园可以提供给周边每个公园一只猫,这表明,要么有原始的未编过号的猫,要么有一条边进来过超过一只猫,依照规则知第二次来的猫没有编号).

于是,编号为 k 的猫最后必然只会在编号为 k 的边的两侧来回移动,这表明,猫的数量至少要和这些边的数量一样多.因此,最少要 $2n(n-1)$ 只猫.

例题 7　设 X 是一个 100 元集合,求具有下列性质的最小自然数 n:对于任意由 X 的子集构成的长为 n 的序列 $A_1,A_2,\cdots,A_n$,都存在 $i,j,k(1\leqslant i<j<k\leqslant n)$,满足 $A_i\subseteq A_j\subseteq A_k$,或者 $A_k\subseteq A_j\subseteq A_i$.

方法讲解　最小值为 $n=C_{102}^{51}+1$.

先举例说明 $n=C_{102}^{51}$ 不行.考虑如下的子集序列:$A_1,A_2,\cdots,A_N$,其中 $N=C_{100}^{50}+C_{100}^{49}+C_{100}^{51}+C_{100}^{50}=C_{102}^{51}$,第一段 C_{100}^{50} 项是所有 50 元子集,第二段 C_{100}^{49} 项是所有 49 元子集,第三段 C_{100}^{51} 项是所有 51 元子集,第四段 C_{100}^{50} 项是所有 50 元子集.由于同一段中的集合互不包含,因此只需考虑三个子集分别取自不同的段,易知这三个集合 A_i,A_j,A_k 不满足题述条件.故所求 $n\geqslant C_{102}^{51}+1$.

下面证明 $n=C_{102}^{51}+1$ 是足够的.注意到 C_{102}^{51} 恰好是斯佩那定理中的数,我们设法将 A_i 对应到一个 102 元集合的互不包含的子集.对每个 $j(1\leqslant j\leqslant m)$,定义集合 B_j 如下:另取两个不属于 X 的元素 x,y.考虑是否存在 $i(i<j)$,满足 $A_i\supseteq A_j$,以及是否存在 $k(k>j)$,满足 $A_k\supseteq A_j$.若两个都不满足,则令 $B_j=A_j$;若前者肯定后者否定,则令 $B_j=A_j\bigcup\{x\}$;若前者否定后者肯定,则令 $B_j=A_j\bigcup\{y\}$;若两个都满足,则令 $B_j=A_j\bigcup\{x,y\}$.下面验证 $B_1,B_2,\cdots,B_m$ 互不包含.

假设 $i<j$,且 $B_i\subseteq B_j$,则有 $A_i\subseteq A_j$,由 B_i 的定义可知 $y\in B_i$,故 $y\in B_j$,这样,存在 $k>j$,使得 $A_j\subseteq A_k$,这导致 $A_i\subseteq A_j\subseteq A_k$,与假设矛盾.类似可得 $B_i\supseteq B_j$ 也不可能.这样 $B_1,B_2,\cdots$ 是 $X\bigcup\{x,y\}$ 的互不包含的子集,从而 $m\leqslant C_{102}^{51}$,矛盾.

例题 8　有 21 人参加一次考试,试题共有 15 道是非题,阅卷后发现该次考试中任何两人答对的题中至少有 1 道是相同的.问:答对人数最多的题最少有多少人答对?

方法讲解　最少 7 人.首先,对答对同一题的人数算两次,称答对同一道题目的两人为一个共题组.因为任何两人都至少共同答对 1 个题目,故至少有 $C_{21}^2=210$ 个共题组.如果每题至多有 5 人答对,则每题至多导致 10 个共题组,从而共题组的总数不超过 150 个,矛盾.如果每题至多有 6 人答对,则至多可产生 225 个共题组.由此可知,所求的最小值不小于 6.再对每人答对的题数算两次.若某人 A 至多答对 3 题,则因其余 20 人都至少要答对这 3 题中的 1 题,故由抽屉原理知,答对人数最多的题至少有 8 人答对.若每人至少答对 4 题,则 21 人至少答对 84 题.若每题至多有 6 人答对,则 15 题共有 90 人次答对.由于 $90=21\times4+6$,所以答对 4 题的人数至少为 15,答对至少 5 题的人数至多为 6.设 A 答对 4 题,为 a_1,a_2,a_3,a_4,则其余 20 人中每人至少答对这 4 题之一.又因为每题至多有 6 人答对,故知其余 20 人可均分成 4 组,第 i 组的 5 人答对 a_i 题而未答对另外 3 题,$i=1,2,3,4$.这样一来,a_1,a_2,a_3,a_4 都恰有 6 人答对.由于至多有 6 人各答对至少 5 题,故由抽屉原理知,上述 4 组中总有 1 组,它的 6 人中至多有 1 人答对至少 5 题,连同 A 在内的至少 5 人都各答对 4 题.这 5 人都和 A 一样,由前段推导知,这 5 人除了共同答对的 1 题之外,每人答对的另 3 题,共 15 题互不相同.这导致至少共有 16 道不同题目,矛盾!故知所求的最小值至少为 7.

下面给出 21 人答对题目的方案:

$(1,2,3,4)(3,5,9,13)(2,7,10,13)(1,5,6,7)(3,6,10,11)(3,5,9,13)(1,8,9,10)(3,7,8,12)(3,6,10,11)(1,11,12,13)(4,5,10,12)(3,7,8,12)(2,5,8,11)(4,6,8,13)(4,5,10,12)(2,6,9,12)(4,7,9,11)(4,6,8,13)(2,7,10,13)(2,6,9,12)(4,7,9,11)$.

易见,每两人都至少共同答对 1 道题且每题至多有 7 人答对.

综上可知,答对人数最多的题最少有 7 人答对.

例题 9 设 E 是一个给定的 n 元集合,$A_1,A_2,\cdots,A_k$ 是 E 的 k 个两两不同的非空子集,满足:对任意的 $i,j(1\leqslant i<j\leqslant k)$,要么 A_i 与 A_j 的交集为空集,要么 A_i 与 A_j 中的一个是另一个的子集.求 k 的最大值.

方法讲解 k 的最大值为 $2n-1$.例子是容易的:不妨设 $E=\{1,2,\cdots,n\}$.

当 $1\leqslant i\leqslant n$ 时,令 $A_i=\{i\}$;当 $n+1\leqslant i\leqslant 2n-1$ 时,令 $A_i=\{x\in E\mid 1\leqslant x\leqslant i-n+1\}$.

下面用数学归纳法证明:$k\leqslant 2n-1$.

当 $n=1$ 时,结论显然.假设当 $n\leqslant m-1$ 时,结论成立.

当 $n=m$ 时,考虑 $A_1,A_2,\cdots,A_k$ 中不为全集且元素个数最多的集合(记为 A_1,并设 A_1 中有 t 个元素),则 $t\leqslant m-1$.将 $A_1,A_2,\cdots,A_k$ 分为三类:① 全集;② 不为全集,且与 A_1 的交集不为空集;③ 与 A_1 的交集为空集.

由 A_1 的选取,知 ② 中的集合均为 A_1 的子集,且依然满足条件.由归纳假设,知 ② 中的集合个数不超过 $2t-1$.而 ③ 中的集合均为 $E\backslash A_1$ 的子集.由归纳假设,知集合个数不超过 $2(m-t)-1$.故 $k\leqslant 1+(2t-1)+[2(m-t)-1]=2m-1$,即当 $n=m$ 时,结论也成立.

所以,对于任意的 n 元集合 E,均有 $k\leqslant 2n-1$.

例题 10 某次考试共有 m 道题,n 名学生参加(m,n 为给定的整数且 $m,n\geqslant 2$).每道题的得分规则:若该题恰有 x 名学生没有答对,则每名答对该题的学生得 x 分,未答对的学生得零分.每名学生的总分为其 m 道题的得分总和.将所有学生的总分从高到低排列为 $p_1\geqslant p_2\geqslant\cdots\geqslant p_n$.求 p_1+p_n 的最大可能值.

方法讲解 基本想法是对总分算两次,并用柯西不等式.对 $k=1,2,\cdots,m$,设第 k 题没有答对者有 x_k 人,则第 k 题答对者有 $n-x_k$ 人.由得分规则知,这 $n-x_k$ 个人在第 k 题均得 x_k 分.设 n 名学生的得分之和为 S,则 $\sum_{i=1}^{n}p_i=S=\sum_{k=1}^{m}x_k(n-x_k)=n\sum_{k=1}^{m}x_k-\sum_{k=1}^{m}x_k^2$.因为每个人在第 k 道题上至多得 x_k 分,所以 $p_1\leqslant\sum_{k=1}^{m}x_k$.由 $p_2\geqslant p_3\geqslant\cdots\geqslant p_n$,知 $p_n\leqslant\dfrac{p_2+p_3+\cdots+p_n}{n-1}=\dfrac{S-p_1}{n-1}$.故 $p_1+p_n\leqslant p_1+\dfrac{S-p_1}{n-1}$
$=\dfrac{n-2}{n-1}p_1+\dfrac{S}{n-1}\leqslant\dfrac{n-2}{n-1}\sum_{k=1}^{m}x_k+\dfrac{1}{n-1}\left(n\sum_{k=1}^{m}x_k-\sum_{k=1}^{m}x_k^2\right)=2\sum_{k=1}^{m}x_k-\dfrac{1}{n-1}\sum_{k=1}^{m}x_k^2$.由柯西不等式,得
$\sum_{k=1}^{m}x_k^2\geqslant\dfrac{1}{m}\left(\sum_{k=1}^{m}x_k\right)^2$,则 $p_1+p_n\leqslant 2\sum_{k=1}^{m}x_k-\dfrac{1}{m(n-1)}\left(\sum_{k=1}^{m}x_k\right)^2=-\dfrac{1}{m(n-1)}\left[\sum_{k=1}^{m}x_k-m(n-1)\right]^2$
$+m(n-1)\leqslant m(n-1)$.

最大值容易取到:有一名学生全部答对,其他 $n-1$ 名学生全部答错,于是 $p_1+p_n=p_1=\sum_{k=1}^{m}(n-1)=m(n-1)$.

综上,p_1+p_n 的最大值为 $m(n-1)$.

例题 11 某次考试有 6 道题,每题恰有 100 人做出,每两个参加考试的人至少有一道题他们都未做出.问:最少有多少人参加考试?

方法讲解 最少有 200 人参加了考试.利用 6 元集合的 3 元子集,可以举例如下:

将 200 人编号为 1 至 200,其中号码为 $1\sim50$ 的解出 1,2,3 题,号码为 $51\sim100$ 的解出 1,4,6 题,号码为 $101\sim150$ 的解出 2,4,5 题,号码为 $151\sim200$ 的解出 3,5,6 题,于是,每个问题都恰有 100 人解出,并且每两人都恰有一道都没有解出的题,下面证明 200 最小.

若总人数 n 少于 200,那么由 $3n<6\times100$ 知,必有一人 A,他至少解出 4 道题.不妨设 A 解出 1,2,

$3,4$ 题.如果 A 还解出了第 5 题,那么解出第 6 题的人(100 人中任取一个)与 A 做出了所有的题,矛盾,所以 A 恰解出 $1,2,3,4$ 题.由于 $n<200$,剩下的人中必有一人 B,他解出了 $5,6$ 题(因为后面 2 题共有 200 人次解出),这时对 A,B 两人而言,没有他们都没有解出的问题,矛盾,故必须 $n\geqslant 200$.

综上所述,最少有 200 人参加了考试.

例题 12　在 10×10 的表格中进行染色,最多可以染上多少种颜色,使得每行、每列中都至多有 5 种不同颜色?

方法讲解　该题的难度在于探索出最大值,可以染 41 种颜色.下证 41 是染色数的最大值.

我们分情况进行估值.如果在每行中至多出现 4 种颜色,则一共不多于 40 种不同颜色.假设在行 A 中出现了 5 种颜色.如果在其余各行中都至多出现 4 种未在行 A 中出现的颜色,则不同颜色的数量不多于 $5+4\times 9=41$ 种.否则,可以找到一个行 B,其中出现了 5 种未在行 A 中出现的颜色.将行 A 与行 B 中出现的 10 种颜色称为老色,其余的称为新色.现在在每列中都会遇到两种老色(在行 A 与行 B 中),所以每列都至多出现 3 种新色.从而,共有 10 种老色和不多于 30 种新色,总计不多于 40 种.

例题 13　矩形 R 被分割成 2016 个小矩形,每个小矩形的边都平行于 R 的边,小矩形的顶点称为结点.对于一条在小矩形边上的线段,若其两个端点都是结点,并且内部不含其他结点,则称为基本线段.考虑所有分割方式,求基本线段的最大值和最小值.

方法讲解　基本想法是利用图的度与边数的关系和平面图的欧拉公式.以所有结点为顶点、基本线段为边作图 G.设基本线段共有 N 条,N 即为图 G 的边数.易知,图 G 的顶点的度只能为 $2,3$ 或 4.度为 2 的顶点恰有四个,即矩形 R 的四个顶点.设度为 $3,4$ 的顶点分别有 x,y 个.由图的边数与顶点度数的关系有

$$N=\frac{1}{2}(4\times 2+3x+4y)=4+\frac{3}{2}x+2y \quad ①.$$

又每个小矩形有四个顶点,按重复计算,共有 2016×4 个顶点.度为 2 的顶点恰为一个小矩形的顶点,被计算 1 次;度为 3 的顶点恰为两个小矩形的顶点,被计算 2 次;度为 4 的顶点恰为四个小矩形的顶点,被计算 4 次.故

$$2016\times 4=4+2x+4y\Rightarrow x+2y=4030 \quad ②.$$

代入 N 的表达式得 $N=4034+\dfrac{1}{2}x$ ③.(用欧拉公式有 $4+x+y-N+2016=1$,这可由 ①② 式得到)

由此知求 N 的最大值和最小值等价于求 x 的最大值和最小值,这也等价于求 y 的最小值和最大值.考虑将矩形 R 用 2015 条垂直线段分割成 2016 个小矩形,此时没有度为 4 的顶点,y 取得最小值 0,x 取得最大值 4030.从而,$N_{\max}=6049$.

下面求 x 的最小值,即 N 的最小值.设在矩形 R 的内部的所有基本线段落在 s 条水平直线和 t 条垂直直线上,则矩形 R 至多被分成 $(s+1)(t+1)$ 个小矩形,故 $(s+1)(t+1)\geqslant 2016$.设在一条垂直直线 l 上有一条基本线段 e,将 e 向两端延长至两个结点直至无法延长(再延长就进入其他小矩形内部或走出矩形 R),这样得到的两个结点均为图 G 中度为 R 内部基本线段的水平直线也对应了至少两个度为 3 的顶点,形如"├"和"┤",这些度为 3 的顶点互不相同.故 $x\geqslant 2s+2t$ ④.由 $s+t=(s+1)+(t+1)-2\geqslant 2\sqrt{(s+1)(t+1)}-2\geqslant 2\sqrt{2016}-2>87\Rightarrow s+t\geqslant 88$.代入 ④ 式得 $x\geqslant 176$.再代入 ③ 式有 $N\geqslant 4122$.考虑用 44 条水平直线和 44 条垂直直线先将矩形 R 分成 $45^2=2025$ 个小矩形,再将第一行中任意 10 个连续的小矩形合并为 1 个小矩形,此时,矩形 R 被分割成 2016 个小矩形,且度为 3 的顶点恰有 176 个,N 取到最小值 $N_{\min}=4122$.

例题 14　设有 3 个班级,每班恰有 n 名学生,这 $3n$ 名学生的身高两两不同.现将这些同学分成 n 组,每组 3 名同学分别来自不同班级,并将每组中身高最高的称为"高个子".已知无论怎样分组,每班都至少有 10 名同学是"高个子".证明:n 的最小可能值是 40.

方法讲解　首先对 $n=40$ 给出一种构造.设三个班分别为 A 班、B 班和 C 班.所有学生按身高由高到低顺次编号为 $1,2,\cdots,120$,其中 $1,2,\cdots,10$ 号和 $71,72,\cdots,100$ 号在 A 班,$11,12,\cdots,30$ 号和 $101,102,\cdots,120$ 号在 B 班,$31,32,\cdots,70$ 号在 C 班,那么 A 班的 $1,2,\cdots,10$ 号必然是"高个子";B 班的 $11,12,\cdots,30$ 号中最多有 10 名同学与 $1,2,\cdots,10$ 号之一同组,剩下至少有 10 名同学是"高个子";C 班的 $31,32,\cdots,70$ 号中最多有 30 名同学与 $1,2,\cdots,30$ 号至少之一同组,剩下至少有 10 名同学是"高个子".因此这个构造满足题目要求.

下面证明 40 是最小的.将 $3n$ 名同学按身高由高到低的顺次编号为 $1,2,\cdots,3n$,我们对一个特殊的分组利用题目的条件,有如下引理.

引理:设三个班的学生满足题目中的条件,则对于每个班,都存在一个 k,使得编号为 $1,2,\cdots,k$ 的学生中,该班所占的人数比其他两个班所占的人数之和至少多 10 人.

引理的证明:考虑一个班(不妨设为 A 班),设该班的所有同学的编号由小到大排列为 $a_1,a_2,\cdots,a_n$,其余两个班的所有同学编号由小到大排列为 $x_1,x_2,\cdots,x_{2n}$.对 $i(1\leqslant i\leqslant n-9)$,将编号为 a_{i+9} 的 A 班同学和编号为 x_i 的 B 班或 C 班同学分为一组,然后将有 A 班和 C 班同学的组中添入一个未被分组的 B 班同学,将有 A 班和 B 班同学的组中添入一个未被分组的 C 班同学,剩下的同学按照每组 A,B,C 班各一人分组,此时除编号为 $a_1,a_2,\cdots,a_9$ 的同学外,A 班还至少有一名同学是"高个子",设其编号为 a_m,那么 $a_m<x_{m-9}$,这说明在编号为 $1,2,\cdots,a_m$ 的同学中,A 班有 m 人,B,C 两班加在一起最多有 $m-10$ 人,因此引理得证.

回到原题:设 A,B,C 班对应的引理中的 k 分别为 k_1,k_2,k_3,且不妨设 $k_1\leqslant k_2\leqslant k_3$,那么在 $1,2,\cdots,k_1$ 号中,A 班至少有 10 人;在 $1,2,\cdots,k_2$ 号中,B 班至少有 $10+10=20$ 人;在 $1,2,\cdots,k_3$ 号中,C 班至少有 $10+20+10=40$ 人.因此 40 是最小可能值.

例题 15　设 n,k 是给定的正整数.一个糖果售卖机里有许多不同颜色的糖果,每种颜色的糖果恰有 $2n$ 颗.有一些小孩来买糖果,每个小孩都从售卖机里恰买了两颗糖果,且这两颗糖果颜色不同.已知在任意 $k+1$ 个小孩中均有两个小孩,他们至少有一颗糖果的颜色相同,求小孩总数的最大可能值.

方法讲解　小孩总数的最大值为 $3nk$.为了保证任意 $k+1$ 个小孩满足题目条件,我们考虑分成 k 组(k 个抽屉),同组的小孩有公共颜色的糖果.设 $a_1,a_2,\cdots,a_k,b_1,b_2,\cdots,b_k,c_1,c_2,\cdots,c_k$ 为 $3k$ 种不同的颜色,将 $3nk$ 个小孩分为 k 组,每组 $3n$ 人,第 i 组有 n 个小孩买到 a_i,b_i 色的糖果,有 n 个小孩买到 b_i,c_i 色的糖果,n 个小孩买到 c_i,a_i 色的糖果,这时每种颜色的糖果恰被卖出了 $2n$ 颗.另外,在任意 $k+1$ 个小孩中必然有两个小孩同组,从而他们至少有一颗糖果的颜色相同.这表明,对 $3nk$ 个小孩,有一种符合要求的购买糖果的方式.

下面证明小孩的总数不超过 $3nk$,小孩总数和糖果总数是相互决定的,我们来考虑糖果总数.设 $l\geqslant 1$ 为满足下面条件的最大整数:存在 l 个小孩,其中任意两个小孩都没有相同颜色的糖果(即他们所买到的 $2l$ 颗糖果两两颜色不同).由 k 的定义可知 $l<k+1$,故 $l\leqslant k$,因此我们只需证明小孩总数不超过 $3nl$ 即可.设 $X_1,X_2,\cdots,X_l$ 为如上所述的 l 个小孩,X_i 买了一颗 a_i 颜色的糖果和一颗 b_i 颜色的糖果($i=1,2,\cdots,l$).对 $i=1,2,\cdots,l$,令 S_i 为购买的糖果中,一颗颜色为 a_i 或 b_i,另一颗颜色不在 $a_1,a_2,\cdots,a_l,b_1,b_2,\cdots,b_l$ 中的小孩的集合,则 $S_i\cap S_j=\varnothing(i\neq j)$.先证明 $|S_1|\leqslant 2n$.若不然,$|S_1|\geqslant 2n+1$,考虑 S_1 中的一个小孩 Y,不妨设他购买了一颗 a_1 颜色的糖果和一颗 c 颜色的糖果(c 不同于 $a_1,a_2,\cdots,a_l,b_1,b_2,\cdots,b_l$).若存在 S_1 中的另一个小孩 Z,他既没有 c 颜色的糖果,又没有 a_1 颜色的糖果(从而他有 b_1 颜色的糖果),则在 $Y,Z,X_2,X_3,\cdots,X_l$ 这 $l+1$ 个小孩中,任意两个小孩都没有相同颜色的糖果,这与 l 的定义矛盾.因此 S_1 中其余小孩要么有 c 颜色的糖果,要么有 a_1 颜色的糖果.由于每种颜色的糖果恰有 $2n$ 颗,而 $|S_1|\geqslant 2n+1$,所以一定有一个小孩 U 有 a_1 颜色的糖果而没有 c 颜色的糖果,也一定有一个小孩 V 没有 a_1 颜色的糖果(从而他有 b_1 颜色的糖果),而有 c 颜色的糖果,那么考虑 $U,V,X_2,X_3,\cdots,X_l$ 这 $l+1$ 个小孩,同样得出矛盾.因此假设不成立,于是必有 $|S_1|\leqslant 2n$.同理

$$|S_i| \leqslant 2n (1 \leqslant i \leqslant l).$$

由于不可能有小孩购买的两颗糖果颜色均在 $a_1, a_2, \cdots, a_l, b_1, b_2, \cdots, b_l$ 之外(否则此小孩与 $X_1, X_2, \cdots, X_l$ 这 $l+1$ 个小孩的糖果颜色两两不同,与 l 的定义矛盾),所以 $S_1 \cup S_2 \cup \cdots \cup S_l$ 是所有购买了一颗 $a_1, a_2, \cdots, a_l, b_1, b_2, \cdots, b_l$ 以外颜色的糖果的小孩的集合,且其中每个人恰购买了一颗.由于对 $i \neq j$,有 $S_i \cap S_j = \varnothing$ 以及 $|S_i| \leqslant 2n (1 \leqslant i \leqslant l)$,故

$$|S_1 \cup S_2 \cup \cdots \cup S_l| = |S_1| + \cdots + |S_l| \leqslant 2nl.$$

也就是说,所有的小孩拥有的糖果中,颜色为 $a_1, a_2, \cdots, a_l, b_1, b_2, \cdots, b_l$ 以外的糖果总数不超过 $2nl$ 颗.又 $a_1, a_2, \cdots, a_l, b_1, b_2, \cdots, b_l$ 每种颜色共有 $2n$ 颗糖果,即这些糖果数为 $2l \cdot 2n = 4nl$.故孩子们的糖果总数不超过 $2nl + 4nl = 6nl$,即小孩总数不超过 $3nl$.

综上所述,小孩总数的最大可能值为 $3nk$.

例题 16　设 S 是一个 35 元集合,F 是由一些 S 到自身的映射构成的集合.对于正整数 k,称 F 具有性质 $P(k)$,如果对于任意 $x, y \in S$,都存在 F 中的 k 个映射 $f_1, f_2, \cdots, f_k$(可以相同),使得 $f_k(\cdots(f_2(f_1(x)))\cdots) = f_k(\cdots(f_2(f_1(y)))\cdots)$.求最小正整数 m,使得所有具有性质 $P(2019)$ 的 F 都具有性质 $P(m)$.

方法讲解　题中的迭代条件类似于"圈",而可以选择圈的长度不超过顶点数.所求 m 为 595.令 U 是由 S 的所有二元集构成的集合.称二元集 V 是好集,如果存在 $f \in F$ 使得 $f(V)$ 是一元集.按如下方式构造有向图 G:顶点集为 M;对于 $U_1, U_2 \in M$,如果存在 $f \in F$ 使得 $U_2 = f(U_1)$,则连一条从 U_1 指向 U_2 的有向边 $U_1 \to U_2$,称为从 U_1 到 U_2 的 f 边.这样,"F 具有性质 $P(k)$"等价于"对任何 $U \in M$,存在一条长度不超过 $k-1$ 的有向路径,其起点为 U,终点为某个好集".

首先,证明具有性质 $P(2019)$ 的 F 都具有性质 $P(595)$.假设 F 具有性质 $P(2019)$,则对任何 $U \in M$,存在一条从 U 到某个好集的有向路径.考虑具有此性质的最短路径

$$U = U_0 \to U_1 \to \cdots \to U_m,$$

则 $U_0, \cdots, U_m$ 是两两不同的二元集,从而有 $m+1 \leqslant \mathrm{C}_{35}^2 = 595$,即存在从 U 到好集且长度不超过 594 的路径.这就证明了 F 具有性质 $P(595)$.

其次,我们构造一个集合 F,使得它具有性质 $P(595)$,但不具有性质 $P(594)$.由此可知 F 具有性质 $P(2019)$,且对任何正整数 $m(m \leqslant 594)$,F 不具有性质 $P(m)$.不妨设 $S = \{1, 2, \cdots, 35\}$,对 S 的二元子集 $U = \{x, y\}$,定义

$$d(U) = \min(|x-y|, 35 - |x-y|).$$

对于有向边 $U \to V$,如果 $d(V) - d(U) = 0, 1, -1$,则分别称此边是保距离的,距离加 1 与距离减 1 的边.定义 $f_1, f_2: S \to S$ 为

$$f_1(x) = \begin{cases} x+1, & 1 \leqslant x \leqslant 34, \\ 1, & x = 35; \end{cases} \quad f_2(x) = \begin{cases} x, & 1 \leqslant x \leqslant 34, \\ 1, & x = 35. \end{cases}$$

容易验证,$F = \{f_1, f_2\}$ 具有如下性质:(1) $\{1, 35\}$ 是 F 唯一的好集.(2) f_1 边都是保距离的.共有 33 条 f_2 边不是自己到自己的环边,其中 16 条是距离减 1 的边 $\{i, 35\} \to \{1, i\}(2 \leqslant i \leqslant 17)$,16 条是距离加 1 的边 $\{i, 35\} \to \{1, i\}(19 \leqslant i \leqslant 34)$,1 条是保距离的边 $\{18, 35\} \to \{18, 1\}$.考虑从 $\{1, 18\}$ 到好集 $\{1, 35\}$ 的最短路径 L:

$$\{1, 18\} = U_0 \to U_1 \to \cdots \to U_m = \{1, 35\}.$$

注意到 $d(U_0) = 17, d(U_m) = 1$,距离减少了 16.由性质(2),L 包含每条距离减 1 的 f_2 边恰好一次,并且 L 不含任何距离加 1 或保距离的 f_2 边(因为保距离的 f_2 边终点是 U_0).此外,L 中的边都是 f_1 边.因此,L 如下所述:

$$U_0 \xrightarrow{\underset{34\text{条}f_1\text{边}}{}} \{17, 35\} \xrightarrow{f_2} \{1, 17\} \xrightarrow{\underset{34\text{条}f_1\text{边}}{}} \{16, 35\} \xrightarrow{f_2} \{1, 16\} \to \cdots \to \{1, 2\} \xrightarrow{\underset{34\text{条}f_1\text{边}}{}} \{1, 35\}.$$

这样 L 的总长度为 594,从而 $P(595)$ 成立,$P(594)$ 不成立.

例题 17 在一次数学奥林匹克竞赛中,学生们分别获得了代数、几何、组合、数论四门课的成绩.已知每两个学生的四门课的成绩都不相同.一组学生称为好组,如果这组学生可以按至少两门课的成绩同时递增的顺序排列.求最小的正整数 N,使得在所有的 N 个学生中存在一个由 10 名学生组成的好组.

方法讲解 首先我们有 Erdös-Szekeres 定理:$mn+1$ 项的数列必有 $m+1$ 项递增或者 $n+1$ 项递减.将学生的成绩按照代数成绩递增编号,如果有 $730 = 9 \times 81 + 1$ 名学生,则有 10 名学生几何成绩递增或者 82 名学生几何成绩递减.若为前者,则好组已经存在,若为后者,则考虑 82 名几何成绩递减的学生,再次由 Erdös-Szekeres 定理,有 10 名学生组合成绩递增或者 10 名学生组合成绩递减.从而有 10 名按照代数、组合排名同时递增,或者按照几何、组合排名同时递减.

下面举例说明 $729 = 9^3$ 名学生不够,这些学生编号为 $0,1,\cdots,728$,对第 i 名学生,设 i 的 9 进制表达为 $\overline{abc}$,则代数、几何、组合、数论的成绩为 $\overline{abc}$,$\overline{(9-a)(9-b)c}$,$\overline{a(9-b)(9-c)}$,$\overline{(9-a)b(9-c)}$.任取 10 名学生,考虑代数和组合两门的成绩(其余类似),则必有两名学生的编号的首位相同,从而不可能两门课同时递增.证毕.

例题 18 将 1 到 n^2 这 n^2 个自然数随机地排列在 $n \times n$ 的正方形方格内,其中 $n \geqslant 2$.对于在同一行或同一列中的任一对数,计算较大的数与较小的数之比.这 $n^2(n-1)$ 个分数中的最小值称为这种排列的特征值.求特征值的最大值.

方法讲解 首先证明,对任一排列 A,其特征值 $c(A) \leqslant \frac{n+1}{n}$.如果最大的 n 个自然数 n^2-n+1,$n^2-n+2,\cdots,n^2-1,n^2$ 中有两个在某行或某列中,则

$$c(A) \leqslant \frac{a}{b} \leqslant \frac{n^2}{n^2-n+1} < \frac{n+1}{n}.$$

其中 a,b 分别是这行或列中的两个最大数,且 $a>b$.如果所有这 n 个大数在不同的行和列中,当它们中的一个数与 n^2-n 在同一行或同一列中时,有

$$c(A) \leqslant \frac{a}{n^2-n} \leqslant \frac{n^2-1}{n^2-n} = \frac{n+1}{n}.$$

其中 a 为与 n^2-n 在同一行、同一列中的两个最大数中的较小的一个.对于排列 $a_{ij} = \begin{cases} i+n(j-i-1),\text{当 } i<j \text{ 时}, \\ i+n(n-i+j-1),\text{当 } i \geqslant j \text{ 时}, \end{cases}$ 则 $c(A) = \frac{n+1}{n}$.

例题 19 在 7×8 的长方形棋盘的每个小方格的中心点各放一枚棋子.现从这 56 枚棋子中取出一些,使得棋盘上剩下的棋子没有 5 枚在一条直线上(横、竖或倾斜 $45°$).问:最少取出多少枚棋子才能满足要求?

方法讲解 首先很容易找出 10 枚互不相交的 1×5 的矩形:将右下角 2×3 的矩形去掉之后就有左侧 7 个横的,右侧三个竖直的,这样至少要取出 10 个点(图 4.5.1).下面证明仅取 10 个不够.如果恰好取 10 枚,那么右下角不取,由对称性,四个角均不取.这样(图 4.5.2)A,B 中必须各取 2 枚,C 中取 3 枚,对称地 D 中也取 3 个,从而中间也不取.而 C 的每列必须取出 1 枚,从而每列恰好取出 1 枚,这样 2,3 有一枚不取,但就出现斜的 5 枚棋子了.图 4.5.3 说明取出 11 枚是可以达到的.

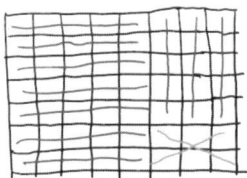

图 4.5.1

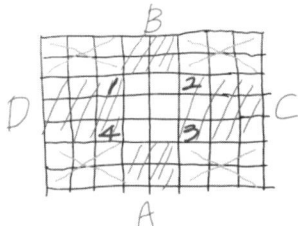

图 4.5.2

图 4.5.3

◎ 三、课外训练

1. 设 $n \geqslant 3$，考虑在同一圆周上的 $2n-1$ 个互不相同的点所组成的集合 E，将 E 中一部分点染成黑色，其余的点不染色。如果其中至少有一对黑点，以它们为端点的两条弧中有一条的内部恰含 E 中 n 个点，则称这种染色方式是好的。求最小的 k，使得任何一种将 k 个点染黑的染色方式都是好的。

2. 在 10×10 的方格表中，每个格的顶点处可放置一个点光源，每个点光源可照亮以其为顶点的整个小格。求光源个数的最小值，使得任意去掉一个点光源后，每个小格依然均被照亮。

3. 有男女青年共 1000 人围成一个圆圈。如果有一个女孩 G，她沿任意方向依次数到任何人（包括她自己以及最后数到的人），女孩的人数总是大于男孩的人数，那么称 G 在一个好位置上，问：要保证在任何情形下都至少有一个女孩在好位置上，女孩人数的最小值是多少？

4. 最多有多少个 $\{1,2,\cdots,n\}$ 的子集，使得若 A,B 是两个子集，且 $A \subset B$，则 $|B \backslash A| \geqslant 3$？

5. 有 1000 张编号为 $000,001,\cdots,999$ 的证件和 100 个编号为 $00,01,\cdots,99$ 的盒子。若盒子的号码可以由证件的号码划掉一个数字而得到，则该证件可以放入该盒子中。若选择 k 个盒子可以装下所有证件，求 k 的最小值。

6. 集合 $A = \{0,1,2,\cdots,9\}$，$\{B_1,B_2,\cdots,B_k\}$ 是 A 的一族非空子集，当 $i \neq j$ 时，$B_i \bigcap B_j$ 至多有两个元素。求 k 的最大值。

7. 平面上给定 n 个点 $A_1,A_2,\cdots,A_n(n \geqslant 3)$，任意三点不共线。由其中 k 个点对确定 k 条直线（即过 k 个点对中的每个点对作一条直线），使这 k 条直线不相交成三个顶点都是给定点的三角形。求 k 的最大值。

8. 在 100×25 的长方形表格中，每一格填入一个非负实数，第 i 行、第 j 列填入的数为 x_{ij}，记为表 1。然后，将表 1 每列中的数按由大到小的次序从上到下重新排列为 $x'_{1j} \geqslant x'_{2j} \geqslant \cdots \geqslant x'_{100j}$，记为表 2。求最小的自然数 k，使得只要表 1 中填入的数满足 $\sum\limits_{j=1}^{25} x_{ij} \leqslant 1(i=1,2,\cdots,100)$，则当 $i \geqslant k$ 时，在表 2 中就能保证 $\sum\limits_{j=1}^{25} x'_{ij} \leqslant 1$ 成立。

9. 一次集会有 1982 个人参加，其中任意 4 个人中至少有 1 个人认识其余 3 个人。问：这次集会上，认识全体到会者的人至少有多少个？

10. 在一个有限项的实数列中，任意相邻 7 项之和为负数，任意相邻 11 项之和为正数。这样的数列最多有几项？

11. 设 $S = \{1,2,\cdots,100\}$，求最大的整数 k，使得集合 S 有 k 个互不相同的非空子集，且有性质：对这 k 个子集中任意 2 个不同子集，若它们的交非空，则它们交集中的最小元素与这 2 个子集中的最大元素均不相同。

12. 设 A_i 为 $M = \{1,2,\cdots,10\}$ 的子集，且 $|A_i| = 5(i=1,2,\cdots,k)$，$|A_i \bigcap A_j| \leqslant 2(1 \leqslant i < j \leqslant k)$。求 k 的最大值。

13. 有 16 名学生参加考试，考题都是选择题，每题有 4 个选项。考完后发现：任何两人至多有一道题答案相同，问：最多有几道考题？

14. 将边长为正整数 m,n 的矩形划分为若干个边长均为正整数的正方形，每个正方形的边均平行矩形的相应边。求这些正方形边长之和的最小值。

4.6 存在性与估值

◎ 一、知识要点

存在性和估值问题要求在给定的结构中存在某种特殊构型，并对这种构型的数量进行估计. 存在性和估值问题不要求得到的限制是最优的，因此题目类型更加广泛，方法也更加多样.

◎ 二、例题讲解

例题 1 200×200 的方格表中的每个方格都被染为黑白二色之一，其中黑格比白格多 404 个. 证明，可以找到一个 2×2 正方形，其中的白格数目为奇数.

方法讲解 如果这样的正方形不存在，则在任何 2×2 正方形中都有偶数个白色方格. 如果这个正方形上面一行的两个方格同色，则下面一行的两个方格也同色；如果上面一行的两个方格异色，则下面一行的两个方格也异色. 因此，对于相邻的两行或者上下染得完全一样（如果最左面的方格同色）；或者白格下面是黑格，黑格下面是白格（如果两行中的最左面方格异色）. 这一讨论适用于表中任何相邻的两行. 从而表中的每一行要么和第一行相同，要么和第一行的每个方格颜色相反.

设在第一行中有 a 个黑格，表中有 b 行和第一行相同. 于是，表中的黑格数为
$$ab + (200 - a)(200 - b),$$
白格数为
$$a(200 - b) + b(200 - a).$$
由条件知它们的差为 404，即
$$4ab - 2 \times 200(a + b) + 200^2 = 404,$$
由此得
$$(a - 100)(b - 100) = 101.$$
由于 $|a - 100| \leqslant 100, |b - 100| \leqslant 100$，而 101 是质数，该不定方程没有正整数解.

例题 2 某俱乐部有 $3n + 1$ 个成员，对每个人，其余的人中恰好有 n 个愿与他打网球，n 个愿与他下象棋，n 个愿与他打乒乓球. 证明：俱乐部中有 3 个人，他们之间玩的游戏 3 种俱全.

方法讲解 将 2 个人按照所玩游戏染色，考虑所有的 3 人组，即证有三色边的三角形. 对同色角算两次. 假设每个三角形都有两条边同色，则同色角至少有 C_{3n+1}^3 个. 从顶点考虑，同色角有 $(3n+1) \times 3C_n^2$ 个，从而 $C_{3n+1}^3 \leqslant (3n+1) \times 3C_n^2$，矛盾.

例题 3 6 支代表队共 1958 名队员，编号为 $1, 2, \cdots, 1958$. 证明：存在一名队员的号码等于两名队友的号码之和或者某名队友号码的两倍.

方法讲解 不妨设第 1 个代表队人数最多，它的人数 $\geqslant \left[\dfrac{1958}{6}\right] + 1 = 327$. 设其中最大的号码为 a_1，用 a_1 减其余的 326 个号码，得到的差如果仍是第 1 个代表队中的号码，结论已经成立. 如果这 326 个差 $a_1 - a_j$，都不在第 1 个代表队中，那么不妨设其中有 $\left[\dfrac{326}{5}\right] + 1 = 66$ 个在第 2 个代表队中. 同样设最大的号码为 b_1，用 b_1 减其余的 65 个号码，差
$$b_1 - b_i = (a_1 - a_s) - (a_1 - a_t) = a_t - a_s$$
如果在第 1 或第 2 个代表队中结论均成立. 设这 65 个差 $b_1 - b_i$ 不在第 1 或第 2 个代表队中，继续

虑 $\left[\frac{65}{4}\right]+1=17,\left[\frac{16}{3}\right]+1=6,\left[\frac{5}{2}\right]+1=3$ 个相应的差,或者结论成立,或者最后得到两个号码在第 6 个代表队中,而这两个号码的差形如 $a_t-a_s=b_j-b_i=c_n-c_m=d_p-d_q=e_k-e_h$,无论属于哪个代表队结论均成立.

例题 4　设自然数 $n>6$,给定 n 元集合 X,任取 X 的 m 个互不相同的 5 元子集 $A_1,A_2,\cdots,A_m$.证明:只要 $m>\dfrac{n(n-1)(n-2)(n-3)(4n-15)}{600}$,就必有 $A_{i_1},A_{i_2},\cdots,A_{i_6}(1\leqslant i_1<i_2<\cdots<\cdots<i_6\leqslant m)$,使得 $\left|\bigcup\limits_{k=1}^{6}A_{i_k}\right|=6.$

方法讲解　用反证法.对于满足题中不等式的自然数 m,假设有 X 的 m 个互不相同的 5 元子集构成的子集族 A,其中任意 6 个的并不是 6 元集合.记

$$T=\{B\mid B\subset X,|B|=4,\text{并存在 } A\in S,\text{使得 } B\subset A\}.$$

对于 $B\in T$,考虑 X 的子集

$$\{x\in X\backslash B\mid B\bigcup\{x\}\in S\}.$$

将这个子集的元素个数记为 $\alpha(B)$.对于任意给定的 $A\in S$,考虑包含于 A 中的 4 元子集 B(对每个 A 恰有 5 个这样的 4 元子集 B).由反证法假设,每个 $x\in X\backslash A$ 至多与 4 个 $B\subset A$ 组成 S 的子集.另外,$A\backslash B$ 的单个元素也与 B 组成 5 元集(即 A),因此

$$\sum_{B\subset A,|B|=4}\alpha(B)\leqslant 4(n-5)+5.$$

对一切 $A\in S$,将如上的不等式求和.因为每个 $B\in T$ 都被重复计数 $\alpha(B)$ 次,所以

$$\sum_{A\in S}\Big[\sum_{B\subset A,|B|=4}\alpha(B)\Big]=\sum_{B\in T}\big[\alpha(B)\big]^2.$$

另外,每个 A 对 5 个含于其中的 $B\in T$ 的 $\alpha(B)$ 计数各贡献 1.因此 $\sum\limits_{B\in T}\alpha(B)=5m$.故

$$(4n-15)m\geqslant\sum_{B\in T}\big[\alpha(B)\big]^2\geqslant\frac{1}{C_n^4}\Big[\sum_{B\in T}\alpha(B)\Big]^2=\frac{1}{C_n^4}(5m)^2.$$

与条件矛盾.

例题 5　100×100 的方格表被染上 4 种颜色,每行与每列中都刚好有每种颜色的方格各 25 个.证明:可以找到两行与两列,位于它们相交处的 4 个方格为 4 种不同颜色.

方法讲解　假设不然,那么任何两行与任何两列相交处的 4 个方格中都有两个方格同色.对同行(或同列)的异色格算两次.我们将同一行中的两个异色方格称为一个横对,同一列中的两个异色方格称为一个竖对;同一行中的两个同色方格称为一对横向重合,同一列中的两个同色方格称为一对纵向重合.将异色方格对按颜色分为 6 种类型:$\{1,2\}、\{1,3\}、\{1,4\}、\{2,3\}、\{2,4\}、\{3,4\}$.我们来考虑表中的任意两行,并证明在它们中,至少有 25 对纵向重合.

首先,由我们的假设可知,由这两行中的方格构成的任何两个竖对中都有颜色相同的方格.于是不难看出,这两行中的竖对至多有三种不同类型:或者都含有某个同一种颜色(例如 1 号色);或者皆为形如 $\{1,2\}、\{1,3\}、\{2,3\}$ 的竖对.

下面分别考虑这两种情况.如果所有的竖对中都含有 1 号色,那么异色对子的总数不会超过这两行中的 1 号色方格的总数,即 50 个.因此这两行中至少有 50 对纵向重合.再考虑所有的竖对皆为 $\{1,2\}、\{1,3\}、\{2,3\}$ 的情形.此时,这两行中的所有的 4 号色的方格皆形成纵向重合,从而两行中至少有 25 对纵向重合.因此任何两行中都至少有 25 对纵向重合.同理可证,任何两列中都至少有 25 对横向重合.如此一来,在我们的方格表中,共有不少于 $2\times C_{100}^2\times25=25\times99\times100$ 对重合.但由于每行与每列中都刚好有每种颜色的方格各 25 个,重合的对子数为 $200\times C_{25}^2\times4=24\times100^2$.由于 $25\times99>24\times100$,矛盾.因而,必有两行与两列,位于它们相交处的 4 个方格为 4 种不同颜色.

例题 6 49名学生参加数学比赛,比赛共有3道题,每道题得分为0到7的整数.证明:其中一定有2名学生,其中一名每道题的得分都不少于另一名的得分.

方法讲解 若有两名学生的第1,2题的得分相同,设其中学生 A 的第3题的得分不低于另一名学生 B,于是,对每个问题,A 的得分不低于 B,结论成立.下设任意两名学生第1,2题的得分至少有一个不相同,将每名学生用平面内的一个整点 (i,j) 表示,其中 i,j $(0 \leqslant i,j \leqslant 7)$ 分别表示该学生在第1,2题的得分.如下分类:

$$M_1 = \{(i,j) \mid i,j \text{ 为整数}, 0 \leqslant i \leqslant 7, j = 0 \text{ 或 } i = 7, 1 \leqslant j \leqslant 7\};$$
$$M_2 = \{(i,j) \mid i,j \text{ 为整数} 0 \leqslant i \leqslant 6, j = 1 \text{ 或 } i = 6, 2 \leqslant j \leqslant 7\};$$
$$M_3 = \{(i,j) \mid i,j \text{ 为整数}, 0 \leqslant i \leqslant 5, j = 2 \text{ 或 } i = 5, 3 \leqslant j \leqslant 7\};$$
$$M_4 = \{(i,j) \mid i,j \text{ 为整数}, 0 \leqslant i \leqslant 4, j = 3 \text{ 或 } i = 4, 4 \leqslant j \leqslant 7\};$$
$$M_5 = \{(i,j) \mid i,j \text{ 为整数}, i = 2, 3, 4 \leqslant j \leqslant 7\};$$
$$M_6 = \{(i,j) \mid i,j \text{ 为整数}, i = 0, 1, 4 \leqslant j \leqslant 7\}.$$

由抽屉原理知,至少有 $\left[\dfrac{49-1}{6}\right]+1 = 9$ 个整点属于同一个集合,由于 $|M_5| = |M_6| = 8$,故这个集合只能是前4个集合中的一个,记这个集合为 M.这9个整点对应的9名学生的第3题得分只有0,1,2,…,7这8种可能,再由抽屉原理知其中必有两个学生的第3题得分相同,于是,由 M_1, M_2, M_3, M_4 的构造知,这两名学生中必有一名学生(记为 A),他的第1,2题的得分都不低于另一个学生(记为 B),故对每个问题,A 的得分不低于 B,结论得证.

总分为10分的全部可能共48种,从而49是最小值.

例题 7 某国有2000个城市,有些城市间有道路相连.现知,经过每个城市都至多有 N 个不同、不自交且长度为奇数的道路圈(由道路形成的闭折线).证明:可将该国裂解为 $N+2$ 个小国,使得任何一个小国中的任何两个城市间都没有道路相连.

方法讲解 当 $N=0$ 时,没有奇圈的图是二部图.以该国的城市为顶点,以道路为边,构筑一个图.由题意知,经过图中每个顶点都不多于 N 个奇圈.我们对图中的顶点数进行归纳证明,可将此种图中的所有顶点分别染为 $N+2$ 种不同颜色,使得任何两个同色顶点都无边相连.当图中只有1个顶点时,结论显然成立.假设当图中的顶点个数少于 k 时,结论成立.我们来看具有 k 个顶点的图 G,经过它的每个顶点都至多有 N 个奇圈.从图 G 中任意去掉一个顶点 A 和所有由它所连出的边,得到一个具有 $k-1$ 个顶点的图 G'.显然,经过 G' 中每个顶点的奇圈仍不多于 N 个.于是由归纳假设知,可将 G' 中各个顶点分别染为 $N+2$ 种不同颜色,使得任何两个同色顶点都无边相连.对于颜色 $j(2 \leqslant j \leqslant N+2)$,考虑由图 G' 中所有被染为颜色1和颜色 j 的顶点,以及在图 G' 中它们之间的所有连线(边)所构成的子图 G'_{1j}.由于 G'_{1j} 中任何两个同色顶点之间都没有边相连,所以该子图中没有奇圈.将顶点 A 补入 G'_{1j},并补入 G 中从 A 连往 G'_{1j} 中顶点的所有的边,将所得的图记为 G_{1j}.

对每个 $j(2 \leqslant j \leqslant N+2)$,在图 G_{1j} 中经过顶点 A 的奇圈上至少有一个 j 号色的顶点,从而这些奇圈互不相同.由条件知,顶点 A 的奇圈数至多有 $N+2$ 个,从而有某个 G_{1j} 没有经过 A 的奇圈.从而在该 G_{1j} 中没有任何奇圈.从而我们可以只用颜色1和颜色 j 对图 G_{1j} 中的顶点染色.由于图 G 中的其他顶点染的都不是颜色1和颜色 j,因此在整个图 G 中,任何两个同色顶点都无边相连.

例题 8 证明:在任何由117个互不相同的三位数所构成的数集中,都能找到4个两两不交的子集,它们中的数的和彼此相等.

方法讲解 我们来证明,从任意105个不同的三位数中就可以找到4个不相交的具有相同和数的子集.105个数可组成 $C_{105}^2 = 5460$ 个数对,每对数的和介于200与2000之间.如果每种和数的数对的个数都不大于3,则一共只有不多于 $1800 \times 3 = 5400$ 个数对,因此,必有某4对数的和数相同.具有相同和数的不同数对必定是不能相交的,若不然,由 $x+y = x+z$ 即可推出 $y=z$,因而是相同的数对.

例题 9　方格平面上的每个方格都被染为 n^2 种颜色之一,使得在任何 $n\times n$ 方格表中都能遇到所有颜色.现知,在某一行中遇到了所有颜色.证明:存在一列方格刚好被染为 n 种不同颜色.

方法讲解　将一个 $n\times n$ 的正方形往右平移一个得到另一个 $n\times n$ 的正方形,由条件这两个正方形中的颜色都是 $1,2,\cdots,n^2$,去掉公共部分可知左边的 $n\times 1$ 的列与右边平移 n 格后的列颜色集合相同.由此我们考虑由彼此在水平方向或在竖直方向上相距 n 的倍数的方格构成的集合,称为同余子格.

引理:在同余子格中,或者每一行,或者每一列,是单一颜色的.

引理的证明:假设在同余子格中的某一行有两个颜色互异的方格,即有两个距离为 n 的颜色互异的方格,设它们为 a 和 b.设同余子格中位于它们上方的方格分别为 x 和 y.由上面的分析知方格组 $a\bigcup S_1$ 与方格组 $x\bigcup S_2$ 的颜色组相同(如图 4.6.1).

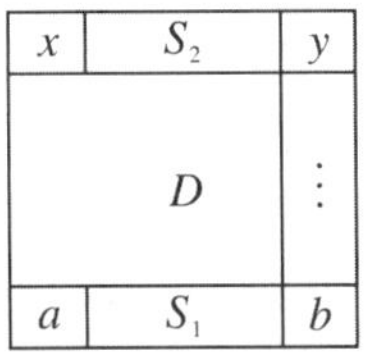

图 4.6.1

同理,方格组 $b\bigcup S_1$ 与方格组 $y\bigcup S_2$ 的颜色组也相同.但是在 S_1 中没有颜色 b,从而在 $x\bigcup S_2$ 中也没有此种颜色,然而在 $y\bigcup S_2$ 中却有,所以方格 y 与方格 b 同色.同理,方格 x 与方格 a 同色.继续这一讨论过程,即知,在同余子格中,含有方格 a 在内的一列方格全都同色;含有方格 b 在内的一列方格也全都同色.现在,如果能够找到两个距离为 n 的异色的方格位于某一列中,则在我们的集合中包含着它们在内的行全都分别与它们同色.然而这两行必然都与 b 色的列相交,从而它们的颜色应当相同,这是不可能的.这一矛盾表明引理成立.

回到原题:将列同色的同余子格称为纵向的,否则就称其为横向的.条件中有所有颜色的行称为特殊的,我们来证明,所有横向的同余子格都与特殊的行相交.否则,考虑同余子格中离特殊的行最近的行.设该行具有 a 色.此时,特殊的行中的每个方格都可以与我们的横向的集合中的某个 a 色的方格一同位于某个 $n\times n$ 方格表中,于是特殊的行中没有 a 色的方格,矛盾.

如果存在一列方格,所有包含它的同余子格都是纵向的,则在该列中恰好出现 n 种不同颜色,因为它的染色是以 n 为周期的.我们来证明确实存在这样的列,假设不然,每列都与横向的完备集相交,则特殊的行与 n 个横向的同余子格相交,所以特殊的行中仅有 n 种不同颜色,矛盾.

例题 10　在 2000×2000 方格表的每个方格中都写有一个 1 或一个 -1.现知,表中所有数的和非负.证明:可以从表中找到 1000 行与 1000 列,使得位于它们相交处的所有数的和不小于 1000.

方法讲解　我们要不断使用极端性原理.表中所有数的和非负,所以存在一行数,其中至少有 1000 个 $+1$.交换方格表的列,使得该行中前 1000 个数都是 $+1$.将原来方格表中前 1000 列和后 1000 列所构成的两个 2000×1000 方格表分别记作 A 和 B.设 A_1 是方格表 A 中使得和数达到最大的 1000 行,A_2 是其余的 1000 行.如果 A_1 中所有数的和不小于 1000,则题中结论已经成立.现设 A_1 中所有数的和小于 1000.那么 A_2 中每行数的和都是负的,如果 A_2 中有一行数的和非负,那么 A_1 中的每行数的和就应当全都非负.此外,A_1 中还有一行数全是 $+1$,于是 A_1 中所有数的和不小于 1000,矛盾.于是,A_2 中每行数的和都不大于 -2,因为每行数的和都是偶数.这样一来,表 A 中所有数的和小于 $1000+(-2)\times 1000$,即小于 -1000.从而,由题中条件推知,表 B 中所有数的和大于 1000.分别用 B_1 和 B_2 表示 B 中和数达到最大的 1000 行数和数达到最小的 1000 行数.

我们来证明,B_1 中的 1000 行数的和不小于 1000.显然,如果 B_2 中每行数的和都非正,那么我们的结论可以成立.而如果 B_2 中有一行数的和为正,那么 B_1 中的每行数的和就都为正,我们的结论当然成立.证毕.

例题 11 围绕一个圆桌坐着来自 25 个国家的 100 名代表,每个国家 4 名代表.证明:可以将他们分成 4 组,使得每组中都有来自每个国家的 1 名代表,并且每组中的任何两个代表都不是圆桌旁的邻座.

方法讲解 我们分步进行,每步分两组.

引理 设有 n 对熟人,他们分别来自 n 个不同的国家,每个国家两人,则可将他们分为两组,使得每组中都有每个国家的一名代表,并且没有熟人.

引理的证明:首先将第 1 个国家的代表甲分在第 1 组,代表乙分在第 2 组;再将代表乙的熟人(假设他是第 i 个国家的代表甲)分到第 1 组,将第 i 个国家的代表乙分在第 2 组;再将他的熟人分到第 1 组,并且一直如此下去.如果到某一步上发现某个代表的熟人已经分在第 1 组,那么该熟人一定就是那个最先被分到第 1 组的人.到此为止,所作的分组方式都是符合要求的.如果此时还有人没有分配,那么就对他们从头进行与刚才一样的分组过程即可.引理证毕.

回到原题:将来自 X 国的 4 名代表分为两对,其中两人代表 X' 国,另两人代表 X'' 国.对每个国家的 4 名代表都作如此处理.再将 100 名代表分为 50 对(圆桌旁的邻座对),称同一对中的两人为熟人.于是按照引理,可以将他们分为两组,每组 50 人,组内无熟人,并且分别恰有每个新的国家的一名代表.注意到,在每组内,任何人都至多有一个圆桌旁的邻座.于是我们可以在每组内按照圆桌旁的相邻关系分为互不相交的熟人对,并再一次运用引理,将每个组都分为两个小组,使得每个小组中都恰有来自每个国家的 1 名代表,并且每个小组中的任何两个代表都不是圆桌旁的邻座.

例题 12 某城市有若干个广场,有些广场之间有单向行车线路相连,并且自每个广场都刚好有两条往外驶出的线路.证明:可以把该城市分成 1014 个小区,使得每条线路所连接的两个广场都分属两个不同的小区,并且对于任何两个小区,所有连接它们的线路都是同一个方向的(即都是由小区甲驶往小区乙的单向行车线,或者都是反过来的).

方法讲解 首先证明,如果每个广场有不多于两条驶出的道路,则可以把所有广场分别染为 13 种不同颜色,使得从任何广场至少需要经过三条道路才可能到达任何一个同色的广场.考虑如下的辅助有向图(未画出):图中的顶点为城市中的各个广场,如果某两个广场之间至多需要经过两条道路即可以由其中一个到达另外一个,则在它们之间连一条有向边(方向为行使方向).不难看出,在该图中,自每个顶点至多连出 6 条边.只需证明,可以把该图中的所有顶点按正确方式分别染为 13 种不同颜色.对图中的顶点数 n 进行归纳.当 $n \leqslant 13$ 时,断言显然成立.其次,容易看出,由于自该有向图的每个顶点至多连出 6 条边,所以必有一个顶点 u,进入它的边不多于 6 条.去掉顶点 u,所得的图仍然满足我们的条件.因此,由归纳假设,可以把剩下的顶点分别染为 13 种不同颜色,以满足要求.由于连出连入顶点 u 的边一共不多于 12 条,所以可以把 u 染色,使得要求被满足.

现在对每个广场而言,它连出的两条边通向的广场的颜色与它本身不同,按照这两个广场的颜色类型可以分成 $12 + C_{12}^2 = 78$ 种.于是,我们把所有的广场分成了 $1014 = 13 \times 78$ 个小区.现在证明所作的划分满足要求.设小区 A 中有广场 a_1 和 a_2,小区 B 中有广场 b_1 和 b_2,并且在它们之间有单向道路 $a_1 \to b_1$ 和 $b_2 \to a_2$.由于 b_1 和 b_2 同属一个小区,故由它们有道路通向颜色类型相同的广场,这表明,自 b_1 有道路通向与 a_2 颜色相同的广场.该广场的颜色当然也与 a_1 相同.这样一来,自 a_1 出发,只需经过两条道路就可以到达一个与之同色的广场,此为矛盾.题中断言由此得证.

例题 13 $2n+3$ 名选手参加象棋循环赛,赛程安排使得这些比赛时间两两不同.已知任何一名选手参加的两场比赛之间至少还有 n 场比赛,证明:有一名选手参加了第一场和最后一场比赛.

方法讲解 我们将所有棋手参加的所有比赛按时间顺序依次称为第 1 场,第 2 场,$\cdots$,第 C_{2n+3}^2 场.我们称同一名棋手参加的相邻比赛的场次差为间隔.由赛程要求,所有选手的间隔不小于 $n+1$.考虑任意连续的 $n+3$ 场比赛 $g_1, \cdots, g_{n+3}$,共有 $2n+6$ 人次参加.我们指出只有三名棋手分别参加了其中两场比赛.事实上,考虑三对比赛

$$(g_1, g_{n+2}), (g_1, g_{n+3}), (g_2, g_{n+3}).$$

每对中的两场比赛都有唯一的一名棋手都参加,所有其他棋手都参加了这 $n+3$ 场比赛中的一场.特别是,所有的棋手都在 $g_1,g_2,\cdots,g_{n+2}$ 中出场了.参加了比赛 g_1 的两名棋手分别经过了 $n+1$ 和 $n+2$ 间隔后又参加了比赛.这表明任意棋手比赛的间隔为 $n+1$ 和 $n+2$.我们断言存在一名棋手其比赛的所有间隔都是 $n+2$.在证明断言之前,我们先证明所有间隔都是 $n+2$ 的棋手参加了第一场和最后一场比赛.因为单循环赛中每名选手参加了 $2n+2$ 场比赛,故有 $2n+1$ 个间隔.这名选手的间隔总和为

$$(n+2)(2n+1)=2n^2+5n+2.$$

恰比所有比赛的场次 C_{2n+3}^2 少 1,这说明第一场和最后一场比赛他都参加了.最后我们用反证法证明断言.如果断言不成立,则每名棋手都出现过 $n+1$ 间隔.设 X 是第一次出现 $n+1$ 间隔最晚的棋手.设其第一次出现 $n+1$ 间隔后参加了第 t 场比赛,对手为 Y.由 X 的选取,Y 在这之前已出现过 $n+1$ 间隔.设 Y 在第 t 场比赛之前最后一次出现 $n+1$ 间隔是参加了第 q 场和第 $q+n+1$ 场比赛,从第 $q+n+1$ 场直至第 t 场,Y 的间隔都为 $n+2$.设这期间 Y 共有 k 次 $n+2$ 间隔,则

$$t=q+(n+1)+k(n+2).$$

另外,X 在参加了第 $t-(n+1)$ 场比赛之前的间隔全部为 $n+2$,因此,如果他在参加第 t 场比赛之前出现过至少 $k+1$ 次间隔,则 X 参加了第 $t-(n+1)-k(n+2)=q$ 场比赛,即 X 和 Y 相遇至少两次,矛盾.如果 X 在第 t 场比赛之前出现的间隔次数小于 $k+1$,则他参加的第一场比赛的场次不小于

$$t-(n+1)-(k-1)(n+2)=q+(n+2)\geqslant n+3.$$

这与所有的棋手在前 $n+2$ 场比赛都出现过矛盾.

例题 14　一个国家有 n 座城市,任意两个城市间有双向直达航班.已知对任意两个城市,它们之间的两个方向的机票价格相同,不同城市对之间的航班机票价格互不相同.证明:存在由 $n-1$ 段依次相连的航班使得各段航班机票的价格依次严格单调下降.

方法讲解　用 AB 表示从城市 A 出发到城市 B 的航线.对于任何一座城市 A,按如下方法构造一条从城市 A 出发的由航线组成的道路.设 $A_0=A$,A_0A_1 的机票价格 a_1 在所有从城市 A_0 出发的航班中最高,A_1A_2 的机票价格 a_2 在所有从城市 A_1 出发且机票价格小于 a_1 的航班中最高…… 如此下去,直到某座城市 A_k,使得所有从城市 A_k 出发的航班机票价格均大于 a_k.于是,一共得到 n 条道路.下面证明任意航班 BC 均会出现在某条道路中.令 $B_1=B$,$B_0=C$,b_1 为 BC 的机票价格.设 B_2B_1 的机票价格 b_2 在所有以城市 B_1 为终点且机票价格大于 b_1 的航班中最低,B_3B_2 的机票价格 b_3 在所有以城市 B_2 为终点且机票价格大于 b_2 的航班中最低…… 如此下去,直到某个 B_kB_{k-1} 在所有以城市 B_k 为终点的航班中机票价格最高.从城市 B_k 出发的由航线组成的道路将依次路过 $B_k,B_{k-1},\cdots,B_1(=B)$,$B_0(=C)$.由前面得到共 n 条道路包含了所有的共 $2C_n^2=n(n-1)$ 个航班.故其中有一条道路至少含 $n-1$ 个航班.证毕.

例题 15　平面上分布着 $\left[\dfrac{4}{3}n\right]$ 个矩形,它们的边都平行于坐标轴,其中每个矩形都至少与 n 个矩形相交.证明:可以找到一个矩形,它与所有矩形都相交.

方法讲解　将矩形的个数记为 k.考虑上边最靠下的矩形,将其记为 P,将其上边所在的直线记为 d.共有不多于 $k-n-1$ 个矩形的下边位于直线 d 的上方,因为这些矩形都不与矩形 P 相交.将这些矩形称为下不好的.类似地,定义上不好的、左不好的、右不好的矩形.注意到 $k>4(k-n-1)$(这等价于 $3k<4n+4$),所以存在矩形 A,它不是下不好的,也不是上不好的、左不好的与右不好的.于是,它与所有的矩形都相交.事实上,如果它不与某个矩形 B 相交,则或者有某条水平直线,或者有某条竖直直线位于 A 与 B 之间.不妨设有某条水平直线位于 A 与 B 之间,且矩形 A 在其上方,于是,矩形 B 的上边低于矩形 A 的下边,而根据我们的构造,这是不可能的.其余三种情况类似可证.

考虑最左边(上边)的位置是一种极端性考虑,在组合几何中经常使用,下面的两个例子也是如此.

例题 16　在矩形桌子上面放着一些同样大小的正方形纸片,它们的边都平行于桌边,它们有 n 种不同的颜色.对于其中任意 n 张不同颜色的纸片,都可以用一枚图钉把其中的某两张纸片钉在桌子上.

证明:可以用 $2n-2$ 枚图钉把其中某一种颜色的所有纸片全都钉在桌子上.

方法讲解 对 n 归纳.当 $n=2$ 时,我们来考虑最左边的一个正方形纸片 K,不妨设其为 1 号色的.由题意知,每个 2 号色的正方形都与 K 有公共点,因此,都至少包含着 K 的一个右方顶点.于是只要用图钉钉住 K 的两个右方顶点,就可以钉住所有的 2 号色的正方形纸片.断言成立.假设断言已经对 n 种颜色的情形成立,我们来看 $n+1$ 种颜色的情形.从所有的正方形纸片中选出最左边的一个正方形纸片 K.不妨设它是 $n+1$ 号色的.所有同它相交的正方形纸片都至少包含着它的一个右方顶点.所以这些纸片可以用两枚图钉钉住.从桌子上取走所有 $n+1$ 号色的纸片和所有与 K 相交的其他颜色的纸片.剩下的纸片中只有 n 种不同颜色.此时,如果任取其中 n 张颜色互异的纸片,则一定会有某两张纸片具有公共点(若不然,将 K 添入其间,就得到了 $n+1$ 张两两不交的颜色互异的纸片,因为凡与 K 有公共点的纸片都已经被取走,而这是与题意相矛盾的).所以根据归纳假设,可以用 $2n-2$ 枚图钉把其中某种颜色 i 的所有纸片全都钉在桌子上.又由于凡是被取走的 i 号色的纸片都是与 K 有公共点的,它们已经被两枚图钉钉住.所以,结论对 $n+1$ 种颜色的情形也成立.

例题 17 已知平面上有有限个边平行于坐标轴的矩形,对其中任何两个,都存在一条水平或竖直的直线与它们都相交.证明:存在一条水平的直线和一条竖直的直线,使得每个矩形都与这两条直线中的某一条相交.

方法讲解 首先我们证明如下引理.

引理:平面上有有限个边平行于坐标轴的矩形满足:对它们当中任意两个矩形,存在一条垂直直线与它们两个都相交,则存在一条垂直直线与这有限个矩形都相交.

引理的证明:我们称一个矩形的四条边分别为上边、下边、左边、右边.考虑具有最左的右边的矩形和具有最右的左边的矩形.由假设,存在一条垂直直线与它们都相交,则任意矩形的左边必位于这条直线的左侧,而右边必位于这条直线的右侧,因而这个矩形与这条直线相交.引理证毕.

回到原题:称两个矩形组成一个分离对,若任意一条垂直直线不与它们同时相交.考虑所有的分离对.对每个分离对考虑它们位置最低的下边,称为分离对的下边.令 h 表示所有分离对位置最高的下边所在直线.如果在直线 h 的下方(与 h 不交)存在一个分离对 (C,D).设 h 是分离对 (A,B) 的下边所在直线,不妨设矩形 A 位于 B 的左侧,矩形 C 位于 D 的左侧.若 A 的右边位于 C 的右边所在直线的左侧(包括属于这条直线的情况)时,任意垂直直线和任意水平直线都不能与 A 和 D 同时相交.若 A 的右边位于 C 的右边所在直线的右侧(包括属于这条直线的情况)时,任意垂直直线和任意水平直线都不能与 B 和 C 同时相交.这与假设矛盾.因此,在 h 的下方不存在分离对.考虑所有与 h 不相交的矩形.如果这些矩形中的两个组成分离对,则这个分离对中的两个矩形必然分别位于 h 的上下两侧,显然任意垂直直线和任意水平直线都不能与它们同时相交.这与假设矛盾.这表明所有与 h 不相交的矩形中任意两个都不能组成分离对.由引理知存在一条垂直直线 v 与它们都相交.这表明任意矩形必与水平直线 h 和垂直直线 v 这两条直线中的至少一条相交.

例题 18 一些少先队员来到夏令营,其中每个人都认识其余人中的 50 至 100 人.证明:可以发给每个少先队员一顶帽子,它们共有 1331 种不同的花色,使得每个少先队员的熟人的帽子至少有 20 种不同花色.

方法讲解 作一个图 G(未画出),其中的顶点代表少先队员,边代表相识关系.由题意知,每个顶点的度都不小于 50,不大于 100.

引理:设 $k,n,m(k \leqslant n \leqslant m)$ 为正整数,若图 G 中的每个顶点的度都不小于 n,不大于 m,则可去掉 G 中的一些边得到一个新图,使得其中每个顶点的度都不小于 $n-k$,不大于 $m-k$.

引理的证明:易见,只需对 $k=1$ 证明引理的结论.只要图 G 中有边连接一对度为 m 的顶点,那么就去掉这样的边.假定图中已经没有这样的边.我们用 A 表示此时 G 中的所有度为 m 的顶点,以 B 表示 G 中其余顶点的集合.我们来考虑这样的二部图 G',它的顶点集合与刚才的 G 相同,但是只保留连接 A 与

B 之间顶点的边. 可以验证这样的二部图满足 Hall 定理的条件. 用 $|X|$ 表示集合 X 中的元素个数. 任取 $A_1 \subset A$, 以 B_1 表示与 A_1 中的顶点有边相连的所有顶点的集合. 由 A_1 有不少于 $m|A_1|$ 条边连向集合 B_1, 但是自 B_1 中的每个顶点所连出的边都少于 m 条, 因此 $|B_1| \geqslant |A_1|$. 这样一来, 由 Hall 定理知, 存在一个包含 A 中所有顶点的匹配. 从后来的 G 中去掉该匹配得到新图 G_1, 其中每个顶点的度都不小于 $n-1$, 不大于 $m-1$. 引理证毕.

回到原题: 将引理应用于原来的图 G, 令 $k=30$, 可得一个新图 H, 其中每个顶点的度都不小于 20, 不大于 70. 将 H 中的边都染为红色. 对于该图中的每个顶点, 我们都标出它的 20 个相邻顶点, 并且将这 20 个顶点两两用绿边相连. 由于从每个顶点至多连出 70 条红边, 所以由它至多连出 $19 \times 70 = 1330$ 条绿边. 我们来考虑以图 H 的所有顶点作为顶点集合, 而以所有绿边作为边集的图 H'. 不难依次将图 H' 中的所有顶点分别染为 1331 种不同花色, 使得任何两个相邻顶点的花色不同: 只要将所要染的顶点染为它的相邻顶点中还没有出现过的花色即可. 回到以所有红边作为边集的图 H. 它的每个顶点都有 20 个相邻顶点被标出, 并且这些顶点被分别染成了不同的花色.

◎ 三、课外训练

1. 我们称一个多边形及其内部的点组成的集合为闭多边形. 平面上 n 个闭凸 k 边形满足: 任意两个闭多边形的交集非空; 任意两个多边形位似, 且位似系数为正. 证明: 平面上存在一个点属于其中至少 $1 + \dfrac{n-1}{2k}$ 个闭多边形.

2. 设 $S = \{0, 1, 2, \cdots, N^2 - 1\}$, A 是 S 的一个 N 元子集. 证明: 存在 S 的一个 N 元子集 B, 使得集合 $A + B = \{a + b \mid a \in A, b \in B\}$ 中的元素模 N^2 的余数的个数不少于 S 中元素的一半.

3. 在某房间中的一个圆上排列着 2017 个盒子. 对于一个由盒子构成的集合, 若该集合中包含至少两个盒子, 且在该集合中的每个盒子按顺时针的次序到达此集合中的另一个盒子所跳过盒子的个数为 0 或奇数, 则称此集合为好的. 现有 30 名学生依次进入房间, 且每名学生选一个好的盒子的集合, 并在其选择的每个盒子中放入一张写着他 (或她) 名字的纸条. 证明: 若所有包含 30 张不同名字的纸条的盒子构成的集合均不是好的, 则存在学生 α 和 β 及盒子 a 和 b 满足下面的两个条件: ① α 选择了 a 但没选择 b; β 选择了 b 但没选择 a; ② 盒子 a 按顺时针的次序到达盒子 b 所跳过盒子的个数不为奇数, 且跳过的这些盒子没有被 α 选择, 也没有被 β 选择.

4. 设整数 $n \geqslant 3$, 一个国家有 n 座机场, 且有 n 家执行双向航班的航空公司. 对每家航空公司, 都存在一个奇数 $m \geqslant 3$ 及 m 座不同的机场 c_1, c_m, 满足: 这家航空公司所执行的全部航班恰是 c_1 与 c_2 之间, c_2 与 c_3 之间, $\cdots$, c_{m-1} 与 c_m 之间, c_m 与 c_1 之间的那些双向航班. 证明: 存在一条由奇数趟航班组成的封闭路线, 其中不同的航班由不同的航空公司执行.

5. 在平面上作若干条直线, 其中任何两条直线不平行, 任何三条直线不共点. 在这些直线所分出的每个区域里均放一个正数, 证明: 存在使得每条直线两侧的数之和均相等的摆法.

6. 设 X 是一个有限集, F 是 X 的子集族, 每个子集都是 $2k$ 元集合. 已知 X 的每个由不多于 $(k+1)^2$ 个元素构成的子集, 都或者不含任何 F 中子集的元素, 或者所有包含在它之中的 F 的子集有公共点. 证明: F 中的子集有公共元素.

7. 在直线上分布着 $2k - 1$ 条白色线段和 $2k - 1$ 条黑色线段. 现知, 任何一条白色线段都至少与 k 条黑色线段相交, 并且任何一条黑色线段都至少与 k 条白色线段相交. 证明: 可以找到一条黑色线段与所有白色线段都相交, 也可以找到一条白色线段与所有黑色线段都相交.

8. 在矩形的桌面上, 放一些相同大小的正方形纸片, 使得它们的边平行于桌子的边 (纸片之间可以有重叠部分). 证明: 可以扎一些大头针, 使得每张纸片都刚好被一枚大头针固定在桌子上.

9. 某次数学竞赛共有 6 个试题，其中任意 2 个试题都被超过 $\frac{2}{5}$ 的参赛者答对了，但没有一个参赛者能答对所有的 6 个试题.证明：至少有 2 个参赛者都恰好答对了 5 个试题.

10. 证明：m 条边的 n 阶图至少有 $\frac{m(4m-n^2)}{3n}$ 个三角形.

11. 在某个由 12 个人组成的群体中，任何 9 个人中都可以找出 5 个人相互认识.证明：从该群体中可以找到 6 个人相互认识.

12. 凸多边形被其互不相交的对角线划分为一系列等腰三角形.证明：该多边形中有两个相等的边.

13. 某国每两座城市之间有一趟双向通行的汽车或火车路线（不穿过其他任何一座城市）.证明：该国所有的城市可被分为两个不相交的集合，使得一个集合中的所有城市可由火车串联成一列，而另一个集合中的所有城市可由汽车串联成一列.

14. 一次高难度数学竞赛试题由初试、复试两部分组成，共 28 个题目，每名参赛者恰好解出其中 7 道题目，每对试题恰有两人解出.证明：必有一名参赛者至少解出了 4 道初试题或没有解出初试题.

4.7 操作与策略

◎ 一、知识要点

操作类问题考虑的是在给定的集合上遵循特定的规则操作，求某些状态是否可达以及至少需要多少步可达等.操作类问题和策略类问题都需要考虑到每一步并不是唯一的，通常要借助于适当的不变量（不变性）或者更一般的"不变集合"来解决问题.

◎ 二、例题讲解

例题 1 将 $n \times m$ 的表格中的若干格染为黑色，进行如下操作：若一个 2×2 正方形中有 3 个黑格，则第四个也变成黑格.问：初始最少多少个黑格，可经过若干次操作后让所有的格变黑？

方法讲解 首先将第一行和第一列共 $m+n-1$ 格染黑，则显然可以将所有的格变黑.按如下方式将染色表格对应成一个二部图：二部图的顶点为 $1,2,\cdots,n$ 和 $1,2,\cdots,m$，若一个黑格在 i 行、j 列，则在顶点 i,j 之间连边.操作过程中图的连通性不变，最终状态图是连通的，所以一开始也是连通的.而连通的图至少有 $m+n-1$ 条边，即至少有 $m+n-1$ 个黑格.

例题 2 某国有 2004 座城市，它们之间有一些道路相连，使得可以从任意一座城市到达任意一座别的城市.已知若关闭其中任意一条道路，都仍然可以从任意一座城市到达任意一座别的城市.两位负责人 A,B 轮流选择一条道路制定并实施单行道规则，直到所有道路均为单行道为止.若某位负责人实施规则之后，出现一个城市不能到达另一座城市的情况，则该负责人引咎辞职.从 A 开始，试问：某位负责人是否总能使对方落得辞职的下场？

方法讲解 我们证明可以一直进行.构造一个有向图，它的顶点是各个城市，它的边就是各条道路.如果某条道路实施单向行车规则，就在该条路上用箭头标注行车方向；对于双向行车的道路则不标注箭头.我们来证明：在任何时刻，都可以有办法给任何一条还没有标注箭头的道路标上箭头，使得图的连通性不受破坏.假设连接顶点 u 和 v 的边 (u,v) 上还没有标注箭头.容易看出，如果在这两个顶点之间存在着别的路（不失一般性，假定沿着这条路可以从 u 走到 v），而无需经过边 (u,v)，那么就可以在 (u,v) 上标注由 v 指向 u 的箭头.此时，对于任何一条途经边 (u,v) 时按 $u \rightarrow v$ 方向行车的路，可以让其沿

着由 u 到 v 的另一条路行驶,图的连通性未受破坏.因此,我们只需考虑 u 与 v 之间不存在不经过边 (u,v) 的路的情形.

将由顶点 u 无需经过边 (u,v) 可以到达的所有城市的集合记作 U(其中包括 u 本身).由于图是连通的,所以对于集合 U 中的每个顶点,都存在由其到达 v 的路.然而在我们的假定之下,这些路都需要经过边 (u,v).这就表明,由 U 中的每个顶点都有路到达顶点 u,而无需经过边 (u,v).这也就表明,由 U 中的每个顶点都有路到达该集合中的任何一个别的顶点,而无需经过边 (u,v).类似地,对于由顶点 v 无需经过边 (u,v) 所能到达的所有城市的集合 V 而言,其中的每个顶点也都有路到达该集合中的任何一个别的顶点,而无需经过边 (u,v).既然图是连通的,所以每个城市都恰好属于 U 与 V 之一.根据题意,在没有标注任何箭头之前,任意去掉图中的一条边,图都仍然保持连通.这就表明,在集合 U 与 V 之间,除了边 (u,v) 之外,还存在另外一条边.假设沿着这条边可以由 $u_1 \in U$ 走到 $v_1 \in V$(可能在进程中的这一时刻,该条边上已经标注了箭头,也可能没有标注箭头,但是任何时候,至少有一个方向,例如由 u_1 到 v_1 是可以沿着它通行的).这样一来,我们就可以由 u_1 到 v_1,再由 v_1 到 v,而无需经过边 (u,v).此与前面的假设相矛盾.这一矛盾表明结论成立.

例题 3　对放置在点 $A_1,A_2,\cdots,A_n(n \geqslant 3)$ 及点 O 处的卡片进行操作,所谓一次操作是指:① 某个点 A_i 处的卡片数不小于 3,则可从中取出 3 张,在点 A_{i-1},A_{i+1} 以及 O 处各放 1 张($A_0 = A_n,A_{n+1} = A_1$);或者 ② 若点 O 处的卡片数不小于 n,则可以从中取出 n 张,在点 $A_1,A_2,\cdots,A_n$ 处各放 1 张.证明:只要放置于这 $n+1$ 个点处的卡片总数不小于 n^2+3n+1,则总能通过若干次操作,使每个点处卡片数均不小于 $n+1$.

方法讲解　先向点 O 处集中,使得点 A_i 处的卡片均不超过 2 张,从而点 O 处至少有 $n^2+3n+1-2n$ 张,从点 O 发出 $n+1$ 次,则每个顶点 A_i 处的卡片数 $x_i \geqslant n+1$.若点 O 处也有至少 $n+1$ 张,则完成,否则采用如下步骤调整,此时 $\sum_{i=1}^{n} x_i \geqslant n^2+2n+1$,且 $n+1 \leqslant x_i \leqslant n+3$.从而有某个 $x_i = n+3$.

若有相邻的 $n+3$,则在这两处操作;若两个 $n+3$ 的点之间均为 $n+2$,则对这些点操作;若只有一个 $n+3$,则其余必为 $n+2$,都操作一次;设有 x 个 $n+3$,y 个 $n+2$,z 个 $n+1$,且每两个 $n+3$ 之间都有 $n+1$,则 $z \geqslant x$,从而 $x(n+3)+y(n+2)+z(n+1) = (n+2)(x+y+z)+x-z \leqslant n^2+2n$,从而点 O 处已有至少 $n+1$ 张.

例题 4　初始时,黑板上写着 $n+1$ 个单项式 $1,x,x^2,\cdots,x^n$.k 名男孩开始玩如下游戏:每过一分钟,每名男孩同时将黑板上已有的两个多项式的和各自写到黑板上.已知经过 m 分钟后,多项式 $S_1 = 1+x$,$S_2 = 1+x+x^2,\cdots,S_n = 1+x+x^2+\cdots+x^n$,均在黑板上出现了.证明:$m \geqslant \dfrac{2n}{k+1}$.

方法讲解　m 分钟后共产生 $n+1+km$ 个多项式,我们只需证明多项式的数量至少为 $3n+1-m$,则 $n+1+km \geqslant 3n+1-m$,$m \geqslant \dfrac{2n}{k+1}$.首先出现的多项式都是非负整数系数的,并且可以删掉那些系数大于 2 的多项式,这些多项式对 S_i 的产生没有影响.如果一个多项式有 p 项,那么参与生成它的多项式(包括它自己)有 $2p-1$ 个.我们对 p 归纳证明该结论.

若 $p=1$,则该多项式必须是初始的多项式.设 $p<k$ 时已证,对于一个 k 项多项式 F,它由 G,H 生成,即 $F = G+H$.设 G,H 的项数分别为 s,t,则 $k = s+t$,并且 G,H 没有公共项.由归纳假设,合成 G 的多项式有 $2s-1$ 个,合成 H 的多项式有 $2t-1$ 个.这两者没有交集,从而生成 F 的多项式有 $2s-1+2t-1+1 = 2k-1$ 个.S_n 有 $n+1$ 项,从而生成它的多项式有 $2n+1$ 个.记这 $2n+1$ 个多项式的集合为 J,记 $S_i(1 \leqslant i \leqslant n)$ 构成的 n 元集合为 K,我们来证明 $|J \cap K| \leqslant m$.如果 J 中有两个多项式在同一分钟产生,那么这两个多项式的和将是 S_n 的一部分,因此这两个多项式没有公共项.从而在每一分钟,至多产生一个多项式属于 $J \cap K$,所以 $|J \cap K| \leqslant m$.由此黑板上出现的多项式至少有 $|J \cup K| \geqslant 2n+1+$

$n-m$ 个，得证.

例题 5 有 n 张书签，每张书签一面白一面黑，将它们排成一排，且所有的书签白色面朝上.每次操作是指拿掉一张白色面朝上的书签（非靠边的），并将与这张书签相邻的两张书签翻到另一面.证明：能够使得只剩下两张书签的充要条件是 $3\mid n-1$.

方法讲解 首先黑色书签的奇偶性不变，所以剩下的两张书签同色.若一张白色书签的左边有 t 张黑色书签，则在白色书签上放置一个数 $(-1)^t$（只在白色书签上放置数）.设 s 是白色书签上放置的数的和模 3 的余数.接下来证明：在可能的操作下，s 是不变量.选择一个白色书签 W，且拿掉 W 之前其左边有 t 张黑色书签.若 W 的两个相邻的书签均为黑色书签，则拿掉 W 后，白色书签上放置的数的和增加了

$$-(-1)^t + (-1)^{t-1} + (-1)^{t-1} = 3(-1)^{t-1}.$$

因此，s 没有改变.类似地，可以证明：当 W 的左、右两个相邻的书签分别为同白、一黑一白、一白一黑时，仍满足 s 的值不变.若最后剩下两张书签，当剩下的是两张白色书签时，$s=2$；当剩下的是两张黑色书签时，$s=0$.因为开始时是 n 张白色书签，所以 $s\equiv n(\bmod 3)$.因此 $n\equiv 0,2(\bmod 3)$，即 $3\nmid n-1$.若 $3\nmid n-1$，$n\geqslant 5$，每次选最左边的可以操作的白色书签，连续 3 次后剩下 $n-3$ 张白色书签.而当 $n=2$，3 时，显然能够剩下两张书签.

例题 6 在圆内分布着点 $A_1,A_2,\cdots,A_n$，在圆周上分布着点 $B_1,B_2,\cdots,B_n$，使得线段 $A_1B_1,A_2B_2,\cdots,A_nB_n$ 互不相交.一只蚂蚱可以由点 A_i 跳到点 A_j，如果线段 A_iA_j 不与任何一条线段 $A_kB_k(k\neq i,j)$ 相交.证明：经过若干次跳动，蚂蚱可以由任何一点 A_p 跳到任何一点 A_q.

方法讲解 对 n 进行归纳法证明.当 $n\leqslant 2$ 时，结论显然成立.现设 $n\geqslant 3$.不失一般性，可设以 A_1，$A_2,\cdots,A_k$ 为顶点的多边形 M 是点集 $\{A_1,A_2,\cdots,A_n\}$ 的凸包.考虑与 M 有多于一个交点的形如 $A_mB_m(1\leqslant m\leqslant k)$ 的线段.将线段 A_mB_m 与 M 的第二个交点记为 A_m'，则线段 A_mA_m' 互不相交.我们来考虑其中的一条线段 A_mA_m' 以及由它所分割出的 M 的一个部分.于是在其中可以找到一条线段 A_pA_p'，使得在边界上由 A_p 到 A_p' 的部分中没有其他的点 A_q'.此时其上还有一个点 A_i，并且 A_iB_i 不与 M 的边界相交.同理，在另一部分中也可找到一个点 A_j，使 A_jB_j 不与 M 的边界相交.这样一来，线段 A_iB_i 与 A_jB_j 就都不与 A_pA_q 相交，只要 $p,q\neq i$.将归纳假设应用于下述 $n-1$ 条线段：

$$A_1B_1,A_2B_2,\cdots,A_{i-1}B_{i-1},A_{i+1}B_{i+1},\cdots,A_nB_n.$$

我们得知，点 $A_1,A_2,\cdots,A_{i-1},A_{i+1},\cdots,A_n$ 可通过蚂蚱的跳动相互到达.对于点 $A_1,A_2,\cdots,A_{j-1}$，$A_{j+1},\cdots,A_n$ 亦是如此.最后，点 A_i 与点 A_j 亦可通过蚂蚱的跳动相互到达：可先由 A_i 跳到某点 $A_s(s\neq i$，$j)$，再由 A_s 跳到 A_j.

例题 7 一幢房子里有偶数盏灯分布在若干个房间内，每个房间内至少有三盏灯.每盏灯恰和另外一盏灯共用一个开关（不一定是同一个房间内的）.每开关一次，共同使用这个开关的两盏灯同时改变它们的状态.证明：对于任意初始状态，均存在有限次操作，使得每个房间内的灯既有开的，也有关的.

方法讲解 将共用一个开关的两盏灯称为双胞胎.若一个房间的灯有些是开着的、有些是关着的，则称此房间是正常的.我们设计一种算法使得这幢房子中正常的房间数是增加的.从而，经过有限次操作，能使所有的房间均是正常的.

任选一个非正常的房间 R_0.不妨设房间 R_0 中所有的灯均是关着的.若在房间 R_0 中有一对双胞胎，则操作一次，能使这两盏灯开着.房间 R_0 成为正常的.若在房间 R_0 中没有双胞胎，任选一盏灯 $a_0\in R_0$，设与其构成双胞胎的另一盏灯 $b_0\in R_1$.改变开关的状态，则房间 R_0 成为正常的.若房间 R_1 仍为正常的，则正常的房间数增加了.否则，房间 R_1 中的灯的开关的状态全相同.与前面类似，假设在房间 R_1 中没有双胞胎.任选一盏不同于 b_0 的灯 $a_1\in R_1$，设与其构成双胞胎的另一盏灯 $b_1\in R_2$.改变这两盏灯的开关状态，能使房间 R_1 为正常的.若房间 R_2 也为正常的，则正常的房间数增加了.否则，继续进行类似的操作，直到出现循环为止.假设不同的房间分别为 $R_0,R_1,\cdots,R_m$，房间 R_i 和房间 R_{i+1} 是由一对双胞胎 a_i 和 b_i 相关联的，其中，$a_i\in R_i,b_i\in R_{i+1}(i=0,1,\cdots,m-1)$，且有一盏灯 $a_m\in R_m(a_m\neq b_{m-1})$，与其构成双

胞胎的另一盏灯 b_m 属于某个房间 $R_k(0 \leqslant k \leqslant m-1)$. 若这个操作过程得到 a_m 和 b_m, 则房间 R_m 是正常的. 若 $k \geqslant 1$, 则房间 R_k 中有两盏灯前面曾经分别改变过开关的状态, 它们分别为 b_{k-1} 和 a_k, 与它们构成双胞胎的另外两盏灯分别为 a_{k-1} 和 b_k, 从而 b_m 不是 b_{k-1} 和 a_k. 当第一次考虑房间 R_k 时, 改变 b_{k-1} 时使房间 R_k 不正常, 改变 a_k 时使房间 R_k 变为正常的, 因此, b_{k-1} 与 a_k 的状态不同. 故不管 b_m 是怎样的状态, 房间 R_k 均为正常的. 从而, 正常的房间数增加了. 若 $k=0$, 则 $b_m \in R_0, b_m \neq a_0$ (这是因为 a_0 与 b_0 是双胞胎). 因为每个房间至少有三盏灯, 所以存在 $c \in R_0, c \neq a_0, c \neq b_m$. 由于开始时 c 是关着的, 而对 a_0 进行一次操作后, a_0 是开着的, 故不管 b_m 是怎样的状态, 房间 R_0 均为正常的. 所以正常的房间数增加了.

例题 8 100×100 的方格纸剪成一系列小方格, 两人轮流游戏: 每次可将两个相邻的小方格重新拼接起来, 如果谁的拼接之后的图形连通, 则判谁输, 请问: 谁有必胜策略?

方法讲解 将先开始的称为甲, 将其对手称为乙. 下证乙有取胜策略. 事实上, 乙可以按照如下办法行事: 开始阶段, 他把原来位于方格纸边缘上的方格同它们原来的邻格相连接, 边缘上共有 4×99 方格, 所以这一过程两人至多共持续 8×99 步. 此时, 至多会有 8×99 对边被粘连, 亦即至多涉及 $2 \times 8 \times 99 < \frac{10000}{2}$ 个小方格. 从而必然还剩下单个的小方格, 图形未成为连通的. 此后乙可以较为任意地行动, 只要注意别在所进行的步骤上输掉. 假设乙在某一步上已经不能保证自己不输, 那么此时所有的小方格就已经被粘连为两个图形, 并且只有位于这两个图形的周界上的边未曾粘连, 否则的话, 乙就可以去粘连别的线段了. 注意在乙的策略之下, 此时的图形之一必然包含了方格纸上所有的边缘方格, 我们将之称为外框, 而将另一个图形称为内核. 在内核的周界上共有偶数条由方格的边组成的小线段, 事实上, 如果我们沿着其周界行走一圈, 那么往上走多少步, 也就会往下走多少步; 往左走多少步, 也就会往右走多少步. 我们来计算一下一开始所剪开的边的总长度, 显然它等于所有多米诺的周长之和减去方格纸的周长, 再除以 2, 即等于 $\frac{6 \times 5000 - 400}{2}$, 这也是一个偶数. 这就表明, 已经粘连的小线段的数目亦为偶数, 或者说已经进行了偶数步, 从而此时应当轮到甲进行, 此为矛盾.

例题 9 一位地质学家收集了八块石头. 他有一个天平, 但没有砝码. 他想知道是否任意两块石头均比任意一块石头重, 他称 13 次, 能知道他的想法是对或错吗? (2004, 新西兰数学奥林匹克)

方法讲解 能知道. 若能找到一块最重的石头和两块最轻的石头, 则地质学家只用一次天平就能知道结果的对或错. 接下来说明用 12 次天平来找出这三块石头.

首先, 将八块石头分成四份, 一份两块石头, 比较每份的两块石头用天平称 4 次, 将重的四块放在一组, 将轻的放在另一组, 显然, 最重的石头在第一组, 最轻的石头在第二组. 将第一组的四块石头分成两份, 每份各用 1 次天平称出较重的, 再将这两块较重的石头称一次, 即可知最重的石头是哪一块, 这样又用了 3 次天平. 同理, 在第二组找出最轻的一块石头也需要用 3 次天平. 此时, 已经用了 10 次天平, 接下来再用 2 次找出第二轻的那块石头. 若第一组中分成两份的每份中, 较轻的那两块石头均没有与最轻的那块石头比较过, 则第二轻的石头一定是第二组中与最轻的那块石头在同一份的石头或另一份中较轻的两块石头中的一块, 因此, 再比较 1 次即可; 若第一组中分成两份的每份中, 较轻的那两块石头中有一块曾与最轻的那块石头比较过, 则第二轻的石头一定是第二组中与最轻的那块石头在同一份的石头, 或另一份中较轻的三块石头中的一块. 将这三块石头比较 2 次, 即可得到这三块石头中最轻的一块, 也即第二轻的那块石头. 综上, 最多用 12 次天平达到目的.

例题 10 已知正整数 t, a, b. 两个人玩下面的 (t, a, b) 游戏: 第一个人将 t 变为 $t-a$ 或 $t-b$ 中的一个数, 第二个人将新得到的数变为其与 a 或 b 的差. 如此交替进行下去. 若一个人得到了一个负数, 则规定另一个人赢了. 证明: 当 $a+b = 2005$ 时, 有无数个 t, 使得第一个人玩 (t, a, b) 游戏时有取胜策略.

方法讲解 先证明: 若一个人玩 (t, a, b) 游戏有取胜策略, 则他玩 $(t+a+b, a, b)$ 游戏也有取胜策略. 设第一个人为 A, 第二个人为 B. 假设 B 玩 (t, a, b) 游戏有取胜策略, 则他玩 $(t+a+b, a, b)$ 游戏也有取胜策略.因为无论 A 选择 $t+a+b$ 与 a 或 b 中哪一个的差,B 均可以选择新得到的数与 b 或 a 的差,得到 (t,a,b),所以,B 有取胜策略.假设 A 玩 (t,a,b) 游戏有取胜策略,则 B 玩 $(t-a,a,b)$ 游戏或玩 $(t-b,a,b)$ 游戏有取胜策略.不妨设 B 玩 $(t-a,a,b)$ 游戏有取胜策略.由前面已经证明的结论,知 B 玩 $(t-a+a+b,a,b)=(t+b,a,b)$ 游戏有取胜策略,于是,A 玩 $(t+a+b,a,b)$ 游戏有取胜策略.事实上,他第一次玩后,可得到 $(t+b,a,b)$.这之后第二个玩的人有取胜策略.若 $t=2004,a+b=2005$,则 A 有取胜策略.不妨设 $a\leqslant b$,则 A 将 $t=2004$ 变为 $2004-b<a$,于是 B 输了.若 $t=2004+2005s,s$ 是一个非负整数,$a+b=2005$.由前面结论,知 A 有取胜策略.

例题 11 某人按照某种顺序写下 $1\sim n$ 这 n 个数,并将满足下列条件的数对 (i,j) 列在一个表中,对于 $1\leqslant i<j\leqslant n$,第 i 个数比第 j 个数大.此人重复下列操作:他从表中选一个数对 (i,j),将排列中的第 i 个数与第 j 个数交换,并在表中删去数对 (i,j).证明:此人可以按照某种顺序在表中选择数对,操作若干次后使得排列是递增的次序.

方法讲解 若排列不是递增的次序,则一定存在一个数对 (i,j)(不一定在表中),使得 $1\leqslant i<j\leqslant n$,且第 i 个数比第 j 个数恰好大 1.事实上,设 i 是满足第 i 个数不是 i 的最小的数,则这个排列开始的 $i-1$ 个数分别为 $1,2,\cdots,i-1$.因此,第 i 个数比 i 大(设为 k).因为 $k-1\geqslant i$,所以 $k-1$ 不会在这个排列中的前 i 项.设 $k-1$ 在第 j 项,则 (i,j) 满足第 i 个数比第 j 个数恰好大 1.第一次操作选取的 (i,j) 满足第 i 个数比第 j 个数恰好大 1,且 (i,j) 一定在表中.当交换第 i 个数与第 j 个数的位置后,并不影响其他位置中的任意两个数之间的大小关系,也不影响第 i 个数或第 j 个数与其他位置上的数的大小关系(因为其他位置上的数要么均大于这两个数,要么均小于这两个数,只有第 i 个数与第 j 个数之间的大小关系发生了改变).于是,当此人完成了第一次操作后,若他将此时的排列看成是一个新的排列,其他表中的数对(除了第一次操作中的 (i,j) 外)仍然还在表中也作为新表.用这样的方法一直进行下去,最后所有的 n 个数均是按递增的次序排列的.

例题 12 在一个圆的周围放 2004 张书签,每张书签一面为白色,一面为黑色.定义一次变动:选取一张黑色面朝上的书签,将这张书签及与它相邻的两张书签同时转过来.假设开始时,只有一张黑色面朝上的书签.问:可否经过若干次变动将所有书签均变为白色面朝上?2003 张书签情形又如何呢?

方法讲解 2004 张书签不能经有限次变动使白色面全朝上.不妨设黑色面朝上的书签被染上红色,每次变动均翻动红、绿、蓝三色书签各 1 张.为使所有红色书签的白色面均朝上,需要变动奇数次,而要使所有绿色和蓝色书签的白色面均朝上需变动偶数次.矛盾.2003 张时可以.将其依次编号为 $1,2,\cdots,2003$.不妨设 2 号书签黑色面朝上,通过以下操作可使所有书签白色面均朝上:1 黑,2 白,3 黑;1,2 黑,3 白,4 黑;1,2,3 黑,4 白,5 黑;1,2,3,4 黑,5 白,6 黑;$\cdots$;1 至 2001 黑,2002 白,2003 黑;2 至 2002 黑,2003 白,1 白.此时共有 2001 张书签的黑色面朝上,$2001\div 3=667$,故再操作 667 次即可.

例题 13 某游戏需要一组三位数的密码解锁,小明有一支探测器,它能用于无须在游戏上尝试输入密码的情况下对密码进行探测.若在探测器上输入的三位密码全部错误,则探测器返回"失败";否则,探测器返回"接近".例如,若正确的密码为 014,则对于 099 和 014 均为返回"接近";而对于 140,则返回"失败".为了得到正确的密码,小明最少需要尝试多少次?他采取的策略是怎样的?

方法讲解 首先证明:要想得到正确的密码,小明至少需要 13 次尝试.假设前 6 次尝试返回的均为"失败",则每个数位至少剩余 4 种可能,总共 64 种可能.无论小明第 7 次尝试什么,余下的都有超过 32 种可能.具体情况如下:①三个数位上正确的数字均被之前的尝试排除掉了,余下的 64 种组合将均会返回"失败";②三个数位中恰有两个正确的数字被之前的尝试排除了,则余下的尝试中有 48 种组合会返回"失败";③三个数位中恰有一个正确的数字被之前的尝试排除了,则余下的尝试中有 36 种组合会返回"失败";④三个数位中正确的数字均没有被之前的尝试排除,则余下的尝试中有 37 种组合会返回"接近".若总共只有 12 次尝试的机会,则在余下的五次尝试之中,最多只能验证 32 种可能.故至少需要 13 次尝试.

其次给出一种方法,能在13次尝试之内找出正确的密码.以 $000,111,\cdots,999$ 的形式开始,有以下三种情况.①若只有一次返回"接近",则已经找到了正确的密码.②若恰有两次返回"接近",分别记为 aaa 和 bbb.设 x 为 a 和 b 之外的数,尝试 axx,xax,xxa,则已经找到了正确的密码.③若有三次返回"接近",分别记为 aaa,bbb,ccc.设 x 为 a,b,c 之外的数.下面尝试 axx 和 bxx,则确定了第一位上的数字.最后,只用一次尝试就能确定余下的两位.例如,若第一位的数字为 a,则尝试 xbx.故 13 次尝试是足够的.

例题 14 在一个圆周上放置红球和蓝球,开始恰有两个红球在圆周上.进行操作:(i)添加一个红球,且改变其相邻两球的颜色(红变蓝,反之亦然);(ii)移走一个红球,且改变其相邻两球的颜色.经过有限次的操作,是否能得到:(1)2013 个红球和 2013 个蓝球?(2)恰有两个蓝球?

方法讲解 为方便讨论,记 C 为红球,P 为蓝球(添加一个红球取决于其相邻球的颜色).

(1) 考虑三种不同的情况.(i) 将一个红球添在两个蓝球之间,则蓝球的个数减少 2,即 $PP \to CCC$.(ii) 在两个红球之间添加一个红球,则蓝球的个数增加 2,即 $CC \to PCP$.(iii) 在红球和蓝球之间添加一个红球,则蓝球数保持不变,即 $CP \to PCC$.由此知,添加一个红球不改变蓝球数的奇偶性.类似地,移走一个红球,也不改变蓝球的奇偶性.因为初始阶段没有蓝球,所以经过每次操作蓝球数均为偶数个.因此,不能出现 2013 个蓝球的情况.

(2) 从任意一个蓝球开始,顺时针标记蓝球为 $P_1,P_2,\cdots,P_{2k}$.设 $m_i(i\in\{1,2,\cdots,2k\})$ 为在蓝球 P_i 与 $P_{i+1}(P_{2k+1}=P_1)$ 之间的红球的个数.设 $S=m_1-m_2+m_3-\cdots+m_{2k-1}-m_{2k}$.若为 n 个红球,没有蓝球,则 $S=n$.

接下来证明:操作过程中,$S(\bmod 3)$ 不变.考虑以下三种情况.

(i) 在两个相邻蓝球 P_i 与 P_{i+1} 之间添加一个红球:进行此操作前 $S=S_0+(-1)^i(m_{i-1}-m_i+m_{i+1})=S_0+(-1)^i(m_{i-1}+m_{i+1})$,且操作后 $S'=S_0+(-1)^i m_i'=S_0+(-1)^i(m_{i-1}+m_{i+1}+3)=S+(-1)^i\times 3$.

(ii) 在两个红球之间添加一个红球:类似地,操作前有 $S=S_0+(-1)^{i-1}m_i$,操作后有 $S'=S_0+(-1)^{i-1}(m_i'-1+m_{i+2}')$.但 $m_i=m_i'+m_{i+2}'+2$,从而 $S'=S-3$.

(iii) 在一个红球与一个蓝球之间添加一个红球(在蓝球 P_i 的右边):
$$P_{i-1}\underset{m_{i-1}}{\sim}P_i\,C\underset{m_i}{\cdots}P_{i+1}\to P_{i-1}\underset{m_{i-1}'}{\cdots}CCP_i\underset{m_i'}{\cdots}P_{i+1}.$$
则 $S=S_0+(-1)^{i-1}(m_{i-1}-m_i)$,且 $S'=S_0+(-1)^{i-1}(m_{i-1}'-m_i')$.又 $m_{i-1}'=m_{i-1}+2$,且 $m_i'=m_i-1$,则 $S'=S+3$.

综上,S 要么减少 3,要么增加 3.而初始情况是 S 为 2,于是,S 不能被 3 整除.因此,不能得到恰有两个蓝球的情况(即 $S=0$).

例题 15 将 n 个正整数写成一行,小丽选两个相邻的数 x 和 $y(x>y$,且 x 在 y 的左边)后,用数对 $(y+1,x)$ 或 $(x-1,x)$ 来代替 (x,y).证明:小丽只能进行有限次上述操作.

方法讲解 设 n 个数中最大的一个数为 M,则每次操作后,这些数的最大值不变.设某次操作后,这 n 个数为 $a_1,a_2,\cdots,a_n$,定义 $S=a_1+2a_2+\cdots+na_n$.选取数对 (a_i,a_{i+1}),并用 (c,a_i) 来代替,其中,$a_i>a_{i+1}$,$c=a_{i+1}+1$ 或 a_i-1,则新、老 S 的值之差为 $d=[ic+(i+1)a_i]-[ia_i+(i+1)a_{i+1}]=a_i-a_{i+1}+i(c-a_{i+1})$.因为 $a_i-a_{i+1}\geq 1$,$c-a_{i+1}\geq 0$,所以 d 为正整数.于是每次操作后,S 的值至少增加 1.又对所有的 $i(i=1,2,\cdots,n)$,均有 $a_i\leq M$,则 $S\leq(1+2+\cdots+n)M$,即 S 有上界.因此,有限次操作后一定会停止.

例题 16 一张圆桌的边缘均匀地放着 n 只碗,小丽沿顺时针方向绕着圆桌边缘按照如下方式将石子放到碗里去:她任意选择一只碗,放入一粒石子,然后走到旁边的碗旁放入一粒石子.接着,跳过一只碗,在下一只碗里放入一粒石子,再跳过两只碗,在下一只碗里放入一粒石子.当每只碗里均有至少一粒石子时,她就停止操作.求满足题目条件的 n.

方法讲解 我们证明当 $n=2^t(t\in\mathbf{N})$ 时,小丽可以完成要求.

当 $n=1,2$ 时,显然成立.

考虑 $n\geqslant3$ 的情况.将起始点的第一只碗的位置标记为 0 号.于是,她开始时将第一粒石子放在 0 号的位置上.第一次操作后,石子放的位置记为 1 号;第二次操作后,石子放的位置记为 3 号;在第 k 次操作后,石子放的位置记为 $s(k)$ 号 $(s(k)\in\{0,1,\cdots,n-1\})$,则 $s(k)=0+1+\cdots+k=\frac{1}{2}k(k+1)$.故

$$s(2n+k)=\frac{1}{2}(2n+k+1)(2n+k)=2n^2+2nk+n+\frac{1}{2}k(k+1)\equiv\frac{1}{2}k(k+1)\,(\mathrm{mod}\,n).$$

于是,操作以 $2n$ 为周期.从而,第 $2n$ 次操作后,若有一只碗是空的,则它将会一直是空的.由

$$s(2n-(k+1))=\frac{1}{2}(2n-(k+1))(2n-k)=2n^2-2nk-n+\frac{1}{2}k(k+1)\equiv\frac{1}{2}k(k+1)=$$

$s(k)\,(\mathrm{mod}\,n)$ 可知,小丽在第 k 次和第 $2n-(k+1)$ 次操作 $(k\in\{0,1,\cdots,n-1\})$ 把一粒石子放到同一只碗里.从而,一只碗若在第 n 次操作后依然是空的,则它将会一直是空的.故在第 n 步后,有 n 只碗和 n 粒石子.

下面证明(1) 若 $n=2^t(t\in\mathbf{N})$,则 $s(k)\neq s(k')(0\leqslant k<k'\leqslant n-1)$.假设 $0\leqslant k,k'\leqslant n-1$,则

$$s(k)\equiv s(k')\,(\mathrm{mod}\,n)\Leftrightarrow2^t\mid\left[\frac{1}{2}k(k+1)-\frac{1}{2}k'(k'+1)\right]$$

$$\Leftrightarrow2^{t+1}\mid(k^2-k'^2+k-k')\Leftrightarrow2^{t+1}\mid(k-k')(k+k'+1).$$

因为 $k-k',k+k'+1$ 之中必有一偶一奇,所以 $2^{t+1}\mid(k-k')$ 或 $2^{t+1}\mid(k+k'+1)$.又 $0\leqslant k,k'\leqslant n-1$,则 $1\leqslant k+k'+1<2n$.于是 $2^{t+1}\mid(k+k'+1)$ 是不可能的.从而 $2^{t+1}\mid(k-k')$.又 $-2^t<k-k'<2^t$,则 $k-k'=0\Rightarrow k=k'$.

(2) 若 $n\neq2^t(t\in\mathbf{N})$,则存在 $k,k'\in\{0,1,\cdots,n-1\}(k'<k)$,使得 $s(k)=s(k')$.设 $n=2^tp$（奇数 $p\geqslant3$),则

$$s(k)\equiv s(k')\,(\mathrm{mod}\,n)\Leftrightarrow2^tp\mid\left[\frac{1}{2}k(k+1)-\frac{1}{2}k'(k'+1)\right]$$

$$\Leftrightarrow2^{t+1}p\mid(k^2-k'^2+k-k')\Leftrightarrow2^{t+1}p\mid(k-k')(k+k'+1).$$

若 $p\leqslant2^{t+1}-1$,则存在整数 k 和 k',使得 $k-k'=p,k+k'+1=2^{t+1}$.故 $k=2^t+\frac{p-1}{2},k'=2^t-\frac{p-1}{2}$.

例题 17 已知 n 为正整数,定义一条变色龙为由任意 $3n$ 个字母构成的序列,且恰有 n 个 a,n 个 b,n 个 c.将一条变色龙的相邻两个字母交换位置称为一次操作.证明:对于任意变色龙 X,均存在另一条变色龙 Y,使得 X 不能用少于 $\frac{3n^2}{2}$ 次操作变到 Y.

方法讲解 由于对相同的两个字母进行一次操作,变色龙没有发生改变,于是,可假设没有这样的操作.对于任意两条变色龙 X,Y,定义"距离"$d(X,Y)$ 是由 X 变到 Y(或由 Y 变到 X)所需操作次数的最小值,则对于任意三条变色龙 X,Y,Z,有

$$d(X,Y)+d(Y,Z)\geqslant d(X,Z).$$

我们来考虑两条离得很远的变色龙.

引理:考虑两条变色龙:$P=\underbrace{a\cdots a}_{n\uparrow}\underbrace{b\cdots b}_{n\uparrow}\underbrace{c\cdots c}_{n\uparrow},Q=\underbrace{c\cdots c}_{n\uparrow}\underbrace{b\cdots b}_{n\uparrow}\underbrace{a\cdots a}_{n\uparrow}$.则 $d(P,Q)\geqslant3n^2$.

引理的证明:对于任意变色龙 X 和任意不同的两个字母 $u,v\in\{a,b,c\}$,定义 $f_{u,v}(X)$ 是 X 中的字母所在位置对的个数,使得左边位置上的字母为 u,右边位置上的字母为 v.定义 $f(X)=f_{a,b}(X)+f_{a,c}(X)+f_{b,c}(X)$.注意到,$f_{a,b}(P)=f_{a,c}(P)=f_{b,c}(P)=n^2$,$f_{a,b}(Q)=f_{a,c}(Q)=f_{b,c}(Q)=0$.则

$f(P)=3n^2,f(Q)=0.$考虑某次操作将变色龙 X 变到 X'.不妨设字母 a 与 b 交换了位置.则 $f_{a,b}(X)$ 与 $f_{a,b}(X')$ 的差恰为 1.而 $f_{a,c}(X)=f_{a,c}(X'),f_{b,c}(X)=f_{b,c}(X')$,故 $|f(X)-f(X')|=1$,即任意一次操作后,f 的值要么增加了 1,要么减少了 1.于是,对于任意两条变色龙 X,Y,均有

$$d(X,Y)\geqslant|f(X)-f(Y)|.$$

特别地,

$$d(P,Q)\geqslant|f(P)-f(Q)|=3n^2.$$

引理得证.

回到原题:对于任意变色龙 X,由引理得 $d(X,P)+d(X,Q)\geqslant d(P,Q)\geqslant 3n^2$.因此

$$\max\{d(X,P),d(X,Q)\}\geqslant\frac{3n^2}{2}.$$

例题 18 已知 A 为正 $2n+1$ 边形的顶点集.甲、乙两人由甲开始轮流每次去掉集合 A 中的一个点.若某人操作后,集合 A 中剩下的任意三点均构成一个钝角三角形的顶点集,则此人获胜.请问谁有获胜策略?

方法讲解 乙有获胜策略.注意到圆周角为钝角和半圆的关系,乙有如下策略:每次在操作后,若还剩下 $2k+1\geqslant 5$ 个顶点,则要保证在 A 的外接圆上的任意半圆上均有不少于 k 个顶点.

游戏开始时满足这样的条件.假设轮到甲时,顶点按顺时针方向依次还剩下 $A_0,A_1,\cdots,A_{2k}(k\geqslant 3)$,满足任意半圆上至少有 k 个点.不妨设甲拿掉 A_0,则乙拿掉 A_k.注意到,$\triangle A_1A_{k+1}A_{k+2}$ 为锐角三角形.故甲不可能获胜.在这轮操作中,若在某半圆上只去掉了一个点,则在此半圆上至少还有 $k-1$ 个点.若半圆含 A_0 和 A_k,则其上至少还剩下 $A_1,A_2,\cdots,A_{k-1}$ 或 $A_{k+1},A_{k+2},\cdots,A_{2k}$ 中 $k-1$ 个点.如此操作 $n-2$ 轮后,还剩下五个点 A_0,A_1,A_2,A_3,A_4.轮到甲,不妨设甲拿掉 A_0.注意到,$\triangle A_1A_2A_4$ 为锐角三角形.故甲不能获胜.此时,乙拿掉 A_4 得到钝角 $\triangle A_1A_2A_3$.

◎ 三、课外训练

1.正五边形的每个顶点处放置了一个整数 $x_i(1\leqslant i\leqslant 5)$,已知 $\sum_{i=1}^5 x_i\geqslant 0$.一次操作是指:选取一个顶点处一个小于 0 的数 y,设相邻的两个数为 x,z,则将 y 变成 $-y,x,z$ 分别变成 $x+y,z+y$.证明:有限次操作后终止.

2.一枚棋子放在单位方格表中,A,B 两人进行如下游戏:由 A 开始,两人轮流移动棋子,每轮每人可以选择两个整数 a 和 b(允许相同),且两数之前从未被选过,每人可将棋子向水平方向移动 a 个单位长度,向竖直方向移动 b 个单位长度,经若干次移动后,若棋子回到初始位置,则 B 获胜.证明:A 能阻止 B 获胜.

3.在桌上有 11 堆石头,每堆各 10 块.A 与 B 进行游戏:他们轮流从中取石头,规定 A 每次只能从同一堆中取 1,2 或 3 块石头,而 B 只能从 1,2 或 3 堆中各取 1 块石头.A 先取,拿到最后一块石头的人获胜.问:谁有必胜策略,即无论对手怎么取,总能保证自己获胜?

4.在 8×8 的方格表中,至少经过三个小格的中心且倾斜角为 $45°$ 或 $135°$ 的直线为好对角线.甲、乙两人玩一个游戏:从甲开始,两人轮流将一个小格染黑(已染黑的小格不再染色.)若某次操作后,每行、每列均至少有一个黑格,则乙赢;若某次操作后,每条好对角线均经过一个黑格,则甲赢;若某次操作后,上述两种状态同时出现,则为平局.问:甲与乙谁有必胜策略?

5.n 名学生围圆桌坐了一圈.开始时,学生共有 n 块完全相同的糖.定义每一步操作:每名有糖的学生要么把自己手里的一块糖分给与其相邻的一名学生,要么用自己喜欢的方式把所有糖分给与其相邻的两个学生.若某个初始状态经过一系列的操作后每名学生手中恰有一块糖,则称该初始状态为合理

状态. 问:有多少种合理状态?

6. A 和 B 在 6×6 的方格纸上玩游戏,两人轮流在每个空格内写上一个在其他格子中没有出现过的有理数.A 先写,当所有方格内都已写上数后,将每行写的数中最大的那一个方格染成黑色.如果 A 可以从方格纸的上顶部开始经过黑格画一条线到达方格纸的下底部,那么 A 获胜,否则 B 获胜(如果两个正方形有公共顶点,那么 A 也能够画一条线从一个正方形到另一个正方形),找出(并证明)谁有必胜策略.

7. 在 $m \times n$ 棋盘的一个格子中放一枚棋子,两人轮流走,每步可将棋子从一格走到与它有公共边的邻格中,但已经走过的格子不能第二次进入,谁最后无处可走谁输.

(1)若开始时棋子放在左下角格子中,则谁有必胜策略?

(2)若开始时棋子放在左下角格子的邻格中,则谁有必胜策略?

8. 开始时,桌子上有 111 块等重的橡皮泥.对橡皮泥进行如下操作:先将橡皮泥中的一部分或全体分成若干组,每组有相同的块数,再将每组中的橡皮泥捏成一块.已知可以经过 m 次操作使得桌子上恰有 11 块两两重量不同的橡皮泥.求 m 的最小值.

9. 今有一张两端无限长的方格纸带(宽度为 1),方格中用整数编了号码.在方格纸带上放了一些石子(同一方格中可能放若干粒石子).允许进行如下操作:① 从号码为 $n-1$ 与 n 的方格中分别取出一粒石子,在号码为 $n+1$ 的方格中放入一粒石子;② 自号码为 n 的方格中取出两粒石子,在号码为 $n+1$ 与 $n-2$ 的方格中各放入一粒石子.证明:无论按怎样的顺序进行如上操作,都必然在有限步之后不能再进行下去,并且最后所达到的状况是一定的(只与开始时石子的分布情况有关,而与操作的先后顺序无关).

10. 已知 10×10 方格表,每次操作将两行、两列交出的四个单位面积的方格染色.若这样的四个单位面积的方格中至少有一个还未被染色,则进行一次操作是允许的.求操作次数的最大值,使得所有的单位面积的方格均被染上颜色.

11. 1994 人围成一圈,其中一人手中有 n 张牌.只要有人手中有至少两张纸牌,他就可以分给左右相邻的两人各 1 张.

(1)当 $n = 1994$ 时,能否进行若干次操作后使得每人手中恰有一张纸牌?

(2)当 $n < 1994$ 时,能否进行若干次操作后使得每人手中至多有一张纸牌?

12. 桌上有 2009 枚硬币,将其一面染上白色,另一面染上黑色.起初,将所有硬币排成一排,其中一枚硬币黑面朝上,其余 2008 枚硬币白面朝上.按如下规则操作:每次操作中选择一枚黑色朝上的硬币,并翻转与其相邻的两枚硬币;如果所选黑色硬币在端点,则只需翻转与它相邻的一枚硬币.请找出初始状态时那枚黑面朝上的硬币的所有可能位置,使得经过若干次操作后,所有的硬币均黑面朝上.

4.8 图论的基本知识

◎ 一、知识要点

现实世界中的许多事例用图形来描述是十分方便的.例如,在一群人中,有些人互相认识,有些人互不相识,若将人抽象为点,在两个互相认识的人所对应的点之间连接一条线,来表示相识关系,便产生了图论中的图.

（一）图的基本概念

1. 图的相关概念

（1）图的概念

由一个点集 V 以及连接其中某些点对的线集 E 组成的图形称为图，记为 $G = (V, E)$ 或 G．

其中，V 中的点称为顶点，E 中的线称为边．

（2）同构的图

若对图 G 与 G' 的顶点之间可以建立一一对应关系，当且仅当 G 的顶点 v_i 与 v_j 之间有 k 条边相连时，G' 的相应的顶点 v_i' 与 v_j' 之间也有 k 条边相连，则称 G 与 G' 是同构的．

（3）子图

若对图 $G = (V, E)$ 和 $G' = (V', E')$，有 $V' \subseteq V, E' \subseteq E$，则称 G' 是 G 的子图．

（4）相邻顶点和相邻边

在图 G 中，若两个顶点 v_i 与 v_j 之间有边 e 相连，则称顶点 v_i 与 v_j 相邻，并称 e 与 v_i 和 v_j 相关联；否则，称顶点 v_i 与 v_j 不相邻．

类似地，若两条边 e_i 与 e_j 有公共顶点，则称 e_i 与 e_j 相邻；否则，称为不相邻．

（5）环、平行边

若一边连接的是同一顶点，则称此边相连，称此边为环．

若连接两个顶点之间的边不止一条，则称这些边是平行边．

（6）简单图与完全图

若图 G 既无环，亦无平行边，则称 G 为简单图．其中，可用 (v_i, v_j) 表示顶点 v_i 与 v_j 之间所连的边．

特别地，若简单图 G 任意两个顶点之间均有一条边，则称 G 为完全图，通常将有 n 个顶点的完全图记为 K_n．

（7）完全图的边数定理

K_n 的边的个数是 $C_n^2 = \dfrac{1}{2} n(n-1)$．

（8）补图

若 G 是 n 阶简单图，从完全图 K_n 中把属于 G 的边全部去掉后，得到的图称为 G 的补图，通常记为 $\bar{G}$．

（9）角

自一点引出的两条线称为角．

2. 图的分类

在图 $G = (V, E)$ 中，若 V 和 E 均为有限集，则称 G 是有限图；否则，称为无限图．

特别地，在有限图 G 中，$|V|$ 称为 G 的阶．进而，若 $|V| = n$，则称 G 为 n 阶图．

（二）顶点的度

1. 顶点的度

图中与顶点 v 相关联的边数（约定环作两条边计算）称为顶点 v 的度（或次数），记作 $d_{G(v)}$，简记为 d_G．

其中，若 v 的度是奇数，则称 v 是奇顶点；若 v 的度是偶数，则称 v 是偶顶点．

特别地，用 $\delta(G)$ 和 $\Delta(G)$ 分别表示 G 的顶点的最小度和最大度，简记为 δ 和 Δ；度为 1 的顶点称为悬挂点（或树叶）．

2. 正则图

若一个图中每个顶点的度都等于 k，则称 G 为 k 阶正则图.

3. 握手引理

设图 G 是一个 n 阶图，则图 G 中 n 个顶点的度之和等于其边数的两倍.

证明 设图 G 的 n 个顶点是 $v_1, v_2, \cdots, v_n$，边数为 e，要证 $d(v_1) + d(v_2) + \cdots + d(v_n) = 2e$.

事实上，由于所有顶点的度之和 $d(v_1) + d(v_2) + \cdots + d(v_n)$ 表示以顶点 $v_1, v_2, \cdots, v_n$ 中某个顶点为一个端点的边的总数. 而每条边都有两个端点（环的两个端点重合），所以图 G 的每条边在和 $d(v_1) + d(v_2) + \cdots + d(v_n)$ 中被计算了两次. 从而所有顶点的度之和为边数的两倍.

4. 推论

对于任意图 G，奇顶点的个数一定是偶数.

证明 设图 G 中的顶点为 $v_1, v_2, \cdots, v_n$，且 $v_1, v_2, \cdots, v_s$ 是奇顶点，$v_{s+1}, v_{s+2}, \cdots, v_n$ 是偶顶点，则由握手引理，有 $d(v_1) + d(v_2) + \cdots + d(v_s) + d(v_{s+1}) + d(v_{s+2}) + \cdots + d(v_n) = 2e$，$d(v_1) + d(v_2) + \cdots + d(v_s) = 2e - d(v_{s+1}) - d(v_{s+2}) - \cdots - d(v_n)$.

由于 $d(v_{s+1}), d(v_{s+2}), \cdots, d(v_n)$ 是偶数，故上式右端为偶数，而上式左端的每一项都是奇数，从而 s 必须为偶数. 因此，推论成立.

（三）树

1. 迹、链、步道、圈

（1）迹、链、步道、路径

在图 G 中，一个由不同的边组成的序列 $e_1, e_2, \cdots, e_n$，若满足：从第二条边开始，前一条边的终点是后一条边的起点，则称此边序列为一条迹.

特别地，当图 G 是简单图时，若 $e_i = (v_{i-1}, v_i), i = 1, 2, \cdots, n$，则称此边序列是从 v_0 到 v_n 的链，数 n 称为这条链的长，v_0 与 v_n 称为这条链的端点，并记这条链为 $v_0 v_1 \cdots v_n$；没有用到重复边的迹称为步道；顶点不重复的迹称为路径（或称简单路、道路、路）.

（2）闭链、回路、圈

若一条链的两个端点重合，则称这条链为闭链.

特别地，若闭链除了端点外各顶点均不相同，则称这条闭链为圈；若闭链的边互不相同，则称这条闭链为回路.

规定：环也为圈.

（3）圈存在的判定定理

含有 n 个顶点的图 G，若连有 n 条边，则图 G 中含有圈，即任何边数不小于顶点数的图 G 一定含有圈.

2. 连通图与连通分支

（1）连通图

一个图 G 称为连通图，若图 G 中的任何两个顶点 u 与 v，都有一条从 u 到 v 的链；否则，称为不连通图.

（2）连通分支

若图 G 的顶点集 V 可分为非空子集 $V_1, V_2, \cdots, V_w$ 的一个分类，使得两个顶点 u 和 v 之间存在链的充要条件是 u, v 同属某个 V_i，则子图 $G[V_1], G[V_2], \cdots, G[V_w]$ 称为图 G 的连通分支，w 称为图 G 的分支数.

3.树与森林

（1）树

连通但没有圈的图称为树,通常用 T 来表示.

（2）森林

一个不含圈的图必定是由一个或数个顶点不交的树所组成的,这样的图称为森林.

4.树的悬挂点个数定理

如果树 T 的顶点数 $\geqslant 2$,则 T 中至少有两个度为1的顶点.

证明 从 T 的一个顶点 u 出发,沿 T 的边走,已走过的边不再重复,直至不能再继续走下去,设此时,走到了顶点 v.由于 T 无圈,故在上述过程中,不会回到已走过的顶点,即 T 的每个顶点至多经过一次.如果 v 的度不为1,这样,按上述规则我们还能从 v 继续走下去,矛盾.所以 $d(v)=1$.

现在,从顶点 v 出发依上述规则走下去,直至不能再走,又可得到另一个度为1的顶点.

综上所述,树 T 中至少有两个度为1的顶点.

另证:设 $uv_1v_2\cdots v_kv$ 是树 T 中最长的链,此时必有 $d(u)=d(v)=1$.

事实上,若 $d(u)\geqslant 2$,则存在顶点 $w\neq v_1$,而 u 与 w 相邻.如果 w 是 $v_2,\cdots,v_k,v$ 中的某一个,则 T 中将出现圈,矛盾.从而 $wuv_1v_2\cdots v_kv$ 是一条更长的链,矛盾.从而 $d(u)=1$.类似地,可证明 $d(v)=1$.

5.树的顶点 - 边数定理

若树 T 是有 n 个顶点的图,则 T 的边数为 $n-1$.

证明 对 n 用数学归纳法.

当 $n=1$ 时,显然有 $e=0$.命题成立.

设当 $n=k$ 时,命题成立,考虑恰含有 $k+1$ 个顶点的树 T.由树的悬挂点个数定理,T 中至少有两个度为1的顶点,设 v 是度为1的顶点,则在 T 中去掉顶点 v 及与之相邻的那条边,就得到了一个有 k 个顶点的树 T'.由归纳假设,T' 的边数为 $k-1$,从而 T 的边数为 k.命题也成立.

6.树的判定与性质定理1

设 T 是有 n 个顶点、e 条边的图,则下述三个命题是等价的:

（1）图 T 是树;

（2）图 T 无圈,并且 $e=n-1$;

（3）图 T 连通,并且 $e=n-1$.

证明 由(1)推出(2):

设图 T 是树,则由树的定义知 T 无圈,由树的顶点 - 边数定理知,$e=n-1$,故(2)成立.

由(2)推出(3):

只要证明 T 是连通的即可,用反证法.设 T 是不连通的,它有 $k(k\geqslant 2)$ 个连通分支,因为每个连通分支都无圈,故每个连通分支都是树.若第 i 个分支有 p_i 个顶点,根据树的顶点-边数定理知,第 i 个分支有 p_i-1 条边,故 $e=(p_1-1)+\cdots+(p_k-1)=n-k\leqslant n-2$.这与 $e=n-1$ 矛盾.于是证得 T 是连通的.

由(3)推出(1):

只要证得 T 无圈,则 T 便是树.当 $n=1$ 时,结论显然成立.设 $n\geqslant 2$,那么 T 必有悬挂点.否则,因 T 连通且 $n\geqslant 2$,故 T 中每个顶点的度 $\geqslant 2$,于是 $e=\frac{1}{2}[d(v_1)+d(v_2)+\cdots+d(v_n)]\geqslant\frac{1}{2}\times 2n=n$.这与 $e=n-1$ 矛盾.

现对 n 用数学归纳法证明 T 无圈.

当 $n=2$ 时,$e=1$,此时 T 无圈.

设 $n = k$ 时命题成立. T 是有 $k+1$ 个顶点的图, 顶点 v 是 T 的悬挂点. 在 T 中去掉 v 及与它关联的边, 得到图 T', 由归纳假设可知 T' 无圈, 在 T' 中加入 v 及与它关联的边又得到图 T, 故 T 是无圈的. 从而命题正确.

7. 树的判定与性质定理 2

若 T 是树, 则

(1) T 是连通图, 但 T 中去掉任意一条边后, 所得的图 G 不连通;

(2) T 无圈, 但添加任何一条边后, 得到的图 G 便包含一个且仅包含一个圈.

反之, 若图 T 满足 (1) 或 (2), 则 T 是树.

8. 树的判定与性质定理 3

设 T 是树, 则 T 中任何两个顶点之间恰有一条链; 反之, 若图 T 中, 任何两点之间恰有一条链, 则 T 必是树.

证明 若 T 是树, 由于 T 是连通的, 所以 T 中任意两个顶点之间至少有一条链, 又因为 T 无圈, 任意两点之间必只能有一条链.

反之, 若 T 中任何两点之间恰有一条链, 则 T 显然是连通的, 同时 T 也必定无圈. 否则, 圈上的任意两点之间就至少有两条链, 这与假设矛盾.

9. 波萨定理

若 $G(V, E)$ 满足 $|E| \geqslant |V| + 4$, 则 G 中必有两个无公共边的圈.

证明 假设命题不成立, 则必然存在反例. 考虑其中 $|E| + |V|$ 最小的一个反例. 在这个反例中, 一定有 $|E| = |V| + 4$ (不然可以将多的边去掉, 此时所得的图仍是一个反例, 而 $|E| + |V|$ 变小, 矛盾), 则 $|E| > |V|$. 图中必存在一个圈, 则最短圈长至少为 5 (不然最短圈长不大于 4, 则把这个圈去掉之后, 仍有 $|E| \geqslant |V|$, 从而图中仍存在圈. 而这个圈与前一个圈无公共边, 矛盾).

另外, 图中每个顶点的度数至少为 3 (不然, 若某点的度为 2, 则把该点去掉, 它连出的两条边连成一条边, 仍有 $|E| = |V| + 4$, 而 $|E| + |V|$ 变小, 矛盾. 若存在孤立点, 则把孤立点去掉, $|E| > |V| + 4$, 而 $|E| + |V|$ 变小, 矛盾).

取一个最短圈 C_0, 其长度至少为 5, 则圈上至少有 5 个点. 对于 C_0 上各点, 每个点至少与圈外连出一点, 且各连出的点互不相同 (否则将出现长度小于 5 的圈), 这样易知 $|V| \geqslant 2 \times 5 = 10$. 另外, $2|E| = \sum_{v \in V} d(v) \geqslant \sum_{v \in V} 3 = 3|V|$, 而 $|E| = |V| + 4$, 故 $2|V| + 8 \geqslant 3|V|$, $|V| \leqslant 8$, 矛盾.

因此反例不存在, 原命题得证.

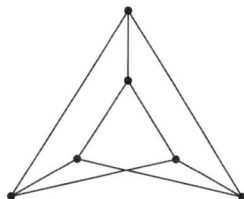

图 4.8.1

说明 本定理的结论是最佳的, 当 $|E| = |V| + 3$ 时, 可举出如图 4.8.1 所示的反例.

◎ 二、例题讲解

例题 1 大厅中聚集了 100 个人, 他们中每个人至少认识 67 个人 (假设认识是相互的), 证明: 在这些人中一定可以找到 4 个人, 他们之中的任何两个人都互相认识.

分析 用 100 个点表示这 100 个人, 2 个顶点相邻当且仅当这 2 个顶点所代表的人互相认识, 这样得到图 G, 则问题就转化为证明: 图 G 中存在 4 个点, 其中任意 2 个点都相邻.

方法讲解 由题设条件, 图 G 的每个顶点至多与 $100 - 67 - 1 = 32$ 个顶点不相邻. 所以, 总可以找到 3 个顶点 v_1, v_2, v_3 至多与 $3 \times 32 = 96$ 个顶点不相邻, 所以存在顶点 v_4 与 v_1, v_2, v_3 中的每个点都相邻 (由于 $100 > 96 + 3$). 从而, 图 G 中存在 4 个顶点, 它们中任意两个都相邻.

点评 本题可推广:大厅中聚集了 n 个人,他们中每个人至少认识 $\left[\dfrac{2n}{3}\right]+1$ 个人(假设认识是相互的).证明:在这些人中一定可以找到 4 个人,他们之中的任何 2 个人都互相认识.

例题 2 9 名数学家在一次国际会议上相遇,他们中的任意 3 个人中,至少有 2 个人可以用同一种语言对话.如果每个数学家至多可说 3 种语言,证明:至少有 3 名数学家可以用同一种语言对话.

分析 用 9 个点 $v_1,v_2,\cdots,v_9$ 表示 9 名数学家,如果某两个数学家能用第 i 种语言对话,则在他们相应的顶点之间连一条边,并涂以相应的第 i 种颜色,这样得到了一个有 9 个顶点的简单图 G,它的边涂上了颜色,每 3 个点之间至少有一条边,每个顶点引出的边至多有 3 种不同颜色.要证的是:图 G 中存在 3 个点,它们两两相邻,且这三条边具有相同的颜色(即同色三角形).

方法讲解 如果边 $(v_i,v_j),(v_j,v_k)$ 具有相同的第 i 种颜色,则按边涂色的意义,点 v_j 与 v_k 也相邻,且边 (v_j,v_k) 也具有第 i 种颜色.所以对顶点 v_1 来说,有两种情形:

① 点 v_1 与 $v_2,v_3,\cdots,v_9$ 都相邻,则由抽屉原理,至少两条边,不妨设为 $(v_1,v_2),(v_1,v_3)$,具有相同的颜色,从而 $\triangle v_1v_2v_3$ 是同色三角形.

② 点 v_1 与 $v_2,v_3,\cdots,v_9$ 中的至少 1 个点不相邻,不妨设 v_1 与 v_2 不相邻.由于每 3 个点之间至少有一条边,所以从 $v_3,v_4,\cdots,v_9$ 发出的,另一端点是 v_1 或 v_2 的边至少有 7 条,由此可知,点 $v_3,v_4,\cdots,v_9$ 中至少有 4 个点与点 v_1 或 v_2 相邻,如图 4.8.2 所示.

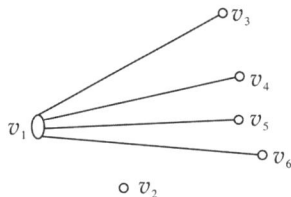

图 4.8.2

于是边 $(v_1,v_3),(v_1,v_4),(v_1,v_5),(v_1,v_6)$ 中必定有两条具有相同的颜色.设 $(v_1,v_3),(v_1,v_4)$ 同色,于是 $\triangle v_1v_3v_4$ 是同色三角形.

点评 将题中的 9 改成 8,则结论不成立,反例如图所示.

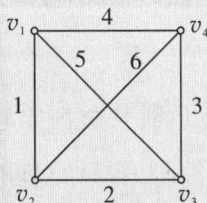 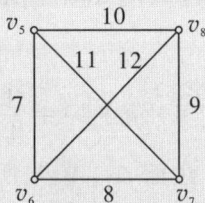

图 4.8.3 图 4.8.4

$v_1,v_2,\cdots,v_8$ 表示 8 个点,$1,2,\cdots,12$ 表示 12 种颜色,则图中无同色三角形.

例题 3 一次会议有 $12k$ 人参加,每人恰与其他 $3k+6$ 个人打过招呼,对任意两人,与他们都打过招呼的人数均相同.试问:参加会议的有多少人?

分析 将人用点表示,对打过招呼的两个人,在相应的两点之间连一条线,这就得到一个图.

方法讲解 一方面,每点引出 $3k+6$ 条线,形成 C_{3k+6}^2 个角,$12k$ 个点共形成 $12kC_{3k+6}^2$ 个角.另一方面,设与某两个人,都打过招呼的人数为 h,则有 h 个角,角的两边分别过这两个点,因而共有 hC_{12k}^2 个角,于是 $12kC_{3k+6}^2=hC_{12k}^2$,即 $h=\dfrac{(3k+6)(3k+5)}{12k-1}$.从而 $16h=\dfrac{(12k-1+25)(12k-1+21)}{12k-1}$.

显然 $(3,12k-1)=1$,所以 $(12k-1)\mid 25\times 7$.由于 $12k-1$ 除以 4 余 3,所以 $12k-1=7,5\times 7,5^2\times 7$,其中只有 $12k-1=5\times 7$ 产生整数解 $k=3,h=6$.

还需构造一个由 36 个点组成的图,图中每个点引出 15 条线,并且对每一对点,与它们相连的点均为 6 个.

很自然地想到 6 个完全图 K_6,即 6 个点中的每两点均用线相连的图.

将点标记为 (i,j),横坐标 i 表示它在第 i 个完全图中,纵坐标 j 表示它是完全图的第 j 个顶点.

每个点与同一完全图的 5 个点相连.将纵坐标相同的点相连,则每点引出 10 条线.再将坐标差相同的点相连,即当 $i-j=i'-j'$ 时,将 (i,j) 与 (i',j') 相连.这样,每点恰引出 15 条线,而且每点与其他 5 个完全图,各有两点相连,一点与它的纵坐标相同,一点与它的坐标差相同.

对每一对点 (i,j) 与 (i',j'),若 $i=i'$,即这两点在同一完全图中,这一完全图中已有 4 点与它们相连,其他点中,有 $(i'-j'+j,j)$,$(i-j+j',j')$ 两点与它们均相连,而且也只有这两点与它们均相连.

若 $i\neq i'$,而 $i-j=i'-j'$,则 (i,j'),(i',j) 与这两点均相连,对 $i\neq i'$,$(i',i'-i+j)$ 也与这两点均相连,此外没有点与这两点均相连.

若 $i\neq i'$,并且 $i-j\neq i'-j'$,则 (i,j'),(i',j),$(i,i-i'+j')$,$(i',i'-i+j)$ 与这两点均相连,此外 $(i'-j'+j,j)$,$(i-j+j',j')$ 也与这两点均相连,没有其他点与这两点均相连.

因此,上面的图满足要求.

参加会议的人数为 36.

例题 4 有 n 个人,已知他们中的任意两个人至多通电话一次,他们中的任意 $n-2$ 个人之间通电话的总次数相等,都是 3^m 次,其中 m 是自然数.试求 n 的所有可能值.

方法讲解 显然 $n\geqslant 5$.记 n 个人为 n 个点 $A_1,A_2,\cdots,A_n$.若 A_i,A_j 之间通电话,则得边 (A_i,A_j).因此这 n 个点中必有边相连,不妨设为 (A_1,A_2).

若 A_1 与 A_3 之间无边,分别考虑 $n-2$ 个点 $A_1,A_4,A_5,\cdots,A_n$;$A_2,A_4,A_5,\cdots,A_n$ 及 $A_3,A_4,A_5,\cdots,A_n$.由题意知 A_1,A_2,A_3 分别与 $A_4,A_5,\cdots,A_n$ 之间所连边的总数相等,记为 k.

将 A_2 加入 $A_1,A_4,A_5,\cdots,A_n$ 中,则这 $n-1$ 个点之间边的总数 $S=3^m+k+1$.从这 $n-1$ 个点中任意去掉一点剩下的 $n-2$ 个点,所连边数都是 3^m,故每个点都与其余 $n-2$ 个点连 $k+1$ 条边.从而 $S=\frac{1}{2}(n-1)(k+1)$.

同理,考虑 A_3 加入 $A_1,A_4,A_5,\cdots,A_n$ 中所得的 $n-1$ 个点的情况,可知边的总数为 $t=3^m+k=\frac{1}{2}(n-1)k$.

因为 $S=t+1$,得 $\frac{1}{2}(n-1)(k+1)=\frac{1}{2}(n-1)k+1$,即 $n=3$,矛盾,所以 A_1,A_3 之间有边.

同理 A_2,A_3 之间也有边.进而 A_1,A_2 与所有 $A_i(i=3,4,\cdots,n)$ 之间有边.

对于 $A_i,A_j(i\neq j)$,因为 A_i 与 A_1 之间有边,可知 A_i 与 A_j 之间有边.因此这 n 个点构成一个完全图.所以 $3^m=\frac{1}{2}(n-2)(n-3)$.

故 $n=5$.

例题 5 设 n 为正整数,且 $A_1,A_2,\cdots,A_{2n+1}$ 是某个集合 B 的子集.设

① 每个 A_i 恰含有 $2n$ 个元素;

② 每个 $A_i\bigcap A_j(1\leqslant i<j\leqslant 2n+1)$ 恰含有一个元素;

③ B 的每个元素至少属于 A_i 中的两个.

试问:对怎样的 n,可以将 B 中元素各标上数 0 或 1,使得每个 A_i 恰含有 n 个标上了 0 的元素?

方法讲解 首先,③ 中的"至少"实际上也可以改成"恰".因为如果有一个元素 $a_1\in A_1\bigcap A_{2n}\bigcap A_{2n+1}$,那么剩下的 $2n-2$ 个子集中每个至多含 A_1 中的一个元素,从而 A_1 中至少有一个元素不属于 $A_2\bigcup A_3\bigcup\cdots\bigcup A_{2n-1}\bigcup A_{2n}\bigcup A_{2n+1}$,这与 ③ 矛盾.

于是作完全图 K_{2n+1}，每个顶点 v_i 表示一个子集 A_i，每条边 $(v_i, v_j) = b_{ij}(1 \leqslant i, j \leqslant 2n+1, i \neq j)$ 表示集 A_i 与 A_j 所共有的那个元素. 于是题目就转化为：对怎样的 n，可以给 K_{2n+1} 的每条边贴一个 0 或 1 的标签，使得从图中任一点 v_i 出发的 $2n$ 条边中恰有 n 条边贴有 0 的标签.

因为 K_{2n+1} 有 $n(2n+1)$ 条边，如果上述贴标签的要求能够满足，则贴 0 的边共有 $\frac{1}{2}n(2n+1)$ 条，于是 n 必须是偶数.

反之，若 $n = 2m$ 是偶数，将 K_{2n+1} 中的 $(v_i, v_{i-m}), (v_i, v_{i-m+1}), \cdots, (v_i, v_{i-1}), (v_i, v_{i+1}), \cdots, (v_i, v_{i+m})$，$i = 1, 2, \cdots, 2n+1$ 全标上 0，其余的标上 1，则得本题所要求的贴标签方法（要注意的是，顶点的下标的加法是按模 $2n+1$ 进行的，即 $v_{(2n+1)+i} = v_i$）.

所以，当且仅当 n 为偶数时，可以满足题目要求.

例题 6 给定整数 $m(m \geqslant 2)$. 一次会议共有 $3m$ 人出席，每两人之间或者握手一次，或者不握手. 对正整数 $n(n \leqslant 3m-1)$，若存在其中的 n 个人，他们握过手的次数分别为 $1, 2, \cdots, n$，则称这次会议是 n- 有趣的. 若对一切可能发生的 n- 有趣的会议，总存在 3 名参会者两两握过手，试求 n 的最小值.

方法讲解 将 $3m$ 人分别记为 $A_1, A_2, \cdots, A_{3m}$.

当 $1 \leqslant n \leqslant 2m$ 时，构造如图 4.8.5 所示的 n- 有趣的会议：对 $i = 1, 2, \cdots, m$，令 A_{3m+1-i} 与 A_i, A_{i+1}，$\cdots, A_{2m}$ 握手，如图所示.

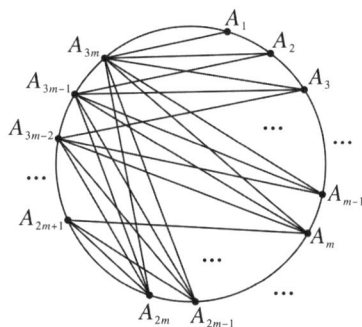

图 4.8.5

此时，$A_1, A_2, \cdots, A_m, A_{2m+1}, A_{2m+2}, \cdots, A_{3m}$ 握过手的次数分别是 $1, 2, \cdots, 2m$，注意到 $2m \geqslant n$，这是一个 n- 有趣的会议. 对任意 3 名参会者，必存在两人同时属于 $S_1 = \{A_1, A_2, \cdots, A_{2m}\}$ 或同时属于 $S_2 = \{A_{2m+1}, A_{2m+2}, \cdots, A_{3m}\}$，由图的构造知，他们两人未握过手. 从而不存在 3 名参会者两两握过手.

由此可知 $n \geqslant 2m+1$.

另外，当 $n = 2m+1$ 时，考虑任意 $(2m+1)$- 有趣的会议. 该会议中存在一人恰好握过 $2m+1$ 次手，不妨设 A_{3m} 恰与 $A_1, A_2, \cdots, A_{2m+1}$ 这 $2m+1$ 个人握手.

记 $T_1 = \{A_1, A_2, \cdots, A_{2m+1}\}$，$T_2 = \{A_{2m+2}, A_{2m+3}, \cdots, A_{3m}\}$.

由于 T_2 中的人的握手次数至多取到 $\{m, m+1, \cdots, 2m+1\}$ 中的 $m-1$ 个不同值，故存在一个数 $k \in \{m, m+1, \cdots, 2m+1\}$，不是 T_2 中任何一人的握手次数. 这意味着 T_1 中必有一人的握手次数为 k，设他为 A_i. 由于 A_i 与 T_2 中的人的握手次数不超过 $m-1$，故 T_1 中存在一人 $A_j(\neq A_i)$，与 A_i 握过手，这样 A_{3m}, A_i, A_j 两两握过手.

从而，在任意一个 $(2m+1)$- 有趣的会议中，总存在 3 名参会者两两握过手.

综上可知，n 的最小值为 $2m+1$.

例题 7 设 v 是空间中 2019 个点构成的集合，其中任意四点不共面. 某些点之间连有线段，记 D 为这些线段构成的集合. 试求最小的正整数 n，满足条件：若 E 至少有 n 个元素，则 E 一定含有 908 个二元子集，其中每个二元子集中的两条线段有公共端点且任意两个二元子集的交为空集.

方法讲解 先证明一个引理：

引理：设 $G(V,E)$ 是一个简单图，且 G 是连通的，则 G 含有 $\left[\dfrac{|E|}{2}\right]$ 个两两无公共边的角（这里 $[a]$ 表示实数 a 的整数部分）.

引理的证明：对 E 的元素个数 $|E|$ 归纳证明. 当 $|E|=0,1,2,3$ 时，结论显然成立. 下面假设 $|E|\geqslant 4$，并且结论在 $|E|$ 较小时均成立. 只需证明，在 G 中可以选取两条边 a,b 构成一个角，在 G 中删去 a,b 这两条边后，剩下的图含有一个连通分支包含 $|E|-2$ 条边. 对这个连通分支应用归纳假设即得结论成立.

考虑 G 中的最长路 P：$v_1v_2\cdots v_k$，其中 $v_1v_2\cdots v_k$ 是互不相同的顶点. 因为 G 连通，故 $k\geqslant 3$.

情形一：$d(v_1)\geqslant 2$. 由于 P 是最长路，v_1 的邻点均在 $v_2,\cdots,v_k$ 中，设 $v_1v_i\in E$，其中 $3\leqslant i\leqslant k$，则 $\{v_1v_2,v_1v_i\}$ 是一个角，在 E 中删去这两条边. 若 v_1 处还有第三条边，则剩下的图是连通的；若 v_1 处仅有被删去的两条边，则 v_1 成为孤立点，其余顶点仍互相连通. 总之在剩下的图中有一个连通分支含有 $|E|-2$ 条边.

情形二：$d(v_1)=1,d(v_2)=2$，则 $\{v_1v_2,v_1v_i\}$ 是一个角，在 G 中删去这两条边后，v_1,v_2 都成为孤立点，其余的点互相连通，因此有一个连通分支含有 $|E|-2$ 条边.

情形三：$d(v_1)=1,d(v_2)\geqslant 3$，且 v_2 与 $v_4,\cdots,v_k$ 中某个点相邻，则 $\{v_1v_2,v_2v_3\}$ 是一个角，在 G 中删去这两条边后，v_1 成为孤立点，其余点互相连通，因此有一个连通分支含有 $|E|-2$ 条边.

情形四：$d(v_1)=1,d(v_2)\geqslant 3$，且 v_2 与某个 $u\notin\{v_1,v_3,\cdots,v_k\}$ 相邻. 由于 P 是最长路，故 u 的邻点均在 $v_2,\cdots,v_k$ 之中，因为 $\{v_1v_2,v_2u\}$ 是一个角，在 G 中删去这两条边，则 v_1 是孤立点. 若 u 处仅有边 v_2u，则删去所述边后 u 也是孤立点，而其余点互相连通. 若 u 处还有其他边 $uv_i(3\leqslant i\leqslant k)$，则删去所述边后，除 v_1 外其余点互相连通. 总之，剩下的图中有一个连通分支含有 $|E|-2$ 条边.

引理获证.

回到原题：题中的 V 和 E 可看作一个图 $G=(V,E)$.

首先证明 $n\geqslant 2795$.

设 $V=\{v_1,v_2,\cdots,v_{2019}\}$，在 $v_1,v_2,\cdots,v_{61}$ 中，首先两两连边，再删去其中 15 条边（例如 $v_1v_2,v_1v_3,\cdots,v_1v_{16}$），共连了 $C_{61}^2-15=1815$ 条边，则这 61 个点构成的图是连通图. 再将剩余的 $2019-61=1958$ 个点配成 979 对，每对点之间连一条边，则图 G 中一共连了 $1815+979=2794$ 条边. 由上述构造可见，G 中的任何一个角必须使用 $v_1,v_2,\cdots,v_{61}$ 相连的边，因此至多有 $\left[\dfrac{1815}{2}\right]=907$ 个两两无公共边的角. 故满足要求的 n 不小于 2795.

另一方面，若 $|E|\geqslant 2795$，可任意删去若干条边，只考虑 $|E|=2795$ 的情形.

设 G 有 k 个连通分支，分别有 $m_1,\cdots,m_k$ 个点及 $e_1,\cdots,e_k$ 条边. 下面证明 $e_1,\cdots,e_k$ 至多有 9 个奇数.

用反证法. 假设 $e_1,\cdots,e_k$ 中至少有 980 个奇数，由于 $e_1+\cdots+e_k=2795$ 是奇数，故 $e_1,\cdots,e_k$ 中至少有 981 个奇数，故 $k\geqslant 981$. 不妨设 $e_1,e_2,\cdots,e_{981}$ 都是奇数，显然 $m_1,m_2,\cdots,m_{981}\geqslant 2$.

令 $m=m_{981}+\cdots+m_k\geqslant 2$，则有 $C_{m_i}^2\geqslant e_i(1\leqslant i\leqslant 980)$，$C_m^2\geqslant e_{981}+\cdots+e_k$，故 $2795=\displaystyle\sum_{i=1}^k e_i\leqslant C_m^2+\displaystyle\sum_{i=1}^{980} C_{m_i}^2$.

利用组合数的凸性，即对 $x\geqslant y\geqslant 3$，有 $C_x^2+C_y^2\leqslant C_{x+1}^2+C_{y-1}^2$，可知当 $m_1,\cdots,m_{980},m$ 由 980 个 2 以及一个 59 构成时，$C_m^2+\displaystyle\sum_{i=1}^{980} C_{m_i}^2$ 取得最大值. 于是 $C_m^2+\displaystyle\sum_{i=1}^{980} C_{m_i}^2\leqslant C_{59}^2+980C_2^2=2691<2795$，矛盾. 从而 $e_1,\cdots,e_k$ 中至多有 979 个奇数.

对每个连通分支应用引理，可知 G 中含有 N 个两两无公共边的角，其中 $N=\displaystyle\sum_{i=1}^k\left[\dfrac{e_i}{2}\right]\geqslant$

$$\frac{1}{2}\left(\sum_{i=1}^{k}e_i - 979\right) = \frac{1}{2}(2795 - 979) = 908.$$

综上,所求最小的 n 是 2795.

例题 8 证明:在 $n(>2)$ 个人中,至少有两个人,他们的朋友数量一样多.

方法讲解 用顶点 $v_1, v_2, \cdots, v_n$ 表示这 n 个人,如果两人是朋友,就在他们对应的两个顶点之间连一条边,否则就不连边.这样构成了图 G.仅需证明图 G 中至少有两个顶点的度相同.

注意到,图 G 中每个顶点的度至多为 $n-1$,当然,至少是 0.所以图 G 中顶点的度的可能取值为 $0, 1, 2, \cdots, n-1$.

但是,这 n 个数不能都作为图 G 的顶点的度.因为一个度为 0 的顶点不和其他点相邻,而度为 $n-1$ 的顶点与其他的 $n-1$ 个顶点都相邻.因此,对图 G 而言,只有下列的度才是可能的:$0, 1, 2, \cdots, n-2$ 或 $1, 2, 3, \cdots, n-1$.

由抽屉原理知,这 n 个顶点中,至少有两个点的度是相同的.

点评 对 n 阶图 G,定义其 n 个顶点的度的排列 $d_1, d_2, \cdots, d_n$ 为图 G 的度序列.本题实质上是证明了 n 阶简单图的度序列不能为 $0, 1, 2, \cdots, n-1$.

例题 9 在一群数学家中,每个人都有一些朋友(关系是相互的),证明:存在一个数学家,他所有朋友的平均数不小于这群数学家的朋友的平均数.

方法讲解 设这群数学家共有 n 名,并用 n 个顶点 $u_1, u_2, \cdots, u_n$ 表示,两顶点相邻当且仅当它们对应的数学家是朋友,得图 G.记数学家 u_i 的朋友集为 V_i,图 G 的顶点集为 V.要证明的结论是:存在 $u_i \in V$,使得 $\dfrac{1}{d(u_i)}\sum_{u\in V_i}d(u) \geqslant \dfrac{1}{n}\sum_{u\in V}d(u)$,即 $n\sum_{u\in V_i}d(u) \geqslant d(u_i)\sum_{u\in V}d(u)$.

用反证法.若不存在这样的顶点,则对任意 u_i 有 $n\sum_{u\in V_i}d(u) < d(u_i)\sum_{u\in V}d(u)$,其中,$i = 1, 2, \cdots, n$.将这 n 个不等式加起来,于是有 $n\sum_{i=1}^{n}\sum_{u\in V_i}d(u) = n\sum_{i=1}^{n}\left[d(u_i)\sum_{u\in V_i}1\right] = n\sum_{i=1}^{n}\left[d(u_i)\right]^2 < \left[\sum_{i=1}^{n}d(u_i)\right]^2$,与柯西不等式矛盾.从而命题成立.

例题 10 某俱乐部共有 99 名成员,每名成员都声称只愿意和自己认识的人一起打桥牌(需要 4 名玩家参与的游戏).已知每个成员都至少认识 67 名成员,证明:一定有 4 名成员,他们可以在一起打桥牌.

方法讲解 作图 G:用 99 个点表示 99 名成员,如果两名成员相互认识,就在相应的两个顶点之间连一条边.已知条件是:对任意顶点 v,$d(v) \geqslant 67$.欲证 G 中含有一个 4 阶完全图 K_4.

在 G 中任取一个顶点 u,由于 $d(u) \geqslant 67$,所以存在顶点 v,使得与 v 相邻且与 u 不相邻的顶点至多有 $99 - 1 - 67 = 31$ 个.同样,与 v 不相邻且与 u 相邻的顶点也至多有 31 个.于是图 G 中至少有 $99 - 31 - 31 - 2 = 35$ 个顶点和 u, v 均相邻.如图 4.8.6 所示.

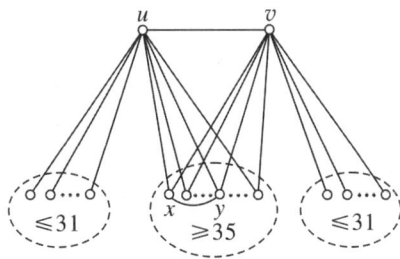

图 4.8.6

设顶点 x 和 u, v 均相邻.由于 $d(x) \geqslant 67$,并且 G 中至多只有 $31 + 31 + 2 = 64$ 个不同时和 u, v 均相邻的顶点,因此顶点 x 至少还和一个与 u, v 均相邻的顶点 y 相邻.从而 u, v, x, y 是 4 个两两相邻的顶点.于是命题得证.

另证 用顶点表示成员，如果两个人不认识就在相应的顶点之间连一条边，得图 G'. 由于每个人认识的人数不少于 67，所以对每个顶点 v，都有 $d(v) \leqslant 99 - 1 - 67 = 31$. 要证明的是：$G'$ 中存在四个点，两两之间不相邻.

对于顶点 u，取一个不与它相邻的顶点 v，则剩下的 97 个顶点中与 u 或 v 相邻的顶点个数不超过 $d(u) + d(v) \leqslant 31 + 31 = 62$，因而存在与 u,v 均不相邻的顶点 x，与顶点 u,v,x 中至少有一个相邻的顶点个数不超过 $d(u) + d(v) + d(x) \leqslant 3 \times 31 = 93$，所以在剩下的 96 个点中，必有一个点 y 与 u,v,x 均不相邻，于是 u,v,x,y 所代表的 4 个人是互相认识的，他们可以在一起打桥牌.

点评 （1）若将题中的 67 人改为 66 人，则不一定能找出 4 个互相认识的人来. 反例如图 4.8.7.

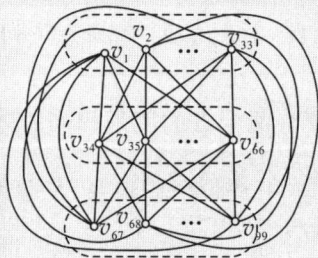

图 4.8.7

将顶点集 V 分成三个子集 $\{v_1, v_2, \cdots, v_{33}\}$，$\{v_{34}, v_{35}, \cdots, v_{66}\}$，$\{v_{67}, v_{68}, \cdots, v_{99}\}$. 同一个子集中任意两顶点均不相邻，不同子集中的任意两点均相邻. 显然每个顶点的度都是 66，任意 4 点中，至少有 2 点属于同一子集，从而它们不相邻. 也就是说图中不存在两两相邻的 4 个顶点.

（2）本题可推广为：俱乐部有 $n(n \geqslant 4)$ 人，其中每人都至少认识其中的 $\left[\dfrac{2n}{3}\right] + 1$ 个人，则在这 n 个人中必定可以找到 4 个人，他们是两两认识的.

（3）利用容斥原理也可证明本题.

例题 11 一次会议共有 24 名代表参加，每两名代表之间要么握手一次，要么不握手. 会议结束后发现，总共出现了 216 次握手，且对任意相互握过手的两名代表 P,Q，在剩下的 22 名代表中，恰与 P,Q 之一握过手的人不超过 10 人. 朋友圈指的是会议中三名两两之间握过手的代表所构成的集合. 试求这 24 名代表中朋友圈个数的最小值.

方法讲解 将代表看作顶点，若两名代表握过手，则在他们对应的顶点之间连边，由此得到简单图 G. 设 V,E 分别是 G 的顶点集和边集，则 $|V| = 24$，$|E| = 216$. 所求即为 G 中三角形个数的最小值.

对边 PQ，以 PQ 为一边的三角形的个数，即与点 P,Q 都连边的点的个数至少为 $\dfrac{1}{2}\{[d(P) - 1] + [d(Q) - 1] - 10\} = \dfrac{1}{2}[d(P) + d(Q) - 12]$，因此 G 中三角形的个数至少为

$$\frac{1}{3}\sum_{PQ \in E} \frac{1}{2}[d(P) + d(Q) - 12] = \frac{1}{6}\left(\sum_{P \in V} d^2(P) - 12|E|\right).$$

由柯西不等式及 $\sum_{P \in V} d(P) = 2|E|$ 得 $\sum_{P \in V} d^2(P) \geqslant \dfrac{1}{|V|}\left[\sum_{P \in V} d(P)\right]^2 = \dfrac{4|E|^2}{|V|}$，所以 G 中三角形的个数至少为 $\dfrac{1}{6}\left(4 \times \dfrac{216^2}{24} - 12 \times 216\right) = 864$.

对于四阶完全图 $K_{6,6,6,6}$，其边数为 $\dfrac{1}{2} \times 24 \times 18 = 216$，且对于边 PQ，恰与点 P,Q 之一有边相连的顶点是点 P,Q 所在两部分中的其余 10 个顶点，满足要求. 此时图中三角形的个数为 $C_4^3 \times 6^3 = 864$.

例题 12 某次会议共有 30 人参加，已知每个人在其余人中至多有 5 个熟人，且任意 5 个人中存在 2 个人不是熟人. 试求最大的正整数 k，使得在满足上述条件的 30 人中总存在 k 个两两不是熟人.

方法讲解　用 30 个点表示 30 个人,若 2 个人为熟人,则在他们对应的点之间连一条边,这样得到一个简单图 G.图 G 满足每个顶点的度不超过 5,且在任何 5 个点中均有 2 个点没有连边.用 V 表示图 G 的顶点集.

证明图 G 中最大独立集的元素个数不小于 6.

事实上,设 X 为图 G 的一个最大独立集.由 $|X|$ 的最大性知,$V\backslash X$ 中的任一点均与 X 中的某一点相邻.否则,若 $a\in V\backslash X$ 不与 X 中任何一点相邻,则可将 a 加入 X 中形成更大的独立集,矛盾.

因为 X 中每个点的度不超过 5,所以 $5|X|\geqslant |V\backslash X|=30-|X|$,解得 $|X|\geqslant 5$.

若 $|X|=5$,则 X 中每个点均恰与 $V\backslash X$ 中的 5 个点相邻.因为 $|V\backslash X|=25$,所以 X 中任意 2 个点的邻点集不相交.

记 $X=\{a,b,c,d,e\}$,且设 a 的邻点集 $Y_a=\{y_1,y_2,y_3,y_4,y_5\}$.由条件,$Y_a$ 中有 2 个点没有连边,设为 y_1,y_2,则 $\{y_1,y_2,b,c,d,e\}$ 是图 G 的独立集且元素个数大于 5,与 $|X|$ 的最大性矛盾.

从而 $|X|\geqslant 6$.

将集合 V 分拆为点集 V_1,V_2,V_3,使得 $|V_1|=|V_2|=|V_3|=10$.

不妨设 $V_1=\{a_1,a_2,\cdots,a_{10}\}$,规定在模 10 的意义下,$a_i$ 与 $a_{i+1},a_{i+4},a_{i+5},a_{i+6},a_{i+9}$ 相邻.

V_2,V_3 连边的方式与 V_1 的完全一样,且对 $1\leqslant i<j\leqslant 3$,$V_i$ 与 V_j 之间不连边.

下面验证这样的图 G 满足条件.

① 图 G 的每个顶点的度均等于 5.

② 因为 a_{i+1} 与 a_{i+4} 不相邻且 a_{i+6} 与 a_{i+9} 不相邻,所以图 G 中任何 5 个点中均有 2 个点没有连边.

③ 当 a_{i_1} 与 a_{i_2} 不相邻且 a_{i_2} 与 a_{i_3} 不相邻时,$|i_1-i_2|\equiv 2,3(\bmod 10)$,$|i_2-i_3|\equiv 2,3(\bmod 10)$.

所以 $|i_1-i_3|\equiv \pm 1,\pm 4,5(\bmod 10)$,于是 a_{i_1} 与 a_{i_3} 相邻.这说明 V_1 中最大独立集的元素个数为 2,从而 G 中最大独立集的元素个数为 6.

例题 13　在一个社交网络上有 2019 个用户,有一些互为朋友.最初有 1010 人各有 1009 个朋友,1009 人各有 1010 个朋友.但友谊是不稳定的,所以以下的事件会逐个发生:设 A 与 B,C 两人均为朋友,但 B,C 非朋友;之后 B 与 C 成为朋友,但 A 与两人不再是朋友.证明:不论初始朋友关系如何,存在一系列事件发生后,每人至多有一个朋友.

分析　本题有一个明显的图论表述:给定一个有 2019 个点的图 G,其中 1010 个点的度为 1009,1009 个点的度为 1010,允许以下操作:设 A 与 B,C 相邻,B 与 C 不相邻.可去掉边 AB,AC,并加上边 BC,称这样的操作为一次重交友.欲证一串重交友后能形成一个孤点和单边组成的图.

方法讲解　注意到最初的图是连通的,这是由于任意两个顶点的度之和大于等于 2018,所以他们要么直接相邻,要么有至少一个公共邻点.于是就满足:每个 G 至少有 3 个顶点组成的连通分支不是完全图,并含有一个奇度数顶点,定义为性质(1).

我们来说明若 G 具有性质(1)且含有一个点的度至少为 2,就可以通过重交友操作,并不改变性质(1).这样重交友操作使 G 中边数下降,用一系列重交友操作必能构造出一个图 G' 使每个顶点的度最大为 1,这样题目就做完了.

取一个度至少为 2 的顶点 A,设 A 在 G 的连通分支 G' 中.由于任意三个顶点非完全图,我们可以假设不是 A 的所有邻点均相邻(例如,取 G' 中最大完全图 K,其中顶点 A 在 K 外还有邻点,由于最大性,这个邻点不与 K 中所有的点相邻),将 A 从 G 中删去后会把 G' 分成更小的连通分支 $G_1,\cdots,G_k(k$ 可能等于 1),A 与 G_i 至少连有一条边,我们分类讨论:

情形一:$k\geqslant 2$,且 A 与某 G_i 至少连有两条边.

取 G_i 中顶点 B 与 A 相邻,G_j 中顶点 C 与 A 相邻,B,C 不相邻,这样去除 AB,AC,加上 BC 不改变 G' 的连通性.易见这样的重交友能保持性质(1),且不改变顶点度的奇偶性.

情形二:$k\geqslant 2$,且 A 与 G_i 均连有一条边.

考虑任一个 G_i 与点 A，点 A 在这样的子图中的度均为 1，由于图中奇度数的点总是偶数个，我们知道 G_i 中也有一个度为奇数的点。这若让 B，C 是 A 的两个不同邻点，去除 AB，AC，加上 BC，保持以上性质：重交友产生两个新连通分支，但只要有至少三个顶点就不会是完全图（由于 G_i 是如此）。

情形三：$k = 1$，且 A 与 G_1 至少连有三条边。

由假设，A 有两个不相邻的顶点 B，C，去除 AB，AC，加上 BC 不改变 G' 的连通性，类似于情形一，我们就证完了。

情形四：$k = 1$，且 A 与 G_1 恰连两条边。

设 B，C 是 A 的两个邻点（不相邻），去除 AB，AC，加上 BC 产生两个新连通分支：一个孤点和一个含有奇顶点的图，我们就证完了，除非这第二个图产生完全图，但在这种情况下，G_1 是一个完全图去掉一条边 BC，于是至少有 4 个点（由于 G' 非 4 个点的多边形），设 D 为 G_1 第三个顶点，去除 BA，BD，加上 AC 不改变 G' 的连通性，类似于情形一，我们就证完了。

点评　事实上，性质(1)抓住了能否进一步操作的关键。

例题 14　设奇数 $n \geqslant 3$。首先，甲将一个 $n \times n$ 方格表的 n^2 个格子染为红色或蓝色。然后，乙根据甲的染色将 k 只青蛙放入格子中，使得每个格子都可由某只青蛙在有限步（可能是 0 步）内跳到，其中青蛙可由一个格子跳到另一个格子当且仅当这两个格子同色且有公共顶点。试求 k 的最小值，使得无论甲如何染色，乙总能办到。

分析　此题并非明面上的图论题，但可以转化为图论问题来处理。本题中，注意到各个格子之间的连通是通过"同色"这一条件来实现的，故可考虑将其转化为图来表示，从其中连通分支的个数推出青蛙的数量，再对连通分支本身做估计，考虑各类结点的度并对连通分支分析，即可对顶点数算两次，进而即可得到所需青蛙的数量，同时给出对应的构造。

方法讲解　构造图 G，顶点是方格表的 $(n+1)^2$ 个结点，在两个顶点之间连边当且仅当它们对应的结点在方格表中相邻且以这两个结点为端点的线段是两个异色格的公共边。注意 G 的连通分支（非孤立点）是方格表同色区域间的边界，又每个同色区域可由一只青蛙在有限步内跳遍，所以所需青蛙的数量等于 G 的连通分支（非孤立点）的个数加 1。易知方格表每个角结点的度为 0，每个边结点的度为 0 或 1，每个内结点的度为 0，2 或 4。又易知 G 的每个连通分支（非孤立点）中至少有 4 个顶点，除非它是一个角格的边界，这时只有 3 个顶点。设 G 有 N 个连通分支（非孤立点），则它们至少有 $(4N-4)$ 个顶点，这是因为其中至多 4 个有 3 个顶点，而其余都至少有 4 个顶点。又孤立点至少有 4 个（角结点），所以 $(4N-4) + 4 \leqslant (n+1)^2$，即 $N \leqslant \frac{1}{4}(n+1)^2$。故所需青蛙的数量不超过 $\frac{1}{4}(n+1)^2 + 1$。

当对奇数行且奇数列的格子染红色、其余格子染蓝色时，容易知道此时至少需要 $\frac{1}{4}(n+1)^2 + 1$ 只青蛙。

点评　注意条件与方法之间的转化；"同色相连"可化为图；仔细分类讨论各种情况下结点度等数据，算两次。

例题 15　$n(n > 3)$ 名乒乓球选手单打比赛若干场后，任意两个选手已赛过的对手恰好都不完全相同，证明：总可以从中去掉一名选手，而使余下的选手中，任意两个选手已赛过的对手仍然都不完全相同。

方法讲解　用 n 个顶点 $v_1, v_2, \cdots, v_n$ 表示这 n 名选手，如果命题不成立，即每个选手都是不可去选手。对选手 $v_k(1 \leqslant k \leqslant n)$，因为他不是可去选手，所以去掉 v_k 后，总可以找到一对选手 v_i 与 v_j，他们所赛过的选手相同（若有不止一对这样的选手，则任取其中的一对），这说明 v_i 和 v_j 赛过的选手仅差 v_k。不妨设 v_i 与 v_k 赛过，而 v_j 与 v_k 未赛过，在这样的一对点 v_i 与 v_j 之间连一条边，并标上数字 k。这样就得到一个有 n 个顶点，n 条边的图，并且这 n 条边上标有 n 个互不相同的数。

由于 n 个顶点 n 条边的图一定有圈,设为一个圈,沿着这个圈前进时,每通过一条边就相当于比赛选手增加或者减少一个人,并且增加或减少的人是互不相同的.由于沿着圈前进一周后仍回到 v_{i_1},即与 v_{i_1} 比赛过的选手再增加或者减少不同的选手,最后的结果仍与 v_{i_1} 原来赛过的选手相同,产生矛盾.

因此,在 n 个选手中至少有一个可去选手.

例题 16 某居民区内有 1990 个居民,每天他们之中每个人都把昨天听到的消息告诉给他所有的熟人,而且任何消息都能逐渐地被全区居民所知道,证明:可以指定 180 个居民,使得同时向他们报道某一消息,那么至多经过 10 天,这一消息便为全区居民所知道.

方法讲解 用点表示这些居民,两个顶点相邻就表示相应的居民是熟人,这样就得到了一个有1990 个顶点的图 G.

由题意知,图 G 是连通的.不妨设这个图是树 T_{1990}(否则用这个图的生成树来代替它),在树 T_{1990} 中,取一条最长的链,设为 $v_1^{(1)}v_2^{(1)}v_3^{(1)}\cdots v_{11}^{(1)}\cdots v_n^{(1)}$.

取 $v_{11}^{(1)}$ 作为一个居民代表,并将边 $(v_{11}^{(1)},v_{12}^{(1)})$ 去掉.这时 T_{1990} 被分成两棵树,在前一棵树中,每个顶点 v 到 $v_{11}^{(1)}$ 的距离不大于10(否则在树 T_{1990} 中,v 到 $v_n^{(1)}$ 是一条比 $v_1^{(1)}$ 到 $v_n^{(1)}$ 更长的链).于是代表 $v_{11}^{(1)}$ 所知道的消息,前一棵树的顶点所代表的人在 10 天之内都能知道.

对后一棵树,也有一条最长的链,设为 $v_1^{(2)}v_2^{(2)}v_3^{(2)}\cdots v_{11}^{(2)}\cdots v_m^{(2)}$.

这里 $m\leqslant 1990-11=1979$.同样地,取 $v_{11}^{(2)}$ 作为一个居民代表,并去掉边 $(v_{11}^{(2)},v_{12}^{(2)})$,将这棵树再分为两棵树.

这样继续下去,当选好 $v_{11}^{(i)}(i\leqslant 179)$ 时,剩下的树的顶点数 $\leqslant 11$,这时代表总数为 $i+1\leqslant 180$,命题成立.否则陆续得出代表 $v_{11}^{(1)},v_{11}^{(2)},\cdots,v_{11}^{(179)}$.每个代表都可以把一个消息在 10 天之内告知他那个居民区中的居民.

最后剩下一棵树,至多有 $1990-11\times 179=21$ 个顶点.设 $v_1v_2\cdots v_k$ 是它的一条最长链,若 $k\geqslant 11$,则取 v_{11} 作为第 180 个居民代表 $v_{11}^{(180)}$,若 $k<11$,则取 v_1 作为第 180 个居民代表 $v_{11}^{(180)}$.这样选出的 180个居民代表 $v_{11}^{(1)},v_{11}^{(2)},\cdots,v_{11}^{(179)},v_{11}^{(180)}$ 是满足题目要求的 180 个居民.

例题 17 求具有下述性质的最小正常数 c:对任意一个简单图 $G=(V,E)$,只要 $|E|\geqslant c|V|$,则 G 一定含有两个无公共顶点的圈,并且其中之一是带弦圈.

分析 图 $G=(V,E)$ 的圈是指一个两两不同的顶点序列 $\{v_1,v_2,\cdots,v_n\}\subseteq V$,其中 $v_iv_{i+1}\in E(1\leqslant i\leqslant n)$(这里 $n\geqslant 3,v_{n+1}=v_1$);带弦圈是指一个圈 $\{v_1,v_2,\cdots,v_n\}$,且存在 $i,j(1<i-j<n-1)$,满足 $v_iv_j\in E$.(2014 年中国国家集训队测试)

方法讲解 考虑二阶完全图 $K_{4,n}$.该图中任何一个圈在每部分中至少有两个顶点,而任何一个带弦圈在每部分中至少有三个顶点,这两个圈不能无公共顶点,因此该图不满足要求.于是 $4n=|E|<c|V|=c(n+4)$ 对任意正整数 n 成立,故 $c\geqslant 4$.

下面证明对简单图 $G=(V,E)$,若 $|E|\geqslant 4|V|$,则 G 满足要求.对 $|V|$ 归纳.

由 $4|V|\leqslant|E|\leqslant\frac{1}{2}|V|(|V|-1)$ 知 $|V|\geqslant 9$,且当 $|V|=9$ 时,G 是 9 阶完全图,显然满足要求.

假设 $|V|\geqslant 10$ 且结论对 $|V|-1$ 成立,来看 $|V|$ 时的情形.

当有一个顶点 v 的度不超过 4 时,去掉 v 及 v 连的边后用归纳假设即可.下设每个顶点的度均不小于 5.考虑 G 中最长的链 $v_1v_2\cdots v_k$,由最长知 v_1 和 v_k 只与该链上的点相邻.

下面分两种情形讨论.

情形一:v_1,v_k 不相邻.

设 $2<a<b<c<d<k$ 使得 v_1 与 v_a,v_b,v_c,v_d 相邻.若 G 中没有无公共顶点的圈和带弦圈,则因为 $v_1v_2\cdots v_a\cdots v_bv_1$ 是带弦圈,所以 v_k 与 $v_{b+1}\sim v_{k-1}$ 中至多一个点相邻.因为 $v_1v_c\cdots v_dv_1$ 是圈,所以 v_k 与 $v_1\sim v_{c-1}$ 中至多两个点相邻.这样 v_k 的度不超过 3,矛盾.

情形二：v_1,v_k 相邻.

此时 $v_1v_2\cdots v_kv_1$ 是一个圈,记为 $C.C$ 上的顶点不能与不在 C 上的顶点相邻,否则将有更长的链.

由情形一知,当某个 v_i 的度至少为 6 时结论成立,所以只需考虑每个 v_i 的度恰等于 5 的情形.此时 C 上的边数 $\frac{5}{2}k < 4k$,所以 G 中除了 C 外还有其他点.

由每个点的度至少为 5 知 C 外的点中必有另一个圈.又易知 C 是带弦圈,所以 G 中有无公共顶点的圈和带弦圈.

归纳证毕.

例题 18 给定空间 10 个点,其中任意 4 个点不在一个平面上,将某些点之间用线段相连,若得到的图形中没有三角形也没有空间四边形,试求所连线段数的最大值.(2016 年全国高中数学联赛)

分析 组合题最重要的思想就是构造,既然没有 C_3 和 C_4,那么 C 最小的边数为 5.不妨特殊化,就可以给出 Peterson 图的构造.算边不会太难.

方法讲解 可以将这十个点和所连线段看成一个图 G,若图中没有圈,则最多有 9 条边.

下面设图中有圈,取一个顶点最少的圈 $C:A_1A_2\cdots A_rA_1$,其中 r 不小于 5.由 r 的最小性可知,除了 C 的边之外,$A_1,A_2,\cdots,A_r$ 之间互不相连,并且 C 外的任意一点最多与 C 中一个点相连.

若 r 不小于 6,$A_1,A_2,\cdots,A_r$ 构成的子图有 r 条边,由于 C 外的子图没有圈.又 C 外的每个点最多与 C 中一个点相连,因此 G 的边数不大于 13.

若 r 为 5,同理可得 G 的边数不大于 15.

构造:Peterson 图.

点评 构造并猜答案很重要.

例题 19 在简单连通图 G 中,用 x_i 表示度为 i 的顶点的个数.设 $d > 3$ 是 G 中顶点的度的最大者.证明:若 $x_d \geqslant x_{d-1} + 2x_{d-2} + \cdots + (d-1)x_1$,则存在一个度为 d 的顶点,去掉它后图仍是连通的.

方法讲解 假设结论不成立,则对固定的 d,存在一个顶点个数最少的简单连通图 G 满足 $x_d \geqslant x_{d-1} + 2x_{d-2} + \cdots + (d-1)x_1$,且任意去掉一个度为 d 的顶点后图都不连通.

取一个度为 d 的顶点 v,使得去掉 v 后,图中最大连通分支的点数最多.记最大连通分支为 A,其余连通分支的并为 B.

注意到 B 中无度为 d 的顶点,否则若 w 是 B 中度为 d 的顶点,则从 G 中去掉 w 后有一个连通分支包含 $A \bigcup \{v\}$,这与 A 的最大性矛盾.

现在去掉 B 中的顶点,则度为 d 的顶点中仅有 v 的度减小,于是 x_d 减小 1,从而 $x_d \geqslant x_{d-1} + 2x_{d-2} + \cdots + (d-1)x_1$ 左边减小 1.设 v 与 B 中 α 个顶点相邻,则去掉 B 中的顶点后,v 的度变为 $d-\alpha$,于是 v 使 $x_d \geqslant x_{d-1} + 2x_{d-2} + \cdots + (d-1)x_1$ 右边增大 α.又 B 中至少有 α 个顶点,它们每个使 $x_d \geqslant x_{d-1} + 2x_{d-2} + \cdots + (d-1)x_1$ 右边至少减小 1(仅在度为 $d-1$ 时取到),因此总体来看 $x_d \geqslant x_{d-1} + 2x_{d-2} + \cdots + (d-1)x_1$ 右边不增.

若 $x_d \geqslant x_{d-1} + 2x_{d-2} + \cdots + (d-1)x_1$ 右边减小,则连通图 $A \bigcup \{v\}$ 也满足 $x_d \geqslant x_{d-1} + 2x_{d-2} + \cdots + (d-1)x_1$,这与 G 的顶点个数最少矛盾.于是 $x_d \geqslant x_{d-1} + 2x_{d-2} + \cdots + (d-1)x_1$ 右边不变,这说明 B 中恰有 α 个顶点,且度均为 $d-1$.因为 B 中每个顶点仅与 B 外的 v 相邻,所以 B 中每个顶点的度不超过 $(\alpha-1)+1 = \alpha$,于是 $\alpha \geqslant d-1$.又由 v 与 A 有边知 v 至多与 B 中 $d-1$ 个顶点相邻,于是 $\alpha \leqslant d-1$.故 $\alpha = d-1$,进而 $B \bigcup \{v\}$ 是 d 阶完全图,于是 v 恰与 A 中一个顶点相邻,记为 u.

这样在去掉 B 中的顶点后,v 的度变为 1,且 $x_d \geqslant x_{d-1} + 2x_{d-2} + \cdots + (d-1)x_1$ 左边比右边小 1.

现在再去掉 v,则度为 d 的顶点的个数至多减小 1(仅在 u 的度为 d 时减小),于是 $x_d \geqslant x_{d-1} + 2x_{d-2} + \cdots + (d-1)x_1$ 左边至多减小 1.因为 x_1 减小 1,u 的度减小 1 且去掉 v 后 u 不是孤立点,所以 $x_d \geqslant x_{d-1}$

$+2x_{d-2}+\cdots+(d-1)x_1$ 右边减小 $(d-1)-1\geqslant2$，这里用到 $x_d\geqslant x_{d-1}+2x_{d-2}+\cdots+(d-1)x_1$ 右边各项系数之差为 1. 因为 $x_d\geqslant x_{d-1}+2x_{d-2}+\cdots+(d-1)x_1$ 左边比右边至少减少 1，所以连通图 A 满足 $x_d\geqslant x_{d-1}+2x_{d-2}+\cdots+(d-1)x_1$，这与 G 的顶点个数最少矛盾.

综上，命题得证.

例题 20 给定 $n(n\geqslant4)$ 座岛屿，其间通过桥相连接且满足下述条件：

① 任意一座桥仅连接两个岛屿且不途径其他岛屿；

② 任意两座不同岛屿之间至多有一座桥连接；

③ 不存在不同的岛屿 $A_1,A_2,\cdots,A_{2k}(k\geqslant2)$，使得 A_i 和 $A_{i+1}(i=1,2,\cdots,2k)$ 之间均存在桥连接（其中 $A_{2k+1}=A_1$）.

证明：桥的数量至多为 $\dfrac{3}{2}(n-1)$.

方法讲解　用点表示岛屿，桥用连线表示，则得到了一个有 n 个点的简单图，设为 G.

由题意得，该图不存在偶圈，即只有奇圈或无圈.

设图 G 中有 m 条边，则 $m<n$ 时显然成立；当 $m\geqslant n$ 时，由数学归纳法得图 G 至少有 $m-n+1$ 个圈.

由于该图中没有偶圈，所以任何两个圈都没有公共边，若有，则这两个圈构成一个偶圈，矛盾. 所以至少有 $3(m-n+1)$ 条边（每个圈最少有 3 条边），故得 $3(m-n+1)\leqslant m\Rightarrow m\leqslant\dfrac{3}{2}(n-1)$，得证.

例题 21 65 对恋人出去春游，他们一共有 65 辆摩托车，每辆摩托车上载有一名男生和一名女生. 假设对于任意两辆摩托车，以下两个命题恰有一个正确：

① 两辆摩托车上的男生互相认识；

② 这两辆摩托车上的女生的男友互相认识.

证明：存在一对坐在同一摩托车的恋人.

分析　注意到本题只强调男生之间的认识，所以我们思考的出发点是男生之间认识关系的图. 题目中给的信息是两个条件恰有一个成立，比较复杂，肯定可以转化成更简单直观、好理解的形式. 请大家认真思考一下本题中女生的本质功能.

事实上，我们可以认识到女生就是一个映射，将与她同摩托车的男生同她的男友对应起来. 注意到"同摩托车""男友"这些描述并没有什么数学上的意义，因此女生就是男生到自身的一个一一对应 f. 由此得到"两个条件恰有一个成立"的一个简单等价版本，还能得到结论等价于 f 有一个不动点.

对图论了解得稍微专业一些的话，根据同构的定义，f 就是 G 到 G 的补图的一个同构. 题目也可以等价地重新叙述为：一个 65 阶图 G，G 与自身的补图同构，证明该同构中有一个不动点.

当然就算不知道同构的概念，本题也是可以做的，毕竟概念的出现也是搭建平台，帮助我们表述和思考. 通过把强条件特殊化的思想，知道若 f 与 $f(x)$ 连边，则 $f(x)$ 与 $f(f(x))$ 不连边，在这句话中把连边和不连边互换一下也对. 如果能由此想到构建新图，把 x 连到 $f(x)$，那就太好了.

方法讲解　转化成图论语言：每个男生用一个顶点表示，认识的男生之间连边，得到图 G.

对男生 x，定义 $f(x)$ 为与 x 同摩托车的女生的男友. 显然，f 是 G 的顶点集 $V(G)$ 到自身的双射. 则由题意，x 与 y 相邻与 $f(x)$ 与 $f(y)$ 相邻恰有一个成立，即 x 与 y 相邻等价于 $f(x)$ 与 $f(y)$ 不相邻.

G 的顶点不变，将连边方式改为，v 与 $f(v)$ 连边，得到 G'.

由 f 是双射知，除不动点外，每点的度为 2，是若干个不交的圈之并.

G' 的边，如果是 G 的边，则染红色，否则染蓝色.

由条件，x 与 $f(x)$ 连红色边等价于 $f(x)$ 与 $f(f(x))$ 连蓝色边，于是圈上同色边不相邻，从而每个圈的圈长为偶，含偶数个点.

而总点数为奇数，得到有不动点. 故存在一对在同一辆摩托车上的恋人.

总结 (1)本题过程虽短,但具有相当的思维难度,不易想到,陷入同构之中反而情况不妙.做好此题,需要注重思考问题的角度和对对象本质的洞察.构建新图以及后续分析是关键且困难的.熟悉置换的话,本题的解答看起来会十分自然.

(2)65换成任一奇数都可以类似证明,顺便得到了图论的小结论:一个奇数阶图 G 与自身的补图同构,则该同构中有一个不动点.

◎ 三、课外训练

1.有 $n(n > 3)$ 个通信站,这些通信站有些有直通线路,有些没有.并且至少有一个通信站没有与其余的通信站有直通线路.问:与其他通信站都有直通线路的通信站至多有多少个?

2.一次会议有 n 名教授 $A_1, A_2, \cdots, A_n$ 参加.证明:可以将这 n 个人分为两组,使得每个人 A_i 在另一组中认识的人数 d_i 大于等于他在同一组中认识的人数 d_i',其中 $i = 1, 2, \cdots, n$.

3.某参观团有2000个人,其中任意4个人中一定有某个人认识其他3个人,问:认识该参观团所有成员的人数最少是多少?

4.在一个车厢里,任何 $m(m \geq 3)$ 个旅客都有唯一的公共朋友(当甲是乙的朋友时,乙也是甲的朋友.任何人不作为他自己的朋友),问:这个车厢里有多少人?

5.一个很大的棋盘上有 $2n$ 个红色的方格,对任何两个红色方格可从其中一个出发,每步横或竖走到相邻的红色方格而到另一个方格中,证明:所有的红色方格可以分为 n 个长方形.

6.24对夫妻应邀参加一次舞会,舞会开始前,他们中的一些人握了手,但夫妻之间不握手,舞会后,某个丈夫问每个人的握手次数,各人的回答均不相同.问:这位丈夫的妻子和多少人握了手?

7.一个旅行团中共有14人,在山上休息时,他们想打桥牌,而其中每个人都曾和其中的5个人合作过.现规定只有4个人中任意2个人都未合作过,才能在一起打一局牌.这样,打了三局就没法再打下去了.这时,来了另一位旅游者,他当然没有与该旅行团中的任何人合作过.如果他也参加打牌,证明:一定可以再打一局桥牌.

8.对于平面上任意 n 个点构成的点集 P,如果其中任意两个点之间的距离均已确定,那么就称这个点集是稳定的.证明:在 $n(n \geq 4)$ 个点的平面点集 P 中,无三个点共线,且其中的 $\frac{1}{2}n(n-3) + 4$ 个两点之间的距离已被确定,那么点集 P 就是稳定的.

9.某国首都有21条航线连接其他城市,而 A 城市只有一条航线与某个城市连接,其他各城市中的每个城市都有20条航线连接别处,证明:由首都可以飞抵 A 城市.

10.棱长为 n(自然数)的立方体被平行于它的侧面的平面切成 n^3 个单位立方体,其中有多少对公共顶点不多于2的单位立方体?

11.在一次学术报告会上,有5名科学家每人均打了两次盹,并且每两人均有同时打盹的时刻,证明:一定有3个人,他们有同时打盹的时刻.

12.一条河的两岸有一些城市,城市的总数不少于3个.城市由一些航线连接着,每条航线将位于两岸的一对城市联系在一起,每个城市恰好与另一边的 k 个城市连接.人们可以在任何两座城市之间通过航线往来.证明:如果航线中有一条被取消,人们还是可以在任何两座城市之间通过航线往来.

13.平面上有 $n(n \geq 3)$ 条线段,其中任意3条都有公共端点,证明:这 n 条线段有一个公共端点.

14.若某国有若干个城市,某些城市之间有道路相连,由每个城市连出3条道路,证明:存在一个由道路形成的圈,它的长度不能被3整除.

15.在1994位国会议员中,每位议员都恰好伤害过一位同事,证明:从中可以找出665位议员,他们之间谁也没有伤害过谁.

4.9　图论的综合应用

◎ 一、知识要点

图论是组合数学中一个重要而且迅速发展的分支,不仅在理论研究中,而且在数学奥林匹克竞赛中也是如此.受限于篇幅,本节将以点概面地为读者展示目前在数学奥林匹克竞赛中比较常见的图论理论.

(一)极图理论

1.极图理论
通常,极图理论考虑有某些给定属性的图可以具有的最多或最少边数的问题.

2. k 部图与完全 k 部图
若图 $G(V,E)$ 的顶点集 V 可分成 k 个两两不相交的子集的并,即 $V = \bigcup_{i=1}^{k} V_i, V_i \bigcap V_j = \varnothing (i \neq j)$, 并且同一子集 $V_i(i=1,2,\cdots,k)$ 内任何两个顶点没有边相连,则称这样的图为 k 部图,记作 $G(V_1,V_2,\cdots,V_k;E)$.

特别地,二部图又称为偶图.在一个 k 部图 $G(V_1,V_2,\cdots,V_k;E)$ 中, $|V_i| = m_i (i=1,2,\cdots,k)$,若对任意 $v_i \in V_i, v_j \in V_j (i \neq j, i,j=1,2,\cdots,k)$ 均有边连接 v_i 和 v_j,则称此图为 k 部完全图,记作 $K_{m_1,m_2,\cdots,m_k}$.

3.图兰图
设 $r \geqslant 2$, n 为正整数.记 $n = cr+s$,其中 $0 \leqslant s < r$ 是 n 除以 r 的余数.图兰图 $T_r(n)$ 定义为完全的 r 部图,其包含 s 组 $c+1$ 个顶点和 $r-s$ 组 c 个顶点.

4.图兰图的边数定理
图兰图有 $t_r(n) = \dfrac{r-1}{r} \cdot \dfrac{n^2-s^2}{2} + C_s^2$ 条边.

证明　将公式用 r, s 和 c 表示,得到
$$\frac{r-1}{r} \cdot \frac{n^2-s^2}{2} + C_s^2 = \frac{r-1}{r} \cdot \frac{cr(cr+2s)}{2} + C_s^2 = \frac{(r-1)c(cr+2s)}{2} + C_s^2.$$

设 $A_1, A_2, \cdots, A_r$ 是顶点的集合,其中 $A_1, A_2, \cdots, A_s$ 各有 $c+1$ 个顶点.从 $A_1, A_2, \cdots, A_s$ 中各取一个顶点 a_i.在这些 a_i 之间有 C_s^2 条边, a_i 和其余点之间有 $s \cdot c(r-1)$ 条边,其余点之间有 $C_r^2 c^2$ 条边.求和即得结果.

5.图兰定理
N 个顶点,无 K_{r+1} 图的最大边数是图兰图 $T_r(n)$ 的边数 $t_r(n)$.

证明一　对 n 归纳证明.

当 $n \leqslant r$ 时,因为有一个完全图,命题显然成立.

现在,对于 $n > r$,取 n 个顶点上没有 K_{r+1} 子图,并且边数最多的图 G.如果 G 不包含任何 K_r 子图,那么可以添加任何一条边并保持 G 不含 K_{r+1},这与 G 的最大性矛盾.因此,存在一个 K_r 子图,用 H 表示.

解法的关键是: $G \backslash H$ 中的任意顶点至多有 $r-1$ 条边连接到 H 的顶点,否则会与 H 形成 K_{r+1}.

这样,便得到 H 的顶点之间有 C_r^2 条边,至多 $(r-1)(n-r)$ 条边在 H 和 $G \backslash H$ 之间,然后利用归纳

假设,在 $G \backslash H$ 中至多有 $t_r(n-r)$ 条边.

将这些放在一起,得到 G 中的边数最多为 $C_r^2 + (r-1)(n-r) + t_r(n-r)$.现在只需证明

$$t_r(n) = C_r^2 + (r-1)(n-r) + t_r(n-r).$$

在 $T_r(n)$ 中,取 r 个顶点,每个部分取一个,然后发现这些顶点一共关联 $C_r^2 + (r-1)(n-r)$ 条边,剩余顶点之间有 $t_r(n-r)$ 条边.因此上述的公式成立.

从而 G 至多有 $t_r(n)$ 条边.

> **点评** 上述证明说明了图 $t_r(n)$ 是唯一一个使等式成立的图.事实上,可以在对 n 归纳证明的过程中看到这一点.

考虑第一个证明中使用的不等式.首先,在去掉 K_r 后剩下的 $n-r$ 个顶点中,需要有 $t_r(n-r)$ 条边,因此,根据归纳假设,它们形成一个 $T_r(n-r)$.其次,这个 $T_r(n-r)$ 中的每个顶点必须正好连接到 K_r 的顶点中的 $r-1$ 个.然后很容易看出 $T_r(n-r)$ 的两个不同顶点集合中的顶点不能连接到 K_r 中的同一组 $r-1$ 个顶点,否则它们将一起形成 K_{r+1}.因此,n 个顶点形成 $T_r(n)$.

证明二 找到一个度较小的顶点,将其移除并应用归纳法.归纳的基础情形($n = 1, 2, \cdots, r$)是显然成立的.

对于 $s \neq 0$,即 $r \nmid n$,证明存在一个度最多为 $n-c-1$ 的顶点(这是图兰图的最小度).假设不存在这样的顶点,则每个顶点的度至少为 $n-c$,换句话说,对于每个顶点,至多有 $c-1$ 个顶点与其不相邻.

选择一个顶点 v_1,其至少有 $n-c$ 个邻点.选择其中之一,记作 V_2,于是 v_1 和 v_2 至少有 $n-2c$ 个共同邻点.如此继续,最终得到 $v_1, v_2, \cdots, v_r$,它们两两相邻,并且至少有 $n-rc = s \geq 1$ 个公共邻点.从中取出 v_{r+1} 得到 $K_{r+1}: v_1, v_2, \cdots, v_{r+1}$.

对于 $s = 0$(即 $r \mid n$)的情况,类似地,有一个度至少为 $n-c$ 的顶点.

现在,删除度为 $n-c-1$(或当 $r \mid n$ 时,度为 $n-c$)的顶点.根据归纳假设,剩下的图最多有 $t_r(n-1)$ 条边.所以图当 $r \nmid n$ 时,最多有 $t_r(n-1) + n-c-1$ 条边;当 $r \mid n$ 时,至多有 $t_r(n-1) + n-c$ 条边.可以验证,两种情况下这个式子都给出 $t_r(n)$.

> **点评** 要记住该定理的方式不是 n 个顶点上的无 K_{r+1} 图的边数最大值公式,而是图兰图达到了最大值.

6. 推论

有 N 个顶点,无 K_{r+1} 图的边数最多为 $\dfrac{r-1}{r} \cdot \dfrac{n^2}{2}$.

证明 这个值不小于 $t_r(n)$,当且仅当 r 整除 n 时等号成立.

(二)欧拉回路和哈密顿圈

1. 欧拉回路

包含了图中所有边的回路称为欧拉回路.

2. 欧拉回路的判定与性质定理

连通图有欧拉回路当且仅当每个顶点的度为偶数.

证明 ($\Rightarrow$)假设有一个欧拉回路,当回路通过一个顶点时,它有一条边进入,一条边出去.因此与任何顶点关联的边数是偶数.

假设每个顶点的度都是偶数.从顶点 v 开始,并尽可能添加一条新边,则得到步道 $v = v_1 v_2 \cdots v_k$ 后不能进一步拓展.若 v_k 不是 v,则路径上有与 v_k 关联的奇数条边,可以进一步延长步道.因此 $v_k = v$,路径

是一个回路.

如果它包含了所有的边,则命题得证.否则,注意到每个顶点关联了偶数条未使用的边.在回路中有一个顶点,比如 v_i,它上面有未使用的边.以 v_i 为起点,仅使用未使用的边构建回路.同理,我们又得到一个回路 $v_i u_1 u_2 \cdots u_s v_i$,则可以连接两个回路并得到一个更长的回路 $v_1 v_2 \cdots v_i u_1 u_2 \cdots u_s v_i v_{i+1} \cdots v_k$.

重复上述操作,直到使用了所有的边,即得欧拉回路.

3. 一笔画定理

有限图 G 可以一笔画成的充要条件是 G 是连通的,并且奇顶点的个数等于 0 或 2.

证明 必要性由欧拉回路的判定与性质定理可知,下证充分性.

事实上,若奇顶点的个数等于 0,则由欧拉回路的判定与性质定理可知,图 G 是一个圈,从而命题成立.若奇顶点个数等于 2,不妨设为 u,v,则在 u,v 之间添一条边 e,得一图 G'.由欧拉回路的判定与性质定理知,图 G' 是一个圈,从而在图 G' 中去掉边 e 后所得图 G 是一条链.

4. k 笔画定理

如果图 G 有 $2k(k \geqslant 1)$ 个奇顶点(由于图 G 中奇顶点的个数为偶数,故它事实上包含了所有的图),且 G 是连通图,则图 G 可以用 k 笔画成,并且至少要用 k 笔才能画成.

证明 把这 $2k$ 个奇顶点分成 k 对:$v_1,v_1';v_2,v_2';\cdots;v_k,v_k'$,在每对点 v_i,v_i' 之间添加一条边 e_i,得图 G'.图 G' 没有奇顶点,所以图 G' 是一个圈.再把这 k 条新添的边去掉,这个圈至多分为 k 段,即 k 条链.这说明图 G 是可以用 k 笔画成的.

设图 G 可以分成 h 条链,由一笔画定理,每条链上至多有两个奇顶点,所以 $2h \geqslant 2k$,即 $h \geqslant k$.图 G 至少要用 k 笔才能画成.

5. 哈密顿链和哈密顿圈

称经过图 G 中每个顶点恰好一次的道路为哈密顿链.

特别地,称经过图 G 中每个顶点恰好一次的圈为哈密顿圈,此时称 G 为哈密顿图.

6. 二部图中哈密顿链和哈密顿圈的否定定理

在二部图 $G(V_1,V_2,E)$ 中,如果 $|V_1| \neq |V_2|$,那么 G 一定无哈密顿圈.如果 $|V_1|$ 与 $|V_2|$ 的差大于 1,那么 G 一定无哈密顿链.

7. 哈密顿链存在的判定定理

设 G 是 $n(n \geqslant 3)$ 阶简单图,且对每对顶点 v,v' 有 $d(v)+d(v') \geqslant n-1$,则图 G 有哈密顿链.

证明 先证明 G 是连通图.若图 G 有两个或两个以上的连通部分,设其中之一有 n_1 个顶点,另一部分有 n_2 个顶点.分别从中各取一顶点 V_1,V_2,则 $d(v_1) \leqslant n_1-1,d(v_2) \leqslant n_2-1$.故 $d(v_1)+d(v_2) \leqslant n_1+n_2-2 < n-1$,这与题设矛盾,所以 G 是连通图.

现证明存在哈密顿链.

设在 G 中有一条从 v_1 到 v_p 的链:$v_1 v_2 \cdots v_p$.如果有 v_1 或 v_p 与不在这条链上的一个顶点相邻,可拓展这条链,使它包含这个顶点.否则,v_1 和 v_p 都只与这条链上的顶点相邻,这时存在一个圈包含顶点 v_1,$v_2,\cdots,v_p$.假设与 v_1 相邻的顶点集是 $\{v_{j_1},v_{j_2},\cdots,v_{j_k}\}$,这里 $v_{j_1},v_{j_2},\cdots,v_{j_k}$ 都是链 $v_1 v_2 \cdots v_p$ 中的点,且 $p < n$.

如果 v_1 与 v_p 相邻,则显然存在一个圈 $v_1 v_2 \cdots v_p v_1$.

如果 v_1 与 v_p 不相邻,则必然存在一点 $v_l(2 \leqslant l \leqslant p)$ 和 v_1 相邻,而 v_{l-1} 和 v_p 相邻,如图 4.9.1.

否则 v_p 最多只和 $p-k-1$ 个顶点相邻,即排除 $v_{j_1-1},v_{j_2-1},\cdots,v_{j_k-1}$ 和 v_p 自身,这样 $d(v_1)+d(v_p) \leqslant k+(p-k-1)=p-1 < n-1$,这与假设矛盾.因而存在 $v_1,v_2,\cdots,v_p$ 的圈 $v_1 v_l v_{l+1} \cdots v_p v_{l-1} v_{l-2} \cdots v_2 v_1$.

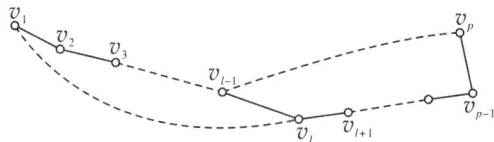

图 4.9.1

若 $p=n$,实际上已存在一个哈密顿圈.若 $p<n$,因为 G 是连通的,所以在 G 中必有一个不属于这个圈的顶点 v' 与 $v_1v_2\cdots v_p$ 中的某一顶点 v_k 相邻,如图 4.9.2.

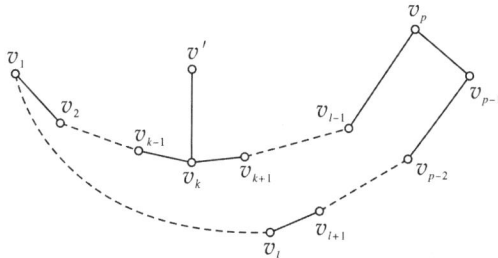

图 4.9.2

于是就得到一个包含 $v_1,v_2,\cdots,v_p,v'$ 的圈: $v'v_kv_{k+1}\cdots v_{l-1}v_pv_{p-1}\cdots v_lv_1v_2\cdots v_kv'$.

不断重复上面的步骤直到存在一条具有 $n-1$ 条边的链为止.

点评 易知该定理的条件对于图中哈密顿链的存在性只是充分的,但并不是必要条件.设 G 是 n 边形,如图 4.9.3,其中 $n=6$.

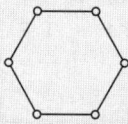

图 4.9.3

显然任何两个顶点的度之和是 $4<6-1$,但在 G 中有一条哈密顿链.

8. Ore 定理

G 是 $n(n\geqslant 3)$ 阶简单图,且对每对不相邻的顶点 v,v' 有 $d(v)+d(v')\geqslant n$,那么图 G 有哈密顿圈.

证明 当 $n=3$ 时,由所给条件知 G 一定是完全图 K_3,命题成立.

设 $n\geqslant 4$,用反证法.

假设 G 是有 n 个顶点且满足度数条件却没有哈密顿圈的图.

不妨设 G 是具有这种性质的边数最大的图,也就是说 G 添上一条边就具有哈密顿圈(否则 G 可以添加一些边,直到不能再添为止,加边后顶点的度仍满足条件),由此得出在图 G 中有一条包含图中每个顶点的哈密顿链,记为 $v_1v_2\cdots v_n$,则 v_1 与 v_n 不相邻,于是 $d(v_1)+d(v_n)\geqslant n$.

那么在 $v_2,v_3,\cdots,v_{n-1}$ 中必有一点 v_i,使 v_1 与 v_i 相邻, v_n 与 v_{i-1} 相邻,如图 4.9.4.

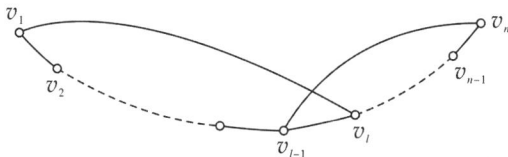

图 4.9.4

否则,有 $d(v_1)=k$ 个点 $v_{i_1},v_{i_2},\cdots,v_{i_k}(2\leqslant i_1\leqslant i_2\leqslant\cdots\leqslant i_k\leqslant n-1)$ 与 v_1 相邻,而 v_n 与 $v_{i_1-1},v_{i_2-1},\cdots,v_{i_k-1}$ 都不相邻,从而 $d(v_n)\leqslant n-1-k$,则 $d(v_1)+d(v_n)\leqslant k+n-1-k=n-1<n$,这与条件矛盾.故 G 存在一条哈密顿圈 $v_1v_2\cdots v_{i-1}v_nv_{n-1}\cdots v_iv_1$.这又与假设矛盾.从而命题得证.

9. Dirac 定理

G 是 $n(n \geqslant 3)$ 阶简单图,如果每个顶点 v 的度 $d(v) \geqslant \dfrac{n}{2}$,则图 G 一定存在哈密顿圈.

10. 哈密顿图的性质定理

如果图 G 有哈密顿图,从 G 中去掉若干个点 $v_1, v_2, \cdots, v_k$ 及与它们关联的边得到图 G',那么图 G' 的连通分支不超过 k 个.

证明 设 c 是图 G 中的哈密顿圈,将 k 个顶点以及与它们关联的边去掉后,c 最多分为 k 段,因此图 G' 的连通分支至多为 k 个.

(三)拉姆塞理论

1. 拉姆塞定理

对于任何正整数 a 和 b,存在一个数 N,使得当 $n \geqslant N$ 时,对于 K_n 的边的任何红蓝着色,存在一个红色 K_a 子图或蓝色 K_b 子图.满足条件的最小的 N 称为拉姆塞数,记为 $R(a, b)$.

证明 对 $a+b$ 归纳证明 $R(a, b)$ 存在.考虑有 $R(a-1, b) + R(a, b-1)$ 个顶点的完全图.选择一个顶点 v,有 $R(a-1, b) + R(a, b-1) - 1$ 条边与 v 关联,其中或者有 $R(a-1, b)$ 条边是红色的,或者有 $R(a, b-1)$ 条边是蓝色的.

不妨设前者成立,考虑由这 $R(a-1, b)$ 条红边的另一个端点形成的子图.由归纳假设,这个子图中有红色的 K_{a-1},或者蓝色的 K_b.如果是后者,就完成了要求;如果是前者,再加上 v,就得到一个红色的 K_a,也完成了要求.

> **点评** 拉姆塞定理的含义可以理解为"乱中有序".众所周知,拉姆塞数很难精准计算.其他已知的拉姆塞数有 $R(3, 4)$,$R(4, 4)$,$R(4, 5)$,但 $R(5, 5)$ 是未知的.虽然拉姆塞数很难确定,但是可以给出它的界.

2. 拉姆塞数的界

$$(a-1)(b-1) < R(a, b) \leqslant R(a-1, b) + R(a, b-1) \leqslant C_{a+b-2}^{a-1}.$$

特别地,当 $a \geqslant 3$ 时,$R(a, a) \geqslant 2^{\frac{a}{2}}$.

证明 对 $a+b$ 归纳来证明这一点.对于 $a=1$ 或 $b=1$,结果显然成立.

现在,使用归纳假设,得到 $R(a, b) \leqslant R(a-1, b) + R(a, b-1) \leqslant C_{a+b-3}^{a-2} + C_{a+b-3}^{a-1} = C_{a+b-2}^{a-1}$.

将 $K_{(a-1)(b-1)}$ 用两种颜色染色,使其没有颜色为 1 的 K_a,也没有颜色为 2 的 K_b.

考虑 $b-1$ 个不相交的 K_{a-1},每个的边都涂上颜色 1.用颜色 2 为不同的 K_{a-1} 之间的所有边着色.

在任何 a 个顶点中,有两个位于不同的 K_{a-1} 中,它们之间的边是颜色 2.因此没有颜色为 1 的 K_a.在任何 b 个顶点中,有两个位于同一个 K_{a-1} 中,它们之间的边是颜色 1,所以没有颜色为 2 的 K_b.

对于 $n = [2^{\frac{a}{2}}]$,从 K_n 中选取 a 个顶点,看看有多少种染色方法将这 a 个顶点确定的完全子图呈现为单色.然后对所有 a 个顶点的可能情况求和.如果结果小于着色方法的总数,那么就有某种着色,没有单色的 K_a.

对于一个固定子图 K_a,有 $2 \cdot 2^{C_n^2 - C_a^2}$ 种为 K_n 的边着色的方法,使得这个 K_a 是单色的.(第一个 2 代表 K_a 的两种颜色选择,而有 $C_n^2 - C_a^2$ 条不在 K_a 中的边,每条都可以用两种方式着色.)

现在,总共有 $2^{C_n^2}$ 种为 K_n 着色的方法,有 C_n^a 种选择 K_a 的方式.只要 $2 \cdot 2^{C_n^2 - C_a^2} \cdot C_n^a < 2^{C_n^2}$,就有 K_n 的某个着色方法没有单色的 K_a.上述的不等式等价于 $C_n^a < 2^{C_a^2 - 1}$.

根据题设,$n \leqslant 2^{\frac{a}{2}}$,所以有 $C_n^a < \dfrac{n^a}{2^{a-\frac{1}{2}}} \leqslant 2^{\frac{a^2}{2} - (a-\frac{1}{2})} \leqslant 2^{C_a^2 - 1}$,命题得证.

点评 该证明中采用的是概率方法背后的思想,可以解释为:首先确定了某个 K_a 是单色的概率,将这些概率相加,然后证明了至少有一个 K_a 是单色的概率小于1.

3.广义拉姆塞定理

对于正整数 $a_1,\cdots,a_r$,存在最小数 $R(a_1,\cdots,a_r)$,使得将顶点数至少为 $R(a_1,a_2,\cdots,a_r)$ 的完全图的边用 r 种颜色任意染色,总有某个 $i(1\leqslant i\leqslant r)$,存在 K_{a_i} 子图,其所有边的颜色为 i.

(四) 平面图

1.平面图、外部面与内部面

若将一个图画在平面上时,能够使它的边仅在端点处相交,则称这个图为平面图.

其中,平面图的顶点和边将平面分成一个个互相隔开的区域,每个这样的区域称为平面图的一个面.这些面中有一个在所有边的外面,称为外部面,其余的就称为内部面.

2.欧拉公式

设有连通平面图 $G(V,E)$ 的绘制,记 F 为面的集合,则 $|E|=|V|+|F|-2$.

证明 对 $|E|+|V|$ 进行归纳.

对于1个顶点的图,公式显然成立.

现在取一个连通平面图.若这是一个树,则 $|V|=n$,$|E|=n-1$,并且 $|F|=1$,所以公式成立.

否则,有一条边不是割边(即去除此边图保持连通).去除此边后,顶点数不变,$|E|$ 和 $|F|$ 正好都减少1,因此应用归纳假设可得 $(|E|-1)=|V|+(|F|-1)-2\Rightarrow|E|=|V|+|F|-2$.

3.推论

连通的平面图 G(指简单图)有 $v(\geqslant 3)$ 个顶点,e 条边,则 $e\leqslant 3v-6$.

证明 由于一个面上至少有3条边,所以按重数记为 f 个面上至少有 $3f$ 条边.另外,一条边最多是两个面的边界,故 f 个面按重数记至多有 $2e$ 条边.从而 $2e\geqslant 3f$,$f\leqslant\dfrac{2}{3}e$.代入欧拉公式,化简即得 $e\leqslant 3v-6$.

点评 事实上,对不连通的平面简单图 G,通过对其连通分支的分析,也可得出上述结论.

4.对偶图

假设有一张平面图 G,可以这样做:在每个面内选择一个点,图 G 的每条边都是两个面(可能是同一个面)之间的边界.穿过这条边连接这两个面所选的点,可以让每个面中从所选的点到边界的各条线没有内部交点,得到另一个平面图 G',其顶点对应于图 G 的面,其面对应于图 G 的顶点,其边对应于图 G 的边(每条边对应它穿过的那条边).这个新图 G' 就称为图 G 的绘制的对偶图.

5.库拉托夫斯基定理

一个图如果不是平面图,那么将度为2的点收缩掉以后,它一定含有一个子图与 K_5 或 $K_{3,3}$ 同构.

注:此定理中所谓的收缩是指把一个顶点 v 与它相邻的点 u 合并为一个点 w,并使所有与 v 或 u 相邻的点都与 w 相邻.

点评 这个定理事实上给出了一个图为平面图的充要条件.

6.柯耶瑞夫 & 戈林伯格定理

如果一个平面图有哈密顿圈 c,用 f_i' 表示在 c 的内部的 i 边形的个数,用 f_i'' 表示在 c 的外部的 i 边形的个数,则

$(1)1\cdot f_3'+2\cdot f_4'+3\cdot f_5'+\cdots=n-2$;

(2)$1 \cdot f''_3 + 2 \cdot f''_4 + 3 \cdot f''_5 + \cdots = n-2$;

(3)$1 \cdot (f'_3 - f''_3) + 2 \cdot (f'_4 - f''_4) + 3 \cdot (f'_5 - f''_5) + \cdots = 0$.

其中 n 为 G 的顶点数,显然也是 c 的长.

证明　设 c 的内部有 d 条边.由于 G 是平面图,它的边都不相交,所以一条边把它经过的面分成两部分.设想这些边是一条一条地放进图里去的,每放进一条边就使 c 内部的面增加一个,因此 d 条边把 c 的内部分成了 $d+1$ 个面.于是 c 的内部的面的总数为 $f'_2 + f'_3 + f'_4 + f'_5 + \cdots = d+1$.

在 c 内每个 i 边形中记上数字 i,各面所记数字之和就是围成这些面的边的总数,c 内部的每条边都被数了两次,而 c 上的 n 条边,每条边都只数了一次,于是 $2 \cdot f'_2 + 3 \cdot f'_3 + 4 \cdot f'_4 + 5 \cdot f'_5 + \cdots = 2d+n$,得 $1 \cdot f'_3 + 2 \cdot f'_4 + 3 \cdot f'_5 + \cdots = n-2$.类似地,可推得 $1 \cdot f''_3 + 2 \cdot f''_4 + 3 \cdot f''_5 + \cdots = n-2$.

上述两式相减,即得 $1 \cdot (f'_3 - f''_3) + 2 \cdot (f'_4 - f''_4) + 3 \cdot (f'_5 - f''_5) + \cdots = 0$.

(五)有向图与竞赛图

1. 有向图

(1)有向图

一个有向图 $G(V,E)$ 由一组顶点 V 和一组边 E 组成,这些边是有序对 (u,v),$u,v \in V$,$u \neq v$.一条边 (u,v) 经常用 $u \to v$ 表示.对于不同的顶点 u 和 v,允许一个图同时有 $u \to v$ 和 $v \to u$ 的边.

(2)出度与入度

设 G 是有向图,$d^+(v)$ 是满足 $v \to u$ 的顶点 u 的个数,也就是从 v 出去的边数,称为 v 的出度;而 $d^-(v)$ 是满足 $u \to v$ 的顶点 u 的个数,也就是进入 v 的边数,称为 v 的入度.

定义 $d(v) = d^-(v) + d^+(v)$.

其中,$N^+(v)$ 是满足 $v \to u$ 的顶点 u 的集合;$N^-(v)$ 是满足 $u \to v$ 的顶点 u 的集合.

特别地,若有向图的任何顶点 v 都满足 $d^+(v) = d^-(v) = k$,则称其为 k-正则图.

(3)强连通与弱连通

设 G 是有向图.若对于任意顶点 u 和 v,存在从 u 到 v 的有向路径,则称 G 是强连通的;若对于任意顶点 u 和 v 存在从 u 到 v 的无向路径,则称 G 是弱连通的.

特别地,不包含有向圈的有向图称为无圈图.

(4)有向图的欧拉定理

设 G 是一个弱连通的有向图,则 G 有一个(有向)欧拉回路,当且仅当 $d^-(v) = d^+(v)$ 对所有的顶点 v 成立.

证明　假设 G 有一个有向欧拉回路,观察到顶点 v 在回路中的每次出现,都有一条边进入 v,一条边离开 v.因为每条边恰好出现一次,所以对所有的顶点 v,有 $d^-(v) = d^+(v)$.

相反,假设所有顶点 v 都满足 $d^-(v) = d^+(v)$.考虑最大的回路 $v_1 \to v_2 \to \cdots \to v_r \to v_1$.

假设存在回路中未使用的边.根据 G 连通,存在未使用的边,关联回路中的某个顶点.设这个顶点为 v_i,则 v_i 必然有一条未使用的出边(每次使用一条出边,一条入边).

从 v_i 开始构造(有向)步道,仅在未使用的边上进行.对于每个顶点,离开它和进入它的未使用边的数量相同.因此,每当步道进入一个顶点时,也会有一条未使用的边可以出去.因此,步道只能最终在 v_i 结束,形成回路 $v_i \to u_1 \to u_2 \to \cdots \to u_s \to v_i$.将此回路连接到原始回路,得到一个更长的回路 $v_1 \to v_2 \to \cdots \to v_i \to u_1 \to u_2 \to \cdots \to u_s \to v_i \to v_{i+1} \to \cdots \to v_r \to v_1$,矛盾.因此,初始回路包含所有边.

2. 有向树

(1)有向树

有向树是一个有向图,使得忽略其方向得到的图是一个树;当使用方向时,存在一个顶点 v,称为根,使得存在从 v 到所有其他顶点的有向路径.

（2）有向树个数定理

n 个标记顶点上有 n^{n-1} 个有向树.

证明 考虑如何通过一次添加一条边来构造有向树. 在每个步骤中,每个连通分支是一个有向树（森林）,例如有 k 个树,必须添加一条新的边 $u \to v$. 可以有 n 种方式选择 u,因为它可以是任何顶点. 但是只有有限的几种方式来选择 v.

事实上, v 必须是与 u 不同的某连通分支的根,这意味着 v 有 $k-1$ 个选择.

所以有 $n(n-s)$ 种方法来选择第 s 条边.

（3）凯莱定理

n 个标记点上有 n^{n-2} 个无向树.

证明 因为有 n 个根顶点供选择, n 个标记顶点上的每个树对应于 n 个有向树,因此（无向）树的数量就是有向树的数量除以 n,即 n^{n-2}.

3. 竞赛图

（1）竞赛图与传递竞赛图

一个竞赛图是满足任何两个顶点之间恰有一条边的有向图. 如果一个竞赛图的顶点可以标记为 $v_1, v_2, \cdots, v_n$,使得 $v_i \to v_j$ 当且仅当 $i < j$,则称其为传递竞赛图.

（2）Camion 定理

竞赛图有哈密顿圈当且仅当它是强连通的.

证明 如果图中包含一个有向哈密顿圈,那么显然从任何顶点到沿着这个圈可以到达任何其他的顶点.

反之,假设竞赛图是强连通的. 设 $C: v_1 \to v_2 \to \cdots \to v_k \to v_1$ 为最长的圈,假设它不包含所有顶点.

对于任何 $v \in V \setminus C$,若 $v_i \to v$ 且 $v \to v_{i+1}$（下角标循环取）,则 $v_1 \to v_2 \to \cdots \to v_i \to v \to v_{i+1} \to \cdots \to v_k \to v_1$ 是更长的圈,矛盾. 因此,要么 $v \to v_i$ 对所有 i 成立;要么 $v_i \to v$ 对所有 i 成立.

将 $V \setminus C$ 分成 A 和 B,使得 $v_i \to v$ 对所有 i 和 $v \in A$ 成立, $v \to v_i$ 对所有 i 和 $v \in B$ 成立. 如果 A 为空,则不能从 C 沿有向路径到达 B,所以图不是强连通的. 同样,如果 B 为空,则不能从 A 到达 C. 因此 A 和 B 均非空.

若存在 $a \in A$ 和 $b \in B$ 使得 $a \to b$,则 $v_1 \to v_2 \to \cdots \to v_k \to a \to b \to v_1$ 是一个更长的圈,矛盾. 因此 $b \to a$,对所有的 $a \in A$ 和 $b \in B$ 成立. 但是现在不能从 $C \bigcup A$ 到达 B,与图的强连通性质矛盾.

因此 C 包含所有顶点.

◎ 二、例题讲解

例题 1 设 $G(V, E)$ 是一个 2019 阶简单图. 已知

①G 中不含三角形,但是在任意两个不相邻顶点之间添一条边后,均有三角形;

②$|E| \geqslant 2019$.

试求 $|E|$ 的最小值.

方法讲解 考虑如下的例子:2019 个顶点记为 $A, B, C, D, P_1, P_2, \cdots, P_{2015}$,边为 $AB, BC, CD, AP_i, DP_i, 1 \leqslant i \leqslant 2015$,这个图不含三角形,但是任意在两个不相邻的顶点之间添一条边都有三角形,边数为 $3 + 2 \times 2015 = 4033$.

下面证明这是最小值. 设图 $G = (V, E)$ 是满足题目条件的图,对 G 的最小度 δ 讨论.

（1）$\delta = 0$. 设 u 不与任何顶点相邻,则任取 $v \neq u$,添上边 uv 后仍不含三角形,与条件 ① 矛盾.

(2)$\delta=1$.设 u 仅与 v 相邻,则对任意 $w\neq u,v$,若 $vw\notin E$,则添上边 vw 后图中仍不含三角形,因此 $vw\in E$.此时 v 与所有其他顶点相邻,不会再有其他边,这是一个星形图 $K_{1,2018}$,边数为 2018,与条件 ② 矛盾.

(3)$\delta=2$.设 u 仅与 v,w 相邻.对任意 $x\neq u,v,w,u$ 与 x 不相邻,而由条件 ① 可知,存在另一个顶点与 u,x 都相邻,这个顶点只能是 v 或 w,故 x 与 v,w 中至少一个顶点相邻.可将 $V\backslash\{v,w\}$ 分为三类,V_1,V_2,V_3 分别是仅与 v 相邻的顶点,仅与 w 相邻的顶点,以及与 v,w 均相邻的顶点,则 $u\in V_3$.

由 G 不含三角形可知,$V_1\cup V_3$ 中顶点互不相邻,$V_2\cup V_3$ 中顶点也互不相邻.对任意 $x\in V_1,y\in V_2,x$ 与 y 是相邻的,否则没有与 x,y 均相邻的顶点.

情形一:$V_1=\varnothing$ 或 $V_2=\varnothing$.不妨设 $V_1=\varnothing$,由于 $V_2\cup V_3$ 中顶点互不相邻,G 是二部图,一部顶点为 $\{v,w\}$,另一部顶点为 $V\backslash\{v,w\}$,若不是完全二部图,那么可在这两部之间添上边,仍然是二部图,不含三角形,与条件 ② 矛盾,因此 G 是完全二部图 $K_{2,2017}$,边数为 4034.

情形二:V_1,V_2 均非空,设 $|V_1|=a$,$|V_2|=b$,$|V_3|=2017-a-b,a,b\geqslant 1$,则 $|E|\geqslant 2(2017-a-b)+a+b+ab=(a-1)(b-1)+4033\geqslant 4033$.

(4)$\delta=3$.设 u 的度为 3,它与 x,y,z 相邻.对任意 $v\neq u,x,y,z$,类似(3)中讨论,可知 v 与 x,y,z 中至少一个顶点相邻,故 $d(x)+d(y)+d(z)\geqslant 2019-4+3=2018$.

由度与边数关系,可知 $|E|=\dfrac{1}{2}\Big[d(x)+d(y)+d(z)+\displaystyle\sum_{v\neq x,y,z}d(v)\Big]\geqslant\dfrac{1}{2}(2018+3\times 2016)=4033$.

(5)$\delta\geqslant 4$.此时,$|E|\geqslant\dfrac{1}{2}\delta|V|\geqslant 2\times 2019=4038$.

综上所述,G 的边数最小值为 4033.

例题 2 在 $n(n\geqslant 3)$ 个顶点的连通图中,每条边至少属于一个三角形,试求它的最小边数.

方法讲解 如图 4.9.5 所示.

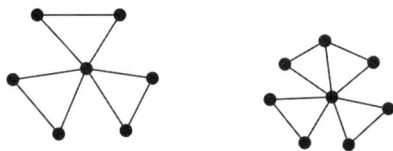

图 4.9.5

对于 $n=2k+1$,取 k 个三角形,所有三角形共享一个公共顶点.这个图有 $3k$ 条边.对于 $n=2k$,取 $k-1$ 个三角形,共享一个公共顶点,另一个顶点连接到一个三角形的两个顶点.这个图有 $3k-1$ 条边.

在两种情况下,均可将边数写成 $e=\left[\dfrac{3n-3}{2}\right]$,其中 n 是顶点数.

用归纳证明这是最小的边数.

当 $n=3$ 时,命题显然成立.

现在设 $n>3$,若所有顶点的度至少为 3,则至少有 $\dfrac{3n}{2}$ 条边,命题成立.

否则,存在度为 2 的顶点 v(它不能是度数 1,否则连出的唯一一边不会在任何三角形中).假设它连接到 u 和 w,以 uw 为边,否则 vu 和 vw 不会在任何三角形中.

如果还有三角形以 uw 为边,那么去掉顶点 v,剩下的图仍然服从任何边都属于某三角形的条件.剩下的图有 $n-1$ 个顶点,所以至少有 $\left[\dfrac{3(n-1)-3}{2}\right]$ 条边,这意味着原图的边数至少是 $\left[\dfrac{3(n-1)-3}{2}\right]+2$

$\geqslant\left[\dfrac{3n-2}{3}\right]$.

如果 uvw 是唯一包含 uw 的三角形,移除顶点 v 并将 u 和 w 收缩成一个顶点 $v\sim w$,如图 4.9.6.

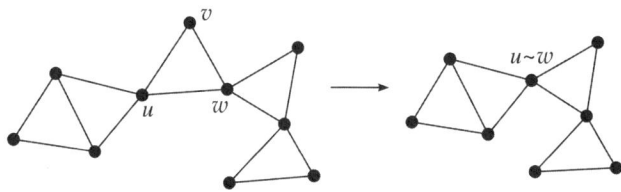

图 4.9.6

因为 uw 在收缩前（移除 v 后）不属于三角形，所以每个三角形在收缩后还是三角形．因此收缩后的图的每条边还是属于收缩前同一个三角形．

收缩后的图有 $n-2$ 个顶点，所以至少有 $\left[\dfrac{3(n-2)-3}{2}\right]$ 条边（归纳假设），这意味着收缩前的边数至少为 $\left[\dfrac{3(n-2)-3}{2}\right]+3=\left[\dfrac{3n-3}{2}\right]$．

例题 3 考虑顶点集为 A,B 的二部图，其中 $|A|=m$，$|B|=n$，图中没有长度为 4 的圈（即 C_4 不是子图）．证明：它最多有 $n+\mathrm{C}_m^2$ 条边．

方法讲解 设 $u_1,\cdots,u_n$ 为 B 中的顶点，并用 $d_1,\cdots,d_n$ 表示它们的度．图的边数为 $\sum_i d_i$．

考虑三元组 $(\{v,v'\},u_i)$，其中 $v,v'\in A$，$vu_i,v'u_i$ 是边．对于任何 i，都有 $\mathrm{C}_{d_i}^2$ 个这样的三元组．但是对于任何 $\{v,v'\}$，最多只有一个．因此 $\sum_i \mathrm{C}_{d_i}^2\leqslant \mathrm{C}_m^2$．

事实上，$\mathrm{C}_{d_i}^2=\dfrac{d_i(d_i-1)}{2}\geqslant d_i-1$，将两者放在一起，得到 $\sum_i d_i-n\leqslant \mathrm{C}_m^2 \Rightarrow |E|\leqslant n+\mathrm{C}_m^2$．

另证，设 $A=\{v_1,v_2,\cdots,v_m\}$，S_i 为 v_i 的邻居集合．由于没有 C_4，任何两个 S_i 和 S_j 至多有一个共同元素．

我们知道边的数量是 $\sum_i |S_i|$，根据容斥原理有

$$\sum_i |S_i|\leqslant \left|\bigcup_i S_i\right|+\sum_{i<j}|S_i\cap S_j|\leqslant |B|+\mathrm{C}_m^2\times 1=n+\mathrm{C}_m^2.$$

点评 同理，也可以得到至多有 $m+\mathrm{C}_n^2$ 条边．

例题 4 给定凸 20 边形 P，用 P 的 17 条在内部不相交的对角线将 P 分割成 18 个三角形，所得图形称为 P 的一个三角剖分图．对 P 的任意一个三角剖分图 T，P 的 20 条边以及添加的 17 条对角线均称为 T 的边．T 的任意 10 条两两无公共端点的边的集合称为 T 的一个完美匹配．当 T 取遍 P 的所有三角剖分图时，试求 T 的完美匹配个数的最大值．

分析 思考后发现直接考虑 20 边形难度很大，可通过特殊与一般之间互相转化，先转为 $2n$ 边形，再转为 4 边形、6 边形以寻找突破口，再分成两步，先证其理论最大值，再运用类似的递推方式证最大值可取（即取等条件），即可．

方法讲解 将 20 边形转换成 $2n$ 边形考虑．

首先对 P 的任意三角剖分图 T，其完美匹配不含一条使其两侧各有奇数个顶点的弦（称之为奇弦，反之为偶弦）．

将 T 的完美匹配个数记为 $f(T)$．

取 $\{F_n\}$ 为斐波那契数列，其中 $F_0=1$，$F_1=1$，$F_2=2$，$F_{k+2}=F_{k+1}+F_k$．

引理：若 T 是凸 $2n$ 边形的一个三角剖分图，有 $f(T)\leqslant F_n$．

引理的证明：设 $P=A_1A_2\cdots A_{2n-1}A_{2n}$ 是凸 $2n$ 边形，从 P 的 $2n$ 条边中选 n 条边构成完美匹配，恰有两种方式：

① $A_1A_2,A_3A_4,\cdots,A_{2n-1}A_{2n}$；

②A_2A_3,A_4A_5,$\cdots$,$A_{2n}A_1$.

当 $n=2$ 时,$f(T)=2=F_2$.

当 $n=3$ 时,$f(T)=3=F_3$.

结论:当 $n=2,3$ 时成立,设 $n\geqslant 4$,且结论在小于 n 时均成立.考虑凸 $2n$ 边形 $P=A_1A_2\cdots A_{2n}$ 的一个三角剖分图 T,若 T 无偶弦,则必用 P 的边,$f(T)=2$.

对于偶弦 e,记 e 两侧中 P 顶点个数较小值为 $W(e)$.

若 T 有偶弦,取 e 使 $W(e)$ 达到最小,设 $W(e)=2k$,不妨设 e 为 $A_{2n}A_{2k+1}$,则每个 $A_i(i=1,2,\cdots,2k)$ 不可引出偶弦.

假设 A_iA_j 是偶弦,若 $j=2k+2,2k+3,\cdots,2n-1$,则 A_iA_j 与 e 在 P 的内部相交,矛盾.

若 $j=1,2,\cdots,2k+1$ 或 $j=2n$,则与 $W(e)$ 的最小性矛盾.

因为完美匹配中没有奇弦,故 $A_1A_2\cdots A_{2k}$ 只能与其相邻顶点配对,A_1 只能与 A_2 或 A_{2n} 配对.

情形一:若有 A_1A_2,则有 A_3A_4,$\cdots$,$A_{2k-1}A_{2k}$,故 $A_{2n}A_{2k+1}$ 两侧分别有 $2k$ 与 $2n-2k-2$ 个顶点,$2n-2k-2\geqslant W(A_{2n}A_{2k+1})=2k$,而 $n\geqslant 4,2n-2k\geqslant 6$,$T$ 的边给出了 P_1 的三角剖分图 T_1,当且仅当 $e_1e_2\cdots e_{n-k}$ 是 T_1 的完美匹配,个数为 $f(T_1)$.

情形二:若有 A_1A_{2n},则有 A_2A_3,$\cdots$,$A_{2k}A_{2k+1}$,构造 T_2 使得对于任意 i,j 满足 $2k+2\leqslant i<j\leqslant 2n-1$,若 A_iA_j 为 T 的边,也将其作为 T_2 的边,故 T 的完美匹配个数不超过 $f(T_2)$.

由归纳假设:$f(T)\leqslant F_n$.

下面说明等号成立条件:同理运用数学归纳法,模仿上述步骤,即可推出 $f(T)_{\max}=F_n$.

故原题中的最大值为斐波那契数列的第 11 项,即 89.

点评　本题难点在于猜出斐波那契数列,递推逻辑关系较易.也可通过四、六、八边形举例寻找规律,再通过数学归纳法证明.相比往年最后一题要容易一些,找到思路后便可较快得证.

例题 5　凸 n 边形及其 $n-3$ 条在形内不相交的对角线组成的图形称为一个剖分图,证明:当且仅当 n 是 3 的倍数时,存在一个剖分图是可以一笔画的圈.

方法讲解　先证充分性.设 n 是 3 的倍数,下面证明,任一凸 n 边形必有一个可以一笔画的剖分图.用归纳法.当 $n=3$ 时,显然成立.假设对 $n=3k$ 成立,下面证明对 $n=3(k+1)$ 也成立.用对角线 a_1a_5 把凸 $3(k+1)$ 边形 $a_1a_2\cdots a_{3k+3}a_1$ 分为一个五边形 $a_1a_2\cdots a_5a_1$ 与一个凸 $3k$ 边形 $a_5a_6\cdots a_{3k+2}a_{3k+3}a_1a_5$.由归纳假设,这个凸 $3k$ 边形的剖分图 G,得到凸 $3(k+1)$ 边形的一个剖分图 G'.剖分图 G' 可以一笔画,只要把剖分图 G 的一笔画中的 a_1a_5 那一段用折线 $a_1a_3a_5a_4a_3a_2a_1a_5$ 代替.

再证必要性.设凸 n 边形有一个可以一笔画的剖分图 G.下面证明 n 是 3 的倍数.因为 G 可以一笔画,由欧拉回路的判定与性质定理,G 中每个顶点引出的对角线都是偶数条.易知 G 中的三角形可以用红、蓝两色染色,使得相邻的三角形不同色.因为每个顶点引出的边都有偶数条,所以每个顶点是奇数个剖分三角形的公共顶点.这些三角形,相邻不同色,因此,位于两端的两个剖分三角形必同色.于是,含有 n 边形的某条边为边的剖分三角形都同色,并设为红色.每条对角线,既是一个红三角形的边也是一个蓝三角形的边;n 边形的 n 条边,每条都只是一个红三角形的边.设红三角形有 p 个,蓝三角形有 q 个,则有 $3p-3q=n$.这表明 n 是 3 的倍数.

例题 6　一个国家公园由平面上若干条小路和它们的交叉点组成.假设

(1) 每条小路的两个端点是不同的交叉点;

(2) 每个交叉点恰是三条小路的端点;

(3) 任意两条小路只在端点处相交;

(4) 任意两个交点之间最多有一条小路连接.

图 4.9.7

一种可能的平面国家公园的设计如图 4.9.7 所示,其中包括 6 个交叉点和 9 条小路.

一个游客在国家公园里按如下方式步行游览：她从某个交叉点出发沿某条小路行走，在这条小路尽头的交叉点处她向左转进入下一条小路继续行走，在下一条小路尽头的交叉点处她向右转，这样一直走下去并在每次小路尽头的交叉点处交替左转和右转，直到她回到出发的交叉点。对所有国家公园可能的设计和游客可能的出发点，求在游客游览过程中经过某一交叉点次数的最大可能值。

方法讲解　在游客游览过程中经过某一交叉点次数的最大可能值为 3。

一方面，考虑如图 4.9.8 所示的国家公园设计，其中交叉口旁边的数字为它的编号：

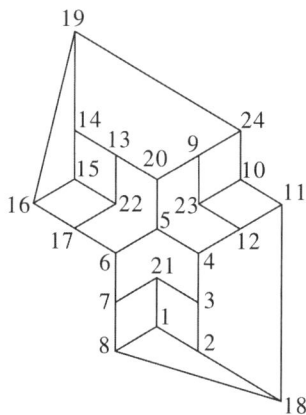

图 4.9.8

此时旅客有如下可能的行进路线 R：

$$1 \xrightarrow{} 2 \xrightarrow{L} 3 \xrightarrow{B} 4 \xrightarrow{L} 5 \xrightarrow{B} 20 \xrightarrow{L} 13$$
$$\xrightarrow{B} 14 \xrightarrow{L} 15 \xrightarrow{B} 16 \xrightarrow{L} 17 \xrightarrow{B} 6 \xrightarrow{L} 5$$
$$\xrightarrow{B} 4 \xrightarrow{L} 12 \xrightarrow{B} 11 \xrightarrow{L} 10 \xrightarrow{B} 24 \xrightarrow{L} 9$$
$$\xrightarrow{B} 20 \xrightarrow{L} 5 \xrightarrow{B} 6 \xrightarrow{L} 7 \xrightarrow{B} 8 \xrightarrow{L} 1$$

这样，游客经过了编号为 5 的交叉口恰好 3 次。

另一方面，我们说明无论国家公园如何设计，游客经过任何一个交叉口至多 3 次。

用反证法。

假设在某个设计下游客能经过某个交叉口 c 至少 4 次。有如下事实：

(1) 游客沿道路从 a 到 b 与从 b 到 a 的转向是相反的（分别为左转和右转）。

(2) 游客经过的任意连续三个交叉口唯一确定整条回路（不考虑起点和终点）。

事实 (2) 成立是因为这样三个交叉口确定了中间交叉口处的转弯方向，从而由条件确定了之后每次的转弯方向。

由 (2) 可见：游客的行进路线 R 中至多有一处相邻三项形如 $x \to y \to z$，否则设某两次 $x \to y \to z$ 发生时后发生的那次结束之后走了 k 次路回到起点，那么从前发生的那次结束之后进行恰 k 次走路之后必然也回到起点，从而行程会提前结束，矛盾。

断言：R 不可能同时存在相邻三项形如 $x \to y \to z$ 和另外相邻三项形如 $z \to y \to x$。

证明：若不然，不妨设前者较后者先发生。设游客沿行进的后继依次为 $W_1, W_2, \cdots$，即 R 中靠前的一段形如 $\cdots \to x \to y \to z \to W_1 \to W_2 \to \cdots$，则由 (1) 知游客沿 z, y, x 行进的前继为 $W_1, W_2, \cdots$，即 R 中靠后的一段形如 $\cdots \to W_2 \to W_1 \to z \to y \to x \to \cdots$。

这样，必有某个正整数 l 使得 $W_{l-1} \to W_l \to W_{l-1}$（$W_{l-1} = y$ 或 z 是可能发生的）作为连续的三项出现在 R 序列中，但这是不可能的。故断言为真。

由 (2) 以及断言可知，游客 4 次经过 c 的前继与后继路口对应于互不相同的无序对，而这样的无序对只有 3 个，矛盾。

综上所述,所求最大可能值为 3.

点评　这是一道新颖的组合问题,其重点是将游客的行进过程抽象为一个二阶递推数列.因此,可以运用数列周期性的分析技巧来解决问题.本题的大致思路比较自然,但对于一些细节的精细书写提出较高的要求.

例题 7　某工厂生产由 6 种不同颜色的纱织成的双色布.已知花布品种中,每种颜色至少分别和其他 3 种不同的颜色搭配.证明:可以挑选出 3 种双色布,它们恰好含有 6 种不同的颜色.

方法讲解　用 6 个顶点表示 6 种颜色的纱,若两种颜色的纱能搭配织成一种双色布,就在相应的顶点之间连一条边,这样就得到一个图 G.已知条件是,每种颜色的纱至少和其他三种颜色的纱搭配,也即对任意顶点 $v_i,d(v_i) \geqslant 3$.欲证的是,图 G 中存在三条边,其中任意两条边都没有公共端点.

因为对图 G 中任一顶点 $v_i,d(v_i) \geqslant 3$,根据 Dirac 定理知 G 有哈密顿圈,记为 $v_1 v_2 v_3 v_4 v_5 v_6 v_1$,则边 $(v_1,v_2),(v_3,v_4),(v_5,v_6)$ 就是三条两两没有公共端点的边.

例题 8　一个给定的圆周上有 13 个点,能否用数字 $1,2,\cdots,13$ 给它们编号,使得相邻两点上的数之差的绝对值至多是 5,至少是 3?

方法讲解　作一个图 G:将 $1,2,\cdots,13$ 看成 13 个顶点,其中对满足 $3 \leqslant |i-j| \leqslant 5$ 的正整数 i,j,令顶点 i,j 相邻.

如果可以按照题目要求进行编号,则图 G 必有一个哈密顿圈 C(经过图中每个顶点恰好一次的圈).

将 G 的顶点分成如下两个集合 $A = \{1,2,3,11,12,13\},B = \{4,5,6,7,8,9,10\}$.由于每个顶点必是哈密顿圈 C 中两条边的端点,但 A 中任意两个顶点不相邻,因此 A,B 之间共有 C 中的 12 条边,因此 C 中恰有一条边是连接 B 中两个顶点的,不妨记为 e.

对于 B 的顶点 4,A 中只有一个顶点 1 与之相邻,所以 4 必是边 e 的一个端点.同理 10 也是边 e 的端点.但 4 与 10 不相邻.矛盾.

所以满足题意的编号方式不存在.

例题 9　证明:对于所有正整数 r,有一个数 $N(r)$ 具有以下性质:如果 $n \geqslant N(r)$,集合 $\{1,2,\cdots,n\}$ 中的整数用 r 种颜色任意着色,那么总存在三个同色的元素 x,y,z 满足 $x+y=z$.

方法讲解　对于固定正整数 N,假设存在 $\{1,2,\cdots,N\}$ 用 r 种颜色的着色,使得没有三个同色元素 x,y,z 满足 $x+y=z$.

根据抽屉原则,有一种颜色,比如 1,至少有 $T_1 = \dfrac{N}{r}$ 个数字是这种颜色的:$a_1 < a_2 < \cdots < a_{T_1}$.于是所有的 $a_i - a_j$ 是其他的 $r-1$ 种颜色.

考虑数字 $a_{T_1} - a_1, a_{T_1} - a_2, \cdots, a_{T_1} - a_{T_1 - 1}$.至少 $T_2 = \dfrac{T_1 - 1}{r-1} = \dfrac{\dfrac{N}{r} - 1}{r-1}$ 种是同色的,不妨设 $b_1 < b_2 < \cdots < b_{T_2}$ 是颜色 2.注意它们两两的差也是某些 a_i 的差,所以这些差不能是 1 或 2 的颜色.

现在取差 $b_{T_2} - b_1, b_{T_2} - b_2, \cdots, b_{T_2} - b_{T_2 - 1}$,如此继续.

在每一步中,我们获得具有颜色 i 的 T_i 个数,并且它们的差也是对于颜色 $j(j < i)$ 所获得的那些数的差.

最终,得到 $\left(\cdots \left(\left(\left(\dfrac{N}{r} - 1 \right) \cdot \dfrac{1}{r-1} - 1 \right) \cdot \dfrac{1}{r-2} - 1 \right) \cdots \right) \cdot 1 - 1$ 个数字,不能染任何颜色,如果 N 大于某个值(取 $(r+1)!$ 即可),就得到矛盾.

因此,对于大于此值的 N,任何着色都有三个具有所需属性的数字.

另证　证明 $N(r) = R(\underbrace{3,3,\cdots,3}_{r \uparrow 3}) - 1$.

假设将整数 $\{1,2,\cdots,N\}$ 染成 r 种颜色，其中 $n \geqslant R(3,3,\cdots,3)-1$. 考虑顶点为 $\{1,2,\cdots,n+1\}$ 的完全图，并将边 ij 染成正整数 $|i-j|$ 得到的颜色. 由于 $n \geqslant R(3,3,\cdots,3)$，图中会有一个单色三角形. 于是可以找到 $i<j<k$，使得边 ij,jk,ik 有相同的颜色. 这意味着在原始数字的着色中，$x=j-i$，$y=k-j$ 和 $z=k-i$ 是同一种颜色，显然 $x+y=z$.

例题 10 凸 n 边形 P 中的每条边和每条对角线都被染为 n 种颜色之一. 试求所有的正整数 n，使得存在一种染色方式，满足对于这 n 种颜色中的任意三种，都能找到一个三角形，其顶点为多边形 P 的顶点，且它的三条边分别被染为这三种颜色.

方法讲解 因为三角形有 C_n^3 个，而三种颜色的组合也刚好有 C_n^3 种，所以不同的三角形对应于不同的颜色组合.

以下将多边形的边与对角线都称为线段.

因为每种颜色的线段都出现在 C_{n-1}^2 个三角形中，而每条线段都是 $n-2$ 个三角形的边，所以每种颜色的线段都有 $\dfrac{1}{n-2}C_{n-1}^2 = \dfrac{n-1}{2}$ 条.

当 n 是偶数时，$\dfrac{n-1}{2}$ 不是整数，从而不存在满足要求的染色方式.

当 n 是奇数时，给出一种满足要求的染色方式.

设 P 的顶点依次为 $A_1,A_2,\cdots,A_n$. 对 $1 \leqslant i \leqslant n$，将线段 A_jA_k 染为颜色 c_i 当且仅当 $j+k \equiv 2i \pmod{n}$. 由 n 是奇数知，每条线段都恰染为一种颜色.

对任意三种颜色 c_{i_1},c_{i_2},c_{i_3}，取 $j \equiv -i_1+i_2+i_3 \pmod{n}$，$k \equiv i_1-i_2+i_3 \pmod{n}$，$l \equiv i_1+i_2-i_3 \pmod{n}$，则 $j+k \equiv 2i_3 \pmod{n}$，$k+l \equiv 2i_1 \pmod{n}$，$l+j \equiv 2i_2 \pmod{n}$.

由 n 是奇数知，i,j,k 两两模 n 不同余，所以 $\triangle A_jA_kA_l$ 的三边恰为 c_{i_1},c_{i_2},c_{i_3} 三种颜色.

从而这样的染色方式满足要求.

例题 11 设整数 $n \geqslant 2$，图 G 的最小度 $\delta(G) \geqslant 4n$. 将图 G 的边用两种颜色染色，证明：存在一个长度至少为 $n+1$ 的单色图.

方法讲解 图 G 至少有 $2n|V|$ 条边. 根据抽屉原则，存在一种颜色，该颜色的边至少为 $n|V|$. 考虑由这种颜色的边确定的子图 H.

由于图 H 的平均度是 $2n$，则图 H 有一个子图 H' 的最小度是 n（只需删除度小于 n 的顶点，平均度不会减少，直到不再有这样的顶点）. 因此图 H' 包含一个长度至少为 $n+1$ 的圈（选择最长路径 $v_1,v_2,\cdots,v_r$，那么 v_1 没有边到路径外的顶点，但它至少有 n 个邻点，所以它必须连接到某个 $v_i(i \geqslant n+1)$，从 v_1 到 v_i 的路径可以封闭为圈）.

例题 12 一个联谊俱乐部有 $2k+1$ 名成员，每名成员均精通相同的 k 种语言. 已知任意两名成员只用一种语言进行交谈，且不存在三名成员，他们两两之间用的是同一种语言. 设 A 是由三名成员构成的子集的个数，使得每个子集中的三名成员两两之间用的是互不相同的语言. 试求 A 的最大值.

方法讲解 将每名成员对应一个点，每种语言对应一种颜色. 如果两名成员用某种语言进行交谈，则将这两名成员对应的点之间所连的边染为该种语言对应的颜色. 这样得到一个有 $2k+1$ 个顶点的完全图，且将每条边染为给定的 k 种颜色之一.

称有 1,2,3 种颜色的三角形分别为同色三角形、异色三角形、全异色三角形. 已知图中没有同色三角形，欲求全异色三角形个数的最大值.

考虑图中同色角的个数.

一方面，设全异色三角形的个数为 x，则异色三角形的个数为 C_{2k+1}^3-x. 因为每个异色三角形有 1 个同色角，而每个全异色三角形没有同色角，所以图中同色角共有 C_{2k+1}^3-x 个.

另一方面，设某个点所连 $2k$ 条边染为 k 种颜色的个数分别为 $x_1,x_2,\cdots,x_k$，则以该点为顶点的同色

角的个数为 $\sum_{i=1}^{k} C_{x_i}^2$. 因为对正整数 $x, C_x^2 \geqslant x-1$, 所以 $\sum_{i=1}^{k} C_{x_i}^2 \geqslant \sum_{i=1}^{k} (x_i-1) = \sum_{i=1}^{k} x_i - k = k$. 从而图中同色角至少有 $(2k+1)k$ 个.

综合两方面得 $C_{2k+1}^3 - x \geqslant (2k+1)k$, 故 $x \leqslant \dfrac{2k(k-2)(2k+1)}{3}$.

当等号成立时,每个点所连某种颜色的边各两条.于是只需证明可以将有 $2k+1$ 个顶点的完全图的边分成 k 个两两不交的哈密顿圈,此时将每个哈密顿圈染为不同的颜色即可.

事实上,由顶点 u_0 开始交替连接两个点列 $v_1, v_2, \cdots, v_k$ 和 $v_{2k}, v_{2k-1}, \cdots, v_{k+1}$, 得到一个圈 $C_0 = (u_0, v_1, v_{2k}, v_2, v_{2k-1}, \cdots, v_k, v_{k+1}, u_0)$. 对 $1 \leqslant i \leqslant k-1$, 将圈 C_0 中不为 u_0 的每个顶点的角标加 i 得到圈 C_i, 其中角标按模 $2k$ 理解.容易检验,这样的 k 个哈密顿圈两两不交.

例题 13　凸多面体的所有边都涂有红色或黄色.对于面上的一个角,若它的两条边颜色不同,则该角称为偏心角.顶点 A 的偏心度,记为 S_A, 定义为以其为顶点的偏心角的个数,证明:存在两个顶点 B 和 C 使得 $S_B + S_C \leqslant 4$.

方法讲解　观察到,如果添加面上的对角线并随机给它们着色,那么任何顶点的偏心度都不会减少.因此,只需对所有面都是三角形的情况证明问题.

根据欧拉公式, $|E| = |F| + |V| - 2$.

由于所有面都是三角形,可得 $2|E| = 3|F|$, 因此 $|F| = 2|V| - 4$.

另外,从面的角度考虑偏心角.每个面至多包含两个偏心角,所以偏心角的总数最多为 $2|F| = 4|V| - 8$. 由此可知至少有两个顶点有 $S_A, S_B < 4$. 但显然 S_A 和 S_B 是偶数,所以 $S_A + S_B \leqslant 4$.

例题 14　如果一个正方形被划分为 n 个凸多边形,当 n 给定时,试求这些凸多边形的边数的最大值.

分析　如果一个多边形被划分为 n 个多边形,则由欧拉定理知 $v - e + n = 1$, 这里 v 是这些多边形的顶点数,e 是总边数.

方法讲解　由于一个正方形被划分为 n 个凸多边形,因此这些多边形的每个顶点,如果它不是正方形的顶点,必是至少 3 个凸多边形的顶点.用 A, B, C, D 表示正方形的顶点.用 $d(V)$ 表示通过顶点 V 的边数,对于 $V \neq A, B, C, D$, 有 $d(V) \geqslant 3$, 因此 $d(V) \leqslant 3(d(V) - 2)$. 对于上式关于除去 A, B, C, D 四点的所有多边形的顶点求和,由于除去正方形四边的每条边恰是两个凸多边形的边,因为对上式求和后,有 $2e - (d(A) + d(B) + d(C) + d(D)) \leqslant 3[2e - (d(A) + d(B) + d(C) + d(D))] - 6(v-4)$. 于是 $4e \geqslant 2(d(A) + d(B) + d(C) + d(D)) + 6(v-4)$. 由于 $d(A) \geqslant 2, d(B) \geqslant 2, d(C) \geqslant 2, d(D) \geqslant 2$, 所以 $2e \geqslant 8 + 3(v-4) = 3v - 4$. 由于 $v - e + n = 1$, 两端乘以 3 可以得到 $3e + 3 = 3v + 3n \leqslant (2e+4) + 3n$, 即 $e \leqslant 3n + 1$. $e = 3n + 1$ 是可以达到的,过正方形的一边相继作 $n-1$ 条邻边的平行线,这个正方形被划分为 n 个矩形,如图 4.9.9.

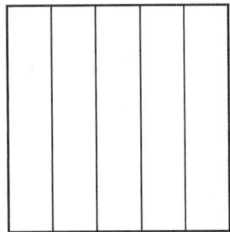

图 4.9.9

这些矩形的总边数可以这样计算:最左边一个矩形有 4 条边,紧接着每增加一个矩形,增加 3 条边,所以总边数 $e = 4 + \underbrace{(3+3+\cdots+3)}_{n-1 \text{个}} = 3n + 1$.

综上所述,所求的边数的最大值是 $3n + 1$.

例题 15 由 n 个车站组成公路网，每个车站至少有 6 条公路引出．证明：必有两条公路在平面上相交．

方法讲解 n 个车站由 n 个顶点表示，每两个车站有公路相遇，则相应两顶点之间连一条边，得图 G．由题意知，G 中每点的度 $\geqslant 6$．若 G 是平面图，则由 $6n \leqslant 2e$ 得 $n \leqslant \dfrac{e}{3}$．

又 $f \leqslant \dfrac{2}{3}e$，所以有 $2 = n - e + f \leqslant \dfrac{e}{3} - e + \dfrac{2}{3}e = 0$．

这个矛盾表明 G 非平面图，所以至少有两条公路在平面上相交．

例题 16 如果凸 n 边形的任意 3 条对角线都不交于一点，试问：该凸 n 边形被它的对角线分成多少部分？

方法讲解 以凸 n 边形的顶点以及所有对角线的交点为顶点，以顶点间已连有的线段为边构成一个平面图 G．设图 G 的顶点数为 V，边数为 E，面数为 F（其中，凸多边形的外部也算作一个面，故所求的结果为 $F-1$）．

由于凸 n 边形的任意 4 个顶点唯一对应形内的一个交点，从而形内的交点总数为 C_n^4，故图 G 的顶点数 $V = n + C_n^4$．

又由于图 G 中作为凸 n 边形顶点的顶点的度为 $n-1$，而作为凸 n 边形对角线交点的顶点的度为 4，所以边数 $E = \dfrac{1}{2}[n(n-1) + 4C_n^4]$．

将以上两式代入平面图的欧拉公式 $V - E + F = 2$ 得

$$F - 1 = E - V + 1 = \dfrac{1}{2}[n(n-1) + 4C_n^4] - (n + C_n^4) + 1 = \dfrac{1}{24}(n-1)(n-2)(n^2 - 3n + 12),$$

即该凸 n 边形被它的对角线分成 $\dfrac{1}{24}(n-1)(n-2)(n^2 - 3n + 12)$ 个部分．

例题 17 证明：有限平面简单图的边可以定向，使得每个顶点的出度最多为 3．

方法讲解 先选择任意定向．假设存在顶点 v，其出度至少为 4，证明存在从 v 到出度最大为 2 的顶点 u 的有向路径．然后反转路径上所有边的方向，除了路径的端点外，所有顶点的出度都将保持不变．而端点 v 的出度将减少 1，而 u 的出度增加 1，最多为 3．重复此过程，就可以将所有出度调整为不超过 3．

为了证明这样的路径存在，设 V 是从 v 可以通过有向路径到达的顶点的集合（包括 v），W 是其余顶点的集合．于是，不存在从 V 中的顶点到 W 中的顶点的有向边，所以 V 中的点在 V 的诱导子图中的出度与在大图中的出度相同．

假设这个子图中的所有出度都至少为 3．这意味着至少有 $3|V|$ 条边．但是子图也是平面图，所以与平面图的必要条件 $|E| \leqslant 3|V| - 6$ 矛盾．因此，存在顶点 $u \in V$，其出度最多为 2．而根据 V 的定义，存在 v 到 u 的路径．

例题 18 给定 2021 个互不相同的质数 $p_1, p_2, \cdots, p_{2021}$．令 $S = \left\{ \dfrac{p_i}{p_j} \mid i, j \in \{1, 2, \cdots, 2021\}, i \neq j \right\}$．甲、乙两人进行如下游戏：两人轮流在黑板上写一个 S 中的数，要求每次所写的数与黑板上已有的数均不同．若某人写完数后，黑板上有若干个不同的数的乘积为 1，则此人输掉游戏并且游戏结束．试问：谁有必胜策略？请说明理由．

分析 从题目上看，操作的数只有有限个，这会使我们想到奉陪策略．但是实际操作上会有漏洞．于是我们想到使用图论的方法来解答这个问题．

方法讲解 将 $p_1, p_2, \cdots, p_{2021}$ 作为顶点，如果某人写下数，则从 p_i 向 p_j 连一条有向边，用 $p_i \rightarrow p_j$ 表示．当黑板上有若干个数的乘积为 1 时，图中存在有向圈．

只需证明，乙连完后总可使图中没有有向圈，且所有度大于 0 的点在一条有向链上．

事实上，不妨设第一次甲连 $p_1 \rightarrow p_2$，则接下来乙连 $p_2 \rightarrow p_3$，满足要求．

假设某次乙连完后,$p_1,p_2,\cdots,p_k$ 是所有出度大于 0 的点且它们在有向链 $p_1 \to p_2 \to \cdots \to p_k$ 上.

若甲下一次连 $p_i \to p_j$,其中,则当 $k < 2021$ 时,乙连 $p_k \to p_{k+1}$;当 $k = 2021$ 时,由 C_{2021}^2 是偶数且轮到乙时共连了奇数条边知,乙可从某个角标小的点向某个角标大的点连有向边,满足要求.

若甲下一次连 $p_j \to p_i$,其中 $1 \leqslant i < j \leqslant k$,则图中出现有向圈,甲输掉游戏.

不妨设甲下一次连 $p_i \to p_{k+1}$,其中 $1 \leqslant i \leqslant k$,则当 $i < k$ 时,乙连 $p_k \to p_{k+1}$;当 $i = k$ 时,乙连 $p_{k-1} \to p_{k+1}$,满足要求.

不妨设甲下一次连 $p_{k+1} \to p_i$,其中 $1 \leqslant i \leqslant k$,则当 $i > 1$ 时,乙连 $p_{k+1} \to p_1$;当 $i = 1$ 时,乙连 $p_{k+1} \to p_2$,满足要求.

不妨设甲下一次连 $p_{k+1} \to p_{k+2}$,则乙连 $p_k \to p_{k+1}$,满足要求.

因为边的条数有限,所以甲某次连完后必会使图中出现有向圈,从而输掉游戏.

例题 19 对于每个正整数 k,试求最小的正整数 n,使得在每个顶点数为 n 的有向完全图中,存在一个出度和入度都至少为 k 的顶点.

方法讲解 当 $n = 4k-2$ 时,将 $4k-2$ 个点分成两组,每组 $2k-1$ 个点,各点为 $A_1,A_2,\cdots,A_{2k-1}$;$B_1,B_2,\cdots,B_{2k-1}$.

角标在模 $2k-1$ 的意义下,对任意 $i \in \{1,2,\cdots,2k-1\}$,$A_i$ 指向 $A_{i+1},A_{i+3},A_{i+5},\cdots,A_{i+2k-3}$,$B_i$ 指向 $B_{i+1},B_{i+3},B_{i+5},\cdots,B_{i+2k-3}$.对任意 $i,j \in \{1,2,\cdots,2k-1\}$,让 $A_i \to B_j$.

在该图中,点 A_i 的出度是 $3k-2$,入度是 $k-1$;点 B_i 的入度是 $k-1$,入度是 $3k-2$.没有一个顶点的出度和入度都至少是 k.

下面证明:对于每个顶点数为 $4k-1$ 的有向完全图,存在一个顶点的出度和入度都至少为 k.

记图中所有出度 $\geqslant$ 入度的点构成集合 T,所有入度 $\geqslant$ 出度的点构成集合 S,则 $|T \cup S| = 4k-1$.

因此 $|T| \geqslant 2k$,$|S| \geqslant 2k$ 这两个不等式中至少有一个成立.不妨设 $|T| \geqslant 2k$,即集合 T 中的每个点出度 $\geqslant \dfrac{4k-2}{2} = 2k-1 \geqslant k$.

考虑由点集 T 中任意 $2k$ 个点所构成的有向完全图,这些点中必存在一个点的入度 $\geqslant \dfrac{C_{2k}^2}{2k} = \dfrac{2k-1}{2}$,即该点入度 $\geqslant k$,且出度 $\geqslant k$.

故所求 n 的最小值是 $4k-1$.

点评 这个问题考虑一个在两个图里定向不同的全体边生成的生成子圈.

例题 20 有 2019 座城市,一些城市通过互不相交的双向道路连接,每条道路恰连接两座城市.对于每一对城市 A,B,至多经过一座其他城市就能从 A 到达 B.有 62 名警察合作抓小偷,每晚警察可以选择留在自己的城市或移动到相邻的城市,每个白天小偷也可以选择留守或者移动,且警察和小偷任何时候都知道彼此的位置.若存在某时刻,警察和小偷在同一城市,则小偷被抓住.证明:这些警察总能抓住小偷.

方法讲解 考虑普遍情况.

若有 n 座城市,下面证明:至多需要 $k = \left\langle \sqrt{2n + 8 + \dfrac{1}{2}} - \dfrac{5}{2} \right\rangle$ 名警察,就一定可以抓住小偷,其中,$\langle x \rangle$ 表示不小于实数 x 的最小整数.

引理:设图 G 的直径为 2,H 为 G 的子图,且存在一个度为 k 的点.小偷只能在图 H 中移动(或留守),而警察可以在整个图 G 中移动(或留守),则此时 k 名警察可以抓住小偷.

引理的证明:设小偷(移动或留守后)在顶点 v_0 处,警察分别在顶点 $u_1,u_2,\cdots,u_k$ 处,$\{v_1,v_2,\cdots,v_l\}$($l \leqslant k$)为 v_0 在 H 中的邻域.

警察从 u_i 移动到 v_i($i = 1,2,\cdots,l$)至多只需要两次.于是,警察至多只需移动一次便可"控制"u_i(i

$=1,2,\cdots,l$)（即处于 u_i 的邻域）．若下一个白天小偷移动了，则小偷将被抓住；若小偷留在 v_0，则接下来警察就会分别移动到，再次轮到警察移动时便一定可以抓住小偷．

引理得证．

回到原题：若图 G 中有一个顶点的度 v 不超过 k，则由引理知，此时 k 名警察总可以抓住小偷．

不妨设图 G 中每个点的度均至少为 $k+1$．此时，在 v_0 处部署警察，该警察不必移动．若小偷在 v_0 及其邻域中，则其必被抓住．

故可以删去 v_0 及所有与之相邻的点．删去点后的图 H_1 至多有 $n-k-2$ 个顶点，且小偷只能在图 H_1 中移动（或留守）．

若图 H_1 中存在一点的度不超过 $k-1$，由引理知结论成立．不妨设图 H_1 中点的度均至少为 k．再取 $v_1\in H_1$，在此处部署警察，且不再移动．然后删去 v_1 及所有与之相邻的点，得到图 H_2．

继续操作，第 j 次操作后，图 H_j 至多有 $n-(k+2)-(k+1)-\cdots-(k+3-j)$ 个顶点，且部署了 j 名警察．在操作过程中，若在某步操作结束后，满足引理的使用条件，则由引理得证．从而，不妨设已经进行了 $k-1$ 次操作，且一直不满足引理的使用条件．此时，图 H_{k-1} 有 $n-(k+2)-(k+1)-\cdots-4$ 个顶点，且还有一名警察未部署．若此时图 H_{k+1} 中只有两个顶点，则 H_{k-1} 中的点的度至多为 1，由引理得证；若图 H_{k-1} 中有多于两个顶点，即 $n-(k+2)-(k+1)-\cdots-4>2$，则 $k<\sqrt{2n+8+\dfrac{1}{4}}-\dfrac{5}{2}$，矛盾．

从而，至多需要 $k=\left\langle\sqrt{2n+8+\dfrac{1}{4}}-\dfrac{5}{2}\right\rangle$ 名警察，就一定可以抓住小偷．

最后，当 $n=2019$ 时，$k=62$．故原题得证．

◎ 三、课外训练

1．图 G 有 n 个顶点，q 条边，G 不含三角形．证明：存在一个顶点 x，使得不是 x 且与 x 不相邻的顶点之间最多有 $q\left(1-\dfrac{4q}{n^2}\right)$ 条边．

2．设图 G 有 m 条边，$r>0$，证明：G 的 $K_{r,r}$ 子图的个数不超过 $\dfrac{m^r}{r!}$．

3．设图 $G(V,E)$ 有 n 个顶点，圈长至少为 5（没有长度为 3 或 4 的圈），证明：$|E|\leqslant\dfrac{n\sqrt{n-1}}{2}$．

4．如图，大三角形 3 个顶点分别涂以 A,B,C 三种颜色．在大三角形内取若干个点，将其分为若干个小三角形，每两个小三角形或者有一条公共边，或者有一个公共点，或者完全没有公共点．将每个小三角形的顶点也分别涂以 A,B,C 三种颜色之一，证明：不管怎样涂色，都有一个小三角形，它的 3 个顶点颜色全不相同．

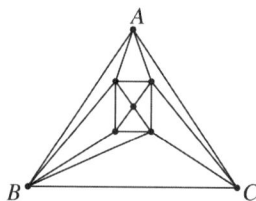

第 4 题

5．一位厨师用 8 种原料做菜，每种菜都用 2 种原料搭配．已知每种原料都至少用在 4 种菜里，试问：能否从这位厨师做的菜中选出 4 种，恰好包括了 8 种不同的原料？

6．围着圆桌至少坐着五个人，证明：一定可以通过调整他们的座位，使得每人两侧出现新的邻座．

7．设 $n\geqslant3$，考虑用两种颜色对完全图 K_n 着色．已知任何三角形都有偶数条颜色为 1 的边，证明：存在一个颜色为 2 的 K_k,其中 $k \geqslant \dfrac{n}{2}$.

8. 将 K_{10} 的边用两种颜色染色,证明:其中一种颜色存在两个无公共顶点的奇圈.

9. 给定两个正整数 m 和 n,找到具有以下性质的最小正整数 k:完全图 K_k 的边的任意二染色,总有 m 条不相邻的红边或 n 条不相邻的蓝边.

10. 设平面图 G 有哈密顿圈.这个哈密顿圈将平面分成两部分:圈的内部和外部.设 f'_i 是内部有 i 条边的面的数量,而 f''_i 是外部有 i 条边的面的数量,证明:$\displaystyle\sum_{i \geqslant 3}(f'_i - f''_i)(i-2) = 0$.

11. 证明:所有的图均能在三维空间中实现.

12. 设 $S = \{x_1, x_2, \cdots, x_n\}(n \geqslant 3)$ 是平面上的一个点集,它的任意两点间的距离至少为 1,证明:最多有 $3n-6$ 个点对,它们之间的距离为 1.

13. 设 n 是偶数,证明:存在 $1, 2, \cdots, n$ 的置换 $x_1, x_2, \cdots, x_n$,使得 $x_{i+1} \equiv 2x_i$ 或 $x_{i+1} \equiv 2x_i - 1(\bmod n)$ 对所有 $i(1 \leqslant i \leqslant n)$ 成立 $(x_{n+1} = x_1)$.

14. 设 F 是一个由整数组成的有限集,满足:

① 对任意 $x \in F$,存在 $y, z \in F$(可以相同),使得 $x = y + z$;

② 存在 $n \in \mathbf{N}^*$,使得对任何正整数 $k(1 \leqslant k \leqslant n)$ 及任意 $x_1, x_2, \cdots, x_k \in F$(可以相同),都有 $\displaystyle\sum_{i=1}^{k} x_i \neq 0$.

证明:F 至少含有 $2n+2$ 个元素.

15. 凸多面体的所有边的定向满足每个顶点的出度和入度都至少为 1,证明:存在多面体的一个面,所有边构成一个有向圈.

课外训练参考答案

第一章 代数问题

1.1 不等式的证明

1. 提示:用数学归纳法.

2. 解析:对区间 $(0,1)$ 中的有理数 $\frac{b}{m}(1 \leqslant b < m, b, m \in \mathbf{Z}^+)$, $(b, m) = 1$,关于分母 m 用第二数学归纳法.

3. 解析:首先证明 $n = 1$ 时,命题成立,对 $n = k+1$,由假设 $\frac{b_1 \cdots b_k b_{k+1}}{a_1 \cdots a_k a_{k+1}} \leqslant \frac{B+1}{A+1}$,有 $\frac{b_1 \cdots b_k}{a_1 \cdots a_k} \leqslant \frac{B}{A} \frac{b_{k+1}}{a_{k+1}}$. 由归纳假设,化为 $n = 1$ 的情形.

4. 解析:记 T_n 为不等式的左边,不妨设 $a_1 \leqslant a_2 \leqslant \cdots \leqslant a_n, b_1 \leqslant b_2 \leqslant \cdots \leqslant b_n, a_n \leqslant b_n$,有 $T_{n+1} \geqslant T_n + |a_{n+1} - b_{n+1}|$.

5. 解析:当 $n = 1, 2$ 时,命题成立.当 $n = 3$ 时,其中必有两个,不妨设为 z_1, z_2,满足 $|z_1 + z_2| \leqslant 1$ 或 $|z_1 - z_2| \leqslant 1$,令 $z_1' = z_1 + z_2$ 或 $z_1' = z_1 - z_2$,则三个化为两个的情况.事实上,若 z_1 与 z_2 之间所成的角(在 $(0, \pi)$ 之间)大于 $\frac{2}{3}\pi$,则 $|z_1 + z_2| \leqslant 1$,如果不大于 $\frac{\pi}{3}$,则由余弦定理知 $|z_1 - z_2| \leqslant 1$. 假设 n 时成立,对于 $n+1$,将其中 3 个化为两个,即 $n+1$ 化为 n 的情形.

6. 解析:设 $M = \max\limits_{1 \leqslant i \leqslant n} x_i$,当 $0 \leqslant M \leqslant \frac{2}{3}$ 时,归纳证明:对 $s, k (1 \leqslant s \leqslant s+k \leqslant n)$,有 $\sum\limits_{i=s}^{s+k} x_i \leqslant \frac{2}{3} + \sum\limits_{i=1}^{k} \frac{1}{2^i}$.

给定 $\sum\limits_{i=1}^{0} \frac{1}{2^i} = 0$,取 $s = 1, k = n-1$ 便可.对 k 进行归纳,

对 $k+1 (1 \leqslant s \leqslant s+k+1 \leqslant n)$,由条件知 $\min\{x_s, x_{k+1+s}\} \leqslant \frac{1}{2^{k+1}}$.

若 $x_{k+1+s} \leqslant \frac{1}{2^{k+1}}$,则 $\sum\limits_{i=s}^{s+k+1} x_i = \sum\limits_{i=s}^{s+k} x_i + x_{s+k+1} \leqslant \frac{2}{3} + \sum\limits_{i=1}^{k+1} \frac{1}{2^i}$.

若 $x_s \leqslant \frac{1}{2^{k+1}}$,则 $\sum\limits_{i=s}^{s+k+1} x_i = x_s + \sum\limits_{i=s+1}^{s+k+1} x_i \leqslant \frac{2}{3} + \sum\limits_{i=1}^{k+1} \frac{1}{2^i}$.

当 $M > \frac{2}{3}$ 时,设 $x_t = M$,则 $M \leqslant 1, x_i \leqslant \frac{1}{4^{|i-t|}M}, 1 \leqslant i \leqslant n$,

则 $\sum\limits_{i=1}^{n} x_i = x_t + \sum\limits_{i \neq t} x_i \leqslant \frac{2}{3} + \sum\limits_{i=1}^{t-1} x_i \leqslant M + \sum\limits_{i=1}^{t-1} \frac{1}{4^{t-i}M} + \sum\limits_{i=t+1}^{n} \frac{1}{4^{i-t}M}$

$= M + \sum\limits_{j=1}^{t-1} \frac{1}{4^j M} + \sum\limits_{j=1}^{n-t} \frac{1}{4^j M} < M + \frac{2}{M} \sum\limits_{j=1}^{\infty} \frac{1}{4^j} = M + \frac{2}{3M}$.

由 $\frac{2}{3} < M \leqslant 1$ 得 $\left(M + \frac{2}{3M}\right) \leqslant \frac{5}{3}$. 证毕.

另解. 记 $S = \sum\limits_{i=1}^{n} x_i, S_j = \sum\limits_{i=1}^{j} x_i, 0 \leqslant j \leqslant n$,则存在 $k(0 \leqslant k \leqslant n-1)$,使 $S_k \leqslant \frac{S}{2} \leqslant S_{k+1}$.

令 $T_k = S - S_k, T_{k+1} = S - S_{k+1}$,则 $|S_k - T_k| + |S_{k+1} - T_{k+1}| \leqslant 2$,存在 $l \in \{k, k+1\}, |S_l - T_l| \leqslant 1$,

又 $S_l T_l = \sum\limits_{i=1}^{l} x_i \sum\limits_{j=l+1}^{n} x_j \leqslant \frac{4}{9}$,因此 $\sum\limits_{i=1}^{n} x_i = S_l + T_l < \frac{5}{3}$.

7. 解析:当 $n = 2$ 时,如果 $x_1 \leqslant \frac{1}{2}$,则 $x_1 + x_2 < \frac{1}{2} + 1 = \frac{f_1}{f_2} + \frac{f_2}{f_3}$.

如果 $\frac{1}{2} < x_2 < 1$,则 $x_1 + x_2 = x_1 + \frac{1}{x_1} - 1 \leqslant \frac{3}{2} = \frac{f_1}{f_2} + \frac{f_2}{f_3}$.

假设当 $n = k$ 和 $k+1$ 时,分别有 $x_2 + x_3 + \cdots + x^{k+2} \leqslant \frac{f_1}{f_2} + \cdots + \frac{f_{k+1}}{f_{k+2}}$ ①,

$$x_3 + x_4 + \cdots + x^{k+2} \leqslant \frac{f_1}{f_2} + \cdots + \frac{f_k}{f_{k+1}} \quad ②.$$

如果 $x_1 \leqslant \frac{f_{k+2}}{f_{k+3}}$，则由 ① 知，$x_1 + x_2 + x_3 + \cdots + x^{k+2} \leqslant \frac{f_1}{f_2} + \cdots + \frac{f_{k+2}}{f_{k+3}}$，即 $n = k+2$ 成立.

如果 $x_1 > \frac{f_{k+2}}{f_{k+3}}$，则 $x_1 \in \left(\frac{f_{k+2}}{f_{k+3}}, 1\right)$，有 $x_1 + x_2 = x_1 + \frac{1}{x_1} - 1 < \frac{f_{k+2}}{f_{k+3}} + \frac{f_{k+3}}{f_{k+2}} - 1 = \frac{f_{k+2}}{f_{k+3}} + \frac{f_{k+1}}{f_{k+2}}$，

即 $n = k+2$ 成立.

8. 解析：归纳证明 $f(n) = n, n \in \mathbf{Z}^+$.

对 $n+1$，有 $\frac{f(f(n))}{f(n+1)} + \frac{1}{f(n+1)f(n+2)} = \frac{f(f(n+1))}{f(n+2)}$ ①，则 $f(n) > 1, n > 1$.

归纳证明 $f(n+1) > f(f(n)), n \in \mathbf{Z}^+$ ②.

由不等式 ②，再用归纳法证明：当 $n > k$ 时，$f(n) > k$，用反证法进一步证明：$f(n+1) > f(n), n \in \mathbf{Z}^+$.

于是导出 $f(n) = n$.

9. 解析：由定义知 $1 - \frac{1}{r_1} - \frac{1}{r_r} - \cdots - \frac{1}{r_n} = \frac{1}{r_1 r_2 \cdots r_n}$.

假设 $n < k$ 时成立，当 $n = k$ 时，反证.

如果存在 $a_1, \cdots, a_n$，使得 $\sum_{i=1}^{n} \frac{1}{a_i} > \sum_{i=1}^{n} \frac{1}{r_i}$，得到 $r_1 r_2 \cdots r_n > a_1 a_2 \cdots a_n$.

此外，因为 $\sum_{i=1}^{n} \frac{1}{a_i} < 1, a_1, \cdots, a_n$ 为正整数，有 $\sum_{i=1}^{n} \frac{1}{a_i} \leqslant 1 - \frac{1}{a_1 a_2 \cdots a_n}$，得到 $r_1 r_2 \cdots r_n \leqslant a_1 a_2 \cdots a_n$，矛盾.

10. 解析：当 $a = b = c = \frac{1}{3}$ 时，等式成立，进行调整.

11. 解析：记 $f(x, y, z) = \sum_{cyc} x \sum_{cyc} \frac{1}{x} - 6 \sum_{cyc} \frac{x}{y+z}$，

不妨设 $x = \max\{x, y, z\}, t = \frac{y+z}{x}$，则 $t \geqslant 1$，且 $f(x, y, z) - f(x, t, t) \geqslant 0, f(x, t, t) \geqslant 0$，即原不等式成立.

12. 解析：原问题等价于 $n = 2$ 的情况，对 $n = 2$ 证明便可.

13. 解析：将 y 固定，考虑 x, z 的函数，然后对 y 进行同样处理.

14. 解析：当 $n = 2$ 时，固定 $x_1 + x_2$，当 $|x_1 - x_2|$ 变小时，$\sin x_1 \sin x_2$ 变大，进行调整.

15. 解析：由 T_2 - 引理和均值不等式求证.

16. 解析：因为 $1 + a^3 \leqslant \left(\frac{2+a^2}{2}\right)^2$，所以 $\sum_{cyc} \frac{1}{\sqrt{1+a^3}} \geqslant 2 \sum_{cyc} \frac{1}{2+a^2}$

17. 解析：$\sum_{k=1}^{n} \frac{a_k^k}{(1-a_k^{k+1})^2} < \frac{1}{(1-a_n)^2} \sum_{k=1}^{n} \frac{a_k^k}{(1+a_k+\cdots+a_k^{k-1})(1+a_k+\cdots+a_k^k)}$

$= \frac{1}{(1-a_n)^2} \sum_{k=1}^{n} \left(\frac{1}{1+a_k+\cdots+a_k^{k-1}} - \frac{1}{1+a_k+\cdots+a_k^k}\right) < \frac{1}{(1-a_n)^2}$.

18. 解析：记 $S_n = \sum_{k=1}^{n} \frac{k^2 a_k}{\left(\sum_{i=1}^{k} a_i\right)^2}, A_k = \sum_{i=1}^{k} a_i, k \geqslant 1, A_0 = 0$，

则 $S_n = \sum_{k=1}^{n} \frac{k^2(A_k - A_{k-1})}{(A_k)^2} \leqslant \frac{1}{a_1} + \sum_{k=2}^{n} \frac{k^2(A_k - A_{k-1})}{A_k A_{k-1}} \leqslant \frac{5}{a_1} + 2\sum_{k=1}^{n} \frac{k}{A_k} + \sum_{k=1}^{n} \frac{1}{a_k}$.

所以 $S_n \leqslant \frac{5}{a_1} + 2\left[S_n \sum_{k=1}^{n} \frac{1}{a_k}\right]^{\frac{1}{2}} + \sum_{k=1}^{n} \frac{1}{a_k}$. 因此，$\sqrt{S_n} \leqslant \sqrt{\frac{5}{a_1} + 2\sum_{k=1}^{n} \frac{1}{a_k}} + \sqrt{\sum_{k=1}^{n} \frac{1}{a_k}}$.

令 $M = \left(\sqrt{m} + \sqrt{\frac{5}{a_1} + 2m}\right)^2$.

19. 提示：借助 Abel 求和公式.

20. 解析：当 $n = 4$ 时，假设 $x^2 + x + 4 = \sum_{i=1}^{4}(a_i x + b_i)^2$，则 $\sum_{i=1}^{4} a_i^2 = 1, \sum_{i=1}^{4} b_i^2 = 4, \sum_{i=1}^{4} a_i b_i = \frac{1}{2}$.

由 Lagrange 恒等式知 $\sum_{i=1}^{4} a_i^2 \sum_{i=1}^{4} b_i^2 - \left(\sum_{i=1}^{4} a_i b_i\right)^2 = \sum_{1 \leqslant i < j \leqslant 4}(a_i b_j - a_j b_i)^2$，存在 $x_1, x_2, x_3 \in \mathbf{Q}$，使得 $x_1^2 + x_2^2 + x_3^2 = \frac{15}{4}$，即 $(2x_1)^2 + (2x_2)^2 + (2x_3)^2 = 15$.

从而，存在 $a, b, c, d \in \mathbf{Z}, (a, b, c, d) = 1$，使得 $a^2 + b^2 + c^2 = 15d^2$，$\sum_{cyc} a^2 \equiv 0 (\bmod 8)$，不可能，故 $n_{\min} = 5$.

21. 解析：由于 $(n+1)\sum_{i=1}^{n} a_i^2 - \left(\sum_{i=1}^{n} a_i\right)^2 \leqslant \sum_{1 \leqslant i < j \leqslant n}(a_i - a_j)^2 + \sum_{i=1}^{n} a_i^2$，$a_1, \cdots, a_n$ 是两两不相同的整数，当 $a_i(1 \leqslant i \leqslant n)$ 为 n 个连续整数时，$\sum_{1 \leqslant i < j \leqslant n}(a_i - a_j)^2$ 的值最小，当 $|a_i|(1 \leqslant i \leqslant n)$ 尽可能接近于零时，$\sum_{i=1}^{n} a_i^2$ 的值最小，

$$\lambda(n)_{\max} = \begin{cases} \dfrac{n(n^2-1)(n+1)}{12}, & n \text{ 为奇数}, \\[3mm] \dfrac{n(n+2)(n^2-n+1)}{12}, & n \text{ 为偶数}. \end{cases}$$

22. 提示：利用 Abel 恒等式.

23. 提示：先分解，再利用 Abel 恒等式.

24. 解析：由于 $(a_1 + \cdots + a_n)^2 = \sum_{i=1}^{n} a_i^2 + 2\sum_{i<j} a_i a_j$，记 $S = \sum_{i=1}^{n} a_i = \sum_{i=1}^{n} b_i$，则 $\sum_{1 \leqslant i < j \leqslant n} a_i a_j \geqslant \sum_{1 \leqslant i < j \leqslant n}(b_i + b_j) = (n-1)S$，

所以 $S^2 \geqslant \left(\dfrac{2}{n-1} + 2\right)\sum_{1 \leqslant i < j \leqslant n} a_i a_j \geqslant \dfrac{2n}{n-1} \cdot (n-1)S$，从而 $S \geqslant 2n$. 当 $a_i = b_i = 2, 1 \leqslant i \leqslant n$ 时，条件满足，故 $S_{\min} = 2n$.

25. 解析：齐次化，等价于证明 $\sum \dfrac{a^2}{b} \geqslant \sum a + \dfrac{4(a-b)^2}{\sum a}$.

26. 解析：最大值为 $\dfrac{1}{3}$. 不妨设 $a, b > 0, c < 0$，且 $a + b + c > 0$. 对固定的 $c = -t$，令 $a^2 + b^2 + t^2 = 1, a + b - t > 0$，此时 $t^2 < \dfrac{2}{3}$. 由于 $S = abc(a + b + c) = -abt(a + b - t) \geqslant -\dfrac{a^2 + b^2}{2} t\left[\sqrt{2(a^2 + b^2)} - t\right] = -\dfrac{t(1-t^2)}{2}\left[\sqrt{2(1-t^2)} - t\right]$

当 $a = b = \sqrt{\dfrac{1-t^2}{2}}$ 时，上述不等式成立. 令 $f(x) = \dfrac{(1-x)\sqrt{x}}{2}\left[\sqrt{2(1-x)} - \sqrt{x}\right], 0 \leqslant x \leqslant \dfrac{2}{3}$，则

$-f(x_0) = -\dfrac{1+\sqrt{2}}{16}$ 为 S 的最小值.

27. 解析：由齐次性，不妨设 $ab + bc + ca = 3$，则原不等式化为 $(a+b)(b+c)(c+a) \geqslant 8$.

28. 解析：不妨设 $\sum_{i=1}^{n} x_i = 1$，令 $F(x_1, x_2, \cdots, x_n) = \sum_{1 \leqslant i < j \leqslant n} x_i x_j(x_i^2 + x_j^2) = \sum_{i=1}^{n} x_i(x_i^2 - x_i^3)$，

当 $x_1 = x_2 = \dfrac{1}{2}, x_i = 0, 3 \leqslant i \leqslant n$ 时，$F(x_1, x_2, 0 \cdots 0) = \dfrac{1}{8}$，证明 $F \leqslant \dfrac{1}{8} = F\left(\dfrac{1}{2}, \dfrac{1}{2}, 0, \cdots, 0\right)$.

利用结论：若 $0 \leqslant x \leqslant y \leqslant \dfrac{1}{2}$，则 $x^2 - x^3 \leqslant y^2 - y^3$.

当 $\dfrac{1}{2} \geqslant x_1 \geqslant \cdots \geqslant x_n$ 时，$\sum_{i=1}^{n} x^i(x_i^2 - x_i^3) \leqslant \sum_{i=1}^{n} x_i\left[\left(\dfrac{1}{2}\right)^2 - \left(\dfrac{1}{2}\right)^3\right] = \dfrac{1}{8}$.

当 $x_1 > \dfrac{1}{2} \geqslant \cdots \geqslant x_n$ 时，令 $x = x_1, y = 1 - x = x_2 + \cdots + x_n$，则 $F(x_1, x_2, \cdots, x_n) = xy(x^2 + y^2)$，

只要证明 $xy(x^2 + y^2) \leqslant \dfrac{1}{8}$.

29. 解析：$\sum\left[\dfrac{1}{bc} - \dfrac{k}{2(a^2 + b^2 + c^2)}\right](b-c)^2 \geqslant 0, k = 4\sqrt{2} \Leftrightarrow \sum_{cyc} S_a(b-c)^2 \geqslant 0$

30. 解析：将原不等式化为齐次形式，等价于 $1 - 4(ab + bc + ca) + 9abc \geqslant 0 \Leftrightarrow (a+b+c)^3 - 4(ab+bc+ca)(a+b+c) + 9abc \geqslant 0$.

31. 提示：原不等式等价于 $\sum_{cyc} \dfrac{2ab+2}{(a+b)^2} \geqslant 6$.

32. 解析:构造不等式 $(1+x_i)(ax_i-1)^4 \geqslant 0$, a 为待定常数.

令 $a = \dfrac{3}{2}$, 则 $\dfrac{81}{16}x_i^5 - \dfrac{135}{16}x_i^4 + \dfrac{15}{2}x_i^2 - 5x_i + 1 \geqslant 0$, 对 $i(1 \leqslant i \leqslant n)$ 求和.

33. 解析:两边减 6, 化简得 $\sum (ca + bc - ab)(a-b)^2 \geqslant 0$.

34. 解析:由于 $(a+b)^2 - 2(c^2 + ab) = (a^2 - c^2) + (b^2 - c^2)$, 所以

$\sum \left[\dfrac{(a+b)^2}{c^2 + ab} - 2 \right] = \sum \dfrac{(a^2 - b^2) + (a^2 - c^2)}{a^2 + bc} = \sum (a^2 - b^2)\left(\dfrac{1}{a^2 + bc} - \dfrac{1}{b^2 + ac} \right) = \sum \dfrac{(a-b)^2 S_c}{M}$,

其中 $M = (a^2 + bc)(b^2 + ca)(c^2 + ab)$, $S_a = (b+c)(b+c-a)(a^2+bc)$.

35. 解析:设 $a = \tan A, b = \tan B, c = \tan C$, 则原不等式化为 $x\cos A + y\cos B + z\cos C \leqslant \dfrac{1}{2}\left(\dfrac{yz}{x} + \dfrac{zx}{y} + \dfrac{xy}{z} \right)$,

即 $\dfrac{yz}{x} + \dfrac{zx}{y} + \dfrac{xy}{z} - 2(x\cos A + y\cos B + z\cos C) \geqslant 0$ ①.

令 $x = uw, y = wv, z = uv$, 即 $u^2 = \dfrac{yz}{x}, v^2 = \dfrac{zx}{y}, w^2 = \dfrac{xy}{z}$, 由假设 $u, v, w \in \mathbf{R}$,

以及 $\sum\limits_{cyc} \tan A = \tan A \tan B \tan C$, 即 $-\tan A = \dfrac{\tan B \tan C}{1 - \tan B \tan C} = \tan(B+C)$,

从而, $A + B + C = (2k+1)\pi, k \in \mathbf{Z}$, 不等式 ① 化为 $u^2 + v^2 + w^2 \geqslant 2(vw\cos A + uw\cos B + uv\cos C)$.

36. 解析:当 $n = 3$ 时, 即需证, 已知两个三角形内角分别为 α, β, γ 与 $\alpha_1, \beta_1, \gamma_1$,

则 $\dfrac{\cos\alpha_1}{\sin\alpha} + \dfrac{\cos\beta_1}{\sin\beta} + \dfrac{\cos\gamma_1}{\sin\gamma} \leqslant \cot\alpha + \cot\beta + \cot\gamma$. 由 $\cot\alpha = \dfrac{b^2 + c^2 - a^2}{4\Delta}$ (Δ 为三角形面积, a, b, c 为三边之长), 则等

价于 $\dfrac{4\Delta\cos\alpha_1}{\sin\alpha} + \dfrac{4\Delta\cos\beta_1}{\sin\beta} + \dfrac{4\Delta\cos\gamma_1}{\sin\gamma} \leqslant a^2 + b^2 + c^2$

又因为 $\Delta = \dfrac{1}{2}ab\sin\gamma$, 即为嵌入不等式. 对 n 有 $\sum\limits_{i=1}^{n} \dfrac{\cos\beta_i}{\sin\alpha_i} = \dfrac{\cos\beta_1}{\sin\alpha_1} + \dfrac{\cos\beta_2}{\sin\alpha_2} + \sum\limits_{i=3}^{n} \dfrac{\cos\beta_i}{\sin\alpha_i} = \cot\alpha_1 + \cot\alpha_2 +$

$\cot\left[\pi - (\alpha_1 + \alpha_2) \right] + \left[\sum\limits_{i=3}^{n} \cot\alpha_i + \cot(\alpha_1 + \alpha_2) \right] = \sum\limits_{i=1}^{n} \cot\alpha_i$

1.2　不等式的应用

1. 解析:不妨设 $a \geqslant b \geqslant c$, 则由排序不等式 $\sum\limits_{cyc} \dfrac{a^3}{b^2 + c^2} \geqslant \sum\limits_{cyc} \dfrac{a^3}{a^2 + b^2}$.

由于 $\dfrac{a^3}{a^2 + b^2} = a - \dfrac{ab^2}{a^2 + b^2} \geqslant a - \dfrac{ab^2}{2ab} = a - \dfrac{b}{2}$, 求和便可.

2. 解析:由假设 $a \geqslant b \geqslant c \geqslant d \geqslant e$, 则 $b + a \geqslant c + a \geqslant b + d \geqslant e + c \geqslant d + e$.

由切比雪夫不等式得 $e(b+a) + d(c+a) + c(b+d) + b(e+c) + a(d+e) \leqslant \dfrac{1}{5}(e+d+c+b+$

$a) [2(a+d+c+b+a)] = \dfrac{2}{5}$, 故命题成立.

3. 解析:由假设, $\dfrac{1}{1 + a_i} = \sum\limits_{j \neq i} \dfrac{a_j}{1 + a_j} \geqslant (n-1)\sqrt[n-1]{\prod\limits_{j \neq i} \dfrac{a_j}{1 + a_j}}$, 相乘便可.

4. 解析:令 $u = \sqrt[3]{\dfrac{1}{a} + 6b}, v = \sqrt[3]{\dfrac{1}{b} + 6c}, w = \sqrt[3]{\dfrac{1}{c} + 6a}$,

由幂平均不等式得 $u + v + w \leqslant \dfrac{3}{\sqrt[3]{3}}\sqrt[3]{\dfrac{ab + bc + ca}{abc} + 6(a + b + c)}$,

又 $\dfrac{ab + bc + ca}{abc} + 6(a + b + c) = \dfrac{1}{abc} + 3[(a+b) + (b+c) + (c+a)] = \dfrac{1}{abc}\{4 - 3[(ab)^2 + (bc)^2 + (ca)^2]\}$,

$3[(ab)^2 + (bc)^2 + (ca)^2] \geqslant (ab + bc + ca)^2 = 1$,

只要证明 $\dfrac{3}{\sqrt[3]{abc}} \leqslant \dfrac{1}{abc}$, 由于 $a^2 b^2 c^2 = (ab)(bc)(ca) \leqslant \left(\dfrac{ab + bc + ca}{3} \right)^3 = \dfrac{1}{27}$.

5. 解析:$n_{\max} = 4$. 当 $n \geqslant 5$ 时, 如果存在正整数 $x_1, x_2, \cdots, x_n (x_1 < x_2 < \cdots < x_n)$ 满足要求,

则 $x_1 < 5$，推出 $x_1 = 1$．进一步有 $x_2 = 2,4$ 或 5．

当 $x_2 = 2$ 时，$x_3 + x_3 x_4 + \cdots + x_3 x_4 \cdots x_n = 1009, x_3 > 2$．

由 $1009 > x_3 x_4 \cdots x_n \geqslant x_3 x_4 x_5 > x_3^3$ 知 $x_3 < 11$，而 $x_3 \mid 1009$，此时无解．同理当 $x_2 = 5$ 时，也无解．

当 $x_2 = 4$ 时，$x_3 + x_3 x_4 + \cdots + x_3 x_4 \cdots x_n = 504, x_3 > 4$．

由 $504 > x_3 x_4 \cdots x_n \geqslant x_3 x_4 x_5 > x_3 (x_3 + 1)(x_3 + 2)$，知 $x_3 < 7$，而 $x_3 \mid 504$．从而，$x_3 = 6$．

于是，$x_4 + x_4 x_5 + \cdots + x_4 x_5 \cdots x_n = 83$，但 83 为质数，且 $x_4 < x_5$，所以 $x_4 = 1$，矛盾．

因此，当 $n \geqslant 5$ 时，原方程没有满足条件的正整数解．

6. 解析： 由柯西不等式得 $\sum\limits_{i=1}^{k} \dfrac{x_i^2}{a_i} \geqslant \dfrac{\left(\sum\limits_{i=1}^{k} x_i\right)^2}{\sum\limits_{i=1}^{k} a_i} \Leftrightarrow \dfrac{k}{\sum\limits_{i=1}^{k} a_i} \leqslant \dfrac{k}{\left(\sum\limits_{i=1}^{k} x_i\right)^2} \sum\limits_{i=1}^{k} \dfrac{x_i^2}{a_i} = \sum\limits_{i=1}^{k} \dfrac{k x_i^2}{a_i \left(\sum\limits_{i=1}^{k} x_i\right)^2} = \sum\limits_{k=1}^{n} \dfrac{c_k}{a_k}$，

其中，$c_k = \dfrac{k x_k^2}{(x_1 + \cdots + x_k)^2} + \dfrac{(k+1) x_k^2}{(x_1 + \cdots + x_{k+1})^2} + \cdots + \dfrac{n x_k^2}{(x_1 + \cdots + x_n)^2}$，

取 $x_k = k$，则 $c_k < 2, 1 \leqslant k \leqslant n$．所以原不等式成立．

7. 解析： 引进参数 $\{a_i\}$，由 $\sum\limits_{i=1}^{k} a_i \sum\limits_{i=1}^{k} \dfrac{x_i^2}{a_i} \geqslant \left(\sum\limits_{i=1}^{k} x_i\right)^2$．

于是，$\left(\dfrac{1}{k} \sum\limits_{i=1}^{k} x_i\right)^2 \leqslant \dfrac{\sum\limits_{i=1}^{k} a_i x_1^2}{k^2 a_1} + \dfrac{\sum\limits_{i=1}^{k} a_i}{k^2 a_2} x_2^2 + \cdots + \dfrac{\sum\limits_{i=1}^{k} a_i}{k^2 a_n} x_k^2$．从而 $\sum\limits_{k=1}^{n} \left(\dfrac{1}{k} \sum\limits_{i=1}^{k} x_i\right)^2 \leqslant \sum\limits_{k=1}^{n} \gamma_k x_k^2$，

其中 $\gamma_k = \dfrac{a_1 + \cdots + a_k}{k^2 a_k} + \dfrac{a_1 + \cdots + a_{k+1}}{(k+1)^2 a_k} + \cdots + \dfrac{a_1 + \cdots + a_n}{n^2 a_k}$，取 $\{a_i\}$ 使 $\gamma_k \leqslant 4 (1 \leqslant k \leqslant n)$．

8. 解析： 当 $n = 2$ 时，$(a_1^2 + a_2^2)\left(\dfrac{a_1}{2a_2} + \dfrac{a_2}{2a_1}\right) \geqslant \lambda_2 \left[(a_1 - a_2)^2 + (a_2 - a_1)^2\right]$，即 $4\lambda_2 \leqslant \dfrac{(a_1^2 + a_2^2)^2}{a_1 a_2 (a_1 - a_2)^2}$．

令 $t = \dfrac{a_1}{a_2} > 0$，则 $4\lambda_2 \leqslant \dfrac{(t^2 + 1)^2}{t(t-1)^2}$，

易知 $(t^2 + 1)^2 - 8t(t-1)^2 = (t^2 - 4t + 1)^2 \geqslant 0 \Rightarrow \lambda_2 \geqslant 2$，当 $t = 2 \pm \sqrt{3}$ 时，等式成立，

所以 $\lambda_2 \leqslant 2, \lambda_{\max} = 2$．当 $n \geqslant 3$ 时，取 $0 < q < 1, a_1 = a_2 = 1, a_i = q^{i-2}, 3 \leqslant i \leqslant n$，则 $\lambda_n \leqslant 2$．

下面证明：$\left(\sum\limits_{i=1}^{n} a_i^2\right)\left(\sum\limits_{i=1}^{n} \dfrac{a_i}{a_{i-1} + a_{i+1}}\right) \geqslant 4\left(\sum\limits_{i=1}^{n} a_i^2 - \sum\limits_{i=1}^{n} a_i a_{i+1}\right)$．

由于 $\left(\sum\limits_{i=1}^{n} \dfrac{a_i}{a_{i-1} + a_{i+1}}\right)\left(\sum\limits_{i=1}^{n} a_i a_{i+1}\right) = \sum\limits_{i=1}^{n} a_i a_{i+1} \sum\limits_{i=1}^{n} \dfrac{a_i^2}{a_{i-1} a_i + a_i a_{i+1}} \geqslant \sum\limits_{i=1}^{n} a_i a_{i+1} \sum\limits_{i=1}^{n} \dfrac{a_i^2}{\sum\limits_{i=1}^{n} a_i a_{i+1}} = \sum\limits_{i=1}^{n} a_i^2$，

所以 $\sum\limits_{i=1}^{n} \dfrac{a_i}{a_{i-1} + a_{i+1}} \geqslant \dfrac{\sum\limits_{i=1}^{n} a_i^2}{\sum\limits_{i=1}^{n} a_i a_{i+1}}$．于是 $\sum\limits_{i=1}^{n} \dfrac{a_i}{a_{i-1} + a_{i+1}} + \dfrac{4 \sum\limits_{i=1}^{n} a_i a_{i+1}}{\sum\limits_{i=1}^{n} a_i^2} \geqslant \dfrac{\sum\limits_{i=1}^{n} a_i^2}{\sum\limits_{i=1}^{n} a_i a_{i+1}} + \dfrac{4 \sum\limits_{i=1}^{n} a_i a_{i+1}}{\sum\limits_{i=1}^{n} a_i^2} \geqslant 4$．故 $\lambda_{\max} = 2$．

9. 解析： 令 $x_i = a_i - 1 (1 \leqslant i \leqslant n)$，则 $\sum\limits_{i=1}^{n} x_i = n, \sum\limits_{i=1}^{n} x_i^2 = n^2, \sum\limits_{i=1}^{n} x_i^3 \leqslant \sum\limits_{i=1}^{n} |x_i|^3 \leqslant \left(\sum\limits_{i=1}^{n} x_i^2\right)^{\frac{3}{2}} = n^3$，即 $\sum\limits_{i=1}^{n} (a_i - 1)^3$

$\leqslant n^3$．从而 $\sum\limits_{i=1}^{n} a_i^3 \leqslant (n+1)^3 + n - 1$，当且仅当 $n-1$ 个 a_i 等于 1，一个等于 $n+1$ 时，等式成立．故 $\left(\sum\limits_{i=1}^{n} a_i^3\right)_{\max} =$

$(n+1)^3 + n - 1$．

10. 解析： 由于 $3 - z^2 = x^2 + y^2 = \dfrac{x^2}{1} + \dfrac{(2y)^2}{4} \geqslant \dfrac{(4+2z)^2}{5}$，即 $9z^2 + 16z + 1 \leqslant 0$．

于是，$z_{\max}, z_{\min}$ 为方程 $9z^2 + 16z + 1 = 0$ 的两个根，由韦达定理有 $z_{\max} + z_{\min} = -\dfrac{16}{9}$．

11. 解析： 首先证明，如果 $ab \geqslant 0$，则 $\sqrt{1+a} + \sqrt{1+b} \geqslant 1 + \sqrt{1 + a + b}$．

由假设，$x + y^2, y + z^2, z + x^2$ 至少有两个数具有相同的符号，不妨设 $(x + y^2)(y + z^2) \geqslant 0$，则

$\sum \sqrt{1 + x + y^2} \geqslant 1 + \sqrt{1 + x + y^2 + y + z^2} + \sqrt{1 + z + x^2}$

$$= 1 + \sqrt{(\sqrt{1-z+z^2})^2 + y^2} + \sqrt{(\sqrt{1+z})^2 + x^2} \ (\text{由柯西不等式})$$

$$\geqslant 1 + \sqrt{(\sqrt{1-z+z^2} + \sqrt{1+z})^2 + (x+y)^2} = 1 + \sqrt{(\sqrt{1-z+z^2} + \sqrt{1+z})^2 + z^2},$$

所以只要证明$(\sqrt{1-z+z^2} + \sqrt{1+z})^2 \geqslant 4.$

12. 解析:由于 $10\left(\sum x^2\right)^{\frac{3}{2}} - 6(x+y-z)\sum x^2 = \sum x^2 \left[10\left(\sum x^2\right)^{\frac{1}{2}} - 6(x+y-z)\right]$

$$= \sum x^2 \left[\frac{10}{3}\sqrt{(x^2+y^2+z^2)(2^2+2^2+1)} - 6(x+y-z)\right]$$

$$\geqslant \sum x^2 \left[\frac{10(2x+2y+z)}{3} - 6(x+y-z)\right]$$

$$= \sum x^2 \frac{2x+2y+28z}{3},$$

推出 $\sum x^2 \frac{2x+2y+28z}{3} \geqslant 27xyz.$

13. 解析:由于 $\sum \frac{a^2}{b^2-bc+c^2} \geqslant \frac{\left(\sum a^2\right)^2}{\sum a^2(b^2-bc+c^2)}$,所以只要证$\left(\sum a^2\right)^2 \geqslant \sum a^2(b^2-bc+c^2)\sum a.$

14. 解析:由均值不等式知$\frac{x^4}{(y-1)^2} + 16(y-1) + 16(y-1) + 16 \geqslant 32x,$

于是 $\sum \frac{x^4}{(y-1)^2} \geqslant 32\sum(x-y) + 48 = 48.$

15. 解析:由于 $\sum \frac{a}{b^2+c^2} \geqslant \frac{\left(\sum a\right)^2}{\sum(ab^2+ac^2)} = \frac{\left(\sum a\right)^2}{\sum ab(a+b)}$,$\sum \frac{1}{b+c} = \frac{a^2+b^2+c^2+3(ab+bc+ca)}{ab(a+b)+bc(b+c)+ca(c+a)+2abc},$

令 $\alpha = \sum a^2, \beta = \sum ab, \gamma = \sum ab(a+b)$,则只需证明$\frac{5(\alpha+2\beta)}{\gamma} \geqslant \frac{4(\alpha+3\beta)}{\gamma+2abc} \Leftrightarrow \alpha\gamma + 10abc\alpha + 20abc\beta \geqslant 2\beta\gamma,$

由于 $\beta\gamma = \sum a^2b^2(a+b) + 2abc(\alpha+\beta)$,$\alpha\gamma \geqslant \sum ab[(a+b)(a^2+b^2)] \geqslant 2\sum a^2b^2(a+b).$

16. 解析:当 $n=4$ 时,$(x_1+x_2+x_3+x_4)^2 - 4(x_1x_2+x_2x_3+x_3x_4+x_4x_1) = (x_1-x_2+x_3-x_4)^2 \geqslant 0.$
当 $n \geqslant 4$ 时,设 $x_1 = \max\limits_{1\leqslant i\leqslant n+1}\{x_i\}$,则对 $n+1$,有

$$\left(\sum_{i=1}^{n+1} x_i\right)^2 \geqslant 4\left[x_1x_2 + x_2x_3 + \cdots + x_{n-1}(x_n+x_{n+1}) + (x_n+x_{n+1})x_1\right]$$
$$= 4(x_1x_2 + x_2x_3 + \cdots + x_{n-1}x_n + x_nx_1 + x_{n+1}x_1 + x_{n-1}x_{n+1})$$
$$\geqslant 4(x_1x_2 + x_2x_3 + \cdots + x_{n-1}x_n + x_nx_{n+1} + x_{n+1}x_1).$$

17. 解析:因为 $\sum_{i=1}^{n} \frac{a_i}{1+a_{i+1}^2} = \sum_{i=1}^{n} \frac{a_i^3}{a_i^2 + a_i^2a_{i+1}^2} \geqslant \frac{\left(\sum a_i\sqrt{a_i}\right)^2}{\sum\limits_{i=1}^{n}(a_i^2 + a_i^2a_{i+1}^2)} = \frac{\left(\sum a_i\sqrt{a_i}\right)^2}{1+\sum\limits_{i=1}^{n} a_i^2a_{i+1}^2},$

所以只要证明 $a_1^2a_2^2 + \cdots + a_n^2a_1^2 \leqslant \frac{1}{4}$,即 $x_1+\cdots+x_n=1$ 时,$x_1x_2 + \cdots + x_nx_1 \leqslant \frac{1}{4}.$

当 n 为偶数时,$x_1x_2 + \cdots + x_nx_1 \leqslant (x_1+x_3+\cdots+x^{n-1})(x_2+x_4+\cdots+x^n)$

$$\leqslant \left(\frac{x_1+\cdots+x^{n-1}+x_2+\cdots+x^n}{2}\right)^2 = \frac{1}{4}.$$

当 n 为奇数时,$n \geqslant 5$,不妨设 $x_1 \geqslant x_2$,由于 $x_1x_2 + x_2x_3 + x_3x_4 \leqslant x_1(x_2+x_3) + (x_2+x_3)x_4,$

用 $x_1, x_2+x_3, x_4, \cdots, x_n$ 代替 $x_1, x_2, \cdots, x_n$,

则 $x_1x_2 + \cdots + x_nx_1 \leqslant x_1(x_2+x_3) + (x_2+x_3)x_4 + x_4x_5\cdots + x_nx_1 \leqslant \frac{1}{4}$(由于偶数时成立).

故 $\sum_{i=1}^{n} \frac{a_i}{1+a_{i+1}^2} \geqslant \frac{\left(\sum a_i\sqrt{a_i}\right)^2}{\frac{5}{4}} = \frac{4}{5}\left(\sum a_i\sqrt{a_i}\right)^2,$

18. 解析:由 $a_1 + a_2 + \cdots + a_n = 2$ 知,问题等价于求下式的最大值:

$$a_1 - \frac{a_1}{a_2^2+1} + a_2 - \frac{a_2}{a_3^2+1} + \cdots + a^n - \frac{a^n}{a_1^2+1} = \frac{a_1 a_2^2}{a_2^2+1} + \frac{a_2 a_3^2}{a_3^2+1} + \cdots + \frac{a_n a_1^2}{a_1^2+1} \leqslant \frac{1}{2}(a_1 a_2 + a_2 a_3 + \cdots + a_n a_1)$$

于是,问题转化为求 $a_1 a_2 + a_2 a_3 + \cdots + a_n a_1$ 的最大值. 所求最小值为 $\frac{3}{2}$.

19. 解析:由 T_2-引理得 $\displaystyle\sum_{j=1}^{n} \frac{x_j^2}{x_j [x_{j+1} + \cdots + (n-1)x_{j+n-1}]} \geqslant \frac{\left(\displaystyle\sum_{j=1}^{n} x_j \right)^2}{\displaystyle\sum_{j=1}^{n} x_j [x_{j+1} + 2x_{j+2} + \cdots + (n-1)x_{j+n-1}]}.$

又因为 $\displaystyle\sum_{j=1}^{n} x_j (x_{j+1} + 2x_{j+2} + \cdots + (n-1)x_{j+n-1}) = n \sum_{1 \leqslant i < j \leqslant n} x_i x_j, \sum_{1 \leqslant i < j \leqslant n} x_i x_j \leqslant \frac{n-1}{2n} \left(\displaystyle\sum_{i=1}^{n} x^i \right)^2.$

从而 $\displaystyle\sum_{j=1}^{n} \frac{x_j}{x_{j+1} + 2x_{j+2} + \cdots + (n-1)x_{n-1+j}} \geqslant \frac{\left(\displaystyle\sum_{j=1}^{n} x^j \right)^2}{\frac{n-1}{2} \left(\displaystyle\sum_{i=1}^{n} x^i \right)^2} = \frac{2}{n-1}$,最小值为 $\frac{2}{n-1}$.

20. 解析:设 $\angle A, \angle B, \angle C$ 的对应边分别为 a, b, c,则 $c^2 = (a\cos B + b\cos A)^2 \leqslant (a^2 + b^2)(\cos^2 A + \cos^2 B)$,

则 $\cos^2 A + \cos^2 B \geqslant \frac{c^2}{a^2+b^2}, \frac{3}{2} + \cos^2 A + \cos^2 B \geqslant \frac{3(a^2+b^2) + 2c^2}{2(a^2+b^2)}.$

原不等式 $\displaystyle\prod \frac{3(a^2+b^2) + 2c^2}{a^2+b^2} \geqslant 8^2 = 2^6 \Leftrightarrow \sqrt[3]{\frac{a^2+b^2}{3(a^2+b^2)+2c^2}} \leqslant \frac{1}{4}.$

由平均值不等式得 $\sqrt[3]{\frac{a^2+b^2}{3(a^2+b^2)+2c^2}} \leqslant \frac{1}{3} \sum \frac{a^2+b^2}{3(a^2+b^2)+2c^2} = \frac{1}{9} \left[3 - \sum \frac{2c^2}{3(a^2+b^2)+2c^2} \right].$

只要证明 $\displaystyle\sum \frac{c^2}{3(a^2+b^2)+2c^2} \geqslant \frac{3}{8}.$

又由柯西不等式,只要证明 $\frac{\left(\sum a^2 \right)^2}{6 \sum a^2 b^2 + 2 \sum a^4} \geqslant \frac{3}{8} \Leftrightarrow \sum a^4 \geqslant \sum a^2 b^2.$

21. 提示:利用 $\frac{a^5}{a^3+1} = \frac{a^5}{a^3+abc} = \frac{a^4}{a^2+bc}.$

22. 解析:可转化为 $k+1$ 个实数,使 S_{k-1}, S_k, S_{k+1} 变成最靠边的那些项,即只要证明 $S^{n-2}S_n \leqslant S_{n-1}^2$.

设 $a_i \neq 0$,由齐次性得 $\displaystyle\prod_{k=1}^{n} a_k = 1$,即证 $(n-1) \left(\displaystyle\sum_{k=1}^{n} \frac{1}{a_k} \right)^2 \geqslant 2n \sum_{1 \leqslant i < j \leqslant n} \frac{1}{a_i a_j}.$

23. 解析:由于 $\displaystyle\sum \frac{\sqrt{xy}}{x+y+\lambda z} \leqslant \frac{1}{2} \sum \frac{x+y}{x+y+\lambda z} = \frac{1}{3} \left[3 - \lambda \left(\frac{z}{x+y+\lambda z} + \frac{x}{y+z+\lambda x} + \frac{y}{z+x+\lambda y} \right) \right]$,

所以只要证明 $\displaystyle\sum \frac{x}{y+z+\lambda x} \geqslant \frac{3}{2+\lambda}$. 由柯西不等式知,只要证明 $\frac{\sum x^2 + 2 \sum xy}{\lambda \sum x^2 + 2 \sum xy} \geqslant \frac{3}{2+\lambda}.$

等价证明 $(2-2\lambda) \frac{1}{2} \displaystyle\sum (x-y)^2 + \lambda \sum xy \geqslant 0.$

24. 解析:由假设得 $\frac{1+x^2}{1+y+z^2} > 0$,由均值不等式得 $\displaystyle\sum \frac{1+x^2}{1+y+z^2} \geqslant \sum \frac{1+x^2}{1+z^2 + \frac{1+y^2}{2}} = \sum \frac{2(1+x^2)}{2(1+z^2)+1+y^2}.$

令 $a = \frac{1+x^2}{2}, b = \frac{1+y^2}{2}, c = \frac{1+z^2}{2}$,则化为 $\displaystyle\sum \frac{1+x^2}{1+y+z^2} \geqslant \sum \frac{2a}{2c+b}.$

25. 解析:由于 $\frac{\sqrt[3]{x_1 x_2 x_3}}{\sqrt{\prod (x_i + y_i + z_i)}} = \sqrt[3]{\frac{x_1}{x_1+y_1+z_1}} \sqrt[3]{\frac{x_2}{x_2+y_2+z_2}} \sqrt[3]{\frac{x_3}{x_3+y_3+z_3}} \leqslant \frac{1}{3} \left(\frac{x_1}{\sum x_1} + \frac{x_2}{\sum x_2} + \frac{x_3}{\sum x_3} \right)$,

相加得 $\frac{\sqrt[3]{x_1 x_2 x_3}}{\sqrt[3]{\prod (x_i + y_i + z_i)}} \leqslant 1.$ 证毕.

26. 解析:令 $x = \sin^2 a, y = \sin^2 b, z = \sin^2 c$,则原不等式等价于 $\displaystyle\sum_{cyc} x^2 (x-y)(x-z) \geqslant 0$,即为舒尔不等式.

27. 解析:令 $x = \cot A, y = \cot B, z = \cot C$,由 $A+B+C = \pi$,则 $\displaystyle\sum_{cyc} \cot A \cot B = 1$,即 $\displaystyle\sum_{cyc} xy = 1$,

原不等式等价于 $\sum\limits_{cyc} x^3 + 6xyz \geqslant \sum\limits_{cyc} x$,

28. 解析:由舒尔不等式,$\dfrac{9abc}{a+b+c} \geqslant 2\sum\limits_{cyc} ab - \sum\limits_{cyc} a^2$,和均值不等式,$2abc+1 = abc+abc+1 \geqslant 3\sqrt[3]{a^2 b^2 c^2}$,

只要证明 $3\sqrt[3]{a^2 b^2 c^2} \geqslant \dfrac{9abc}{a+b+c} \Leftrightarrow a+b+c \geqslant 3\sqrt[3]{abc}$.

29. 解析:由条件,原不等式 $\Leftrightarrow \sum\limits_{cyc} x^3 - \sum\limits_{sym} x^2 y + 3xyz \geqslant 0$,由舒尔不等式($r=1$)可证.

30. 解析:令 $s = a+b+c+d+e$,$f(x) = x^2 - sx - 1$,则 $\Delta = 4 + s^2 > 0$,所以方程 $f(x) = 0$ 有两个不同的根.

于是 $\{a,b,c,d,e\}$ 至多有两个不同的值,故 a 的可能取值为 $\pm\dfrac{\sqrt{2}}{2}, \pm\sqrt{2}$.

31. 解析:当 $n = 3$ 时,即为舒尔不等式($r=1$).

假设 $n-1 (n \geqslant 4)$ 时成立,记 $T = \prod\limits_{i=1}^{n} x_i, S_n = \sum\limits_{i=1}^{n} x_i^k, 1 \leqslant k \leqslant n$.

对固定 $k, 1 \leqslant k \leqslant n$,由归纳假设得 $(n-2)\sum\limits_{n} x_i^{n-1} + (n-1)\prod\limits_{n} x_i \geqslant \left(\sum\limits_{i=1}^{n} x_i - x_k\right)\left(\sum\limits_{i=1}^{n} x_i^{n-2} - x_k^{n-2}\right)$

只要证明 $(n-1)S_n + \dfrac{n}{n-1}\left[S_1^2 S_{n-2} - S_2 S_{n-2} - (n-1)S_1 S_{n-1} + (n-1)S_n\right] \geqslant S_1 S_{n-1}$

$\Leftrightarrow nS_n + \dfrac{1}{n-1}S_{n-2}(S_1^2 - S_2) \geqslant 2S_1 S_{n-1} \Leftrightarrow n\sum\limits_{sym} x_i^n + \dfrac{2}{n-1}\sum\limits_{sym} x_i^{n-1} x_j + \dfrac{2}{n-1}\sum\limits_{sym} x_i^{n-2} x_j x_k \geqslant 2\sum\limits_{sym} x_i^n + 2\sum\limits_{sym} x_i^{n-1} x_j$

$\Leftrightarrow \dfrac{n^2 - 3n + 2}{2}\sum x_i^n - (n-2)\sum x_i^{n-1} x_j + \sum x_i^{n-2} x_j x_k \geqslant 0 \Leftrightarrow \sum x_i^{n-2}(x_i - x_j)(x_i - x_k) \geqslant 0$,

由舒尔不等式知成立.

32. 解析:由于 $\sum\limits_{i=1}^{n-1} i^3 x_i = \sum\limits_{i=1}^{n-1}(i+1)(i-1)(i-2)x_i + 2\sum\limits_{i=1}^{n-1} i^2 x_i + \sum\limits_{i=1}^{n-1} ix_i - 2\sum\limits_{i=1}^{n-1} x_i \leqslant n\sum\limits_{i=1}^{n-1}(i-1)(i-2)x_i + \sum\limits_{i=1}^{n-1} i^2 x_i$

$+ \sum\limits_{i=1}^{n-1} ix_i - 2\sum\limits_{i=1}^{n-1} x_i$(取等条件为 $x_3 = x_4 = \cdots = x_{n-2} = 0$)$= n^3 - 3n^2 + 4n + 6$,另一方面,$\sum\limits_{i=1}^{n-1} i^3 x_i = n^3 - 3n^2$

$+ 4n + 6$.不等式为等式.从而 $x_3 = x_4 = \cdots = x_{n-2} = 0$,得 $\begin{cases} x_1 = n-1, \\ x_2 = 1, \\ x_{n-1} = 1. \end{cases}$

33. 解析:设 $a_i > 0, 1 \leqslant i \leqslant n$,由均值不等式得 $\sqrt[k]{x_1 \cdots x_k} \leqslant \dfrac{1}{k}\sum\limits_{i=1}^{k} x_i \cdot \dfrac{a_i}{\sqrt[k]{x_1 \cdots x_k}}, 1 \leqslant k \leqslant n = \sum\limits_{i=1}^{k} x_i \cdot a_i \dfrac{1}{k}\dfrac{1}{\sqrt[k]{x_1 \cdots x_k}}$,

于是 $\sum\limits_{i=1}^{n} \sqrt[k]{x_1 \cdots x_k} \leqslant \sum\limits_{i=1}^{n}\sum\limits_{k=1}^{k} x_i \cdot a_i \dfrac{1}{k}\dfrac{1}{\sqrt[k]{a_1 \cdots a_k}} = \sum\limits_{i=1}^{n} x_i a_i r_i$,选取 $a_i (1 \leqslant i \leqslant n)$,使得 $a_i r_i \leqslant e (1 \leqslant i \leqslant n)$,取

$a_1 = 1, a_k = \dfrac{k^k}{(k-1)^{k-1}}$,则 $\sum\limits_{i=1}^{n} \sqrt[i]{x_1 \cdots x_k} \leqslant \dfrac{3}{2}e\sum\limits_{i=1}^{n} x_i$.

34. 解析:因为 $\dfrac{x^3}{(1+y)(1+z)} + \dfrac{1+y}{8} + \dfrac{1+z}{8} \geqslant \dfrac{3}{4}x$,所以 $\sum \dfrac{x^3}{(1+y)(1+z)} \geqslant \dfrac{3}{4}$.

35. 解析:不妨设 $0 < a \leqslant b \leqslant c \leqslant d$,由平均值不等式得 $b^3 c^3 d^3 + a^3 c^3 d^3 + a^3 b^3 d^3 + a^3 b^3 c^3 \leqslant (a^3 + 3a^2 b + 3ab^2 +$

$b^3)c^3 d^3 = (a+b)3c^3 d^3 \leqslant \left(\dfrac{(a+b)+c+d}{3}\right)^9 = 1$.

36. 解析:由假设 $0 < a_1 \leqslant a_2 \leqslant \cdots \leqslant a_n, \dfrac{1}{a_1} \leqslant \dfrac{2}{a_2} \leqslant \cdots \leqslant \dfrac{n}{a_n}$,以及切比雪夫不等式得 $\left(\dfrac{1}{n}\sum\limits_{i=1}^{n} a_i\right)\left(\dfrac{1}{n}\sum\limits_{i=1}^{n} \dfrac{i}{a_i}\right) \leqslant$

$\dfrac{1}{n}\sum\limits_{i=1}^{n} a_i \cdot \dfrac{i}{a_i} = \dfrac{n+1}{2}$ 得 $\dfrac{A_n}{G_n} \leqslant \dfrac{n+1}{2\sqrt[n]{n!}}$.

37. 解析:由排序不等式知 $bz + cy \leqslant by + cz$,$\dfrac{a^2 x^2}{(by+cz)(bz+cy)} \geqslant \dfrac{a^2 x^2}{(by+cz)^2} \geqslant \dfrac{a^2 x^2}{2(b^2 y^2 + c^2 z^2)}$,

从而 $\sum\limits_{cyc} \dfrac{a^2 x^2}{(by+cz)(bz+cy)} \geqslant \dfrac{1}{2}\sum\limits_{cyc} \dfrac{a^2 x^2}{(b^2 y^2 + c^2 z^2)}$.

38. 解析:令 $u = \sqrt[3]{\dfrac{1}{a} + 6b}, v = \sqrt[3]{\dfrac{1}{b} + 6c}, w = \sqrt[3]{\dfrac{1}{c} + 6a}$,

由幂平均不等式得 $u+v+w \leqslant \dfrac{3}{\sqrt[3]{3}} \sqrt[3]{\dfrac{ab+bc+ca}{abc}+6(a+b+c)}$，即证 $a^2 b^2 c^2 \leqslant \dfrac{1}{27}$.

1.3 函数的综合应用

1.解析：令 $g(x)=2\sqrt{2-x^2}$，则方程化为 $\max\{f(x),g(x)\}=ax+2$，

而 $\max\{f(x),g(x)\}=\begin{cases} -2x, & x\in\left[-1,-\dfrac{\sqrt{2}}{2}\right], \\ 2\sqrt{1-x^2}, & x\in\left[-\dfrac{\sqrt{2}}{2},1\right], \end{cases}$ 解得 $a=\dfrac{\sqrt{17}-3}{2}$.

2.解析：令 $S=\{a\mid f(ax)=af(x),x\in\mathbf{R}\}$，则(1)若 $a,b\in S$，则 $a+b\in S$；(2)如果 $a\in S$，则 $a^{\frac{1}{3}}\in S$；(3)$f(x^3)=x(f(x))^2$.

3.解析：反证.若存在 $x\in[0,1]$，使 $f(x_1)>x_1$，令 $x_2=f(x_1)$，则 $f(x_2)=f(f(x_1))=x_1<f(x_1)$，从而存在 ξ_1，$\xi_2\in(0,1),\xi_1\neq\xi_2$，但 $f(\xi_1)=f(\xi_2)$.由假设 $\xi_1=\xi_2$，得出矛盾.

4.解析：对 $z_1,z_2\in\mathbf{C}$，$|z_1|$，$|z_2|<1,z_1\neq z_2$，有 $f_a(z_1)-f_a(z_2)=(z_1+z_2+2a)(z_1-z_2)+a(\overline{z_1}-\overline{z_2})$，如果 $f_a(z_1)=f_a(z_2)$，则 $|a|<2$.另外，当 $|a|<2$ 时，令 $z_1=-\dfrac{a}{2}+bi,z_2=-\dfrac{a}{2}-bi$，其中 $0<b<1-\dfrac{|a|}{2}$，则 $z_1\neq z_2$，且 $|z_1|$，$|z_2|<1,f_a(z_1)=f_a(z_2)$.从而符合要求的 a 的值为 $\{a\mid a\in\mathbf{C},|a|\geqslant 2\}$.

5.解析：由对称性，只需证明 $\min\{|z_1-w_1|,|z_1-w_2|\}\leqslant 1$.

不妨设 $z_1\neq w_1,w_2$，令 $f(z)=\sum\limits_{cyc}(z-z_1)(z-z_2)$，由 $f(z)=3(z-w_1)(z-w_2)$，

得 $3(z-w_1)(z-w_2)=(z_1-z_2)(z_1-z_3)$.因此，若 $|z_1-z_2||z_1-z_3|\leqslant 3$，结论成立.

另外，$\dfrac{1}{z_1-w_1}+\dfrac{1}{z_1-w_2}=\dfrac{2(2z_1-z_2-z_3)}{(z_1-z_2)(z_1-z_3)}$.因此，当 $\dfrac{2(2z_1-z_2-z_3)}{(z_1-z_2)(z_1-z_3)}\geqslant 1$ 时，结论成立.

如果 $|z_1-z_2||z_1-z_3|>3,\dfrac{2(2z_1-z_2-z_3)}{(z_1-z_2)(z_1-z_3)}<1$，将得出矛盾，从而，必有一个成立.

6.解析：记 $S=\sum\limits_{i=1}^{n}a_i$，原不等式化为 $\sum\limits_{i=1}^{n}\left(\dfrac{a_i}{S-a_i}\right)^k\geqslant\dfrac{n}{(n-1)^k}$.

设 $f(x)=\dfrac{x^{k-1}}{(S-x)^k}$，则 $f(x)$ 在区间 $[0,S]$ 上单调递增，$\left(x-\dfrac{S}{n}\right)\left[f(x)-f\left(\dfrac{S}{n}\right)\right]\geqslant 0$.

对 $x=a_i(1\leqslant i\leqslant n)$ 求和.

7.解析：令 $f(x)=\dfrac{x}{1+x^2},x\in(0,1)$，则 $\left(x-\dfrac{1}{3}\right)\left[f(x)-f\left(\dfrac{1}{3}\right)\right]\geqslant 0$，则 $\sum\limits_{cyc}\dfrac{x^2}{1+x^2}\geqslant\dfrac{1}{3}\sum\limits_{cyc}\dfrac{x}{1+x^2}$.

8.解析：设 $\delta_i(a)$ 和 $\delta_i(b)$ 分别为 $a_1,\cdots,a_n$ 和 $b_1,\cdots,b_n$ 的 k 阶初等对称不等式，由假设及牛顿公式知 $\delta_i(a)=\delta_i(b)$，

$1\leqslant i\leqslant n-1$，令 $f(x)=\prod\limits_{i=1}^{n}(x-a_i),g(x)=\prod\limits_{i=1}^{n}(x-b_i)$.

不妨设 $a_1=\min\{a_i\}$，则 $f(x)-g(x)=-a_1\cdots a_n+b_1\cdots b_n,g(a_1)-g(a_k)=f(a_1)-f(a_k)=0,2\leqslant k\leqslant n$，即 $\prod\limits_{j=1}^{n}(a_1-b_j)=\prod\limits_{j=1}^{n}(a_k-b_j),2\leqslant k\leqslant n$，则 $\prod\limits_{j=1}^{n}(a_k-b_j)\leqslant 0$，所以存在 b_k 使得 $b_k\geqslant a_j,2\leqslant j\leqslant n$.

9.解析：考虑函数 $f(x)=x-nq\sqrt[n]{x}+p,x\in[a,b],0\leqslant a<b,a\leqslant q\leqslant b,p\in\mathbf{R}$，则 $f(x)\leqslant\max\{f(a),f(b)\}$.

不妨设 $a_1\geqslant a_2\geqslant\cdots\geqslant a_n$，则原不等式化为 $\sum\limits_{i=1}^{n}a_i-n\sqrt[n]{a_1\cdots a_n}-n(a_1+a_n)+2n\sqrt{a_1 a_n}\leqslant 0$.

令 $F(a_1\cdots a_n)=\sum\limits_{i=1}^{n}a_i-n\sqrt[n]{a_1\cdots a_n}-n(a_1+a_n)+2n\sqrt{a_1 a_n}$，则 $a_i\in[a_n,a_1]$，$\sqrt[n-1]{\prod\limits_{i\neq j}a_i}\in[a_n,a_1],2\leqslant j\leqslant n-1$，从而 $F(a_1\cdots a_n)$ 具有 $f(x)$ 的性质，有 $F(a_1\cdots a_n)\leqslant\max\limits_{t_i\in[a_n,a_1]}F(t_1,\cdots,t_n)$.

设有 m 个 t_i 为 a_1，$n-m$ 个 t_i 为 a_n，则 $F(t_1,\cdots,t_n)=(m-n)a_1-ma_n-n\sqrt[n]{a_1^m a_n^{n-m}}+2n\sqrt{a_1 a_n}$.

如果 $m\leqslant\dfrac{n}{2}$，考虑 $G(a_n)=F(t_1,\cdots,t_n)$，则 $G(a_n)\leqslant G(a_1)=0$.

如果 $m \geqslant \dfrac{n}{2}$，考虑 $G(a_1) = F(t_1, \cdots, t_n)$，则 $G(a_1) \leqslant G(a_n) = 0$.

10. 解析：$\left(\dfrac{a+b-c}{a} \right)^{\frac{a}{a+b+c}} \left(\dfrac{b+c-a}{b} \right)^{\frac{b}{a+b+c}} \left(\dfrac{c+a-b}{c} \right)^{\frac{c}{a+b+c}} \leqslant 1.$

11. 解析：首先证明 $b_i > 0 (1 \leqslant i \leqslant n)$，则 $(1+b_1)(1+b_2) \cdots (1+b_n) \geqslant (1 + \sqrt[n]{b_1 \cdots b_n})^n$，$n \in \mathbf{Z}^+$.

考虑 $f = \lg(1+10^x)$，则 $f''(x) \geqslant 0$，令 $b_i = 10^{x_i} (1 \leqslant i \leqslant n)$，由琴生不等式得

$$\frac{(a+x_1)(x_1+x_2) \cdots (x_{n-1}+x_n)(x_n+b)}{ax_1 x_2 \cdots x_n} = \left(1 + \frac{x_1}{a}\right)\left(1 + \frac{x_2}{x_1}\right) \cdots \left(1 + \frac{x_n}{x_{n-1}}\right)\left(1 + \frac{b}{x_n}\right) \geqslant \left(1 + \sqrt[n+1]{\frac{b}{a}}\right)^{n+1}$$

所以 $\dfrac{\displaystyle\prod_{i=1}^{n} x_i}{(a+x_1)\displaystyle\prod_{i=1}^{n}(x_i + x_{i+1})(x_n+b)} \leqslant (a^{\frac{1}{n+1}} + b^{\frac{1}{n+1}})^{-(n+1)}$，当 $x_i = a^{1 - \frac{1}{n+1}} + b^{\frac{1}{n+1}}$，$n \geqslant 1$ 时，等式成立.

12. 解析：令 $f(x) = \dfrac{1}{x(x+1)}$，则 $f(x)$ 为凸函数，有

$$\sum_{cyc} \frac{a}{4} f(b) \geqslant f\left(\frac{1}{4} \sum_{cyc} ab\right) \Leftrightarrow \sum_{cyc} \frac{a}{b(b+1)} \geqslant \frac{64}{\left(\sum\limits_{cyc} ab\right)^2 + 4\sum\limits_{cyc} ab},$$

只要证 $\dfrac{64}{\left(\sum\limits_{cyc} ab\right)^2 + 4\sum\limits_{cyc} ab} \geqslant \dfrac{8}{(a+c)(b+d)} \Leftrightarrow (a-b+c-d)^2 \geqslant 0.$

13. 解析：显然，$a < -2$ 时，$|f^{(1)}(0)| = |a| > 2$，当 $-2 \leqslant a \leqslant \dfrac{1}{4}$.

由 $f^{(1)}(0) = a$，$f^{(n)}(0) = [f^{(n-1)}(0)]^2 + a$.

① 当 $0 \leqslant a \leqslant \dfrac{1}{4}$ 时，$|f^{(n)}(0)| \leqslant \dfrac{1}{2}$，$n \geqslant 1$；② 当 $-2 \leqslant a \leqslant 0$ 时，$|f^{(n)}(0)| \leqslant |a|$.

当 $a > \dfrac{1}{4}$ 时，记 $a_n = f^{(n)}(0)$，则 $a_n > a > \dfrac{1}{4}$，$a_{n+1} = a_n^2 + a$，$a_{n+1} - a_n \geqslant a - \dfrac{1}{4}$，

从而 $a_{n+1} \geqslant n\left(a - \dfrac{1}{4}\right) + a \to +\infty$，$(n \to \infty)$.

14. 解析：当 $0 < x < 2$ 时，$f(x) < 2f(2)$. 当 $x \geqslant 2$，$x \in \mathbf{Z}$ 时，归纳证明 $f(x) \leqslant (x-1)f(2)$，对 $x > 2$，$x \notin \mathbf{Z}$，存在 $t \in \mathbf{Z}$，$t \geqslant 2$，使得 $t < x < t+1$，则 $f(x) \leqslant xf(2)$，故命题成立.

15. 解析：设 m_0 为 f 的一个最大值点，则 $h(n) \geqslant f(m_0) g(n - m_0)$，$n \in \mathbf{Z}$，

$$\sum_{n \in \mathbf{Z}} h(n) \geqslant f(m_0) \sum_{n \in \mathbf{Z}} g(n - m_0) = f(m_0) \sum_{n \in \mathbf{Z}} g(n).$$

设 n_0 为 g 的一个最大值点，则 $\displaystyle\sum_{n \in \mathbf{Z}} h(n) \geqslant g(n_0) \sum_{n \in \mathbf{Z}} f(n)$，

则 $\displaystyle\sum_{n \in \mathbf{Z}} h(n) \geqslant [f(m_0)]^{\frac{1}{q}} \left[\sum_{n \in \mathbf{Z}} g(n)\right]^{\frac{1}{q}} [g(n_0)]^{\frac{1}{p}} \left[\sum_{n \in \mathbf{Z}} f(n)\right]^{\frac{1}{p}}.$

因为 $[f(m_0)]^{\frac{1}{q}} \left[\displaystyle\sum_{n \in \mathbf{Z}} f(n)\right]^{\frac{1}{p}} = \left\{[f(m_0)]^{p-1} \displaystyle\sum_{n \in \mathbf{Z}} f(n)\right\}^{\frac{1}{p}} \geqslant \left\{\displaystyle\sum_{n \in \mathbf{Z}} [f(n)]^p\right\}^{\frac{1}{p}},$

$[g(n_0)]^{\frac{1}{p}} \left[\displaystyle\sum_{n \in \mathbf{Z}} g(n)\right]^{\frac{1}{q}} \geqslant \left\{\displaystyle\sum_{n \in \mathbf{Z}} [g(n)]^q\right\}^{\frac{1}{q}},$

所以 $\displaystyle\sum_{n \in \mathbf{Z}} h(n) \geqslant \left\{\displaystyle\sum_{n \in \mathbf{Z}} [f(n)]^p\right\}^{\frac{1}{p}} \left\{\displaystyle\sum_{n \in \mathbf{Z}} [g(n)]^q\right\}^{\frac{1}{q}}.$

16. 解析：将 $\mathbf{R}$ 划分为若干类，$x, y \in \mathbf{R}$ 属于同一类，当且仅当存在 $m, n \in \mathbf{Z}$，使得 $x - y = m + n\sqrt{2}$. 在每个类中取一个元素，这些元素构成一个集合 M. 对任何 $x \in \mathbf{R}$，不妨设 x 所在类属于 M 的数为 x_0，设存在唯一的 (m, n)，$m, n \in \mathbf{Z}$，使得 $x - x_0 = m + n\sqrt{2}$. 由于 $x = x_0 + m + n\sqrt{2} = \left(\dfrac{x_0}{2} + n\sqrt{2}\right) + \left(\dfrac{x_0}{2} + m\right)$，

令 $f(x) = \dfrac{x_0}{2} + n\sqrt{2}$，$g(x) = \dfrac{x_0}{2} + m$，则 $f(x), g(x)$ 是分别以 $1, \sqrt{2}$ 为周期的函数，且 $f(x) + g(x) = x$.

17. 提示：令 $f(x) = (1+x^2)(2-x)$，$0 < x < 1$，则 $f(x) \geqslant \dfrac{50}{27}$，从而 $\dfrac{1}{1+x^2} \leqslant \dfrac{27}{50}(2-x)$，对 a, b, c 求和.

18. 解析：(1) 设 $f(x) = \sqrt{\dfrac{1-x}{1+x}}, 0 \le x \le 1$，则 $f'(0) = -1$，故曲线 $f(x)$ 在 $x = 1$ 处的切线方程为 $y = -x + 1$，

则 $\sqrt{\dfrac{1-x}{1+x}} \ge -x + 1$，相加得到 $\displaystyle\sum_{cyc} \sqrt{\dfrac{1-x}{1+x}} \ge 2$.

(2) 当 $0 \le x \le \dfrac{1}{2}$ 时，$f(x)$ 为凸函数，当 $\dfrac{1}{2} \le x \le 1$ 时，$f(x)$ 为凹函数，

则 $\sqrt{\dfrac{1-x}{1+x}} \le \dfrac{2\sqrt{3}-6}{3}x + 1, 0 \le x \le \dfrac{1}{2}$；$\sqrt{\dfrac{1-x}{1+x}} \le -\dfrac{4\sqrt{3}}{9} + \dfrac{5\sqrt{3}}{9}, \dfrac{1}{2} \le x \le 1$.

不妨设 $x \le y \le z$，① 若 $y = z = \dfrac{1}{2}, x = 0$，则成立.

② $z \ge \dfrac{1}{2}$，若 $z = t, x + y = 1 - t, t \ge \dfrac{1}{2}, x, y \le \dfrac{1}{2}$，

则 $\displaystyle\sum_{cyc} \sqrt{\dfrac{1-x}{1+x}} \le \dfrac{2\sqrt{3}-6}{3}(x+y) + 2 + \left(-\dfrac{4\sqrt{3}}{9}t + \dfrac{5\sqrt{3}}{9}\right) = \dfrac{11\sqrt{3}}{9} + \dfrac{(18-10\sqrt{3})}{9}t$，

对 $t \ge \dfrac{1}{2}$ 恒成立，左边最小为 $\dfrac{2}{\sqrt{3}} + 1$，故成立.

③ 若 $x, y, z < \dfrac{1}{2}$，则 $\displaystyle\sum_{cyc} \sqrt{\dfrac{1-x}{1+x}} \le \dfrac{2\sqrt{3}-6}{3}(x+y+z) + 3 = \dfrac{2\sqrt{3}}{3} + 1$，成立.

19. 解析：$f(1) = 1, f(xf(x)) = xf(x)$. 若 $f(a) = a, a > 1$，则 $f(a^{2^n}) = a^{2^n} \to \infty (n \to \infty)$.

若 $a < 1, f\left(\dfrac{1}{a}\right) = \dfrac{1}{a}$，矛盾，所以 $f(x)$ 有唯一不动点 1. 所以 $xf(x) = 1, f(x) = \dfrac{1}{x}$.

20. 解析：若存在 $f: \mathbf{N} \to \mathbf{N}$，则当 $i \ne j$ 时，$f(i) \ne f(j)$.

于是 $M = \{f(0), f(1), \cdots, f(2010)\}$ 为 2011 个不同的自然数.

由假设可得 $f(n + 2011) = f(n) + 2011$. 从而 $f(n + k \cdot 2011) = f(n) + k \cdot 2011$.

若 $m \ge k \cdot 2011$，必有 $f(m) \ge k \cdot 2011$，即若 $f(m) < k \cdot 2011$，则必有 $m < k \cdot 2011$.

对每个 $m \in \{0, 1, \cdots, 2010\}$，有 $f(f(m)) = m + 2011 < 2 \cdot 2011$，必有 $f(m) < 2 \cdot 2011$.

记 $E_1 \in \{0, 1, \cdots, 2010\}, E_2 \in \{2011, 2012, \cdots, 2 \cdot 2011 - 1\}$，则 $M \subseteq E_1 \bigcup E_2$.

设 $|M \bigcap E_1| = k_1, |M \bigcap E_2| = k_2$，则 $k_1 + k_2 = 2011$，但取 $f(a) \in M \bigcap E_1$，存在 $b \in E_1$，使 $f(a) = b$. 于是 $f(b) = f(f(a)) = a + 2011$，即 $f(b) \in M \bigcap E_2$. 由不同 $f(a)$ 对应不同的 $f(b)$，所以 $k_2 \ge k_1$. 反之 $k_2 \le k_1$.

于是 $k_1 = k_2, 2011 = k_1 + k_2 = 2k_1$，矛盾.

21. 解析：令 $x = \sqrt{a+b}, y = \sqrt{b+c}, z = \sqrt{c+a}$，则 $y^2 + z^2 = 2c + a + b \ge x^2$，

$a = \dfrac{z^2 + x^2 - y^2}{2}, b = \dfrac{x^2 + y^2 - z^2}{2}, c = \dfrac{y^2 + z^2 - x^2}{2}, a + b + c = \dfrac{x^2 + y^2 + z^2}{2}$，

原不等式化为 $\displaystyle\sum_{cyc} \dfrac{z^2 + x^2 - y^2}{x} \le \dfrac{5}{2}\sqrt{\dfrac{x^2 + y^2 + z^2}{2}}$，

只要证明 $x + y + z + \dfrac{(x-y)(y-z)(z-x)(x+y+z)}{xyz} - \dfrac{5}{4}(x + \sqrt{y^2 + z^2}) \le 0$.

令 $f(x) = 4\displaystyle\prod_{cyc}(x-y)\sum x + xyz(4x + 4z - x - 5\sqrt{y^2 + z^2})$.

(1) 若 $y \le z (\le x \le \sqrt{y^2 + z^2})$，则证明 $f(\sqrt{y^2 + z^2}) \le 0$，

(2) 当 $z \le y \le \sqrt{y^2 + z^2}$ 时，由 (1) 知当 $y' \le z' \le x \le \sqrt{y'^2 + y'^2}$，有

$4(x - y')(x - z')(z' - y')(x + y' + z') + xy'z'(4y' + 4z' - x - 5\sqrt{y'^2 + z'^2}) \le 0$

取 $z' = z, y' = z$，则命题成立. 当 $x = 2, y = 1, z = \sqrt{3}$，即 $a = 3, b = 1, c = 0$ 时，等式成立.

22. 解析：不妨设 $a + c > b + d$，则 $x = a + c \ge \dfrac{1}{2}$，由于 $\dfrac{a}{\sqrt{a+b}} + \dfrac{b}{\sqrt{b+c}} + \dfrac{c}{\sqrt{c+a}} \le \dfrac{5}{4}\sqrt{a+b+c}$，

则 $\dfrac{a}{\sqrt{a+b}} + \dfrac{b}{\sqrt{b+c}} \le \dfrac{5}{4}\sqrt{1-d} - \dfrac{c}{\sqrt{c+a}}, \dfrac{c}{\sqrt{c+d}} + \dfrac{d}{\sqrt{d+a}} \le \dfrac{5}{4}\sqrt{1-b} - \dfrac{a}{\sqrt{a+c}}$，

所以 $\sum \dfrac{a}{\sqrt{a+b}} \leqslant \dfrac{5}{4}(\sqrt{1-b}+\sqrt{1-d}-\sqrt{a+c}) \leqslant \dfrac{5}{4}[\sqrt{2(2-b-d)}]-\sqrt{a+c} = \dfrac{5}{4}\sqrt{2(x+1)}-\sqrt{x}$

$= \dfrac{(\sqrt{x}-1)(17\sqrt{x}-7)}{2\sqrt{2}\cdot 5\sqrt{x+1}+\sqrt{2}(2\sqrt{x}+3)} + \dfrac{3}{2} \leqslant \dfrac{3}{2}.$

23. 解析:对 $n\in \mathbf{Z}$,$f(x+n+a)-f(x+n)=f(x+a)-f(x)$.

设 $m\in \mathbf{Z}^+$,$ma\in \mathbf{Z}$,则对任意 $k\in \mathbf{Z}^+$,有 $f(x+kam)-f(x)=k[f(x+am)-f(x)]$.

推出 $f(x+am)-f(x)=0$,即 $f(x)$ 为周期函数.

24. 解析:由于 $0<x_i<\pi,1\leqslant i\leqslant n$,则 $x\in(0,\pi)$,所以 $\left|\dfrac{\sin x}{x}\right|=\dfrac{\sin x}{x}$.

设 $f(x)=\ln\dfrac{\sin x}{x}$,$x\in(0,\pi)$,则 $f(x)$ 在区间 $(0,\pi)$ 上为凹函数.由琴生不等式便可求证.

25. 解析:由均值不等式得 $\prod\limits_{i=1}^{n}\dfrac{1}{a_i}\geqslant \left(\dfrac{n}{\sum\limits_{i=1}^{n}a_i}\right)^n$,$y=x^k$ 为凸函数,则 $f(x)=x+\left(\dfrac{n}{x}\right)^n$ 单调递增.证毕.

26. 解析:$k=\dfrac{\pi}{2}$,可证明 $\sin(\pi\{\sqrt{n}\})>\dfrac{\pi}{2(1+\sqrt{n})}$.

27. 解析:先说明 $f(x)$ 为满射,得到 $f(x)=x-a$.经验证,$f(x)=x-a$ 满足条件.

28. 解析:令 $g(x)=f(x)+b^x$,则等价于 $g(x+y)=g(x)3^{g(y)-1}$.从而 $g(x)=0$ 或 $g(0)=1$.

因此,$g(y)=1$,$y\in\mathbf{R}$,所以,$f(x)=1-b^x$.经验证,$f(x)=-b^x$ 与 $f(x)=1-b^x$ 满足条件.

1.8 多项式及其应用

1. 解析:设 $h(x)=f(x)g(x)$.

因为 $f(-x)=g(x)$,$g(-x)=f(x)$.

所以 $h(-x)=f(-x)g(-x)=g(x)f(x)=h(x)$

从而 $h(x)=f(x)g(x)$ 为偶函数,故 $f(x)g(x)$ 的展开式中无奇数次项.

2. 解析:若 $d=m$ 或 $d=n$,则结论显然.下设 $d\neq m$,$d\neq n$.

因为 $d\mid m$ 和 $d\mid n$,所以 $(x^d-1)\mid(x^n-1)$,$(x^d-1)\mid(x^m-1)$,即 x^d-1 为 x^m-1,x^n-1 的公因式.

设 $h(x)\mid(x^m-1)$,$h(x)\mid(x^n-1)$,下面证明 $h(x)\mid(x^d-1)$.

不妨设 $d=ms-nt$,这里 s,t 是正整数,则 $x^{nt}(x^d-1)=x^{nt}(x^{ms-nt}-1)=(x^{ms}-1)-(x^{nt}-1)$.

由 $h(x)\mid(x^m-1)$,$h(x)\mid(x^n-1)$,得 $h(x)\mid(x^{ms}-1)$,$h(x)\mid(x^{nt}-1)$,因此 $h(x)\mid x^{nt}(x^d-1)$.

注意到 $h(0)\neq 0$,$(h(x),x^{nt})=1$,即得 $h(x)\mid(x^d-1)$.所以 $(x^m-1,x^n-1)=x^d-1$.

3. 解析:因为 $p(x),f(x)$ 有公共复根,所以 $p(x),f(x)$ 在复数域中不互质.

而多项式的互质不因系数域的扩大而改变,所以 $p(x),f(x)$ 在数域 P 中不互质.

又 $p(x)$ 在数域 P 中不可约,所以 $p(x)\mid f(x)$.

4. 解析:因为 $(f(x),g(x))=1$,$(f(x),h(x))=1$,所以存在 $u_i(x),v_i(x)\in P[x](i=1,2)$,使得

$$u_1(x)f(x)+v_1(x)g(x)=1,u_2(x)f(x)+v_2(x)h(x)=1.$$

将上面两个式子左右两端相乘,得

$$[u_1(x)u_2(x)f(x)+u_1(x)v_2(x)h(x)+u_2(x)v_1(x)g(x)]f(x)+v_1(x)v_2(x)g(x)h(x)=1,$$

所以 $(f(x),g(x)h(x))=1$.

5. 解析:因为 $f(0)=1$,所以 $f(x)$ 的根不全为零.

令 $y=\dfrac{1}{x}$,则 $g(y)=y^{1999}+y^{1998}+y^{1997}+y^{1996}+\cdots+1998y+1999$.

设 $y_1,\cdots,y_{1999}$ 为 $g(y)$ 的根,则由韦达定理得 $\sum\limits_{i=1}^{1999}y_i^2=-1$,于是必有某个 y_i 为复根,从而 $x_i=\dfrac{1}{y_i}$ 为复根.

6. 解析:设 $P(x)$ 的常数项为 a_0,则 $P(x)=x\cdot Q(x)+a_0$ ①,这里 $Q(x)$ 为整系数多项式.

由(1)得 $P(19)=19n+a_0$,$P(94)=94m+a_0$ ②,这里 n,m 均为整数.

由题设 $P(14)=P(94)$ 得 $19n=94m$,故 $m=19k$,其中 k 为整数,

代入(2)得 $19 \times 94k + a_0 = 1994$，即 $a_0 = 1994 - 1786k$. 因为 $|a_0| < 1000$，所以 $k = 1, a_0 = 208$.

7. 解析：设 α, β 是 $p(x) = 0$ 的两个根，x_1, x_2 是 $p(x) = \alpha$ 的两个根，x_3, x_4 是 $p(x) = \beta$ 的两个根.

当 $x_1 + x_2 \leqslant -1$ 时，$4(b - \alpha) < a^2, 4(b - \beta) < a^2$，

所以 $4b < a^2 + 2(\alpha + \beta) = a^2 - 2a = a(a - 2) < 0$，所以 $b < 0$.

当 $x_1 + x_3 \leqslant -1$ 时，$p(x_1) = \alpha, p(x_3) = \beta, x_1^2 + x_3^2 + a(x_1 + x_3) + 2b = \alpha + \beta = -a$.

当 $a > 0$ 时，$\left(x_1 + \dfrac{a}{2}\right)^2 + \left(x_3 + \dfrac{a}{2}\right)^2 + 2b = -a + \dfrac{a^2}{2} = \dfrac{a(a-2)}{2} < 0$，所以 $2b \leqslant \dfrac{a(a-2)}{2} < 0$.

所以当 $a \leqslant 0$ 时，$x_1^2 + x_3^2 + 2b = -a(x_1 + x_3 + 1) \leqslant 0$，所以 $b \leqslant 0$，

所以 $p(x + y) = p(x) + p(y) + 2xy + b \geqslant p(x) + p(y)$.

8. 解析：令 $Q(x) = 0$，即 $x^2 - 2x\cos\alpha + 1 = 0$，解得 $x_1 = \cos\alpha + i\sin\alpha, x_2 = \cos\alpha - i\sin\alpha$，

所以 $Q(x) = (x - \cos\alpha - i\sin\alpha)(x - \cos\alpha + i\sin\alpha)$，

及 $P(x_1) = (\cos\alpha + i\sin\alpha)^n \sin\alpha - (\cos\alpha + i\sin\alpha)\sin n\alpha + \sin(n-1)\alpha$

$= \cos n\alpha \sin\alpha + i\sin n\alpha \sin\alpha - \cos\alpha \sin n\alpha - i\sin\alpha \sin n\alpha + \sin(n-1)\alpha$

$= \sin(1-n)\alpha + \sin(n-1)\alpha = 0$.

同样的，$P(x_2) = 0$. 因为 $x_1 \neq x_2$（由 $\sin\alpha \neq 0$），所以由 $x - x_1, x - x_2$ 整除 $P(x)$ 可知 $(x - x_1)(x - x_2)$ 整除 $P(x)$，即 $Q(x)$ 整除 $P(x)$.

9. 解析：构造多项式 $f(x) = (x + a_1)(x + a_2) \cdots (x + a_{100}) - 1$. 由题意便知 $f(b_i) = 0, i = 1, 2, \cdots, 100$.

由因式定理知（因为 $f(x)$ 的次数为 100，首项系数为 1）$f(x) = (x - b_1)(x - b_2) \cdots (x - b_{100})$.

于是就有恒等式 $(x + a_1)(x + a_2) \cdots (x + a_{100}) - 1 = (x - b_1)(x - b_2) \cdots (x - b_{100})$.

令 $x = -a_i (i = 1, 2, \cdots, 100)$，并代入上式，得 $-1 = (-1)^{100}(a_i + b_1)(a_i + b_2) \cdots (a_i + b_{100})$，即第 i 行中所有各数的乘积等于 -1，命题得证.

10. 解析：先证明结论对 $k = 0, 1, 2, \cdots, n - 1$ 成立.

构造一个次数不高于 $n - 1$ 的多项式，使它在每个点 a_i 处的取值为 $a_i^k (i = 1, 2, \cdots, n)$.

由拉格朗日插值公式知，这个多项式为 $P(x) = \sum\limits_{i=1}^{n} a_i^k \dfrac{\prod\limits_{j \neq i}(x - a_j)}{\prod\limits_{j \neq i}(a_i - a_j)} = \sum\limits_{i=1}^{n} \dfrac{a_i^k}{p_i} \prod\limits_{j \neq i}(x - a_j)$，其中 x^{n-1} 的系数是

$\sum\limits_{i=1}^{n} \dfrac{a_i^k}{p_i}$. 另外，多项式 $P(x) = x^k$（由多项式恒等定理知），因此，当 $k < n - 1$ 时，x^{n-1} 的系数为 0. 而当 $k = n - 1$ 时，x^{n-1} 的系数为 1. 这就说明当 $k = 0, 1, 2, \cdots, n - 1$ 时，$\sum\limits_{i=1}^{n} \dfrac{a_i^k}{p_i}$ 都是整数.

对于 $k \geqslant n$，假设 $\dfrac{a_1^{k-n}}{p_1} + \dfrac{a_2^{k-n}}{p_2} + \cdots + \dfrac{a_n^{k-n}}{p_n} = b_n$，

$\dfrac{a_1^{k-n+1}}{p_1} + \dfrac{a_2^{k-n+1}}{p_2} + \cdots + \dfrac{a_n^{k-n+1}}{p_n} = b_{n-1}$，

$\cdots$

$\dfrac{a_1^{k-2}}{p_1} + \dfrac{a_2^{k-2}}{p_2} + \cdots + \dfrac{a_n^{k-2}}{p_n} = b_2$，

$\dfrac{a_1^{k-1}}{p_1} + \dfrac{a_2^{k-1}}{p_2} + \cdots + \dfrac{a_n^{k-1}}{p_n} = b_1$，

其中，$b_1, b_2, \cdots, b_n$ 都是整数. 设多项式 $x^n + c_1 x^{n-1} + \cdots + c_{n-1}x + c_n$ 的根为 $a_1, a_2, \cdots, a_n$，即 $x^n + c_1 x^{n-1} + \cdots + c_{n-1}x + c_n = (x - a_1)(x - a_2) \cdots (x - a_n)$.

从上式易知 $c_1, c_2, \cdots, c_n$ 均为整数，且对每个 $j = 1, 2, \cdots, n$，有 $a_j^n = -\sum\limits_{i=1}^{n} c_i a_j^{n-i}$.

从而 $\sum\limits_{i=1}^{n} c_i b_i = \sum\limits_{i=1}^{n} \sum\limits_{j=1}^{n} c_i \dfrac{a_j^{k-i}}{p_j} = \sum\limits_{j=1}^{n} \dfrac{a_j^{k-n}}{p_j} \sum\limits_{i=1}^{n} c_i a_j^{n-i} = -\sum\limits_{j=1}^{n} \dfrac{a_j^{k-n}}{p_j} a_j^n = -\sum\limits_{j=1}^{n} \dfrac{a_j^k}{p_j}$，

所以 $\dfrac{a_1^k}{p_1} + \dfrac{a_2^k}{p_2} + \cdots + \dfrac{a_n^k}{p_n} = -\sum\limits_{i=1}^{n} c_i b_i$ 也是整数，故由数学归纳法知命题正确.

11. 解析：在区间 $[-1,1]$ 上取 x_0,x_1,x_2,x_3 依次为 $-1,-\dfrac{1}{2},\dfrac{1}{2},1$，可得 $|a| \leqslant \left(\sum\limits_{i=0}^{3}|\alpha_i|\right)\max\limits_{0\leqslant i\leqslant n}\{|p(x_i)|\} \leqslant \sum\limits_{i=0}^{3}|\alpha_i|$，

计算得 $|\alpha_0|=|\alpha_3|=\dfrac{2}{3}$，$|\alpha_1|=|\alpha_2|=\dfrac{4}{3}$，所以 $|a| \leqslant 2\times\dfrac{2}{3}+2\times\dfrac{4}{3}=4$.

又因为 $p_0(x)=4x^3-3x$，当 $x\in[-1,1]$ 时满足 $|p_0(x)|\leqslant 1$（用三角换元由三倍角公式显然成立），所以 $p_0(x)\in M$，所以 $k_{\min}=4$.

12. 解析：若 $f(x)$ 为常数 a，则 $a=a^k$，$a(1-a^{k-1})=0$，所以 $f(x)\equiv 0$ 或 $f(x)\equiv\pm 1$.

若 $f(x)$ 为 n 次多项式 $(n\geqslant 1)$，对每个常数 β，$f(x)=\beta$ 至多有 n 个不同的值，当 x 取无数个值时，$f(x)$ 取无数个不同的值．由已知，对无数个值 x，有 $f(x)=x^k$．由定理得 $f(x)\equiv x^k$.

13. 解析：设 $r_1,r_2,\cdots,r_n$ 是多项式 $P(z)$ 的 n 个根，那么 $P(z)=(z-r_1)(z-r_2)\cdots(z-r_n)$，

由题设 $|P(i)|<1$，知 $|i-r_1||i-r_2|\cdots|i-r_n|<1$.

因为对于实数 r，$|i-r|=\sqrt{1+r^2}>1$，所以 $r_1,r_2,\cdots,r_n$ 中一定有非实数根，设其为 r_j.

由于系数 $c_k(k=1,2,\cdots,n)$ 都是实数，因而非实数根是成对共轭的，

即 $\overline{r_j}$ 也是 $P(z)$ 的根，且使得 $|i-r_j||i-\overline{r_j}|<1$.

令 $r_j=a+bi$，则 $P(a+bi)=0$，且

$1>|i-(a+bi)||i-(a-bi)|=\sqrt{a^2+(1-b)^2}\cdot\sqrt{a^2+(1+b)^2}$

$=\sqrt{(a^2+b^2+1)-2b}\cdot\sqrt{(a^2+b^2+1)+2b}=\sqrt{(a^2+b^2+1)^2-4b^2}$，

所以 $(a^2+b^2+1)^2<4b^2+1$.

14. 解析：设 $p(x)-q(x)=a\left[(x-\alpha_1)^2+\beta_1^2\right]^{s_1}\cdots\left[(x-\alpha_k)^2+\beta_k^2\right]^{s_k}$，其中 β_i 为非零实数，$s_1,s_2,\cdots,s_k\in\mathbf{N}$．不妨设 $a>0$，则 $\forall(x),p(x)>q(x)$，从而 $\forall(x),p(p(x))>q(p(x))=p(q(x))>q(q(q))$，所以 $p(p(x))=q(q(x))$ 也无实数根.

15. 解析：由条件，可设 $P(x)=a_n(x+\beta_1)(x+\beta_2)\cdots(x+\beta_n)$，这里 $\beta_i\geqslant 1,i=1,2,\cdots,n$，且 $a_n\neq 0$.

利用 $a_0^2+a_1a_n=a_n^2+a_0a_{n-1}$ 可知 $a_n^2\left(\prod\limits_{i=1}^{n}\beta_i\right)^2+a_n^2\left(\prod\limits_{i=1}^{n}\beta_i\right)\sum\limits_{i=1}^{n}\dfrac{1}{\beta_i}=a_n^2+\left(\prod\limits_{i=1}^{n}\beta_i\right)\left(\sum\limits_{i=1}^{n}\beta_i\right)a_n^2$，

于是 $\prod\limits_{i=1}^{n}\beta_i-\dfrac{1}{\prod\limits_{i=1}^{n}\beta_i}=\sum\limits_{i=1}^{n}\beta_i-\sum\limits_{i=1}^{n}\dfrac{1}{\beta_i}$ ①.

下面对 n 运用数学归纳法进行证明：当 $\beta_i\geqslant 1,i=1,2,\cdots,n$ 时，均有 $\prod\limits_{i=1}^{n}\beta_i-\dfrac{1}{\prod\limits_{i=1}^{n}\beta_i}\geqslant\sum\limits_{i=1}^{n}\beta_i-\sum\limits_{i=1}^{n}\dfrac{1}{\beta_i}$，

等号当且仅当 $\beta_1,\beta_2,\cdots,\beta_n$ 中有 $n-1$ 个数等于 1 时成立.

当 $n=2$ 时，若 $\beta_1,\beta_2\geqslant 1$，则有如下等价关系成立：

$\beta_1\beta_2-\dfrac{1}{\beta_1\beta_2}\geqslant(\beta_1+\beta_2)-\left(\dfrac{1}{\beta_1}+\dfrac{1}{\beta_2}\right)\Leftrightarrow(\beta_1\beta_2)^2-1\geqslant(\beta_1+\beta_2)(\beta_1\beta_2-1)\Leftrightarrow(\beta_1\beta_2-1)(\beta_1-1)(\beta_2-1)\geqslant 0$，

所以当 $n=2$ 时，上述命题成立.

假设该命题当 $n=k$ 时成立，则当 $n=k+1$ 时，令 $\alpha=\beta_k\beta_{k+1}$，

由归纳假设，可知 $\prod\limits_{i=1}^{k+1}\beta_i-\dfrac{1}{\prod\limits_{i=1}^{k+1}\beta_i}\geqslant\left(\sum\limits_{i=1}^{k-1}\beta_i-\sum\limits_{i=1}^{k-1}\dfrac{1}{\beta_i}\right)+\alpha-\dfrac{1}{\alpha}$，

等号当且仅当 $\beta_1,\beta_2,\cdots,\beta_{k-1},\alpha$ 中有 $k-1$ 个等于 1 时成立.

由 $n=2$ 的情形可知 $\alpha-\dfrac{1}{\alpha}=\beta_k\beta_{k+1}-\dfrac{1}{\beta_k\beta_{k+1}}\geqslant\beta_k+\beta_{k+1}-\dfrac{1}{\beta_k}-\dfrac{1}{\beta_{k+1}}$，

于是 $\prod\limits_{i=1}^{k+1}\beta_i-\dfrac{1}{\prod\limits_{i=1}^{k+1}\beta_i}\geqslant\sum\limits_{i=1}^{k+1}\beta_i-\sum\limits_{i=1}^{k+1}\dfrac{1}{\beta_i}$，

等号当且仅当 $\beta_1,\beta_2,\cdots,\beta_{k-1},\alpha$ 中有 $k-1$ 个等于 1，并且 β_k 与 β_{k+1} 中有一个为 1 时成立.

而这等价于 $\beta_1,\beta_2,\cdots,\beta_{k+1}$ 中有 k 个为 1 时成立.

从上述结论及 ① 式可知,形如 $P(x) = a_n(x+1)^{n-1}(x+\beta)$, $a_n \neq 0$, $\beta \geqslant 1$ 的多项式为所有满足条件的多项式.

16. 解析:假定 $f \in F$ 使得 $f(x) = m(k)$ 恰有 k 个互不相同的整数根,设这些整数根依次为 $\beta_1, \beta_2, \cdots, \beta_k$,则存在整系数多项式 $g(x)$,使得 $f(x) - m(k) = (x - \beta_1)(x - \beta_2) \cdots (x - \beta_k)g(x)$.

由 $f \in F$ 知存在整数 α,使得 $f(\alpha) = 1$.

将 α 代入上述分解式并在等式两端取绝对值得 $m(k) - 1 = |\alpha - \beta_1||\alpha - \beta_2| \cdots |\alpha - \beta_k||g(x)|$.

依题设,$\alpha - \beta_1, \alpha - \beta_2, \cdots, \alpha - \beta_k$ 是互不相同的整数,又 $m(k) > 1$,所以它们均为零.

为保证 $m(k)$ 确为最小,显然应有 $|g(\alpha)| = 1$,

而 $\alpha - \beta_1, \alpha - \beta_2, \cdots, \alpha - \beta_k$ 取绝对值最小的 k 个非零整数,亦即从 $\pm 1, \pm 2, \cdots$ 中顺次选取.

下面对 k 分情况讨论并求出 $m(k)$ 的具体值.

当 k 是偶数时,$\alpha - \beta_1, \alpha - \beta_2, \cdots, \alpha - \beta_k$ 应取 $\pm 1, \pm 2, \cdots, \pm \dfrac{k}{2}$,其中有 $\dfrac{k}{2}$ 个负数,考虑最初的分解式可知 $g(\alpha)$ 必

等于 $(-1)^{\frac{k}{2}+1}$. 从而 $m(k) = \left[\left(\dfrac{k}{2}\right)!\right]^2 + 1$,相应的 f 可取 $f(x) = (-1)^{\frac{k}{2}} \prod\limits_{i=1}^{\frac{k}{2}} (x^2 - i^2) + \left[\left(\dfrac{k}{2}\right)!\right]^2 + 1$.

类似地,当 k 为奇数时,$\alpha - \beta_1, \alpha - \beta_2, \cdots, \alpha - \beta_k$ 应取 $\pm 1, \pm 2, \cdots, \pm \dfrac{k-1}{2}, \dfrac{k+1}{2}$,

$g(\alpha)$ 等于 $(-1)^{\frac{k-1}{2}+1}$,从而 $m(k) = \left(\dfrac{k-1}{2}\right)!\left(\dfrac{k+1}{2}\right)! + 1$,相应的 f 可取

$f(x) = (-1)^{\frac{k+1}{2}} \prod\limits_{i=1}^{\frac{k-1}{2}} (x^2 - i^2)\left(x + \dfrac{k+1}{2}\right) + \left(\dfrac{k-1}{2}\right)!\left(\dfrac{k+1}{2}\right)! + 1$.

17. 解析:设 $x_1, x_2, \cdots, x_n$ 为多项式的所有正根,由韦达定理有

$$\begin{cases} x_1 + x_2 + \cdots + x_n = 1 & ①, \\ \sum\limits_{1 \leqslant i_1 < \cdots < i_{n-1} \leqslant n} x_{i_1} x_{i_2} \cdots x_{i_{n-1}} = (-1)^n \dfrac{n^2 b}{a} & ②, \\ x_1 x_2 \cdots x_n = \dfrac{(-1)^n b}{a} & ③. \end{cases}$$

② 式变形为 $x_1 x_2 \cdots x_n \left(\dfrac{1}{x_1} + \dfrac{1}{x_2} + \cdots + \dfrac{1}{x_n}\right) = (-1)^n \dfrac{n^2 b}{a}$,

③ 式代入得 $\dfrac{1}{x_1} + \dfrac{1}{x_2} + \cdots + \dfrac{1}{x_n} = n^2$.

结合 ① 得 $\left(\dfrac{1}{x_1} + \dfrac{1}{x_2} + \cdots + \dfrac{1}{x_n}\right)(x_1 + x_2 + \cdots + x_n) = n^2$.

因为 $x_j \in \mathbf{R}^+$,由柯西不等式得

$$\left(\dfrac{1}{x_1} + \dfrac{1}{x_2} + \cdots + \dfrac{1}{x_n}\right)(x_1 + x_2 + \cdots + x_n) \geqslant \left(\sqrt{x_1 \dfrac{1}{x_1}} + \sqrt{x_2 \dfrac{1}{x_2}} + \cdots + \sqrt{x_n \dfrac{1}{x_n}}\right)^2 = n^2,$$

当且仅当 $x_1 = x_2 = \cdots = x_n$ 时等号成立. 故命题得证.

18. 解析:设满足题意的多项式有 $f(m)$ 个.

对 $P(x)$,取 $Q(x)$, $R(x)$,使 $P(x) \equiv Q(x)R(x) \pmod{p}$,且 $R(x)$ 无平方因子,则 P 与 Q, R 一一对应,

对 $\deg Q$ 求和知 $p^m = \sum\limits_{i=0}^{\left[\frac{m}{2}\right]} p^i \cdot f(m - 2i)$, $m \in \mathbf{N}^+$, $f(0) = 1$, $f(1) = p$.

下归纳证明:当 $m \geqslant 2$ 时,$f(m) = p^m - p^{m-1}$,

当 $m = 2$ 时 $\Rightarrow p^2 = f(2) + p \cdot f(0) \Rightarrow f(2) = p^2 - p$ 成立.

设不超过 $m - 1$ 时成立,考虑 m 时的情形.

① m 为奇数 $\Rightarrow p^m = f(m) + p \cdot f(m-2) + \cdots + p^{\frac{m-1}{2}} \cdot f(1)$

$= f(m) + (p^{m-1} - p^{m-2}) + (p^{m-2} - p^{m-3}) + \cdots + (p^{\frac{m+3}{2}} - p^{\frac{m+1}{2}}) + p^{\frac{m+1}{2}}$

$= f(m) + p^{m-1} \Rightarrow f(m) = p^m - p^{m-1}$,成立.

② m 为偶数 $\Rightarrow p^m = f(m) + p \cdot f(m-2) + \cdots + p^{\frac{m}{2}} \cdot f(0)$

$$= f(m) + (p^{m-1} - p^{m-2}) + (p^{m-2} - p^{m-3}) + \cdots + (p^{\frac{m+2}{2}} - p^{\frac{m}{2}}) + p^{\frac{m}{2}}$$

$$= f(m) + p^{m-1} \Rightarrow f(m) = p^m - p^{m-1}, 成立, 归纳完成.$$

综上, 满足题意的 $P(x)$ 有 $p^m - p^{m-1}$ 个.

19. 解析: 取 $a = 0$, 由(1)可得 $f(1) = f(0) + f(1)$, 从而 $f(0) = 0$, $f(x)$ 不含常数项,

记 $f(x) = a_1 x + a_2 x^2 + \cdots + a_n x^n$. 再由条件(1)可知

$$a_1(1+x) + a_2(1+x)^2 + \cdots + a_n(1+x)^n = a_1 x + a_2 x^2 + \cdots + a_n x^n + a_1 + a_2 + \cdots + a_n.$$

展开后比较两边系数可得 $a_2 = a_3 = \cdots = a_n = 0$, 故 $f(x) = a_1 x$.

由(2)可得 $f(k_1) = a_1 k_1 = k_1$, 但 $k_1 \neq 0$, 故 $a_1 = 1$. 所求的多项式为 $f(x) = x$.

20. 解析: 令 $f(x) = (x+1)(x+2)\cdots(x+n) + 2$ ①.

将 ① 式的右边展开即知 $f(x)$ 是一个首项系数为 1 的正整数系数的 n 次多项式.

下面证明: $f(x)$ 满足性质 2.

对任意的整数 t, 由于 $n \geqslant 4$, 故连续的 n 个整数 $t+1, t+2, \cdots, t+n$ 中必有一个为 4 的倍数.

从而, 由 ① 式知 $f(t) \equiv 2 \pmod 4$.

因此, 对任意 $k (k \geqslant 2)$ 个正整数 $r_1, r_2, \cdots, r_k$, 有 $f(r_1) f(r_2) \cdots f(r_k) \equiv 2^k \equiv 0 \pmod 4$.

但对任意的正整数 m, 有 $f(m) \equiv 2 \pmod 4$.

故 $f(m) \neq f(r_1) f(r_2) \cdots f(r_k)$. 因此 $f(x)$ 符合题设要求.

21. 解析: $f(x) = (x-a_1)^2 (x-a_2)^2 \cdots (x-a_n)^2 + 1 \in \mathbf{Z}[x]$. 若 $f(x)$ 在有理数域上可约, 则有 $p(x), q(x) \in \mathbf{Z}[x]$, 满足 $\partial(p(x)) = k > 0, \partial(q(x)) = 2n - k$, 使得 $f(x) = p(x)q(x)$.

于是 $p(a_i)q(a_i) = f(a_i) = 1 (i = 1, 2, \cdots, n)$.

因为 $p(a_i), q(a_i) \in \mathbf{Z} (i = 1, 2, \cdots, n)$, 故 $p(a_i) = \pm 1, q(a_i) = \pm 1 (i = 1, 2, \cdots, n)$.

若有 $p(a_i) = 1$, 且存在某个 $p(a_j) = -1, i \neq j$, 则必有 $x_0 \in \mathbf{R}$, 使 $p(x_0) = 0$,

从而 $0 = p(x_0)q(x_0) = f(x_0) = (x_0 - a_1)^2 (x_0 - a_2)^2 \cdots (x_0 - a_n)^2 + 1 \geqslant 1$, 出现矛盾.

因而 $p(a_1), \cdots, p(a_n)$ 只能同时取 1 或 -1. 于是 $p(a_i) = q(a_i) = 1 (i = 1, 2, \cdots, n)$(或者 $p(a_i) = q(a_i) = -1 (i = 1, 2, \cdots, n)$), 故 $p_1(x) = p(x) - 1, q_1(x) = q(x) - 1$(或者 $p_1(x) = p(x) + 1, q_1(x) = q(x) + 1$) 有根 $a_1, a_2, \cdots, a_n$. 若 $k < n$, 则 $p_1(x) = 0$; 若 $k > n$, 则 $2n - k < n$. 又 $q_1(x) = 0$, 与假设矛盾.

所以 $\partial(p_1(x)) = \partial(q_1(x)) = n$ 且首项系数为 1, 故 $p_1(x) = q_1(x) = (x-a_1)(x-a_2)\cdots(x-a_n)$.

因此, $f(x) = p(x)q(x) = (x-a_1)^2 (x-a_2)^2 \cdots (x-a_n)^2 \pm 2(x-a_1)(x-a_2)\cdots(x-a_n) + 1$, 出现矛盾.

所以 $f(x)$ 在有理数域上不可约.

22. 解析: 设正 n 边形的中心对应的复数为 a. 将复平面的原点平移到 a 后, 则该正 n 边形的顶点均匀分布在一个圆周上, 即它们是方程 $(x-a)^n = b (b$ 为某个复数) 的解.

于是 $f(x) = x^n + a_{n-1}x^{n-1} + \cdots + a_1 x + a_0 = -b + \sum_{i=0}^{n} C_n^i x^{n-i} (-a)^i$.

对比 x 各次项的系数知 $-na = a_{n-1}$ 为整数, 所以 a 为有理数.

又 $n(-a)^{n-1} = a_1$ 为整数, 故 a 为整数. 这样, 由 $a_0 = (-a)^n - b$ 为整数知 b 为整数.

上述讨论表明, 该正 n 边形的顶点对应的复数是整系数方程 $(x-a)^n = b$ 的解.

于是, 其外接圆半径 $\sqrt[n]{|b|} \geqslant 1$. 故此正 n 边形的面积不小于 $\frac{n}{2}\sin\frac{2\pi}{n}$.

而方程 $x^n = 1$ 的 n 个根在复平面上对应一个正 n 边形的 n 个顶点, 故该正多边形面积的最小值为 $\frac{n}{2}\sin\frac{2\pi}{n}$.

23. 解 $f(x) = cx^n$, 其中 c 为非零整数. 对 f 的次数归纳证明, 只需证明当 f 的次数非零时, 其常数项为零, 那么 $f(x) = xg(x)$, $g(x)$ 满足同样的条件.

设 $P = \{p_1, \cdots, p_r\}$, 且 $f(2023) = p_1^{a_1} p_2^{a_2} \cdots p_r^{a_r}, a_i \geqslant 0$.

记 $m = \varphi\left(\prod_{p_j \neq 7, 17} p_j^{a_j+1}\right)$, 令 $n - 1 = km$, 其中 $k \in \mathbf{N}^*$,

则对所有 $p_j \neq 7, 17$ 的素数 p_j, $2023^n - 2023 = 2023(2023^{n-1} - 1) \equiv 0 \pmod{p_j^{a_j+1}}$.

由 $2023^n - 2023 \mid f(2023^n) - f(2023)$ 知, 当 $n - 1 = mk$ 时, $f(2023^n) = \prod_{p_j \neq 7, 17} p_j^{\beta_j} 7^{\gamma_1} 17^{\gamma_2}$.

若 f 的常数项 c 非零,则当 k 充分大时,$\nu_7(c)$,$\nu_{17}(c) < 1 + mk$,

从而 $\beta_k = \nu_7(f(2023^n)) = \nu_7(c)$,$\gamma_k = \nu_{17}(f(2023^n)) = \nu_{17}(c)$.

因此 $f(2023^n)$ 为常数,与 f 的次数非零矛盾.

第二章　平面几何

2.1　圆的性质

1. 解析:如图令 X,P 为 AM,BC 的中点,记 OX 分别交 BC,SM 于点 Y,Z,AZ 交圆 (ABC) 于点 K. 由对称性,我们可得 Y,K,M 三点共线,且 $\angle OMZ = \angle OSZ = \angle OKZ \Rightarrow O,Z,K,M$ 四点共圆. 故 $\angle OZM = \angle OKM = \angle OMK$.

注意到 M,P,X,Y 四点共圆($\angle YXM = \angle YPM = \dfrac{\pi}{2}$),可知 $\angle OZM = \angle OMK = \angle OXP \Rightarrow XP \parallel MS$,以及由 $ABDC$ 为平行四边形可知 XP 为 $\triangle AMD$ 的中位线,故 $XP \parallel MD$,可得 S,M,D 三点共线.

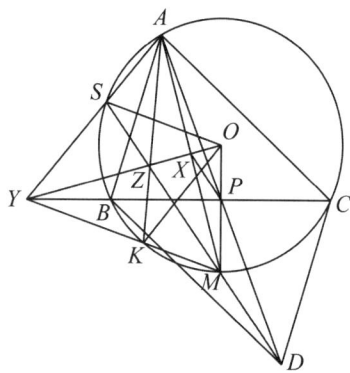

第1题答图

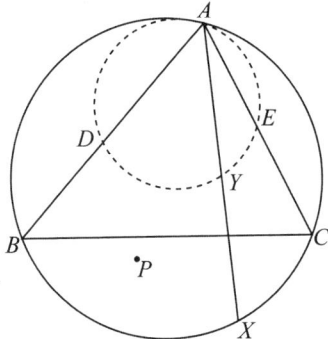

第2题答图

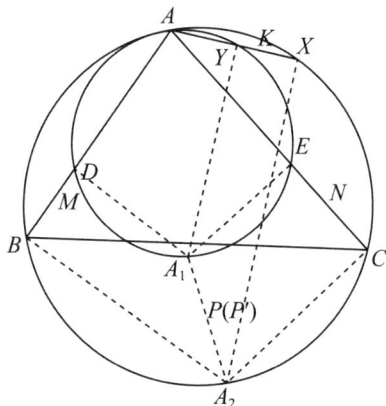

第3题答图

2. 解析:设点 A 在圆 (ADE) 和圆 (ABC) 上的对径点分别为 A_1,A_2,

由 $\angle ADA_1 = \angle AEA_1 = \angle ABA_2 = \angle ACA_2 = \angle AYA_1 = \angle AXA_2 = 90°$,

设线段 A_1A_2,BD,CE,XY 的中点分别为 P',M,N,K,则 $P'M \perp AB$,$P'N \perp AC$,

从而 $P'B = P'D$,$P'C = P'E$,故点 P' 与点 P 重合. 于是 $PK \perp AX$,进而 $PX = PY$. 证毕.

3. 解析:先证明 (TXY),(ABD),CT 共点.

令 $P = (XBC) \bigcap (YDC)$,我们称该点即为公共点. 事实上,$\angle PDA = \angle PCY = \pi - \angle PBA$,故 P,B,A,D 四点共圆. 又 $\angle YPX = \angle YPC - \angle XPC = (\pi - \angle ADC) - \angle XBC = \pi - 2\angle ABC = \pi - 2\angle TXY = \angle YTX$,故 Y,X,P,T 四点共圆.

最后,可知 $\angle XPC = \angle ABC = \pi - \angle BAD = \angle TYX = \pi - \angle XPT$,故 C,T,P 三点共线.

另一方面,证明 (TXY),(ABD),AT 共点.

方法一:令 $S = (BDC) \bigcap XY$ 以及 $(XSB) \bigcap (DSY) = Q$. 我们称 Q 为公共点. 事实上,$\angle ADQ = \angle XSQ = \angle XBQ = \angle ABQ$,故 A,Q,B,D 四点共圆. 又 $\angle XQY = \angle YQS + \angle XQS = \angle YDS + \pi - \angle ABS = \pi - (\angle CBS - \angle ABC) = \angle YDS + \angle CDS + \angle ABC = 2\angle YXT = \pi - \angle XTY$,故 X,T,Y,Q 四点共圆.

最后,$\angle AQX = \angle AQB - \angle XQB = \pi - \angle ADB - \angle XSB = \pi - \angle ADB - \angle BDC = \angle BAD = \pi - \angle XYT = \pi - \angle TQX$,故 A,Q,T 三点共线.

方法二:只需证明 $\angle TQP + \angle AQP = \pi$.

由 $\angle YPT = \angle YXT = \angle TYX$ 得 $\triangle TPY \backsim \triangle TYC$. 故 $\angle TQP = \angle TYP = \angle TCY = \angle ADP = \pi - \angle AQP$. 得证.

4. 解析:如图,设 AK,AL 的延长线分别与过点 B,K,L,C 的圆交于点 X,Y. 连接 BX,BY.

结合条件,得 $\angle AKD = \angle BCK = \angle BXK$,$\angle ALD = \angle BCL = \angle BYL$. 所以 $DK \parallel BX$,$DL \parallel BY$.

于是 $\dfrac{AK}{AX} = \dfrac{AD}{AB} = \dfrac{AL}{AY}$.

又 K,L,Y,X 四点共圆,故由圆幂定理得 $AK \cdot AX = AL \cdot AY$.将上面两式相乘得 $AK^2 = AL^2$,即 $AK = AL$.

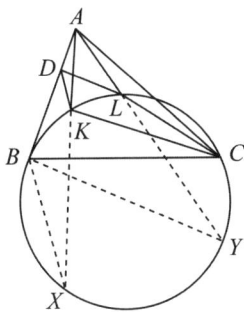

第 4 题答图

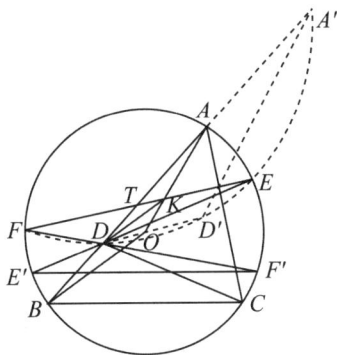

第 5 题答图

5.解析:倍长 DO 到点 D',倍长 DA 到点 A',则 $OA \parallel A'D'$.

由 $AD = DC$ 可知 $OD \perp AC$,故 $OD \parallel EF$.从而四边形 $EFDD'$ 为等腰梯形,故 E,F,D,D' 四点共圆.

又 $\dfrac{AT}{AD} = \dfrac{AK}{AO} = \dfrac{AD}{AB}$,故 $AD^2 = AB \cdot AT$,

那么 $TD \cdot TA' = (AD - AT)(AD + AT) = AD^2 - AT^2 = AT \cdot AB - AT^2 = TA \cdot TB = TE \cdot TF$.

故 D,E,A',F 四点共圆,从而 D,D',E,A',F 五点共圆.

又 $BC \parallel E'F'$ 等价于 $\angle ABC = \angle DE'F' + \angle E'DB$,而

$$\begin{aligned}
\angle DE'F' + \angle E'DB &= \angle EFD + \angle EDA = \angle FED' + \angle ATE - \angle TDE \\
&= \angle ATE + \angle DED' = \angle ATE + \angle D'A'D \\
&= \angle ATE + \angle OAD = \angle AKE = \frac{\pi}{2} - \angle OAC \\
&= \angle ABC.
\end{aligned}$$

得证.

6.解析:设 $AD = x,AE = y$,则 $AB = AC = \dfrac{x+y}{2}$,$BD = CE = \dfrac{x-y}{2}$.

设 AD 交 CQ 于点 F,AD 交 $\triangle CDE$ 的外接圆于另外一点 G.

由圆幂定理得 $FB \cdot FA = FC \cdot FQ = FD \cdot FG$,

则 $\dfrac{FA}{FD} = \dfrac{FG}{FB} = \dfrac{FA - FG}{FD - FB} = \dfrac{AG}{BD} = \dfrac{\dfrac{AE \cdot AC}{AD}}{BD} = \dfrac{y(x+y)}{x(x-y)}$,

从而 $FA = \dfrac{y(x+y)}{y(x+y) + x(x-y)} AD = \dfrac{xy(x+y)}{x^2 + y^2}$.

设 AC 交 BP 于点 H,AE 交 $\triangle BDE$ 的外接圆于另外一点 I.

由圆幂定理得 $HC \cdot HA = HB \cdot HP = HE \cdot HI$,

则 $\dfrac{HA}{HI} = \dfrac{HE}{HC} = \dfrac{HA - HE}{HI - HC} = \dfrac{AE}{CI} = \dfrac{AE}{AI - AC} = \dfrac{AE}{\dfrac{AB \cdot AD}{AE} - AC} = \dfrac{2y^2}{x^2 - y^2}$,

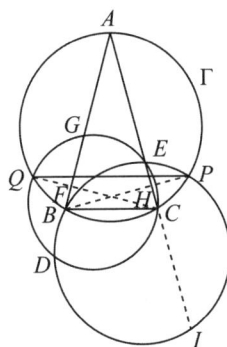

第 6 题答图

从而 $HA = \dfrac{2y^2}{2y^2 + (x^2 - y^2)} AI = \dfrac{2y^2}{2y^2 + (x^2 - y^2)} \cdot \dfrac{\dfrac{x+y}{2} \cdot x}{y} = \dfrac{xy(x+y)}{x^2 + y^2}$.

所以 $FA = HA$,由圆和等腰三角形的对称性可得 $\overset{\frown}{QB} = \overset{\frown}{PC}$.

从而 $PQ \parallel BC$.

7.解析:设 $\odot(XQC),\odot(CRY)$ 再次交于点 M',

则 $\angle XM'Y = \angle EQC + \angle CRB = \angle EAC + \angle BAC = \angle BAE = \angle XAY = \angle XA'Y$,

最后一个等号用到了点 A,A' 关于 XY 对称,因此 X,M',A',Y 四点共圆.

而 $\angle QM'R = \angle QM'C + \angle CM'R = \angle QXC + \angle CYR = \angle PXY + \angle PYX = 180° - \angle XPY = 180° - \angle QPR$,

故 P,Q,R,M' 四点共圆.为此可令 $M = M'$,类似定义 $N,N'(N = N')$ 为题目中两圆的交点.

设 CM,DN 交于 T，那么 $\angle TMR = \angle CMR = \angle CYR = \angle DYR = \angle DNR = \angle TNR$，这表明点 T 在 $\odot(PQR)$ 上.

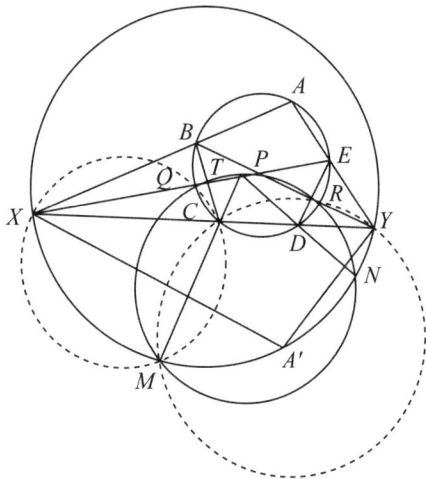

第7题答图

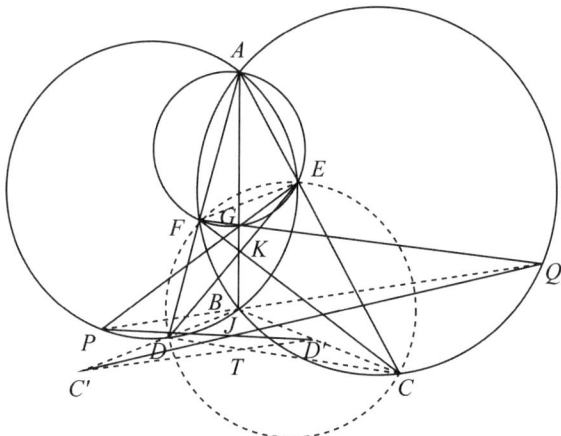

第8题答图

8. 解析：设 DE 与 CF 交于点 K. 由 $FK \cdot KC = AK \cdot AB = EK \cdot KD$ 可知 C,D,E,F 四点共圆.

又因为 $\angle ABP + \angle ABQ = \angle AEG + \angle AFG = 180°$，所以 P,B,Q 三点共线.

设 CD 与直线 AB 交于点 T，则 $\angle ABP = \angle AEG = \angle FAG + \angle ADC = \angle ATC = \angle ATC'$.

因此 $PQ \parallel C'D'$，故只需证明 $\dfrac{PB}{BQ} = \dfrac{D'T}{TC'}$. 故只需证 $\dfrac{PB}{BQ} = \dfrac{DT}{TC}$.

因为 $\angle TBD = \angle CED = \angle CFD = \angle TBC$，所以 $\dfrac{DT}{TC} = \dfrac{DB}{BC} = \dfrac{r_1 \sin\angle DAB}{r_2 \sin\angle CAB} = \dfrac{AD \cdot FG}{AC \cdot EG} = \dfrac{AE \cdot FG}{AF \cdot EG}$.

又注意到 $\dfrac{AE}{EG} = \dfrac{PB}{BG}$，$\dfrac{AF}{FG} = \dfrac{QB}{BG}$，故有 $\dfrac{DT}{TC} = \dfrac{AE \cdot FG}{AF \cdot EG} = \dfrac{PB}{BQ}$，得证.

9. 解析：重新定义 AB,AC 上的点 Q,X 满足 $EA = EQ = EX$. $\angle EQA = \angle EAQ = \angle A + \angle B = \angle ECA$，知 E,A,Q,C 四点共圆，$\angle EXA = \angle EAX = \angle EBA$，知 E,A,B,X 四点共圆.

设 DF 交 AB 于点 S，交 AC 于点 Z. $\angle DSB = \angle A + \angle B = \angle DBS$，得 $DS = DB$. $\angle DZC = \angle B = \angle DCZ$，得 $DZ = DC$，知 B,S,C,Z 四点共圆，圆心为点 D. 简单计算知 $\angle SBZ = 90°$.

$\angle BXZ = 180° - \angle BXA = 180° - \angle BEA = 180° - \angle BFS = \angle BFZ$，得 B,F,X,Z 四点共圆，于是 $\angle XFE = \angle XZB = \angle CSA$，于是 $\angle XFE + \angle XEF = \angle CSA + \angle SAC = 90°$，知此点 X 和题设中点 X 重合.

$EX = EQ$，$\angle XEB = \angle A = \angle CEQ$，知点 Q,X 关于 BC 对称，知 $\angle FXE = 90° = \angle FQE$，知点 Q 和题设点 Q 重合. $\angle XEY = \angle FEX + \angle FEY$.

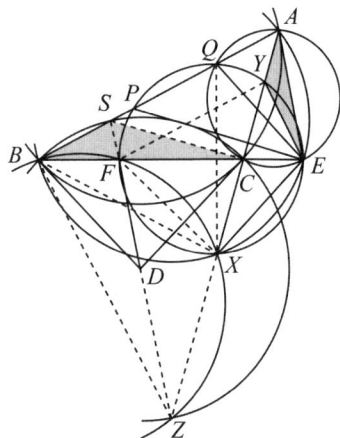

第9题答图

故要证 $\angle XEY = \angle PEQ + \angle AEB$，只需证 $\angle FEX + \angle FEY = \angle PEQ + \angle AEB$，即 $\angle AEB - \angle FEY = \angle FEX - \angle PEQ$，而 $\angle FEX = \angle FEQ$，即要证 $\angle AEY = \angle PEF$.

注意到 $\angle XYE = \angle XFE = \angle XZB = \angle CSA$，知 $\triangle AYE \backsim \triangle BSC$.

而 $\angle EPQ = \angle EXQ = \angle EQX = \angle EFX = \angle XZB = \angle CSA$，知 $PE \parallel SC$.

于是 $\angle PEF = \angle SCB = \angle AEY$，故命题得证.

10. 解析：设直线 EF 与 $\triangle ACD$ 的外接圆不同于点 F 的交点为 T，直线 EF 交 BC 于点 X. 下面证明 X 是定点.

在 $Rt\triangle ABD$ 中，E 是斜边 AD 的中点，从而可得 $\angle EBD = \angle EDB$，进而可得 $\angle EBC = \angle EDX$. 故 $\angle TAD = \angle TFD = \angle EBC = \angle EDX$，即 $AT \parallel DX$，即

圆内接四边形 $ATCD$ 是等腰梯形　　①.

因为 $AE = DE$，所以 $\triangle AET \cong \triangle DEX$，从而 $AT = DX$.

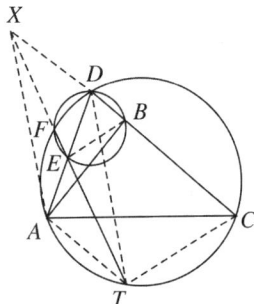

第10题答图

又因为 $AT \parallel DX$, 所以四边形 $ATDX$ 是平行四边形 ②.

由 ①,② 得 $AC = TD = AX$. 而 $AB \perp CX$, 故 $BX = BC$.

11. 解析:如图. 因为 $CE = CD$, $\angle CDQ = \angle PAC$, 所以 $CE^2 = CD^2 = CA \cdot CQ$. 又 A,B,P,Q 四点共圆,由圆幂定理得 $CA \cdot CQ = CB \cdot CP$, 因此 $CE^2 = CD^2 = CB \cdot CP$, 从而 $\angle CBD = \angle PDC$, $\angle CAE = \angle QEC$. 由 C,E,Q, F 四点共圆知 $\angle QEC = \angle QFD$, 所以 $\angle CAE = \angle QFD$.

另外,因为 $\angle CBD = \angle PDC = \angle ACD + \angle PAC$, $\angle DCB = \angle ACB - \angle ACD$, $\angle ACB = \angle BAP$, 所以 $\angle CDE = \angle CBD + \angle DCB = \angle ACD + \angle PAC + \angle ACB - \angle ACD = \angle BAP + \angle PAC = \angle BAC$.

又 $CD = CE$, 因而 $\angle BEC = \angle CDE = \angle BAC$, 这说明 A,B,C,E 四点共圆,于是 $\angle CBD = \angle CAE = \angle QFD$, 故 B,D,F,G 四点共圆.

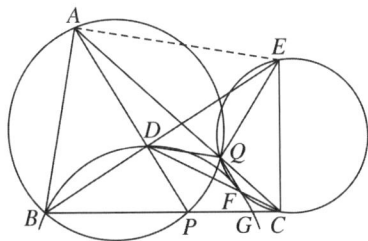

第 11 题答图

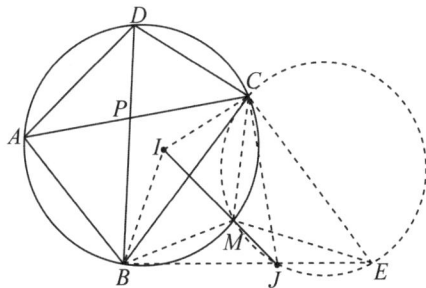

第 12 题答图

12. 解析:如图. 显然 BJ 是 $\angle CBA$ 的外角平分线,所以 $\angle JBC = \frac{1}{2}(180° - \angle CBA)$. 设 M 是 BC(不含点 A)的中点,则 $\angle MBC = \frac{1}{2}\angle BAC$, 所以 $\angle JBM = \angle JBC - \angle MBC = \frac{1}{2}(180° - \angle CBA) - \frac{1}{2}\angle BAC = \frac{1}{2}\angle ACB = \angle ICB$. 同理 $\angle MCJ = \angle CBI$. 于是,再设直线 BJ 与 $\triangle MJC$ 的外接圆的另一交点为 E, 则 $\angle MEB = \angle MCJ = \angle CBI$, $\angle EBM = \angle ICB$, 所以 $\triangle MEB \backsim \triangle IBC$.

而 $BM = CM$, 因此 $\frac{BE}{BC} = \frac{BM}{CI} = \frac{CM}{CI}$. 又 $\angle JBM = \angle ICB$, 且 $\angle MBC = \angle BCM$, 所以 $\angle EBC = \angle ICM$, 这说明 $\triangle BEC \backsim \triangle CMI$, 于是 $\angle CEB = \angle CMI$. 再注意 J,E,C,M 四点共圆,因此 $\angle JMC + \angle CMI = \angle JMC + \angle CEJ = 180°$, 这说明 I,M,J 三点共线,故 IJ 平分弧 BC(不含点 A).

13. 解析:因为 A,E,N,P 四点共圆,所以 $\angle CNP = \angle EAP = \angle AFP$.

因为 A,N,M,C 四点共圆,所以 $\angle CNM = \angle CAM$.

又 A,B,M,Q 四点共圆,所以 $\angle MQB = \angle MAB$, 由 A,P,Q,F 四点共圆得 $\angle PQB = \angle FAP$. 所以
$\angle MNP + \angle MQP = (\angle CNM + \angle CNP) + (\angle MQB + \angle PQB)$
$= (\angle CAM + \angle AFP) + (\angle MAB + \angle FAP)$
$= (\angle CAM + \angle MAB) + (\angle AFP + \angle FAP)$
$= 90° + 90° = 180°$.
故 M,N,P,Q 共圆.

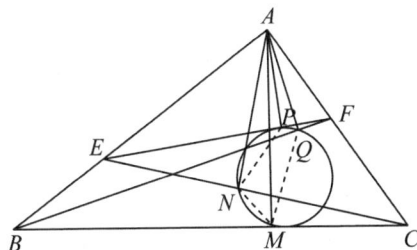

第 13 题答图

2.2　三角形的五心

1. 解析:如图. 设 $\triangle ABC$ 的内切圆半径为 r, BC 边上的高为 h, 则由三角形的面积公式得 $(BC + CA + AB) \cdot r = BC \cdot h$. 但 $AB + AC = 3BC$, 所以, $h = 4r$. 注意 $EF \parallel BC$, 且 EF 与 BC 的距离为 $2r$, 所以 $\triangle AEF$ 在 EF 边上的高也为 $2r$, 这说明 E,F 分别为 AB,AC 的中点. 而 $4AD = AC$, 因此 D 为 AF 的中点. 设 BD 与 EF 交于点 G, 则点 G 为 $\triangle ABF$ 的重心,故 $\frac{EG}{GF} = \frac{1}{2}$.

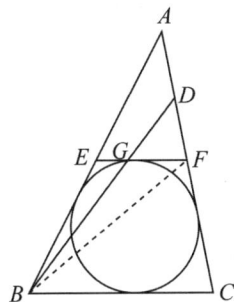

第 1 题答图

2. 解析:方法一:如图 1. 因为 $AB \perp BP$, $AD \perp BC$, $AE \perp AC$, 所以 $\angle ADB = \angle CBA$, 且 A, B,D,E 四点共圆,因此,$\angle AEB = \angle ADB = \angle CBA$. 再由 $AB \perp BP$ 知 $\angle PBC = 90° -$

$\angle CBA$. 又点 P 在 BC 的垂直平分线上，所以 $PB = PC$，且 $\angle CPB = 180° - 2\angle PBC = 2\angle CBA$，这样便有 $360° - \angle CPB = 2\angle BEC$，因此，点 P 为 $\triangle EBC$ 的外心，于是 $PE = PB$，故 $\triangle BPE$ 是一个等腰三角形.

方法二：如图 2. 因为 $AB \perp BP$，$AD \perp BC$，$AE \perp AC$，所以 $\angle PBC = \angle BAD$，且 A, B, D, E 四点共圆，因此 $\angle PBC = \angle BAD = \angle BED$. 又点 P 在 BC 的垂直平分线上，所以 $\angle BCP = \angle PBC = \angle BED$. 设直线 DE 与 PC 交于点 F，则 B, F, C, E 四点共圆，记这个圆为 Γ. 注意 $EF \perp EC$，所以圆 Γ 的圆心既在 CF 上，也在 BC 的垂直平分线上，因而点 P 即圆 Γ 的圆心，于是 $PE = PB$，故 $\triangle BPE$ 是一个等腰三角形.

3. 解析： 如图. 显然，B, C, E, F 四点共圆，C, A, F, D 四点共圆，A, B, D, E 四点共圆. 仍以 A, B, C 表示 $\triangle ABC$ 相应的内角，则 $\angle CDE = \angle BAC = A$，$\angle BFE = 180° - C$，$\angle BFD = C$，$\angle FDB = A$.

因为 $FM \parallel DE$，所以 $\angle BMF = \angle CDE = A = \angle FDB$，$\angle MFB = \angle CBA - \angle BMF = B - A$，因此，$FM = FD$，且 $\angle MFE = \angle MFB + \angle BFE = B - A + 180° - C = 2B$.

但 FN 平分 $\angle MFE$，从而 $\angle MFN = B$，且 $\angle BFN = \angle MFN - \angle MFB = B - (B - A) = A = \angle BDN$，这说明 $FN \parallel AC$，且 F, B, N, D 四点共圆，于是，点 N 在 $\triangle ABC$ 之外，且 $BF = BN$，$\angle DNF = \angle DBF = B$. 又 $\angle FDN = 2A$，这样便有 F 为 $\triangle DMN$ 的外心 $\Leftrightarrow FN = FD \Leftrightarrow \angle DNF = \angle FDN \Leftrightarrow B = 2A \Leftrightarrow B - A = A \Leftrightarrow \angle MFB = \angle BMF \Leftrightarrow BM = BF \Leftrightarrow B$ 为 $\triangle FMN$ 的外心. 故 F 为 $\triangle DMN$ 的外心 $\Leftrightarrow B$ 为 $\triangle FMN$ 的外心.

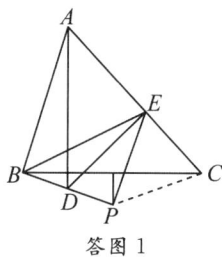

答图 1

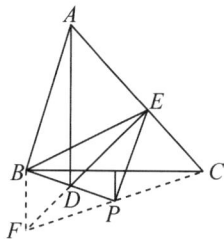

答图 2

第 2 题

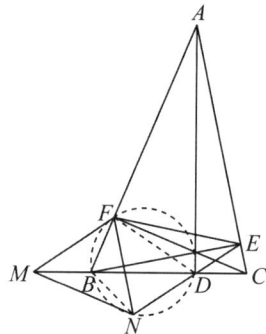

第 3 题答图

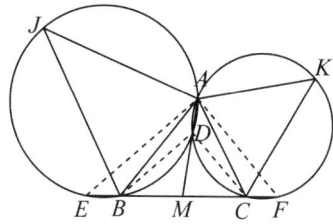

第 4 题答图

4. 解析： 如图. 因为 J, K 分别是 $\triangle MAB$、$\triangle MCA$ 的 M- 旁心，所以，$\angle BJA = 90° - \frac{1}{2}\angle AMB$，$\angle AKC = 90° - \frac{1}{2}\angle CMA$，因此，$\angle BJA + \angle AMB = 90° + \frac{1}{2}\angle AMB < 180°$，这说明点 M 在 $\triangle JAB$ 的外接圆之外. 同理，点 M 也在 $\triangle KAC$ 的外接圆之外.

设 $\triangle JAB$ 的外接圆与直线 AM 的另一交点为 D，则 $\angle BDM = \angle BJA = 90° - \frac{1}{2}\angle AMB$，这说明 $\angle MBD = \angle BDM$，所以，$MD = MB$. 但 M 是 BC 的中点，因此，$MC = MD$，于是，$\angle MDC = 90° - \frac{1}{2}\angle CMD = \angle AKC$，这说明点 D 在 $\triangle KAC$ 的外接圆上. 注意 $\angle MEA = \angle BDM = \angle MBD$，$\angle AFM = \angle MDC = \angle DCM$，所以，$DB \parallel AE$，$DC \parallel AF$，因此，$BE = DA = CF$，故 $BE = CF$.

注：若将 J, K 改为 $\triangle ABM$ 的内心与 $\triangle AMC$ 的内心，则结论不变. 事实上，那两个圆没有任何改变.

5. 解析： 如图. 不妨设 $AB < AC$，并设 $\triangle ABC$ 的内切圆 ω 与 BC 切于 D，DE 是圆 ω 的直径，MP 与圆 ω 切于 T，直线 ET 与 BC 交于 F，则 $TD \perp TE$，IM 垂直平分 DT，所以，$IM \parallel ET$，从而 $MF = MD$，这说明 F 是 $\triangle ABC$ 的 A- 旁切圆与 BC 的切点，因此，$IM \parallel AF$，于是，A, E, T 三点共线，且 $\angle PTA = \angle PMI$. 但由 $AI \perp AP$，$TI \perp TP$ 知，A, I, T, P 四点共圆，这样便有 $\angle PIA = \angle PTA = \angle PMI$，故 AI 是 $\triangle PIM$ 的外接圆的切线.

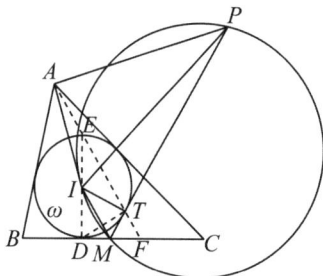

第 5 题答图

6. 解析:如图.设直线 BI 与 $\triangle ABC$ 的外接圆的另一个交点为 N,则 M,N 分别是 $\triangle ABC$ 的外接圆上 AB(不含点 C)的中点与 CA(不含点 B)的中点.由鸡爪定理知 $MI = MA$,$NI = NA$,所以 MN 垂直平分 AI.但 $IE \perp AI$,因此 $MN \parallel IE$.由鸡爪定理知 $NI = NC$,于是 $\dfrac{ME}{MD} = \dfrac{NI}{ND} = \dfrac{NC}{ND}$.注意到 $\angle NCD = \angle NBA = \angle CBN$,所以 $\triangle BCN \sim \triangle CDN$.又 CI 平分 $\angle DCB$,因此 $\dfrac{NC}{ND} = \dfrac{BC}{DC} = \dfrac{BI}{DI}$,这样便有 $\dfrac{ME}{MD} = \dfrac{BI}{DI}$.

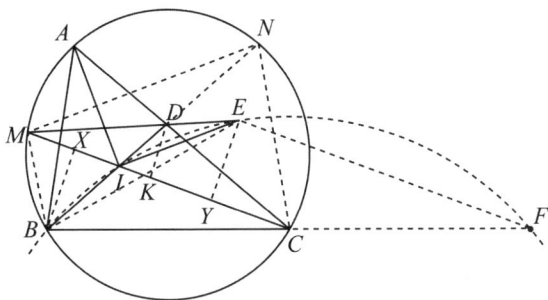

第6题答图

另外,过 B,E,D 三点作直线 CM 的垂线,设垂足分别为 X,Y,K,则由 $BX \parallel DK \parallel EY$ 知 $\dfrac{BX}{DK} = \dfrac{BI}{DI}$,$\dfrac{EY}{DK} = \dfrac{ME}{MD}$.由此可知 $\dfrac{BX}{DK} = \dfrac{EY}{DK}$,于是 $BX = EY$,这说明 CM 平分线段 BE.又 C 是 BF 的中点,所以 $EF \parallel MC$,因此 $\angle EFB = \angle ICB$.不难知道 $\angle EID = \angle ICB$,这样便有 $\angle EID = \angle EFB$,故 B,I,E,F 四点共圆.

7. 解析:如图.设直线 AI 与 MN 交于点 K,则 K 为 $\triangle ABC$ 的外接圆上 BEC 的中点,由鸡爪定理知 $KI = KB = KC$,所以 K 是 $\triangle IBC$ 的外心.注意 $ID \parallel NM$,设直线 ID 与直线 NE 交于 L,则 $\angle ELI = \angle ENK = \angle EAK$,这说明 A,I,E,L 四点共圆,由圆幂定理知 $DI \cdot DL = DA \cdot DE = DB \cdot DC$,所以 I,B,L,C 四点共圆,即点 L 在 $\triangle IBC$ 的外接圆 Γ 上.

另外,设直线 PM 与圆 Γ 的另一交点为 Q,则由圆幂定理知 $MP \cdot MQ = MB \cdot MC = MK \cdot MN$,这说明 N,P,K,Q 四点共圆,所以 $\angle PQK = \angle PNK = \angle PLI = \angle PQI$,因而 I,K,Q 三点共线,即点 Q 也在 $\angle BAC$ 的平分线上,于是 $\angle PQA = \angle PQI = \angle PLI = \angle ELI = \angle EAI = \angle DAQ$,故 $PQ \parallel AD$,即 $PM \parallel AD$.

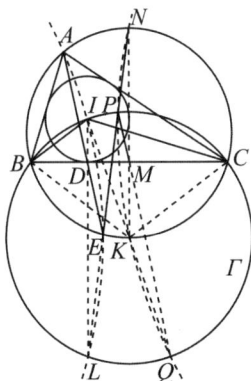

第7题答图

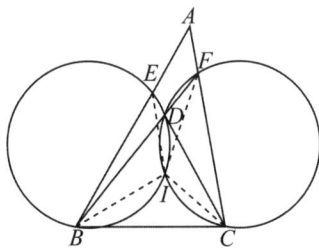

第8题答图

8. 解析:如图.仍用 A,B,C 分别记 $\triangle ABC$ 的三个对应内角.因为 $BE = BC = CF$,所以 $\angle ECB = 90° - \dfrac{B}{2}$,$\angle CBF = 90° - \dfrac{C}{2}$,因此 $\angle EDB = \angle CDF = \angle ECB + \angle CBF = 180° - \dfrac{B}{2} - \dfrac{C}{2} = 90° + \dfrac{A}{2}$.

设 I 是 $\triangle ABC$ 的内心,则 BI 垂直平分 CE,CI 垂直平分 BF,所以 $\angle EIB = \angle BIC = \angle CIF$.但 $\angle BIC = 90° + \dfrac{A}{2}$,因此 $\angle EDB = \angle EIB = \angle CDF = \angle CIF$,这说明 D,E,B,I 四点共圆,以及 F,D,I,C 四点共圆,故 $\triangle ABC$ 的内心 I 是 $\triangle DEB$ 的外接圆与 $\triangle DFC$ 的外接圆的另一个交点,换句话说,$\triangle DEB$ 的外接圆与 $\triangle DFC$ 的外接圆的另一个交点 I 是 $\triangle ABC$ 的内心.

9. 解析:如图.注意 $\angle BAH = \angle OAC$,XY 垂直平分 AH.设 M,N 分别是 AH,AC 的中点,则 $XM \perp AH$,$ON \perp$

AC，所以 $\triangle AXM \backsim \triangle AON$，进而 $\triangle AXO \backsim \triangle AMN$，因此 $\angle AXO = \angle AMN$. 注意 $MN \parallel HC$，所以 $\angle AMN = \angle AHC$，从而 $\angle AXO = \angle AHC$. 再注意 $\angle CBA + \angle AHC = 180°$，$\angle BXP + \angle AXO = 180°$，因此 $\angle CBA = \angle BXP$，这说明 $XP = BP$. 同理，$YQ = QC$. 于是 $XP + YQ = BP + QC = BC + PQ$. 但 $XP + YQ = BC + XY$，这样便有 $PQ = XY$. 又 $XY \parallel PQ$，所以 O 为 XP 的中点，因而记点 P 到直线 l 的距离为 $d(P, l)$，则 $d(O, XY) = d(O, BC)$. 熟知 $d(O, BC) = MH = d(H, XY)$，所以 $d(O, XY) = d(H, XY)$，这说明 $OH \parallel XY$. 显然，$XY \parallel BC$，故 $OH \parallel BC$.

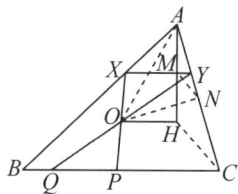

第 9 题答图

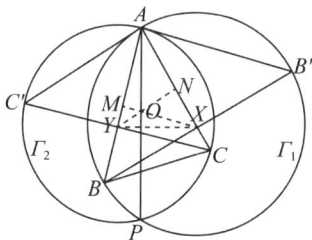

答图 1

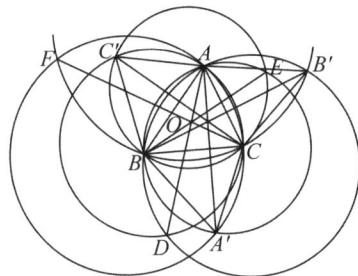

答图 2

第 10 题

10. 解析：先证明一条引理.

引理：如图 1，在 $\triangle ABC$ 中，点 B 关于 AC 的对称点为 B'，点 C 关于 AB 的对称点为 C'，$\triangle ABB'$ 的外接圆与 $\triangle AC'C$ 的外接圆交于 A, P 两点，则 $\triangle ABC$ 的外心在直线 AP 上.

证明：设 O 为 $\triangle ABC$ 的外心，M, N 分别为 AB, AC 的中点，AB 的垂直平分线与直线 AC 交于点 X，AC 的垂直平分线与直线 AB 交于点 Y，则外心 O 为直线 MX 与 NY 的交点. 注意 $XM \perp AY$，$YN \perp AX$，所以 O 是 $\triangle AXY$ 的垂心，因此 $AO \perp XY$.

另外，显然，AC 是 BB' 的垂直平分线，AB 是 $C'C$ 的垂直平分线，记 $\triangle ABE$ 的外接圆为 Γ_1，$\triangle AFC$ 的外接圆为 Γ_2，则 X, Y 分别为圆 Γ_1, Γ_2 的圆心，所以 $AP \perp XY$，故 A, O, P 三点共线，换句话说，$\triangle ABC$ 的外心 O 在直线 AP 上.

原题的证明：由引理知 AD, BE, CF 皆过 $\triangle ABC$ 的外心，故 AD, BE, CF 三线共点于 $\triangle ABC$ 的外心.

11. 解析：引理：如图 1，设 H 是 $\triangle ABC$ 的垂心，M, N 分别是 BC, AH 的中点，H 在 $\angle BAC$ 的平分线上的射影为 D，则 M, D, N 三点共线.

引理的证明：如图 2，设 AK 是 $\triangle ABC$ 的外接圆的直径，直线 HD 与 AK 交于点 E，则 H, M, K 三点共线，且 M 为 HK 的中点. 又 AD 是 $\angle BAC$ 的角平分线，AK 和 AH 是 $\angle BAC$ 的两条等角线，所以 AD 是 $\angle EAH$ 的角平分线. 而 $AD \perp EH$，因此 D 是 HE 的中点. 再注意 N 是 HA 的中点，A, E, K 三点共线，故 M, D, N 三点共线.

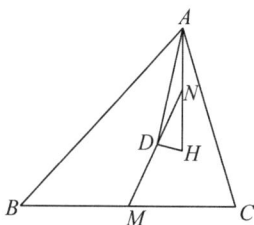

答图 1

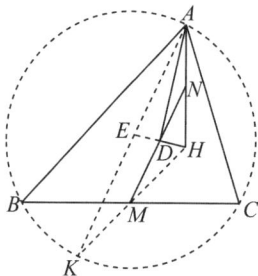

答图 2

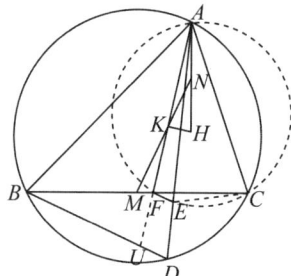

答图 3

第 11 题

原题的证明：如图 3，因为 $EF \parallel DB$，所以 $\angle AEF = \angle ADB = \angle ACB$，这说明 A, F, E, C 四点共圆. 又 $AE = AC$，因此 $\angle CFA = \angle CEA = \angle ACE$. 注意 $\angle DBC = \angle DAC$，设直线 AF 与 BD 交于点 U，则 $\angle BFU = \angle CFA = \angle CEA$. 所以 $\angle AUB = \angle ACE = \angle CEA = \angle CFA$. 又 $AB = AD$，所以 $\angle UBA = \angle ADB = \angle ACF$，这说明 $\triangle ABU \backsim \triangle ACF$，因而 $\angle BAD = \angle FAC$，即 AF 是 $\angle BAC$ 的角平分线. 设 N 是 AH 的中点，由引理知 M, K, N 三点共线，故直线 MK 平分线段 AH.

12. 解析：如图，设 $\triangle ABC$ 的 A-旁切圆与 BC 切于点 D，则 $BE = BD$，$CF = CD$. 又 $PB = AB$，$CQ = CA$，所以 $\triangle PBE \cong \triangle ABD$，$\triangle QCF \cong \triangle ACD$，因此 $\angle SPQ = \angle BAD$，$\angle PQS = \angle DAC$，于是 $\angle BAC + \angle QSP =$

$\angle BAD + \angle DAC + \angle QSP = \angle SPQ + \angle PQS + \angle QSP = 180°$,从而 A,E,S,F 四点共圆.但显然 A,E,J,F 四点共圆,且以 AJ 为直径,这就说明点 S 在以 AJ 为直径的圆上,故 $AR \perp JR$.

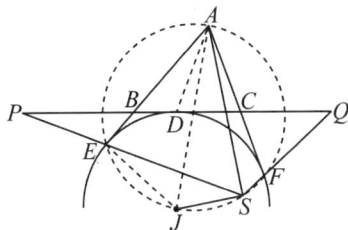

第12题答图

13. 解析:方法一:如图1,显然 AI 为 $\triangle AEF$ 的外接圆的直径.设 $\triangle AEF$ 的外接圆与 $\triangle ABC$ 的外接圆交于 A,K 两点,则 $\angle KEA = \angle KFA$,$\angle KCA = \angle KBA$,所以 $\triangle KCE \backsim \triangle KBF$,因此 $\dfrac{KE}{KF} = \dfrac{EC}{FB}$.

另外,熟知 $\triangle PFB \backsim \triangle PEC$,所以 $\dfrac{PE}{PF} = \dfrac{EC}{FB}$,因此 $\dfrac{KE}{KF} = \dfrac{PE}{PF}$,从而 KP 是 $\angle FKE$ 的平分线.显然,点 I 在 $\triangle AEF$ 的外接圆上,且 I 为 FE(不含点 A)的中点,因而 KI 是 $\angle FKE$ 的平分线,这说明 K,P,I 三点共线.又 AQ 是 $\triangle ABC$ 的外接圆的直径,AI 是 $\triangle AEF$ 的外接圆的直径,所以 $KQ \perp AK$,$KI \perp AK$,因此,K,I,Q 三点共线.故 P,I,Q 三点共线.

方法二:如图2,设 I_a,I_b,I_c 是 $\triangle ABC$ 的三个旁心,K 为 $\triangle I_aI_bI_c$ 的外心,则 I 是 $\triangle I_aI_bI_c$ 的垂心,$\triangle ABC$ 的外接圆是 $\triangle I_aI_bI_c$ 的九点圆,因而 $\triangle ABC$ 的外心 O 是 IK 的中点.但 O 显然是 AQ 的中点,所以 $AKQI$ 是一个平行四边形,因此 $IQ \parallel AK$.

另外,显然 $\triangle DEF$ 与 $\triangle I_aI_bI_c$ 是位似的,且 P,A 是两个位似对应点,I,K 是两个位似对应点,于是 $PI \parallel AK$.

故 P,I,Q 三点共线.

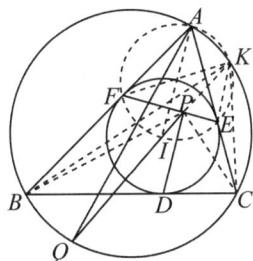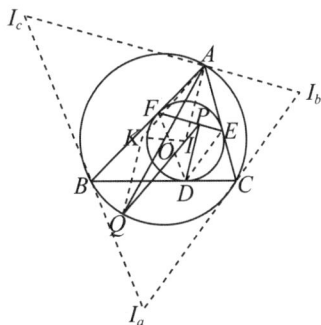

答图1   答图2

第13题

14. 解析:引理:在 $\triangle ABC$ 中,内心为 I,内切圆 $\odot I$ 切三边 BC,CA,AB 于 A_1,B_1,C_1.设 A_1I 交 B_1C_1 于点 L,则 AL 过 BC 的中点 M.

引理的证明:如图1,过点 L 作 BC 的平行线,交 AC 于点 X,交 AB 于点 Y.连接 IB_1,IC_1,IX,IY.

由 $A_1L \perp BC$,$XY \parallel BC$ 知 $A_1L \perp XY$.从而 $\angle ILX = \angle IB_1X = 90°$,则 I,L,X,B_1 四点共圆.

同理,I,L,C_1,Y 四点共圆.于是 $\angle IXB_1 = \angle ILB_1 = \angle IYC_1$.

再结合 $\angle IB_1X = \angle IC_1Y = 90°$,$IB_1 = IC_1$,可知 $\triangle IB_1X \cong \triangle IC_1Y$.故 $IX = IY$.

注意到 $IL \perp XY$,故 L 是 XY 的中点.结合 $XY \parallel BC$ 可知 AL 过 BC 的中点 M.引理获证.

回到原题:如图2,设 $\triangle ABC$ 的内切圆 $\odot I$ 切三边 BC,CA,AB 分别于点 A_1,B_1,C_1.由引理知点 L 位于 B_1C_1 上.设 S 为 BI 中点,T 为 AS 上一点且满足 $\angle TBS = \angle BAS$.

下面证明 B,T,L 三点共线.

由 $\angle TBS = \angle BAS$ 可知 $\triangle BST \backsim \triangle ASB$,故 $BS^2 = SA \cdot ST$.又 $BS = SI$,从而 $IS^2 = SA \cdot ST$,于是 $\triangle IST \backsim \triangle ASI$,因此 $\angle BTI = \angle BTS + \angle ITS = \angle ABI + \angle AIB = 180° - \angle BAI$.

设 H 为 $\triangle AIB$ 的垂心.由垂心性质知 $\angle BHI = \angle BAI$.故 B,T,I,H 四点共圆.

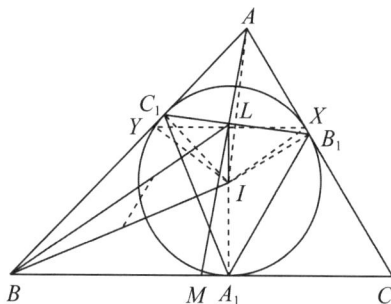

答图 1

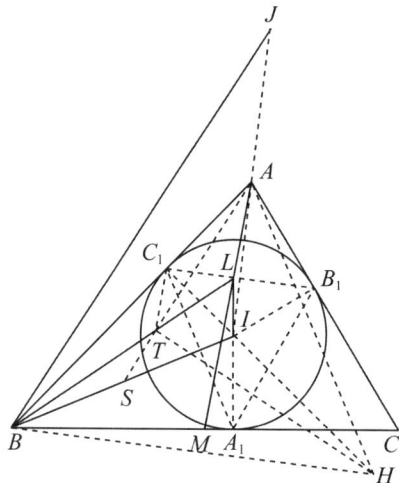

答图 2

第 14 题

从而 $\angle STH = \angle BTH - \angle BTS = \angle BIH - \angle ABI = 90°$，

结合 $\angle AC_1H = 90°$，可知 A,C_1,T,H 四点共圆，且 AH 为这个圆的直径. 于是 $\angle ITC_1 = \angle HTC_1 - \angle HTI = 180° - \angle HAC_1 - \angle HBI = 180° - (90° - \angle ABI) - (90° - \angle ABI - \angle BAI) = 2\angle ABI + \angle BAI$.

又 $\angle ILB_1 = \angle IC_1L + \angle LIC_1 = \dfrac{1}{2}\angle BAC + \angle ABA_1 = \angle BAI + 2\angle ABI$，所以 $\angle ITC_1 = \angle ILB_1$，从而 I，T,C_1,L 四点共圆. 由此得 $\angle ITL = \angle IC_1L = \angle BAI$，从而 $\angle ITL = \angle IC_1L = \angle BAI$，从而 B,T,L 三点共线，$\angle LBI = \angle TBI = \angle BAS$.

而 AS 是 $\triangle BIJ$ 的中位线，故 $AS \parallel BJ$，$\angle BAS = \angle ABJ$. 所以 $\angle ABJ = \angle LBI$，结论获证.

15.解析：设 AP 与 $\triangle ABC$ 外接圆的交点为 $Q,QJ \perp AP$. 连接 QH,JC.

因为 $\angle BDC = \angle BEC$，所以 B,D,E,C 四点共圆，从而有 $\angle AJC = \angle ABC = \angle AED$. 又因为 $AC \perp JC$，所以

$AJ \perp PE$. 注意到 B,D,E,C 四点共圆，以及 B,C,Q,A 四点共圆，可得 $\begin{cases} PB \cdot PC = PD \cdot PE, \\ PB \cdot PC = PQ \cdot PA, \end{cases} \Rightarrow PD \cdot PE = PQ$

$\cdot PA$，

故 D,E,Q,A 四点共圆.

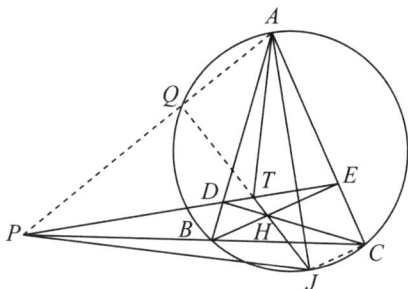

第 15 题答图

注意到 $\angle ADH + \angle AEH = 180°$，有 A,D,H,E 四点共圆，从而 A,D,H,E,Q 五点共圆. 因此 $\angle AQH = 180° - \angle AEH = 90°$，故 $QH \perp AP$，从而可得 Q,H,J 三点共线.

所以 T 为 $\triangle APJ$ 的垂心，从而 $AT \perp JP$.

16.解析：方法一：如图 1，过点 E 作 AB 的平行线，与直线 CD 交于点 T.

由 $\dfrac{KB \cdot KF}{EB \cdot EC} = \dfrac{FB^2}{BC^2} = \dfrac{FD^2}{DA^2} = \dfrac{TD \cdot TF}{ED \cdot EA}$，得 $KB \cdot KF = TD \cdot TF$.

所以 K,T 对 $\triangle BDF$ 的外接圆的幂相等，从而 $VK = VT$. 同理 $UK = UT$.

由平行知四边形 $KFTE$ 为平行四边形，作 K 关于 BF 中点的对称点 M，T 关于 CF 中点的对称点 N.

由对称知 $VM = VK$，$BM = KF = TE$，所以四边形 $BMTE$ 为平行四边形，V 为 $\triangle KMT$ 的外心.

所以 $MT \parallel BE$,则 $\angle KMT = \angle ABC$. 故 $\angle VKT = 90° - \angle KMT = 90° - \angle ABC$. 同理,$NK \parallel CE$,$U$ 为 $\triangle KNT$ 的外心,$\angle UKT = 90° - \angle TNK = 90° - \angle BCD$. 所以,$\angle VKU = \angle VKT - \angle UKT = \angle BCD - \angle ABC$.

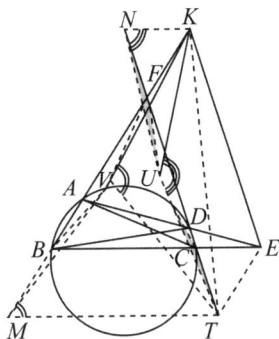
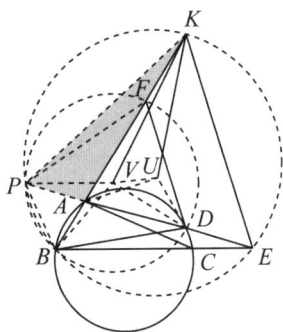

答图1　　　答图2

第 16 题

方法二:如图 2,延长 EA,与 $\triangle BEK$ 的外接圆交于点 P.

由 $\angle BPD = \angle BPE = \angle BKE = \angle BFD$,得 P, B, D, F 四点共圆.

由 $\angle UAK = 90° - \angle ACD$,$\angle VPB = 90° - \angle PDB$,得 $\angle KPV = \angle KPB - \angle VPB = 180° - \angle KEB - \angle VPB = 180° - \angle KEB - (90° - \angle PDB) = 90° + \angle ACB - \angle DCB = 90° - \angle ACD$.

所以 $\angle UAK = \angle KPV$.

由 $\angle BVD = 2\angle BFD = \angle AUC$ 得等腰 $\triangle VBD \backsim$ 等腰 $\triangle UAC$.

由 $\triangle EBD \backsim \triangle EAC$,$\triangle EBD \backsim \triangle EAC$,得 $\dfrac{PV}{AU} = \dfrac{BV}{AU} = \dfrac{BD}{AC} = \dfrac{BE}{AE} = \dfrac{PK}{AK}$,所以 $\triangle KPV \backsim \triangle KAU$.

故 $\angle PKV = \angle AKU$. 所以 $\angle VKU = \angle AKU - \angle AKV = \angle PKV - \angle AKV = \angle PKA = \angle AEB = \angle BCD - \angle CDE = \angle BCD - \angle ABC$.

17. 解析:由 C, I, D, E 四点共圆,得 $\angle C = \angle AIE = \dfrac{1}{2}\angle BAC + \dfrac{1}{2}\angle ABC$. 故 $\angle C = \dfrac{180° - \angle C}{2}$,即 $\angle C = 60°$.

由于 I, H, O 分别为 $\triangle ABC$ 的内心、垂心、外心,$\angle AIB = 120°$,$\angle AHB = 120°$,故 A, H, I, O, B 五点共圆.

如图,作 $\odot AHOB$,连接 AH, BO,则 $\angle PHA = \angle OBA = \dfrac{1}{2}(180° - \angle AOB) = 30°$. 又 $\angle PAH = 90° - \angle C = 30°$,故 $PA = PH$. 因为 $\angle BHQ = 180° - \angle BHA - \angle AHP = 30°$,$\angle QBH = 90° - \angle C = 30°$,故 $QB = QH$. 两式相加,原命题得证.

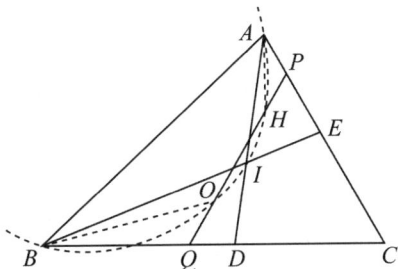
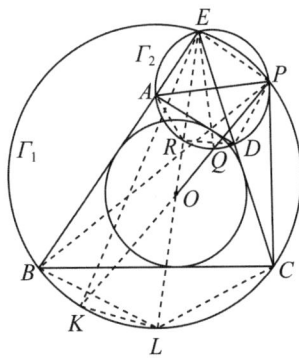

第 17 题答图　　　第 18 题答图

18. 解析:如图. 分别记 $\triangle EAD$ 的外接圆与 $\triangle EBC$ 的外接圆为 Γ_1, Γ_2,设 $\angle APC$ 的平分线与圆 Γ_1, Γ_2 分别交于另一点 K, Q,$\angle AEC$ 的平分线与圆 Γ_1, Γ_2 分别交于另一点 L, R,则点 O 在直线 EL 上. 注意到 $\angle AEQ = \angle APQ = \dfrac{1}{2}\angle APC$,$\angle AER = \dfrac{1}{2}\angle AED$,$\angle KEC = \angle APQ = \dfrac{1}{2}\angle APC$,$\angle AER = \dfrac{1}{2}\angle AED$,所以 $\angle REQ = \angle AEQ$

$-\angle AER = \frac{1}{2}(\angle APC - \angle AED) = \frac{1}{2}\angle DPC, \angle KEL = \angle KEC - \angle LEC = \frac{1}{2}(\angle APC - \angle BPC) =$
$\frac{1}{2}\angle APB.$ 由 $\triangle PAB \backsim \triangle PDC$ 知 $\angle APB = \angle DPC$，因此，$\angle REQ = \angle KEL$，这说明 $\frac{RQ}{KL} = \frac{RD}{LB}.$ 由鸡爪定理知
$RA = RD = RO, LB = LC = LO,$ 于是 $\frac{RQ}{KL} = \frac{RO}{LO}.$ 又 $\angle OLK = \angle EPK = \angle ORQ,$ 这说明 $\triangle OKL \backsim \triangle OQR,$
所以 $\angle KOL = \angle QOR.$ 注意 L, O, R 三点共线，因此，K, O, Q 三点共线，故 PO 平分 $\angle APC.$

2.3 重要定理及其应用

1. 解析：如图，注意 $\angle AXM = \angle AOM = 2\angle AEM$，所以 $XE = XM.$ 又 $OE = OM$，因此，OX 垂直平分 ME，即 E 是点 M 关于 OX 的对称点．同理，F 是点 M 关于 OY 的对称点．再注意 D 是点 M 关于 XY 的对称点，点 M 在 $\triangle OXY$ 的外接圆上，由 Simson 定理知 MD 的中点、ME 的中点、MF 的中点这三点共线，故 D, E, F 三点共线．

2. 解析：如图，不妨设 $AB > AC.$ 显然，AN 是 $\angle BAC$ 的外角平分线，过点 N 作直线 AB, AC 的垂线，垂足分别为 X，Y，则 $XY \perp AN.$ 又 AI 是 $\angle BAC$ 的平分线，且 $AI \perp EF$，所以 $AN \parallel EF$，因此，$XY \perp EF.$ 注意 $NM \perp BC, NX$ $\perp AB, NY \perp AC$，由 Simson 定理知 M, X, Y 三点共线．而 $MP \perp EF$，所以 M, P, X, Y 四点共线，再由 $\angle PEX =$ $\angle YFP$ 知 $\triangle PXE \backsim \triangle PYF.$ 于是，过点 P 作 XE, YF 的垂线，设垂足分别为 U, V，则 U, V 是 $\triangle PXE$ 与 $\triangle PYF$ 的相似对应点，从而 $\frac{EU}{UX} = \frac{FV}{VY}.$ 再注意 $EI \perp AB, UP \perp AB, XN \perp AB, FI \perp AC, VP \perp AC, YN \perp AC$，所以 EI $\parallel UP \parallel XN, FI \parallel VP \parallel YN$，故 I, P, N 三点共线．

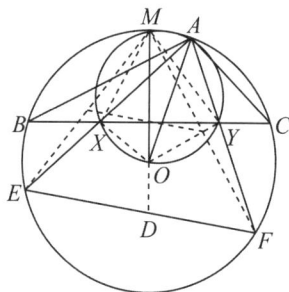

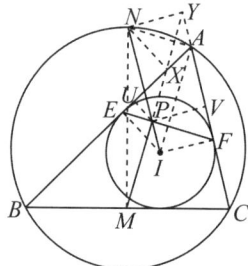

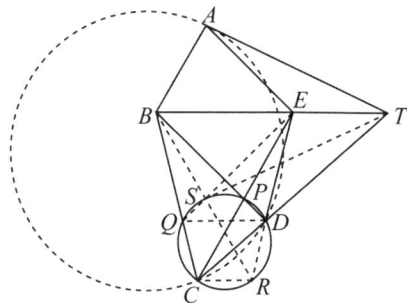

第 1 题答图　　　　第 2 题答图　　　　第 3 题答图

3. 解析：如图，记 BD 与 EC 交于点 $P.$ 过点 D 作平行于 BE 的直线，交 BC 于点 Q，过点 C 作平行于 BE 的直线，交 ED 的延长线于点 $R.$ 作点 A 关于 BE 的对称点 $S.$ 记 BE 的中垂线为 $l.$ 由相似关系知 $\angle AEB = \angle EBD, \angle BEC$ $= \angle ABE$，故 $AB \parallel EC, AE \parallel BD, ABPE$ 为平行四边形，点 S, P 关于 l 对称．因为 $\angle CBE = \angle BAE = \angle BED$，所以 $(B, E), (Q, D), (C, R)$ 为三组关于 l 的对称点．

由 $\angle BDQ = \angle DBE = \angle AEB = \angle BCE$，有 P, D, C, Q 四点共圆，同理 R, D, P, C 四点共圆．结合对称性有 S，P, D, R, C, Q 六点共圆．又 B, P, D 三点共线，故 Q, S, E 三点共线，E, P, C 三点共线，故 B, S, R 三点共线．对圆内接六边形 $SSQCDR$ 使用 Pascal 定理，记 $SS \cap CD = T'$，则 T', E, B 三点共线，因此 $T' = T$，并且 TS 为 $\odot(DCS)$ 的切线．故 $TA^2 = TS^2 = TD \cdot TC$，即 AT 与 $\triangle ACD$ 的外接圆相切．

4. 解析：如图，直线 GH 分别交 AD, BC 于 S, T 两点，可知 E 为完全四边形 $AOHGDS$ 的密克尔点，且 $OM \parallel AD$，则 $\angle ESG = \angle EDG = \angle DAO -$ $\angle DOE = \angle MOC - \angle GOE = \overset{\frown}{MH} - \overset{\frown}{EG}$，故 M, E，S 三点共线．同理，M, F, T 三点共线．继而验证共点，只需证明 $\frac{OG}{OH} \cdot \frac{HF}{GE} \cdot \frac{FP}{EP} = 1.$

事实上，$\dfrac{OG}{OH} = \dfrac{\sin\angle CHT}{\sin\angle DGS} = \dfrac{EG}{HF}$．

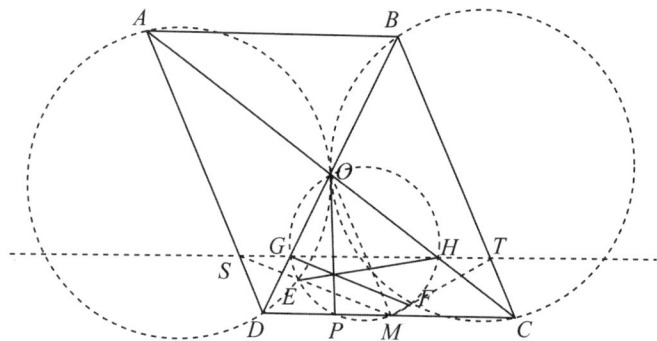

第 4 题答图

$\dfrac{CT \cdot \sin \angle HTF}{DS \cdot \sin \angle GSE} = \dfrac{EG}{HF} \cdot \dfrac{CT \cdot MS}{DS \cdot MT} = \dfrac{EG}{HF} \cdot \dfrac{\sin \angle TMC \cdot \sin \angle SDM}{\sin \angle SMD \cdot \sin \angle TCM} = \dfrac{EG}{HF} \cdot \dfrac{\sin \angle TMC}{\sin \angle SMD} = \dfrac{EG}{HF} \cdot \dfrac{PF}{PE}$. 命题得证.

5. 解析: 在 $\triangle FXD$ 中, $\dfrac{\sin \angle FDX}{FX} = \dfrac{\sin \angle DFX}{DX}$. 在 $\triangle EXD$ 中, $\dfrac{\sin \angle XDE}{EX} = \dfrac{\sin \angle DEX}{DX}$. 上述两式相除, 结合 $A, F,$

X, I, E 五点共圆, 有 $\dfrac{\sin \angle FDX}{\sin \angle XDE} = \dfrac{\sin \angle DFX}{\sin \angle DEX} \cdot \dfrac{FX}{EX} = \dfrac{\sin \angle DFX}{\sin \angle DEX} \cdot \dfrac{\sin \angle XAF}{\sin \angle XAE}$.

同理可得 $\dfrac{\sin \angle DEY}{\sin \angle YEF} = \dfrac{\sin \angle EDY}{\sin \angle EFY} \cdot \dfrac{\sin \angle YBD}{\sin \angle YBF}$, $\dfrac{\sin \angle EFZ}{\sin \angle ZFD} = \dfrac{\sin \angle FEZ}{\sin \angle FDZ} \cdot \dfrac{\sin \angle ZCE}{\sin \angle ZCD}$.

因为 $\angle DFX + \angle EFY = (\angle DFA - \angle AFX) + (\angle EFB + \angle YFB) = \angle DFA + \angle AIX + \angle EFB + \angle YIB - 180° = \angle DFE + \angle AIB = 180°$,

所以 $\sin \angle DFX = \sin \angle EFY$. 同理, 另外两式, 故 $\dfrac{\sin \angle DFX}{\sin \angle DEX} \cdot \dfrac{\sin \angle EDY}{\sin \angle EFY} \cdot \dfrac{\sin \angle FEZ}{\sin \angle FDZ} = 1$.

因为 $AX \parallel BY$, 所以 $\sin \angle XAF = \sin \angle YBF$, 同理有另外两式, 故 $\dfrac{\sin \angle XAF}{\sin \angle XAE} \cdot \dfrac{\sin \angle YBD}{\sin \angle YBF} \cdot \dfrac{\sin \angle ZCE}{\sin \angle ZCD} = 1$.

从而 $\dfrac{\sin \angle FDX}{\sin \angle XDE} \cdot \dfrac{\sin \angle DEY}{\sin \angle YEF} \cdot \dfrac{\sin \angle EFZ}{\sin \angle ZFD} = 1$.

在 $\triangle DEF$ 中, 由角元塞瓦定理知 DX, EY, FZ 三线共点.

6. 解析: 记 $\triangle ABC, \triangle HBC$ 的外接圆分别为圆 O、圆 P, 由三角形垂心性质知, 圆 O、圆 P 关于点 M 对称. 设 AM 的延长线与圆 P 相交于点 N, 连接 HN, BN, CN, 则 $AM = MN$.

从而四边形 $ABNC$ 为平行四边形, 因此 $BN \perp BE$, 点 P 在 HN 上.

又 $OP \parallel AH$ 且 $OP = AH$, 所以 $HP \parallel AO$, 即 $HN \parallel AO$.

易知 $\angle BAO = \angle CAH$, 又 $\angle BAM = \angle CAD$, 所以 $\angle OAM = \angle HAD$.

从而 $\angle ADH = \angle MAH = \angle DAO$, 因此 $HD \parallel OA$, 即点 D 在 HN 上.

设 AD 的延长线与圆 O 相交于点 G, 则 $AD \cdot DG = BD \cdot DC = HD \cdot DN$, 所以 A, N, G, H 四点共圆.

因此 $\angle AGH = \angle ANH = \angle OAM = \angle GAH$, 又 $OA = OG$, 所以 $AD \perp OH$. 设 AD, EF 相交于点 T, 直线 EF, BC 相交于点 K.

由题设知 B, C, E, F 四点共圆, 所以 $\angle BAO = 90° - \angle ACB = 90° - \angle AFE$, 因此 $AO \perp EF$.

又 $AD \perp OH$, $AH \perp BC$, 所以 $\angle AOH = \angle KTD$, $\angle AHO = \angle KDT$, 因此 $\triangle AOH \backsim \triangle KTD$.

从而 $\dfrac{KT}{KD} = \dfrac{AO}{AH} = \dfrac{1}{2\cos A} = \dfrac{AB}{2AE}$ ①.

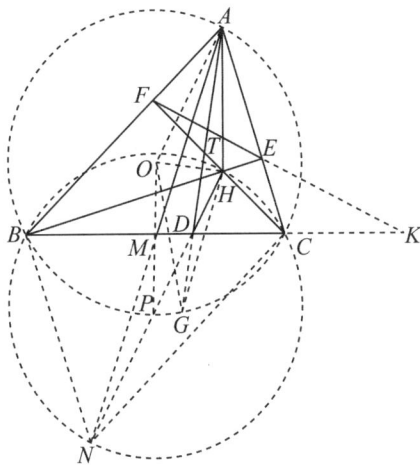

第 6 题答图

在 $\triangle KCE$ 中, 由正弦定理知 $\dfrac{KC}{KE} = \dfrac{\sin \angle KEC}{\sin \angle KCE} = \dfrac{\sin \angle ABC}{\sin \angle ACB} = \dfrac{AC}{AB}$ ②.

直线 TEK 截 $\triangle ADC$, 由梅涅劳斯定理知 $\dfrac{AT}{TD} \cdot \dfrac{DK}{KC} \cdot \dfrac{CE}{EA} = 1$ ③.

直线 DCK 截 $\triangle ATE$, 由梅涅劳斯定理知 $\dfrac{TD}{DA} \cdot \dfrac{AC}{CE} \cdot \dfrac{EK}{KT} = 1$ ④.

由 ③×④ 得 $\dfrac{AT}{DA} \cdot \dfrac{DK}{KC} \cdot \dfrac{AC}{EA} \cdot \dfrac{EK}{KT} = 1$, 即 $\dfrac{AT}{AD} = \dfrac{KT}{KD} \cdot \dfrac{KC}{KE} \cdot \dfrac{AE}{AC}$ ⑤.

把 ①, ② 代入 ⑤ 得 $\dfrac{AT}{TD} = \dfrac{AB}{2AE} \cdot \dfrac{AC}{AB} \cdot \dfrac{AE}{AC} = \dfrac{1}{2}$, 因此, EF 平分线段 AD.

7. 解析: 先证明一个引理.

引理: 如图 1, 平面上三个圆 C_1, C_2, C_3, 设 $C_1, C_2; C_2, C_3; C_3, C_1$ 的外位似中心分别是 A, B, C, 则 A, B, C 三点共线.

引理的证明: 设圆 C_1, C_2, C_3 的圆心为 O_1, O_2, O_3, 半径为 r_1, r_2, r_3, 由两圆位似的性质知 $O_1, O_2, A; O_2, O_3, B; O_3, O_1, C$ 分别三点共线, 且 $\dfrac{O_1 A}{O_2 A} = \dfrac{r_1}{r_2}, \dfrac{O_2 B}{O_3 B} = \dfrac{r_2}{r_3}, \dfrac{O_3 C}{O_1 C} = \dfrac{r_3}{r_1}$, 所以有

$$\frac{O_1A}{O_2A} \cdot \frac{O_2B}{O_3B} \cdot \frac{O_3C}{O_1C} = \frac{r_1}{r_2} \cdot \frac{r_2}{r_3} \cdot \frac{r_3}{r_1} = 1$$

对 $\triangle O_1O_2O_3$ 使用 Menelaus 定理的逆定理,得 A,B,C 三点共线,引理获证.

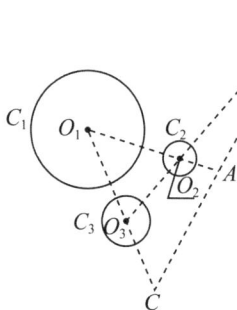

答图 1

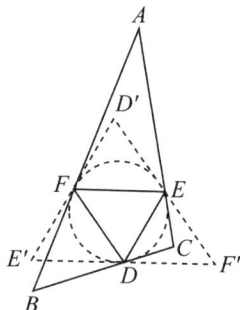

答图 2

第 7 题

回到原题:如图 2,作 $\triangle D'E'F'$,使得 D,E,F 分别是 $E'F',F'D',D'E'$ 的中点.

由于 $\triangle DEF \backsim \triangle D'E'F'$,相似比为 $1:2$,知 $\triangle D'E'F'$ 的内切圆半径是 $\triangle DEF$ 内切圆半径的 2 倍.

我们证明: $\triangle ABC$ 和 $\triangle D'E'F'$ 有相同的内切圆.

因为四边形 $AFDE$ 有内切圆,所以 $AF + DE = AE + DF$,而 $D'F = DE, DF = D'E$,故 $AF + D'F = AE + D'E$,进而四边形 $AED'F$ 有 A-旁切圆,记为 ω_a.

同理,四边形 $BDE'F$,$CEF'D$ 分别有 B-旁切圆,C-旁切圆,分别记为 ω_b,ω_c.

假设 $\triangle ABC$ 与 $\triangle D'E'F'$ 的内切圆不同,那么 $\omega_a,\omega_b,\omega_c$ 互不相同.因为 ω_b,ω_c 都与 $BC,E'F'$ 相切,所以 ω_b,ω_c 的外位似中心为 $BC \cap E'F' = D$.同理,ω_a,ω_c; ω_a,ω_b 的外位似中心分别为 $AC \cap D'F' = E$,$AB \cap D'E' = F$.对 $\omega_a,\omega_b,\omega_c$ 使用引理,得到 D,E,F 三点共线,矛盾.因此 $\triangle ABC$ 和 $\triangle D'E'F'$ 有相同的内切圆.故 $r_{\triangle ABC} = r_{\triangle D'E'F'} = 2r_{\triangle DEF}$(这里 r 表示内切圆半径),原命题得证.

8. 解析:我们先证明:直线 AA_1,BB_1,CC_1 共点.

注意到 A,A_1,B_a,A_c 以及 A,A_1,A_b,C_a 分别四点共圆,有 $\angle A_1A_bB_a = \angle A_1C_aA_c$,$\angle A_1B_aA_b = \angle A_1C_aC_a$.

于是 $\triangle A_1A_bB_a \backsim \triangle A_1C_aA_c$,所以 $\dfrac{\sin\angle BAA_1}{\sin\angle CAA_1} = \dfrac{B_aA_1}{A_cA_1}$(正弦定理) $= \dfrac{A_bB_a}{C_aA_c}$.

同理可证 $\dfrac{\sin\angle ACC_1}{\sin\angle BCC_1} = \dfrac{C_aA_c}{B_cB_b}$,$\dfrac{\sin\angle CBB_1}{\sin\angle ABB_1} = \dfrac{B_cC_b}{A_bB_a}$.

所以 $\dfrac{\sin\angle BAA_1}{\sin\angle CAA_1} \cdot \dfrac{\sin\angle ACC_1}{\sin\angle BCC_1} \cdot \dfrac{\sin\angle CBB_1}{\sin\angle ABB_1} = 1$.

由角元形式塞瓦定理的逆定理可得,直线 AA_1,BB_1,CC_1 共点(设为 P).

下证: P,A_1,B_1,C_1 四点共圆.

设 $\odot(AB_aA_c)$,$\odot(BC_bB_a)$ 交于点 B_a,S,则 $\angle SA_cC = \angle SB_aA = \angle SC_bB$.

于是 S,A_c,C,C_b 四点共圆,即 $\odot(AB_aA_c)$,$\odot(BC_bB_a)$,$\odot(CC_bA_c)$ 共点于 S.从而 $\angle PA_1S = \angle AB_aS = \angle BC_bS = \pi - \angle PB_1S = \angle CA_cS = \angle PC_1S$.

点的相对位置不同时,可能得到 $\angle PA_1S = \pi - \angle PC_1S$.

故 P,A_1,B_1,C_1,S 五点共圆.命题得证.

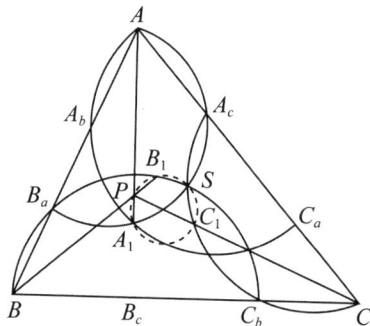

第 8 题答图

9. 解析:连接 AH 并延长,交 BC 于点 D,交 $\triangle ABC$ 的外接圆于点 F,连接 PF,分别交 BC,NL 于点 G,Q,PH 交 NL 于点 S,如图.设 NL 交 AC 于点 M,由西姆松定理知 $PM \perp AC$.

由 P,M,L,C 和 A,P,C,F 分别四点共圆知 $\angle F = \angle PCM = \angle PLM$.又 $PL \parallel AD$,故 $\angle QPL = \angle F = \angle PLQ$,因此 $PQ = QL$.又 $PL \perp BC$,故 Q 为 PG 的中点,因此 $PQ = QL = QG$.因为 H 为垂心,故由垂心的性质知 H 和 F 关于 BC 对称,于是 $\angle HGD = \angle DGF = \angle QGL = \angle QLG$.故 $HG \parallel SQ$,得证.

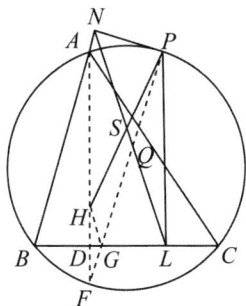

第 9 题答图

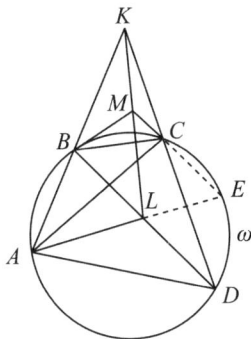

10. 解析：如图，设直线 AL 与圆 ω 不同于 A 的交点为 E. 因为 $\angle BAC = \angle DAL$，所以 $\overparen{BC} = \overparen{DE}$，从而可得 $CE \parallel BD$. 又因为 $CM \parallel BD$，所以 C,E,M 三点共线. 过点 B 作圆 ω 的切线，交 CE 于点 M'. 在退化的圆内接六边形 $BBAECD$ 中，$BB \bigcap EC = M'$，$BA \bigcap CD = K$，$BD \bigcap AE = L$. 根据帕斯卡定理可得 M'，K，L 三点共线，即 $M' = KL \bigcap CE = M$，亦即点 M' 与点 M 重合. 故 BM 与圆 ω 相切.

第10题答图

11. 解析：如图1，设 AC 与 BD 交于点 O，考虑圆内接六边形 $AFEBGH$，由 Pascal 定理，AF 与 BG 的交点 O、FE 与 GH 的交点 K、直线 EB 与 HA 的交点这三点共线，但 $EB \parallel HA$，所以 $OK \parallel BE$，即 $AD \parallel OK \parallel BC$. 而点 O 到直线 AD，BC 的距离相等，故点 K 到直线 AD，BC 的距离相等.

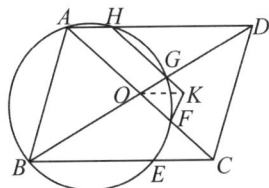

答图1

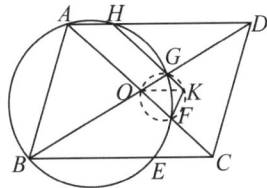

答图2

第11题

方法二：如图2. 设 AC 与 BD 交于点 O，注意 A,B,G,H 四点共圆，A,B,E,F 四点共圆，所以 $\angle BGK = \angle BAD$，$\angle KFA = \angle CBA$. 又 $AD \parallel BC$，因此 $\angle BGK + \angle KFA = \angle BAD + \angle CBA = 180$，这说明 O,F,K,G 四点共圆. 再注意 A,F,G,H 四点共圆，于是 $\angle GKO = \angle GFO = \angle GFA = \angle GHD$，从而 $OK \parallel HD$，即 $AD \parallel OK \parallel BC$. 而点 O 到直线 AD，BC 的距离相等，故点 K 到直线 AD，BC 的距离相等.

注：一般四边形 $ABCD$ 的情况下，OK，BC，AD 三线共点或平行. 只要 $AD \parallel BC$，就有 $OK \parallel BC$.

12. 解析：过点 D 作 $DH \perp AC$ 于点 H，$DJ \perp BC$ 于点 J，连接 AD，BD，HJ，CD，EC，设 CD 交 HJ 于点 K，过点 F 作 $FG \parallel DC$，交 EC 于点 G，如图. 由西姆松定理知 H,F,J 三点共线.

由 $\angle ACD = \angle DCB$ 知 $\triangle CDH \cong \triangle CDJ$，则 $CH = CJ$，$HD = DJ$.
由 $\angle CAD = \angle DBJ$ 知 $\triangle ADH \cong \triangle BDJ$，则 $AH = BJ$.
故 $AC + BC = AH + CH + BC = BJ + CH + BC = 2CH$.
只要证 $CH^2 = EF \cdot DL$ 即可.
因为 $DC \perp EC$，$DC \perp HJ$，故 $EC \parallel HJ$，则 $GCKF$ 为平行四边形，因此 $GF = CK$.
因为 $DH \perp AC$，$CD \perp HJ$，故 $CH^2 = CK \cdot DC = GF \cdot DC$.
因为 $DC \parallel FG$，故 $\angle EFG = \angle CDL$，又 $\angle CLD = \angle FGE = 90°$，故 $\triangle CDL \backsim \triangle EFG$.
于是 $\dfrac{CD}{EF} = \dfrac{LD}{FG}$，即 $GF \cdot DC = EF \cdot DL$. 证毕.

第12题答图

13. 解析：设 AN 交 $\overparen{DEF}$ 于点 K，因为 $\angle ANM = \angle FBM = \angle FDM$，故 D,K,N,M 四点共圆，因此 $\angle DMN + \angle NKD = 180°$. 又 $\angle MAB = \angle NAC$，所以 $BC \parallel MN$，故 $DM \perp MN$，即 $AN \perp DEF$.

注：若 $\triangle ABC$ 和 $\triangle ADE$ 均内接于 $\odot O$，则 $\odot O$ 上一点 M 关于两个三角形的西姆松线互相平行的充要条件是 $BC \parallel DE$.

14. 解析：设 CH 与 $\odot(ABC)$ 再次交于点 M，BH 与 $\odot(ABC)$ 再次交于点 N. 由垂心的性质，点 H，M 关于 AB 对称. 于是 $\angle MXA = \angle HXA = \angle AYX \Rightarrow MX$ 为 $\odot(AXY)$ 切线. 所以 P，X，M 三点共线. 同理，P，Y，N 三点共线. 在六边形 $BACMPN$ 中，$BA \bigcap PM = X$，$AC \bigcap PN = Y$，$BN \bigcap CM = H$，而 X，Y，H 三点共线，B，A，C，M，N 四点共圆，由 Pascal 定理的逆定理知，点 P 在 $\odot(ABC)$ 上.

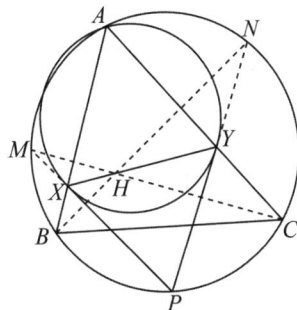

第14题答图

15. 解析：设 $XR \bigcap SY = T$，$XY \bigcap SK = Q$，则对 $XXKSLY$ 使用 Pascal 定理得 $XX \bigcap LS = B$，$XK \bigcap LY = P$，$XY \bigcap SK = Q$，所以 B，P，Q 三点共线，即 A，P，B，Q 四点共线.

对 $YYSKRX$ 使用 Pascal 定理得 $YY \cap KR = A, YS \cap XR = T, YX \cap SK = Q$，所以 A, T, Q 三点共线.

综上，A, P, B, Q, T 五点共线，即 AB 过 XR 与 YS 的交点 T.

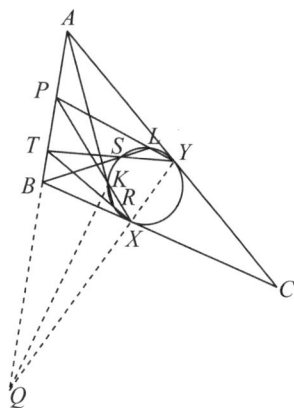

16. 解析：由于点 A, D 关于 OI 轴对称，则 $OA = OD$，$IA = ID$.

注意到 O 是 $\triangle ABC$ 的外心，则 A, B, D, C 四点共圆. 设 I 关于 AC, AB 的投影分别为 B_2, C_2.

由熟知的结论得 $AB_2 = AC_2 = \dfrac{b+c-a}{2}$. 那么 B_2, C_2 分别是 AB_1, AC_1 的中点. 从而 $IA = IB_1 = IC_1$.

结合 $IA = ID$ 知 A, B_1, D, C_1 四点共圆且 I 是圆心.

那么 $\angle BC_1D = \angle CB_1D$，$\angle C_1BD = \angle B_1CD$，则 $\triangle BC_1D \backsim \triangle CB_1D$，故 $\dfrac{DB}{DC} = \dfrac{BC_1}{CB_1}$. 对 $\triangle ACC_1$ 及截线 B_1BP，由 Menelaus 定理得 $\dfrac{CP}{PC_1} \cdot \dfrac{C_1B}{BA} \cdot \dfrac{AB_1}{B_1C} = 1$.

对 $\triangle BCC_1$ 及截线 AQP，由 Menelaus 定理得 $\dfrac{C_1A}{AB} \cdot \dfrac{BQ}{QC} \cdot \dfrac{CP}{PC_1} = 1$.

将上两式相除，并注意到 $AB_1 = AC_1$，可得 $\dfrac{QB}{QC} = \dfrac{BC_1}{CB_1}$. 所以 $\dfrac{QB}{QC} = \dfrac{DB}{DC}$.

由外角平分线定理知，QD 是 $\angle BDC$ 的外角平分线.

第 15 题答图

2.4 圆幂与根轴

1. 解析：设 CP, BP 和 $\odot O$ 分别交于点 Y, X. 连接 DX, DY, XY，如图. 因为 $EC \cdot EY = EA^2 = EU \cdot ED$，故 C, U, D, Y 四点共圆. 则 $\angle DYC = 180° - \angle DUC = 90°$，即 $DY \perp YC$. 同理，$DX \perp XP$. 则 X, P, Y, D 四点共圆. 又 B, C, Y, X 四点共圆，故 $\angle BDP = 180° - \angle DBP - \angle DPX = 180° - \angle XYP - \angle DYX = 180° - \angle DYP = 90°$. 原命题得证.

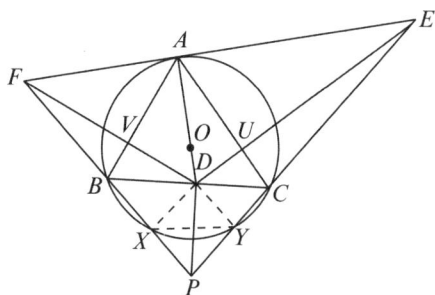

第 1 题答图

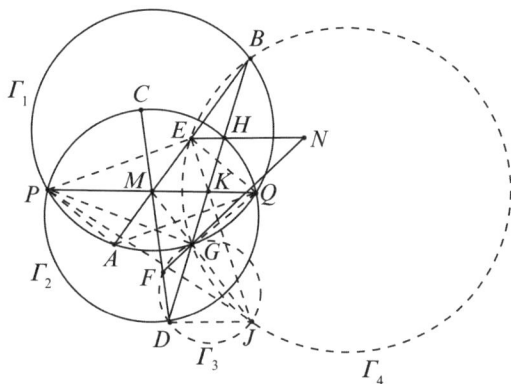

第 2 题答图 1

2. 解析：方法一：如图 1，作 $\triangle DFG$ 的外接圆 Γ_3. 设直线 MG 与圆 Γ_3 交于 J（异于 G），则 $MG \cdot MJ = MF \cdot MD = MC \cdot MD = MP \cdot MQ = MA \cdot MB = ME \cdot MB$. 所以 B, E, G, J 四点共圆，记该圆为圆 Γ_4.

由 $AM = EM$ 及 $CM = FM$ 知，四边形 $APEQ$ 是平行四边形，故 $\angle PAQ = \angle PEQ$.

再由 $MG \cdot MJ = MP \cdot MQ = MP^2 = MQ^2$ 可得 $\triangle MPG \backsim \triangle MJP$，且 $\triangle MQG \backsim \triangle MJQ$，故 $\angle PJQ = \angle PJM + \angle QJM = \angle GPM + \angle GQM = \pi - \angle PGQ = \pi - \angle PAQ = \pi - \angle PEQ$. 故 E, P, Q, J 四点共圆.

考虑三圆：Γ_1, Γ_4 与 $\odot(EPJQ)$，由根心定理可知 PQ, BG, EJ 三线交于一点，记该点为 K. 由相交弦定理得 $EK \cdot JK = PK \cdot QK = DK \cdot HK$，故 E, H, J, D 四点共圆，故 $\angle MFN = \angle MJD = \angle EJD = \angle EJM = \angle EHD - \angle EBG = \angle BEH$. 故 M, E, N, F 四点共圆.

方法二：如图 2，设直线 PQ, BD 相交于点 K，则 $EM \cdot BM = MP^2$，且 $HK \cdot DK = PK \cdot QK$. 由 M 是 PQ 的中点可得 $MP^2 - PK \cdot QK = MK^2$，故

$$BE \cdot BM - BH \cdot DK = (BM - EM) \cdot BM - (BK - HK) \cdot DK$$

$$= BM^2 - (EM \cdot BM - HK \cdot DK) - BK \cdot DK$$
$$= BM^2 - (MP^2 - PK \cdot QK) - BK \cdot DK$$
$$= BM^2 - MK^2 - BK \cdot DK$$
$$= BK \cdot (BK - 2MK \cdot \cos\angle BKM - DK).$$

同理, $DF \cdot DM - DG \cdot BK = DK \cdot (DK - 2MK \cdot \cos\angle DKM - BK)$, 所

以 $\dfrac{BE \cdot BM - BH \cdot DK}{DF \cdot DM - DG \cdot BK} = -\dfrac{BK}{DK}$. 注意 $BK \cdot GK = PK \cdot QK = DK \cdot$

HK, 故 $\dfrac{BK}{DK} = \dfrac{HK}{GK} = \dfrac{BH}{DG}$, 故 $\dfrac{BE \cdot BM - BH \cdot DK}{DF \cdot DM - DG \cdot BK} = -\dfrac{BH}{DG}$,

由此可得 $\dfrac{BE \cdot BM - BH \cdot DK}{BH} = -\dfrac{DF \cdot DM - DG \cdot BK}{DG}$,

即 $\dfrac{BE \cdot BM}{BH} + \dfrac{DF \cdot DM}{DG} = BD$.

现于 BD 上取一点 L, 使得 $BL = \dfrac{BE \cdot BM}{BH}$, 则 $DL = \dfrac{DF \cdot DM}{DG}$, 而这意味

M, E, H, L 四点共圆, 且 M, F, G, L 四点共圆, 故 $\angle BEN - \angle MLB = $

$\angle MFN$, 故 M, E, N, F 四点共圆.

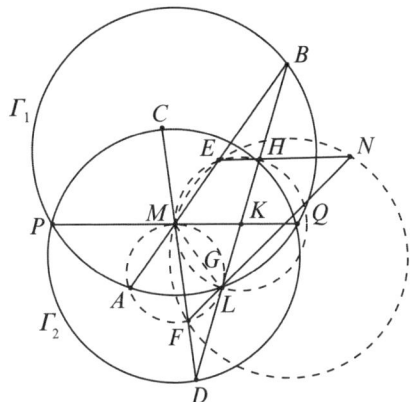

第 2 题答图 2

3. 解析: 如图, 设 $\triangle XAC$, $\triangle XBD$ 的外心分别为 O_1, O_2, $\odot O_1$ 与

$\odot O_2$ 不同于点 X 的交点为 E, 则 $O_1 O_2$ 垂直平分线段 EX.

故要证 $O_1 O_2$ 平分线段 OX, 只需证 $OE \perp EX$.

设 $\overset{\frown}{ABC}$, $\overset{\frown}{ADC}$ 的中点分别为 F, G, AC 与 BD 交于点 M, 则点 F

在 DX 上, 点 G 在 BX 上, F, M, O, G 四点共线.

因为 $MA \cdot MC = MB \cdot MD$, 所以点 M 对 $\odot O_1$, $\odot O_2$ 的幂相同.

从而点 M 在 $\odot O_1$ 与 $\odot O_2$ 的根轴上, 即 X, M, E 三点共线.

作 $XH \perp FG$ 于点 H. 由 X, H, F, B 四点共圆, B, F, D, G 四点

共圆, X, H, D, G 四点共圆. 根据根心定理可知 XH, BF, GD

三线共点 (记公共点为 Y), 则 F 是 $\triangle XYG$ 的垂心. 从而

$$\angle BOD + \angle BHD = 2\angle BGD + \angle BHF + \angle DHF$$
$$= 2\angle BGD + \angle BXF + \angle DYF$$
$$= (\angle BGD + \angle BXF) + (\angle BGD + \angle DYF)$$
$$= 90° + 90° = 180°,$$

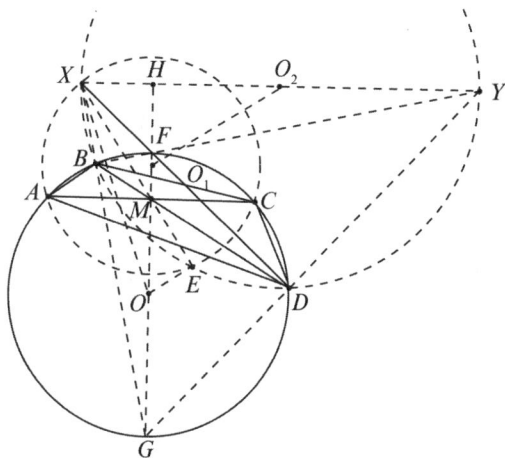

第 3 题答图

即 O, B, D, H 四点共圆. 于是 $OM \cdot MH = BM \cdot MD = XM \cdot ME$, 即 O, X, H,

E 四点共圆.

因此 $\angle OEX = \angle OHX = 90°$, 即 $OE \perp EX$.

4. 解析: 用反证法. 若 A, B, D, C 四点不共圆, 设 $\triangle ABC$ 的外接圆与 AD 交于点 E,

连接 BE 并延长, 交直线 AN 于点 Q, 连接 CE 并延长, 交直线 AM 于点 P, 连接

PQ, 如图 1.

因为 $PK^2 = P$ 的幂 (关于 $\odot O$) $+ K$ 的幂 (关于 $\odot O$) $=$

$(PO^2 - r^2) + (KO^2 - r^2)$,

同理 $QK^2 = (QO^2 - r^2) + (KO^2 - r^2)$,

所以 $PO^2 - PK^2 = QO^2 - QK^2$, 故 $OK \perp PQ$. 由题设知 $OK \perp MN$, 所以 $PQ \parallel MN$, 于是 $\dfrac{AQ}{QN} = \dfrac{AP}{PM}$ ①.

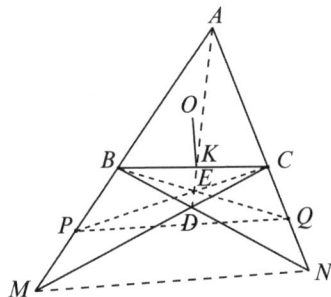

第 4 题答图 1

由梅内劳斯 (Menelaus) 定理, 得 $\quad\dfrac{NB}{BD} \cdot \dfrac{DE}{EA} \cdot \dfrac{AQ}{QN} = 1$ ②,

$$\dfrac{MC}{CD} \cdot \dfrac{DE}{EA} \cdot \dfrac{AP}{PM} = 1$$ ③.

由 ①, ②, ③ 可得 $\dfrac{NB}{BD} = \dfrac{MC}{CD}$, 所以 $\dfrac{ND}{BD} = \dfrac{MD}{DC}$, 故 $\triangle DMN \backsim \triangle DCB$, 于是 $\angle DMN = \angle DCB$, 即 $BC \parallel MN$,

故 $OK \perp BC$，即 K 为 BC 的中点，矛盾. 从而 A,B,D,C 四点共圆.

注 1：" $PK^2 = P$ 的幂（关于 $\odot O$）$+ K$ 的幂（关于 $\odot O$）" 的证明：如图 2，延长 PK 至点 F，使得 $PK \cdot KF = AK \cdot KE$ ④，

则 P,E,F,A 四点共圆，故 $\angle PFE = \angle PAE = \angle BCE$，

从而 E,C,F,K 四点共圆，于是 $PK \cdot PF = PE \cdot PC$ ⑤.

由 ⑤ $-$ ④ 得 $PK^2 = PE \cdot PC - AK \cdot KE = P$ 的幂（关于 $\odot O$）$+ K$ 的幂（关于 $\odot O$）.

注 2：若点 E 在线段 AD 的延长线上，证明完全类似.

5. 解析：如图，熟知 M,N,E,F 四点皆在 $\triangle ABC$ 的九点 $\odot \omega$ 上，且 OH 的中点 L 是 $\odot \omega$ 的圆心.

因为 $MN \parallel BC$，所以 $\triangle AMN$ 的外接圆与 $\triangle ABC$ 的外接圆相切于点 A，由圆幂定理得 $PA^2 = PM \cdot PN$，这说明点 P 在 $\odot \Gamma$ 与 $\odot \omega$ 的根轴上.

由圆幂定理知 $QK \cdot QA = QE \cdot QF$，因而点 Q 也在 $\odot \Gamma$ 与 $\odot \omega$ 的根轴上. 于是 PQ 是 $\odot \Gamma$ 与 $\odot \omega$ 的根轴，故 $PQ \perp OL$，即 $PQ \perp OH$.

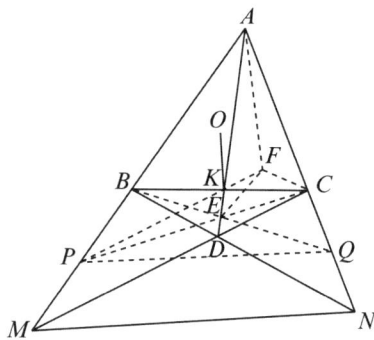

第 4 题答图 2

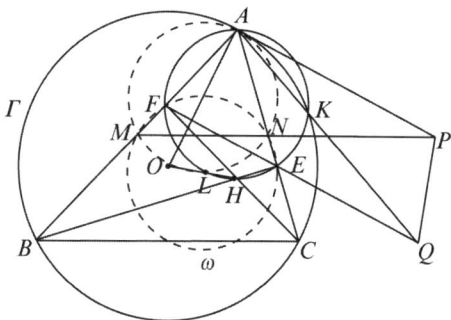

第 5 题答图

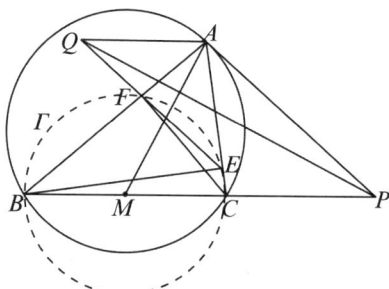

第 6 题答图

6. 解析：如图，设 Γ 是以 BC 为直径的圆，则 M 是 $\odot \Gamma$ 的圆心，E,F 两点皆在 $\odot \Gamma$ 上. 因为点 P 是 $\triangle ABC$ 的外接圆在点 A 处的切线与直线 BC 的交点，由圆幂定理知 $PA^2 = PB \cdot PC$，这说明点 P 在 $\odot \Gamma$ 与点圆 A 的根轴上. 又 $QA \parallel BC$，B,C,E,F 四点共圆，所以 $\angle QAF = \angle CBF = \angle AEF$，因而 AQ 是 $\triangle AEF$ 外接圆的切线. 由圆幂定理知 $QA^2 = QE \cdot QF$，这说明点 Q 也在 $\odot \Gamma$ 也在点圆 A 的根轴上，于是 PQ 是 $\odot \Gamma$ 与点 A 的根轴，故 $AM \perp PQ$.

7. 解析：如图，设 $\odot (EAB)$ 与 $\odot (ECD)$ 交于 E,O 两点，则 $\triangle OAD \backsim \triangle OBC$，$\triangle OAB \backsim \triangle ODC$，而 $\dfrac{AM}{MD} = \dfrac{BN}{NC}$，所以 $\triangle OMN \backsim \triangle OAB \backsim \triangle ODC$，因此 $\angle NMO = \angle BAO = 180° - \angle OEN$，这说明 O,M,N,E 四点共圆，即点 O 在 $\odot (EMN)$ 上.

考虑 $\odot (ABCD)$，$\odot (OEAB)$，$\odot (OECD)$，由根心定理知 AB,CD,OE 三线共点或平行. 再考虑 $\odot (ABCD)$，$\odot (OEAB)$，$\odot (OEMN)$，由根心定理知 AB,XY,OE 三线共点或平行，故 XY,AB,CD 三线共点或平行.

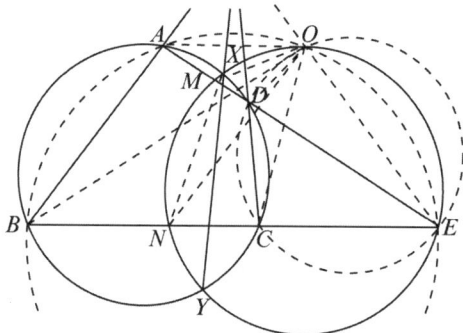

第 7 题答图

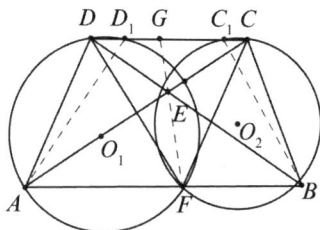

第 8 题答图

8. 解析：设 EF 与 DC 交于点 G，过点 A 作 $AD_1 \parallel CF$，交 DC 于点 D_1；过点 B 作 $BC_1 \parallel DF$，交 DC 于点 C_1，则得到 $\square AFCD_1$，$\square BFDC_1$. 由于 $\angle CFB = \angle FCD = \angle FDC = \angle BC_1C$，故点 C_1 在 $\triangle BFC$ 的外接圆上. 同理，点 D_1 在 $\triangle AFD$ 的外接圆上.

因为 $\triangle GCE \backsim \triangle AFE$，所以 $\dfrac{GC}{AF} = \dfrac{CE}{AE} = \dfrac{GE}{GF}$，则 $GC = \dfrac{CE \cdot AF}{AE}$.

因为 $\triangle GDE \backsim \triangle FBE$，所以 $\dfrac{GD}{BF} = \dfrac{DE}{BE} = \dfrac{GE}{GF}$，则 $GD = \dfrac{DE \cdot AF}{BE}$.

$$GC_1 = |DC_1 - DG| = |BF - DG| = BF \cdot \left|1 - \dfrac{DE}{BE}\right| = BF \cdot \left|1 - \dfrac{DC}{AB}\right| = \dfrac{BF}{AB}|AB - DC|,$$

$$GD_1 = |CD_1 - CG| = |AF - CG| = \left|AF - \dfrac{AF \cdot CE}{AE}\right|,$$

$$AF \cdot \left|1 - \dfrac{CE}{AE}\right| = AF \cdot \left|1 - \dfrac{DC}{AB}\right| = \dfrac{AF}{AB}|AB - DC|,$$

$$GC_1 \cdot GC = \dfrac{AF}{AB}|AB - CD| \cdot \dfrac{CE}{AE} \cdot AF = \dfrac{AF \cdot BF}{AB^2} \cdot CD|AB - CD|,$$

$$GD_1 \cdot GD = \dfrac{AF}{AB}|AB - CD| \cdot \dfrac{CE \cdot BF}{BE} = \dfrac{AF \cdot BF}{AB^2} \cdot CD|AB - CD|$$

故 $GC_1 \cdot GC = GD_1 \cdot GD$，

所以 G 在 $\odot O_1$，$\odot O_2$ 的根轴上，$FG \perp O_1O_2$，即 $FE \perp O_1O_2$.

2.5 几何变换

1. 解析：由于直线 A_1E,A_1C 关于直线 C_1A_1 对称，其中 C_1A_1 与 $\angle ABC$ 的外角平分线平行，故 $A_1E \parallel AB$. 同理得 $B_1F \parallel AB$. 记 r 为圆 ω 的半径. 显然 $A_1E = A_1C = B_1C = B_1F = r$.

如图，设 M 为 AB 的中点. 取圆 ω 上一点 X，使得 $\overrightarrow{IX}$ 与 $\overrightarrow{CM}$ 同向. 注意到 $\angle EA_1I = 90° + \angle EA_1B = 90° + \angle ABC$ $= 90° + \angle BCM = \angle A_1IX$，且 $A_1E = IA_1 = IX$，因此四边形 XIA_1E 为等腰梯形.

从而点 X 在 $\triangle A_1EI$ 的外接圆上，并且 $EX \parallel A_1I$，即 $EX \perp BC$.

类似可知点 X 在 $\triangle B_1FI$ 的外接圆上，并且 $FX \perp AC$. 仅需证明点 X 在 $\triangle C_1KL$ 的外接圆上.

考虑关于直线 C_1A_1 的对称变换. 直线 CD（垂直于 AB）被变换为过点 E 且垂直于 BC 的直线，即 EX. 根据条件，点 D（点 C_1 在 CD 上的射影）被变换为点 K，故点 K 即为点 C_1 在 EX 上的射影. 类似可知点 L 为点 C_1 在 FX 上的射影. 由 $\angle C_1KX = \angle C_1LX = 90°$ 知 C_1,K,X,L 四点共圆（实际上四边形 C_1KXL 为正方形），即点 X 在 $\triangle C_1KL$ 的外接圆上. 因此，$\triangle A_1EI$，$\triangle B_1FI$，$\triangle C_1KL$ 的外接圆共点于 X.

2. 解析：如图，因点 D 在 BC 的垂直平分线上，且 $DP \parallel BC$，于是，设 l 为 BC 的垂直平分线，作轴反射变换 $S(l)$，则 $C \to B$. 设 $P \to P'$，则点 P' 也在 $\triangle ABC$ 的外接圆上，且 $BP' = BP$，所以 $\angle P'AB = \angle CAP$. 而 AC 过 $P'P$ 的中点，这说明 AB 是 $\triangle AP'P$ 的 A- 陪位中线，因此，四边形 $AP'BP$ 是一个调和四边形，于是 PP' 是 $\triangle PAB$ 的 P- 陪位中线. 而 M 是 AB 的中点，故 $\angle APP' = \angle MPB$，即 $\angle APD = \angle MPB$.

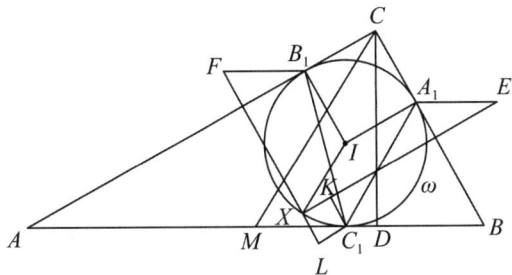

第1题答图

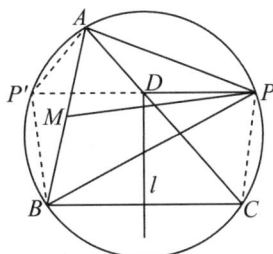

第2题答图

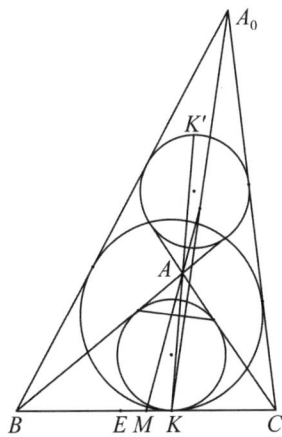

第3题答图

3. 解析：以 K 为中心作位似比为 2 的变换，设点 K 关于点 A 对称点为 K'，点 K 关于点 M 对称点为 E. 故只需证明 E,A_0,K' 三点共线. 注意到，点 K' 在 ω_0 上，且 ω_0 过点 K' 的切线平行于 BC. 由凹四边形 A_0BAC 有内切圆 ω_0，说明 $A_0B - A_0C = AB - AC$. 由此不难得到 $\triangle A_0BC$ 的内切圆与 BC 相切于点 K. 故 $\triangle A_0BC$ 的 A_0 对应的旁切圆

与 BC 相切于点 E.由于 $\triangle A_0BC$ 的 A_0 对应的旁切圆和 ω_0 外位似中心为 A_0,故 E,A_0,K' 三点共线.得证.

4.解析: 如图,由于正方形 $A_1A_2A_3A_4$ 与 $B_1B_2B_3B_4$ 旋转相似,设该旋转相似变换的中心为点 O,设 $C_i(i=1,2,3,4)$ 为线段 A_iB_i 的中点,则由相似性质知 $C_1C_2C_3C_4$ 是正方形.用 $\langle l_1,l_2\rangle$ 表示两条直线 l_1,l_2 所夹锐角.

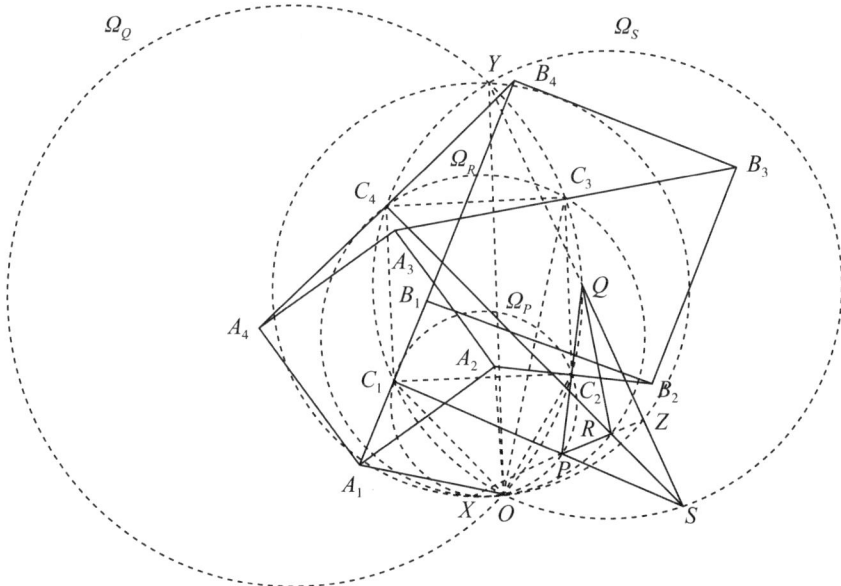

第 4 题答图

由于 $\angle C_1PC_2 = A_1B_1$,A_2B_2 及 $\angle C_1OC_2 = \angle A_1OA_2$ 都为正方形 $A_1A_2A_3A_4$ 与 $B_1B_2B_3B_4$ 旋转相似的旋转角,故它们相等,从而 O,C_1,C_2,P 四点共圆 Ω_P.同理 O,C_3,C_4,R 四点共圆 Ω_R.

设圆 Ω_P 与圆 Ω_R 的另一个交点为 X,则有 $\angle OXP = 180° - \angle OC_1P = 90° - \langle OC_1,A_1B_1\rangle$.

同理,$\angle OXR = 90° - \langle OC_3,A_3B_3\rangle$.

由旋转相似可知 $\langle OC_1,A_1B_1\rangle = \langle OC_3,A_3B_3\rangle$,故 $\angle OXP = \angle OXR$,从而 X,P,R 三点共线.

由点 X 的定义可知点 O,X 关于线段 C_1C_2 的中垂线(即 C_3C_4 的中垂线)对称,故有 $OX \parallel C_1C_2$.

同理,可定义 Ω_Q 与 Ω_S,它们的另一个交点为 Y,则 Y,Q,S 三点共线,$OY \parallel C_2C_3$,故有 $OX \perp OY$.

设 PR 与 QS 交于点 Z,由 $\angle OYZ = 180° - \angle OYS = 180° - \angle OC_1S = 180° - \angle OXP$ 可知 O,X,Y,Z 四点共圆.

所以 $\angle YZX = \angle YOX = 90°$,故 $PR \perp QS$.得证.

5.解析: 作 $AT \parallel DE$,交 $\triangle ADE$ 的外接圆于点 T,过点 A 作 $\triangle ABC$ 外接圆的切线,与直线 BC 交于点 X.

易知 $\triangle TDE \cong \triangle AED \sim \triangle ACB \sim \triangle A'CB$,故 $\angle TDE = \angle A'CB$.由 $DE \parallel BC$ 知 $\angle EDR = \angle BCR$,故 $\angle TDR = \angle TDE + \angle EDR = \angle A'CB + \angle BCR = \angle A'CR$.因此 $DT \parallel A'C$,同理 $ET \parallel A'B$.因此 $\triangle TDE$ 与 $\triangle A'CB$ 是以点 R 为位似中心的位似形,故 T,R,A' 三点共线,即 T,R,S,A' 四点共线.

由对称性知 $XA = XA'$.由于 $\angle AST = \angle ADT = \angle ADE - \angle TDE = \angle ABC - \angle ACB = \angle ABC - \angle XAB = \angle AXB$ 且 $\angle AXB = \frac{1}{2}\angle AXA'$ 等于在以 X

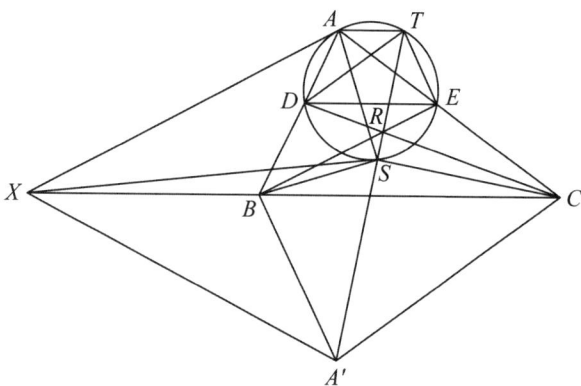

第 5 题答图

为圆心、XA 为半径的圆上劣弧 $\overset{\frown}{AA'}$ 所对的圆周角,因此点 S 也在此圆上,故 $XS = XA$.注意 XA 同时也是 $\triangle ADE$ 的外接圆切线,因此 XS 也是 $\triangle ADE$ 的外接圆切线.由切割线定理知 $XB \cdot XC = XA^2 = XS^2$,故 XS 也是 $\triangle BCS$ 的外接圆的切线,即这两个圆在公共点 S 处的切线是同一条直线,因此它们相切.

6.解析: 如图,设 I_A 是 BC 边上旁切圆圆心,连接 I_AD,I_AA,设 $I'_BI'_C$ 与 BC 交于点 E,连接 BI'_C,I'_BC.

因为 $BI_B \perp I_AI_C$,$CI_C \perp I_AI_B$,所以 B,C,I_B,I_C 四点共圆,所以 $\triangle I_ABC \sim \triangle I_AI_BI_C$.

又 $I_A D$，$I_A A$ 是对应边上的高，所以 $\dfrac{I_A D}{I_A A} = \dfrac{BC}{I_B I_C}$.

因为 $BI'_C \underline{\underline{\parallel}} I_C A$，$CI'_B \underline{\underline{\parallel}} AI_B$，所以 $\dfrac{BE}{BI'_C} = \dfrac{CE}{I'_B C} = \dfrac{BE + CE}{BI'_C + CI'_B} = \dfrac{BC}{I_B I_C}$，所以 $\dfrac{I_A D}{I_A A} = \dfrac{BE}{BI'_C}$.

又因为 $AI_A \perp I_B I_C$，所以 $BI'_C \perp AI_A$. 因为 $BC \perp DI_A$，所以 $\angle DBI'_C = \angle DI_A A$，所以 $\triangle ADI_A \backsim \triangle I'_C EB$ 且对应边互相垂直，所以 $AD \perp I'_B I'_C$.

7. 解析：引理 1：如图 1，在 $\triangle ABC$ 中，$AB < AC$，I 为其内心，D，E，F 分别为内切圆与 BC，AC，AB 的切点. 延长 AI，交 $\odot \triangle ABC$ 于点 T，延长 TD，交 $\odot \triangle ABC$ 于点 Y. 则 A，Y，E，I，F 五点共圆.

引理 1 的证明：$\dfrac{CF}{TI} = \dfrac{CD}{CT} = \dfrac{YC}{YT} \Rightarrow \triangle YIT \backsim \triangle YFC$，所以 $\angle YIA = \angle YFA$，A，Y，E，I，F 五点共圆.

引理 2：如图 2，$\triangle ABC$ 内接于圆 O，I 为其内心，D，E，F 分别为内切圆与 BC，AC，AB 的切点，过 D 作 $DS \perp EF$ 于点 S. 求证：SI 经过点 A 在圆 O 上的对径点 N.

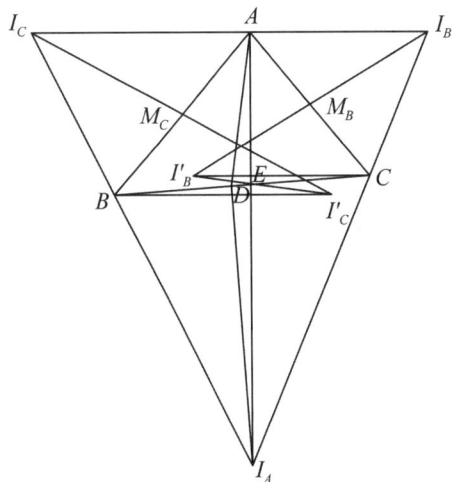

第 6 题答图

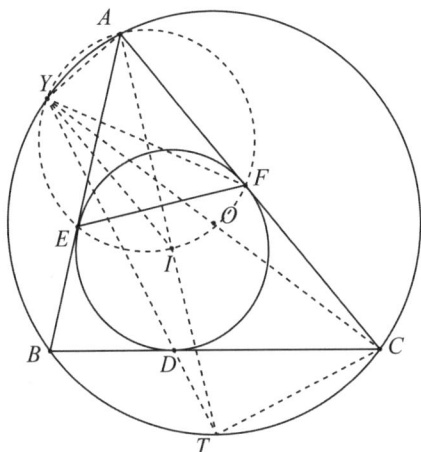

答图 1

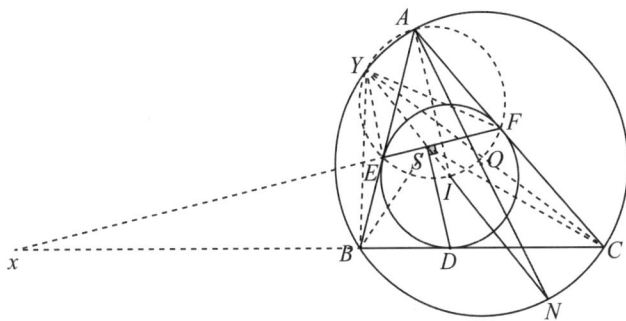

答图 2

第 7 题

引理 2 的证明：设 $FE \bigcap BC = K$，以 AI 为直径的圆交圆 ABC 于点 Y，连接 SY，NY，则 $\dfrac{XB}{BD} = \dfrac{\sin \angle XEB}{\sin \angle EXB} = \dfrac{\sin \angle XFC}{\sin \angle FXC} = \dfrac{XC}{CD} \Rightarrow X$，$B$，$D$，$C$ 是调和点列.

因为 $SD \perp EF$，所以 SD 平分 $\angle BSC$，所以 $\angle ESB = \angle FSC$，所以 $\triangle ESB \backsim \triangle FSC$，$\dfrac{EB}{FC} = \dfrac{ES}{FS}$.

由 $\angle YEB = \angle YFC$，$\angle YBE = \angle YCF$ 可知 $\triangle YEB \backsim \triangle YFC$，$\dfrac{EB}{FC} = \dfrac{YE}{YF}$，于是 $\dfrac{ES}{FS} = \dfrac{YE}{YF}$，即 YS 平分 $\angle EYF$，即 $\angle SYF = \dfrac{1}{2} \angle EYF = \dfrac{1}{2} \angle EAF = \angle IYF$，即 Y，S，I 三点共线，于是 $\angle AYS = 90° = \angle AYN$，即 Y，S，N 三点共线.

于是 Y，S，I，N 四点共线，证毕.

回到原题：设 $\odot ABC$ 中优弧 BC 所对中点为 M，延长 FE，交 CB 的延长线于点 K，则 K，B，E，Y 四点共圆. 由引理 1、引理 2，显然点 Y 在 $\triangle ABC$ 的外接圆上，且 Y，D，X 三点共线，$\triangle YEF \backsim \triangle YBC$，则 Y，F，C，K 四点共圆，Y，S，D，K 四点共圆 $\Rightarrow \angle KYD = \angle KSD = 90°$.

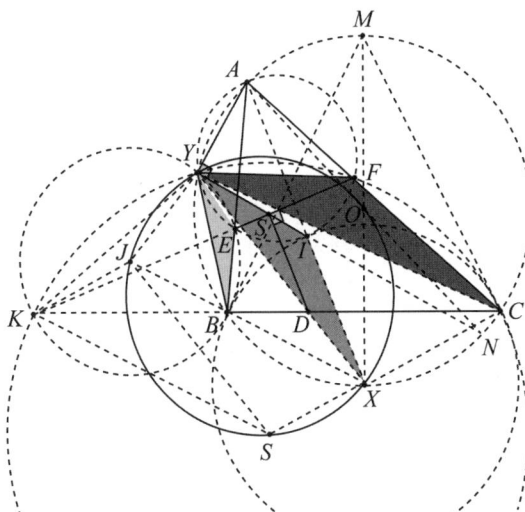

第 7 题答图 3

于是 $\angle JBK = 90° - \angle KYB = \angle BYD = \angle CBX \Rightarrow J, B, X$ 三点共线,同理,C, X, S 三点共线.

于是 $\triangle ABC$ 的外接圆 $\odot X$ 与 $\triangle YEB$ 的外接圆 $\odot J$、$\triangle YFC$ 的外接圆 $\odot S$,由同一法易证两切线交于点 M.

显然 $\triangle KJB \backsim \triangle CXB \backsim \triangle KSC$,于是 $\angle JBK = \angle CKS$,$\angle JKB = \angle KCS$,即 $JXSK$ 为平行四边形,所以 $SX = JK = JY$.注意到 KY 为 $\odot S$ 与 $\odot J$ 的根轴,由于 $SJ \parallel YX$,即 $JSXY$ 为等腰梯形,因此,J, S, X, Y 四点共圆.

接下来证明:Y, O, X, J 四点共圆,由 $\angle YOX = 2\angle YAX$,$\angle YJB = 2\angle YKB$,$\angle YKB = \angle YFA = \angle YIA$,$\angle YIA + \angle YIA = 90°$,可知 $\angle YOX + \angle YJX = 180°$,故 X, S, J, Y, O 五点共圆.

8.解析:如图,设 A',D' 分别为点 A,D 关于直线 BC 的对称点,直线 l 为点 T 关于 $\triangle ABC$ 的西姆松线,直线 l 分别与 BC, CA, AB 交于点 H_a, H_b, H_c.

设 M 为 BC 的中点,N 为直线 AM 与 $\triangle GBC$ 外接圆的第二个交点.

由 $\angle ABK = \angle CBG = \angle CNA$,$\angle BAK = \angle NAC$,

知 $\triangle ABK \backsim \triangle ANC \Rightarrow AK \cdot AN = AB \cdot AC$.

由 $\angle ABA' = 2\angle ABC = \angle AOC$,$\angle BAA' = \angle CAO$,

得 $\triangle AKA' \backsim \triangle AON$,$\triangle ABA' \backsim \triangle AOC \Rightarrow AA' \cdot AO = AB \cdot AC$.

于是,$AK \cdot AN = AA' \cdot AO$.

结合 $\angle A'AK = \angle NAO$ 知 $\triangle AOK \backsim \triangle ANA' \Rightarrow \angle AOK = \angle ANA'$ ①.

由 $AM \cdot MN = 3GM \cdot MN = 3BM \cdot MC = 3BM^2 = MD^2 = MD \cdot MD'$

知 A, D, N, D' 四点共圆.

又 A, D, D', A' 四点共圆,从而,A, D, N, D', A' 五点共圆,记该圆为 Γ.

注意到,点 P 在 AA' 的垂直平分线上且 $PA = PD$.

从而,点 P 为圆 Γ 的圆心.故 $\angle ANA' = \dfrac{1}{2}\angle APA' = \angle APB$.

再结合 ① 式知 $\angle AOK = \angle APB$,

则 $\angle OAC + \angle AH_bH_c = \angle OAC + \angle H_cTA = (90° - \angle ABC) + (90° - \angle BAT) = \angle APB = \angle AOK \Rightarrow l \parallel OK$.

第8题答图

9.解析:先证明一条引理.

引理:在四边形 $ABCD$ 中,$\angle DAC$ 的外角平分线与 $\angle DBC$ 的外角平分线交于点 P,则 $\angle DPA = \angle BPC$ 的充要条件是 $AD + AC = BC + BD$.

引理的证明:如图1,设点 C 关于 PB 的对称点为 C',点 D 关于 PA 的对称点为 D',则 C', B, D 三点共线,C, A, D' 三点共线,$PC' = PC$,$PD' = PD$,$BC = BC'$,$AD = AD'$,所以 $AD + AC = AD' + AC = CD'$,$BC + BD = BC' + BD = C'D$.

又 $\angle C'PC = 2\angle BPC$,$\angle DPD' = 2\angle DPA$,于是 $AD + AC = BC + BD \Leftrightarrow CD' = C'D \Leftrightarrow \triangle PCD' \cong \triangle PC'D \Leftrightarrow \angle CPD' = \angle C'PD \Leftrightarrow \angle DPD' = \angle C'PC \Leftrightarrow \angle DPA = \angle BPC$.

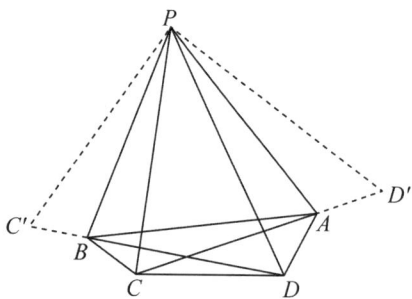

答图1

第9题

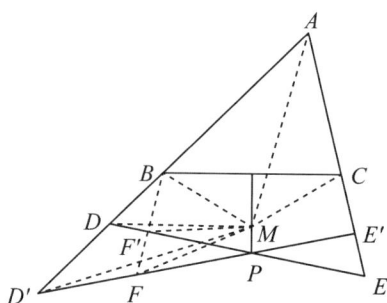

答图2

回到原题:如图2,设点 E, E' 关于 BC 的垂直平分线的对称点分别为 F, F',DE 与 $D'E'$ 交于点 P,则点 P 在 BC 的垂直平分线上,且 $PF = PE$,$BF = CE$,$PF' = PE'$,$BF' = CE'$.再设 $\angle BAC$ 的角平分线与 BC 的垂直平分线交于点 M,则 $\angle FBM = \angle MCE = \angle MBA$,所以 MB 为 $\angle DBF$ 的外角平分线.显然,MP 是 $\angle DPF$ 的外角平分线.于是 $BD + CE = DE \Leftrightarrow BD + BF = PD + PF \Leftrightarrow \angle BMD = \angle FMP \Leftrightarrow \angle FMF' = \angle DMD' \Leftrightarrow \angle BMD' = \angle F'MP \Leftrightarrow BD' + BF' = PD' + PF' \Leftrightarrow BD' + CE' = PD' + PE' \Leftrightarrow BD' + CE' = D'E'$.

10. 解析:由于点 P 和点 Q 的地位对等,故不妨设点 P 在 $\triangle ACD$ 中,点 Q 在 $\triangle ABC$ 中,如图1.

第一步,我们证明点 X 在 AC 上.

记 $\triangle ABC$ 和 $\triangle ACD$ 的内切圆分别为 ω_1 和 ω_2,并记这两个内切圆分别与 AC 切于点 X_1, X_2.下面我们证明 BP 经过点 X_1,DQ 经过点 X_2 并且 $X_1 = X_2$.这样就说明 $X = X_1 = X_2$,且点 X 在 AC 上.

由三角形的切线长公式,有 $AX_1 = \dfrac{1}{2}(AB + AC - BC)$,$AX_2 = \dfrac{1}{2}(AC + AD - CD)$.

由于四边形 $ABCD$ 有内切圆,故 $AB + CD = BC + AD$,则有 $AX_1 - AX_2 = \dfrac{1}{2}(AB - BC - AD + CD) = 0$,从而 $X_1 = X_2$.

而直线 BA 与 BC 是圆 ω 和圆 ω_1 的外公切线,从而存在一个以点 B 为位似中心的位似变换,把圆 ω 变为圆 ω_1.

由于点 X_1 关于圆 ω 的切线与点 P 关于圆 ω_1 的切线平行,则在上述位似变换下点 P 变为点 X_1.所以 B, P, X_1 三点共线.

同理,D, Q, X_2 三点共线.这就证明了点 X 在 AC 上.

第二步,我们证明点 Y 也在 AC 上.

如图2,记 $\triangle ABC$ 的 B-旁切圆与 $\triangle ACD$ 的 D-旁切圆分别记为 γ_1 与 γ_2,并记这两个旁切圆分别与 AC 切于点 Y_1, Y_2.与第一步的证明类似,我们证明 BQ 经过点 Y_1,DP 经过点 Y_2 并且 $Y_1 = Y_2$.这样就说明 $Y = Y_1 = Y_2$,且点 Y 在 AC 上.

由三角形的切线长公式得 $CY_1 = \dfrac{1}{2}(AB + AC - BC)$,$CY_2 = \dfrac{1}{2}(AC + AD - CD)$.

由 $AB + CD = BC + AD$ 知 $CY_1 = CY_2$,从而 $Y_1 = Y_2$.可作一个以点 B 为位似中心的位似变换,把圆 ω 变为圆 γ_1.而点 Q 关于圆 ω 的切线与点 Y_1 关于圆 γ_1 的切线平行,故在此位似变换下,点 Q 变为点 Y_1,所以 B, Q, Y_1 三点共线.

同理,D, P, Y_2 三点共线.这就证明了点 Y 在 AC 上.

综上所述,命题获证.

11. 解析:如图,设直线 AH 与圆 Γ 的另一交点为 D,则由垂心的性质知,H, D 两点关于 BC 对称.设 E, F 两点关于 BC 的对称点分别为 E', F',则点 E' 在线段 DB 上,点 F' 在线段 DC 上.注意 ω 是 $\triangle HEF$ 的外接圆,其圆心在 BC 上,所以 D, E', F' 三点都在圆 ω 上.又 $EF \parallel BC$,所以 $E'F' \parallel BC$,因此 $\triangle DE'F'$ 的外接圆与 $\triangle DBC$ 的外接圆相切于点 D.而圆 ω 为 $\triangle DE'F'$ 的外接圆,圆 Γ 为 $\triangle DBC$ 的外接圆,故圆 ω 与圆 Γ 相切于点 D.

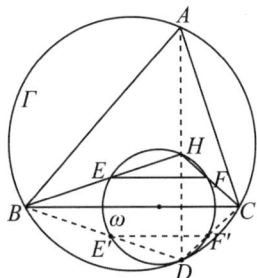

第11题答图

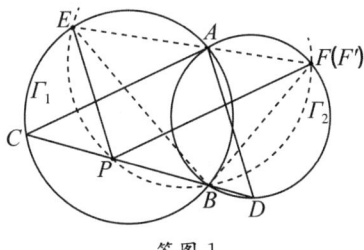

答图1　第12题

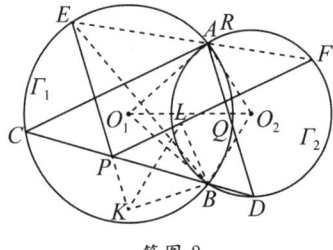

答图2

12. 解析:方法一:如图1,注意 $EP \parallel AD$,设直线 EA 与圆 Γ_2 的另一交点为 F',则 $\angle DBF' = \angle DAF' = \angle PEF'$,这说明 B, P, E, F' 四点共圆.又 A, E, C, B 四点共圆,所以 $\angle BPF' = \angle BEF' = \angle BEA = \angle BCA$,这说明 $F'P \parallel AC$.但 $FP \parallel AC$,且 F', F 皆位于圆 Γ_2 的不含点 B 的 AD 上,因而点 F' 与点 F 重合.注意已证 B, P, E, F' 四点共圆,故 B, P, E, F 四点共圆.

方法二：如图2，设圆 Γ_1 与 Γ_2 的圆心分别为 O_1,O_2. 不失一般性，设点 P 在线段 CB 上. 因为 $FP \parallel AC$，所以 $\angle BPF = \angle BCA = \angle BEA$，于是 B,P,E,F 四点共圆当且仅当 E,A,F 三点共线. 下面证明 E,A,F 三点共线.

事实上，因为 CD 是过两圆 Γ_1 与 Γ_2 的交点 B 的一条割线，所以 $\triangle ACD \sim \triangle AO_1O_2$. 而 $\triangle AO_1O_2 \cong \triangle BO_1O_2$，因此 $\triangle ACD \sim \triangle BO_1O_2$. 过点 B 分别作 PE，PF 的垂线，设垂足分别为 K,L，则 B,K,P,L 四点共圆，于是由 $EP \parallel AD$，$FP \parallel AC$ 知 $\angle BKL = \angle BPL = \angle DCA$，$\angle KLB = \angle KPB = \angle EPC = \angle ADC$，所以 $\triangle BKL \sim \triangle ACD$，从而 $\triangle ACD \sim \triangle BO_1O_2$.

设 $AD = k \cdot AC$，作位似旋转变换 S，则圆 $\Gamma_1 \rightarrow$ 圆 Γ_2，$K \rightarrow L$. 因为 $BK \perp EP$，$BL \perp FP$，所以直线 $EP \rightarrow$ 直线 FP，从而直线 EP 与圆 Γ_1 的交点 $\rightarrow$ 直线 FP 与圆 Γ_2 的交点. 再设直线 AD 与圆 Γ_1 交于另一点 Q，直线 AC 与圆 Γ_2 交于另一点 R，则圆 Γ_1 上的 $CQ \rightarrow$ 圆 Γ_2 上的 RD，因而必有 $E \rightarrow F$. 即知 E,A,F 三点共线.

13. 解析：易知 $MF = MC$，故 $\angle MCF = \angle MYC$，知 $\triangle MCV \sim \triangle MYC$，得 $MV \cdot MY = MC^2$. 同理 $MU \cdot MX = MC^2$.

设 MA 交 $\odot(AFHE)$ 于点 K，熟知 MF 为 $\odot(AFHE)$ 的切线，则知 $MK \cdot MA = MF^2 = MC^2$.

以 M 为反演中心，MC 为反演半径作反演变换，则知 V,Y,U,X,K,A 互为反形. 由 X,K,Y 三点共线知 M,U，K,V 四点共圆（不过反演中心的直线 XAY 的反形为过反演中心的圆），知点 K 在 $\odot(MUV)$ 上.

注意到 $MF = ME = MC$，故在反演变换下，F,E 为不动点，又点 K,A 互换了位置，故 $\odot(AFHE)$ 的反形为自身，又直线 XAY 与 $\odot(AFHE)$ 相切于点 A，由反演变换的性质知它们的反形 $\odot(AFHE)$ 与 $\odot(MUV)$ 相切于点 A 的反形点 K.

14. 解析：如图，设 $\triangle ABC$ 的外接圆与圆 Γ_1 交于 B,D 两点. 因为 $\angle DXY = \angle DBA = 180° - \angle ACD$，所以 X,Y,C,D 四点共圆. 由根心定理知 AQ，XY，CD 三线交于一点 O. 因而 $OC \cdot OD = OA \cdot OQ = OX \cdot OY$，于是以 O 为反演中心，$OX \cdot OY$ 为反演幂作反演变换，则 $\triangle ABC$ 的外接圆是自反圆，P,Q 是两个自反点，圆 Γ_1 与圆 Γ_2 互为反形，从而 OQ 是 $\triangle XQY$ 的外接圆 Γ 的切线.

另外，因为 XY 是圆 Γ_1 与圆 Γ_2 的公切线，所以 $\angle QXY = \angle QBX = \angle QPC$. 又 $\angle BXQ = \angle BPQ$，因此 $\angle BXY = \angle BPC$，因此 $\angle YXA = \angle XPB = \angle PXY + \angle XYP = \angle PQX + \angle YQP = \angle YQX$，这说明 AX，

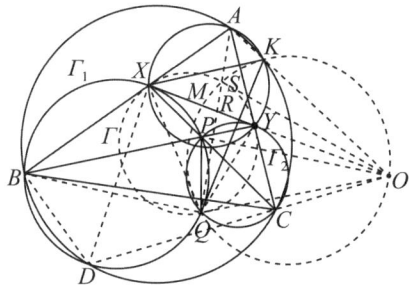

第14题答图

AY 是圆 Γ 的两条切线，于是点 A 关于圆 Γ 的极线为 XO，从而点 O 关于圆 Γ 的极线过点 A. 但点 O 关于圆 Γ 的极线过点 Q，因此，AQ 即点 O 关于圆 Γ 的极线. 设 AQ 与 XY、圆 Γ 分别交于点 R,S，则 OS 是圆 Γ 的另一条切线，且点 O,R 调和分隔点 X,Y. 再设直线 PQ 与 XY 交于点 M，则 M 是 XY 的中点. 由调和点列的性质知 $OR \cdot OM = OX \cdot OY = OK \cdot OA$，这说明 R,M 互为反点. 因为 A,K 是两个互反点，S,Q 是两个自反点，而 A,S,R,Q 四点在一条直线上，所以 K,S,M,Q,O 五点共圆，因此 $\angle KQP = \angle KQM = \angle KOX$. 又 $AX^2 = AS \cdot AQ = AK \cdot AO$，所以 $\angle KXA = \angle KOX$. 故 $\angle KXA = \angle KQP$.

2.6 平面几何的证题方法

1. 解析：以 E 为原点，EF 所在直线为 x 轴，建立直角坐标系.

由条件，易知 $EB = CF$. 设 $\odot O_1$ 的半径为 R，$\odot O_2$ 的半径为 r，B 点坐标为 $(b,0)$，C 点坐标为 $(c,0)$，则 F 点坐标为 $(b+c,0)$，O_1 点坐标为 $(0,R)$，O_2 点坐标为 $(b+c,r)$，于是 $\odot O_1$ 的方程为 $x^2 + (y-R)^2 = R^2$，即 $x^2 + y^2 - 2Ry = 0$ ①.

$\odot O_2$ 的方程为 $[x-(b+c)]^2 + (y-r)^2 = r^2$，即
$$x^2 + y^2 - 2(b+c)x - 2ry + (b+c)^2 = 0$$ ②.

EG 是 $\odot O_1$ 关于点 C 的切点弦，其方程为
$$cx + 0 \cdot y - 2R \cdot \frac{y+0}{2} = 0,\text{即 } cx - Ry = 0$$ ③.

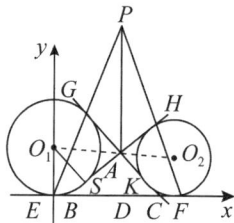

第1题答图

FH 是 $\odot O_2$ 关于点 B 的切点弦，其所在直线的方程为 $bx + 0 \cdot y - 2(b+c) \cdot \frac{x+b}{2} - 2r \cdot \frac{y+0}{2} + (b+c)^2 = 0$，

即 $cx + ry - c(b+c) = 0$ ④.

由 ③、④ 得,交点 P 的横坐标为 $x_p = \dfrac{R(b+c)}{R+r}$. O_1O_2 必过 A 点,连接 O_2H,O_1S,则有 $\triangle AO_1S \backsim \triangle AO_2H$,得 $\dfrac{O_1A}{AO_2}$

$= \dfrac{O_1S}{O_2H} = \dfrac{R}{r}$.

由定比分点坐标公式得 A 点的横坐标为 $x_A = \dfrac{0 + \dfrac{R}{r}(b+c)}{1 + \dfrac{R}{r}} = \dfrac{R(b+c)}{R+r}$.

所以 $x_p = x_A$,PA 垂直于 x 轴,即 $PA \perp BC$.

2. 解析:设 $\angle AOE = \alpha$,$\angle EOD = \beta$,$\angle DOH = \gamma$,$\angle COH = \delta$,易知 $AC \perp BD$. 以 O 为视点,分别在 $\triangle AOD$,$\triangle COD$

和 $\triangle EOH$ 中应用张角定理得 $\dfrac{1}{OE} = \dfrac{\sin\alpha}{OD} + \dfrac{\sin\beta}{OA}$,$\dfrac{1}{OH} = \dfrac{\sin\gamma}{OC} + \dfrac{\sin\delta}{OD}$,$\dfrac{\sin(\beta+\gamma)}{OJ} = \dfrac{\sin\gamma}{OE} + \dfrac{\sin\beta}{OH}$.

故 $\dfrac{\sin(\beta+\gamma)}{OJ} = \dfrac{\sin\gamma\sin\beta}{OC} + \dfrac{\sin\delta\sin\beta}{OD} + \dfrac{\sin\gamma\sin\alpha}{OD} + \dfrac{\sin\gamma\sin\beta}{OA}$.

同理可得 $\dfrac{\sin(\beta+\gamma)}{OI} = \dfrac{\sin\gamma\sin\beta}{OC} + \dfrac{\sin\delta\sin\beta}{OB} + \dfrac{\sin\gamma\sin\alpha}{OB} + \dfrac{\sin\gamma\sin\beta}{OA}$.

因为 $OB = OD$,故 $OI = OJ$.

3. 解析:连接 MD,ME,NE,ND,NM,则 $\angle DNM = \angle ENM = 90°$,因此 D,N,E 三点共线. 注意到 $\angle DME = 45°$

$+ 45° = 90°$. 设 $\angle DMN = \angle NEM = \alpha$,$\odot P$,$\odot Q$ 的半径分别为 r_1,r_2,则 $MC = \sqrt{2}r_1$,$MB = \sqrt{2}r_2$,$MN = 2r_1\cos\alpha$

$= 2r_2\sin\alpha$. 对视点 M,考虑点 B,C,N 所在的 $\triangle MBN$,有

$$\frac{\sin\angle CMB}{MN} + \frac{\sin\angle CMN}{MB} = \frac{\sin 90°}{2r_2\sin\alpha} + \frac{\sin(45° - \alpha)}{\sqrt{2}r_2} = \frac{1 + \sqrt{2}\sin\alpha\sin(45° - \alpha)}{2r_2\sin\alpha}$$

$$= \frac{1 + \sin\alpha(\cos\alpha - \sin\alpha)}{2r_1\cos\alpha} = \frac{\cos^2\alpha + \sin\alpha\cos\alpha}{2r_1\cos\alpha}$$

$$= \frac{\cos\alpha + \sin\alpha}{2r_1} = \frac{\sqrt{2}\cos(45° - \alpha)}{2r_1} = \frac{\cos(45° - \alpha)}{\sqrt{2}r_1}$$

$$= \frac{\sin(90° + 45° - \alpha)}{\sqrt{2}r_1} = \frac{\sin\angle NMB}{MC}.$$

由张角定理可知 B,C,N 三点共线.

4. 解析:设 $\triangle ABC$ 的垂心为 H,外接圆半径为 R. 延长 OA 至点 L,使得 $AO = AL$,Q,P 分别为 OI,OH 的中点,则 I,H,L 三点共线. 因为 AI 平分 $\angle BAC$,且 $\angle BAH = \angle OAC$,故 $\angle HAI = \angle OAI$. 在 $\triangle IAL$ 中应用张角定理,

得 $\dfrac{1}{AH} = \dfrac{1}{AL} + \dfrac{2\cos\angle HAI}{AI}$. 因为 $AH = 2OD = 2R\cos A$,且 $\angle HAI = \angle IAO = \dfrac{1}{2}\angle A - (90° - \angle C) =$

$\dfrac{\angle C - \angle B}{2}$,故 $\dfrac{1}{AH} = \dfrac{1}{2R\cos A} = \dfrac{1}{R} + \dfrac{2\cos\dfrac{B-C}{2}\cos\dfrac{A}{2}}{AT} = \dfrac{1}{R} + \dfrac{\sin B + \sin C}{AT} = \dfrac{1}{R} + \dfrac{AB + AC}{2R \cdot AT}$.

又 T 为内切圆和边 AB 的切点,故 $\dfrac{AO}{OD} = \dfrac{R}{R\cos A} = \dfrac{1}{\cos A} = 2 + \dfrac{AB + AC}{AT} = 4 + \dfrac{AB + AC - 2AT}{AT} = 4 + \dfrac{BC}{AT}$,即

$\dfrac{AO}{OD} - \dfrac{BC}{AT} = 4$.

5. 解析:以 AD 为直径作 $\odot K$,过点 A 作 $AG \parallel BC$,交 $\odot K$ 于点 G,连接 GE,GF. 则 $\angle GAE = 180° - \angle ABC$,$\angle GAF$

$= \angle ACB$. 因为 $DE = DB\sin\angle ABC$,$GF = AD\sin\angle GAF = AD\sin\angle ACB$,$DF = DC\sin\angle ACB$,$GE =$

$AD\sin\angle GAE = AD\sin\angle ABC$,且 $DB = DC$,故 $DE \cdot GF = DF \cdot GE$. 过点 E,F 分别作 $\odot K$ 的切线 EP,FP,设

EF 与 DG,FP 与 ED,FD 与 EP 分别交于点 R,Q,H. 在 $\triangle DEF$ 中,有 $\dfrac{ER}{RF} \cdot \dfrac{FH}{HD} \cdot \dfrac{DQ}{QE} = \dfrac{ED\sin\angle EDG}{FD\sin\angle FDG} \cdot$

$\dfrac{EF\sin\angle FEH}{ED\sin\angle DEH} \cdot \dfrac{FD\sin\angle QFD}{EF\sin\angle QFE} = \dfrac{\sin\angle EDG}{\sin\angle FDG} \cdot \dfrac{\sin\angle FED}{\sin\angle EFD} = \dfrac{GE \cdot DF}{GF \cdot DE} = 1$.

由塞瓦定理知 EH,FQ,RD 三线共点,即 G,D,P 三点共线. $DG \perp AG$,$BC \parallel AG$,故 $DP \perp BC$. 又 $ME \perp PE$,故点 P,D,E,M 在以 PM 为直径的圆上,即 X 为 PM 的中点. 同理,Y 为 PN 的中点. 故 $XY \parallel BC$.

6. 解析：设 $\angle NCB = x$，则 $\angle NCA = 20° - x$，故 $\dfrac{\sin 20°}{\sin 100°} \cdot \dfrac{\sin 30°}{\sin 10°} \cdot \dfrac{\sin(20° - x)}{\sin x} = 1$，解得 $x = 10°$.

7. 解析：设 $\angle ACD = x$，则 $\angle BCD = 40° - x$，故 $\dfrac{\sin 10°}{\sin 70°} \cdot \dfrac{\sin 40°}{\sin 20°} \cdot \dfrac{\sin x}{\sin(40° - x)} = 1$，解得 $x = 30°$.

8. 解析：以 $\triangle ABC$ 的外接圆圆心为原点，半径为单位长建立复平面.延长 AD，交 $\triangle ABC$ 的外接圆于点 T.则

$$T = \frac{D - A}{1 - \overline{D}A} = \frac{\frac{1}{2}(-A + B + 2C)}{1 - \frac{1}{2}(\overline{A} + \overline{B} + 2\overline{C})A} = \frac{BC(-A + B + 2C)}{BC - AC - 2AB}$$

$$E = \frac{1}{2}(A + T + B - AT\overline{B}) = \frac{1}{2}\left[A + \frac{BC(-A + B + 2C)}{BC - AC - 2AB} + B - \frac{AC(-A + B + 2C)}{BC - AC - 2AB}\right]$$

$$= \frac{B^2C + BC^2 - ABC - A^2B - AC^2 - AB^2}{BC - AC - 2AB}.$$

因此，

$$B - E = \frac{-BC^2 + A^2B + AC^2 - AB^2}{BC - AC - 2AB} = \frac{(A - B)(AB + C^2)}{BC - AC - 2AB};$$

$$C - E = \frac{-B^2C - ABC + A^2B + AB^2}{BC - AC - 2AB} = \frac{B(A + B)(A - C)}{BC - AC - 2AB};$$

$$B - H = -A - C.$$

因此，

$$(BC; EH) = \frac{(B - E)(C - H)}{(C - E)(B - H)} = \frac{(A - B)(AB + C^2)}{B(A - C)(A + C)},$$

其共轭与之相等，$(BC; EH)$ 是实数，B, C, E, H 四点共圆，证毕.

2.7 平面几何的综合应用

1. 解析：如图，设 AC, DO, EF 交于点 G.

注意到 D 是完全四边形 $ABCFGE$ 的密克尔点，所以 A, E, G, D 四点共圆，则 $\angle GAE = \angle GDE = \angle ODE = 90° - \angle DBE$，即 $\angle CAB = 90° - \angle DBA$，于是 $AC \perp BD$.

因此，$\angle HFE = 90° - \angle DEF = 90° - \angle DAG = 90 - \angle DBC = \angle BCA$.

同理，$\angle HEF = \angle BAC$.故 $\triangle ABC \backsim \triangle EHF$.

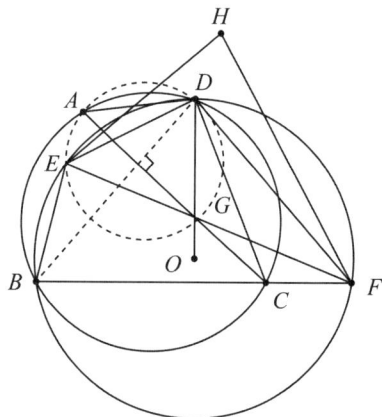

第 1 题答图

2. 解析：设 $\triangle ABC$ 在点 A 处的外角平分线交直线 BC 于点 S.

（1）若 $DE = DF$，则 B, D, C, S 为调和点列.

设 AD, BE, CF 交于内心 I，在完全四边形 $AFBICE$ 中，FE 的延长线过点 S.

又 $\angle DNS = \angle DAS = 90°$，于是 A, N, D, S 四点共圆.如图 1，延长 AN，交 $\triangle ABC$ 的外接圆于点 P'，连接 $P'B, P'M, P'C$.

设直线 AN 与 $\triangle AFE$ 的外接圆的不同于点 A 的另一个交点为 T，则 $\angle TFE = \angle TAE = \angle P'BC$.同理可得 $\angle TEF = \angle P'CB$.所以 $\triangle BP'C \backsim \triangle FTE$，且 M, N 为相似对应点，故 $P'M$ 与 TN 的夹角等于 FE 与 BC 的夹角.于是 $\angle MP'A = \angle MSN = \angle NAD$，可得 $MP' \parallel AD$，从而 P' 与 P 重合，即点 P 在 $\triangle ABC$ 外接圆上.

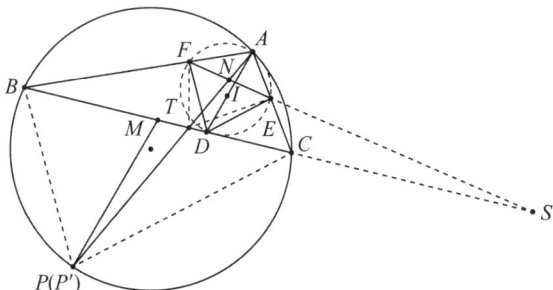

答图 1

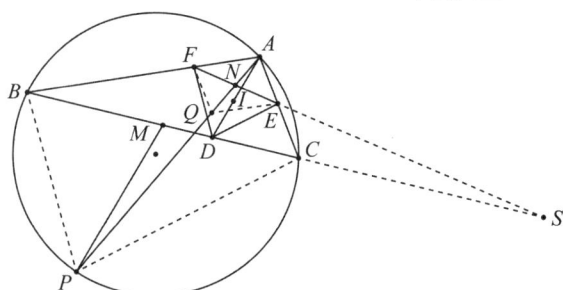

答图 2

第 2 题

（2）如图 2，若点 P 在 $\triangle ABC$ 外接圆上，在 AN 上取点 Q，满足 $QN = NA$，则四边形 $AFQE$ 为平行四边形，可得 $\angle PBC = \angle PAC = \angle QAE$，$\angle PCB = \angle PAB = \angle QAE$，从而 $\triangle AQE \backsim \triangle BCP$，且 N, M 为相似对应点．所以 $\triangle ANE \backsim \triangle BMP$，可得 $\angle ANE = \angle BMP = \angle ADC$．于是 A, N, D, S 四点共圆，可得 $\angle DNE = 90°$．N 为 EF 的中点，所以 $DE = DF$．

综上所述，点 P 在 $\triangle ABC$ 外接圆上的充要条件是 $DE = DF$．

3. 解析：如图，设 AP, BC 交于点 O．考虑 $\triangle ABC$ 及点 P，由塞瓦定理知 $\dfrac{BO}{OC} = \dfrac{BD}{DA}$

$\cdot \dfrac{AE}{EC} = 1$（用到 $DE \parallel BC$），故 $OB = OC$．

考虑以 O 为反演中心，OB 为反演半径的反演变换 φ，则 B, C 为 φ 的不动点．设点 A', P', M', N' 为点 A, P, M, N 在 φ 中的像，则 O, P, A', A, P' 五点共线．由 A, P, D, M 四点共圆，B, C, D, M 四点共圆知 M 为完全四边形 $BDAPOC$ 中的密克尔点，从而 A, B, M, O 四点共圆，C, P, M, O 四点共圆．进而 A', B, M' 三点共线，C, P', M' 三点共线．

同理有 A', C, N' 三点共线，B, P', N' 三点共线．

考虑 $\triangle BCP'$ 及点 A'，由塞瓦定理知 $\dfrac{BN'}{N'P'} \cdot \dfrac{P'M'}{M'C} = \dfrac{BO}{OC} = 1$，故 $N'M' \parallel BC$．

由 $ON \cdot ON' = OM \cdot OM'$ 知 $\triangle OMN \backsim \triangle ON'M'$，从而 $\angle NMO = \angle M'N'O = \angle NOB$，故 $\triangle OMN$ 的外接圆与 BO 相切于点 O，从而 ω 为 $\triangle OMN$ 的外接圆．设圆 ω 过点 M, N 的切线交于点 T，设 $OP', M'N'$ 交于点 S，由 $M'N' \parallel BC$ 及 $BO = OC$ 知 $N'S = SM'$．由正弦定理知 $\dfrac{\sin \angle NOT}{\sin \angle MOT} = \dfrac{\sin \angle TNO \cdot \dfrac{NT}{TO}}{\sin \angle TMO \cdot \dfrac{MT}{TO}} = \dfrac{\sin \angle TNO}{\sin \angle TMO} = $

$\dfrac{\sin \angle OMN}{\sin \angle ONM} = \dfrac{\sin \angle ON'M'}{\sin \angle OM'N'} = \dfrac{\sin \angle N'OS \cdot \dfrac{OS}{N'S}}{\sin \angle M'OS \cdot \dfrac{OS}{M'S}} = \dfrac{\sin \angle N'OS}{\sin \angle M'OS}$，

故 O, T, S 三点共线，即点 T 在 AP 上，原命题得证．

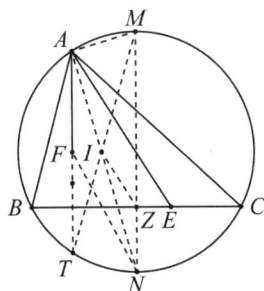

第 3 题答图

4. 解析：如图 1，取 BC 的中点 Z．熟知 $IZ \parallel AE$ 且 $\triangle NIZ \backsim \triangle NMI$，且 $\angle BAF = \angle CAE$，从而有 $\angle FAI = \angle EAI$．故 $\angle FAI = \angle EAI = \angle ZIN = \angle IMN$．这表明：$AF, MI$ 的交点在 $\odot O$ 上，记为点 T．

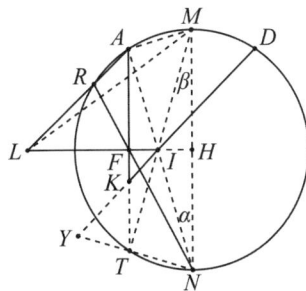

答图 1　　　答图 2

第 4 题

如图 2，设 $NT \cap DI = Y$，设 $\angle INM = \alpha$，$\angle IMN = \beta$，$FI \cap MN = H$，注意到 TM, TN 是 $\angle ATD$ 内、外角平分线，故 TA, TM, TD, TN 构成调和线束．从而 Y, K, I, D 为调和点列，进而 NY, NK, NI, ND 构成调和线束，因此 $\dfrac{\sin \angle INK}{\sin \angle TNK} = \dfrac{\sin \angle IND}{\sin \angle TND} = \dfrac{\sin 2\alpha}{\cos(\alpha - \beta)}$　①．

另外，在 $\triangle MAI$ 中，由角元塞瓦定理得 $\dfrac{\sin \angle AML}{\sin \angle IML} = \dfrac{\sin \angle MAL}{\sin \angle IAL} \cdot \dfrac{\sin \angle AIL}{\sin \angle MIL} = -\tan \angle MAL \cdot \dfrac{\cos \alpha}{\cos \beta} = \tan \angle MNF$

$\cdot \dfrac{\cos \alpha}{\cos \beta}$　②．

由 $\angle IHN = \angle ITN = 90°$ 知 I, T, N, H 四点共圆，进而 $\angle ITH = \alpha$，在 $\triangle FNT$ 中，由角元塞瓦定理得

$$\tan\angle MNF = \frac{\sin\angle FNH}{\sin\angle HFN} = \frac{\sin\angle HNT}{\sin\angle HTN} \cdot \frac{\sin\angle HTF}{\sin\angle HFT} = \frac{\cos\beta}{\cos\alpha} \cdot \frac{\sin2\alpha}{\cos(\alpha-\beta)} \quad ③.$$

将 ③ 代入 ② 得 $\dfrac{\sin\angle AML}{\sin\angle IML} = \dfrac{\sin2\alpha}{\cos(\alpha-\beta)}$，结合 ① 知 $\dfrac{\sin\angle INK}{\sin\angle TNK} = \dfrac{\sin\angle AML}{\sin\angle IML}$．

注意到 $AM \perp IN, IM \perp TN$，故 $\angle INK = \angle AML, \angle TNK = \angle IML$，进而 $ML \perp NK$，原题得证.

5. 解析：方法一：如图1，设线段 IJ 与 $\triangle ABC$ 的外接圆相交于点 M，点 A 的对径点为 A'.

由于 $\angle AXI = \angle AYJ = 90°$，故直线 XI, YJ 均过点 A'. 由内心、旁心的性质可知 $MI = MJ = MB$，结合 $KI = KJ$ 可得 $KM \perp IJ$，于是点 A' 在 KM 上. 从而可知 $A'I = A'J$，故 $\angle AIX = \angle A'IJ = \angle A'JI = \angle AJY$.

结合 $\angle AXI = \angle AYJ$ 可知 $\triangle AIX \backsim \triangle AJY$. 因此 $\angle XAM = \angle XAI = \angle YAJ = \angle YAM$，故 $\overparen{XM} = \overparen{YM}$. 又 $\overparen{BM} = \overparen{CM}$，故 $\overparen{BX} = \overparen{CY}$，进而 $XY \parallel BC$.

由相似三角形的性质，有 $\dfrac{AX}{AY} = \dfrac{AI}{AJ}$.

由于 $\overparen{BM} = \overparen{CM}$，故 $\angle MA'B = \angle MBC = \angle MBK$，因此 $\triangle MA'B \backsim \triangle MBK$，于是 $MA' \cdot MK = MB^2 = MI \cdot MJ$.

因此 $\triangle MIA' \backsim \triangle MKJ$，进而 $IA' \perp KJ$，即 $XA' \perp KJ$. 又 $AX \perp XA'$，故 $AX \parallel KJ$. 同理 $AY \parallel KI$. 因此 $\angle XAK = 180° - \angle AKJ, \angle YAK = \angle AKI$.

记 AK, XY 相交于点 L，综上可知 $\dfrac{XL}{YL} = \dfrac{S_{\triangle AXL}}{S_{\triangle AYL}} = \dfrac{AX}{AY} \cdot \dfrac{\sin\angle XAK}{\sin\angle YAK} = \dfrac{AI}{AJ} \cdot \dfrac{\sin\angle AKJ}{\sin\angle AKI} = \dfrac{AI}{AJ} \cdot \dfrac{S_{\triangle AKJ}}{S_{\triangle AKI}} = 1$.

因此 AK 平分线段 XY，命题证毕.

方法二：如图2，记 $\triangle ABC$ 的外接圆是圆 Ω. 显然 A, I, J 三点共线，该直线与圆 Ω 的另一个交点是 M，则由内心、旁心的性质可知 $MI = MJ = MB = MC$. 以 M 为圆心，MB 为半径作 $\odot M$. 记以 AI, AJ 为直径的圆分别是圆 ω_1，圆 ω_2. 延长 AX, AY，与直线 BC 分别相交于点 X', Y'.

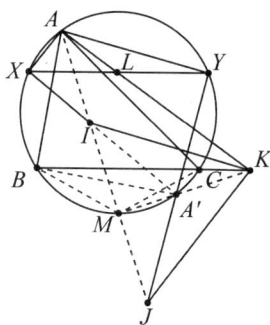

第 5 题答图 1

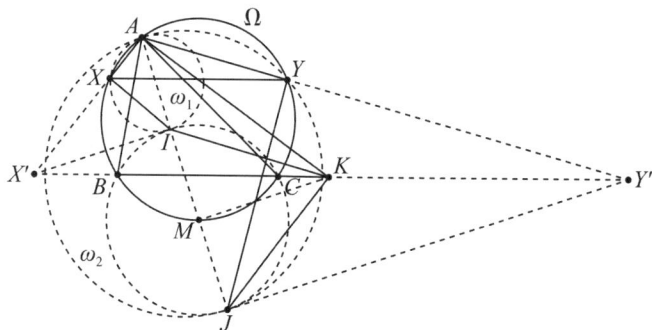

第 5 题答图 2

同方法一证明 $KM \perp IJ, XY \parallel BC$.

由于直线 AX 是圆 ω_1 和圆 Ω 的根轴，直线 BC 是圆 Ω 和 $\odot M$ 的根轴，故直线 AX, BC 的交点 X' 是圆 Ω, ω_1 与 $\odot M$ 的根心. 故点 X 在圆 ω_1 和 $\odot M$ 的根轴上. 进而 $X'I \perp AI$. 同理 $Y'J \perp AJ$.

又 $KM \perp AM$，故 $X'I \parallel KM \parallel Y'J$. 于是 $\dfrac{X'K}{Y'K} = \dfrac{IM}{JM} = 1$，即 $X'K = Y'K$.

结合 $XY \parallel X'Y'$ 与 $X'K = Y'K$ 可知，AK 平分线段 XY. 命题证毕.

方法三：如图3，记 $\triangle ABC$ 的外接圆是圆 Ω. 设点 A 的对径点为 A'. 过 A 作 BC 的平行线，与圆 Ω 相交于另一点 T. 设 AK 与圆 Ω 相交于另一点 P. 设 $\angle BAC$ 的平分线与直线 $A'P, A'T$ 和圆 Ω 分别相交于点 Q, R 和 M（不同于点 A），显然点 I, J 也在该角平分线上.

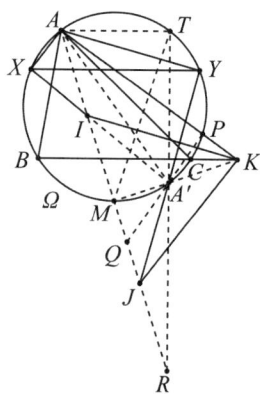

第 5 题答图 3

同方法一可知 M, A', K 三点共线，$XY \parallel BC$. 因此 $AT \parallel BC$.

注意到 M 是 $\overparen{BC}$ 的中点. 故 $MA = MT$. 又 $\angle ATR = 90°$，故 $MA = MR$.

又 $AP \perp A'P$，即 $AK \perp A'Q$，故 $\triangle AMK \backsim \triangle A'MQ$，于是 $MA \cdot MQ = MA' \cdot MK$．又 $MA = MR$ 且同方法一可知 $MA' \cdot MK = MI^2$，故 $MR \cdot MQ = MI^2$．又 M 是 IJ 的中点，故 I,J,Q,R 构成调和点列．

因此 $A'I,A'J,A'Q,A'R$ 构成调和线束．又 $AX \perp A'I,AY \perp A'J,AK \perp A'Q,AT \perp A'R$，故 AX,AY,AK,AT 也构成调和线束．又 $AT \parallel XY$，故由调和线束的性质可知 AK 平分线段 XY．命题证毕．

6. 解析：(1) 方法一：如图，设 $\triangle ABC$ 的垂心为 H，则 AD,BE,CF 交于点 H．

因为 $\angle AEH = \angle AFH = 90°$，所以 A,E,H,F 四点共圆，记为圆 Γ_A，且 AH 为圆 Γ_A 的直径．

设 A_1H 与 $\odot O$ 的第二个交点为 A'，由 $\angle AA_1A' = \angle AA_1H = 90°$ 可知 AA' 为 $\odot O$ 的直径．故 $\angle ACA' = 90°$．

因为 $BH \perp AC,A'C \perp AC$，所以 $BH \parallel A'C$．同理，$CH \parallel A'B$．进而四边形 $BHCA'$ 是平行四边形，则 BC 的中点 M 也是 HA' 的中点．进而 A_1,H,M,A' 四点共线．因为 $\angle AA_1M = \angle ADM = 90°$，所以 A,A_1,D,M 四点共圆，于是 $\angle AMC = \angle AA_1D = \angle AA_1A_2 = \angle ABA_2$．

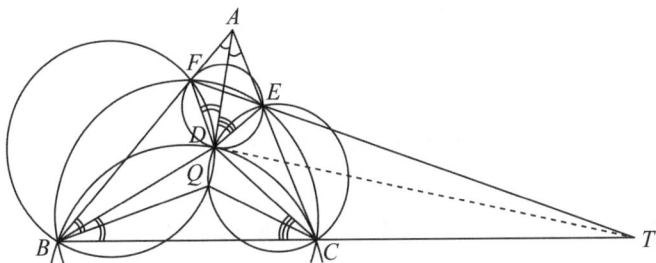

第 6 题答图

又因为 $\angle ACB = \angle AA_2B$，所以 $\triangle AMC \backsim \triangle ABA_2$，于是 $\dfrac{AB}{A_2B} = \dfrac{AM}{CM}$．

同理，$\dfrac{AC}{A_2C} = \dfrac{AM}{BM}$．由于 $CM = BM$，则 $\dfrac{AB}{A_2B} = \dfrac{AC}{A_2C}$，即 $\dfrac{A_2B}{A_2C} = \dfrac{AB}{AC} = \dfrac{c}{b}$ ①．

同理可得 $\dfrac{B_2C}{B_2A} = \dfrac{a}{c}$ ②．$\dfrac{C_2A}{C_2B} = \dfrac{b}{a}$ ③．

由 ①×②×③ 可得 $\dfrac{A_2B}{A_2C} \cdot \dfrac{B_2C}{B_2A} \cdot \dfrac{C_2A}{C_2B} = 1$．

对于圆内接六边形 $AC_2BA_2CB_2$，由角元塞瓦定理的逆定理的推论可知 AA_2,BB_2,CC_2 三线交于一点．

方法二：由 ① 式可知，$AB \cdot A_2C = AC \cdot A_2B$，则四边形 $CABA_2$ 为调和四边形，于是直线 AA_2 是 $\triangle ABC$ 过点 A 的陪位中线所在的直线．同理，BB_2,CC_2 分别是 $\triangle ABC$ 过点 B,C 的陪位中线所在的直线．

因此，AA_2,BB_2,CC_2 三线交于一点（$\triangle ABC$ 的陪位重心）．

(2) 由 $\triangle AMC \backsim \triangle ABA_2$ 可得 $\dfrac{AA_2}{AC} = \dfrac{AB}{AM}$．

由中线公式可知 $AM = \dfrac{1}{2}\sqrt{2b^2 + 2c^2 - a^2}$，则 $AA_2^2 = \dfrac{AC^2 \cdot AB^2}{AM^2} = \dfrac{4b^2c^2}{2b^2 + 2c^2 - a^2}$．

同理可得，$BB_2^2 = \dfrac{4c^2a^2}{2c^2 + 2a^2 - b^2}$，$CC_2^2 = \dfrac{4a^2b^2}{2a^2 + 2b^2 - c^2}$．

由柯西不等式可得 $\sum \dfrac{4b^2c^2}{2b^2 + 2c^2 - a^2} \cdot \sum (2b^2 + 2c^2 - a^2) \cdot 4\left(\sum bc\right)^2$，

其中 $\sum$ 为对 a,b,c 轮换求和，即 $AA_2^2 + BB_2^2 + CC_2^2 = \sum \dfrac{4b^2c^2}{2b^2 + 2c^2 - a^2} \cdot \dfrac{4\left(\sum bc\right)^2}{3\sum a^2}$．

故命题中的不等式成立．

7. 解析：令 Q 为 $\triangle ABC$ 中点 D 的等角共轭点．因为 $\angle BAD = \angle DAC$，点 Q 在 AD 上．故 $\angle QBA = \angle DBC = \angle FDA$．于是 Q,D,F,B 四点共圆．同理，Q,D,E,C 四点共圆．于是 $AF \cdot AB = AD \cdot AQ = AE \cdot AC$．所以 B,F,E,C 四点共圆．

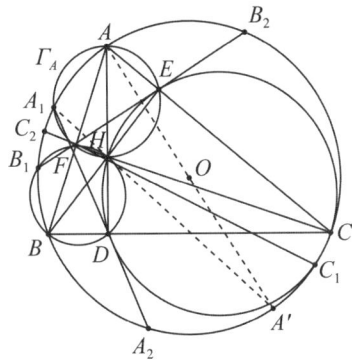

第 7 题答图 1

引理：如图 1，记 T 为 BC 和 FE 延长线的交点，则 $TD^2 = TB \cdot TC = TF \cdot TE$．

引理的证明：首先，$\odot DEF$ 和 $\odot BDC$ 相切，这是因为 $\angle BDF = \angle AFD - \angle ABD = (180° - \angle FAD - \angle FDA) - (\angle ABC - \angle DBC) = 180° - \angle FAD - \angle ABC = 180° - \angle DAE - \angle FEA = \angle FED + \angle ADE = \angle FED + \angle DCB$. 其次，因为 B,C,E,F 四点共圆，点 T 关于 $\odot BDC$ 和 $\odot EDF$ 的幂相等. 所以点 T 在两圆的根轴也是两圆在点 D 处的公切线上，故 $TD^2 = TB \cdot TC = TF \cdot TE$. 引理得证.

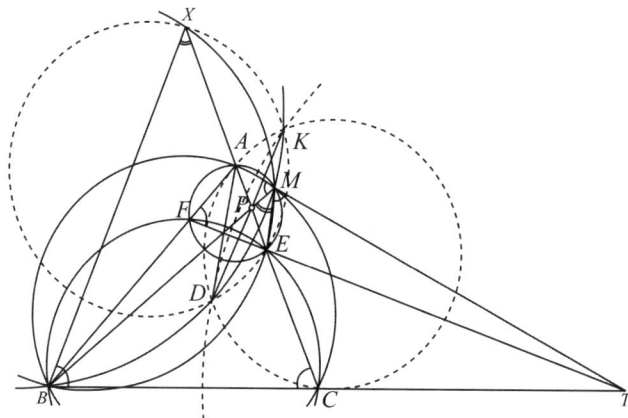

第7题答图2

回到原题：如图2，设直线 TA 与 $\odot ABC$ 交于另一点 M. 利用 B,C,E,F 及 A,M,C,B 分别四点共圆及上述引理，我们得到 $TM \cdot TA = TF \cdot TE = TB \cdot TC = TD^2$. 由此得 A,M,E,F 四点共圆. 考虑以点 T 为中心，半径为 TD 的反演变换. 在此变换下，点 M 被映到点 A，点 B 被映到点 C. 由此知 $\odot MBD$ 被映到 $\odot ADC$. 这两个圆的一个公共点 D 落在反演圆上，所以另一个公共点 K 也必然落在反演圆上，即 $TK = TD$. 由此知，点 T 及 $\odot KDE$ 和 $\odot ADC$ 的圆心都落在线段 KD 的垂直平分线上.

因为 O_1 为 $\triangle ADC$ 的外心，只需证明 D,K,E,X 四点共圆（此圆的圆心即为 O_2）. 线段 BM, DK 和 AC 分别是 $\odot ABCM, \odot ACDK$ 和 $\odot BMDK$ 两两相交的根轴，所以它们三线共点于点 P. 另外，点 M 在 $\odot AEF$ 上，所以

$$\sphericalangle(EX, XB) = \sphericalangle(CX, XB) = \sphericalangle(XC, BC) + \sphericalangle(BC, BX)$$
$$= 2\sphericalangle(AC, CB) = \sphericalangle(AC, CB) + \sphericalangle(EF, FA)$$
$$= \sphericalangle(AM, BM) + \sphericalangle(EM, MA) = \sphericalangle(EM, BM).$$

由此可知 M,E,X,B 四点共圆. 所以 $PE \cdot PX = PM \cdot PB = PK \cdot PD$.

所以 E,K,D,X 四点共圆. 证毕.

8. 解析：在完全四边形 $AFBHEC$ 中，B,C,D,K 为调和点列，故点 D 在点 K 对 $\odot(ABC)$ 的极线上. 设 LD 交 $\odot(ABC)$ 于点 U，A 为 KL 与 $\odot(ABC)$ 的交点，由 B,C,D,K 为调和点列，故四边形 $ABUC$ 为调和四边形. 再考虑点 J 对 A,B,U,C 在 BC 上的投影可知 U,J,K 三点共线. 若重新定义点 Q 为 AU 与 LJ 的交点，由 $K = UJ \cap AL$ 可知，点 K 在点 Q 对 $\odot(ABC)$ 的极线上，故点 Q 在点 K 对 $\odot(ABC)$ 的极线上，所以点 Q 在 PD 上. 同理，$D = AJ \cap UL$，故点 D 在点 Q 对 $\odot(ABC)$ 的极线上，即 DK 为点 Q 对 $\odot(ABC)$ 的极线，所以 Q 为过点 B,C 分别作 $\odot(ABC)$ 的切线的交点，显然在 BC 的垂直平分线上，即 $OQ \perp BC$.

第三章　　初等数论

3.1　整除的基本性质

1. 解析：由 $a^k + b^k = a^{k-n}(a^n + b^n) - b^n(a^{k-n} - b^{k-n})$，$a^k - b^k = a^{k-n}(a^n + b^n) - b^n(a^{k-n} + b^{k-n})$ 知
$(a^n + b^n) \mid (a^k + b^k) \Leftrightarrow (a^n + b^n) \mid (a^{k-n} - b^{k-n})$，$(a^n + b^n) \mid (a^k - b^k) \Leftrightarrow (a^n + b^n) \mid (a^{k-n} + b^{k-n})$（其中 $k \geq n$）.

令 $m = qn + r(0 \leq r < n, q,r \in \mathbf{N})$，由上面的结论可知
$$(a^n + b^n) \mid (a^m + b^m) \Leftrightarrow (a^n + b^n) \mid (a^r + (-1)^q b^r).$$

因为 $n > r$，所以 $|a^n + b^n| > |a^r + (-1)^q b^r|$，故 $a^n + b^n \mid a^r + (-1)^q b^r \Leftrightarrow a^r + (-1)^q b^r = 0$.

又 $(a,b) = 1$，所以只有 $r = 0$，q 为奇数时成立. 故 $a^n + b^n \mid a^m + b^m$ 的充要条件是 $n \mid m$，且 $\dfrac{m}{n}$ 为奇数.

2. 解析：由于 $(m^3, mn - 1) = 1$，又 $mn - 1 \mid n^3 + 1 \Leftrightarrow mn - 1 \mid m^3(n^3 + 1) \Leftrightarrow mn - 1 \mid m^3 n^3 - 1 + m^3 + 1 \Leftrightarrow mn - 1 \mid$

m^3+1，所以 m,n 是对称的，不妨设 $m\geqslant n$.

当 $m=n$ 时，$\dfrac{n^3+1}{n^2-1}=\dfrac{n^2-n+1}{n-1}=n+\dfrac{1}{n-1}\in\mathbf{N}^*\Leftrightarrow n=2$，从而 $m=n=2$；

当 $m>n$ 时，若 $n=1$，则 $m-1\mid 2$，所以 $m=2$ 或 3；

若 $n\geqslant 2$ 时，由于 $\dfrac{n^3+1}{mn-1}$ 是一个整数，从而 $\exists k\in\mathbf{N}^*$ 使得 $n^3+1=(kn-1)(mn-1)$，

即 $kn-1=\dfrac{n^3+1}{mn-1}<\dfrac{n^3+1}{n^2-1}=n+\dfrac{1}{n-1}$，所以 $kn-1<1+\dfrac{1}{n-1}$.

又由于 $n\geqslant 2,k\in\mathbf{N}^*$，所以 $k=1$. 所以 $n^3+1=(n-1)(mn-1)=mn^3-n-mn+1$，

从而 $m=\dfrac{n^2+1}{n-1}=n+1+\dfrac{2}{n-1}\in\mathbf{N}^*$ 得 $n=2$ 或 3，所以 $m=5$.

综上知所有的 (m,n) 为 $(2,2),(2,1),(1,2),(3,1),(1,3),(5,2),(2,5),(5,3),(3,5)$.

3. 解析：由贝祖定理，我们知道只要找到一组整数 (λ,μ)，使得 $\lambda(p+na)+\mu(q+nb)=1$，即可知道 $p+na$ 与 $q+nb$ 互质. 令 $L=[a,b],r=\dfrac{L}{a},s=\dfrac{L}{b}$，则 $(r,s)=1$，于是存在整数 x,y 使得 $rx+sy=1$. 令 $p=x,q=-y$，则对任意的正整数 n，设 $d_n=(p+na,q+nb)$，则 $d_n\mid[r(p+na)-s(q+nb)]$，即 $d_n\mid[rp-sq+n(ra-sb)]$.

而 $rp-sq=rx+sy=1,ra=L=sb$，所以 $dn\mid 1\Rightarrow dn=1$，即对任意的正整数 $n,(p+na,q+nb)=1$.

4. 解析：由整除性质，我们知道 $ab^2+b+7\mid k(a^2b+a+b)+n(a^2b+a+b)(k,n\in\mathbf{Z})$，通过这一点可以简化被除数，再通过分析得出答案.

设正整数对 (a,b) 满足 $ab^2+b+7\mid a^2b+a+b$，则 $ab^2+b+7\mid a(a^2b+a+b)-b(a^2b+a+b)$，即 $ab^2+b+7\mid 7a-b^2$.

(1) 当 $7a-b^2=0$，即 $7\mid b$ 时，设 $b=7k$，则 $7a=7^2k^2,a=7k^2$，此时有 $a^2b+a+b=k(ab^2+b+7)$. 故 $(a,b)=(7k^2,7k)$ 是要求的解.

(2) 当 $7a-b^2>0$ 时，$7a-b^2\geqslant ab^2+b+7,7a>ab^2,b^2<7$，知 $b=1$ 或 2.

若 $b=1$，则 $a+8\mid a^2+a+1$. 设 $a+8=u$，则 $a^2+a+1=(u-8)^2+(u-8)+1=u^2-15u+59$.

由 $u\mid u^2-15u+59$，得 $u\mid 59$，于是 $u=19$ 或 57，得 $a=11$ 或 49. 此时又得到两组解 $(a,b)=(11,1)$ 或 $(49,1)$.

若 $b=2$，则 $4a+9\mid 7a-4$. 由于 $4a+9\leqslant 7a-4<2(4a+9)$，不等式对正整数 a 不成立.

综上，解为 $(a,b)=(7k^2,7k),(11,1),(49,1),k\in\mathbf{N}^*$.

5. 解析：设 $a_{n+1}=a_1+nd,b_{n+1}=b_1+nd'$（其中 $d'=qd+r,0\leqslant r<d,q,r\in\mathbf{N}$）.

由题意知，对任意大的正整数 M，存在正整数 $n\geqslant M$ 及 $k\in\{0,1,\cdots,2021\}$，

使得 $a_{n+1}\mid b_{n+1+k}$，即 $(a_1+nd)\mid(n+k)d'+b_1$，

而 $(n+k)d'+b_1=(n+k)(qd+r)+b_1=q(nd+a_1)+kqd+rn+rk+b_1-a_1q$，

所以 $(nd+a_1)\mid kqd+rn+rk+b_1-a_1q$.

又 $d>r$，故当 n 充分大时，有 $|nd+a_1|>|rn+kqd+rk+b_1-a_1q|$.

从而有无数个 n 及 $0\leqslant k\leqslant 2021$，使得 $rn+kqd+rk+b_1-a_1q=0$，即有无数个 n 及 $0\leqslant k\leqslant 2021$，使得 $rn=a_1q-kqd-rk-b_1$.

但是 k 只有有限个，故存在某个 k，有无数个 n 使得上式成立. 所以 $r=0$.

于是存在 $k\in\{0,1,\cdots,2021\}$，使得 $kqd+b_1-a_1q=0$. 记 $k_0=\dfrac{a_1q-b_1}{qd}\in\{0,1,\cdots,2021\}$，则对任意的 $n\in\mathbf{N}^*$，$(n+k_0)d'+b_1=q(nd+a_1)$，即 $a_{n+1}\mid b_{n+1+k_0}$，结论成立.

6. 解析：假设只有有限个整数 $n\geqslant 3$，使得 S_n 与 n 互质，则存在正整数 M，使得对任意正整数 $n\geqslant M$，有 $(n,S_n)>1$.

将全体质数由小到大排列，依次记为 $p_1,p_2,\cdots$，则对任意的 $p_m\geqslant M$，都有 $(p_m,S_{p_m})>1$，即 $p_m\mid S_{p_m}$. 设 $q=\dfrac{S_{p_m}}{p_m}$，则 $S_{p_{m+1}}=S_{p_m}+p_m=(q+1)p_m$. 又 $p_{m+1}\mid S_{p_{m+1}}$，即 $p_{m+1}\mid[(q+1)p_m]$，故 $p_{m+1}\mid(q+1)$，所以 $p_{m+1}\leqslant q+1$. 因此 $p_mp_{m+1}\leqslant(q+1)p_m=S_{p_{m+1}}=p_1+p_2+\cdots+p_m\leqslant mp_m$，所以 $p_{m+1}\leqslant m$，矛盾. 因此有无数个整数 $n\geqslant 3$，使得 S_n 与 n 互质.

7. 解析：考虑质数 $p\mid x_i$，则有 $p\mid[x_i,x_{i+1}]+[x_{i-1},x_i]$，即 $p\mid x_{i+2}$，于是 $p\mid[x_{i+1},x_{i+2}]+[x_i,x_{i+1}]$，即

$p \mid x_{i+3}^2$，于是 $p \mid x_{i+3}$．由此可知推出 p 整除所有的 x_i．

如果 $p \geqslant 3$，对于任意 $i \in \{1,2,\cdots,20\}$ 的有 $(x_i,x_{i+1}) \geqslant p$．

不妨设 x_2 是 $\{x_1,x_2,\cdots,x_{20}\}$ 中最大的数，则 $x_2^2 = [x_0,x_1] + [x_1,x_2] \leqslant \dfrac{x_0 x_1}{3} + \dfrac{x_1 x_2}{3} \leqslant \dfrac{2}{3}x_2^2$，矛盾．

若存在 $x_i = 1$，使 $x_i^2 = [x_{i-3},x_{i-2}] + [x_{i-2},x_{i-1}] \geqslant 2$，矛盾．故所有的 x_i 都是 2 的正整数次幂．

设 x_2 是 $\{x_1,x_2,\cdots,x_{20}\}$ 中的最大数，则有 $x_2^2 = [x_0,x_1] + [x_1,x_2] \leqslant x_2 + x_2 = 2x_2$，故 $x_2 = 2$，所以对于任意 $i \in \{1,2,\cdots,20\}$，均有 $x_i = 2$．经验证 $x_i = 2(i \in \{1,2,\cdots,20\})$ 满足题设．

8. 解析：设 $q = \dfrac{p+3}{2}$，假设 $x+1,x+2,\cdots,x+\dfrac{p+3}{2}$ 中每个整数都没有大于 p 的质因子．设 $x+i$ 的标准分解式

为 $x+i = \prod\limits_{j=1}^{r_i} p_{ij}^{a_{ij}}$，设其中 $p_i^{a_i} = \max\{p_{ij}^{a_{ij}} \mid 1 \leqslant j \leqslant r_i, j \in \mathbf{Z}\}$．由于不大于 p 的质数的个数不超过 $\dfrac{p+1}{2} = q-1$

个，故在 $p_i(i=1,2,\cdots,q)$ 中，必存在 $1 \leqslant s < t \leqslant q$，使得 $p_s = p_t$．

当 $x \geqslant (q-1)^{q-1}$ 时，$p_i^{a_i} \geqslant (x+i)^{\frac{1}{q-1}} > x^{\frac{1}{q-1}} > q-1(i=1,2,\cdots,q)$．故 $(x+s,x+t) \geqslant \min\{p_s^{a_s}, p_t^{a_t}\} > q-1$．

而 $(x+s,x+t) = (x+s,t-s) \leqslant t-s \leqslant q-1$，矛盾．因此，当 $x \geqslant (q-1)^{q-1}$ 时，$x+1,x+2,\cdots,x+\dfrac{p+3}{2}$ 中

至少有一个整数有大于 p 的质因子．

9. 解析：$d = (p!-1,q!-1)$，易验证 $2!-1,3!-1,5!-1,7!-1$ 两两互质，故 $p \leqslant 7$ 时成立．

若 $p \geqslant 11$，$d = (p!-1,q!-1) = (p!-q!,q!-1) = \left(q!\left(\dfrac{p!}{q!}-1\right),q!-1\right) = \left(\dfrac{p!}{q!}-1,q!-1\right)$．

故 $d \left|\left(\dfrac{p!}{q!}-1\right)\right.$，于是 $d \leqslant \dfrac{p!}{q!}-1 \leqslant \dfrac{p!}{q!} \leqslant p^{p-q}$．

(1) 若 $q \geqslant \dfrac{2}{3}p$，则 $d \leqslant p^{p-q} \leqslant p^{\frac{p}{3}}$，命题得证．

(2) 若 $q < \dfrac{p}{2}$，$\dfrac{p!}{q!}$ 为多于 q 个连续自然数的乘积，故有 $q! \left|\dfrac{p!}{q!}\right.$．

由前面的证明知 $d = \left(\dfrac{p!}{q!}-1,q!-1\right) = \left(\dfrac{p!}{q!}-q!,q!-1\right)$，故 $d \left|\left(\dfrac{p!}{q!}-q!\right)\right.$．

又 $(d,q!) = 1$，故 $d \left|\left[\dfrac{p!}{(q!)^2}-1\right]\right.$，所以 $d \leqslant \dfrac{p!}{(q!)^2}$．

又 $d \mid (q!-1)$，所以 $d \leqslant q!$，故 $d^3 \leqslant (q!)^2 \cdot \dfrac{p!}{(q!)^2} = p! < p^p$，故 $d \leqslant p^{\frac{p}{3}}$，命题得证．

(3) 若 $\dfrac{p}{2} \leqslant q < \dfrac{2}{3}p$，又 $d \left|\left(\dfrac{p!}{q!}-1\right)\right.$，$(p-q)! \left|\dfrac{p!}{q!}\right.$，知 $(d,(p-q)!) = 1$，

由前面的证明可知 $d \left|\left(\dfrac{p!}{q!}-q!\right)\right.$，所以 $d \left|\left[\dfrac{p!}{q!(p-q)!}-\dfrac{q!}{(p-q)!}\right]\right.$，

故 $d \leqslant \left|\dfrac{p!}{q!(p-q)!}-\dfrac{q!}{(p-q)!}\right| \leqslant \max\left\{\dfrac{p!}{q!(p-q)!},\dfrac{q!}{(p-q)!}\right\}$．

又 $\dfrac{p!}{q!(p-q)!} = \mathrm{C}_p^q \leqslant 2^p \leqslant 11^{\frac{p}{3}} \leqslant p^{\frac{p}{3}}$，$\dfrac{q!}{(p-q)!}$ 为连续 $2q-p$ 个自然数的乘积，故 $\dfrac{q!}{(p-q)!} \leqslant p^{2q-p} \leqslant p^{\frac{p}{3}}$，

所以 $d \leqslant p^{\frac{p}{3}}$，命题得证．

综上，$p!-1$ 与 $q!-1$ 的最大公约数不超过 $p^{\frac{p}{3}}$．

10. 解析：设这 2020 个正整数为 $a_1,a_2,\cdots,a_{2020}$，设对任意的 $n(3 \leqslant n \leqslant 2020)$，有 $\dfrac{a_n}{a_{n-1}} = q_{n-1}$．

由题意知 $a_n \mid a_{n+1}$，$a_{n-1} \mid a_{n+1}$，$(a_n + a_{n-1}) \mid a_{n+1}$，即 $(a_{n-1}q_{n-1}) \mid a_{n+1}$，$[a_{n-1}(q_{n-1}+1)] \mid a_{n+1}$．

又 $(q_{n-1},q_{n-1}+1) = 1$，故 $[a_{n-1}q_{n-1}(q_{n-1}+1)] \mid a_{n+1}$，即 $[a_n(q_{n-1}+1)] \mid a_{n+1}$，故 $\dfrac{a_{n+1}}{a_n} = q_n \geqslant q_{n-1}+1$．

因为 $(a_1+a_2) \mid a_3$，故 $q_2 = \dfrac{a_3}{a_2} > 1$，所以 $q_2 \geqslant 2$，可知 $q_n \geqslant n$，即 $\dfrac{a_n}{a_{n-1}} = q_{n-1} \geqslant n-1$，故

$a_n \geqslant a_2 \cdot (n-1)! \geqslant (n-1)!$，所以 $a_{2020} \geqslant 2019!$．

另外，数列 $\{a_n\}$：$a_1=1$，$a_n=(n-1)!$（$2\leqslant n\leqslant 2020$）满足题设.

故最后一项的最小值为 $2019!$

11.解析: 先证明一个引理:

引理:设质数 $p>3$,则对任意小于 $\dfrac{p}{2}$ 的正整数 y,$py+1$ 均不是完全平方数.

引理证明:若存在 $y\left(0<y\leqslant\dfrac{p-1}{2}\right)$,使得 $py+1=x^2(x\in\mathbf{N}^*)$,则 $py=(x-1)(x+1)$,所以

$p\mid(x-1)$ 或 $p\mid(x+1)$,故 $p\leqslant x+1$.所以 $p\left(\dfrac{p-1}{2}\right)+1\geqslant py+1=x^2\geqslant(p-1)^2$,即 $p^2-3p\leqslant0$,这与

$p>3$ 矛盾,引理得证.

回到原题:若对于任意的小于 $\dfrac{p}{2}$ 的正整数 y,$py+1$ 都能表示为两个大于 y 的正整数之积.

不妨设 $pk+1=n_km_k\left(0<k\leqslant\dfrac{p-1}{2}\right)$,其中正整数 $n_k,m_k>k$,

则 $m_k=\dfrac{pk+1}{n_k}\leqslant\dfrac{pk+1}{k+1}<p$,故 $k+1\leqslant n_k,m_k\leqslant p-1$.

又 n_k,m_k 的取值各至多有 $p-k-1$ 个,由引理知 $n_k\neq m_k$,故由抽屉原理知,必存在正整数 i,

$j\left(0<i,j\leqslant\dfrac{p-1}{2}\right)$,使得 $n_i=m_j$.

此时有 $pi+1=n_im_i$,$pj+1=n_jm_j$,故 $n_i(m_i-n_j)=p(i-j)$,所以 $p\mid n_i(m_i-n_j)$,即 $p\mid n_i$ 或 $p\mid m_i-n_j$,这

与 $k+1\leqslant n_i,m_i,n_j\leqslant p-1$ 矛盾.

综上,存在小于 $\dfrac{p}{2}$ 的正整数 y,使得 $py+1$ 不能表示为两个大于 y 的正整数之积.

12.解析: 考虑到 $n+a^2=(a+b)(a+c)$,若 $n=k^2l$,令 $a=k$,则 $(1+l)k^2=(k+b)(k+c)$.

其中,若 l 为合数,设 $l=st$,可令 $b=sk-k$,$c=tk-k$;若 $1+l>k$,可令 $b=1+l-k$,$c=k^2-k$.

故只需考虑 $1+l$ 为不大于 k 的素数的情况.

取 k 的最小质因子 p,设 $n=lp^2$.

(1) 若 $l+1>p$,可令 $a=p$,$b=l+1-p$,$c=p^2-p$,满足题设.

(2) 若 $l+1=p$,可令 $a=6$,$b=p-3$,$c=p^2-4p+6$,满足题设.

(3) 若 $l+1<p$,则 $(p,l+1)=1$,设 $p=r+m(l+1)$,其中整数 r,m 满足 $0<r\leqslant l,m\geqslant0$,

则 $n+r^2=lp^2+r^2=(l+1)\dfrac{lp^2+r^2}{l+1}$,

令 $a=r$,$b=l+1-r$,$c=\dfrac{lp^2+r^2}{l+1}-r$,则 $n=ab+bc+ca$,其中 $b=l+1-r>0$.

又 $c=\dfrac{l[r+m(l+1)]^2+r^2}{l+1}-r=r^2+2mlr+ml(l+1)-r$ 为正整数,故 a,b,c 为正整数.命题得证.

13.解析: 方法一:当 $k=1$ 时,设 $n=p^a$,由 $p\geqslant2$ 知 $\sigma(n)=1+p+\cdots+p^a\leqslant2p^a-1=2n-1$,

所以 $\sigma(n)\mid(2n-1)!$.假设 $k-1$ 时成立,我们来看 k 时的情形.

设 $n=p_1^{a_1}p_2^{a_2}\cdots p_k^{a_k}$,记 $n_1=p_1^{a_1}$,$n_2=\dfrac{n}{n_1}$,

由 $k=1$ 及 $k-1$ 的情形知 $\sigma(n_1)\mid(2n_1-1)!$,$\sigma(n_2)\mid[2n_2-(k-1)]!$.

因为 $\sigma(n)=\sigma(n_1)\sigma(n_2)$,故只需证 $\{(2n_1-1)![2n_2-(k-1)]!\}\mid(2n_1n_2-k)!$.

而对于任意正整数 a,b,有 $b!\mid(a+1)(a+2)\cdots(a+b)$,进而有 $(a!\cdot b!)\mid(a+b)!$,

故 $\{(2n_1-1)![2n_2-(k-1)]!\}\mid(2n_1+2n_2-k)!$.

又 $n_1,n_2>1$,有 $2n_1n_2>2n_1+2n_2$,故 $\{(2n_1-1)![2n_2-(k-1)]!\}\mid(2n_1n_2-k)!$.

综上所述,命题得证

方法二:设 $n=\prod_{i=1}^{k}p_i^{a_i}$ 为 n 的标准分解式.对 $i(1\leqslant i\leqslant k)$,记 $m_i=1+p_i+\cdots+p_i^{a_i}$,则 $\sigma(n)=\prod_{i=1}^{k}m_i$.

下面证明:对于任意的 $i(1\leqslant i\leqslant k)$,$km_i\leqslant2n-k$.

由 $p_i \geqslant 2$ 知 $m_i \leqslant 2p_i^{a_i} - 1$，所以 $m_i + 1 \leqslant 2p_i^{a_i} = \dfrac{2n}{\prod\limits_{j \neq i} p_j^{a_j}} \leqslant \dfrac{2n}{2^{k-1}} \leqslant \dfrac{2n}{k}$，即 $km_i \leqslant 2n - k$.

由此可知，在 $1, 2, \cdots, 2n-k$ 中至少有 k 个 m_i 的倍数. 从而 $1, 2, \cdots, 2n-k$ 中可以找到 k 个不同的正整数，它们分别是 $m_1, m_2, \cdots, m_k$ 的倍数. 故 $\sigma(n) \mid (2n-k)!$.

14. 解析：由题意知 $2 \mid (a_{n+2} - a_n)$，故 $a_1, a_3, a_5, \cdots, a_{99}$ 同奇偶性，不妨设 a_1 为奇数.

若 $a_1 \mid 100$，记 $a_1 = m$，设 $100 = km + r$，$1 \leqslant r < a_1$，则 $a_1, a_{1+m}, a_{1+2m}, \cdots, a_{1+km}$ 均为 m 的倍数，共 $k+1$ 个 m 的倍数. 又 $1, 2, \cdots, 100$ 中只有 k 个 m 的倍数，矛盾. 故 $a_1 \nmid 100$. 所以 $a_1 \neq 25$.

若 $a_k = 51$，则 a_{k-51} 或 a_{k+51} 为 51 的倍数，而 $1, 2, \cdots, 100$ 中只有一个 51 的倍数，所以 $k - 51 \leqslant 0$，且 $k + 51 > 100$，所以 $k = 50$ 或 51.

若 $5 \mid a_1$，则 $a_6, a_{11}, \cdots, a_{51}$ 都是 5 的倍数，故 $a_{50} = 51$，这与 a_{50} 为偶数矛盾.

故 $5 \nmid a_1$，所以 $a_1 = 1$

15. 解析：当 $n = 3$ 时，$a_2 = p + 2$，$pa_2 + 1 = p^2 + 2p + 1 = (p+1)^2$.

由于 p 与 $p+2$ 都是质数且 $p > 3$，故 $3 \mid (p+1)$，即 $3 \mid (p+1)^2$.

假设当 $3 \leqslant k \leqslant n-1$ 时，均有 $k \mid pa_{k-1} + 1$ 成立，

我们考虑 $k = n$ 时的情形，$a_k = a_{k-1} + \left[\dfrac{pa_{k-1}}{k}\right] = a_{k-1} + \dfrac{pa_{k-1} + 1}{k}$，

所以 $pa_k + 1 = p\left(a_{k-1} + \dfrac{pa_{k-1} + 1}{k}\right) + 1 = \dfrac{p+k}{k}(pa_{k-1} + 1)$，

$pa_{n-1} + 1 = \dfrac{p+n-1}{n-1} \cdot \dfrac{p+n-2}{n-2} \cdots \dfrac{p+3}{3}(pa_2 + 1) = \dfrac{2n(p+1)}{(p+n)(p+2)} C_{p+n}^n$.

又 $(n, p+n) = 1$，$(n, p+2) = 1$，由此可知 $n \mid (pa_{n-1} + 1)$，即 $k = n$ 时成立.

综上所述，命题成立.

3.2 同余、剩余系

1. 解析：只需证 $19 \mid (5^{2n+3} + 3^{n+3} \cdot 2^n)$.

由 $5^{2n+3} + 3^{n+3} \cdot 2^n = 125 \times 25^n + 27 \times 6^n \equiv 11 \times 6^n + 8 \times 6^n \equiv 0 \pmod{19}$，知 $19 \mid (5^{2n+3} + 3^{n+3} \cdot 2^n)$.

又 $5^{2n+3} + 3^{n+3} \cdot 2^n \geqslant 125 + 27 > 19$，所以 $5^{2n+3} + 3^{n+3} \cdot 2^n$ 不为质数.

2. 解析：当 $1011 \mid a$ 时，$1011^2 \mid n$，取 $T = \{1011, 1011^2\}$ 即可.

当 $1011 \nmid a$ 时，$3 \mid a$ 或 $337 \mid a$. 对于任意的 $k(0 \leqslant k \leqslant 2021)$，因为 $n^{2021} = n^k \cdot n^{2021-k}$ 能被 $a^{2021k} \cdot b^{2021(2021-k)}$ 整除，所以 $a^k b^{2021-k}$ 是 n 的正因子.

取 $T = \{a^k b^{2021-k} \mid 0 \leqslant k \leqslant 2021\}$，则 T 中元素的和 $S = \sum\limits_{k=0}^{2021} a^k b^{2021-k} \equiv \sum\limits_{k=0}^{2021} a^{2021} \equiv 0 \pmod{2022}$.

又 $S = \dfrac{a^{2022} - b^{2022}}{a - b}$，由升幂引理知，

当 $3 \mid a$ 时，$v_3(S) = v_3(a-b) + v_3(2022) - v_3(a-b) = v_3(2022) = 1$；

当 $337 \mid a$ 时，$v_{337}(S) = v_{337}(a-b) + v_{337}(2022) - v_{337}(a-b) = v_{337}(2022) = 1$.

故 $2022^2 \mid S$. 故存在满足题设的集合 T.

3. 解析：取 $n = k + lm(k!)$（$l \in \mathbf{N}$）. 记 p 为 m 的任意一个质因子，$v_p(k!) = r$.

因为 $n \equiv k \pmod{p^{r+1}}$，故 $n(n-1) \cdots (n-k+1) \equiv k! \pmod{p^{r+1}}$. 于是 $v_p[n(n-1) \cdots (n-k+1)] = v_p(k!)$，故 $v_p(C_n^k) = v_p[n(n-1) \cdots (n-k+1)] - v_p(k!) = 0$，即 $p \nmid C_n^k$，因此 m 与 C_n^k 互质.

4. 解析：取 $k = m+1$，令 $A_i = \{x \in \mathbf{N}^* \mid x \equiv i \pmod{m+1}\}$，$i = 1, 2, \cdots, m+1$.

对任意 $a, b, c, d \in A_i$，因为 $ab - cd \equiv i \cdot i - i \cdot i = 0 \pmod{m+1}$，

而 $m+1 \nmid m$，所以 $ab - cd \neq m$，从而 $A_1, A_2, \cdots, A_{m+1}$ 满足要求.

5. 解析：不妨设对 $i(1 \leqslant i \leqslant 2014)$，$x_i \equiv y_i \equiv i \pmod{2014}$.

对 $1 \leqslant i \leqslant 1007$，按如下方式定义数列 z_n：

若 $x_i + y_i \equiv x_{i+1007} + y_{i+1007} \pmod{4028}$，则令 $z_i = y_i$，$z_{i+1007} = y_{i+1007}$.

若 $x_i + y_i \equiv x_{i+1007} + y_{i+1007} \pmod{4028}$，则令 $z_i = y_{i+1007}, z_{i+1007} = y_i$.

下面我们验证对于任意 $i(1 \leqslant i \leqslant 1007)$，$x_i + z_i$ 与 $x_{i+1007} + z_{i+1007}, x_j + z_j (j = 1, 2, \cdots, 1007, j \neq i), x_{j+1007} + z_{j+1007}$ 模 4028 不同余.

(1) 由 z_i 构造方法，$x_i + z_i \equiv x_{i+1007} + z_{i+1007} \pmod{4028}$.

(2) 对任意的 $i, j(1 \leqslant i, j \leqslant 1007, i \neq j)$，有 $2i \equiv 2j \pmod{4028}$，否则 $i \equiv j \pmod{2014}$，矛盾.

同时 $2i \equiv 2j + 2014 \pmod{4028}$，否则 $i \equiv j + 1007 \pmod{2014}$，即 $i = j$，矛盾.

故 $2i \equiv 2j \pmod{2014}$.

① 若 $z_i = y_i, z_j = y_j, z_{j+1007} = y_{j+1007}$，

则 $x_i + z_i \equiv 2i \pmod{2014}$，$x_j + z_j \equiv x_{j+1007} + y_{j+1007} \equiv 2j \pmod{2014}$，

故 $x_i + z_i \equiv x_j + z_j \pmod{4028}$ 且 $x_i + z_i \equiv x_{j+1007} + z_{j+1007} \pmod{4028}$.

② 若 $z_i = y_i, z_j = y_{j+1007}, z_{j+1007} = y_j$，

则 $x_i + z_i \equiv 2i \pmod{2014}$，$x_j + z_j \equiv x_j + y_j + 1007 \equiv 2j + 1007 \pmod{2014}$，

故 $x_i + z_i \equiv x_j + z_j \pmod{4028}$，且 $x_i + z_i \equiv x_{j+1007} + z_{j+1007} \pmod{4028}$.

③ 若 $z_i = y_{i+1007}, z_j = y_{j+1007}, z_{j+1007} = y_j$，

则 $x_i + z_i \equiv 2i + 1007 \pmod{2014}$，$x_j + z_j \equiv x_j + y_j + 1007 \equiv 2j + 1007 \pmod{2014}$，

故 $x_i + z_i \equiv x_j + z_j \pmod{4028}$ 且 $x_i + z_i \equiv x_{j+1007} + z_{j+1007} \pmod{4028}$.

综上，对于任意 $i(1 \leqslant i \leqslant 1007)$，$x_i + z_i$ 与 $x_{i+1007} + z_{i+1007}, x_j + z_j (j = 1, 2, \cdots, 1007, j \neq i), x_{j+1007} + z_{j+1007}$ 模 4028 不同余. 同理 $x_{i+1007} + z_{i+1007}$ 与 $x_j + z_j (j = 1, 2, \cdots, 1007, j \neq i), x_{j+1007} + z_{j+1007}$ 模 4028 不同余.

故上述数列 $z_1, z_2, \cdots, z_{2014}$ 满足题设，命题成立.

6. 解析：首先，$ax \equiv b \pmod{c}$ 有整数解当且仅当 $(a, c) \mid b$.

假设 $\{1, 2, \cdots, 20\}$ 中的 4 个数 a_1, a_2, a_3, a_4 使结论不成立.

(1) 若 a_1, a_2, a_3, a_4 中有 1 或质数的幂，不妨设 $a_1 = p^\alpha$，其中 p 是质数，$\alpha \geqslant 0$. 再不妨设 $\nu_p(a_2) \leqslant \nu_p(a_3)$.

取 $a = a_1, b = a_3, c = a_2$，则 $(a, c) \mid b$，与假设矛盾. 因此 a_1, a_2, a_3, a_4 中没有 1 和质数的幂.

(2) 若 a_1, a_2, a_3, a_4 中有整除关系，不妨设 $a_1 \mid a_2$. 取 $a = a_1, b = a_2, c = a_3$，则 $(a, c) \mid b$，与假设矛盾.

因此 a_1, a_2, a_3, a_4 中没有整除关系，特别地，也没有相同的数.

(3) $1 \sim 20$ 中所有至少有两个不同质因子的数为 6, 10, 12, 14, 15, 18, 20，于是所选的 4 个数在这 7 个数中. 注意到 14 的质因子 7 不在其他数中出现，所以在检验 $(a, c) \mid b$ 时，14 可等同于 2，从而 14 不能选.

在余下 6 个数中，6 与 12、6 与 18、10 与 20 有整除关系，于是 4 个无整除关系的数只能选 12, 15, 18 以及 10, 20 中的一个. 此时取 $a = 12, b = 18, c = 15$，则 $(a, c) \mid b$，与假设矛盾.

7. 解析：记 $f_p(x) = x^{a_1} + x^{a_2} + \cdots + x^{a_p}, f_q(x) = x^{b_1} + x^{b_2} + \cdots + x^{b_q}$，

$$f(x) = f_p(x) f_q(x) = \sum_{\substack{1 \leqslant i \leqslant p \\ 1 \leqslant j \leqslant q}} x^{a_i + b_j} \equiv 1 + x + x^2 + \cdots + x^{pq-1} \pmod{x^{pq} - 1}.$$

于是 $\forall \omega \in \mathbf{C}$ 且 $\omega^{pq} = 1, \omega \neq 1$，有 $f(\omega) = 0$，故 $\dfrac{x^{pq} - 1}{x - 1} \mid f(x)$.

而 $\dfrac{x^{pq} - 1}{x - 1} = \Phi_p(x) \Phi_q(x) \Phi_{pq}(x)$ 为三个分圆多项式的积，因此 $\Phi_p(x) \mid f_p(x) f_q(x)$. 又 $\Phi_p(x)$ 不可约，故 $\Phi_p(x) \mid f_p(x)$ 或 $\Phi_p(x) \mid f_q(x)$，但 $\Phi_p(1) = p \mid f_q(1) = q$，因此后者不成立，故 $\Phi_p(x) = \dfrac{x^p - 1}{x - 1} \mid f_p(x)$.

$f_p(x) \equiv x^{a_1 \pmod{p}} + x^{a_2 \pmod{p}} + \cdots + x^{a_p \pmod{p}} \pmod{x^p - 1} = r(x)(x^{p-1} + x^{p-2} + \cdots + 1)$.

所以 $r(x) = 1$，即 $x^{a_1 \pmod{p}} + x^{a_2 \pmod{p}} + \cdots + x^{a_p \pmod{p}} = x^{p-1} + x^{p-2} + \cdots + 1$，这等价于 $a_1, a_2, \cdots, a_p$ 构成模 p 的完全剩余系. 同理 $b_1, b_2, \cdots, b_q$ 构成模 q 的完全剩余系.

8. 解析：$P(x) = \pm(x + d)$，其中 $d \geqslant -2022$.

显然 P 不是常值多项式. 若 P 满足要求，则 $-P$ 也满足要求. 因此，可不妨设 P 的最高次项系数为正. 于是存在正整数 N，使得当 $x \geqslant N$ 时 $P(x) > 0$.

先证明对任意正整数 n，$P(1), P(2), \cdots, P(n)$ 两两模 n 不同余.

事实上，假设存在正整数 n 和 $y, z(1 \leqslant y < z \leqslant n)$，使得 $P(y) \equiv P(z) \pmod{n}$.

取正整数 A 使得 $An \geqslant N$，再取正整数 k 使 $k > 2A + 2021$.

考虑这样 $2(k-A)$ 个整数：$P(in+y)$，$P(in+z)$，$A \leqslant i \leqslant k-1$，它们模 n 两两同余，因此模 kn 至多有 k 种余数.

设每种余数的个数分别为 $a_1, a_2, \cdots, a_k$，则 $a_1, a_2, \cdots, a_k$ 是非负整数，且 $a_1 + a_2 + \cdots + a_k = 2(k-A)$. 于是这

$2(k-A)$ 个整数模 kn 同余的数对的个数 $\displaystyle\sum_{i=1}^{k} C_{a_i}^2 \geqslant \sum_{i=1}^{k}(a_i-1) = k - 2A > 2021$.

由 $An + y > An \geqslant N$ 知，这 $2(k-A)$ 个整数均大于 0. 又 $(k-1)n + z \leqslant kn$，所以使得 $P(a) - P(b)$ 能被 kn 整除的正整数对 $(a,b)(a<b \leqslant kn)$ 的个数大于 2021. 故 $P(kn) > 2021$，矛盾.

下面证明 P 是一次的.

事实上，假设 $\deg P \geqslant 2$，则存在正整数 m，使 $P(m) - P(1) \geqslant m$.

于是在 $P(1), P(2), \cdots, P(P(m)-P(1))$ 中，$P(1)$ 与 $P(m)$ 模 $P(m)-P(1)$ 同余，矛盾.

现设 $P(x) = cx + d$，其中 $c > 0$. 假设 $c \geqslant 2$，则 $P(1)$ 与 $P(2)$ 模 c 同余，矛盾. 所以 $c = 1$.

假设 $d \leqslant -2023$，则 $(1, -2d-1), (2, -2d-2), \cdots, (-d-1, -d+1)$ 是 $-d-1(\geqslant 2022)$ 对使得 $a < b$ 且 $|P(a)| = |P(b)|$ 的 (a,b)，矛盾. 所以 $d \geqslant -2022$.

最后设 $P(x) = x + d$，其中 $d \geqslant -2022$. 对任意正整数 n，当 $a < b \leqslant n$ 时，$||P(a)| - |P(b)|| \leqslant |a-b| < n$.

所以若 $P(a) - P(b)$ 能被 n 整除，则必有 $|P(a)| = |P(b)|$.

此时 $a + b = -2d$，这样的 (a,b) 有 $-d-1 \leqslant 2021$ 对，满足要求.

9. 解析：由 $|A| \leqslant 2C_{n+1}^2 + 1 = n^2 + n + 1$ 及 A 构成模 n^2+n+1 的完全剩余系知

$\forall (i,j), (i',j') \in \{0,1,2,\cdots,n\}, a^i - a^j \equiv a^{i'} - a^{j'} \pmod{m} \Leftrightarrow (i,j) = (i',j')$ 或 $i=j, i'=j'$ （*）.

因此 $a^0, a^1, \cdots, a^n$ 模 m 不同余，即证 $\sigma_m(a) = n+1$.

若 $a^{n+1} \equiv 1 \pmod{m}$，则 $a^0, a^1, \cdots, a^{n+1}$ 模 m 不同余，设 $a^{n+1} - 1 \equiv a^x - a^y \pmod{m}(x,y \in \{0,1,2,\cdots,n\})$，则 x_i，y_i 中必有一个为 0，否则导致 $a^n - a^{i-1} \equiv a^{x_i-1} - a^{y_i-1} \pmod{m}$.

再根据（*）式，有 $n = i-1, x_i-1 = y_i-1$ 或 $(n, i-1) = (x_i-1, y_i-1)$，但 $i-1, x_i-1 \leqslant n-1$，不成立.

若 $x_i = 0$，则 $a^{n+1} - 1 \equiv a^i - a^{y_i} \equiv a^x - a^y$，故 $x = i$，与 $i \in \{1,2,\cdots,n\}$ 矛盾，

所以 $y_i = 0$，即 $a^{n+1} - a^i \equiv a^{x_i} - 1 \pmod{m}(\forall i \in \{1,2,\cdots,n\}\backslash\{x\})$. 当 $n \geqslant 4$ 时，可取出 $\{1,2,\cdots,n\}\backslash\{x\}$ 中的三个互异的元素 i_1, i_2, i_3，则 $a^{n+1} + 1 \equiv a^{x_{i_1}} + a^{i_1} \equiv a^{x_{i_2}} + a^{i_2} \equiv a^{x_{i_3}} + a^{i_3} \pmod{m}$

故 $a^{x_{i_1}} - a^{x_{i_2}} \equiv a^{i_2} - a^{i_1} \pmod{m}$，因此 $i_2 = x_{i_1}$. 同理有 $i_3 = x_{i_1}$，故 $i_2 = i_3$，矛盾. 因此 $a^{n+1} \equiv 1 \pmod{m}$ 成立.

当 $n \leqslant 3$ 时，不难逐一检验，结论亦成立.

综上，有 $a^{n+1} \equiv 1 \pmod{m}$ 得证.

10. 解析：依逆时针顺序将顶点标上 $0, 1, \cdots, n-1$，问题中的闭折线可用 n 个数的一个排列 $A_0, A_1, A_2, \cdots, A_{n-1}, A_n = A_0$ 唯一地表示，且 $A_iA_{i+1} \parallel A_jA_{j+1} \Leftrightarrow A_iA_j = A_{j+1}A_i \Leftrightarrow A_i + A_{i+1} \equiv A_j + A_{j+1} \pmod{n}$.

当 n 为偶数时，2 不能整除 $n-1$.

模 n 的非负最小完全剩余系之和满足 $0 + 1 + \cdots + (n-1) \equiv \dfrac{n(n-1)}{2} \not\equiv 0 \pmod{n}$.

另外，$\displaystyle\sum_{i=0}^{n-1}(A_i + A_{i+1}) = 2\sum_{i=0}^{n-1} A_i \equiv 2 \times \dfrac{n(n-1)}{2} = n(n-1) \equiv 0 \pmod{n}$，故 $A_i + A_{i+1}(i=0,1,\cdots,n-1)$ 不能构成模 n 的完全剩余系，故必有 $i \neq j$ 使得 $A_i + A_{i+1} \equiv A_j + A_{j+1} \pmod{n}$.

综上，命题成立.

11. 解析：符合题意的所有的整系数多项式 $P(x) = bx + c$，其中 b, c 是整数，且 $b \neq 0$.

下面证明：当 $\deg P = 1$ 时满足要求. 设 $P(x) = bx + c$，其中 b, c 是整数且 $b \neq 0$，不妨设 $b > 0$.

取正整数 $i_1 < i_2 < \cdots < i_{b+1}$，使得 $a_{i_1} \equiv a_{i_2} \equiv \cdots \equiv a_{i_{b+1}} \equiv c \pmod{b}$.

对正整数 i，记 $S_i = a_1 + a_2 + \cdots + a_i$. 由抽屉原理，在 $S_{i_1-1}, S_{i_2-1}, \cdots, S_{i_{b+1}-1}$ 中必有两个模 b 同余.

不妨设 $S_{i_u-1} \equiv S_{i_v-1} \pmod{b}$，其中 $1 \leqslant u < v \leqslant b+1$，则 $a_{i_u} + a_{i_u+1} + \cdots + a_{i_v-1} \equiv 0 \pmod{b}$，即 $a_{i_u} + a_{i_u+1} + \cdots + a_{i_v} \equiv c \pmod{b}$. 故取 $i = i_u, j = i_v$ 即可.

下面证明当 $\deg P \neq 1$ 时不满足要求.

此时成立下面的命题：对任意正整数 A, B, C，存在整数 x，满足 $|x| > C$，且区间 $[x-A, x+B]$ 中的数均不能表示成 $P(k)(k \in \mathbf{Z})$ 的形式.

事实上,当 P 是常值多项式时,显然成立.

当 $\deg P \geqslant 2$ 时,设 $P(x) = a_n x^n + a_{n-1} x^{n-1} + \cdots + a_0$,不妨设 $a_n > 0$.

因为当 x 充分大时,$P(x+1) - P(x) = a_n n x^{n-1} + \cdots$ 也充分大,所以命题成立.

下面归纳构造数列 $a_1, a_2, \cdots$,使得每个整数恰出现一次,且对任意脚标 $i < j$ 和任意整数 k,均有 $a_i + a_{i+1} + \cdots + a_j \neq P(k)$.

将所有整数排成一排:$0, 1, -1, 2, -2, \cdots$ ($*$).

取 $a_1 = 0$,当 $a_1, a_2, \cdots, a_m$ 已取好时,取 a_{m+2} 是没在 $a_1, a_2, \cdots, a_m$ 中出现的在($*$)式中最靠前的一个数.

考虑涉及 a_{m+1} 和 a_{m+2} 的连续若干项之和,所有这样的和都含有 a_{m+1},且属于区间 $[a_{m+1} - A, a_{m+1} + B]$,其中 A,B 是与 a_{m+1} 无关的正整数.由命题,可取 a_{m+1} 使得这些和避开 P 在整数处的取值.

12. 解析: 对 m 进行归纳.当 $m = 1$ 时,因为 $a_1 = 1, a_2 = 3, a_3 = 11$,所以命题成立.

假设 m 时成立,当 $m+1$ 时,因为 $a_1, a_2, \cdots, a_{3^m}$ 构成模 3^m 的完全剩余系,又易知 a_n 是奇数,所以 $a_1, a_2, \cdots, a_{3^m}$ 模 $2 \cdot 3^m$ 时与 $1, 3, \cdots, 2 \cdot 3^m - 1$ 同余.

由欧拉定理知 $2^{a_1} + 2^{a_2} + \cdots + 2^{a_r} \equiv 2^1 + 2^3 + \cdots + 2^{2 \cdot 3^m - 1} = \dfrac{2(2^{2 \cdot 3^m} - 1)}{3} \pmod{3^{m+1}}$.

由升幂引理知 $3^{m+1} \parallel 2^{2 \cdot 3^m} - 1$,所以存在 $c \in \{1, 2\}$,使得 $\dfrac{2(2^{2 \cdot 3^m} - 1)}{3} \equiv 2c \cdot 3^m \pmod{3^{m+1}}$.

下面归纳证明:当 $1 \leqslant r \leqslant 3^m$ 时,$a_{3^m + r} \equiv a_r + 2c \cdot 3^m \pmod{3^{m+1}}$.

当 $r = 1$ 时,由递推公式知 $a_{3^m + 1} = a_1 + 2^{a_1} + 2^{a_2} + \cdots + 2^{a_r} \equiv a_1 + 2c \cdot 3^m \pmod{3^{m+1}}$ 成立.

假设对小于 r 的正整数都成立,来看 r 的情形.

由递推公式知 $a_{3^m + r} = a_r + 2^{a_r} + 2^{a_{r+1}} + \cdots + 2^{a_{3^m + r - 1}}$ 由归纳假设,当 $1 \leqslant k \leqslant r - 1$ 时,$a_{3^m + k} \equiv a_k \pmod{2 \cdot 3^m}$,所以由欧拉定理知 $2^{a_{r+k}} \equiv 2^{a_k} \pmod{3^{m+1}}$.

于是,$a_{3^m + r} \equiv a_r + 2^{a_r} + \cdots + 2^{a_2} + 2^{a_1} \equiv a_r + 2c \cdot 3^m \pmod{3^{m+1}}$,归纳证毕.

类似地,当 $1 \leqslant r \leqslant 3^m$ 时,$a_{2 \cdot 3^m + r} \equiv a_r + 4a \cdot 3^m \pmod{3^{m+1}}$.

这样,$a_1, a_2, \cdots, a_{3^m}; a_{3^m + 1}, a_{3^m + 2}, \cdots, a_{2 \cdot 3^m}; a_{2 \cdot 3^m + 1}, a_{2 \cdot 3^m + 2}, \cdots, a_{3^m}$ 分别构成模 3^m 的完全剩余系,且 $a_r, a_{3^m + r}, a_{2 \cdot 3^m + r}$ 模 3^m 同余,但模 3^{m+1} 不同余.从而 $a_1, a_2, \cdots, a_{3^{m+1}}$ 构成模 3^{m+1} 的完全剩余系.归纳证毕.

13. 解析: (1) 若 $n = 2p$(p 为奇素数),

则 $C_{2kp}^{2p} = \dfrac{(2kp)!}{(2p)!(2kp - 2p)!} = \dfrac{2kp(2kp - 1) \cdots (2kp - 2p + 1)}{2p \cdot [(2p-1)!]}$

$= k \dfrac{\left[\prod\limits_{i=1}^{p-1}(2kp - i) \right] \cdot (2kp - p) \cdot \left[\prod\limits_{i=1}^{p-1}(2kp - p - i) \right]}{\left[\prod\limits_{i=1}^{p-1}(2p - i) \right] \cdot p \cdot \left[\prod\limits_{i=1}^{p-1}(p - i) \right]}$

$= k \left(\prod\limits_{i=1}^{p-1} \dfrac{2kp - i}{2p - i} \right)(2k - 1) \prod\limits_{i=1}^{p-1} \dfrac{2kp - p - i}{p - i} \equiv k(2k - 1) \pmod{p}$ ①.

其中,当 $i = 1, 2, \cdots, p-1$ 时,$2kp - i, 2p - i, 2kp - p - i, p - i$ 分别遍历模 p 的简化剩余系,故 $\prod\limits_{i=1}^{p-1}(2kp - i) \equiv \prod\limits_{i=1}^{p-1}(2kp - p - i) \equiv \prod\limits_{i=1}^{p-1}(2p - i) \equiv \prod\limits_{i=1}^{p-1}(p - i) \equiv 0 \pmod{p}$,故 ① 式成立.

所以当 $k \in \left\{ \dfrac{p+1}{2}, p, 2p \right\}$ 时,均有 $p \mid C_{2kp}^{2p}$.从而,S_{2p} 中至少有三个元素被 p 整除,因此 S_{2p} 不为模 $2p$ 的一个完全剩余系.故存在无数个奇质数 p,使得 S_{2p} 不为模 $2p$ 的一个完全剩余系.

(2) 若 $n = p^2$(p 为奇质数),

$C_{kp^2}^{p^2} = \prod\limits_{i=0}^{p^2 - 1} \dfrac{kp^2 - i}{p^2 - i} = k \left(\prod\limits_{i=1}^{p-1} \dfrac{kp^2 - ip}{ip} \right) \left(\prod\limits_{\substack{i \mid p \\ i < p^2}} \dfrac{kp^2 - i}{p^2 - i} \right)$

$\equiv k \prod\limits_{i=1}^{p-1} \dfrac{kp - i}{i} = k \prod\limits_{i=1}^{p-1} \left(\dfrac{kp}{i} - 1 \right) \equiv k^2 p \prod\limits_{i=1}^{p-1} \dfrac{1}{i} - k \pmod{p^2}$ ②.

其中,当 $0 < i < p^2$,且 $i \mid p$ 时,$kp^2 - i, p^2 - i$ 分别遍历模 p^2 的简化剩余系,

故 $\prod\limits_{\substack{i\mid p\\i<p^2}}(kp^2-i)=\prod\limits_{\substack{i\mid p\\i<p^2}}(p^2-i)$，故 ② 式成立.

又 $\sum\limits_{i=1}^{p-1}\dfrac{1}{i}=\sum\limits_{i=1}^{\frac{p-1}{2}}\left(\dfrac{1}{i}+\dfrac{1}{p-i}\right)=\sum\limits_{i=1}^{\frac{p-1}{2}}\dfrac{p}{i(p-i)}\equiv 0\pmod{p}$，

故 $C_{kp^2}^{p^2}\equiv k\pmod{p^2}$. 故存在无数个奇质数 p，使得 S_{p^2} 构成模 p^2 的完全剩余系.

14. 解析：(1) 首先，$(a_0,a_1,\cdots,a_{P-1})=(1,2,3,\cdots,P-1,0)$ 是"好排列"，下面给出证明：

记 $S_x=1+2x+3x^2+\cdots+(P-1)x^{P-2}$，则 $xS_x=x+2x^2+\cdots+(P-2)x^{P-2}+(P-1)x^{P-1}$.

故对于任意 $x\in\{2,3,\cdots,P-1\}$，

有 $(x-1)S_x=(P-1)x^{P-1}-(1+x+\cdots+x^{P-2})=(P-1)x^{P-1}-\dfrac{x^{P-1}-1}{x-1}$.

由费马小定理知 $x^{P-1}\equiv 1\pmod{P}$，故 $(x-1)S_x\equiv(P-1)-0\equiv-1\pmod{P}$，

而 $S_0=1,S_1=\dfrac{P(P-1)}{2}\equiv 0\pmod{P}$，故对于任意的 $x,y\in\{0,1,2,\cdots,P-1\}$，有 $S_x\equiv S_y\pmod{P}$.

故当 x 遍历集合 $\{0,1,\cdots,P-1\}$ 时，S_x 构成模 P 的完全剩余系. 因此 $(a_0,a_1,\cdots,a_{P-1})=(1,2,3,\cdots,P-1,0)$ 是"好排列".

(2) 其次，$(a_0,a_1,\cdots,a_{P-1})=(1,P-1,P-2,\cdots,2,0)$ 是"好排列".

记 $T_x=1+(P-1)x+(P-2)x^2+\cdots+2x^{P-2}$，则 $xT_x=x+(P-1)x^2+\cdots+3x^{P-2}+2x^{P-1}$.

故对于任意 $x\in\{2,3,\cdots,P-1\}$，

有 $(x-1)T_x=2x^{P-1}+x^{P-2}+\cdots+x^2-(P-2)x-1=2(x^{P-1}-1)-(P-1)x+\dfrac{x^{P-1}-1}{x-1}$

$\equiv 0+x+0=x\pmod{P}$，

而 $T_0=1,T_1=\dfrac{P(P-1)}{2}\equiv 0\pmod{P}$，显然对于任意 $x\in\{2,3,\cdots,P-1\}$，都有 $T_x\equiv 1\pmod{P}$ 且 $T_x\equiv 0\pmod{P}$.

若存在 $x,y\in\{2,3,\cdots,P-1\}$，使得 $T_x\equiv T_y\pmod{P}$，则 $x(T_x-1)\equiv T_x=T_y\equiv y(T_y-1)\pmod{P}$，

故 $(x-y)(T_x-1)\equiv 0\pmod{P}$，所以 $x\equiv y\pmod{P}$，矛盾.

故对于任意的 $x,y\in\{0,1,2,\cdots,P-1\}$，有 $T_x\equiv T_y\pmod{P}$，即当 x 遍历集合 $\{0,1,\cdots,P-1\}$ 时，T_x 构成模 P 的完全剩余系.

因此 $(a_0,a_1,\cdots,a_{P-1})=(1,P-1,P-2,\cdots,2,0)$ 是"好排列".

(3) 若 $a_0,a_1,\cdots,a_{P-1}$ 为"好排列"，则对于任意的正整数 $k(1\leqslant k\leqslant P-1)$，$ka_0,ka_1,\cdots,ka_{P-1}$（模 P 意义下）都是"好排列"，并且这 $P-1$ 个"好排列"各不相同，且对于任意的正整数 $k,m(1\leqslant k,m\leqslant P-1)$，

$(k,2k,\cdots,(P-1)k,0)\equiv(m,(P-1)m,(P-2)m,\cdots,2m,0)\pmod{P}$.

故由(1)(2)可构造出 $2(P-1)$ 个好排列，这些好排列各不相同. 命题得证.

15. 解析：记 $S_k(n)=1^k+2^k+3^k+\cdots+n^k$.

性质 $T(m)$ 等价于当 n 取遍正整数时，$S_k(n)$ 覆盖模 m 的完全剩余系.

(1) 对于所有的 $n,k>1$，$n^5\equiv n\pmod{5}$，故有 $n^{k+4}\equiv n^k\pmod{5}$.

当 n 为奇数时，$n^4-1=(n^2+1)(n-1)(n+1)\equiv 0\pmod{4}$，故 $n^{k+4}\equiv n^k\pmod{4}$；

当 n 为偶数时，$4\mid n^k$，所以 $n^{k+4}\equiv n^k\pmod{4}$.

所以当 $n,k>1$ 时，$n^{k+4}\equiv n^k\pmod{20}$.

若 $k>1$ 具有性质 $T(20)$，则 $k+4$ 也同样具有性质 $T(20)$.

从而，只需要考查 $k=1,2,\cdots,5$ 检验性质 $T(20)$ 即可.

经验证可知，$k=4$ 具有性质 $T(20)$，$k=1,2,3,5$ 时不具有.

因此，当且仅当正整数 k 满足 $4\mid k$ 时具有性质 $T(20)$.

(2) 由(1)知，当 $k=1,2,3$ 时不具备性质 $T(20)$.

下面我们来证明 $k=4$ 具备性质 $T(20^{15})$，即证明 $S_4(n)$ 覆盖模 20^{15} 的完全剩余系.

容易证明 $S_4(n)=\dfrac{6n^5+15n^4+10n^2-n}{30}$，设 $S(n)=30S_4(n)$，则 $S(n)$ 为整系数多项式.

由于 $S(n)$ 为关于 n 的整系数多项式,若 $S(n)\equiv a(\mathrm{mod}\,t)$,则对所有的正整数 k,有 $S(n+kt)\equiv a(\mathrm{mod}\,t)$.

只需证明对于任意的整数 a,存在一个整数 n,使得 $S(n)\equiv 30a\,(\mathrm{mod}\,20^{15})$.

由中国剩余定理知,只需证明对于任意的整数 a,存在一个整数 n,使得下面的三个方程均有解 $S(n)\equiv 30a(\mathrm{mod}3)$,$S(n)\equiv 30a(\mathrm{mod}2^{31})$,$S(n)\equiv 30a(\mathrm{mod}5^{16})$.

又 $S(n)=30S_4(n)\equiv 0\equiv 30a(\mathrm{mod}3)$,下面考虑方程:$S(n)\equiv 30a\,(\mathrm{mod}2^{31})$.

下面通过数学归纳法证明对于任意正整数 m,方程 $S(n)\equiv 30a(\mathrm{mod}2^m)$ 均有解.

当 $m=1$ 时,$S(1)=30\equiv 30a(\mathrm{mod}2)$.

当 $m=2$ 时,$S(1)\equiv 2\equiv 30(\mathrm{mod}4)$,$S(3)\equiv 0\equiv 30\times 2(\mathrm{mod}4)$.

假设对于 m 命题成立,即存在 n_0 使得 $S(n_0)\equiv 30a(\mathrm{mod}2^m)$,则对于 $m+1$,

(1) 若 $S(n_0)\equiv 30a(\mathrm{mod}2^{m+1})$,则取 $n=n_0$ 即可满足方程;

(2) 若 $S(n_0)\equiv 30a+2^m(\mathrm{mod}2^{m+1})$,则取 $n=n_0+2^m$,

则 $S(n)=6\,(n_0+2^m)^5+15\,(n_0+2^m)^4+10\,(n_0+2^m)^2-(n_0+2^m)$

$\equiv S(n_0)+6C_5^2n_0^4\cdot 2^m+15C_4^1n_0^3\cdot 2^m+10C_2^1n_0^2\cdot 2^m-2^m\equiv S(n_0)-2^m\equiv 30a(\mathrm{mod}2^{m+1})$.

综上,命题对 $m+1$ 成立.

于是,$S(n)\equiv 30a(\mathrm{mod}2^{31})$ 有解.方程 $S(n)\equiv 30a(\mathrm{mod}5^{16})$ 解的存在性也可通过类似方法证得.

因此,具备性质 $T(20^{15})$ 的 k 的最小值为 4.

3.3 同余的基本定理及其应用

1. 解析:假设存在正整数 $c,d,n\,|\,(2^c+3^d)$,则 $(n,3)=(n,2)=1$.

由欧拉定理可知 $3^{\varphi(n)}\equiv 1(\mathrm{mod}n)$,取正整数 k,使得 $k\varphi(n)-d>0$,

则有 $2^c\cdot 3^{k\varphi(n)-d}\equiv(-3^d)\cdot 3^{k\varphi(n)-d}=-3^{k\varphi(n)}\equiv -1(\mathrm{mod}n)$,即 $n\,|\,2^c\cdot 3^{k\varphi(n)-d}+1$,矛盾.

故对任意正整数 c,d,正整数 n 都不整除 2^c+3^d.

2. 解析:当 $k=1$ 时,$n=1$,结论显然成立.

当 $k\geqslant 2$ 时,设 $k=p_1^{\alpha_1}p_2^{\alpha_2}\cdots p_t^{\alpha_t}$,其中 $p_1<p_2<\cdots<p_t$ 是不同的质数,$\alpha_1,\alpha_2,\cdots,\alpha_t$ 是正整数.

当 $t\geqslant n-1$ 时,因为 $p_i\geqslant i+1$,所以由欧拉定理知 $\varphi(k)=\prod_{i=1}^t p_i^{\alpha_i-1}(p_i-1)\geqslant \prod_{i=1}^t(p_i-1)\geqslant t!\geqslant(n-1)!$.

当 $t\leqslant n-1$ 时,仍因为 $p_i\geqslant i+1$,

所以由欧拉定理知 $\varphi(k)=k\prod_{i=1}^t\left(1-\frac{1}{p_i}\right)\geqslant k\prod_{i=1}^t\left(1-\frac{1}{i+1}\right)=\frac{k}{t+1}\geqslant\frac{k}{n}\geqslant(n-1)!$.

综上,命题得证.

3. 答案:$(3,2,5),(3,5,2)$

解析:设 $x^{p-1}+y=p^a$,$x+y^{p-1}=p^b$,不妨设 $x\geqslant y$,则 $a\geqslant b$.

由 $\nu_p(x^{p-1})=\nu_p(y)$,$\nu_p(x)=\nu_p(y^{p-1})$ 知 $x\neq y$,且 $p\,|\,x,p\,|\,y$.

由费马小定理知 $x^{p-1}\equiv y^{p-1}\equiv 1(\mathrm{mod}p)$,所以 $x\equiv y\equiv -1(\mathrm{mod}p)$.

注意到 $x^p-y^p=x(x^{p-1}+y)-y(x+y^{p-1})=xp^a-yp^b$,

由升幂引理知 $\nu_p(x^p-y^p)=\nu_p(x-y)+\nu_p(p)=\nu_p(x-y)+1$.

又由 $x>y$ 知 $a>b$,所以 $\nu_p(xp^a-yp^b)=b$,于是 $\nu_p(x-y)=b-1$.

设 $x-y=kp^{b-1}$,则 $kp^{b-1}+y+y^{p-1}=p^b$,即 $y(1+y^{p-2})=p^{b-1}(p-k)$.

因为 $p\,|\,y$,所以 $y\,|\,p-k$.又 $p\,|\,y+1$,所以 $k=1,y=p-1$.

现在,$p^{b-1}+(p-1)+(p-1)^{p-1}=p^b$,即 $(p-1)^{p-2}+1=p^{b-1}$.

因为 $\nu_p((p-1)^{p-2}+1)=1$,所以 $b=2$,解得 $p=3,y=2,x=5$.

4. 解析:因为 (b,d) 只有有限个质因子,所以不妨设 $(b,d)=1$.

设整除集合 $\{a\cdot b^n+c\cdot d^n\,|\,n\in\mathbf{N}^*\}$ 中元素的质数构成集合 P,则 P 是有限集.

对 $p\in P$,当 $p\,|\,b$ 时,因为 $(b,d)=1$,所以 $p\,|\,c$ 于是对充分大的 n,$v_p(a\cdot b^n+c\cdot d^n)=v_p(c)$.

同理,当 $p\,|\,d$ 时,对充分大的 n,$v_p(a\cdot b^n+c\cdot d^n)=v_p(a)$.

当 p 不整除 bd 时,取正整数 l 使 $p^l>a+c$.对 $n\equiv 0(\mathrm{mod}\varphi(p^l))$,由欧拉定理知 $a\cdot b^n+c\cdot d^n\equiv a+c(\mathrm{mod}p^l)$.

所以 $v_p(a \cdot b^n + c \cdot d^n) = v_p(a+c)$.

这样，存在任意大的正整数 n，使得对任意 $p \in P$，均有 $v_p(a \cdot b^n + c \cdot d^n) = v_p(a) + v_p(c) + v_p(a+c)$.

这导致 $a \cdot b^n + c \cdot d^n \leqslant ac(a+c)$，当 n 充分大时矛盾.

综上，命题得证.

5. 解析：设质数 $p > 100$

下面证明：当 $m = p-1, n = (p-1)! - p + 2$ 时符合要求.

注意到，当 $m = p-1, n = (p-1)! - p + 2$ 时，$m + n = (p-1)! + 1 = m! + 1$.

由于 n 为奇数，因此 $(m!+1) \mid (m!)^n + 1$ ①.

由威尔逊定理有 $p \mid (p-1)! + 1$，

由于 $p > 100$，故 $p < \dfrac{(p-1)!+1}{p} < (p-1)! - p + 2$，即 $p < \dfrac{m+n}{p} < n$，

因此 $m+n \mid n!$，从而 $m+n \mid (n!)^m$ ②.

由 ①② 可知命题成立.

6. 解析：若不然，对 N 的某个质因子 p.

若 $p^2 \mid N$，则易知 $p \mid a_i$，故 $p \mid a_i b_i$，于是不存在 $p \mid b_i$ 但 $p \mid a_i$（否则导致 $a_1 b_1 \sim a_N b_N$ 与 $a_1 \sim a_N$ 中 p 的倍数个数不等），所以 $p \mid a_i \Leftrightarrow p \mid a_i b_i, p \mid b_i$，所以 $p^2 \mid a_i b_i$，于是不存在 $a_i b_i \equiv p \pmod N$，矛盾. 故 $p^2 \nmid N$，即 N 无平方因子.

下设 $N = kp (k > 1, (k,p)=1)$，不妨设 $a_N \equiv 0 \pmod N$，故 $b_N \equiv 0 \pmod N$. 除 N 外 Z_N 中所有 k 的倍数为 $k, 2k, \cdots, (p-1)k$. 设 $a_i \equiv i^k (\forall 1 \leqslant i \leqslant p-1)$，类似第一步可得 $\{b_1, \cdots, b_{p-1}\} \equiv \{a_1, \cdots, a_{p-1}\} \pmod N$，且 $\{a_1 b_1, \cdots, a_{p-1} b_{p-1}\}$ 亦与上式两端同余，故 $\prod\limits_{1 \leqslant i \leqslant p-1} a_i \equiv \prod\limits_{1 \leqslant i \leqslant p-1} a_i b_i \equiv \big(\prod\limits_{1 \leqslant i \leqslant p-1} a_i\big)^2 \pmod N$.

此即 $k^{p-1}(p-1)! \equiv [k^{p-1}(p-1)!]^2 \pmod N$，故 $k^{p-1}(p-1)! \equiv [k^{p-1}(p-1)!]^2 \pmod p$.

由费马小定理及威尔逊定理知，上式等价于 $-1 \equiv 1 \pmod p$，故 $p = 2$. 因此 N 的质因子只能是 2，而 N 无平方因子，因此 $N = 2$，矛盾. 原命题得证.

7. 解析：对正整数 n，因为 $\dfrac{2^{3^{n+1}}+1}{2^{3^n}+1} = 2^{2 \cdot 3^n} - 2^{3^n} + 1$，模 9 余 3 且大于 3，所以存在大于 3 的质因子 p_n.

p_n 不整除 $2^{3^n}+1$，否则由 $p_n \mid 2^{3^n}+1, p_n \mid 2^{2 \cdot 3^n} - 2^{3^n}+1$ 得 $p_n \mid 3$，矛盾. 下面证明 $3^n p_n$ 满足要求.

一方面，由费马小定理知 $2^{3^n p_n}+1 \equiv 2^{3^n}+1 \equiv 0 \pmod{p_n}$，所以 $3^n p_n$ 不整除 $2^{3^n p_n}+1$.

另一方面，由升幂引理，$3^{n+1} \mid 2^{3^n}+1$，所以 $2^{3^{n+1}}+1 \mid 2^{2^{3^n}+1}+1$，进而 $2^{3^{n+1}}+1 \mid 2^{2^{3^n p_n}+1}+1$.

又 3^n 和 p_n 都整除 $2^{3^{n+1}}+1$，所以 $3^n p_n \mid 2^{2^{3^n p_n}+1}+1$.

综上，命题得证.

8. 解析：① 若 $n \equiv 0 \pmod 4$，则 $a_1 \sim a_n$ 中恰由一半为偶数，$b_1 \sim b_n$ 和 $a_1 b_1 \sim a_n b_n$ 亦然.

易知若 $a_i a_j$ 为奇数，则 a_i, b_i 均为奇数. 若 $a_i b_i$ 为偶数，则 a_i, b_i 均为偶数，故 $a_i b_i \equiv 2 \pmod n$.

② 若 $n \equiv 0 \pmod 4$，由 $n > 2$，可设 q 为 n 的一个奇质因子，记 $p = \begin{cases} q, & \text{若 } n \text{ 为奇数}, \\ 2q, & \text{若 } n \text{ 为偶数}. \end{cases}$

若原命题不成立，由威尔逊定理易知 $\prod\limits_{\substack{(j,p)=1 \\ 1 \leqslant j < p}} j \equiv -1 \pmod p$，于是知 $\prod\limits_{\substack{(x,p)=1 \\ 1 \leqslant x \leqslant n}} x \equiv \big(\prod\limits_{\substack{(i,p)=1 \\ 1 \leqslant i < p}} i\big)^{\frac{n}{p}} \equiv -1 \pmod p$.

而 $\prod\limits_{\substack{(x,p)=1 \\ 1 \leqslant x \leqslant n}} x \equiv \prod\limits_{(a_i,p)=1} a_i \equiv \prod\limits_{(b_i,p)=1} b_i \equiv \prod\limits_{(a_i b_i,p)=1} a_i b_i \equiv (-1)(-1) \equiv 1 \pmod p$，因此 $-1 \equiv 1 \pmod p$，故 $p = 2$，矛盾.

综上，原命题得证.

9. 解析：$f(x) = x - 3$.

因为 f 的首项系数大于 0，所以当 x 充分大时，$f(x) > 0$. 这样，对充分大的质数 p，$f(p)$ 是正整数.

所以对于 $p \mid 2(f(p)!) + 1$，若 $f(p) \geqslant p$，则 $p \mid f(p)!$，这导致 $p \mid 1$，矛盾. 所以 $f(p) < p$.

若 f 的次数不小于 2，则当 x 充分大时，$f(x) > x$，矛盾.

若 $f(x) = c$ 是常值多项式，则当 $p > 2(c!) + 1$ 时不满足条件. 从而 f 的次数为 1.

设 $f(x) = x - a$，其中 a 是正整数，则对充分大的质数 p，$p \mid 2[(p-a)!] + 1$.

由威尔逊定理知 $p\mid(p-1)!+1$,所以

$-2\equiv2((p-1)!)=2((p-a)!)(p-a+1)(p-a+2)\cdots(p-1)\equiv-(-1)^{a-1}(a-1)!(\bmod p)$.

取 $p>(a-1)!+2$,则 $-2=-(-1)^a(a-1)!$,所以 $a=3$.

10. 解析:存在无数个正整数 x,使得 x 和 $x+2020$ 都不含平方因子,而 $x+1,x+2,\cdots,x+2019$ 都含有平方因子.

设 $p_1,p_2,\cdots,p_{2019}$ 是 2019 个大于 4039 的不同质数,记 $M=p_1p_2\cdots p_{2019}$.

由中国剩余定理,同余方程组 $x+i\equiv0(\bmod p_i^2),1\leqslant i\leqslant2019$ 在区间 $[1,M^2]$ 上有正整数解 x_0.

记 $x_k=kM^2+x_0$,则 $x_k+1,x_k+2,\cdots,x_k+2019$ 都含平方因子,于是只需证明存在无数个正整数 k,使得 x_k 和 x_k+2020 都不含平方因子.

对某个足够大的正整数 $N(N>10^4\cdot M)$,考虑在 $k\in[1,N]$ 中使得 x_k 和 x_k+2020 有平方因子的 k 的个数.

对 $1\leqslant i\leqslant2019,p_i>4039$,则有 p_i 不是 x_k 和 x_k+2020 的质因子.

对其他质数 p,有 $(p,M)=1$,$x_k=kM^2+x_0\equiv0(\bmod p^2)$ 在区间 $[1,N]$ 上至多有 $\left[\dfrac{N}{p^2}\right]+1$ 个解.

同理,$x_k+2020=kM^2+x_0+2020\equiv0(\bmod p^2)$ 在区间 $[1,N]$ 上至多有 $\left[\dfrac{N}{p^2}\right]+1$ 个解.

又 $p\leqslant\sqrt{x_k+2020}\leqslant\sqrt{NM^2+x_0+2020}\leqslant M\sqrt{N+2}$,

设 P 为质数集,有 $\displaystyle\sum_{p\in P}\dfrac{1}{p^2}\leqslant\dfrac{1}{4}+\dfrac{1}{9}+\dfrac{1}{25}+\dfrac{1}{49}+\dfrac{1}{2}\sum_{i=6}^{\infty}\left(\dfrac{1}{2i-1}-\dfrac{1}{2i+1}\right)<0.47$.

所以在区间 $[1,N]$ 上使得 x_k 和 x_k+2020 有不含平方因子的 k 的个数至少为

$N-2\displaystyle\sum_{p\leqslant M\sqrt{N+2}}\left(\left[\dfrac{N}{p^2}\right]+1\right)\geqslant N-2N\sum_{p\in P}\dfrac{1}{p^2}-2M\sqrt{N+2}\geqslant0.05N-2M\sqrt{N+2}>0.01N$.

可知满足条件的 k 有无数个,命题证毕.

11. 解析:当 n 是奇数时,$\dfrac{2^n-2}{n}$ 是偶数.由 $n\geqslant4$ 知 $\dfrac{2^n-2}{n}>2$,所以 $\dfrac{2^n-2}{n}$ 是合数.

当 n 是偶数时,设 $n=2k$,由 $2k\mid2^{2k}-2$ 知 $k\mid2^{2k-1}-1$,因为 $2^{2k-1}-1$ 是奇数,所以 k 是奇数.由 $n\geqslant4$ 知 $k\geqslant5$.

设 2 关于模 k 的阶是 δ,则 $\delta\mid2k-1$,由欧拉定理知 $k\mid(2^{\varphi(k)}-1)$,所以 $\delta\mid\varphi(k)$.

假设 $2k-1$ 为质数,则 $\delta=1$ 或 $2k-1$.

当 $\delta=1$ 时,由 $k\mid(2^\delta-1)$ 知 $k=1$,矛盾.当 $\delta=2k-1$ 时,$\delta>k>\varphi(k)$,这与 $\delta\mid\varphi(k)$ 矛盾.

所以 $2k-1$ 是合数,设 $2k-1=ab$,其中 $a\geqslant b\geqslant2$,

此时 $\dfrac{2^n-2}{n}=\dfrac{2^{2k-1}-1}{k}=\dfrac{2^{ab}-1}{k}=\dfrac{(2^a-1)[2^{a(b-1)}+2^{a(b-2)}+\cdots+1]}{k}$.

因为 $2^{a(b-1)}+2^{a(b-2)}+\cdots+1>2^a\geqslant2^{\sqrt{2k-1}}-1>k$,其中最后一个不等号在 $k>3$ 时成立,

所以 $\dfrac{(2^a-1)[2^{a(b-1)}+2^{a(b-2)}+\cdots+1]}{k}$ 是合数.

综上所述,命题得证.

12. 解析:条件等价于可重集 $aX+X$ 为模 37 的缩系,以下都在模 37 的意义下讨论:

设 $X=\{x_1,x_2,\cdots,x_6\}$,显然 X 中不含 0 且元素互不相同.

先证明若 a 满足要求,则 $a^2X\equiv X$.

令 $f(t)=t^{x_1}+t^{x_2}+\cdots+t^{x_6}$,则由题意知 $f(t^a)f(t)\equiv t+t^2+\cdots+t^{36}(\bmod t^{37}-1)$.

记 $\omega=e^{\frac{2\pi i}{37}}$,则对任意与 37 互质的正整数 k,都有 $f(\omega^{ak})f(\omega^k)=-1$ 且 $f(\omega^{a^2k})f(\omega^{ak})=-1$.

所以 $f(\omega^{a^2k})=f(\omega^k)$,由此知对任意 37 次单位根 ε,都有 $f(\varepsilon^{a^2})=f(\varepsilon)$,于是 $t^{37}-1\mid f(t^{a^2})-f(t)$,故 $a^2X\equiv X$.这样 $(a^2x_1)(a^2x_2)\cdots(a^2x_6)\equiv x_1x_2\cdots x_6$,所以 $a^{12}\equiv1$.设 a^2 模 37 的阶为 d,则 $d\mid6$.

(1) 若 $d\equiv1$,则 $a^2\equiv1$.

若 $a\equiv1$,则 $x_1+x_2=x_2+x_1$ 在 $aX+X$ 中出现两次,矛盾.

若 $a\equiv-1$,则 $0=(-x_1)+x_1$ 在 $aX+X$ 中出现,矛盾.

(2) 若 $d=2$,则 $a^2\equiv-1$,此时 $a\equiv\pm6$.

(3) 若 $d=3$,则 $a^6\equiv1$.

若 $a^3\equiv-1$,则由 $a^2x_1\in X$ 知 $a^3x_1\in aX$,即 $-x_1\in aX$,所以 $0=(-x_1)+x_1$ 在 $aX+X$ 中出现,矛盾.

若 $a^3 \equiv 1$，则由 $a^2 x_1 \in X$ 知 $a^4 x_1 \in a^2 X$，即 $ax_1 \in a^2 X$，此时 $a \cdot x_1 + a^2 x_1 = a \cdot ax_1 + ax_1$ 在 $aX + X$ 中出现两次，矛盾.

(4) 若 $d = 6$，容易验证 2 是模 37 的原根，于是 $a^2 \equiv 2^6$ 或 2^{30}，故 $a \equiv 2^3$ 或 2^{21} 或 2^{15} 或 2^{33}.

不妨设 $1 \in X$，则 $X = \{1, 2^6, 2^{12}, 2^{18}, 2^{24}, 2^{30}\} \equiv \{1, 27, 26, 36, 10, 11\}$，故 $aX \equiv \{2^3, 2^9, 2^{15}, 2^{21}, 2^{27}, 2^{33}\} \equiv \{8, 31, 23, 29, 6, 14\}$. 此时 $6 + 1 \equiv 8 + 36$ 在 $aX + X$ 中出现两次，矛盾.

13. 解析：假设存在整数 m，使得 $(2^n - 1) \mid (m^2 + 81)$.

设 $n = 2^k \cdot l$，其中 l 为奇数，k 为自然数，则 $(2^l - 1) \mid (2^n - 1)$，故 $(2^l - 1) \mid (m^2 + 81)$.

若 $l \geqslant 3$，则 $2^l - 1 \equiv -1 \pmod{4}$，故必存在一个 $2^l - 1$ 的质因子 p 满足 $p \equiv -1 \pmod 4$.

又 l 是奇数，所以 $2^l - 1 = 2 \cdot 4^{\frac{l-1}{2}} - 1 \equiv 2 - 1 \equiv 1 \pmod 3$，即 $3 \mid (2^l - 1)$，故 $p \neq 3$.

注意到 $p \mid (m^2 + 81)$，又由费马小定理知

$1 \equiv m^{p-1} \equiv (m^2)^{\frac{p-1}{2}} \equiv (-81)^{\frac{p-1}{2}} \equiv 9^{p-1}(-1)^{\frac{p-1}{2}} \equiv -1 \pmod p$，矛盾，即 $l = 1$.

故 $n = 2^k$. 显然当 $k = 0$ 时，满足题意. 若 $k \geqslant 1$，则 $2^n - 1 = 2^{2^k} - 1 = 3 \prod_{i=1}^{k-1}(2^{2^i} + 1)$.

注意到，若 $r > s$，则 $2^{2^r} + 1$ 与 $2^{2^s} + 1$ 互质，否则设 $d \geqslant 3$ 为 $2^{2^r} + 1$ 与 $2^{2^s} + 1$ 的最大公因数，

则 $-1 \equiv 2^{2^r} = (2^{2^s})^{2^{r-s}} \equiv (-1)^{2^{r-s}} = 1 \pmod d$，矛盾.

由中国剩余定理知，存在自然数 c，使得 $c \equiv 2^{2^j} \pmod{2^{2^{j+1}} + 1} \ (j = 0, 1, 2, \cdots, k-2)$，

则 $c^2 + 1 \equiv 0 \pmod{2^{2^{j+1}} + 1} \ (j = 0, 1, 2, \cdots, k-2)$.

因此，$2^n - 1$ 整除 $81(c^2 + 1)$，即 $2^n - 1$ 整除 $(9c)^2 + 81$，命题得证.

14. 答案：2.

解析：先证明乙可以通过两次操作确定 N.

乙在两次操作中分别给甲集合 $\{17, 18\}$ 和 $\{18, 19\}$. 在甲两次返回的集合中，只有 a_{18} 重复出现，因此可以确定 a_{17}, a_{18}, a_{19}，进而确定 N 模 17, 18, 19 的余数. 因为 $17 \times 18 \times 19 = 5814 > 5000$，所以由中国剩余定理，乙可确定 N.

证明：再证明乙只通过一次操作不能确定 N. 设乙在该次操作中给甲集合 $\{s_1, s_2, \cdots, s_k\}$.

因为 2520 是 $1, 2, \cdots, 10$ 的最小公倍数，能被 $1 \sim 20$ 中任意两个不同数的最大公约数整除，所以对 $i(1 \leqslant i \leqslant k)$，存在 b_i 使得 $b_i \equiv 1 \pmod{s_i}, b_i \equiv 2521 \pmod{s_{i+1}}$.

事实上，因为 $(s_i, s_{i+1}) \mid 2520$，所以同余方程 $s_i x \equiv 2520 \pmod{s_{i+1}}$ 有解，取 $b_i = s_i x + 1$ 即可.

可使 $b_1, b_2, \cdots, b_k$ 不同，这样当甲返回乙集合 $\{b_1, b_2, \cdots, b_k\}$ 时，乙不能区分 1 和 2521.

15. 解析：最小值为 $2k + 1$，其中 k 是 m 不同质因子的个数.

设 m 共有 k 个不同的质因子，且 $m = \prod_{i=1}^k p_i^{\alpha_i}$，其中 $p_1 < p_2 < \cdots < p_k$ 是互不相同的质数，$\alpha_1, \alpha_2, \cdots, \alpha_k$ 是正整数.

先证明当 $n \leqslant 2k$ 时，n 不满足要求.

注意到，当 n 满足要求时，$n + 1$ 也满足要求（取 $x_{n+1} = 0$），所以只需证明 $n = 2k$ 时的情形.

对 $1 \leqslant i \leqslant k$，记 $M_i = \dfrac{m}{p_i^{\alpha_i}}$，令 $(a_1, \cdots, a_{2k}) = (M_1, \cdots, M_k, 0, \cdots, 0), (b_1, \cdots, b_{2k}) = (0, \cdots, 0, M_1, \cdots, M_k)$.

因为对每个 $i(1 \leqslant j \leqslant k), M_1, M_2, \cdots, M_k$ 中只有 M_j 不是 p_j 的倍数，所以由条件②知 x_j 与 x_{k+j} 均为 p_j 的倍数，与 m 不互质，这与条件①矛盾.

再证明 $n = 2k + 1$ 满足要求.

我们需要一个引理：

引理：设整数 $n > 2$，p 是质数，e 是正整数，则对于任意整数 $a_1, a_2, \cdots, a_n, b_1, b_2, \cdots, b_n$，均存在整数 $x_1, x_2, \cdots, x_n$，使得 $\sum_{j=1}^n a_j x_j \equiv \sum_{j=1}^n b_j x_j \equiv 0 \pmod{p^e}$，且除了至多两个指标以外，所有的 x_j 均模 p^e 余 1.

引理的证明：可设 $a_1, a_2, \cdots, a_n, b_1, b_2, \cdots, b_n$ 不全为零，且不妨设 $v_p(a_1) = \min\limits_{1 \leqslant j \leqslant n} v_p(a_j) = d$，

考虑更强的同余方程组 $\begin{cases} \displaystyle\sum_{j=1}^n \dfrac{a_j}{p^d} x_j \equiv 0 \pmod{p^e}, \\ \displaystyle\sum_{j=1}^n b_j x_j \equiv 0 \pmod{p^e}. \end{cases}$

由于 $\dfrac{a_1}{p^d}$ 与 p^e 互质,于是由第一个方程可将 x_1 用 $x_2,\cdots,x_n$ 表示为 $x_1 = -\left(\dfrac{a_j}{p^d}\right)^{-1}\left(\sum\limits_{j=2}^{n}\dfrac{a_j}{p^d}x_j\right)(\bmod p^e)$ （*）.

代入第二个方程后化为 $\sum\limits_{j=2}^{n}c_jx_j \equiv 0(\bmod p^e)$.

若 $c_2,\cdots,c_n$ 均为零,则上述方程已成立,此时取 $x_2 \equiv x_3 \equiv \cdots \equiv x_n \equiv 1(\bmod p^e)$ 代入（*）式可解出 x_1.

若 $c_2,\cdots,c_n$ 不全为零,再设 $v_p(c_2) = \min\limits_{1\leqslant i\leqslant n}v_p(c_i) = d'$,则更强的同余方程 $\sum\limits_{j=2}^{n}\dfrac{c_j}{p^{d'}}x_j \equiv 0(\bmod p^e)$ 有

解 $x_2 = -\left(\dfrac{c_2}{p^{d'}}\right)^{-1}\left(\sum\limits_{j=3}^{n}\dfrac{c_j}{p^{d'}}x_j\right)(\bmod p^e)$.

取 $x_3 \equiv \cdots \equiv x_n \equiv 1(\bmod p^e)$,由上式解出 x_2,再代入（*）式可解出 x_1.

引理证毕.

回到原题:对每个 $i(1\leqslant i\leqslant k)$,由引理知存在整数 $x_{i,1},x_{i,2},\cdots,x_{i,2k+1}$,使得 $\sum\limits_{j=1}^{2k+1}a_ix_{i,j} \equiv \sum\limits_{j=1}^{2k+1}b_ix_{i,j} \equiv 0(\bmod p_i^{\alpha_i})$,

且除了至多两个指标 j 以外,有 $x_{i,j} \equiv 1(\bmod p_i^{\alpha_i})$.

称这种例外的指标 j 为"坏的",因为每个 i 至多产生两个"坏的"指标,所以在所有 $2k+1$ 个指标 j 中存在一个指标 t 不是"坏的".

对每个 $j(1\leqslant j\leqslant 2k+1)$,定义 x_j 为同余方程组 $\begin{cases}x_j \equiv x_{1,j}(\bmod p_1^{\alpha_1}), \\ x_j \equiv x_{2,j}(\bmod p_2^{\alpha_2}), \\ \cdots \\ x_j \equiv x_{k,j}(\bmod p_k^{\alpha_k})\end{cases}$ 的解,则 $x_1,x_2,\cdots,x_{2k+1}$ 满足 $\sum\limits_{j=1}^{2k+1}a_ix_i \equiv$

$\sum\limits_{j=1}^{2k+1}b_ix_i \equiv 0(\bmod m)$.对于前述不"坏的"指标 t,有 $\begin{cases}x_t \equiv x_{1,t}(\bmod p_1^{\alpha_1}), \\ x_t \equiv x_{2,t}(\bmod p_2^{\alpha_2}), \\ \cdots \\ x_t \equiv x_{k,t}(\bmod p_k^{\alpha_k}),\end{cases}$ 故 $(x_t,m) = 1$,满足要求.

3.4　高斯函数

1. 解析: 设 k 为正整数,因为高斯函数是取整函数,所以两个值相差 1 视为连续的,因此我们考虑前后两项的关系,

$\begin{cases}\dfrac{k^2}{2016}-\dfrac{(k-1)^2}{2016}<1, \\ \dfrac{(k+1)^2}{2016}-\dfrac{k^2}{2016}\geqslant 1,\end{cases}$ 解得 $\dfrac{2015}{2}\leqslant k<\dfrac{2017}{2}$,得 $k=1008$.当 $k=1008$ 时,$\dfrac{1008^2}{2016}=504$,说明从 0 到 540 的整

数取满,共 541 个.而从第 1009 项开始,所有项的取值都不相同,即 1008 个.所以不同的取值为 1549 个.

2. 解析: 用反证法,设 $[\sqrt{n}+\sqrt{n+1}] \neq [\sqrt{n}+\sqrt{n+2}]$,存在正整数 l,

使得 $\sqrt{n}+\sqrt{n+1}<l\leqslant\sqrt{n}+\sqrt{n+2}\Rightarrow l^2-4+\dfrac{4}{l^2}\leqslant 4n<l^2-2+\dfrac{1}{l^2}$.

因此 $4n=l^2-3,l^2-2$,两边模 4 产生矛盾,故原式成立.

3. 解析: 考虑 $f(x)=\dfrac{x(x+1)}{2}:[1,n]\to\left[1,\dfrac{n(n+1)}{2}\right]$,则 $f^-(x)=\dfrac{-1+\sqrt{1+8x}}{2}$.

考虑矩形:$x=1,x=n,y=1,y=\dfrac{n(n+1)}{2}$,矩形内（含边界）的整点个数为 $\dfrac{n^2(n+1)}{2}$.

所以有 $S(n)+\sum\limits_{n}\left[\dfrac{n(n+1)}{2}\right]-n=\dfrac{n^2(n+1)}{2}$,解得 $S(n)=\sum\limits_{k=1}^{\frac{n(n+1)}{2}}\left[\dfrac{-1+\sqrt{1+8k}}{2}\right]=\dfrac{n(n^2+1)}{3}$.

4. 解析: 令 $a_n=(3+\sqrt{5})^n+(3-\sqrt{5})^n\in\mathbf{N}^*\Rightarrow a_n-1<(3+\sqrt{5})^n<a_n\Rightarrow[(3+\sqrt{5})^n]+$

$1=a_n$.

而以 $3+\sqrt{5},3-\sqrt{5}$ 为特征根的二阶递推数列为:$a_{n+2}=(3+\sqrt{5}+3-\sqrt{5})a_{n+1}-(3+\sqrt{5})(3-\sqrt{5})a_n\Rightarrow a_{n+2}=$

$6a_{n+1}-4a_n$,而 $a_1=6,a_2=28$,对 $n=1,2$ 命题显然成立.以下用归纳法证明（略）.

5.解析：根据取整函数的性质：$[x] \leqslant x < [x]+1$，且注意到 $x = \frac{x}{2} + \frac{x}{3} + \frac{x}{6}$，可得

$$\left[\frac{x}{2}\right] + \left[\frac{x}{3}\right] + \left[\frac{x}{6}\right] \leqslant \frac{x}{2} + \frac{x}{3} + \frac{x}{6} < \left(\left[\frac{x}{2}\right]+1\right) + \left(\left[\frac{x}{3}\right]+1\right) + \left(\left[\frac{x}{6}\right]+1\right),$$

即 $\left[\frac{x}{2}\right] + \left[\frac{x}{3}\right] + \left[\frac{x}{6}\right] \leqslant x < \left[\frac{x}{2}\right] + \left[\frac{x}{3}\right] + \left[\frac{x}{6}\right] + 3,$

且 $x - \left(\left[\frac{x}{2}\right] + \left[\frac{x}{3}\right] + \left[\frac{x}{6}\right]\right) = \left[\frac{x}{4}\right] + \left[\frac{x}{5}\right] + \left[\frac{x}{7}\right] + \cdots + \left[\frac{x}{2003}\right],$

由此可得 $0 \leqslant \left[\frac{x}{4}\right] + \left[\frac{x}{5}\right] + \left[\frac{x}{7}\right] + \cdots + \left[\frac{x}{2003}\right] < 3.$

又因为 $x \geqslant 0$ 且当 $x \geqslant 7$ 时，显然有 $\left[\frac{x}{4}\right] + \left[\frac{x}{5}\right] + \left[\frac{x}{7}\right] + \cdots + \left[\frac{x}{2003}\right] \geqslant 3,$

所以 $0 \leqslant x < 7, x \in \mathbf{Z}$，所以 $x = 0,1,2,3,4,5,6.$

经过代入原方程验证知 $x = 0,4,5$ 是方程的解.

6.解析：$2 \leqslant a_{n+1} - a_n \leqslant 4, a_{n+3} - a_n \geqslant 9, a_{n+3} - a_n = a_{n+3} - a_{n+2} + a_{n+2} - a_{n+1} + a_{n+1} - a_n.$ 假设某数集只有有限种，对充分大的 $n, a_{n+1} - a_n$ 为偶数，所以连续三项 $a_{n+3} - a_{n+2}, a_{n+2} - a_{n+1}, a_{n+1} - a_n$ 至少有两个连续的项为 4. 不妨设 $a_{n+2} - a_{n+1} = 4, a_{n+1} - a_n = 4 \Rightarrow 2 = [\sqrt{2}n + 2\sqrt{2}] - [\sqrt{2}n + \sqrt{2}] = [\sqrt{2}n + \sqrt{2}] - [\sqrt{2}n] \Rightarrow 4 = [\sqrt{2}n + 2\sqrt{2}] - [\sqrt{2}n] \leqslant [\sqrt{2}n + 3] - [\sqrt{2}n] = 3,$ 矛盾.

7.解析：当 $x_i = i$ 时，取最大值 $n-1$；当 $x_i = n+1-i + \frac{1}{i+1}$ 时，取最小值 $2 - 2n.$

8.解析：当 a, p 互质时，由费尔马小定理知 $a^{p-1} \equiv 1 \pmod{p}$，而 $1, 2, \cdots, 2004$ 中有 $\left[\frac{2004}{p}\right]$ 个 p 的倍数.

于是 $1^{p-1} + 2^{p-1} + \cdots + 2004^{p-1} \equiv 2004 - \left[\frac{2004}{p}\right] \pmod{p}.$

而 $p \mid 1^{p-1} + 2^{p-1} + \cdots + 2004^{p-1} \Rightarrow p \mid 2004 - \left[\frac{2004}{p}\right]$ ①.

设 $2004 = kp + r (0 \leqslant r \leqslant p-1, k \in \mathbf{N})$，则 $p \mid 2004 - \left[\frac{2004}{p}\right] \Leftrightarrow p \mid kp + r - k \Rightarrow r \equiv k \pmod{p}.$

设 $k = ap + r (a \in \mathbf{N})$，则 $2004 = ap^2 + pr + r$ ②.

(1) 当 $a = 0$ 时，$2004 = r(p+1) = 4 \times 3 \times 167$，注意到 $r < p$，所以 $r = 1, 3, 4, 6, 12$，验证得 $p = 2003$；

(2) 当 $a \neq 0$ 时，$2004 > p^2 \Rightarrow p \leqslant 43$，所以 p 可以取 $3, 5, 7, 11, 13, 17, 19, 23, 29, 31, 37, 41, 43$，由题意知仅有 $p = 17$ 满足条件.

综上可知 $p = 17, 2003$ 为所求的解.

9.解析：可知 $p \geqslant 3, q \geqslant 5, q \geqslant p+2$，我们用 $\nu_p(n)$ 表示 n 的标准分解中质数 p 的幂次，则 $\nu_p(n!) = \nu_q(n!) \Leftrightarrow \sum_{k=1}^{\infty}\left[\frac{n}{p^k}\right] = \sum_{k=1}^{\infty}\left[\frac{n}{q^k}\right].$ 因为 $p < q$，故 $\left[\frac{n}{p^k}\right] \geqslant \left[\frac{n}{q^k}\right]$ 因此 $\left[\frac{n}{p^k}\right] = \left[\frac{n}{q^k}\right]$，从而 $\left[\frac{n}{p}\right] \geqslant \left[\frac{n}{q}\right]$. 若 $n \geqslant \frac{p(p+1)}{2}$，则 $\left[\frac{n}{p}\right] \geqslant \left[\frac{p+1}{2}\right] = \frac{p+1}{2}$，而 $\left[\frac{n}{q}\right] \geqslant \frac{p+1}{2} \Rightarrow \frac{p+1}{2} \leqslant \frac{n}{q} \leqslant \frac{n}{p+2} \Rightarrow n \geqslant \frac{(p+1)(p+2)}{2},$

于是 $\frac{n}{p} - \frac{n}{q} \geqslant \frac{n}{p} - \frac{n}{p+2} = \frac{2n}{p(p+2)} \geqslant \frac{(p+1)(p+2)}{p(p+2)} > 1$，所以 $\left[\frac{n}{p}\right] - \left[\frac{n}{q}\right] \geqslant 1$，矛盾.

10.解析：$mk = \left[\frac{mk}{n}\right]n + r_k$，可以证明对于不同的 k, r_k 取遍 $1, 2, \cdots, n-1$，答案为 $\frac{n-1}{2n}.$

11.解析：当 $n = 1, 2, 3, 4, 5$ 时，$\left[\frac{(n-1)!}{n(n+1)}\right] = 0.$ 显然是偶数. 往证 $n \geqslant 6$ 的情形.

如果 n 和 $n+1$ 是合数，那么它们都能整除 $(n-1)!$. 又 $(n, n+1) = 1$，所以 $n(n+1) \mid (n-1)!.$

注意到 n 和 $n+1$ 中只有一个是偶数. 对于 $m \geqslant 6$，$(m-2)!$ 中 2 的指数大于 m 的指数，所以 $\frac{(n-1)!}{n(n+1)}$ 是偶数.

下面考虑 n 是质数和 $n+1$ 是质数的情况.

若 $n = p$，则 $p+1$ 是合数，$k = \frac{(p-1)!}{p+1}$ 是偶数，所以 $k+1$ 是奇数. 由威尔逊定理知 $k(p+1) \equiv -1 \pmod{p}$，

因此 $\dfrac{(k+1)}{p}$ 是奇数. 因此 $\left[\dfrac{(n-1)!}{n(n+1)}\right]=\left[\dfrac{k}{p}\right]=\dfrac{k+1}{p}-1$ 是偶数.

若 $n+1=p$, 则 $p-1$ 是合数, $(p-1)\mid(p-2)!$. 令 $k=\dfrac{(p-2)!}{(p-1)}$, 由威尔逊定理知 $(p-2)!\equiv1(\bmod p)$. 所以 $k(p-1)\equiv1(\bmod p)$, 因此 $k\equiv-1(\bmod p)$. 所以 $\dfrac{k+1}{p}$ 是整数. 因为 k 是偶数, 所以 $\dfrac{k+1}{p}$ 是奇数.

因为 $\left[\dfrac{k}{p}\right]=\dfrac{k+1}{p}-1$, 所以 $\left[\dfrac{k}{p}\right]=\left[\dfrac{(n-1)!}{n(n+1)}\right]$ 是偶数.

12. 解析: 证明没有一个正整数在两个整数列 $[ax]$, $[bx]$ 中同时出现(反证法), 其次证明任何一个正整数一定包含在其中一个整数列中(反证).

13. 解析: 首先, 可以证明 $a+b=c$. 其次, $[a]+[b]=[c]$.

证明 a,b 为有理数时得到矛盾, $a=\dfrac{k}{m},b=\dfrac{l}{m},m>k,l$, 取 $n=m-1$ 即可得到矛盾.

对 a,b 之一为无理数, 若 a 为无理数, 可以证明存在某个正整数 m, 使得 $a+mb<1<a+(m+1)b$, 由此得出 $\{na\}+\{nb\}=\{nc\}$, 再得到矛盾.

14. 解析: 以 $A(0,0),B(2^m,0),C(2^m,n),D(0,n)$ 为顶点的闭矩形中共有 $(2^m+1)(n+1)$ 个整点. 由中心对称性, 闭三角形 ABC 与 ADC 中的整点数相同. 对角线 AC 的方程为 $y=\dfrac{nx}{2^m}$, 其上的整点数 S 是满足 $2^m\mid nx$ 的整数 $x(0\leqslant x\leqslant 2^m)$ 的个数. 设 n 含质因子 2 的次数为 u. 当 $u\geqslant m$ 时, $S=2^m+1$; 当 $u<m$ 时, $x=2^{m-u}k,0\leqslant k\leqslant 2^u$.

故 $S=2^u+1$, 即 $S=2^{\min(m,u)}+1$. 因此, 闭三角形 ABC 中的整点个数为 $\dfrac{(2^m+1)(n+1)+S}{2}$.

由于 $\left[\dfrac{kn}{2^m}\right]$ 等于线段 $x=k,1\leqslant y\leqslant\dfrac{nk}{2^m}$ 中的整点个数, 故 $\displaystyle\sum_{k=1}^{2^m}\left[\dfrac{kn}{2^m}\right]$ 等于半开三角形 ABC(不含 AB 边)中的整点个数. 故 $f=\displaystyle\sum_{k=1}^{2^m}\left[\dfrac{kn}{2^m}\right]=\dfrac{(2^m+1)(n+1)+S}{2}-(2^m+1)=\dfrac{n\cdot 2^m-2^m+n+2^{\min(m,u)}}{2}$.

显然 $n>1$. 由 $(n-1)2^m+n+1\leqslant60$ 知 $m\leqslant5$. 而且当 $m\geqslant4$ 时, $u\leqslant3$.

当 $m=0$ 时, $n=28,29,30$.

当 $m=1$ 时, $2f=\begin{cases}3n-1,&n\equiv1(\bmod2),\\3n,&n\equiv0(\bmod2)\end{cases}\in\{56,58,60\}$, 解得 $n=19,20$.

当 $m=2$ 时, $2f=\begin{cases}5n-3,&n\equiv1(\bmod2),\\5n-2,&n\equiv2(\bmod4),\\5n,&n\equiv0(\bmod4),\end{cases}$ 解得 $n=12$.

当 $m=3$ 时, $2f=9n-7,9n-6,9n-4,9n$, 解得 $n=7$.

当 $m=4$ 时, $2f=17n-15,17n-14,17n-12,17n-8$, 解得 $n=4$.

当 $m=5$ 时, $2f=33n-31,33n-30,33n-28,33n-24$, 无解.

共有 8 组解, $(m,n)=(0,28),(0,29),(0,30),(1,19),(1,20),(2,12),(3,7),(4,4)$.

15. 解析: 设 $m=a^2+r,0\leqslant r\leqslant 2a$, 则 $\sqrt{m}=a,f(m)=a^2+a+r=(a+1)^2+(r-a-1)$.

若 $r=0$, 则 m 是平方数.

设 $r\neq0$, 则 $A=\{k^2+s\mid k,s\in\mathbf{N},0<s\leqslant k\},B=\{k^2+s\mid s\in\mathbf{N},k<s\leqslant 2k\}$.

如果 $m\in B$, 则存在正整数 k,s, 使 $m=k^2+s,k<s\leqslant2k$, 于是 $f(m)=k^2+s+k=(k+1)^2+(s-k-1),0\leqslant s-k-1\leqslant k-1$,

因此, $f(m)$ 或为平方数 $(s-k-1=0)$, 或 $f(m)\in A$, 所以只需要讨论 $m\in A$ 的情况.

此时存在 k 与 s, 使得 $m=k^2+s,0<s\leqslant k$, 于是 $f(m)=m+k$,

$f(f(m))=f(m+k)=m+2k=k^2+s+2k=(k+1)^2+s-1$.

由 $0\leqslant s-1\leqslant k-1$ 得知 $f(f(m))$ 或者为平方数(当 $s-1=0$ 时), 或 $f(f(m))\in A$.

若 $f(f(m))\in A$, 则 $f(f(f(m)))=m+2k+[\sqrt{m+2k}]=m+2k+[\sqrt{k^2+s+2k}]=m+3k+1$,

$f(f(f(m)))=m+3k+1+[\sqrt{m+3k+1}]=m+3k+1+k+1=(k+2)^2+s-2$.

如此继续，可知或存在某正整数 l 使 $f(\cdots f(m)\cdots)$ 为平方数，或数列 $f(f(m)),f(f(m)),f(f(f(m))),\cdots$ 的每一项与某平方数的差构成数列 $s-1,s-2,s-3,\cdots$，由于对于给定的正整数 m,s 是一个固定的正整数，所以以上差数数列必将终止于有限项，即存在某个正整数 t（偶数），使得数列的某项为平方数.

16. 解析：不妨设 $a>b$，对于正整数 n，记 $k_n=[n\sqrt{a}]-[n\sqrt{b}]$，由于 a,b 均为平方因子，所以 $n(\sqrt{a}-\sqrt{b})$ 为无理数，故 $\{n\sqrt{a}\}\ne\{n\sqrt{b}\}$，从而 $0<\big|\{n\sqrt{a}\}-\{n\sqrt{b}\}\big|$. 由分子有理化可知

$$\big|\{n\sqrt{a}\}-\{n\sqrt{b}\}\big|=\big|n(\sqrt{a}-\sqrt{b})-k_n\big|=\frac{K_n}{(n(\sqrt{a}+\sqrt{b})-k_n)(n(\sqrt{a}+\sqrt{b})+k_n)(n(\sqrt{a}-\sqrt{b})+k_n)},$$

其中 K_n 为一个正整数，注意到 $k_n<[n\sqrt{a}]+[n\sqrt{b}]<n(\sqrt{a}+\sqrt{b})$，运用整数的离散性可得

$$\big|\{n\sqrt{a}\}-\{n\sqrt{b}\}\big|>\frac{1}{n(\sqrt{a}+\sqrt{b})\cdot 2n(\sqrt{a}+\sqrt{b})\cdot[n(\sqrt{a}-\sqrt{b})+n(\sqrt{a}+\sqrt{b})]}=\frac{1}{4n^3(\sqrt{a}+\sqrt{b})^2\sqrt{a}}=\frac{c}{n^3},$$

其中 $c=\dfrac{1}{4(\sqrt{a}+\sqrt{b})^2\sqrt{a}}>0$.

17. 解析：令 $y=\dfrac{x^2}{p}$，其反函数 $f^{-1}(x)=\sqrt{px}$，再考虑原函数、反函数区域内整点个数.

$$\sum_{x=1}\left[\frac{x^2}{p}\right]+\sum_{x=1}^{p}[\sqrt{px}]-1=p^2.\sum_{x=1}\left[\frac{x^2}{p}\right]$$ 的值不难求得. $$\sum_{i=1}^{p}[\sqrt{pi}]=\frac{2p^2+1}{3}.$$

18. 解析：证明 3 个引理.

引理 1：对 $n\geqslant 3,a_n\geqslant 3$（证明略）.

引理 2：对 $n\geqslant 3$，有 $a_n=a^{n+1}$ 或 $a^{n+2}<\max\{a_n,a^{n+1}\}$（证明略）.

引理 3：存在一些正整数 k，使得 $a_k=a^{k+1}$（证明略）.

3.5　不定方程

1. 解析：设整数对 (x,y) 满足方程 $x^2-2xy+126y^2-2009=0$　①，将其看作关于 x 的一元二次方程，其判别式 $\Delta=4y^2-4\times(126y^2-2009)=500(4^2-y^2)+36$ 的值应为一个完全平方数.

若 $y^2>4^2$，则 $\Delta<0$.

若 $y^2<4^2$，则 y^2 可取 $0,1^2,2^2,3^2$，相应的 Δ 值分别为 $8036,7536,6036$ 和 3536，它们皆不为平方数.

因此，仅当 $y^2=4^2$ 时，$\Delta=500(4^2-y^2)+36=6^2$ 为完全平方数.

若 $y=4$，方程 ① 化为 $x^2-8x+7=0$，解得 $x=1$ 或 $x=7$；

若 $y=-4$，方程 ① 化为 $x^2+8x+7=0$，解得 $x=-1$ 或 $x=-7$.

综上可知，满足原方程的全部整数对为：$(x,y)=(1,4),(7,4),(-1,-4),(-7,-4)$.

2. 解析：令 $x_1+x_2+x_3=x,x_4+x_5=y,x_6=z$，则 $x\geqslant 3,y\geqslant 2,z\geqslant 1$. 先考虑不定方程 $x+3y+5z=21$ 满足 $x\geqslant 3,y\geqslant 2,z\geqslant 1$ 的正整数解. 因为 $x\geqslant 3,y\geqslant 2,z\geqslant 1$，所以 $5z=21-x-3y\leqslant 12$，所以 $1\leqslant z\leqslant 2$.

当 $z=1$ 时，$x+3y=16$，此方程满足 $x\geqslant 3,y\geqslant 2$ 的正整数解为 $(x,y)=(10,2),(7,3),(4,4)$.

当 $z=2$ 时，$x+3y=11$，此方程满足 $x\geqslant 3,y\geqslant 2$ 的正整数解为 $(x,y)=(5,2)$. 所以不定方程 $x+3y+5z=21$ 满足 $x\geqslant 3,y\geqslant 2,z\geqslant 1$ 的正整数解为 $(x,y,z)=(10,2,1),(7,3,1),(4,4,1),(5,2,2)$.

又方程 $x_1+x_2+x_3=x(x\in\mathbf{N},x\geqslant 3)$ 的正整数解的组数为 C_{x-1}^2，方程 $x_4+x_5=y(y\in\mathbf{N},x\geqslant 2)$ 的正整数解的组数为 C_{y-1}^1，故由分步计数原理知，原不定方程的正整数解的组数为 $C_9^2C_1^1+C_6^2C_2^1+C_3^2C_3^1+C_4^2C_1^1=36+30+9+6=81$.

3. 解析：设第 i 名队员上场的时间为 x_i 分钟 $(i=1,2,\cdots,7)$，问题转化为求不定方程 $x_1+x_2+\cdots+x_7=270$　① 的满足条件 $7\mid x_i(i=1,2,3,4)$ 且 $13\mid x_j(j=5,6,7)$ 的正整数解的组数. 设 $x_1+x_2+x_3+x_4=7m,x_5+x_6+x_7=13n$，则 $7m+13n=270$ 且 $m,n\in\mathbf{N}^*,m\geqslant 4,n\geqslant 3$.

易得满足条件的正整数解 $(m,n)=(33,3),(20,10),(7,17)$. 当 $(m,n)=(33,3)$ 时，$x_5=x_6=x_7=13$. 又设 $x_i=7y_i(i=1,2,3,4)$，则 $y_1+y_2+y_3+y_4=33$，有 $C_{33-1}^{4-1}=C_{32}^3=4960$ 组正整数解，此时方程 ① 有 4960 组满足条件的正整数解. 当 $(m,n)=(20,10)$ 时，同理有 34884 组满足条件的正整数解；当 $(m,n)=(7,17)$ 时，令 $x_i=7y_i(i=1,2,3,4),x_j=13y_j(j=5,6,7)$，于是 $y_1+y_2+y_3+y_4=7,y_5+y_6+y_7=17$.

此时方程 ① 有 $C_6^3 C_{16}^2 = 2400$ 组满足条件的正整数解.综上所述,共有 42244 组正整数解满足方程 ①.

4. 解析: 设 z_0 是满足方程的一组解 (x_0, y_0, z_0) 的最小值.首先我们证明 x_0 和 y_0 互质.若 x_0 和 y_0 有一个相同的质因子 p,则 $p^4 | x_0^4 + y_0^4 = z_0^2$,因此 $p^2 | z_0$.这样 $\left(\dfrac{x_0}{p}, \dfrac{y_0}{p}, \dfrac{z_0}{p^2}\right)$ 也是方程 $x^4 + y^4 = z^2$ 的一组解,这与 z_0 的最小性矛盾,

因此 x_0 和 y_0 互质.于是 (x_0^2, y_0^2, z_0) 就是勾股方程的本原解,可设 $\begin{cases} x_0^2 = 2mn, \\ y_0^2 = m^2 - n^2, \\ z_0 = m^2 + n^2, \end{cases}$ 其中 m, n 是正整数,$m > n$,

$(m, n) = 1$,m 和 n 是一奇一偶的.

从 $y_0^2 = m^2 - n^2$ 得知 m 是奇数且 n 是偶数,由于 $\left(\dfrac{x_0}{2}\right)^2 = m\left(\dfrac{n}{2}\right)$,所以 m 和 $\dfrac{n}{2}$ 都是平方数(因为 m 和 $\dfrac{n}{2}$ 互质),

即 $m = r^2, \dfrac{n}{2} = s^2$,其中 r 和 s 是互质的正整数.于是 $y_0^2 = m^2 - n^2 = r^4 - 4s^4$,$y_0^2 + (2s^2)^2 = (r^2)^2$,即 $y_0^2 + (2s^2)^2$

$= (r^2)^2$.这样 $y_0, 2s^2$ 和 r^2 也是勾股方程的本原解,所以又有 $\begin{cases} y_0 = a^2 - b^2, \\ 2s^2 = 2ab, \\ r^2 = a^2 + b^2, \end{cases}$ 其中 $a > b, (a, b) = 1$,a 和 b 是一奇

一偶的.

由于 $s^2 = ab$,则 a, b 也是平方数,从而有 $a = f^2, b = g^2$,于是 $f^4 + g^4 = r^2$,故 (f, g, r) 也是原方程的解.留意到 $r^2 = m < m^2 + n^2 = z_0^2$,这与 z_0 的最小性矛盾,从而方程 $x^4 + y^4 = z^2$ 没有正整数解.

5. 解析: 显然不行,如第 1 排 1 人,第 2 排 2 人,$\cdots$,第 10 排 10 人的正三角形队形就不能变成正方形队形,因为此对的总人数为 $1 + 2 + \cdots + 10 = 55$.但如果站成 8 排的正三角形队形,由于 $1 + 2 + \cdots + 8 = 36 = 6^2$.就可以变成每排 6 人的正方形队形.于是,问题化为求方程 $\dfrac{n(n+1)}{2} = m^2$ 的正整数解组 (m, n) 的问题.于是将方程化为 $8m^2$

$= 4n^2 + 4n = (2m + 1)^2 - 1$.设 $x = 2n + 1, y = 2m$,则方程可化为 $x^2 - 2y^2 = 1$ ①.这个方程显然是佩尔方程,由试验方程易知方程 ① 有一组解 $(x, y) = (3, 2)$,也是方程的最小解.故方程 ① 的所有正整数解 (x_k, y_k) 满足 $x_k + \sqrt{2} y_k = (3 + 2\sqrt{2})^k$.于是当 $k = 1$ 时,$(x_1, y_1) = (3, 2)$.当 $k = 2$ 时,$x_2 + \sqrt{2} y_2 = (3 + 2\sqrt{2})^2 = 17 + 12$ $\sqrt{2}$.所以 $(x_2, y_2) = (17, 12)$.

当 $k = 3$ 时,$x_3 + \sqrt{2} y_3 = (3 + 2\sqrt{2})^3 = (17 + 12\sqrt{2})(3 + 2\sqrt{2}) = 99 + 70\sqrt{2}$.所以 $(x_3, y_3) = (99, 70)$.

当 $k = 4$ 时,$x_4 + \sqrt{2} y_4 = (3 + 2\sqrt{2})^4 = (99 + 70\sqrt{2})(3 + 2\sqrt{2}) = 577 + 468\sqrt{2}$,等等(这些解也可以利用递推公式计算出来).再由 $x = 2n + 1$ 得 $n_1 = 1, n_2 = 8, n_3 = 44, n_4 = 286, \cdots$ 故将正三角形队形站成 1 排、8 排、44 排、286 排、$\cdots$ 时,便可以变成正方形队形.

6. 解析: $(n^2 + 2mn - 2m^2)^2 = [(n + m)^2 - 3m^2]^2 = 1$,所以 $(n + m)^2 - 3m^2 = \pm 1$.

设 $x = m + n, y = n$,则 $x^2 - 3y^2 = \pm 1$,而 $x^2 - 3y^2 = -1$ 两边模 3,得方程无整数解.

所以 $x^2 - 3y^2 = 1$,它的最小正整数解为 $x_1 = 2, y_1 = 1$,并且由佩尔方程定理得 $x_2 = 7, y_2 = 4$.若它的所有解为 $\{x_n, y_n\}(n \in \mathbf{N}^*)$,则 $\{x_n\}$ 的二阶线性递归关系是 $x_{n+1} = 4x_n - x_{n-1}$;$\{y_n\}$ 的二阶线性递归关系是 $y_{n+1} = 4y_n - y_{n-1}$,要使 $m^2 + n^2$ 最大,只要 m, n 分别取得最大值.由 $x = m + n, y = n$ 得 $m = x - y, n = y$,易知当 x, y 分别取得最大值时,m, n 有最大值,由递推关系式计算得 $y_6 = 780, y_7 = 2911 > 2005$,所以 $y_6 = 780, x_6 = 1086$ 时,m, n 有最大值 $m = 306, n = 780$.综上所述,$m = 306, n = 780$ 时,$m^2 + n^2 = 702036$ 为满足条件的最大值.

7. 解析: 设 $kn + 1$ 及 $(k+1)n + 1$ 都是完全平方数,令 $kn + 1 = u^2, (k+1)n + 1 = v^2$,消去 n 得 $(k+1)u^2 - kv^2 = 1$.注意到上述方程的任一正整数解 (u, v),取 $n = v^2 - u^2$,则容易得到 $kn + 1$ 与 $(k+1)n + 1$ 都是平方数,从而问题转化为证明方程有无数组正整数解,作代换 $\begin{cases} x = (k+1)u - kv, \\ y = v - u, \end{cases}$ 则上面方程为 $x^2 - k(k+1)y^2 = (k+1)u^2 - kv^2 = 1$.

这是佩尔方程,它有无数组正整数解,故 $u = x + ky, v = x + (k+1)y$ 也有无数组正整数解,证毕.

8. 解析: (1) 令 $a + 1 = v^2, 3a + 1 = u^2 \Rightarrow 3(v^2 - 1) + 1 = u^2 \Rightarrow u^2 - 3v^2 = -2$.

令 $\begin{cases} u = x + 3y, \\ v = x + y, \end{cases}$ 得 $x^2 + 9y^2 - 3x^2 - 3y^2 = -2 \Rightarrow x^2 - 3y^2 = 1$.

方程有无数组解 $x_n + \sqrt{3}\,y_n = (2+\sqrt{3})^n$，即存在无数组整数 (u,v) 使得 $a+1, 3a+1$ 都为完全平方数.

(2) 由 $x_{n+1} + \sqrt{3}\,y_{n+1} = (2+\sqrt{3})(x_n + y_n\sqrt{3}) = 2x_n + 3y_n + (x_n + 2y_n)\sqrt{3} \Rightarrow \begin{cases} x_{n+1} = 2x_n + 3y_n, \\ y_{n+1} = x_n + 2y_n \end{cases}$

$\Rightarrow \begin{cases} u_{n+1} = x_{n+1} + 3y_{n+1} = (2x_n + 3y_n) + 3(x_n + 2y_n), \\ v_{n+1} = x_{n+1} + y_{n+1} = (2x_n + 3y_n) + (x_n + 2y_n) \end{cases} \Rightarrow \begin{cases} u_{n+1} = 5x_n + 9y_n = 2u_n + 3v_n, \\ v_{n+1} = 3x_n + 5y_n = u_n + 2v_n. \end{cases}$

由 $a_n = v_n^2 - 1,\ a_{n+1} = v_{n+1}^2 - 1$,

$a_n a_{n+1} + 1 = (v_n^2 - 1)(v_{n+1}^2 - 1) + 1 = (v_n v_{n+1} - 2)^2 - 2 + 4v_n v_{n+1} - v_n^2 - v_{n+1}^2$

$= (v_n v_{n+1} - 2)^2 - 2 + 4v_n(u_n + 2v_n) - v_n^2 - (u_n + 2v_n)^2$

$= (v_n v_{n+1} - 2)^2 - 2 - (u_n^2 - 3v_n^2) = (v_n v_{n+1} - 2)^2.$

9. 解析：首先 $x \geqslant 1$ 为明显.

若 x 为偶数，则两边关于 3 同余的，有 $5^y \cdot 7^z \equiv 0 \pmod 3$，显然得出矛盾.

所以 x 为奇数，设 $x = 2n+1$，我们有 $2 \times 4^n - 5^y 7^z = 1$，若 $y \neq 0$，则两边对 5 同余后有 $2 \times (-1)^n \equiv 1 \pmod 5$，得出矛盾，说明 $y = 0$.

此时有 $2 \times 4^n - 7^z = 1$. 两边再对 4 同余知 z 为奇数，设 $z = 2m+1$，我们有

$2 \times 4^n = 7^{2m+1} + 1^{2m+1} = (7+1)(7^{2m} - 7^{2m-1} + 7^{2m-2} - \cdots + 1),\ 4^{n-1} = 7^{2m} - 7^{2m-1} + 7^{2m-2} - \cdots + 1$,

此时再对 4 同余，有 $4^{n-1} \equiv 1 + 1 + 1 + \cdots + 1 = 2m+1 \pmod 4$，当 $n \geqslant 2$ 时，易得到矛盾，所以 $n = 0, 1$，此时相应的解为 $(x,y,z) = (1,0,0), (3,0,1)$.

10. 解析：设 $(x,y) = d, x = ad, y = bd, (a,b) = 1$，方程变形为 $d^{a+b} a^{a+b} = d^{3a} \cdot b^{3a}$.

① 当 $2a > b$ 时，$a^{a+b} = d^{2a-b} \cdot b^{3a} \Rightarrow b \mid a^{a+b} \Rightarrow b = 1$，即 $a^{a+1} = d^{2a-1}$.

当 $a = 2$ 时，$d = 2 \Rightarrow x = 4, y = 2$. 当 $a \geqslant 3$ 时，$a^{a+1} = d^{a+1} \cdot d^{a-2} \Rightarrow d \mid a$.

令 $a = cd, c^{a+1} = d^{ad-2} \Rightarrow c^{cd-2} \cdot c^3 = d^{cd-2} \Rightarrow c \mid d$.

令 $d = ck \Rightarrow c^3 = k^{c^2 k - 2} (k \geqslant 2)$. 设 $p^\alpha \| c, p^\beta \| k \Rightarrow 3\alpha = (c^2 k - 2)\beta$.

由 $c \geqslant p^\alpha \Rightarrow \beta(c^2 k - 2) \geqslant k p^{2\alpha} - 2 > 2(2 \cdot 2\alpha) - 2 = 8\alpha - 2 > 3\alpha$，无解.

② 当 $2a = b$ 时，$a^{3a} = b^{3a} = 2a = b = 1$，矛盾.

③ 当 $2a < b$ 时，$d^{b-2a} a^{a+b} = b^{3a} \Rightarrow a \mid b \Rightarrow a = 1$，即 $b^3 = d^{b-2} (b > 2)$.

当 $b = 3, b = 4, b = 5, b = 6$ 时，无解.

当 $b \geqslant 7$ 时，设 $p^\alpha \| b, p^\beta \| d \Rightarrow 3\alpha = (b-2)\beta, (b-2)\beta \geqslant p^\alpha - 2 (p \geqslant 7, \alpha = 1$ 或 $p \geqslant 5, \alpha \geqslant 2) > (3\alpha + 2) - 2 = 3\alpha$，矛盾.

所以原方程无解.

11. 解析：因为 a 为奇数，设 $a = 2a' + 1$，则 $2^{b+1} = 3^c - a^2 = 3^c - 1 - 4a'(a'+1)$.

因为 $4 \mid 2^{b+1}$，所以 $4 \mid 3^c - 1$，所以 c 是偶数，设 $c = 2c'$，有 $2^{b+1} = (3^{c'} + a)(3^{c'} - a)$,

所以 $3^{c'} + a = 2^x, 3^{c'} - a = 2^y, x + y = b + 1, x > y$，所以 $3^{c'} = \dfrac{2^x + 2^y}{2} = 2^{x-1} + 2^{y-1}$.

因为 $3^{c'}$ 为奇数，所以有 $y = 1, x = b, 3^{c'} = 2^{b-1} + 1$.

当 $b = 1$ 时，c' 无解.

当 $b = 2$ 时，$c' = 1$，此时 $(a,b,c) = (1,2,2)$.

当 $b \geqslant 3$ 时，$4 \mid 3^{c'} - 1$，所以 c' 为偶数.

设 $c' = 2c''$，则 $(3^{c''} + 1)(3^{c''} - 1) = 2^{b-1}$，只有 $c'' = 1, b = 4$，此时 $(a,b,c) = (7,4,4)$.

综上，$(a,b,c) = (1,2,2)$ 或 $(7,4,4)$.

12. 解析：反证法，假设有正整数 $z \neq 3$，使方程 ① 有正整数解 (x,y)，则 $x \neq y$，否则得出 $2x^2 + 1 = x^2 z$，故 $x = 1$ 和 $z = 3$，矛盾.

由于 x, y 是对称的，不妨设 $x > y$. 在这种解中选取一组 (x_0, y_0)，使 x_0 达到最小，考虑关于 x 的一元二次方程 $x^2 - y_0 z x + y_0^2 + 1 = 0$ ②.

由韦达定理，方程 ② 的另一个根为 $x_1 = y_0 z - x_0$，这是一个整数，而且 $0 < x_1 = \dfrac{y_0^2 + 1}{x_0} \leqslant \dfrac{y_0^2 + 1}{y_0 + 1} \leqslant y_0$.

于是方程 ① 又有一组正整数解 (y_0, x_1)，满足 $y_0 > x_1$（由前面的讨论知 $y_0 \neq x_1$）及 $y_0 < x_0$，这与 x_0 的最小性矛盾.

3.6 进位制和组合数整除

1. 解析：用反证法.若 $\overline{abc} = p$ 是质数，二次方程 $f(x) = ax^2 + bx + c = 0$ 的有理根是 $x_{1,2} = \dfrac{-b \pm \sqrt{b^2 - 4ac}}{2a}$，易

知 $b^2 - 4ac$ 为完全平方数，x_1, x_2 均为负数，且 $f(x) = a(x - x_1)(x - x_2)$，所以 $p = f(10) = a(10 - x_1)(10 - x_2)$，$4ap = (20a - 2ax_1)(20a - 2ax_2)$.

易知 $(20a - 2ax_1)$，$(20a - 2ax_2)$ 均为正整数，从而 $p \mid (20a - 2ax_1)$ 或 $p \mid (20a - 2ax_2)$，不妨设 $p \mid (20a - 2ax_1)$，

则 $p \leqslant 20a - 2ax_1$，从而 $4a \geqslant 20a - 2ax_2$，这与 x_2 为负数矛盾，所以三位数 $\overline{abc}$ 不是质数.

2. 解析：$T_n = C_{200}^n \cdot 3^{\frac{200-n}{3}} \cdot 2^{\frac{400-5n}{6}}$.要使 $T_n (1 \leqslant n)$ 为整数，则必有 $\dfrac{200-n}{3}$，$\dfrac{400-5n}{6}$ 均为整数，从而 $6 \mid n + 4$.当 n

$= 2, 8, 14, 20, 26, 32, 38, 44, 50, 56, 62, 68, 74, 80$ 时，$\dfrac{200-n}{3}$，$\dfrac{400-5n}{6}$ 均为非负整数，所以 a_n 为整数，共 14 个.

当 $n = 86$ 时，$T_{86} = C_{200}^{86} \cdot 3^{38} \cdot 2^{-5}$，在 $C_{200}^{86} = \dfrac{200!}{86! \cdot 114!}$ 中有 5 个 2 因数，故 T_{86} 是整数.

当 $n \geqslant 92, 6 \mid n + 4$ 时，均无整数项.因此，整数项的个数为 $14 + 1 = 15$.

3. 解析：假设 $(10, n) = 1 \Rightarrow 10^{\varphi(n)} \equiv 1 (\bmod n)$，令 $d = \varphi(n)$.

由 $(3, n) = 1 \Rightarrow (9, n) = 1 \Rightarrow \{k + 9v \mid 0 \leqslant v \leqslant n - 1\}$ 构成模 n 的剩余系，即有 $n \mid k + 9v = k + 10v - v = u + 10v$，

$u = k - v$.下面构造整数 $m = \sum_{r=1}^{u} 10^{di_r} + \sum_{s=1}^{v} 10^{1+dj_s}$，其中 $j_1 > j_2 > \cdots > j_v > i_1 > i_2 > \cdots > i_u$.

显然，$m \equiv u + 10v \equiv 0 (\bmod n)$，而正整数 m 的位数为 $u + v = k$.证毕.

对于 $(10, n) > 1$，设 $n = 2^{\alpha} 5^{\beta} n_1$，令 $m = 10^{\max\{\alpha, \beta\}} n_1$，对 n_1 用上述方法证明即可.

4. 解析：设 x, y 的小数点后数字序列分别为 $\{x_i\}$，$\{y_i\}$，由于 x 是有理数，故存在正整数 M, T，使得 $i \geqslant M$ 时，有 x_{i+T} $= x_i$.令 $T = 2^u v (v$ 为奇数).由 Euler 定理知，存在正整数 W 使 $2^W \equiv 1 (\bmod v)$.故 $n \geqslant u$ 时，有 $2^{n+W} \equiv 2^n (\bmod T)$.

于是 $n \geqslant \max\{u, \log_2 M\}$ 时，$y_{n+W} = x_{2^{n+W}} = x_{2^n} = y_n$，$\{y_i\}$ 最终为周期数列，y 是有理数.

5. 解析：$n!$ 的十进制末尾 0 的个数等于 $\alpha_5(n!) = \dfrac{n - S_5(n)}{4} = 1987$.

令 $n = \sum_{k \geqslant 0} a_k 5^k$，则 $\sum_{k \geqslant 0} a_k \dfrac{5^k - 1}{4} = 1987$.记 $b_k = \dfrac{5^k - 1}{4}$，列表计算

$r - a_k b_k$	2	20	113	425	1987
b_k	1	6	31	156	781
a_k	2	3	3	2	2

$2 \times 3125 + 2 \times 625 + 3 \times 125 + 3 \times 25 + 2 \times 5 = 7960$.满足条件的所有 n 是 $7960 \sim 7964$.

6. 解析：当 $m = 2, 3$ 时，区间 $\left[\dfrac{m}{3}, \dfrac{m}{2}\right]$ 中只有一个整数 $n = 1$，满足整除条件.

当 $m = p > 3$ 为质数时，$n \geqslant 2$，$p - 2n \geqslant 1$，$C_n^{p-2n} = \dfrac{n}{p-2n} C_{n-1}^{p-2n-1}$，$n C_{n-1}^{p-2n-1} = (p - 2n) C_n^{p-2n}$.

$\gcd(n, p - 2n) = \gcd(n, p) = 1$，故 $n \mid C_n^{p-2n}$，即所有质数 m 都满足整除条件.

若 m 为合数，当 m 为偶数时，取 $n = \dfrac{m}{2} (> 1)$，则 $C_n^{m-2n} = C_n^0 = 1$ 不被 n 整除.而当 m 为奇数时，$m = kp (p$ 为质

数，k 为大于 1 的奇数).此时 $\dfrac{k-1}{2}$ 为正整数，$\dfrac{k}{3} \leqslant \dfrac{k-1}{2} < \dfrac{k}{2}$，故 $n = \dfrac{k-1}{2} p \in \left[\dfrac{m}{3}, \dfrac{m}{2}\right]$.

$C_n^{m-2n} = C_n^p = n \cdot \dfrac{(n-1)(n-1)\cdots(n-p+1)}{p!}$，分子 $(n-1)(n-2)\cdots(n-p+1)$ 不被 p 整除，更不被 $p!$ 整除，

故 C_n^{m-2n} 不被 n 整除，即所有合数 m 都不满足整除条件.
因此满足条件的所有 m 是全体质数.

7. 解析：对于任一质数 p，

① 若 $3 \leqslant p \leqslant 2n$，设 $p^{\alpha} \leqslant 2n < p^{\alpha+1} (\alpha \in \mathbf{N}^*)$，则 $p^{\alpha} \mid [1, 2, \cdots, 2n]$，设 $p^{\beta} \| 2n$，因为 $p \geqslant 3$，所以 $p^{\beta} \| n$，而 $n C_{2n}^n$

中 p 的幂次

$$\mathrm{pot}_p(n\mathrm{C}_{2n}^n) = \beta + \sum_{k=1}^{\alpha}\left(\left[\frac{2n}{p^k}\right] - 2\left[\frac{n}{p^k}\right]\right) = \beta + \sum_{k=\beta+1}^{\alpha}\left(\left[\frac{2n}{p^k}\right] - 2\left[\frac{n}{p^k}\right]\right) \leqslant \beta + (\alpha - \beta) = \alpha.$$

（因 $\left[\frac{2n}{p^k}\right] - 2\left[\frac{n}{p^k}\right] = 0$ 或 1）

② 当 $p = 2$ 时，设 $p^\beta \parallel 2n$，即 $p^{\beta-1} \parallel n$，$\mathrm{pot}_p(n\mathrm{C}_{2n}^n) = \beta - 1 + \sum_{k=1}^{\alpha}\left(\left[\frac{2n}{p^k}\right] - 2\left[\frac{n}{p^k}\right]\right) = (\beta-1) + \sum_{k=1}^{\alpha}\left(\left[\frac{2n}{p^k}\right] - 2\left[\frac{n}{p^k}\right]\right) =$

$(\beta - 1) + \sum_{k=\beta}^{\alpha}\left(\left[\frac{2n}{p^k}\right] - 2\left[\frac{n}{p^k}\right]\right) \leqslant \beta - 1 + (\alpha - \beta + 1) = \alpha,$

由此知结论成立.

8. 解析：注意到 $\sqrt{n^2 + 817n + m} = \sqrt{\left(n + \frac{817}{2}\right)^2 + m - \frac{817^2}{4}}$.

① 当 $m > \frac{817^2}{4}$ 时，取 n_0 为大于 $5m - 5\left(408 + \frac{3}{5}\right)^2$ 的正整数，则对任意正整数 $n > n_0$，有 $\left(n + \frac{817}{2}\right)^2 <$ $\left(n + \frac{817}{2}\right)^2 + m - \frac{817^2}{4} < \left(n + 408 + \frac{3}{5}\right)^2$. 此时，$\sqrt{n^2 + 817n + m}$ 的十进制表示中小数点后第一位均为 5.

② 当 $m < \frac{817^2}{4}$ 时，取 n_0 为大于 $5\left(408 + \frac{2}{5}\right)^2 - 5m$ 的正整数，则对任意正整数 $n > n_0$，有 $\left(n + 408 + \frac{2}{5}\right)^2 <$ $\left(n + \frac{817}{2}\right)^2 + m - \frac{817^2}{4} < \left(n + \frac{817}{2}\right)^2$. 此时，$\sqrt{n^2 + 817n + m}$ 的十进制表示中小数点后第一位均为 4.

从而，存在正整数 n_0，使得对任意正整数 $n > n_0$，$\sqrt{n^2 + 817n + m}$ 的十进制表示中小数点后的第一位数字均相同.

9. 解析：$P(x) = c$（整数 c 满足 $1 \leqslant c \leqslant 9$）或者 $P(x) = x$. 下面对 $P(x)$ 的次数分情况讨论.

(1) 若 $P(x)$ 为常值多项式. 设 $P(x) = c$（c 为整数，且为常数），则 ① 式可化为 $S(c) = c$. 于是当且仅当 $1 \leqslant c \leqslant 9$ 时，上式成立.

(2) 若 $\deg P = 1$. 首先对任意正整数 m, n，均有 $S(m + n) \leqslant S(m) + S(n)$　②，当且仅当 $m + n$ 不进位时，② 式成立.
设 $P(x) = ax + b$（a, b 为整数，$a \neq 0$），而对于足够大的 n，设 $P(n)$ 为正整数，则 a 为正整数.

从而对于任意正整数 n（$n \geqslant 2016$），① 式可化为 $S(an + b) = aS(n) + b$.

分别令 $n = 2025, 2020$，得 $S(2025a + b) - S(2020a + b) = [aS(2025) + b] - [aS(2020) + b] = 5a$.

其次，由 ② 式知 $S(2025a + b) = S((2020a + b) + 5a) \leqslant S(2020a + b) + S(5a)$.

这表明 $5a \leqslant S(5a)$. 由于 a 为正整数，则仅当 $a = 1$ 时等式成立.

从而对于任意正整数 n（$n \geqslant 2016$），① 式可化为 $S(n + b) = S(n) + b$.

故 $S(n + 1 + b) - S(n + b) = [S(n + 1) + b] - [S(n) + b] = S(n + 1) - S(n)$　③.

若 $b > 0$，则存在正整数 n，使得对于足够大的正整数 k，有 $n + 1 + b = 10^k$.

注意到 $n + b$ 的所有数字为 9. 则 ③ 式的右边等于 $1 - 9k$.

由 $n < 10^k - 1$ 知 $S(n) \leqslant 9k$. 于是，③ 式的右边至少为 $1 - (9k - 1) = 2 - 9k$，矛盾.

若 $b < 0$，类似考虑正整数 $n + 1$ 为足够大的 10 的幂次，仍可得到矛盾.

因此 $P(x) = x$，且 $P(x) = x$ 满足 ① 式.

(3) 若 $\deg P \geqslant 2$. 设 $P(x)$ 的首项为 $a_d x^d$（$a_d \neq 0$），类似(2)知 $a_d > 0$.

在 ① 式中取 $n = 10^k - 1$，则 $S(P(n)) = P(9k)$　④.

注意到 $P(n)$ 以 n^d 量级递增，则 $S(P(n))$ 以一个常数乘以 k 的量级递增.

又 $P(9k)$ 以 k^d 的量级递增，由于 $d \geqslant 2$，故当正整数 k 足够大时，④ 式不可能成立.

综上，$P(x) = c$（整数 c 满足 $1 \leqslant c \leqslant 9$）或者 $P(x) = x$.

10. 解析：设能被 $b^n - 1$ 整除的所有数中，b 进制表示中出现的非零数字个数的最小值为 s，而在非零数字的个数为 s 的所有数中，我们选取所有数字之和最小的数 A.

设 $A = a_1 b^{n_1} + a_2 b^{n_2} + \cdots + a_s b^{n_s}$ 是数 A 的 b 进制表示，其中 $n_1 > n_2 > \cdots > n_s \geqslant 0$，$1 \leqslant a_i < b$，$i = 1, 2, \cdots, s$.

首先，我们证明 $n_i \not\equiv n_j \pmod{n}$.

若不然,则可取 $n_i \equiv n_j \equiv r \pmod{n}$,其中 $0 \leqslant r \leqslant n-1$,并考查数 $B = A - a_i b^{n_i} - a_j b^{n_j} + (a_i + a_j) b^{n_i + k}$.

显然,$(b^n - 1) \mid B$.

如果 $a_i + a_j < b$,则 B 的非零数字的个数为 $s-1$,这与 s 的最小性矛盾.

所以必有 $b \leqslant a_i + a_j < 2b$,令 $a_i + a_j = b + q$,其中 $0 \leqslant q < b$,于是数 B 的 b 进制表示为

$$B = b^{m n_i + r + 1} + q b^{m n_i + r} + a_1 b^{n_1} + \cdots + a_{i-1} b^{n_{i-1}} + a_{i+1} b^{n_{i+1}} + \cdots + a_{j-1} b^{n_{j-1}} + a_{j+1} b^{n_{j+1}} + \cdots + a_s b^{n_s}.$$

易知,数 B 的所有数字之和为 $\sum_{k=1}^{s} a_k - (a_i + a_j) + 1 + q = \sum_{k=1}^{s} a_k + 1 - b < \sum_{k=1}^{s} a_k$,

这与数 A 的数字之和的最小性矛盾.

这就证明了 $n_i(i = 1, 2, \cdots, s)$ 模 n 互异. 所以 $s \geqslant n$.

设 $n_i \equiv r_i \pmod{n}$,其中 $0 \leqslant r_i \leqslant n-1, i = 1, 2, \cdots, s$. 设 $s < n$,并考查数 $C = a_1 b^{r_1} + a_2 b^{r_2} + \cdots + a_s b^{r_s}$.

由于 $(b^n - 1) \mid (b^{n_i} - b^{r_i})$,故有 $(b^n - 1) \mid \sum_{i=1}^{s} a_i (b^{n_i} - b^{r_i})$,即有 $(b^n - 1) \mid (A - C)$.

从而 $(b^n - 1) \mid C$. 这时显然有 $C > 0$.

但 $s < n$ 意味着 $C \leqslant (b-1)b + (b-1)b^2 + \cdots + (b-1)b^{n-1} = b^n - b < b^n - 1$. 这表明 $(b^n - 1) \nmid C$,矛盾.

可见必有 $s = n$.

11. 解析:(1) 设 $b_n = \dfrac{2^{(k+1)^n} k - 1}{2^{(k+1)^n} - 1} = 2^{(k+1)^n (k-1)} + \cdots + 2^{(k+1)^n} + 1 (n \in \mathbf{Z}^+, a_1 = b_1)$,

$$a_n = \frac{b_n}{b_{n-1}} = \frac{[2^{(k+1)^n} k - 1][2^{(k+1)^{n-1}} - 1]}{[2^{(k+1)^n} - 1][2^{(k+1)^{n-1}} k - 1]} (n \in \mathbf{Z}^+, n \geqslant 2)$$

因为 $(2^{(k+1)^n} - 1, 2^{(k+1)^{n-1}} k - 1) = 2^{((k+1)^n, (k+1)^{n-1} k)} - 1 = 2^{(k+1)^{n-1}} - 1$,所以对于所有的正整数 n, a_n 为整数,且为大于或等于 3 的奇数. 故 $t(a_1 a_2 \cdots a_n) = t(b_n) = k$.

(2) 只需证明:对所有的正整数 n, r,有 $t(n(2^r - 1)) \geqslant r$. 对 n 用数学归纳法.

当 $n = 1$ 时,$t(n(2^r - 1)) = t(2^r - 1) = r$. 假设小于 $n(n > 1)$ 时,结论成立.

若 n 为偶数,则 $t(n(2^r - 1)) = t\left(\dfrac{n}{2}(2^r - 1)\right) \geqslant r$.

若 n 为奇数,设 $n = 2j + 1 (j \in \mathbf{Z}^+)$,则

$$\begin{aligned}
t(n(2^r - 1)) &= t((2j+1)(2^r - 1)) = t((2j+2)(2^r - 1) - 2^r + 1) \\
&= t((2j+1)(2^r - 1) - 2^r) + 1 \geqslant t((2j+2)(2^r - 1)) - 1 + 1 \\
&= t((j+1)(2^r - 1)) \geqslant r.
\end{aligned}$$

此处,用到了 $t(i - 2^r) \geqslant t(i) - 1$,其中,整数 $i > 2^r$.

12. 解析:(1) 当 $n = 2p$(p 为奇质数) 时,符合条件.

$$\mathrm{C}_{2kp}^{2p} = k\left(\prod_{i=1}^{p-1} \frac{2kp - i}{2p - i}\right)(2k-1)\left(\prod_{i=1}^{p-1} \frac{2kp - p - i}{p - i}\right) \equiv k(2k-1) \pmod{p}.$$

特别地,当 $k \in \left\{\dfrac{p+1}{2}, p, 2p\right\}$ 时,$p \mid \mathrm{C}_{2kp}^{2p}$. 从而 S_n 中至少存在三个元素被 p 整除.

因此,存在无数个 $n(n = 2p)$,使得 S_n 不是模 n 的完全剩余系.

(2) 当 $n = p^2$(p 为奇质数) 时,符合条件.

由于 $\mathrm{C}_{kp^2}^{p^2} = \prod_{i=0}^{p^2-1} \dfrac{kp^2 - i}{p^2 - i} = k\left(\prod_{j=1}^{p-1} \dfrac{kp^2 - jp}{jp}\right)\left(\prod_{\substack{p \nmid i \\ i < p^2}} \dfrac{kp^2 - i}{p^2 - i}\right)$

$$\equiv k \prod_{j=1}^{p-1} \frac{kp - j}{j} = k \prod_{j=1}^{p-1} \left(1 - \frac{kp}{j}\right) \equiv k - k^2 p \sum_{j=1}^{p-1} \frac{1}{j} \pmod{p^2},$$

而 $\sum_{j=1}^{p-1} \dfrac{1}{j} = \sum_{j=1}^{\frac{p-1}{2}} \left(\dfrac{1}{j} + \dfrac{1}{p-j}\right) = \sum_{j=1}^{\frac{p-1}{2}} \dfrac{p}{j(p-j)} \equiv 0 \pmod{p}$,所以 $\mathrm{C}_{kp^2}^{p^2} \equiv k \pmod{p^2}$.

因此,存在无数个 $n(n = p^2)$,使得 S_n 是模 n 的完全剩余系.

13. 解析:方法一:对任意正整数 t,令 $m = k + t \cdot l \cdot (k!)$. 我们证明 $(\mathrm{C}_m^k, l) = 1$.

设 p 是 l 的任一质因子,只要证明 $p \nmid \mathrm{C}_m^k$.

若 $p \nmid k!$，则由 $k! \mathrm{C}_m^k = \prod_{i=1}^{k}(m-k+i) \equiv \prod_{i=1}^{k}[i+tl(k!)] \equiv k! \pmod{p}$，即 p 不整除上式，故 $p \nmid \mathrm{C}_m^k$.

若 $p \mid k!$，设 $\alpha \geqslant 1$ 使 $p^\alpha \mid k!$，但 $p^{\alpha+1} \nmid k!$，则 $p^{\alpha+1} \mid l(k)$. 故由 $k! \mathrm{C}_m^k = \prod_{i=1}^{k}(m-k+i) \equiv \prod_{i=1}^{k}[i+tl(k!)] \equiv \prod_{i=1}^{k}i$ $\equiv k! \pmod{p^{\alpha+1}}$. 及 $p^\alpha \mid k!$，且 $p^{\alpha+1} \nmid k!$，知 $p^\alpha \mid k! \mathrm{C}_m^k$ 且 $p^{\alpha+1} \nmid k! \mathrm{C}_m^k$. 从而 $p \nmid \mathrm{C}_m^k$.

方法二：对任意正整数 t，令 $m = k + t \cdot l \cdot (k!)^2$. 我们证明 $(\mathrm{C}_m^k, l) = 1$.

设 p 是 l 的任一素因子，只要证明：$p \mid \mathrm{C}_m^k$.

若 $p \nmid k!$，则由 $k! \mathrm{C}_m^k = \prod_{i=1}^{k}(m-k+i) \equiv \prod_{i=1}^{k}[i+tl(k!)^2] \equiv \prod_{i=1}^{k}i \equiv k! \pmod{p}$，即 p 不整除上式，故 $p \nmid \mathrm{C}_m^k$.

若 $p \mid k!$，设 $\alpha \geqslant 1$ 使 $p^\alpha \mid k!$，但 $p^{\alpha+1} \nmid k!$. $p^{\alpha+1} \mid l(k!)^2$. 故由 $k! \mathrm{C}_m^k = \prod_{i=1}^{k-1}(m-k+i) \equiv \prod_{i=1}^{k}[i+tl(k!)^2] \equiv \prod_{i=1}^{k}i$ $\equiv k! \pmod{p^{\alpha+1}}$，及 $p^\alpha \mid k!$，且 $p^{\alpha+1} \mid \mathrm{C}_m^k k!$，知 $p^\alpha \mid k! \mathrm{C}_m^k$ 且 $p^{\alpha+1} \mid \mathrm{C}_m^k k! \mathrm{C}_m^k$. 从而 $p \mid \mathrm{C}_m^k \mathrm{C}_m^k$.

14. 解析：对正整数 m，设 $v_2(m)$ 表示正整数 m 的标准分解中素因子 2 的方幂，则熟知 $v_2(m!) = m - S(m)$ ①.
其中，$S(m)$ 表示正整数 m 在二进制表示下的数字之和.

由于 $2^{(k-1)n+1}$ 不整除 $\dfrac{(kn)!}{n!}$，等价于 $v_2\left(\dfrac{(kn)!}{n!}\right) \leqslant (k-1)n$，即 $kn - v_2((kn)!) \geqslant n - v_2(n!)$，进而由 ① 式知，本题等价于求所有正整数 k，使得 $S(kn) \geqslant S(n)$ 对任意正整数 n 成立.

我们证明，所有符合条件的 k 为 $2^a(a = 0, 1, 2, \cdots)$.

一方面，由于 $S(2^a n) = S(n)$ 对任意正整数 n 成立，故 $k = 2^a$ 符合条件.

另一方面，若 k 不是 2 的方幂，设 $k = 2^a \cdot q, a \geqslant 0, q$ 是大于 1 的奇数.

下面构造一个正整数 n，使得 $S(kn) < S(n)$. 因为 $S(kn) < S(2^a \cdot q) = S(qn)$，因此问题等价于我们选取 q 的一个倍数 m，使得 $S(m) < S\left(\dfrac{m}{q}\right)$.

由 $(2, q) = l$，熟知存在正整数 u，使得 $2^u \equiv 1 \pmod{q}$.（由欧拉定理知，u 可以取 $\varphi(q)$ 的）
设奇数 q 的二进制表示为 $2^{a_1} + 2^{a_2} + \cdots + 2^{a_t}, 0 = a_1 < a_2 < \cdots < a_t, t \geqslant 2$.
取 $2^{a_1} + 2^{a_2} + \cdots + 2^{a_{t-1}} + 2^{a_t+u}$，则 $S(m) = t$，且 $m = q + 2^{a_t}(2^u - 1) \equiv 0 \pmod{q}$.

我们有 $\dfrac{m}{q} = 1 + q + 2^{a_t} \cdot \dfrac{2^u - 1}{q} = 1 + 2^{a_t} \cdot \dfrac{2^u - 1}{q}[1 + 2^u + \cdots + 2^{(t-1)u}] = 1 + \sum_{l=0}^{t-1} \dfrac{2^u - 1}{q} \cdot 2^{lu+a_t}$.

由于 $0 < \dfrac{2^u - 1}{q} < 2^u$，故正整数 $\dfrac{2^u - 1}{q}$ 的二进制表示中的最高次幂小于 u，由此易知，对任意整数 $i, j(0 \leqslant i < j \leqslant t-1)$，数 $\dfrac{2^u - 1}{q} \cdot 2^{iu+a_t}$ 与 $\dfrac{2^u - 1}{q} \cdot 2^{ju+a_t}$ 的二进制表示中没有相同的项.

因为 $a_i > 0$，故 $\dfrac{2^u - 1}{q} \cdot 2^{lu+a_t}(l = 0, 1, \cdots, t-1)$ 的二进制表示中均不包含 1，故由 ② 式可知 $S\left(\dfrac{m}{q}\right) = 1 + S\left(\dfrac{2^u - 1}{q}\right) \cdot t > t = S(m)$，因此上述选取的 m 满足要求.

综合上述的两个方面可知，所求的 k 为 $2^a(a = 0, 1, 2, \cdots)$.

15. 解析：用二进制表示 $\sqrt{2008}$ 和 $\sqrt{2009}$：$\sqrt{2008} = \overline{101100.a_1 a_2 \cdots}_{(2)}$，$\sqrt{2009} = \overline{101100.b_1 b_2 \cdots}_{(2)}$.

先证：数列中有无数个偶数（反证法）.

假设数列中只有有限个偶数，则存在 $N \in \mathbf{N}^*$，对每一个正整数 $n > N$，f_n 都是奇数.

考虑 $n_1 = N+1, n_2 = N+2, \cdots$.

注意到，在二进制中，$f_{n_i} = \overline{101100b_1 b_2 \cdots b_{n_i}}_{(2)} + \overline{101100 a_1 a_2 \cdots a_{n_i}}_{(2)}$ 与 $b_{n_i} + a_{n_i}$ 模 2 同余.

因为 f_{n_i} 是奇数，所以 $\{b_{n_i}, a_{n_i}\} = \{0, 1\}$. 故 $\sqrt{2008} + \sqrt{2009} = \overline{1011001.c_1 c_2 \cdots c_{m-1} 111 \cdots}_{(2)}$.

由此得到 $\sqrt{2008} + \sqrt{2009}$ 在二进制表示中是有理数，这与 $\sqrt{2008} + \sqrt{2009}$ 是无理数矛盾.

所以，假设不成立，从而，数列中有无数个偶数. 同样，可证：数列中有无数个奇数.

令 $g_n = [2^n \sqrt{2009}] - [2^n \sqrt{2008}]$，显然，$f_n, g_n$ 有相同的奇偶性.

这样，当 $n > N$ 时，g_n 都是偶数. 注意到，在二进制中，

$g_{n_i} = \overline{101100b_1b_2\cdots b_{n_i}}_{(2)} - \overline{101100a_1a_2\cdots a_{n_i}}_{(2)}$ 与 $b_{n_i} - a_{n_i}$ 模 2 同余.

因为 g_{n_i} 是奇数,所以 $b_{n_i} = a_{n_i}$. 从而 $\sqrt{2009} - \sqrt{2008} = \overline{0.d_1d_2\cdots d_{m-1}000\cdots}_{(2)}$.

于是, $\sqrt{2009} - \sqrt{2008}$ 在二进制表示中是有理数,这与 $\sqrt{2009} - \sqrt{2008}$ 是无理数矛盾.

所以假设不成立,从而,数列中有无数个奇数.

16. 解析:假设存在自然数 N,使得 $a_{N+1}, a_{N+2}, a_{N+3}, \cdots$ 是周期数列,设其周期为 T.

令 $T = 2^{\alpha_1} \cdot 5^{\alpha_2} \cdot p$,其中 α_1, α_2 为非负整数,且 $(p, 10) = 1$.

取自然数 $m \geq \max\{\alpha_1, \alpha_2\}$,且 $10^m > N$.

取 $k = m + \varphi(p)$,其中 $\varphi(p)$ 是欧拉函数,表示 $[1, p]$ 中与 p 互质的整数的个数.

由欧拉定理可知 $10^{\varphi(p)} - 1 \equiv 0 \pmod{p}$. 所以 $10^m[10^{\varphi(p)} - 1] \equiv 0 \pmod{T}$,即 $10^k \equiv 10^m \pmod{T}$.

由于 $(10^k)! = 10^k(10^k - 1)!$,从而 $a_{mk} = a_{mk-1}$. 显然 $10^k - 1 > N$,于是 $a_{2 \cdot 10^k - 10^m} = a_{2 \cdot 10^k - 10^m - 1}$.

显然 $2 \cdot 10^k - 10^m$ 的第一个非零数字(从个位算起)是 9,

又 $(2 \cdot 10^k - 10^m)! = (2 \cdot 10^k - 10^m) \cdot (2 \cdot 10^k - 10^m - 1)!$,所以 $a_{2 \cdot 10^k - 10^m - 1} = 5$.

但这是不可能的. 因为在 $n!$ 的质因子分解中 $n! = 2^{\alpha_1} \cdot 3^{\alpha_3} \cdot 5^{\alpha_5} \cdots$,满足 $\alpha_2 = \sum_{k=1}^{\infty}\left[\frac{n}{2k}\right] \geq \alpha_5 = \sum_{k=1}^{\infty}\left[\frac{n}{5k}\right]$.

从而结论是:不存在自然数 N,使得 $a_{N+1}, a_{N+2}, a_{N+3}, \cdots$ 是周期数列.

3.7 数论的综合应用

1. 解析:令 $p(m-1)^2 - 1 = x^2 \Rightarrow pm^2 - 2pm + p - 1 - x^2 = 0$

$\Rightarrow m = \dfrac{2p \pm \sqrt{4p^2 - 4p(p-1-x^2)}}{2p} = \dfrac{p \pm \sqrt{p(1+x^2)}}{p}$.

令 $1 + x^2 = py^2$,即 $x^2 - py^2 = -1$,下证该方程有无数组解.

记 x_0, y_0 为 $x^2 - py^2 = 1$ 的解,显然 x_0, y_0 一奇一偶.

若 $x_0 \equiv 0 \pmod 2$,$y_0 \equiv 1 \pmod 2$,则由 $x_0^2 - py_0^2 = 1$ 得 $-1 \equiv 1 \pmod 4$,矛盾.

所以 $x_0 \equiv 1 \pmod 2$,$y_0 \equiv 0 \pmod 2$ 且 $\left(\dfrac{x_0+1}{2}, \dfrac{x_0-1}{2}\right) = 1$.

又 $\dfrac{x_0-1}{2} \cdot \dfrac{x_0+1}{2} = \dfrac{x_0^2-1}{4} = p\left(\dfrac{y_0}{2}\right)^2$,所以 $\dfrac{x_0-1}{2} = pu^2$,$\dfrac{x_0+1}{2} = v^2 (y_0 = 2uv)$,即 $v^2 - pu^2 = 1$.

而 $u = \dfrac{y_0}{2v} < y_0$,与 x_0, y_0 为解矛盾. 或 $\dfrac{x_0-1}{2} = u^2$,$\dfrac{x_0+1}{2} = pv^2 (y_0 = 2uv)$,即 $u^2 - pv^2 = -1$,故 $x^2 - py^2 = 1$ 有解.

注意:处理完全平方数的一个重要方法就是转化为 Pell 方程.

2. 解析:由方程 $2^x + 3^y = z^2$ ① 的左边为整数及右边为正整数知 $x \geq 0, y \geq 0, z \neq 0$.

若 (x, y, z) 是方程 ① 的整数解,则 $(x, y, -z)$ 也是方程 ① 的整数解;反之亦然. 因此,要求方程 ① 的所有整数解,只需求出方程 ① 的那些使得 $z > 0$ 的整数解. 以下总假定 x, y 为非负整数,z 为正整数.

(1) 当 $x = 0$ 时,由方程 ① 有 $1 + 3^y = z^2$,于是 $3^y = (z-1)(z+1)$. 因为 3 是质数,故 $z-1$ 与 $z+1$ 是 3 的幂.

设 $z - 1 = 3^s$,$z + 1 = 3^t$. 其中 s, t 为非负整数,$s < t$,且 $s + t = y$,由于 $3^t - 3^s = 2$,故 $3^s(3^{t-s} - 1) = 2$.

因为 2 是质数且 $3^s \neq 2$,故 $3^s = 1$ 且 $3^{t-s} - 1 = 2$,可得 $s = 0, t = 1$,进而 $y = 1, z = 2$.

所以当 $x = 0$ 时,方程 ① 有且仅有整数解 $(0, 1, 2)$.

(2) 当 $y = 0$ 时,方程 ① 化为 $2^x + 1 = z^2$,于是 $2^x = (z+1)(z-1)$.

类似于 (1) 可得 $x = 3, z = 3$. 此时方程 ① 有且仅有整数解 $(3, 0, 3)$.

(3) 当 x, y 都是正整数时,x 只能是偶数,这是因为:假定 x 是奇数,设 $x = 2p+1$,p 为非负整数. 由方程 ① 有 $2^{2p+1} + 3^y = z^2$,即 $2(3+1)^p + 3^y = z^2$,又 $2(3+1)^p + 3^y \equiv 2 \pmod 3$,而 $z^2 \equiv 0$ 或 $1 \pmod 3$. 矛盾. 故 x 为偶数,设 $x = 2p$,p 为正整数.

假定 y 为奇数,设 $y = 2q+1$,q 为非负整数,由方程 ① 有 $4^p + 3(8+1)^q = z^2$,又 $4^p + 3(8+1)^q \equiv 3 \pmod 4$,而 $z^2 \equiv 0$ 或 $1 \pmod 4$. 矛盾. 所以 y 为偶数,于是 $y = 2q, q \in \mathbf{N}^*$.

这样方程 ① 化为 $2^{2p} + 3^{2q} = z^2$,即 $2^{2p} = (z - 3^q)(z + 3^q)$. 由这式可知 $z - 2^p$ 与 $z + 2^p$ 均为 3 的幂,它们的差

为 $(z+2^p)-(z-2^p)=2^{p+1}$,故 $z-2^p=1$,否则 $3\mid 2^{p+1}$,这不可能(因为 2 与 3 互质).从而得 $z=2^p+1$ 代入方程 ① 变形得 $2^{2p}=(1+2^p-3^q)(1+2^p+3^q)$.

设 $1+2^p-3^q=2^u,1+2^p+3^q=2^v$,其中 u,v 为非负整数,$0\leqslant u<v$ 且 $u+v=2p$.

因为 $2^v-2^u=2^u(2^{v-u}-1)=2\cdot 3^q$,所以 $2^u=1$ 或 2.

假定 $2^u=1$,即 $1+2^p-3^q=1$,则有 $2^p=3^q$,矛盾.故 $2^u=2$.从而 $2^p=3^q+1$.

假定 p 为奇数,则上式左边除以 3 余 2,而右边除以 3 余 1,矛盾.故 p 为偶数.

设 $p=2b,b\in \mathbf{N}^*$,上式可写成 $1+3^q=(2^b)^2$.由 (1) 知 $q=1,2^b=2,b=1$,

于是 $x=2p=4b=4,y=2q=2,z=5$.当 $xy\neq 0$ 时,方程 ① 有且仅有整数解 $(4,2,5)$.

综上所述,方程 ① 的全部整数解为 $(0,1,2),(0,1,-2),(3,0,3),(3,0,-3),(4,2,5),(4,2,-5)$.

3. 解析:原方程等价于 $(n^3-n+1)(n^2+n+1)=7^m$.显然,$n\neq 1$.

当 $n\geqslant 2$ 时,$n^3-n+1=(n-1)(n^2+n)+1>1,n^2+n+1>1$.

设 $n^3-n+1=7^a,n^2+n+1=7^b$,其中 $a,b\in \mathbf{N}^*$.于是 $(n-1)(7^b-1)=(n-1)(n^2+n)=7^a-1$.

因此,$(7^b-1)\mid (7^a-1)$,即 $(7^a-1,7^b-1)=7^b-1$.

又因为 $(7^a-1,7^b-1)=7^{(a,b)}-1$,得到 $b=(a,b)$,即 $a=kb(k\in \mathbf{N}^*)$.

则 $n^3-n+1=7^a=7^{kb}=(n^2+n+1)^k$.

当 $k=1$ 时,有 $n^3-n+1=n^2+n+1,n=2$.

当 $k\geqslant 2$ 时,有 $(n^3-n+1)-(n^2+n+1)^k\leqslant (n^3-n+1)-(n^2+n+1)^2=-n^4-n^3-3n^2-3n<0$,矛盾.

综上所述,$n=2,m=2$ 是原方程的唯一一组解.

4. 解析:将原方程变形为 $b^3=(c^2-a)(c^2+a)$.考虑满足 $c^2-a=b,c^2+a=b^2$ 的解 (a,b,c),此时 $2c^2=b(b+1)$,$2a=b(b-1)$.

令 b 为奇数,则 $c^2=b\cdot \frac{b+1}{2},\frac{b+1}{2}\in \mathbf{N}^*$,可令 $b=x^2,\frac{b+1}{2}=y^2,c=xy$,则 $a=\frac{b(b-1)}{2}=x^2(y^2-1)$,

这里正整数 x,y 满足 $x^2-2y^2=-1$ ①,并且当 $y\geqslant 2$ 时,相应的 (a,b,c) 是原方程的正整数解.

根据方程 ① 的两组解 $(x_1,y_1)=(7,5),(x_2,y_2)=(41,29)$ 可得到原方程的两组解 $(a_1,b_1,c_1)=(1176,49,35),(a_2,b_2,c_2)=(1412040,1681,1189)$,这里 $(c_1,c_2)=1$.

在 $a^2+b^3=c^4$ 两边同乘以 k^{12} 得 $(ak^6)^2+(bk^4)^3=(ck^3)^4$,故当 (a,b,c) 满足方程时,(ak^6,bk^4,ck^3) 亦满足方程.

因此,取质数 $p_1,p_2,\cdots (41<p_1<p_2<\cdots)$,对 $j=1,2,\cdots$,令 $(a_{2j+1},b_{2j+1},c_{2j+1})=(a_1 p_{2j-1}^6,b_1 p_{2j-1}^4,c_1 p_{2j-1}^3)$,$(a_{2j+2},b_{2j+2},c_{2j+2})=(a_2 p_{2j}^6,b_2 p_{2j}^4,c_2 p_{2j}^3)$.

由于所有质数 $p_i(i=1,2,\cdots)$ 两两不同,且与 $c_1=7\times 5,c_2=41\times 29$ 互质,故 $(c_{2j},c_{2j+1})=(c_{2j+1},c_{2j+2})=(c_1,c_2)=1$,

从而上面定义的解 $(a_i,b_i,c_i)(i=1,2,\cdots)$ 满足条件.

5. 解析:若 $q=2$,则取 $m=1$.

若 $q>2$,则 $p\mid n^p+2\Rightarrow p\mid n+2\Rightarrow p\mid n^p+q^p\Rightarrow p\mid n+q\Rightarrow p\mid q-2$,故 $(p,q-1)=1$.

因为 $q-1$ 为偶数,p 为奇数,故存在奇数 t,使得 $q-1\mid pt-1$.

因为 $2\equiv -n^p\pmod q\Rightarrow -2^t\equiv -n\pmod q$,故 $q\mid 4^m\cdot n+2\Leftrightarrow q\mid 2^{2m-1+t}-1$,则取 m,使得 $q-1\mid 2m-1+t$ 即可.

6. 解析:(1) 任取正整数 a,只有有限个 d,使得 $f(a+d)<f(a)$,这是因为 $f(a+d)$ 是不同的正整数,于是存在 n,使得对于所有的 $d(d\geqslant n)$,均有 $f(a+d)>f(a)$.

下面考虑无穷数列 $f(a+n),f(a+2n),f(a+4n),\cdots,f(a+2^kn),\cdots$

假设不存在三个构成等差数列的正整数满足结论,则如上数列一定是严格递减的,因为如果 $f(a+2^{k+1}n)>f(a+2^kn)$,则构成等差数列的三个正整数 $a,a+2^kn,a+2^{k+1}n$ 满足 $f(a)<f(a+2^kn)<f(a+2^{k+1}n)$,所以存在均大于 $f(a)$ 且满足严格递减的无穷数列,但是在 $f(a)$ 和 $f(a+n)$ 之间只能有有限个数,矛盾.

(2) 考虑排列 $f:1,2,4,3,8,7,6,5,16,15,14,\cdots$

对于 $n\geqslant 3$,第 2^n+1 项是 2^{n+1},第 $2^n+2,2^n+3,\cdots,2^{n+1}$ 项分别是 $2^{n+1}-1,2^{n+1}-2,\cdots,2^n+1$.

下面证明,对于排列 f,有 $f(a+2005d)>f(a+2006d)$,或 $f(a+2006d)>f(a+2007d)$.

假设上面的结论不成立,则 $f(a+2005d),f(a+2006d),f(a+2007d)$ 严格递增,于是这三个数应在 f 的排列中的三个不同的递减子列中,其中递减子列是由形如 2^n+1 到 2^n 的项组成的,因此 $a+2006d$ 所在的单调递减子列的长度至少为 $\dfrac{a+2006d}{2} \geqslant 1003d$,于是 $(a+2007d)-(a+2005d) > 1003d$(这是因为 $a+2005d$ 与 $a+2007d$ 均不包含在 $a+2006d$ 所在的单调子列中),矛盾.

所以,一定不存在满足条件的正整数.

7. 解析:假设结论不成立,设 $p_1,p_2,\cdots,p_k$ 为能整除形如 $2017^{2^n}+2017$ 这样的数中至少其中之一的全部质数.

考虑 $k+1$ 个数 $2017^{2^i}+2017,(i=1,2,\cdots,k,k+1)$,由于这些数是有限数,故存在一个 $q \in \mathbf{N}^*$,使得这 $k+1$ 个数中的任何一个都不能被 $p_j^q(j=1,2,\cdots,k)$ 整除.

由于 $2017^{2^n}+2017$ 可以足够大,知存在一个 n,使 $2017^{2^n}+2017 > p^{qk}$,其中 $p=\max\{p_1,p_2,\cdots,p_k\}$,对于这个足够大的 $2017^{2^n}+2017$,将其质因数分解后,知必存在某个 p_j 的指数大于 q.考虑这个足够大的 $2017^{2^n}+2017$ 及 $2017^{2^{n+1}}+2017,2017^{2^{n+2}}+2017,\cdots,2017^{2^{n+k}}+2017$ 这 $k+1$ 个数,由于它们每一个均能被某个 p_j^q 整除,但是 p_j 仅有 k 个,由抽屉原理知,这 $k+1$ 个数中必存在两个数被同一个 p_j^q 整除$(j \in \{1,2,\cdots,k\})$,即 $p_j^q \mid 2017^{2^{n+r}}+2017$,$p_j^q \mid 2017^{2^{n+s}}+2017$,其中 $0 \leqslant s < r \leqslant k$,故 $-2017 \equiv 2017^{2^{n+r}}=(2017^{2^{n+s}})^{2^{r-s}} \equiv 2017^{2^{r-s}}(\bmod p_j^q) \Rightarrow p_j^q$ $\mid 2^{2^{r-s}}+2017$ 与 q 的选择矛盾.综上,原结论成立.

8. 解析:最多有 60 个完全平方数.

由题意有 $S_1 < S_2 < \cdots < S_{100}=5050$,又 $71^2 < 5050 < 72^2$,故 $S_1,S_2,\cdots,S_{100}$ 中的完全平方数都属于集合 $\{1^2,2^2,\cdots,71^2\}$.设 $S_1,S_2,\cdots,S_{100}$ 最多有 t 个完全平方数,满足 $1 \leqslant S_{i_1} < S_{i_2} < \cdots < S_{i_t} \leqslant 71^2$.当排列的前 50 个数为 $1,3,5,\cdots,97,99$ 时,可知 $t \geqslant 50$;若 $S_{i_r},S_{i_{r+1}}$ 的奇偶性不同,则 $a_{i_r+1},a_{i_r+2},\cdots,a_{i_{r+1}}$ 中至少有一个奇数,而 $1,2,\cdots,100$ 中恰有 50 个奇数,故 t 个数对 $(0,S_{i_1}),(S_{i_1},S_{i_2}),\cdots,(S_{i_{t-1}},S_{i_t})$ 中至多有 50 个数对奇偶性不同,从而其中至少有 $(t-50)$ 个数对奇偶性相同.因为每个奇偶性相同的数对之间至少会失去一个完全平方数,于是 $S_{i_1},S_{i_2},\cdots,S_{i_t}$ 中完全平方数的个数不超过 $71-(t-50)=121-t$,从而 $t \leqslant 121-t$,因此我们有 $t \leqslant 60$.下给出 $t=60$ 的构造(我们按照一定的顺序构造):

$1,3,5,\cdots,97,99;20,40,62,82;22,42,64,84;24,44,66,86;26,46,68,88;28,48,70,90;30,50,72,92;32,52,$
$74,94;34,54,76,96;36,56,78,98;38,58,80,100;2,4,6,8,10,12,14,16,18,60.$

由上构造我们有 $S_i=\begin{cases} i^2,1 \leqslant i \leqslant 50, \\ \left(\dfrac{i}{2}+25\right)^2,i=54,58,62,66,70,74,78,82,86,90. \end{cases}$

此时 $S_1,S_2,\cdots,S_{100}$ 中恰有 60 个完全平方数.

9. 解析:条件等价于 $\begin{cases} \dfrac{a_0}{a_1}+\dfrac{2017}{a_2}=1, \\ \dfrac{a_0}{a_{n+1}}+\dfrac{2017}{a_{n+2}}=\dfrac{2017}{a_{n+1}}. \end{cases}$ 先用数学归纳法证明:$2017^{n-2} \mid a_n,n \geqslant 2$.

当 $n=2$ 时,结论显然成立.

当 $n=3$ 时,因为 $\dfrac{a_0}{a_2}+\dfrac{2017}{a_3}=\dfrac{2017}{a_2}$,整理得 $a_0 a_3=2017(a_3-a_2)$,显然有 $a_3-a_2 > 0$,则 $2017 \mid a_0 a_3$;若 $2017 \mid a_0$,则 $a_3 \mid (a_3-a_2)$,而 $a_3 > a_3-a_2 > 0$,矛盾.故 $2017 \mid a_3$,结论成立.

假设当 $n=m(m \geqslant 3)$ 时,结论成立.由 $\dfrac{a_0}{a_m}+\dfrac{2017}{a_{m+1}}=\dfrac{2017}{a_m}$,整理得 $a_0 a_{m+1}=2017(a_{m+1}-a_m)$.

假设 $2017^\alpha \| a_{m+1}$,注意到 2017 不整除 a_0,且 $2017^{m-2} \mid a_m$,记 $v_p(n)$ 为正整数 n 的标准分解中质数 p 的最大幂次,则可知 $v_{2017}(a_0 a_{m+1})=\alpha$,且 $v_{2017}(2017(a_{m+1}-a_m)) \geqslant \min\{\alpha,m-2\}+1$,故 $\alpha \geqslant \min\{\alpha,m-2\}+1$,即 $\alpha \geqslant m-1$.结论成立.根据归纳法知 $2017^{n-2} \mid a_n,n \geqslant 2$ 成立.

令 $a_n=2017^{n-2}b_n(n \geqslant 2),b_n \in \mathbf{Z}^+$,则对任意正整数 $n \geqslant 2$,有

$\dfrac{a_0}{a_n}+\dfrac{2017}{a_{n+1}}=\dfrac{2017}{a_n} \Rightarrow \dfrac{a_0}{2017^{n-2}b_n}+\dfrac{2017}{2017^{n-1}b_{n+1}}=\dfrac{2017}{2017^{n-2}b_n} \Rightarrow \dfrac{a_0}{b_n}+\dfrac{1}{b_{n+1}}=\dfrac{2017}{b_n} \Rightarrow b_{n+1}=\dfrac{b_n}{2017-a_0}.$

于是对任意正整数 $n(n \geqslant 2)$,都有 $b_n=\dfrac{b_2}{(2017-a_0)^{n-2}}$.因为 $b_n \in \mathbf{Z}^+$,故 $2017-a_0=1$,则

$b_n = b_2 = a_2, a_0 = 2016.$ 因为 $\dfrac{a_0}{a_1} + \dfrac{2017}{a_2} = 1$，即只需要 a_1, a_2 满足 $\dfrac{2016}{a_1} + \dfrac{2017}{a_2} = 1$ 即可. 事实上，令 $a_0 = 2016$，

$a_n = 2017^{n-2} a_2 (n \geqslant 2)$，对于任意满足 $\dfrac{2016}{a_1} + \dfrac{2017}{a_2} = 1$ 的 (a_1, a_2) 都构成满足条件的序列.

10. 解析：令 $y = x + m$，则 $y^3 - ny + mn = 0$ ①.

令方程 ① 的三个根为 u, v, w，则 $\begin{cases} u + v + w = 0, \\ uv + vw + uw = -n, \\ uvw = -mn, \end{cases}$ 即有 $\begin{cases} w = -(u+v), \\ -(u^2 + v^2 + uv) = -n, \\ -uv(u+v) = -mn \end{cases}$

$\Rightarrow (u^2 + v^2 + uv)m = uv(u+v).$

令 $(u, v) = k, u = kp, v = kq, (p, q) = 1 \Rightarrow k^2(p^2 + q^2 + pq)m = k^3 pq(p+q) \Rightarrow (p^2 + q^2 + pq)m = kpq(p+q) \Rightarrow p^2 + q^2 + pq \mid kpq(p+q)$，

取 $k = p^2 + q^2 + pq, m = pq(p+q), u = (p^2 + q^2 + pq)p, v = (p^2 + q^2 + pq)q$，

由 $n = u^2 + v^2 + uv = k^2(p^2 + q^2 + pq) = (p^2 + q^2 + pq)^3$，

$(p, q) = 1 \Rightarrow (p, p^2 + q^2 + pq) = 1 \Rightarrow (pq, p^2 + q^2 + pq) = 1$，

$(p+q, p^2 + q^2 + pq) = 1 \Rightarrow (m, p^2 + q^2 + pq) = 1 \Rightarrow (m, n) = 1$，

所以 $x_1 = u - m = p(p^2 + q^2 + pq) - pq(p+q) = p^3$，

$x_2 = v - m = q^3$，

$x_3 = w - m = -p(p^2 + q^2 + pq) - q(p^2 + q^2 + pq) - pq(p+q) = -(p+q)^3.$

11. 解析：对 $n = p_1^{a_1} p_2^{a_2} \cdots p_t^{a_t}$，不妨设 $p_1^{a_1} > p_2^{a_2} > \cdots > p_t^{a_t}$，定义 $f(n)$ 满足 $f(n) \equiv p_{i+1}^{a_{i+1}} \bmod(p_i^{a_i}), i = 1, 2, \cdots, t-1$，$f(n) \equiv 1 \bmod(p_t^{a_t})$，取 $a_i = f(n_i), i = 1, 2, \cdots, 10000$，下面证明 a_i 满足条件.

假设存在 $k, i, t, j \in \mathbf{Z}$，使得 $a_i + kn_i = a_j + kn_j$.

因为 $p_1^{a_1}$ 是 $n_i, i = 1, 2, \cdots, 10000$ 的最大质因子，故 $a_i \equiv a^j \bmod(p_1^{a_1})$.

若 $n_i = p_{i_1}^{a_{i_1}} p_{i_2}^{a_{i_2}} \cdots p_{i_s}^{a_{i_s}}$，其中 $p_{i_1}^{a_{i_1}} > p_{i_2}^{a_{i_2}} > \cdots > p_{i_s}^{a_{i_s}}$，则 $p_{i_2}^{a_{i_2}} \equiv f(n_i) = a_i = a_j \equiv f(n_j) \equiv p_{j_2}^{a_{j_2}} \bmod(p_1^{a_1})$. 因为 $p_{i_2}^{a_{i_2}} < p_1^{a_1}, p_{j_2}^{a_{j_2}} < p_1^{a_1}$，故 $p_{i_2}^{a_{i_2}} = p_{j_2}^{a_{j_2}}$，设为 $p_2^{a_2}$，即 n_i, n_j 的第二大质数幂因子相同. 同理可知，对于任意 s, n_i, n_j 的第 s 大质数幂因子相同，故 $n_i = n_j$，矛盾. 原命题得证.

12. 解析：对正整数 $a, b, c \leqslant 3n^2 + 4n$，若 $a = b$，则可取 $x = 1, y = -1, z = 0$，符合题意.

以下设 $1 \leqslant a < b < c \leqslant 3n^2 + 3n$，

考虑集合 $S = \{(ua + vb) \mid u, v \in \mathbf{Z}, -n \leqslant u, v \leqslant n, -n \leqslant u + v \leqslant n+1\}$，

当 $u = -t(t = 0, 1, 2, \cdots, n)$ 时，v 有 $-(n-t), -(n-t-1), \cdots, n-1, n$，共 $2n+1-t$ 种选择.

当 $u = t(t = 1, 2, \cdots, n)$ 时，v 有 $-n, -(n-1), \cdots, n-t, n+1, -t$，共 $2n+2-t$ 种选择.

故 $|S| = \sum_{t=0}^{n}(2n+1-t) + \sum_{t=1}^{n}(2n+2-t) = 3n^2 + 4n + 1.$

将 S 中每个 (u, v) 对应 $ua + vb$，考虑它模 c 的余数，注意到 $c \leqslant 3n^2 + 4n$，由抽屉原理可知，必存在两个不同的数对 $(u_1, v_1), (u_2, v_2) \in S$，使得 $u_1 a + v_1 b \equiv u_2 a + v_2 b \pmod{c}$.

设 $(u_1 a + v_1 b) - (u_2 a + v_2 b) = kc$，则 $(u_2 - u_1)a + (v_2 - v_1)b + kc = 0$.

令 $x = u_2 - u_1, y = v_2 - v_1, z = k$，则 x, y, z 不全为 0，且由 $-n \leqslant u_1, v_1, u_2, v_2 \leqslant n$ 可得 $|x| \leqslant 2n, |y| \leqslant 2n$.

若 $|z| > 2n$，不妨设 $z > 2n$（否则用 $-x, -y, -z$ 代替 x, y, z 讨论）.

故 $(u_1 - u_2)a + (v_1 - v_2)b \geqslant (2n+1)c$，注意到左边两个相加都小于 $2nc$，故它们都是正的，因此 $u_1 - u_2 > 0, v_1 - v_2 > 0.$

故 $(u_1 + v_1) - (u_2 + v_2) = (u_1 - u_2) + (v_1 - v_2) > \dfrac{a}{c}(u_1 - u_2) + \dfrac{b}{c}(v_1 - v_2) \geqslant 2n+1$，

与 $-n \leqslant u_1 + v_1, u_2 + v_2 \leqslant n+1$ 矛盾. 因此 $|z| \leqslant 2n.$

第四章　组合数学与图论

4.1　计数原理与计数公式

1. 解析：若数字 1 在某个角上，我们可以推出：(i) 数字 9 必在对面边的中间位置，即"日"字的两个位置，和 1 相邻只

能是数字 3 和 4,于是这样有 $2 \times 4 = 8$ 种填法;(ii)数字 9 在对面角落上,共 $4 \times 4 = 16$ 种.根据变换 $i \to 10 - i$,数字 9 在角落而 1 不在角落的数量同(i).因此共有 32 种填法.

1	4	7
3	6	9
2	5	8

1	3	6
2	5	8
4	7	9

1	4	7
2	5	8
3	6	9

2. 解析:记 $x, x+d, x+3$ 中的 $x \in \{1,2,3\}$.分 $d=0$ 或 $d=3,3$ 种;$d=1,2,6$ 种分析.于是 $3 \times (2 \times 3 + 2 \times 6) = 54$.

3. 解析:当 $a_{21} = 1$ 时,只有一种;

当 $a_{21} = k, 2 \leqslant k \leqslant 11$ 时,$|a_j - a_{21}|, j = 1, 2, \cdots, 20$ 取值为两个 1,两个 2,$\cdots$,两个 $k-1$,剩下为 $k, k+1, \cdots$, $21-k$ 这 20 个值,因此共有 2^{k-1} 种方法;对 $a_{21} = k, 12 \leqslant k \leqslant 20$ 时,类似为 2^{21-k}.

于是总数为 $\sum_{k=2}^{11} 2^{k-1} + \sum_{k=12}^{20} 2^{21-k} = 2(2 + 2^2 + \cdots 2^{10}) = 2 \times 2 \times \frac{1 - 2^{10}}{1-2} = 4 \times 1023 = 4092$.

4. 解析:不妨设 $x_1 = x_2 = x_3 = x_4 = 1$,其余 $x_i = 0$.数列 $\{y_i\}$ 共有 $C_9^4 = 126$ 种取值情况.

计算满足条件 $F = \sum_{i=1}^{9} |x_i - y_i| \geqslant 5$,我们考虑 y_i 取值为 1 的位置:

(i) 若前四项没有数字 1,则 $F = 9$;

(ii) 若前四项有一个数字 1,则 $F = 3 + 4 = 7$,组合数是 $C_4^1 C_5^4$;

(iii) 若前四项有两个数字 1,则 $F = 2 + 3 = 5$,组合数是 $C_4^2 C_5^3$.

因此满足 $F \geqslant 5$ 的概率就是 $\frac{1 + 20 + 60}{126} = \frac{9}{14}$.

5. 解析:(1) $|X|^{|X|} = 4^4 = 256$.

(2) 若设 f 的值域有 $k(1 \leqslant k \leqslant n)$ 个元素,对于值域里的任意元素 y,$\exists x$,使得 $f(x) = y, f(f(x)) = f(y) = f(x) = y$,即值域元素满足 $f(y) = y$.而不是值域的 $n-k$ 个元素每个有 k 个可能的值,$\sum_{k=1}^{n} C_n^k k^{n-k} = 41$.

(3) 对任意 $x \in X, f(f(x)) = x$.令 $f(x) = y$,(i)$f(x) = x$,即 x 构成一元循环节;(ii) 若 $f(x) = y, x \neq y$,则不存在 $x' \neq x$,使得 $f(x') = y$,否则 $f(x) = f(x')$ 和函数矛盾.于是 $f(y) = x, x, y$ 构成二元循环节.令 $m = \left[\frac{n}{2}\right]$,若有 k 队二元循环节,则一元循环节 $n - 2k$ 个.$2k$ 个元素配成 k 队的组合数为 $\frac{1}{k!} \prod_{i=0}^{k-1} C_{2k-2i}^2$.

最后共有 $\sum_{k=0}^{m} C_n^{n-2k} \frac{1}{k!} \prod_{i=0}^{k-1} C_{2k-2i}^2 = 10$ 个不同函数.

6. 解析:首先 f 必须是满射.

① 若 f 是恒等映射,则有 1 个;

② X 中 3 个元素构成三元循环,另外 3 个不动点,共 $C_6^3 (3-1)! = 40$ 个;

③ X 中元素分成两组,每组是三元循环,有 $\frac{1}{2} C_6^3 C_3^3 (3-1)! (3-1)! = 40$ 个.

所求函数个数为 81.

7. 解析:边长为 k 且边平行于坐标轴的正方形有 $(n+1-k)^2$ 个,而每个这样的正方形有 k 个(顶点沿四条边顺时针方向各移动到下一个整点),于是总个数为 $\sum_{k=1}^{n} (n+1-k)^2 k = \frac{n(n+1)^2(n+2)}{12}$.

8. 解析:考虑两列是三个红色格子、三个蓝色格子,则此时有 $C_3^1 C_2^1$ 种方案,剩下一列三个格子共有 2^3 种方案,减去同色的 2 种,因此有 $6 \times (8-2) = 36$ 种方案.考虑两行类似,共 $36 \times 2 = 72$ 种方案.

9. 解析:应用容斥原理.首先 6 个数首位不是 0 的八位数的个数是 $5 \times 5! = 600$.

记 A 表示 2,0 排在一起不同的数,B 表示 1,9 排在一起不同的数,则所求 $|\overline{A} \cap \overline{B}|$.

$$|\overline{A} \cap \overline{B}| = 600 - |A \cup B|.$$

$$|A \cup B| = |A| + |B| - |A \cap B| = \frac{5!}{2} + \frac{4 \times 4!}{2} - \frac{4!}{2!2!} = 60 + 48 - 6 = 102.$$

所求为 $600 - 102 = 498$.

10. 解析：对顶点 x,以 A_x 表示用边连接到 x 的顶点的集合.若对所有顶点 x,$|A_x| \geqslant \left[\frac{n}{2}\right]+1$,则选出两个顶点 x,y,使得 $y \in A_x$.用容斥原理,$|A_x \cap A_y| = |A_x| + |A_y| - |A_x \cup A_y| \geqslant 2\left[\frac{n}{2}\right]+2-n \geqslant 1$.

这里用了 $|A_x \cup A_y| \leqslant n$.记 $z \in A_x \cap A_y$,因此 x,y,z 是一个三角形的顶点.

11. 解析：(1) 记集合 $S=\{$青蛙跳 8 次的所有路径$\}$,$A=\{$青蛙跳 8 次且第 3 次在点 M 的所有路径$\}$,$B=\{$青蛙跳 8 次且第 5 次在点 M 的所有路径$\}$,$C=\{$青蛙跳 8 次且第 7 次在点 M 的所有路径$\}$.因为跳偶数次不能在点 M,因此问题(1)就转化为求 $|A \cup B \cup C|$.

计算 A 的元素个数,前三步到达点 M 必须两步往右、一步往上,它们的组合数为 $C_3^1 = 3$,剩下五步可以四个方向走,即 $|A| = C_3^1 4^5 = 3 \times 1024 = 3072$.

而集合 B,前五步到达点 M,包括(i) 往右三步、左一步、上一步;(ii) 往右二步、上二步、下一步.后面三步可以四个方向走,则 $|B| = \left(\frac{5!}{3!1!1!} + \frac{5!}{2!2!1!}\right) \times 4^3 = 50 \times 4^3 = 3200$.

同理 $|C| = \left(\frac{7!}{4!2!1!} + \frac{7!}{3!1!2!1!} + \frac{7!}{2!3!2!}\right) \times 4 = 735 \times 4 = 2940$.

$|A \cap B| = 3 \times 4 \times 4^3 = 768$,$|A \cap C| = 3 \times 36 \times 4 = 432$.

这里应用一个容易得到的结论：青蛙跳四步回到起点的路径数是 $(C_4^2)^2 = 36$.事实上,青蛙从某点跳 $2n$ 步回到起点的路径数是 $(C_{2n}^n)^2$,因为 $\sum_{k=0}^{n} C_{2n}^{2k} C_{2k}^k C_{2n-2k}^{n-k} = C_{2n}^n \sum_{k=0}^{n} C_n^k C_n^{n-k} = (C_{2n}^n)^2$.

再计算 $|B \cap C| = 50 \times 4 \times 4 = 800$,$|A \cap B \cap C| = 3 \times 4 \times 4 \times 4 = 192$.

于是所求经过点 M 的路径数是 $|A \cup B \cup C| = 3072 + 3200 + 2940 - 768 - 432 - 800 + 192 = 7404$.

(2) 由 Venn 图,只到过点 M 一次的路径数为
$$|A \cup B \cup C| - |A \cap B| - |B \cap C| - |C \cap A| + 2|A \cap B \cap C| = 5788.$$

12. 解析：注意到 $x^3 + y^3 + z^3 - (x+y+z)^3 = -3(x+y)(y+z)(z+x)$.记
$$A_1 = \{(x,y,z) \in S \times S \times S \mid x=-y\},$$
$$A_2 = \{(x,y,z) \in S \times S \times S \mid y=-z\},$$
$$A_3 = \{(x,y,z) \in S \times S \times S \mid z=-x\}.$$
用容斥原理计算 $|A_1 \cup A_2 \cup A_3|$ 即可.

13. 解析：找 $1 \sim n$ 中和 105 互质的个数是 1000 的数 n.将这个数列的第 1000 项设为 n,而 $105 = 3 \times 5 \times 7$.

令 $S = \{1,2,\cdots,n\}$,记 $A_1 = \{x \in S \mid 3 \mid x\}$,$A_2 = \{x \in S \mid 5 \mid x\}$,$A_3 = \{x \in S \mid 7 \mid x\}$.

由容斥原理知 $1000 = |\bar{A_1} \cap \bar{A_2} \cap \bar{A_3}| = n - \left(\left[\frac{n}{3}\right] + \left[\frac{n}{5}\right] + \left[\frac{n}{7}\right]\right) + \left(\left[\frac{n}{15}\right] + \left[\frac{n}{21}\right] + \left[\frac{n}{35}\right]\right) - \left[\frac{n}{105}\right]$.

由于 $x - 1 < [x] \leqslant x$,则
$$1000 > n - \left(\frac{n}{3} + \frac{n}{5} + \frac{n}{7}\right) + \left(\frac{n}{15}-1 + \frac{n}{21}-1 + \frac{n}{35}-1\right) - \frac{n}{105},$$
$$1000 < n - \left(\frac{n}{3}-1 + \frac{n}{5}-1 + \frac{n}{7}-1\right) + \left(\frac{n}{15} + \frac{n}{21} + \frac{n}{35}\right) - \left(\frac{n}{105}-1\right).$$

解得 $2178 < n < 2194.06$.又 n 与 105 互质,得 $n = 2186$.

14. 解析：见例题 11,略修正,比如 $|A_1| = |A_5| = 3^4 = 81$ 等.

15. 解析：记 $P_i (i=1,2,\cdots,n)$ 表示第 i 对夫妻相邻而坐的安排,显然把这对夫妻作为一个整体,先在 $2n-1$ 中选一个位置,这个位置上男女有两种不同入座情况,一旦这对夫妻安排以后,剩下的男女位置就确定了,各有 $(n-1)!$ 种,即 $|P_i| = 2C_{2n-1}^1 (n-1)!(n-1)!$.

同样,计算有 k 对夫妻相邻而坐的情况有 $|P_{i_1} \cap P_{i_2} \cap \cdots \cap P_{i_s}| = 2C_{2n-k}^k k!(n-k)!(n-k)!$.

应用容斥原理,仍用 E_n 为 n 对夫妻相间而坐,夫妻不相邻的座位安排数为
$$E_n = 2n!n! - \sum_{k=1}^{n} \sum_{i_1 < i_2 < \cdots < i_s} |P_{i_1} \cap P_{i_2} \cap \cdots \cap P_{i_s}| = 2(n!)^2 - \sum_{k=1}^{n} C_n^k 2C_{2n-k}^k k!(n-k)!(n-k)! = 2n!$$
$$\sum_{k=0}^{n} (-1)^k C_{2n-k}^k (n-k)!.$$

4.2　抽屉原理和极端原理

1. 解析:若结果是奇数,则每一项都是奇数,奇数只能是奇数、偶数的差.也就是说,奇数和偶数的个数一样多,但总个数是奇数个,矛盾.

2. 解析:首先按 a,b,c,d 的奇偶性来讨论.比如 4 个全是奇数,则任意两个数的差就是偶数,此时 $2^6 \mid S$.又比如 2 个奇数,2 个偶数,则两个奇数之差是偶数,两个偶数之差也是偶数,此时 $2^2 \mid S$.其余类似讨论,可得 $4 \mid S$.

再按 a,b,c,d 模 3 来讨论,由抽屉原理,至少两个数模 3 相等,它们之差能整除 $3,3 \mid S$.于是 $12 \mid S$.

3. 解析:考虑 7 个数 $a_2 - a_1, a_3 - a_2, \cdots, a_8 - a_7$.若这 7 个数最多只有两个数相等,则 $a_8 - a_1 = (a_8 - a_7) + (a_7 - a_6) + \cdots + (a_2 - a_1) \geqslant 1 + 1 + 2 + 2 + 3 + 3 + 4 = 16$.矛盾.

4. 解析:(1) 将每边 n 等分,平行各边分成 n^2 个边长为 $\dfrac{1}{n}$ 的小正三角形;(2) 将每边 n 等分,平行各边分成 n^2 个边长为 $\dfrac{1}{n}$ 的小正方形;(3) 用 $n-1$ 条水平线等分成 n 个 $\dfrac{1}{n} \times 1$ 的小矩形.

5. 解析:每列四个格子必然至少有两个格子着同色,可以有 $C_4^2 = 6$ 种情况.三种颜色共有 18 种着色可能.如果 $m \geqslant 19$,无论如何着色,一定有两列的两个同色的颜色、位置都一样.当 $m = 18$ 时,把每列两个同色的颜色、位置都不同的情形列出,此时不存在四个顶点同色的矩形.故 $m = 19$.

6. 解析:设 $b_i = \dfrac{a_1 + a_2 + \cdots + a_i}{i}, i = 1,2,\cdots,100$.首先证明:若 $b_i = b_{i+1} = p$,则 $a_{i+1} = p$.

由已知条件,$b_1, b_2, \cdots, b_{100}$ 中至少有 51 个相等,设这个数值为 p.

① 若 $a_1 = b_1 = p$,将 $b_1, b_2, \cdots, b_{100}$ 分为 50 组:$\{b_1, b_2\}, \{b_3, b_4\}, \cdots, \{b_{97}, b_{98}\}, \{b_{99}, b_{100}\}$,则有一组的两个数相等且为 p,如 $b_{2i-1} = b_{2i} = p$ 得 $a_{2i} = p$,从而 $a_1 = a_{2i} = p$.

② 若 $a_1 \neq p$,将 $b_2, b_3, \cdots, b_{100}$ 分为 50 组:$\{b_2, b_3\}, \{b_4, b_5\}, \cdots, \{b_{98}, b_{99}\}, \{b_{100}\}$,因为 $b_2, b_3, \cdots, b_{100}$ 中至少有 51 个等于 p,故以上至少有一组的两个数相等 $b_{2i} = b_{2i+1} = p$,于是 $a_{2i+1} = p$.

又分成 50 组:$\{b_2\}, \{b_3, b_4\}, \cdots, \{b_{97}, b_{98}\}, \{b_{99}, b_{100}\}$,可得 $b_{2m-1} = b_{2m} = p$,推得 $a_{2m} = p$.

7. 解析:设 $c_i = \sum\limits_{k=1}^{i} a_k, i = 1,2,\cdots,n$,记 $[0]_n, [1]_n, \cdots [n-1]_n$ 表示除 n 后余数分别为 $0,1,\cdots,n-1$ 的数的集合.

若 $c_{i_s} \in [0]_n$,则 $a_1, a_2, \cdots, a_{i_s}$ 之和是 n 的倍数.

若所有 $c_i \notin [0]_n$,必有两个数 c_{i_t}, c_{i_s} 属于同一个 $[k_0]_n$,于是 $c_{i_t} - c_{i_s} \in [0]_n$,即 $\sum\limits_{k=i_s+1}^{i_t} a_k$ 是 n 的倍数.

8. 解析:先考虑第一分量,按模 n 分类,则至少 $(n-1)^2 + 1$ 个数 x_i 属于模 n 的同一类.

对于这 $(n-1)^2 + 1$ 个数的 y_i,若有 n 个数属于 $[0]_n$,则直接取即可.

9. 解析:整个棋盘的染色总数为 2^{100},而同时切换任意 2×2 或 7×7 形成的染色数是 2^{81+16}.也就是说,从整个蓝色棋盘通过切换不能得到某种棋盘染色.于是从此棋盘染色通过切换得不到整个蓝色棋盘.

10. 解析:用点 $A_1, A_2, \cdots, A_{n^2+1}$ 分别表示 M 中的 $n^2 + 1$ 个数.若 $a_i \mid a_j$,则连有向边 $\overrightarrow{A_i A_j}$,否则不连边,得到图.

设以 A_i 为起点的最长路径的长为 l_i,若长度没有超过 n 的最长路,则 $0 \leqslant l_i \leqslant n-1$.由抽屉原理,存在 $l_1 = l_2 = \cdots = l_{n+1}$.在这 $n+1$ 个数中,必有两个数满足要求,不妨设 $a_1, a_{n+1}, a_1 \mid a_{n+1}$,于是 $l_1 \geqslant l_{n+1} + 1$.矛盾.

11. 解析:记 $s_1 = a_1, s_2 = a_1 + a_2, \cdots, s_{100} = a_1 + \cdots a_{100}$.因为
$$s_{100} = (a_1 + a_2 + \cdots + a_{10}) + (a_{11} + a_{12} + \cdots + a_{20}) + \cdots + (a_{91} + a_{92} + \cdots + a_{100}) \leqslant 16 \times 10 = 160.$$
考虑数列 $s_1, s_2, \cdots, s_{100}, s_1 + 39, s_2 + 39, \cdots, s_{100} + 39$,前 100 项单调递增,后 100 项也单调递增.又 $s_{100} + 39 \leqslant 160 + 39 = 199$,即该数列每一项都属于 $[1,199]$.由抽屉原理及前后 100 项各自单调递增知,一定存在两项 $k_1 - 1$,k_2 满足 $s_{k_2} = s_{k_1-1} + 39$.得证.

12. 解析:设 $a_1, a_2, \cdots, a_{20}$ 为 $1 \sim 20$ 的一个排列,记 $s_i = a_i + a_{i+1} + a_{i+2} + a_{i+3} + a_{i+4}, i = 1,2,\cdots,16$.

计算 $s_1 + s_6 + s_{11} + s_{16} = 1 + 2 + 3 + \cdots + 20 = 210$.则至少有一项大于等于 53.取 $T = 53$,得 20,1,17,4,11,16,5,15,6,9,14,8,13,7,12,10,3,18,2,19.

13. 解析:设 k 为使得 k 场比赛由 $2k$ 名不同成员参加的最大整数,则在其余 $20 - 2k$ 名成员中,每两名都不比赛,否则与 k 最大值假设矛盾.再考虑这 $20 - 2k$ 名成员,他们每人至少比赛过一场(一定和前面 $2k$ 名成员),因此他们至少比赛 $20 - 2k$ 场.于是 $14 \geqslant (20 - 2k) + k, \Rightarrow k \geqslant 6$.故必有六场比赛,其中 12 个参赛选手各不相同.

14.解析: 设 $220 = a_1 + a_2 + \cdots a_9, a_1 < a_2 < \cdots < a_9$.

注意到 $a_k - a_1 = (a_k - a_{k-1}) + (a_{k-1} - a_{k-2}) + \cdots + (a_2 - a_1) \geqslant k-1, k = 2, 3, \cdots, 9$,

因此 $220 = 9a_1 + (a_2 - a_1) + \cdots + (a_9 - a_1) \geqslant 9a_1 + (1 + 2 + \cdots + 8), \Rightarrow a_1 \leqslant 20\frac{4}{9} \leqslant 20$.

又 $220 = (a_1 - a_9) + (a_2 - a_9) + \cdots 9a_9 \leqslant -8 - 7 - \cdots - 1 + 9a_9, \Rightarrow a_9 \geqslant 28\frac{4}{9} \geqslant 29$,

因此最大数减去最小数的差最小至少为 9.而如下分拆取到此最小值,

$$220 = 20 + 21 + 22 + 23 + 24 + 26 + 27 + 28 + 29.$$

15.解析: 考虑极端情况.令 $2022 = a_1 + a_2 + \cdots + a_k, a_1 < a_2 < \cdots < a_k$.

每项 a_k 取尽量小的值,则 $2022 \geqslant (1 + 2 + \cdots + k) = \frac{1}{2}k(k+1)$.

计算得 $k \leqslant 63$.而 $1 + 2 + \cdots + 62 + 69 = 2022$.至多能分 63 项.

4.3 递推方法和母函数方法

1.解析: 显然 $g_1 = g_2 = 1$.考虑 X_n 中的非凡子集 S,分两种情形:若 S 不含元素 n,这样的 S 的个数就是 X_{n-1} 中的非凡子集数 g_{n-1};若 S 包含元素 n,则 S 必然不含元素 1,记 $S = \{x_1, x_2, \cdots, x_k, n\}$ 的形式,$\{x_1 - 1, x_2 - 1, \cdots, x_k - 1\}$ 是 X_{n-2} 的非凡子集,个数为 g_{n-2}.于是 $g_n = g_{n-1} + g_{n-2}$,证明了结论.

2.解析: 考虑 $n+4$ 枚时,首尾两次甲取的方法数 $g(n+4)$.开始的两次有如下四种情况:

(a) 甲取 1 枚,乙取 1 枚,余下 $n+2$ 枚的取法数为 $g(n+2)$;

(b) 甲取 2 枚,乙取 1 枚,余下 $n+1$ 枚的取法数为 $g(n+1)$;

(c) 甲取 1 枚,乙取 2 枚,余下 $n+1$ 枚的取法数为 $g(n+1)$;

(d) 甲取 2 枚,乙取 2 枚,余下 n 枚的取法数为 $g(n)$.

于是得到递推关系式 $g(n+4) = g(n+2) + 2g(n+1) + g(n), n \geqslant 0$.

初始值 $g(0) = 0, g(1) = g(2) = g(3) = 1$.根据递推式容易计算 $g(1000) \bmod 8$ 的值.

3.解析: 当 $z = 0$ 时,方程 $x + y = n, x \geqslant y$ 的非负整数解的个数为 $\left[\frac{n}{2}\right] + 1$.当 $z \geqslant 1$ 时,$x' = x-1, y' = y-1$,$z' = z-1$,则 $x' + y' + z' = n-3, x' \geqslant y' \geqslant z' \geqslant 0$ 的非负整数解的个数为 D_{n-3}.于是得到递推关系式 $D_n = D_{n-3} + \left[\frac{n}{2}\right] + 1$.

按模 6 的余数分别讨论,D_n 的表达式可证.

4.解析: 用字母 B, T 来代替立方体底面与顶面的顶点,用两个字母表示移动一步,比如 BB 表示从底面某一个顶点移动到底面另一个顶点,BT 表示从底面一个顶点移动到顶面的一个顶点,同理记 TB, TT.如果移动两步则用三个字母表示,比如 BBT 表示底面移动一步再移动到顶面,等等.

为了建立递推关系,我们假设按要求移动 n 步后,最后一步是 BB 的概率为 a_n,最后一步是 BT 的概率为 b_n,最后一步是 TB 的概率为 c_n,最后一步是 TT 的概率为 d_n.

显然 $a_1 = \frac{2}{3}, b_1 = \frac{1}{3}, c_1 = d_1 = 0$.

当移动 n 步后再移动一步时,我们有关系式 $\begin{cases} a_{n+1} = \frac{1}{2}a_n + c_n, \\ b_{n+1} = \frac{1}{2}a_n, \\ c_{n+1} = \frac{1}{2}d_n, \\ d_{n+1} = \frac{1}{2}d_n + b_n. \end{cases}$

注意到系数 $\frac{1}{2}$ 的意义,比如第一个式子,如果 n 步后最后一步是 BB,则有一半机会继续移动到底面另一个顶点,计入 $n+1$ 步的 BB 类;另一半机会移动到顶面,计入 $n+1$ 步的 BT 类.而最后一步是 TB 的只能在底面的(两个)顶点再移动一步,即 n 步的 TB 类全部计入 $n+1$ 的 BB 类.

因为数字8不大,直接算八步.计算可得 $a_8 = \dfrac{59}{192}, b_8 = \dfrac{11}{64}, c_8 = \dfrac{31}{192}, d_8 = \dfrac{23}{64}$.

而最后到达顶面的顶点的概率 $b_8 + d_8 = \dfrac{11}{64} + \dfrac{23}{64} = \dfrac{17}{32}$.

5. 解析:(a) 去掉第 $n+2$ 个顶点,计算减少的区域数.任选三个顶点 $i,k,j(i<k<j)$,则对角线 $(n+2,k)$(连接此两个顶点)和对角线 (i,j) 必有交点,每个交点减少一个区域.而在三角形 $(n+2,1,n+1)$ 中减少 n 个区域,因此可得递推式.(b) 根据(a)易得.

6. 解析:令 $u_n = g_{3n}, v_n = g_{3n+1}, w_n = g_{3n+2}$,则 $\begin{cases} u_{n+1} = v_n + 2w_n, \\ v_{n+1} = u_{n+1} + v_n + w_n, n \geqslant 0, \\ w_n = u_n + v_n, \end{cases}$ 及 $u_0 = 0, v_0 = 1, w_0 = u_0 + v_0 = 1$.

以下略,答案 $g_{3n+r} = F_{4n+r}, r = 0,1,2$,这里 F_n 是斐波那契数列的项.

7. 解析:若一个序列除了最后一项外其他各项均满足邻项中至少有一项为 1,则称此 $0-1$ 序列是"好的".将有两项及两项以上"好的" $0-1$ 序列分成以下四种类型.类型 A:序列以 $0,0$ 结尾;类型 B:序列以 $0,1$ 结尾;类型 C:序列以 $1,0$ 结尾;类型 D:序列以 $1,1$ 结尾.

设 a_n, b_n, c_n, d_n 分别为类型 A, B, C, D 的 n 项"好的"序列的个数,则 $B_n = c_n + d_n$.

一个 $n+1$ 项的类型 A 的序列,其倒数第二项为 0,则倒数第三项为 1,因此 $a_{n+1} = c_n$;

同样地,$b_{n+1} = a_n + c_n, c_{n+1} = d_n, d_{n+1} = b_n + d_n$.

容易知道 $a_2 = c_2 = 0, b_2 = d_2 = 1, B_2 = 1$.逐项计算(表格)知,满足 $20 \mid B_n$ 的最小 $n = 25$,事实上,$B_{n+1} = B_n + B_{n-2} + B_{n-3}, B_2 = 1, B_3 = 3, B_4 = 4, B_5 = 5$.

8. 解析:记 $A(m,n) = \dfrac{m!(2m+2n)!}{(2m)!n!(m+n)!}$,则对所有 $n(n \geqslant 0), A(0,n) = C_{2n}^n$ 是一个整数;对所有 $m(m \geqslant 0)$,$A(m,0) = 1$ 是一个整数.

验证:$A(m,n) = 4A(m,n-1) + A(m-1,n)$ 对所有 $m,n \geqslant 0$ 成立.由此可证 $A(m,n)$ 都是整数.

9. 解析:母函数 $f(x) = 1 + x^2 + 2x^4 + 3x^4 + 4x^6 + \cdots = 1 + x^2 + 2(x^2)^2 + 3(x^2)^3 + \cdots = \dfrac{1}{(1-x^2)^2}$.

10. 解析:方程 $ax + by = n$ 的非负整数解相当于 $x, y = 0,1,2,\cdots$,对应 $1, a, 2a, \cdots, 1, b, 2b, \cdots$ 各取一个数的和为 n.因此母函数 $f(x) = (1 + x^a + x^{2a} + x^{3a} + \cdots)(1 + x^b + x^{2b} + x^{3b} + \cdots)$.

11. 解析:构造母函数 $F(x) = (x + x^2 + \cdots + x^5)(x + x^2 + \cdots + x^6)(x + x^2 + \cdots + x^7)(x + x^2 + \cdots + x^8)$.

它的 x^{20} 的系数即为所求.化简 $F(x) = x^4 \cdot \dfrac{1-x^5}{1-x} \cdot \dfrac{1-x^6}{1-x} \cdot \dfrac{1-x^7}{1-x} \cdot \dfrac{1-x^8}{1-x}$.

因为 $\dfrac{1}{(1-x)^4} = \displaystyle\sum_{k=0}^{\infty} C_{3+k}^3 x^k$,计算可得答案为 79.

12. 解析:将 7 次反面作为隔离分成 8 个部分,每部分的正面个数记为 $x_1, x_2, \cdots, x_8$,则没有连续五次正面的个数满足 $x_1 + x_2 + \cdots + x_8 = 13, 0 \leqslant x_i \leqslant 4$.用母函数方法构造 $F(x) = (1 + x + x^2 + x^3 + x^4)^8 = \dfrac{(1-x^5)^8}{(1-x)^8}$,计算 x^{13} 的系数为 29400.而总个数为 $C_{20}^7 = 77520$.因此所求概率 $P = \dfrac{29400}{77520} \approx 0.38$.

13. 解析:考虑母函数 $F(x) = (1 + x + x^2 + \cdots)(1 + x^2 + x^4 + \cdots) = \dfrac{1}{(1-x)^2(1+x)} = \dfrac{1}{2(1-x)^2} + \dfrac{1}{4(1-x)} + \dfrac{1}{4(1+x)}$.

计算 x^n 的系数为 $\dfrac{1}{4}[2n + 3 + (-1)^n]$.

14. 解析:设五位数有数字 $1,2,3,4$,个数为 i_1, i_2, i_3, i_4,则 $i_1 + i_2 + i_3 + i_4 = 5, 0 \leqslant i_i \leqslant 3$.

它组成的五位数的个数是 $\dfrac{5!}{i_1! i_2! i_3! i_4!}$.于是构造母函数 $F(x) = 5! \cdot \left(1 + \dfrac{x}{1!} + \dfrac{x^2}{2!} + \dfrac{x^3}{3!}\right)^4$.计算 x^5 的系数为 960.

15. 解析:n 拆分成重复数不超过 2 的数之和的拆分数 a_n 的母函数为

$$F(x) = (1+x+x^2)(1+x^2+x^4)(1+x^3+x^6)\cdots = \frac{(1-x)(1+x+x^2)}{1-x} \cdot \frac{(1-x^2)(1+x^2+x^4)}{1-x^2}\cdots$$

$$= \frac{1-x^3}{1-x} \cdot \frac{1-x^6}{1-x^2} \cdot \frac{1-x^9}{1-x^3} \cdot \frac{1-x^{12}}{1-x^4}\cdots = \frac{1}{1-x} \cdot \frac{1}{1-x^2} \cdot \frac{1}{1-x^4} \cdot \frac{1}{1-x^5}\cdots$$

它就是 n 拆分成不被 3 除尽的数之和的拆分数 b_n 的母函数. 因此 $a_n = b_n$.

4.4 映射方法

1. 解析：首先我们记命题 P 为满足 $w \geqslant x \geqslant y \geqslant z \geqslant 0$ 及方程 $w+x+y+z = n$ 的解的个数，命题 Q 为满足方程 $w+2x+3y+4z = n$ 的解的个数.

若整数 w, x, y, z 满足 $w \geqslant x \geqslant y \geqslant z \geqslant 0$ 及方程 $w+x+y+z = n$.

由假设 $w \geqslant x \geqslant y \geqslant z \geqslant 0$，令 $y = z+y', x = y+x' = z+y'+x', w = x+w' = z+y'+x'+w'$，

其中 y', z', w' 是非负整数，则方程 $w+x+y+z = n$ 为 $w'+2x'+3y'+4z = n$.

也就是说，满足命题 P 的任意一组解 (w, x, y, z)，都对应唯一的一组解 (w', x', y', z) 满足命题 Q. 反之，若对满足方程 $w+2x+3y+4z = n$ 的解 (w, x, y, z)，令 $w' = w+x+y+z, x' = x+y+z, y' = y+z, z' = z$. 容易验证对应的唯一解 (w', x', y', z') 满足命题 P. 故满足命题 P 到满足命题 Q 是一对一的，满足命题 Q 到满足命题 P 也是一对一的，从而是一一对应的.

2. 解析：令 $b_i = a_i - i + 1, i = 1, 2, \cdots, k$，则 $1 \leqslant b_1 \leqslant b_2 \leqslant \cdots \leqslant b_k \leqslant n-k+1$，且每个 b_i 是奇数. 反过来，每一个这样的序列 b_i 均决定一个符合要求的序列 a_i. 于是所求为 $1, 2, \cdots, n-k+1$ 中全体奇数的 k-可重复组合的个数，即为 $\mathrm{C}_{m+k-1}^k, m = \left[\dfrac{n-k+2}{2}\right]$.

（m 个奇数，可重复取 k 个，相当于 $x_1 + \cdots + x_k = m$ 的非负整数解个数.）

3. 解析：按模 3 同余分类

$$[0] = \{3, 6, 9, \cdots, 99\}, |[0]| = 33,$$
$$[1] = \{1, 4, 7, \cdots, 100\}, |[1]| = 34,$$
$$[2] = \{2, 5, 8, \cdots, 98\}, |[1]| = 33.$$

置换按模 3 满足 s_j 不能被 3 整除，不考虑 $[0]$ 的数，则只能是如下两种模式：$P_1: 11212\cdots, P_2: 22121\cdots$.

由于 $|[1]| > |[2]|$，因此只能是第一种模式 P_1. 在第一种模式下，$[0]$ 可以插入除第一个外的任何位置，有 C_{99}^{33}. 于是置换个数为 $\mathrm{C}_{99}^{33} \times 33! \times 34! \times 33!$.

4. 解析：用例题 3 的方法，相当于从 $[-1, n] \times [0, n+1]$ 的格点中从左下角点到右上角点，且中间不交对角线的非降路径. 因此答案就是例题 3 中 n 换成 $n+1$.

5. 解析：不加条件的路径对为 $\mathrm{C}_{m+n}^n \mathrm{C}_{m+q-p}^q$，再考虑路径 f, g 相交的路径，它和从 A 到 C 的路径 i 及从 B 到 D 的路径 j 存在一一对应（类似例题 3 的方法），而 (i, j) 的路径对的个数为 $\mathrm{C}_{m+q}^m \mathrm{C}_{m+n-p}^n$.

6. 解析：记符合条件的所有 n 元组的集合为 M. 在 M 中，$x_n = n$ 的所有元素构成的子集合为 N，要证明 $|M| = 2|N|$，只需说明 $|N| = |\overline{N}|$ 即可.

对每一个 $(x_1, x_2, \cdots, x_n) \in M$，作一个 $n \times n$ 的数表 $A = (a_{ij})$，满足 $a_{ij} = \begin{cases} 1, j \leqslant x_i, \\ 0, j > x_i, \end{cases}$ 则每行的和 $x_i = \displaystyle\sum_{j=1}^n a_{ij}$.

将数表 A 中所有数字 0 改写为 1，而所有数字 1 改写为 0，得到一个新的数表 $B = (b_{ij})$.

令数表 B 的每一列中 $y_j = \displaystyle\sum_{i=1}^n b_{ij}, 1 \leqslant j \leqslant n$，则 $0 \leqslant y_1 \leqslant y_2 \leqslant \cdots \leqslant y_n \leqslant n$.

因为 A 和 B 重叠后，恰好是一个全为数字 1 的 $n \times n$ 的表格，故 $\displaystyle\sum_{i=1}^n x_i + \displaystyle\sum_{j=1}^n y_j = n^2$.

据已知条件 $d \mid n, d \mid \displaystyle\sum_{i=1}^n x_i$，故 $d \mid \displaystyle\sum_{j=1}^n y_j$. 显然 $(y_1, y_2, \cdots, y_n) \in M$.

令 $f: M \to M, f(x_1, x_2, \cdots, x_n) = (y_1, y_2, \cdots, y_n)$，可以说明 f 是一一对应的.

一方面，对每个 $(x_1, x_2, \cdots, x_n) \in N$，因为 $x_n = n$，故 A 最后一行均是 1，由此 B 的最后一行均为 0. 于是 $y_n = \displaystyle\sum_{i=1}^n b_{in} < n$. 故 $(y_1, y_2, \cdots, y_n) \in \overline{N}$.

另一方面,对每一个 $(x_1,x_2,\cdots,x_n) \in \overline{N}$,因为 $x_n < n$,A 的最后一行均是 0,由此 B 的最后一列均是 1.于是 $y_n = n$,所以 $(y_1,y_2,\cdots,y_n) \in N$.我们得到 $|N| = |\overline{N}|$.

7.解析:设 $n = 4m+1$,$m \geqslant 1$,对于 $\{1,2,\cdots,n\}$ 的任意排列 $P = \{a_1,a_2,\cdots,a_n\}$,

由 k_P 的定义得 $a_1 + a_2 + \cdots + a_{k_P} < a_{k_P+1} + a_{k_P+2} + \cdots + a_n$,$a_1 + a_2 + \cdots + a_{k_P+2} \geqslant a_{k_P+2} + a_{k_P+3} + \cdots + a_n$.

首先上式第二个不等式不能取到等号,否则所有数之和就是偶数,但 $1 + 2 + \cdots + n = \dfrac{1}{2}n(n+1) = (4m+1)(2m+1)$ 是奇数,这是不可能的.于是 k_P 满足 $a_1 + a_2 + \cdots + a_{k_P} < a_{k_P+1} + a_{k_P+2} + \cdots + a_n$,$a_1 + a_2 + \cdots + a_{k_P+1} > a_{k_P+2} + a_{k_P+3} + \cdots + a_n$.

则对于排列 P 的反向排列 $P' = \{a_n,a_{n-1},\cdots,a_1\}$,它的 $k_{P'} = n - (k_P+1)$.对于 $\{1,2,\cdots,n\}$ 的所有 $n!$ 个排列,我们可以两两配对,使得 P,P' 互为反向排列,和 $k_P + k_{P'} = n-1$,共有 $\dfrac{n!}{2}$ 对,因此总和为 $\dfrac{1}{2}n!(n-1)$.

8.解析:若现在在位置 x,则上一轮 y 应满足 $y - \left[\dfrac{y}{3}\right] = x$,$y \not\equiv 0 \pmod 3$.

只要考虑 $x \not\equiv 0 \pmod 3$,于是 x,y 对应为

x	$\rightarrow$	y
$6k+1$		$9k+1$
$6k+2$		$9k+2$
$6k+4$		$9k+5$
$6k+5$		$9k+7$

因此按此映射,反推最后位置 $(3 \rightarrow)4 \rightarrow 5 \rightarrow 7 \rightarrow 10 \rightarrow 14 \rightarrow 20 \rightarrow 29 \rightarrow 43 \rightarrow 64 \rightarrow 95 \rightarrow 142 \rightarrow 212 \rightarrow 317 \rightarrow 475 \rightarrow 712 \rightarrow 1067 \rightarrow 1600$.

故最后第三个人,他原来排在第 1067 个位置.

9.解析:对数组 $\{1,2,\cdots,n-1\}$ 的一个新鲜的置换 $(i_1 i_2 \cdots i_{n-1})$.显然 $i_{n-1} \neq n-1$.

对于数组 $\{1,2,\cdots,n-1\}$ 的任一个新鲜的置换 $(i_1 i_2 \cdots i_{n-1})$,设 $i_{k_0} = n-1$,$k_0 \neq n-1$,构造 $(n i_1 i_2 \cdots i_{n-1})$,$(i_1 n i_2 \cdots i_{n-1})$,$(i_1 i_2 n \cdots i_{n-1})$,$\cdots$,$(i_1 i_2 \cdots i_{n-1} n)$ 及 $(i_1 i_2 \cdots i_{k_0-1} n i_{k_0+1} \cdots i_{n-1}(n-1))$.

也就是说,对任一个数组 $\{1,2,\cdots,n-1\}$ 的新鲜的置换,有 n 个数组 $\{1,2,\cdots,n\}$ 的新鲜的置换.因此 $f_n \geqslant n f_{n-1}$.

10.解析:(1) 这样的排列最后一位数字只能是 1 或者 n;(2)符合要求,且最后一位数字是 1 的排列和最后一位数字是 n 的排列之间存在一一对应;(3)$n+1$ 情形的个数是 n 的 2 倍.因此所求个数是 2^{n-1}.

11.解析:若两点 $(x_1,y_1),(x_2,y_2)$ 在同一直线上,则 $\dfrac{y_2 - y_1}{x_2 - x_1} = \dfrac{3}{7}$,即 $7(y_2 - y_1) = 3(x_2 - x_1)$.

也就是说,长方形右上角和左下角两点会在同一直线上.类似例题 9 的方法,在平面图形上,$x \geqslant 0$,$y \geqslant 0$,$x + y \leqslant 100$,由梯形 $x + y > 90$,$x + y \leqslant 100$ 及两坐标轴所围的整点个数是 $C_{100+2}^2 - C_{90+2}^2$.再考虑上半三角形区域,由左上角、右下角两部分的点,需加上 $C_3^2 + C_7^2$ 个点.

12.解析:只要对 $\sigma = (i_1,i_2,\cdots,i_k)$ 证明即可.

当 k 是奇数时,$\tau_1 = (i_1,i_k)(i_2,i_{k-1})\cdots(i_{\frac{k-1}{2}},i_{\frac{k+3}{2}})(i_{\frac{k+1}{2}})$,$\tau_2 = (i_k,i_2)(i_{k-1},i_3)\cdots(i_{\frac{k+1}{2}})(i_1)$.

当 k 是偶数,$\tau_1 = (i_1,i_k)(i_2,i_{k-1})\cdots(i_{\frac{k}{2}},i_{\frac{k}{2}+1})$,$\tau_2 = (i_k,i_2)(i_{k-1},i_3)\cdots(i_{\frac{k}{2}+2},i_{\frac{k}{2}})(i_{\frac{k}{2}+1})(i_1)$.

13.解析:置换 $\sigma^6 = I$,因此置换的轮换长度是 6 的因子.(1) 含长度为 6 的轮换的置换有 $(6-1)! = 120$ 个;(2)含长度为 $3,3$ 的轮换的置换有 $C_6^3 (3-1)!(3-1)! \div 2! = 40$ 个;(3)含长度为 $3,2,1$ 的轮换的置换有 $C_6^3 C_3^2 (3-1)! = 120$ 个;(4)含长度为 $3,1,1,1$ 的轮换的置换有 $C_6^3 (3-1)! = 40$ 个;(5)含长度为 $2,2,2$ 的轮换的置换有 $C_6^2 C_4^2 \div 3! = 15$ 个;(6)含长度为 $2,2,1,1$ 的轮换的置换有 $C_6^2 C_4^2 \div 2! = 45$ 个;(7)含长度为 $2,1,1,1,1$ 的轮换的置换有 $C_6^2 = 15$ 个;(8)都是不动点($\sigma(i) = i$)的置换有 1 个.共计 396 个.

也可以用减法:总置换数 $6!$ 减去含轮换 $5,4$ 的置换数.

14.解析:注意到,一个轮换中两个数交换可以变成两个轮换,而两个轮换中的两个数交换可以变成一个轮换.由于题目只能奇数与偶数对调位置,因此最不利的条件就是奇数轮换和偶数轮换合并,再逐步分成单个数的轮换(不动点),也即从 $\sigma = (1,3)(5,7)\cdots(97,99)(2,4,6,\cdots 98,100)$ 出发,合并 25 次,拆分 99 次,共 124 次操作.

15. 解析：对 n 归纳证明.

当 $n=2$ 时显然成立.假设不等式 $i(\sigma)\leqslant d(\sigma)$ 对 $n\geqslant 2$ 时成立.则对 $n+1$ 时,设 σ 是 $\{1,2,\cdots,n,n+1\}$ 的一个置换,若 $\sigma(n+1)=n+1$,由归纳假设即得.

若 $\sigma(i)=n+1(i<n+1)$,记 $\{1,2,\cdots,n\}$ 的置换为

$$\tau=\begin{pmatrix} 1 & \cdots & i-1 & i & i+1 & \cdots & n \\ \sigma(1) & \cdots & \sigma(i-1) & \sigma(n+1) & \sigma(i+1) & \cdots & \sigma(n) \end{pmatrix}.$$

则可以推出 $d(\sigma)-i(\sigma)=d(\tau)-i(\tau)+2(k-\max(0,p(i)-i))+1$,这里 k 表示 $\tau(i+1),\tau(i+2),\cdots,\tau(n)$ 中小于 $\tau(i)$ 的个数.在 $\tau(1),\tau(2),\cdots,\tau(i-1)$ 中至多有 $i-1$ 个值小于 $\tau(i)$,所以 $\tau(i+1),\tau(i+2),\cdots,\tau(n)$ 中至少有 $p(i)-1-(i-1)$ 个值小于 $\tau(i)$,即 $k\geqslant p(i)-i$.由归纳假设知 $d(\sigma)-i(\sigma)\geqslant d(\tau)-i(\tau)\geqslant 0$.

4.5 组合极值

1. 解析：记 E 中的点为 $A_1,A_2,\cdots,A_{2n-1}$,将距离 A_i 与 A_{i+n+1} 连一条边.问题等价于在这样的图中找到最多数量的两两不相邻的点.当 $(n+1,2n-1)=1$,即 $n\equiv 0,1(\bmod 3)$ 时,该图是一个圈,所以至多选 $n-1$ 个点互不相邻.当 $(n+1,2n-1)=3$,即 $n\equiv 2(\bmod 3)$ 时,该图是 3 个圈,每个圈长为 $\dfrac{2n-1}{3}$,从而至多选 $3\times\dfrac{n-2}{3}=n-2$ 个点.

若 $n\equiv 0,1(\bmod 3)$,则相应的 k 的最小值为 n;若 $n\equiv 2(\bmod 3)$,则为 $n-1$.

2. 解析：所求的最小值为 55.将问题一般化,考虑 $2n\times 2n(n$ 为奇数$)$ 的方格表.

下面用归纳法证明至少需要 $2n^2+n$ 个点光源.

(1) 当 $n=1$ 时,在 2×2 的方格表中,若只有两个点光源:(i) 若中心位置无点光源,则任意取走一个后,不能将方格均照亮;(ii) 若中心处有点光源,只需取走中心处的点光源,则方格不能均被照亮.从而,至少需要三个点光源才能满足题中条件(放置在中轴上的三个格点即可),结论成立.

(2) 假设当 $n-2$ 时,结论成立.考虑 n 时的情况.由归纳假设知,处在中心位置的 $2(n-2)\times 2(n-2)$ 个小格至少需要 $(2n-3)\times(n-2)$ 个点光源.接下来考虑 $2n\times 2n$ 方格表的最外面两圈小格.将最外面的一圈小格染为黑色,由于在中心位置的 $2(n-2)\times 2(n-2)$ 个小格的顶点处放置点光源无法照亮黑格,设至少需要 x 个点光源才能将黑格全部照亮.考虑如下形式的二元组:对于一个点光源和一个黑格,若该点光源照亮了此黑格,则将这个点光源和此黑格配成一个二元组.下面计算二元组的个数 S.

一方面,对于任意一个黑格,其必出现在两个二元组中;若不然,其四个顶点处至多只有一个点光源,将此点光源去掉后,该黑格无法被照亮,与题设矛盾.故 $S\geqslant 2\times 4(2n-1)$.

另一方面,对于一个照亮了黑格的点光源,若在方格表的中心位置的 $(2n-1)\times(2n-1)$ 正方形的四个顶点处,其至多在三个二元组中,而其余每个点光源至多在两个二元组中.于是 $S\leqslant 2x+4$.故 $2x+4\geqslant 2\times 4(2n-1)\Rightarrow x\geqslant 8n-6$.从而在 $2n\times 2n$ 的方格表中,至少需要 $(2n-3)\times(n-2)+8n-6=2n^2+n$ 个点光源.取 $n=5$,至少需要 55 个点光源.又将这个方格表放置在平面直角坐标系的第一象限中,原点与左下方顶点重合,格点的横纵坐标均为整数,只需在点 $(2i-1,j)$ 处放置点光源,即满足要求 $i=1,2,\cdots,5$ 和 $j=0,1,\cdots,10$.

3. 解析：因为如果一个女孩的某一侧是一个男孩,那么这个女孩一定不在好位置上.所以只要将圆圈上 1000 个位置分成 334 组,前 333 组都是 2 个女孩中间站 1 个男孩,最后一组只有 1 个男孩,于是一共有 666 个女孩和 334 个男孩,但没有一个女孩站在好位置上.故所求女孩人数的最小值不小于 667.下面我们证明:如果 1000 个男女青年中至少有 667 个女孩,那么其中必有 1 个女孩站在好位置上.实际上,我们可以证明下列一般性结论:如果 $3n+1(n\in \mathbf{N}^*)$ 个男女青年站在一个圆圈上,并且其中至少有 $2n+1$ 个女孩,那么必有一个女孩站在好位置上.用归纳法.当 $n=1$ 时,一共有 $3\times 1+1=4$ 个男女青年,其中至少有 $2\times 1+1=3$ 个女孩,从而至多有 1 个男孩,站成一个圆圈时,必有一个女孩 G,她的两侧都为女孩,故 G 在好位置上.设 $n=k$ 时结论成立,则当 $n=k+1$ 时,一共有 $3(k+1)+1=3k+4$ 个男女青年.其中女孩至少有 $2(k+1)+1=2k+3$ 个.任取一个男孩 A,并在 A 的两侧各找一个到 A 的距离最近的女孩 B 和 C.让 A,B,C 离开圆圈,则圆圈上共有 $3k+1$ 个男女青年.其中女孩至少有 $2k+1$ 个.由归纳假设知其中必有 1 个女孩 G 站在好位置上,并且由好位置的定义知 G 的两侧皆为女孩,然后让 A,B,C 站回去,则由 B,C 的取法知 G 不在 A,B,C 所在的圆弧上,从 G 出发沿任意方向计算男,女孩总人数时,必然是先数到 B(或 C)后才数到 A(如果要数到 A 的话),由归纳假设知,数到的女孩总人数必定多于

男孩的总人数,即 G 仍在好位置上,于是 $n=k+1$ 时结论成立. 故一般性命题得证. 特别地,当 $n=333$ 时结论成立. 由此可知,原题中所求女孩人数的最小值为 667.

4. 解析:最大值为 $\left[\dfrac{2^n}{3}\right]$. 对 n 用数学归纳法. 当 $n=1,2$ 时,结论显然成立. 假设 n 时成立. 对于 $n+2$,设 G 为 $\{1,2,\cdots,n+2\}$ 的满足条件的子集族,且设

$$G_0=\{A\in G\mid n+1\notin A,n+2\notin A\},G_1=\{A\in G\mid n+1\in A,n+2\notin A\},$$
$$G_2=\{A\in G\mid n+1\in A,n+2\in A\},G_3=\{A\in G\mid n+1\notin A,n+2\in A\}.$$

对于 $i=0,1,2$,考虑每一个 $A\in G_i$,F_i 为由 $A\backslash\{n+1,n+2\}$ 构成的集合族. 下面证明:对于每个 $B\subseteq\{1,2,\cdots,n\}$,$B$ 最多在集合族 F_0,F_1,F_2 的一个中. 这是因为若 $B\in F_i,B\in F_j(i,j\in\{0,1,2\},i<j)$,则存在 $B_i\in G_i,B_j\in G_j$,使得 $B_i\backslash\{n+1,n+2\}=B,B_j\backslash\{n+1,n+2\}=B$. 由于 $B_i\subset B_j$,则 $|B_j-B_i|=|B_j|-|B_i|=j-i<3$,矛盾. 于是 $|G_0|+|G_1|+|G_2|\leqslant 2^n$. 由归纳假设知,子集族 G_3 中元素的个数最多有 $\left[\dfrac{2^n}{3}\right]$ 个. 从而 $|G|\leqslant 2^n+\left[\dfrac{2^n}{3}\right]=\left[\dfrac{2^{n+2}}{3}\right]$.

利用剩余类可以得到元素的个数为 $\left[\dfrac{2^n}{3}\right]$ 的子集族. 对于 $i=0,1,2$,设 S_i 为 $\{1,2,\cdots,n\}$ 的子集 A 构成的子集族,使得 $|A|\equiv i(\bmod 3)$. 故 $|S_0|+|S_1|+|S_2|=2^n$. 由于这三个子集族两两不交,从而一定存在一个子集族,有 $\left[\dfrac{2^n}{3}\right]$ 个元素.

5. 解析:对编号中有数字 $a,b,c(a,b,c$ 可能相同) 的证件,要装下这些证件,需要含有其中某两个数(比如 a,b) 为编号的盒子. 从而需要编号为 $\overline{ab},\overline{ba}$ 的盒子. 将 $0,1,2,\cdots,9$ 划分为两个子集 A,B,只要同一集合中任何二元数组都被选取,且每个二元数组的任何顺序(即所有可重复元素的二元排列)都被选取(保证不管什么顺序都可放下),则这些编号合乎要求. 设 $|A|=k,|B|=10-k$,则 A,B 中的元素可重复的二元排列分别有 $k^2,(10-k)^2$ 个,所以这样的二元排列共有 $k^2+(10-k)^2=2(k-5)^2+50\geqslant 50$ 个. 取 $k=5$,即 $|A|=|B|=5$,比如,$A=\{0,1,2,3,4\},B=\{5,6,7,8,9\}$,则 A,B 中的元素可重复的二元排列各有 25 个,相应的 50 个编号合乎要求. 下面证明 50 为最小值. 设选用的 k 个盒子中,以 9 为首位的编号最少,有 m 个,记为 $\overline{9a_i}(i=1,2,\cdots,m)$. 令 $A=\{a_1,a_2,\cdots,a_m\}$,任取不属于 A 的两个数 a,b,考虑编号为 $\overline{9ab}$ 的证件. 因为没有编号为 $\overline{9a}$ 和 $\overline{9b}$ 的盒子,所以必须有编号为 $\overline{ab}$ 的盒子,注意到 a,b 均有 $10-m$ 个取值,于是,这样的盒子应有 $(10-m)^2$ 个,且这些盒子都不以 $a_1,a_2,\cdots,a_m$ 为首位. 又由 m 的"最少性",以 $a_1,a_2,\cdots,a_m$ 为首位的盒子至少都有 m 个,所以这样的盒子至少有 m^2 个. 于是 $k\geqslant m^2+(10-m)^2\geqslant\dfrac{1}{2}[m+(10-m)]^2=50$. 综上所述,$k$ 的最小值为 50.

6. 解析:一元、二元、三元子集共 175 个,显然满足要求,所以 $k\geqslant 175$. 假设 $k>175$,则 $\{B_1,B_2,\cdots,B_k\}$ 中至少有一个子集多于 3 个元素. 不妨设 B_1 多于 3 个元素,且 $a\in B_1$. 而 $B_1\bigcap B_1\backslash\{a\}$ 至少有 3 个元素,所以 $B_1\backslash\{a\}$ 不在 $\{B_1,B_2,\cdots,B_k\}$ 里,用 $B_1\backslash\{a\}$ 代替 B_1,若干步之后所有集合均不超过 3 个元素.

7. 解析:考虑这 k 条直线构成的图形,设过点对 (A_1,A_2) 的直线为 l,则点 A_1,A_2 不能同时与其余 $n-2$ 点中的任意一点连接,即过点 A_1 或点 A_2 的直线至多只有 $n-1$ 条(包括 l). 同理,对 $A_3,A_4,\cdots,A_n$ 这 $n-2$ 个点而言,过点 A_3 或点 A_4 的直线至多只有 $n-3$ 条,所以 $k\leqslant(n-1)+(n-3)+\cdots=\begin{cases}\dfrac{n^2}{4}(n\text{ 为偶数}),\\[2mm]\dfrac{n^2-1}{4}(n\text{ 为奇数}).\end{cases}$

另外,把 n 个点分成两组:当 n 为偶数时,每组有 $\dfrac{n}{2}$ 个点;当 n 为奇数时,一组有 $\dfrac{n-1}{2}$ 个点,另一组有 $\dfrac{n+1}{2}$ 个点. 然后,把第一组的每一点与第二组的任一点连接成 $\dfrac{n^2}{4}$ 或 $\dfrac{n^2-1}{4}$ 条直线,这些直线显然不相交成三个顶点都是给定点的三角形. 故 k 的最大值为 $k_{\max}=\begin{cases}\dfrac{n^2}{4}(n\text{ 为偶数}),\\[2mm]\dfrac{n^2-1}{4}(n\text{ 为奇数}).\end{cases}$

8. 解析：考虑表 1 中有一行 $x_{r1}, x_{r2}, \cdots, x_{r25}$ 必在表 2 中前几项，若该行不全在表 2 的前 97 行，则有一元素在后面的 3 行中. 而共有 $100 > 3 \times 25$ 行，所以存在一行（设为第 r 行），其都在表 2 中的前 97 行. 所以当 $i \geqslant 97$ 时，$x'_{ij} \leqslant x'_{97j} \leqslant x_{rj}(j = 1,2,\cdots,25)$，故当 $i \geqslant 97$ 时，$\sum\limits_{j=1}^{25} x'_{ij} \leqslant \sum\limits_{j=1}^{25} x_{rj} \leqslant 1$.

另外，取 $x_{ij} = \begin{cases} 0 & (4(j-1)+1 \leqslant i \leqslant 4j), \\ \dfrac{1}{24} & (其余的 i). \end{cases}$ 其中 $j = 1,2,\cdots,25$，这时 $\sum\limits_{j=1}^{25} x_{ij} = 1(i = 1,2,\cdots,100)$，重排后

$x'_{ij} = \begin{cases} \dfrac{1}{24} & (1 \leqslant i \leqslant 96, j = 1,2,\cdots,25), \\ 0 & (97 \leqslant i \leqslant 100), \end{cases}$ 有 $\sum\limits_{j=1}^{25} x'_{ij} = 25 \times \dfrac{1}{24} > 1(1 \leqslant i \leqslant 96)$.

故 $k \geqslant 97$，即 k 的最小值为 97.

9. 解析：认识全体到会者的人至少有 1979 个. 先考虑：在 1982 个人中，A 不认识 B 和 C，此外每两个人都互相认识，则任意四个人中至少有一个人认识其余三个人，这时有 1979 个人认识全体到会者，即有 3 个人不认识全体到会者. 再证 1979 为最小值. 假设有四个人不认识全体到会者，设 A 为其中之一，A 不认识 B，还有 C 不认识全体到会者，C 不认识 D. 若 D 不是 A，B，则 A，B，C，D 四人中每一个都不全识其余三个. 所以 C 不认识的人一定是 A，B. 又 D 不认识全体到会者，同理，D 不认识的人一定是 A，B，C. 这时 A，B，C，D 四个人不满足条件. 故认识全体到会者的人至少有 1979 个人.

10. 解析：存在 16 项的数列满足条件，如 $1,1,-2.6,1,1,1,-2.6,1,1,1,-2.6,1,1,-2.6,1,1$. 再证 16 为最大值. 考虑 $a_1, a_2, \cdots, a_{17}$，有 $0 < (a_1 + a_2 + \cdots + a_{11}) + (a_2 + a_3 + \cdots + a_{12}) + \cdots + (a_7 + a_8 + \cdots + a_{17}) = (a_1 + a_2 + \cdots + a_7) + (a_2 + a_3 + \cdots + a_8) + \cdots + (a_{11} + a_{12} + \cdots + a_{17}) < 0$，矛盾. 故这个数列最多有 16 项.

11. 解析：对有限非空实数集 A，用 $\min A$ 与 $\max A$ 分别表示集合 A 的最小元素与最大元素. 考虑集合 S 的所有包含 1 且至少有两个元素的子集. 注意到 $\min(A_i \cap A_j) = 1 < \max A_i$. 于是，这样的子集一共 $2^{99} - 1$ 个. 故 $k_{\max} \geqslant 2^{99} - 1$.

接下来证明：当 $k \geqslant 2^{99}$ 时，不存在满足要求的 k 个子集. 用数学归纳法证明：对整数 $n(n \geqslant 3)$，在集合 $\{1,2,\cdots,n\}$ 的任意 $m(m \geqslant 2^{n-1})$ 个不同非空子集 $A_1, A_2, \cdots, A_m$ 中，存在两个子集 $A_i, A_j(i \neq j)$，满足 $A_i \cap A_j \neq \varnothing$，且 $\min(A_i \cap A_j) = \max A_i$.

显然，只需对 $m = 2^{n-1}$ 的情况证明上述结论. 当 $n = 3$ 时，将 $\{1,2,3\}$ 的全部七个非空子集分成三组，第一组：$\{3\}, \{1,3\}, \{2,3\}$；第二组：$\{2\}, \{1,2\}$；第三组：$\{1\}, \{1,2,3\}$. 由抽屉原理知，任意四个非空子集必有两个在同一组中，取同组中的两个子集，分别记为 A_i 和 A_j，排在前面的记为 A_i，则满足结论. 假设结论在 $n(n \geqslant 3)$ 时成立. 考虑 $n+1$ 时的情况. 若 $A_1, A_2, \cdots, A_{2^n}$ 中至少有 2^{n-1} 个子集不含 $n+1$，对其中的 2^{n-1} 个子集用归纳假设知，存在两个子集满足结论. 若至多有 $2^{n-1} - 1$ 个子集不含 $n+1$，则至少有 $2^{n-1} + 1$ 子集含 $n+1$，将其中 $2^{n-1} + 1$ 个子集均去掉 $n+1$，得到 $\{1,2,\cdots,n\}$ 的 $2^{n-1} + 1$ 个子集. 由于 $\{1,2,\cdots,n\}$ 的全体子集可分成 2^{n-1} 组，每组两个子集互补，故由抽屉原理知，在上述 $2^{n-1} + 1$ 个子集中一定有两个属于同一组，即互为补集. 因此，相应地有两个子集 A_i 和 A_j，满足 $A_i \cap A_j = \{n+1\}$，这两个集合显然满足结论. 于是，$n+1$ 时结论成立. 综上，$k_{\max} = 2^{99} - 1$.

12. 解析：设包含 i 的集合有 m_i 个，则 $\sum\limits_{i=1}^{10} m_i = \sum\limits_{i=1}^{k} 5 = 5k$. 由柯西不等式有 $2 \sum\limits_{1 \leqslant i < j \leqslant k} |A_i \cap A_j| = 2 \sum\limits_{i=1}^{10} C_{m_i}^2 = \sum\limits_{i=1}^{10} m_i^2 - \sum\limits_{i=1}^{10} m_i \geqslant \dfrac{\left(\sum\limits_{i=1}^{10} m_i\right)^2}{\sum\limits_{i=1}^{10} 1^2} - \sum\limits_{i=1}^{10} m_i = \dfrac{25k^2}{10} - 5k$. 又由条件知 $\sum\limits_{1 \leqslant i < j \leqslant k} |A_i \cap A_j| \leqslant \sum\limits_{1 \leqslant i < j \leqslant k} 2 = 2C_k^2 = k^2 - k$. 结合以上

两式，得 $k \leqslant 6$. 当 $k = 6$ 时，6 个集合：$\{1,2,3,4,5\}, \{3,5,7,8,9\}, \{1,2,6,7,8\}, \{1,3,6,9,10\}, \{2,4,7,9,10\}, \{4,5,6,8,10\}$，满足条件，故 k 的最大值为 6.

13. 解析：设共有 n 个考试题，我们证明 $n_{\max} = 5$. 显然 $n_{\max} > 1$. 当 $n > 1$ 时，对某道题 A，若 5 个人选择了同一答案，那么，这 5 个人在 A 以外的任何一题 B 中所选的答案有两人相同，矛盾. 所以任何一道题至多只有 4 个人选择同一选项. 另外，对于题目 A，16 个人的答案分布到 4 个选项中，又每个选项支至多 4 个人选择，从而每个选择项都恰有 4 个人选择. 对每个人 x，第 $i(i=1,2,\cdots,n)$ 道题恰有 3 人与其同答案，得到一个 3 人组 A_i. 任何两

个 3 人组 A_i, $A_j(i<j)$ 不交,所以人数 $S\geqslant 1+|A_1|+|A_2|+\cdots+|A_n|=3n+1$. 所以 $3n+1\leqslant 16$, $n\leqslant 5$.

14. 解析:不妨设 $m\geqslant n$,记所求正方形边长之和的最小值为 $f(m,n)$,由辗转相除法,每次去掉若干最大的正方形可得 $f(m,n)\leqslant m+n-(m,n)$. 下面我们用数学归纳法证明对任何满足条件的划分,各正方形的边长之和为 $b_{m,n}\geqslant m+n-(m,n)$. 不妨设 $m\geqslant n$,当 $m=1$ 时, $n=1$. 这时只有一个边长为 1 的正方形,边长之和为 $1=m+n-(m,n)$,其他划分的正方形边长之和显然大于 1,所以 $b_{1,1}\geqslant 1=m+n-(m,n)$. 假设当 $m\leqslant k$ 时,对任意 $1\leqslant n\leqslant m$,有 $b_{m,n}\geqslant m+n-(m,n)$,那么当 $m=k+1$ 时,若 $n=k+1$,则显然 $b_{m,n}\geqslant k+1=m+n-(m,n)$. 当 $1\leqslant n\leqslant k$ 时,设 $m\times n$ 矩形被分成 p 个正方形,其边长为 a_1, a_2, $\cdots$, a_p,并且不妨设 $a_1\geqslant a_2\geqslant\cdots\geqslant a_p$. 显然 $a_1\leqslant n$. 若 $a_1<n$,在矩形 $ABCD$ 中,设 $AB=CD=m$, $BC=AD=n$,于是 AD, BC 之间与 AD 平行的直线至少穿过 2 个正方形(或与其边界重合),于是 $a_1+a_2+\cdots+a_p$ 不小于 AB 与 CD 之和,即

$$a_1+a_2+\cdots+a_p\geqslant 2m\geqslant m+n>m+n-(m,n).$$

若 $a_1=n$,则从 $m\times n$ 矩形中划分出一个边长为 $a_1=n$ 的正方形后,剩余部分组成一个 $(m-n)\times n$ 的矩形,且它被分成 $p-1$ 个边长分别为 a_2, a_3, $\cdots$, a_p 的正方形,由归纳假设有

$$a_2+a_3+\cdots+a_p\geqslant (m-n)+n-(m-n,n)=m-(m,n).$$

从而 $b_{m,n}=a_1+a_2+\cdots+a_p\geqslant m+n-(m,n)$,所以 $f(m,n)=\min b_{m,n}\geqslant m+n-(m,n)$.

综上,所求正方形边长之和的最小值为 $f(m,n)=m+n-(m,n)$.

4.6　存在性与估值

1. 解析:引理:设多边形 P 和 P' 为平面上两个交非空的闭凸多边形. 若多边形 P 与多边形 P' 位似且位似系数为正,则多边形 P 或多边形 P' 的某个顶点位于另一个闭多边形中.

证明:若一个多边形完全位于另一个中,结论显然成立. 下面设一个不位于另一个中,不妨设多边形 P 有一条边 AB 与多边形 P' 的交非空,且 A 和 B 均位于多边形 P' 之外. 设多边形 P' 的边 $A'B'$ 与 AB 对应,则 $A'B'\parallel AB$. 由多边形 P' 的凸性知,多边形 P' 有顶点 C' 与 $A'B'$ 位于直线 AB 的异侧,设多边形 P 的顶点 C 与 C' 对应,则点 C' 位于 $\triangle ABC$ 内. 引理得证.

回到原题:令多边形 P_1, P_2, $\cdots$, P_n 为平面上的 n 个闭 k 多边形, $A_{i,1}$, $A_{i,2}$, $\cdots$, $A_{i,k}$ 为多边形 P_i 的顶点. 令 $a_{i,j}$ 表示含顶点 $A_{i,j}$ 的多边形 $P_s(s\neq i)$ 的个数. 由引理知 $\sum a_{i,j}\geqslant C_n^2=\dfrac{n(n-1)}{2}$. 故存在 $a_{i,j}$ 不小于 $\dfrac{n(n-1)}{2nk}=\dfrac{n-1}{2k}$.

因此,点 $A_{i,j}$ 属于至少 $1+\dfrac{n-1}{2k}$ 个闭多边形.

2. 解析:设 $|X|$ 为子集 $X\subset S$ 中元素的个数; $\overline{X}$ 为 $S-X$,是 X 的补集; C_i 是 $a+i$ 模 N^2 的余数所构成的集合,其中 $a\in A$, $i\in S$. 由于 $|C_i|=N$, $\bigcup_{i\in S}C_i=S$,则每个 $x\in S$ 恰出现在 N 个集合 C_i 中. 下面用两种方法计算集合 $\{(x,(i_1<i_2<\cdots<i_N))\mid x\in S; x\notin C_{i_1}, x\notin C_{i_2}, \cdots, x\in C_{i_N}\}$.

一方面, $\sum\limits_{x\in S}|\{(i_1<i_2<\cdots<i_N)\mid x\notin C_{i_1}, x\notin C_{i_2}, \cdots, x\notin C_{i_N}\}|=\sum\limits_{x\in S}C_{N^2-N}^N=C_{N^2-N}^N|S|$.

另一方面, $\sum\limits_{i_1<i_2<\cdots<i_N}|\{x\in S\mid x\notin C_{i_1}, x\notin C_{i_2}, \cdots, x\notin C_{i_N}\}|=\sum\limits_{i_1<i_2<\cdots<i_N}|\overline{C_{i_1}}\cap\overline{C_{i_2}}\cap\cdots\cap\overline{C_{i_N}}|$.

于是,有 $\sum\limits_{0\leqslant i_1<i_2<\cdots<i_N\leqslant N^2-1}|C_{i_1}\cup C_{i_2}\cup\cdots\cup C_{i_N}|=\sum\limits_{0\leqslant i_1<i_2<\cdots<i_N\leqslant N^2-1}(|S|-|\overline{C_{i_1}}\cap\overline{C_{i_2}}\cap\cdots\cap\overline{C_{i_N}}|)$

$=(C_{N^2}^N|S|-C_{N^2-N}^N|S|)=(C_{N^2}^N-C_{N^2-N}^N)N^2$.

所以,存在 $0\leqslant i_1<i_2<\cdots<i_N\leqslant N^2-1$,使得 $|C_{i_1}\cup C_{i_2}\cup\cdots\cup C_{i_N}|\geqslant\left(1-\dfrac{C_{N^2-N}^N}{C_{N^2}^N}\right)N^2$. 因为

$$\dfrac{C_{N^2}^N}{C_{N^2-N}^N}=\dfrac{N^2(N^2-1)\cdots(N^2-N+1)}{(N^2-N)(N^2-N-1)\cdots(N^2-2N+1)}$$

$$\geqslant\left(\dfrac{N^2}{N^2-N}\right)^N=\left(1+\dfrac{1}{N-1}\right)^N=1+\dfrac{N}{N-1}+\cdots+\left(\dfrac{1}{N-1}\right)^N>2,$$

故 $|C_{i_1}\cup C_{i_2}\cup\cdots\cup C_{i_N}|>\left(1-\dfrac{1}{2}\right)N^2=\dfrac{N^2}{2}$. 于是,集合 $B=\{i_1,i_2,\cdots,i_N\}$ 满足要求.

3. 解析:若用正整数 n 代替 30,用正奇数代替 2017,则结论仍然成立. 设 $A_i(i=1,2,\cdots,n)$ 为第 i 名学生选择的盒子的集合. 假设不存在学生 A 和 B 及盒子 a 和 b 满足条件 ①,②.

引理 1：若集合 A 和 B 为好的，则要么 $A \bigcap B$ 为好的，要么存在盒子 a 和 b，使得 $a \in A, a \notin B, b \in B, b \notin A$，且盒子 a 按顺时针或逆时针的次序到达盒子 b 跳过盒子的个数不为奇数，跳过的这些盒子没有被 A 或 B 选择．

引理 1 的证明：反证法，假设不存在盒子 a 和 b．

(i) 若 $A \bigcap B = \varnothing$，则集合 A 或 B 中的盒子将圆拆分成区间，每个区间的起点和终点为集合 A 或 B 中的盒子，每个区间内无集合 A 或 B 中的盒子．设区间的长度为此区间盒子的个数减 1，则所有区间的长度之和为 2017．若区间的两个端点均属于集合 A，则此区间的长度为偶数或 1．类似地，若区间的两个端点均属于集合 B，则此区间的长度为偶数或 1．若一个区间的起点处的盒子属于集合 A，终点处的盒子属于集合 B，由假设知此区间的长度为偶数．类似地，若一个区间的起点处的盒子属于集合 B，终点处的盒子属于集合 A，由假设知此区间的长度为偶数．从而，集合 A 中相邻盒子对的个数加上集合 B 中相邻盒子对的个数为奇数．由对称性，不妨假设集合 A 中相邻盒子对的个数为偶数，与集合 A 是好的矛盾．

(ii) 若 $A \bigcap B \neq \varnothing$，假设 $A \bigcap B$ 不是好的，则存在盒子 $x \in A \bigcap B, y \in A \bigcap B$，使得按顺时针的次序以 x 为起点，y 为终点的区间内没有 $A \bigcap B$ 中的盒子，且此区间的长度为大于 1 的奇数（当 $|A \bigcap B| = 1$ 时，$x = y$）．因为此区间的长度为奇数，且集合 A 为好的，所以此区间中包含集合 A 中的奇数个相邻的盒子对．于是，此区间被集合 B 中的盒子拆分为子区间，且存在一个子区间 J 包含集合 A 中的奇数个相邻盒子对．由假设知 J 的两个端点均属于集合 B，且 J 的长度大于 1．因为集合 B 是好的，所以区间 J 的长度为偶数．但 J 包含集合 A 中的奇数个相邻盒子对，则区间 J 的长度为奇数，矛盾（此外，还需考虑当 J 的端点在集合 A 中或不在 A 中这两种情况，得到 J 的第一个子区间，即从端点到属于集合 A 但不属于集合 B 的第一个盒子，其长度为偶数）．

引理 2：若集合 A, B, C 不满足条件①，②，则 $A \bigcap B, C$ 也不满足条件①，②．

引理 2 的证明：假设存在长度为奇数的区间 I，其起点为 $A \bigcap B$ 中的盒子 a，终点为集合 C 中的盒子 c，且其内部不含 $A \bigcap B$ 或 C 中的盒子．因为集合 A 是好的，所以区间 I 包含集合 A 中奇数个相邻盒子对．类似地，区间 I 中包含集合 B 中奇数个相邻盒子对．不妨假设在集合 A 中的相邻盒子对和集合 B 中的相邻盒子对中最靠近盒子 c 的相邻盒子对为集合 B 中的相邻盒子对 b_1, b_2，则从 b_2 到盒子 c 的区间长度为奇数．于是，从 a 到 b_1 的区间 J 的长度为偶数，但区间 J 包含集合 A 中的奇数个相邻盒子对，与集合 A 是好的矛盾．

下面对学生数 n 归纳证明结论．若 $n = 2$，则由引理 1 知结论成立．假设 $n - 1 \geqslant 2$ 时结论成立．对于 $n \geqslant 3$：若 $A_1 \bigcap A_2 \bigcap \cdots \bigcap A_{n-1}$ 不是好的，由归纳假设，结论成立；若 $A_1 \bigcap A_2 \bigcap \cdots \bigcap A_{n-1}$ 是好的，反复应用引理 2，得 $A_1 \bigcap A_2 \bigcap \cdots \bigcap A_{n-1}$ 和 A_n 不满足条件①，②，由引理 1 知 $A_1 \bigcap A_2 \bigcap \cdots \bigcap A_{n-1} \bigcap A_n$ 是好的，矛盾．

4. 解析：将问题用图论语言等价表述如下：考虑 n 阶图 G 中的 n 个奇圈 $\Gamma_1, \Gamma_2, \cdots, \Gamma_n$（允许两个奇圈重合）．证明：可从 $\Gamma_1, \Gamma_2, \cdots, \Gamma_n$ 中的某些圈上各选一条边（允许一条边被多次选取）组成一个奇圈．将 n 阶图 G 中的一组边（连同这些边所连接的顶点）称为"彩虹"，如果这组边可由 $\Gamma_1, \Gamma_2, \cdots, \Gamma_n$ 中的某些圈上各选一条边所组成．要证明的是：存在一个"彩虹"为奇圈．首先在 G 中选取一个边数最多的无圈的"彩虹"F．由于 F 不含圈，故其边数小于 n，从而有某个奇圈 Γ_i 不含 F 中的边．由最大性知"彩虹"F 必含有 Γ_i 的所有顶点．进一步，奇圈 Γ_i 的所有顶点都在 F 的一个连通分支 T 内；否则，Γ_i 中有一条边连接 F 的两个连通分支，将其添入 F，得到一个边数更多的无圈的"彩虹"，矛盾．连通分支 T 为无圈的连通图，故为二部图，可将 T 的顶点分为两组，使同一组内任意两个顶点不相邻．由于 Γ_i 是奇圈，故 Γ_i 中存在一条边连接 T 中两个同组的顶点，将这条边添入 T 后，所得的图中必含有奇圈，且该奇圈为"彩虹"．证毕．

5. 解析：将所作的直线按顺时针方向依次记作 $l_1, l_2, \cdots, l_n$．此过程具体做法如下：任取一点 O，先经过 O 作各条直线的平行线，将这些平行线按顺时针方向依次编号，再让原来的直线采用其平行线的编号即可，如图．

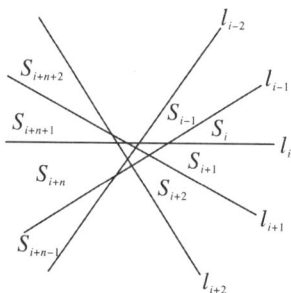

第 5 题答图

在 n 条直线所分出的区域中有 $2n$ 个区域为无限区域,将这些无限区域分别记为 $S_1,S_2,\cdots,S_{2n}$,使得 $l_i(i=1,2,\cdots,n)$ 界于 S_i 与 S_{i+1} 之间,以及 S_{n+i} 与 S_{n+i+1} 之间(规定 $S_{2n+1}=S_1$).开始时,可往每个(有限的和无限的)区域里各放一个 1.对于直线 $l_i(i=1,2,\cdots,n)$,用 D_i 表示 l_i 的右侧数之和与左侧数之和的差数(可认为区域 S_i 与 S_{n+i+1} 位于直线 l_i 的左侧).若 $D_i>0$,则往区域 S_i 与 S_{n+i+1} 中各增加 $\frac{1}{2}D_i$.在此过程中,对于任何 $j\neq i$,差数 D_j 均不发生变化,这是因为区域 S_i 与 S_{n+i+1} 位于直线 l_j 的不同侧.如此一来,D_i 变为 0.类似地,若 $D_i<0$,则往区域 S_{i+1} 与 S_{n+i} 中各增加 $\frac{1}{2}|D_i|$,使得 D_i 变为 0,其余的 D_j 不变.继续这样的步骤,每一步均使得一个 D_i 变为 0,而不改变其余的 D_j.

6. 解析:归纳证明 F 中任何 n 个子集的交非空.当 $n=2$ 时,因为 $2\times2k\leqslant(k+1)^2$,由条件知交非空.设小于 n 时已证,而 $A_1,A_2,\cdots,A_n$ 没有公共元素.从 $A_1,A_2,\cdots,A_n$ 中去掉一个子集 A_i,那么剩下来的 $n-1$ 个子集具有公共元素,将其记做 x_i.当 $i\neq j$ 时,必有 $x_i\neq x_j$.每一个集合 A_i 都包含着集合 $\{x_1,\cdots,x_n\}$ 中除 x_i 之外的所有元素.如果从每个集合 A_i 中都去掉集合 $\{x_1,\cdots,x_n\}$ 中的所有元素,那么它们每个之中都剩下 $2k-n+1$ 个元素(由此可知 $n\leqslant2k+1$).因此,$A_1,A_2,\cdots,A_n$ 的并集 $\bigcup\limits_{i=1}^{n}A_i$ 中至多含有 $n+n(2k-n+1)=n(2k-n+2)$ 个元素.表达式 $n(2k-n+2)$ 的最大值为 $(k+1)^2$.既然 $\bigcup\limits_{i=1}^{n}A_i$ 中含有被去掉的子集中的元素,所以根据题意,含在 $\bigcup\limits_{i=1}^{n}A_i$ 中的所有被去掉的子集 $A_1,A_2,\cdots,A_n$ 有公共元素,矛盾.因此结论成立.

7. 解析:只需证明,如果任何一条白色线段都至少与 k 条黑色线段相交,那么就一定可以找到一条黑色线段与所有白色线段相交.假设上述断言不成立,则对于每条黑色线段,都存在不与它相交的白色线段.易见,这些白色线段或者位于相应的黑色线段的左边,或者其右边.由抽屉原理,至少有 k 条黑色线段,与它们相应的白色线段都位于它们的同一边.为确定起见,可设都位于它们的左边.于是这些黑色线段的左端点都位于不与其相交的白色线段的右端点的右边.我们考虑所有这些白色线段的右端点中的最左边一个.显然,它至少位于 k 条黑色线段的左端点的左边,从而以它为右端点的白色线段不能与这 k 条黑色线段中的任何一条相交,此与题意相矛盾.

8. 解析:设正方形边长为 1,建立坐标系使得这些正方形的顶点都不是整点,则每个正方形内部恰有一个整点,在这些整点处放大头针即可.

9. 解析:设有 n 名参赛者,令 p_{ij} 表示答对第 i 道试题和第 $j(i\leqslant i<j\leqslant6)$ 道试题的参赛者的人数,并记 $n_r(0\leqslant r\leqslant6)$ 为恰答对 r 道试题的参赛者的人数,则 $\sum\limits_{r=0}^{6}n_r=n$.由题设,对所有 $i,j(1\leqslant i<j\leqslant6)$,均有 $p_{ij}>\frac{2}{5}n$.从而 $p_{ij}\geqslant\frac{2n+1}{5}$.于是 $S=\sum\limits_{1\leqslant i<j\leqslant6}p_{ij}\geqslant\frac{2n+1}{5}\mathrm{C}_6^2=6n+3$.另外,对于一名恰答对 r 道试题的参赛者,他对上面和式的贡献为 C_r^2(当 $r<2$ 时,$\mathrm{C}_r^2=0$).所以 $S=\sum\limits_{r=0}^{6}n_r\mathrm{C}_r^2$.从而得 $S=\sum\limits_{r=0}^{6}n_r\mathrm{C}_r^2\geqslant6n+3=6\sum\limits_{r=0}^{6}n_r+3$.由题设知 $n_6=0$,故上式为 $4n_5\geqslant3+6n_0+6n_1+5n_2+3n_3$.所以 $n_5\geqslant1$.若 $n_5=1$,则 $n_0=n_1=n_2=n_3=0$.于是 $n_4=n-1$.此时,可知 $S=6n+4$.由于 $S=\sum\limits_{1\leqslant i<j\leqslant6}p_{ij}$ 中的 15 个加数 p_{ij} 均至少是 $\frac{2n+1}{5}$(记为 λ),而 $S=6n+4$ 不是 15 的倍数,故这些 p_{ij} 不可能全相等.于是,有 14 个为 λ,1 个为 $\lambda+1$.设 (i_0,j_0) 使得 $p_{i_0j_0}=\lambda+1$.答对五道题的参赛者称为优胜者.不失一般性,不妨设优胜者没有答对第六题,且 i_0,j_0 不为 1,于是 $2\leqslant i_0<j_0\leqslant6$.考虑和式 $S'=p_{16}+p_{26}+p_{36}+p_{46}+p_{56}$,$S''=p_{12}+p_{13}+p_{14}+p_{15}+p_{16}$.设有 x 名参赛者答对了第六题,则他们中的每一名对 S' 的贡献是 3;有 y 名参赛者答对了第一题(除优胜者外),他们中的每一名对 S'' 的贡献为 3,而优胜者对 S'' 的贡献为 4,于是 $S'=3x$,$S''=3y+4$.因为 $p_{i_0j_0}$ 不在 S'' 中出现,所以 $S''=5\lambda=2n+1$,故 S' 为 5λ 或 $5\lambda+1$.从而 $3x=2n+1$ 或 $3x=2n+2$,且 $3y+4=2n+1$.由 $3y+4=2n+1$,知 $3\mid n$.而这与 $3x=2n+1$ 或 $3x=2n+2$ 矛盾.所以 $n_5\geqslant2$.

10. 解析:给定一条边 $e=\{x,y\}$,则包含 e 的三角形至少有 $d(x)+d(y)-n$ 个,其中 $d(x),d(y)$ 表示两个顶点的度.从而三角形总数至少为 $\frac{1}{3}\sum\limits_e[d(x)+d(y)-n]=\frac{1}{3}\left[2\sum\limits_{x\in e}d(x)-nm\right]=\frac{1}{3}\left[2\sum d^2(x)-nm\right]$.由柯西不等式知 $\sum d^2(x)\geqslant\frac{\left[\sum d(x)\right]^2}{n}=\frac{4m^2}{n}$,代入即证.

11. 解析：作一个含有 12 个顶点的图，每个顶点代表一个人，如果某两人不相互认识，就在相应两顶点之间连一条边．如果该图中没有长度为奇数的圈，那么就可以把图分为两部分，使得每一部分中的顶点都无边相连，于是可以找到 6 个人两两认识．如果该图中有长度为奇数的圈，我们来考虑其中最小的奇数长度的圈．

（a）最小的奇数长度为 3．如果不在该圈上的 9 个人中有两人互不认识，则在其余 7 个人中，任何 4 个人里面至少有 3 个人两两认识．从而在由相应 7 个顶点构成的子图中，任何两条边都有公共顶点，第 3 条边一定经过该公共顶点，否则在相应的 4 个人中就找不到 3 个人两两认识．由此可知，所有的边都经过一个公共顶点．将该顶点去掉，即得所需的 6 个顶点（与它们对应的 6 个人相互都认识）．

（b）最小的奇数长度为 5．情形同上，其余 7 个人中，任何 4 个人里面都至少有 3 个人两两认识．从而在由这 7 个中可以找到 6 个人相互都认识．

（c）最小的奇数长度为 7．此时不在此圈上的 5 个人两两认识．如果圈上有一人与这 5 个人都认识，那么所需的 6 个人即已找到．假设圈上的每个人都至少不认识一个不在此圈上的人．那么由于 $7 > 5$，所以有一个不在此圈上的人 A，至少与圈上的两个人 B 和 C 不认识．由于我们的圈是最小的奇数长度的圈，所以 B 与 C 一定相互认识（否则 A,B,C 形成长度为 3 的圈，导致矛盾），并且在圈上位于 B 与 C 之间只能有一个人，设为 D（否则，就会有两个人，那么他们与 A,B,C 一起形成长度为 5 的圈，亦导致矛盾）．易知，D 与 A 相互认识（否则，A,B,D 形成长度为 3 的圈，导致矛盾）．现在，我们把 D 与 A 互换，亦得长度为 7 的圈．此时，D 与不在圈上的 4 人均两两彼此认识，再加上 A 即得所求之 6 人．

（d）最小的奇数长度为 9．此时圈上 9 个人中找不出 5 个人两两都认识，与题意矛盾．

（e）最小的奇数长度为 11．与情形（c）类似，可证不在圈上的那一个人至少认识圈上两个人，并且容易找出圈上 5 人，与该人一起，构成所求之 6 人．

12. 解析：对多边形的边数归纳．去掉一个以相邻边构成的三角形，剩下的凸多边形有两边相等．若为原来的边，则结论成立．若为一条对角线和一边，再考虑去掉的三角形．若两边相等，则结论成立；不然则对角线与三角形一边相等．从而原来的凸多边形有两边均与该对角线相等．

13. 解析：令 G 为所有城市的集合．若集合 A 中的所有城市可仅通过汽车串联成一列，同时，集合 Z 中的所有城市可仅通过火车串联成一列，则记为 (A,Z)．从而，A 与 Z 是集合 G 中两个不相交的子集．若 $A \cup Z$ 中有最多数量的元素，则称 (A,Z) 是好组合．若 $A \cup Z = G$，则结论成立．假设结论不成立，即存在一座城市 k 使其既不属于集合 A 也不属于集合 Z．不妨设集合 A 和 Z 均不为空集，否则，可将任意的城市从非空集合放置到空集中．记集合 A 中的城市数为 n，集合 Z 中的城市数为 m．将集合 A 中的城市按 $a_1,a_2,\cdots,a_n$ 排序，使每两座相邻的城市可由一趟直达的汽车连接．类似地，将集合 Z 中的城市按 $z_1,z_2,\cdots,z_m$ 排序，使得每两座相邻的城市可由一趟直达的火车连接．由于假设 (A,Z) 有最大值，从而，城市 k 与城市 a_1 可由火车连接（否则，$(A \cup \{k\},Z)$ 为好组合，且比 $A \cup Z$ 有更多的元素）．同时，城市 k 与城市 z_1 可由汽车连接（否则，$(A,Z \cup \{k\})$ 为好组合，且比 $A \cup Z$ 有更多的元素）．城市 a_1 与城市 z_1 可由火车或汽车连接．若城市 a_1 与城市 z_1 由火车连接，可令 $A' = \{z_1,k,a_1,a_2,\cdots,a_n\}$，$Z' = \{z_2,z_3,\cdots,z_m\}$，则 (A',Z') 为好组合，且 $A' \cup Z'$ 中的元素个数多于 $A \cup Z$ 中的元素个数，与假设矛盾．从而，所有的城市要么在集合 A 中，要么在集合 Z 中．因此，假设不成立．

14. 解析：对共同解出的题算两次．设共有 n 名参赛者，m 道初试题，将每个人与他解出的两道题组成一个"三元组"，这种三元组的集合为 S，则由已知条件可得 $|S| = n\mathrm{C}_7^2 = 2\mathrm{C}_{28}^2$，于是 $n = 36$．其次任取一道题目 A，假设它被 r 个人 $a_1,a_2,\cdots,a_r$ 解出，这 r 个人每人还解出了其他 6 道试题，于是 S 中包含 A 的三元组有 $6r$ 个．将 A 与其他 27 题中每个题配对，每对恰有 2 人解出（因为这两人解出了题目 A，故他们必是 $a_1,a_2,\cdots,a_r$ 中两人），从而可形成 2×27 含 A 的三元组，所以 $6r = 2 \times 27$，即 $r = 9$，也就是说每道题恰有 9 人解出．

如果结论不成立，那么，每人解出的初试题目只可能为 1,2,3．设解出 1,2,3 道初试题的人数分别为 x,y,z，则 $x + y + z = 36$ ①．将每个人与他解出的一道初试题配对，这种对子个数为 $x + 2y + 3z$，又为 $9m$（因每道题恰有 9 人解出），所以 $x + 2y + 3z = 9m$ ②．通过计算 S 中恰含 2 道初试题的三元组可得 $\mathrm{C}_2^2 y + \mathrm{C}_3^2 z = 2\mathrm{C}_m^2$，即 $y + 3z = m(m-1)$ ③．由①，②，③可解出 $x = m^2 - 19m + 108$，$y = -2m^2 + 29m - 108$，$z = m^2 - 10m + 36$，其中 $y = -2\left(m - \dfrac{29}{4}\right)^2 - \dfrac{23}{8} < 0$，这与 y 为非负整数矛盾．于是题目结论成立．

4.7 操作与策略

1. 解析:考虑量 $M = \sum_{i=1}^{5} |x_i| + \sum_{i=1}^{5} |x_i + x_{i+1}| + \sum_{i=1}^{5} |x_i + x_{i+1} + x_{i+2}| + \sum_{i=1}^{5} |x_i + x_{i+1} + x_{i+2} + x_{i+3}|$,每次操作后 M 变小,从而有限步之后 M 不变,即操作停止.

2. 解析:称第 i 次移动之后得到的已经选过的数集为 A_i. A 采用如下策略,他移动后总有:(1) 棋子在格子 $(r, -r)(r \neq 0)$ 处;(2) 对 $a \in A_i$,必有 $-a \in A_i$;(3) $r \in A_i$.下面用数学归纳法证明.开始时,将棋子移到格子 $(1, -1)$,显然符合条件.假设第 i 次 A 移动后符合条件,B 第 $i+1$ 次将棋子移到格子 $(r+a, -r+b)$.

(i) 若 $a \neq -b$,则由归纳假设,$-a$ 和 $-b$ 没被选过.于是,A 将棋子移回格子 $(r, -r)$ 处,仍符合条件.

(ii) 若 $a = -b$,则取集合 A_{i+1} 中最大的数 c,由归纳假设 $r \in A_i$,$a \notin A_i$.故 $r+a \neq 0$.当 $r+a > 0$ 时,$r+a+c(>c)$ 没被选.令 $a' = -(a+r+c)$,$b' = -a'$.故 A 将棋子移到格子 $(r+a+a', -r-a+b') = (-c, c)$,符合条件.当 $r+a < 0$ 时,$r+a-c(<-c)$ 没被选.令 $a' = c-r-a$,$b' = -a'$.故 A 将棋子移到格子 $(r+a+a', -r-a+b') = (c, -c)$,符合条件.综上,$A$ 总可以按照上述策略移动,B 没有获胜策略.

3. 解析:将这 11 堆共 110 块石头按如图所示的方式放在一个 11×11 的方格表中,其中每一行代表一堆.

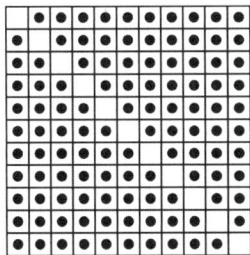

第 3 题答图

由题意知,A 一定是从同一行中取石头,而 B 一定是从不同列中取石头.B 采取的策略是以空白的主对角线为对称轴,取出与 A 所取出的石头位置对称的位置上的石头.因为没有石头在对称轴上,所以,B 一定是每轮均可按策略进行操作.由于石头总数为偶数,故 B 有必胜策略.

4. 解析:乙有必胜策略.图 1 中画出了八条好对角线.若乙每次均不染这八条对角线经过的格,则甲至少要染八次才能获胜.

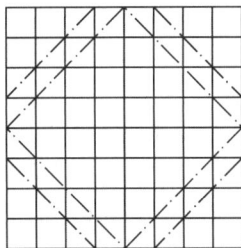

答图 1 答图 2

第 4 题

下面证明:乙至多染七次就可获胜.不妨设甲第一次染的是左上角的 4×4 方格表内的一个小格.将此 4×4 的方格表内的 16 个小格按图 2 赋值.

若甲第一次染的是填有 x 的小格,则乙也染另一个填有 x 的小格.然后,乙至多再染两次,就可使此 4×4 方格表的每行、每列均至少含有一个黑格,这也保证了前四列和上面四行的每行、每列均至少含有一个黑格.乙至多只需染四次(每次染的小格不同行也不同列),就可使右下角的 4×4 的方格表的每行、每列各有一个黑格.因此,乙至多只需染七次就可使每行、每列各含有一个黑格.综上,乙有必胜策略.

5. 解析:若 n 为奇数,则有 C_{2n-1}^{n} 种;若 n 为偶数,则有 $C_{2n-1}^{n} - 2C_{\frac{n}{2}-1}^{n}$ 种.

(1) 若 n 为奇数,设 $n = 2m+1(m \in \mathbf{N})$.下面证明:在此情况下,无论初始时如何分配糖,均为合理分配.于是有 $C_{2n-1}^{n} = C_{2n-1}^{n}$(种).在这种情况下,可以让每一名学生将其拥有的所有糖用某种方式分配给其旁边的两名学生,就能达到平衡状态(每人一块糖).例如,在每一步,每一块糖均顺时针移动一个位置或逆时针移动一个位置.现考虑糖的某个初始分配.对于这个初始分配中的每一块确定的糖,希望其在平衡状态的某个最终位置停下来.

由于 n 为奇数时，从糖的初始位置移到最终位置，或顺时针或逆时针，移动次数至多 $2m$ 次且为偶数次. 从而，在偶数次移动后（至多 $2m$ 次），可将每一块初始位置的糖移到平衡状态的最终位置（注意到，若糖更早地移动到平衡状态的最终位置，可将其退回一步再前进一步，直到所有的糖均移动到最终位置）. 这就完成了此情况的证明.

(2) 若 n 为偶数，设 $n = 2m(m \in \mathbf{Z}^+)$. 令 $x_1, x_2, \cdots, x_{2m}$ 表示圆桌周围依次坐着的 $2m$ 名学生. 通过观察平衡状态，知下标为偶数的学生（偶数位）至少有一块糖，下标为奇数的学生（奇数位）至少有一块糖. 每一步后保持这样的特性. 下面证明：每一种这样的分配均为合理的，即下标为偶数的学生和下标为奇数的学生，总糖数均至少有一块. 假设在满足上述条件的分配中奇数位共有 a 块糖，偶数位共有 b 块糖，则 $a, b \in \mathbf{Z}^+$. 用与 (1) 相同的方法，可使奇数位的 a 块糖移到任意一个位置，偶数位的 b 块糖移到任意一个位置. 为了完成上述移动，先移动所有的糖给学生 x_1, x_2. 这是容易做到的：每一步把学生 x_1 的所有糖给学生 x_2，对于 $1 \leqslant r \leqslant 2m-1$，学生 x_{r+1} 把自己所有的糖均给学生 x_r. 假设学生 x_1 有 $a+k$ 块糖，学生 x_2 有 $b-k$ 块糖，不失一般性，设 $k \geqslant 0$. 若 $k = 0$，则显然成立. 若 $k > 0$，下一步，学生 x_1 移动一块糖给学生 x_2，学生 x_2 移动一块糖给学生 x_3. 接下来的一步，学生 x_1（仍有 $a+k-1 \geqslant a > 0$ 块糖）移动一块糖给学生 x_2，学生 x_2 移动一块给学生 x_1，学生 x_3 移动一块糖给学生 x_2. 现在，学生 x_1 有 $a+k-1$ 块糖，学生 x_2 有 $b-k+1$ 块糖. 再重复这个过程 $k-1$ 次，即可得到学生 x_1 有 a 块糖，学生 x_2 有 b 块糖. 下面计算这种情况合理分配的总数. 因为 C_{2n-1}^{n-1} 表示所有分配的总数，$2\mathrm{C}_{\frac{3n}{2}-1}^{\frac{n}{2}-1}$ 表示所有不合理分配的总数，即 n 块糖要么均在 $\frac{n}{2}$ 个奇数位上，要么均在 $\frac{n}{2}$ 个偶数位上，所以合理分配的总数为

$$\mathrm{C}_{2n-1}^{n-1} - 2\mathrm{C}_{\frac{3n}{2}-1}^{\frac{n}{2}-1} = \mathrm{C}_{2n-1}^{n} - 2\mathrm{C}_{\frac{3n}{2}-1}^{\frac{n}{2}}.$$

6. 解析： B 有必胜策略：B 每次写过数以后，总可以使得每一行的最大数在集合 $M \bigcup N$ 内的方格中，其中
$M = (1,1), (1,2), (1,3), (2,1), (2,2), (2,3), (3,1), (3,2)\}$,
$N = \{(3,5), (4,4), (4,5), (4,6), (5,4), (5,5), (5,6), (6,4), (6,5), (6,6)\}$,
这里 (i,j) 表示位于第 i 行第 j 列处的方格. 事实上，B 将 $M \bigcup N$ 内的每个方格和同行的一个不在 $M \bigcup N$ 内的方格配对，使得方格纸上的每一个方格恰在一个对子中. 无论 A 在那个对子中的一个方格内写数，B 总可以接着在该对子中的另一个格子内写数，如果 A 在 $M \bigcup N$ 的一个格子内写上数 x，那么 B 在该对子中的另一个方格内写上数 y，使 $y < x$. 如果 A 写上数 x 的格子不属于 $M \bigcup N$，则 B 在该对子中属于 $M \bigcup N$ 的格子内写上 z，使 $z > x$. 可见，在 B 写完后，每个对子中的最大数总在 $M \bigcup N$ 内，从而每行中的最大数总在 $M \bigcup N$ 内. 于是，当所有数写完后，第一行中的最大数在 M 内，第 6 行的最大数在 N 内. 因为不可能在 $M \bigcup N$ 内画一条线从 M 达到 N，所以 B 必获胜.

7. 解析： (1) 明显的配对方法是将相邻两格配对，即用 1×2 的骨牌铺满棋盘. 保持每步可在同一骨牌内部走的人必胜. 当 $2 \mid mn$ 时，骨牌可铺满棋盘，先走的甲第一步可在同一块骨牌内部走，故甲必胜. 当 $2 \times mn$ 时，可用骨牌铺满除左下角格子外的其余棋盘，故先走的甲第一步只能走入相邻的一块骨牌内，乙总可以在甲进入的这块骨牌内再走一格，故乙有必胜策略.

(2) 无论 m, n 的奇偶性如何，总是先走的甲有必胜策略. 当 $2 \mid mn$ 时，理由同 (1)；当 $2 \mid mn$ 时，仍用骨牌铺满除左下角格子以外的其余棋盘，并且将所有棋盘用黑白两色染色，使任何相邻两格不同色，不妨设左下角格子是白色，它没有同其他格子配对，先走的甲每一步总可以在同一骨牌内从黑格进入白格，而乙只能从白格进入黑格，而进入一块的新的骨牌（左下角的方格始终没有棋子进入），故甲有必胜策略.

8. 解析： 显然，一次操作最多可以得到两种不同重量的块. 下面说明两次操作可以达到目的. 不妨假设初始时每块橡皮泥的重量为 1. 第一次操作选出 74 块，分成 37 组，每组 2 块. 第一次操作后桌上有 37 块重量为 1 的，37 块重量为 2 的. 第二次操作选出 36 块重量为 1 的和 36 块重量为 2 的，分成 9 组，每组 8 块. 其中，第 $i(1 \leqslant i \leqslant 9)$ 组中含 $i-1$ 块重量为 2 的，$9-i$ 块重量为 1 的. 经过第二次操作，桌上有 11 块橡皮泥，重量分别为 $1, 2, 9-i + 2(i-1) = 7 + i(1 \leqslant i \leqslant 9)$. 满足要求.

9. 解析： 将第 i 号方格中的石子数记为 a_i，石子分布对应数列 $A = \{a_i\}$. 设 α 是方程 $x^2 = x + 1$ 的大于 1 的根. 令 $\omega(A) = \sum a_i \alpha^i$. $\omega(A)$ 为不变量. 事实上，$\alpha^{n+1} - \alpha^n - \alpha^{n-1} = \alpha^{n-1}(\alpha^2 - \alpha - 1) = 0$，$\alpha^{n+1} - 2\alpha^n + \alpha^{n-2} = \alpha^{n-2}(\alpha-1)(\alpha^2 - \alpha - 1) = 0$. 将石子的个数记作 k. 我们来对 k 归纳证明操作过程一定结束.

当 $k=1$ 时,显然成立.假设对一切小于 k 的正整数,结论都已经成立.我们来看从 $A=\{a_i\}$ 开始的过程,其中 $\sum a_i=k$.在所作的操作之下,放有石子的方格的最大号码不会下降,但它也不可能无限增大,因为它不可能超过使得 $a^n>\omega(A)$ 成立的 n.这就意味着,自某一时刻起,放有石子的方格的最大号码不再变化.从而对于该方格中的石子,已经不能再做任何事情.去掉这些石子,对剩下的石子用归纳假设即可.

在最终状态下,每个方格中不多于一粒石子,而且没有两个非空格相邻.我们来证明,任何两个具有此种状态的数列 $A=\{a_i\}$ 与 $B=\{b_i\}$,都具有不同的重量.设 n 是使得 $a_i\neq b_i$ 成立的最大角标;为确定起见,设 $a_n=1,b_n=0$.去掉 A 与 B 中所有号码大于 n 的方格中的石子(它们中的石子数目均对应相等).对于剩下的 A' 与 B',有 $\omega(A')\geqslant a^n$；$\omega(B')<a^{n-1}+a^{n-3}+a^{n-5}+\cdots=a^{n-1}\dfrac{1}{1-a^{-2}}=a^n$；因此最终状态是唯一的.

10. 解析:最多81次.每次均选第一行、第一列,任选剩下的九行中的一行,任选剩下的九列中的一列,共可进行81次操作,才能将所有单位面积的方格均被染上颜色.

下面证明:超过81次操作是不可能的.每次操作选择4个交叉方格,其中必有某个是未被染色的.开始操作前我们可以将一些方格染黑,使得每次操作恰好将一个方格染色.黑格的连通性不变.因为全部被染上颜色的方格表所对应的图是连通的,所以在开始时也一定是连通的.由于有20个点的连通图至少有19条边,因此只能加入 $100-19=81$ 条新的边.于是,任何操作系列的次数最多有81次.

11. 解析:① 将1994人编号为 $1,2,\cdots,1994\pmod{1994}$,设第 i 手中有 a_i 张牌,定义量 $N=\sum a_i i\pmod{1994}$,则 N 为不变量.初始时刻 $N\equiv 0$.若最终每人手中恰好有1张牌,则 $N\equiv\dfrac{1994\times 1995}{2}$,矛盾.

② 对每张牌而言,如果它第一次被传递的时候是在 i 与 j 之间($j=i-1$ 或 $i+1$),我们在牌上标记 i 与 j.当以后再次发生从 j 向 i 传递牌时,我们总将该牌传回.如果游戏不终止,则任意相邻两人之间均有牌的传递,从而至少有1994张,矛盾.

12. 解析:设这些硬币的位置是从 -1004 到 1004,对每个状态考虑量 $N=\sum_i(-1)^i w_i$,其中 w_i 为黑色硬币的位置.当所翻的黑色硬币不在两端时,N 为不变量.一般情况,可在两端各加两枚虚拟硬币,初始时刻虚拟硬币白色朝上,则 N 不变.最终状态时,$N\in\{0,-1005,1005\}$,所以初始时刻唯一的黑色硬币必须放在0的位置.

4.8 图论的基本知识

1. 解析:用 n 个点代表 n 个通信站,两顶点相邻当且仅当相应的2个通信站之间有直通电路.这样就构成了图 G.由于至少有一个通信站不与其他所有通信站有直通线路,所以图 G 中至少有两点不相邻.设 v_1,v_2 之间没有边 $e=(v_1,v_2)$,则图 G 中至多有 $\dfrac{1}{2}n(n-1)-1$ 条边.当图 G 边数最大时,正好是 K_n-e,即 n 阶完全图去掉一条边后得到的图形.此时所去掉的边的两个端点在图 G 中不与其余的所有顶点相邻,从而图 G 中与其他每一个顶点均相邻的顶点个数至多有 $n-2$ 个.故所求最大值为 $n-2$.

2. 解析:用 n 个点 $v_1,v_2,\cdots,v_n$ 表示这 n 名教授,并在相互认识的人之间连一条边,构成图 G.注意到,将图 G 的 n 个点任意分成两组,只有有限种分法.现考虑端点分落在两个组的连线条数 S,这种 S 的取值也至多为有限个,从而必存在一种分组方法,使 S 达到最大值.此时定有 $d_i\geqslant d_i'(i=1,2,\cdots,n)$.若不然,设对 v_1,有 $d_1<d_1'$,则将 v_1 从这组换到另一组,S 增加了 $d_1'-d_1>0$,这与 S 已达到最大值矛盾.

3. 解析:如果2000个成员都彼此认识,则认识参观团所有成员的人数为2000.因此,不妨设某两个成员 u 与 v 互不认识.下面分三个步骤.

① 除 u,v 外的任意两个成员必彼此认识.设 a,b 是另外两个成员,由题设,在 a,b,u,v 这4个成员中,必有一人认识其余三人,这个人只能是 a 或 b,这表明 a,b 互相认识.

② 如果 u,v 两人都认识其他的1998个人中的每一个,则该参观团有1998个人认识所有其他成员.设 a 是除 u,v 外的任意一个成员,由假设知 a 认识 u,v.设 b 是另一成员,由前所证知 a 与 b 必彼此认识.由 b 的任意性知,a 认识参观团的所有其他成员.又由 a 的任意性知,该参观团除 u,v 外的1998个人认识所有其他成员.

③ 如果 u,v 中某一个不全认识其他1998个成员,则该参观团有1997个人认识所有其他成员,不妨设除 v 外,u 不认识另一个成员 w.设 a 是 u,v,w 外的1997个成员中的任意一个,由题设,在 a,u,v,w 中认识另外三人的人

只能是 a, 这表明 u,v,w 这三个人中的每一个都认识该参观团中的其余 1997 人.

综上, 认识该参观团所有成员的人数最少是 1997 个.

4. 解析: 根据条件, 每个人都有朋友.

如果 $k(k\leqslant m)$ 个人彼此是朋友, 由于他们有一个公共的朋友, 所以 $k+1$ 个人彼此是朋友. 以此类推, 得出有 $m+1$ 个人 $A_1,A_2,\cdots,A_{m+1}$ 彼此是朋友.

下面证车厢中除 $A_1,A_2,\cdots,A_{m+1}$ 外, 别无他人.

若 B 是这 $m+1$ 个人以外的人, 并且 B 至少与 $A_1,A_2,\cdots,A_{m+1}$ 中两个人是朋友. 设 B 与 A_1,A_2 是朋友, 则 B,A_3, $A_4,\cdots,A_{m+1}$ 这 m 个人有两个公共的朋友 A_1,A_2, 与已知矛盾.

因此 $A_1,A_2,\cdots,A_{m+1}$ 之外的人 B 至多与 $A_1,A_2,\cdots,A_{m+1}$ 中一个人是朋友. 故不妨设除 A_1 外, $A_2,A_3,\cdots,A_{m+1}$ 都不是 B 的朋友. 于是 m 个旅客 $B,A_1,A_2,\cdots,A_{m-1}$ 的公共朋友 C, 当然不是 $A_2,A_3,\cdots,A_{m+1}$, 也不是 A_1. 由于 $m\geqslant 3,C$ 与 $A_1,A_2,\cdots,A_{m-1}$ 中 $m-1(\geqslant 2)$ 个人是朋友. 这与上面已证 C 至多与 $A_1,A_2,\cdots,A_{m+1}$ 中一个人是朋友矛盾.

于是车厢中只有 $A_1,A_2,\cdots,A_{m+1}$ 这 $m+1$ 个人, 每个人的朋友恰好有 m 个.

5. 解析: 当 $n=1$ 时, 有 2 个红格相邻, 显然为一个矩形. 设当 $n\leqslant k$ 时成立, 即可以将 $2k$ 个连通方格分成 k 个矩形.

当 $n=k+1$ 时:

(1) 在 $2k+2$ 个方格中, 若去掉一对相邻的红格后有一个图仍为连通图, 则由归纳假设知结论成立.

(2) 若去掉一对相邻的红格被分成若干个连通图, 而每个图的红格个数为偶数时, 由归纳假设知结论成立.

(3) 若去掉任何一对相邻的红格被分成若干个连通图, 而其中存在连通图的红格个数为奇数时:

当 $n=2$ 时, 有 "T" 形图 1×3 和 1×1 的两个矩形满足要求.

当 $n\neq 2$ 时, 观察所有方格中左上角的 "T" 形图, 去掉这两个方格至多形成两个连通图.

若去掉左上角的两个后所形成的两个连通图的红格的个数均为奇数, 则去掉 1×3 和 1×1 的两个矩形后, 易知仍为两个连通图, 而红格的个数为偶数.

综上所述, $n=k+1$ 也成立, 故结论成立.

6. 解析: 这 48 个人用 48 个顶点 $v,v_0,v_1,\cdots,v_{46}$ 表示, 其中 v 代表那名丈夫. 两人握过手则在他们对应的顶点之间连一条边, 得图 G.

在图 G 中, 由于夫妻之间不握手, 所以 $d(v_i)\leqslant 46,i=0,1,2,\cdots,46$, 并且当 $i\neq j$ 时, $d(v_i)\neq d(v_j)$. 从而除顶点 v 外, 其他顶点的度分别为 $0,1,2,\cdots,46$.

不妨设 $d(v_i)=i,i=0,1,2,\cdots,46$. 对于顶点 v_{46} 而言, 它只和顶点 v_0 不相邻, 故 v_{46} 和 v_0 是夫妻. 在图 G 中去掉顶点 v_0,v_{46} 以及与它们相邻的边, 得子图 G_1, 在 G_1 中除 v 外, 各顶点的度仍然不同且度都减少 1. 同理, v_{45} 和 v_1 是夫妻. 依次可得 v_{44} 和 v_2,v_{43} 和 $v_3,\cdots,v_{24}$ 和 v_{22} 是夫妻, 于是 v_{23} 和 v 是夫妻, 所以那名丈夫的妻子握了 23 次手.

7. 解析: 用 14 个点 $v_1,v_2,\cdots,v_{14}$ 表示 14 个人, 两顶点 v_i 与 v_j 相邻当且仅当这两人未合作过, 得图 G. 在图 G 中每个顶点的度都是 8. 打三局要去掉 6 条边, 因此至少有 2 个顶点的度数保持为 8, 设其中之一为 v_1. 在与 v_1 相邻的 8 个顶点中至少有一个 v_2 的度数不小于 7(这是因为去掉了 12 个度数, 由抽屉原理, 必有一个顶点去掉的度数 $\leqslant 1$), 可以知道 v_2 与 和 v_1 相邻的其余 7 个点之一(设为 v_3)相邻. 这样, v_1,v_2,v_3 与新来的 v 组成 K_4.

8. 解析: 先约定, 确定距离的两点用边相连.

用数学归纳法.

当 $n=4$ 时, $\frac{1}{2}n(n-3)+4=6$, 四点之间只有 $C_4^2=6$ 个距离, 它们均已确定, 故命题成立.

设 $n=k(k\geqslant 4)$ 时命题成立. 当 $n=k+1$ 时, 点集共连了 $\frac{1}{2}(k+1)(k-2)+4$ 条边. 设 A_{k+1} 是这个点集中度

最小的点, 则其度 $d(A_{k+1})\leqslant\dfrac{2\left[\frac{1}{2}(k+1)(k-2)+4\right]}{k+1}=k-2+\dfrac{8}{k+1}\leqslant k-2+\dfrac{8}{5}<k$, 所以 $d(A_{k+1})\leqslant k-1$.

于是, 剩下 k 个点 $A_1,A_2,A_3,\cdots,A_k$ 之间至少连了 $\frac{1}{2}(k+1)(k-2)+4-(k-1)=\frac{1}{2}k(k-3)+4$ 条边. 按归纳假设这 k 个点的集合是稳定的.

又 $d(A_{k+1}) \geqslant \frac{1}{2}(k+1)(k-2)+4-C_k^2=3$，故 A_{k+1} 至少与 A_1，A_2，…，A_k 中的 3 个点相连. 不妨设 A_{k+1} 与 A_1，A_2，A_3 相连，且 $A_{k+1}A_1=x$，$A_{k+1}A_2=y$，$A_{k+1}A_3=z$. 易证 A_{k+1} 是唯一确定的. 若不然，设 A'_{k+1} 是另外一点，也有 $A'_{k+1}A_1=x$，$A'_{k+1}A_2=y$，$A'_{k+1}A_3=z$，则 A_1，A_2，A_3 将都在 $A_{k+1}A'_{k+1}$ 的垂直平分线上，这与无三点共线的假定矛盾. 于是 $A_{k+1}A_4$，…，$A_{k+1}A_k$ 都可确定，点集 $\{A_1,A_2,…,A_{k+1}\}$ 是稳定的，即当 $n=k+1$ 时命题也成立.

综上所述，命题得证.

9. 解析：我们来观察包括首都在内的航线图中的连通成分，构成一个连通图，只要证明在这个连通图中也包括 A 市. 假设不真，于是由这个图的一个顶点（首都）连出了 21 条边，而从其他每个顶点都连出 20 条边. 这意味着这个图中恰有一个度数为奇数的顶点，不可能.

10. 解析：以单位立方体为顶点，当且仅当两个单位立方体有公共侧面时，在此两个顶点间加一条边，构成一个图 G，图 G 的补图 $\bar{G}$ 的边数即为所求. 易知图 G 的边数为 $3n^2(n-1)$，K_{n^3} 的边数为 $\frac{1}{2}n^3(n^3-1)$，故图 $\bar{G}$ 的边数为 $\frac{1}{2}n^3(n^3-1)-3n^2(n-1)=\frac{1}{2}n^6-\frac{7}{2}n^3+3n^2$，即公共顶点不多于 2 的单位立方体共有 $\frac{1}{2}n^6-\frac{7}{2}n^3+3n^2$ 对.

11. 解析：以 10 个顶点代表科学家的二次打盹，u 与 v 相邻当且仅当它们所表示的打盹有相同的时刻. 只需证明此图有圈.

12. 解析：不妨称河的两岸分别为北岸与南岸. 北岸的 n 个城市用点 x_1，x_2，…，x_n 表示，其全体记为 $X=\{x_1,x_2,…,x_n\}$；南岸的 m 个城市用点 y_1，y_2，…，y_m 表示，其全体记为 $Y=\{y_1,y_2,…,y_m\}$. 如果北岸的城市 x_i 与南岸的城市 y_j 之间有航线，则连接成为边 (x_i,y_j)，所有的边组成的集合记为 E. 这就得到了一个由顶点集 X，Y 与边集 E 构成的图，称为二部图，记为 $G=(X,Y;E)$. 题中的后两个条件是：由任一顶点引出的边是 k 条. 图 G 是连通的，即任意两个顶点之间都有由若干条边连接而成的路. 题目的结论是：从 E 中删去任意一条边 e，图 $G'=(X,Y;E-e)$ 仍然是连通的.

因为每个顶点恰与 k 条边相关联，所以有 $|X|k=|E|=|Y|k$，其中 $|X|$，$|E|$，$|Y|$ 表示集合 X，E，Y 中元素的个数. 于是有 $|X|=|Y|$，即 $n=m$. 因为 $|X|+|Y| \geqslant 3$，所以 $|X|=|Y| \geqslant 2$.

现去掉图 G 的一条边，得到的图为 G'. 若图 G' 不连通，则图 G' 由两个连通部分 G_1，G_2 构成. 设 $X=X_1 \bigcup X_2$，$X_1 \bigcap X_2=\varnothing$，$Y=Y_1 \bigcup Y_2$，$Y_1 \bigcap Y_2=\varnothing$，$G_1=(X_1,Y_1;E_1)$，$G_2=(X_2,Y_2;E_2)$. 不妨设去掉的一条边是连接 X_1 与 Y_2 的，则 $|X_1|k-1=|E_1|=|Y_1|k$，从而 $(|X_1|-|Y_1|)k=1$，得 $k=1$.

又 G 连通，则 $|X|=1$，与 $|X| \geqslant 2$ 矛盾. 故 G' 连通，从而结论成立.

13. 解析：视 n 条线段的端点为顶点，其集合记为 V. u，v 相邻当且仅当 u，v 是这 n 条线段中某一条线段的两个端点，这样构成了图 G. 由于任意 3 条线段有公共端点，从而图 G 是连通的，并且图 G 无圈，所以图 G 是树. 事实上，图 G 中最长的链的长度为 2（因为若图 G 中有长大于 2 的链 $v_0v_1v_2v_3…v_k$，则边 v_0v_1，v_1v_2，v_2v_3 不能有公共端点）. 这表明树 G 中只有一个顶的度 $\geqslant 2$（否则图 G 中有长大于 2 的链）. 而其余的 $n-1$ 个顶点的度均为 1. 这个度 $\geqslant 2$ 的顶点就是这 n 条线段的公共端点.

14. 解析：假定存在这样的图，它的每个顶点的度都大于 2，但该图中的任何一个圈的长度都可被 3 整除. 我们来考虑具有这种性质的顶点数最小的图 G. 显然，该图中存在着长度最小的圈 Z，该圈上的任意两个不相邻的顶点之间没有边相连. 又每一顶点的度都大于 2，所以圈 Z 上的每个顶点都有一边与圈外顶点相连，设 Z 依次经过顶点 A_1，A_2，…，A_{3k}. 假定存在连接顶点 A_m 和 A_n 的不包含圈 Z 的边的路径 S. 我们来分别考虑由路径 S 和 Z 的"两半"所组成的圈 Z_1 和 Z_2. 由于这两个圈的长度都可被 3 整除. 特别地，对题目中所给出的图，可知它的任何一个不在 Z 上的顶点 X，都不可能有边与 Z 的两个不同顶点分别相连. 此外，由圈 Z 上的顶点所连出的不在圈上的边，应分别连向各不相同的顶点.

作另一个图 G_1，把图 G 中圈 Z 上的所有顶点 A_1，A_2，…，A_{3k} 合并成为一个顶点 A，保留所有不在圈 Z 上的顶点及它们之间所连的边，且分别用边将 A 同原来与 Z 上的顶点有边相连的顶点逐一相连，易知 A 的度 $\geqslant 3k$. 于是图 G_1 中的顶点数少于图 G，而每个顶点的长度都可被 3 整除. 这样一来，我们便得出了矛盾，因为如前所言，图 G 是具有这种性质的顶点数最小的图.

这样一来，在任何所有顶点的度都大于 2 的图中，必定存在长度不能被 3 整除的圈. 接下来只需把这一断言应用于我们的题目，并以城市作为顶点，以道路作为边即可.

4.9 图论的综合应用

1.解析：假设结论不成立.

对任何顶点 x，设 $N(x)$ 是其邻居的集合，并且 $M(x) = V \backslash N(x) \bigcup \{x\}$ 是不连接到 x 的顶点集.因此 $M(x)$ 的顶点之间有超过 $q\left(1 - \dfrac{4q}{n^2}\right)$ 条边.另外，由于没有三角形，$N(x)$ 中的顶点之间没有边.因此 x 和 $N(x)$ 之间以及 $N(x)$ 和 $M(x)$ 之间的边数少于 $\dfrac{4q^2}{n^2}$.用 $r(x)$ 表示这类边的数量，于是有 $\sum\limits_x r(x) < \dfrac{4q^2}{n}$.

另外，每条边 $x_1 x_2$ 在 $\sum\limits_x r(x)$ 中被计算 $d(x_1) + d(x_2)$ 次，在 $r(x_1), r(x_2)$ 中各计算一次.对 x_1 和 x_2 的每个其他邻居（注意它们是不同的）各计算一次.因此有 $\sum\limits_x r(x) = \sum\limits_{xy \in E}[d(x) + d(y)] = \sum\limits_x d(x)^2 \geqslant \dfrac{1}{n}\left[\sum\limits_x d(x)\right]^2$ $= \dfrac{4q^2}{n}$，矛盾.因此题目结论成立.

2.解析：考虑 r 条边的集合，它们中的任何两条没有公共端点.这是因为 $K_{r,r}$ 包含很多这样的集合.

我们将用两种方式计算 (S, H) 对的数量，其中 S 是一组 r 条边，任何两个没有公共点，H 是包含 S 中所有边的 $K_{r,r}$ 子图，用 P 表示这种对的数量.

一方面，至多有 $C_m^r \leqslant \dfrac{m^r}{r!}$ 个集合 S.为了计算一个 S 可以属于多少个 H，首先发现 H 的顶点必须是 S 的边的 $2n$ 个端点.然后，H 作为二部图，有两个顶点 V_1 和 V_2，S 中每条边在 V_1 中有一个端点，在 V_2 中有一个端点.因此，为了确定可能的 V_1, V_2，只需要选择将 r 条边的两个端点分别放入 V_1, V_2 中的一个，这有 2^r 个选项.由于选择 (V_1, V_2) 和 (V_2, V_1) 给出相同的图，我们实际上有 2^{r-1} 个 H 与一个 S 对应.因此 $P \leqslant \dfrac{m^r}{r!} 2^{r-1}$.

另一方面，对于每个 H，正好有 $r!$ 个集合 S（我们只需将 r 个顶点与另一组 r 个配对）.因此，若用 k 表示 $K_{r,r}$ 子图的数量，则有 $P = kr!$.

将两者放在一起，得到 $k \leqslant \dfrac{m^r}{r!} \cdot \dfrac{2^{r-1}}{r!}$.

3.解析：设边数为 $|E| = m$.对于顶点 v，考虑 v 的邻点集 $N(v)$.两个邻点之间不能有任何边（因为这得到三角形），也不能有除 v 之外的任何其他公共邻居（因为这会给出一个长度为 4 的圈）.这意味着 v 的每个邻居 u 都有 $d(u) - 1$ 个其他邻居，并且对于不同的 u，所有这些顶点都是不同的.因此，$N(v) \bigcup \{v\}$ 之外至少有 $\sum\limits_{u \in N(v)}(d(u) - 1)$ 个不同的顶点.于是得到 $1 + d(v) + \sum\limits_{u \in N(v)}[d(u) - 1] = 1 + \sum\limits_{u \in N(v)} d(u) \leqslant n$.

对 v 求和，得到 $n + \sum\limits_v \sum\limits_{u \in N(v)} d(u) \leqslant n^2$.

在双重求和中，每个 $d(u)$ 都精确地计算了 $d(u)$ 次，因此上式可以重写为 $n + \sum\limits_u d(u)^2$ $\leqslant n^2 \rightarrow \sum\limits_u d(u)^2 \leqslant n(n-1)$.应用均值不等式到 $\sum\limits_u d(u)^2$ 得到 $n(n-1) \geqslant \sum\limits_u d(u)^2$ $\geqslant \dfrac{1}{n}\left[\sum\limits_u d(u)\right]^2 = \dfrac{4m^2}{n}$.

因此 $|E| \leqslant \dfrac{n\sqrt{n-1}}{2}$.

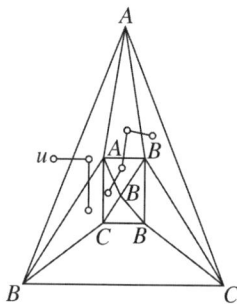

第 4 题答图

4.解析：在大三角形外及每个小三角形内部各取一个顶点，当两个面有一条公共边 AB 时，就在相应两个顶点之间连一条边，得图 G'，如图所示.

一个具有颜色 A, B, C 顶点的小三角形对应于 G' 中的度为 1 的顶点.其余的小三角形均对应于 G' 中的度为 0 或 2 的顶点.由于大三角形外部的一个顶点 u 的度为 1，且奇顶点的个数为偶数，所以 G' 中除了 u 外，至少还有一个奇顶点 v.这就是说在原图中至少有一个小三角形，它的 3 个顶点分别为 A, B, C 三种颜色.

5.解析：作图 G：顶点代表原料，每种菜对应于一条边.在图 G 中，每个顶点的度 $\geqslant 4$，根据 Dirac 定理，图 G 中有一个哈密顿圈.

6.解析：若恰为五人，设原来的座次是 $ABCDEA$，调整成 $ADBECA$ 即可.若超过五人，以人为顶点，仅当两人原来

不是邻座时,在此两个顶点间连一边,得图 G.由于每个顶点的度都是 $|V(G)|-3$,于是任意两个顶点度之和为 $2n-6$,n 是顶点数.又 $n>5$,故 $2n-6\geqslant n$,故图 G 中有哈密顿圈,按圈上的次序请各人入席即可.

7.解析:选择一条颜色为 1 的边 uv(若没有这样的边,则结论显然成立).

任何其他顶点 w 到 u 和 v 都恰有一条颜色为 1 的边.所以根据抽屉原理,u 和 v 之一,比如说 u,其余顶点中至少有 $\dfrac{n-2}{2}$ 个与 u 连出颜色为 2 的边.但是两个这样的顶点,比如说 w 和 w',它们之间的边也必须是颜色 2,否则三角形 uww' 将有 1 条颜色为 1 的边.所以这些顶点,连同 u 形成一个颜色为 2 的完全子图,至少有 $\dfrac{n}{2}$ 个顶点.

8.解析:我们将使用 $R(3,3)=6$ 和以下引理:

引理:将 K_5 的边二染色,存在单色的 K_3 或 C_5(有五个顶点的圈).

引理的证明:假设没有单色 K_3.若某点连出某种颜色的三条边,比如 vv_1,vv_2,vv_3,则 v_1v_2,v_2v_3,v_3v_1 中每条边都必须是颜色 2,否则它与 v 形成颜色 1 的 K_3.但是对形成颜色 2 的 K_3,矛盾.

因此每个顶点有两条颜色为 1 的边和两条颜色为 2 的边,这样我们得到两条单色的 C_5.

回到原题:因为 $R(3,3)=6\leqslant 10$,存在一个单色 K_3.剩下的 7 个顶点,还可以得到另一个单色 K_3.如果两者颜色相同,我们就完成了证明.

否则,在两个不同颜色的三角形之间有 9 条边,所以其中有 5 条是相同颜色.可以得到两个不同颜色的单色三角形,它们只有一个公共顶点.将引理应用于剩余的 5 个点,可以得到一个单色奇圈.它与其中的一个三角形放在一起,就得到了两个相同颜色的顶点不相交的奇圈.

9.解析:下证最小的 k 是 $2\max\{m,n\}+\min\{m,n\}-1$.

首先构造 $2\max\{m,n\}+\min\{m,n\}-2$ 个顶点的完全图的染色例子,假设 $m\geqslant n$,取 $2m-1$ 个顶点的完全图,将其所有边着色为红色,将所有其他边着色为蓝色.显然,任何红色边都属于红色 K_{2m-1},所以不能有 m 条不相邻的红色边.并且,任何蓝色边至少有一个顶点不在红色 K_{2m-1} 中,但是外面只有 $n-1$ 个这样的顶点,所以不能有 n 条不相邻的蓝色边.

对 $\min\{m,n\}$ 归纳证明 $2\max\{m,n\}+\min\{m,n\}-1$ 满足题目条件.为简单起见,假设 $m\geqslant n$,于是要证 $2m+n-1$ 是有效的.当 $n=1$ 时,显然在 $2m$ 个顶点中,要么有一条蓝色边,要么所有边都是红色,在后一种情况下,我们可以选择 m 条两两不相邻的红边.

现在,假设 $n>1$.若图是单色的,则显然可以找到相应的同色边组.否则,存在有公共顶点的一条红边和一条蓝边.去掉这两条边的共三个顶点,剩下 $2(m-1)+(n-1)-1$ 个顶点.根据归纳假设,其中有 $m-1$ 条非相邻红边或 $n-1$ 条非相邻蓝边.无论怎样,连同去掉的两条边之一,在大图中得到 m 条非相邻红边或 n 条非相邻蓝边,这正是我们所求的.

10.解析:设 n 为图 G 的顶点数.考虑两个图:图 G' 由哈密顿圈和内部的边形成,图 G'' 由哈密顿圈和外部的边形成.

将欧拉公式应用于图 G'.顶点集与图 G 相同.面数为 $\sum_i f_i'+1$(1 表示外部区域),所以若用 E' 表示边集,则有

$$|E'|=n+\sum_{i\geqslant 3}f_i'+1-2.$$

将外部考虑为有 n 条边的面,可得 $2|E'|=n+\sum_{i\geqslant 3}if_i'$.

将两者放在一起,得到 $\sum_{i\geqslant 3}f_i'(i-2)=n-2$.

对外部应用相同的推理,得到类似关系,将两个关系相减,得到 $\sum_{i\geqslant 3}(f_i'-f_i'')(i-2)=0$.

11.解析:设图 $G=(V,E)$,取一条直线 L,对每个 $v_i\in V$,在 L 上取一点 v_i' 与之对应.对每条连接 v_i 与 v_j 的边,各作一个以 L 为边界的半平面,再在这个半平面上以线段 $v_i'v_j'$ 作以之为直径的半圆.由这些顶点 v_i' 及连接它们的半圆所组成的图形 G' 就是图 G 在三维空间的实现(图 G' 与图 G 同构,且图 G' 的任意两边除端点外公共点).

12.解析:作图 $G=(V,E)$,其中 $V=\{x_1,x_2,\cdots,x_n\}$,图 G 中两顶点 x_i,x_j 相邻的充要条件是 $d(x_i,x_j)=1$.设图 G 中存在不相同的两边 AB,CD 交于点 O,如图所示.

因为 $d(A,B)=1$,$d(C,D)=1$,不失一般性,设 $d(O,A)\leqslant\dfrac{1}{2}$,$d(O,C)\leqslant\dfrac{1}{2}$,$AB$ 与 CD 间

夹角为 θ,则 $d(A,C)=\{d^2(O,A)+d^2(O,C)-2d(O,A)\times d(O,C)\cos\theta\}^{\frac{1}{2}}$,按上述条件仅

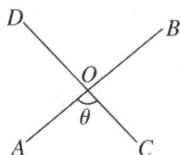

第 12 题答图

当 $\theta = \pi$ 且 $d(O,A) = \dfrac{1}{2}$，$d(O,C) = 1$ 时，$d(A,C) = 1$. 但这时点 A 和点 D 重合，点 B 和点 C 重合，即 AB 与 DC 为同一边，这与假设是两条不相同的边矛盾. 除此情况外，还有 $d(A,C) < 1$，这与 S 中任意两点距离不小于 1 的假设条件矛盾. 综上所述，G 为平面图，于是图 G 的边数 $e \leqslant 3n - 6$.

13. 解析：设 $n = 2m$. 尝试构建一个图，其中的边（注意不是顶点）对应数字 $1, 2, \cdots, 2m$，并且一个所求的排列对应于欧拉回路.

观察到对于 $i \leqslant m$，i 和 $i + m$ 有完全相同的潜在后继：$2i$ 和 $2i - 1$. 这给了我们以下想法：构建一个顶点为 $1, 2, \cdots, m$ 的图，并构造边 $i \to 2i$ 标记为 $2i$ 和边 $i \to 2i - 1$ 标记为 $2i - 1$（这里的顶点可以认为是模 m，但边的标记是模 $2m$）. 输入 i 的两条边分别被标记为 i（来自 $\dfrac{i}{2}$ 或 $\dfrac{i+1}{2}$）和 $i + m$（来自 $\dfrac{i+m}{2}$ 或 $\dfrac{i+m+1}{2}$）.

显然，每个数字 $1, 2, \cdots, 2m$ 作为边的标签出现一次. 此外，如果 x 是进入某个顶点的一条边的标签，那么从该顶点出发的边上的标签是 $2x \pmod{n}$ 和 $2x - 1 \pmod{n}$. 因此在一个回路中标记为 x 的边的后继者的标签恰好是我们要构建的排列中 x 的可能后继者. 因此，所求的排列对应于该图中的欧拉回路.

任何顶点都有入度 2 和出度 2，所以只需证明图是弱连通的就可以证明欧拉回路存在. 这很简单：只需对 k 归纳证明顶点 $1, 2, \cdots, k$ 是连通的. 假设命题对于 k 成立，若 $k + 1$ 是偶数，则连接到 $\dfrac{k+1}{2} < k + 1$；若是奇数，则连接到 $\dfrac{k+2}{2} < k + 1$.

点评：我们可以尝试构建图，使得数字 $1, 2, \cdots, 2m$ 对应于顶点，然后证明存在哈密顿圈. 但是证明存在哈密顿圈要困难得多. 一般而言，当感知到图可用于构建序列时，最好使用欧拉回路而不是哈密顿圈.

14. 解析：显然 $0 \notin F$，且 F 中所有元素不全同号（否则，绝对值最小的元素 x 无法表示成 $y + z$（$y, z \in F$）的形式）. 设 $x_1, x_2, \cdots, x_m$ 是 F 中所有正的元素. 我们证明 $m \geqslant n + 1$.

作含 m 个顶点 $v_1, v_2, \cdots, v_m$ 的有向图 G 如下：对每个 $i \in \{1, 2, \cdots, m\}$，由于存在 $y, z \in F$，使 $x_i = y + z > 0$，不妨设 $y > 0$，则 y 必等于某个 x_j（$j \neq i$），如此就在 G 中作一条有向边 $v_i \to v_j$.

由图 G 的作法可知每个顶点 v_i 的出度为 1，因此 G 中必存在圈，不妨设为 $v_{i_1} \to v_{i_2} \to \cdots \to v_{i_k} \to v_{i_1}$（$k \leqslant m$）. 这表明存在 $z_1, z_2, \cdots, z_k \in F$，使得 $x_{i_1} = x_{i_2} + z_1, x_{i_2} = x_{i_3} + z_2, \cdots, x_{i_k} = x_{i_1} + z_k$. 求和得 $z_1 + z_2 + \cdots + z_k = 0$. 为不与条件 ② 矛盾，必有 $k > n$，从而 $m \geqslant k \geqslant n + 1$.

同理知 F 中负的元素也至少有 $n + 1$ 个，由此可知 F 至少含有 $2n + 2$ 个元素.

点评：本题巧妙构造有向图来解题. 从本题的论证中可以发现，即使对 F 为有限实数集合的情况，结论仍是成立的. 读者可进一步考虑 F 能否恰含有 $2n + 1$ 个元素.

15. 解析：使用贪心算法，可以找到一个圈：从一个顶点开始一条有向路径. 因为每个顶点出度至少为 1，所以可以一直继续这条路径，直到第一次到达一个之前访问过的顶点 —— 这给出一个圈.

每个圈在多面体表面围出两个部分，考虑这样的圈，其围出的两个部分之一所含多面体的面最少 $v_1 \to v_2 \to \cdots \to v_k$. 我们将证明它的一侧只围出一个面，于是它是由一个面的边界组成.

在圈围出的两个部分中，取一条边连接到某个 v_i（如果不只包含一个面就可以这样取）.

假设边是 $v_i \to u_1$（稍后会考虑 $u_1 \to v_i$ 的情况）. 构造一个有向路径 $v_i \to u_1 \to u_2 \to \cdots$，该路径在与自身相交或与圈 $v_1 \to v_2 \to \cdots \to v_k$ 相交时停止（可以这样做是因为每个顶点处都至少有一条边进入，一条边离开）.

若是前者，则有某个 $u_a = u_b$，$a < b$，于是 $u_a \to u_{a+1} \to \cdots \to u_b = u_a$ 是一个围住更少面的圈，矛盾.

若是后者，则 $u_a = v_j$，$j \neq i$. 于是 $v_i \to u_1 \to u_2 \to \cdots \to u_a = v_j \to v_{j+1} \to \cdots \to v_i$ 是一个围住更少面的圈，也矛盾.

对于 $u_1 \to v_i$ 的情况，用同样的方式，只需反向构造路径 $\cdots \to u_2 \to u_1 \to v_i$ 即可.

因此，初始的圈是某个面的边界.

点评：(1) 使用上面的想法，可以证明至少有两个面的边界形成有向圈. 从一个圈开始，可以查看它围成的两个区域中的任何一个：如果至少有两个面，就可以得到一个包含更少面的新圈. 继续这样作，我们得到一个由某个面边界组成的圈. 对原始圈的两侧都这样作，得到两个不同的面，它们的边界形成圈；

(2) 同样的论证表明，若平面图的任何顶点 v 都满足 $d^+(v) > 0$ 且 $d^-(v) > 0$，则至少有两个面，其边界在图中形成有向圈.